Wandt | Versicherungsrecht

Versicherungsrecht

Von

Dr. Manfred Wandt

Professor an der Universität Frankfurt am Main

5., neu bearbeitete Auflage

Carl Heymanns Verlag 2010

Bibliografische Information der Deutschen Nationalbibliothek
Die Deutsche Nationalbibliothek verzeichnet diese Publikation in der Deutschen Nationalbibliografie; detaillierte bibliografische Daten sind im Internet unter http://dnb.d-nb.de abrufbar.

ISBN 978-3-452-27220-1

www.wolterskluwer.de
www.heymanns.com

Umschlagkonzeption: Martina Busch, Grafikdesign, Fürstenfeldbruck
Satz: John + John, Köln
Druck und Weiterverarbeitung: Wilhelm & Adam OHG, Heusenstamm

Gedruckt auf säurefreiem, alterungsbeständigem und chlorfreiem Papier.

Vorwort zur 5. Auflage

Die Nachfrage nach diesem gesamtsystematischen Lehrbuch zum reformierten VVG war erfreulicherweise so groß, dass die Vorauflage mit Stand von November 2008 innerhalb eines halben Jahres vergriffen war. Um die Aktualität des Lehrbuchs zu wahren, wurde ungeachtet der kurzen Zeit von einem bloßen Nachdruck abgesehen. Aufzunehmen war neue Rechtsprechung, darunter die wichtige Entscheidung des BVerfG zur Krankenversicherung, sowie neues Schrifttum, insbesondere die Kommentarliteratur zum neuen VVG. Zu berücksichtigen waren aber auch schon wieder Gesetzesänderungen. Selbst das gerade erst reformierte VVG ist erneut geändert worden (in den §§ 153, 193 und 204). Wichtige zukünftige Änderungen und Ergänzungen sind außerdem bereits beschlossen. Hervorzuheben ist die Regelung über die gesetzliche Musterbelehrung zum Widerrufsrecht nach § 8 VVG, die am 11.06.2010 in Kraft treten wird, sowie die Neuregelung des Internationalen Versicherungsvertragsrechts im EGBGB verbunden mit einer Änderung von § 210 II VVG (Definition der Großrisiken) und der Einfügung eines neuen § 216 VVG (Prozessstandschaft bei Versicherermehrheit), jeweils mit Wirkung vom 17.12.2009. Das Gendiagnostikgesetz, das Regelungen über genetische Untersuchungen und Analysen im Zusammenhang mit dem Abschluss eines Versicherungsvertrages enthält, wird am 01.02.2010 in Kraft treten. Hinzu kommen wichtige Änderungen des Versicherungsaufsichtsgesetzes – insbesondere im Vorgriff auf die schon beschlossene, aber noch nicht in Kraft getretene Solvency II-Richtlinie – und Änderungen von das VAG ergänzenden Verordnungen.

Für die Zielsetzung dieses Lehrbuchs sei auf das im Anschluss abgedruckte Vorwort der Vorauflage verwiesen.

Zu danken habe ich Herrn Rechtsreferendar Michael Wink, der die Hauptlast der Aktualisierung getragen hat, meinen wissenschaftlichen Mitarbeitern Petra Baier, Otto Bornschlegl, Hannah Ehlers, Dr. Jens Gal, Jeannette Odenwald, David Sehrbrock sowie den Mitarbeitern Bastian Brenner, Bastian Bubel, Nina Hablowetz, Martin Sandforth, Matthias Swiderski und Christian Waller.

Die 5. Auflage ist auf dem Stand von August 2009.

Frankfurt am Main, im September 2009 *Manfred Wandt*

Vorwort zur 4. Auflage

Dieses Lehrbuch soll die Grundstrukturen des Versicherungsrechts vermitteln. Es soll aber auch mit den neueren Entwicklungen und den aktuellen Streitfragen vertraut machen.

Entsprechend dieser schon in der Vorauflage beschriebenen Zielsetzung wurde das Buch völlig überarbeitet, über weite Strecken neu geschrieben und erheblich erweitert. Denn es galt, die mit Wirkung vom 01.01.2008 vollzogene Reform des Versicherungsvertragsrechts zu verarbeiten – eine Jahrhundertreform, nicht nur gemessen an der bisherigen Beständigkeit des hundertjährigen Versicherungsvertragsgesetzes. Diese Reform erfasst den gesamten Allgemeinen Teil verbunden mit grundlegenden konzeptionellen Änderungen in zentralen Regelungsbereichen. Hinzu kommt die Reform des Versicherungsvermittlerrechts und der sozialpolitisch und wirtschaftlich so wichtigen Lebens- und Krankenversicherung sowie der Haftpflichtversicherung. Diese Versicherungszweige werden daher eingehender und umfassender erläutert als in den Vorauflagen. Damit einher geht eine stärkere Berücksichtigung des Versicherungsaufsichtsrechts, das bei der Lehre des Versicherungsrechts generell größere Beachtung verdient.

Die Neubearbeitung folgt weiterhin dem didaktischen Streben von *Hans-Leo Weyers*, der dieses Lehrbuch begründet und noch die 2. Auflage (1995) geschrieben hat, nämlich die Zusammenhänge mit dem allgemeinen Zivilrecht zu betonen und stets die wirtschaftlichen Hintergründe der Rechtsregeln aufzuzeigen. Um die Stofffülle überschaubar zu machen und gleichwohl dem Anspruch gerecht werden, einerseits die Grundstrukturen zu vermitteln, andererseits zu aktuellen Streitfragen Stellung zu nehmen, wird deutlich zwischen dem Grundwissen und dem Vertiefungswissen unterschieden. Umfangreiche Zusammenfassungen am Ende jedes Kapitels ermöglichen einen schnellen strukturierten Überblick mit Hinweisen auf die jeweiligen Problemschwerpunkte. Hingewiesen sei auch auf die Zusammenstellung der Rechtsquellen des Versicherungsrechts im Anhang.

Dieses Lehrbuch erscheint in der 4. Auflage erstmals in der renommierten Reihe »Academia Iuris« des Carl Heymanns Verlages. Damit wird der wachsenden Bedeutung des Versicherungsrechts in der juristischen Ausbildung Rechnung getragen. In vielen Bundesländern ist das Versicherungsrecht nach der Neustrukturierung des Studienplans für das Erste Juristische Staatsexamen ein eigener Schwerpunktbereich. In einzelnen Bundesländern gehören die Grundzüge des Versicherungsvertragsrechts sogar zum Pflichtstoff – nicht von ungefähr, bedenkt man die Bedeutung des Versicherungsrechts für die Gerichts- und (Fach-) Anwaltspraxis und für das »Rechtsprodukt Versicherung«.

Die grundlegende Neubearbeitung hat sich zwangsläufig länger hingezogen als gewöhnlich. Viele haben wertvolle Hilfe geleistet: meine früheren wissenschaftlichen Mitarbeiter Dres. *Bastian Ganster*, *Florian Krömmelbein* und *Michael Marx*, die mich lange Zeit unterstützten, und die jetzigen wissenschaftlichen Mitarbeiterinnen und Mitarbeiter *Petra Baier*, *Otto Bornschlegl*, *Hannah Ehlers*, *Fabian Herdter* und *David Sehrbrock*, die die Last des Endes trugen, sowie die weiteren Mitarbeiter *Bastian Bubel*, *Johannes Denecke*, *Jens Gal*, *Nina Hablowetz*, *Jeannette Odenwald*, *Caroline*

Reul, *Evelyn Salber*, *Christian Waller* und *Michael Wink*. Ihnen allen danke ich herzlich.

Die 4. Auflage ist auf dem Stand von November 2008.

Anregungen und Kritik der Leser sind gern willkommen.

Frankfurt am Main, im November 2008 *Manfred Wandt*

Inhaltsübersicht

Vorwort zur 5. Auflage V

Vorwort zur 4. Auflage VII

Inhaltsverzeichnis XI

Abkürzungsverzeichnis XXIII

Verzeichnis der abgekürzt zitierten Literatur XXIX

A. Einführung 1
B. Rahmenbedingungen des Versicherungsrechts 39
C. Versicherungsvertragsrecht: Gesetz, Dogmatik und Allgemeine Versicherungsbedingungen 53
D. Eingehung und Wirksamkeit des Versicherungsverhältnisses 95
E. Versicherungsvermittlung 141
F. Versicherungsschein, Dauer und Beendigung des Versicherungsverhältnisses 165
G. Die Pflicht des Versicherungsnehmers zur Prämienzahlung 185
H. Die Obliegenheiten 201
J. Die Leistung des Versicherers: Übernahme eines wirtschaftlichen Risikos 237
K. Der Übergang des Ersatzanspruchs des Versicherungsnehmers auf den Schadensversicherer 331
L. Haftpflichtversicherung 353
M. Lebensversicherung 399
N. Kranken- und Pflegeversicherung 453

Anhang I. Verzeichnis der Rechtsquellen des Versicherungsrechts 497

Anhang II. Verzeichnis der Allgemeinen Versicherungsbedingungen 509

Anhang III. Gesetzesverzeichnis 513

Stichwortverzeichnis 531

Inhaltsverzeichnis

Vorwort zur 5. Auflage V

Vorwort zur 4. Auflage VII

Inhaltsübersicht IX

Abkürzungsverzeichnis XXIII

Verzeichnis der abgekürzt zitierten Literatur XXIX

A. Einführung 1

I. Allgemeine Charakterisierung 1

II. VVG-Reform 4

III. Inkrafttreten des VVG und Übergangsregelungen für Altverträge 5

IV. Zum Begriff des Versicherungsvertrages 8

V. Einteilung von Versicherungen 10
1. Überblick 10
2. Versicherungssparten und Versicherungsarten 10
3. Schadens- und Summenversicherung, Nichtpersonen- und Personenversicherung 13
4. Einzel-, Gruppen- und Direktversicherung 14
5. Erstversicherung und Rückversicherung 16

VI. Versicherungsnehmer und Drittbeteiligte auf Versicherungsnehmerseite . . 17
1. Versicherungsnehmer 17
2. Versicherter 17

VII. Versicherer: Versicherungsunternehmensrecht und Spartentrennung 18
1. Rechtsformzwang 18
2. Spartentrennung 21
3. Terminologie 22

VIII. Versicherungsaufsicht 22
1. Überblick und historische Entwicklung 22
2. Zugangsaufsicht: Erlaubnis zur Aufnahme des Geschäftsbetriebs . . . 29
3. Die laufende Aufsicht 31
4. Beschwerden an die Aufsichtsbehörde 33

IX. Ombudsmann 33

X. Zusammenfassung 34

B. Rahmenbedingungen des Versicherungsrechts ... 39
I. Versicherungstechnik ... 39
1. Grundlagen ... 39
2. Bedeutung der Versicherungstechnik für das Versicherungsrecht ... 43
II. Versicherungsmarkt ... 49
1. Wettbewerb ... 49
2. Bedeutung der Marktverfassung für das Versicherungsrecht ... 51
III. Zusammenfassung ... 52

C. Versicherungsvertragsrecht: Gesetz, Dogmatik und Allgemeine Versicherungsbedingungen ... 53
I. Rechtsquellen und Dogmatik ... 53
1. Rechtssystematischer Überblick ... 53
2. Entstehung und historische Bedingtheit des VVG, Entwicklungsgeschichte ... 54
3. Zur Dogmatik des Versicherungsvertragsrechts ... 57
4. Anwendungsbereich des VVG ... 60
5. Gesetzesaufbau und »halbzwingende« Vorschriften ... 60
6. Internationales Versicherungsvertragsrecht, internationale Gerichtszuständigkeit und Rechtsharmonisierung ... 64
a) Internationales Privatrecht für Versicherungsverhältnisse ... 64
b) Internationale Gerichtszuständigkeit für Klagen aus Versicherungsverhältnissen ... 67
aa) Überblick über die Rechtsquellen ... 67
bb) EuGVVO ... 67
cc) Autonomes deutsches Recht ... 68
c) Harmonisierung der materiellen Versicherungsvertragsrechte ... 69
II. Die Allgemeinen Versicherungsbedingungen ... 72
1. Qualifikation ... 72
2. Bedeutung von AVB vor und nach der »Deregulierung« im Jahre 1994 ... 73
3. Einbeziehung von AVB in Versicherungsverträge ... 74
4. Auslegung von AVB ... 76
5. Inhaltskontrolle von AVB ... 77
6. Rechtsfolgen der Unwirksamkeit von AVB ... 80
III. Gesetzliche und vertragliche Bedingungsänderungsbefugnisse des Versicherers ... 82
1. Überblick ... 82
2. Gesetzliche Änderungsbefugnisse ... 83
3. Vertragliche Änderungsbefugnisse ... 84
IV. Versicherungsvertragsrecht und Privatautonomie ... 85
1. Versicherungspflichten ... 85
2. Zur Privatautonomie und der Stellung des Versicherungsvertragsrechts im Rechtssystem ... 87
3. Die versicherungsspezifischen Regelungen des AGG und des GenDG ... 88
V. Zusammenfassung ... 92

D. Eingehung und Wirksamkeit des Versicherungsverhältnisses 95

I. Überblick: Gemeinsamkeiten und Unterschiede von altem und neuem VVG; Gesetzeshistorie 95
1. Überblick 95
2. Gemeinsamkeiten und Unterschiede von altem und neuem VVG; Gesetzeshistorie 95

II. Persönlicher, sachlicher und zeitlicher Anwendungsbereich 96

III. Antrag und Annahme 97

IV. Abweichung des Versicherungsscheins vom Antrag 100

V. Vorvertragliche Beratung und Information des Versicherungsnehmers 101
1. VVG a.F. 101
2. Neues VVG 102
a) Vorvertragliche Beratung des Versicherungsnehmers, Begründungs- und Dokumentationspflicht 102
b) Vorvertragliche Information des Versicherungsnehmers 109

VI. Einbeziehung von AVB 116

VII. Lösungsrechte vom Vertrag 118
1. Überblick: Gemeinsamkeiten und Unterschiede von altem und neuem VVG 118
2. VVG a.F. 118
a) Widerrufsrecht oder Rücktrittsrecht beim Antragsmodell 118
b) Widerspruchsrecht beim Policenmodell 119
3. Neues VVG 120
a) Das einheitliche Widerrufsrecht des Versicherungsnehmers 120
b) Rechtsfolgen des Widerrufs 122
aa) Überblick 122
bb) Rechtsfolgen des Widerrufs nach ordnungsgemäß erfolgtem Beginn des Versicherungsschutzes (§ 9 S. 1 VVG) 124
cc) Rechtsfolgen des Widerrufs bei Unterlassen des von § 9 S. 1 VVG geforderten Hinweises (§ 9 S. 2 VVG) 129
(1) Überblick 129
(2) Richtlinienwidrigkeit von § 9 S. 2 Hs. 1 VVG 131
(3) Richtlinienkonforme Auslegung von § 9 S. 2 Hs. 2 VVG 132

VIII. Willensmängel 135

IX. Zusammenfassung 136

E. Versicherungsvermittlung 141

I. Überblick 141
1. Vertrieb; wirtschaftliche Bedeutung und begriffliche Abgrenzungen des VVG 141
2. Die unterschiedlichen Regelungsprobleme und -bereiche 144
3. Gesetzeshistorie und Bedeutung der Vermittlerrichtlinie 145

II. Berufsrechtliche Regelungen für Versicherungsvermittler und Versicherungsberater . . . 146

III. Versicherungsvertreter . . . 148
1. Begriff . . . 148
2. Mitteilungs-, Beratungs- und Dokumentationspflichten . . . 148
3. Vertretungsmacht . . . 150
4. Wissenszurechnung . . . 153
5. Haftung des Versicherers für Versicherungsvertreter . . . 155

IV. Versicherungsmakler . . . 157
1. Überblick . . . 157
2. Pflichten und Haftung . . . 159

V. Versicherungsberater . . . 159

VI. Außergerichtliche Streitschlichtung und Gerichtsstand . . . 160

VII. Zusammenfassung . . . 160

F. Versicherungsschein, Dauer und Beendigung des Versicherungsverhältnisses . . . 165

I. Versicherungsschein (Police) . . . 165
1. Funktionen . . . 165
2. Sonderformen des Versicherungsscheins . . . 166

II. Vertragsdauer, Haftungsdauer und prämienbelasteter Zeitraum . . . 167
1. Formelle Vertragsdauer . . . 167
2. Haftungsdauer (»materielle Versicherungsdauer«) . . . 168
3. Prämienbelasteter Zeitraum (»technische Versicherungsdauer«) . . . 169
4. Vorwärts- und Rückwärtsversicherung . . . 169
5. Haftungsbeginn erst mit Zahlung der einmaligen oder ersten Prämie 170

III. Vertrag über vorläufige Deckung . . . 171

IV. Beendigung, insbesondere Rücktritt und Kündigung . . . 178
1. Überblick über die Beendigungsgründe . . . 178
2. Rücktritt . . . 178
3. Kündigung . . . 179

V. Zusammenfassung . . . 182

G. Die Pflicht des Versicherungsnehmers zur Prämienzahlung . . . 185

I. Einführung . . . 185

II. Tarif- und Prämienanpassungen . . . 186

III. Prämienarten und Fälligkeit . . . 187

IV. Erfüllung der Prämienzahlungspflicht . . . 191

V. Die Verletzung der Prämienzahlungspflicht . . . 192
1. Überblick . . . 192

2. Erstprämie und Einmalprämie ... 193
3. Folgeprämie ... 195
4. Einordnung als Erst- oder als Folgeprämie ... 196

VI. Zusammenfassung ... 198

H. Die Obliegenheiten ... 201

I. Einführung ... 201
1. Überblick, Terminologie und Grundlagen ... 201
2. Funktionen ... 201
3. Rechtsnatur ... 203
4. Abgrenzung: Obliegenheiten und Risikobeschreibungen ... 206
5. Gesetzliche und vertragliche Obliegenheiten ... 208

II. Reform des Rechts der Obliegenheiten durch das neue VVG ... 210

III. Zeitlich beschränkte Fortgeltung des alten Rechts ... 212

IV. Rechtsfolgen der Verletzung vertraglicher Obliegenheiten ... 212
1. Grundlagen ... 212
2. Schicksal des Vertrages als Ganzes ... 215
3. Vollständige oder teilweise Leistungsfreiheit für einen eingetretenen Versicherungsfall ... 216
a) Überblick ... 216
b) Volle Leistungspflicht bei schuldloser oder einfach fahrlässiger Obliegenheitsverletzung ... 218
c) Leistungsfreiheit bei vorsätzlicher Obliegenheitsverletzung ... 218
d) Quotelung bei grob fahrlässiger Obliegenheitsverletzung ... 221
aa) Grundsatz ... 221
bb) Ausnahmen vom Grundsatz bei Großrisiken und laufende Versicherung ... 221
cc) Die Voraussetzungen der Quotelung ... 221
dd) Der Vorgang der Quotelung ... 222
ee) Die Quotelung in Sondersituationen ... 224
ff) Beweislast ... 226

V. Rechtsfolgen der Verletzung gesetzlicher Obliegenheiten ... 227
1. Überblick ... 227
2. Verschuldenserfordernis ... 227
3. Kausalitätserfordernis ... 228
4. Rücktritts- bzw. Kündigungserfordernis ... 228

VI. Einrede der Leistungsfreiheit und Verzicht ... 228

VII. Zurechnung des Verhaltens Dritter ... 229
1. Überblick ... 229
2. Repräsentant ... 231
3. Wissensvertreter ... 233
4. Wissenserklärungsvertreter ... 233

VIII. Zusammenfassung ... 234

J. Die Leistung des Versicherers: Übernahme eines wirtschaftlichen Risikos . 237

I. Einführung . . . 237
1. Überblick . . . 237
2. Zur Rechtsnatur der Versichererleistung . . . 238

II. Versicherbares und versichertes Interesse . . . 240
1. Begriff und Funktion . . . 240
2. Das versicherbare Interesse . . . 240
3. Das versicherte Interesse: Auslegung . . . 243
4. Das versicherte Interesse: Problemfälle . . . 245
5. Versicherung für fremde Rechnung . . . 248
a) Überblick . . . 248
b) Vorliegen einer Versicherung für fremde Rechnung . . . 249
c) Rechtsfolgen . . . 250
d) Zurechnung . . . 252
6. Interessemangel . . . 254
7. Veräußerung der »versicherten« Sache . . . 256

III. Andere Leistungsgrenzen: Versicherungsschaden, Versicherungswert, Versicherungssumme . . . 258
1. Der Versicherungsschaden . . . 258
2. Versicherungswert und Versicherungssumme: Funktion . . . 260
a) Summenversicherung . . . 260
b) Schadensversicherung . . . 260
aa) Versicherungswert . . . 260
bb) Versicherungssumme . . . 262
3. Schadensversicherung: Unterversicherung, Überversicherung und Mehrfachversicherung . . . 263
a) Überblick . . . 263
b) Unterversicherung . . . 265
c) Überversicherung . . . 267
d) Mehrfachversicherung . . . 268

IV. Zusammenfassung . . . 269

V. Die übernommene Gefahr . . . 272
1. Terminologie . . . 272
2. Die Gefahrbeschreibung . . . 272
3. Die Gefahrenlage: Systematischer Überblick . . . 274
4. Vorvertragliche Anzeigepflicht . . . 276
a) Überblick . . . 276
b) Inhalt und Umfang der Anzeigepflicht . . . 277
c) Rechtsfolgen der Verletzung der Anzeigepflicht . . . 280
aa) Die Rechtsfolgen im Überblick . . . 281
bb) Die Rechtsfolgen im Einzelnen . . . 281
cc) Weitere Voraussetzungen für alle Rechtsfolgen: Belehrungserfordernis und Nichtkenntnis des Versicherers . . 284
d) Geltendmachung der Rechte durch den Versicherer . . . 285
e) Zurechnungsfragen . . . 287
5. Gefahrerhöhung . . . 287

a) Überblick und Systematik 287
b) Begriff der Gefahrerhöhung 289
c) Maßgebender Zeitpunkt 293
d) Obliegenheiten des Versicherungsnehmers 293
e) Rechtsfolgen von Gefahrerhöhungen 294
aa) Überblick 294
bb) Kündigungsrecht des Versicherers (§ 24 VVG) 298
cc) Vertragsanpassungsrecht des Versicherers (§ 25 VVG) 299
dd) Leistungsfreiheit des Versicherers (§ 26 VVG) 301
f) Abgrenzung zu vertraglichen Gefahrstandsobliegenheiten 302
6. Zusammenfassung 303

VI. Der Versicherungsfall 306
1. Begriff und Funktion 306
2. Versicherungsfall innerhalb des Haftungszeitraums 307
3. Kausalitäts- und Schutzzweckprobleme 309
4. Herbeiführung des Versicherungsfalls 312
a) Überblick 312
b) Regelungszwecke 314
c) Objektiver Tatbestand der Herbeiführung des Versicherungsfalles 315
d) Subjektiver Tatbestand: Vorsatz oder grobe Fahrlässigkeit 315
e) Zurechnung von Drittverhalten 317
5. Beweisfragen 318
6. Obliegenheiten des Versicherungsnehmers beim Versicherungsfall . . 322
7. Obliegenheiten des Versicherungsnehmers nach Eintritt des Versicherungsfalls 326
8. Abwicklungsfragen 327
9. Kündigungsrecht nach Eintritt eines Versicherungsfalls 329
10. Zusammenfassung 329

K. Der Übergang des Ersatzanspruchs des Versicherungsnehmers auf den Schadensversicherer 331

I. Grundsätzliches 331
1. Rechtspolitische Bedeutung 331
2. Regressinstrument: Legalzession 332
3. Die Folgen für das Schadensersatzrecht 333

II. Anwendbarkeit des § 86 VVG nur in der Schadensversicherung 334

III. Voraussetzungen, Zeitpunkt und Inhalt des Forderungsübergangs 334
1. Leistung des Versicherers 334
2. Übergangsfähige Ansprüche 335
3. Zeitpunkt des Anspruchsübergangs 336
4. Inhalt des übergehenden Anspruchs 336
5. Höhe des übergehenden Anspruchs 337
a) Vollständiger Übergang bei vollständigem Ersatz durch den Versicherer 337

b) Das »Befriedigungsvorrecht« des Versicherungsnehmers (§ 86 I 2 VVG) . . . 337
c) Das »Quotenvorrecht« des Versicherungsnehmers . . . 337
6. Schutz des Schuldners bei Ungewissheit über den Gläubiger . . . 339

IV. Obliegenheit des Versicherungsnehmers zur Sicherung des Regresses (§ 86 II VVG) . . . 340

V. Kein Regress gegen in häuslicher Gemeinschaft lebende Personen (§ 86 III VVG) . . . 342

VI. Kein Übergang von Ansprüchen gegen Mitversicherte und Regressverzicht . . . 345

VII. Regressverzichts- und Schadenteilungsabkommen . . . 348
1. Regressverzichtsabkommen . . . 348
2. Schadenteilungsabkommen . . . 349

VIII. Zusammenfassung . . . 351

L. Haftpflichtversicherung . . . 353

I. Zweck und Rechtsnatur der Haftpflichtversicherung . . . 353

II. Der Versicherungsfall in der Haftpflichtversicherung . . . 356
1. Grundlagen: Grundsatz der Spezialität der versicherten Gefahr, Versicherungsschutz auch für Risikoerweiterungen und neue Risiken . . . 356
2. Definition des Versicherungsfalls . . . 357

III. Die Leistungspflichten des Haftpflichtversicherers . . . 362
1. Einzelheiten zum Freistellungsanspruch . . . 362
2. Einzelheiten zum Rechtsschutzanspruch . . . 364
3. Fälligkeit . . . 366

IV. Herbeiführung des Versicherungsfalls und Obliegenheiten des Versicherungsnehmers . . . 367

V. Die Rechtsstellung des geschädigten Dritten in der freiwilligen Haftpflichtversicherung . . . 369
1. Gesetzliche Grundkonzeption: materielles und prozessuales Trennungsprinzip . . . 369
2. Besonderer gesetzlicher Schutz des geschädigten Dritten im Rahmen des Trennungsprinzips . . . 371
3. Die Stellung des geschädigten Dritten als Zessionar des Freistellungsanspruchs . . . 373

VI. Die Pflicht-Haftpflichtversicherung . . . 374
1. Einführung . . . 374
2. Gesetzliche Mindestanforderungen an die Erfüllung der Versicherungspflicht . . . 375
3. Der Schutz des geschädigten Dritten in der Pflichtversicherung und Folgefragen . . . 376
a) Überblick . . . 376

b) Der Einwendungsausschluss ... 377
c) Direktanspruch des Dritten gegen den Versicherer ... 379
d) Anzeigepflicht und Obliegenheiten des Dritten ... 381
e) Rangfolge mehrerer Ansprüche ... 382
f) Veräußerung der von der Versicherung erfassten Sache ... 383
g) Rückgriff des Versicherers gegen den Versicherungsnehmer ... 383
h) Rechtskrafterstreckung bei gegebenem Direktanspruch ... 384
4. Der Schutz des Mitversicherten ... 384
5. Besonderheiten der obligatorischen Kfz-Haftpflichtversicherung ... 386
a) Überblick ... 386
b) Umfang der Leistungspflicht des Versicherers ... 387
c) Obliegenheiten und Regress ... 388
6. Der »Entschädigungsfonds« und die »Entschädigungsstelle für Auslandsunfälle« ... 391

VII. Rechtspolitik jenseits der Haftpflichtversicherungstechnik ... 393

VIII. Zusammenfassung ... 395

M. Lebensversicherung ... 399

I. Einführung ... 399
1. Erscheinungsformen und Abgrenzungen ... 399
2. Sozialpolitische und wirtschaftliche Bedeutung ... 401
3. Zur Entwicklungsgeschichte ... 402
4. Besondere Notwendigkeit (aufsichts-) rechtlicher Regulierung ... 403

II. Grundzüge der aufsichtsrechtlichen Regulierung ... 406
1. Überblick ... 406
2. Prämienkalkulation ... 407
3. Deckungsrückstellung, Rechnungszins und Sicherungsvermögen ... 409
4. Überschussbeteiligung ... 410
5. Sicherungsfonds ... 410

III. Vertragsrechtliche Besonderheiten ... 411
1. Summenversicherung ... 412
2. Vertragsschluss, Informationspflichten des Versicherers und Versicherungsschein ... 413
3. Prämie ... 414
4. Vorvertragliche Anzeigepflichten des Versicherungsnehmers und Gefahrerhöhung ... 416
5. Umwandlung der Versicherung ... 417
a) Umwandlung in eine prämienfreie Versicherung ... 417
b) Umwandlung in eine pfändungsgeschützte Versicherung ... 417
6. Herbeiführung des Versicherungsfalles ... 418
7. Leistung des Versicherers, einschließlich Überschussbeteiligung ... 419
a) Grundsatz der vertragsautonomen Bestimmungen des Inhalts der Leistungspflicht des Versicherers ... 419
b) Überschussbeteiligung: Überblick ... 419
c) Die Beteiligung am handelsrechtlichen Jahresabschluss ... 423

d) Die Beteiligung an den Bewertungsreserven ... 426
e) Zusammenfassung ... 427
8. Vorzeitige Vertragsbeendigung und Rückkaufswert ... 429
a) Rücktritt und Anfechtung durch den Versicherungsnehmer ... 429
b) Kündigung durch eine der Vertragsparteien sowie Rücktritt und Anfechtung durch den Versicherer ... 429
c) Anspruch auf Rückkaufswert ... 430
9. Bezugsberechtigung, Abtretung ... 435
a) Widerrufliche Bezugsberechtigung ... 436
b) Unwiderrufliche Bezugsberechtigung ... 438
c) Abtretung ... 439
10. Prämien- und Bedingungsanpassung, Ersetzung unwirksamer AVB ... 440
a) Prämien- und Leistungsänderung durch den Versicherer (§ 163 VVG) ... 440
b) Gesetzliche Befugnis des Versicherers zur Ersetzung einer unwirksamen AVB-Bestimmung (§ 164 VVG) ... 443

IV. Zusammenfassung ... 449

N. Kranken- und Pflegeversicherung ... 453

I. Funktion und Stellung im System der Sozialvorsorge ... 453
1. Funktion ... 453
2. Abgrenzung zur gesetzlichen Kranken- und Pflegeversicherung ... 453
3. Gesetzliche Regulierung im Überblick ... 456

II. Systematische Einordnung der Krankenversicherung ... 459
1. Schadens- oder Summenversicherung ... 459
2. Substitutive Krankenversicherung, nicht substitutive Krankenversicherung nach Art der Lebensversicherung und sonstige nicht substitutive Krankenversicherung ... 460
a) Überblick ... 460
b) Die Abgrenzungen ... 461

III. Allgemeine Regelungen und Besonderheiten der substitutiven Krankenversicherung ... 462
1. Überblick: Sozialpolitische Bedeutung und rechtlicher Schutzbedarf 462
2. Die Zulassung zum Geschäftsbetrieb ... 463
3. Vertragsschluss, Versicherungspflicht und Dauer ... 464
4. Prämie, Prämienanpassung und Verletzung der Prämienzahlungspflicht ... 466
a) Berechnung der Prämie, Gleichbehandlungsgrundsatz, Verantwortlicher Aktuar ... 466
b) Prämienanpassung ... 469
c) Nichtzahlung oder verspätete Zahlung der Prämie ... 470
5. Die Leistungspflicht des Versicherers ... 473
a) Versicherungsfall, Leistungsarten und -umfang ... 473
b) Bedingungsanpassung und -ersetzung ... 477
c) Basistarif: Leistungsumfang und Direktanspruch der externen Leistungserbringer ... 480

6. Tarifwechsel 480
7. Die Beendigung des Krankenversicherungsvertrages, Übertragbarkeit der Alterungsrückstellung 483
a) Überblick 483
b) Kündigung durch den Versicherer 484
c) Kündigung durch den Versicherungsnehmer, Übertragbarkeit der Alterungsrückstellung und Anwartschaftsversicherung 484

IV. Die nicht substitutive Krankenversicherung nach Art der Schadensversicherung 486

V. Die private Pflegekrankenversicherung 487
1. Gegenstand in Abgrenzung zur gesetzlichen Pflegeversicherung und Rechtsrahmen 487
2. Die private Pflegepflichtversicherung 488
a) Substitutive Krankenversicherung, Versicherungspflicht und Kontrahierungszwang 488
b) Leistungspflicht des Versicherers 489
c) Dauer und Beendigung des Vertrages 490
d) Rechtsweg 490
3. Die freiwillige private Pflegeversicherung 491

VI. Zusammenfassung 491

Anhang I. Verzeichnis der Rechtsquellen des Versicherungsrechts 497

Anhang II. Verzeichnis der Allgemeinen Versicherungsbedingungen 509

Anhang III. Gesetzesverzeichnis 513

Stichwortverzeichnis 531

Abkürzungsverzeichnis

a.A.	anderer Ansicht
a.a.O.	am angegebenen Ort
ABEH	Allgemeine Bedingungen für die Erweiterte Haushaltversicherung
ABl.	Amtsblatt der Europäischen Gemeinschaften
Abs.	Absatz
AcP	Archiv für die civilistische Praxis (Zeitschrift)
ADS	Allgemeine Deutsche Seeversicherungsbedingungen von 1919
a.E.	am Ende
AERB	Allgemeine Bedingungen für die Einbruchdiebstahl- und Raubversicherung (in der jeweils angegebenen Fassung)
a.F.	alte Fassung
AFB	Allgemeine Bedingungen für die Feuerversicherung (in der jeweils angegebenen Fassung)
AG	Aktiengesellschaft
AG	Amtsgericht
AGB	Allgemeine Geschäftsbedingungen
AGBG	Gesetz zur Regelung der Allgemeinen Geschäftsbedingungen
AGG	Allgemeines Gleichbehandlungsgesetz
AGlB	Allgemeine Glasversicherungs-Bedingungen
AHagB	Allgemeine Hagelversicherungs-Bedingungen
AHB	Allgemeine Bedingungen für die Haftpflichtversicherung (in der jeweils angegebenen Fassung)
AKB	Allgemeine Bedingungen für die Kraftfahrtversicherung (in der jeweils angegebenen Fassung)
ALB	Allgemeine Bedingungen für die kapitalbildende Lebensversicherung (in der jeweils angegebenen Fassung)
ALR	Preußisches Allgemeines Landrecht von 1794
Alt.	Alternative
AltZertG	Altersvorsorgeverträge-Zertifizierungsgesetz
AMG	Arzneimittelgesetz
AnfG	Anfechtungsgesetz
Anh.	Anhang
Anl.	Anlage
Anm.	Anmerkung
ARB	Allgemeine Bedingungen für die Rechtsschutzversicherung
ArbG	Arbeitsgericht
Art.	Artikel
AtomG	Gesetz über die friedliche Verwendung der Kernenergie und den Schutz gegen ihre Gefahren
AUB	Allgemeine Unfallversicherungs-Bedingungen in der jeweils angegebenen Fassung
Aufl.	Auflage
AVB	Allgemeine Versicherungsbedingungen
AVB Flusskasko	Allgemeine Bedingungen für die Versicherung von Flusskasko-Risiken
AVBR 1980	Allgemeine Bedingungen für die Reisegepäckversicherung
AVBSP 1976	Allgemeine Bedingungen für die Versicherung von Juwelen, Schmuck- und Pelzsachen im Privatbesitz
AVB Vermögen	Allgemeine Versicherungsbedingungen zur Haftpflichtversicherung für Vermögensschäden
AVB Werkverkehr	Allgemeinen Bedingungen für die Versicherung von Gütertransporten im *Werkverkehr*
BaFin	Bundesanstalt für Finanzdienstleistungsaufsicht
BAG	Bundesaufsichtsamtsgesetz
BAG	Bundesarbeitsgericht

BAGE	Entscheidungen des Bundesarbeitsgerichts
BAKred	Bundesaufsichtsamt für das Kreditwesen (jetzt BaFin)
BAnz.	Bundesanzeiger
BAV	Bundesaufsichtsamt für das Versicherungswesen (jetzt BaFin)
BAWe	Bundesaufsichtsamt für den Wertpapierhandel (jetzt BaFin)
BB	Betriebs-Berater (Zeitschrift)
BBR	Besondere Bedingungen und Risikobeschreibungen für die Privathaftpflichtversicherung
Bd.	Band
BDSG	Bundesdatenschutzgesetz
BEH	Besondere Bedingungen für die Versicherung weiterer Elementarschäden in der Hausratversicherung
BFH	Bundesfinanzhof
BGB	Bürgerliches Gesetzbuch
BGBl. I	Bundesgesetzblatt Teil 1 (nationales Recht)
BGBL. II	Bundesgesetzblatt Teil 2 (internationales Recht)
BGH	Bundesgerichtshof
BGHZ	Entscheidungen des Bundesgerichtshofs in Zivilsachen
BJagdG	Bundesjagdgesetz
BK	Berliner Kommentar zum Versicherungsvertragsgesetz
BNotO	Bundesnotarordnung
BRAO	Bundesrechtsanwaltsordnung
BR-Drucks.	Drucksachen des Deutschen Bundesrates
BRRG	Beamtenrechtsrahmengesetz
BSG	Bundessozialgericht
BSGE	Entscheidungen des Bundessozialgerichts
BT-Drucks.	Drucksachen des Deutschen Bundestages
Buchst.	Buchstabe
BUV	Berufsunfähigkeitsversicherung
BUZ	Berufsunfähigkeits-Zusatzversicherung
BVerfG	Bundesverfassungsgericht
BVerfGE	Entscheidungen des Bundesverfassungsgerichts
BVerwG	Bundesverwaltungsgericht
BVerwGE	Entscheidungen des Bundesverwaltungsgerichts
CEIOPS	Committee of European Insurance and Occupational Pension Supervisors
D&O	Directors and Officers Liability-Versicherung
DAR	Deutsches Autorecht (Zeitschrift)
DB	Der Betrieb (Zeitschrift)
DeckRV	Deckungsrückstellungsverordnung
ders.	derselbe
Diss.	Dissertation
DStR	Deutsches Steuerrecht (Zeitschrift)
DZWiR	Deutsche Zeitschrift für Wirtschaftsrecht
ed.	edition
EDV	Elektronische Datenverarbeitung
EFZG	Entgeltfortzahlungsgesetz
EG	Europäische Gemeinschaften
EGBGB	Einführungsgesetz zum Bürgerlichen Gesetzbuch
EGV	Vertrag zur Gründung der Europäischen Gemeinschaft, früher EWGV
EGVVG	Einführungsgesetz zum Versicherungsvertragsgesetz
endg.	endgültig
EStG	Einkommenssteuergesetz
EU	Europäische Union
EuGH	Europäischer Gerichtshof

EuGVVO	Verordnung über die gerichtliche Zuständigkeit und die Anerkennung und Vollstreckung von Entscheidungen in Zivil- und Handelssachen
EuGVÜ	Übereinkommen über die gerichtliche Zuständigkeit und die Vollstreckung gerichtlicher Entscheidungen in Zivil- und Handelssachen
EUV	Eigenunfallversicherung
EuZW	Europäische Zeitschrift für Wirtschaftsrecht
e.V.	eingetragener Verein
EVÜ	Römisches EWG-Übereinkommen über das auf vertragliche Schuldverträge anzuwendende Recht vom 19.6.1980
EWG	Europäische Wirtschaftsgemeinschaft
EWGV	Vertrag zur Gründung der Europäischen Wirtschaftsgemeinschaft, abgelöst durch den EGV
EWiR	Entscheidungen zum Wirtschaftsrecht (Zeitschrift)
EWR	Europäischer Wirtschaftsraum
f., ff.	(fort-) folgende
FamRZ	Zeitschrift für das gesamte Familienrecht
FeV	Verordnung über die Zulassung von Personen zum Straßenverkehr
Fn.	Fußnote
FS	Festschrift
FZV	Verordnung über die Zulassung von Fahrzeugen zum Straßenverkehr
GB BAV	Geschäftsbericht des Bundesaufsichtsamtes für Versicherungswesen
GDV	Gesamtverband der Deutschen Versicherungswirtschaft e.V.
GenDG	Gesetz über genetische Untersuchungen bei Menschen
GewO	Gewerbeordnung
GenTG	Gentechnikgesetz
GG	Grundgesetz für die Bundesrepublik Deutschland
GKV	Gesetzliche Krankenversicherung
GKV-WSG	Gesetz zur Stärkung des Wettbewerbs in der GKV
GPflV	Soziale Pflegeversicherung
GS	Großer Senat
GüKG	Güterkraftverkehrsgesetz
GVG	Gerichtsverfassungsgesetz
GVO	Gruppenfreistellungsverordnung
GWB	Gesetz gegen Wettbewerbsbeschränkungen
H.	Heft
HaftPflG	Haftpflichtgesetz
Halbbd.	Halbband
Hbd.	Halbband
HdV	Handwörterbuch der Versicherung, hrsg. von Farny/Helten/Koch/Schmidt
HGB	Handelsgesetzbuch
h.M.	herrschende Meinung
hrsg.	herausgegeben
Hrsg.	Herausgeber
Hs.	Halbsatz
HUK-Verband	Verband der Haftpflichtversicherer, Unfallversicherer, Autoversicherer und Rechtsschutzversicherer – HUK-Verband e.V. (aufgegangen im GDV e.V.)
IECL	International Encyclopedia of Comparative Law
InsO	Insolvenzordnung
IPR	Internationales Privatrecht
i.S.v.	im Sinne von
JR	Juristische Rundschau (Zeitschrift)

JRPV	Juristische Rundschau für die Privatversicherung (Zeitschrift)
JW	Juristische Wochenschrift
JZ	Juristenzeitung
KalV	Kalkulationsverordnung
KfzPflVV	Kraftfahrzeug-Haftpflichtversicherungsverordnung
KG	Kammergericht, Berlin
KO	Konkursordnung, heute InsO
KOM	Kommissionsdokumente
krit.	kritisch
KStG	Körperschaftsteuergesetz
KV	Krankenversicherung
LFG	Lohnfortzahlungsgesetz
LG	Landgericht
li.Sp.	linke Spalte
lit.	littera
LM	Nachschlagewerk des Bundesgerichtshofs, hrsg. v. Lindenmaier, Möhring u.a.
LV	Lebensversicherung
LuftVG	Luftverkehrsgesetz
MB/BT	Musterbedingungen für den Basistarif in der privaten Krankenversicherung
MB/KK	Musterbedingungen für die Krankenhauskosten- und für die Krankenhaustagegeldversicherung (in der jeweils angegebenen Fassung)
MB/KT	Musterbedingungen für die Krankentagegeldversicherung (in der jeweils angegebenen Fassung)
MB/PPV	Musterbedingungen für die private Pflegepflichtversicherung (in der jeweils angegebenen Fassung)
MB/PV	Musterbedingungen für die Pflegekrankenversicherung (in der jeweils angegebenen Fassung)
MDR	Monatsschrift für Deutsches Recht (Zeitschrift)
MHRG	Gesetz zur Regelung der Miethöhe
MünchKomm	Münchener Kommentar
MüKo	Münchener Kommentar
m.w.H.	mit weiteren Hinweisen
m.w.N.	mit weiteren Nachweisen
n.F.	neue Fassung
NJOZ	Neue Juristische Online-Zeitung
NJW	Neue Juristische Wochenschrift
NJW-RR	NJW – Rechtsprechungsreport
Nr.	Nummer
Nrn.	Nummern
NVersZ	Neue Zeitschrift für Versicherung und Recht (eingestellt Ende 2002)
NZA	Neue Zeitschrift für Arbeitsrecht
NZS	Neue Zeitschrift für Sozialrecht
NZV	Neue Zeitschrift für Verkehrsrecht
OGH	(österreichischer) Oberster Gerichtshof
OLG	Oberlandesgericht
P	Problem
PflVG	Pflichtversicherungsgesetz
PHi	Produkt- und Umwelthaftpflicht international (Zeitschrift)
PKV	Private Krankenversicherung
PML	Probable Maximum Loss

PrHPflVB	Privathaftpflichtversicherungs-Bedingungen
ProdHaftG	Produkthaftungsgesetz
PZV	Pflegerentenzusatzversicherung
RechVersV	Verordnung über die Rechnungslegung von Versicherungsunternehmen
RegE	Regierungsentwurf
RfB	Rückstellung für Beitragsrückerstattung
RG	Reichsgericht
RGZ	Entscheidungen des Reichsgerichts in Zivilsachen
Rn.	Randnummer
RQV	Verordnung über die Berechnung der Rückgewährquote
Rs.	Rechtssache; Rundschreiben
r.Sp.	rechte Spalte
Rspr.	Rechtsprechung
r+s	Recht und Schaden (Zeitschrift)
RVO	Reichsversicherungsordnung
Rz.	Randziffer
S.	Satz, Seite
s.a.	siehe auch
SGB II	Sozialgesetzbuch, 2. Buch: Grundsicherung für Arbeitsuchende
SGB IV	Sozialgesetzbuch, 4. Buch: Gemeinsame Vorschriften für die Sozialversicherung
SGB V	Sozialgesetzbuch, 5. Buch: Gesetzliche Krankenversicherung
SGB VII	Sozialgesetzbuch, 7. Buch: Gesetzliche Unfallversicherung
SGB X	Sozialgesetzbuch, 10. Buch: Verwaltungsverfahren
SGB XI	Sozialgesetzbuch, 11. Buch: Soziale Pflegeversicherung
SGB XII	Sozialgesetzbuch, 12. Buch: Sozialhilfe
SGG	Sozialgerichtsgesetz
Slg.	Sammlung
Sog.	sogenannt
SPD	sozialdemokratische Partei Deutschlands
StGB	Strafgesetzbuch
str.	streitig
st.Rspr.	ständige Rechtsprechung
StVG	Straßenverkehrsgesetz
StVZO	Straßenverkehrs-Zulassungs-Ordnung
TB/ST	Tarifbestimmungen Standardtarif (Krankenversicherung)
TVO	Verordnung über die Tarife in der Kraftfahrzeug-Haftpflichtversicherung
Tz	Textziffer
u.	und
ÜbschV	Überschussverordnung
UKlaG	Unterlassungsklagengesetz
UmweltHG	Umwelthaftungsgesetz
Urt.	Urteil
UZV	Unfallzusatzversicherung
v.	vom
VAG	Versicherungsaufsichtsgesetz
VerAfP	Veröffentlichungen des Reichsaufsichtsamtes für die Privatversicherung
VerBAV	Veröffentlichungen des Bundesaufsichtsamtes für das Versicherungswesen
VerbrKrG	Verbraucherkreditgesetz
VersArch	Versicherungswissenschaftliches Archiv (Zeitschrift)
VersR	Zeitschrift für Versicherungsrecht, Haftungs- und Schadensrecht

VersMed	Versicherungsmedizin (Zeitschrift)
VersVermV	Verordnung über die Versicherungsvermittlung und -beratung
VersWissStud	Versicherungswissenschaftliche Studien
VGB	Allgemeine Bedingungen für die Neuwertversicherung von Wohngebäuden gegen Feuer-, Leitungswasser- und Sturmschäden (in der jeweils angegebenen Fassung)
vgl.	vergleiche
VHB	Allgemeine Bedingungen für die Neuwertversicherung des Hausrats gegen Feuer-, Einbruchdiebstahl-, Beraubungs-, Leitungswasser-, Sturm- und Glasbruchschäden (kurz: Allgemeine Hausratversicherungsbedingungen; in der jeweils angegebenen Fassung)
VN	Versicherungsnehmer
VO	Verordnung
VOB/B	Verdingungsordnung für Bauleistungen Teil B
Vorb(em).	Vorbemerkung
VP	Die Versicherungspraxis (Zeitschrift)
VR	Versicherungsrundschau (Zeitschrift)
VR	Versicherer
VRR	Verkehrsrechtliche Rundschau (Zeitschrift)
VU	Versicherungsunternehmen
VuR	Verbraucher und Recht (Zeitschrift)
VVaG	Versicherungsverein auf Gegenseitigkeit
VVG	Gesetz über den Versicherungsvertrag
VVG-InfoV	Verordnung über Informationspflichten bei Versicherungsverträgen
VW	Versicherungswirtschaft (Zeitschrift)
WHG	Wasserhaushaltsgesetz
WM	Wertpapier-Mitteilungen (Zeitschrift)
WuW	Wirtschaft und Wettbewerb (Zeitschrift)
ZEuP	Zeitschrift für Europäisches Privatrecht
ZfS	Zeitschrift für Schadensrecht
ZfV	Zeitschrift für Versicherungswesen
z.G.	zum Ganzen
Ziff.	Ziffer
ZInsO	Zeitschrift für das gesamte Insolvenzrecht
ZIP	Zeitschrift für Wirtschaftsrecht und Insolvenzpraxis
ZPO	Zivilprozessordnung
ZRP	Zeitschrift für Rechtspolitik
ZRQuotenV	Verordnung über die Mindestbeitragsrückerstattung in der Lebensversicherung
zust.	zustimmend
ZVersWiss	Zeitschrift für die gesamte Versicherungswissenschaft

Verzeichnis der abgekürzt zitierten Literatur

Basedow/Fock
Europäisches Versicherungsvertragsrecht Bd. I–III; Hrsg. Jürgen Basedow, Till Fock; Tübingen 2002.

Beckmann/Matusche-Beckmann
zitiert: *Bearbeiter* in: Beckmann/Matusche-Beckmann
Versicherungsrechts-Handbuch, 2. Auflage, München 2008.

BK
zitiert: *Bearbeiter* in: BK
Berliner Kommentar zum Versicherungsvertragsgesetz – Kommentar zum deutschen und österreichischen VVG; Hrsg. Heinrich Honsell; Berlin, Heidelberg 1999.

Bruck/Möller
zitiert: *Bearbeiter* in: Bruck/Möller, 8. Aufl.
Kommentar zum Versicherungsvertragsgesetz und zu den Allgemeinen Versicherungsbedingungen unter Einschluss des Versicherungsvermittlerrechts; Ernst Bruck, Hans Möller; 8. Auflage; Bd. I (§§ 1–48 VVG), 1961; Bd. II (§§ 49–80 VVG), 1980; Bd. IV (§§ 149–158a VVG), 1970; Bd. V, Teil 2, Lieferung 1, Lebensversicherung (§§ 159–178), 1. Teil, 1985.

Bruck/Möller
zitiert: *Bearbeiter* in: Bruck/Möller
Versicherungsvertragsgesetz – Großkommentar; Horst Baumann, Roland Beckmann, Katharina Johannsen, Ralf Johannsen; 9. Auflage; Bd. I (§§ 1–32), 2008, Berlin.

Deutsch
Das neue Versicherungsvertragsgesetz, Erwin Deutsch, 6. Auflage, Karlsruhe 2008.

Dörner
Allgemeine Versicherungsbedingungen, Textausgabe; Hrsg. Heinrich Dörner; 4. Auflage; München 2003.

Eichler
Versicherungsrecht; Hermann Eichler; 2. Auflage; Karlsruhe 1976.

Ehrenzweig
Deutsches (österreichisches) Versicherungsvertragsrecht; Albert Ehrenzweig; Wien 1952.

Esser/Schmidt
Schuldrecht Allgemeiner Teil Bd. 1, Teilb. 1 und Teilb. 2; Josef Esser, Eike Schmidt; 8. Auflage; Heidelberg 1995, Heidelberg 2000.

Esser/Weyers
Schuldrecht Bd. 2, Besonderer Teil, Teilb. 2 Gesetzliche Schuldverhältnisse; Josef Esser, fortgeführt durch Hans-Leo Weyers; 8. Auflage; 2000.

Farny
Versicherungsbetriebslehre; Dieter Farny; 4. Auflage; Karlsruhe 2006.

Feyock/Jacobsen/Lemor
zitiert: *Bearbeiter* in: Feyock/Jacobsen/Lemor
Kommentar zur Kraftfahrtversicherung; Hans Feyock, Peter Jacobsen, Ulf D. Lemor; München 2002.

Fürstenwerth/Weiß
Versicherungsalphabet, Begrifferläuterungen der Versicherung aus Theorie und Praxis; Frank von Fürstenwerth, Alfons Weiß; 10. Auflage; Karlsruhe 2001.

Gärtner
Privatversicherungsrecht; Rudolf Gärtner; 2. Auflage; 1980.

Goldberg/Müller
Versicherungsaufsichtsgesetz; Alfred Goldberg und Helmut Müller; 1980.

HdV
zitiert: *Bearbeiter* in: HdV
Handwörterbuch der Versicherung; Hrsg. Dieter Farny, Elmar Helten, Peter Koch, Reimer Schmidt, Karlsruhe 1988.

Hofmann
Privatversicherungsrecht; Edgar Hofmann; 4. Auflage; München 1998.

Littbarski
Kommentar zu den allgemeinen Haftpflichtbedingungen; Sigurd Littbarski; München 2001.

Langheid/Wandt
Zitiert: *Bearbeiter* in: Langheid/Wandt
Münchener Kommentar zum Versicherungsvertragsgesetz; Hrsg. Theo Langheid, Manfred Wandt; Bd. I (Einführung und §§ 1–99), 2009; Bd. III (§§ 192–215), 2009, München.

Lorenz/Wandt
Versicherungsrecht – Textausgabe; Hrsg. Egon Lorenz, Manfred Wandt, 2. Auflage, Karlsruhe 2001.

Maier/Stadler
AKB 2008 und VVG-Reform, Karl Maier, Martin Stadler, München 2008.

Marlow/Spuhl
Das neue VVG kompakt, Sven Marlow, Udo Spuhl, 3. Auflage, Karlsruhe 2008.

Prölss/Martin
zitiert: *Bearbeiter* in: Prölss/Martin
Kommentar zum Versicherungsvertragsgesetz, begr. von Erich Prölss, fortgef. von Anton Martin u.a.; von Ulrich Knappmann, Jürgen Prölss, Helmut Kollhosser, Wolfgang Voit; 27. Auflage; München 2004.

Prölss
zitiert: *Bearbeiter* in: Prölss
Kommentar zum Versicherungsaufsichtsgesetz; Erich Prölss; Hrsg. Helmut Kollhosser; 12. Auflage; München 2005.

Richter
Privatversicherungsrecht; Arnt Richter; Stuttgart 1980

Römer/Langheid
zitiert: *Bearbeiter* in: Römer/Langheid
Kommentar zum Versicherungsvertragsgesetz; Wolfgang Römer, Theo Langheid; 2. Auflage; München 2003.

Rüffer/Halbach/Schimikowski
zitiert: *Bearbeiter* in: HK-VVG
Versicherungsvertragsgesetz – Handkommentar; Hrsg. Wilfried Rüffer, Dirk Halbach, Peter Schimikowski; Baden-Baden 2009.

Schauer
Das österreichische Versicherungsvertragsrecht, Martin Schauer, 3. Auflage; Wien 1995.

Schimikowski
Versicherungsvertragsrecht; Peter Schimikowski; 4. Auflage; München 2009.

Schimikowski/Höra
Das neue Versicherungsvertragsgesetz, Peter Schimikowski, Knut Höra, Köln 2008.

Schmitt
SGB VII: Gesetzliche Unfallversicherung; Jochen Schmitt; 3. Auflage, München 2008.

Schwintowski/Brömmelmeyer
zitiert: *Bearbeiter* in: Schwintowski/Brömmelmeyer
Praxiskommentar zum Versicherungsvertragsrecht; Hrsg. Hans-Peter Schwintowski, Christoph Brömmelmeyer; Münster 2008.

Stiefel/Hofmann
Kommentar zur Kraftfahrtversicherung; Ernst Stiefel, Edgar Hofmann; 17. Auflage; München 2000.

Ulmer/Brandner/Hensen
zitiert: *Bearbeiter* in: Ulmer/Brandner/Hensen
Kommentar zum AGB-Gesetz; Peter Ulmer, Hans Erich Brandner, Horst-Diether Hensen; 10. Auflage; Köln 2006.

Werber/Winter
Grundzüge des Versicherungsvertragsrechts; Manfred Werber, Gerrit Winter; Heidelberg 1986.

Weyers
Versicherungsrecht; Hans-Leo Weyers; 2. Auflage; Berlin 1995 (Vorauflage der von Manfred Wandt fortgeführten 3. Aufl.).

Wolf/Horn/Lindacher
zitiert: *Bearbeiter* in: Wolf/Horn/Lindacher
Kommentar zum AGB-Gesetz, Manfred Wolf, Norbert Horn, Walter Lindacher; 4. Auflage; München 1999.

Wiechmann/Block
Versicherungsgesetze – fortlaufende Textsammlung; Hrsg. Jost Wiechmann, Just Block, München.

A. Einführung

I. Allgemeine Charakterisierung

Das **Privatversicherungsrecht (Individualversicherungsrecht)** umfasst das Versicherungsaufsichtsrecht, das Versicherungsunternehmensrecht und das Versicherungsvertragsrecht. Eine Übersicht über die zahlreichen Rechtsquellen findet sich im Anhang dieses Buches. 1

Das **Versicherungsaufsichtsrecht** hat die behördliche Kontrolle über die das Versicherungsgeschäft betreibenden Unternehmen zum Gegenstand. Es ist öffentliches Recht. Die grundlegenden Regelungen finden sich im Versicherungsaufsichtsgesetz (VAG; mehr dazu Rn. 61 ff.). 2

Das **Versicherungsunternehmensrecht** enthält vor allem Regelungen zur Gründung und Organisation von Versicherungsunternehmen. Es gelten vorrangig die speziellen Regelungen für Versicherungsunternehmen, insbesondere im Versicherungsaufsichtsgesetz, und subsidiär das allgemeine Gesellschafts- und Vereinsrecht (mehr dazu Rn. 49 ff.). 3

Das **Versicherungsvertragsrecht** enthält das (Schuld-) Vertragsrecht für Versicherungsverträge. Es ist in erster Linie in dem Gesetz über den Versicherungsvertrag (VVG) geregelt. Kennzeichnend ist die privatautonom begründete und gestaltete Rechtsbeziehung zwischen den Vertragspartnern des Versicherungsvertrages. Erfasst werden aber auch Versicherungsverträge, zu deren Abschluss eine gesetzliche Verpflichtung besteht und deren Mindestinhalt gesetzlich zwingend vorgeschrieben ist (»Pflichtversicherungen«, »obligatorische Versicherungen«).[1] Beispiele sind die Kfz-Haftpflichtversicherung und die inzwischen zahlreichen Berufshaftpflichtversicherungen, insbesondere für Rechtsanwälte, Steuerberater und Notare. Zum Versicherungsvertragsrecht gehört außerdem das **Recht der Versicherungsvermittlung** durch Versicherungsvertreter und Makler, soweit es um das Versicherungsverhältnis (einschließlich Haftungsfragen) geht. Soweit dagegen das Innenverhältnis des Versicherungsunternehmens zum Versicherungsvermittler betroffen ist, geht es je nach Art und Rechtsstellung des Versicherungsvermittlers um Handelsvertreterrecht oder um Arbeitsrecht (mehr dazu Rn. 364 ff.). 4

Das **Privatversicherungsrecht steht im Gegensatz zum Sozialversicherungsrecht.**[2] 5
Gegenstand des Sozialversicherungsrechts sind Versicherungsverhältnisse, die kraft Gesetzes zwischen Versicherten und den Trägern der Sozialversicherung bestehen (z.B. die gesetzliche Krankenversicherung mit den gesetzlichen Krankenkassen als Trägern[3] oder die gesetzliche Rentenversicherung beispielsweise mit der »Bundesversicherungsanstalt für Angestellte« als Träger). Die Sozialversicherung ist ein wichtiger Gegenstand des Sozialrechts und größtenteils im Sozialgesetzbuch geregelt. Sie wird

1 Vgl. BVerfGE 103, 197 = VersR 2001, 627 = NJW 2001, 1709 (zur Befugnis des Gesetzgebers die private Pflegepflichtversicherung unter der Gesetzgebungskompetenz des Art. 74 I Nr. 11 GG für das »privatrechtliche Versicherungswesen« auszugestalten).

2 Vgl. *Lorenz* in: Beckmann/Matusche-Beckmann, § 1 Rn. 70 ff.; *Baumann* in: Bruck/Möller, § 1 VVG Rn. 282 ff.

3 Zur Abgrenzung von gesetzlicher und privater Krankenversicherung BVerfG VersR 2009, 957 = NJW 2009, 2033; *Boetius* in: Langheid/Wandt, Vor § 192 Rn. 16 ff.

von anderen Grundsätzen beherrscht und wendet andere Techniken an als das private Versicherungswesen, das hier behandelt wird.[4] Auf das Sozialversicherungsrecht wird in diesem Lehrbuch nur gelegentlich eingegangen, wenn sich die Rechtsgebiete berühren.

6 Das **private Versicherungswesen** – und damit vor allem auch das Versicherungsvertragsrecht – hat eine enorme soziale und wirtschaftliche Bedeutung. Die **wirtschaftliche Bedeutung** offenbart sich bereits in der bloßen Zahl existierender Versicherungsverhältnisse. Es gibt etwa 436 Mio. Versicherungsverträge, davon ca. 97 Mio. aus der Lebensversicherung und über 100 Mio. aus der Kraftfahrtversicherung.[5] Bekanntlich ist jeder Kfz-Halter verpflichtet, eine private Kfz-Haftpflichtversicherung abzuschließen.[6] Welche Verbreitung andere Versicherungsarten haben, zeigen Statistiken, die regelmäßig in Jahrbüchern und Geschäftsberichten erscheinen.[7] Hieraus einige Zahlen (Stand 2008): Eine Hausratversicherung besteht durchschnittlich in etwa 77 % aller privaten Haushalte Deutschlands, eine allgemeine Haftpflichtversicherung in ca. 71 %, eine Lebensversicherung in ca. 36 %.[8] Das gesamte Prämienaufkommen der Versicherungswirtschaft liegt in der Größenordnung von 165 Mrd. €[9] und damit bei 7–8 % des Bruttoinlandsprodukts.

7 Die große **gesellschaftspolitische und soziale Bedeutung der Privatversicherung** folgt aus ihrem Hauptzweck, wirtschaftliche Risiken des Einzelnen gegen eine vergleichsweise niedrige Prämienzahlung auf den Versicherer zu übertragen. Wie das geschieht und was es voraussetzt, werden wir später genauer betrachten (Rn. 94 ff.). Versicherung kann den Einzelnen zwar nicht vor Naturkatastrophen, Invalidität, Berufsunfähigkeit oder Haftpflichtrisiken in schwindelerregenden Höhen bewahren. Sie kann dem unmittelbar Betroffenen (dem Versicherten) aber die wirtschaftlichen Folgen aus derartigen Ereignissen ganz oder teilweise abnehmen. So gesehen macht Versicherung die Zukunft wirtschaftlich planbar.[10] Sie eröffnet damit dem Einzelnen und der Gesellschaft Handlungsfreiräume. Entsprechend wurde manche gefährliche Technik von der Gesellschaft nur um den Preis einer durch Pflichtversicherung abgesicherten Gefährdungshaftung zugelassen. Auch der Einzelne unternimmt manche Aktivität – von der Seefahrt, über die Gründung von Unternehmen bis zu Freizeitaktivitäten wie das Drachenfliegen – bisweilen nur, weil er die wirtschaftlichen Folgen eines Fehlschlages durch Versicherung von sich abwälzen kann.

8 In krassem Kontrast zu der großen gesellschaftspolitischen und sozialen Bedeutung der Versicherung steht bisweilen deren **negative Wahrnehmung** beim Einzelnen, die mitunter zu einem negativen Image des gesamten Privatversicherungswesens hochstilisiert wird. Die Gründe für eine negative Wahrnehmung von Einzelnen sind ver-

4 Vgl. z.B. zu den Systemunterschieden der gesetzlichen und der privaten Krankenversicherung *Boetius* VersR 2001, 661; zu den Unterschieden und Übereinstimmungen des Privatversicherungsrechts und des Sozialrechts (am Beispiel der Kranken- und Unfallversicherung) *Knappmann* r+s 2007, 45.

5 Jahrbuch des GDV 2008, S. 57.

6 Zu den Ausnahmen vgl. § 2 PflVG.

7 Vgl. etwa die Statistischen Jahrbücher der Bundesrepublik Deutschland, die Jahresberichte der Bundesanstalt für Finanzdienstleistungsaufsicht (BaFin), die Jahrbücher des Gesamtverbandes der Deutschen Versicherungswirtschaft (GDV), usw.

8 Jahrbuch des GDV 2008, S. 49.

9 Jahrbuch des GDV 2008, S. 37.

10 Vgl. instruktiv *Looschelders* VersR 1996, 529.

ständlich, beruhen aber meist auf Unverstand. Dies beginnt mit dem Gegenstand von Versicherung, nämlich dem Risiko als Möglichkeit des Eintritts eines ungewissen zukünftigen Ereignisses mit negativen wirtschaftlichen Folgen. Der (moderne) Mensch ist risikoscheu. Dies geht so weit, dass die Existenz von Risiken am liebsten völlig verdrängt wird. Risikoschutz durch Versicherung wird deshalb häufig nicht aus Eigeninitiative und mit »gutem« Gefühl genommen. Der Einzelne muss vielmehr erst durch Aufklärung dazu gebracht werden, seine Risiken zu analysieren und für den Fall ihrer Verwirklichung Vorsorge zu treffen. Diese Aufklärung geschieht regelmäßig durch Marketingmaßnahmen der Versicherer als Anbieter ihrer Produkte. Der Einzelne fühlt sich am Ende gleichwohl meist mehr überredet, denn überzeugt. Selbst der erfolgreiche Abschluss einer notwendigen Versicherung schafft daher beim Versicherungsnehmer nicht notwendig Zufriedenheit. Hinzu kommt, dass er ein umfangreiches Vertragswerk erhält, das er regelmäßig nur in den Grundzügen versteht. Und wenn nach Abschluss des Vertrages sich das Risiko über einen längeren Zeitraum nicht verwirklicht, meinen viele Versicherte – aus Unverstand über Sinn und Zweck sowie Funktionsweise von Versicherung – sie hätten die Prämien »vergebens« gezahlt, weil der Versicherer – vermeintlich – seinerseits nichts hätte leisten müssen. Wenn es aber doch zu einem Versicherungsfall kommt, sind manche Versicherte wiederum »negativ« berührt, weil das »Kleingedruckte« ihres Versicherungsvertrags nicht hält, was sie erwartet haben. Dies alles macht deutlich, dass große Anstrengungen zu unternehmen sind, um den Einzelnen allgemein über Sinn und Zweck sowie Funktionsweise von Versicherung und konkret über seinen individuellen Versicherungsbedarf und die dazu passenden Versicherungsprodukte zu informieren. Transparenz ist daher eine wichtige Handlungsmaxime. Es darf bei allen Anlässen zu einer negativen Wahrnehmung des Einzelnen jedoch nicht verkannt werden, dass die Privatversicherung tagtäglich in zigtausend Fällen ihre gesellschaftspolitisch und soziale Funktion anstandslos und deshalb völlig geräuschlos erfüllt. Bekanntlich prägen jedoch negative Wahrnehmungen das Gesamtbild leichter und stärker als positive. Richtig ist aber auch, dass das Versicherungswesen wie auch das Versicherungsrecht manches erkannte Defizit erst spät und zögerlich in Angriff genommen hat. In den letzten Jahren ist insoweit aber einiges Positive bewirkt worden, insbesondere die Einrichtung des Ombudsmanns, cum grano salis die Reform des Vermittlerrechts und vielfältige Verbesserungen der Transparenz im Versicherungsvertragsrecht.

Im Zentrum des Privatversicherungsrechts und dieses Lehrbuchs steht das **Versicherungsvertragsrecht**. Dieses ist »normales« Schuldvertragsrecht. Es hat für Versicherungsverhältnisse aber eine andere und wichtigere Rolle als beispielsweise das Kaufvertragsrecht für den Sachkauf. Versicherung ist nämlich ein »nicht greifbares«[11], »unsichtbares«[12] Gut, das erst durch den Versicherungsvertrag und die für ihn geltenden Regeln Gestalt erlangt. Man spricht deshalb von **»Versicherung als Rechtsprodukt«**.[13] Dies erklärt auch, dass – wie schon betont – das Produkt »Versicherung« für die Erwerber, die Versicherungsnehmer, in hohem Maße erläuterungsbedürftig ist. Jede Frage zu einer Versicherung ist zugleich eine Rechtsfrage. 9

11 *Werber* VersR 1986, 1, 2.
12 *R. Schmidt* ZVersWiss 1973, 529, 539.
13 Vgl. *Dreher* Die Versicherung als Rechtsprodukt, 1991, S. 145 ff.

10 Das Versicherungsvertragsrecht hat darüber hinaus **erhebliche mittelbare Bedeutung** für die Ausformung **anderer Vertragstypen.**[14] Auch die Entwicklung des **außervertraglichen Haftungs- und Schadensrechts** in den letzten hundert Jahren ist ohne Berücksichtigung des Versicherungswesens und des Versicherungsrechts in vielen Bereichen nicht mehr annähernd zu verstehen. Beispielsweise sind Gefährdungshaftung und Pflichtversicherung eng verbunden. Auch im Übrigen beruhen viele (haftungsrechtliche) Zurechnungsregeln auf der Versicherbarkeit des Risikos und stellen im Kern die Zuweisung einer Versicherungslast dar.[15] Wer als Anwalt Klienten in Schadensfällen berät oder wer als Richter darüber entscheidet, ob ein Verletzter nach einem Verkehrsunfall Schadensersatz bekommt, der muss sich deshalb auch im Versicherungsrecht jedenfalls in groben Zügen auskennen.

11 Trotz seiner großen praktischen Bedeutung führt das Versicherungsvertragsrecht in der **juristischen Ausbildung** bis zum Ersten Staatsexamen leider nur ein Randdasein. Dies liegt vor allem daran, dass das Versicherungsvertragsrecht nicht in das BGB inkorporiert, sondern eigenständig im VVG kodifiziert wurde. Dies wiederum hat zu manchen – teilweise unnötigen – begrifflichen und inhaltlichen Sonderentwicklungen geführt. Schon deshalb hat selbst ein Kenner des Schuldrechts nicht ohne weiteres auch einen schnellen und sicheren Zugriff auf Einzelfragen des Versicherungsvertragsrechts. Auch die Verknüpfung mit dem Versicherungsaufsichtsrecht erschwert den Überblick. Die Notwendigkeit, betriebswirtschaftliche und versicherungstechnische Zusammenhänge mit in den Blick zu nehmen (Rn. 93 ff.), kommt hinzu. – Auf dem Weg zu einem wissenschaftlich ausgebildeten und zugleich praxistauglichen Juristen muss dies alles aber mehr Ansporn als Entschuldigung sein. Für die universitäre Lehre des Versicherungsvertragsrechts ist hieraus die Folgerung zu ziehen, dass die bestehenden Zusammenhänge mit dem allgemeinen Schuldrecht verstärkt aufzuzeigen und zu betonen sind. An die Lehre des übrigen Schuldrechts, insbesondere des Haftungsrechts, ist zu appellieren, umgekehrt die Bezüge zum Versicherungsrecht verstärkt zu betonen.

II. VVG-Reform

12 Das VVG a.F. stammt vom 30.05.1908. Es ist durch das am 01.01.2008 in Kraft getretene **Gesetz zur Reform des Versicherungsvertragsrechts vom 23.11.2007**[16] – erstmals nach 100 Jahren – grundlegend reformiert worden. Das VVG i.d.F. dieses Reformgesetzes wird nachfolgend ohne Zusatz als VVG bezeichnet. Die **Begründung zum Gesetzentwurf der Bundesregierung** (BT-Drucks. 16/3945) gibt Aufschluss über die Gründe und zentralen Punkte der Reform sowie über die Gründe für die einzelnen Neuregelungen. Diese Gesetzesbegründung ist vor allem in der Anfangszeit des neuen VVG eine wichtige Auslegungsquelle.

---

14 Vgl. z.B. BGHZ 131, 288, 320 (Wohnungsmietvertrag) = VersR 1996, 320 = NJW 1996, 715; BGHZ 116, 200 (Arbeitsvertrag) = BGH VersR 1992, 437 = NJW 1992, 900; OLG Hamm NJW-RR 2000, 1047 = VersR 2001, 376 mit Anm. *Wandt* (Kfz-Leihe).

15 Vgl. z.B. BGHZ 116, 200 = VersR 1992, 437 = NJW 1992, 900 (keine Haftungsfreistellung des Arbeitnehmers gegenüber dem Arbeitgeber, wenn und soweit der Arbeitnehmer in den Schutzbereich einer Pflichtversicherung einbezogen ist); BGHZ 76, 279 = VersR 1980, 625 = NJW 1980, 1623; BGHZ 127, 186 = VersR 1995, 96 = NJW 1995, 452 (zu § 829 BGB); *Kötz/Wagner* Deliktsrecht, 10. Aufl. 2006, Rn. 356 ff.; *Looschelders* VersR 1996, 529; *Katzenmeier* VersR 2002, 1449.

16 BGBl. I S. 2631 (in der Fassung von Art. 3 des 2. PflVersÄndG vom 10.12.2007 [BGBl. I S. 2833]).

Das VVG a.F. galt seit längerer Zeit als reformbedürftig.[17] Es entsprach insbesondere nicht mehr den Erfordernissen modernen Verbraucherschutzes. Im Jahr 2000 hatte deshalb das Bundesjustizministerium eine **»Kommission zur Reform des Versicherungsvertragsrechts«** (sog. Reformkommission) eingesetzt. Die umfassende Aufgabe der Kommission lautete, Vorschläge zu erarbeiten, die es dem Gesetzgeber erlauben, das Versicherungsvertragsrecht in seinen allgemeinen Bestimmungen, wie auch das Vertragsrecht der einzelnen Versicherungszweige, unter Berücksichtigung der Ergebnisse der Rechtsprechung und der Vertragspraxis zeitgemäß und übersichtlich zu gestalten. Die Kommission veröffentlichte am 19.04.2004 ihren **Abschlussbericht**, der den Reformbedarf und das Ergebnis der Kommissionsberatungen ausführlich beschreibt (mehr zur Entwicklungsgeschichte des VVG und zu den Inhalten der Reform Rn. 132 ff.).[18] 13

III. Inkrafttreten des VVG und Übergangsregelungen für Altverträge

Das neue VVG ist auf alle Versicherungsverhältnisse anzuwenden, die ab **Inkrafttreten des Reformgesetzes am 01.01.2008** entstanden sind und zukünftig entstehen. Für die Krankenversicherung ist Art. 11 des Reformgesetzes zu beachten. Dieser Artikel enthält eine neuerliche Neufassung der Regelungen über die Krankenversicherung, die ihrerseites am 01.01.2009 in Kraft getreten ist. 14

Die **Übergangsvorschriften für »Altverträge«**, das heißt für Versicherungsverhältnisse, die bis zum 01.01.2008 entstanden sind, sind in den Art. 1 bis 5 EGVVG geregelt.[19] Art. 1 I EGVVG enthält den **Grundsatz**, dass auf Altverträge bis zum 31.12.2008 das VVG a.F. anzuwenden ist. Seit dem 01.01.2009, also nach einer **einjährigen Übergangsfrist**, gilt auch für Altverträge grundsätzlich nur noch das neu gefasste VVG. 15

Abweichungen von dem Grundsatz des Art. 1 I EGVVG sind in Absatz 2 dieser Vorschrift und in den Art. 2 bis 6 EGVVG vorgesehen. Nach Art. 1 II EGVVG gelten bei Altverträgen **für Versicherungsfälle, die vor dem 01.01.2009 eingetreten sind**, dauerhaft die Rechte und Pflichten des VVG a.F. Nach Art. 2 Nr. 1 EGVVG sind andererseits die Vorschriften der §§ 69 bis 73 VVG über die Vertretungsmacht des Versicherungsvertreters und der in § 73 VVG erfassten Vermittler auf Altverträge bereits ab dem 01.01.2008 anzuwenden. Gleiches gilt nach Art. 2 Nr. 2 EGVVG bei vorheriger Anpassung der AVB für die §§ 192 bis 208 VVG 2008 zur Krankenversicherung. 16

Art. 3 I EGVVG enthält eine **Übergangsregelung für die Verjährung.** Danach verjähren Ansprüche aus Altverträgen, die am 01.01.2008 noch nicht verjährt sind, im Gleichlauf mit dem VVG n.F. entsprechend der Regelverjährung des § 195 BGB nach 17

17 Vgl. aus dem Schrifttum vor Inangriffnahme der Reform z.B. *Adams* NVersZ 2000, 49; *Hesberg/Karten* NVersZ 1999, 1; *Müller* BB 1999, 1178; *Präve* VersR 1999, 1211; *ders.* NVersZ 2000, 201; *ders.* VW 2002, 1836 und 1934; *Römer* VersR 2000, 661; *Schimikowski* r+s 2000, 353; *R. Schmidt* NVersZ 1999, 401; *ders.* ZVersWiss 1998, 55; *Schünemann* NVersZ 1999, 345.

18 *Lorenz* (Hrsg.) Abschlussbericht der Kommission zur Reform des Versicherungsvertragsrechts vom 19. April 2004; zusammenfassender Überblick von *Niederleithinger* ZfV 2004, 241 ff. Zur 100-jährigen Entwicklungsgeschichte des VVG und dessen Reform vgl. *A. Koch* VW 2008, 900.

19 RegE BT-Drucks. 16/3945 S. 117 ff. Vgl. *Beckmann* in: Bruck/Möller, Einf. A Rn. 68 ff.; *Schneider* in: Beckmann/Matusche-Beckmann, § 1a Rn. 42 ff.

drei Jahren. Ist die dreijährige Verjährungsfrist nach § 195 BGB länger als die nach § 12 I VVG a.F., was bei der zweijährigen Frist des § 12 I Alt. 1 VVG a.F. der Fall ist, so ist für die Vollendung der Verjährung der Zeitpunkt maßgeblich, zu dem die kürzere Frist abläuft (vgl. Art. 3 II EGVVG).[20] Art. 3 III EGVVG betrifft die Verjährung von Ansprüchen aus einer Lebensversicherung.[21] Durch die Neufassung des VVG wird die bisherige Frist des § 12 I Alt. 2 VVG a.F. von fünf Jahren für die Lebensversicherung auf die dreijährige Frist des § 195 BGB verkürzt (vgl. Rn. 945 ff.). Die kürzere Verjährungsfrist des § 195 BGB wird vom 01.01.2008 an berechnet. Läuft die längere Frist nach § 12 I VVG a.F. früher als die Frist nach § 195 BGB ab, so ist die Verjährung mit dem Ablauf der längeren Frist vollendet. Nach Art. 3 IV EGVVG sind die Absätze 1 bis 3 der Vorschrift entsprechend auf Fristen anzuwenden, die für die Geltendmachung oder den Erwerb oder Verlust eines Rechts maßgebend sind. Die Vorschrift ist daher z.B. auf § 158 II VVG (Ausschlussfrist für Rechte des Versicherers aus Gefahrerhöhung in der Lebensversicherung) anzuwenden, nicht aber auf erstmals eingeführte Vorschriften wie z.B. die Ausschlussfrist nach § 21 III 1 VVG.[22]

18 Übergangsregelungen betreffend die **Lebensversicherung** und die **Berufsunfähigkeitsversicherung** finden sich in Art. 4 EGVVG (Rn. 1168). Die Übergangsvorschrift des Art. 5 EGVVG betrifft die **Rechte der Gläubiger von Grundpfandrechten.**[23]

19 Im Verbund mit den Übergangsvorschriften wurde dem Versicherer die Befugnis eingeräumt, die **Allgemeinen Versicherungsbedingungen (AVB) der Altverträge** mit Wirkung zum 1.1.2009 zu ändern, soweit sie von den Vorschriften des VVG abweichen (Art. 1 III EGVVG). Diese AVB-Anpassungsbefugnis ist vor dem Hintergrund zu sehen, dass AVB mit Vertragsschluss verbindlich vereinbart sind, und zwar grundsätzlich für die gesamte Vertragsdauer, es sei denn dem Versicherer ist kraft Vertrages oder Gesetzes die Befugnis eingeräumt, die AVB nachträglich zu ändern. AVB sind jedoch u.a. nur dann wirksam, wenn sie nicht gegen die wesentlichen Grundgedanken der gesetzlichen Regelung, von der sie abweichen, verstoßen[24] (vgl. § 307 II Nr. 1 BGB). Daraus ergibt sich ein Problem, wenn sich die gesetzliche Regelung als Bezugspunkt der AGB-rechtlichen Inhaltskontrolle infolge einer Gesetzesreform ändert. Dann kann es sein, dass eine bislang wirksame AVB-Bestimmung infolge der Gesetzesänderung unwirksam wird. Dies kann den Regelungsplan der Vertragsparteien, insbesondere das Äquivalenzverhältnis von Leistung und Gegenleistung, unerwartet und erheblich stören. Dem kommt bei Versicherungsverträgen besondere Bedeutung zu, da diese häufig über eine lange Laufzeit abgeschlossen werden. Aus diesem Grund muss der Versicherer die **AVB der Altverträge dem neu gefassten VVG anpassen** können. Generelles Regelungsziel ist es, durch die Bedingungsänderung das Unwirksamwerden einer bisher wirksamen AVB-Bestimmung zu vermeiden. Wortlaut sowie Sinn und Zweck von Art. 1 III EGVVG lassen die Anpassung einer AVB-Bestimmung an das neue Recht jedoch auch dann zu, wenn diese Bestim-

20 Vgl. auch RegE BT-Drucks. 16/3945 S. 119.
21 RegE BT-Drucks. 16/3945 S. 119.
22 RegE BT-Drucks. 16/3945 S. 119.
23 Vgl. auch RegE BT-Drucks. 16/3945 S. 119 f.
24 Zu den Grundgedanken der Reform vgl. *Präve* VW 2009, 98.

mung auch ohne Änderung wirksam fortbestehen könnte.[25] Aus dem Regelungszweck ergibt sich aber eine eindeutige Grenze: Der Versicherer darf eine AVB-Bestimmung nur und nur insoweit anpassen, als dies notwendig ist, um ein Unwirksamwerden infolge der Gesetzesänderung auszuschließen bzw. um Übereinstimmung mit dem neuen Recht zu erreichen.[26] Zwecks Anpassung der AVB musste der Versicherer dem Versicherungsnehmer die geänderten AVB spätestens einen Monat vor dem 01.01.2009 in Textform mitteilen.[27] Die geänderten AVB gelten ab diesem Zeitpunkt[28] für noch nicht abgeschlossene und zukünftige Tatbestände. Bereits abgeschlossene Tatbestände – beispielsweise eine vor dem Stichtag erfolgte Auskunftserteilung i.S. von § 34 VVG a.F. – beurteilen sich nach den bislang geltenden AVB. Nach Art. 1 III EGVVG »kann« der Versicherer seine AVB für Altverträge ändern. Eine vertragliche Pflicht zur Anpassung bestand nicht.[29] Allerdings schadete sich der Versicherer selbst, wenn er die Anpassung unterließ, weil dann die nicht angepasste AVB-Bestimmung mit Anwendbarkeit des neuen VVG unwirksam wurde und die für den Versicherer regelmäßig weniger vorteilhafte neue gesetzliche Regelung bzw. eine ergänzende Vertragsauslegung greift (vgl. Rn. 203 ff., 670, 1259).[30] Außerdem ist die Anpassung aus Transparenzgründen wünschenswert. Abhängig von dem Regelungsgegenstand einer mangels Nichtanpassung unwirksam gewordenen AVB-Bestimmung kann eine Pflicht des Versicherers zu bejahen sein, den Versicherungsnehmer über das Unwirksamwerden mangels Anpassung aufzuklären, mit der Folge einer Haftung des Versicherers bei Nichtbeachtung der Aufklärungspflicht.[31]

---

25 Vgl. den Hinweis der Gesetzesbegründung auf eine zulässige Anpassung im Hinblick auf Änderungen des dispositiven Rechts RegE BT-Drucks. 16/3945 S. 118. Beispiel: Die AVB-Bestimmung eines Altvertrages sieht vor, dass im Falle einer Obliegenheitsverletzung die Vertragskündigung durch den Versicherer – entsprechend § 6 I VVG a.F., aber abweichend von § 28 I VVG – vertragliche Voraussetzung der Leistungsfreiheit ist. Diese AVB-Bestimmung konnte der Versicherer gem. Art. 1 III EGVVG ändern, und zwar selbst dann, wenn man der – nicht bedenkenfreien – Auffassung folgt, dass diese AVB-Bestimmung zum Vorteil des Versicherungsnehmers von § 28 I VVG abweicht und daher durch Inkrafttreten der Neuregelung nicht unwirksam geworden ist.

26 RegE BT-Drucks. 16/3945 S. 118.

27 Zu den Anforderungen an die Änderungsmitteilung vgl. *Beckmann* in: Bruck/Möller, Einf. A Rn. 82 ff.; *Fahl/Kassing* VW 2009, 320.

28 Ein hiervon abweichender Zeitpunkt soll sich laut Gesetzesbegründung – ohne dass dies im Gesetzeswortlaut zum Ausdruck käme – zunächst aus Art. 2 EGVVG für die Vertretungsmacht des Versicherungsvertreters und die Krankenversicherung, ferner aus Art. 4 EGVVG für die Lebens- und Berufsunfähigkeitsversicherung und aus Art. 5 EGVVG für die Rechte der Gläubiger von Grundpfandrechten ergeben. Vgl. RegE BT-Drucks. 16/3945 S. 118.

29 Ebenso *Fahl/Kassing* VW 2009, 320; *Hövelmann* VersR 2008, 612; *Schnepp/Segger* VW 2008, 907; *von Fürstenwerth* r+s 2009, 221, 223; *Weidner* r+s 2008, 368, 369; eine Anpassungspflicht dagegen bejahend *Wagner* VersR 2008, 1190. Entgegen *Wagner* lässt sich das »kann« ungeachtet des Kontextes mit dem Zusatz »soweit sie von den Vorschriften des Versicherungsvertragsgesetzes abweichen«, jedoch nicht in ein »muss« umdeuten.

30 Entsprechend der allgemeinen Grundsätze des AGB-Rechts kommt eine Teilunwirksamkeit der AVB-Bestimmung in Betracht. Umstritten ist insbesondere die Frage, ob eine AVB-Obliegenheitsregelung, die in ihren Rechtsfolgen nicht mit dem neuen Recht vereinbar ist, hinsichtlich des Tatbestands der Obliegenheit aufrechterhalten werden darf. Für Gesamtunwirksamkeit: *von Fürstenwerth* r+s 2009, 221, 224; *Höra* r+s 2008, 89, 90; *Maier* VW 2008, 986, 987; *Wagner* VersR 2008, 1190, 1193 f.; vgl. auch *Marlow/Spuhl* S. 112; *Stadler* VW 2006, 1339, 1342; dagegen für Aufrechterhaltung des Tatbestandes der Obliegenheit *Hövelmann* VersR 2008, 612, 616; *Funk* VersR 2008, 163, 168; *Schnepp/Segger* VW 2008, 907, 908 ff.; zur Problematik vgl. auch *Honsel* VW 2008, 480, 481; *Wandt* in: Langheid/Wandt, § 28 VVG Rn. 22.

31 *Wagner* VersR 2008, 1190; Reformkommission, Abschlussbericht, S. 194.

IV. Zum Begriff des Versicherungsvertrages

20 § 1 VVG[32] enthält keine **Definition des Versicherungsvertrages**, sondern beschreibt lediglich die vertragstypischen Pflichten der Parteien eines Versicherungsvertrags: »Der Versicherer verpflichtet sich mit dem Versicherungsvertrag, ein bestimmtes Risiko des Versicherungsnehmers oder eines Dritten durch eine Leistung abzusichern, die er bei Eintritt des vereinbarten Versicherungsfalles zu erbringen hat. Der Versicherungsnehmer ist verpflichtet, an den Versicherer die vereinbarte Zahlung (Prämie) zu leisten«.

21 Die Gesetzesbegründung zum VVG enthält sich einer wertenden Stellungnahme zu einer vereinzelt in der Literatur propagierten »Geschäftsbesorgungstheorie«. Sie wird als mögliche dritte Organisationsform der Versicherung neben den anerkannten und praktizierten grundsätzlichen Organisationsformen des Versicherungsvertrages erwogen, nämlich dem zweiseitigen Leistungsaustausch zwischen zwei rechtlich und wirtschaftlich selbständigen Vertragspartnern sowie dem Versicherungsschutz im Zusammenhang mit der Zugehörigkeit des Versicherungsnehmers zu einem Versicherungsverein auf Gegenseitigkeit (dazu Rn. 52 ff.). Die »Geschäftsbesorgungstheorie« geht von einem Geschäftsbesorgungsvertrag des Versicherungsnehmers mit dem Versicherer aus, verbunden mit einer fremdnützigen Verwaltungstreuhand für das Versichertenkollektiv bezüglich der Sondervermögen, die durch Prämieneinnahmen und Kapitalanlage gebildet würden.[33] Die Gesetzesbegründung enthält hierzu nur die Aussage, die vorgeschlagene Formulierung »*...ein bestimmtes Risiko... abzusichern*« stelle sicher, dass auch diese denkbare Organisationsform der Versicherung erfasst werde, wenn es sie bisher schon oder in Zukunft geben sollte.[34]

22 Auch das **VVG a.F.** enthielt keine Definition des Versicherungsvertrages. Sein einleitender Paragraf enthielt nicht einmal den abstrakten Begriff »Versicherung«, sondern sprach konkret von Schadensversicherung sowie Lebens-, Unfall- und anderer Personenversicherung (zu Terminologie und Systematik Rn. 36). Es verwundert daher nicht, dass über die Definition des Versicherungsvertrages bzw. den Begriff der Versicherung schon seit langer Zeit heftig gestritten wird.[35] Die praktische Relevanz dieses Streites ist jedoch gering. Gewiss muss Klarheit darüber bestehen, ob ein Versicherungsvertrag vorliegt und deshalb das VVG und seine Nebengesetze anwendbar sind. Dazu muss man die typprägenden Merkmale kennen, welche den Typus »Versicherungsvertrag« von anderen Vertragstypen wie beispielsweise der Wette, der Garantie oder der Geschäftsbesorgung unterscheiden. Abgrenzungsprobleme gibt es in der vertragsrechtlichen Praxis jedoch höchst selten.[36] Außerdem hat es sich als sehr schwierig erwiesen, eine Definition zu finden, die sowohl erschöpfend als auch praktisch nützlich ist. Aus diesen Gründen hat der Gesetzgeber des alten und neuen VVG bewusst auf eine Definition verzichtet und dies Rechtsprechung und Lehre[37] überlassen.[38]

---

32 RegE BT-Drucks. 16/3945 S. 56; vgl. aber auch Reformkommission, Abschlussbericht, S. 7 ff., 286 f.

33 *Schünemann* JZ 1995, 430.

34 RegE BT-Drucks. 16/3945 S. 56. Vgl. auch *Looschelders* in: Langheid/Wandt, § 1 VVG Rn. 83.

35 Überblick (auch rechtsvergleichend) bei *Schmidt-Salzer* FS Lorenz, 1994, S. 587 ff.; *Lorenz* in: Beckmann/Matusche-Beckmann, § 1 Rn. 111 ff.; *Baumann* in: Bruck/Möller, § 1 VVG Rn. 15 ff.; *Looschelders* in: Langheid/Wandt, § 1VVG Rn. 10 ff. (Theorienstreit sei für die Rechtsanwendung ohne Bedeutung).

36 Vgl. z.B. aus neuerer Zeit den Streit um die Qualifikation einer Prozesskostenfinanzierung gegen Erfolgsbeteiligung; dazu *Fritsche/Schmidt* NJW 1999, 2998; *Dethloff* NJW 2000, 2225; VerBAV 1999, 167 ff.; *Looschelders* in: Langheid/Wandt, § 1 VVG Rn. 109.

37 Vgl. vor allem *Dreher* Die Versicherung als Rechtsprodukt, 1991, S. 3 f., 315 f.; *Kaulbach* in: Fahr/Kaulbach/Bähr, Versicherungsaufsichtsgesetz, 4. Aufl. 2007, § 1 Rn. 3 ff.

38 Motive zum VVG S. 69 f. (sehr lesenswert); RegE BT-Drucks. 16/3945 S. 56.

Nach der **Definition des BGH** ist ein **Versicherungsvertragsverhältnis** gegeben, wenn sich jemand als Versicherer gegen Entgelt verpflichtet, einem anderen (Versicherungsnehmer) eine vermögenswerte Leistung für den Fall eines ungewissen Ereignisses zu erbringen, wenn außerdem das damit übernommene wirtschaftliche Risiko auf eine Mehrzahl von der gleichen Gefahr bedrohter Personen verteilt wird und der Risikoübernahme eine auf dem Gesetz der großen Zahl beruhende Kalkulation zugrunde liegt.[39] – Diese Definition für das Versicherungsvertragsrecht deckt sich weitgehend mit den Definitionen für das Aufsichtsrecht durch das **BVerwG**[40] und die **Aufsichtsbehörde**[41]. Methodisch ist aber gleichwohl zu betonen, dass der Inhalt eines gesetzlichen Begriffs durch den Zweck des jeweiligen Gesetzes geprägt wird und der öffentlich-rechtliche Zweck des VAG und der privatrechtliche Zweck des VVG nicht notwendig zu demselben Ergebnis führen müssen.[42] 23

Vertiefung: Qualifikationsprobleme zeigen sich besonders, wenn unsicher ist, ob eine Vertragspartei ihre Leistung wird erbringen müssen: Ein Fernsehgerätehändler gibt auf die von ihm verkauften Geräte eine »Garantie«, deren Dauer weit über die gesetzliche Gewährleistungsfrist hinausreicht[43], oder ein Unternehmen schließt gegen festes Entgelt »Wartungs- und Instandhaltungsverträge«, die es erstens zur regelmäßigen Wartung, zweitens aber auch verpflichten, ohne zusätzliches Entgelt etwa nötige Reparaturen vorzunehmen; oder schließlich, ein Unternehmen nimmt solche Reparaturen nicht selbst vor, sondern ersetzt die Kosten von Reparaturen. – Man grenzt richtig mit Hilfe des Merkmals **»selbständige Risikoübernahme ohne inneren Zusammenhang mit einem anderen Rechtsgeschäft«** ab.[44] Denn nur solche »selbständigen Geschäfte« bringen Gefahren mit sich, die nach dem aufwändigen Apparat der Versicherungsaufsicht verlangen. Nur im letzten Beispielsfall liegt danach eine Versicherung im Sinne des Aufsichtsrechts vor. Im Übrigen bringt § 1 III Nr. 5 VAG für einige Fälle Klarheit, indem er die Nichtanwendbarkeit des VAG vorsieht, wenn eine Kumulation mehrerer Merkmale vorliegt. Voraussetzung für die Ausnahme ist danach aber immer ein örtlich eng begrenzter Wirkungskreis. Allein der Umstand, dass Naturalleistungen (nicht Geld) versprochen werden (Flugrettung[45], Schlüsseldienst, Wartungsvertrag[46]) schließt also die Qualifikation als aufsichtspflichtiges Versicherungsgeschäft noch nicht aus. 24

39 BGH VersR 1964, 497; BGH VersR 1988, 1281.

40 BVerwG VersR 1993, 1217 = NJW 1992, 2978 mit Nachweisen früherer Urteile: Der Betrieb von »Versicherungsgeschäften« (§ 1 I VAG) liege vor, wenn aufgrund einer selbständigen Vereinbarung gegen Entgelt für den Fall eines ungewissen Ereignisses bestimmte Leistungen übernommen werden, wobei das übernommene Risiko auf eine Vielzahl durch die gleiche Gefahr bedrohter Personen verteilt wird und der Risikoübernahme eine auf dem Gesetz der großen Zahl beruhende Kalkulation zugrunde liegt.

41 Beschlusskammer-Entscheidungen VerBAV 1984, 267; VerBAV 1987, 512. – Zu den inzwischen aufgehobenen Beschlusskammern siehe Rn. 75. Vgl. dazu auch *Müller* Versicherungsbinnenmarkt, 1995, Rn. 370 ff.

42 Für die Versicherung klassisch prägnant *E. Patterson* Cases and materials on the law of insurance, 3. ed., Brooklyn, 1955, S. 2 (zitiert nach: *Möller* ZVersWiss 1962, 269): To answer the question, »What is insurance?«, one must first ask, »Why do you want to know?«. Vgl. auch *Weyers* 2. Aufl. 1995, Rn. 51; *Dreher/Schmidt* WM 2008, 377, 381 (zur Einordnung der fondsgebundenen Lebensversicherung mit begrenztem Risikotransfer als aufsichtspflichtiges Versicherungsgeschäft).

43 BVerwGE 90, 168 = VersR 1992, 1381 = NJW 1992, 2978 = VerBAV 1992, 290.

44 Vgl. BVerwGE 90, 168 = VersR 1992, 1381 = NJW 1992, 2978 = VerBAV 1992, 290; Beschlusskammer-Entscheidung VerBAV 1991, 140; BGH DB 1991, 2653; ähnlich *Präve* in: Prölss, § 1 VAG Rn. 44.

45 BVerwG VersR 1987, 453.

46 BVerwGE 77, 253 = VersR 1987, 701.

25 Die einzelnen Merkmale der vorgestellten Definitionen (insbesondere die rechtsverbindliche »wirtschaftliche« Risikoübernahme durch den Versicherer; die Entgeltlichkeit; die Kalkulation nach dem Gesetz der großen Zahl) werden an späterer Stelle noch vertieft, wenn sie im sachlichen Zusammenhang relevant werden.[47] Vorläufig genügt die allgemeine Vorstellung über den Vertragstyp »Versicherungsvertrag«.

V. Einteilung von Versicherungen

1. Überblick

26 Was Versicherungsunternehmen als »Versicherung« anbieten, lässt sich nach ganz verschiedenen Kriterien einteilen.[48] Man kann von den Gegenständen ausgehen, die versichert werden (Kraftfahrzeuge, Maschinen, Kreditforderungen usw.), oder von den Gefahren, die ihnen drohen (Feuer, Einbruchdiebstahl, Zahlungsunfähigkeit des Schuldners), aber auch von anderen Kriterien, z.B. den Bedürfnissen der Versicherungsaufsicht (unbeschränkt und beschränkt aufsichtspflichtiges sowie aufsichtsfreies Versicherungsgeschäft), dem angesprochenen Interessentenkreis (»Jedermann-Versicherungen« oder industrielle oder gewerbliche Versicherungen) und so fort. Die Wahl des Unterteilungskriteriums hängt von dem Zweck ab, der mit der Unterteilung verfolgt wird. Leider ist die Terminologie zur Einteilung von Versicherungen sehr uneinheitlich. Man muss sich wegen des uneinheitlichen Sprachgebrauchs deshalb stets des Kontextes vergewissern.

2. Versicherungssparten und Versicherungsarten

27 Die Begriffe »Versicherungszweige«, »Versicherungssparten«, »Versicherungsarten« und »Versicherungsformen« werden im Gesetz und in der Praxis leider mit unterschiedlichem Inhalt verwendet.[49] So bezeichnete § 1 I 2 VVG a.F. die Krankenversicherung als eine Versicherungsart, obwohl es sich nach dem anerkannten und auch dem VAG zugrunde liegenden Sprachgebrauch um eine Versicherungssparte handelt.

28 Mit **»Versicherungsart«** (Synonym: »Versicherungsform«) wird überwiegend der jeweilige Versicherungstyp bezeichnet, etwa die »Krankheitskostenversicherung« oder die »Krankentagegeldversicherung«. Der Differenzierungsgrad ist unterschiedlich und uneinheitlich. So lassen sich die »ambulante« und die »stationäre Krankheitskostenversicherung« als selbständige Versicherungsarten, aber auch als Unterarten der Krankheitskostenversicherung klassifizieren. Eine besondere Versicherungsart stellt die in den §§ 53–58, 210 VVG geregelte **»laufende Versicherung«** dar.[50] Es handelt sich um einen Vertrag, der in der Weise geschlossen wird, dass das versicherte Interesse bei Vertragsschluss nur der Gattung nach bezeichnet und erst nach seiner Entstehung dem Versicherer einzeln aufgegeben wird (Legaldefinition des § 53 VVG). Diese Versicherungsart unterscheidet sich von anderen Versicherungsarten also nicht durch

47 Eingehend *Präve* in: Prölss, § 1 VAG Rn. 35 ff. (für das Aufsichtsrecht); *Dreher* Die Versicherung als Rechtsprodukt, 1991, S. 31 ff.; vgl. auch *Hofmann* Privatversicherungsrecht, 4. Aufl. 1998, § 2.

48 Überblick von *Koch* in: HdV, 1988, S. 1251 ff.; *Lorenz* in: Beckmann/Matusche-Beckmann, § 1 Rn. 81 ff.

49 *Farny* Versicherungsbetriebslehre, S. 356 ff.; *Koch* in: HdV, 1988, S. 1025 (zu Versicherungsformen), S. 1252 (zu Versicherungszweigen).

50 Vgl. RegE BT-Drucks. 16/3945 S. 75; *Heiss* in: Beckmann/Matusche-Beckmann, § 38 Rn. 183 ff.; *Harms* in: HK-VVG, § 53 VVG Rn. 1 ff.

den Inhalt des versicherten Interesses, sondern durch die Art und Weise der Versicherung der Interessen. Die Versicherungsnahme als »laufende Versicherung« dient der Rationalisierung, indem sie den Abschluss vieler Einzelversicherungsverträge entbehrlich macht. Dies ist insbesondere dann sinnvoll, wenn eine Vielzahl gleichartiger, erst künftig entstehende Risiken abgedeckt werden soll (z.B. in der Transportversicherung, Kreditversicherung oder in technischen Versicherungen).

Mit den synonymen Begriffen »**Versicherungszweige**« und »**Versicherungssparten**« werden verwandte Versicherungsarten zusammengefasst.[51] Beispielsweise gehören die Versicherungsarten »Krankheitskostenversicherung« und »Krankentagegeldversicherung« zur Versicherungssparte »Krankenversicherung«. Die Einteilung der Risiken nach Versicherungssparten erfolgt in der Anlage A des VAG.[52] Das VVG verwendet den Begriff »Versicherungssparte« allerdings nicht, sondern spricht von »Versicherungszweigen« (vgl. die Überschrift von Teil 1 Kapitel 1, §§ 1–73 VVG, sowie von Teil 2). Die Unterteilung in Versicherungszweige hat im Versicherungsvertragsrecht in erster Linie systematische Bedeutung (Rn. 155 f.; vgl. aber § 43 VVG a.F.). Das Versicherungsaufsichtsrecht verwendet beide Begriffe (vgl. einerseits die Anlage A zum VAG und andererseits §§ 9, 32, 39 VAG). Die Einteilung nach Sparten (Zweigen) hat dort große Bedeutung, insbesondere weil die Erlaubnis zum Geschäftsbetrieb gesondert für einzelne Versicherungssparten erteilt wird (§ 6 II VAG; Rn. 58 f., 77). 29

Versucht man die **wirtschaftliche Bedeutung** der einzelnen Versicherungszweige abzuschätzen, dann bietet sich als Maßstab ihr jeweiliger Anteil am nationalen (Brutto-) Prämienaufkommen an.[53] Danach führt in der Erstversicherung (d.h. ohne Rückversicherung; vgl. Rn. 42) mit großem Abstand die Lebensversicherung (48 %), gefolgt von der Schaden- und Unfallversicherung (einschließlich Kraftfahrtversicherung, allgemeine Haftpflichtversicherung, Rechtsschutzversicherung, Sach- und Transportversicherung) mit etwa 34 % und der privaten Krankenversicherung mit circa 18 %.[54] 30

Einen Überblick über diejenigen Versicherungsarten, die im VVG geregelt sind, gibt die Untergliederung seines 2. Teils. Die dort geregelten Versicherungsarten decken die Vielfalt der auf dem **Versicherungsmarkt** angebotenen Produkte jedoch bei weitem nicht ab. Technologischer und gesellschaftlicher Wandel führen fortwährend zu neuen Versicherungsprodukten (z.B. Computermissbrauchsversicherung, Satellitenversicherung, D&O-Versicherung[55], Pflegeversicherung, Dread-disease-Versicherung[56]). Man kann auf dem europäischen Versicherungsmarkt sicherlich zwei- bis dreihundert 31

51 Teilweise wird auch von »Versicherungsbranchen« gesprochen.

52 Vgl. auch die Zusammenfassung von Versicherungsarten zu Versicherungszweigen in der Anlage 1c der Verordnung über die Berichterstattung von Versicherungsunternehmen gegenüber der Bundesanstalt für Finanzdienstleistungsaufsicht (BerVersV) i.d.F. vom 29.03.2006 (BGBl. I S. 622).

53 Die Bruttoprämie setzt sich zusammen aus der Risikoprämie (Nettoprämie) sowie allen sonstigen Prämienbestandteilen für Kosten, Gewinn etc. Vgl. *Albrecht/Lippe* in: HdV, 1988, S. 524.

54 GDV, Statistisches Taschenbuch der Versicherungswirtschaft 2008, Tabelle Nr. 1.

55 Directors and Officers Liability-Versicherung: Vermögensschaden-Haftpflichtversicherung für Organmitglieder und leitende Angestellte von Gesellschaften. Versicherungsnehmer ist meist das Unternehmen selbst, das die Versicherung im Wege der Versicherung für fremde Rechnung für die Versicherten abschließt. Vgl. hierzu *Ihlas* D&O – Directors & Officers Liability, 2. Aufl. 2009; *Sieg* in: Terbille, Versicherungsrecht, 2. Aufl. 2008, § 17; *Held* in: Halm/Engelbrecht/Krahe, Kapitel 33; *Beckmann* in: Beckmann/Matusche-Beckmann, § 28. § 93 II 2 AktG schreibt bei Versicherungsnahme durch die Gesellschaft einen Selbstbehalt des Versicherten vor.

56 Art der Lebensversicherung, bei der die Leistung des Versicherers an den Eintritt bestimmter schwerer Krankheiten geknüpft ist.

verschiedene Versicherungsarten unterscheiden. Was dabei als eine bestimmte Versicherungsart angesehen wird, beruht meist nicht auf theoretischen Kategorien wie »Versicherung *eines* Gegenstandes X gegen *eine* Gefahr Y«. Zwar gibt es in der Praxis auch solche Versicherungsarten (**Beispiel:** Sturmversicherung für Hopfengärten; Verlustversicherung für Schlüssel)[57], meist handelt es sich aber um Kombinationen: Ein Gut wird gegen mehrere Gefahren versichert (z.B. bei der Transportversicherung, vgl. § 130 VVG), oder verschiedene Güter gegen eine Gefahr oder mehrere weitgehend einheitliche Gefahren (z.B. bei der Feuerversicherung), oder verschiedene Güter gegen verschiedene Gefahren (z.B. bei der verbundenen Hausratversicherung). Was die Versicherungsunternehmen auf dem Markt als »ein Versicherungsprodukt« anbieten, richtet sich vor allem nach den günstigsten Absatzaussichten.[58]

32 Hier seien alphabetisch einige wichtige Versicherungsarten und -zweige grob beschrieben, um eine Grundvorstellung zu vermitteln:

Betriebsunterbrechungsversicherung
Sie kann hauptsächlich neben einer Feuer- oder Maschinenversicherung abgeschlossen werden und deckt den durch die Betriebsunterbrechung bedingten Produktionsausfall und den damit entgehenden Produktionsgewinn sowie weiterlaufende Produktionskosten (Lohn, Miete usw.).[59]

Feuerversicherung
Versicherung von Sachen gegen die Gefahr des Brandes, Blitzschlags, der Explosion und des Anpralls oder Absturzes eines Luftfahrzeuges, seiner Teile oder seiner Ladung.[60]

Haftpflichtversicherung
Versicherung gegen die Entstehung von Passiva (= Schulden) durch gesetzliche Haftpflichtansprüche privatrechtlichen Inhalts.[61]

Hausratversicherung
Die Hausratversicherung erfasst i.d.R. als kombinierte Versicherung (»verbundene Hausratversicherung«) den gesamten Hausrat sowie verschiedene darüber hinausgehende Gegenstände (z.B. Schmuck). Nach den AVB der Hausratversicherung (VHB) werden Schäden gedeckt, die durch Feuer, Einbruchdiebstahl, Raub, Vandalismus nach Einbruch, Leitungswasser und Sturm entstehen.[62]

Kraftfahrtversicherung
Gemischte Versicherung, die verschiedene Versicherungsarten enthält. Je nach Inhalt des Versicherungsverhältnisses können einzeln oder kombiniert folgende Deckungen gewährt werden: Kraftfahrzeug-Haftpflichtversicherung (vgl. Haftpflichtversicherung); Fahrzeugversicherung (»Kaskoversicherung«) gegen verschiedene Gefahren für das Fahrzeug; Insassenunfallversicherung, die als Personenversicherung bei Unfällen im Zusammenhang mit der Verwendung eines Kraftfahrzeugs feste Summen oder Heilkostenersatz leistet.[63]

Krankenversicherung
Oberbegriff für Versicherungen gegen Aufwendungen für medizinisch notwendige ambulante und stationäre Heilbehandlung einschließlich der Versorgung mit Arznei-, Heil- und Hilfsmitteln. Je nach Versicherungsart werden die konkreten der versicherten Person entstandenen Kosten (Krankheitskostenversicherung) oder feste Summen pro Tag (Krankentagegeld, Krankenhaustagegeld) ge-

57 VerBAV 1958, 192; VerBAV 1992, 261 ff.

58 Zur Bündelung und Koppelung von Versicherungsverträgen unter aufsichtsrechtlichen Aspekten vgl. *Heidel* VersR 1989, 986; s.a. § 10a I VAG.

59 Vgl. hierzu *Morongowski* in: Halm/Engelbrecht/Krahe, Kapitel 13 sowie *Wälder* in: Halm/Engelbrecht/Krahe, Kapitel 9; *W. Schneider* in: Terbille, Versicherungsrecht, 2. Aufl. 2008, § 28.

60 Vgl. *Johannsen/Johannsen* in: Terbille, Versicherungsrecht, 2. Aufl. 2008, § 5; *Philipp* in: Beckmann/Matusche-Beckmann, § 31; *Wälder* in: Halm/Engelbrecht/Krahe, Kapitel 9.

61 Vgl. unten Kapitel L sowie *Schneider* in: Beckmann/Matusche-Beckmann, § 24.

62 Vgl. hierzu *Engler* in: Halm/Engelbrecht/Krahe, Kapitel 11; *S. Schneider* in: Terbille, Versicherungsrecht, 2. Aufl. 2008, § 7; *Rüffer* in: Beckmann/Matusche-Beckmann, § 32.

63 Vgl. unten Kapitel L sowie *Euler/Kreuter-Lange/Kornes* in: Halm/Engelbrecht/Krahe, Kapitel 25; *Rümenapp* in: Terbille, Versicherungsrecht, 2. Aufl. 2008, § 13; *Heß/Höke* in: Beckmann/Matusche-Beckmann, §§ 29 f.; *Maier/Stadler* AKB 2008 und VVG-Reform, 2008.

leistet. Die Pflegekrankenversicherung deckt auf entsprechende Weise das wirtschaftliche Risiko ab, pflegebedürftig zu werden.[64]

Kreditversicherung
Versicherer trägt für den Kreditgeber das Risiko des Ausfalls mit einer Forderung (voll oder eingeschränkt).[65]

Lebensversicherung
Es gibt unterschiedliche Arten der Lebensversicherung, die unterschiedlichen Zwecken dienen. Die Todesfallversicherung deckt das Risiko des Todes der versicherten Person innerhalb der Vertragslaufzeit. Sie dient der Versorgung der Hinterbliebenen der versicherten Person und wird häufig auch als Kreditsicherheit genutzt. Regelfall ist die Risikolebensversicherung mit einer bestimmten Laufzeit. Die Erlebensfallversicherung verpflichtet den Versicherer, die vereinbarte Leistung (Kapital oder Rente) zu erbringen, wenn die versicherte Person ein bestimmtes Lebensalter erreicht. Sie dient der eigenen Altersversorgung des Versicherten. Am gebräuchlichsten ist die kapitalbildende Lebensversicherung, die Todes- und Erlebensfallversicherung kombiniert (»gemischte Lebensversicherung«). Eine Lebensversicherung wird häufig mit Zusatzversicherungen wie Unfall-, Berufsunfähigkeits- und Invaliditätszusatzversicherungen abgeschlossen.[66]

Rechtsschutzversicherung
Sie trägt die dem Versicherungsnehmer durch die Führung von Rechtsstreitigkeiten erwachsenden notwendigen Aufwendungen, insbesondere Gerichtskosten und Rechtsanwaltsgebühren, oft beschränkt auf bestimmte Lebensbereiche (Kraftfahrt-, Berufs-Rechtsschutz usw.).[67]

Transportversicherung
Versicherung der Transportmittel (Kaskoversicherung) und der transportierten Sachen (Güterversicherung) gegen – hauptsächlich – Transportgefahren. Es gibt sie für alle Bereiche des Verkehrswesens. Kennzeichnend für die Transportversicherung ist, dass häufig nahezu sämtliche Gefahren für die versicherten Sachen gedeckt werden (»Allgefahrenversicherung«).[68]

Unfallversicherung
Versicherung gegen die wirtschaftlichen Folgen vor allem von Invalidität oder Tod, soweit sie sich aus einem Unfall ergeben. Die Leistung des Versicherers besteht in der Zahlung fester Summen, mit zahlreichen Varianten hinsichtlich Unfallfolgen und Beträgen.[69]

3. Schadens- und Summenversicherung, Nichtpersonen- und Personenversicherung

Bei der **Schadensversicherung** ist der Versicherer verpflichtet, dem Versicherungsnehmer den durch den Eintritt des Versicherungsfalls konkret entstandenen Vermögensschaden zu ersetzen. Der Umfang seiner Leistungspflicht hängt also konkret davon ab, in welcher Höhe ein vertragsgemäß zu deckender Schaden eingetreten ist. 33

64 Vgl. unten Kapitel N sowie *Ahlburg* in: Halm/Engelbrecht/Krahe, Kapitel 19; *Schubach* in: Terbille, Versicherungsrecht, 2. Aufl. 2008, § 23; *H. Müller* in: Beckmann/Matusche-Beckmann, § 44.

65 Vgl. hierzu *Ingenlath/Hoß* in: Halm/Engelbrecht/Krahe, Kapitel 36 (private Kreditversicherung) sowie *Scheibe* in: Halm/Engelbrecht/Krahe, Kapitel 37 (staatliche Exportekreditversicherung/ Hermes-Deckungen); *Herrmann* in: Beckmann/Matusche-Beckmann, § 39.

66 Vgl. unten Kapitel M sowie *Kirscht* in: Halm/Engelbrecht/Krahe, Kapitel 21; *Höra/Fitzau* in: Terbille, Versicherungsrecht, 2. Aufl. 2008, § 25; *Brömmelmeyer* in: Beckmann/Matusche-Beckmann, § 42 (Lebensversicherung); *Rixecker* in: Beckmann/Matusche-Beckmann, § 46 (Berufsunfähigkeitsversicherung); *Neuhaus* in r+s 2008, 449 (Berufsunfähigkeitsversicherung); *Mangen* in: Beckmann/Matusche-Beckmann, § 47 (Unfallversicherung).

67 Vgl. hierzu *Harbauer* Rechtsschutzversicherung/ARB-Kommentar, 7. Aufl. 2004; *Mathy* in: Halm/ Engelbrecht/Krahe, Kapitel 34; *Bultmann* in: Terbille, Versicherungsrecht, 2. Aufl. 2008, § 27; *Obarowski* in: Beckmann/Matusche-Beckmann, § 37.

68 Vgl. hierzu *Remé/Gercke* in: Terbille, Versicherungsrecht, 2. Aufl. 2008, § 11; *Schmitt* in: Halm/ Engelbrecht/Krahe, Kapitel 8; *Heiss/Trümper* in: Beckmann/Matusche-Beckmann, § 38.

69 Vgl. hierzu *Vissering* in: Halm/Engelbrecht/Krahe, Kapitel 22; *Hormuth* in: Terbille, Versicherungsrecht, 2. Aufl. 2008, § 24; *Mangen* in: Beckmann/Matusche-Beckmann, § 47.

Man spricht daher von **konkreter Bedarfsdeckung.**[70] Bestimmte Normen und Normgruppen des VVG sind nur auf die Schadensversicherung anwendbar (vgl. Teil 1, Kapitel 2, §§ 74–99 VVG).

34 Den Gegensatz zur Schadensversicherung bildet die **Summenversicherung**. Bei ihr hat der Versicherer im Versicherungsfall, unabhängig von dem Eintritt eines Vermögensschadens, die im Vertrag fest vereinbarte Summe zu leisten. Man spricht daher von **abstrakter Bedarfsdeckung**. Ein Beispiel gibt die Lebensversicherung, bei der im Todesfall des Versicherten die vereinbarte Versicherungssumme zu zahlen ist. Das VVG verwendet den Begriff »Summenversicherung« nicht.

35 Bei der **Personenversicherung** ist das versicherte Risiko an eine natürliche Person gebunden. Die wichtigsten Personenversicherungen sind die Lebensversicherung und die Krankenversicherung. Der Gegensatz zur Personenversicherung ist die **Nichtpersonenversicherung**. Das neue VVG verwendet beide Begriffe nicht.

36 § 1 VVG a.F. stellte der Schadensversicherung (Satz 1) die Lebens- und die Unfallversicherung sowie andere Arten der Personenversicherung (Satz 2) gegenüber. Diese gesetzliche Gegenüberstellung von Schadensversicherungen und Personenversicherungen war verfehlt und ist deshalb im neuen VVG beseitigt worden. Denn in Wirklichkeit handelt es sich nicht um ein Gegensatzpaar. Eine Personenversicherung muss nämlich nicht notwendig eine Summenversicherung sein[71], sondern kann auch als Schadensversicherung ausgestaltet sein (vgl. jetzt ausdrücklich § 194 VVG). Ein Beispiel gibt die Krankheitskostenversicherung. Sie ist Personen- und zugleich Schadensversicherung, weil bei ihr die Leistungspflicht des Versicherers davon abhängt, in welcher Höhe vertragsgemäß zu deckende Krankheitskosten entstanden sind. Ein anderes Beispiel einer Personenversicherung, die (auch) als Schadensversicherung ausgestaltet sein kann, gibt die Krankentagegeldversicherung.[72] Es gilt also: Die **Summenversicherung ist stets Personenversicherung, nicht aber umgekehrt**.

4. Einzel-, Gruppen- und Direktversicherung

37 Die Regelungen des VVG beziehen sich grundsätzlich auf das einzelne Versicherungsverhältnis zwischen einem Versicherungsnehmer und einem Versicherungsunternehmen. Man spricht von »**Einzelversicherung**«.

38 Eine »**Gruppenversicherung**« liegt vor, wenn durch einen (Rahmen-) Versicherungsvertrag einer Personenmehrheit Versicherungsschutz gewährt wird. Dadurch werden Vertriebs- und Verwaltungskosten gering gehalten, was günstige Prämien er-

70 Der Gesetzgeber des VVG 1908 (vgl. Motive zum VVG S. 70) hat es als nicht angehend erachtet, dass die Parteien Sachversicherungen und verwandte Versicherungsverträge von dem konkret entstehenden Schaden loslösten, indem sie die dem Versicherer obliegende Leistung vereinbarten. Dafür bestehe kein praktisches Bedürfnis und es könne den Vertrag zu einem Spiel oder einer Wette machen. Schließlich schaffe eine den Schaden übersteigende Vergütung einen Anreiz zur Sorglosigkeit oder gar absichtlichen Herbeiführung des Versicherungsfalles.

71 Der Gesetzgeber des VVG 1908 (vgl. Motive zum VVG, S. 71 f.) hat den Begriff »Personenversicherung« dem Begriff »Summenversicherung« vorgezogen, weil der Begriff »Summenversicherung« nicht klar mache, dass in der Personenversicherung nicht nur Geldleistungen, sondern auch Sachleistungen in Betracht kämen, und weil er zum Ausdruck bringen wollte, dass Vereinbarungen über eine vom konkreten Schaden unabhängige Leistung des Versicherers nur in der Personenversicherung zulässig sind.

72 BGH VersR 2001, 1100.

möglicht. Gruppenversicherungen werden geschlossen vor allem von Arbeitgebern für Arbeitnehmer eines Unternehmens, von Verbänden oder Vereinen für die Mitglieder, aber beispielsweise auch vom Veranstalter einer Großveranstaltung für die Teilnehmer. Ungeachtet der großen praktischen Bedeutung der Gruppenversicherung enthält das **VVG**[73] Regelungen nur im Zusammenhang mit der Kündigung einer Krankenversicherung (§§ 205, 206 VVG) und hinsichtlich des Zustimmungserfordernisses bei Kollektivlebensversicherungen (§ 150 II 1 VVG). Eine gesetzliche Begriffsbestimmung fehlt.[74] Nach der vertragsrechtlichen **Definition** von *Millauer*[75] handelt es sich bei einem (echten) »Gruppenversicherungsvertrag«[76] um einen einheitlichen, eine Personengruppe erfassenden Versicherungsvertrag, in den das einzelne Gruppenmitglied automatisch oder durch Anmeldung, immer aber nur in Hinblick auf seine Gruppenzugehörigkeit einbezogen wird, und durch den entweder für Mitglieder der Gruppe oder für den Versicherungsnehmer, auf jeden Fall aber für ein einheitliches in den Gruppenmitgliedern sich verwirklichendes Risiko, Versicherungsschutz mit der Maßgabe genommen wird, dass die Versicherungsleistung in Bezug auf jedes Gruppenmitglied gesondert zu erbringen ist.[77] Die Gruppenversicherung zeichnet sich neben der einheitlichen Versicherungsnahme durch die besondere Stellung des Versicherungsnehmers aus. Der Versicherungsnehmer ist gegenüber den (anderen) Mitgliedern der Gruppe mit einer Organisationsgewalt ausgestattet, kraft derer er vor allem Bestand und Fortbestand des Versicherungsvertrags gewährleisten soll.[78] Die Gruppenversicherung ist regelmäßig ein Vertrag zu Gunsten Dritter i.S. von § 328 BGB (»Versicherung für fremde Rechnung«, Rn. 686 ff.). In der vertraglichen Ausgestaltung als Versicherung eines Personenkreises mit rechtsbegründender Anmeldung ähnelt sie in vielerlei Weise der laufenden Versicherung (§§ 53 ff. VVG).[79]

Vertiefung: Eine Gruppenversicherung soll den Mitgliedern der Gruppe zweckgemäß günstigere Prämien und Bedingungen als Nichtmitgliedern geben. Dies kann zu Konflikten führen bei Versicherungsarten, für die wie für die Lebensversicherung ein Gleichbehandlungsgebot gilt (vgl. § 11 II VAG, Rn. 1150). Aus diesem Grund vollzog sich die Entwicklung und Ausgestaltung gruppenversicherungsrechtlicher Verträge in Deutschland von Anfang an vor dem Hintergrund des **aufsichtsrechtlichen Verbots von Sondervergütungen und Begünstigungsverträgen** (vgl. § 81 II 4 VAG) und den dazu erlassenen Verordnungen und aufsichtsbehördlichen Richtlinien.[80] 39

73 In Frankreich ist die Gruppenversicherung in einem gesonderten Abschnitt (art. L 141 ff.) des Code des assurances eigenständig geregelt.

74 Häufig wird auch der Begriff »Kollektivversicherung« benutzt; vgl. bspw. § 150 II VVG (»Kollektivlebensversicherung«) und dazu BT-Drucks. 16/3945 S. 95.

75 *Millauer* Rechtsgrundsätze der Gruppenversicherung, 1966, S. 13 f.

76 *Millauer* Rechtsgrundsätze der Gruppenversicherung, 1966, S. 175, grenzt die unechte von der echten Gruppenlebensversicherung ab. Bei unechten Gruppenlebensversicherungsverträgen werde nicht ein einheitlicher Versicherungsvertrag geschlossen, sondern eine Vielzahl von einzelnen Versicherungsverträgen würden lediglich zum Zweck der gemeinsamen Vertragsdurchführung und -verwaltung zusammengefasst.

77 Vgl. zur Gruppenversicherung auch *Wieser* Gruppenversicherungen, 2006.

78 Vgl. *Wieser* Gruppenversicherungen, 2006, S. 107. In der Regel handelt es sich beim Versicherungsnehmer einer echten Gruppenversicherung um Arbeitgeber, Vereine, Verbände oder andere rechtsfähige Vereinigungen von Arbeitgebern. – Zu Informationspflichten in der Gruppenversicherung vgl. *Franz* VersR 2008, 1565.

79 Die »laufende Versicherung« kommt jedoch insoweit nicht in Betracht, als die (Gruppen-) Versicherung für einen feststehenden Personenkreis, d.h. für bereits feststehende Risiken, genommen wird. Zur Abgrenzung vgl. *Möhrle* Laufende Versicherung, S. 27 f.

80 Vgl. *Kollhosser* in: Prölss, § 81 VAG Rn. 69 ff. m.w.N. und Übersicht über die für die einzelnen Versicherungssparten erlassenen Verordnungen und Richtlinien.

40 Eine aus steuerrechtlichen Gründen[81] wichtige **Gruppenversicherungsform der betrieblichen Altersversorgung** ist die **»Direktversicherung«** gemäß § 1b II BetrAVG. Hier schließt der Arbeitgeber als Versicherungsnehmer per Einzel- oder Gruppenvertrag eine Lebensversicherung mit Bezugsberechtigung für die Arbeitnehmer ab (zur anderen Bedeutungen der Begriffe »Direktversicherung« und »Direktversicherer« vgl. Rn. 41). Große Bedeutung in der betrieblichen Altersvorsorge haben auch **»Rückdeckungsversicherungen«**, die zur Absicherung von Direktzusagen bzw. über Unterstützungskassen gegebene Zusagen abgeschlossen werden. Über die Rückdeckungsversicherung, die häufig als kapitalbildende Gruppenlebensversicherung ausgestaltet ist, verschafft sich der Arbeitgeber vollständig oder partiell die Mittel, die er zur Erfüllung der gegenüber dem Arbeitnehmer gegebener Versorgungszusagen benötigt.[82]

5. Erstversicherung und Rückversicherung

41 Die Versicherungsverhältnisse im bisher beschriebenen Sinne mit Versicherungsnehmern, die nicht selbst Versicherer sind, bezeichnet man als **»Erstversicherungen«**. Die Versicherungsunternehmen, die das Erstversicherungsgeschäft betreiben, heißen entsprechend »Erstversicherer«. Sie werden leider häufig auch als »Direktversicherer« bezeichnet, was im doppelten Sinne missverständlich ist. Denn unter »Direktversicherung« wird eine bestimmte Gruppenversicherungsform der betrieblichen Altersversorgung verstanden (Rn. 40) und als Direktversicherer bezeichnet man auch und vor allem die Versicherer, die über keinen Außendienst verfügen, sondern direkt per Brief, Telefon oder Internet mit ihren Kunden kommunizieren (Rn. 250).[83]

42 Die Erstversicherung steht im Gegensatz zur **Rückversicherung.**[84] Im Wege eines Rückversicherungsvertrages nimmt ein Erstversicherer bei einem anderen Versicherungsunternehmen, dem Rückversicherer, Deckung für seine Eintrittspflicht aus den Erstversicherungen mit seinen Kunden. Die Rückversicherung ermöglicht dem Erstversicherer die Deckung größerer Risiken. Mit ihr kann er das sog. versicherungstechnische Risiko, d.h. Abweichungen des tatsächlichen Schadensverlaufs von den

81 Beiträge, gleichgültig ob diese vom Arbeitnehmer durch Entgeltumwandlung oder vom Arbeitgeber geleistet werden, sind im Rahmen des § 3 Nr. 63 EStG für den Arbeitnehmer grundsätzlich steuerfrei. Die ausgezahlten Leistungen unterliegen im Versorgungsfall hingegen der vollen Steuerpflicht und sind mit dem individuellen Steuersatz zu versteuern (sog. nachgelagerte Besteuerung), vgl. GDV (Hrsg.) Die Betriebliche Altersvorsorge, 2008, S. 16 f.

82 Vgl. *Kollhosser* in: Prölss/Martin, Vor § 159 VVG a.F. Rn. 28, 32.

83 Der EuGH (VersR 2009, 485) hat in einem Vorabentscheidungsverfahren auf Vorlage des BGH (VersR 2007, 929) zu Art. 5 Abs. 1 lit. c der Richtlinie 2000/31/EG des Europäischen Parlaments und des Rates vom 08.06.2000 über bestimmte rechtliche Aspekte der Dienste der Informationsgesellschaft, insbesondere des elektronischen Geschäftsverkehrs, im Binnenmarkt (ABL. L 178 vom 17.07.2000, S. 1) entschieden, dass der Diensteanbieter (auch ein Versicherer) dazu verpflichtet ist, den Nutzern des Dienstes vor Vertragsschluss neben seiner Adresse der elektronischen Post weitere Informationen zur Verfügung zu stellen, die eine schnelle Kontaktaufnahme und eine unmittelbare und effiziente Kommunikation ermöglichen. Dies müsse jedoch nicht zwingend eine Telefonnummer sein, sondern regelmäßig genüge eine elektronische Anfragemaske. Etwas anderes gelte nur dann, wenn der Nutzer im Anschluss an eine elektronische Kontaktaufnahme keinen Zugang zum Internet hat und er daher um die Eröffnung eines anderen Kommunikationsweges bittet.

84 Vgl. zur Rückversicherung *Materne/Diehl* in: Halm/Engelbrecht/Krahe, Kapitel 38; zur Aufsicht über Rückversicherer *Vogelgesang* in: Langheid/Wandt, Systematische Einführung in das Aufsichtsrecht, Rn. 430 ff.

seiner Prämienkalkulation zugrunde gelegten Annahmen (Rn. 97, 100), abdecken. Die Rückversicherung substituiert auch Eigenkapital, das ohne eine Rückversicherung zur Abdeckung der Verpflichtungen aus dem Erstversicherungsgeschäft bereitgehalten werden müsste. **Die Vorschriften des VVG finden auf die Rückversicherung keine Anwendung (§ 209).** Die Rückversicherung bleibt ungeachtet ihrer enormen wirtschaftlichen Bedeutung auch in diesem Buch im Wesentlichen unbehandelt.[85]

VI. Versicherungsnehmer und Drittbeteiligte auf Versicherungsnehmerseite

1. Versicherungsnehmer

Vertragspartner des Versicherers ist der »Versicherungsnehmer« (siehe § 1 VVG). Der Versicherungsnehmer ist also das, was der Käufer beim Kaufvertrag oder der Mieter beim Mietvertrag ist. 43

Der Versicherungsnehmer kann bei Vertragsabschluss oder während des Versicherungsverhältnisses durch einen (gesetzlichen oder bevollmächtigten) Vertreter handeln. Für die Stellvertretung gelten grundsätzlich uneingeschränkt die allgemeinen Regeln des BGB und bei Kaufleuten als Versicherungsnehmer auch die allgemeinen Regeln des Handelsrechts.[86] 44

Neben der Stellvertretung hinsichtlich Willenserklärungen gibt es im Versicherungsvertragsrecht, wie allgemein im Vertragsrecht, die Vertretung hinsichtlich bloßer Wissenserklärungen (»Wissenserklärungsvertreter«) sowie Tatbestände der Wissenszurechnung. Außerdem kann der Versicherungsnehmer im Rahmen der Erfüllung des Versicherungsvertrages Dritte einschalten, deren Verhalten ihm zugerechnet wird. Das Versicherungsvertragsrecht hat sich insoweit allerdings von der Haftung für »Erfüllungsgehilfen« im Sinne des allgemeinen Schuldrechts (§ 278 BGB) gelöst und die versicherungsspezifische Figur des »Repräsentanten« mit eigenständigen Zurechnungsregeln entwickelt (Einzelheiten Rn. 633 ff.). – Zur Stellung des Versicherungsmaklers als – nicht notwendig mit Vertretungsmacht ausgestatteten – Sachwalter des Versicherungsnehmers unten Rn. 414. 45

2. Versicherter

Ein Versicherungsvertrag kann als »Vertrag zugunsten Dritter« (§§ 328 ff. BGB) ausgestaltet sein (dazu Rn. 686 ff.). Bei einigen Versicherungsarten ist dies der Regelfall.

Beispiele: Wenn jemand berufsmäßig mit Sachen anderer Leute umgeht (»Kundeneigentum«), will er vielleicht deren Interessen gegen Feuer, Diebstahl oder andere Gefahren versichern, so dass sie im Schadensfall einen eigenen Anspruch gegen den Versicherer haben. Oder: Die obligatorische Kraftfahrzeug-Haftpflichtversicherung schützt nicht nur den Halter, der normalerweise der Versicherungsnehmer ist, gegen Schadensersatzansprüche aus dem Betrieb des Kfz, sondern z.B. auch den berechtigten Fahrer gegen Schadensersatzansprüche aus § 18 StVG und §§ 823 ff. BGB. 46

85 Zur Vertiefung: *Pfeiffer* Einführung in die Rückversicherung, 1999; *Gerathewohl* Rückversicherung – Grundlagen und Praxis – Band I und II, 1976; *Schwepcke* Rückversicherung – Grundlagen und aktuelles Wissen, 2001; *Kößler* Die Versicherungsaufsicht über Rückversicherungsunternehmen, 2007.

86 Vgl. BGH VersR 2009, 980 (grundsätzlich keine Stellvertretung für den Hauseigentümer bei Abschluss einer Gebäudeversicherung durch den Hausverwalter im eigenen Namen).

Oder: Bei der Lebensversicherung soll das Recht auf die Versicherungssumme oft nicht dem Erben des Versicherungsnehmers als seinem Rechtsnachfolger zustehen, sondern einer bestimmten anderen Person.

47 Den Dritten, dem der Versicherungsnehmer im Wege des Vertrages zugunsten Dritter Versicherungsschutz verschafft, bezeichnet das **Versicherungsvertragsrecht** als den »Versicherten« (vgl. § 43 I VVG) oder als »Mitversicherten«, wenn auch der Versicherungsnehmer selbst Versicherungsschutz genießt und deshalb ebenfalls »Versicherter« ist (so in der Kfz-Haftpflichtversicherung, vgl. § 2 II KfzPflVV). Leider ist die Terminologie nicht für alle Versicherungsarten einheitlich. Terminologische Besonderheiten weist insbesondere die Lebensversicherung auf. Bei ihr heißt der anspruchsberechtigte Dritte »Bezugsberechtigter« (§ 159 VVG) und mit »Versicherter« wird die Person bezeichnet, auf deren Schicksal (Tod) bei der Definition des Versicherungsfalls abgestellt wird (auch »Gefahrsperson« genannt).

48 Terminologische Besonderheiten weist auch das **Aufsichtsrecht** auf. Es verwendet den Begriff »Versicherter« nämlich häufig als umfassenden Oberbegriff für »Versicherungsnehmer«, für »Versicherte« als Drittberechtigte aus einem Versicherungsvertrag zu Gunsten Dritter sowie für sonstige Personen, deren Interessen in irgendeiner Weise berührt sind (beispielsweise als Hypothekengläubiger bei einer Gebäudeversicherung [§ 142 VVG], als geschädigtem Dritten in der Haftpflichtversicherung [§ 115 VVG] oder als Rechtsnachfolger des Versicherungsnehmers).

VII. Versicherer: Versicherungsunternehmensrecht und Spartentrennung

1. Rechtsformzwang

49 Nach § 7 VAG darf die **Erlaubnis zum Betrieb des Versicherungsgeschäfts** Versicherungsunternehmen mit Sitz in Deutschland nur in der Rechtsform einer Aktiengesellschaft, eines Versicherungsvereins auf Gegenseitigkeit (VVaG) oder einer öffentlich-rechtlichen Körperschaft oder Anstalt erteilt werden (zu Unternehmen mit Sitz im Ausland Rn. 77, 80).[87]

50 In diesen Unternehmensformen kann man noch gut die drei **Wurzeln des Versicherungswesens** in Europa erkennen: die genossenschaftliche, die kaufmännische und die staatliche Versicherung.[88] Für die **genossenschaftliche Versicherung** – in Deutschland heute in der Rechtsform des VVaG – ist kennzeichnend der Zusammenschluss vieler Personen zu einer Risikogemeinschaft derart, dass die Gemeinschaft bei bestimmten Schäden ihrer Mitglieder einspringt und die dafür erforderlichen Mittel von allen Mitgliedern gemeinsam aufgebracht werden. Der genossenschaftlichen Eigenart entspricht grundsätzlich die Gleichberechtigung aller Mitglieder und ihre Mitwirkung bei den Entscheidungen der Gemeinschaft. Derartige Zusammenschlüsse sind schon bei den frühmittelalterlichen Zünften und Gilden zu finden. Seit Mitte des 16. Jahrhunderts entwickelten sich spezielle Brandgilden (z.B. Hamburger General-Feuer-Cassa von 1676). – Die Anfänge der **kaufmännischen Versicherung** – in Deutschland heute in der Rechtsform der Aktiengesellschaft – liegen im Oberitalien des späten Mittelalters und zwar hauptsächlich in der Seeversicherung (Schiffe und Ladung). Kennzeichnend ist das Austauschverhältnis: Der Unternehmer übernimmt ein wirtschaftliches Risiko seines Kunden und be-

87 Vgl. zum Versicherungsunternehmensrecht *Armbrüster* in: Beckmann/Matusche-Beckmann, § 6 Rn 2 ff.; *Neef* in: Halm/Engelbrecht/Krahe, Kapitel 4.

88 Zur Geschichte des Versicherungswesens: *Arps* Auf sicheren Pfeilern, Deutsche Versicherungswirtschaft vor 1914, 1965; *ders.* Durch unruhige Zeiten, Deutsche Versicherungswirtschaft seit 1914, 1. Teil 1970, 2. Teil 1976; *Koch* in: HdV, 1988, S. 223 ff.; *ders.* VW 2008, 900.

kommt dafür eine feste Gegenleistung. In der ursprünglich im Vergleich zu heute sehr erheblichen Höhe dieser Gegenleistung wirkte sich aus, dass der Unternehmer mit jedem einzelnen Abschluss auch ein bedeutendes eigenes Risiko einging, solange mangels versicherungsmathematischer Unterlagen und ausreichenden Versichertenbestandes von einem Risikoausgleich nur beschränkt die Rede sein konnte. – Die **staatliche Versicherung** als dritte Wurzel des Versicherungswesens resultierte aus der Fürsorge des Staates, vor allem absolutistischer Landesväter, »die Wohlfahrt der Untertanen« durch Schaffung von Versicherungseinrichtungen zu fördern. Sie führte zu öffentlich-rechtlichen Versicherern, die häufig eine lange Unternehmensgeschichte haben.[89]

Das Unternehmensrecht der **Versicherungs-Aktiengesellschaft** ist grundsätzlich im Aktiengesetz kodifiziert. Vorrangig sind jedoch die Sonderregeln des VAG. Sie betreffen vor allem die Gestaltung der Satzung, die Kapitalausstattung sowie die Publizität und Rechnungslegung.[90] Grundsätzliche Unterschiede zum allgemeinen Recht der Aktiengesellschaft ergeben sich daraus nicht. **51**

Der **Versicherungsverein auf Gegenseitigkeit (VVaG)** ist eine eigens für den Betrieb des Versicherungsgeschäfts entwickelte Rechtsform.[91] Er ist wirtschaftlicher Verein im Sinne von § 22 BGB und damit juristische Person des Privatrechts. Der VVaG hat im Versicherungsaufsichtsgesetz eine eingehende Regelung erfahren (§§ 15–53b VAG). § 15 VAG[92] definiert ihn als Verein, der die Versicherung seiner Mitglieder nach dem Grundsatz der Gegenseitigkeit betreibt. Der VVaG wird in der Praxis deshalb häufig kurz als »Gegenseitigkeitsverein« bezeichnet. Das Gegenseitigkeitsprinzip, das im Gesetz nicht eigens erläutert wird, ist in zahlreichen Einzelregelungen ausgeformt.[93] Die wesentlichen Elemente sind: die Versicherung der Mitglieder, die den Verein also nicht nur tragen, sondern auch seine Versicherungsnehmer (Kunden) sind; das Vereinsziel, den Mitgliedern möglichst (beitrags-)[94] günstigen Versicherungsschutz zu bieten; sowie die Aufbringung der Mittel für den Versicherungsbetrieb durch die Mitglieder (Innenfinanzierung). Das VAG unterscheidet zwischen »großen« VVaG und »kleineren« VVaG (diese mit sachlich, örtlich oder dem Personenkreis nach eng begrenztem Wirkungskreis). Die Einordnung erfolgt durch Entscheidung der Aufsichtsbehörde (§ 53 VAG). **52**

Für den **»großen« VVaG** gelten die §§ 15–52 VAG, die vielfach auf Vorschriften des Aktiengesetzes, teilweise auch auf Vorschriften des HGB und des Genossenschaftsgesetzes verweisen. Das allgemeine Vereinsrecht des BGB gilt nur subsidiär. Der große VVaG darf auch Nichtmitglieder versichern (§ 21 II VAG). Insgesamt ist er der Versi- **53**

89 Zur Geschichte der Hamburger Feuerkasse BVerfG VersR 1994, 841 = NJW 1995, 514; *Koch* VW 2008, 900. Eine Zeittafel zur Versicherungsgeschichte gibt *Koch* Versicherungsgeschichte in Stichworten, Heft 32 neue Folge der Schriftenreihe des Vereins zur Förderung der Versicherungswissenschaft in München, 1988, S. 4 ff.

90 Zu Einzelheiten vgl. *Weigel* in: Prölss, Vor § 15 VAG Rn. 14 ff.

91 Überblick von *Langheid/Grote* in: Langheid/Wandt, Systematische Einführung in das Aufsichtsrecht, Rn. 330 ff.; *Lorenz* in: HdV, 1988, S. 1147; umfassend *Benkel* Der Versicherungsverein auf Gegenseitigkeit, 2002; vgl. auch die Beiträge in *Bürkle* (Hrsg.), Festschrift zum 100-jährigen Bestehen der Stuttgarter Lebensversicherung a.G. – Rechtliche Rahmenbedingungen für Versicherungsvereine auf Gegenseitigkeit, 2008.

92 Das VAG enthält also nicht nur Aufsichtsrecht, sondern auch Versicherungsunternehmensrecht; vgl. *Kaulbach* in: Fahr/Kaulbach/Bähr, Versicherungsaufsichtsgesetz, 4. Aufl. 2007, § 15 VAG Rn. 1 (»Fremdkörper im VAG«).

93 *Lorenz* in: HdV, 1988, S. 1150 ff.

94 Der Beitrag eines Mitglieds des VVaG entspricht der Prämie des Versicherungsnehmers bei anderen Versicherungsunternehmensformen; vgl. Rn. 487.

cherungs-Aktiengesellschaft strukturell und im Marktverhalten stark angenähert.[95] Erhebliche Unterschiede bestehen aber im Zugang zum Kapitalmarkt, weshalb sich in den letzten Jahrzehnten zahlreiche große VVaG in Versicherungs-Aktiengesellschaften umgewandelt haben (»Demutualisierung«).

54 Die für den **»kleineren« VVaG** maßgebenden Vorschriften ergeben sich nahezu vollständig aus den Verweisungen des § 53 VAG: von den §§ 15–52 VAG, die für den großen VVaG gelten, sind nur einige Regelungen auch auf den »kleineren« VVaG anwendbar, ansonsten gilt das Vereinsrecht des BGB, teilweise auch Genossenschaftsrecht.[96] Die gesetzgeberische Auswahl der auf den kleineren VVaG anwendbaren Vorschriften entspricht dem genossenschaftlichen Ursprung der Beziehungen zwischen Organisation und Versicherten, der bei kleineren VVaG teilweise noch deutlich zu erkennen ist.

55 **Öffentlich-rechtliche Versicherungsunternehmen** werden in Form öffentlich-rechtlicher Anstalten und Körperschaften betrieben (§ 7 VAG).[97] Rechtsgrundlagen sind meist spezielle Landesgesetze oder Satzungen. Früher waren die öffentlich-rechtlichen Versicherungsunternehmen meist Pflicht- und Monopolanstalten in dem Sinne, dass die Versicherungsnehmer aufgrund eines bestimmten Tatbestandes (z.B. Eigentum an einem Gebäude) entweder automatisch bei ihnen versichert waren oder zumindest verpflichtet waren, bei ihnen eine Versicherung abzuschließen (insbesondere Gebäude-Feuerversicherung). Inzwischen sind die Versicherungsmonopole aufgrund von EG-Recht durch das Dritte Durchführungsgesetz/EWG zum VAG beseitigt und die öffentlich-rechtlichen Versicherer daher sog. »Wettbewerbsversicherer«.

56 Wenn man vollständig zusammenstellt, wer sich in Deutschland mit Risikoübernahme derart befasst, dass man von **»Versicherungsgeschäft«** sprechen kann (vgl. § 1 I VAG), erhält man ein recht buntes Bild.[98] Man findet außer den gerade behandelten erlaubnispflichtigen Versicherungsunternehmen vor allem **Unterstützungs- und Versorgungseinrichtungen von Berufsständen**, meist in der Rechtsform eines eingetragenen Vereins, und **Zusammenschlüsse von Gemeinden und Gemeindeverbänden** zu Risikogemeinschaften, meist in Form nichtrechtsfähiger Vereine (kommunale »Schadenausgleiche«). Derartige Versicherungseinrichtungen unterliegen nach § 1 III VAG nicht der Aufsicht und Erlaubnispflicht nach dem Versicherungsaufsichtsgesetz. Für **öffentlich-rechtliche Versicherungsunternehmen des öffentlichen Dienstes oder der Kirchen**, die ausschließlich die Alters-, Invaliditäts- oder Hinterbliebenenversorsorgung zum Gegenstand haben, gelten nur ausgewählte Vorschriften des VAG (§ 1a VAG). Nur hingewiesen sei auf den **Pensionsfonds**, der eine rechtsfähige Versorgungseinrichtung der betrieblichen Altersversorgung ist und der Erlaubnispflicht und der Aufsicht nach dem VAG unterliegt (§ 112 VAG). Auf ihn geht dieses Buch ebenso wenig näher ein wie auf die nach § 1 III VAG aufsichtsfreien Einrichtungen. Wir beschränken uns also im Wesentlichen auf Versicherungsunternehmen i.S.v. § 1 I VAG.

95 Vgl. *Müller* Der Versicherungsverein auf Gegenseitigkeit – Chancen und Risiken aus der Sicht eines Versicherungsaufsehers, Heft 30 der Frankfurter Vorträge zum Versicherungswesen, 2000.

96 Übersicht von *Weigel* in: Prölss, § 53 VAG Rn. 12 ff.

97 Hierzu im Überblick *Michaels/Rieger/Vogelsang* in: HdV, 1988, S. 1135 ff.

98 Vgl. *Müller* in: Goldberg/Müller, § 1 VAG Rn. 6 ff.

Insgesamt[99] haben in Deutschland mehr als 600 Versicherungsunternehmen ihren Hauptsitz.[100] Darunter sind ca. 325 Aktiengesellschaften, 270 Versicherungsvereine und 18 öffentlich-rechtliche Versicherer (jeweils unter Bundesaufsicht).[101] Die größte Gruppe unter ihnen betreibt das Sachversicherungs-, Haftpflichtversicherungs- und das Unfallversicherungsgeschäft (ca. 224 Unternehmen). Es folgt die Lebensversicherung mit ca. 100 Unternehmen und die Krankenversicherung mit 51 Unternehmen.[102] Die künftige Bedeutung der Tätigkeit ausländischer Versicherer, besonders aus der EU, – sei es über Niederlassungen in Deutschland, sei es über grenzüberschreitenden Dienstleistungsverkehr – lässt sich auch über ein Jahrzehnt nach der Deregulierung des Versicherungsrechts im Jahre 1994 noch nicht zuverlässig abschätzen. **57**

2. Spartentrennung

Nach § 8 Ia VAG darf ein Versicherungsunternehmen, dem die Erlaubnis zum Betrieb der **Lebensversicherung** erteilt wurde, ausschließlich diese Sparte betreiben (»**Spartentrennung**«). Gleiches gilt für die **»substitutive Krankenversicherung«**, also die Krankenversicherung, soweit diese »geeignet ist, die gesetzliche Krankenversicherung ganz oder teilweise zu ersetzen« (§§ 8 Ia, 12 I VAG). Die Spartentrennung soll ausschließen, dass die Sicherheit der sozial besonders wichtigen und durch ihre Langfristigkeit gekennzeichneten Lebens- und Krankenversicherung durch den gleichzeitigen Betrieb anderer Sparten gefährdet wird, insbesondere dass eine Quersubventionierung zwischen verschiedenen Sparten stattfindet.[103] **58**

Eine bloß **organisatorische Trennung** ist für die **Rechtsschutzversicherung** vorgeschrieben.[104] Ein Versicherungsunternehmen, das die Rechtsschutzversicherung zusammen mit anderen Sparten betreibt, muss die Bearbeitung von Rechtsschutzversicherungsfällen einem anderen Versicherungsunternehmen oder einem selbständigen Schadensabwicklungsunternehmen übertragen (§ 8a VAG). Dadurch sollen Interessenkollisionen ausgeschlossen werden (z.B. zwischen »Rechtsschutz«-Deckung für einen Versicherten und »Haftpflicht«-Deckung für einen anderen Versicherten desselben Unternehmens).[105] **59**

---

99 Zur Konzentration von Versicherungsunternehmen, insbesondere Versicherungskonzernen und Versicherungsgruppen, vgl. *Farny* Versicherungsbetriebslehre, S. 243 ff.

100 Nähere Informationen zu den einzelnen Unternehmen (Name, Rechtsform, Anschrift, Organe und leitende Personen etc.) bietet z.B. die GeneralCologneRe mit einem Wegweiser durch die deutsche Versicherungswirtschaft unter www.gcr-wegweiser.de.

101 GdV, Statistisches Taschenbuch der Versicherungswirtschaft 2008, Tabelle Nr. 3.

102 GdV, Statistisches Taschenbuch der Versicherungswirtschaft 2008, Tabelle Nr. 2.

103 Zum Schicksal der Spartentrennung nach EU-Recht vgl. *Dreher* DB 1992, 2605.

104 Und zwar für inländische Unternehmen und für Unternehmen mit Sitz außerhalb von EG/EWR (sog. Drittstaaten-Unternehmen; vgl. § 105 VAG) sowie für EG/EWR-Unternehmen, für die die Versicherungs-Richtlinien ausnahmsweise nicht gelten, insbesondere kleine VVaG mit geringem Prämienaufkommen, vgl. § 110d VAG; nicht dagegen für sonstige EG/EWR-Unternehmen außerhalb Deutschlands (vgl. § 110a VAG). Für diese eröffnet die Rechtsschutzversicherungs-Richtlinie vom 22.06.1987 (ABl. EG L 185/77) neben der organisatorischen Trennung, wie § 8a VAG sie vorsieht, die Optionen einer getrennten Verwaltung oder die Einschaltung eines Rechtsanwalts nach Wahl des Versicherten.

105 Einzelheiten bei *Dreher* DB 1992, 2607.

3. Terminologie

60 Wenn es um die **Bezeichnung von Versicherungsunternehmen** geht, ist die Terminologie leider wieder einmal nicht einheitlich. In der Umgangssprache – und auch in vielen Gerichtsurteilen – heißt es häufig »bei der X-Versicherung versichert«, es wird also das Unternehmen als »Versicherung« bezeichnet. Diese Ausdrucksweise entspricht jedoch nicht der Gesetzes- und Rechtssprache. Dort spricht man von dem »Versicherungsunternehmen«, so meist das VAG, oder von dem »Versicherer«, so das VVG. Der Begriff »Versicherung« bezeichnet in der Rechtssprache dagegen eine Versicherungssparte oder das Versicherungsverhältnis, sei es konkret (»Haftpflichtversicherung von Frau Schmidt mit der Vertragsnummer: 0123«) oder abstrakt in Abgrenzung zu anderen Versicherungsarten.

VIII. Versicherungsaufsicht

1. Überblick und historische Entwicklung

61 Ausgangspunkt des Versicherungsaufsichtsrechts (Rn. 2) ist die auf historischen Erfahrungen basierende Erkenntnis, dass das Versicherungswesen nicht vollständig den freien Kräften des Marktes überlassen werden kann. Die Gründe liegen hauptsächlich in den spezifischen »Produktionsbedingungen« von Versicherungsschutz (Rn. 94 ff.), in der Sicherung häufig sehr hoher Werte, in der häufigen Langfristigkeit von Versicherungsverhältnissen, insbesondere wenn sie mit Kapitalbildung verbunden sind, und in den Informations- und Verständnisschwierigkeiten der Versicherungsnehmer, die aus der Natur von Versicherung als »unsichtbares« Gut und als »Rechtsprodukt« resultieren (Rn. 9).[106]

62 Das deutsche Versicherungsaufsichtsrecht[107] ist erstmals im »Reichsgesetz über die privaten Versicherungsunternehmungen« von 1901, später umbenannt in **Versicherungsaufsichtsgesetz (VAG)**, kodifiziert worden.[108] Seine **Reichweite** war zunächst ganz an dem Ziel ausgerichtet, das geschäftsunerfahrene »breite Publikum« zu schützen. Die **Transportversicherung** (§ 111 I VAG) unterliegt wegen ihrer Internationalität und der Professionalität der Marktteilnehmer auch heute noch nur einer stark eingeschränkten Aufsicht.[109] Auch die **Rückversicherung** unterlag bis vor kurzem nur einer eingeschränkten Aufsicht. Inzwischen wurde sie durch die im Jahre 2004 in das VAG eingefügten §§ 119 ff. unter Aufsicht gestellt.[110] Diese Regelungen nahmen in Teilen eine europäische Rückversicherungsrichtlinie vorweg[111], deren Umsetzung inzwischen

106 Vgl. Motive zum VAG S. 24 ff.; *Farny* in: HdV, 1988, S. 1003 ff.; *Müller* Versicherungsbinnenmarkt, 1995, Rn. 344 ff.

107 Vgl. dazu jüngst *Lorenz* in: Beckmann/Matusche-Beckmann, § 1 Rn. 35 ff.; *Waclawik* in: Halm/Engelbrecht/Krahe, Kapitel 5; *Müller/Präve* in: Bruck/Möller, Einf. D; *Langheid/Grote* in: Langheid/Wandt, Systematische Einführung in das Aufsichtsrecht, Rn. 4 ff.

108 Zur geschichtlichen Entwicklung *Koch* VW 2001, 1466; *Tigges* Geschichte und Entwicklung der Versicherungsaufsicht, 1985.

109 Zu nicht der Aufsicht nach dem VAG unterliegenden »Versicherungseinrichtungen« siehe den Katalog des § 1 III VAG, vgl. *Winter* Versicherungsaufsichtsrecht, § 4 IX (S. 219).

110 Durch Gesetz vom 15.12.2004 (BGBl. I S. 3416). Vgl. *Vogelgesang* in: Langheid/Wandt, Systematische Einführung in das Aufsichtsrecht, Rn. 430 ff.; *Weber-Rey/Baltzer* WM 2006, 205.

111 Richtlinie 2005/68/EG des Europäischen Parlaments und des Rates vom 16.11.2005 über die Rückversicherung, ABl. L 323 vom 09.12.2005, S. 1.

vollständig erfolgt ist.[112] Seit Anfang 2002 unterliegen auch **Pensionsfonds** und seit Anfang 2006 **Pensionskassen** und Einrichtungen der betrieblichen Altersvorsorge mit Sitz im Ausland der Aufsicht nach dem VAG.[113] Durch die VAG-Novelle 2004[114] wurden auch **Versicherungs-Holdinggesellschaften** einer eingeschränkten Aufsicht unterstellt. Versicherungs-Holdinggesellschaften sind Unternehmen mit Sitz im Inland, deren Hauptttätigkeit der Erwerb und das Halten von unmittelbaren oder mittelbaren Beteiligungen an Erst- oder Rückversicherungsunternehmen oder Pensionsfonds ist.[115] Der Umfang der eingeschränkten Aufsicht ergibt sich aus § 1b II–V VAG.

Die Aufsicht über Einzelversicherungsunternehmen ist erweitert, wenn das Versiche- **63**
rungsunternehmen einer **Versicherungsgruppe** angehört.[116] Die mit Wirkung ab 2001 neu eingefügten Regelungen der §§ 104a–104i VAG setzen die sog. EG-»Gruppenrichtlinie« 98/78/EG vom 27.10.1998 um.[117] Konzeptionell wird die Aufsicht über das einzelne Versicherungsunternehmen von der für die Einzelaufsicht zuständigen Behörde in der Weise erweitert, dass die Prüfung der Eigenmittelausstattung des einzelnen Unternehmens unter zusätzlicher Berücksichtigung seiner Zugehörigkeit zu einer Versicherungsgruppe erfolgt (»Solo-Plus-Aufsicht« mit Berechnung der »bereinigten Solvabilität«[118]). Dabei wird insbesondere geprüft, ob und in welchem Umfang gruppeninterne Geschäfte getätigt werden, die möglicherweise die finanzielle Stabilität der Gruppe beeinträchtigen können.[119] Nach Inkrafttreten des »Gesetzes zur Stärkung der Finanzmarkt- und der Versicherungsaufsicht«[120] vom 02.07.2009 (vgl. auch Rn. 78) muss das übergeordnete Unternehmen einer Versicherungsgruppe auch bedeutende Risikokonzentrationen, die innerhalb der Gruppe bestehen, quartalsweise an die Aufsichtsbehörde melden.[121]

---

112 Durch das Achte Gesetz zur Änderung des Versicherungsaufsichtsgesetzes sowie zur Änderung des Finanzdienstleistungsaufsichtsgesetzes und anderer Vorschriften (8. VAGuaÄndG) vom 28.05.2007, das am 02.06.2007 in Kraft getreten ist (BGBl. I S. 923); vgl. hierzu *Bähr/Püttgen* ZfV 2008, 705; *Bürkle* VersR 2008, 1590; *Kößler* Die Versicherungsaufsicht über Rückversicherungsunternehmen, 2007.

113 Siehe Abschnitt VII des VAG (§§ 112–118f). Anders als Lebens-, Schadens- und Rückversicherungsunternehmen sowie Versicherungsgruppen und Versicherungsholdinggesellschaften fallen Pensionsfonds, Pensionskassen und andere Einrichtungen der betrieblichen Altersvorsorge jedoch nicht unter den Anwendungsbereich der Solvency II-Rahmenrichtlinie (vgl. dazu Rn. 71).

114 Durch das Gesetz zur Änderung des Versicherungsaufsichtsgesetzes und anderer Gesetze vom 15.12.2004 (BGBl. I S. 3416).

115 Legaldefinition des § 1b VAG. Zur Kritik an der gesetzlichen Begriffsdefinition vgl. *Bürkle* VersR 2006, 465 ff.; *ders.* VersR 2005, 458 ff.

116 Vgl. *Sehrbrock* ZVersWiss 2008, Beilagenheft Nr. 97, S. 27.

117 ABl. L 330 vom 05.12.1998, S. 1. Maßgebend sind außerdem die Solvabilitätsbereinigungsverordnung sowie die BaFin-Rundschreiben 4/2009 und 3/2004.

118 Im Rahmen dieser Berechnung wird – vereinfacht gesprochen – geprüft, inwieweit Eigenmittel innerhalb der Gruppe zur Abdeckung mehrerer aufsichtsrechtlicher Kapitalanforderungen verwendet wurden (sog. »double gearing«) und ob Eigenmittel durch gruppeninterne Kapitalschöpfung generiert wurden. Die einschlägigen Regelungen finden sich in §§ 104g, 104h VAG in Verbindung mit der Solvabilitätsbereinigungsverordnung und BaFin-Rs. 4/2009.

119 § 104e VAG in Verbindung mit BaFin-Rs. 3/2004.

120 BGBl. I 2009, S. 2305.

121 Die Grenze für das Vorliegen einer bedeutenden Risikokonzentration liegt bei 10% der Solvabilitätsspanne, § 104i III VAG (i.d.F. nach Inkrafttreten des Gesetzes zur Stärkung der Finanzmarkt- und der Versicherungsaufsicht). Durch die Meldepflicht soll es der Aufsicht ermöglicht werden, drohende Gefahren für die gesamte Versicherungsgruppe, einschließlich der Tochtergesellschaften in EU-/EWR- und Drittstaaten, frühzeitig zu erkennen (RegE BT-Drucks. 16/12783 S. 20).

64 Generelles **Aufsichtsziel** ist seit jeher der Schutz der volkswirtschaftlich und sozialpolitisch wichtigen Funktionsfähigkeit des Versicherungswesens.[122] Ein wichtiger Teilaspekt ist der Schutz der »ausreichenden Wahrung der Belange der Versicherten« (§ 81 I 2 VAG). Die wichtigste Aufgabe besteht insoweit in der Sicherung der »dauernden Erfüllbarkeit der Verpflichtungen aus den Versicherungen« (§ 81 I 5 VAG), also im Schutz vor einer Insolvenz des Versicherers.[123] § 81 I 3 VAG bestimmt gleichwohl zur Vermeidung einer Staatshaftung gegenüber den Versicherten, dass die Aufsichtsbehörde die ihr übertragenen Aufgaben allein im öffentlichen Interesse wahrnimmt.[124] Es geht also nicht um die Wahrung der Belange eines individuellen Versicherten, sondern der Gesamtheit der Versicherten.

65 Die **Entwicklung des Versicherungsaufsichtsrechts** verlief bis zur EG-bedingten Deregulierung im Jahre 1994 (Rn. 70) weitgehend geradlinig. Erst die Deregulierung brachte eine grundlegende Zäsur. Ihre Bedeutung und die aktuellen Strukturen des Versicherungsaufsichtsrechts lassen sich ohne Kenntnis der historischen Entwicklung nicht erfassen. Vor der Befassung mit dem heutigen Aufsichtssystem (Rn. 77 ff., 81 ff.) ist deshalb die historische Entwicklung wenigstens in den Grundzügen zu beschreiben.

66 Das **ursprüngliche VAG** von 1901 statuierte mit Hilfe von **Generalklauseln** (§§ 8, 81, 87 VAG a.F.)[125] ein Aufsichtssystem, welches sich nicht darin erschöpfte, formal die Einhaltung von Rechtsvorschriften durch die Versicherer zu kontrollieren, sondern weitergehend durch »Prüfungen und Entscheidungen materieller Art«[126] das ordnungsgemäße Funktionieren des Versicherungswesens gewährleisten sollte (sog. **»materielle Staatsaufsicht«**).[127] Nach diesem herkömmlichen System der deutschen Versicherungsaufsicht[128] unterlagen alle wichtigen Bereiche der Jedermann-Versicherung einer umfassenden und straffen materiellen Versicherungsaufsicht. Teil des genehmigungsbedürftigen Geschäftsplanes waren die AVB (§ 5 VAG a.F.). Sie durften erst nach aufsichtsbehördlicher Genehmigung verwendet werden. Auf diese Weise gab die Aufsichtsbehörde den Verträgen vieler Versicherungsarten in Einschränkung der Privatautonomie meist einen einheitlichen Inhalt, was den Wettbewerb erheblich beschränkte. In der Lebens-, Kranken-, Unfall- und der obligatorischen Kfz-Haftpflichtversicherung waren auch die Prämientarife vor ihrer Verwendung zu genehmigen (§§ 11 f. VAG a.F., § 8 II PflVG a.F.[129]; **»präventive Tarif- und Bedingungsgenehmigung«**; zum Begriff »Tarif« vgl. Rn. 489). Eine Genehmigungspflicht bestand auch für spätere Bedingungsänderungen und in den tarifregulierten Versicherungsarten für Tarifänderungen.

122 Vgl. auch insoweit Motive zum VAG S. 24 ff.

123 Vgl. *Winter* Versicherungsaufsichtsrecht, § 3 II (S. 5).

124 Vgl. dazu BVerwG VersR 1996, 1133; EuGH VersR 2005, 101 mit Anm. *Grote* = NJW 2004, 3479; kritisch *Schenke* FS Lorenz, 1994, S. 473; zum Verhältnis zwischen Versichertenschutz und Funktionsschutz vgl. *Eilert* VersR 2009, 709.

125 *Bähr* Das Generalklausel- und Aufsichtssystem des VAG im Strukturwandel, 2000.

126 Motive zum VAG S. 25.

127 Zu diesem Begriff vgl. ebenfalls Motive zum VAG S. 25.

128 Zu weiteren Einzelheiten vgl. *Weyers* Versicherungsvertragsrecht, 1. Aufl. 1986, Rn. 102 ff.

129 Vgl. dazu die inzwischen aufgehobene Verordnung über die Tarife in der Kraftfahrzeug-Haftpflichtversicherung (=TVO) v. 05.12.1984 (BGBl. I S. 1437 ff.) aufgehoben durch Verordnung des Bundesministeriums der Wirtschaft v. 10.06.1994 (BGBl. I S. 1223).

Die Aufsichtsbehörde neigte bis zur Deregulierung im Jahre 1994 zu einem weiten Verständnis der Generalklauseln des VAG, die ihre Aufgaben und Befugnisse beschrieben. Sie beschränkte sich nicht auf die Kontrolle der Einhaltung von Rechtsvorschriften, sondern suchte positiv die Belange der Versicherten, insbesondere von Verbrauchern, zu fördern.[130] Das Bundesverwaltungsgericht zog dem allerdings Grenzen.[131] Es stellte insbesondere klar, dass die Auslegung der unbestimmten Rechtsbegriffe »Missstand« und »Belange der Versicherten« uneingeschränkt der verwaltungsgerichtlichen Kontrolle unterliegen.[132] Ungeachtet der gerichtlichen Kontrolle blieb aber die Notwendigkeit der wertenden Auslegung der Eingriffsermächtigungen, die für das System der materiellen Versicherungsaufsicht als prägend angesehen wurde (zum Charakter des Aufsichtssystems nach der Deregulierung Rn. 85).[133] **67**

Das soeben beschriebene herkömmliche System galt gleichermaßen für in- und ausländische Unternehmen. Es bewirkte vor allem aufgrund der strengen Zulassungskontrolle, verbunden mit der präventiven Tarif- und Bedingungsgenehmigung, eine Abschottung des deutschen Versicherungsmarktes gegenüber ausländischen Versicherern. **68**

Von großer praktischer Bedeutung war die frühere Praxis der Aufsichtsbehörde, zu bestimmten Materien von den Versicherern über ihr künftiges Verhalten verbindliche einseitige Erklärungen zu verlangen, die als Teil des genehmigungspflichtigen Geschäftsplans angesehen wurden (»**Geschäftsplanmäßige Erklärungen**«). Solche Erklärungen reichten vom Versprechen, nach dem Gesetz gegebene (z.B. Regress-) Ansprüche nur modifiziert geltend zu machen, bis zur Zusage, im Schriftverkehr mit den Kunden bestimmte Formulierungen oder drucktechnische Gestaltungen zu verwenden oder zu vermeiden. Diese geschäftsplanmäßigen Erklärungen warfen systematische Fragen auf. Die praktisch wichtigste war, ob der einzelne Versicherte aus einer solchen nur an eine Verwaltungsbehörde gerichteten Absichtserklärung über Verhalten im Zivilrechtsverkehr unmittelbar Rechte herleiten konnte.[134] **69**

Das **EG-Recht** brachte erstmals grundlegende strukturelle Veränderungen für das deutsche Versicherungsaufsichtsrecht.[135] Es hat durch zahlreiche **Richtlinien** (»Richtliniengenerationen«)[136] – begleitet durch wegweisende Urteile des EuGH[137] – die für **70**

130 Krit. dazu *Gärtner* Privatversicherungsrecht, 2. Aufl. 1980, S. 144; siehe auch BVerwGE 61, 59 = VersR 1981, 221.

131 BVerwGE 61, 59 = VersR 1981, 221; BVerwGE 84, 306 = VersR 1990, 473 mit Anm. *Kaulbach* S. 645 = NJW 1990, 1804; BVerwGE 95, 25 = VersR 1994, 541 mit Anm. *Donath* S. 965 = NJW 1994, 2561.

132 Vgl. BVerwGE 11, 245 = VersR 1961, 145; BVerwGE 61, 59 = VersR 1981, 221. – Ferner *Scholz* ZVersWiss 1984, 17 f. m.w.N.; *Gärtner* Privatversicherungsrecht, 2. Aufl. 1980, S. 48, 50; dagegen siehe *Angerer* ZVersWiss 1975, 247; vgl. auch *Büchner* ZVersWiss 1994, 349; auch das BVerfG beschäftigte sich mit der Auslegung der Begriffe »Missstand« und »Belange der Versicherten«, vgl. BVerfG VersR 2005, 1109 = NJW 2005, 2363 sowie BVerfG VersR 2005, 1127 = NJW 2005, 2376.

133 Eingehend hierzu *Bähr* Das Generalklausel- und Aufsichtssystem des VAG im Strukturwandel, 2000, S. 4 ff., 32 ff.

134 BGHZ 105, 140 = VersR 1988, 1062 = NJW 1988, 2734; OLG Hamm VersR 1994, 37; Überblick bei *Glauber* VersR 1993, 12; weitere Einzelheiten bei *Weyers* Versicherungsvertragsrecht, 1. Aufl. 1986, Rn. 108, 135, 342, 732.

135 Vgl. hierzu systematisch-vergleichend *Schnyder* Europäisches Banken- und Versicherungsrecht, 2005; *Mönnich* in: Beckmann/Matusche-Beckmann, § 2 Rn. 15 f.

136 Man spricht von »Generationen«, weil in bestimmten Zeitabschnitten jeweils gesonderte Richtlinien zur Lebens- und zur Schadensversicherung (abgrenzungshalber auch als »Nichtlebensversicherung« bezeichnet) erlassen wurden. Überblick über die für den Versicherungsbereich relevanten Richtlinien bei *Mönnich* in: Beckmann/Matusche-Beckmann, § 2 Rn. 17.

137 EuGH, Urt. v. 04.12.1986, Rs. Kommission gegen Bundesrepublik Deutschland, Slg. 1986, 3755 = VersR 1986, 1225 = NJW 1987, 572; eingehend zu diesem grundlegenden Urteil m.w.N. *R. Schmidt/Präve* in: Prölss, Vorbem. Rn. 36 ff.; vgl. zur Rechtsprechung des EuGH auch *Müller* Versicherungsbinnenmarkt, 1995, Rn. 19 f., 911 ff.

den Versicherungsbereich relevanten **Grundfreiheiten** des EG-Vertrages, nämlich die Niederlassungsfreiheit, die Dienstleistungsfreiheit und die Kapitalverkehrsfreiheit, verwirklicht.[138] Dies geschah in erster Linie durch **Harmonisierung und Koordinierung** der zuvor streng regulierten nationalen Aufsichtssysteme, was mit einer »**Deregulierung**« und »Liberalisierung« dieser Systeme verbunden war. Die Entwicklung, die 1964 mit einer Richtlinie über die Rückversicherung begann, hat ihren – wie stets vorläufigen – Schlusspunkt mit der Umsetzung der sog. Dritten Richtliniengeneration zur Nichtlebens- und Lebensversicherung gefunden.[139] Ihre Umsetzung erfolgte in Deutschland durch das Dritte Durchführungsgesetz/EWG zum VAG[140], das am **29.07.1994** in Kraft getreten ist. Dieses Datum markiert die (weitgehende) **Vollendung des Versicherungsbinnenmarktes** und mit ihr die wichtigste Zäsur in der Entwicklung des deutschen Versicherungsaufsichtsrechts (zur Harmonisierung der nationalen Versicherungsvertragsrechte der EU-Staaten vgl. Rn. 165, 173 ff.).

71 Das europäische (und damit auch das deutsche) Versicherungsaufsichtsrecht wird durch die Umsetzung des europäischen Projektes Solvency II[141] in naher Zukunft erneut eine erhebliche Zäsur erfahren.[142] Die **Solvency II-Richtlinie**[143] wurde am 22.04.2009 vom EU-Parlament und am 05.05.2009 von den EU-Finanzministern beschlossen, ist jedoch noch nicht im Amtsblatt der EU veröffentlicht worden. Solvency II soll ein Aufsichtssystem schaffen, das risikobezogener, in der Anwendung flexibler und rechtstechnisch so strukturiert ist, dass die Vorschriften schneller an Veränderungen im Markt oder Entwicklungen in anderen Rechtsbereichen (Bilanzrecht, Gesellschaftsrecht etc.) angepasst werden können.[144] Solvency II zielt auf eine grundlegende Umgestaltung des derzeit geltenden Aufsichtsrechts in drei Bereichen, die bildlich als »Säulen« bezeichnet werden. **Säule I** beinhaltet sog. **quantitative Aspekte**, im Wesentlichen also die Regelungen über die Berechnung des Eigenmittelbe-

138 Überblick über die Richtlinien bei *Müller* Versicherungsbinnenmarkt, 1995, Rn. 12 ff.; *R. Schmidt/Präve* in: Prölss, Vorbem. Rn. 29 ff.

139 Inzwischen wurden die drei Richtlinien zur Lebensversicherung in eine konsolidierte »Gesamtrichtlinie Lebensversicherung« eingearbeitet (Richtlinie 2002/83/EG des Europäischen Parlaments und des Rates vom 05.11.2002 über Lebensversicherungen, ABl. L 345 vom 19.12.2002, S. 1). Eine Konsolidierung der Schadensversicherungsrichtlinien fand noch nicht statt. Rechtsquelle ist deshalb noch immer die Richtlinie 73/239/EWG vom 24.07.1973 (ABl. L 228 vom 16.08.1973, S. 3) in der Fassung späterer Änderungsrichtlinien. Eine Gesamtkonsolidierung bringt die Solvency II-Richtlinie (vgl. Rn. 71).

140 »Drittes Gesetz zur Durchführung versicherungsrechtlicher Richtlinien des Rates der Europäischen Gemeinschaften« vom 21.07.1994; (abgedruckt bei *Lorenz/Wandt* Nr. 5).

141 Der Begriff Solvency II rekurriert auf die Richtlinien 2002/13/EG vom 05.03.2002 (Lebensversicherung, ABl. L 345 vom 19.12.2002, S. 1) und 2002/83/EG vom 05.11.2002 (Schadensversicherung, ABl. L 345 vom 19.12.2002 S. 1) die als »Solvency-Richtlinien« bezeichnet werden. Sie beschränken sich darauf, die im Rahmen der 3. Richtliniengeneration festgelegten Kapitalanforderungen für Lebens- und Schadensversicherungsunternehmen zahlenmäßig zu erhöhen. Sie spielen daher in der Entwicklung des europäischen Versicherungsaufsichtsrechts eine untergeordnete Rolle und begründeten deshalb keine neue (4.) Richtliniengeneration.

142 Vgl. hierzu *Wandt* VR 2007, 33 ff.; *ders.* VW 2007, 473 ff.; *Bürkle* VersR 2007, 1595 ff.

143 Die Vorarbeiten zur Solvency II-Richtlinie begannen im Mai 2002. Vgl. *Conference of the Insurance Supervisory Services of the Member States of the European Union*, Prudential Supervision of Insurance Undertakings (DT/UK/232/02/REV6, »Sharma-Report«), Dezember 2002, 1.1.1.

144 Mit den gleichen Zielsetzungen wurden zuvor schon die bankaufsichtsrechtlichen Richtlinien überarbeitet (»Basel II«). Dies führt zu einem grundsätzlich zu begrüßenden Gleichklang bzw. einer Annäherung der Strukturen des europäischen Versicherungs- und Bankaufsichtsrechts.

darfs der Versicherungsunternehmen und seiner Bedeckung durch anrechnungsfähige Eigenmittel. Anders als im derzeitigen Recht wird die gesetzlich geforderte Kapitalausstattung von Versicherungsunternehmen stärker von der Risikostruktur des von ihnen gehaltenen Vertragsportfolios abhängen. Zur Berechnung der Solvenzkapitalanforderung wird es ein gesetzlich definiertes Standardmodell geben. Unter bestimmten Voraussetzungen können die Versicherungsunternehmen ihre Eigenmittelanforderung jedoch auch durch ein von ihnen selbst entwickeltes Modell (sog. »internes Modell«) errechnen.[145] **Säule II** betrifft die sog. **qualitativen Regelungen**. Im Mittelpunkt stehen hier Vorschriften zum Governancesystem der Versicherungsunternehmen, insbesondere zum Risikomanagement, die bewirken sollen, dass die Unternehmen die Ermittlung, Erfassung, Überwachung und das Management von Risiken optimieren. Unter Säule II fällt auch die Gesamtheit der aufsichtsbehördlichen Befugnisse. Das aufsichtsbehördliche Handeln soll neben der effektiven Bewältigung der Krise eines Versicherungsunternehmens auch und vor allem Krisenverhinderung im Wege präventiver Maßnahmen ermöglichen. **Säule III** umfasst die Normen über die **Veröffentlichungspflichten** der Versicherungsunternehmen, sowohl gegenüber der Aufsichtsbehörde (sog. »supervisory reporting«) als auch hinsichtlich der Versicherungsnehmer und dem Markt (sog. »public disclosure«). Die Pflicht, den Marktteilnehmern die für Säule I und II relevanten Daten offenzulegen, soll bewirken, dass der Markt als zusätzliches Korrektiv für die risikoorientierte Unternehmenspolitik des Versicherungsunternehmens fungiert (sog. »Marktdisziplin«). Auch die **Regelungen zur Gruppenaufsicht** werden grundlegend verändert.[146] – Solvency II folgt gesetzestechnisch dem Regelungskonzept des sog. **»prinzipienbasierten Rechts«**, das durch die Verwendung unbestimmter Rechtsbegriffe, wie »angemessen«, »unverhältnismäßig« oder »ausreichend« gekennzeichnet ist.[147] Sein Vorteil gegenüber einem sog. regelbasierten Regime liegt darin, dass es weniger starre Vorgaben normiert und somit der Aufsichtsbehörde größeren Spielraum und größere Flexibilität eröffnet, um im Aufsichtsprozess bzw. im Eingriffsfall die konkrete Unternehmenssituation berücksichtigen zu können. Die unbestimmten Rechtsbegriffe sind am nationalen – und, soweit es um die Richtlinie geht, am gemeinschaftsrechtlichen – Bestimmtheitsgrundsatz zu messen. Sie können zu Rechtsunsicherheit für die Unternehmen führen, bis eine Konkretisierung durch Verwaltungspraxis und Rechtsprechung erfolgt.[148]

Solvency II wird auf europäischer Ebene im sog. **»Lamfalussy-Verfahren«** auf vier **72**
Ebenen umgesetzt[149], wobei nur auf den ersten beiden Ebenen Rechtssetzung stattfindet. Auf der ersten Ebene beschließen Rat und Parlament eine Rahmenrichtlinie, welche die wesentlichen Grundregelungen trifft. Die Richtlinie wurde am 22.04.2009 vom EU-Parlament und am 05.05.2009 von den EU-Finanzministern beschlossen, ist jedoch noch nicht im Amtsblatt der EU veröffentlicht worden. Auf der zweiten Ebene legt die Kommission dann im Wege einer Verordnung Detailbe-

145 Das interne Modell muss zuvor allerdings von der Aufsichtsbehörde genehmigt worden sein.

146 Vgl. hierzu *Sehrbrock* ZVersWiss 2008 , Beilagenheft Nr. 97, 27 ff.

147 Vgl. zum Begriff des prinzipienbasierten Rechts *Wandt* in: Dreher/Wandt (Hrsg.), Solvency II in der Rechtsanwendung (im Druck); *Dreher* VersR 2008, 998 (1000).

148 Vgl. zu diesen Bedenken *Dreher* VersR 2008, 998 (1000); *Wandt* in: Dreher/Wandt (Hrsg.), Solvency II in der Rechtsanwendung (im Druck).

149 Nach der Richtlinie 2005/1/EG (ABl. L 79 v. 24.03.2005, S. 9) gilt das Lamfalussy-Verfahren für den gesamten EU-Finanzbereich. Ausführlich zu Lamfalussy-Verfahren: *Wandt* in: Dreher/Wandt (Hrsg.), Solvency II in der Rechtsanwendung (im Druck).

stimmungen fest.[150] Hierbei muss sie nach einem formalisierten Verfahren (sog. »Komitologieverfahren«)[151] mit Regelungsausschüssen zusammenarbeiten, die mit Vertretern der mitgliedstaatlichen Verwaltungen besetzt sind. Auf der dritten Ebene erfolgt »lediglich« Gesetzesvorbereitung unter der Ägide der Kommission, beraten von Expertenausschüssen, die sich aus hochrangigen Vertretern der jeweiligen nationalen Aufsichtsbehörden zusammensetzen.[152] Neben der Beratung und Unterstützung der Kommission beschäftigen sich die Expertenausschüsse mit dem grenzüberschreitenden Informationsaustausch zwischen den Aufsichtsbehörden, der konsistenten Umsetzung der europäischen Rechtsakte und der Angleichung der aufsichtsbehördlichen Praxis. Der Ausschuss der europäischen Aufsichtsbehörden für das Versicherungswesen und die betriebliche Altersversorgung, das »Committee of European Insurance and Occupational Pension Supervisors« (CEIOPS) hat seinen Sitz in Frankfurt am Main.[153] Auf der vierten Ebene des Lamfalussy-Verfahrens achtet die Kommission – in intensiver Zusammenarbeit mit den Mitgliedstaaten, den Regulierungsbehörden der Stufe 3 und dem privaten Sektor – auf eine einheitliche Anwendung des Gemeinschaftsrechts. Die Umsetzung von Solvency II in nationales Recht soll bis Ende Oktober 2012 erfolgen.[154]

73 Bundesaufsichtsbehörde in Deutschland ist seit dem 01.05.2002 die **Bundesanstalt für Finanzdienstleistungsaufsicht (BaFin).**[155] Sie ist eine bundesunmittelbare rechtsfähige Anstalt des öffentlichen Rechts im Geschäftsbereich des Bundesfinanzministeriums mit Sitz in Bonn und Frankfurt am Main. Die BaFin ist an die Stelle der ehemaligen Bundesaufsichtsämter für das Versicherungswesen (BAV), für das Kreditwesen (BAKred) und für den Wertpapierhandel (BAWe) getreten, deren Aufgabenbereiche sie als drei eigenständige Säulen fortführt.[156] Mit ihr existiert in Deutschland erstmals eine zentrale staatliche Allfinanzaufsicht vor dem Hintergrund tief greifender Veränderungen auf den Finanzmärkten (Allfinanzkonzepte, international operierende Finanzkonglomerate etc.).[157] Auch im Ausland ist ein Trend zu einer Allfinanzaufsichtsbehörde festzustellen (Japan, Großbritannien, Österreich, Schweiz).[158]

74 Gegen Entscheidungen der BaFin ist das allgemeine Widerspruchsverfahren nach dem Verwaltungsverfahrensgesetz und der allgemeine verwaltungsgerichtliche Instanzenzug eröffnet.

150 Der Vorteil dieser abgestuften Rechtsetzung liegt darin, dass eine Veränderung von Detailbestimmungen durch eine Abänderung der Verordnung relativ schnell und unkompliziert vorgenommen werden kann. Die Rahmenrichtlinie (deren Änderung ein ungleich langwierigeres und komplizierteres Verfahren erfordert) kann inhaltlich unverändert bleiben. Dies ist insbesondere im Finanzbereich von großer Bedeutung, da sich hier die Rahmenbedingungen häufig in sehr kurzer Zeit verändern und ein zeitnahes Eingreifen des Gesetzgebers erforderlich machen.

151 Geregelt im Ratsbeschluss 1999/468/EG vom 28.06.1999 (ABl. L 184 v. 17.07.1999, S. 23).

152 Dem Ausschuss für Bankenaufsicht gehören zusätzlich auch Vertreter der nationalen Notenbanken an.

153 Vgl. *Gause* in: Langheid/Wandt, Systematische Einführung in das Aufsichtsrecht, Rn. 422 ff. – Weitere Level-3-Ausschüsse sind der Ausschuss der europäischen Bankaufsichtsbehörden (CEBS) und der Ausschuss der europäischen Wertpapierregulierungsbehörden (CESR).

154 Art. 310 (1) der Solvency II-Richtlinie.

155 Informationen unter www.bafin.de.

156 Finanzdienstleistungsaufsichtsgesetz vom 22.04.2002 (BGBl. I S. 1310) zuletzt geändert durch Gesetz v. 25.06.2009 (BGBl. I S. 1528). Vgl. dazu *Fricke* NVersZ 2002, 337.

157 Vgl. die Gesetzesbegründung BR-Drucks. 636/01 vom 17.08.2001.

158 Vgl. *Binder* WM 2001, 2230. Für die Schweiz vgl. das Finanzmarktaufsichtsgesetz vom 22.06.2007 BBl. 2007, 4625.

Vor Inkrafttreten des Gesetzes über die integrierte Finanzdienstleistungsaufsicht vom 22.04.2002[159] entschied über den Widerspruch gegen Verfügungen des Präsidenten des früheren Bundesaufsichtsamtes für das Versicherungswesen (BAV) eine Beschlusskammer im förmlichen Verwaltungsverfahren nach dem Verwaltungsverfahrensgesetz.[160] Über Anfechtungsklagen gegen Entscheidungen des BAV entschied das BVerwG im ersten und letzten Rechtszug (vgl. den aufgehobenen § 10a BAG). 75

Nachfolgend wird das EG-rechtlich koordinierte heutige deutsche Aufsichtssystem in seinen Grundzügen dargestellt. Dabei werden die wesentlichen Änderungen gegenüber dem herkömmlichen autonom nationalen Aufsichtssystem hervorgehoben, insbesondere soweit sie für das Versicherungsvertragsrecht relevant sind.[161] Grundlegend für die Anwendung der Regelungen des VAG über Erstversicherungsunternehmen ist die **Unterscheidung nach dem Sitz des Unternehmens**. Es gelten unterschiedliche Regelungen, je nachdem ob der Sitz des Unternehmens in Deutschland liegt oder in einem anderen Mitgliedstaat der EG oder einem anderen Vertragsstaat des Abkommens über den Europäischen Wirtschaftsraum – EWR[162] – (§§ 110a ff. VAG) oder außerhalb der Mitgliedstaaten der EG oder eines Vertragsstaates des EWR (§§ 105 ff. VAG).[163] 76

2. Zugangsaufsicht: Erlaubnis zur Aufnahme des Geschäftsbetriebs

Wer Versicherungsgeschäfte betreiben will, braucht nach EG-koordiniertem Aufsichtsrecht eine Erlaubnis (»**Zugangsaufsicht**«, **Konzessionssystem**).[164] Zuständig für die Erteilung der Erlaubnis ist bei Unternehmen mit (Haupt-) Sitz in einem Mitgliedstaat der EG die Aufsichtsbehörde des Sitzstaates (»**Sitzlandprinzip**«, »Herkunftslandprinzip«; vgl. §§ 85, 110a VAG). Für Versicherer mit Sitz in Deutschland ist dies grundsätzlich die BaFin als Bundesaufsichtsbehörde. Die Erlaubnis wird gesondert für die einzelnen Versicherungssparten erteilt (vgl. Anlage A zum VAG). Das Betreiben versicherungsfremder Geschäfte ist Versicherungsunternehmen verboten (§ 7 II VAG).[165] Die Erlaubnis gilt für den gesamten Bereich der EG (»**single licence**«). Wenn ein im Sitzstaat zugelassenes Versicherungsunternehmen die Geschäftstätigkeit in einem anderen Mitgliedstaat aufnehmen möchte, findet dort kein erneutes 77

159 Vgl. Rn. 73.

160 Vgl. §§ 8, 7 II Dritte Durchführungsverordnung zum BAG (abgedruckt bei *Lorenz/Wandt* Nr. 485). Die 3. DVO wurde durch Art. 4 Nr. 4 des 7. Gesetzes zur Änderung des VAG (BGBl. I 2005, S. 2546, 2554) aufgehoben.

161 Zu den rechtstatsächlichen Strukturen der europäischen Versicherungswirtschaft vgl. *Farny* in: Rolfes/Fischer, Handbuch der europäischen Finanzdienstleistungsindustrie, 2001, S. 46 ff.

162 Vertragsstaaten sind Norwegen, Island, Liechtenstein (nicht die Schweiz; dazu nächste Fn.).

163 Für den *Dienstleistungsverkehr* von Schweizer Versicherungsunternehmen in Deutschland sind die §§ 105 ff. VAG uneingeschränkt anwendbar. Dagegen genießen Schweizer Versicherer für das Betreiben des Versicherungsgeschäftes durch eine *Niederlassung* in der EG eine Sonderstellung. Sie beruht auf dem bilateralen Abkommen zwischen der Europäischen Wirtschaftsgemeinschaft und der Schweizerischen Eidgenossenschaft betreffend die Direktversicherung mit Ausnahme der Lebensversicherung vom 10.10.1989 (91/371/EWG) und der Umsetzung dieses Abkommens im deutschen Recht durch die Verordnung zur Durchführung der Richtlinie des Rates vom 20.06.1991 über die Anwendung des Abkommens zwischen der Europäischen Wirtschaftsgemeinschaft und der Schweizerischen Eidgenossenschaft betreffend die Direktversicherung mit Ausnahme der Lebensversicherung (91/371/EWG) vom 26.10.1994 (BGBl. I S. 3202).

164 Vgl. *Langheid/Grote* in: Langheid/Wandt, Systematische Einführung in das Aufsichtsrecht, Rn. 121 ff.

165 Vgl. hierzu *Präve* FS Schirmer, 2005, S. 489 ff.

Zulassungsverfahren, sondern lediglich ein vereinfachtes Prüfungsverfahren statt, an dem die Aufsichtsbehörden des Sitz- und des Tätigkeitslandes beteiligt sind (§§ 110a ff. VAG).[166]

78 Die **Erlaubnisvoraussetzungen** für ein Unternehmen mit Sitz in Deutschland ergeben sich aus den §§ 5 ff. VAG. Dazu gehören: Das Unternehmen muss eine nach § 7 VAG zulässige Rechtsform haben (Rn. 49 ff.). Die finanziellen Grundlagen und Planungen des Unternehmens einschließlich der Vermögensanlage müssen bestimmten betriebswirtschaftlich-technischen Mindestbedingungen an Transparenz und Solidität genügen (vgl. §§ 53c ff. VAG). Es muss ein Sicherungsvermögen gebildet werden, welches von einem Treuhänder überwacht wird und im Falle der Insolvenz des Unternehmens den Versicherten, Versicherungsnehmern, Begünstigten oder geschädigten Dritten (bei Direktanspruch) zur vorrangigen Befriedigung zur Verfügung steht (vgl. §§ 66 ff. VAG).[167] Die Unternehmensleitung und die Inhaber von bedeutenden Beteiligungen (Aktionäre) müssen bestimmte persönliche Qualifikationen aufweisen (vgl. § 5 V Nr. 5 ff., §§ 7a, 8, 104 VAG). Lebens- und Krankenversicherer müssen das Spartentrennungsgebot beachten (Rn. 58). In der Lebensversicherung und der substitutiven Krankenversicherung muss als Garant für die Einhaltung der einschlägigen Grundsätze ein »Verantwortlicher Aktuar«, der in der Regel Versicherungsmathematiker ist, bestellt sein (§§ 11a, 12 II VAG; Rn. 1160). Rechtsschutzversicherer, die auch andere Versicherungssparten betreiben, müssen das Gebot der Einschaltung eines Schadensabwicklungsunternehmens beachten (§ 8a VAG). Der Geschäftsplan des Versicherers, in dem die rechtlichen, versicherungstechnischen und finanziellen Grundlagen des Unternehmens beschrieben sind, sowie die weiteren nach § 5 VAG zwecks Erlaubniserteilung vorzulegenden Unterlagen müssen die Belange der Versicherten ausreichend wahren und die Verpflichtungen aus den Versicherungen als dauerhaft erfüllbar erscheinen lassen (§ 8 I 1 Nr. 3 VAG).

79 Die »präventive Tarif- und Bedingungsgenehmigung« des herkömmlichen deutschen Aufsichtsrechts wurde im Zuge der EG-Deregulierung (Rn. 70) abgeschafft.[168] Dies hat erhebliche Auswirkungen auf den Inhalt der auf dem Markt verwendeten AVB und auf die gerichtliche Kontrollpraxis (Rn. 184). Es besteht auch keine generelle Verpflichtung mehr, die AVB, die Tarife und die Grundsätze für die Prämien- und Rückstellungsberechnung im Zulassungsverfahren vorzulegen (**Verbot der »systematischen Vorlagepflicht«**). Für einige sozial besonders bedeutsame Bereiche wurde auch nach der Deregulierung zwar nicht die Genehmigungspflicht, wohl aber die systematische Vorlagepflicht beibehalten. Die Aufsichtsbehörde soll hier frühzeitig und vollständig informiert sein, um Gefährdungen für die Versicherten auszuschließen bzw. abzuwenden. Für die Krankenversicherung, soweit sie an die Stelle der gesetzlichen Sozialversicherung tritt (**»substitutive Krankenversicherung«**), sind die AVB und »die Grundsätze für die Berechnung der Prämien und der mathematischen Rückstellungen einschließlich der verwendeten Rechnungsgrundlagen und mathematischen

166 Zu Einzelheiten siehe *Müller* Versicherungsbinnenmarkt, 1995, Rn. 877 ff.

167 Die Vorschriften dienen der Umsetzung der sog. »Zwangsliquidationsrichtlinie« (Richtlinie 2001/17/EG vom 19.03.2001, ABl. L 110 vom 20.04.2001, S. 28 ff.).

168 Beibehalten wurde der Genehmigungsvorbehalt für AVB und Tarife von Pensions- und Sterbekassen (§ 5 III Nr. 2 VAG), soweit nicht § 156a III VAG greift. Das wichtigste Tätigkeitsfeld von Pensions- und Sterbekassen ist die betriebliche Altersversorgung, also nicht das in diesem Buch hauptsächlich behandelte allgemeine Versicherungsgeschäft.

Formeln«[169] systematisch vorzulegen (§ 5 V Nr. 1 VAG). Gleiches gilt für die AVB der Pflichtversicherungen (wichtigstes Beispiel: die obligatorische Kfz-Haftpflichtversicherung; vgl. allgemein Rn. 4).[170] Aus den gleichen Gründen sind in der Lebensversicherung, allerdings erst nach Erteilung der Erlaubnis zum Betrieb, und in der Unfallversicherung mit Prämienrückgewähr unmittelbar nach Aufnahme des Betriebs »die Grundsätze für die Berechnung der Prämien und der mathematischen Rückstellungen einschließlich der verwendeten Rechnungsgrundlagen und mathematischen Formeln« und weitere Unterlagen der Aufsichtsbehörde vorzulegen (§ 13d Nr. 6 VAG).

Unternehmen mit Sitz außerhalb der EG oder eines Vertragsstaates des EWR 80
(»Drittlandunternehmen«, § 105 I 2 VAG) sind nicht wie EG/EWR-Versicherer durch das »single license«-Prinzip privilegiert. Sie bedürfen vielmehr in jedem Mitgliedstaat der EG, in dem sie das Versicherungsgeschäft betreiben wollen, einer Erlaubnis der jeweiligen Aufsichtsbehörde (»**Tätigkeitslandprinzip**«). Die Mindestvoraussetzungen für die Erlaubniserteilung sind EG-rechtlich harmonisiert.[171] Sie ergeben sich für das deutsche Recht aus den §§ 105 ff. VAG.[172]

3. Die laufende Aufsicht

Ziel der »laufenden Aufsicht« ist die Vermeidung und Beseitigung von Missständen 81
(»**Missstandsaufsicht**«). Zentrale Norm ist die Generalklausel des § 81 VAG, die von manchen als die wichtigste Norm dieses Gesetz bezeichnet wird.[173] Die »laufende Aufsicht« erfasst den gesamten Geschäftsbetrieb.[174] Sie ist unterteilt in die »rechtliche Aufsicht allgemein« und die »Finanzaufsicht im Besonderen« (§ 81 I 1 VAG). Dabei handelt es sich allerdings nicht um eine qualitative Unterscheidung, sondern nur um eine gegenständliche Aufgliederung. Denn auch die Finanzaufsicht ist eine Rechtsaufsicht, weil es um die Kontrolle der Einhaltung rechtlicher Vorgaben geht. Etwas unpräzise werden in der Praxis gleichwohl die »Rechtsaufsicht« und die »Finanzaufsicht« gegenübergestellt.

Gegenstand der **»allgemeinen Rechtsaufsicht«** ist die ordnungsgemäße Durchfüh- 82
rung des Geschäftsbetriebs einschließlich der Einhaltung der aufsichtsrechtlichen und der sonstigen Vorschriften, die das Versicherungsverhältnis und die Versicherten betreffen, sowie die Einhaltung des Geschäftsplanes (§ 81 I 4 VAG). Dies umfasst auch das AGB-Recht, also auch die Untersagung, eine unwirksame AVB-Bestimmung zu verwenden, und zwar auch dann, wenn die Unwirksamkeit noch nicht durch die Zivilgerichte festgestellt worden ist.[175] Mit Inkrafttreten der §§ 55c und 64a VAG[176] am 01.01.2008 unterliegen Versicherungsunternehmen – im Vorgriff auf die qualitativen Vorschriften der Säule 2 von Solvency II – gesteigerten Anforderungen hinsichtlich ihrer Geschäftsorganisation, insbesondere ihres Risikomanagements.[177]

169 Zu den Grundlagen und zum Umfang der systematischen Vorlagepflicht BVerwGE 109, 87 = VersR 1999, 1001.

170 Zu Pensions- und Sterbekassen siehe die vorvorige Fn.

171 Zu Einzelheiten siehe *Müller* Versicherungsbinnenmarkt, 1995, Rn. 517 ff.

172 Mehr dazu bei *Kollhosser* in: Prölss, Vor § 105 VAG Rn. 1 ff.

173 *Bähr* in: Fahr/Kaulbach/Bähr, Versicherungsaufsichtsgesetz, 4. Aufl. 2007, § 81 VAG Rn. 1.

174 Vgl. hierzu *Gause* in: Langheid/Wandt, Systematische Einführung in das Aufsichtsrecht, Rn. 282 ff.

175 BVerwGE 107, 87 = VersR 1998, 1137 = NJW 1998, 3216; BVerwGE 108, 325 = VersR 1999, 743.

176 Konkretisiert durch die »Aufsichtsrechtlichen Mindestanforderungen an das Risikomanagement« (MaRisk VA), BaFin-Rs. 3/2009 vom 22.01.2009.

177 Vgl. hierzu *Dreher* VersR 2008, 998 ff.

Die Anforderungen sind größtenteils prinzipienbasiert ausgestaltet (vgl. Rn. 71).[178] Sie sollen gewährleisten, dass Unternehmen die Risiken, denen sie beim Geschäftsbetrieb ausgesetzt sind, umfassend und effizient ermitteln, analysieren, überwachen und steuern. Als Konsequenz aus der **Finanzkrise** wurde am 02.07.2009 im Bundestag das **»Gesetz zur Stärkung der Finanzmarkt- und der Versicherungsaufsicht«**[179] verabschiedet, das Aufsichtslücken schließen soll. Im Versicherungsbereich werden unter anderem die bisher nur für Geschäftsleiter und Inhaber bedeutender Beteiligungen geltenden Eignungsanforderungen auf Mitglieder des Aufsichtsrats ausgedehnt (§ 7a IV VAG n.F.) und es wird die Möglichkeit begrenzt, dass eine Person gleichzeitig in mehreren Unternehmen eine Funktion als Geschäftsleiter und/oder Aufsichtsrat bekleidet (§ 7a I 5, 6, IV Nr. 2 VAG n.F.).[180]

83 Im Rahmen der **Finanzaufsicht** hat die Aufsichtsbehörde auf die dauernde Erfüllbarkeit der Verpflichtungen aus den Versicherungen zu achten. Zu diesem Zweck überwacht sie insbesondere die Bildung ausreichender versicherungstechnischer Rückstellungen, deren Anlegung in geeigneten Vermögenswerten, die Einhaltung der kaufmännischen Grundsätze einschließlich der ordnungsgemäßen Verwaltung, Buchhaltung und angemessener interner Kontrollverfahren, die Solvabilität des Unternehmens und die übrigen finanziellen Grundlagen des Geschäftsplanes (§ 81 I 5 VAG).[181]

84 **Aufsichtsmittel** sind die Überwachung (Beobachtung) sowie der Erlass von Anordnungen zur Vermeidung oder Beseitigung eines Missstandes (vgl. § 81 II VAG).[182] Das einschneidendste Aufsichtsmittel ist der Widerruf der Erlaubnis zum Geschäftsbetrieb (§ 87 VAG).

85 **Vertiefung:** Es ist umstritten, ob das geltende EG-koordinierte Aufsichtssystem immer noch als **System materieller Staatsaufsicht** zu qualifizieren ist.[183] Es geht dabei hauptsächlich um die Frage, ob die Aufsichtsbehörde nach der VAG-Novelle von 1994 darauf beschränkt ist, die Einhaltung von Rechtsvorschriften durch die Versicherungsunternehmen zu kontrollieren (»Normativ-« oder »Legalitätsaufsicht«) oder ob sie aufgrund der nach wie vor generalklauselartig formulierten Eingriffsermächtigungen weitergehende Aufgaben und Befugnisse hat (»materielle Staatsaufsicht«). Bei der (gemeinschaftskonformen) Auslegung der Generalklauseln des VAG muss jedenfalls berücksichtigt werden, dass sie der Umsetzung der EG-Versicherungsrichtlinien dienen und den EG-Grundfreiheiten verpflichtet sind.[184] Dies macht die konkretisierende Auslegung der unbestimmten Rechtsbegriffe in den Generalklauseln allerdings nicht unbedingt einfacher.

178 Etwa »adäquate Risikostrategie«, »in angemessener Zeit angepasst«, »ausreichende Dokumentierung« etc., vgl. auch Erläuterung 1.1 der MaRisk VA.

179 BGBl. I 2009, S. 2305.

180 Kritisch dazu GdV, Stellungnahme zum Gesetzentwurf zur Stärkung der Finanzmarkt- und der Versicherungsaufsicht, S. 3 f., sowie *Bähr* VW 2009, 914, 916, mit der Begründung, die Finanzkrise sei vom Banksektor ausgelöst, wohingegen das Finanzsegment Versicherung bisher systemstabilisierend gewirkt habe. Schärfere Aufsichtsregeln seien im Versicherungssektor daher nicht angezeigt.

181 Zu den Anforderungen an das »Drohen« des Unterschreitens der Solvabilitätsspanne gem. § 81b I 1 VAG vgl. VG Frankfurt/M. VersR 2007, 189 mit Anm. *Bürkle*.

182 Vgl. z.B. VG Frankfurt/M. VersR 2005, 57 (Abberufung von Vorstandsmitgliedern auf Anordnung der BaFin), hierzu *Fricke* VersR 2006, 188.

183 In diesem Sinne z.B. *Müller* Versicherungsbinnenmarkt, 1995, Rn. 360 ff.; *ders.* Die Entwicklung des Versicherungsaufsichtsrechts seit der Deregulierung und künftige Tendenzen in: Kollhosser (Hrsg.), Die Privatversicherung im Wandel, 2002; *Kollhosser* in: Prölss, § 81 VAG Rn. 7; a.A. *Dreher* VersR 1993, 1443; *Winter* VersR 2005, 145.

184 *Bähr* Das Generalklausel- und Aufsichtssystem des VAG im Strukturwandel, 2000, S. 38 ff.; *Winter* Versicherungsaufsichtsrecht, § 15 III 2b (S. 631).

Für die laufende Aufsicht **innerhalb der EU** ist vor allem die **Aufsichtsbehörde des Sitzlandes** zuständig (§ 110a VAG). Eingriffsbefugnisse stehen primär ihr zu. Dies gilt für die Finanzaufsicht uneingeschränkt; bei ihr leisten die Behörden des Tätigkeitslandes allenfalls Rechtshilfe (z.B. indem sie Vermögenswerte blockieren). Die allgemeine Rechtsaufsicht (Rn. 82) wird in beschränktem Umfang auch von den Behörden des Tätigkeitslandes wahrgenommen.[185] **86**

4. Beschwerden an die Aufsichtsbehörde

Ein Versicherungsnehmer hat die Möglichkeit, sich mit einer Beschwerde über seinen Versicherer an die zuständige Aufsichtsbehörde zu wenden. Über diese Möglichkeit hat ihn der Versicherer unter Nennung der zuständigen Aufsichtsbehörde vor Vertragsschluss allgemein zu informieren (§ 7 II VVG i.V.m. § 1 I Nr. 20 VVG-InfoV, Rn. 284). Die Beschwerdemöglichkeit ist Ausfluss des Petitionsrechts nach Art. 17 GG. Sie ist daher kostenfrei und der Beschwerdeführer hat einen Anspruch darauf, dass sich die Aufsichtsbehörde mit seiner Beschwerde befasst und ihn schriftlich über deren Behandlung informiert.[186] **87**

Die Aufsichtsbehörde leitet eine Beschwerde in der Regel dem Versicherer zur Stellungnahme zu. Dieser kann der Beschwerde ohne weiteres abhelfen. Tut er dies nicht, kann die Aufsichtsbehörde allerdings keine Streitentscheidung treffen, sondern den Versicherungsnehmer nur informieren und gegebenenfalls auf den zivilrechtlichen Klageweg verweisen.[187] Die BaFin veröffentlicht jährlich eine Beschwerdestatistik. Aus ihr ergibt sich beispielsweise für das Jahr 2008, dass von insgesamt 15.111 Eingaben, die Versicherungsunternehmen betrafen, nur 31,5 % der Verfahren erfolgreich für den Beschwerdeführer ausgingen, dagegen 59,2 % der Eingaben unbegründet waren.[188] Der hohe Prozentsatz unbegründeter und nicht abgeholfener Beschwerden beruht im Wesentlichen auf den bereits geschilderten Verständnisschwierigkeiten, die für einen durchschnittlichen Versicherungsnehmer aus dem »Rechtsprodukt Versicherung« folgen (Rn. 9), und teilweise auf überzogenen Publikumserwartungen. **88**

IX. Ombudsmann

Seit 01.10.2001 gibt es in Deutschland den »Versicherungsombudsmann e.V.«[189] mit Sitz in Berlin.[190] Satzungsgemäßer Zweck des Vereins ist die Förderung der außergerichtlichen **89**

185 Vgl. zu den EG-rechtlichen Grundlagen *Winter* Versicherungsaufsichtsrecht, § 15 II 2 (S. 622 f.).

186 BVerfGE 2, 225.

187 Nach *Hohlfeld* VersR 1993, 144, 147, hält sich die Aufsichtsbehörde nicht für befugt, gegenüber dem Beschwerdeführer rechtlich Stellung zu nehmen.

188 In 9,3% der Fälle war die BaFin nicht zuständig; Jahresbericht der BaFin 2008, S. 213 f.

189 Zur Satzung und Verfahrensordnung siehe www.versicherungsombudsmann.de sowie NVersZ 2002, 293 (Satzung) und 296 (Verfahrensordnung); vgl. auch Versicherungsombudsmann e.V. (Hrsg.), Jahresbericht 2008.

190 Vgl. *v. Hippel* Der Ombudsmann im Bank- und Versicherungswesen, 2000; *Reichert-Facilides* Der Versicherungsombudsmann im Ausland – Ein vergleichender Überblick, in: Basedow u.a. (Hrsg.), Anleger- und objektgerechte Beratung/Private Krankenversicherung/Ein Ombudsmann für Versicherungen, Versicherungswissenschaftliche Studien Bd. 11, 1999, S. 169 ff.; *Scherpe* NVersZ 2002, 97; *Knauth* WM 2001, 2325; *Römer* NVersZ 2002, 289; *ders.* ZfS 2003, 158; *ders.* NJW 2005, 1251; *Basedow* VersR 2008, 750; *Hövel/Leissner* in: Halm/Engelbrecht/Krahe, Kapitel 3; *v. Rintelen* in: Beckmann/Matusche-Beckmann, § 23 Rn. 383 f.; *Beckmann* in: Bruck/Möller, Einf. A Rn. 208 ff.

Streitbeilegung zwischen Versicherern und Versicherungsnehmern (Verbrauchern). Mitglieder des Vereins können der Gesamtverband der deutschen Versicherungswirtschaft (GDV) und dessen Mitgliedsunternehmen werden. Die Mitglieder tragen die Kosten des Vereins und der Streitschlichtung. Für den Beschwerdeführer ist das Verfahren kostenlos. Die Streitschlichtung obliegt dem »Ombudsmann«, der durch eine ihm unterstellte »Eingabestelle« unterstützt wird. Der Ombudsmann ist hinsichtlich seiner Entscheidungen, seiner Verfahrens- und Amtsführung im Rahmen der Verfahrensordnung unabhängig und keinen Weisungen unterworfen. Seine Amtszeit beträgt fünf Jahre. Eine erneute Bestellung ist unzulässig – was ein Garant für seine Unabhängigkeit ist.

90 Das Verfahren vor dem Ombudsmann ist nur zulässig bei Beschwerden, deren Wert 50.000 € nicht überschreiten (zu weiteren Zulässigkeitsvoraussetzungen vgl. die Verfahrensordnung).[191] Der Ombudsmann soll nach der Verfahrensordnung die Befassung mit einer Beschwerde ablehnen, wenn diese eine entscheidungserhebliche, streitige, höchstrichterlich noch nicht entschiedene Frage betrifft, um deren rechtliche Lösung den Gerichten zu überlassen. Nicht in seine Zuständigkeit fallen insbesondere auch Beschwerden, die Ansprüche aus einem Kranken- und Pflegeversicherungsvertrag zum Gegenstand haben. Hierfür gibt es den eigenständigen »Ombudsmann für die private Kranken- und Pflegeversicherung« mit anderen – geringeren – Kompetenzen.[192]

91 Der Ombudsmann trifft bis zu einem Beschwerdewert von 5.000 € eine für den Versicherer verbindliche Entscheidung. Bei einem Beschwerdewert zwischen 5.000 und 50.000 € spricht er dagegen nur eine unverbindliche Empfehlung aus. Entscheidungen des Ombudsmanns erfolgen auf der Grundlage von Recht und Gesetz sowie unter Berücksichtigung allgemeiner Grundsätze ordnungsgemäßer Versicherungs-, Kapitalanlage- und Vertriebspraxis.[193] Der Ombudsmann trifft also keine Kulanzentscheidungen. Er erhebt keine anderen Beweise als Urkundenbeweise und ist in seiner Beweiswürdigung frei. Der ordentliche Rechtsweg bleibt für den Verbraucher in jedem Fall eröffnet.

X. Zusammenfassung

92 **Einführung**

1. Allgemeine Charakterisierung (Rn. 1 ff.)

- **Versicherungsrecht** untergliedert sich in:
  - Sozialversicherungsrecht → Regelungen von Rechtsbeziehungen, die kraft Gesetzes zwischen Versicherten und Trägern der Sozialversicherung bestehen, z.B. gesetzliche Krankenversicherung
  - Privatversicherungsrecht
- Privatversicherungsrecht untergliedert sich in:
  - Versicherungsvertragsrecht → Schuldvertragsrecht für Versicherungsverträge, insb. VVG
  - Versicherungsaufsichtsrecht → Regelungen über die Zulassung und behördliche Kontrolle der Versicherungsunternehmen, insb. VAG (öffentliches Recht)
  - Versicherungsunternehmensrecht → Regelungen zur Gründung und Organisation von Versicherungsunternehmen, insb. VAG, subsidiär allg. Gesellschafts- und Vereinsrecht

191 Siehe die vorvorige Fn.

192 Zur Satzung und Verfahrensordnung des PKV-Ombudsmann vgl. www.pkv-ombudsmann.de.

193 Zur konkreten Tätigkeit der Ombudsmänner in Zahlen siehe *Knospe* VW 2007, 970 (mit Gegenüberstellung der Beschwerden an BaFin, Ombudsmann und PKV-Ombudsmann); VersMed 2006, 115 und *Lamping* VersMed 2007, 144 (PKV-Ombudsmann).

2. VVG-Reform (Rn. 12 f. und Rn. 132 ff.)

- **im Jahre 2000** → Einsetzung der »Kommission zur Reform des Versicherungsvertragsrechts« (sog. **Reformkommission**) durch das Bundesjustizministerium
- **April 2004** → Vorlage des **Abschlussberichts** der Reformkommission
- **01.01.2008** → **Inkrafttreten** des **Gesetzes zur Reform des Versicherungsvertragsrechts** vom 23.11.2007 für Versicherungsverhältnisse, die ab dem 01.01.2008 entstehen

3. Übergangsregelungen für »Altverträge« im EGVVG (Rn. 14 ff.)

- **Grundsatz** (Art. 1 I EGVVG):
  Versicherungsverhältnisse, die **bis zum 01.01.2008** entstanden sind (»Altverträge«) → Anwendbarkeit des VVG a.F. bis zum 31.12.2008, danach Anwendbarkeit des VVG n.F.
- **Ausnahmen:**
  - dauerhafte Anwendung des VVG a.F. auf bis zum 31.12.2008 eingetretene Versicherungsfälle (Art. 1 II EGVVG)
  - schon zum 01.01.2008 Anwendbarkeit der Vorschriften des neuen VVG über die Vertretungsmacht von Versicherungsvermittlern sowie des Krankenversicherungsrechts bei vorheriger Anpassung der AVB (Art. 2 EGVVG)
  - Lebensversicherung: schon zum 01.01.2008 Anwendbarkeit der Regelung über die Überschussbeteiligung (§ 153 VVG) sowie dauerhafte Weitergeltung der Rückkaufswert-Regelung des § 169 VVG a.F. (Art. 4 I EGVVG)
  - Berufsunfähigkeitsversicherung: grundsätzlich dauerhafte Weitergeltung des alten Rechts; jedoch ist § 173 VVG über das Anerkenntnis durch den Versicherer anwendbar (Art. 4 III EGVVG)
  - Übergangsregelung für Rechte der Gläubiger von Grundpfandrechten (Art. 5 EGVVG)
- **Sonderregelung für die Verjährung** der Ansprüche aus Altverträgen (Art. 3 I EGVVG) → 3-Jahres-Frist des § 195 BGB (Ausnahmen: Art. 3 II bis III EGVVG)
- **Anpassung der AVB von Altverträgen** durch den Versicherer (Art. 1 III EGVVG) → Anpassungsbefugnis zum 01.01.2009, soweit die AVB von neuen VVG-Vorschriften abweichen

4. Begriff des Versicherungsvertrags (Rn. 20 ff.)

- Auch im neuen VVG fehlt eine Definition des Versicherungsvertrags
- **Definition der Rspr.**:
  - Jemand (VR) verpflichtet sich, einem anderen (VN) gegen Geld eine vermögenswerte Leistung für den Fall eines ungewissen Ereignisses zu erbringen, und
  - dabei wird das Risiko auf eine Mehrzahl von der gleichen Gefahr bedrohter Personen verteilt, und
  - die Kalkulation beruht auf dem Gesetz der großen Zahl
- **Abgrenzung** des Versicherungsvertrages von der **Garantie** → Versicherungsvertrag ist **selbständige Risikoübernahme** ohne inneren Zusammenhang mit einem anderen Rechtsgeschäft

5. Einteilung von Versicherungen (Rn. 26 ff., Aufzählung Rn. 32)

- **Versicherungsarten** (Synonym »Versicherungsformen«) → **Bezeichnung des Versicherungstyps** (bspw. »Krankheitskostenversicherung«, » Krankentagegeldversicherung« etc.); uneinheitlicher und unterschiedlicher Differenzierungsgrad
- **Versicherungssparten** (Synonym »Versicherungszweige«) → **Zusammenfassung verwandter Versicherungsarten** (bspw. gehören zur Versicherungssparte »Krankenversicherung« die Krankheitskostenversicherung und Krankentagegeldversicherung); besondere Bedeutung im Aufsichtsrecht, da Erlaubnis zum Geschäftsbetrieb für einzelne Versicherungssparten gesondert erteilt wird, vgl. Anlage A des VAG
- **Einzel-, Gruppen- und Direktversicherung** (Rn. 37 ff.)
  - Einzelversicherung → Versicherungsverhältnis zwischen VN und VR

- Gruppenversicherung (im VVG nur in §§ 150 II 1, 205, 206 erwähnt) → Gewährung von Versicherungsschutz für eine Personenmehrheit u.a. durch (Rahmen-) Versicherungsvertrag (bspw. für Teilnehmer einer Großveranstaltung)
- Direktversicherung → wichtige Gruppenversicherungsform der betrieblichen Altersvorsorge. Arbeitgeber schließt als VN eine Lebensversicherung mit Bezugsberechtigung für Arbeitnehmer ab

- **Erstversicherung und Rückversicherung**
  - Erstversicherung → Versicherungsvertrag zwischen einem VN, der nicht selbst Versicherer ist und einem VR (sog. »Erstversicherer«)
  - Rückversicherung → Erstversicherer versichert bei »Rückversicherungsunternehmen« den Eintritt des Versicherungsfalles aus dem Erstversicherungsvertrag; keine Anwendung der VVG-Vorschriften auf die Rückversicherung (§ 209 VVG)

6. VN und Drittbeteiligte auf Versicherungsnehmerseite (Rn. 43 ff.)

- **VN** → Vertragspartner des VR (§ 1 VVG)
- **Stellvertretung** (für Willenserklärung) → allgemeine BGB-Vorschriften
- Vertretung hinsichtlich bloßer Wissenserklärungen: **»Wissenserklärungsvertreter«** → allgemeine BGB-Vorschriften; Rspr. wendet teilweise die Grundsätze über Repräsentanten an
- Hilfsperson im Rahmen der Erfüllung des Versicherungsvertrages → **»Repräsentant«**: versicherungsspezifische Figur mit eigenen Zurechnungsregeln, vgl. Rn. 633 ff.
- Versicherungsvertrag als **»Vertrag zugunsten Dritter«**: Dritter als »Versicherter« bzw. »Mitversicherter« (wenn der VN ebenfalls Versicherungsschutz genießt)
- in der der **Lebensversicherung**: »Bezugsberechtigter« → vom Versicherungsnehmer verschiedener Anspruchsinhaber (§ 159 VVG); »Versicherter« → Person, deren Risiko den Versicherungsfall bestimmt (Gefahrsperson)
- Terminologie in VVG und VAG uneinheitlich (Rn. 686 ff.)

7. Versicherungsunternehmen (VR) (Rn. 49 ff.)

- **Rechtsformzwang** (§ 7 VAG)
  Versicherungsunternehmen dürfen nur in folgenden Rechtsformen betrieben werden:
  - Aktiengesellschaft (inkl. SE) → Rechtsquellen: VAG, subsidiär AktG
  - Versicherungsverein auf Gegenseitigkeit (VVaG) → Sonderrechtsform zum Betrieb des Versicherungsgeschäfts
    → »Großer« VVaG → §§ 15–52 VAG
    → »Kleiner« VVaG → § 53 VAG
  - Öffentlich-rechtliche Körperschaft oder Anstalt → Rechtsgrundlagen: meist spezielle Landesgesetze oder Satzungen
- **Spartentrennung** (§ 8 Ia VAG)
  - Unternehmen, das **Lebensversicherung** oder **substitutive Krankenversicherung** betreibt, darf ausschließlich diese Sparte betreiben
  - für **Rechtsschutzversicherung**: bloße »**organisatorische Trennung**« von anderen Sparten (§ 8a I VAG)

8. Versicherungsaufsicht (Rn. 61 ff.)

- **Aufsichtsziele** → Schutz der »ausreichenden Wahrung der Belange der Versicherten« (§ 81 I 2 VAG), Schutz der Funktionsfähigkeit des Versicherungswesens (Unterziele und Akzentuierung str.)
- **wichtigste Aufgabe** → Sicherung der »dauerhaften Erfüllbarkeit der Verpflichtungen aus den Versicherungen« (§ 81 I 5 VAG)
- **Entwicklung des Versicherungsaufsichtsrechts**
  Zäsur im Jahr 1994 durch EG-bedingte Deregulierung, Umsetzung der »3. EG-Richtliniengeneration« → u.a. weitgehender Wegfall der präventiven Tarif- und Bedingungsgenehmigung, weitgehende Vollendung des EG-Binnenmarktes
- zukünftig grundlegende Umgestaltung des europäischen Versicherungsaufsichtsrechts durch **Solvency II** (Rn. 71 f.)

- **Inhalte**:
  → Eigenmittelanforderungen der Versicherungsunternehmen und ihre Bedeckung (»quantitative Anforderungen«, Säule I)
  → Governance-System, insb. Risikomanagement (»qualitative Anforderungen«) sowie aufsichtsbehördliche Eingriffsbefugnisse (Säule II)
  → Transparenzpflichten (Säule III)
  → **Verfahren der Umsetzung (»Lamfalussy-Verfahren«)**:
  Rahmenrichtlinie regelt grundsätzliche Fragen (Ebene 1)
  Durchführungsverordnung der Kommission regelt Detailbestimmungen (Ebene 2)
  Gesetzesvorbereitung durch Kommission beraten von CEIOPS = »Committee of European Insurance and Occupational Pension Supervisors« (Ebene 3)
  Überwachung einer einheitlichen Anwendung des Gemeinschaftsrechts insb. durch die Kommission (Ebene 4)
- **Zeitablauf und -plan**:
  → erster Entwurf der Rahmenrichtlinie Juli 2007, aktualisierter Entwurf Februar 2008
  → Verabschiedung der Rahmenrichtlinie im April/Mai 2009 durch Rat und Parlament
  → Umsetzung in den Mitgliedsstaaten bis Ende Oktober 2012

- **Aufsichtsbehörde** seit 01.05.2002: **Bundesanstalt für Finanzdienstleistungsaufsicht (BaFin)**, »Allfinanzaufsicht«; früher Bundesaufsichtsamt für das Versicherungswesen (BAV), Sektorenaufsicht
- **Zugangsaufsicht** (Rn. 77 ff.)
  - **Unternehmen mit Sitz in Deutschland**: Aufnahme und Betrieb des Versicherungsgeschäfts sind erlaubnispflichtig
  - **Unternehmen mit Sitz in EG-Mitgliedstaat oder EWR-Vertragsstaat**: Zuständig für die Erlaubniserteilung → Behörde des Staates, in dem das Unternehmen seinen Hauptsitz hat (»Sitzlandprinzip«). Erlaubnis gilt für den gesamten Bereich der EG/EWR (»single licence«). Erlaubnisvoraussetzungen → §§ 5 ff. VAG
  - **Unternehmen mit Sitz außerhalb der EG und des EWR (»Drittstaatunternehmen«)**: benötigen in jedem Mitgliedsstaat, in dem sie das Versicherungsgeschäft betreiben wollen, eine Erlaubnis der zuständigen Aufsichtsbehörde (»Tätigkeitslandprinzip«). Erlaubnisvoraussetzungen → §§ 105 ff. VAG
- **Laufende Aufsicht** (Rn. 81 ff.)
  - **Ziel: Vermeidung und Beseitigung von Missständen** (»Missstandsaufsicht«)
  - **Untergliederung**:
    → »allgemeine Rechtsaufsicht«: ordnungsgemäße Durchführung des Geschäftsbetriebes, und
    → »Finanzaufsicht«: Beaufsichtigung der dauerhaften Erfüllbarkeit der Verpflichtungen aus den Versicherungen
  - **Aufsichtsmittel**: Überwachung und Erlass von Anordnungen (§§ 81 ff. VAG)
  - **Zuständigkeit**: Behörde des Sitzlandes, im Rahmen der allgemeinen Rechtsaufsicht aber auch Behörde des Tätigkeitslandes (§ 110a VAG)
- **Beschwerde an die Aufsichtsbehörde** (Rn. 87 f.)
  VN hat die Möglichkeit, sich mit einer Beschwerde über seinen VR an die zuständige Aufsichtsbehörde zu wenden; Ausfluss des Petitionsrechts nach Art. 17 GG

9. Ombudsmann (Rn. 89 ff.)

- Verein »**Versicherungsombudsmann e.V.**« (seit 01.10.2001)
- Zweck → **außergerichtliche Streitbeilegung** zwischen VR und VN (Verbrauchern)
- bis Beschwerdewert von 50.000 € zulässig
- bis Beschwerdewert von 5.000 € verbindliche Entscheidung, ansonsten Empfehlung
- eigenständiger »Ombudsmann für die private Kranken- und Pflegeversicherung« mit anderen – geringeren – Kompetenzen

B. Rahmenbedingungen des Versicherungsrechts

Wer im Versicherungsrecht eigenes Urteilsvermögen erwerben möchte und Entwicklungslinien erkennen sowie mögliche Tendenzen für die Zukunft abschätzen will, muss die Rahmenbedingungen kennen, unter denen Versicherungsverträge geschlossen und durchgeführt werden.[1] Ohne ihre Berücksichtigung gelangt man nicht zu einer verständigen Anwendung des positiven Rechts. In einem Lehrbuch zum Versicherungsrecht können allerdings die Rahmenbedingungen und ihre Bedeutung für das Versicherungsvertragsrecht nur in ihren Grundzügen dargestellt werden.[2] 93

I. Versicherungstechnik

1. Grundlagen

Das Leben eines jeden Einzelnen ist voller Unsicherheiten und Risiken. Sie lassen sich nicht alle vermeiden oder beherrschen. Der Einzelne kann auch ihre finanziellen Folgen nicht zuverlässig begrenzen. Man kann natürlich in gewissem Umfang mittels finanzieller Rücklagen vorsorgen. Oberhalb einer gewissen Größenordnung ist das aber unwirtschaftlich, weil man zu große Geldbeträge in wenig rentabler Weise ständig zur Verfügung halten müsste, oder auch schlicht unmöglich: Die wenigsten verfügen über so viel Sparkapital, dass sie jederzeit ihren gesamten Hausrat ersetzen oder als Familie gar den plötzlichen Tod des Alleinverdieners finanziell verkraften könnten. 94

Die dem Einzelnen nicht mögliche Vorsorge lässt sich auf verschiedene Weise mit Hilfe der Versicherungstechnik bewerkstelligen. Der einfachste Weg ist die Bildung einer **»Risikogemeinschaft«**, die in ihrer Gesamtheit die Schäden ihrer Mitglieder trägt. Dazu muss der Schaden nach seiner Entstehung berechnet und auf die Mitglieder des Risikokollektivs nach einem bestimmten Schlüssel umgelegt werden. Ein solch nachträgliches **reines Umlageverfahren** hat aber erhebliche Nachteile. Der Gesamtbedarf kann nämlich von Jahr zu Jahr erheblich schwanken, so dass auch das einzelne Mitglied seine jährliche Belastung kaum vorausberechnen kann. Ein **Beispiel**: Im Jahr 1984 verursachte ein ungewöhnliches Unwetter mit Hagelbrocken bis zu 800g Gewicht über München und Teilen Bayerns innerhalb von 20 Minuten an 240.000 Autos Schäden von zusammen 800 Mio. DM und insgesamt einen Schaden von 1,5 Mrd. DM.[3] Ein reines Umlageverfahren hat den weiteren Nachteil, dass Katastrophenschäden hohen Ausmaßes das einzelne Mitglied trotz Umlage so stark belasten, dass die beabsichtigte Existenzsicherung nicht erreicht wird. Beispielsweise verursachte der Hurrikan Andrew 1992 in den USA versicherte Schäden von 95

1 So besonders nachdrücklich *Gärtner* Privatversicherungsrecht, 2. Aufl. 1980, S. 11 ff.

2 Zur Vertiefung: *Farny* Versicherungsbetriebslehre; *von der Schulenburg* Versicherungsökonomik, 2005; *Fürstenwerth/Weiß* Versicherungsalphabet, 10. Aufl. 2001 (begründet von *Reimer Schmidt*); *Koch* Versicherungswirtschaft, 6. Aufl. 2005; wegen ihrer besonderen Eignung sind auch die folgenden Werke zu nennen, die vor der Deregulierung im Jahre 1994 erschienen sind: *Farny/Helten/Koch/Schmidt* (Hrsg.) Handwörterbuch der Versicherung, 1988; *Große/Müller-Lutz/Schmidt* (Hrsg.) Versicherungsenzyklopädie in 5 Bänden, 3. Aufl. 1984; *Hax* Grundlagen des Versicherungswesens, 1964; *Mahr* Einführung in die Versicherungswirtschaft, 3. Aufl. 1970 (Nachdruck der 1. Aufl. von 1951); *Müller-Lutz* Die verschiedenen Versicherungszweige, 2. Aufl. 1978; *ders.* Einführung in die Versicherungsbetriebslehre, 2. Aufl. 1989. Vgl. auch *R. Schmidt* VersR 1994, 885.

3 Jahrbuch des GDV 1984, S. 81 f.

19,1 Mrd. US-Dollar.[4] Allein der Sachschaden infolge der Terroranschläge am 11.09.2001 auf das World Trade Center in New York und das Pentagon in Washington wird auf 10 bis 12 Mrd. US-Dollar geschätzt.[5] Die bisher wohl teuerste Naturkatastrophe dürfte der 2005 wütende Hurrikan Katrina gewesen sein mit versicherten Sachschäden von ca. 45 Mrd. US-Dollar.[6]

96 Um diese Nachteile eines reinen Umlageverfahrens zu vermeiden, macht sich die Versicherungstechnik die **Regeln der Wahrscheinlichkeit** zunutze. Es ist zwar nicht mit Sicherheit vorauszusehen, ob in einer bestimmten Wohnung ein Brand ausbrechen oder ob ein bestimmter Mensch schon in den nächsten 20 Jahren sterben wird. Aufgrund von Erfahrungswerten lässt sich aber abschätzen, in wie vielen Wohnungen aus einer Menge von beispielsweise 100.000 im nächsten Kalenderjahr Brände mit welchen durchschnittlichen Schadensfolgen ausbrechen werden, und aus der Bevölkerungsstatistik der letzten Jahre lässt sich mit einiger Genauigkeit schließen, wie viele von 100.000 Männern oder Frauen welchen Lebensalters im nächsten Kalenderjahr sterben werden. Man kann also für eine bestimmte Risikoart im Voraus abschätzen, wie hoch der jährliche Gesamtbedarf sein wird (**stochastisches Gesetz der großen Zahl**). Der Gesamtbedarf wird damit, im Gegensatz zum Einzelrisiko, einigermaßen berechenbar.

97 Die Abschätzbarkeit des Finanzbedarfs ermöglicht es, das nachträgliche **Umlageverfahren mit Vorauszahlungen von Prämien zu kombinieren**. Auf diese Weise verfügt der Versicherer auch über liquides Kapital, das bei Versicherungsfällen unmittelbar verwendet werden kann. Die nachträgliche Umlage (»Nachschuss«, vgl. §§ 24 ff. VAG) dient nur noch der Korrektur, soweit der kalkulierte Kapitalbedarf, welcher der Prämienberechnung zugrunde gelegt wurde, mit dem tatsächlichen Kapitalbedarf nicht übereinstimmt. Das Problem der Deckung von außergewöhnlich hohen (Kumul- oder Einzelfall-) Schäden ist damit für die Versicherungsnehmer aber immer noch nicht befriedigend gelöst. Deshalb ist das »kombinierte Prämien- und Umlageverfahren« in Deutschland heute nur noch bei wenigen Versicherungsorganisationen zu finden, die bei überschaubarem Mitgliederbestand überschaubare Risiken abdecken (**Beispiele**: gemeindliche Schadenausgleiche zur Deckung von Haftpflicht-, Schülerunfall- und anderen Risiken der Gebietskörperschaften).[7]

98 Von einem nachträglichen Umlageverfahren kombiniert mit Prämienvorauszahlungen ist es nur noch ein kleiner Schritt, ganz auf eine Umlage (Nachschusspflicht) zu verzichten und zum **reinen Prämiensystem** überzugehen. Der Versicherer übernimmt dabei das Risiko, dass er die Prämie zutreffend kalkuliert. Er muss deshalb aus dem Prämienaufkommen günstiger Jahre eine Reserve bilden, aus der die Verluste ungünstiger Jahre ausgeglichen werden können, Sicherheitszuschläge in die Prämie einkalkulieren und sich Prämienanpassungsbefugnisse ausbedingen (mehr dazu in den nächsten Rn.). Heute wird fast ausnahmslos nur noch dieses reine Prämiensystem angewandt.

99 Bis zu einem gewissen Grad wird der zukünftigen Risikoentwicklung schon bei der Prämienkalkulation durch **Sicherheitszuschläge** Rechnung getragen. Dies geschieht durch Berücksichtigung von

4 Zahlen aus VW 2001, 1538.

5 Zahlen aus VW 2001, 1912.

6 Zahlen aus VW 2006, 5, wo auch darauf hingewiesen wird, dass 2005 das bisher teuerste registrierte Jahr für die Assekuranz war.

7 Vgl. *Weigel* in: Prölss, § 24 VAG Rn. 12.

»Prämienentwicklungstrends«. Die Prämienkalkulation orientiert sich jedoch nicht uneingeschränkt an den Erfahrungswerten aus einem zurückliegenden begrenzten Zeitraum, sondern wählt die Berechnungsgrundlagen durchaus auch vorsichtiger, um nicht abschätzbare zukünftige Risikoentwicklungen teilweise auffangen zu können. Dadurch können sog. »überhobene Beiträge« entstehen. Nach der Deregulierung im Jahre 1994 ist die Berücksichtigung von Sicherheitszuschlägen bei der Prämienkalkulation gesetzlich nur noch für die Lebens- und Krankenversicherung vorgeschrieben (zu Einzelheiten siehe §§ 11, 12 I, IV VAG; Rn. 1156 ff. und 1310 ff.). Das Aufsichtsrecht regelt hier folgerichtig auch die **Beitragsrückerstattung**, wenn die Sicherheitszuschläge wegen günstiger Entwicklung nicht benötigt wurden (§§ 81c, 81d VAG).[8] Soweit in anderen Versicherungssparten die Prämien mit Sicherheitszuschlägen kalkuliert sind, können – nicht müssen – die Versicherungsverträge Regelungen über eine Prämienrückerstattung enthalten. Auf diesem Wege erfolgt eine nachträgliche (sekundäre) Preisdifferenzierung, die als Instrument der Preispolitik genutzt wird.[9]

Auch Sicherheitszuschläge können freilich das Problem allgemeiner **Risikovergrößerungen infolge unvorhersehbarer Entwicklungen**, z.B. technologischer Art[10], nicht vollständig lösen. Vor allem bei langfristigen Versicherungsverhältnissen kann durch Sicherheitszuschläge nur sehr bedingt Vorsorge getroffen werden. Wird beispielsweise eine Krankheitskostenversicherung abgeschlossen, so ist der Versicherer zwar gesetzlich verpflichtet, die Prämie unter Berücksichtigung von Sicherheitszuschlägen zu kalkulieren, um zukünftige Prämiensteigerungen geringer zu halten. Die Prämie kann aber bei Vertragsschluss nicht mit so hohen Sicherheitszuschlägen versehen werden, dass über Jahrzehnte die ständigen Kostensteigerungen infolge medizinisch-technischen Fortschritts vorweggenommen sind. Dies wäre, wenn nicht unmöglich, so doch aus vielen Gründen unsinnig. Allgemein ist es sinnvoller, dem Versicherer unter strengen Voraussetzungen und in engen Grenzen zu gestatten, entweder **Prämienerhöhungen** vorzunehmen und (oder) die **Leistungen zu reduzieren** oder aber das **Vertragsverhältnis zu beenden**. Jede dieser Möglichkeiten kann für den einzelnen Versicherungsnehmer jedoch sehr problematisch sein und kann dem Versicherer deshalb nicht bei jeder Versicherungsart gegeben werden (mehr dazu Rn. 210 ff., sowie zur Lebensversicherung Rn. 1219 und zur Krankenversicherung Rn. 1365 f.). 100

Die beschriebenen Grundlagen der Versicherungstechnik zeigen auch **Grenzen der Versicherbarkeit** auf. Die Grenze vollständiger Versicherbarkeit ist erreicht, wenn der Gesamtbedarf, der durch eine bestimmte Gefahr ausgelöst werden kann, nicht einmal annähernd abschätzbar ist (z.B. bei terroristischen Attentaten). Eine absolute Grenze der Versicherbarkeit gibt es jedoch nicht.[11] Die höchstmögliche Schadensgröße, die ein Versicherer bei einer vernünftigen kaufmännischen Geschäftspolitik in Deckung nehmen wird[12], ist vielmehr abhängig von seiner Eigenkapitalausstattung und relativ zu seinem Versicherungsbestand und zu seinen sonstigen Möglichkeiten der Risikostreuung oder -verlagerung (Mitversicherung, vgl. Rn. 750 f.; Pool[13]; Rückversicherung, vgl. Rn. 42)[14]. 101

Die Gesamthöhe aller vom Versicherer benötigten Prämien wird nach alledem zunächst bestimmt durch die Höhe des im Voraus geschätzten Gesamtbedarfs. Eine 102

8 Kritisch *H. D. Meyer* in: BAV, Hundert Jahre materielle Versicherungsaufsicht in Deutschland, 2001, S. 827.

9 Vgl. hierzu *Farny* Versicherungsbetriebslehre, S. 74 ff.

10 Eingehend hierzu *Wandt* Änderungsklauseln in Versicherungsverträgen, 2000, Rn. 1 ff.; *ders.* in: Beckmann/Matusche-Beckmann, § 11 Rn. 1 ff.

11 Zu neueren Entwicklungen der Terrorversicherung nach den Terroranschlägen am 11.09.2001 in den USA vgl. *Bruns* JZ 2005, 13; *Benzin* ZVersWiss 2005, 709; *Langheid/Rupietta* NJW 2005, 3233; *Fricke* VersR 2002, 6; *Dahlke* VersR 2003, 25; *Gas/Thomann* ZVersWiss 2003, 697 sowie den Bericht über die Gründung eines Terrorversicherers in VW 2002, 1622.

12 In der Fachsprache: »PML« = »Probable Maximum Loss« oder »Possible Maximum Loss«.

13 Bei einem Pool handelt es sich um einen Zusammenschluss mehrerer Versicherer in der Rechtsform einer Gesellschaft bürgerlichen Rechts mit dem Zweck der Risikoverteilung; vgl. *v. Fürstenwerth/Weiß* Versicherungsalphabet, S. 487.

14 Vgl. *Farny* Versicherungsbetriebslehre, S. 37 ff.

zweite Frage ist, mit welchem Anteil der einzelne Versicherungsnehmer belastet wird. Maßgebendes Kriterium ist in erster Linie die Höhe des Risikos des Einzelnen, für das Versicherungsschutz gewährt werden soll. Man spricht vom Grundsatz der **Risikogerechtigkeit der Prämie** und vom **»individuellen Äquivalenzprinzip«**.

103 Für die Einschätzung der Höhe von Risiken kann der Versicherer häufig auf statistisch abgesicherte Erfahrungen zurückgreifen. Sie erlauben beispielsweise, die unterschiedliche Feuergefahr für Steinhäuser und für Holzhäuser zu quantifizieren. Es ist allerdings häufig nicht möglich, oder aber äußerst schwierig und kostenträchtig, exakt die Höhe des konkreten Risikos zu bestimmen, das der jeweilige Versicherungsnehmer gedeckt haben möchte (»individuelles Äquivalenzprinzip«). Ab einer bestimmten Feinheit der Unterscheidung macht eine individuelle Risikoabschätzung und eine entsprechende Prämiendifferenzierung (»risikogerechte Prämie«) wegen der damit verbundenen Kosten jedenfalls keinen Sinn mehr. Deshalb wird das **Äquivalenzprinzip auf ein Kollektiv bezogen**, und zwar nicht notwendig auf ein Kollektiv gleicher Risiken, sondern durchaus auch auf Kollektive ungleicher Risiken. In der Praxis werden Risikokollektive aus unterschiedlichsten Gründen mehr oder weniger undifferenziert nach Durchschnittsprämien (Einheitsprämien) versichert. Dies geschieht z.B. bei der Privathaftpflichtversicherung und vor allem bei der Krankenversicherung, bei der nur nach Alter, Geschlecht und bestimmten Vorerkrankungen differenziert wird, obwohl das Gesundheitsrisiko noch von vielen anderen Faktoren abhängt.[15] Der Sache nach bedeutet dies eine Subvention der überdurchschnittlich hohen Risiken durch die unterdurchschnittlich hohen Risiken, was je nach Versicherungsart auch aus sozialen Gründen erwünscht ist.[16]

104 Das bisher Gesagte betrifft die sog. **Risikokosten**. Daneben entstehen beim Versicherungsbetrieb auch **Betriebskosten**, insbesondere für Personal und sachliche Betriebsmittel. Außerdem ist ein Versicherungsunternehmen auf die Erzielung von **Gewinn** ausgerichtet.[17] Alle diese Faktoren, ebenso wie umgekehrt Gewinne aus den Vermögensanlagen, beeinflussen die Prämienkalkulation.

105 Die Prämienhöhe ist in Deutschland jahrzehntelang für die wichtigsten Versicherungszweige aufsichtsbehördlich kontrolliert worden, um »ruinösen Wettbewerb« unter den Versicherern zu verhindern. Dies wurde schon früh als Beschränkung des freien Wettbewerbs und als Ursache eines allgemein überhöhten Prämienniveaus kritisiert.[18] Mit der EG-bedingten **Deregulierung** des Versicherungsaufsichtssystems im Jahre **1994** wurde die Tarifgenehmigungspflicht beseitigt (**»Tariffreigabe«**) und die Befugnisse der Aufsichtsbehörde zur Beeinflussung der Tarife wurden erheblich eingeschränkt. Dies führte beispielsweise in der zuvor streng tarifregulierten Kfz-Haftpflichtversicherung zu einem scharfen Preiswettbewerb.

---

15 Zu Pauschaltarifen, die unterschiedlich risikoerheblich Vorerkrankungen undifferenziert gleichstellen, vgl. *Lorenz/Wandt* VersR 2008, 7; *dies.* VersR 2008, 1165.

16 Vgl. zu weiteren Auswirkungen *Farny* Versicherungsbetriebslehre, S. 67 ff.

17 Dies gilt auch für Versicherungsunternehmen in Form eines VVaG, die auf diesem Weg ihre Eigenkapitalbasis vergrößern, vgl. dazu *Weigel* VersR 1993, 1429.

18 *Gärtner* DB 1972, 2447 ff.; *Finsinger* Versicherungsmärkte, 1983, S. 171 f.; *ders.* Verbraucherschutz auf Versicherungsmärkten, 1988, S. 191; *Emmerich* Kartellrecht, 9. Aufl. 2001, S. 337 f.

2. Bedeutung der Versicherungstechnik für das Versicherungsrecht

Aus dem Wesen der Versicherung und den Eigenarten der Versicherungstechnik ergeben sich einige wichtige Folgerungen für die rechtliche Regelung von Versicherungsverträgen. Eine besondere und eigenartige Bedeutung für das Versicherungsvertragsrecht hat der Umstand, dass Versicherung notwendig ein **Massengeschäft** ist, und zwar nicht wie bei anderen Vertragsformen hauptsächlich als Begleiterscheinung der Rationalisierung, sondern als **Wesensmerkmal des Produkts** selbst. Versicherung funktioniert nämlich grundsätzlich nur, wie oben bereits dargestellt (Rn. 94 ff.), wenn das wirtschaftlich übernommene Risiko auf eine Vielzahl durch die gleiche Gefahr bedrohter Personen verteilt wird und der Risikoübernahme eine auf dem **Gesetz der großen Zahl** beruhende Kalkulation zugrunde liegt.[19] Dazu gehört, dass die übernommenen tatsächlichen Risiken im Wesentlichen gleichartig sind. Dazu gehört außerdem, dass die rechtlichen Regelungen für die übernommenen gleichartigen Risiken einheitlich sind (zum »Rechtsprodukt« vgl. Rn. 9).[20] 106

»Allgemeine Versicherungsbedingungen« (AVB) als gleiche Grundlage für alle Versicherungsabschlüsse sind nicht zufällig eine der ältesten Typen von »Allgemeinen Geschäftsbedingungen« überhaupt (mehr dazu Rn. 176 ff.). Das Versicherungswesen ist deshalb auch in besonderem Maße auf die Gleichmäßigkeit und Vorhersehbarkeit der Rechtsprechung angewiesen. Denn letztlich umschreibt diese durch ihre Interpretation der einzelnen AVB-Klauseln, welches Risiko der Versicherer tatsächlich trägt. Würde die Auslegung von Fall zu Fall schwanken, fehlte es an Einheitlichkeit der Versicherungsverträge und damit an einer wichtigen Voraussetzung der Versicherungstechnik.[21] Deshalb muss schon bei der Redaktion von Allgemeinen Versicherungsbedingungen größtmögliche Präzision und Klarheit angestrebt werden, um die Möglichkeit unterschiedlicher Interpretationen zu begrenzen. **Zusammengefasst ist festzustellen, dass die dem Versicherungsgeschäft wesenseigene Zusammenfassung von Einzelrisiken zu Risikokollektiven Einfluss auf den Inhalt gesetzlicher und vertraglicher Regelungen hat und bei ihrer Auslegung stets zu berücksichtigen ist.** 107

Von dem Einfluss der Versicherungstechnik auf den Inhalt und die Auslegung gesetzlicher und vertraglicher Regelungen streng zu unterscheiden ist eine Berufung auf den diffusen Begriff **»Gefahrengemeinschaft«** zum Zwecke einer unberechtigten Anspruchsverweigerung.[22] Eine nach Vertrag und Gesetz unberechtigte Leistungsverweigerung des Versicherers lässt sich nicht durch das Argument »Gefahrengemeinschaft« legitimieren. Denn ein Versicherungsvertrag ist eine gewöhnliche schuldrechtliche Beziehung zwischen den beiden Vertragspartnern. Es gibt also kein besonderes rechtliches Gemeinschaftsverhältnis, weder zwischen den Vertragspartnern noch unter den verschiedenen Versicherungsnehmern. Wenn darüber gestritten wird, ob eine Forderung des Versicherten gegen den Versicherer zu erfüllen ist, muss dieser Streit nach dem Inhalt der Zusage des Versicherers und nach den maßgeblichen 108

19 BVerwGE 90, 168 = VersR 1992, 1381 = NJW 1992, 2978.

20 Siehe dazu *Farny* ZVersWiss 1975, 169 ff.

21 Kein gutes Beispiel deshalb BGHZ 79, 76 = VersR 1981, 173 = NJW 1981, 870 (Haftpflichtversicherung und »Kausalereignis-Theorie« im *Herbizid*-Fall, dazu Rn. 885) abweichend von BGHZ 25, 34.

22 Vgl. z.B. BVerwGE 82, 303 = VersR 1990, 73 = NJW 1990, 1003.

gesetzlichen Vorschriften entschieden werden (zur Bedeutung der Vertragstreue der Parteien Rn. 149).

109 **Vertiefung:** Das Wort von der Gefahrengemeinschaft war treffend für genossenschaftliche Selbsthilfeeinrichtungen zur gemeinsamen Risikoabwehr, etwa die alten Brandgilden. Hier war jedes Mitglied unmittelbar (Feuersbrunst) oder mittelbar (Schadensumlage) von der Gefahr betroffen, die sich bei einem von ihnen verwirklichte. Es wirkte auch an den Entscheidungen der Gefahrengemeinschaft mit. Solche Organisationen haben aber in Deutschland keine große Bedeutung mehr (dazu Rn. 95 ff.). Man kann auch heute noch im technischen Sinne von einer Gefahrengemeinschaft sprechen, wenn man darauf hinweisen will, dass der Versicherer sein Produkt »Sicherheit« aufgrund einer kalkulatorischen Zusammenfassung vieler Einzelrisiken herstellt (Rn. 96). Freilich ist für diesen Vorgang ein Wort wie »Gemeinschaft« emotional überbesetzt.

110 Man trifft allmählich seltener auf die unreflektierte Verwendung des Ausdrucks »Gefahrengemeinschaft«. Das hat zwei Gründe. Einerseits ist dieses Schlagwort zunehmend unter inhaltliche Kritik geraten.[23] Andererseits ist den Versicherern offenbar deutlich geworden, dass es zweischneidig ist. Wenn der Versicherungskunde sich durch Rücksichtnahme am wirtschaftlichen Risiko des Versicherungsbetriebes beteiligen soll, dann liegt die Forderung nahe, auch auf die Geschäftspolitik des Versicherers Einfluss zu nehmen, also auf dessen Prämienberechnung, Rücklagenbildung, Überschussbeteiligung, Kapitalanlagepolitik usw. Derartige Forderungen sind mit unterschiedlichen Schwerpunkten zunehmend erhoben worden.[24] Noch weiter geht die Auffassung, die dem Versicherer lediglich die Stellung eines Verwalters der Gefahrengemeinschaft zubilligen will und daraus eine zwingende juristische Trennung der Funktionen Risikodeckung, Dienstleistung und – bei der kapitalbildenden Lebensversicherung – Kapitalansammlung (Sparen) ableitet. Sie will dem Versicherer uneingeschränkte Verfügungsbefugnis nur noch für die als Dienstleistungsentgelt eingenommenen Prämienbestandteile belassen.[25] Das läuft letzten Endes auf ein Verbot hinaus, die eigentliche Risikoübernahme als Produkt anzubieten. Rechtliche Grundlagen dafür sind nicht in Sicht.[26]

111 Im Zusammenhang mit der versicherungstechnischen Bildung eines Risikokollektivs steht die Frage, ob der Versicherer verpflichtet ist, alle Versicherungsnehmer eines Risikokollektivs gleichzubehandeln (**»Gleichbehandlungsgebot«**[27]; zu Einzelheiten der Diskriminierungsverbote nach dem AGG vgl. Rn. 229 ff.). Für die Lebensversi-

---

23 Vgl. *Karten* VW 1981, 1604 ff.; *Sieg* ZVersWiss 1985, 321 ff.; *Pfeiffer* FS Schwebler, 1986, S. 410 ff.; *W. Müller* in: Rolf/Spahn/Wagner (Hrsg.), Sozialvertrag und Sicherung, 1988, S. 129 ff.; *Präve* ZVersWiss 1991, 383 ff.; *Dreher* Die Versicherung als Rechtsprodukt, 1991, S. 125 ff.; *Benkel* VersR 1994, 509; *Krömmelbein* Der versicherungsrechtliche Gleichbehandlungsgrundsatz zwischen Deregulierung und Diskriminierung, 2007, S. 4 ff.

24 Gefordert wurde insbesondere eine gesetzliche Verpflichtung zur Beteiligung der Versicherungsnehmer an etwaigen Prämienüberschüssen in sämtlichen Versicherungszweigen für Konsumenten, vgl. *v. Hippel* JZ 1990, 732; zur Problematik bei der Lebensversicherung vgl. BVerwGE 82, 303 = VersR 1990, 73 = NJW 1990, 1003 (dazu *Kaulbach* VersR 1990, 257) sowie BVerfG VersR 2005, 1127 = NJW 2005, 2376.

25 *Meyer* ZRP 1990, 424 ff., 428; vgl. auch *Schünemann* VersR 2000, 144.

26 Ähnlich die Beschlusskammerentscheidung des BAV, VerBAV 1986, 263 f. sowie BGHZ 87, 346 = VersR 1983, 746 = NJW 1984, 55; vgl. auch BVerwGE 100, 115 = NJW 1996, 2521; BVerwGE 95, 8 = VersR 1994, 797 = NJW 1994, 2559; BVerwGE 95, 25 = VersR 1994, 541 = NJW 1994, 2561; BVerwGE 82, 303 = VersR 1990, 73 = NJW 1990, 1003 sowie BVerfG VersR 1991, 757 = NJW 1991, 1167; vgl. auch *Winter* VersR 2000, 1453; *Präve* VW 2002, 1836, 1839; die Umschreibung der Pflichten der Vertragsparteien in § 1 VVG ist allerdings bewusst so gewählt, dass die Möglichkeit einer anderen Organisationsform der Versicherung offen ist, vgl. RegE BT-Drucks. 16/3945 S. 56 und oben Rn. 22.

27 Umfassend hierzu *Krömmelbein* Der versicherungsrechtliche Gleichbehandlungsgrundsatz zwischen Deregulierung und Diskriminierung, 2007.

cherung, die substitutive Krankenversicherung, die Unfallversicherung mit Prämienrückgewähr und für den Pensionsfonds ist die Gleichbehandlung aufsichtsrechtlich vorgeschrieben (§§ 11 II, 12 IV 1, 11d, 113 I VAG). Das Gleichbehandlungsgebot ist hier die Konsequenz aus speziellen gesetzlichen Vorgaben für die Prämienkalkulation und der sozialpolitischen Bedeutung dieser Versicherungen. Für den Versicherungsverein auf Gegenseitigkeit folgt der Grundsatz der Gleichbehandlung der Mitglieder (§ 21 I VAG) aus vereinsrechtlichen Prinzipien. Weitergehend wurde in der Vergangenheit teilweise behauptet, es gebe im Versicherungsrecht einen ungeschriebenen, sparten- und rechtsformübergreifenden Gleichbehandlungsgrundsatz. Aufsichtsbehörde, Rechtsprechung und Literatur haben verschiedentlich auf einen solchen allgemeinen Grundsatz rekurriert. Seine Existenz wurde jedoch seit jeher bestritten.[28] Gleichwohl wurde der Frage nach Grund, Inhalt und Grenzen des Grundsatzes in der regulierten Zeit vor 1994 nicht mit großer Intensität nachgespürt. Ausschlaggebend hierfür war die Verfassung des regulierten Marktes: Die Aufsichtsbehörde hatte auf der Grundlage des Konzepts materieller Staatsaufsicht generell weit reichende Eingriffsbefugnisse. Außerdem gab es auf Grund der verpflichtenden aufsichtsbehördlichen Vorabgenehmigung von allgemeinen Versicherungsbedingungen und Tarifen nur einen sehr beschränkten Produkt- und Preiswettbewerb. Die Berufung auf einen allgemeinen versicherungsrechtlichen Gleichbehandlungsgrundsatz wurde daher kaum hinterfragt. Die EG-bedingte »Deregulierung« des Versicherungsrechts im Jahre 1994 (Rn. 70) hat die Eingriffsbefugnisse der Aufsichtsbehörde dann aber begrenzt. Sie hat durch Abschaffung der Vorabgenehmigungspflicht für AVB und Tarife Produkt- und Tariffreiheit eröffnet und damit die Grundlage für einen echten Produkt- und Preiswettbewerb geschaffen. Deshalb stellt sich die Frage nach der Existenz eines allgemeinen versicherungsrechtlichen Gleichbehandlungsgrundsatzes heute auf anderer Rechtsgrundlage und hinsichtlich der praktischen Relevanz in verschärftem Maße. Im Ergebnis ist jedoch eindeutig festzustellen, dass es einen allgemeinen, ungeschriebenen, sparten- und rechtsformübergreifenden Gleichbehandlungsgrundsatz des Versicherungsrechts nicht gibt. Ein solcher Grundsatz lässt sich weder aus den speziellen Gleichbehandlungsgrundsätzen ableiten, weil diese Eigengesetzlichkeiten bestimmter Versicherungsarten Rechnung tragen und deshalb nicht verallgemeinerungsfähig sind, noch lässt er sich mit der »Natur der Versicherung« oder dem verfassungsrechtlichen Gleichbehandlungsgrundsatz[29] rechtfertigen.[30]

Verstößt eine vertragliche Regelung gegen ein aufsichtsrechtliches Gleichbehandlungsgebot, so beeinträchtigt dies nicht ihre Wirksamkeit.[31] Die Aufsichtsbehörde kann jedoch durch Anordnungen gemäß § 81 VAG dafür sorgen, dass das Unternehmen nicht weiterhin gegen das Gleichbehandlungsgebot verstößt. **112**

28 Eingehend hierzu mit umfangreichen Nachweisen *Krömmelbein* Der versicherungsrechtliche Gleichbehandlungsgrundsatz zwischen Deregulierung und Diskriminierung, 2007, S. 43 ff.

29 A.A. *Hartwig* Die Geltung des Gleichbehandlungsgrundsatzes für Versicherungs-Aktiengesellschaften als Ausfluss verfassungsrechtlicher Grundsätze, 2002; dagegen jedoch mit überzeugender Begründung *Krömmelbein* Der versicherungsrechtliche Gleichbehandlungsgrundsatz zwischen Deregulierung und Diskriminierung, 2007, S. 257 ff.

30 Vgl. auch hierzu *Krömmelbein* Der versicherungsrechtliche Gleichbehandlungsgrundsatz zwischen Deregulierung und Diskriminierung, 2007; *Präve* in: Prölss, § 11 VAG Rn. 9 ff.; *Bähr* in: Fahr/Kaulbach/Bähr, Versicherungsaufsichtsgesetz, 4. Aufl. 2007, § 81 VAG Rn. 36; *Derks* Der Gleichbehandlungsgrundsatz im Versicherungsaufsichtsrecht, 2002, S. 69.

31 *Präve* in: Prölss, § 11 VAG Rn. 11.

113 In mittelbarem Zusammenhang mit einer Gleichbehandlung der Versicherten stehen auf § 81 II 4 VAG basierende, von der Aufsichtsbehörde statuierte **»Sondervergütungs- und Begünstigungsverbote«**.[32] Hiervon mitumfasst wird das an Vermittler gerichtete Verbot, ihre Provision ganz oder teilweise an den Versicherungsnehmer abzugeben (**»Provisionsabgabeverbot«**). Diese Verbote sind rechtspolitisch heftig umstritten.[33] Sie dienten ursprünglich dazu, Steigerungen der Verwaltungskosten der Versicherer gering zu halten. Später wurde zur Rechtfertigung das Argument der »versicherungstechnischen Prämiengerechtigkeit« ins Feld geführt. Diese Regelungszwecke sind bei der heutigen Wettbewerbslage auf dem Versicherungsmarkt[34] grundsätzlich nicht mehr tragend. Im Vordergrund stehen heute Gesichtspunkte des Schutzes der Versicherungsvermittler und der Markttransparenz.

114 Vertragliche Vereinbarungen, die gegen das aufsichtsrechtliche Provisionsabgabe- und Begünstigungsverbot verstoßen, sind vertragsrechtlich wirksam.[35] Die Aufsichtsbehörde kann Anordnungen gegen den Versicherer treffen, damit zukünftige Verstöße vermieden werden.

115 Gleichbehandlungsgebote stehen in enger Beziehung zum Begriff der **Diskriminierung**.[36] Erfordern solche Gebote umgekehrt auch, dass der Versicherer alle Versicherungsnehmer *ungleich* behandeln muss, bei denen sich statistisch nachgewiesene unterschiedliche Schadenerwartungen ergeben, selbst dann, wenn die mit den unterschiedlichen Schadenerwartungswerten korrelierenden Merkmale z.B. das Geschlecht, das Alter, eine Behinderung usw. sind? Oder sind einem solchen Vorgehen (verfassungs-) rechtliche Grenzen gesetzt?

116 Besondere Dynamik hat die Diskussion um das Thema Diskriminierung und Versicherung jüngst unter dem Stichwort der **»Unisex-Tarife«** erfahren. Die Schadensprofile von Männern und Frauen unterscheiden sich in bestimmten Versicherungssparten erheblich. Statistisch haben Frauen in Europa, den USA und Japan derzeit eine um etwa sechs Jahre längere Lebenserwartung als Männer.[37] Diese statistisch unterschied-

32 Vgl. die Verordnung über das Verbot von Sondervergütungen und Begünstigungsverträgen in der Schadenversicherung v. 17.08.1982 (VerBAV 1982, 456 f., 475; [BGBl. I 1982, S. 1243]) sowie die »Bekanntmachung des Reichsaufsichtsamts für die Privatversicherung vom 8.3.1934 betreffend Lebensversicherung« VerAfP 1934, 99. – Streitstand bei *Weigel* in: Prölss, § 21 VAG Rn. 2; eingehend auch *Gärtner* Privatversicherungsrecht, 2. Aufl. 1980, S. 317 ff.; *Krömmelbein* Der versicherungsrechtliche Gleichbehandlungsgrundsatz zwischen Deregulierung und Diskriminierung, 2007, S. 158 ff.; *Merz* Das Begünstigungsverbot im deutschen Versicherungsrecht nach der Anpassung an europäisches Recht, FS Everling, 1995, S. 835; *Bähr* in: Fahr/Kaulbach/Bähr, Versicherungsaufsichtsgesetz, 4. Aufl. 2007, § 81 VAG Rn. 36.

33 Zum Ganzen *Kollhosser* in: Prölss, § 81 VAG Rn. 69 ff.; das Provisionsabgabeverbot verstößt nicht gegen den EG-Vertrag, so EuGH, Urt. v. 17.11.1993 Meng, Slg. 1993-I, 1 = VersR 1994, 161 = NJW 1994, 1717 (Vorlagebeschluss des KG VersR 1991, 289); vgl. auch *Fahr* Aktuelle Reformfragen zum VAG, 1993, S. 8, sowie zum Provisionsabgabeverbot in der Lebensversicherung *Dreher* VersR 2001, 1 (als europarechtswidrig qualifiziert).

34 Die im Regierungsentwurf zum Dritten Durchführungsgesetz/EWG zum VAG (BT-Drucks. 12/6959, S. 4 ff.) geplante Aufhebung der Provisionsabgabe- und Begünstigungsverbote ist erst im Finanzausschuss des Bundestages hauptsächlich unter dem Eindruck der Äußerungen von Vertretern der Versicherungsvermittler-Organisationen gescheitert, vgl. *Renger* VersR 1994, 754.

35 BGH VersR 2004, 1029; *Dreher* VersR 2001, 1; *Bähr* in: Fahr/Kaulbach/Bähr, Versicherungsaufsichtsgesetz, 4. Aufl. 2007, § 81 VAG Rn. 36.

36 Vgl. zum Ganzen *Krömmelbein* Der versicherungsrechtliche Gleichbehandlungsgrundsatz zwischen Deregulierung und Diskriminierung, 2007.

37 Pressemitteilung Eurostat vom 08.08.2003 (STAT/03/92).

liche Lebenserwartung führt in der Risikolebensversicherung dazu, dass Frauen niedrigere Prämien zahlen, weil die Wahrscheinlichkeit des Versterbens innerhalb der Vertragslaufzeit geringer ist als bei Männern. Bei Verrentung einer Kapitallebensversicherung und bei einer Rentenversicherung erhalten Frauen bei gleicher Prämie dagegen eine niedrigere monatliche Rente, weil der zur Verfügung stehende Geldbetrag auf eine statistisch längere Lebenserwartung umgelegt werden muss. Weiter besagen die Statistiken, dass Frauen insgesamt rund 40 % höhere Krankheitskosten verursachen als Männer.[38] Hiervon sollen weniger als ein Viertel auf medizinische Aufwendungen aufgrund von Schwangerschaft und Geburt entfallen. Die statistisch unterschiedlichen Schadensprofile von Männern und Frauen führen in der Krankenversicherung dazu, dass Frauen einen höheren Tarifbeitrag als Männer zahlen müssen.

Eine rechtswissenschaftlich fundierte Aussage zur **Vereinbarkeit solcher Tarifierungen mit den grundgesetzlichen Wertungen des Art. 3 GG** erfordert nicht nur eine Auseinandersetzung mit dem Verhältnis von Privatrecht und Verfassungsrecht, sondern es sind auch die Spezifika der Versicherungstechnik und des Versicherungsrechts zu berücksichtigen.[39] Zu der gebotenen Abwägung an dieser Stelle nur die folgenden kursorischen Überlegungen: Eine Lebensversicherung wird für einen sehr langen Zeitraum abgeschlossen und ist für den Versicherer nicht ordentlich kündbar. Die Prämie ist bei Beginn des Vertrags für dessen gesamte Dauer festzulegen. Eine Neufestsetzung der Prämie ist gem. § 163 I 2 VVG insoweit ausgeschlossen, als die Versicherungsleistungen zum Zeitpunkt der Erst- oder Neukalkulation für einen ordentlichen und gewissenhaften Aktuar erkennbar unzureichend kalkuliert waren. Ähnliches gilt für einen Krankenversicherungsvertrag: Der Versicherer ist verpflichtet, die Prämie bei Beginn des Vertragsverhältnisses so zu kalkulieren, dass sie für die gesamte Dauer des Vertrages – und das heißt wegen des Ausschlusses einer ordentlichen Kündigung durch den Versicherer grundsätzlich für die gesamte Lebensdauer des Versicherten – konstant bleibt. Der Versicherer darf die Prämie nur wegen eines Anstiegs der allgemeinen Gesundheitskosten erhöhen, nicht wegen konkreter Kostensteigerungen, die der kränker werdende Versicherungsnehmer verursacht hat. Lebens- und Krankenversicherer sind deshalb bei Abschluss des Vertrages auf Tarifierungsmerkmale angewiesen, die zum einen für die gesamte Dauer des Vertrages statistisch signifikante Erkenntnisse über die Schadenserwartung liefern, zum anderen mit vertretbarem Kostenaufwand ermittelbar sind. Die Merkmale Alter und Geschlecht erfüllen diese Kriterien weit besser als andere Differenzierungsmerkmale, die wie Beruf, Lebensgewohnheiten oder Familienstand bei Beginn des Vertrages nicht notwendig fest stehen und sich anschließend ändern können. Außerdem wäre ihre Verwendung nicht ohne eine bedenkliche Ausforschungen der Privat- oder sogar Intimsphäre möglich und zudem sehr kostenintensiv. Eine Differenzierung nach Alter und Geschlecht ist deshalb in der Lebens- und Krankenversicherung grundsätzlich sachlich gerechtfertigt. **117**

Auf EG-Ebene wurden dennoch Überlegungen angestellt, geschlechtsabhängige Tarifierungen vollständig zu untersagen. Die EU-Kommission stellte am 05.11.2003 den Vorschlag einer Richtlinie über die »Gleichbehandlung beim Zugang zu und bei der **118**

38 PKV Publik 9/2003, S. 99.

39 Vgl. zur Problematik ausführlich *Wandt* Karlsruher Forum 2004: Haftung wegen Diskriminierung (VersR-Schriften 31), S. 117 ff.; *ders.* VersR 2004, 1341 ff.; *Wandt/Ehlers* FS Dufwa, Vol. II, 2006, S. 1201 ff.; vgl. aber auch *Wrase/Baer* NJW 2004, 1623 ff.

Versorgung mit Gütern und Dienstleistungen« vor.[40] Dieser Richtlinienvorschlag zielte ausdrücklich auch auf das Privatversicherungsgeschäft und wollte das Geschlecht als (unmittelbares) Tarifierungsmerkmal generell für unzulässig erklären.[41] Der EU-Ministerrat hat den Richtlinienvorschlag jedoch abgelehnt. Die daraufhin ausgearbeitete endgültige **Richtlinie 2004/113/EG**, die am 13.12.2004 erlassen wurde[42], wurde gerade in Bezug auf Versicherungstarife wesentlich abgemildert. Zwar ist grundsätzlich noch immer ein Verbot geschlechtsabhängiger Tarifierung vorgesehen, jedoch besteht eine Ausnahmemöglichkeit insofern, dass proportionale Unterschiede bei den Prämien und Leistungen zwischen Männern und Frauen dann zugelassen werden können, wenn die Berücksichtigung des Geschlechts bei einer auf relevanten und genauen versicherungsmathematischen und statistischen Daten beruhenden Risikobewertung ein bestimmender Faktor ist (Art. 5 III der Richtlinie).

119 Die Umsetzung dieser Richtlinienvorgaben erfolgte in Deutschland durch das **Allgemeine Gleichbehandlungsgesetz (AGG)**[43], dessen Anwendungsbereich sich auf die Merkmale der Rasse, der ethnischen Herkunft, des Geschlechts, der Religion, einer Behinderung, des Alters und der sexuellen Identität erstreckt (vgl. § 19 I Nr. 2 AGG; genauer zur Bedeutung des AGG für Versicherungsverträge Rn. 231). Während eine Benachteiligung hinsichtlich der Merkmale Rasse und ethnische Herkunft (vgl. § 19 II AGG) sowie hinsichtlich der Schwangerschaft oder Mutterschaft (vgl. §§ 3 I 2, 20 II 2 AGG) stets unzulässig ist, ist eine unterschiedliche Behandlung hinsichtlich der anderen Merkmale unter den Voraussetzungen des § 20 II AGG zulässig. Nach dieser Vorschrift ist eine prämien- oder leistungsbezogene Ungleichbehandlung wegen des Geschlechts (nur) zulässig, wenn diese versicherungsmathematisch und statistisch belegt ist.[44] Hinsichtlich der anderen Merkmale muss eine Ungleichbehandlung auf anerkannten Prinzipien risikoadäquater Kalkulation beruhen, wie z.B. einer versicherungsmathematisch ermittelten Risikobewertung unter Heranziehung statistischer Erhebungen.

120 Die **Rechtsfolgen einer unzulässigen Benachteiligung** sind in § 21 AGG geregelt: Der Benachteiligte (Versicherungsnehmer oder Versicherter) kann **Beseitigung** und

40 Vorschlag für eine Richtlinie des Rates zur Verwirklichung des Grundsatzes der Gleichbehandlung von Frauen und Männern beim Zugang zu und bei der Versorgung mit Gütern und Dienstleistungen vom 05.11.2003 KOM (2003) 657, auszugsweise abgedr. in VersR 2004, 41.

41 Art. 4 des Richtlinienvorschlags; Begründung S. 9; vgl. dazu *Riesenhuber/Franck* JZ 2004, 529.

42 Richtlinie 2004/113/EG des Rates vom 13.12.2004 zur Verwirklichung des Grundsatzes der Gleichbehandlung von Männern und Frauen beim Zugang zu und bei der Versorgung mit Gütern und Dienstleistungen, ABl. L 373 vom 21.12.2004, S. 37 ff. Vgl. auch den Vorschlag für eine Richtlinie zur Verwirklichung des Grundsatzes der Gleichbehandlung von Personen unabhängig von der Religion und der Weltanschauung, einer Behinderung, des Alters oder der sexuellen Ausrichtung, KOM (2008) 426 endg. v. 02.07.2008.

43 Gesetz vom 14.08.2006, in Kraft seit dem 18.08.2006 (BGBl. I S. 1897); ein erster Gesetzesentwurf eines »Antidiskriminierungsgesetzes« vom 16.12.2004 (Fraktionsentwurf vom 16.12.2004, BT-Drucks. 15/4538) wurde vom Bundestag zwar beschlossen (BR-Drucks. 445/04), scheiterte jedoch im Bundesrat; zur Bedeutung des AGG für private Versicherungsverträge: Rn. 229 ff.; vgl. auch *Armbrüster* VersR 2006, 1297; *Thüsing/Hoff* VersR 2007, 1; zur Versicherung von Haftungsrisiken nach dem AGG: *Koch* VersR 2007, 288.

44 Zur aufsichtsrechtlichen Verpflichtung eines Versicherers, der unterschiedliche Prämien oder Leistungen für Frauen und Männer vorsieht, die versicherungsmathematischen und statistischen Daten zu veröffentlichen, aus denen die Berücksichtigung des Geschlechts als Faktor der Risikobewertung abgeleitet wird, siehe § 10a VAG i.d.F. des 9. Gesetz zur Änderung des VAG vom 23.12.2007 (BGBl. I S. 3248).

Unterlassung der Beeinträchtigung verlangen. Er hat auch einen Anspruch auf **Schadensersatz**, wenn der Versicherer die Verletzung des Benachteiligungsverbots zu vertreten hat. Der Benachteiligte kann schließlich auch einen immateriellen Schaden ersetzt verlangen.

Vertiefung: Das Beispiel der Kraftfahrtversicherung zeigt, dass das Versicherungsrecht nicht ausschließlich an den Gesetzmäßigkeiten von Statistik und Korrelation ausgerichtet ist. In der Vergangenheit wollten Kraftfahrtversicherer Staatsangehörige bestimmter Länder aufgrund eines statistisch nachgewiesenen höheren Risikos nur zu speziellen Ausländertarifen versichern. Das Bundesverwaltungsgericht erklärte eine solche Tarifierung im Jahre 1988 jedoch für unzulässig.[45] Der Gesetzgeber reagierte hierauf 1994 mit einem für alle Versicherungsarten geltenden aufsichtsrechtlichen Verbot, Tarifbestimmungen und Prämien nach der Staatsangehörigkeit zu differenzieren (vgl. § 81e VAG). Ob in den Ausländertarifen eine Diskriminierung lag und das aufsichtsrechtliche Verbot deshalb verfassungsrechtlich geboten war, ist umstritten.[46] Der Gesetzgeber wollte bereits der *Möglichkeit* einer Diskriminierung entgegenwirken und stellte dieses Ziel über die Aussagekraft eines durch Statistiken belegbaren Risikozusammenhangs. 121

II. Versicherungsmarkt

Zu den Rahmenbedingungen des Versicherungsvertrags gehört auch die **Verfassung des Marktes**, auf dem Versicherungsleistungen angeboten werden. Die Marktverfassung hat nämlich unmittelbare Folgen für seine Regulierung. Denn eine tragende Grundannahme unseres Schuldrechts ist, dass die funktionierenden Marktmechanismen, vermittelt über die Entscheidungsfreiheit jedes Marktteilnehmers und den Wettbewerb, selbsttätig gerechte Güteraustauschbeziehungen (Vertragsverhältnisse) und optimale Güterversorgung garantieren.[47] 122

1. Wettbewerb

Die Gretchenfrage an jede Marktverfassung lautet, wie es um den **Wettbewerb** bestellt ist. Für den Versicherungsmarkt ist dabei zunächst einmal zu beachten, dass es keinen einheitlichen Markt für Versicherungsleistungen gibt. Nicht nur unter Wettbewerbsgesichtspunkten wichtig ist die **Differenzierung** zwischen Versicherungen für das allgemeine Publikum (»**Jedermann-Versicherung**«, z.B. Hausrat-, Privathaftpflicht-, Kraftfahrt-, Lebensversicherung) und Versicherungen zur Abdeckung beruflicher, gewerblicher und industrieller Risiken (»**Industrieversicherung**«, »gewerbliche Versicherung«, z.B. Industrie-Feuerversicherung, Betriebsunterbrechungsversicherung, Berufs- und Betriebshaftpflichtversicherung).[48] 123

Um Missverständnissen vorzubeugen, sei schon hier bemerkt, dass die Trennlinien im Versicherungsvertragsrecht unter dem Gesichtspunkt individueller Schutzbedürftigkeit des Versicherungsnehmers grundsätzlich anders verlaufen, nämlich zwischen Privatpersonen und Gewerbetreibenden auf der einen Seite und den Versicherungsnehmern von Großrisiken auf der anderen Seite (vgl. § 6 VI VVG, Rn. 264). 124

45 BVerwG VersR 1988, 817.

46 Vgl. *Hartwig* Die Geltung des Gleichbehandlungsgrundsatzes für Versicherungsaktiengesellschaften als Ausfluss verfassungsrechtlicher Grundsätze, 2002, S. 91 ff.; *Krömmelbein* Der versicherungsrechtliche Gleichbehandlungsgrundsatz zwischen Deregulierung und Diskriminierung, 2007, S. 235 (verfassungsrechtlich bedingte »Gleichstellung von versicherungstechnisch ungleichen Sachverhalten«).

47 Vgl. speziell zum Versicherungsmarkt *Scholz* ZVersWiss 1984, 17.

48 Vgl. *Schmidt* ZVersWiss 1968, 88 f.; *Hübner* VersR 1978, 985.

125 Differenzieren muss man auch nach den verschiedenen **Wettbewerbsparametern.** Denn Wettbewerb findet auf verschiedenen Feldern statt. Der Wettbewerb ist in erster Linie ein Preis- und Produktwettbewerb. Er erstreckt sich aber auch auf Nebenleistungen (»Service«) und auf die Vertriebssysteme.

126 Im Vordergrund des Produktwettbewerbs steht die **unterschiedliche Ausgestaltung von Versicherungsprodukten durch AVB.** »Verkaufs«-Bedingungen gehören in gewissem Sinne auch bei anderen Produkten zur Qualität eines Produkts, z.B. die Garantiebedingungen zum Autokauf. Aber Gewicht und Intensität sind je nach Produkt sehr verschieden. Im Versicherungswesen hängen Produktqualität und AVB in nahezu einmaliger Weise zusammen. Denn das Produkt »Versicherung« wird nun einmal im Wesentlichen durch die in die Form eines rechtlichen Vertrages gegossenen Bedingungen gestaltet, unter denen der Versicherer ein bestimmtes Risiko übernimmt (Rn. 9). Das bedeutet: Der Produktwettbewerb erfolgt mittels unterschiedlicher AVB.

127 Die **EG-bedingte Deregulierung** hat mit dem **Stichtag des 29.07.1994** im Bereich der Jedermann-Versicherungen einen radikalen Umbruch sowohl für den Preis- als auch für den Produktwettbewerb bewirkt.[49] Hinsichtlich des Preises wurden die Wettbewerbsmöglichkeiten durch den Wegfall der Tarifgenehmigung (Rn. 79) erheblich erweitert. Hinsichtlich der Produkte wurde ein Wettbewerb durch den Wegfall der Bedingungsgenehmigung überhaupt erst ermöglicht. Denn für die Jedermann-Versicherungen kann man sagen: Bis zur Deregulierung fand ein Produktwettbewerb kaum statt, weil die Aufsichtsbehörde im Wege der Bedingungsgenehmigung (Rn. 66) in ständiger Praxis dafür sorgte, dass die AVB im Grundbestand ihrer Klauseln brancheneinheitlich waren und somit keine wesentlichen Produktdifferenzierungen bestanden. Flankierend nahm das Wettbewerbsrecht die Versicherungswirtschaft im Wesentlichen vom Kartellverbot aus (§ 102 I GWB a.F.). Auch diese Privilegierung ist inzwischen weitgehend beseitigt. Der bisherige § 29 GWB, der 1999 an die Stelle des weggefallenen § 102 I GWB a.F. getreten war und gegenüber der früheren Regelung stark eingeschränkte Ausnahmemöglichkeiten enthielt, ist durch die 7. GWB-Novelle vom 07.07.2005 ebenfalls weggefallen. Heute werden wettbewerbsbeschränkende Vereinbarungen, Beschlüsse und abgestimmte Verhaltensweisen von Versicherungsunternehmen allein nach den Kriterien des europäischen Wettbewerbsrechts (Art. 81 EGV) beurteilt, da Vereinbarungen in diesem Bereich in der Regel zwischenstaatliche Auswirkungen haben. Das europäische Wettbewerbsrecht gestattet es der Versicherungswirtschaft durch eine sog. Gruppenfreistellungsverordnung (GVO), gemeinsame Statistiken zu erstellen, Muster-AVB aufzustellen, Mitversicherungsgemeinschaften zu bilden usw.[50]

49 Eingehend zur Wettbewerbssituation vor der Deregulierung: *Monopolkommission* Die Wettbewerbsordnung erweitern: Hauptgutachten 1986/87, 1988, S. 233 ff.; *Deregulierungskommission* Marktöffnung und Wettbewerb, 1991.

50 Siehe die Verordnung der Europäischen Kommission über die Anwendung von Art. 81 III EG-Vertrag auf Gruppen von Vereinbarungen, Beschlüssen und aufeinander abgestimmten Verhaltensweisen im Versicherungssektor (Verordnung [EG] Nr. 358/2003, ABl. EG L 53/8 vom 28.02.2003); zum Entwurf von 2002 vgl. NVersZ 2002, 449; zur Gruppenfreistellungsverordnung von 1992 vgl. *Müller* Versicherungsbinnenmarkt, 1995, Rn. 127 ff.; zum neuen Recht vgl. *Bechthold/Buntscheck* NJW 2005, 2966 sowie *Schnorbus* VersR 1999, 932. Die Geltung der Freistellungsverordnung von 2003 ist nach Art. 12 bis zum 31.03.2010 befristet. Derzeit überprüft die EG-Kommission die Gruppenfreistellungsverordnung für den Versicherungsbereich; vgl. hierzu http://ec.europa.eu/comm/competition/sectors/financial_services/insurance.html. – Zur Sektorenuntersuchung der EG-Kommission zu Unternehmensversicherungen *Dreher* VersR 2008, 15. Vgl. allg. auch *Dreher/Kling* Kartell- und Wettbewerbsrecht der Versicherungsunternehmen, 2007.

Im Bereich **gewerblicher und industrieller Versicherungen** besteht seit langem ein sehr intensiver Preis- und Produktwettbewerb.[51] Denn hier haben die Versicherungsnehmer eigene hohe Sachkunde und starke Verhandlungsmacht. Außerdem werden diese Versicherungen zu einem hohen Anteil durch professionelle Makler vermittelt, die ihre besondere Sachkunde in den Dienst des Versicherungskunden stellen. 128

2. Bedeutung der Marktverfassung für das Versicherungsrecht

Die »Deregulierung« des Versicherungsrechts soll nach den Zielen des EG-Gesetzgebers dazu führen, dass der Versicherungsnehmer »Zugang zu einer möglichst weiten Palette von in der Gemeinschaft angebotenen Versicherungsprodukten hat, um aus ihnen das seinen Bedürfnissen am besten entsprechende Angebot auswählen zu können«.[52] Die zugrunde liegende Vorstellung erinnert an das dem vorigen Jahrhundert zugehörige Paradigma des BGB vom kundigen und verhandlungsstarken Besitzbürger als Teilnehmer des Zivilrechtsverkehrs. Tatsächlich ist der durchschnittliche Versicherungsverbraucher mit dem Vergleich von Versicherungsbedingungen häufig ebenso überfordert wie mit dem Vergleich anderer Allgemeiner Geschäftsbedingungen. Schon die Erfassung der Bedeutung einzelner Bedingungen stößt bald an Grenzen. Sie fällt auch nicht allen Juristen leicht. Die durch die Deregulierung angestrebte und teilweise auch erreichte größere Preis- und Produktvielfalt hat zunächst einmal zur Folge, dass für den Verbraucher der Überblick weiter erschwert wird. Dem sucht das moderne Versicherungsrecht durch Informations- und Belehrungspflichten des Versicherers sowie die Rechtsprechung durch erhöhte Anforderungen an die **Transparenz** von AVB[53] zu begegnen.[54] Über den Grad der Funktionstauglichkeit dieser Maßnahmen lässt sich noch keine verlässliche Aussage machen. Gleiches gilt für die Frage, inwieweit Informationsdefizite auf Seiten der Versicherungsnehmer durch die Entwicklung leistungsfähiger Beratungs- und Vermittlungsdienste ausgeglichen werden, deren Förderung ebenfalls durch den EG-Gesetzgeber angestrebt ist (näher hierzu Rn. 368 ff., 373). 129

Die Informationsprobleme sind auch ein wesentlicher Grund dafür, dass im Bereich der Jedermann-Versicherungen noch immer kaum Versicherungsverträge grenzüberschreitend, also in Ausübung der Dienstleistungsfreiheit, geschlossen werden. Dies hat aber noch vielfältige andere Gründe bis hin zu unterschiedlichen nationalen »Versicherungskulturen«. Der Eintritt von Versicherungsunternehmen in nationale Versicherungsmärkte erfolgt daher noch immer vornehmlich durch Kauf eines bestehenden nationalen Versicherungsunternehmens.[55] 130

51 Vgl. *Koch* Versicherungswirtschaft, 3. Aufl. 1991, S. 68.

52 Erwägungsgrund Nr. 46 der (konsolidierten) Richtlinie Lebensversicherung v. 05.11.2002 (2002/83/EG) ABl. EG L 345 v. 19.12.2002, S. 1; abgedruckt in *Prölss* VAG, S. 1607.

53 BGHZ 147, 373 = VersR 2001, 839 = NJW 2001, 2012; BGHZ 147, 354 = VersR 2001, 841 = NJW 2001, 2014.

54 Vgl. allgemein zur Transparenz im Versicherungswesen *Wandt* in: Bitburger Gespräche, Jb. 2006/II, 2007, S. 17.

55 Vgl. *Farny* in: Rolfes/Fischer, Handbuch der europäischen Finanzdienstleistungsindustrie, 2001, S. 46, 48.

III. Zusammenfassung

131 **Rahmenbedingungen des Versicherungsrechts**

1. Versicherungstechnik (Rn. 94 ff.)

- **Bildung einer Risikogemeinschaft** → unkalkulierbare Einzelrisiken werden zu kalkulierbaren Gesamtrisiken gebündelt
- **Kapitalansammlung** aus den Prämien vieler Einzelner zur Erbringung der Leistungen bei Eintritt von Versicherungsfällen
- **Prämienkalkulation** nach dem geschätzten zukünftigen (Jahres-) Bedarf (ermittelt unter Anwendung des stochastischen Gesetzes der großen Zahl)
- **Höhe der Einzelprämie** entspricht grundsätzlich dem eingebrachten Risiko (»individuelles Äquivalenzprinzip«)
- **einkalkulierte Sicherheitszuschläge** zur Berücksichtigung der zukünftigen Risikoentwicklung (ggf. Beitragsrückerstattung, §§ 81c, 81d VAG)
- vertragliche (unter strengen Voraussetzungen) oder (ausnahmsweise) gesetzliche **Anpassungsbefugnisse des VR** für die Prämie und Leistungen
- Das Versicherungsvertragsrecht muss die technischen Gegebenheiten und Möglichkeiten des Versicherungsgeschäfts berücksichtigen. Die dem Versicherungsgeschäft wesenseigene Zusammenfassung von Einzelrisiken zu Risikokollektiven hat deshalb **Einfluss auf Inhalt und Auslegung der gesetzlichen und vertraglichen Regelungen**.
- Kein allgemeines **Gleichbehandlungsgebot**, aber spezielle Gleichbehandlungsgebote in der Lebensversicherung (§ 11 II VAG), substitutiven Krankenversicherung (§ 12 IV 1 VAG), Unfallversicherung mit Prämienrückgewähr (§ 11d VAG) und für den Pensionsfonds (§ 113 I VAG)
- **Diskriminierungsverbote nach dem AGG** (näher dazu Rn. 229 ff.)

2. Versicherungsmarkt (Rn. 122 ff.)

- 1994 schuf die EG-bedingte Deregulierung durch den **Wegfall der Bedingungsgenehmigung** die rechtlichen Grundvoraussetzungen für **Produktwettbewerb** im Bereich der sog. »**Jedermann-Versicherungen**«
- **Produktwettbewerb** erfolgt hauptsächlich mittels **unterschiedlicher AVB**
- Produktwettbewerb durch unterschiedliche AVB führt zu **mangelnder Markttransparenz** → Ausgleich durch erhöhte rechtliche Anforderungen an die Information und Beratung des VN durch Versicherer und Vermittler sowie an die Transparenz von AVB
- Im Bereich der **Gewerbe- und Industrieversicherung** besteht seit jeher intensiver Preis- und Produktwettbewerb

C. Versicherungsvertragsrecht: Gesetz, Dogmatik und Allgemeine Versicherungsbedingungen

I. Rechtsquellen und Dogmatik

1. Rechtssystematischer Überblick

132 Die wichtigste Rechtsquelle für das Versicherungsvertragsrecht ist das **»Gesetz über den Versicherungsvertrag«**. Diese erstmals am 30.05.1908 erlassene **»Kodifikation«**[1] war in vielerlei Hinsicht »in die Jahre gekommen« und wurde seit langem als reformbedürftig erachtet. **Das VVG ist durch das am 01.01.2008 in Kraft getretene Gesetz zur Reform des Versicherungsvertragsrechts vom 23.11.2007**[2] **grundlegend reformiert worden** (vgl. Rn. 12 ff.).

133 Das VVG wird durch zahlreiche **Nebengesetze und -verordnungen** ergänzt.[3] Wegen ihrer praktischen Relevanz zu nennen sind vor allem die Vorschriften der VVG-Informationspflichtenverordnung (VVG-InfoV)[4] (Rn. 279 ff.), die Vorschriften über die Kfz-Haftpflichtversicherung, insbesondere das Pflichtversicherungsgesetz und die Verordnung über die Kfz-Haftpflichtversicherung. Im Übrigen handelt es sich meist um spezielle Vorschriften, die zum Abschluss eines (Haftpflicht-) Versicherungsvertrages oder zu einer sonstigen Deckungsvorsorge verpflichten (vgl. Rn. 219 ff.).

134 In vielen Nebengesetzen und -verordnungen stehen versicherungsrechtliche Bestimmungen isoliert in anderem Zusammenhang. Manche dieser Bestimmungen sind überholt oder aus anderen Gründen nicht mehr praktisch relevant. So fand sich bis zum 01.01.2008 noch eine ausführliche Regelung des (hier nicht behandelten) Rechts der Seeversicherung im HGB (§§ 778–900 HGB a.F.; dazu § 209 VVG). Die hierfür wirklich maßgeblichen Regelungen findet man aber seit langem vor allem in den Allgemeinen Deutschen Seeversicherungsbedingungen (ADS), die stets an die veränderten internationalen Standards angepasst werden. Die VVG-Reformkommission wollte die Seeversicherung aus rechtssystematischen Gründen in den Anwendungsbereich des neuen VVG einbeziehen. Hiervon hat der Gesetzgeber jedoch abgesehen, um die Möglichkeit auszuschließen, dass sich auf Grund der »verbraucherrechtlich begründeten Leitbilder« des Allgemeinen Teil des neuen VVG eine erhebliche Rechtsunsicherheit im Hinblick auf die Inhaltskontrolle der in der Praxis verwendeten AVB ergebe[5]; eine Gefahr, die bei der in den Anwendungsbereich des VVG fallenden Versicherung von Großrisiken durchaus besteht (vgl. Rn. 160).

---

1 Zum Begriff vgl. *Lorenz* in: Lorenz/Wandt, S. XXIII.

2 BGBl. I S. 2631 (zuletzt geändert durch Gesetz vom 25.6.2009 [BGBl. I S. 1574]).

3 Vgl. das Rechtsquellenverzeichnis im Anhang I sowie *Lorenz* in: Beckmann/Matusche-Beckmann, § 1 Rn. 2 ff.

4 BGBl. I 2007 S. 3004; amtlicher Abdruck der Begründung in BAnz Nr. 8. vom 16.01.2008, S. 98–104; Text und Begründung sind auch abgedruckt in VersR 2008, 183. – Die Verordnung ist am 01.01.2008 in Kraft getreten (§ 7 II 2 VVG-InfoV). Einzelne Vorschriften sind jedoch erst am 01.07.2008 in Kraft getreten, nämlich § 2 I Nr. 1 und 2 und II, § 3 I Nr. 1 und 2 und II sowie § 4 (§ 7 II 1 VVG-InfoV). Die schon zum 01.01.2008 in Kraft getretenen Informationspflichten konnte der Versicherer bis zum 30.06.2008 auch dadurch erfüllen, dass er nach den Vorgaben des bis zum 31.12.2007 geltenden Rechts informierte (§ 7 I VVG-InfoV).

5 RegE BT-Drucks. 16/3945 S. 115.

135 Auch das **BGB** enthält spezielle für Versicherungsverträge relevante Vorschriften. Zu nennen sind vor allem §§ 1045 f. BGB (Versicherungspflicht des Nießbrauchers; Nießbrauch an einer Versicherungsforderung) und §§ 1127 ff. BGB (Erstreckung der Hypothek auf die Versicherungsforderung etc.).[6] Im Übrigen gilt das BGB selbstverständlich stets als allgemeine Regelung, wenn das Versicherungsrecht keine speziellen Vorschriften gibt. – Ebenfalls selbstverständlich ist, dass das Versicherungsvertragsrecht sowie die Anwendung des AGB-Rechts auf Allgemeine Versicherungsbedingungen – der im Zivilrecht begrenzten[7] – Kontrolle durch das **Verfassungsrecht** unterliegt.[8]

2. Entstehung und historische Bedingtheit des VVG, Entwicklungsgeschichte

136 Bei der Redaktion des VVG 1908 traf man trotz des annähernd gleichen Zeitraums auf eine andere rechtspolitische Lage als bei der Schaffung des BGB.[9] Vielleicht lag der Unterschied teilweise auch nur in der Betrachtungsweise. Jedenfalls wurde für das Versicherungsvertragsgesetz ein anderer grundsätzlicher Ansatz gewählt als für das BGB.

137 Das **BGB** wurde hauptsächlich geschaffen, um Rechtseinheit im Deutschen Reich herbeizuführen. Für die einzelnen Vertragstypen fanden die Redaktoren zahlreiche gesetzliche Regelungsmodelle in den Rechtsordnungen der verschiedenen deutschen Länder vor. Der Gesetzgeber war bestrebt, aus der Vielfalt der vorhandenen Vorlagen jeweils ein konsensfähiges und praktikables Vertragsmodell zu bilden, das dem Bürger als vernünftiges und gerechtes Muster für die Verträge seines Bedarfs dienen konnte. Dabei geriet die Problematik der Allgemeinen Geschäftsbedingungen hier erst viel später in das allgemeine Bewusstsein.

138 Im Falle des **VVG** war die Lage anders. Eine unmittelbare, eigene Regelung des Inhalts von Versicherungsverträgen gab es bis dahin nur in einzelnen deutschen Parti-

6 Die Auslegungsregel des § 330 BGB galt bis Inkrafttreten des VVG n.F. auch für Lebensversicherungsverträge; allerdings enthielten die AVB meist ausdrückliche vorrangige Regelungen.

7 Zur Bindung auch des Privatrechtsgesetzgebers an die Grundrechte vgl. BVerfGE NJW 1958, 257; *Jarass* in: Jarass/Pieroth, GG, Art. 1 Rn. 22; *Wahl* JuS 2001, 1042; *Hermes* NJW 1990, 1765. Zum weiten Spielraum des Privatrechtsgesetzgebers vgl. *Jarass* in: Jarass/Pieroth, GG, Vorb. vor Art. 1 Rn. 32 mit Verweis auf BVerfGE 66, 116, 135.

8 Vgl. z.B. BVerfG VersR 2009, 957 = NJW 2009, 2033 (zur Verfassungsmäßigkeit der Regelungen der Gesundheitsreform 2007); BVerfG VersR 2006, 1669 (unzulässige Auslegung einer AVB-Bestimmung als Obliegenheit des Versicherungsnehmers zu einer generellen Schweigepflichtentbindung in der Berufsunfähigkeitsversicherung); BVerfG VersR 2006, 489 mit Anmerkung *Grote* S. 957 (zu dem verfassungsrechtlichen Gebot eines in angemessenem Verhältnis zu den gezahlten Versicherungsprämien stehenden Rückkaufswerts nach § 176 VVG a.F.); BVerfG VersR 2004, 1585 (zu der verfassungsrechtlich gebotenen Auslegung des § 12 III VVG a.F.); BVerfG VersR 2000, 214 mit Anmerkung *F. Reinhard* (zum zivilgerichtlichen Rechtsschutz bei Prämienerhöhungen in der privaten Krankenversicherung gem. § 178g VVG a.F.); BVerfG VersR 1999, 1221 (zur Grundrechtskonformität der Regelung des § 40 II 1 VVG a.F. betreffend Unteilbarkeit der Prämie bei Kündigung wegen Prämienverzugs).

9 Mehr dazu bei *Duvinage* Die Vorgeschichte und die Entwicklung des Gesetzes über den Versicherungsvertrag, 1987; *Neugebauer* Versicherungsrecht vor dem Versicherungsvertragsgesetz, 1990; Motive zum VVG S. 59 ff.

kularstaaten.[10] Für das BGB und HGB – abgesehen von der Regelung der Seeversicherung in den §§ 778–900 HGB a.F. – war die Materie als zu speziell und nicht kodifikationsreif beiseite gelassen worden. Es gab jedoch schon damals sehr zahlreiche **»Allgemeine Versicherungsbedingungen« (AVB)**. Diese hatten bis dahin im relativ freien Raum der Privatautonomie den Inhalt der einzelnen Versicherungsverträge bestimmt. Die Gerichte hatten mit den ihnen zur Verfügung stehenden – noch nicht AGB-spezifisch ausgerichteten – Instrumentarien jedoch keine ausreichende Kontrolle ihres Inhalts erreicht. Den ersten gesetzgeberischen Gegensteuerungsansatz auf Reichsebene machte erstaunlicherweise das Aufsichtsrecht mit dem »Gesetz über die privaten Versicherungsunternehmungen« von 1901 (heute Versicherungsaufsichtsgesetz = VAG, vgl. Rn. 2, 61 ff.). Unmittelbarer Anlass für dieses Gesetz waren Missstände im finanziellen Gebaren von Versicherungsunternehmen gewesen. Es führte aber auch die – heute weitgehend wieder aufgehobene (Rn. 79) – Genehmigungspflicht für alle im Massenverkehr wichtigen Allgemeinen Versicherungsbedingungen ein, um den Rechtsverkehr vor unangemessenen Bedingungen zu schützen.

Das VVG in seiner ursprünglichen Fassung von 1908 beschränkte sich zunächst dar- **139**
auf, einen allgemeinen Rahmen für Versicherungsverträge zu geben und die schon bestehenden Allgemeinen Versicherungsbedingungen zu ergänzen bzw. zu korrigieren. Es gab auf diese Weise dem Richter schon früh Regeln zur Kontrolle Allgemeiner Geschäftsbedingungen an die Hand, wie sie für das allgemeine Zivilrecht erst allmählich von der Rechtsprechung geschaffen wurden, bevor sie 1976 im AGB-Gesetz und ab 01.01.2002 schließlich im BGB kodifiziert wurden. Die Funktion des VVG lag also – anders als die des BGB – nicht in erster Linie darin, dispositive Vertragsmuster zur Verfügung zu stellen, sondern die in den AVB vorhandenen Muster zu ergänzen und andererseits in Schranken zu halten. Der anfangs gleichwohl noch recht liberale Rahmen des VVG wurde in den folgenden Jahrzehnten jedoch zunehmend strenger gestaltet, indem immer mehr Vorschriften für (halb-) zwingend (dazu Rn. 159) erklärt wurden. Die allmähliche Verschärfung des VVG a.F. konnte man leicht erkennen, wenn man auf die (später eingeführten) Paragrafen mit einem Buchstabenzusatz (z.B. § 15a VVG a.F.) und auf die Herausgeberhinweise in den Fußnoten gut redigierter Gesetzesausgaben achtete.

Tendenziell wurde diese Konzeption des VVG auch beibehalten, als das VVG im Jah- **140**
re 1994 im Zuge der EG-bedingten Deregulierung novelliert wurde: Die damals neu eingefügten Titel über die Rechtsschutz- und die Krankenversicherung enthielten keine vollständigen Regelungsmuster, sondern jeweils nur einen durch vertragliche Regelungen (AVB) ergänzungsbedürftigen Rahmen halbzwingender Normen (vgl. §§ 158o, 178o VVG a.F., zu »halbzwingenden Vorschriften« Rn. 159).

Die Konzeption und die geschichtliche Entwicklung des VVG erklären auch, neben **141**
anderen Gründen (dazu Rn. 7, 9), viele der **Besonderheiten und Komplikationen des heutigen Versicherungsvertragsrechts**. Zunächst einmal hat bei der Vorbereitung des VVG nicht nur das bloße Vorhandensein, sondern vielfach auch der Inhalt von AVB den Inhalt des Gesetzes geprägt. Es hat Rechtsfiguren von den AVB aufgenommen und damit festgeschrieben, die dem sonstigen Schuldrecht fremd sind oder dort nur eine geringe Rolle spielen. Anstatt bedenkliche AVB-Klauseln zu verbieten

10 Das Preußische Allgemeine Landrecht (ALR) von 1794 enthielt im 8. Titel des 2. Teils einen ausführlichen Abschnitt über Versicherungen; vgl. hierzu *A. Koch* VersR 1994, 629. – Zur Entwicklungsgeschichte in Deutschland VW 2008, 900 m.w.N., für Österreich vgl. *Schauer* S. 11 ff.

oder das Gegenteil verbindlich vorzuschreiben, wurden solche Klauseln auch bei den späteren Änderungen des VVG zunächst einmal vorausgesetzt, dann aber durch graduell sich steigernde, zwingende Ausnahmeregeln für bestimmte Untertatbestände ausgehöhlt. Ein anschauliches Beispiel dafür gibt die – heute stark abgemilderte – Regel, nach welcher der Versicherte alle seine Ansprüche gegen den Versicherer verliert, wenn er bestimmte Vertragspflichten schuldhaft oder schuldlos verletzt (»Anspruchsverwirkung«). Eine derartige Regel war in alten AVB häufig zu finden. Das VVG 1908 setzte diese Regel zunächst einmal als solche voraus und beschränkte sich darauf, die Strenge dieser Regel einzuschränken. Die nächsten Jahrzehnte waren gekennzeichnet durch Bemühungen des Gesetzgebers und der Gerichte, die Anwendung dieser Regel durch Aufstellung immer restriktiverer Voraussetzungen allmählich weiter zurückzudrängen (vgl. Rn. 562). Das VVG 2008 hat hier eine Art »Flurbereinigung« vorgenommen und unter dem Zeichen modernen Verbraucherschutzes ein weitgehend einheitliches System für alle (gesetzlichen und vertraglichen) Obliegenheiten des Versicherungsnehmers geschaffen (Rn. 559 ff.).

142 Außerdem waren manche Vorschriften des VVG 1908 zusätzlich deshalb sehr kompliziert gefasst, weil – in der vom BGB her bekannten Technik – durch Verteilung der gesetzlichen Regelung auf verschiedene Sätze die **Beweislastfragen** gleichzeitig miterledigt wurden. Dies führte dazu, dass es auch routinierten Juristen oft einige Konzentration und Mühe kostete, sich aus verschiedenen Paragrafen und Absätzen das zusammenzusuchen, was der Grundgedanke der Regelung oder der normale, praktisch häufigste Anwendungsfall ist. Man kann das leicht nachvollziehen, wenn man sich § 62 VVG a.F. – oder noch schwieriger § 6 VVG a.F. – ansieht und zunächst nur herauszufinden versucht, was – diesseits von Beweislastfragen – jeweils die materielle Regel für genau welchen Tatbestand ist. Auch insoweit hat die VVG-Reform 2008 manche Besserung gebracht (Einzelheiten Rn. 271, 418).

143 Das VVG ist in seiner 100-jährigen Geschichte bis zur Gesamtreform 2008 nur selten, in großen Zeitabständen und nur sehr partiell reformiert worden. Die **wichtigsten früheren Reformschritte** waren:

1939: Gesetz über die Einführung der Pflichtversicherung für Kraftfahrzeuge unter Änderung des Gesetzes über den Verkehr mit Kraftfahrzeugen sowie des Gesetzes über den Versicherungsvertrag[11]

- Einführung der Kraftfahrzeughaftpflicht-Pflichtversicherung
- Aufnahme von Endvorschriften eines Abschnittes zur Benennung der »halbzwingenden« Vorschriften
- Differenzierung zwischen Vorsatz und grober Fahrlässigkeit im Obliegenheitenrecht
- Rechtsvereinheitlichung mit Österreich[12]

11 Gesetz vom 07.11.1939 RGBl. I 2223; Amtliche Begründung abgedruckt in Deutsche Justiz 1939,1771 sowie in Motive zum VVG S. 637.

12 Verordnung zur Vereinheitlichung des Rechts der Vertragsversicherung vom 19.12.1939, RGBl. I 2443 (Amtliche Begründung abgedruckt in Deutsche Justiz 1940 Beil. Nr. 3 sowie in Motive zum VVG S. 642); sowie später die Verordnung zur Ergänzung und Änderung des Gesetzes über den Versicherungsvertrag vom 28.12.1942, RGBl. I 740 (Amtliche Begründung abgedruckt in Deutsche Justiz 1943, 41 sowie in Motive zum VVG S. 651) und die Zweite Verordnung zur Ergänzung und Änderung des Gesetzes über den Versicherungsvertrag vom 06.04.1943, RGBl. I 178 (Amtliche Begründung abgedruckt in Deutsche Justiz 1943, 268 sowie in Motive zum VVG S. 653).

1965: Gesetz zur Änderung von Vorschriften über die Pflichtversicherung für Kraftfahrzeughalter[13]

- Einführung des Direktanspruches gegen den Kfz-Haftpflichtversicherer (in Umsetzung des Europäischen Übereinkommen vom 20.04.1959 über die obligatorische Haftpflichtversicherung für Kraftfahrzeuge[14])
- Änderungen des Rechts der Kfz-Pflichthaftpflichtversicherung

1990: Zweites Durchführungsgesetz/EWG zum VAG[15] zur Umsetzung von EG-Richtlinien

- Normierung der Rechtsschutzversicherung
- Pflicht zur Benennung der Anschrift des Versicherers im Versicherungsschein
- Kündigungsrecht des Versicherungsnehmers bei langfristigen Verträgen und Prämienerhöhungen

1994: Drittes Durchführungsgesetz/EWG zum VAG[16] zur Umsetzung von EG-Richtlinien

- Verbesserung des Verbraucherschutzes durch §§ 5a, 8, 31 VVG
- Normierung der Krankenversicherung
- Kfz-PflichtversicherungsVO[17]

Die Rechtsvereinheitlichung mit Österreich durch die Verordnung zur Vereinheit- **144**
lichung des Rechts der Vertragsversicherung im Jahre 1939 hat lange gewährt und ist auch heute noch spürbar. Im Jahre 1958 wurde ein neues österreichisches VVG beschlossen, das aber ebenfalls weitgehend wörtlich mit dem deutschen VVG übereinstimmte. Erst die österreichische VVG-Novelle von 1994 führte zu erheblichen Unterschieden. Diese Entwicklung erklärt im Übrigen, dass in den großen Kommentaren stets auch das österreichische Recht bedacht wird und dass sich die Rechtsprechung beider Länder wechselseitig große Aufmerksamkeit schenkt.[18]

3. Zur Dogmatik des Versicherungsvertragsrechts

Besondere Schwierigkeiten bereitet nicht nur die auch nach der Reform teilweise **145**
noch spürbare Ursprungskonzeption des Versicherungsvertragsgesetzes, sondern auch die dazu von **Wissenschaft und Rechtsprechung** entwickelte **Dogmatik**. Obwohl der Versicherungsvertrag sich nicht so grundlegend von anderen schuldrechtlichen Verträgen unterscheidet, dass es gerechtfertigt gewesen wäre, ihn vom übrigen

13 Gesetz vom 05.04.1965 (BGBl. I S. 213); BT-Drucks. IV/2252 S. 11.
14 BGBl. II S. 281.
15 Gesetz vom 28.06.1990 (BGBl. I S. 1249); BT-Drucks. 11/6341 S. 18.
16 Gesetz vom 21.07.1994 (BGBl. I S. 1630); BT-Drucks. 12/6959 S. 1; BT-Drucks. 12/7595 und 12/7831.
17 Verordnung über den Versicherungsschutz in der Kfz-Haftpflichtversicherung vom 29.07.1994 (BGBl. I S. 1837).
18 Vgl. *Schauer* S. 13 f.

Schuldrecht zu isolieren, führt die Wissenschaft vom Versicherungsvertrag seit langem ein Eigenleben.[19]

146 Diese Eigenentwicklung des Versicherungsvertragsrechts ist nicht in erster Linie Folge seines Gegenstandes. Sie beruht vielmehr vor allem auf besonderen Umständen seiner historischen Entwicklung. Die AVB und das – sie anfangs nur »begleitende« – Versicherungsrecht waren nämlich bereits eigenständig entwickelt und hatten zu einer eigenen Begrifflichkeit und Dogmatik gefunden, ehe sich auf der Grundlage des BGB die Anfänge der heutigen Schuldrechtsdogmatik ausformten. Das VVG übernahm die gegebenen Eigenheiten, und die jeweilige Entwicklung ist dann getrennten Gesetzlichkeiten gefolgt (Rn. 136 ff.).

147 Es gibt allerdings auch inhaltliche Besonderheiten des Versicherungsvertrages, die die Eigenentwicklung begünstigt haben. Ein Beispiel gibt die besondere Bedeutung der **(Vertrags-)Treue**. Auf sie ist vor allem der Versicherer in hohem Maße angewiesen.[20] Wenn nämlich der Versicherer vor Abschluss eines Versicherungsvertrages eine Risikoprüfung vornimmt, um zu entscheiden, ob er Versicherungsschutz gewähren möchte und zu welcher Prämie und Konditionen dies geschehen soll, ist er in erster Linie auf Informationen des Antragstellers angewiesen. Auch nach Abschluss des Versicherungsvertrages ändert die *wirtschaftliche* Übernahme des Risikos durch den Versicherer nichts daran, dass das tatsächliche Risiko in der Sphäre des Versicherungsnehmers verbleibt und sich zunächst in seiner Person oder in seinem Vermögen verwirklicht. Dieser hat deshalb viele kaum kontrollierbare Möglichkeiten, sich ungerechtfertigte Vorteile zu verschaffen, von unkorrekten Angaben über die Risikolage im Zeitpunkt des Vertragsabschlusses, über die absichtliche Herbeiführung des Versicherungsfalles bis hin zum Betrug hinsichtlich des Schadenseintritts oder der Schadenshöhe.[21] Man spricht allgemein von dem **»moralischen Risiko«** auf Seiten des Versicherungsnehmers (»moral hazard«).[22] Hieraus resultieren besondere Regelungen des Versicherungsvertragsrechts, die das Recht anderer Vertragstypen nicht kennt.

148 Ein taugliches Mittel zur Verringerung des moralischen Risikos auf Seiten des Versicherungsnehmers ist die Vereinbarung einer **Selbstbeteiligung** (Selbstbehalt).[23] Je höher die Selbstbeteiligung des Versicherungsnehmers ist, je größer also der von ihm selbst zu tragende, unversicherte Anteil des Schadens ist, umso größer ist für ihn der Anreiz, den Eintritt des Versicherungsfalles zu verhüten. – Die Selbstbeteiligung ist darüber hinaus ein Instrument der Prämienpolitik. Denn sie gibt Anreiz, die kostenträchtige Regulierung von Bagatellschäden zu vermeiden.

19 Vgl. zur Entwicklung der Rechtswissenschaft und Rechtsliteratur im 20. Jahrhundert im Bereich des Versicherungs- und Bankrechts *Schwintowski* in: Willoweit (Hrsg.), Rechtswissenschaft und Rechtsliteratur im 20. Jahrhundert, 2007, S. 503.

20 Allgemein zur Bedeutung von wechselseitigem Vertrauen sowie Treu und Glauben für einen Versicherungsvertrag BGH VersR 1991, 1129; vgl. auch *Deutsch* S. 11 ff. – Das englische Recht betont das besondere Gewicht von Treu und Glauben für den Versicherungsvertrag durch das Erfordernis von »utmost good faith«, vgl. *Birds/Hird* Birds' modern insurance law, 6. Aufl. 2004, S. 105 ff. sowie *Clarke* Policies and perceptions of insurance law in the twenty-first century, 2005, S. 98.

21 Vgl. *Ayasse* VersR 1989, 778; aus kriminologischer Sicht *Geerds* Versicherungsmissbrauch, 1991; zur Neuregelung des Versicherungsmissbrauchs in § 265 StGB in der Fassung v. 26.01.1998 vgl. *Zopfs* VersR 1999, 265; *Rönnau* JR 1998, 441.

22 Hierzu *Farny* Versicherungsbetriebslehre, S. 34 m.w.N.

23 Zu Erscheinungsformen und zur uneinheitlichen Terminologie vgl. *Sterk* in: HdV, 1988, S. 775 ff.

Umgekehrt ist auch der Versicherte in besonderem Maße auf die **Vertragstreue des Versicherers** angewiesen. Seine über lange Zeit häufig nur latenten Leistungsansprüche können bei Eintritt eines Versicherungsfalles nur befriedigt werden, wenn der Versicherer aus den eingenommenen Prämien genügend Kapital angesammelt hat und bereithält. Dies zu überwachen, ist allerdings in erster Linie Aufgabe der Versicherungsaufsicht (Rn. 64). Die sich daraus ergebenden Interessen des Versicherungsnehmers haben aber auch Einfluss auf die Ausgestaltung des Versicherungsvertragsrechts. Für den Versicherten ist es außerdem sehr wichtig, dass er nicht durch Unkenntnis über seine gesetzlichen und vertraglichen Pflichten seinen Versicherungsschutz verkürzt oder gänzlich verliert. Die Rechtsprechung hatte daher bereits zum VVG a.F. vielfach in Ergänzung des Gesetzes unter Berufung auf Treu und Glauben[24] Informations- und Belehrungspflichten des Versicherers statuiert.[25] Das neue VVG hat zahlreiche Informations-, Belehrungs- und Beratungspflichten des Versicherers gesetzlich normiert (vgl. z.B. §§ 6, 7, 8 II 1 Nr. 2, 19 V, 28 IV VVG). Für den Versicherungsnehmer ist es schließlich von großer Bedeutung, dass sein Versicherungsfall, wenn er denn eintritt, korrekt und zügig bearbeitet wird, dass also bedingungsgemäß und prompt gezahlt wird. Bei den Vermögenswerten, um die es dabei oft geht, bedarf dies keiner näheren Begründung. Das Versicherungsvertragsrecht, insbesondere in seiner Ausformung durch die Rechtsprechung, sucht auch diesem Schutzbedürfnis Rechnung zu tragen.[26] 149

Solche Besonderheiten des Versicherungsvertrages sind jedoch kein hinreichender Grund für eine **vom sonstigen Schuldvertragsrecht abgehobene Sonderentwicklung** des Versicherungsvertragsrechts. Denn das Schuldrecht muss stets dem technisch-wirtschaftlichen Gegenstand eines Vertrages und seinen Besonderheiten gerecht werden. Es ist also keine Besonderheit des Versicherungswesens[27], dass die Rechtsnormen, welche die Beziehungen des Erbringers der vertragscharakteristischen Leistung zu den Kunden regeln, auf grundlegende Bedingungen der Produktion abgestimmt sein müssen, sondern dies ist überall im besonderen Schuldrecht bei der Regelung von bestimmten Vertragstypen zu finden. 150

Eine Sonderentwicklung der beschriebenen Art ist dennoch nicht leicht aufzuheben. Die Wissenschaft ist daher dauerhaft aufgerufen, die sachlichen Zusammenhänge von Versicherungsvertragsrecht und allgemeinen Grundsätzen des Zivilrechts aufzuzeigen und unnötigen Sonderentwicklungen entgegenzuwirken. Denn sachlich nicht gerechtfertigte Sonderentwicklungen laufen dem Ideal der Einheit unseres Privatrechts zuwider. Sie machen dieses unübersichtlich und beeinträchtigen deshalb die Rechtssicherheit. Schließlich erschweren sie die Orientierung und die Rechtsberatung und stehen damit auch im Widerspruch zum Gedanken des Verbraucherschutzes. Der Reformgesetzgeber des VVG 2008 hatte es sich denn auch zu einem Ziel gemacht, Abweichungen von dem – durch das Schuldrechtsmodernisierungsgesetz von 2002 reformierten – allgemeinen Schuldrecht auf diejenigen Punkte zu beschränken, bei denen sachliche Unterschiede dies rechtfertigen.[28] 151

24 Vgl. dazu *Deutsch* Rn. 14 ff.

25 Z.B. BGH VersR 1974, 121 zu § 39 VVG a.F. oder die differenzierte Rechtsprechung zur Einschränkung des § 6 VVG a.F.

26 Vgl. z.B. § 11 VVG a.F. (= § 14 VVG) und dazu OLG Saarbrücken VersR 1996, 1494.

27 In diesem Sinne deutlich *Pfeiffer* FS Schwebler, 1986, S. 400, 414 ff.

28 RegE BT-Drucks. 16/3945 S. 47.

4. Anwendungsbereich des VVG

152 Das VVG findet **keine Anwendung** auf die **Rückversicherung** und die **Seeversicherung** (§ 209 VVG; vgl. Rn. 42, Rn. 134). § 190 VVG a.F. nahm auch Pflichtversicherungen der Innungen und Berufsgenossenschaften vom Anwendungsbereich des VVG aus. Diese Versicherungen unterfallen jedoch nunmehr infolge Streichung der Ausnahmeregelung dem Anwendungsbereich des VVG.[29] Soweit derartige Versicherungsverhältnisse bei Inkrafttreten des neu gefassten VVG bereits bestanden, bleibt es jedoch bei der Nichtanwendbarkeit des VVG (Art. 6 EGVVG).

153 Auf sog. **»Versicherungen mit kleineren Beiträgen«** z.B. bei Pensionskassen oder kleineren VVaG (Rn. 54) ist das VVG **nur in begrenztem Umfang** anwendbar (§ 211 VVG).

154 **In modifizierter Form** ist das VVG auf Versicherungsverträge über **»Großrisiken«** im Sinne von Art. 10 I EGVVG und auf die **»laufende Versicherung«** im Sinne von § 53 VVG anwendbar. Für sie sind die Regelungen des VVG grundsätzlich durchgehend dispositiv, d.h. sämtliche Beschränkungen der Vertragsfreiheit, die im VVG angeordnet sind, können vertraglich beseitigt werden (vgl. § 210 VVG sowie die näheren Erläuterungen in Rn. 160).

5. Gesetzesaufbau und »halbzwingende« Vorschriften

155 Der **Aufbau des VVG a.F.** genügte theoretischen Anforderungen an Systematik kaum. Beispielsweise wurde Verschiedenartiges gleichgeordnet: Der abstrakte Begriff der Schadensversicherung (2. Abschnitt) wurde nicht seinem Gegenstück Summenversicherung, sondern konkreten Erscheinungsformen der Personenversicherung (Lebens-, Kranken- und Unfallversicherung, 3.–5. Abschnitt) gegenübergestellt (vgl. § 1 I VVG a.F.; Rn. 36). Die vier Titel des ersten Abschnitts standen auf ganz verschiedenen systematischen Ebenen. Einen »Allgemeinen Teil« gab es für die Schadensversicherung, nicht aber für die Personenversicherungszweige. Am deutlichsten wird der Abstand von jeder theoretischen Systematik, wenn man sich den 1. Titel des 1. Abschnitts des VVG a.F. einmal Paragraf für Paragraf durchsieht.

156 Das **neue VVG** weist demgegenüber eine deutlich verbesserte **Gesamtsystematik** auf. Von seinen drei Teilen enthält Teil 1 den »Allgemeinen Teil«, Teil 2 den »Besonderen Teil« mit Vorschriften über einzelne Versicherungszweige und Teil 3 »Schlussvorschriften«. Teil 1 ist in Kapitel 1 »Vorschriften für alle Versicherungszweige« und in Kapitel 2 »Schadensversicherung« untergliedert. Das Kapitel über die Schadensversicherung ist wiederum in Allgemeine Vorschriften (Abschnitt 1) und Vorschriften zur Sachversicherung (Abschnitt 2) untergliedert. Teil 2 regelt zunächst einzelne Versicherungszweige der Schadensversicherung (Haftpflichtversicherung, Rechtsschutzversicherung, Transportversicherung und die Gebäudeversicherung) und dann der Personenversicherung (Lebensversicherung, Berufsunfähigkeitsversicherung, Unfallversicherung und Krankenversicherung).

157 Im VVG sind **drei Typen von Vorschriften** zu unterscheiden, nämlich erstens die abdingbaren (dispositiven), zweitens die (absolut) zwingenden und drittens die halbzwingenden. Zu den **abdingbaren** (dispositiven) Vorschriften sind keine Besonder-

29 RegE BT-Drucks. 16/3945 S. 120.

heiten zu bemerken. Von ihnen kann in den Grenzen der §§ 138, 242 BGB und bei Verwendung von AVB in den Grenzen der §§ 307 ff. BGB abgewichen werden.

Zwingend in dem Sinn, dass jede abweichende vertragliche Vereinbarung nichtig ist, sind nur wenige Vorschriften (Beispiele §§ 5 IV, 11 I, 74 II Hs. 1, 78 III Hs. 1 VVG). Ob eine Vorschrift (absolut) zwingend ist, lässt sich meist (ohne weiteres) aus dem Wortlaut, manchmal aber auch nur aus ihrem Zweck erkennen (vgl. z.B. § 150 II 1 Hs. 1 VVG[30]). **158**

Halbzwingende Vorschriften sind solche, von denen nicht zum Nachteil des Versicherungsnehmers (oder anderer geschützter Personen) abgewichen werden kann. Der **Begriff** »halbzwingende Vorschrift« ist kein Gesetzesbegriff, sondern eine tradierte Wortschöpfung der Rechtspraxis. Der Begriff macht den Unterschied zu absolut zwingenden Vorschriften deutlich, der darin liegt, dass von einer halbzwingenden Vorschrift zwar nicht zum Nachteil des Versicherungsnehmers, wohl aber zu dessen Vorteil abgewichen werden kann. Der halbzwingende Charakter einer gesetzlichen Regelung hat also einen doppelten **Zweck**: Dem Versicherungsnehmer soll der Schutz einer gesetzlichen Regelung als Mindestschutz garantiert werden, indem einer für ihn nachteiligen abweichenden Vereinbarung die Wirkung versagt wird;[31] die Vertragsparteien sollen aber nicht gehindert sein, einen höheren Schutz des Versicherungsnehmers zu vereinbaren, weshalb die gesetzliche Regelung nicht für absolut zwingend, sondern »nur« für halbzwingend erklärt wird. Halbzwingende Vorschriften gibt es im VVG seit dessen Erlass. Sie sind ein probates Mittel des Verbraucherschutzes. Deshalb finden sich derartige Vorschriften zunehmend auch in anderen, auf Verbraucherschutz zielenden Gesetzen (Beispiele: § 312f BGB [zu besonderen Vertriebsformen], § 475 I BGB [zum Verbrauchsgüterkauf], § 487 BGB [zu Teilzeit-Wohnrechteverträgen]).[32] Welche Vorschriften des VVG halbzwingend sind, wird meist[33] am Ende eines Abschnitts in einer Schlussvorschrift ausdrücklich gesagt (§§ 18, 32, 42, 87, 112, 129, 171, 175, 191, 208 VVG[34]). So besagt § 18 VVG als Schlussvorschrift von Abschnitt 1, Kapitel 1, Teil 1: *»Von § 3 Abs. 1 bis 4, § 5 Abs. 1 bis 3, den §§ 6 bis 9 und 11 Abs. 2 bis 4, § 14 Abs. 2 Satz 1 und § 15 kann nicht zum Nachteil des Versicherungsnehmers abgewichen werden«*. Dies bedeutet zunächst einmal, dass **Abweichungen zugunsten des Versicherungsnehmers** ohne weiteres zulässig sind (Beispiel: Nr. 3.1 (3), Nr. 4 AHB 2008 weichen von den §§ 23–27 VVG zugunsten des Versicherungsnehmers ab). Die Rechtsfolge einer **Abweichung zuungunsten des Versicherungsnehmers** ist im neuen VVG nicht eindeutig beschrieben. Das alte **159**

30 Vgl. zum inhaltsgleichen § 159 II 1 VVG a.F. BGHZ 140, 167 = VersR 1999, 347 mit Anm. *Wandt* = NJW 1999, 950.

31 Grundsätzlich zur verfassungsrechtlichen Schutzpflicht des Gesetzgebers im Bereich des Versicherungsvertragsrechts BVerfG VersR 2006, 961, 962 (Unfallversicherung); BVerfGE 114, 73, 88 ff. = BVerfG VersR 2005, 1127, 1130 ff. = NJW 2005, 2376, 2377 ff. (kapitalbildende Lebensversicherung mit Überschussbeteiligung). Zur Funktion von halbzwingenden Vorschriften vgl. BGH VersR 2005, 266, 268 = r+s 2006, 142, 143.

32 Vgl. mit weiteren Beispielen *Ganster* Die Prämienzahlung im Versicherungsrecht, 2008, S. 26; *Klimke* Die halbzwingenden Vorschriften des VVG, 2004, S. 26.

33 Gelegentlich ergibt sich der halbzwingende Charakter einer Regelung nur aus ihrem Zweck und dem Zusammenhang (so zum Beispiel bei §§ 98 ff., 158b ff. VVG a.F.; vgl. *Hübsch* in: BK § 158b VVG a.F.).

34 Für das alte VVG vgl. §§ 15a, 34a, 42, 68a, 72, 115a, 158a, 178, 178o; die Paragrafenbezeichnung ließ erkennen, dass diese Vorschriften zur Stärkung des Verbraucherschutzes nachträglich in das VVG a.F. eingefügt wurden.

VVG verwendete die Formulierung: »*Auf eine Vereinbarung, durch welche von den Vorschriften des § 3 Abs. 3 und 5, § 5 Abs. 1–3, § 5a [...] zum Nachteil des Versicherungsnehmers abgewichen wird, kann sich der Versicherer nicht berufen*«. Für eine Abweichung zuungunsten des Versicherungsnehmers wurde also nicht kategorisch Nichtigkeit oder Unwirksamkeit angeordnet, sondern es wurde nur die »Berufung« des Versicherers auf eine »zum Nachteil« des Versicherungsnehmers abweichende Vertragsklausel ausgeschlossen. Der Reformgesetzgeber hat generell[35] die neue Formulierung »kann nicht abgewichen werden« gewählt, ohne deren Bedeutung zu erläutern bzw. verknüpft mit dem Hinweis, die neue Regelung entspreche sachlich oder inhaltlich unverändert der Vorgängerregelung (so zu §§ 30 II, 98 Satz 1, 129, 191 und 208).[36] Ungeachtet der daraus resultierenden Auslegungsunsicherheiten ist aufgrund systematischer Überlegungen für das neue Recht anzunehmen, dass eine **Vereinbarung**, die zum Nachteil des Versicherungsnehmers von halbzwingenden Vorschriften abweicht, **unwirksam** ist. Zu berücksichtigen ist nämlich, dass die von § 312f BGB – und auch von § 48d VVG a.F. – verwendete Formulierung des Nicht-abweichen-Dürfens i.S. der Unwirksamkeit einer abweichenden Vereinbarung verstanden wird[37] – wodurch mögliche Defizite der Umsetzung der Fernabsatzrichtlinie für Finanzdienstleistungen von vornherein ausgeschlossen werden – und dass diese Formulierung im VVG n.F. noch dahin verstärkt wurde, dass nicht nur nicht abgewichen werden darf, sondern nicht abgewichen werden *kann*. Auch lässt sich argumentieren, dass der Gesetzgeber in § 30 II die bisherige Formulierung des Sich-nicht-berufen-Könnens gerade beibehalten hat, um die Wirksamkeit der in dieser Vorschrift adressierten Vereinbarung für andere als die erfassten Fälle nicht in Frage zu stellen. Für die in der Praxis wichtigste Fallkonstellation einer **Abweichung durch AVB** ist die Unwirksamkeits-Rechtsfolge jedenfalls im praktischen Ergebnis dadurch determiniert, dass AVB-Bestimmungen, die der Inhaltskontrolle nicht standhalten, unwirksam sind. Wegen der anerkannten freien Anwendungskonkurrenz zwischen den Halbzwingend-Anordnungsvorschriften des VVG und den AGB-rechtlichen Vorschriften der Inhaltskontrolle[38] würde sich im praktischen Ergebnis die Klauselunwirksamkeit nach AGB-Recht deshalb auch dann durchsetzen, wenn man die Rechtsfolge der Halbzwingend-Anordnungsvorschriften des VVG dahin bestimmte, dass die Wirksamkeit der abweichenden Vereinbarung unangetastet bliebe und lediglich dem Versicherer die Berufung auf die als wirksam erachtete Vereinbarung untersagt würde. Die sich **aus der Unwirksamkeit ergebenden weiteren Rechtsfolgen** sind – jedenfalls bei einer Abweichung durch AVB – nicht nach § 139 BGB, sondern

35 §§ 30 II und 98 Satz 1 VVG.

36 Vgl. RegE BT-Drucks. 16/3945 S. 70, 85, 91, 110, 115.

37 So die h.M., vgl. *Wendehorst* in: MünchKomm, BGB, 5. Aufl., § 312f BGB Rn. 13; *Ann* in: Bamberger/Roth, BeckOK, Edition 13, § 312f BGB Rn. 2 (implizit); *Thüsing* in: Staudinger, § 312f BGB Rn. 13; *Grüneberg* in: Palandt, BGB, 68. Aufl. 2009, § 312f BGB Rn. 1; *Stadler* in: Jauernig, BGB, 12. Aufl. 2007, § 312f BGB Rn. 2. In der Gesetzesbegründung zu § 312f BGB ist die Rechtsfolge dieser Vorschrift nicht erläutert; vgl. BT-Drucks. 14/2658 S. 45. Deshalb ist es wenig hilfreich, wenn in der Gesetzesbegründung zu § 48d VVG a.F. lediglich darauf hingewiesen wird, dass die Formulierung der Rechtsfolge dieser Vorschrift der Formulierung in § 312f BGB entspreche; vgl. BT-Drucks. 15/2946 S. 31.

38 Allg.M. zum VVG a.F. BGH VersR 2009, 769 f.; BGH VersR 2007, 1691 f. = r+s 2008, 25, 27 f.; BGH VersR 1994, 549 ff., 551 = NJW 1994, 1534; KG VersR 2003, 500; vgl. *Fuchs* in: Ulmer/Brandner/Hensen, AGB-Recht, 10. Aufl., Vorb. v. § 307 BGB Rn. 57; *Wolf* in: Wolf/Lindacher/Pfeiffer, § 307 BGB Rn. 14 und 111; *Klimke* Die halbzwingenden Vorschriften des VVG, 2004, S. 160.

entsprechend § 306 BGB zu bestimmen. Dies bedeutet, dass der Vertrag im Übrigen grundsätzlich wirksam bleibt (§ 306 I und III BGB analog); an Stelle der unwirksamen AVB-Bestimmung richtet sich der Inhalt des Vertrages nach den gesetzlichen Vorschriften (§ 306 II BGB analog), sodass insbesondere die halbzwingenden Vorschriften, von denen abgewichen werden sollte, zur Anwendung kommen. Für eine Abweichung durch Individualvereinbarung wird teilweise eine analoge Anwendung von § 306 BGB empfohlen[39]; eine sachgerechte Anwendung von § 139 BGB führt aber zu den gleichen Ergebnissen.

Hinsichtlich der **Feststellung einer nachteiligen Abweichung** bleibt es bei den 159a
schon im alten Recht bekannten Streitfragen. Umstritten ist insbesondere, ob maßgebend ist, dass sich eine Klausel im Allgemeinen nachteilig für die Versicherungsnehmer auswirkt (generell-abstrakte Gesamtwürdigung)[40] oder ob sie im konkreten Einzelfall für den betroffenen Versicherungsnehmer nachteilig ist.[41] Einigkeit besteht darüber, dass keine Gesamtabwägung zwischen mehreren, inhaltlich eigenständigen abweichenden Vereinbarungen – über den gesamten Vertragsinhalt hinweg – vorgenommen werden darf. Umstritten ist jedoch, ob es nur auf den konkreten Regelungspunkt ankommt (enge Kompensationstheorie[42]),[43] oder ob eine Gesamtbetrachtung der vom VVG abweichenden Regelung zu dem Ergebnis führen kann, dass ihre Vorteile die Nachteile insgesamt überwiegen (weite Kompensationstheorie[44]).[45] Eine Benachteiligungsabsicht des Versicherers ist nicht erforderlich.[46]

Auf **»Großrisiken«** im Sinne von Art. 10 I EGVVG und auf die **»laufende Versiche-** 160
rung« im Sinne von § 53 VVG[47] sind sämtliche Beschränkungen der Vertragsfreiheit, die im VVG angeordnet sind, nicht anzuwenden (§ 210 VVG). Die Sonderregelung erklärt nicht die die Vertragsfreiheit beschränkenden Vorschriften für unanwendbar, sondern nur die in ihnen vorgesehenen Beschränkungen. Die die Vertragsfreiheit beschränkenden Vorschriften werden dadurch also dispositiv. Dies bedeutet, dass durch vertragliche Vereinbarung von den halbzwingenden Vorschriften (vgl. Rn. 159) und

39 Für analoge Anwendung von § 306 BGB auch im Falle einer unwirksamen Individualvereinbarung *Wendehorst* in: MünchKomm, BGB, 5. Aufl., § 312f Rn. 13.

40 OLG Saarbrücken VersR 2008, 621, 622; OLG Koblenz VersR 2008, 383, 384; OLG Dresden VersR 2006, 61; OLG Hamm NVersZ 2000, 517; OLG Hamm NJW-RR 1992, 1058; *Wandt* in: Langheid/Wandt, § 32 VVG Rn. 12 m.w.N.; *Brömmelmeyer* in: Bruck/Möller, § 32 VVG Rn. 8; *Brömmelmeyer* in: HK-VVG, § 18 VVG Rn. 4; *Ebers* in: Schwintowski/Brömmelmeyer, § 18 Rn. 3; *Knappmann* in: Beckmann/Matusche-Beckmann, § 14 Rn. 113; *Marlow/Spuhl* r+s 2009, 177, 180; vgl. auch *Prölss* in: Prölss/Martin, § 34a VVG a.F. Rn. 1 und §§ 16, 17 VVG a.F. Rn. 44a; *ders.* VersR 1988, 347, 348.

41 Vgl. RGZ 162, 238, 242 f.; *Möller* in: Bruck/Möller, 8. Aufl., Einl. Anm. 49; *Beckmann* in: Bruck/Möller, Einf. A Rn. 128; *Ebers* in: Schwintowski/Brömmelmeyer, § 18 VVG Rn. 4 (die Verweise auf BGH VersR 1995, 1185 und OLG Hamm NVersZ 2000, 517 stützen diese Ansicht jedoch nicht); *Fausten* in: Langheid/Wandt, § 18 VVG Rn. 12; *Ganster* Die Prämienzahlung im Versicherungsrecht, 2008, S. 26; *Marx* Rettungsobliegenheit und Rettungskostenersatz im Versicherungsvertragsrecht, S. 390 ff.

42 Begriff von *Gebauer* NVersZ 2000, 7, 12 f.

43 Vgl. zum Streitstand zuletzt *Ganster* Die Prämienzahlung im Versicherungsrecht, 2008, S. 20 ff.; *Marx* Rettungsobliegenheit und Rettungskostenersatz im Versicherungsvertragsrecht, S. 390 ff.

44 Begriff von *Gebauer* NVersZ 2000, 7, 12 f.

45 *Prölss* in: Prölss/Martin, § 34a VVG a.F. Rn. 1; *ders.* VersR 1988, 347.

46 *Brömmelmeyer* in: Bruck/Möller, § 32 Rn. 6.

47 Vgl. hierzu RegE BT-Drucks. 16/3945 S. 50, 73 ff., 115.

– so die Begründung zum Regierungsentwurf[48] – grundsätzlich[49] auch von den absolut zwingenden Bestimmungen des VVG (z.B. §§ 105 und 108 VVG) abgewichen werden kann.[50] Soweit die Abweichung vom Gesetz durch AVB erfolgt, unterliegt die AVB-Bestimmung allerdings der Inhaltskontrolle nach §§ 307 ff. BGB.[51] Der Grund für die **generelle Freistellung von den Beschränkungen der Vertragsfreiheit** liegt darin, dass die Versicherungsnehmer bei Großrisiken und bei der laufenden Versicherung nicht des besonderen Schutzes zwingender Vorschriften bedürfen, weil sie typischerweise hinreichend geschäftserfahren sind und deshalb durch vertragliche Vereinbarungen selbst für ihren Schutz sorgen können.[52] Zu beachten ist, dass über die AGB-rechtliche Inhaltskontrolle die verbraucherschützenden Leitbilder des VVG grundsätzlich auch für Großrisiken Bedeutung erlangen, was im Einzelfall wenig sachgerecht sein kann. Es ist zu hoffen, dass die Rechtsprechung in derartigen Fällen den bloßen Regelbeispielcharakter von § 307 II BGB beachtet und den Besonderheiten der Versicherung von Großrisiken im Rahmen des stets anzuwendenden § 307 I BGB angemessen Rechnung trägt. Für die Seeversicherung wurde die Gefahr der Fehlorientierung an verbraucherrechtlich orientierten Leitbildern durch Nichtanwendbarkeit des neuen VVG von vornherein ausgeschlossen (vgl. Rn. 134).

6. Internationales Versicherungsvertragsrecht, internationale Gerichtszuständigkeit und Rechtsharmonisierung

a) Internationales Privatrecht für Versicherungsverhältnisse

161 Für Versicherungsverhältnisse mit Auslandsberührung ist nach den Regeln des **Internationalen Privatrechts** (IPR, Kollisionsrecht) zu bestimmen, welche nationale Rechtsordnung zur Beurteilung anzuwenden ist. Das IPR ist wegen seiner spezifischen Funktion, seiner eigenen Begrifflichkeit und Instrumente generell ein schwieriges Rechtsgebiet. Das IPR des Versicherungsvertrages (das Internationale Versicherungsvertragsrecht) ist jedoch besonders schwierig, weil es sich – jedenfalls derzeit noch – um eine stark zersplitterte und komplexe Materie handelt.[53] Besserung bringt die **Verordnung des Europäischen Parlaments und des Rates über das auf vertragliche Schuldverhältnisse anzuwendende Recht (Rom I VO)**, die am 25.07.2008 in Kraft getreten ist, aber erst auf Verträge anzuwenden sein wird, die nach dem

48 RegE BT-Drucks. 16/3945 S. 115; ebenso schon die Begründung zu § 187 VVG a.F. BT-Drucks. 11/6341 S. 37.

49 Dies gilt vorbehaltlich der Grenzen des allgemeinen Zivilrechts. Die Sonderregelung befreit beispielsweise nicht von dem allgemeinen Verbot der Verträge zu Lasten Dritter; § 98 VVG ist daher auch für Großrisiken zwingend (vgl. RegE BT-Drucks. 16/3945 S. 115).

50 Der BGH hat diese Frage zum VVG a.F. ausdrücklich offen gelassen; vgl. BGHZ 118, 275, 279 = VersR 1992, 1089 = NJW 1992, 2631.

51 H.M.; vgl. nur BGHZ 120, 290, 295 = VersR 1993, 223 = NJW 1993, 590 sowie *Römer* in: Römer/Langheid, § 187 VVG a.F. Rn. 4.

52 Vgl. *Kollhosser* in: Prölss/Martin, § 187 VVG a.F. Rn. 2; *Baumann* in: Bruck/Möller, § 1 VVG Rn. 60.

53 Vgl. *Looschelders* in: Langheid/Wandt, Art. 1 EGVVG ff.; *Roth* in: Beckmann/Matusche-Beckmann, § 4 Rn. 2; *Heiss* in: Halm/Engelbrecht/Krahe, Kapitel 7; *Wandt* in: Reichert-Facilides/Schnyder, Versicherungsrecht in Europa – Kernperspektiven am Ende des 20. Jahrhunderts, Bibliothek zur Zeitschrift für Schweizerisches Recht/Beiheft 34, 2000, S. 85; *Basedow/Drasch* NJW 1991, 785.

17.12.2009 geschlossen werden (Art. 28).[54] Sie enthält in Ihrem Artikel 7 eine weitreichende Kollisionsnorm für Versicherungsverträge über Großrisiken, unabhängig davon, ob das gedeckte Risiko in einem Mitgliedstaat belegen ist, und für sonstige Versicherungsverträge, wenn Risiken gedeckt sind, die im Gebiet der Mitgliedstaaten belegen sind (außer Rückversicherungsverträge). Für **Verträge, die bis zum 17.12.2009 geschlossen werden**, gelten dagegen **drei unterschiedliche Kollisionsnormregime**, deren Anwendungsbereiche allerdings aufeinander abgestimmt und eindeutig abgegrenzt sind. Kriterien für die Bestimmung des maßgebenden Kollisionsnormregimes sind der Sitz des Versicherers, der ohne Schwierigkeiten zu lokalisieren ist, sowie die Belegenheit des Risikos.[55]

Das auf **EG-Richtlinien** beruhende IPR-Regime des **EGVVG**[56] ist auf Erstversicherungsverträge (zur Begrifflichkeit, siehe Rn. 41) anwendbar, wenn sowohl das Risiko als auch der Sitz des Versicherers *innerhalb* der EG/des EWR belegen sind. **162**

Das **Römische EWG-Übereinkommen über das auf vertragliche Schuldverhältnisse anzuwendende Recht vom 19.06.1980 (EVÜ)**[57] ist anwendbar auf alle Rückversicherungsverträge[58] und auf diejenigen »Direktversicherungsverträge«, d.h. Erstversicherungsverträge (Rn. 41), die ein *außerhalb* der EG/des EWR belegenes Risiko decken.[59] Das EVÜ ist allerdings in Deutschland aufgrund eines Vorbehalts im Staatsvertrag nicht unmittelbar anwendbar; seine Kollisionsnormen wurden vielmehr in das EGBGB (Art. 27 ff.) inkorporiert. Bei der Auslegung der Art. 27 ff. EGBGB ist deshalb zu berücksichtigen, dass die ihnen zugrunde liegenden Regelungen des EVÜ in den Vertragsstaaten einheitlich ausgelegt und angewendet werden sollen (Art. 36 EGBGB). **163**

Das **autonome nationale IPR** (in Deutschland ebenfalls die Art. 27 ff. EGBGB) ist anzuwenden auf Erstversicherungsverträge über *innerhalb* der EG/des EWR belegene Risiken mit einem Versicherer, der seinen Sitz außerhalb der EG/des EWR hat (»Drittstaat-Versicherer«). **164**

Die Vielschichtigkeit und Komplexität der Materie lässt eine eingehende Darstellung des Inhalts der beschriebenen kollisionsrechtlichen Regeln an dieser Stelle nicht zu. Nur zum Richtlinien-IPR für »Massenrisiken«, insbesondere Verbraucherversicherungsverträge, über innerhalb der EG/des EWR belegene Risiken mit Versicherern, die ihren Sitz innerhalb der EG/des EWR haben, sei gesagt: Anwendbar ist meist das **165**

54 ABl. L 177 v. 04.07.2008 S. 6. Siehe auch BGBl. I 2009, S. 1574. Materialien in Vorbereitung der Verordnung: Bericht des Europäischen Parlaments vom 21.11.2007, A6-0450/2007, über den Vorschlag vom 15.12.2005, KOM (2005), 650 endg; Grünbuch über die Umwandlung des Übereinkommens von Rom aus dem Jahre 1980 über das auf vertragliche Schuldverhältnisse anzuwendende Recht in ein Gemeinschaftsinstrument sowie über seine Aktualisierung vom 14.01.2003, KOM (2002) 654 endg; siehe dazu Konsultationsergebnisse sowie die Entschließung des Europäischen Parlaments zu den Aussichten auf eine Angleichung des Zivilprozessrechts in der EU vom 12.02.2004, A5-0041/2004. Vgl. *Looschelders* in: Langheid/Wandt, Bd. I, Internationales Versicherungsvertragsrecht, Rn. 33 ff.; *Fricke* VersR 2008, 443.

55 *Basedow/Drasch* NJW 1991, 785, 787 (»Meta-Kollisionsnorm«).

56 Zum EGVVG siehe *Dörner* Internationales Versicherungsvertragsrecht, 1997, und seine Kommentierung im BK, Zweites Kapitel: Europäisches Internationales Versicherungsvertragsrecht; sowie *Prölss/Armbrüster* in: Prölss/Martin, Vor Art. 7 EGVVG.

57 BGBl. II 1986, S. 810.

58 Vgl. Art. 1 IV EVÜ.

59 Vgl. Art. 1 III EVÜ sowie Art. 37 Nr. 4 EGBGB.

Recht am gewöhnlichen Aufenthalt des Versicherungsnehmers, weil das versicherte Risiko meist dort belegen ist (Art. 7 Zweite Richtlinie zur Schadensversicherung[60]; entsprechend Art. 7, 8, 11 EGVVG). Eine abweichende Rechtswahl ist nur ausnahmsweise für bestimmte Sonderkonstellationen zulässig. Pflichtversicherungen und die substitutive Krankenversicherung kann der Staat, der die Versicherungspflicht begründet, zwingend seinem Recht unterstellen (Art. 8 Zweite Richtlinie zur Schadensversicherung und Art. 54 Dritte Richtlinie zur Schadensversicherung[61]; Art. 12 und 13 EGVVG).

166 Eine wichtige Beschränkung des nach dem Richtlinien-IPR (EGVVG) anwendbaren materiellen Rechts ergibt sich aus Artikel 28 der Dritten Richtlinie zur Schadensversicherung[62] und Artikel 33 der Richtlinie zur Lebensversicherung[63]. Danach dürfen nämlich einem Unternehmen, das seinen Sitz in einem EG-Mitgliedstaat hat und das Versicherungsgeschäft im Wege der Niederlassungs- oder Dienstleistungsfreiheit außerhalb seines Sitzstaates betreibt, nur solche nicht EG-koordinierten **Rechtsvorschriften des nationalen Rechts des Tätigkeitslandes** entgegengehalten werden, **die dem »Allgemeininteresse« dienen.**[64] Dabei geht es von vornherein nur um *nicht diskriminierende* Beschränkungen; denn diskriminierende Beschränkungen sind nach dem EG-Vertrag nur unter den besonderen Voraussetzungen des Art. 46 gerechtfertigt, also nur aus Gründen der öffentlichen Sicherheit und Ordnung oder der öffentlichen Gesundheit. Der unscharfe Begriff des Allgemeininteresses ist nach der Rechtsprechung des EuGH eng auszulegen, damit Versicherungsnehmer innerhalb des Versicherungsbinnenmarktes Zugang zu einer möglichst weiten Palette von Versicherungsprodukten haben.[65] Auch eine nicht diskriminierende Beschränkung der Dienstleistungsfreiheit ist nach den Grundsätzen der Richtlinien und der Rechtsprechung des EuGH aber nur dann gerechtfertigt und kann dem Versicherer mit Sitz in einem anderen Mitgliedstaat nur dann entgegengehalten werden, wenn die nicht diskriminierende Beschränkung im Allgemeininteresse liegt, wenn sie einem nicht harmonisierten Bereich zuzuordnen ist, wenn sie erforderlich und im Hinblick auf das verfolgte Ziel verhältnismäßig ist, und wenn das Allgemeininteresse nicht bereits durch Vorschriften des Sitzstaates des Leistungserbringers geschützt ist.[66] Dabei kann das Allgemeininteresse auch im Verbraucherschutz liegen.[67] Ergeben sich aus »Vorschriften des Allgemeininteresses« höhere Eingriffsschwellen gegenüber ausländi-

60 Richtlinie v. 22.06.1988 (88/357/EWG) ABl. EG L 172 v. 04.07.1988, S. 1; abgedruckt in: *Prölss* VAG, S. 1370.

61 Richtlinie v. 18.06.1992 (92/49/EWG) ABl. EG L 228 v. 11.08.1992, S. 1; abgedruckt in: *Prölss* VAG, S. 1445.

62 Richtlinie v. 18.06.1992 (92/49/EWG) ABl. EG L 228 v. 11.08.1992, S. 1; abgedruckt in: *Prölss* VAG, S. 1445.

63 Richtlinie v. 05.11.2002 (2002/83/EG) ABl. EG L 345 v. 19.12.2002, S. 1; abgedruckt in: *Prölss* VAG, S. 1475.

64 Zum Europäischen Versicherungsrecht umfassend *W.-H. Roth* in: BK, S. 2379 ff.

65 EuGH, Urt. v. 4.12.1986 Rs. Kommission gegen Bundesrepublik Deutschland, Slg. 1986, 3755 = VersR 1986, 1225 = NJW 1987, 572; vgl. dazu auch den Entwurf einer Mitteilung der Kommission zu »Auslegungsfragen – Freier Dienstleistungsverkehr und Allgemeininteresse im Versicherungswesen«, ABl. C 43 v. 16.2.2000, S. 5 sowie *W.-H. Roth* VersR 1993, 129 ff.

66 EuGH, Rs. C-3/95 Reisebüro Broede v. 12.12.1996, EuZW 1997, 53, 55.

67 EuGH, Urt. v. 4.12.1986 Rs. Kommission gegen Bundesrepublik Deutschland, Slg. 1986, 3755 = VersR 1986, 1225 = NJW 1987, 572; zur Art der erfassten Vorschriften siehe *W.-H. Roth* VersR 1993, 129 ff.; *Lorenz* VR 1995, 8; *Prölss/Armbrüster* DZWir 1993, 449; *Wandt* in: Reichert-Facilides/Schnyder, Versicherungsrecht in Europa – Kernperspektiven am Ende des 20. Jahrhunderts, Bibliothek zur Zeitschrift für Schweizerisches Recht/Beiheft 34, 2000, S. 85, 101 ff.

schen Versicherern, so sehen sich inländische Versicherer einer »Inländerdiskriminierung« ausgesetzt, die allerdings gegen das verfassungsrechtliche Gleichheitsgebot verstoßen kann.[68]

b) Internationale Gerichtszuständigkeit für Klagen aus Versicherungsverhältnissen

aa) Überblick über die Rechtsquellen

Unterschiedliche Rechtsquellen beherrschen auch die **internationale Gerichtszuständigkeit für Versicherungssachen.**[69] Am wichtigsten ist die EG-Verordnung Nr. 44/2001 über die gerichtliche Zuständigkeit und die Anerkennung und Vollstreckung von Entscheidungen in Zivil- und Handelssachen von 2000 (**EuGVVO**[70]), die als EG-Verordnung unmittelbar anwendbares Recht ist und das frühere Übereinkommen über die gerichtliche Zuständigkeit und die Vollstreckung gerichtlicher Entscheidungen in Zivil- und Handelssachen (**EuGVÜ**) grundsätzlich abgelöst hat. Das EuGVÜ gilt nur im Verhältnis zu Dänemark fort (Art. 68 I EuGVVO).[71] Zu beachten ist außerdem das **Luganer Übereinkommen** über die gerichtliche Zuständigkeit und Vollstreckung gerichtlicher Entscheidungen in Zivil- und Handelssachen, das für Deutschland aufgrund Transformationsgesetzes gilt. Die EuGVVO und die genannten Staatsverträge enthalten weitgehend übereinstimmende Regelungen. Dies beruht darauf, dass das EuGVÜ und das Luganer Übereinkommen als Parallelabkommen konzipiert wurden, und dass die EuGVVO den Inhalt des abgelösten EuGVÜ weitgehend übernommen hat.[72] 167

bb) EuGVVO

Die **EuGVVO** hat einen großen Anwendungsbereich, wenn man der inzwischen wohl herrschenden Ansicht folgt, dass sie *nicht* zusätzlich zu den geschriebenen Tatbestandsvoraussetzungen des Wohnsitzes des Beklagten in einem Mitgliedstaat voraussetzt, dass ein Bezug zu einem anderen Mitgliedsstaaten besteht.[73] Die internationale Zuständigkeit in Versicherungssachen ist im 3. Abschnitt der EuGVVO gesondert und abschließend geregelt (Art. 8–14 EuGVVO).[74] Unterschieden wird zwischen Klagen gegen den Versicherer und Klagen des Versicherers. 168

Für **Klagen gegen den Versicherer** sind mehrere **alternative Gerichtsstände** eröffnet. Gemäß Art. 9 EuGVVO kann der Versicherer, der seinen Wohnsitz im Hoheitsgebiet eines Mitgliedstaats hat, verklagt werden in seinem Sitzstaat (Abs. 1 lit. a), bei 169

68 Vgl. *Dreher* WM 1995, 509, 517 f.; *Bähr* VersR 2001, 1185. Zur Dogmatik vgl. *Arndt* Europarecht, 8. Aufl. 2006, S. 190 f.

69 Vergleiche für die Grundlagen *Fricke* in: Beckmann/Matusche-Beckmann, § 3; *ders.* VersR 1997, 399; *ders.* VersR 2005, 726; *ders.* VersR 2006, 476 zum Haager Übereinkommen über Gerichtsstandsvereinbarungen unter besonderer Berücksichtigung seiner Bedeutung für die Versicherungswirtschaft. Vgl. auch *Looschelders* in: Langheid/Wandt, § 215 VVG Rn. 63 ff.

70 ABl. EG 2001 Nr. L 12, S. 1.

71 Um den Neuerungen der EuGVVO auch im Verhältnis zu Dänemark Wirkung zu verleihen, ist das Abkommen zwischen der Europäischen Gemeinschaft und dem Königreich Dänemark über die gerichtliche Zuständigkeit und die Anerkennung und Vollstreckung von Entscheidungen in Zivil- und Handelssachen geschlossen worden, ABl. 2005 Nr. L 299/62.

72 Um erneut die Parallelität zur EuGVVO herzustellen, ist eine Revision des Luganer Übereinkommens geplant; vgl. *Geimer* Internationales Zivilprozessrecht, 5. Aufl. 2005, Rn. 247b.

73 Vgl. zum Meinungsstand Putzo/*Hüßtege* EuGVVO, Art. 23 Rn. 2; Zöller/*Geimer* EuGVVO, Art. 23 Rn. 12. Auch der Europäische Gerichtshof lässt es bezogen auf die Vorgängeregelung des Art. 2 EuGVÜ nunmehr ausreichen, dass ein internationaler Sachverhalt mit einer Berührung zu nur einem Mitgliedsstaat besteht. Vgl. EuGH Rs. C-281/02 Owusu gegen N.B. Jackson vom 01.03.2005, Slg. 2005, S. I-1383 ff. = JZ 2005, S. 887 ff. m. Anm. *Bruns*.

74 Zu den Regelungen der EuGVVO vgl. *Fricke* VersR 2009, 429.

Klagen des Versicherungsnehmers, des Versicherten oder des Begünstigten alternativ vor dem Gericht des Ortes, an dem der Kläger seinen Wohnsitz hat (Abs. 1 lit. b), falls es sich um einen Mitversicherer handelt, vor dem Gericht eines Mitgliedstaats, bei dem der federführende Versicherer verklagt wird (Abs. 1 lit. c). Hat der Versicherer im Hoheitsgebiet eines Mitgliedstaats keinen Wohnsitz, besitzt er aber in einem Mitgliedstaat eine Zweigniederlassung, Agentur oder sonstige Niederlassung, so bestimmt Art. 9 II EuGVVO, dass er für Streitigkeiten aus ihrem Betrieb so behandelt wird, wie wenn er seinen Wohnsitz im Hoheitsgebiet dieses Mitgliedstaats hätte. – Bei der **Haftpflichtversicherung**, bei der **Versicherung von unbeweglichen Sachen** oder wenn sowohl bewegliche als auch unbewegliche Sachen in ein und demselben Versicherungsvertrag versichert und von demselben Schadensfall betroffen sind, kann der Versicherer außerdem vor dem Gericht des Ortes verklagt werden, an dem das schädigende Ereignis eingetreten ist (Art. 10 EuGVVO). Bei der **Haftpflichtversicherung** kann der Versicherer außerdem auch vor das Gericht geladen werden, bei dem die Klage des Geschädigten gegen den Versicherten anhängig ist, sofern dies nach dem Recht des angerufenen Gerichts zulässig ist (Art. 11 I EuGVVO). – Für **Direktklagen** gegen den (Haftpflicht-) Versicherer sind die Art. 8, 9 und 10 EuGVVO anzuwenden, sofern eine solche unmittelbare Klage zulässig ist (Art. 11 II EuGVVO). Der Geschädigte hat danach die Wahl, den Versicherer in dessen Sitzstaat, im Unfallstaat oder vor dem Gericht an seinem eigenen Wohnsitz zu verklagen (vgl. dazu auch Rn. 1128).[75] Sieht das für die Direktklage maßgebliche Recht die Streitverkündung gegen den Versicherungsnehmer oder den Versicherten vor, so ist dasselbe Gericht auch für diese Personen zuständig (Art. 11 III EuGVVO).

170 Die Gerichtsstände für **Klagen des Versicherers** sind dagegen stark eingeschränkt. Der Versicherer kann – vorbehaltlich Artikels 11 III EuGVVO – nur vor den Gerichten des Mitgliedstaats klagen, in dessen Hoheitsgebiet der beklagte Versicherungsnehmer, Versicherte oder Begünstigte seinen Wohnsitz hat (Art. 12 I EuGVVO). Unberührt bleibt allerdings das Recht des Versicherers, eine Widerklage vor dem Gericht zu erheben, bei dem die Klage gegen ihn gemäß den Bestimmungen des 3. Abschnitts der EuGVVO anhängig ist (Art. 12 II EuGVVO).

171 Gemäß Art. 13, 14 EuGVVO kann von den Vorschriften des 3. Abschnitts der Verordnung im Wege der **Gerichtsstandsvereinbarung** nur unter engen Voraussetzungen abgewichen werden.

cc) Autonomes deutsches Recht

172 Soweit keine vorrangigen Rechtsquellen zur Anwendung kommen, beurteilt sich die internationale Zuständigkeit deutscher Gerichte nach **autonomem deutschen Recht**.[76]

75 BGH VersR 2008, 955 = NJW 2008, 2343; EuGH, v. 13.12.2007 (Rs C-463/06) VersR 2008, 111; vgl. hierzu Anmerkung *Thiede/Ludwichowska* VersR 2008, 631; vgl. auch vor Erlass der vorgenannten Entscheidungen *Heiss* VersR 2007, 327 (einen Klägergerichtsstand ablehnend).

76 Mit Wirkung vom 17.12.2009 wird durch Art. 2 (4) des Gesetzes zur Anpassung der Vorschriften des internationalen Privatrechts an die Verordnung (EG) Nr. 593/2008 vom 25.06.2009 (BGBl. I S. 1574) § 216 VVG über die Prozessstandschaft bei Versicherermehrheit neu in das Gesetz eingefügt. Die Vorschrift lautet: »Ist ein Versicherungsvertrag mit den bei Lloyd's vereinigten Einzelversicherern nicht über eine Niederlassung im Geltungsbereich dieses Gesetzes abgeschlossen worden und ist ein inländischer Gerichtsstand gegeben, so können Ansprüche daraus gegen den bevollmächtigten Unterzeichner des im Versicherungsschein an erster Stelle aufgeführten Syndikats oder einen von diesem benannten Versicherer geltend gemacht werden; ein darüber erzielter Titel wirkt für und gegen alle an dem Versicherungsvertrag beteiligten Versicherer.«

Dieses enthält allerdings nur ausnahmsweise eigenständige geschriebene Normen über die internationale Zuständigkeit.[77] Für Klagen aus dem Versicherungsvertrag oder der Versicherungsvermittlung enthält jedoch **§ 215 VVG** derartige spezielle Regelungen. Die Vorschrift regelt zum einen die örtliche Zuständigkeit der Gerichte (Abs. 1: alternativer Klägergerichtsstand am Wohnsitz des Versicherungsnehmers im Zeitpunkt der Klageerhebung; ausschließlicher Gerichtsstand für Klagen gegen den Versicherungsnehmer).[78] Zum anderen regelt sie in Abs. 3 die internationale Zuständigkeit im Wege einer abweichenden Gerichtsstandsvereinbarung der Parteien. Denn § 215 III Alt. 1 VVG setzt voraus, dass der Versicherungsnehmer nach Vertragsschluss seinen Wohnsitz oder gewöhnlichen Aufenthalt aus dem Geltungsbereich des VVG verlegt. Und in der zweiten Alternative von § 215 III VVG geht es jedenfalls auch um eine Gerichtsstandsvereinbarung für die internationale Zuständigkeit, weil der im Zeitpunkt der Klage unbekannte Wohnsitz oder gewöhnliche Aufenthalt des Versicherungsnehmers auch außerhalb des Geltungsbereichs des VVG liegen kann. Allerdings kommt § 215 III VVG wegen des **Vorrangs der EuGVVO** nur ein äußerst begrenzter Anwendungsbereich zu, was der Gesetzgeber bei Erlass der Vorschrift vermutlich nicht in voller Schärfe erkannt hat.[79]

c) Harmonisierung der materiellen Versicherungsvertragsrechte

Auf EG-Ebene hatte man früh eine (Basis-) **Harmonisierung der nationalen Versi-** 173
cherungsvertragsrechte angestrebt.[80] Diese Bestrebungen mündeten 1979 in einem Richtlinienvorschlag der Kommission zur Vereinheitlichung des materiellen Privatversicherungsrechts[81], der aber nicht realisiert wurde. Vor allem das **grundlegende Urteil des EuGH vom 04.12.1986**[82], nach dem die **Dienstleistungsfreiheit des EG-Vertrags** unabhängig von einer Harmonisierung der Rechtsvorschriften der Mitgliedstaaten zu verwirklichen ist, führte zu einem Ansatzwechsel: Man verzichtete auf eine weit reichende Harmonisierung der nationalen Versicherungsvertragsrechte[83]

---

77 So weit solche ausdrücklichen Vorschriften fehlen, werden die Normen über die örtliche Zuständigkeit für die internationale Zuständigkeit entsprechend angewendet.

78 Zur Anwendbarkeit von § 215 I 1 VVG auf Streitigkeiten aus Altverträgen im Jahre 2008 vgl. bejahend OLG Saarbrücken VersR 2008, 1337; *Looschelders* in: Langheid/Wandt, § 215 VVG Rn. 40; dagegen ablehnend OLG Stuttgart VersR 2009, 246; LG Berlin VersR 2009, 386; vgl. allg. zur Regelung *Fricke* VersR 2009, 15; *Krahe/Prütting* in: Halm/Engelbrecht/Krahe, Kapitel 2; *v. Rintelen* in: Beckmann/Matusche-Beckmann, § 23 Rn. 5. – § 215 II VVG stellt durch den Ausschluss der Regelung von § 33 II ZPO sicher, dass eine Widerklage auch dann möglich ist, wenn für den mit der Widerklage geltend gemachten Gegenanspruch ein ausschließlicher Gerichtsstand normiert ist. Die Regelung ist bedeutsam, wenn die Klage nicht im Gerichtsstand des § 215 I 1 VVG erhoben wird. Wenn der Kläger diesen besonderen Gerichtsstand nicht nutzt, muss er hinnehmen, dass die Widerklage bei dem von ihm für die Klage gewählten Gericht erhoben wird. Zu der Parallelvorschrift § 29c II ZPO vgl. BT-Drucks. 14/6040 S. 278.

79 Vgl. *Reiff* FS Birk, 2008, S. 703, 716.

80 Vgl. Allgemeines Programm zur Aufhebung der Beschränkungen des freien Dienstleistungsverkehrs von 1961, ABl. EG Nr. 2 v. 15.01.1962, S. 36. – Eine Sammlung von Versicherungsvertragsgesetzen europäischer Staaten bieten *Basedow/Fock* Europäisches Versicherungsvertragsrecht, 3. Band, 2003.

81 Vorschlag für eine Richtlinie des Rates zur Koordinierung der Rechts- und Verwaltungsvorschriften betreffend die Aufnahme und Ausübung der Tätigkeit der Direktversicherung v. 10.07.1979, ABl. EG C 190 v. 28.07.1979, S. 2; geänderter Vorschlag ABl. EG C 355 v. 31.12.1980, S. 30.

82 EuGH, Urt. v. 04.12.1986 Rs. Kommission gegen Bundesrepublik Deutschland, Slg. 1986, 3755 = VersR 1986, 1225 = NJW 1987, 572.

83 Erwägungsgrund Nr. 18 zur Dritten Richtlinie Schadensversicherung ABl. EG L 228 v. 11.08.1992, S. 1; Erwägungsgrund Nr. 19 Dritte Richtlinie Lebensversicherung ABl. EG L 360 v. 09.12.1992, S. 1.

und begnügte sich mit der Harmonisierung des Kollisionsrechts für Versicherungsverträge (durch die Zweiten Richtlinien zur Schadens- und Lebensversicherung)[84] und der Harmonisierung der Aufsichtssysteme (insbesondere durch die Dritten Richtlinien zur Schadens- und Lebensversicherung).

174 Die Umsetzung der vorrangig das Aufsichtsrecht betreffenden **Versicherungs-Richtlinien** (Rn. 70) hat aber **auch zahlreiche Einzelpunkte des Versicherungsvertragsrechts harmonisiert.**[85] Hinzu kommen die Umsetzung der EG-Richtlinie über den Fernabsatz von Finanzdienstleistungen[86] (Fernabsatzverträge, Rn. 242) und der EG-Richtlinie über Versicherungsvermittlung (Rn. 243). Im neu gefassten VVG sind diese europäischen Vorgaben unter anderem in den §§ 7, 8, 9, 59 ff. VVG aufgegangen. Eine weitreichende Harmonisierung durch EG-Richtlinien ist bisher jedoch nur im Bereich der Kfz-Haftpflichtversicherung erreicht worden.[87] Allgemein gilt: Bei der Auslegung der nationalen Umsetzungsvorschriften muss stets berücksichtigt werden, dass sie der Umsetzung von EG-Richtlinien dienen (»Gebot richtlinienkonformer Auslegung«).[88]

175 Inzwischen hat sich aber wieder zunehmend die Auffassung verbreitet, dass sich der Binnenmarkt für Versicherungen ohne eine Harmonisierung des Versicherungsvertragsrechts nicht vollständig verwirklichen lässt. Eine umfassende Harmonisierung des Versicherungsvertragsrechts wird jedoch noch lange »Zukunftsmusik« bleiben, nicht zuletzt wegen der Verwobenheit des Versicherungsvertragsrechts mit dem allgemeinen Vertragsrecht und anderen Rechtsgebieten, insbesondere dem Haftungs- und Regressrecht. Eine Brücken- und Katalysatorfunktion würde sich jedoch mit einem **einheitlichen, EG-weit anwendbaren Versicherungsvertragsrecht** als optionale Rechtsordnung neben den Rechtsordnungen der Mitgliedstaaten erreichen lassen.[89]

84 Zu den Zusammenhängen zwischen IPR-Anknüpfung und Harmonisierung der Vertragsrechte vgl. z.B. *Basedow/Drasch* NJW 1991, 785.

85 Überblick von *Reiff* VersR 1997, 267. Der Umsetzung von EG-Richtlinien dienten beispielsweise § 5a VVG a.F. und § 8 V VVG a.F.

86 Zunächst in den §§ 48a-48e VVG a.F., jetzt dienen die §§ 7, 8 und passim VVG (auch) der Umsetzung der Fernabsatzrichtlinie.

87 Vgl. die Fünfte KH-Richtlinie 2005/14/EG ABl. L 149 v. 11.06.2005, S. 14 mit Berichtigung ABl. L 168 v. 30.06.2005, S. 50. Zu dem am 10.06.2002 vorgelegten Vorschlag zu dieser Richtlinie (ABl. C 227 v. 24.09.2002, S. 387) vgl. *Lemor/Becker* VW 2003, 30. Zu den KH-Richtlinien s. *Lemor* in: Feyock/Jacobsen/Lemor, Teil 1 – Europarechtliche Grundlagen. Vgl. auch den Vorschlag für eine Richtlinie des Europäischen Parlaments und des Rates über die Kraftfahrzeug-Haftpflichtversicherung und die Kontrolle der entsprechenden Versicherungspflicht (kodifizierte Fassung) KOM(2008)98 endg. – Der Vorschlag für eine Richtlinie des Europäischen Parlaments und des Rates über Rechte der Verbraucher KOM(2008) 614 endg.; Ratsdok. 14183/08, abgedruckt in BR-Drucks. 765/08 vom 16.10.2008, welche die bestehende Rechtszersplitterung im Bereich des Verbraucherschutzes beseitigen soll, klammert Versicherungsverträge aus.

88 Vgl. z.B. *Römer* in: Römer/Langheid, § 5a VVG a.F. Rn. 3.

89 Vgl. dazu Bericht der Kommission »Zweiter Fortschrittsbericht zum Gemeinsamen Referenzrahmen« (KOM (2007) 447 endg. v. 25.07.2007) und »Erster jährlicher Fortschrittsbericht zum europäischen Vertragsrecht und zur Überprüfung des gemeinschaftlichen Besitzstands« (KOM (2005) 456 endg. v. 23.09.2005); Mitteilung der Kommission an das Europäische Parlament und den Rat »Europäisches Vertragsrecht und Überarbeitung des gemeinschaftlichen Besitzstands – weiteres Vorgehen« (KOM (2004) 651 endg. v. 11.10.2004); Entschließungen des Europäischen Parlaments zum Europäischen Vertragsrecht v. 12.12.2007 (P6_TA-PROV(2007) 0615) und v. 07.09.2006 (P6_TA(2006)0352); Entschließung des Europäischen Parlaments zum Europäischen Vertragsrecht und zur Überarbeitung des gemeinschaftlichen Besitzstands: weiteres Vorgehen (2005/2022 (INI)); Entschließung des Rates zum Thema »Ein kohärenteres europäisches Vertragsrecht« (ABl. EG C

Mit dieser Zielrichtung hat die europäische Expertengruppe »Restatement of European Insurance Contract Law« im Auftrag der EG-Kommission ein europäisches Modellgesetz für Versicherungsverträge, die **»Principles of European Insurance Contract Law« (PEICL)**, erarbeitet.[90] Der Ende 2007 vorgelegte Allgemeine Teil der *PEICL* umfasst allgemeine Regeln, die für alle Versicherungsverträge (mit Ausnahme der Rückversicherung) gelten, und besondere Bestimmungen zur Schadens- und Summenversicherung. Als optionale Rechtsordnung könnten Versicherer und Versicherungsnehmer die Anwendung der *PEICL* anstelle des kollisionsrechtlich anwendbaren nationalen Versicherungsvertragsrechts (auch anstelle seiner zwingenden Bestimmungen) wählen.[91] Die Einräumung einer derartigen Rechtswahl durch den europäischen Gesetzgeber steht aber noch aus. Sie würde es Versicherungsunternehmen erlauben, ihre Dienstleistungen im gesamten Binnenmarkt auf der Basis dieser einheitlichen Regelungen anzubieten, und würde den europäischen Bürgern einen leichteren und breiteren Zugang zu »ausländischen« Versicherungsprodukten eröffnen. – Die *PEICL* stellen zugleich den **Entwurf des Gemeinsamen Referenzrahmens (GRR; Common Frame of Reference = CFR) für den Bereich des Versicherungsvertragsrechts** dar. Dieser wird im Auftrag der EG-Kommission[92] allgemein für das europäische Vertragsrecht »als praktisches ›Instrumentarium‹ (›toolbox‹) oder Handbuch für die Kommission und den EU-Gesetzgeber zur Verwendung bei der Überprüfung bestehender Rechtsvorschriften und der Erarbeitung neuer Rechtsvorschriften auf dem Gebiet des Vertragsrechts«[93] erarbeitet.[94]

---

246 v. 14.10.2003, S. 1); Stellungnahmen des Wirtschafts- und Sozialausschusses zum Thema »Die Verbraucher auf dem Versicherungsmarkt« von 1998 (ABl. EG C 95 v. 30.03.1998, S. 72) und zum Thema »Europäischer Versicherungsvertrag« von 2004 (ABl. C 157 v. 28.06.2005, S. 1; vgl. dazu *Heiss* VersR 2005, 1; *Heiss/Loacker* VR 2005, 245); Mitteilung der Europäischen Kommission zum Europäischen Vertragsrecht von 2001 (KOM (2001) 398 endg.); Aktionsplan zum Europäischen Vertragsrecht (KOM (2003) 68 endg. v. 15.03.2003). Vgl. auch das Grünbuch der Kommission »Die Überprüfung des gemeinschaftlichen Besitzstands im Verbraucherschutz« (ABl. EG C 61 v. 15.03.2007, S. 1).

90 *Basedow/Birds/Clarke/Cousy/Heiss* (Hrsg.) Principles of European Insurance Contract Law (PEICL), 2009; englischer Text der *PEICL* mit Übersetzung in zahlreiche Sprachen sowie umfangreiche Literaturnachweise zur Arbeit der Expertengruppe auch unter *www.restatement.info*. Vgl. auch *Mönnich* in: Beckmann/Matusche-Beckmann, § 2 Rn. 106 ff.

91 Wegen der Konzeption der *PEICL* als wählbare Rechtsordnung neben den nationalen Rechten der Mitgliedstaaten wird teilweise auch von einem »28. Regime« gesprochen.

92 Vgl. hierzu Aktionsplan zum Europäischen Vertragsrecht (KOM (2003) 68 endg.); Mitteilung der Kommission an das Europäische Parlament und den Rat »Europäisches Vertragsrecht und Überarbeitung des gemeinschaftlichen Besitzstands – weiteres Vorgehen« (KOM (2004) 651 endg. v. 11.10.2004).

93 Bericht der Kommission »Zweiter Fortschrittsbericht zum Gemeinsamen Referenzrahmen«, KOM (2007) 447 endg. v. 25.7.2007, S. 12.

94 Ein erster Entwurf der »Common Principles of European Contract Law = CoPECL« mit Definitionen, Grundsätzen und Vorschriften wurde Ende 2007 veröffentlicht. Der endgültige Entwurf soll bis Ende 2008 vorgelegt werden. Vgl. hierzu www.copecl.org.

II. Die Allgemeinen Versicherungsbedingungen

1. Qualifikation

176 Die Allgemeinen Versicherungsbedingungen[95] sind die **Allgemeinen Geschäftsbedingungen** des Versicherungswesens. Das bedeutet: Es sind für eine Vielzahl von Verträgen vorformulierte Vertragsregelungen, die ein Versicherer[96] seinen Versicherungsnehmern beim Abschluss von Verträgen stellt (vgl. § 305 I 1 BGB). Was in AVB mindestens geregelt sein muss, wird in § 10 VAG detailliert vorgeschrieben.

177 **Vorgedruckte Teile eines Antragsformulars** zum Abschluss eines Versicherungsvertrages sind AGB, wenn sie regelnden Charakter haben.[97] Erfasst werden nach dem Schutzzweck der §§ 305 ff. BGB auch Klauseln, welche die gesetzliche Empfangsvollmacht eines Vertreters (§§ 69, 71 VVG) einschränken sollen, obwohl es sich nicht um eine vertragliche Vereinbarung handelt, sondern die Vollmachtsbeschränkung durch eine einseitige Erklärung des Versicherers erfolgt und nur mittelbar das Verhältnis der Parteien des Versicherungsvertrages betrifft (zur Klauselunwirksamkeit vgl. § 72 VVG).[98] Auch bei Leerfeldern im Antragsformular, die bei der Antragstellung auszufüllen sind,[99] und bei handschriftlichen Eintragungen durch einen Versicherungsvertreter[100] kann es sich um AGB handeln.

178 **Tarifbestimmungen**, wie sie insbesondere in der Kfz-Haftpflichtversicherung und der Krankenversicherung verwendet werden, sind ebenfalls AGB.[101] Anders als AVB dienen sie ausschließlich der Regelung der Prämienhöhe. Die Abgrenzung kann im Einzelfall schwierig sein.[102] Sie kann für die Anwendung der §§ 305 ff. BGB aber in aller Regel offen bleiben.[103]

179 Gelegentlich trifft man auf die Begriffe **»Besondere Versicherungsbedingungen«** oder **»Sonderbedingungen«**. Das kann zweierlei bedeuten. Entweder handelt es sich um »echte Sonderbedingungen«, die aufgrund individuellen Aushandelns – durchweg nur bei gewerblicher und industrieller Versicherung – vereinbart werden, also um individuelle Regelungen eines Einzelvertrages, die gegenüber AGB Vorrang haben und selbst nicht der AGB-rechtlichen Kontrolle unterliegen (§ 305b BGB). Es kann sich aber auch – scheinbar paradox – um Allgemeine Geschäftsbedingungen handeln. Ihre Eigenart liegt dann darin, dass sie zusätzlich oder abändernd neben den sonst verwendeten AVB für besondere Vertragsarten eingesetzt werden (Beispiele: »Zusatzbe-

95 Vgl. *Reiff* in: Langheid/Wandt, AGB, Rn. 1 ff.; *Beckmann* in: Beckmann/Matusche-Beckmann, § 10; *ders.* in: Bruck/Möller, Einf. C.

96 Allgemeine Versicherungsbedingungen eines Versicherungsvereins auf Gegenseitigkeit, die das Versicherungsverhältnis betreffen, sind vom Anwendungsbereich der AGB-Kontrolle nach §§ 305 ff. BGB nicht ausgenommen; BGH VersR 2008, 337; BGHZ 136, 394 = VersR 1997, 1517 = NJW 1998, 454.

97 BGHZ 84, 268 = VersR 1982, 841 = NJW 1982, 2776.

98 BGHZ 116, 378 = VersR 1992, 217 = NJW 1992, 828.

99 BGH VersR 1997, 345; BGH VersR 1997, 485.

100 *Wandt* VersR 1999, 917.

101 BGH VersR 1995, 328 = NJW 1995, 784; *Beckmann* in: Beckmann/Matusche-Beckmann, § 10 Rn. 33.

102 Vgl. *Wandt* Änderungsklauseln in Versicherungsverträgen, 2000, Rn. 210 ff.

103 Zur Notwendigkeit der Abgrenzung im Rahmen von Art. 16 § 8 Drittes Durchführungsgesetz/EWG zum VAG, weil diese Regelung nur »Tarifbestimmungen«, nicht aber sonstige AVB erfasst (abgedruckt bei *Lorenz/Wandt* Nr. 5) vgl. *Wandt* Änderungsklauseln in Versicherungsverträgen, 2000, Rn. 210.

dingungen für die Versicherung des Abnahmerisikos bei Hagelschäden an Hülsenfrüchten zum Grünernten« als Ergänzung der Allgemeinen Hagelversicherungs-Bedingungen (AHagB); »Besondere Bedingungen für die Versicherung weiterer Elementarschäden in der Hausratversicherung (BEH)« als Ergänzung zu den VHB).

2. Bedeutung von AVB vor und nach der »Deregulierung« im Jahre 1994

Die besondere Bedeutung von AVB für das »Rechtsprodukt Versicherung« (vgl. Rn. 9) ist durch die EG-bedingte Deregulierung des Versicherungsrechts noch gestiegen. Die Vorabgenehmigung durch die Aufsichtsbehörde hatte früher zu weitgehend brancheneinheitlichen AVB geführt. Eine in diese Richtung wirkende Regulierung oder Aufsichtspraxis gibt es heute grundsätzlich nicht mehr. Eine Ausnahme gilt für Pflichtversicherungen, soweit zwingende gesetzliche Vorgaben für den Kernbereich der Versicherung bestehen (vgl. z.B. die Kfz-Pflichtversicherungsverordnung für die Kfz-Haftpflichtversicherung). Von solchen Ausnahmen abgesehen, können die Versicherer ihre **AVB unternehmensindividuell gestalten** und auf diesem Wege eine Produktdifferenzierung herbeiführen. Für viele Versicherungsarten, wie beispielsweise die Berufsunfähigkeitsversicherung, ist dies auch bereits in nennenswertem Umfang geschehen. 180

Für viele Arten der »Jedermann-Versicherungen« orientieren sich die Unternehmen aber auch nach der Deregulierung an **Musterbedingungen**, welche die Verbände der Versicherungswirtschaft unverbindlich empfehlen (»Verbandsbedingungen«). Dies ist kartellrechtlich aufgrund der EG-Gruppenfreistellungsverordnung Nr. 358/2003[104] zulässig.[105] Die Orientierung an den Verbandsbedingungen beruht teilweise darauf, dass Regelungsgegenstände betroffen sind, die notwendig geregelt werden müssen, ohne dass damit eine Möglichkeit der Produktdifferenzierung zu Wettbewerbszwecken verbunden wäre. Aber auch in Regelungsbereichen, in denen eine Produktdifferenzierung möglich wäre, werden Musterbedingungen häufig von solchen Versicherern ohne weiteres übernommen, die nicht leicht die personellen Ressourcen für die Entwicklung umfangreicherer Alternativen aufbringen können. Soweit Abweichungen von empfohlenen Verbandsmodellen vorgenommen werden, betreffen sie häufig nur den Wortlaut oder sind auf Details beschränkt. 181

Wenn in diesem Buch auf bestimmte Bedingungswerke wie die ALB, die AHB oder die AKB verwiesen wird, bezieht sich dies auf die Musterbedingungen des Verbandes, und zwar soweit nicht anders kenntlich gemacht in ihrer Fassung im Zeitpunkt der Drucklegung. Bei der Beurteilung eines konkreten Einzelfalles muss man genau prüfen, ob die jeweils vereinbarten AVB von den Musterbedingungen abweichen. **Eine Übersicht der in diesem Buch herangezogenen Bedingungswerke findet sich am Ende dieses Buches im Anhang II.** 182

Ihrer **sozialen Funktion** nach haben die AVB eine ähnliche Zwischenstellung wie alle AGB, nämlich zwischen privatautonomen Vertragserklärungen und gesetzlichen Regeln (»selbst geschaffenes Recht der Wirtschaft«).[106] Der Versicherungsinteressent im 183

104 ABl. 2003 L 53, S. 8.

105 Siehe *Präve* in: Beckmann/Matusche-Beckmann, Versicherungsrechts-Handbuch, 2004, § 10 Rn. 35 ff.; *Beckmann* in: Beckmann/Matusche-Beckmann, § 10 Rn. 20 ff. Vgl. auch *Dreher/Kling* Kartell- und Wettbewerbsrecht der Versicherungsunternehmen, 2007.

106 Nach *Großmann-Doerth* Selbstgeschaffenes Recht der Wirtschaft und staatliches Recht, 1933.

»Jedermann«-Bereich hat zwar die Abschlussfreiheit: Er kann sich – wenn nicht gesetzliche Versicherungspflicht besteht wie bei der Kfz-Haftpflichtversicherung – versichern oder nicht. Wenn er den Vertrag aber schließt, wird er die aus gutem Grund (vgl. Rn. 181) nach wie vor weitgehend brancheneinheitlichen Vertragsbedingungen regelmäßig hinnehmen müssen, wie sie sind, weil sich Versicherer einer Abbedingung verweigern. Wählen kann der Verbraucher – soweit er den Markt überblickt – also meist nur nach dem Preis und im Übrigen nach den (keineswegs unwichtigen) Randbedingungen der Leistung (Qualität des Außendienstes, sonstige Service-Leistungen usw.); aber diese sind meist nicht Vertragsgegenstand.

184 Die Zahl von Gerichtsurteilen, die AVB für unwirksam erklären, hat seit der Deregulierung des Versicherungsrechts im Jahre 1994 erheblich zugenommen. Ein wesentlicher Grund liegt darin, dass mit der Deregulierung die Bedingungsgenehmigung durch die Aufsichtsbehörde weggefallen ist. Sie hatte eine erhebliche Vor-Filterfunktion, denn manche bedenkliche Klausel wurde erst gar nicht genehmigt und so im Vorfeld der gerichtlichen Kontrolle entzogen. Die **gerichtliche »Ex-post«-Kontrolle**[107] von AVB hat deshalb mit der Deregulierung ein wesentlich stärkeres Gewicht bekommen als zuvor.

185 Die **Versicherungsaufsichtsbehörde** darf die Verwendung einer unwirksamen AVB-Bestimmung nach wie vor im Wege anlassbezogener nachträglicher Missstandsaufsicht untersagen, und zwar selbst dann, wenn die Unwirksamkeit der AVB-Bestimmung durch die Zivilgerichte noch nicht festgestellt worden ist.[108] Die Aufsichtsbehörde nimmt die nachträgliche AVB-Kontrolle – schon aus Kapazitätsgründen – aber nur sehr zurückhaltend wahr. Die Aufsichtsbehörde wird aber auch zukünftig dafür sorgen, dass Gerichtsurteile, die von allgemeiner, nicht auf die Parteien des Rechtsstreits beschränkter Bedeutung sind, von allen Versicherern beachtet werden. Mangels allgemeiner Vorlagepflicht für AVB ist es heute allerdings schwieriger, dieselbe Effektivität der Aufsicht zu erreichen wie vor der »Deregulierung«.

3. Einbeziehung von AVB in Versicherungsverträge

186 AGB werden nur dadurch Vertragsinhalt, dass die Parteien ihre Geltung unter Beachtung der Voraussetzung von § 305 II BGB **vereinbaren.** Das gilt grundsätzlich auch für AVB (näher dazu Rn. 291 ff.).[109] Eine Ausnahmeregelung enthält § 49 II VVG für Verträge über vorläufige Deckung (Rn. 456 ff.). Danach werden, wenn die AVB dem Versicherungsnehmer bei Vertragsschluss nicht übermittelt worden sind, die vom Versicherer zu diesem Zeitpunkt für den vorläufigen Versicherungsschutz üblicherweise verwendeten Bedingungen, bei Fehlen solcher Bedingungen die für den Hauptvertrag vom Versicherer verwendeten Bedingungen auch ohne ausdrücklichen Hinweis hierauf Vertragsbestandteil. Bestehen Zweifel, welche Bedingungen für den Vertrag gelten sollen, werden die zum Zeitpunkt des Vertragsschlusses vom Versiche-

107 Nach ständiger höchstrichterlicher Rechtsprechung ist eine AGB durch die Revisionsinstanz überprüfbar, wenn ihr Anwendungsbereich über einen OLG-Bezirk hinausreicht. St.Rspr. seit RGZ 113, 278; vgl. BGHZ 103, 228 = VersR 1988, 463 = NJW 1988, 1590; außerdem *Lindacher* in: Wolf/Horn/Lindacher, AGBG, § 5 Rn. 50.

108 BVerwGE 107, 101 = VersR 1998, 1137 = NJW 1998, 3216; BVerwGE 108, 325 = VersR 1999, 743.

109 Vgl. *Reiff* in: Langheid/Wandt, AGB, Rn. 22 ff.; Rechtsvergleich bei *Basedow/Fock* I S. 18 ff.; *Bruns* in: Langheid/Wandt, Vor §§ 307–309 BGB Rn. 5 ff.

rer verwendeten Bedingungen, die für den Versicherungsnehmer am günstigsten sind, Vertragsbestandteil. Die Begründung zum Regierungsentwurf macht deutlich, dass diese Sonderregelung nicht nur von den Voraussetzungen eines ausdrücklichen Hinweises (§ 305 II Nr. 1 BGB) und der Möglichkeit zumutbarer Kenntnisnahme (§ 305 II Nr. 2 BGB), die bei Versicherungsverträgen Aushändigung oder Übermittlung voraussetzt[110], befreit, sondern auch von dem Erfordernis der Einigung der Parteien über die in den Vertrag einzubeziehenden AGB.[111] Es handelt sich um eine pragmatische Sonderregelung, die allerdings ohne wirkliche Not für das Versicherungsrecht einen systemwidrigen Sonderweg geht und deren analoge Anwendung zwar nicht ausgeschlossen ist, aber doch nur mit größtem Bedacht erfolgen sollte.[112]

187 Bei **Verbraucherverträgen** gelten die AGB als vom Unternehmer gestellt, wenn sie nicht durch den Verbraucher in den Vertrag eingeführt wurden (§ 310 III Nr. 1 BGB). Diese Fiktion des Stellens der AGB durch den Unternehmer hat für Versicherungsverträge kaum praktische Relevanz. Denn regelmäßig stellt der Versicherer die AVB, so dass es einer Fiktion nicht bedarf. Bedeutung kann die Fiktion erlangen, wenn ein Makler auf die Einbeziehung einer nicht vom Versicherer verwendeten AVB-Bestimmung hinwirkt (sog. Drittbedingung). Verbraucherverträge werden aber selten durch Makler, jedenfalls fast nie zu »Maklerbedingungen« geschlossen. Bei der Auslegung von § 310 III BGB ist zu berücksichtigen, dass diese Vorschrift der Umsetzung der EG-Richtlinie über missbräuchliche Klauseln von 1993 dient. Sie stellt Mindestanforderungen, die das nationale Recht überschreiten, nicht aber unterschreiten darf.[113]

188 Nach dem inzwischen aufgehobenen § 23 III AGBG wurden vereinbarte »genehmigte« AVB auch dann Vertragsinhalt, wenn bei Vertragsschluss nicht auf sie hingewiesen wurde und wenn der Vertragspartner keine Möglichkeit hatte, in zumutbarer Weise von ihrem Inhalt Kenntnis zu nehmen (§ 2 I Nr. 1 und Nr. 2 AGBG; jetzt § 305 II Nr. 1 und Nr. 2 BGB). Diese Privilegierung ist aber mit dem Wegfall des Genehmigungserfordernisses für die seit dem 29.07.94 (31.12.1994)[114] abgeschlossenen Verträge gegenstandslos geworden. In § 305a BGB findet sich deshalb für Versicherungsverträge keine entsprechende Ausnahme mehr.

189 **Vertiefung:** Hinsichtlich der grundsätzlich bestehenden Pflicht zur Übergabe der AVB bei Vertragsschluss sah das VVG a.F. ein eigenartiges Zusammenwirken von Versicherungsaufsichtsrecht und Versicherungsvertragsrecht vor: § 10a VAG a.F. i.V.m. Abschn. I 1b) der Anlage D zum VAG a.F. verpflichtete den Versicherer aufsichtsrechtlich, den Versicherungsnehmer vor Abschluss des Vertrages unter anderem über die AVB einschließlich der Tarifbestimmungen zu informieren. Die AVB waren also Teil der öffentlich-rechtlich gebotenen **»Verbraucherinformation«**. Zivilrechtlich wurde dies ergänzt durch § 5a VVG a.F.: Wenn der Versicherer dem Versicherungsnehmer bei Antragstellung die AVB

110 Vgl. *Präve* in: Beckmann/Matusche-Beckmann, Versicherungsrechts-Handbuch, 2004, § 10 Rn. 121 m.w.N.

111 RegE BT-Drucks. 16/3945 S. 74 (»Außerdem darf der Versicherungsschutz nicht entfallen, wenn eine an sich mögliche Einbeziehung der AVB [in] fehlerhafter Weise unterblieben ist«).

112 Abzulehnen ist insofern der Vorschlag von *Marlow/Spuhl* S. 14, § 49 II VVG entsprechend anzuwenden, um hierdurch einen Vertragsschluss in Fortführung des Policenmodells zu begründen (»materiell rechtliches Tor für die Beibehaltung des Policenmodells«).

113 Zur Bedeutung für das Versicherungsvertragsrecht vgl. *Sieg* VersR 1993, 1305; *Schmidt-Salzer* VersR 1995, 1261; *Präve* Versicherungsbedingungen und AGB-Gesetz, 1998, Rn. 22 ff.; *Basedow* VersR 1999, 1045; *Baumann* VersR 1996, 1; *Wandt* VersR 1999, 917; *Fausten* VersR 1999, 413; *Herrmann* VersR 1998, 931; *Kieninger* VersR 1999, 951; *dies.* VersR 1998, 1071.

114 Vgl. hierzu Art. 16 §§ 6, 8 Drittes Durchführungsgesetz/EWG zum VAG (abgedruckt bei *Lorenz/Wandt* Nr. 5).

nicht übergab oder eine sonstige Verbraucherinformation nach § 10a VAG a.F. unterließ, begründete dies ein Widerspruchsrecht des Versicherungsnehmers (mehr hierzu Rn. 295 ff.). Die Ausgestaltung als öffentlich-rechtliche Pflicht wurde von Anfang an kritisiert, da die Information des Vertragspartners über die in den Vertrag einzubeziehenden AVB und ihre Übergabe ihren eindeutigen Schwerpunkt im Zivilrecht haben. Mit dem Gesetz zur Reform des Versicherungsvertragsrechts vom 23.11.2007 wurden die öffentlich-rechtlichen Regelungen daher folgerichtig gestrichen und in die vertragsrechtlichen Informationspflichten integriert (vgl. § 7 II VVG).[115]

190 **»Überraschende Klauseln«** in AGB werden gemäß § 305c I BGB nicht Vertragsbestandteil.[116] Der Vertragspartner des Klauselverwenders soll vor Überraschung und Überrumpelung geschützt werden.[117] Erfasst werden bezogen auf AVB solche Klauseln, deren Inhalt **aus Sicht eines verständigen Versicherungsnehmers**[118] so ungewöhnlich ist, dass er mit ihm nicht rechnen muss. Die Ungewöhnlichkeit einer AGB-Klausel allein reicht jedoch nicht aus. Es muss ein Überraschungsmoment auf Seiten des Kunden hinzukommen. Hieran fehlt es beispielsweise, wenn der Versicherungsnehmer auf eine ungewöhnliche Klausel in besonderer Weise hingewiesen wird.[119] Die zur Nichteinbeziehung einer Klausel führende Überraschung kann sich auch allein daraus ergeben, dass eine für sich gesehen nicht überraschende Regelung unter einer nicht passenden Überschrift oder an einer systematisch unpassenden Stelle des Bedingungswerkes »versteckt« ist.

4. Auslegung von AVB

191 AVB sind wie sonstige AGB **»objektiv« auszulegen**, d.h. ohne Rücksicht auf die besonderen Umstände des einzelnen Vertragsabschlusses. Maßgebend ist nach ständiger Rechtsprechung des Bundesgerichtshofs, »wie ein **durchschnittlicher Versicherungsnehmer** sie bei verständiger Würdigung, aufmerksamer Durchsicht und Berücksichtigung des erkennbaren Sinnzusammenhangs verstehen muss«.[120] Dabei kommt es auf die Verständnismöglichkeit und Interessen eines Versicherungsnehmers **ohne versicherungsrechtliche Spezialkenntnisse** an.[121] Die Entstehungsgeschichte einer Regelung hat deshalb bei der Auslegung außer Betracht zu bleiben, wenn der Versicherungsnehmer sie typischerweise nicht kennt.[122] Dies soll selbst dann gelten, wenn die Berücksichtigung der Entstehungsgeschichte zu einem dem Versicherungsnehmer günstigeren Auslegungsergebnis führen würde.[123] Versicherungsrechtliche Überlegungen können nach der Rechtsprechung allenfalls insoweit berücksichtigt

115 RegE BT-Drucks. 16/3945 S. 121.
116 Vgl. zu AVB z.B. BGH VersR 1985, 129 = NJW 1985, 971; vgl. – mit weiteren Nachweisen der Rechtsprechung – *Präve* Versicherungsbedingungen und AGB-Gesetz, 1998, Rn. 228 ff.
117 BGHZ 109, 197 = NJW 1990, 576.
118 Hierzu z.B. BGH VersR 1989, 1250 = NJW 1990, 767.
119 BGH VersR 1989, 943 = NJW 1990, 51; BGH VersR 2001, 752.
120 BGH VersR 2001, 576; BGH VersR 2003, 1163 = NJW-RR 2003, 1247; BGHZ 162, 210 = VersR 2005, 639 = NJW-RR 2005, 902; BGH VersR 2006, 1066 = NJW 2006, 2545; vgl. auch BGHZ 123, 83 = VersR 1993, 957 = NJW 1993, 2369. Vgl. *Reiff* in: Langheid/Wandt, AGB, Rn. 78 ff.
121 BGH VersR 2001, 489; BGHZ 154, 154 = VersR 2003, 581 = NJW 2003, 1596; BGH VersR 2004, 1132 = NJW-RR 2004, 1259; BGH VersR 2005, 976 = NJW-RR 2005, 1189; BGH VersR 2006, 1066 = NJW 2006, 2545.
122 BGH VersR 1992, 349; BGH VersR 2003, 1163 = NJW-RR 2003, 1247.
123 BGH VersR 2000, 1090 mit ablehnender Anm. von *Lorenz*; dagegen auch *Prölss* NVersZ 1998, 17.

werden, wie sie sich aus dem Wortlaut der Bedingungen für den verständigen Versicherungsnehmer unmittelbar erschließen.[124]

Diese Grundsätze erfahren eine **Ausnahme**, wenn die AVB einen **Rechtsbegriff** ver- **192**
wenden, der in der Rechtssprache einen fest umrissenen Bedeutungsgehalt hat. Dieser Bedeutungsgehalt gilt dann im Zweifel auch für die Auslegung der AVB.[125] Ein von der Rechtssprache abweichendes Verständnis kommt nur in Betracht, wenn das allgemeine Sprachverständnis von der Rechtssprache in einem Randbereich deutlich abweicht oder wenn der Sinnzusammenhang der Versicherungsbedingungen etwas anderes ergibt.[126]

Wenn sich Zweifel an der Bedeutung einer Klausel durch Auslegung nicht beseitigen **193**
lassen (»**mehrdeutige Klausel**«), gehen die Auslegungszweifel nach der »**Unklarheitenregel**« des § 305c II BGB zu Lasten des Verwenders (Versicherers). In einem **Individualrechtsstreit** zwischen Versicherungsnehmer und Versicherer ist deshalb die Auslegung maßgebend, die für den Versicherungsnehmer am günstigsten ist (sog. kundenfreundlichste Auslegung).[127] Im **Verbandsklageverfahren** nach dem Unterlassungsklagegesetz gilt dagegen die »kundenfeindlichste Auslegung«. Sie geht im Ergebnis ebenfalls zu Lasten des Verwenders, weil sie am ehesten zur Unwirksamkeit einer Klausel führt.

5. Inhaltskontrolle von AVB

Die Inhaltskontrolle von AVB richtet sich nach den allgemeinen Vorschriften der **194**
§§ 307–309, 310 III Nr. 3 BGB.[128] Sie ist auch dann uneingeschränkt anwendbar, wenn eine AVB-Bestimmung gegen halbzwingende VVG-Vorschrift verstößt.[129] Auf die allgemeinen Fragen kann in diesem Buch nur selektiv eingegangen werden (zum Transparenzgebot vgl. Rn. 200).[130]

Mit einem **Abgrenzungsproblem**, nämlich der Differenzierung zwischen der Festle- **195**
gung der Hauptleistungspflichten und dem rechtlichen Rahmen der Leistungen, müssen wir uns allerdings beschäftigen. Diese Abgrenzung ist bei Versicherungsverträgen noch schwieriger zu lösen als sonst. Ausgangspunkt ist, dass das AGB-Recht nicht die Aufgabe hat, die vertraglichen (Haupt-) Leistungen festzulegen. Es soll dem Anbieter nicht von Gesetzes wegen vorgeschrieben werden, mit welcher Leistung er auf

124 BGH VersR 1992, 349; BGH VersR 1996, 622.

125 BGH VersR 1986, 537; BGH VersR 1992, 606; BGH VersR 1995, 951; BGH VersR 2000, 709 = NJW 2000, 2103; BGH VersR 2003, 1122 = NJW 2003, 2384; BGH VersR 2007, 535.

126 BGH VersR 1992, 606 (Bestandteile im Sinne von § 2 der Allgemeinen Bedingungen für die Neuwertversicherung von Wohngebäuden gegen Feuer-, Leitungswasser- und Sturmschäden [VGB] sind abweichend von § 95 BGB auch solche Teile, die nur vorübergehend während einer Reparatur fachmännisch in das Gebäude eingefügt sind [Ersatzbestandteile]).

127 H.M., vgl. z.B. BGH VersR 2003, 1163 = NJW-RR 2003, 1247; BGH VersR 2006, 1117 = NJW-RR 2006, 1323; OLG Hamm VersR 1992, 734; OLG Bremen VersR 1996, 223. – Für Vorrang der kundenfeindlichsten Auslegung auch im Individualprozess, wenn sie zur Unwirksamkeit der Klausel führt, z.B. *Ulmer* in: Ulmer/Brandner/Hensen, AGBG, § 5 AGBG, Rn. 4.

128 Vgl. *Bruns* in: Langheid/Wandt, § 307 BGB Rn. 1 ff.

129 Allg.M. zum VVG a.F. vgl. nur BGH VersR 2009, 769.

130 Zu versicherungsrechtlich einschlägigem Fallmaterial vgl. *Hübner* Allgemeine Versicherungsbedingungen und AGB-Gesetz, 5. Aufl. 1997; *Präve* Versicherungsbedingungen und AGB-Gesetz, 1998, Kapitel H. – Zur Kontrolle von AVB grenzüberschreitender Versicherungsverträge vgl. *Staudinger* VersR 1999, 401; rechtsvergleichend *Basedow/Fock* I S. 34 ff.

den Markt geht und welchen Preis er dafür verlangt. Leistung und Gegenleistung sollen die Vertragspartner im Wege der Privatautonomie grundsätzlich frei bestimmen. Nur für den rechtlichen Rahmen der Leistungen (Gewährleistung, Verzugsfolgen usw.) soll das AGB-Recht Maßstäbe setzen.

196 Diese Zielsetzung kommt in § 307 III 1 BGB[131] allerdings nicht sehr klar zum Ausdruck. Danach sind die §§ 307–309 BGB über die Inhaltskontrolle uneingeschränkt nur auf solche AGB-Bestimmungen anzuwenden, durch die von Rechtsvorschriften abgewichen oder Rechtsvorschriften ergänzt werden. Damit werden zunächst einmal **AGB-Bestimmungen, die mit gesetzlichen Vorschriften übereinstimmen**, der Inhaltskontrolle entzogen, weil dies im Ergebnis auf eine richterrechtliche Angemessenheitskontrolle von gesetzlichen Vorschriften hinausliefe.[132] Damit soll aber auch der durch Rechtsvorschriften nicht bestimmte Bereich der Leistungsbeschreibungen der Inhaltskontrolle entzogen werden (zum Transparenzgebot Rn. 200).

197 Die Abgrenzung zwischen inhaltlich kontrollfreien Leistungsbeschreibungen und kontrollbedürftigen »Nebenkonditionen« ist bei AVB – wie bei anderen Leistungen, »die man nicht anfassen kann« – schwierig und sehr umstritten.[133] Sie ist hier von besonderer Bedeutung. Denn AVB sind viel stärker als andere AGB **»Produkt- und Leistungsbeschreibungen«**, weil durch sie der Gegenstand der Hauptleistungen festgelegt wird (Rn. 9, 670). Dies führt nun aber gleichwohl nicht zu einem weiten kontrollfreien Bereich. Die wohl überwiegende Meinung nimmt nämlich keinen Bestandteil der AVB grundsätzlich von der Kontrolle aus. Da dennoch die Freiheit der Leistungsbeschreibung im Grundsatz gewahrt werden soll, kommt man zu Abgrenzungsformeln, die darauf hinauslaufen, dass der Versicherer zwar frei definieren kann, welchen Typ von Risiken er decken will (»Allgemeinste Beschreibung des versicherten Objekts und der versicherten Gefahr«), die Einzelheiten dann aber der AGB-rechtlichen Inhaltskontrolle unterworfen werden. Das bedeutet im Wesentlichen, dass die Meinung des Beurteilers (Richters) darüber entscheidet, was nach der Bezeichnung der Versicherung, der allgemeinen Beschreibung ihres Inhalts durch den Versicherer, vielleicht auch dem in seiner Werbung herausgestellten Inhalt usw. als ihr vernünftiger, den Publikumserwartungen entsprechender Schutzumfang erscheint.

198 Dem entspricht auch die Linie der Rechtsprechung. Nach ihr sind der umfassenden Inhaltskontrolle nur diejenigen **Leistungsbeschreibungen entzogen**, die Art, Umfang und Güte der geschuldeten Leistung festlegen, also nur »der enge Bereich der Leistungsbeschreibung, ohne deren Vorliegen mangels Bestimmtheit oder Bestimmbarkeit des wesentlichen Vertragsinhalts ein wirksamer Vertrag nicht mehr angenommen werden kann«.[134] Klauseln, die das Hauptleistungsversprechen einschränken, verändern, ausgestalten oder modifizieren, sind hingegen inhaltlich zu kontrollieren.

---

131 Früher § 8 AGBG.

132 Vgl. hierzu BGH VersR 2001, 493 mit Anm. *Feyock* und *Wandt*; vgl. auch *Wandt* VersR 2000, 129.

133 Überblicke zum Meinungsstand bei *Baumann* VersR 1991, 490; *Bach/Geiger* VersR 1993, 667; *Brandner* in: Ulmer/Brandner/Hensen, AGBG, § 8 Rn. 35 ff., Anh. §§ 9–11 Rn. 854 ff. – Zur Bedeutung der EG-Richtlinie über missbräuchliche Klauseln von 1993 insbesondere *Kieninger* ZEuP 1994, 277. Vgl. auch *Adelmann* Die Grenzen der Inhaltskontrolle Allgemeiner Versicherungsbedingungen – Entwurf einer Regelung für ein europäisches VVG –, 2008.

134 St.Rspr., vgl. BGHZ 127, 35 = VersR 1994, 1049 = NJW 1994, 2693; BGHZ 141, 137 = VersR 1999, 710 = NJW 1999, 2279.

AGB-Bestimmungen, die mit gesetzlichen Vorschriften übereinstimmen, und solche über Leistungsbeschreibung und Entgelt unterliegen jedoch in Befolgung der EG-Richtlinie über missbräuchliche Klauseln von 1993 einer **Transparenzkontrolle**: Sie sind (nur dann) unwirksam, wenn sie nicht klar und verständlich formuliert sind und hierin eine unangemessene Benachteiligung des Vertragspartners des Klauselverwenders liegt (§ 307 III 2 in Verbindung mit § 307 I BGB).[135] **199**

Im Zuge der Schuldrechtsreform hat das **Transparenzgebot**, das der BGH im Rahmen des früheren § 9 AGBG entwickelt hatte, mit § 307 I 2 BGB eine gesetzliche Grundlage erhalten. Nach dieser neuen Vorschrift »kann« sich eine unangemessene Benachteiligung, die zur Unwirksamkeit einer AGB-Bestimmung führt, auch daraus ergeben, dass eine Bestimmung nicht klar und verständlich ist. Eine AGB-Bestimmung muss möglichst so formuliert sein, dass sie für den durchschnittlichen Vertragspartner verständlich ist (Verständlichkeitsgebot). Darüber hinaus muss eine Klausel die mit ihr verbundenen wirtschaftlichen Nachteile und Belastungen so weit erkennen lassen, wie dies nach den Umständen gefordert werden kann.[136] Dazu gehört, dass eine Klausel ihrem Verwender keine ungerechtfertigten Beurteilungsspielräume eröffnet[137]; der Vertragspartner muss vielmehr über seine Rechte und Pflichten Klarheit haben (Bestimmtheitsgebot).[138] **200**

Das **Verständlichkeitsgebot** und das **Bestimmtheitsgebot** stehen in einem Spannungsverhältnis. Das Bestimmtheitsgebot kann nämlich – z.B. bei einer Prämienanpassungsklausel – zu komplizierten Regelungen führen, die für einen durchschnittlichen Versicherungsnehmer ohne Einholung von Rechtsrat nicht oder jedenfalls nicht ohne weiteres nachvollziehbar sind.[139] Dieses Spannungsverhältnis ist grundsätzlich zu Lasten der Verständlichkeit für einen durchschnittlichen Versicherungsnehmer aufzulösen. Die Bestimmtheit beispielsweise einer Anpassungsklausel hat also gegenüber ihrer Verständlichkeit für den durchschnittlichen Versicherungsnehmer Vorrang.[140] Maßgebend hierfür ist, dass sich Defizite der Verständlichkeit für den durchschnittlichen Versicherungsnehmer durch Einholung von Rechtsrat kompensieren lassen. Bestimmtheitsdefizite lassen sich dagegen nicht ausgleichen. Nur die Bestimmtheit der Anpassungsklausel bindet den Versicherer und verhindert ungerechtfertigte Beurteilungsspielräume. Erst diese (Selbst-) Bindung des Versicherers gewährleistet die Rechtsposition des Versicherungsnehmers. **201**

---

135 Vgl. allgemein zur Transparenz im Versicherungswesen *Wandt* in: Bitburger Gespräche, Jb. 2006/II, 2007, S. 17.

136 BGHZ 136, 401 = VersR 1997, 1517, 1519 mit Anm. *Lorenz* = NJW 1998, 454; BGHZ 141, 137 = VersR 1999, 710 mit Anm. *Präve* VersR 1999, 755 = NJW 1999, 2279; BGH VersR 2001, 184 = NJW 2001, 1132; BGHZ 162, 210 = VersR 2005, 639 = NJW-RR 2005, 902; BGH VersR 2005, 976 = NJW-RR 2005, 1189; BGH VersR 2005, 1565; BGH VersR 2006, 1066 = NJW 2006, 2545.

137 OLG Düsseldorf VersR 1997, 1272; *Präve* Versicherungsbedingungen und AGB-Gesetz, 1998, Rn. 433; *ders.* VersR 2000, 138, 140, 141.

138 Grundlegend BGHZ 106, 42, 49 = VersR 1989, 82, 84 = NJW 1989, 222; vgl. auch *Römer* NVersZ 1999, 97, 102 f.

139 Vgl. hierzu allgemein *Lorenz* VersR 1998, 1086 f.; *Römer* NVersZ 1999, 97, 103; *Wandt* Änderungsklauseln in Versicherungsverträgen, 2000, Rn. 89 ff.

140 Für Vorrang der Bestimmtheit *Römer* NVersZ 1999, 97, 104; wohl auch *Prölss* in: Prölss/Martin § 31 VVG a.F. Rn. 5; *Beckmann* VersR 1996, 540, 545; a.A. *Harrer* in: BK § 31 VVG a.F. Rn. 33; *Fricke* VersR 2000, 257, 262.

202 Wie generell bei der Inhaltskontrolle mittels AGB-Recht sind auch bei AVB gesetzgeberische Wertungen für den zu kontrollierenden speziellen Regelungsbereich zu beachten. Das AGB-Recht darf nicht dazu genutzt werden, klare gesetzgeberische Entscheidungen unter dem »Deckmantel« einer allgemeinen Angemessenheitskontrolle zu unterlaufen.[141]

6. Rechtsfolgen der Unwirksamkeit von AVB

203 Die Rechtsfolgen der Unwirksamkeit einer Allgemeinen Geschäftsbedingung sind in § 306 BGB geregelt.[142] Grundsätzlich berührt die Unwirksamkeit einer Allgemeinen Geschäftsbedingung den Vertrag im Übrigen nicht (§ 306 I BGB). Dies heißt, der **Vertrag bleibt wirksam**, ausgenommen die unwirksame Bestimmung. § 306 III BGB führt **ausnahmsweise** zur **Totalunwirksamkeit eines Vertrages**, wenn das Festhalten am Vertrag für eine der Vertragsparteien eine unzumutbare Härte darstellen würde, obwohl die unwirksame AGB-Bestimmung durch eine gesetzliche Vorschrift oder durch ergänzende Vertragsauslegung ersetzt wurde. Diese Voraussetzungen liegen bei einem Versicherungsvertrag selten vor, weil den Versicherten nicht der Versicherungsschutz genommen werden darf und weil die Ersetzung einer unwirksamen AVB auch sonst regelmäßig ohne unzumutbare Härte möglich ist.

204 Soweit der Regelungsgehalt der unwirksamen Bestimmung betroffen ist, richtet sich der Inhalt des Vertrages gemäß § 306 II BGB nach den **gesetzlichen Vorschriften**. Hier stellt sich ein Problem schärfer als bei anderen Vertragstypen, die gesetzlich mehr oder weniger eingehend geregelt sind. Sucht man nämlich nach der gesetzlichen Vorschrift, die an die Stelle einer unwirksamen AVB treten soll, dann stößt man im Versicherungsvertragsrecht systembedingt (Rn. 139) leicht auf ein Vakuum.[143] Denn gesetzliche Vorschriften, die zur Lückenfüllung herangezogen werden könnten, fehlen häufig, weil die Produkt- und Preisgestaltung durch leistungsbeschreibende AVB und Tarifbestimmungen weitgehend dem Versicherer als im Wettbewerb stehenden Unternehmer überlassen bleiben muss (zur begrenzten Kontrollierbarkeit Rn. 195, 197). Außerdem regelt das VVG zahlreiche Versicherungsarten überhaupt nicht oder nur lückenhaft.

205 Wenn kein Gesetzesrecht zur Lückenfüllung vorhanden ist, muss die Vertragslücke regelmäßig im Wege der **ergänzenden Vertragsauslegung** geschlossen werden. Denn die ersatzlose Streichung der unwirksamen Klausel ist meist keine Lösung, die den typischen Parteiinteressen angemessen Rechnung trägt. Nach den allgemein anerkannten Grundsätzen der ergänzenden Vertragsauslegung ist die Vertragslücke in der Weise zu füllen, wie es die Parteien bei sachgerechter Abwägung der beiderseitigen Interessen unter Berücksichtigung von Treu und Glauben sowie der Verkehrssitte redlicherweise vereinbart hätten, wenn ihnen die Unwirksamkeit der Klausel bei Vertragsschluss bekannt gewesen wäre.[144] Diese Grundsätze gelten auch für das Versicherungsrecht.[145]

141 Vgl. *Wandt* VersR 2000, 129.

142 Vgl. dazu *Reiff* in: Langheid/Wandt, AGB Rn. 113 ff.

143 Vgl. BGHZ 117, 92 = VersR 1992, 477, 479 = NJW 1992, 1164; *Römer* VersR 1994, 125.

144 Grundlegend BGHZ 90, 69 (Tagespreisklausel) = NJW 1984, 1544; BGH NJW 1990, 115 (objektiv-generalisierende Interessenabwägung); vgl. auch BGH VersR 2005, 1565.

145 BGHZ 88, 78 = VersR 1983, 848 = NJW 1983, 2632; BGHZ 117, 92 = VersR 1992, 477 = NJW 1992, 1164; BGH VersR 1992, 479; BGHZ 139, 333 = VersR 1999, 210 = NJW 1999, 579; vgl. auch OLG Köln VersR 1995, 796; OLG Köln VersR 1996, 1399; OLG Hamm VersR 1995, 649; OLG Karlsruhe VersR 1998, 479; OLG Karlsruhe VersR 2000, 624.

Die Lückenschließung im Wege ergänzender Vertragsauslegung durch die Gerichte hat allerdings eine Reihe von **Nachteilen**, die dieses Verfahren zur Lückenfüllung von Versicherungsverträgen nicht als optimal erscheinen lassen.[146] Eine richterliche ergänzende Vertragsauslegung ist nämlich nur in einem Individualprozess, nicht aber in einem Verbandsklageverfahren zulässig.[147] Die einzelnen Versicherungsnehmer müssen also Individualrechtsstreite führen, um eine gerichtliche Vertragsergänzung zu erlangen. Bei einer ergänzenden Vertragsauslegung durch die Gerichte können außerdem Jahre vergehen, bis Klarheit über den Inhalt des Vertrages besteht. Die einzelnen Urteile haben auch nur Rechtskraft im Verhältnis der Parteien des jeweiligen Rechtsstreits. Schließlich kommen verschiedene Gerichte erfahrungsgemäß zu Vertragsergänzungen, die nicht in jeder Hinsicht, nicht in jedem Detail, übereinstimmen. Auf diesem Weg würden Verträge eines ehemals einheitlichen Versicherungsbestandes also leicht unterschiedliche Inhalte erlangen, was dem Gedanken des Risikoausgleichs zuwiderliefe und hohe Verwaltungskosten des Versicherers nach sich zöge.[148] 206

Diese Nachteile sollen spezielle Regelungen zur **Lückenfüllung in der Lebens-, Berufsunfähigkeits- und Krankenversicherung** vermeiden (§§ 164, 203 IV VVG). Die Befugnis des Versicherers zur Lückenfüllung wurde zunächst im Zuge der Deregulierung im Jahre 1994 nur für die Lebens- und Krankenversicherung eröffnet (vgl. §§ 172 II, 178g III 2 VVG a.F.).[149] Das neue VVG hat diese Befugnis dann auf die Berufsunfähigkeitsversicherung ausgeweitet (§ 176 VVG). Der Reformgesetzgeber ist jedoch nicht dem weitergehenden Vorschlag der Reformkommission gefolgt, für *alle* Versicherungsarten eine Ersetzungsbefugnis des Versicherers vorzusehen (vgl. § 16 II Kommissionsentwurf)[150] 207

Die speziellen gesetzlichen Regelungen ermächtigen den Versicherer, einen durch Unwirksamkeit einer AVB-Bestimmung lückenhaften Vertrag zu ergänzen, wenn die Ergänzung des Vertrages zu seiner Fortführung notwendig ist (»**Klauselersetzung**«).[151] Das Kriterium der Notwendigkeit zur Vertragsfortführung ist nicht nur Voraussetzung der Klauselersetzung, sondern bestimmt auch ihren Inhalt. Mit dem Klauselersetzungsverfahren soll inhaltlich nur eine Klausel geschaffen werden, die in dem notwendigen Umfang die Lücke schließt. Die Klauselersetzung erfolgt mit Wirkung für bestehende Versicherungsverträge und ohne Mitwirkung des Vertragspartners, des 208

146 Vgl. z.B. *Römer* VersR 1994, 125 ff.; *Matusche-Beckmann* NJW 1998, 112, 113.

147 *Römer* VersR 1994, 125, 126; *Präve* VersR 1999, 699; *Schmidt* in: Ulmer/Brandner/Hensen, AGBG, § 6 AGBG Rn. 36.

148 Zur Ungeeignetheit der richterlichen ergänzenden Vertragsauslegung zur Lückenschließung von Massenverträgen vgl. *Römer* VersR 1994, 125 ff.; *Matusche-Beckmann* NJW 1998, 112, 113; *Präve* VersR 1999, 699; *Wandt* Änderungsklauseln in Versicherungsverträgen, 2000, Rn. 287; *Schmidt* in: Ulmer/Brandner/Hensen, AGBG, § 6 AGBG Rn. 36.

149 Ausführlich hierzu *Wandt* in: Beckmann/Matusche-Beckmann, § 11 Rn. 19 ff.

150 Reformkommission, Abschlussbericht, S. 203, 305.

151 Vgl. *Wandt* Änderungsklauseln in Versicherungsverträgen, 2000, S. 107 ff.; *ders.* Ersetzung unwirksamer AVB der Lebensversicherung im Treuhänderverfahren gemäß § 172 VVG, 2001; *ders.* VersR 2001, 1449; *Lorenz* VersR 2001, 1141. – Zur Anwendbarkeit des § 172 II VVG a.F. auf die kapitalbildende Lebensversicherung und zu den Anforderungen an eine wirksame Klauselersetzung im Treuhänderverfahren vgl. BGHZ 164, 297 = VersR 2005, 1565 = NJW 2005, 3559; BGH VersR 2007, 1547 (Geltung der Rechtsprechungsgrundsätze auch für die fondsgebundene Lebensversicherung); BGH VersR 2007, 1211 = NJW-RR 2007, 1629 (Geltung der Rechtsprechungsgrundsätze auch für den Versicherungsverein auf Gegenseitigkeit). Siehe auch BVerfG VersR 2006, 489 = NJW 2006, 1783; BVerfG VersR 2006, 957 sowie *Schwintowski* DStR 2006, 429, 473 und *Lerch* VuR 2005, 469.

Versicherungsnehmers. Im Gegensatz zur Vorgängerregelung des § 172 II VVG a.F. – und anders als bei der Prämien- und Leistungsänderung gemäß §§ 163, 203 VVG in der Lebens- und Krankenversicherung – verlangt das neue Recht nicht mehr, dass ein **unabhängiger Treuhänder** bei der Klauselersetzung mitwirkt. Der Reformgesetzgeber erachtet die Mitwirkung des Bedingungstreuhänders nicht als zusätzlichen Schutz der Interessen des Versicherungsnehmers und verweist diesen auf die gerichtliche Überprüfung.[152] Ob die Voraussetzungen für eine durchgeführte Klauselersetzung vorlagen und der Versicherer die inhaltlichen Schranken eingehalten hat, unterliegt uneingeschränkt der **gerichtlichen Kontrolle.**

209 **Vertiefung:** Es liegt in der Natur der **Grundsätze der ergänzenden Vertragsauslegung**, dass sich bei Anwendung dieser Grundsätze nicht stets nur eine einzige vertretbare Lösung ergibt. Entscheidend für die Klauselersetzung ist deshalb, dass sich die vom Versicherer neu eingefügte Klausel inhaltlich in dem Bewertungsrahmen hält, den die Grundsätze der ergänzenden Vertragsauslegung eröffnen. Dieser Bewertungsrahmen ist jedoch meist relativ eng, da die Unwirksamkeit einer AVB-Bestimmung durch ein Gericht, zumindest aber durch die BaFin oder durch die Kartellbehörden festgestellt sein muss. Der Versicherer muss bei der inhaltlichen Ausgestaltung der ersetzenden Klausel die Maßgaben der gerichtlichen oder behördlichen Entscheidung, welche die Unwirksamkeit der alten Klausel festgestellt hat, umsetzen. Die Gerichte werden insoweit wegen des Ausnahmecharakters der Klauselersetzung strenge Anforderungen stellen. Ausgehend vom Zweck der Vorschrift, eine rasche und einheitliche Vertragsergänzung zu erreichen, sollten die Anforderungen dennoch nicht überzogen werden. Die Gefahr missbräuchlicher Klauselersetzungen ist aus verschiedenen Gründen sehr gering. Für diese Einschätzung spricht, dass sich aus der die Unwirksamkeit feststellenden Entscheidung eine »gebundene Marschroute« ergibt. Außerdem wirken die Image- und Kostenfolgen eines fehlgeschlagenen Ersetzungsverfahrens präventiv.

III. Gesetzliche und vertragliche Bedingungsänderungsbefugnisse des Versicherers

1. Überblick

210 Versicherungsverträge sind in hohem Maße von vertragsexternen Umständen abhängig, auf deren Entwicklung die Vertragsparteien keinen Einfluss haben. Der Versicherer ist regelmäßig bemüht, das Risiko der Änderung solcher Umstände[153] bei Vertragsschluss abzuschätzen und in Form von Sicherheitszuschlägen[154] in die Prämie einzukalkulieren. Die **zukünftige Entwicklung vertragsexterner Umstände** lässt sich jedoch nur unzureichend abschätzen. Verändern sich diese Umstände anders als vom Versicherer erwartet, kann dies zu einer erheblichen Störung des bei Vertragsschluss vereinbarten Äquivalenzverhältnisses zwischen Leistung und Gegenleistung führen.

211 Allgemeine Versicherungsbedingungen sehen deshalb regelmäßig Befugnisse des Versicherers zur **Anpassung von Prämie und Bedingungen** vor.[155] Derartige Anpassungsbefugnisse entsprechen den typischen Parteiinteressen. Die Vertragsparteien wollen das Vertragsverhältnis wegen einer Äquivalenzstörung nämlich regelmäßig

152 RegE BT-Drucks. 16/3945 S. 100.

153 Zum sog. Änderungsrisiko vgl. *Farny* Versicherungsbetriebslehre, S. 77 ff.; *R. Schmidt* FS Möller, 1972, S. 443 f., 450 ff.

154 Zum sog. Trendzuschlag vgl. *Prölss* in: Prölss/Martin, § 31 VVG a.F. Rn. 4; *Rehnert* in: HdV, 1988, S. 289, 293.

155 Ausführlich hierzu *Wandt* in: Beckmann/Matusche-Beckmann, § 11 Rn 59 ff.; vgl. auch *Beckmann* in: Bruck/Möller, Einf. C Rn. 151 ff.

nicht beenden, sondern es mit angepasstem Inhalt fortführen. Für unkündbare Verträge oder Vertragszeiten ist eine Anpassungsbefugnis des Versicherers sogar unabdingbar. Der Versicherer muss auf Veränderungen, die bei Vertragsschluss entweder nicht vorhersehbar waren oder die aus berechtigten Gründen nicht in Sicherheitszuschlägen berücksichtigt wurden, entweder durch eine Erhöhung der Prämie oder durch Einschränkungen des Leistungsumfangs reagieren können. Anderenfalls wäre die dauernde Erfüllbarkeit der Verträge und die Existenz des Versicherers gefährdet.[156]

2. Gesetzliche Änderungsbefugnisse

Das VVG enthält **keine allgemeine**[157] **Regelung**, die den Versicherer berechtigen würde, auf die Verwirklichung von Änderungsrisiken durch eine Änderung des Vertragsinhalts zu reagieren.[158] Im Zuge der EG-bedingten Deregulierung des Versicherungsrechts im Jahre 1994 hatte der Gesetzgeber dem Versicherer jedoch für die **Lebens- und Krankenversicherung**, die für ihn grundsätzlich nicht ordentlich kündbar sind, die Befugnis zu einer einseitigen Vertragsänderung gegeben (§§ 172, 178g VVG a.F.).[159] Diese Regelungen wurden im neuen VVG mit leichten Modifikationen beibehalten (vgl. für die Lebensversicherung §§ 163, 164 VVG, für die Krankenversicherung § 203 II, III VVG) und auf die **Berufsunfähigkeitsversicherung** erstreckt (vgl. § 176 VVG).[160] **212**

Für den **VVaG** gibt es eine allgemeine, nicht auf bestimmte Versicherungsarten beschränkte, gesetzliche Regelung: Nach **§ 41 III 2 VAG** können Allgemeine Versicherungsbedingungen eines VVaG ohne Zustimmung der Versicherten mit Wirkung für bestehende Versicherungsverhältnisse geändert werden, wenn die Satzung dies ausdrücklich vorsieht. **213**

Eine Satzungsbestimmung, die einen solchen Änderungsvorbehalt enthält, hat Doppelcharakter. Sie ist einerseits vereinsrechtliche Kompetenzbestimmung, soweit sie festlegt, welches Organ des VVaG die Allgemeinen Versicherungsbedingungen mit **214**

156 *Schauer* VR 1999, 21, 31, warnt zu Recht, dass der wirtschaftliche Erfolg eines langfristigen Vertrages davon abhängen kann, ob die Formulierung einer tauglichen Anpassungsklausel gelingt. Vgl. auch *Farny* Versicherungsbetriebslehre, S. 539 (eine besonders wichtige Maßnahme der Risikopolitik). – Die Triftigkeit dieserWarnungen wurden durch die Geschehnisse um die britische Gesellschaft »equitable life« eindrucksvoll bestätigt. Vgl. das Urteil des House of Lords, Equitable Life Assurance Society v Hyman, All England Law Reports 2000, 961.

157 Das VVG enthält allerdings einige einschlägige spezielle Regelungen; vgl. §§ 19 IV, 41 VVG (§§ 41, 41a VVG a.F.) über eine Vertragsanpassung infolge Fehleinschätzung der Risiken bei Vertragsschluss bzw. Antragstellung sowie z.B. §§ 74, 79, 80 VVG (§§ 51, 60, 68 VVG a.F.).

158 Entgegen einer Forderung von *Römer* VersR 1994, 125 (Seine Forderung bezog sich in erster Linie auf eine Regelung zur Ersetzung einer unwirksamen AVB; er hielt aber auch Bedingungsanpassungsklauseln wegen veränderter externer Umstände für zulässig; vgl. VersR 1994, 125, 127). Vgl. auch *Renger* VersR 1994, 753, 755. – Zu der Regelung des Art. 1 III EGVVG hinsichtlich der AVB-Anpassung an das VVG 2008 siehe Rn. 19.

159 Vgl. hierzu BGH VersR 2008, 386 (Einbeziehung gem. § 178g III VVG a.F. geänderter AVB ist analog § 1 UKlaG im Verbandsklageverfahren überprüfbar).

160 Für die **Kfz-Haftpflichtversicherung** ist die Übergangsregelung des Art. 16 § 8 Drittes Durchführungsgesetz/EWG zum VAG (abgedruckt bei *Lorenz/Wandt* Nr. 5) zu beachten. Sie gestattet eine Änderung der Prämie und Tarifbestimmungen von Kraftfahrzeug-Haftpflichtversicherungsverträgen, die bis zum 31.12.1994 zu den von der Aufsichtsbehörde vor dem 29.07.1994 genehmigten Versicherungsbedingungen geschlossen wurden (sog. Stichtagsaltverträge).

Wirkung für bestehende Versicherungsverhältnisse ändern darf.[161] Die Satzungsbestimmung ist andererseits eine Allgemeine Geschäftsbedingung und unterliegt als solche der AGB-rechtlichen Kontrolle, soweit sie zu einer bestandswirksamen Änderung von Allgemeinen Versicherungsbedingungen ermächtigt.[162] Aus § 41 VAG folgt also – anders als aus §§ 172, 178g VVG a.F. bzw. §§ 163 f., 176, 203 VVG und Art. 16 § 8 Drittes Durchführungsgesetz/EWG zum VAG – keine unmittelbare gesetzliche Vertragsänderungsbefugnis.

3. Vertragliche Änderungsbefugnisse

215 Wenn der Versicherer – wie bei den meisten Versicherungsarten – nicht kraft Gesetzes zu einer Vertragsänderung befugt ist, kann er aufgrund eines **vertraglichen Änderungsvorbehalts** zu einer Vertragsänderung berechtigt sein. An die Wirksamkeit von Änderungsklauseln stellt das AGB-Recht aber hohe Anforderungen. Angesichts der auf wenige Versicherungsarten beschränkten gesetzlichen Regelungen, des Ausfalls der Aufsichtsbehörde als Genehmigungsinstanz und der Unklarheiten über Grund und Grenzen des AGB-rechtlichen Transparenzgebotes ist die Rechtsunsicherheit in diesem Bereich sehr groß. Es überrascht daher nicht, dass Änderungsklauseln zunehmend einer gerichtlichen Kontrolle unterzogen werden.[163]

216 Die Zulässigkeit von Anpassungsklauseln in Versicherungsverträgen hat die Gerichte bis zur Deregulierung im Jahre 1994 nur selten beschäftigt. Dies lag vor allem daran, dass derartige Klauseln vor ihrer Verwendung durch die Aufsichtsbehörde genehmigt werden mussten und manche bedenkliche Klausel die Genehmigung nicht erhielt. Die Aufsichtsbehörde wachte regelmäßig auch darüber, in welcher Art und Weise die Versicherer von ihrem vertraglichen Änderungsrecht Gebrauch machten.[164] Denn sie genehmigte meist nur solche Änderungsklauseln, die eine spätere Prämien- oder Bedingungsänderung wiederum von der Zustimmung der Aufsichtsbehörde abhängig machten.[165]

217 Wenn eine Änderungsklausel für einen **Zeitraum** gelten soll, **für den der Versicherer kein ordentliches Kündigungsrecht hat**, besteht die Gefahr, dass sich der Versiche-

161 Vgl. BGHZ 136, 394 = VersR 1997, 1517 ff. = NJW 1998, 454, sowie *Lorenz* VersR 1996, 1206.

162 Vgl. BGHZ 136, 394 = VersR 1997, 1517 ff. = NJW 1998, 454, sowie *Baumann* JZ 1999, 881, 885.

163 LG Hannover VersR 1996, 314; OLG Celle VersR 1996, 1133; BGHZ 136, 394 = VersR 1997, 1517 = NJW 1998, 454 (Änderungsklausel in VVaG-Satzung); LG Düsseldorf VersR 1996, 874; OLG Düsseldorf VersR 1997, 1272; BGHZ 141, 153 = VersR 1999, 697 (Bedingungsanpassungsklausel des § 10 A ARB 1994) = NJW 1999, 1865; BGH VersR 1997, 685 (Prämienanpassungsklausel in der Rechtsschutzversicherung) = NJW 1997, 1849; LG Lüneburg VersR 1998, 449 (Prämienanpassungsklausel in Rinderversicherung); LG Köln VersR 1998, 90 (Prämienanpassungsklausel des § 8b MB/KK 1994); AG Hannover VersR 1997, 1219; LG Hannover VersR 1998, 619; OLG Celle VersR 2000, 47; BGH VersR 2001, 493 (Tarifänderungsklausel für die Kraftfahrzeug-Haftpflichtversicherung); BGH VersR 2008, 482 (Unwirksamkeit von § 18 MB/KK 1994).

164 Zur zivilrechtlichen Kontrolle von Prämienanpassungen in der Krankenversicherung und zur notwendigen Unterscheidung der Rechtslage vor und nach dem 29.07.1994 vgl. BGH VersR 2004, 1446 = NJW-RR 2004, 1677.

165 Die »Verordnung über die Anwendung Allgemeiner Versicherungsbedingungen« v. 29.11.1940 ermöglichte auch ohne vertraglichen Änderungsvorbehalt eine bestandswirksame Änderung von AVB durch die Aufsichtsbehörde. Die Verordnung wurde durch Art. 4 II des Gesetzes zur Änderung versicherungsrechtlicher Vorschriften v. 17.12.1990 aufgehoben (BGBl. I S. 2864). Vgl. dazu *Bach/Geiger* VersR 1993, 659 ff.; *Seybold* VersR 1989, 1231; *Römer* VersR 1994, 125, 126. Das BAV hatte, gestützt auf diese Verordnung, beispielsweise die Bestandswirksamkeit einer Änderung der Prämienanpassungsklausel in der Allgemeinen Haftpflichtversicherung herbeigeführt; vgl. dazu *Frey* ZVersWiss 1972, 315, 322, 325.

rer mit Hilfe der Änderungsklausel berechtigten (Leistungs-) Erwartungen des Versicherungsnehmers entzieht. Der Grundsatz »pacta sunt servanda« ist zwar nicht verletzt, wenn die Änderungsklausel wirksam ist, wohl aber berührt. Denn ein Ziel der AGB-rechtlichen Inhaltskontrolle ist, den Kunden davor zu schützen, dass der von ihm erwartete Vertragsinhalt durch eine AGB ausgehöhlt wird. AGB-rechtlich zulässig sind hier nur Anpassungen zur Wiederherstellung des ursprünglichen Äquivalenzverhältnisses von Leistung und Gegenleistung (sog. **»Anpassungsklauseln«** als Unterfall der allgemeineren Kategorie der Änderungsklauseln).[166]

Wenn eine Änderungsklausel dagegen nur einen **Zeitraum** betrifft, **vor dessen Beginn der Versicherer den Vertrag ordentlich kündigen kann**, dann ist die Änderungsklausel lediglich Teil des Verfahrens für eine Vertragsverlängerung über den unkündbaren Zeitraum hinaus. Hieraus folgt ein anderes Programm für die Angemessenheitsprüfung im Sinne von §§ 307, 308 Nr. 4 BGB als bei einer Anpassungsklausel für einen Zeitraum ohne ordentliches Kündigungsrecht des Versicherers.[167] 218

IV. Versicherungsvertragsrecht und Privatautonomie

1. Versicherungspflichten

Zur Privatautonomie als Ausgangspunkt unseres Schuldrechts gehört die Freiheit des Einzelnen, frei darüber zu entscheiden, ob und mit wem er einen Vertrag schließen will. Diese Freiheit ist für Versicherungsverträge durch zahlreiche Vorschriften[168] eingeschränkt, die eine Verpflichtung statuieren, einen Versicherungsvertrag abzuschließen (**»Pflichtversicherungen«**).[169] Die Bereiche, für die das geschieht, sind nur ansatzweise zu systematisieren. Ein überzeugendes geschlossenes Konzept liegt nämlich nicht zu Grunde.[170] 219

Meist geht es um **Pflicht-Haftpflichtversicherungen**, deren Abschluss Voraussetzung ist, um eine private oder berufliche Tätigkeit ausüben zu dürfen, die fremde Rechtsgüter oder Vermögensinteressen gefährdet. Am bedeutsamsten und bekanntesten ist die Kfz-Haftpflichtversicherung. Dazu gehören aber auch die Haftpflichtversicherungen für die Hersteller von Arzneimittel, für die Betreiber von Kernenergieanlagen, gentechnischer Anlagen, Eisenbahnen und anderer gefährlicher Unternehmun- 220

166 Vgl. *Wandt* Änderungsklauseln in Versicherungsverträgen, 2000; *ders.* VR 2002, 4.

167 Siehe die vorige Fn.

168 Eine Pflicht zum Abschluss einer Versicherung wird auch häufig vertraglich vereinbart, z.B. wird ein Kreditnehmer verpflichtet, eine Risikolebensversicherung abzuschließen, damit die Rückzahlung des Kredites auch bei Tod des Kreditnehmers gesichert ist. Auch eine Vertragsauslegung, die an den typischen Parteiinteressen orientiert ist, kann dazu führen, dass eine Vertragspartei die andere zumindest so zu stellen hat, als habe sie zu deren Schutz eine Versicherung abgeschlossen. Eine solche Pflicht kann z.B. einen Kfz-Händler treffen, der einem Kunden für die Dauer der Reparatur seines Kfz leihweise einen Neuwagen überlässt; vgl. OLG Hamm VersR 2001, 376 mit Anm. *Wandt*. Vgl. dazu auch *Looschelders* in: Langheid/Wandt, § 1 VVG Rn. 123 ff.

169 Vgl. die Textsammlung *Wiechmann/Block* Nr. 54. – In manchen Bereichen wird dem Verpflichteten die Alternative eröffnet, seine **Deckungsvorsorgepflicht** durch eine Freistellungs- oder Gewährleistungsverpflichtung meist eines Kreditinstituts zu erfüllen (z.B. § 94 AMG; § 4a Atomgesetz). – Zum gesetzlichen Begriff »Pflichtversicherung«, der nur die Pflicht-Haftpflichtversicherung erfasst vgl. Rn. 1071.

170 Vgl. hierzu die Beiträge in Hamburger Gesellschaft zur Förderung des Versicherungswesens (Hrsg.), Pflichtversicherung – Segnung oder Sündenfall –, 2005.

gen[171] sowie die zahlreichen Berufshaftpflicht-Pflichtversicherungen für Rechtsanwälte, Notare, Wirtschaftsprüfer etc. In einer anderen Gruppe lassen sich die **Pflichten zum Abschluss einer Sach- oder Unfallversicherung** zum Schutze gefährdeter Dritter zusammenfassen. Hierzu gehören beispielsweise die Passagierunfallversicherung in der Luftfahrt oder die Probandenversicherung für klinische Experimente.[172]

221 Seit 01.01.2009 besteht auch eine Pflicht zum Abschluss einer **Krankheitskostenversicherung**. Sie trifft jede Person mit Wohnsitz im Inland für sich selbst und für die von ihr gesetzlich vertretenen Personen, soweit diese nicht selbst Verträge abschließen können (vgl. § 193 III 1 VVG 2009 i.V.m. Art. 11 des Gesetzes zur Reform des Versicherungsvertragsrechts).

222 Nicht zu verwechseln mit Pflichten zum Abschluss privater Versicherungsverträge ist die sozialrechtlich geregelte Entstehung von Versicherungsverhältnissen in den zahlreichen Formen der **Sozialversicherung** (Rn. 5). Typisch für sie ist, dass der Schutz des Versicherten nicht abhängig ist von einer darauf gerichteten Willenserklärung. Vielmehr entsteht das Sozialversicherungsverhältnis automatisch, wenn ein einschlägiger Tatbestand vorliegt, z.B. die Eingehung eines Arbeitsverhältnisses (vgl. § 2 I SGB IV »kraft Gesetzes [...] versichert«, dazu § 5 I Nr. 1 SGB V).[173] Eine Sache für sich ist, dass der Gesetzgeber, um soziale Aufgaben zu bewältigen, einmal die sozialrechtliche, ein anderes Mal die privatrechtliche Gestaltungsform wählt. Von einem bedingten Zwang zum Abschluss eines privaten Versicherungsvertrags kann man sprechen, wenn jemand unter der Voraussetzung, dass er einen entsprechenden privaten Versicherungsvertrag geschlossen hat, von seiner Pflicht zur Beteiligung an einer öffentlich-rechtlichen (Sozial-) Versicherung befreit ist (z.B. studentische Krankenversorgung).[174]

223 Der Versicherungspflichtige kann sich aussuchen, bei welchem Versicherer er die Versicherung nimmt (zur Abschaffung früherer landesrechtlicher Monopole vgl. Rn. 55). Umgekehrt gilt dies bei den meisten Pflichtversicherungen auch für den Versicherer. In der Kfz-Haftpflichtversicherung trifft den Versicherer jedoch ein **Kontrahierungszwang**. Ein Antrag auf Abschluss einer Kfz-Haftpflichtversicherung im gesetzlich vorgeschriebenen Umfang darf nur aus bestimmten Gründen abgelehnt werden (vgl. § 5 II PflVG; mehr dazu Rn. 253). Auch den **Krankenversicherer** trifft seit dem 01.01.2009 eine Kontrahierungspflicht zum Basistarif (§ 193 V und VII VVG 2009). Ein Kontrahierungszwang besteht ausnahmsweise auch im Bereich freiwilliger Versicherungen. Dies beruht dort entweder auf einer besonderen Interessenlage (z.B. bei der Versicherung des Hypothekengläubigers, vgl. § 105 VVG) oder auf einem besonderen sozialen Schutzbedürfnis (z.B. bei der Krankenversicherung neugeborener Kinder, vgl. § 198 VVG bzw. § 178d VVG a.F.).

224 Für gewöhnlich schafft der Kontrahierungszwang keine Probleme. Denn ein Versicherer ist grundsätzlich daran interessiert, neue Kunden zu gewinnen. Anders steht es mit den »schlechten Risiken«. Denn jeder Versicherer wird sich begreiflicherweise dagegen wehren, zwangsweise überdurchschnittlich hohe Risiken zu versichern, wenn er nicht zum Ausgleich dafür eine entsprechend hohe Prämie bekommt.[175] So-

171 *Morscheid* Pflicht-Haftpflichtversicherungen im gewerblichen Land- und Luftverkehr, 2008.

172 Vgl. § 50 LuftVG; § 40 AMG. Zu den Musterbedingungen für die Probandenversicherung als Pflichtversicherung *Rittner/Taupitz/Walter-Sack/Wessler* VersR 2008, 158.

173 Zu Einzelheiten vgl. *Gitter/Schmitt* Sozialrecht, 5. Aufl. 2001, §§ 4 ff.

174 Vgl. § 8 Nr. 5 SGB V.

175 Die Kontrahierungspflicht des Krankenversicherers zum Basistarif ist mit dem Verbot verbunden, Risikozuschläge für erhöhte individuelle Risiken zu verlangen. Zum Ausgleich der daraus folgenden unterschiedlichen Belastungen einzelner Versicherer müssen sich die Versicherer an einem »Risikoausgleich« beteiligen (vgl. dazu Rn. 1319).

lange die Prämienhöhen sozial verträglich sind, sind risikoadäquate Prämiendifferenzierungen auch bei Pflichtversicherungen unproblematisch (z.B. höhere Prämien für »Führerschein-Anfänger«). Derartige sachlich begründete Prämiendifferenzierungen sollte man nicht mit dem emotional besetzten Wort »Diskriminierung« bezeichnen.

Vertiefung: § 81e VAG verbietet es den Versicherern, bei der Prämienkalkulation und in Tarifbestimmungen auf die Staatsangehörigkeit des Versicherungsnehmers oder Versicherten oder auf deren Zugehörigkeit zu einer ethnischen Gruppe abzustellen. Die Staatsangehörigkeit oder die Zugehörigkeit zu einer ethnischen Gruppe ist für sich gesehen nämlich kein sachgerechtes Risikomerkmal, weil ein statistisch weit überdurchschnittlicher Schadensbedarf von Versicherten bestimmter Staatsangehörigkeit typischerweise nicht auf der Staatszugehörigkeit selbst, sondern auf einer Vielzahl anderer Gründe beruht.[176] Gesetzlich nicht verboten ist es, statistisch relevante »unmittelbarere« Risikomerkmale zugrunde zu legen (z.B. der Gebrauch eines Kfz in einem bestimmten Staat außerhalb der EG/des EWR). Wenn diese anderen Risikomerkmale allerdings nicht statistisch fassbar sind oder dies zu kostenträchtig ist, läuft das Verbot des § 81e VAG im Ergebnis darauf hinaus, dass zwangsweise »schlechte Risiken« von den »guten Risiken« mitbezahlt werden. – Ein gesetzliches Verbot der Verwendung von statistisch relevanten Risikomerkmalen – wie es das Gendiagnostikgesetz vorsieht (vgl. Rn. 238a) – gibt das für das private Versicherungswesen grundlegende Prinzip der Prämienäquivalenz (Rn. 103) zugunsten des in der Sozialversicherung herrschenden Solidarprinzips auf. Das berührt die Grundfrage nach der Stellung der privaten Versicherung in unserem Rechts- und Sozialsystem, auf die sogleich einzugehen ist (vgl. nächste Rn.). 225

2. Zur Privatautonomie und der Stellung des Versicherungsvertragsrechts im Rechtssystem

Die Privatautonomie ist im Versicherungsvertragsrecht durch zwingende und halbzwingende Vorschriften eingeschränkt. Dies ist an sich nichts Besonderes. Es ist allerdings auf einen Umstand hinzuweisen, der in der zivilrechtlichen Theorie nach wie vor noch nicht befriedigend verarbeitet ist: Versicherungsvertragsrecht wird – mag der Zusammenhang mit dem Schuldrecht gebührend gewahrt werden oder nicht – weitgehend mit einem rechtlichen Instrumentarium betrieben, das fast ausschließlich aus der Ideenwelt des individuellen Tauschverkehrs stammt. Jedenfalls tun wir so, als handelten die Vertragspartner und allenfalls noch andere Beteiligte (»Gefahrengemeinschaft«, Rn. 108 ff.) auf eigene, freie Initiative und ohne übergreifenden sozialen Zusammenhang. In Wirklichkeit ist das private Versicherungswesen in großen Bereichen ein integriertes und integrierendes privatwirtschaftliches Element in dem Großsystem staatlicher Sozialvorsorge. Zwischen einigen Bereichen der privaten Jedermann-Versicherungen und der staatlichen Daseinsvorsorge besteht deshalb ein enger Zusammenhang. Dies hat Einfluss auf die Regelung (Regulierung) der betreffenden Bereiche der Privatversicherung. 226

Am deutlichsten zeigt sich dies in der Regelung der »substitutiven Krankenversicherung« (vgl. z.B. §§ 178a IV, 178c II, 178d-e VVG a.F. bzw. §§ 195, 197 II, 198, 199 VVG). Es zeigt sich beispielsweise auch in Regelungen der Lebensversicherung (vgl. § 169 III 1 VVG [Mindestrückkaufswert] und § 1 I 1 Nr. 8 Altersvorsorgeverträge-Zertifizierungsgesetz [AltZertG], der für die sog. »Riester-Produkte« als Mindestzeitraum für eine Verrechnung von Abschlusskosten einen Zeitraum von fünf Jahren 227

176 BVerwGE 79, 326 = VersR 1988, 817 = NJW 1988, 2191.

vorsieht)[177] oder in Regelungen der Kfz-Haftpflichtversicherung (vgl. die summenmäßigen Schranken der Leistungsfreiheit des Versicherers bei Obliegenheitsverletzungen, §§ 5, 6 KfzPflVV)[178].

228 Einerseits schafft jede Versicherungspflicht und jede staatliche Förderung eine staatlich garantierte Nachfrage nach Versicherungsverträgen, oder forscher formuliert: ein garantiertes Geschäft für die Versicherer. Die Kehrseite davon ist, dass der Staat daraus auch die Legitimation ableitet, dieses Geschäft stärker als andere zu reglementieren. Es ist wahrscheinlich, dass dieser Umstand, zumindest bei weiterer Zunahme von Versicherungspflichten und staatlicher Versicherungsanreize, auf lange Sicht auch Einfluss auf die Methode der Anwendung des Privatversicherungsrechts gewinnen wird.

3. Die versicherungsspezifischen Regelungen des AGG und des GenDG

229 Eine Beschränkung der Privatautonomie der Versicherer hinsichtlich der Gleichbehandlung der Versicherten ergibt sich nicht nur aus den speziellen aufsichtsrechtlichen Gleichbehandlungsgeboten (vgl. Rn. 111 ff.), sondern auch aus den **Beeinträchtigungsverboten des Allgemeinen Gleichbehandlungsgesetzes (AGG)**.[179] Das AGG soll allgemein im Rechtsverkehr den Schutz der Gleichheitssätze des Art. 3 GG verstärken und auch privatrechtliche Akteure binden.[180] Es beruht auf insgesamt vier europarechtlichen Richtlinien, von denen zwei versicherungsspezifische Bedeutung haben, nämlich die Richtlinie 2000/43/EG und die Richtlinie 2004/113/EG.[181]

230 **Benachteiligungen** wegen der Rasse, der ethnischen Herkunft, des Geschlechts, der Religion oder Weltanschauung, einer Behinderung, des Alters oder der sexuellen Identität sind **grundsätzlich verboten** (§ 1 AGG). Erfasst sind mittelbare und unmittelbare Benachteiligungen (§ 3 I, II AGG). Das Verbot der Benachteiligung gilt gemäß § 2 I Nr. 8 AGG grundsätzlich **auch für den Zugang zu und der Versorgung mit Dienstleistungen.** Der Begriff der Dienstleistung ist europarechtlich zu verstehen. Art. 50 EGV definiert die Dienstleistung als Leistung, welche in der Regel gegen Entgelt erbracht wird.[182]

177 Vgl. zu den sozialpolitischen Zwecken *Wandt* Ersetzung unwirksamer AVB der Lebensversicherung im Treuhänderverfahren gemäß § 172 VVG, 2001, S. 31 f.

178 Vgl. hierzu *Wandt* VersR 1995, 494.

179 Allgemeines Gleichbehandlungsgesetz vom 14.08.2006 (BGBl. I S. 1897), zuletzt geändert durch Gesetz vom 05.02.2009 (BGBl. I S. 160). – Allgemein zum AGG *Maier-Reimer* NJW 2006, 2577 ff.; vgl. auch *Beckmann* in: Bruck/Möller, Einf. A Rn. 166 ff.

180 RegE BT-Drucks. 16/1780 S. 23; *Heinrichs* in: Palandt, BGB, 68. Aufl. 2009, Einl. AGG Rn. 7; vgl. auch Erwägungsgrund 3 zur Richtlinie 2000/43/EG; Erwägungsgrund 2 zur Richtlinie 2004/113/EG. Zu dem Gleichbehandlungsgebot nach Art. 3 GG vgl. BVerfGE 85, 191, 206 ff.; BVerfG VersR 1993, 733, 734.

181 Richtlinie 2000/43/EG des Rates vom 29.06.2000 zur Anwendung des Gleichbehandlungsgrundsatzes ohne Unterschied der Rasse oder der ethnischen Herkunft (ABl. L 180 S. 22); Richtlinie 2004/113/EG des Rates vom 13.12.2004 zur Verwirklichung des Grundsatzes der Gleichbehandlung von Männern und Frauen beim Zugang zu und bei der Versorgung mit Gütern und Dienstleistungen (ABl. L 373 S. 37). Zu beiden Richtlinien vgl. *Krömmelbein* Der versicherungsrechtliche Gleichbehandlungsgrundsatz zwischen Deregulierung und Diskriminierung, 2007, S. 236 ff.

182 Dazu ausführlich *Kluth* in: Calliess/Ruffert, EUV und EGV, Art 49, 50 EGV Rn. 5 ff.

Der Begriff hat einen weiten Bedeutungsgehalt und umfasst auch Privatversicherungsverträge.[183]

§ 19 I Nr. 2 AGG statuiert ein **»zivilrechtliches Benachteiligungsverbot« explizit für privatrechtliche Versicherungsverträge.**[184] Mögliche Benachteiligungen können bei Vertragsabschluss (etwa wenn ein solcher verweigert wird), bei der Gestaltung des Vertragsinhalts (Deckungsumfang, Prämie) und bei der Beendigung des Vertrages erfolgen.[185] 231

Benachteiligungen können ausnahmsweise gerechtfertigt sein. Benachteiligungen wegen der Merkmale Geschlecht, Lebensalter, Behinderung, sexuelle Orientierung, Religion und Weltanschauung sind zulässig, wenn dafür ein sachlicher Grund besteht (§ 20 I AGG). Es bedarf hier regelmäßig einer Wertung im Einzelfall, wobei der Grundsatz der Verhältnismäßigkeit zu beachten ist.[186] Eine Ausnahme für Benachteiligungen wegen der Rasse oder der ethnischen Herkunft besteht dagegen (selbstverständlich) nicht (vgl. § 19 II AGG). 232

Für privatrechtliche Versicherungsschuldverhältnisse gilt die **spezielle Rechtfertigungsregelung des § 20 II AGG.**[187] Gemäß § 20 II 1 AGG ist eine **unterschiedliche Behandlung wegen des Geschlechts** bei den Prämien oder Leistungen zulässig, wenn das Geschlecht beruhend auf relevanten und genauen versicherungsmathematischen und statistischen Daten ein bestimmender Faktor ist. Die Vorschrift soll vor Willkür schützen, aber dennoch die Vertragsgestaltung aufgrund des individuellen Risikos nicht unmöglich machen, da dies ein Grundprinzip des Versicherungsrechts ist.[188] Die der Kalkulation zu Grunde liegenden Daten müssen verlässlich sein und regelmäßig aktualisiert werden. Ferner sollen sie der Öffentlichkeit zugänglich sein (vgl. § 10a IIa VAG).[189] Zu denken ist in erster Linie für die Krankenversicherung an die nach § 103a VAG erstellten Wahrscheinlichkeits- und Sterbetafeln der BaFin sowie an die Invaliditätstafeln der Deutschen Aktuarvereinigung.[190] Der einzelne Versicherer kann auch eigene Daten verwenden, muss diese dann aber nach dem Willen 233

183 RegE BT-Drucks. 16/1780 S. 32; Erwägungsgrund 11 zur Richtlinie 2004/113/EG; *Franke* in: Däubler/Bertzbach, AGG, § 2 Rn. 53; *Heinrichs* in: Palandt, BGB, 68. Aufl. 2009, § 2 AGG Rn. 9; *Armbrüster* in: Erman, § 2 AGG Rn. 24.

184 Versicherungsverträge können grundsätzlich auch unter § 19 I Nr. 1 AGG (Massengeschäfte) fallen. Dies gilt für solche Verträge, bei denen auf eine individuelle Risikoermittlung verzichtet wird, z.B. Reisegepäckversicherungen. Vgl. RegE BT-Drucks. 16/1780 S. 42; *Thüsing/v. Hoff* VersR 2007, 1.

185 *Wandt* in: Karlsruher Forum 2004, S. 125; *Thüsing/v. Hoff* VersR 2007, 2; Vgl. auch BT-Drucks. 16/1780 S. 45; *Grüneberg* in: Palandt, BGB, 68. Aufl. 2009, § 19 AGG Rn. 2.

186 RegE BT-Drucks. 16/1780 S. 43; Erwägungsgrund 16 zur Richtlinie 2004/113/EG; *Thüsing/v. Hoff* VersR 2007, 1.

187 Diese Vorschrift hat immer rechtfertigenden Charakter. Sie wird entgegen § 20 I AGG auch bei mittelbaren Benachteiligungen nicht bereits im Tatbestand geprüft; vgl. *Armbrüster* in: Erman, § 3 AGG Rn. 16; *ders.* VersR 2006, 1297, 1301.

188 RegE BT-Drucks. 16/1780 S. 45; BGH VersR 2004, 992 f. – Viel restriktiver sah dies noch der Entwurf zu der Richtlinie 2004/113/EG. Hier war zunächst ein Zwang zur Gleichbehandlung von Frauen und Männern enthalten (Zwang zur sog. Unisex-Tarifierung). Dem stellten sich jedoch vehement Stimmen aus der Literatur entgegen, die eine Differenzierung als zulässig erachteten. Vgl. *Wandt* VersR 2004, 1341; *Lorenz* VW 2004, 1644; *Thüsing/v. Hoff* VersR 2007, 4. Vgl. zu dem Entwurf der Richtlinie *Präve* VersR 2004, 39 ff.; *Lorenz* VW 2004, 1640 f.

189 § 10a VAG i.d.F. des 9. Gesetzes zur Änderung des VAG vom 23.12.2007 (BGBl. I S. 3248); vgl. RegE BT-Drucks. 16/1780 S. 45; Erwägungsgrund 19 zur Richtlinie 2004/113/EG.

190 *Thüsing/v. Hoff* VersR 2007, 1, 5.

des Gesetzgebers der Öffentlichkeit zugänglich machen. Dies hätte jedoch zur Folge, dass auch Konkurrenten auf diese – ansonsten internen – Daten zugreifen und sie nutzen könnten.[191] Ein anderes Problem besteht bei neu auftretenden Risiken, da es hier zwangsläufig noch keine gesicherten statistischen Daten gibt.[192] Die spezielle Regelung des § 20 II AGG verdrängt den allgemeinen Rechtfertigungstatbestand des § 20 I AGG nicht generell. Deshalb ist es zulässig – beispielsweise zu Wettbewerbszwecken – besondere Vorteile zu gewähren, wenn ein Interesse an der Durchsetzung der Gleichbehandlung fehlt, wie es § 20 I Nr. 3 AGG explizit erlaubt.[193]

234 Kosten im Zusammenhang mit **Schwangerschaft und Mutterschaft** dürfen auf keinen Fall zu unterschiedlichen Prämien oder Leistungen führen (§ 20 II 2 AGG).[194] Dies ist eine verfassungsrechtlich zwar nicht zwingende[195], aber gesellschaftspolitisch begrüßenswerte Regelung.[196]

235 Eine unterschiedliche Behandlung wegen der **Religion oder Weltanschauung, Behinderung, Alter oder sexuellen Identität** ist bei privatrechtlichen Versicherungsschuldverhältnissen nur zulässig, wenn diese auf anerkannten Prinzipien risikoadäquater Kalkulation beruht, insbesondere auf einer versicherungsmathematisch ermittelten Risikobewertung unter Heranziehung statistischer Erhebungen (§ 20 II 3 AGG). Die Anforderungen sind hier niedriger als bei der Rechtfertigung einer geschlechtsspezifisch unterschiedlichen Behandlung gemäß § 20 II 1 AGG.[197]

236 Liegt eine (andauernde) nicht gerechtfertigte Benachteiligung vor, so gewährt § 21 AGG dem Benachteiligten Ansprüche gegen den Verursacher auf **Beseitigung**, bei Besorgung zukünftiger Beeinträchtigungen auf **Unterlassung** (Abs. 1) sowie auf **Schadensersatz** sowohl für materielle als auch immaterielle Schäden (Abs. 2).[198] Um den Schutz des Benachteiligten wirksam zu gestalten, kann sich der Benachteiligende auf eine Vereinbarung, die vom Benachteiligungsverbot abweicht, nicht berufen (§ 21 IV AGG).[199] Die Frist zur Geltendmachung der Benachteiligung beträgt 2 Monate, es sei denn, dass der Benachteiligte ohne Verschulden an der Einhaltung der Frist verhindert ist (§ 21 V AGG). Weitere Schadensersatzansprüche nach allgemeinen Regeln sind nicht ausgeschlossen. Dies stellt § 21 III AGG für deliktische Ansprüche ausdrücklich fest, es gilt aber auch für vertragliche Ansprüche. Insbesondere kommt ein Anspruch aus der Verletzung vorvertraglicher Pflichten nach §§ 280, 311 BGB in Betracht.

---

191 Vgl. *Adomeit/Mohr* KommAGG, § 20 Rn. 34; *Thüsing/v. Hoff* VersR 2007, 1, 5.

192 Vgl. *Thüsing/v. Hoff* VersR 2007, 1, 5.

193 *Armbrüster* VersR 2006, 1301.

194 Vgl. *Thüsing/v. Hoff* VersR 2007, 1, 6; Erwägungsgrund 20 zur Richtlinie 2004/113/EG. Zur Unwirksamkeit von AVB für die Auslandsreisekrankenversicherung, die jeglichen Ersatz von Kosten für Schwangerschaft ausschließen, BGH VersR 2001, 184.

195 Vgl. *Wandt* VersR 2004, 1341 ff.

196 *Adomeit/Mohr* KommAGG, § 20 Rn. 31; *Ambrosius* in: Däubler/Bertzbach, AGG, § 20 Rn. 54.

197 Es sollen hier die Anforderungen genügen, welche auch an die Deckungsrückstellungen nach §§ 11, 65 VAG und §§ 341 f. HGB gestellt werden. Vgl. RegE BT-Drucks. 16/1780 S. 45; *Grüneberg* in: Palandt, BGB, 68. Aufl. 2009, § 20 AGG Rn. 9; *Armbrüster* in: Erman, § 20 AGG Rn. 18; *ders.* VersR 2006, 1300; *Beckmann* in: Bruck/Möller, Einf. A Rn. 179.

198 Vgl. *Armbrüster* VersR 2006, 1302. – Der Verletzte kann grundsätzlich nicht den Abschluss eines Vertrages als Schadensersatz verlangen. Hierfür gelten die allgemeinen Regeln des § 826 BGB. Vgl. *Adomeit/Mohr*, KommAGG, § 21 Rn. 6 ff.; *Grüneberg* in: Palandt, BGB, 68. Aufl. 2009, § 21 AGG Rn. 3, 7; *Armbrüster* VersR 2006, 1303 f.; *ders.* NJW 2007, 1494 ff. Für einen Abschlusszwang, aber unter engen Voraussetzungen *Thüsing/v. Hoff* NJW 2007, 21.

199 Diese Vorschrift ist lex specialis zu § 19 AGG i.V.m. § 134 BGB.

Vertiefung: Wenn im Streitfall der Anspruchssteller Indizien beweist, die seine Benachteiligung wegen eines in § 1 AGG genannten Grundes vermuten lassen, trägt der Anspruchsgegner die **Beweislast** dafür, dass kein Verstoß gegen die Bestimmungen zum Schutz vor Benachteiligung vorgelegen hat (§ 22 AGG; allgemein zur Beweislast im Versicherungsrecht Rn. 459).[200] »Indizien beweisen« bedeutet, dass der Kläger nach den allgemeinen Grundsätzen zunächst den Vollbeweis dafür führen muss, dass er gegenüber einer anderen Person ungünstig behandelt worden ist. Außerdem muss er sog. Vermutungstatsachen vortragen, aus denen sich schließen lässt, dass diese unterschiedliche Behandlung auf einem nach § 1 AGG unzulässigen Grund beruht. Die Indizien müssen die Benachteiligung überwiegend wahrscheinlich erscheinen lassen. Dabei gilt der Grundsatz der effektiven Rechtsdurchsetzung. Je weniger Anhaltspunkte und Nachweise der außerhalb des Geschäftsbetriebs des Versicherers stehende Versicherungsnehmer für die Beeinträchtigung haben kann, desto geringere Anforderungen sind an die Qualität und den Umfang der Indizien zu stellen. Als Indiz kann auch die Durchführung eines »Testing-Verfahrens« mit einer oder mehreren Testpersonen gelten.[201] Liegt eine mittelbare Beeinträchtigung vor, so müssen die Indizien des Versicherungsnehmers grundsätzlich den Rückschluss auf seine Betroffenheit ermöglichen.[202] 237

Die Regelungen des AGG sind gemäß § 33 IV 1 AGG **nicht anwendbar auf Versicherungsverhältnisse, die vor dem 22.12.2007 begründet worden sind**, es sei denn, es handelt sich um eine spätere Änderung eines solchen Versicherungsverhältnisses. – Die Versicherungswirtschaft hat auf die aus dem AGG für Arbeitgeber, Unternehmer etc. resultierenden neuen Risiken bereits mit neuen Versicherungsprodukten reagiert, insbesondere mit **als Rechtschutz- oder Haftpflichtversicherung** ausgestalteteten sog. **Antidiskriminierungspolicen.**[203] 238

Diskriminierungen von Menschen mit erblichen Krankheitsdispositionen soll das **Gesetz über genetische Untersuchungen bei Menschen (Gendiagnostikgesetz – GenDG)**[204] vorbeugen. Der (Privat-) Versicherer darf von Versicherten weder die Vornahme genetischer Untersuchungen oder Analysen verlangen, noch Informationen über bereits vorgenommene genetische Untersuchungen oder Analysen verlangen, noch solche Informationen entgegennehmen oder verwenden (§ 18 I GenDG). Nach Sinn und Zweck der Regelung, die ansonsten leicht umgangen werden könnte, darf der Versicherer auch nicht fragen, ob ein Gentest bereits vorgenommen worden ist.[205] Um die Ausnutzung eines Wissensvorsprungs im eigenen wirtschaftlichen Interesse zu Lasten der Solidargemeinschaft zu verhindern, gilt das Verbot betreffend bereits vorgenommener Untersuchungen nicht für die Lebensversicherung, die Berufsunfähigkeitsversicherung, die Erwerbsunfähigkeitsversicherung und die Pflegerentenversicherung, wenn eine Leistung von einmalig mehr als 300 000 € oder eine Jahresrente von mehr als 30 000 € vereinbart wird (maßgeblich ist die im Vertrag vereinbarte Ablaufsumme; auf eine Dynamisierung kommt es nicht an). Diese Summengrenzen gelten pro Versicherungsvertrag. Der Versicherungsnehmer kann daher meh- 238a

---

200 Ausführlich dazu *Fricke* VersR 2006, 1473.

201 RegE BT-Drucks. 16/1780 S. 47; *Grüneberg* in: Palandt, BGB, 68. Aufl. 2009, § 22 AGG Rn. 2; *Adomeit/Mohr* KommAGG, § 22 Rn. 33 ff.; *Bertzbach* in: Däubler/Bertzbach, AGG, § 22 Rn. 23 ff., 55; *Fricke* VersR 2006, 1474; *Windel* RdA 2007, 3 f.

202 *Adomeit/Mohr* KommAGG, § 22 Rn. 57. Nach Armbrüster soll allerdings den Betroffenen einer mittelbaren Benachteiligung die volle Beweislast treffen, *Armbrüster* VersR 2006, 1305.

203 Vgl. *Thüsing/v. Hoff* VersR 2007, 10.

204 Gesetz vom 31.07.2009 (BGBl. I S. 2529). Die maßgeblichen Vorschriften des GenDG treten nach § 27 I GenDG erst zum 01.02.2010 in Kraft.

205 RegE BT-Drucks. 16/10532 S. 36.

rere Verträge bis zur zulässigen Versicherungssumme bei verschiedenen Versicherern abschließen, ohne seine genetische Disposition offenbaren zu müssen.[206] Der Versicherer kann sich insoweit nur dadurch schützen, dass er vor Vertragsschluss gemäß § 19 VVG nach bereits mit anderen Versicherern abgeschlossenen Versicherungen fragt. Über **bestehende Erkrankungen und über Vorerkrankungen** muss der Versicherungsnehmer im Rahmen der §§ 19 bis 22 und 47 VVG (vgl. insb. Rn. 782 ff.) jedoch auch dann Auskunft geben, wenn diese Erkrankungen durch einen Gentest diagnostiziert worden sind (§ 18 II GenDG). Anders als bei einem prädiktiven Gentests, der unabhängig von einer konkreten Erkrankung den »Blick in die Zukunft« ermöglichen soll, ist bei einem diagnostischen Gentest über (vor-) bestehende Erkrankungen das Recht auf Nichtwissen nicht berührt.

V. Zusammenfassung

239 **Versicherungsvertragsrecht: Gesetz, Dogmatik und allgemeine Versicherungsbedingungen**

1. Rechtsquellen, Dogmatik und Entwicklungsgeschichte (Rn. 132 ff.)

- **Wichtigste Rechtsquellen** für das Versicherungsvertragsrecht sind neben dem **Vertrag** und die ihm zugrunde gelegten **AVB**
  - das **VVG**
  - **Nebengesetze und -verordnungen** (insb. VVG-InfoV, PflVG, KfzPflVV)
  - **BGB, HGB, AGG etc.**
- **Entstehung und historische Bedingtheit des VVG** (Rn. 136 ff.)
  - **BGB** vom 18.08.1996 → konzeptionsprägendes Ziel: aus der Vielfalt landesrechtlicher Regelungen nationale Rechtseinheit zu schaffen
  - **VVG** vom 30.05.1908 → konzeptionsprägendes Ziel: Ergänzung und Begrenzung am Markt schon bestehender AVB → Ursache für besondere Begrifflichkeit, Sonderregelungen und Sonderentwicklungen
- **Dogmatik des Versicherungsvertragsrechts** (Rn. 145 ff.):
  - Versicherungsvertragsrecht ist **Schuldvertragsrecht**, aber
  - **Sonderentwicklung** als Folge getrennter Kodifikation, unterschiedlicher Konzeption und inhaltlichen **Besonderheiten von Versicherung** (bspw. die besondere Bedeutung der Vertragstreue und von Obliegenheiten, Rn. 147 ff.)
- **Anwendungsbereich des VVG** (Rn. 152 ff.)
  - keine Anwendung auf Rückversicherung und Seeversicherung (§ 209 VVG)
  - nur begrenzte Anwendung auf »Versicherungen mit kleineren Beiträgen« (§ 211 VVG)
  - nur modifizierte Anwendung auf Großrisiken, laufende Versicherung (§ 210 VVG)
- **Halbzwingende Vorschriften** (Rn. 159 f.)
  - Abweichungen zugunsten des Versicherungsnehmers sind zulässig
  - Abweichungen zum Nachteil des Versicherungsnehmers sind unwirksam (str.)
  - Halbzwingende Vorschriften sind für Großrisiken und die laufende Versicherung dispositiv (§ 210 VVG)
- **IPR für Versicherungsverträge, die bis zum 17.12.2009 abgeschlossen werden** (Rn. 161 ff.): drei unterschiedliche Kollisionsregime
  - **Erstversicherungsverträge**, wenn **sowohl Risiko als auch Sitz des VR innerhalb EG/EWR** belegen sind → das auf EG-Richtlinien beruhende IPR-Regime des EGBGB
  - **Rückversicherungsverträge** und **Erstversicherungsverträge**, die ein **außerhalb der EG/EWR belegenes Risiko** decken → »Römisches Übereinkommen über das auf vertragliche Schuldverhältnisse anzuwendende Recht« vom 19.06.1980 (in Deutschland in Art. 27 ff. EGBGB inkorporiert mit Vorgabe übereinkommenskonformer Auslegung)

206 *Präve* VersR 2009, 857, 861.

- **Erstversicherungsverträge** über **innerhalb EG/EWR belegene Risiken** mit einem **VR**, der seinen **Sitz außerhalb EG/EWR** hat → Autonomes nationales IPR (Art. 27 ff. EGBGB)

- **IPR für Versicherungsverträge, die nach dem 17.12.2009 geschlossen werden:** Art. 7 der Verordnung des Europäischen Parlaments und des Rates über das auf vertragliche Schuldverhältnisse anzuwendende Recht (Rom I VO)
- **Rechtsharmonisierung** (Rn. 173 ff.)
  - nicht realisierter Richtlinienvorschlag der Kommission zur Vereinheitlichung des materiellen Privatversicherungsrechts von 1979
  - **Harmonisierung des Kollisionsrechts** für Versicherungsverträge durch zweite EG-Richtliniengeneration
  - **Harmonisierung des Aufsichtsrechts** durch dritte EG-Richtliniengeneration
  - **Partielle Harmonisierung des Vertragsrechts** durch die EG-Richtliniengenerationen sowie Umsetzung anderer Richtlinien insb. Fernabsatzrichtlinie und Versicherungsvermittlerrichtlinie
  - **»Principles of European Insurance Contract Law« (PEICL)** → Entwurf eines europäischen Modellgesetzes für Versicherungsverträge durch die Expertengruppe »Restatement of European Insurance Contract Law« → zugleich Entwurf des Gemeinsamen Referenzrahmens (GRR; Common Frame of Reference = CFR) für den Bereich des Versicherungsvertragsrechts im Auftrag der EG-Kommission

2. Allgemeinen Versicherungsbedingungen (Rn. 176 ff.)

- **Qualifikation** (Rn. 176)
  Allgemeine Versicherungsbedingungen (AVB) sind die **Allgemeinen Geschäftsbedingungen des Versicherungswesens**
  Mindestregelungsumfang → § 10 VAG
- **Bedeutung von AVB** (Rn. 180 ff.)
  - besondere Bedeutung von AVB für das **»Rechtsprodukt Versicherung«** → Ausgestaltung der Hauptleistung
  - **vor der EG-bedingten Deregulierung im Jahre 1994** → Pflicht zur aufsichtsbehördlichen Genehmigung von AVB vor deren Verwendung → weitgehend brancheneinheitliche AVB
  - **nach der EG-bedingten Deregulierung im Jahre 1994** → grundsätzlich keine Vorabgenehmigung von AVB durch die Aufsichtsbehörde → Versicherer können AVB unternehmensindividuell gestalten und Produktdifferenzierung herbeiführen → Für viele Arten der »Jedermann-Versicherungen« orientieren sich die Versicherer jedoch an Musterbedingungen, welche die Verbände der Versicherungswirtschaft unverbindlich empfehlen **(»Verbandsbedingungen«)** → ggf. Untersagung der Verwendung einer unwirksamen AVB-Bestimmung im Wege anlassbezogener nachträglicher Missstandsaufsicht, auch wenn die Unwirksamkeit noch nicht durch Zivilgericht festgestellt
- **Einbeziehung von AVB in Versicherungsverträge** (Rn. 186 ff.)
  - AVB werden nur Vertragsinhalt, wenn die Parteien ihre Geltung unter den Voraussetzungen des § 305 II BGB vereinbaren
  - Ausnahme: Vertrag über vorläufige Deckung (§ 49 II VVG)
  - **»Überraschende Klauseln«** in AGB werden gemäß § 305c I BGB nicht Vertragsbestandteil
- **Auslegung von AVB** (Rn. 191 ff.)
  - AVB sind wie sonstige AGB **»objektiv«** auszulegen, d.h. ohne Rücksicht auf die besonderen Umstände des einzelnen Vertragsabschlusses
  - **Maßstab** (BGH) → wie ein **durchschnittlicher Versicherungsnehmer ohne versicherungsrechtliche Spezialkenntnisse** sie bei verständiger Würdigung, aufmerksamer Durchsicht und Berücksichtigung des erkennbaren Sinnzusammenhangs verstehen muss
  - **Ausnahme**: AVB verwenden **Rechtsbegriff**, der in der Rechtssprache einen fest umrissenen Bedeutungsgehalt hat
  - **»Mehrdeutige Klausel«** → Auslegungszweifel gehen zu Lasten des Verwenders (§ 305c II BGB, **»Unklarheitenregel«**).

- **Inhaltskontrolle von AVB** (Rn. 194 ff.)
  - uneingeschränkte Inhaltskontrolle nach den §§ 305 ff. BGB → alle Klauseln, die das Hauptleistungsversprechen einschränken, verändern, ausgestalten oder modifizieren
  - Ausnahme: diejenigen Leistungsbeschreibungen, die Art, Umfang und Güte der geschuldeten Leistung festlegen (§ 307 III 1 BGB)
  - beschränkte Inhaltskontrolle von AVB, die mit gesetzlichen Vorschriften übereinstimmen, und solche über Leistungsbeschreibung und Entgelt → **Transparenzkontrolle** (Überprüfung, ob **Verständlichkeitsgebot** und **Bestimmtheitsgebot** beachtet wurden, § 307 III 2 BGB)
- **Rechtsfolgen der Unwirksamkeit von AVB** (Rn. 203 ff.)
  - § 306 BGB
  - Befugnis des Versicherers zur Ersetzung unwirksamer Klauseln in der Lebens-, Berufsunfähigkeits- und Krankenversicherung (§§ 164, 176, 203 IV VVG)

3. Gesetzliche und vertragliche Bedingungsänderungsbefugnisse des VR (Rn. 210 ff.)

- VR hat bei wenigen Versicherungsarten, insb. **Lebens-, Kranken- und Berufsunfähigkeitsversicherung**, und nur unter engen Voraussetzungen die gesetzliche Befugnis zur **Prämien-, Leistungs- und Bedingungsanpassung** des bestehenden Vertrages (§§ 163, 203 II, III, 176 VVG).
- **Kfz-Haftpflichtversicherung** → Gestattung der Änderung von Prämien und Tarifbestimmungen für sog. »Stichtagsaltverträge« (Art. 16 § 8 Drittes Durchführungsgesetz/EWG zum VAG)
- **VVaG** → Gestattung der Änderung von AVB, wenn Satzung dies erlaubt (§ 41 III 2 VAG)
- hohe Anforderungen des AGB-Rechts an **vertragliche Änderungsklauseln**

4. Versicherungsvertragsrecht und Privatautonomie (Rn. 219 ff.)

- zahlreiche Vorschriften statuieren eine Versicherungspflicht, insb. Pflicht-Haftpflichtversicherungen (bspw. Kfz-Haftpflicht), seit 01.01.2009 auch Pflicht-Krankheitskostenvollversicherung
- häufig mit **Kontrahierungszwang** des VR (bspw. Kfz-Haftpflichtversicherung)
- **Versicherungsspezifische Regelungen des AGG**
  - spezielles »zivilrechtliches Benachteiligungsverbot« für **privatrechtliche Versicherungsverhältnisse** (§ 19 I Nr. 2 AGG)
  - **spezielle Rechtfertigungsregelungen** für Differenzierung unter Verwendung bestimmter allgemein untersagter Kriterien
    → **geschlechtsabhängige Prämien- und Leistungsdifferenzierung zulässig**, wenn das Geschlecht beruhend auf relevanten und genauen versicherungsmathematischen und statistischen Daten ein bestimmender Faktor ist (§ 20 II 1 AGG)
    → **»Kosten im Zusammenhang mit Schwangerschaft und Mutterschaft«** dürfen jedoch nicht zu unterschiedlichen Prämien führen (§ 20 II 2 AGG)
    → **Prämien- und Leistungsdifferenzierung** wegen der **Religion oder Weltanschauung, Behinderung, Alter oder sexuellen Identität** zulässig, wenn diese auf anerkannten Prinzipien risikoadäquater Kalkulation beruht, insbesondere auf einer versicherungsmathematisch ermittelten Risikobewertung unter Heranziehung statistischer Erhebungen (§ 20 II 3 AGG)
- **Verbot des Verlangens, der Entgegennahme oder Verwendung genetischer Informationen (§ 18 GenDG)**
  - kein Verbot für die Lebensversicherung, die Berufsunfähigkeitsversicherung, die Erwerbsunfähigkeitsversicherung und die Pflegerentenversicherung, wenn eine Leistung von einmalig mehr als 300 000 € oder eine Jahresrente von mehr als 30 000 € vereinbart wird
  - nicht erfasst wird die Auskunftspflicht über bestehende (Vor-) Erkrankungen im Rahmen der §§ 19 bis 20 und 47 VVG, und zwar auch dann nicht, wenn sie durch einen Gentest diagnostiziert worden sind (§ 18 II GenDG)

D. Eingehung und Wirksamkeit des Versicherungsverhältnisses

I. Überblick: Gemeinsamkeiten und Unterschiede von altem und neuem VVG; Gesetzeshistorie

1. Überblick

Der Abschluss privatrechtlicher Versicherungsverträge[1] vollzieht sich grundsätzlich nach den **allgemeinen Regeln** des Bürgerlichen Rechts. Erforderlich sind deshalb wie bei jedem Vertragsschluss zwei korrespondierende Willenserklärungen (Einigung durch Antrag und Annahme). Das Vorliegen einer Einigung ebenso wie andere allgemeine Fragen im Zusammenhang mit dem Vertragsschluss (z.B. über die Rechtsfolgen von Willensmängeln) beurteilt sich grundsätzlich nach den bekannten Regeln des BGB. Es gibt jedoch **Sonderregeln** des VVG, die den allgemeinen Regeln des Bürgerlichen Rechts als lex specialis vorgehen. Diese Sonderregeln sollen für den Abschluss von Versicherungsverträgen einen höheren Verbraucherschutz gewährleisten als nach allgemeinem Zivilrecht. Der Grund liegt in den schon beschriebenen besonderen Schwierigkeiten eines durchschnittlichen Versicherungsnehmers, das »Rechtsprodukt Versicherung« zutreffend und vollständig zu erfassen (vgl. Rn. 9). Sie begründen die Gefahr, dass ein Versicherungsnehmer einen Vertrag abschließt, ohne auch nur dessen wesentlichen Inhalt zutreffend verstanden zu haben. 240

2. Gemeinsamkeiten und Unterschiede von altem und neuem VVG; Gesetzeshistorie

Wegen der gerade beschriebenen besonderen Schutzbedürftigkeit des (potenziellen bzw. künftigen) Versicherungsnehmers statuiert das (alte und neue) Versicherungsvertragsrecht besondere **Informationspflichten** (Rn. 278 ff.). Sie sollen den Versicherungsnehmer in die Lage versetzen, eine aufgeklärte und sachgerechte Entscheidung über den benötigten Versicherungsschutz zu treffen. Das neue VVG verstärkt das Schutzkonzept durch **schadenersatzbewehrte Beratungs-, Begründungs- und Dokumentationspflichten** (siehe unten Rn. 263 ff.). Außerdem gibt das (alte und neue) VVG dem Versicherungsnehmer die Möglichkeit, sich innerhalb einer kurzen Frist nach Abgabe seiner Vertragserklärung bzw. nach dem Vertragsschluss den Wirkungen des geschlossenen Vertrages zu entziehen (Rn. 294 ff.). 241

Die Rechtsentwicklung ist im Bereich der vorvertraglichen Information und Beratung sowie eines Lösungsrechts vom Vertrag schon seit der sog. »Deregulierung« durch das »Dritte Durchführungsgesetz/EWG zum VAG« im Jahre 1994 durch EG-Richtlinien gesteuert.[2] Später musste der deutsche Gesetzgeber, obwohl er bereits den Plan zu einer Gesamtreform des VVG gefasst hatte, auf Grund von weiteren EG-Richtlinien Neuregelungen für Spezialbereiche erlassen. Für **Fernabsatz-Verbraucherverträge** galten mit Wirkung vom 08.12.2004 die damals neu eingefügten §§ 48a–e 242

1 Vgl. *Johannsen* in: Beckmann/Matusche-Beckmann, § 8 Rn. 2 ff. Zur Rechtsvergleichung siehe *Basedow/Fock* Europäisches Versicherungsvertragsrecht, 3 Bände, 2002–2003 (Länderberichte und Rechtsvergleich).

2 Vgl. *Weyers/Wandt* Versicherungsvertragsrecht, 3. Aufl., Rn. 71.

VVG a.F.[3] Sie setzten die EG-Richtlinie über den Fernabsatz von Finanzdienstleistungen[4] in das deutsche Versicherungsrecht um.[5] Kernelemente dieser Regelungen waren detaillierte Informationspflichten des Versicherers (§ 48b VVG a.F. mit Anlage), ein Widerrufsrecht des Versicherungsnehmers (§ 48c VVG a.F.) und die Einrichtung einer Schlichtungsstelle für die Beilegung von Verbraucherstreitigkeiten (§ 48e VVG a.F.).[6] Diese speziellen Regelungen für Fernabsatzverträge hatten nur eine kurze Lebensdauer. Denn das **VVG 2008 setzt die Richtlinienvorgaben für Fernabsatzverträge grundsätzlich einheitlich für alle Vertragsarten um**, verzichtet also grundsätzlich auf Sonderregelungen für Fernabsatz-Verbraucherverträge (Rn. 311).

243 Zur Umsetzung der **Versicherungsvermittlerrichtlinie** wurden Informations- und Beratungspflichten der Vermittler bereits durch das Gesetz zur Neuregelung des Versicherungsvermittlerrechts[7] mit Wirkung vom 22.05.2007 in das VVG eingefügt (§§ 42a ff. VVG a.F.). Diese Regelungen wurden unverändert in das VVG 2008 übernommen (§§ 59 bis 68). Der Regierungsentwurf zur Reform des Versicherungsvertragsrechts verweist insoweit vollständig auf die Begründung des Gesetzentwurfs zur Neuregelung des Versicherungsvermittlerrechts (BT-Drucks. 16/1935).

II. Persönlicher, sachlicher und zeitlicher Anwendungsbereich

244 Die **Regelungen über Eingehung, Lauf und Beendigung des Versicherungsverhältnisses** differenzieren im neuen Recht – wie bereits gesagt – grundsätzlich nicht nach der Art des Versicherungsvertrages und nicht nach der Art des Versicherungsnehmers. Es gibt also grundsätzlich keine besonderen Regeln für Versicherungsverträge von Verbrauchern. **Nach dem Konzept des neuen Rechts sollen die Regelungen über den Vertragsschluss möglichst einheitlich gelten.**[8] Dies bedingt, dass sich der Gesetzgeber den zwingenden Vorgaben der Versicherungsvermittlerrichtlinie und der Richtlinie über den Fernabsatz von Finanzdienstleistungen auch außerhalb des Anwendungsbereichs dieser Richtlinien unterwirft (zu den hieraus folgenden Auslegungsproblemen siehe Rn. 311).[9] Eine Differenzierung besteht nur hinsichtlich Versicherungsverträgen über ein Großrisiko im Sinne des Art. 10 I 2 EGVVG[10] (Einzelheiten Rn. 160) sowie hinsichtlich Verträge über vorläufige Deckung (§§ 8 III 1 Nr. 2, 49 VVG); dies macht für diese Bereiche dann aber doch Sonderregelungen für Fernabsatz-Verbraucherverträge erforderlich.

3 Eingefügt durch Art. 6 des Gesetzes zur Änderung der Vorschriften über Fernabsatzverträge bei Finanzdienstleistungen vom 2.12.2004 (BGBl. I S. 3102 ff. vom 07.12.2004). Das Gesetz ist gem. Art. 9 am Tag nach seiner Verkündung, also am 08.12.2004, in Kraft getreten.

4 Richtlinie 2002/65/EG des Europäischen Parlaments und des Rates vom 23.09.2002 über den Fernabsatz von Finanzdienstleistungen an Verbraucher ABl. L 271 vom 09.10.2002, S. 16.

5 Hinzu kamen noch die Änderungen von § 8 V 1 VVG a.F. und § 10a II 1 VAG sowie die Einfügung von Satz 2 in § 5a I VVG a.F.

6 Vgl. auch *Schimikowski* ZfV 2005, 279; *Abram* VP 2005, 42; *Schneider* VersR 2004, 696; *Münch* ZVersWiss 2004, 775.

7 Gesetz vom 19.12.2006 (BGBl. I S. 3232).

8 Vgl. RegE BT-Drucks. 16/3945 S. 47 f.; Begründung zur VVG-InfoV, S. 2 f.; *Niederleithinger* Das neue VVG, 2007, Rn. 59.

9 RegE BT-Drucks. 16/3945 S. 47 f.; Begründung zur VVG-InfoV, S. 2.

10 Ab 17.12.2009: § 210 II VVG; vgl, Art. 2 IV des Gesetzes zur Anpassung der Vorschriften des internationalen Privatrechts an die Verordnung (EG) Nr. 593/2008 vom 25.06.2009 (BGBl. I S. 1574).

Die **Beratungs-, Begründungs- und Dokumentationspflichten** gelten auf Grund nahezu wortgleicher Regelungen für **Versicherungsvermittler** (§§ 61, 62 VVG) und **Versicherer** (§ 6 VVG; vgl. Rn. 383 ff.). Wird der Versicherungsvertrag unter Einschaltung eines Versicherungsvertreters angebahnt, treffen die Pflichten gleichermaßen sowohl den Versicherer als auch den **Versicherungsvertreter** (Rn. 386). Die Auferlegung einer eigenen Pflicht und Haftung des Versicherungsvertreters soll dazu beitragen, dass sich dieser im eigenen Interesse um die Pflichterfüllung kümmert. Wenn der Versicherungsvertrag dagegen durch einen **Versicherungsmakler** vermittelt wird, treffen diese Pflichten nicht auch den Versicherer, sondern ausschließlich den Versicherungsmakler (§ 6 VI VVG; näher dazu Rn. 264). 245

Die **Informationspflichten** gem. § 7 VVG treffen allein den Versicherer, nicht die Versicherungsvermittler. Die Versicherungsvermittler treffen allerdings eigene statusbezogene Informationspflichten, die ebenfalls schadensersatzbewehrt sind (§§ 60, 63 VVG). 246

Die **Vorschriften über den Vertragsschluss**[11] gelten grundsätzlich auch für Versicherungsverträge, die aufgrund einer gesetzlichen Versicherungspflicht (Rn. 219 ff.) geschlossen werden (zur speziellen Regelung des § 5 III PflVG für die Kfz-Haftpflichtversicherung vgl. Rn. 253). Die gesetzliche Pflicht zum Abschluss einer Versicherung wird regelmäßig mit Mitteln außerhalb des Versicherungsrechts durchgesetzt, z.B. in der Kfz-Haftpflichtversicherung, indem ein Kraftfahrzeug erst zum Verkehr zugelassen wird, wenn der Abschluss der obligatorischen Haftpflichtversicherung nachgewiesen ist, und es für strafbar erklärt wird, ein Fahrzeug ohne den vorgeschriebenen Versicherungsschutz im Straßenverkehr zu bewegen. 247

Das EGVVG, das u.a. die Regeln über die **zeitliche Anwendbarkeit** der VVG-Regelungen enthält, sieht für die Eingehung, den Lauf und die Beendigung des Versicherungsverhältnisses keine besondere Übergangsregelung vor, so dass das VVG 2008 grundsätzlich ab 01.01.2008 gilt. Es versteht sich aber von selbst, dass die Wirksamkeit eines unter der Geltung des alten Rechts abgeschlossenen Tatbestandes, insbesondere die Wirksamkeit eines Vertragsschlusses oder die Frage einer pflichtgemäßen vorvertraglichen Beratung und Information, weiterhin nach altem Recht zu beurteilen ist. Aus Gründen des Vertrauensschutzes und der Rechtsklarheit muss dies auch gelten, soweit es um Lösungsrechte von einer vor dem 01.01.2008 abgegebenen Vertragserklärung bzw. von einem vorher geschlossenen Vertrag geht.[12] 248

III. Antrag und Annahme

Der **Antrag** zum Abschluss eines Versicherungsvertrages wird (bislang) regelmäßig vom (zukünftigen) Versicherungsnehmer gestellt.[13] Er kann aber ohne weiteres auch vom Versicherer kommen. 249

11 Vgl. dazu *Wandt* in: Schnyder (Hrsg.), Internationales Forum zum Privatversicherungsrecht 2008, 2009, S. 63 ff. (mit kursorischem Vergleich zum Schweizer VVG-Entwurf).

12 Ebenso *Marlow/Spuhl* S. 38.

13 Nach dem Versicherungsrecht Belgiens und Luxemburgs geht das Angebot zum Abschluss eines Versicherungsvertrages zwingend vom Versicherer aus. Hier kommt der Vertrag erst durch Gegenzeichnen des Angebots des Versicherers (Versicherungsscheins) durch den Versicherungsnehmer zustande. Vgl. *Basedow/Fock* I S. 15 ff.

250 Versicherungsverträge bedürfen nach dem Gesetz keiner **Form.**[14] Sie können also auch (fern-) mündlich geschlossen werden, was in der Praxis aber vor allem aus Beweisgründen nur selten geschieht.[15] Meist stellt der Versicherungsnehmer den Antrag auf einem Formular, das ihm der Versicherer zu diesem Zweck zur Verfügung stellt. Eine zunehmende Anzahl von Versicherungsunternehmen ermöglicht den Versicherungsnehmern für bestimmte Versicherungsarten auch eine Antragstellung »online« (elektronische Willenserklärung).[16] **Schriftform** ist ausnahmsweise erforderlich für die Einwilligung der versicherten Person bei Abschluss einer Lebens- und Unfallversicherung (§§ 150 II[17], 179 II VVG), grundsätzlich[18] auch für die Einwilligung nach § 213 VVG i.V.m. § 4a I Bundesdatenschutzgesetz, der auch für die Schweigepflichtentbindung maßgeblich ist, und für die Einzugsermächtigung gemäß dem Lastschriftabkommen zwischen der Kreditwirtschaft und der Deutschen Bundesbank.[19]

251 In dem vorformulierten Antrag erklärt sich der Versicherungsnehmer meist für einen bestimmten Zeitraum an seinen Antrag gebunden[20] (vgl. § 145 BGB).[21] Die **Antragsbindungsfrist**[22] ist zugleich **Annahmefrist** für den Versicherer im Sinne von § 148 BGB. Dies bedeutet, dass der Antrag erlischt, wenn er nicht innerhalb der Frist angenommen worden ist. Die verspätete Annahme ist nach § 150 I BGB ein neuer Antrag von Seiten des Versicherers, der nur dann zu einem Vertragsschluss führt, wenn er vom Versicherungsnehmer ausdrücklich oder konkludent (z.B. durch Prämienzahlung) angenommen wird.[23]

252 Die **Annahme durch den Versicherer** erfolgt meist (konkludent) durch Übersendung des Versicherungsscheins.[24] Der Versicherungsschein selbst ist nach § 3 VVG lediglich ein Nachweis (eine Urkunde) über den Versicherungsvertrag und hat deshalb grundsätzlich keine konstitutive Wirkung (vgl. jedoch zur Abweichung des Ver-

14 In AVB, die nicht Bestandteil des Antragsformulars sind, kann Schriftform für den Antrag nur wirksam vereinbart werden, wenn die AVB bereits vor Antragstellung vereinbart wurden, was regelmäßig nicht der Fall ist; vgl. BGH VersR 1991, 910. Eine AGB-mäßige Beschränkung der Empfangsvollmacht des Versicherungsvertreters auf schriftliche Erklärungen ist unwirksam; vgl. unten Rn. 398 sowie BVerwGE 107, 101 = VersR 1998, 1137 mit Anm. *Präve*; zur Zulässigkeit einer Schriftformklausel für bestimmte Erklärungen nach Abschluss des Vertrages RegE BT-Drucks. 16/3945 S. 78 (dagegen ist eine Beschränkung der Empfangsvollmacht auf schriftliche Erklärungen wegen § 72 VVG nicht mehr zulässig; BGH VersR 1999, 565 mit Anm. *Lorenz* = NJW 1999, 1633).

15 Zur Beweislast Rn. 459.

16 Eingehend hierzu *Leverenz* Rechtliche Aspekte zum Versicherungsgeschäft im Internet, 2001, S. 63 ff.; *ders.* VersR 2003, 698; *Hoeren* in: Hoeren/Spindler, Versicherungen im Internet – Rechtliche Rahmenbedingungen, 2002, S. 7 ff.; *Micklitz/Ebers* VersR 2002, 641. Vgl. auch Rn. 261.

17 Dies gilt nach § 150 II 1 Hs. 2 VVG aber nicht für Kollektivlebensversicherungen im Bereich der betrieblichen Altersversorgung.

18 Missverständlich hinsichtlich des Schriftformzwangs *Klär* in: Schwintowski/Brömmelmeyer, § 213 VVG Rn. 29 (»Einwilligung ... schriftlich erteilt werden *kann*«; Kursivdruck hinzugefügt).

19 Vgl. hierzu *Leverenz* Vertragsschluss nach der VVG-Reform, 2008, S. 101; *ders.* VersR 2002, 1318.

20 In der Feuerversicherung war dies die gesetzliche Regel, vgl. § 81 VVG a.F., dessen Inhalt nicht in das neue VVG übernommen wurde.

21 Zur Anwendbarkeit der §§ 305 ff. BGB, siehe Rn. 176 ff.

22 Zum Zusammentreffen einer Antragsbindungsfrist mit einem Widerrufsrecht nach § 8 VVG a.F. vgl. *Prölss* in: Prölss/Martin, § 8 VVG a.F. Rn. 45; zum Zusammentreffen mit dem Widerspruchsrecht nach § 5a VVG a.F. vgl. *Prölss* in: Prölss/Martin, § 5a VVG a.F. Rn. 55.

23 Vgl. BGH VersR 1991, 910. Zur Anwendbarkeit des § 5 VVG vgl. Rn. 256 ff.

24 Instruktiv BGH VersR 1975, 1090.

sicherungsscheins vom Antrag Rn. 256 ff.). Schweigen des Versicherers begründet grundsätzlich keine Annahme.[25]

Eine **Ausnahmeregelung für die Kfz-Haftpflichtversicherung** enthält § 5 III PflVG. **253**
Danach gilt der Antrag des Kunden zu den für den Geschäftsbetrieb des Versicherers maßgebenden Grundsätzen und zum »allgemeinen Unternehmenstarif« als angenommen, wenn der Versicherer ihn nicht innerhalb von vierzehn Tagen schriftlich ablehnt oder wegen einer nachweisbar höheren Gefahr ein vom »allgemeinen Unternehmenstarif« abweichendes eigenes Angebot unterbreitet.

Wenn der Versicherer das Angebot zum Abschluss des Versicherungsvertrages **254**
unterbreitet, kann der Versicherungsnehmer dieses Angebot ausdrücklich oder konkludent, beispielsweise durch Zahlung der Erst- oder Einmalprämie, annehmen. Auch in der Duldung einer Abbuchung durch den Versicherer liegt regelmäßig eine konkludente Annahme, wenn der Versicherungsnehmer eine entsprechende Einzugsermächtigung erteilt hat. Zu beachten ist allerdings, dass eine Duldung der Lastschrift grundsätzlich nicht genügt, wenn der Versicherungsnehmer die Einzugsermächtigung bereits zum Zeitpunkt einer bloßen Angebotsanfrage (*invitatio ad offerendum*) erteilt hat. Denn die Einzugsermächtigung steht unter der stillschweigenden aufschiebenden Bedingung, dass von ihr nur und erst nach Zustandekommen des Vertrages Gebrauch gemacht werden darf. Die Duldung des verfrühten Gebrauchmachens von der Einzugsermächtigung ist deshalb grundsätzlich nicht als konkludente Annahme zu qualifizieren. Eine von dieser Gesetzeslage abweichende AVB-Regelung würde einer Inhaltskontrolle nach § 307 BGB nicht standhalten.

Der Versicherer kann – abgesehen von Sonderregelungen wie § 5 III PflVG – grund- **255**
sätzlich frei entscheiden, ob er überhaupt einen Vertrag mit einem bestimmten Interessenten abschließen will (Rn. 219).[26] Ebenso steht es im Allgemeinen auch in seinem Ermessen, zu welchem **Zeitpunkt** er – innerhalb einer etwaigen Antragsbindungsfrist – durch Annahme des Antrags den Vertrag zustande bringt.[27] Aber die Regeln über **gegenseitige Rücksichts- und Fürsorgepflichten** bei Vertragsabschluss und bei bestehenden Geschäftsbeziehungen können zu einem anderen Ergebnis führen. Dies gilt insbesondere, wenn ein Kunde bei seinem Versicherer den Antrag stellt, eine schon bestehende Versicherung zu verlängern, die abzulaufen droht. Dann wird der Versicherer regelmäßig verpflichtet sein, rechtzeitig vor Ablauf des alten Vertrages entweder den Antrag auf Verlängerung anzunehmen oder jedenfalls so schnell abzulehnen, dass der Versicherungsnehmer anderweitig Deckung finden kann. Verletzt der Versicherer diese Nebenpflicht, hat er den Versicherungsnehmer so zu stellen, als ob rechtzeitige Deckung erreicht worden wäre. – Strittig ist, ob der Versicherer auch bei erstmaligem Kontakt zu zügiger Bearbeitung eines Antrages verpflichtet sein kann.[28] Bei richtiger Betrachtung muss dies in erster Linie von den Umständen des Einzelfalls abhängen. Entscheidend ist, ob ein Organ oder Erfüllungsgehilfe (§ 278 BGB) des Versicherers bei dem Interessenten berechtigtes Vertrauen auf Annahme oder rechtzeitige Ablehnung (mit Gelegenheit zur Erlangung anderweitiger Deckung) erweckt hat.[29] Das kann je

25 BGH VersR 1987, 923 = NJW 1988, 482 (nur Leitsatz); OLG Frankfurt ZfS 2008, 209.

26 Rechtsvergleich von *Basedow/Fock* I S. 9 ff.

27 Bei einem Vertragsschluss im elektronischen Geschäftsverkehr muss der Versicherer gemäß § 312e I 1 Nr. 3 BGB dem Kunden den Zugang des Antrags (»Bestellung«) unverzüglich auf elektronischem Weg bestätigen. Vgl. dazu *Micklitz/Ebers* VersR 2002, 641.

28 Überblick bei *Prölss* in: Prölss/Martin, § 3 VVG a.F. Rn. 32 ff.

29 Vgl. BGH VersR 1987, 147 (Mitteilung über Betriebsverlegung an den Vertreter in der Feuerversicherung).

nach dem Gegenstand der Versicherung und der Qualifikation des Interessenten (als Verbraucher, Gewerbetreibenden etc.) ganz verschieden zu beurteilen sein.

IV. Abweichung des Versicherungsscheins vom Antrag

256 Die Risikoprüfung durch den Versicherer kann diesen veranlassen, den gestellten Antrag nicht durch ein einfaches »Ja« anzunehmen, sondern nur mit Abweichungen zu akzeptieren, beispielsweise in der Krankenversicherung mit einem Prämienzuschlag für eine Vorerkrankung des Versicherungsnehmers. Nach den allgemeinen Regeln (§ 150 II BGB) wäre in der Zusendung des vom Antrag inhaltlich **abweichenden Versicherungsscheins** eine Ablehnung des Antrags, verbunden mit einem jetzt vom Versicherer gemachten Gegenangebot zu sehen. Das Weitere hinge dann davon ab, ob der Interessent dieses Gegenangebot ausdrücklich oder schlüssig (durch Bezahlung der Prämie usw.) annimmt. Für Versicherungsverträge[30] wird die allgemeine Regel jedoch durch § 5 VVG[31] (sog. **»Billigungsklausel«**)[32] abgewandelt: Wenn der Interessent nicht innerhalb eines Monats nach Zugang[33] des abweichenden Versicherungsscheins widerspricht, »gilt die Abweichung als genehmigt«, d.h. sein Schweigen wird als (rückwirkende[34]) Annahme des Gegenangebots angesehen. Voraussetzung[35] dafür ist allerdings, dass der Versicherer ihn in dem Versicherungsschein auf die einzelnen Abweichungen und die hiermit verbundenen Rechtsfolgen besonders aufmerksam macht[36] und ihn deutlich auf die Rechtsfolgen eines Schweigens hinweist (§ 5 II VVG). Erfolgt die Kenntlichmachung der Abweichung nicht ordnungsgemäß oder fehlt die Rechtsbelehrung, dann kommt gemäß § 5 III VVG der Versicherungsvertrag entsprechend dem Inhalt des Antrags (also nicht nach dem Inhalt des abweichenden Versicherungsscheins) zustande.[37] Dem Versicherer wird damit als Sanktion für die Verletzung der Belehrungs- und Hinweisobliegenheit des § 5 II VVG ein Vertragsinhalt aufoktroyiert, den er nicht wollte.

30 Rechtsvergleich von *Basedow/Fock* I S. 24 ff.

31 § 5 VVG 2008 entspricht sachlich nahezu unverändert dem § 5 VVG a.F. Vgl. RegE BT-Drucks. 16/3945 S. 57 f.

32 Der Grund für die Bezeichnung der gesetzlichen Regelung als Klausel liegt darin, dass § 5 VVG die vor Inkrafttreten des VVG üblicherweise in den AVB enthaltene »Billigungsklausel« kodifizierte.

33 Da nach § 3 VVG für den Versicherungsschein Textform genügt, stellt § 5 VVG für den Beginn der Monatsfrist auf den Zugang des Versicherungsscheins ab, nicht mehr – wie § 5 VVG a.F. – auf den »Empfang«.

34 *Armbrüster* in: Langheid/Wandt, § 5 VVG Rn. 54; *Prölss* in: Prölss/Martin, § 5 VVG a.F. Rn. 13.

35 Die h.M. begrenzt die Anwendbarkeit von § 5 II und III VVG auf für den Versicherungsnehmer ungünstige Abweichungen. Dagegen mit überzeugender Begründung *Armbrüster* in: Langheid/Wandt, § 5 VVG Rn. 30; bei für den Versicherungsnehmer günstigen Abweichungen kann sich der Versicherer nach § 242 BGB jedoch nicht auf das Fehlen der Voraussetzungen für die Genehmigungsfiktion berufen. – Zur umstrittenen Anwendbarkeit des § 5 VVG, wenn der Antrag bereits wegen Ablaufs der Annahmefrist (Rn. 251) erloschen ist, vgl. *Prölss* in: Prölss/Martin, § 5 VVG a.F. Rn. 2 (offen gelassen von BGH VersR 1991, 910).

36 Einzelheiten hierzu bei *Armbrüster* in: Langheid/Wandt, § 5 VVG Rn. 35 ff.; *Knops* in: Bruck/Möller, § 5 VVG Rn. 11 ff.; *Prölss* in: Prölss/Martin, § 5 VVG a.F. Rn. 20.

37 Dies gilt auch, wenn der Versicherungsnehmer nach Zugang des abweichenden Versicherungsscheins trotz Verstoßes gegen § 5 II VVG durch den Versicherer »widerspricht«. Da der Vertrag gemäß § 5 III VVG unmittelbar mit dem Zugang des Versicherungsscheins mit dem Inhalt des Antrags zustande kommt, ist der »Widerspruch« des Versicherungsnehmers als bloßer Hinweis auf die eingetretene Rechtsfolge des § 5 III VVG zu verstehen. Vgl. BGHZ 84, 268 = VersR 1982, 841 = NJW 1982, 2776; differenzierend *Schwintowski* in: BK, § 5 VVG a.F. Rn. 23; zweifelnd auch *Prölss* in: Prölss/Martin, § 5 VVG a.F. Rn. 17.

Nach dem Wortlaut des § 5 VVG gilt Entsprechendes auch dann, wenn der Versicherungsvertrag nicht auf die hier beschriebene Weise, sondern schon **vorher** auf andere Art zustande gekommen ist (vgl. § 5 I VVG: »oder den getroffenen Vereinbarungen«). Man muss dann in der Zusendung des »abweichenden« Versicherungsscheins ein Angebot auf Abänderung des ursprünglich geschlossenen Vertrages sehen, das nach den Regeln des § 5 VVG angenommen oder abgelehnt wird. 257

Das Widerspruchsrecht nach § 5 I VVG lässt das allgemeine Widerrufsrecht nach § 8 VVG (vgl. Rn. 301 ff.) unberührt.[38] 258

V. Vorvertragliche Beratung und Information des Versicherungsnehmers

1. VVG a.F.

Das **alte VVG** enthielt keine Vorschriften über die **Beratung** des Versicherungsnehmers vor Abschluss des Vertrages. Es galt der allgemeine Grundsatz des Zivilrechts, dass jede Vertragspartei sich vor Abschluss des Vertrages selbst über ihre Bedürfnisse und die Geeignetheit des abzuschließenden Vertrages zur Bedürfnisbefriedigung kundig zu machen hat. Nach den allgemeinen Regeln des Schuldrechts konnte sich jedoch auf Grund besonderer Umstände des Einzelfalles eine vorvertragliche Beratungspflicht des Versicherers ergeben.[39] 259

Das bisherige Recht verpflichtete den Versicherer jedoch zur **vorvertraglichen Information** des Versicherungsnehmers.[40] Diese Verpflichtung wurde allerdings nicht im Vertragsrecht, sondern im Aufsichtsrecht geregelt: § 10a VAG a.F. i.V.m. Abschn. I 1b der Anlage D zum VAG a.F. verpflichtete den Versicherer öffentlich-rechtlich, dem Versicherungsnehmer vor Abschluss des Vertrages schriftlich eine **Verbraucherinformation** über die für das Versicherungsverhältnis maßgebenden Rechte und Pflichten einschließlich der AVB zu übermitteln.[41] Teil dieser Pflicht war es, den Versicherungsnehmer vor Abschluss des Vertrages über die AVB einschließlich der Tarifbestimmungen zu informieren (vgl. Rn. 278 ff.). Zivilrechtlich wurde das ergänzt durch § 5a VVG a.F.: Wenn der Versicherer dem Versicherungsnehmer bei Antragstellung die AVB nicht übergab oder eine sonstige Verbraucherinformation nach § 10a VAG a.F. unterließ, begründete dies ein Widerspruchsrecht des Versicherungsnehmers (vgl. Rn. 298). Die Ausgestaltung als öffentlich-rechtliche Pflicht wurde von Anfang an kritisiert, da die Information des Vertragspartners über die in den Vertrag einzubeziehenden AVB und ihre Übergabe ihren eindeutigen Schwerpunkt im Zivilrecht haben. 260

Umstritten ist, ob »**Schriftlichkeit**« der **Verbraucherinformation** nach § 10a II 1 VAG a.F. und Art. 31 I i.V.m. Anhang II Buchstabe A der Dritten Richtlinie Lebensversicherung die strenge 261

38 RegE BT-Drucks. 16/3945 S. 57; *Armbrüster* in: Langheid/Wandt, § 5 VVG Rn. 72 ff.

39 Vgl. *Grüneberg* in: Palandt, BGB, 68. Aufl. 2009, § 311 BGB Rn. 17 m.w.N.

40 Zu den Informationspflichten der Versicherer und ihrer Vermittler nach bisherigem Recht vgl. *Römer* VersR 1998, 1313.

41 § 10a VAG a.F. diente der Umsetzung von Art. 31 und 43 der Dritten Schadensversicherungsrichtlinie (Richtlinie vom 18.6.1992 [92/49/EWG] ABl. L 228 vom 11.08.1992, S. 1; abgedruckt in: Prölss, VAG, S. 1445) und Art. 31 der Dritten Lebensversicherungsrichtlinie (Richtlinie vom 10.11.1992 [92/96/EWG] ABl. L 360 vom 09.12.1992, S. 1; abgedruckt in: Prölss, VAG, S. 1475). – Zu den Grenzen, die das EG-Recht dem nationalen Gesetzgeber bei der Umsetzung der Informationspflichten setzt, vgl. EuGH VersR 2002, 1011 = NVersZ 2002, 210.

»Schriftlichkeit« im Sinne von § 126 BGB bedeutet[42] oder nur als Abgrenzung von »mündlich« zu verstehen ist und deshalb geringere Anforderungen zu stellen sind[43]. Der Zweck der Form besteht hier lediglich darin, sicherzustellen, dass die Information lesbar ist und aufbewahrt werden kann. Deshalb genügt Papierform oder auch elektronische Übermittelung per Internet. Dies lassen auch die EG-Richtlinien für Verbraucherinformationen genügen (Art. 5 Fernabsatzrichtlinie für Finanzdienstleistungen[44]; Art. 13 Vermittlerrichtlinie[45]).

2. Neues VVG

262 Das reformierte VVG misst den **vorvertraglichen Beratungs- und Informationspflichten** des Versicherers (bzw. des Vermittlers) eine **zentrale Rolle im Gesamtkonzept des Versichertenschutzes** bei.[46] Neu ist die spezielle Regelung über die schadenersatzbewehrte Verpflichtung des Versicherers zur vorvertraglichen Beratung (zum Vermittler, Rn. 348 ff.). Außerdem sind die Informationspflichten nicht mehr wie bisher im Aufsichtsrecht, sondern im Vertragsrecht geregelt sowie umfassender ausgestaltet.[47]

a) Vorvertragliche Beratung des Versicherungsnehmers, Begründungs- und Dokumentationspflicht

263 § 6 I VVG[48] statuiert einen umfangreichen Kanon von vorvertraglichen Pflichten des Versicherers, die der sachgerechten Beratung des Versicherungsschutz suchenden Versicherungsnehmers dienen: Der Versicherer hat den Versicherungsnehmer anlassbezogen (vgl. Rn. 265 ff.) nach seinen Wünschen und Bedürfnissen zu befragen, ihn zu beraten, erteilten Rat zu begründen sowie **Befragung, Raterteilung und Begründung** zu **dokumentieren**. Die Regelung orientiert sich an der Vermittlerrichtlinie (Richtlinie 2002/92/EG; vgl. Rn. 370 ff.), deren Vorgaben der deutsche Gesetzgeber insoweit nicht auf die Versicherungsvermittler (vgl. Rn. 348) begrenzt, sondern auf den Versicherer selbst erstreckt. Der Versicherer wird die ihn treffenden Pflichten al-

---

42 So insbesondere die BaFin, Rundschreiben R 2/99 des BAV v. 23.07.1999 – Z – Q2-66/99, VerBAV 1999, 219.

43 So z.B. *Fricke* VersR 2001, 925.

44 Richtlinie 2002/65/EG des Europäischen Parlaments und des Rates v. 23.09.2002 über den Fernabsatz von Finanzdienstleistungen an Verbraucher ABl. L 271 v. 09.10.2002 S. 16; vgl. zur Umsetzung auch § 48b VVG a.F. und die neue Fassung des § 10a II 1 VAG.

45 Richtlinie 2002/92/EG des Europäischen Parlaments und des Rates v. 09.12.2002 über Versicherungsvermittlung ABl. L 009 v. 15.01.2003, S. 3.

46 Vgl. hierzu *Armbrüster* in: Langheid/Wandt, Vorbem. vor §§ 6, 7 VVG; *Schwintowski* in: Beckmann/Matusche-Beckmann, § 18 (Informationspflichten) und *Rixecker* in: Beckmann/Matusche-Beckmann, § 18a (Beratungspflichten).

47 RegE BT-Drucks. 16/3945 S. 59 ff.; vgl. auch Reformkommission, Abschlussbericht, S. 10 ff., 294 ff.

48 RegE BT-Drucks. 16/3945 S. 58 ff.; vgl. auch Reformkommission, Abschlussbericht, S. 13 ff., 290 ff.; *Marlow/Spuhl*, S. 22 ff.; *Stöbener* ZVersWiss 2007, 465; *Rixecker* in: Beckmann/Matusche-Beckmann, § 18a. – Zur parallelen Neuregelung des § 61 VVG für Versicherungsvermittler vgl. Rn. 348 ff. – Die Beratungspflicht des § 6 VVG ist auf die Vermittlerrichtlinie (Richtlinie 2002/92/EG; vgl. Rn. 370 ff.) zurückzuführen. Diese sieht eine Beratungspflicht zwar nur für Versicherungsvermittler vor. Da es aber keinen Sinn mache, dem für Rechnung eines Versicherers handelnden selbständigen Vermittler Pflichten im Interesse des Versicherungsnehmers aufzuerlegen, die der Versicherer nicht haben soll, wurde ebenfalls eine Beratungspflicht des Versicherers eingeführt (RegE BT-Drucks. 16/3945 S. 58 f.). *Niederleithinger* führt als weiteren Gesichtspunkt an, dass nur durch eine eigene Beratungspflicht des Versicherers eine Besserstellung eines ohne Vertreter arbeitenden Versicherers gegenüber einem mit Vertreter arbeitenden Versicherer vermieden werden könne (VersR 2006, 437).

lerdings regelmäßig durch einen **Versicherungsvertreter** erfüllen[49], dessen Handeln oder Unterlassen dem Versicherer gem. § 278 BGB zugerechnet wird (zur gesamtschuldnerischen Haftung von Versicherer und Versicherungsvertreter, Rn. 405).

§ 6 VVG gilt nicht, wenn der Vertrag von einem **Versicherungsmakler** vermittelt wird, weil die Beratungspflicht in diesem Falle ausschließlich den – im Lager des Versicherungsnehmers stehenden – Versicherungsmakler trifft. Die Regelung gilt außerdem nicht für einen Vertrag im **Fernabsatz** i.S. des §§ 312b I, II BGB, weil die statuierten Pflichten bei ausschließlicher Verwendung von Fernkommunikationsmitteln praktisch nicht oder nur schwer zu erfüllen sind.[50] Die Regelung gilt schließlich auch nicht für Versicherungsverträge über ein **Großrisiko** i.S. von Art. 10 I 2 EGVVG[51], weil die Versicherungsnehmer derartiger Verträge typischerweise hinreichend geschäftserfahren sind (vgl. § 6 VI VVG). Bei Nichtanwendbarkeit von § 6 VVG kann jedoch eine Beratungspflicht nach den Grundsätzen des allgemeinen Schuldrechts bestehen.[52] **264**

§ 6 I VVG ist kompliziert gefasst und nicht einfach zu verstehen, weil die **unterschiedlichen Pflichten bzw. ihr Umfang an unterschiedliche, gestufte Voraussetzungen geknüpft** sind. Die Pflicht, den Versicherungsnehmer nach seinen Wünschen und Bedürfnissen zu befragen (Befragungspflicht), und die Beratungspflicht bestehen, soweit nach der Schwierigkeit, die angebotene Versicherung zu beurteilen, oder der Person des Versicherungsnehmers und dessen Situation hierfür **Anlass** besteht. Die Beratungspflicht ist zusätzlich an die Berücksichtigung eines angemessenen Verhältnisses zwischen Beratungsaufwand und der vom Versicherungsnehmer zu zahlenden Prämie geknüpft. Die Dokumentation hat unter Berücksichtigung der Komplexität des angebotenen Versicherungsvertrages zu erfolgen. **265**

Es ist angesichts der offen formulierten, nicht konkretisierten Voraussetzungen der Pflichten (und der Sanktionierung ihrer Verletzung durch eine Schadenersatzpflicht) vorauszusehen, dass die Auslegung von § 6 I VVG die Gerichte nachhaltig beschäftigen wird. Im Ausgangspunkt eindeutig ist, dass den Versicherer **keine generelle (voraussetzungslose) Pflicht zu einer allgemeinen und umfassenden Risikoanalyse** trifft.[53] Befragungs- und Beratungspflicht sind **vielmehr anlassbezogen**. Inhalt und Umfang von Befragung und Beratung sind also davon abhängig, dass auf Grund der dem Versicherer (Versicherungsvertreter) erkennbaren konkreten Umstände dazu ein Anlass besteht. Die kritischen für die Rechtsanwendung erheblichen Fragen sind, welche Umstände als auslösendes Moment für Befragung und Beratung relevant sind, welcher Sorgfaltsmaßstab an die Erkennbarkeit der Umstände für den Versicherungsvermittler (Versicherer) zu stellen ist, und welche konkreten Folgerungen aus erkennbaren Umständen für den Umfang der Befragungs- und Beratungspflicht zu ziehen sind. Nach der Gesetzesbegründung ist keine eingehende Ermittlungs- und Nachforschungstätigkeit verlangt, sondern es soll lediglich eine angabenorientierte **266**

49 RegE BT-Drucks. 16/3945 S. 58.
50 RegE BT-Drucks. 16/3945 S. 58.
51 Ab 17.12.2009: § 210 II VVG; vgl, Art. 2 IV des Gesetzes zur Anpassung der Vorschriften des internationalen Privatrechts an die Verordnung (EG) Nr. 593/2008 vom 25.06.2009 (BGBl. I S. 1574).
52 *Marlow/Spuhl* S. 29; *Münkel* in: HK-VVG, § 6 VVG Rn. 48; *Rixecker* in: Beckmann/Matusche-Beckmann, § 18a Rn. 21.
53 RegE BT-Drucks. 16/1935 S. 24.

Beratung sichergestellt werden.[54] Ausschlaggebend ist zunächst, wie und weshalb es zu dem Kundenkontakt gekommen ist. Bei klar beschriebenen, begrenzten Wünschen des Kunden können Befragung und Beratung auf ein Minimum reduziert sein.[55] Dies wird man als Faustregel allerdings nur bei einfachen Standardprodukten annehmen dürfen. Bei dem Wunsch zum Abschluss einer Lebensversicherung wird dagegen regelmäßig Anlass bestehen, den Hintergrund für diesen Wunsch zu erfragen (Absicherung für den eigenen Ruhestand, Hinterbliebenenabsicherung, Absicherung einer Immobilienfinanzierung etc.) und den Versicherungsnehmer ausgehend von seinen (erfragten) Angaben umfassend zu beraten. Es kommt stets auf eine Gesamtbetrachtung an, wobei nach dem Gesetzeswortlaut hinsichtlich des Befragungs- und Beratungsanlasses die Art des nachgefragten Versicherungsprodukts, die Person des Versicherungsnehmers und seine Situation zu berücksichtigen sind.[56] So darf für den Versicherungsvermittler auch bei einem klar beschriebenen begrenzten Versicherungswunsch nach einem einfachen Standardprodukt (wie beispielsweise eine Privathaftpflichtversicherung) kein Anlass zu der Annahme bestehen, der Versicherungsnehmer überschaue die Bedeutung seines Versicherungswunsches nicht. Der Versicherungsvermittler muss ausgehend und abhängig von den Angaben des Versicherungsnehmers auch Umstände berücksichtigen, die sich ihm aufdrängen. Wenn es beispielsweise um den Abschluss einer Privathaftpflichtversicherung geht und sich ein Hund in der Wohnung des Kunden aufhält, muss der Versicherungsvermittler fragen, ob der Hund zum Haushalt des Versicherungsnehmers gehört, und er muss ggf. darauf hinweisen, dass die Privathaftpflichtversicherung die Hundehalterhaftpflicht nicht abdeckt, sondern eine eigenständige Hundehalterhaftpflichtversicherung erforderlich ist. Oder wenn es um eine Hausratversicherung geht und dem Vermittler im Haus des Kunden sehr wertvolle Gegenstände auffallen, muss er darauf hinweisen, dass eine vom Versicherungsnehmer ins Auge gefasste Versicherungssumme möglicherweise zu einem nicht ausreichenden Versicherungsschutz infolge Unterversicherung (vgl. Rn. 753 ff.) führt. Andererseits hat der Versicherungsvermittler, wenn er beispielsweise vom Kunden wegen einer Lebensversicherung kontaktiert wird, keinen Anlass nach dem Bestehen einer (ausreichenden) Hausratversicherung zu fragen, nur weil ihm in der Wohnung des Kunden Gegenstände von vermutlich hohem Wert wie Gemälde oder Antiquitäten auffallen.

267 Inhalt und Umfang der Beratungspflicht sind zusätzlich zu dem Beratungsanlass, der sich aus der Art des nachgefragten Versicherungsprodukts, der Person des Versicherungsnehmers oder seiner Situation ergeben kann, unter Berücksichtigung eines **angemessenen Verhältnisses zwischen Beratungsaufwand und der für die Versicherung zu zahlenden Prämie** zu bestimmen. Man wird die gesetzliche Regelung angesichts ihres Zweckes, eine sachgerechte Beratung des Versicherungsnehmers zu gewährleisten, so verstehen müssen, dass eine dem Anlass nach erforderliche Beratung (über die Kernelemente des Versicherungsschutzes) unabhängig von der Höhe der vom Versicherungsnehmer zu zahlenden Prämien erfolgen muss, dass aber eine

54 RegE BT-Drucks. 16/1935 S. 24.

55 RegE BT-Drucks. 16/1935 S. 24.

56 In RegE BT-Drucks. 16/1935 S. 24, heißt es, die Schwierigkeit, die angebotene Versicherung zu beurteilen, die Person des Versicherungsnehmers und dessen Situation würden *beispielhaft* als Kriterien hinsichtlich des Anlasses genannt. Für eine nur beispielhafte Benennung von Kriterien gibt der Gesetzeswortlaut jedoch nichts her. Ein Ergebnisunterschied dürfte sich hieraus jedoch nicht ergeben, da die im Gesetz genannten Kriterien sehr unbestimmt sind.

ins Einzelne gehende oder ausufernde Beratung bei »Versicherungen der kleinen Prämie« als unverhältnismäßig nicht geboten ist.[57] Beratungsanlass und Beratungsumfang sind also zu unterscheiden.

Die **Befragungs-, Beratungs- und Begründungspflicht** sind vor Abgabe der Vertragserklärung des Versicherungsnehmers zu erfüllen.[58] Dies ergibt sich aus Sinn und Zweck dieser Pflichten. Das Gesetz statuiert kein Formerfordernis für ihre Erfüllung. In der Praxis werden diese Pflichten regelmäßig im Beratungsgespräch mündlich erfüllt (zum Zeitpunkt der Erfüllung der Pflicht zur Dokumentation siehe Rn. 270). **268**

Gem. § 6 I 2 VVG hat der Versicherer Befragung, Beratung und Begründung unter Berücksichtigung der Komplexität des angebotenen Versicherungsvertrages zu dokumentieren (**Dokumentationspflicht**; zum Zeitpunkt der Erstellung der Dokumentation nächste Rn.). Der Versicherer ist verpflichtet, dem Versicherungsnehmer den erteilten Rat und die Gründe klar und verständlich **vor dem Abschluss des Vertrages in Textform zu übermitteln** (§ 6 II 1 VVG). Ausnahmsweise dürfen die Angaben (der Dokumentation) zunächst mündlich übermittelt werden, wenn der Versicherungsnehmer dies wünscht oder wenn und soweit vorläufige Deckung gewährt wird; die Angaben sind dann unverzüglich nach Vertragsschluss in Textform zu übermitteln. Diese Nachholpflicht besteht nicht, wenn ein Vertrag nicht zu Stande kommt, oder wenn es sich um einen Vertrag über vorläufige Deckung für eine Pflichtversicherung handelt (§ 6 II 2 und 3 VVG; dazu Rn. 273). **269**

Unklar ist, ob der Zeitpunkt für die Übermittlung der Dokumentation (§ 6 II VVG: vor Vertragsschluss) auch für die **Erstellung der Dokumentation** maßgebend ist. Regelmäßig wird der Versicherungsvertreter die Dokumentation während des Kundenbesuchs erstellen und auch eine Unterschrift des Versicherungsnehmers erbitten.[59] Die Frage ist jedoch, ob sich der Versicherungsvertreter pflichtwidrig verhält, wenn er die Dokumentation erst nach Abschluss des Kundenbesuchs in Form eines Gedächtnisprotokolls erstellt. Angesichts der Unbestimmtheit des Gesetzes ist dies im Ergebnis zu verneinen.[60] Gegen eine Pflicht zur Erstellung der Dokumentation im Beisein des Kunden spricht auch § 62 I 2 VVG, die für Vermittler geltende Parallelvorschrift zu § 6 I VVG. Denn diese Bestimmung spricht ausdrücklich davon, dass die Dokumentation »nach § 62 VVG« zu erfolgen hat, womit Zeitpunkt und Form der Übermittlung auch für die Erstellung der Dokumentation herangezogen werden. **270**

Auf Grund der Gesetzessystematik, insbesondere aber auf Grund der differenzierenden Regelungen des § 62 VVG (= § 42c I VVG a.F.) ist eindeutig, dass es ausreicht, dass dem Versicherungsnehmer die Dokumentation nicht vor Abgabe seiner Ver- **271**

57 Vgl. die Gegenäußerung der Bundesregierung zur Stellungnahme des Bundesrates BT-Drucks. 16/2475 S. 4; *Münkel* in: HK-VVG, § 6 VVG Rn. 24; *Pohlmann* VersR 2009, 327, 328.

58 *Armbrüster* in: Langheid/Wandt, § 6 VVG Rn. 115; *Marlow/Spuhl* S. 26 f.; *Meixner/Steinbeck* § 1 Rn. 32. Nach *Niederleithinger* Das neue VVG, 2007, Rn. 54, sowie *Münkel* in: HK-VVG, § 6 VVG Rn. 28, könne die Beratung auch nach Abgabe der Vertragserklärung des Versicherungsnehmers bis zum Vertragsschluss erfolgen. Diese Ansicht verkennt, dass sich der in § 6 II VVG genannte Zeitpunkt »vor dem Abschluss des Vertrages« nur auf die Dokumentation der Beratung bezieht. Auch das Argument, der Versicherungsnehmer sei – bei einer Beratung nach Abgabe seiner Vertragserklärung, aber vor Vertragsschluss – durch das Widerrufsrecht nach § 8 VVG geschützt, wird dem notwendigen Schutz des Versicherungsnehmers nicht gerecht.

59 Vgl. RegE BT-Drucks. 16/1935 S. 25.

60 Ebenso *Armbrüster* in: Langheid/Wandt, § 6 VVG Rn. 137.

tragserklärung, sondern »vor Vertragsschluss« übermittelt wird. Nach der Gesetzesbegründung soll es sogar ausreichen, dass die Übermittlung bei Vertragsschluss erfolgt, das heißt in der Praxis also regelmäßig zusammen mit der Police.[61] Sinn und Zweck der Dokumentation erschöpfen sich demnach darin, dem Versicherungsnehmer als Beweisgrundlage zur späteren Geltendmachung etwaiger Rechte zu dienen.[62] Unklar bleibt dabei, welcher Zweck die gem. § 6 II 2 VVG (§ 62 II 1 VVG) geschuldete mündliche Übermittlung der Angaben vor Vertragsschluss hat. Denn die mündliche Übermittlung ist zu Beweiszwecken nicht zu gebrauchen. Der Gesetzgeber geht hier vermutlich davon aus, dass die Angaben so rechtzeitig übermittelt werden, dass der Kunde noch vor Abschluss des Vertrages Einwände gegen den Inhalt der Dokumentation erheben kann.

272 Wenn kein Vertrag zu Stande kommt, weder der beim Kundenkontakt in Aussicht genommene Vertrag noch ein anderer, verneint die Gesetzesbegründung ein hinreichendes Schutzbedürfnis des Kunden an einer Verpflichtung des Versicherers, dem mündlich informierten Kunden eine Dokumentation zur Verfügung zu stellen.[63] Diese rechtspolitische Entscheidung ist sachgerecht: Gewiss kann eine Schadenersatzpflicht des Versicherers (oder des Vermittlers) auch begründet sein, wenn infolge unzureichender oder fehlerhafter Befragung und Beratung kein Vertrag zu Stande kommt. Der falsch beratene Kunde hat auch in diesem Fall ein Interesse an einer Dokumentation der fehlerhaften Befragung und Beratung, um seinen Schadenersatzanspruch durchsetzen zu können. Eine Dokumentationspflicht des Versicherers auch dann, wenn keinerlei Vertrag zustande gekommen ist, wäre jedoch sehr kostenintensiv und die Kosten wären allein von den vertragsschließenden Kunden über die Prämie zu tragen. Deshalb hat der Gesetzgeber insoweit – in Übereinstimmung mit dem allgemeinen Vertragsrecht – auf eine Dokumentationspflicht verzichtet.

273 Bei einem **Vertrag über vorläufige Deckung für eine Pflichtversicherung** wird eine Pflicht zur Nachholung der Dokumentation in den Gesetzesmaterialien mit dieser Begründung verneint: Ansonsten wäre die Dokumentation zweimal zu erstellen, nämlich für den Vertrag über die vorläufige Deckung und für den sich anschließenden Hauptvertrag, was nach Sinn und Zweck von Art. 13 II Versicherungsvermittler-Richtlinie nicht geboten sei; außerdem beschränke sich die vorläufige Deckung bei einer Pflichtversicherung regelmäßig auf das gesetzlich geforderte Mindestmaß.[64] Diese Gesetzesbegründung ist in verschiedener Hinsicht zweifelhaft: Zunächst einmal ist nicht gesagt, dass sich dem Vertrag über die vorläufige Deckung ein Hauptvertrag mit diesem Versicherer anschließt. Der Hinweis, dass ein Vertrag über vorläufige Deckung für eine Pflichtversicherung regelmäßig auf das gesetzlich geforderte

61 RegE BT-Drucks. 16/1935 S. 25. Die Gesetzesbegründung lautet: Eine Vorverlegung bereits auf den Zeitpunkt der Abgabe der Vertragserklärung durch den Kunden würde die Versicherungsvermittler vor eine praktisch kaum lösbare Aufgabe stellen, da diese ständig umfassende Materialien für alle von ihnen vermittelten Versicherungsprodukte bei sich führen müssten, um diese dem Kunden gegebenenfalls bei Abgabe einer Vertragserklärung geben zu können. Diese Begründung vermag nicht zu überzeugen, da es lediglich um die Angaben nach § 6 I VVG (§ 61 I VVG) geht.

62 Vgl. RegE BT-Drucks. 16/1935 S. 25 (linke Spalte, am Ende). Krit. hierzu – vom österreichischen Recht (§ 137g I 2 österr. GewO) inspiriert – *Reiff* WM 2006, 1701, 1709 (Dokumentation solle dem Kunden noch einmal vor Abgabe seiner Vertragserklärung den wesentlichen Inhalt der Beratung vor Augen führen).

63 RegE BT-Drucks. 16/3945 S. 58.

64 RegE BT-Drucks. 16/1935 S. 25.

Mindestmaß beschränkt sei, soll offenbar besagen, dass es insoweit keinen Befragungs- und Beratungsbedarf gibt. Häufig wird jedoch auch bereits bei dem Vertrag über vorläufige Deckung über den gesetzlichen Mindestinhalt der Pflichtversicherung hinausgegangen. Jedenfalls insoweit ist eine Befragung und Beratung durchaus sinnvoll. Zu berücksichtigen ist auch, dass Art. 13 II Versicherungsvermittler-Richtlinie keine Vertragsart von der generellen Dokumentationspflicht ausnimmt, sondern bei einem Vertrag über sofortigen Versicherungsschutz nur die Nachholung der Dokumentation in schriftlicher Form nach Vertragsschluss erlaubt. Man wird deshalb allenfalls annehmen können, dass die Dokumentation für den Hauptvertrag zugleich als Dokumentation für den Vertrag für die vorläufige Deckung genügt, wenn sich antragsgemäß dem Vertrag über die vorläufige Deckung ein Hauptvertrag mit demselben Versicherer anschließt.

Der Versicherungsnehmer kann **auf die Beratung und Dokumentation verzichten** 274 (§ 6 III VVG; zur Parallelvorschrift bei Vermittlern § 61 II VVG vgl. Rn. 386). Zum Schutz des Versicherungsnehmers ist die Wirksamkeit eines solchen Verzichts an besondere Voraussetzungen geknüpft: Erforderlich ist eine gesonderte schriftliche Verzichtserklärung, in welcher der Versicherungsnehmer vom Versicherer ausdrücklich darauf hingewiesen wird, dass ein Verzicht sich nachteilig auf seine Möglichkeit auswirken kann, gegen den Versicherer einen Schadensersatzanspruch geltend zu machen. Der Gesetzgeber geht also von einer durch den Versicherer vorformulierten Verzichtserklärung aus. »Gesonderte schriftliche Erklärung« ist entsprechend dem Schutzzweck der Regelung als ein eigenes Dokument zu verstehen, das vom Versicherungsnehmer unterschrieben wird.[65] Durch dieses Erfordernis wird verhindert, dass der Verzicht *allein* durch Verwendung einer Verzichtsklausel in den wirksam in den Vertrag einbezogenen AVB zustande kommt. Der Versicherer kann also zwar die Verzichtserklärung des Versicherungsnehmers zusammen mit dem Hinweis auf deren eventuelle nachteilige Wirkung auf Schadensersatzansprüche gegen den Versicherer vorformulieren, der Verzicht selbst kann aber nicht formularmäßig, also nicht allein durch eine AVB-Klausel, zustande kommen, sondern muss gesondert schriftlich erklärt werden.[66] Wenn der so besonders aufmerksam gemachte und belehrte Versicherungsnehmer verzichtet, ist dies auch rechtspolitisch unbedenklich.[67] Zu beachten ist, dass die bloße Weigerung des Versicherungsnehmers, auf eine Befragung i.S.d. § 6 VVG durch den Versicherer (Versicherungsvermittler; Parallelvorschrift § 61 II VVG)

65 BT-Drucks. 16/1935 S. 23, auf den RegE BT-Drucks. 16/3945 verweist (S. 58 zu § 6 III VVG); kritisch zur Möglichkeit des Verzichts *Niederleithinger* VersR 2006, 437; *Römer* VuR 2007, 94, der auf Grund der Verzichtsregelung den Verbraucherschutz gefährdet sieht, da eine (vorformulierte) Verzichtserklärung des Versicherungsnehmers nicht nur eine zeitaufwendige Beratung überflüssig mache, sondern auch unangenehme Fragen umginge, die einen Vertragsschluss gefährden könnten. Im Übrigen widerstreite die Verzichtsregelung dem Anliegen des BVerfG (VersR 2005, 1109) nach mehr Transparenz. Vgl. hierzu auch die Stellungnahme der *Verbraucherzentrale Bundesverband* vom 06.10.2006 zum Regierungsentwurf zur Umsetzung der Versicherungsvermittlerrichtlinie, S. 6, 14 f. (abrufbar unter http://www.bundestag.de/ausschuesse/a09/anhoerungen/3_anhoerung/Stellungnahmen/vzbv.pdf).

66 Dies meint die Gesetzesbegründung mit der Formulierung »Um ... zu vermeiden, dass ein Verzicht des Versicherungsnehmers formularmäßig vereinbart wird ...« (RegE BT-Drucks. 16/3945 S. 60 zu § 7 VGG).

67 Vgl. RegE BT-Drucks. 16/1935 S. 24 (»dem Versicherungsnehmer als mündigen Verbraucher die Möglichkeit einzuräumen, unter diesen besonderen Bedingungen auf seine Rechte zu verzichten«); *Blankenberg* VersR 2008, 1446; *Münkel* in: HK-VVG, § 6 VVG Rn. 30; *Rixecker* in: Beckmann/Matusche-Beckmann, § 18a Rn. 18.

Auskunft zu erteilen, keinen Verzicht i.S.d. § 6 III VVG darstellt. Vielmehr besteht dann insoweit kein Anlass für eine Beratung (vgl. § 6 I 1 VVG).[68]

275 Verletzt der Versicherer eine Pflicht aus § 6 VVG, so haftet er dem Versicherungsnehmer auf **Schadenersatz** (§ 6 V VVG). Ein für den Versicherer handelnder Versicherungsvertreter haftet wegen Verletzung einer eigenen identischen Pflicht selbst auf Schadenersatz (vgl. §§ 61, 63 VVG). Das Verschulden des Versicherers bzw. Vermittlers wird widerledjglich vermutet (§§ 6 V 2, 63 S. 2 VVG). Der Versicherer und sein Versicherungsvertreter haften als Gesamtschuldner. Die Haftungsregeln der §§ 6 V, 63 VVG sind halbzwingend.[69]

276 Die Beratungspflicht des § 6 I, II VVG stellt einen gesetzlich geregelten Fall eines vorvertraglichen Schuldverhältnisses i.S.d. § 311 II Nr. 1 BGB dar mit der Folge, dass der Versicherer auch dann für einen durch Fehlberatung verursachten Schaden haftet, wenn die Vertragsverhandlungen später scheitern.[70]

277 Auch **während der Vertragslaufzeit** können Umstände eintreten, die den Versicherungsnehmer zu einer Vertragsänderung bzw. zum Abschluss eines neuen Versicherungsvertrags veranlassen können.[71] Aus diesem Grund treffen den Versicherer die **Nachfrage- und Beratungspflichten** des § 6 I 1 VVG – nicht jedoch die Dokumentationspflicht[72] – auch während der Dauer des Versicherungsverhältnisses, soweit hierfür objektiv ein Anlass besteht, der für den Versicherer erkennbar ist (§ 6 IV 1 VVG). Ein objektiver Anlass zur Nachfrage und Beratung kann bei tatsächlichen oder rechtlichen Veränderungen gegeben sein, die den Versicherungsnehmer zu einer Vertragsänderung oder zum Abschluss eines neuen Versicherungsvertrags veranlassen könnten, wie z.B. bei einer Änderung der gesetzlichen Rahmenbedingungen oder – so die Gesetzesbegründung – wenn eine Kapitallebensversicherung zum Zwecke der Ablösung eines Baudarlehens abgeschlossen wurde und sich wegen der Entwicklung der Überschussbeteiligung eine Finanzierungslücke abzeichnet.[73] Tendenziell sind an den objektiven Anlass, der eine Nachfrage- und Beratungspflicht des Versi-

68 RegE BT-Drucks. 16/3945 S. 58 verweist auf BT-Drucks. 16/1935 S. 24 f.

69 RegE BT-Drucks. 16/3945 S. 59.

70 *Münkel* in: HK-VVG, § 6 VVG Rn. 43; *Niederleithinger* VersR 2006, 437.

71 Beispiel aus der Gesetzesbegründung: Ein Versicherungsnehmer hat zwecks Ablösung eines Baudarlehens eine Kapitallebensversicherung abgeschlossen. Auf Grund einer unerwarteten Senkung der Überschüsse und Gewinne beim Versicherer zeichnet sich für den Versicherungsnehmer eine Finanzierungslücke ab; RegE BT-Drucks. 16/3945 S. 58 f.

72 Der Bundesrat hatte sich in seiner Stellungnahme zum Regierungsentwurf dafür ausgesprochen, den Verweis des § 6 IV 1 VVG nicht nur auf § 6 I 1 VVG, sondern auch auf die in § 6 I 2 VVG geregelte Dokumentationspflicht zu erstrecken. Schließlich habe der Versicherungsnehmer bei einer Beratung während der Vertragslaufzeit auch ein Interesse daran, bei einem Hinweis, der ihn zu einer Vertragsänderung oder zum Abschluss eines neuen Vertrags veranlassen könnte, den Nachweis einer sachgerechten Beratung zu erhalten (vgl. Stellungnahme des Bundesrats vom 24.11.2006, sowie die diesem Vorschlag zustimmende Gegenäußerung der Bundesregierung, BT-Drucks. 16/3945 S. 125, 130). Die Dokumentationspflicht ist aber nicht Gesetz geworden.

73 RegE BT-Drucks. 16/3945 S. 59; kritisch zur Beratung während der Vertragslaufzeit äußerte sich der GDV, der es als praxisfern erachtet, dass der Versicherer angesichts des Massencharakters von Versicherungsgeschäften zu erkennen vermag, ob und gegebenenfalls in welchen Fällen für eine Nachfrage und Beratung ein Anlass besteht. Stattdessen möchte der *GDV* eine Beratungspflicht nur bestehen lassen, »soweit der Versicherungsnehmer dem Versicherer Beratungsbedarf wegen einer Veränderung seiner Risikolage zu erkennen gibt« (Stellungnahme zum Referentenentwurf eines Gesetzes zur Reform des Versicherungsvertragsrechts vom 13.03.2006, S. 63 f.); diesen Vorschlag ablehnend *Römer* VersR 2006, 740.

cherers während der Laufzeit des Vertrages auslöst, und an dessen Erkennbarkeit für den Versicherer strenge Anforderungen zu stellen.[74] Zu beachten ist auch, dass es stets um einen Anlass für eine Überprüfung des bestehenden Versicherungsschutzes gehen muss, also nicht eine generelle Beratung gefordert ist. Der Versicherungsnehmer kann auch insoweit auf eine Beratung durch den Versicherer durch eine schriftliche Erklärung verzichten (§ 6 IV 2 VVG). Ein solcher Verzicht, der zugleich die Nachfragepflicht des Versicherers erfasst, ist allerdings nur »im Einzelfall« zulässig, kann also nicht vorab generell (durch AVB) erklärt werden.[75]

b) Vorvertragliche Information des Versicherungsnehmers

Die vorvertraglichen **Informationspflichten des Versicherers** sind in § 7 VVG geregelt.[76] Sie gelten grundsätzlich einheitlich für alle Versicherungsnehmer und alle Versicherungsverträge.[77] Es wird also nicht zwischen Verbrauchern und sonstigen Versicherungsnehmern unterschieden. Es wird auch nicht nach der Art des Zustandekommens des Vertrages unterschieden. Das neue VVG erstreckt also die von der Richtlinie für Fernabsatzverträge vorgesehenen Informationspflichten des Versicherers (vgl. Rn. 244) grundsätzlich auf alle anderen Verträge. Hiermit soll dem Gedanken Rechnung getragen werden, dass die in der Fernabsatzrichtlinie vorgesehenen Informationen für die Entscheidung des Versicherungsnehmers, einen Versicherungsvertrag abzuschließen, unabhängig von der Vertriebsform bedeutsam sind. **Ausgenommen** sind lediglich **Versicherungsverträge über ein Großrisiko i.S. des Art. 10 I 2 EGVVG**. Gegenüber dem Versicherungsnehmer eines Großrisikos besteht jedoch eine abgeschwächte Informationspflicht, wenn dieser eine natürliche Person ist: Er ist vor Vertragsschluss (lediglich) über das anwendbare Recht und die zuständige Aufsichtsbehörde in Textform zu informieren (§ 7 V VVG). **278**

Anders als die (Beratungs-) Pflichten nach § 6 VVG, die sowohl den Versicherer als auch die Vermittler treffen (Rn. 263), obliegen die Informationspflichten nach § 7 VVG ausschließlich dem Versicherer. Der Versicherer muss also auch dann, wenn der Vertrag durch einen Versicherungsvermittler zu Stande kommt, dafür sorgen, dass seine Informationspflichten ordnungsgemäß erfüllt werden.[78] Der Versicherer muss dem Versicherungsnehmer rechtzeitig vor Abgabe von dessen Vertragserklärung (vgl. Rn. 249 ff.) seine Vertragsbestimmungen einschließlich der AVB sowie diejenigen Informationen in Textform mitteilen, die in der aufgrund der Ermächtigung in § 7 II VVG erlassenen **VVG-Informationspflichtenverordnung (VVG-InfoV)**[79] bestimmt sind (§ 7 I VVG). Die VVG-InfoV **schreibt detailliert die zu gebenden Informationen sowie die Form und Reihenfolge vor,** in der sie zu geben sind. **279**

74 In diesem Sinne – allerdings vornehmlich für das österreichische Recht – auch *Fenyves* FS Canaris, 2007, S. 1367, 1380 ff.

75 RegE BT-Drucks. 16/3945 S. 59.

76 RegE BT-Drucks- 16/3945 S. 59 ff.; vgl. auch Reformkommission, Abschlussbericht, S. 10 ff., 294 ff.

77 Zu Informationspflichten in der Gruppenversicherung vgl. *Franz* VersR 2008, 1565.

78 RegE BT-Drucks. 16/3945 S. 59 ff.; zu den Pflichten des Versicherungsvermittlers vgl. Rn. 383 ff., 417 ff.

79 BGBl. 2007 I S. 3004; amtlicher Abdruck der Begründung in BAnz Nr. 8. vom 16.01.2008, S. 98–104; Text und Begründung sind auch abgedruckt in VersR 2008, 183. Zum Inkrafttreten der Verordnung siehe § 7 VVG-InfoV. Vgl. die Kommentierung der Verordnung von *Armbrüster* in: Langheid/Wandt, Bd. I; *Präve* VersR 2008, 151.

280 An erster Stelle hat der Versicherer dem Versicherungsnehmer, allerdings nur wenn dieser ein Verbraucher i.S.d. § 13 BGB ist, ein **Produktinformationsblatt** zur Verfügung zu stellen, das als solches zu bezeichnen ist (§ 4 VVG-InfoV).[80] Es soll dem Versicherungsnehmer im Sinne einer ersten Orientierungshilfe einen knappen und verständlichen (nicht abschließenden) Überblick über diejenigen Informationen geben, die für den Abschluss oder die Erfüllung des Versicherungsvertrages von besonderer Bedeutung sind.[81] Gem. § 4 II VVG-InfoV sind dies (Basis-) Informationen:[82]

- zu der Art des angebotenen Versicherungsvertrages; also z.B. Lebens-, Haftpflichtversicherung etc. (Nr. 1);
- zu dem durch den Vertrag versicherten Risiko; also eine Beschreibung, welche Risiken gedeckt sind und welche Leistung der Versicherer im Versicherungsfall zu erbringen hat (Nr. 2);
- zur Höhe und Fälligkeit der Prämie sowie zum Zeitraum, für den die Prämie geschuldet ist (Nr. 3);[83]
- zu Leistungs- und Risikoausschlüssen (Nr. 4); der Versicherer soll hier – neben generellen Ausführungen – beispielhaft einzelne, praktisch bedeutsame Leistungs- oder Risikoausschlüsse darstellen, wobei darauf hinzuweisen ist, dass die Hinweise nicht abschließend sind;[84]
- zu Obliegenheiten (Nr. 5 bis 7); auch hier ist darauf hinzuweisen, dass diese Informationen nicht abschließend sind;
- zu den Rechtsfolgen von Obliegenheitsverletzungen (Nr. 8); der Versicherer soll hier in prägnanten Worten auf die möglichen Konsequenzen der Nichtbeachtung von Obliegenheiten aufmerksam machen, um dem Versicherungsnehmer zu verdeutlichen, dass die fehlende Beachtung mit erheblichen Nachteilen verbunden sein kann und welcher Art diese Nachteile sein können;
- zur Laufzeit und zu den (ggf. vorzeitigen[85]) Beendigungsmöglichkeiten des Vertrags (Nr. 9).

80 Der Gesetzgeber folgt mit dem Produktinformationsblatt einem Vorschlag des früheren Ombudsmanns, vgl. *Römer* VersR 2006, 740; *ders.* VersR 2007, 618; vgl. auch *Schimikowski* r+s 2006, 441 und r+s 2007, 133 (mit dem rechtspolitischen Vorschlag, dass die rechtzeitige Überlassung des Informationsblatts von der rechtzeitigen Mitteilung der – sonstigen – in § 7 I VVG vorgesehenen Informationen befreien sollte, was die Beibehaltung des Policenmodells (vgl. Rn. 288 ff., 295) oder das Invitatio-Modell ermöglicht hätte; dem Vorschlag eines ersetzenden Informationsblattes zustimmend auch GDV (Kernpunkte des GDV zur VVG-Reform, Dezember 2006, S. 28; Kernpunkte zur VVG-Reform für die Anhörung im Rechtsausschuss am 28.03.2007, S. 26; www.gdv.de).

81 Begründung zur VVG-InfoV, VersR 2008, 189 ff. zu § 4 VVG-InfoV; vgl. auch *Römer* VersR 2007, 618, der unter anderem am Beispiel der Rechtsschutzversicherung darstellt, wie ein solches Informationsblatt aussehen könnte.

82 Vgl. Begründung zur VVG-InfoV, VersR 2008, 189 ff. zu § 4 II VVG-InfoV.

83 Bei der Lebensversicherung mit Überschussbeteiligung hat der Versicherer zusätzlich auf die Modellrechnung i.S.d. § 154 I VVG hinzuweisen (§ 4 III VVG-InfoV); vgl. Begründung zur VVG-InfoV, VersR 2008, 189 ff. Bei der Kranken- und Lebensversicherung muss der Versicherer zusätzlich die Abschluss- und Vertriebskosten (§ 2 I Nr. 1, § 3 I Nr. 1) sowie die in die Prämie eingerechneten Verwaltungskosten (§ 2 I Nr. 2, § 3 I Nr. 2) gesondert ausweisen, § 4 IV VVG-InfoV; vgl. Begründung zur VVG-InfoV, VersR 2008, 189 ff.

84 Begründung zur VVG-InfoV, VersR 2008, 189 ff.

85 Begründung zur VVG-InfoV, VersR 2008, 190.

Der Versicherer muss generell darauf hinweisen, dass das **Produktinformationsblatt keine abschließenden Informationen** gibt (§ 4 V 2 VVG-InfoV). Bei Informationen über den Inhalt der vertraglichen Vereinbarung muss auf die jeweils maßgebliche Bestimmung des Vertrages oder der AVB verwiesen werden, damit sich der Versicherungsnehmer unschwer weitergehende Kenntnisse vom Inhalt des Vertrages verschaffen kann (§ 4 V 3 VVG-InfoV). **281**

Wenn der Versicherer mit dem Versicherungsnehmer **telefonischen Kontakt** aufnimmt, soll der Versicherungsnehmer sich von Anfang an darüber im Klaren sein, mit wem und zu welchem Zweck der geschäftliche Kontakt erfolgt. Deshalb muss der Versicherer seine Identität und den geschäftlichen Zweck des Kontakts bereits zu Beginn eines jeden Gesprächs ausdrücklich offen legen (§ 5 I VVG-InfoV).[86] Bei Telefongesprächen – gleich ob vom Versicherer oder vom Versicherungsnehmer veranlasst – muss der Versicherer nur begrenzte Informationen geben, wenn er den Versicherungsnehmer darüber informiert hat, dass auf Wunsch weitere Informationen mitgeteilt werden können und welcher Art diese Informationen sind und der Versicherungsnehmer ausdrücklich auf die Mitteilung der weiteren Informationen zu diesem Zeitpunkt verzichtet. Unabhängig davon hat der Versicherer jedoch spätestens vor Abgabe der Vertragserklärung des Versicherungsnehmers sämtliche Informationspflichten der §§ 1 bis 4 VVG-InfoV zu erfüllen (§ 5 III VVG-InfoV).[87] **282**

Zusätzlich zu dem Produktinformationsblatt hat der Versicherer dem Versicherungsnehmer eine Vielzahl weiterer Informationen zu geben, deren Art und Reihenfolge wiederum durch die VVG-InfoV bestimmt werden. Die **Informationen für alle Versicherungszweige** (§ 1 VVG-InfoV) betreffen Angaben über den Versicherer (Name, ladungsfähige Anschrift, Handelsregisternummer, zuständige Aufsichtsbehörde, etc.; § 1 I Nr. 1–5 VVG-InfoV), Angaben über die wesentlichen Merkmale der Versicherungsleistung (AVB, Art, Umfang und Fälligkeit der Versichererleistung etc.; § 1 I Nr. 6 VVG-InfoV), Angaben über die Gegenleistung des Versicherungsnehmers (Prämie, ggf. zusätzlich anfallende Kosten, Steuern, Gebühren, Einzelheiten hinsichtlich der Zahlung und der Erfüllung; § 1 I Nr. 7–11 VVG-InfoV), Angaben über den Vertrag (Art des Zustandekommens, Beginn des Versicherungsschutzes, Widerrufsrecht, Laufzeit und Beendigung des Vertrages etc.; § 1 I Nr. 12–18 VVG-InfoV), Angaben über das anwendbare Recht und Beschwerde- und Rechtsbehelfsverfahren (anwendbares Recht für das Stadium nach und vor Vertragsschluss, Vertragssprache, außergerichtliche Beschwerde- und Rechtsbehelfsverfahren etc.; § 1 I Nr. 19–20 VVG-InfoV). Daneben bestehen **spezielle Informationspflichten** für die Lebensversicherung, die Berufsunfähigkeitsversicherung, die Unfallversicherung mit Prämienrückgewähr und die Krankenversicherung (§§ 2 und 3 VVG-InfoV). **283**

Nach § 7 I 1 VVG müssen die Informationen dem Versicherungsnehmer grundsätzlich **»rechtzeitig vor Abgabe von dessen Vertragserklärung«** mitgeteilt werden (zu den Ausnahmen Rn. 285). Mit dieser Formulierung wird der Wortlaut von § 312c I 1 BGB übernommen, der Art. 3 I und Art. 5 I der Fernabsatzrichtlinie für Finanzdienstleistungen umsetzt. Es soll sichergestellt werden, dass der Versicherungsnehmer, wenn er den Antrag stellt (Angebot i.S. von § 145 BGB; Rn. 249 ff.), die Infor- **284**

86 Umsetzung von Art. 3 III der Richtlinie 2002/65/EG des Europäischen Parlaments und des Rates vom 23.09.2002 über den Fernabsatz von Finanzdienstleistungen an Verbraucher, ABl. L 271 vom 09.10.2002, S. 16.

87 Begründung zur VVG-InfoV, VersR 2008, 191 zu § 5 VVG-InfoV.

mationen bereits (rechtzeitig) vor der Antragstellung erlangt, also nicht erst wie bisher nach dem sog. Policemodell des § 5a VVG a.F. mit Übersendung der Versicherungspolice.[88] Es ist abzusehen, dass die Auslegung des unbestimmten Rechtsbegriffs der **Rechtzeitigkeit** umstritten sein wird und eine Klärung erst durch die Gerichte zu erreichen ist. Die Auslegung muss sich an dem Sinn und Zweck der Regelung orientieren. In anderen Regelungszusammenhängen bestimmt der Gesetzgeber als maßgebenden Zeitpunkt »vor Abgabe der Vertragserklärung« oder »vor Vertragsschluss«, ohne dies zusätzlich durch das Erfordernis »rechtzeitig vor« zu spezifizieren; es reicht in diesen Fällen aus, wenn die Information unmittelbar vor oder sogar mit dem maßgebenden Ereignis gegeben wird. Wenn § 7 VVG dagegen verlangt, dass die Informationen rechtzeitig vor der Abgabe der Vertragserklärung gegeben werden, dann soll dem Versicherungsnehmer damit ein gewisser Zeitraum eingeräumt werden, um von den Informationen zweckentsprechend Gebrauch machen zu können. Der Zeitraum muss hinreichend bemessen sein, damit ein durchschnittlicher Versicherungsnehmer sich über den wesentlichen Inhalt des Vertrages im Großen und Ganzen kundig machen kann. Entscheidende Bedeutung kommt insoweit der Art und dem wirtschaftlichen Gewicht der konkreten Versicherung zu. Dagegen sollte es, um Rechtsunsicherheit zu vermeiden, nicht auf besondere Umstände des Einzelfalles ankommen, die lediglich in der Person des Versicherungsnehmers begründet sind. Aus demselben Grund erscheint es auch zweifelhaft, auf die Verständlichkeit der Informationen im Einzelfall abzustellen.[89] Denn immerhin sind die zu gebenden Informationen und deren Reihenfolge gesetzlich relativ präzise bestimmt; wenn die Informationen den gesetzlichen Anforderungen nicht genügen, wird dies außerdem dadurch sanktioniert, dass die Frist für den Widerruf nach § 8 VVG nicht zu laufen beginnt. Nach dem aufgezeigten Sinn und Zweck des unbestimmten Rechtsbegriffs der Rechtzeitigkeit ist eine Auslegung abzulehnen, wonach eine für alle Versicherungsarten geltende generelle Mindestfrist von z.B. drei Tagen zu wahren sei.[90] Für ein kompliziertes Altersvorsorgeprodukt (mit hoher Prämie und langer Laufzeit) wird eine wesentlich längere Frist von einigen Tagen erforderlich sein[91] als für eine »leicht verständliche bzw. leicht überschaubare« Privathaftpflichtversicherung mit gewöhnlicher Versicherungssumme und einjähriger Laufzeit, bei der die Möglichkeit zum Durchgehen der Informationen verbunden mit der Möglichkeit, den anwesenden Versicherungsvermittler bei Unklarheiten zu befragen, als »rechtzeitige« Informationserteilung angesehen werden kann.

285 Das neue Recht erlaubt nur **ausnahmsweise** eine **Informationserteilung unverzüglich nach Vertragsschluss**: Wird der Versicherungsvertrag auf Verlangen des Versicherungsnehmers telefonisch oder unter Verwendung eines anderen Kommunikationsmittels geschlossen, das die Informationen in Textform vor der Vertragserklärung des Versicherungsnehmers nicht gestattet, muss die Information unverzüglich nach dem Vertragsschluss nachgeholt werden (§ 7 I 3 Hs. 1 VVG). Gleiches gilt, wenn der Versicherungsnehmer durch eine gesonderte schriftliche Erklärung (Rn. 385 f., 417) auf eine Information vor Abgabe seiner Vertragserklärung ausdrücklich verzichtet (§ 7 I 3 Hs. 2 VVG). Diese Möglichkeit eines **Verzichts auf die Informationen** ist

88 RegE BT-Drucks. 16/3945 S. 60.
89 So aber wohl *Marlow/Spuhl* S. 18.
90 Vgl. *Brömmelmeyer* VersR 2009, 584, 586; *Gaul* VersR 2007, 21; *Schimikowski* in: HK-VVG, § 7 VVG Rn. 5; *ders.* r+s 2006, 441; *ders.* r+s 2007, 133.
91 So *Schimikowski* r+s 2006, 441; *ders.* r+s 2007, 133.

insbesondere von *Römer* kritisiert worden.[92] Die Belange des Verbraucherschutzes würden durch die Möglichkeit der Verzichtserklärung unterlaufen;[93] außerdem sei diese Ausnahmeregelung gemeinschaftsrechtswidrig, da eine solche Möglichkeit vor allem durch die Fernabsatzrichtlinie II nicht vorgesehen werde.[94] Im Gegenzug ließe sich jedoch sagen, dass das Gemeinschaftsrecht die Möglichkeit einer Verzichtserklärung auch nicht explizit ausschließt[95] und dass insofern eine Verzichtserklärung, die letztlich nichts anderes ist als eine Verwirklichung der auch im Versicherungsvertragsrecht geltenden Privatautonomie, auch dann möglich gewesen wäre, wenn das VVG hierzu geschwiegen hätte. So verstanden ist in § 7 I 3 VVG also keine Aufweichung sondern eine Stärkung des Verbraucherschutzes zu sehen, da eine Verzichtserklärung zumindest strengen formalen Kriterien unterworfen wird.[96] Gleichwohl ist den Kritikern recht zu geben, dass § 7 I 3 VVG rechtspolitisch nicht unbedenklich ist, lässt sich doch über ihn bei missbräuchlicher Anwendung der Zweck der Informationspflichten konterkarieren. Die entscheidende Frage ist deshalb, unter welchen Voraussetzungen der Versicherer missbräuchlich einen (formell ordnungsgemäßen) Verzicht des Versicherungsnehmers herbeiführt.

Vertiefung: Ein Missbrauch liegt nicht schon darin, dass der Versicherer den vom Versicherungsnehmer auf einem gesonderten Blatt zu erklärenden und zu unterschreibenden **Verzicht vorformuliert**.[97] Bei § 6 III VVG (Rn. 274) ist dies zweifelsfrei zulässig, weil vom Versicherer zugleich ein Hinweis verlangt wird, dass der Verzicht sich nachteilig auf Schadensersatzansprüche gegen den Versicherer auswirken kann, und dieser Hinweis sinnvoll nur formularmäßig gegeben werden kann. Bei § 7 VVG geht es dagegen allein um die Vorformulierung der Erklärung des Versicherungsnehmers. Bedenkt man den generellen Willen des Gesetzgebers, das Policenmodell abzuschaffen, so könnte man deshalb für § 7 VVG erwägen, als stillschweigenden Bestandteil der Regelung ein Vorformulierungsverbot anzunehmen. Dagegen spricht jedoch, dass der Gesetzgeber die Form einer »gesonderten schriftlichen Erklärung« typisiert verwendet (vgl. § 6 III, 60 III, 61 II, 64 VVG) und insoweit eine 285a

92 *Römer* Bemerkungen zum Entwurf eines Gesetzes zur Reform des Versicherungsrechts vom 11. Oktober 2006, S. 1 f. (abrufbar unter http://www.bundestag.de/ausschuesse/a06/anhoerungen/16_versicherungsvertragsrecht/04_stellungnahmen/stellungnahme_r__mer.pdf); *ders.* VuR 2007, 94; vgl. auch *Schimikowski* r+s 2007, 133; *Schwintowski* in: Beckmann/Matusche-Beckmann, § 18 Rn. 35 ff.

93 *Römer* führt hierzu aus: »Diese Vorschrift wird in der Praxis dazu führen, dass das eigentliche Ziel verfehlt wird, nämlich den Kunden durch ausreichende Information in die Lage zu versetzen, sich für oder gegen ein bestimmtes Produkt zu entscheiden. Einem halbwegs geschickten Verkäufer ist es ohne weiteres möglich, die Unterschrift auf ein vorbereitetes Schriftstück zu erhalten. Diese gesetzliche Voraussetzung für den Informationsverzicht ist in Wahrheit keine Hürde« (Bemerkungen zum Entwurf eines Gesetzes zur Reform des Versicherungsrechts vom 11.10.2006, S. 2, vorige Fn.).

94 So *Schwintowski* in: Beckmann/Matusche-Beckmann, § 18 Rn. 36 ff.; *Dörner/Staudinger* WM 2006, 1710, 1712; *Schimikowski* r+s 2007, 133, 136; aus diesem Grund plädiert *Armbrüster* (in Langheid/Wandt, § 7 VVG Rn. 83) dafür, die Verzichtmöglichkeit im Anwendungsbereich der Fernabsatz- und Lebensversicherungsrichtlinien im Wege europarechtskonformer teleologischer Reduktion auszuschließen.

95 Art. 12 I Fernabsatzrichtlinie II enthält nur ein begrenztes Verzichtsverbot.

96 So *Marlow/Spuhl*, S. 20.

97 So *Leferenz* Vertragsschluss nach der VVG-Reform, 2008, Rn. 3/77; *Maier/Stadler* Rn. 27; *Gaul* VersR 2007, 21, 23; *Brömmelmeyer* VersR 2009, 584, 588 (mit materiellen Einschränkungen); *Herrmann* in: Bruck/Möller, § 7 VVG Rn. 93 (mit dem Vorbehalt, dass der Verzicht nicht zum Regelfall werden dürfe). A.A. *Römer* VersR 2006, 740, 742; *Schimikowski* in: HK-VVG, § 7 VVG Rn. 18 und wohl auch *Meixner/Steinbeck* Das neue Versicherungsvertragsrecht, 2008, § 1 Rn. 72 (allerdings ist nicht eindeutig, ob sich ihre Bedenken gegen eine reine Verzichtsklausel oder bereits gegen die Vorformulierung der Verzichtserklärung durch den Versicherer richten, die dann vom Versicherungsnehmer auf einem gesonderten Blatt unterschrieben wird).

Vorformulierung grundsätzlich möglich – und beispielsweise bei § 64 VVG auch sehr sinnvoll – ist. Eindeutige Anhaltspunkte dafür, dass für § 7 VVG ausnahmsweise etwas anders gelten sollte, liegen nicht vor. Die Gesetzesbegründung bringt zwar zum Ausdruck, dass vermieden werden soll, »dass ein Verzicht des Versicherungsnehmers formularmäßig vereinbart wird«[98]. Damit soll jedoch nur ausgeschlossen werden, dass der Verzicht *allein* durch Verwendung einer Verzichtsklausel in den wirksam in den Vertrag einbezogenen AVB zu Stande kommt (vgl. Rn. 274). Zu berücksichtigen ist außerdem, dass das Erfordernis der Gesondertheit der Erklärung kaum Sinn machen würde, wenn eine Vorformulierung durch den Versicherer ausgeschlossen wäre. Denn eine vom Versicherer nicht vorformulierte, autonom vom Versicherungsnehmer stammende schriftliche Erklärung wird in aller Regel »gesondert« abgegeben. Das Erfordernis der Gesondertheit der Erklärung zielt vielmehr gerade auf die Möglichkeit, dass der Versicherer die Erklärung des Versicherungsnehmers vorformuliert. Für diesen Fall soll vermieden werden, dass die dann vom Versicherungsnehmer »nur« zu unterschreibende Erklärung in Verbindung mit anderen zu leistenden Unterschriften »untergeht«. Insgesamt spricht daher mehr dafür, dass der Versicherer auch bei § 7 VVG die Erklärung des Versicherungsnehmers vorformulieren darf.[99] Ein Missbrauch durch den Versicherer liegt auch nicht darin, dass dieser in einer **Vielzahl von Fällen** eine von ihm formularmäßig vorbereitete Verzichtserklärung von Versicherungsnehmern entgegennimmt. Die Gegenansicht, die eine Unzulässigkeit annimmt, wenn der Verzicht zum Regelfall wird,[100] ist nicht praktikabel und schon deshalb abzulehnen. In Betracht kommt daher allenfalls eine restriktive Auslegung von § 7 I 3 VVG dahin, dass der Versicherer den Verzicht des Versicherungsnehmers nicht initiieren dürfe.[101] Auch eine solche Anwendungsreduktion ist jedoch sehr unbestimmt und stößt sich mit den Überlegungen zur Zulässigkeit einer formularmäßigen Vorbereitung durch den Versicherer. Es erscheint auch vom Regelungszweck her überzogen, dem Versicherer zu verbieten, einen Verzicht durch den Hinweis auf die gesetzlich vorgesehene Verzichtsmöglichkeit nach § 7 I 3 VVG anzustoßen. Der Versicherungsnehmer ist – vorbehaltlich des Einsatzes unzulässiger Methoden wie Fehlinformation oder Täuschung – durch das Erfordernis einer gesonderten schriftlichen Erklärung hinreichend geschützt. Zu bedenken ist auch, dass die Vorformulierung der Erklärung durch den Versicherer diese zu einer von ihm verwendeten AGB macht, die der Inhaltskontrolle, insbesondere dem Transparenzgebot unterliegt. Es ist also nicht auszuschließen, dass die Rechtsprechung auf diesem Wege besondere Anforderungen an eine vom Versicherer vorformulierte Erklärung begründet. Zusätzlich ist zu bedenken, dass der Verzicht auf Information nach § 7 I 3 Hs. 2 VVG nicht ohne weiteres als Verzicht auf die Einbeziehungsvoraussetzungen der AVB verstanden werden darf (vgl. hierzu Rn. 292), woraus sich eine weitere Hürde für ein Verzichtsmodell als ein regelmäßiges Vertragsschlussmodell ergibt. Unabhängig von der Frage, welche Anforderungen zivilrechtlich zu stellen sind, ist hinsichtlich der aufsichtsbehördlichen Missstandsaufsicht anzumerken: Verhält sich der Versicherer zivilrechtlich rechtmäßig, dann wird sein Verhalten auch nicht dadurch zu einem aufsichtsrechtlichen Missstand, dass er sich systematisch rechtmäßig verhält. Alles andere wäre der Rechtssicherheit abträglich, die sowohl bei den Regelungen über den Abschluss von Massenverträgen als auch bei den Grenzen der Missstandesaufsicht besonderes Gewicht hat.

286 Für die Mitteilung der Information nach § 7 I VVG genügt **Textform** i.S.d. § 126b BGB (Rn. 790). Der Versicherungsnehmer kann im Übrigen jederzeit während der Laufzeit des Vertrags vom Versicherer verlangen, dass ihm dieser die Vertragsbestimmungen einschließlich der AVB in einer Urkunde (vgl. § 126 BGB) übermittelt (§ 7 IV VVG).

98 RegE BT-Drucks. 16/3945 S. 60 zu § 7 VVG.
99 *Armbrüster* in: Langheid/Wandt, § 7 VVG Rn. 81.
100 *Herrmann* in: Bruck/Möller, § 7 VVG Rn. 93; *Franz* VersR 2008, 298, 301.
101 So *Brömmelmeyer* VersR 2009, 584, 588 (i.S. eines ungeschriebenen Tatbestandsmerkmals der Regelung; ausgenommen der Verzicht liege erkennbar im Interesse des Versicherungsnehmers, z.B. bei Abschluss einer Krankenversicherung unmittelbar vor einer Reise).

Die **Verletzung der Informationspflichten** bewirkt, dass die Widerrufsfrist gem. § 8 II VVG nicht zu laufen beginnt (Rn. 303). Hinsichtlich AVB erfüllt der Versicherer seine Informationspflicht auch dann, wenn eine AVB-Klausel intransparent oder aus anderen Gründen unwirksam ist.[102] Anders als die Verletzung von Beratungs- und Dokumentationspflichten ist die Verletzung der Informationspflicht nicht durch eine spezielle Regelung des VVG schadenersatzbewehrt. Dies schließt jedoch nicht aus, dass der Versicherer nach allgemeinem Vertragsrecht wegen Verletzung einer vorvertraglichen Pflicht schadensersatzpflichtig wird (§ 311 II BGB).[103] Bei planmäßigen Verstößen ist ein Missstand i.S. von § 81 VAG gegeben. 287

Auf Grund von § 7 VVG ist das **Policenmodell**, das sich in der Vergangenheit nach überwiegender Auffassung bewährt hat[104], als gesetzlich eröffnetes regelmäßiges Vertragsschlussverfahren nicht mehr praktizierbar. Der Gesetzgeber hat dieses Vertragsschlussmodell bewusst verworfen und lässt selbst einen Informationsverzicht des Versicherungsnehmers nur unter strengen formellen Voraussetzungen zu (Rn. 285). Das Policenmodell trage dem berechtigten Interesse des Versicherungsnehmers an einer möglichst frühzeitigen Information über den Inhalt des angestrebten Vertrags nicht hinreichend Rechnung;[105] außerdem sei die Vereinbarkeit des Policenmodells mit den EU-rechtlichen Vorgaben, insbesondere der Fernabsatzrichtlinie II, nicht zweifelsfrei.[106] Um die Praxis von einer Beibehaltung des so genannten Policenmodells (Übermittlung der Informationen erst zusammen mit der Police; Rn. 295 f.) abzuhalten, droht die Gesetzesbegründung, dass schließlich sogar ein Widerruf der Erlaubnis des Versicherers zum Geschäftsbetrieb durch die Aufsichtsbehörde erfolgen könne (vgl. Rn. 84).[107] 288

Der Versicherer kann allerdings – bei Meidung unzulässiger Methoden wie Fehlinformation oder Täuschung auch planmäßig – auf eine Verzichtserklärung der Versicherungsnehmer i.S.d. § 7 I 3 VVG hinwirken. Dann muss die Information durch den Versicherer nach Vertragsschluss nachgeholt werden, was im Grunde einem Vertragsschluss nach dem bisherigen Policenmodell gleichkommt. Dem Versicherungsnehmer steht es frei, ob er die Informationen nach § 7 I, II VVG in Anspruch nimmt oder darauf verzichtet.[108] Ein Missstand i.S.d. § 81 VAG liegt nur dann vor, wenn ein Versicherer den Verzicht des Versicherungsnehmers planmäßig mit zivilrechtlich unzulässigen Methoden bewirkt (vgl. Rn. 285a).[109] 289

102 Ebenso zu § 5a VVG a.F. BGHZ 164, 297 = VersR 2005, 1565; BGH VersR 2007, 1547 sowie *Wandt* Ersetzung unwirksamer AVB der Lebensversicherung im Treuhänderverfahren gem. § 172 VVG, 2001, S. 46 f. – Zum neuen Recht ebenso *Herrmann* in: Bruck/Möller, § 7 VVG Rn. 76; *Marlow/Spuhl*, S. 52.

103 RegE BT-Drucks. 16/3945 S. 60.

104 Vgl. auch *Gaul* VersR 2007, 21; *Römer* VersR 2006, 740; *Schimikowski* r+s 2006, 441; so bereits auch der GDV, Stellungnahme zum Referentenentwurf eines Gesetzes zur Reform des Versicherungsvertragsrechts vom 13.03.2006, S. 3, 32 ff.

105 RegE BT-Drucks. 16/3945 S. 60.

106 RegE BT-Drucks. 16/3945 S. 60; a.A. GDV (Stellungnahme zum Referentenentwurf eines Gesetzes zur Reform des Versicherungsvertragsrechts vom 13.03.2006, S. 3, 32 f.; Kernpunkte des GDV zur VVG-Reform, Dezember 2006, S. 28; Kernpunkte zur VVG-Reform für die Anhörung im Rechtsausschuss am 28. März 2007, S. 26; www.gdv.de); vgl. hierzu auch *Römer* VersR 2006, 740.

107 RegE BT-Drucks. 16/3945 S. 60.

108 RegE BT-Drucks. 16/3945 S. 60.

109 Vgl. auch *Gaul* VersR 2007, 21; *Römer* VersR 2006, 740; *Schimikowski* in: HK-VVG, § 7 VVG Rn. 18; *ders.* r+s 2006, 441; *ders.* r+s 2007, 133.

290 Zulässig ist es, dem Versicherungsnehmer planmäßig kein Angebot, sondern eine bloße *invitatio ad offerendum* (Aufforderung zur Abgabe eines Angebots, oder kurz: Angebotsanfrage) abzuverlangen. Dies hat einen Vertragsschluss in drei Schritten zur Folge:[110] Im ersten Schritt, also der Angebotsanfrage, teilt der Versicherungsinteressent dem Versicherer seine Wünsche und Bedürfnisse sowie aufgrund entsprechender Fragen des Versicherers die für die vorvertragliche Anzeigepflicht des § 19 VVG erheblichen Gefahrumstände mit. Im zweiten Schritt erstellt der Versicherer ein Angebot und übermittelt dieses zusammen mit dem »Versicherungsschein«, den AVB und sonstigen geschuldeten Informationen – also unter Beachtung der Voraussetzung des § 7 VVG – an den Versicherungsinteressenten. Im dritten und letzten Schritt liegt es dann am Versicherungsinteressenten, das Angebot (ausdrücklich)[111] anzunehmen.[112] Ein derartiges Vorgehen kommt der bisherigen Praxis des Policenmodells am nächsten. Es besteht aber die Gefahr von Rechtsunsicherheit, wenn nicht durch Verfahrensgestaltung eindeutig Klarheit darüber geschaffen wird, dass erstens der Versicherungsinteressent nur eine *invitatio ad offerendum* abgibt und dass zweitens er das Angebot des Versicherers nachweisbar angenommen hat (zur konkludenten Annahme durch den Versicherungsnehmer Rn. 254).[113]

VI. Einbeziehung von AVB

291 Für die Einbeziehung von AVB gelten die **allgemeinen Regeln des BGB** (§§ 305 ff. BGB; Rn. 186). Wenn bereits die – auf einem Antragsformular des Versicherers abgegebene – Vertragserklärung des Versicherungsnehmers auf die später im Versicherungsschein genannten AVB Bezug nimmt, hat der Versicherer seiner Hinweispflicht als Verwender genügt (vgl. § 305 II Nr. 1 BGB). Weitere Voraussetzung für die Einbeziehung ist, dass der Versicherer dem Versicherungsnehmer die Möglichkeit verschafft, in zumutbarer Weise von dem Inhalt der AVB Kenntnis zu nehmen (vgl. § 305 II Nr. 2 BGB). Dabei ist nach Sinn und Zweck des § 305 II BGB auf den Zeitpunkt abzustellen, in dem der Kunde seine ihn bindende Vertragserklärung abgibt.[114] Fehlt die Kenntnisnahmemöglichkeit in diesem Zeitpunkt, scheitert die Einbeziehung der AVB. Die Kenntnisnahmemöglichkeit von den sonstigen Informationen der VVG-InfoV, insbesondere von den Angaben des Produktinformationsblattes, genügt nicht, da § 305 II Nr. 2 BGB eine Kenntnisnahmemöglichkeit vom vollständigen Inhalt der AVB verlangt.

110 Vgl. *Gaul* VersR 2007, 21; *Schimikowski* r+s 2006, 441; *ders.* r+s 2007, 133; *Marlow/Spuhl* S. 10 ff.; *Schwintowski* in: Beckmann/Matusche-Beckmann, § 18 Rn. 25 ff.

111 Zu beachten ist, dass beim »Invitatio-Modell« der Vertrag nicht bereits mit Übersendung des verfrühten »Versicherungsscheins« zustande kommt, da dieser lediglich Teil des Angebots ist (aus diesem Grund greift auch die Fälligkeitsregelung des § 33 I VVG nicht), sondern erst mit Annahme durch den Versicherungsinteressenten (vgl. auch *Marlow/Spuhl* S. 11 f.). Gerade im Invitatio-Modell wird es sich häufig als schwierig erweisen festzustellen, ob eine konkludente Vertragsannahme durch den Versicherungsnehmer vorliegt, siehe hierzu Rn. 254. Deshalb sollte der Versicherer, wenn er dieses Modell verwenden möchte, dem Versicherungsnehmer ein zu unterschreibendes und zurückzusendendes Annahmeformular mit seinem Antrag übersenden.

112 Vgl. Darstellung bei *Gaul* VersR 2007, 21 (ablehnend) sowie *Schimikowski* r+s 2006, 441 (kritisch).

113 Vgl. *Schimikowski* r+s 2006, 441, der auch darauf hinweist, dass die genannte Vorgehensweise »eine kleine Revolution« in der versicherungsvertraglichen Praxis bedeuten würde.

114 Vgl. *Armbrüster* in: Langheid/Wandt, § 7 VVG Rn. 160 m.w.N.; *Basedow* in: MünchKomm, 5. Aufl., § 305 BGB Rn. 72 f.; *Ulmer* in: Ulmer/Brandner/Hensen, AGBG, § 2 Rn. 56; *Gaul* VersR 2007, 21; *Schimikowski* r+s 2006, 441.

Ein AGB-mäßiger Verzicht auf die Einbeziehungsvoraussetzungen ist grundsätzlich unwirksam. Fraglich ist aber, ob ein ausdrücklicher Verzicht des Versicherungsnehmers auf eine Information vor Abgabe seiner Vertragserklärung gem. **§ 7 I 3 Hs. 2 VVG** ohne Weiteres[115] auch den Verzicht auf die allgemeinen Einbeziehungsvoraussetzungen für AVB umfasst. Dies könnte mit dem Argument vertreten werden, § 7 I 3 Hs. 2 VVG sei eine gegenüber § 305 II BGB vorrangige Sondervorschrift.[116] Dies ist jedoch abzulehnen. Weder der Vorschrift noch der Gesetzesbegründung lässt sich entnehmen, dass der Gesetzgeber eine Sonderregelung für die Einbeziehung von AVB treffen wollte. § 7 VVG enthält keine dem bisherigen § 5a VVG a.F. vergleichbare Regelung, wonach der Vertrag auf der Grundlage verspätet übersandter AVB als abgeschlossen gilt. Regelungsgegenstand des § 7 VVG ist vielmehr ausschließlich die vorvertragliche Information des Versicherungsnehmers.[117] Auch die Sonderregelung des § 49 II 1 VVG für die Einbeziehung von AVB in einen Vertrag über vorläufige Deckung (Rn. 186, 456) lässt sich nicht verallgemeinern.[118] Auch die Argumentation mit § 8 II 1 Nr. 1 VVG[119], wonach die Widerrufsfrist erst mit Zugang der AVB erfolgt, ist nicht stichhaltig. Aus dieser Bestimmung ergibt sich nur, dass ein Vertrag auch ohne Zugang der AVB (schwebend) wirksam zu Stande kommen kann. Daraus lässt sich jedoch keine Modifikation der allgemeinen Voraussetzungen für die Einbeziehung von AVB entnehmen.[120] Wenn bereits die Vertragserklärung des Versicherungsnehmers die einzubeziehenden AVB bezeichnet, liegt auch kein abweichender Versicherungsschein i.S.d. § 5 VVG vor, sodass auch eine Einbeziehung der AVB über § 5 VVG ausscheidet (vgl. dazu Rn. 256 ff.). Die AVB können dann nur im Wege einer Änderung des geschlossenen Vertrages nachträglich einbezogen werden. 292

Ungeachtet der Bedeutung von AVB für den Inhalt eines Versicherungsvertrages, bleibt der Vertrag bei einem Scheitern der Einbeziehung der AVB wirksam (vgl. § 306 I BGB). Soweit gesetzliche Regelungen zur Füllung von Regelungslücken nicht zur Verfügung stehen, sind diese im Wege ergänzender Vertragsauslegung (vgl. Rn. 205 ff.) durch Rückgriff auf marktübliche AVB zu schließen. Dies kann auf die Anwendung der nicht einbezogenen unternehmensindividuellen AVB hinauslaufen, wenn diese marktüblich sind. Das Abstellen auf Marktüblichkeit schützt den Versicherungsnehmer aber, wenn die unternehmensindividuellen AVB vom Marktüblichen zum Nachteil des Versicherungsnehmers abweichen.[121] 293

115 Ein umfassender Verzicht ist bei entsprechendem Verzichtswillen unstreitig zulässig.

116 *Reiff* in: Langheid/Wandt, Bd. I, AGB, Rn. 26, 63; *Leverenz* Vertragsschluss nach der VVG-Reform, 2008, S. 76; tendenziell auch *Marlow/Spuhl* S. 14, die im Ergebnis aber eine entsprechende Anwendung von § 49 II VVG befürworten.

117 Ebenso *Beckmann* in: Beckmann/Matusche-Beckmann, § 10 Rn. 90; *Brömmelmeyer* in: HK-VVG, Einl. Rn. 62; *Ebers* in: Schwintowski/Brömmelmeyer, § 7 VVG Rn. 22; *Armbrüster* in: Langheid/Wandt, § 7 VVG Rn. 153.

118 Wie hier *Beckmann* in: Beckmann/Matusche-Beckmann, § 10 Rn. 90; *Brömmelmeyer* in: HK-VVG, Einl. Rn. 62; anders hingegen *Marlow/Spuhl* S. 14; *Armbrüster* in: Langheid/Wandt, § 7 VVG Rn. 155.

119 Vgl. *Marlow/Spuhl*, S. 14.

120 So auch *Beckmann* in: Beckmann/Matusche-Beckmann, § 10 Rn. 90.

121 Vgl. *Wandt* Verbraucherinformation und Vertragsschluss nach neuem Recht, 1995, S. 25 ff.; *Dörner/Hoffmann* NJW 1996, 153, 158; vgl. auch *Schimikowski* Rn. 27.

VII. Lösungsrechte vom Vertrag

1. Überblick: Gemeinsamkeiten und Unterschiede von altem und neuem VVG

294 Die Möglichkeit eines Versicherungsnehmers, sich noch nach der Abgabe seiner Vertragserklärung vom Vertragsschluss zu lösen, ist ein scharfes Schwert des Verbraucherschutzes. Das VVG a.F. sah insoweit aufgrund unterschiedlicher EG-Richtlinien uneinheitliche Regelungen und Lösungsrechte vor. Das **VVG 2008** folgt auch hier einem **einheitlichen Ansatz für alle Arten von Versicherungsverträgen**, der sich an den Vorgaben der Fernabsatz-Richtlinie orientiert (Rn. 278). § 312 BGB über das Widerrufsrecht bei Haustürgeschäften ist gemäß seinem Absatz 3 Hs. 1 auf Versicherungsverträge nicht anwendbar.

2. VVG a.F.

295 Die Art des Rechts des Versicherungsnehmers, die Wirksamkeit des Vertrages zu verhindern, zu beseitigen[122] oder zu beenden, unterschied sich im alten VVG, je nachdem, ob der Versicherer für den Vertragsschluss das sog. »**Antragsmodell**« oder das in § 5a VVG a.F. geregelte sog. »**Policenmodell**« gewählt hatte[123] oder ob es sich um einen Fernabsatzvertrag handelte (§ 48c VVG a.F.; auf einer Erläuterung der bisherigen Sonderregeln für Fernabsatzverträge wird wegen ihrer Vergleichbarkeit mit dem neuen Recht verzichtet).

296 Ausgangspunkt für die Unterscheidung der ersten beiden Modelle war die aufsichtsrechtliche Verpflichtung des Versicherers gemäß § 10a VAG a.F.[124], dem Versicherungsnehmer vor Abschluss des Vertrages schriftlich eine **Verbraucherinformation** über die für das Versicherungsverhältnis maßgebenden Rechte und Pflichten einschließlich der AVB zu übermitteln.[125] Von Antragsmodell sprach man, wenn der Versicherer seiner Verpflichtung aus § 10a VAG a.F. im Zeitpunkt der Antragstellung nachkam. Wenn dagegen der Versicherer die Verbraucherinformation zu diesem Zeitpunkt nicht oder nicht vollständig erteilte, konnte er sie gemäß § 5a VVG a.F. noch zusammen mit der Versicherungspolice zusenden. Deshalb sprach man hier von Policenmodell (Einzelheiten zum Ganzen Rn. 288 ff.).

a) Widerrufsrecht oder Rücktrittsrecht beim Antragsmodell

297 Wenn der Versicherungsnehmer die Verbraucherinformation nach § 10a VAG a.F. bei der Antragstellung erhalten hatte (»Antragsmodell«), beurteilte sich seine Bindung nach § 8 VVG a.F. Für die **Lebensversicherung** gewährte § 8 V VVG a.F. in Umsetzung der Zweiten EG-Richtlinie zur Lebensversicherung[126] und der Richtlinie über

---

122 Rechtsvergleich von *Basedow/Fock* I S. 46 ff.

123 Begriffe von *Lorenz* ZVersWiss 1995, 103 ff.; *ders.* VersR 1995, 616.

124 Genauer: § 10a VAG a.F. in Verbindung mit der Anlage D des VAG a.F.; abgedruckt bei *Wiechmann/Block* Nr. 1.

125 § 10a VAG a.F. diente der Umsetzung von Art. 31 und 43 der Dritten Schadensversicherungsrichtlinie (Richtlinie vom 18.06.1992 (92/49/EWG) ABl. L 228 vom 11.08.1992, S. 1; abgedruckt in: Prölss, VAG, S. 1445) und Art. 31 der Dritten Lebensversicherungsrichtlinie (Richtlinie vom 10.11.1992 (92/96/EWG) ABl. L 360 vom 09.12.1992, S. 1; abgedruckt in: *Prölss* VAG, S. 1475). – Zu den Grenzen, die das EG-Recht dem nationalen Gesetzgeber bei der Umsetzung der Informationspflichten setzt, vgl. EuGH VersR 2002, 1011 = NVersZ 2002, 210.

126 Art. 15 der Richtlinie 90/619/EWG; zu den Richtliniengenerationen vgl. Rn. 70.

den Fernabsatz von Finanzdienstleistungen[127] ein **Rücktrittsrecht** innerhalb von 30 Tagen nach Abschluss des Vertrages. Bei allen **anderen Versicherungen** konnte der Versicherungsnehmer den Antrag auf Abschluss des Vertrages innerhalb von vierzehn Tagen ab Unterzeichnung **widerrufen** (§ 8 IV VVG a.F.), vorausgesetzt der Vertrag sollte eine längere Laufzeit als ein Jahr haben. Für Versicherungsverträge mit einer längstens einjährigen Laufzeit hatte der Gesetzgeber ein Widerrufsrecht nicht für erforderlich gehalten, da sich die Nachteile eines unüberlegten Vertragsschlusses hier in Grenzen halten. Ein Widerrufsrecht bestand auch dann nicht, wenn die Versicherung für die bereits ausgeübte gewerbliche oder selbstständige Tätigkeit des Versicherungsnehmers bestimmt war, oder wenn und soweit der Versicherer auf Wunsch des Versicherungsnehmers sofortigen Versicherungsschutz gewährte (§ 8 IV 5 VVG a.F.). Das Widerrufsrecht war dann allerdings nur für den Vertrag über die vorläufige Deckung (Rn. 450 ff.), nicht für den sich anschließenden Hauptvertrag ausgeschlossen.

b) Widerspruchsrecht beim Policenmodell

Wenn der Versicherungsnehmer die Verbraucherinformation bei Antragstellung nicht **298**
oder nicht vollständig erhalten hatte, hatte er gemäß § 5a VVG a.F. ein **Widerspruchsrecht.**[128] Das Widerspruchsrecht bestand gemäß § 5a III VVG a.F. allerdings nicht für einen Vertrag über vorläufige Deckung[129], wenn der Versicherungsnehmer »insoweit« auf die Überlassung der AVB und Verbraucherinformation bei Abschluss dieses Vertrages verzichtet hatte. Das Widerspruchsrecht nach § 5a VVG a.F. schloss ein Widerrufs- oder Rücktrittsrecht nach § 8 VVG a.F. aus (§ 8 VI VVG a.F.).[130]

Wenn der Versicherungsnehmer widersprach, erlangte der Vertrag keine Wirksam- **299**
keit. Wenn dagegen kein Widerspruch erfolgte, wurde der bis zum Ablauf der Widerspruchsfrist schwebend unwirksame Vertrag rückwirkend wirksam.[131] Der (zurückliegende) Zeitpunkt des Wirksamwerdens bestimmte sich nach den allgemeinen Vorschriften. Der Inhalt des Vertrages richtete sich nach dem Versicherungsschein, den AVB und der weiteren für den Vertragsinhalt maßgebenden Verbraucherinformation (§ 5a I VVG a.F.).

Ausgehend von diesem Verständnis des § 5a VVG a.F. war dessen umstrittene Kon- **300**
formität mit den Dritten EG-Richtlinien zur Schadens- und Lebensversicherung, deren Umsetzung die Vorschrift dient, zu bejahen.[132] Die Richtlinien verlangen eine Information des Interessenten vor Abschluss des Vertrages. Der Interessent soll keine

127 Die Zweite EG-Richtlinie zur Lebensversicherung sah noch ein Rücktrittsrecht innerhalb von 14 bis 30 Tagen vor; die Änderung in 30 Tage erfolgte im Rahmen der Umsetzung der Fernabsatz-Richtlinie (2002/65/EG) durch Art. 6 des Gesetzes zur Änderung der Vorschriften über Fernabsatzverträge bei Finanzdienstleistungen vom 02.12.2004 (BGBl. I 2004, S. 3102 vom 07.12.2004). Das Gesetz ist entsprechend dessen Art. 9 am Tag nach seiner Verkündung, dem 08.12.2004, in Kraft getreten.

128 Zum persönlichen Geltungsbereich des § 5a VVG a.F. vgl. *Prölss* in: Prölss/Martin, § 5a VVG a.F. Rn. 12 ff.

129 Vgl. dazu *Wandt* Verbraucherinformation und Vertragsschluss nach neuem Recht, 1995, S. 29 f.; *Schwintowski* in: BK, § 5a VVG a.F. Rn. 84 ff.

130 Vgl. *Reiff* VersR 1997, 267 mit beachtlichen Bedenken gegen die Richtlinienkonformität des Ausschlusses des Rücktrittsrechts für die Lebensversicherung.

131 Herrschende Meinung; vgl. nur *Wandt* Verbraucherinformation und Vertragsschluss nach neuem Recht, 1995, S. 19 ff.

132 OLG Frankfurt VersR 2005, 631; OLG Düsseldorf VersR 2001, 837; herrschende Lehre, vgl. nur *Lorenz* VersR 1995, 616; *Reiff* VersR 1997, 267; *Wandt* Verbraucherinformation und Vertragsschluss nach neuem Recht, 1995, S. 31 ff. Zur Gegenansicht vgl. *Dörner/Hoffmann* NJW 1996, 153.

vertragliche Bindung eingehen, ohne hinreichend über das Versicherungsprodukt informiert worden zu sein. § 5a VVG erfüllte die verbraucherschützenden Zwecke der Richtlinienvorgaben, weil sich der Versicherungsnehmer nach Erhalt der Unterlagen über den Vertragsinhalt vierzehn Tage lang, bei Lebensversicherungsverträgen 30 Tage lang, überlegen konnte, ob er eine Vertragsbindung wollte oder nicht.

3. Neues VVG

a) Das einheitliche Widerrufsrecht des Versicherungsnehmers

301 Versicherungsverträge sind nach neuem Recht **grundsätzlich** innerhalb einer vierzehntägigen Frist[133] **widerruflich (§ 8 VVG).**[134] Während der Widerruflichkeit ist der **Vertrag schwebend wirksam.**[135] § 8 VVG entspricht inhaltlich der aufgehobenen Sonderregelung für Fernabsatz-Verbraucherverträge des § 48c I–IV VVG a.F. (vgl. Rn. 242), erweitert das Widerrufsrecht jedoch auf Nichtverbraucher sowie auf alle Arten von Versicherungsverträgen unabhängig vom Vertriebsweg. Damit ersetzt § 8 VVG insbesondere die Regelung des bisherigen § 5a VVG a.F. zu dem – im neuen Recht damit unzulässigen – »Policenmodell« (vgl. Rn. 288 ff.).

302 **Nur ausnahmsweise besteht kein Widerrufsrecht** gemäß § 8 III 1 VVG, nämlich nicht bei Versicherungsverträgen mit einer Laufzeit von weniger als einem Monat (Nr. 1), bei Versicherungsverträgen über vorläufige Deckung, es sei denn, es handelt sich um einen Fernabsatzvertrag i.S.d. § 312b I und II BGB (Nr. 2), bei Versicherungsverträgen mit Pensionskassen, die auf arbeitsvertraglichen Regelungen beruhen, es sei denn, es handelt sich um einen Fernabsatzvertrag i.S.d. § 312b I und II BGB (Nr. 3) sowie bei Versicherungsverträgen über Großrisiken (Nr. 4). Außerdem wird das Widerrufsrecht dadurch ausgeschlossen, dass der Vertrag auf Wunsch des Versicherungsnehmers beiderseits vollständig erfüllt wird (§ 8 III 2 VVG).

303 Die **Widerrufsfrist** beträgt vierzehn Tage; in der Lebensversicherung gemäß § 152 I VVG beträgt sie 30 Tage. Die Frist beginnt zum Schutz des Versicherungsnehmers erst zu laufen, wenn dem Versicherungsnehmer der Versicherungsschein, sämtliche nach § 7 I und II VVG vorgeschriebenen Unterlagen und Informationen – also auch die nach der VVG-InfoV – sowie eine ordnungsgemäße Belehrung über das Widerrufsrecht und über die Rechtsfolgen des Widerrufs[136] in Textform zugegangen sind[137] (§ 8 II 1 VVG). Die Belehrung genügt den Anforderungen, wenn das gesetzliche

133 § 8 I VVG i.d.F. des Gesetzes zur Umsetzung der Verbraucherkreditrichtlinie, des zivilrechtlichen Teils der Zahlungsdiensterichtlinie sowie zur Neuordnung der Vorschriften über das Widerrufs- und Rückgaberecht vom 29.07.2009 (BGBl. I S. 2355); nach § 8 VVG a.F. betrug die Widerrufsfrist zwei Wochen.

134 RegE BT-Drucks. 16/3945 S. 61 f.

135 So bspw. auch ausdrücklich *Armbrüster* r+s 2008, 493, 494; *K. Johannsen* in: Beckmann/Matusche-Beckmann, § 8 Rn. 18; *Knops* in: Bruck/Möller, § 8 VVG Rn. 4; *Marlow/Spuhl* S. 34 f.; *Meixner/Steinbeck* Das neue Versicherungsvertragsrecht, 2008, § 1 Rn. 92.

136 Insoweit stellt sich die Frage, welche Anforderungen an die Belehrung über die Rechtsfolgen des Widerrufs gem. § 8 VVG zu stellen sind; insbesondere ob auch über § 9 S. 2 VVG zu informieren ist, der nach den folgenden Ausführungen (vgl. Rn. 313 ff.) teilweise richtlinienwidrig ist und teilweise richtlinienkonform ausgelegt werden muss.

137 Zum Beginn der Widerrufsfrist vgl. auch *Armbrüster* r+s 2008, 493, 494 ff.

Muster der Anlage zum VVG in Textform verwendet wird (§ 8 V VVG).[138] Im elektronischen Geschäftsverkehr beginnt die Widerrufsfrist nicht vor Erfüllung auch der in § 312e I 1 BGB geregelten Pflichten (§ 8 IV VVG).

Nach Art. 6 I 2 der **Richtlinie über den Fernabsatz von Finanzdienstleistungen** (im Folgenden auch: *Fernabsatzrichtlinie II*)[139] beginnt die Widerrufsfrist grundsätzlich[140] je nachdem, welcher Zeitpunkt später ist, entweder am Tag des Abschlusses des Fernabsatzvertrages oder an dem Tag, an dem der Verbraucher die Vertragsbedingungen und Informationen gem. Art. 5 erhält. Zu den Vertragsbedingungen und Informationen gehört nach der Richtlinie nicht der Versicherungsschein. Wenn alle nach der Richtlinie erforderlichen Unterlagen übermittelt wurden und der Vertragsschluss unabhängig vom Zugang des Versicherungsscheines erfolgt, ergibt sich deshalb eine Divergenz zur Richtlinie: Nach der Richtlinie läuft die Widerrufsfrist, dagegen läuft sie nach § 8 VVG solange nicht, bis der Versicherungsschein zugegangen ist. Obwohl diese Abweichung von der Richtlinie für den Versicherungsnehmer günstig ist, liegt ein **Verstoß gegen die Richtlinie** vor, weil sie in diesem Regelungspunkt keine Mindest-, sondern eine Vollharmonisierung verlangt.[141] Die Problematik stellt sich allerdings in der Praxis äußerst selten, weil der Antrag zum Abschluss des Vertrages auch zukünftig regelmäßig vom Versicherungsnehmer ausgeht, sodass die Annahme durch den Versicherer dann durch die Übersendung des Versicherungsscheins erfolgt (und damit Richtlinie und VVG deckungsgleich sind). 304

Praxisrelevanter ist die Frage, zu welchem **Zeitpunkt die Widerrufsfrist** beginnt, 305
wenn nach einer *invitatio ad offerendum* des Versicherungsnehmers der Antrag vom Versicherer kommt und deshalb die **Annahme durch den Versicherungsnehmer** erfolgt. Hier darf die Widerrufsfrist nicht bereits mit Zugang eines vom Versicherer – verfrüht – als Versicherungsschein bezeichneten Dokumentes, das er mit seinem Antrag übersendet, beginnen. Maßgebend ist vielmehr der Zeitpunkt des Vertragsschlusses, also des Zugangs der Annahmeerklärung des Versicherungsnehmers beim Versicherer, wenn dem Versicherungsnehmer zu diesem Zeitpunkt alle Unterlagen gem. § 8 II VVG vorliegen (ansonsten der spätere Zeitpunkt, zu dem diese Unterlagen nach Vertragsschluss vorliegen). Die Voraussetzung des Zugangs des Versicherungsscheins wird in der Weise erfüllt, dass der mit dem Antrag des Versicherers übersandte »Versicherungsschein« mit Vertragsschluss zu einem Versicherungsschein i.S.v. § 3 VVG erstarkt.[142]

Die **Beweislast** für den die Widerrufsfrist in Gang setzenden Zugang der Unterlagen 306
liegt beim Versicherer (§ 8 II 3 VVG). Die Gesetzesbegründung führt hierzu aus, der Versicherer könne sich den Zugang des Belehrungsformulars vom Versicherungsnehmer durch Unterschrift bestätigen lassen; für den Zugang des Versicherungsscheins, der AVB sowie der anderen notwendigen Unterlagen könne eine Vermutung in Betracht kommen, wenn der Versicherungsnehmer bereits mehrfach die Prämie

138 I.d.F. des Gesetzes zur Umsetzung der Verbraucherkreditrichtlinie, des zivilrechtlichen Teils der Zahlungsdiensterichtlinie sowie zur Neuordnung der Vorschriften über das Widerrufs- und Rückgaberecht vom 29.07.2009 (BGBl. I S. 2355).

139 Richtlinie 2002/65/EG des europäischen Parlaments und des Rates vom 23.09.2002 über den Fernabsatz von Finanzdienstleistungen an Verbraucher und zur Änderung der Richtlinie 90/619/EWG des Rates und der Richtlinien 97/7/EG und 98/27/EG, ABl. L 271 vom 09.10.2002, S. 16.

140 Eine Ausnahme bilden Fernabsatzverträge über Lebensversicherungen, die unter die Richtlinie 90/619/EWG fallen; bei diesen beginnt die Frist mit dem Zeitpunkt, zu dem der Verbraucher über den Abschluss des Fernabsatzvertrages informiert wird (Art. 6 I 2 Spiegelstrich 1 Hs. 2).

141 Vgl. Erwägungsgrund 13 der Richtlinie. Gem. Art. 4 I und II der Richtlinie wird ausschließlich mit der Regelung des Art. 3 über die »vorherige Auskunftserteilung« lediglich ein Mindestschutz angestrebt. – Vgl. hierzu auch *Knops* in: Bruck/Möller, § 8 VVG Rn. 21.

142 Ebenso *Armbrüster* r+s 2008, 493, 497; mit eingehender Begründung *Leverenz* Vertragsschluss nach der VVG-Reform, 2008, S. 166 f., 170.

bezahlt hat und erst danach den Widerruf mit der Behauptung erklärt, die Unterlagen seien ihm nicht zugegangen.[143]

307 Das VVG 2008 kennt keine den bisherigen §§ 5a II 4, 8 IV 4 VVG a.F. vergleichbare Regelung, nach der das Widerspruchs- bzw. Widerrufsrecht spätestens ein Jahr bzw. einen Monat nach Zahlung der ersten Prämie erlischt. Das Widerrufsrecht bleibt also, selbst wenn eine Prämienzahlung durch den Versicherungsnehmer erfolgt ist, solange bestehen, bis der Versicherer den Erfordernissen des § 8 II VVG vollständig genügt. Der Versicherungsnehmer kann seine Vertragserklärung unter Umständen also auch noch Jahre nach Vertragsschluss widerrufen (**»ewiges Widerrufsrecht«**). Einem solchen Widerruf kann jedoch abhängig von den Umständen des Einzelfalles die Einrede treuwidrigen Verhaltens entgegengehalten werden, wobei im Hinblick auf den gesetzgeberischen Willen, ein solches »ewiges Widerrufsrecht« zu schaffen und von der früheren Jahresfrist abzukommen, Rechtsmissbrauch oder Verwirkung hier nur äußerst restriktiv angenommen werden dürften.[144]

308 Die **Widerrufserklärung** hat in Anlehnung an die allgemeine Widerrufsregelung des § 355 I 2 BGB in Textform zu erfolgen, ohne dass es der Angabe von Gründen bedarf. Zur Fristwahrung genügt die rechtzeitige Absendung (§ 8 I 2 VVG).

b) Rechtsfolgen des Widerrufs

aa) Überblick

309 **Allgemein** ergeben sich die Rechtsfolgen des **Widerrufs eines Verbraucher-Schuldvertrages** im Sinne des § 310 III BGB aus den **§§ 355, 357, 346, 312d VI BGB**. Bei der Ausgestaltung der Rechtsfolgen unterlag der BGB-Gesetzgeber der Umsetzungspflicht insbesondere der Fernabsatzrichtlinien. Nach dem auf einen Widerruf für entsprechend anwendbar erklärten § 346 BGB sind im Falle des Widerrufs die empfangenen Leistungen zurückzugewähren und die gezogenen Nutzungen herauszugeben (Abs. 1); unter besonderen Voraussetzungen hat der Schuldner statt der Rückgewähr Wertersatz zu leisten (Abs. 2 und 3). Für Fernabsatzverträge über Finanzdienstleistungen bestimmt § 312d VI BGB, dass der Verbraucher abweichend von § 357 I BGB Wertersatz für die erbrachte Dienstleistung nach den Vorschriften über den gesetzlichen Rücktritt nur zu leisten hat, wenn er vor Abgabe seiner Vertragserklärung auf diese Rechtsfolge hingewiesen worden ist und wenn er ausdrücklich zugestimmt hat, dass der Unternehmer vor Ende der Widerrufsfrist mit der Ausführung der Dienstleistung beginnt. Die **genannten Regelungen des BGB sind auf Versicherungsverträge nicht unmittelbar anwendbar**, da § 355 BGB voraussetzt, dass dem Verbraucher durch Gesetz ein Widerrufsrecht »nach dieser Vorschrift eingeräumt« wird, was im VVG nicht geschieht.

310 **§ 9 VVG** enthält eine **eigenständige Regelung über die Rechtsfolgen eines Widerrufs nach § 8 VVG.**[145] Unmittelbar geregelt werden die Rechtsfolgen hinsichtlich der Prämienzahlung, die der Versicherungsnehmer vor Ausübung seines Widerrufs bereits an den Versicherer geleistet hat. Mittelbar werden aber auch die Rechtsfolgen

---

143 RegE BT-Drucks. 16/3945 S. 62.

144 Vgl. hierzu *Armbrüster* r+s 2008, 493, 499; *Schimikowski* in: HK-VVG, § 8 VVG Rn. 6; *Knops* in: Bruck/Möller, § 8 VVG Rn. 45 ff. (gegen die Möglichkeit der Verwirkung). Vgl. auch *Domke* BB 2005, 1582; *ders.* BB 2007, 341 (zum »ewigen Widerrufsrecht« unter § 355 III 2 Hs. 2 BGB).

145 Die Regelung entspricht sachlich unverändert der bisherigen Sonderregelung für Fernabsatz-Verbraucherverträge des § 48c V VVG a.F.

des Widerrufs für die Leistung (Leistungspflicht) des Versicherers geregelt. Für die Lebensversicherung enthält § 152 II VVG eine gegenüber § 9 VVG vorrangige spezielle Regelung (Rn. 1172).

§ 9 VVG – wie auch § 152 II VVG – setzt **Art. 7 der Fernabsatzrichtlinie II**[146] in das deutsche Recht um. Im Anwendungsbereich der Richtlinie ist zwingend das **Gebot richtlinienkonformer Auslegung** des nationalen Rechts zu beachten. Der deutsche Gesetzgeber hat sich bei der Umsetzung im VVG allerdings nicht auf den eigentlichen Anwendungsbereich der Richtlinie beschränkt, sondern er hat die gesetzlichen Neuregelungen über das Zustandekommen von Versicherungsverträgen generell an ihren strengen Vorgaben ausgerichtet. Er wollte damit die zuvor bestehende Rechtszersplitterung im Bereich der Lösungsrechte von einem Versicherungsvertrag vermeiden (»Einheitskonzeption«).[147] Um die angestrebte Einheitlichkeit für alle Versicherungsverträge sicherzustellen, ist deshalb eine richtlinienkonforme Auslegung der jeweiligen Vorschriften grundsätzlich auch außerhalb des Anwendungsbereichs der Fernabsatzrichtlinie II geboten. Eine gespaltene Auslegung ein und derselben VVG-Regelung, je nachdem, ob der Anwendungsbereich der Fernabsatzrichtlinie II betroffen ist oder nicht, läge grundsätzlich nicht im Sinne des Gesetzgebers.[148] Ausnahmsweise kann aber trotz des generellen gesetzgeberischen Willens eine »gespaltene« Rechtsanwendung denkbar sein, beispielsweise wenn der Gesetzgeber eindeutig einen von der Richtlinie abweichenden Regelungswillen verfolgt.[149] 311

Die Anwendbarkeit der §§ 9, 152 II VVG setzt voraus, dass **der Versicherer vor Ablauf der Widerrufsfrist vertragsgemäß Versicherungsschutz gewährt hat**. Wenn dagegen der Versicherungsschutz nach der vertraglichen Vereinbarung nicht vor Ablauf der Widerrufsfrist begonnen hat, beispielsweise weil die Vertragsparteien einen Zeitpunkt des Versicherungsbeginns vereinbart haben, der nach Ablauf der Widerrufsfrist liegt,[150] greifen die §§ 9, 152 II VVG mangels Erfüllung ihrer Tatbestandsvoraussetzungen nicht. Eine Regelung über die Rechtsfolgen des Widerrufs, wenn § 9 VVG nicht anwendbar ist, enthält das VVG nicht. Auch die allgemeinen Vorschriften des BGB für Verbraucher-Schuldverträge sind nicht unmittelbar anwendbar (Rn. 309) und eine allgemeine (Auffang-) Regelung für ein einheitliches Rechtsinstitut des Widerrufs, wie etwa im Fall von Anfechtung, Rücktritt oder Kündigung, kennt das BGB nicht.[151] Diese gesetzliche Regelungslücke ist durch Umkehrschlüsse aus § 9 VVG bzw. durch analoge Anwendung der allgemeinen Vorschriften der §§ 357, 346, 312d VI BGB zu schließen. Hatte der Versicherungsnehmer also schon vor dem vereinbarten in der Zukunft liegenden Versicherungsbeginn und vor Ausübung des Wi- 312

146 Richtlinie 2002/65/EG des europäischen Parlaments und des Rates vom 23.09.2002 über den Fernabsatz von Finanzdienstleistungen an Verbraucher und zur Änderung der Richtlinie 90/619/EWG des Rates und der Richtlinien 97/7/EG und 98/27/EG, ABl. L 271 vom 09.10.2002, S. 16.

147 Vgl. RegE BT-Drucks. 16/3945 S. 59, 61.

148 Vgl. auch *Wandt/Ganster* VersR 2008, 425.

149 Vgl. zur Problematik einer gespaltenen Auslegung jeweils m.w.N. BGHZ 150, 248 = VersR 2002, 1035; *Heinrichs* in: Palandt, BGB, 68. Aufl. 2009, Einleitung Rn. 44; *S. Lorenz* in: MünchKomm, BGB, 5. Aufl. 2008, Vorbemerkung § 474 Rn. 4; *Faust* in: Bamberger/Roth, BeckOK, Edition 13, BGB, § 433 Rn. 9 f.; *Koch* JZ 2006, 277.

150 Vgl. RegE BT-Drucks. 16/3945 S. 62: »Kommt § 9 S. 1 VVG-E nicht zur Anwendung, weil der Versicherungsschutz nicht vor Ende der Widerrufsfrist beginnt, …« ; ebenso *Marlow/Spuhl* S. 35.

151 Vgl. *Masuch* in: MünchKomm, BGB, 5. Aufl. 2007, § 355 Rn. 19.

derrufs eine Prämienzahlung erbracht[152], so kann er die geleistete Zahlung in analoger Anwendung von §§ 346, 357 I BGB zurückverlangen.[153]

bb) Rechtsfolgen des Widerrufs nach ordnungsgemäß erfolgtem Beginn des Versicherungsschutzes (§ 9 S. 1 VVG)

313 § 9 S. 1 VVG regelt das **Schicksal der Prämie** für den Fall, dass der Versicherungsnehmer in der Belehrung nach § 8 II 1 Nr. 2 VVG ordnungsgemäß auf sein Widerrufsrecht, die Rechtsfolgen des Widerrufs und den im Falle des Widerrufs zu zahlenden Prämienanteil hingewiesen worden ist und außerdem zugestimmt hat, dass der Versicherungsschutz bereits vor dem Ende der Widerrufsfrist beginnt. Für diesen Fall hat der Versicherer dem Versicherungsnehmer »nur« den auf die Zeit *nach* Zugang des Widerrufs entfallenden Teil der von diesem geleisteten Prämien zu erstatten. Aus dem Wort »nur« ergibt sich zweifelsfrei, dass der Versicherer den auf die Zeit *vor* Zugang des Widerrufs entfallenden Teil der Prämien nicht erstatten muss, also behalten darf.[154] Dies ist auch ohne weiteres plausibel. Denn der ordnungsgemäß belehrte Versicherungsnehmer hat absprachegemäß während des Zeitraums bis zur Ausübung des Widerrufs Versicherungsschutz erhalten und soll hierfür konsequenterweise die zeitanteilige Prämie zahlen (»pro rata-Prämie«).

314 § 9 S. 1 VVG sagt unmittelbar nichts zu den **Rechtsfolgen des Widerrufs hinsichtlich der Leistung des Versicherers.** Auch ohne ausdrückliche Regelung erschließt sich aus § 9 S. 1 VVG – sowie aus der Gesetzesbegründung[155] – jedoch eindeutig, dass gewährter Versicherungsschutz *nicht* rückabzuwickeln ist, wenn der Versicherer gem. § 9 S. 1 VVG die Prämie behalten darf. Dies bedeutet, dass der Versicherungsnehmer bei einem Widerruf für abstrakt erhaltenen Versicherungsschutz, den er nicht in Natur zurückgewähren kann, – anders als nach der allgemeinen Regelung des § 346 II BGB, aber in Übereinstimmung mit § 312d VI BGB und der Fernabsatzrichtlinie II – keinen Wertersatz zu leisten hat und dass er auch eine Versicherungsleistung wegen eines eingetretenen Versicherungsfalles nicht zurückerstatten muss.

315 Die Rechtsfolgen von § 9 S. 1 VVG machen deutlich, worin der eigentliche **Zweck der Regelung** liegt. Den Parteien eines Versicherungsvertrages soll die Möglichkeit eingeräumt werden, den Vertrag für den Zeitraum der Widerruflichkeit vereinbarungsgemäß durchzuführen. Dies gilt zum Schutze des Versicherungsnehmers aller-

---

152 Beispiel: Vertragsschluss am 01.02. eines Jahres, Beginn der Widerrufsfrist gem. § 8 II VVG zum gleichen Zeitpunkt; vereinbarter Versicherungsbeginn: 01.04. des Jahres; Prämienzahlung am 05.02.; Widerruf am 12.02.

153 Vgl. die unpräzisen Ausführungen in RegE BT-Drucks. 16/3945 S. 62: »Kommt § 9 S. 1 VVG-E nicht zur Anwendung, weil der Versicherungsschutz nicht vor Ende der Widerrufsfrist beginnt, bestimmen sich die Rechtsfolgen des Widerrufs nach § 346 BGB in Verbindung mit § 357 I BGB; bereits geleistete Zahlungen sind zurückzugewähren.«

154 Vgl. auch *Dörner/Staudinger* WM 2006, 1710, 1713 f., die den Regelungsgehalt von § 9 S. 1 VVG jedoch zum Teil missverstehen, wenn sie ausführen, die Vorschrift widerspreche Art. 7 der Fernabsatzrichtlinie II, weil sie die Erstattung des auf die Zeit nach dem Widerruf entfallenden Prämienanteils von bestimmten Voraussetzungen abhängig mache. Die in § 9 S. 1 VVG genannten Umstände sind allein Voraussetzung dafür, dass der Versicherer die Prämie für die Zeit *vor* Zugang des Widerrufs behalten darf (vgl. das Wort »nur« innerhalb der Vorschrift). Die Prämie für die Zeit *nach* Zugang des Widerrufs muss dem Versicherungsnehmer stets und ohne weiteres zurückerstattet werden.

155 RegE BT-Drucks. 16/3945 S. 62; vgl. auch Regierungsentwurf eines Gesetzes zur Änderung der Vorschriften über Fernabsatzverträge bei Finanzdienstleistungen, BT-Drucks. 15/2946 S. 31 zu § 48c VVG a.F.

dings nur unter strengen Voraussetzungen. Sind diese Voraussetzungen erfüllt, hat der Widerruf der Sache nach lediglich die Wirkungen einer Kündigung.

Wenn dagegen die zum Schutze des Versicherungsnehmers statuierten strengen Voraussetzungen des § 9 S. 1 VVG nicht erfüllt sind, kommt es zu einer Rückabwicklung des Vertrages. Hierfür enthält § 9 S. 2 VVG eine spezielle Regelung (Rn. 326 f.). Nach § 9 S. 2 Hs. 1 VVG hat der Versicherer dem widerrufenden Versicherungsnehmer nicht nur die Prämie für die Zeit nach Zugang des Widerrufs, sondern auch die Prämie für das erste Versicherungsjahr zu erstatten. Diese Regelung macht deutlich, dass die Erfüllung der Voraussetzungen von § 9 S. 1 VVG für den Versicherer von zentraler Bedeutung sind; jedenfalls wenn man die noch darzulegende Richtlinienwidrigkeit der Regelung (Rn. 330 ff.) zunächst außer Acht lässt. 316

Leider ist § 9 **S. 1 VVG hinsichtlich der Voraussetzungen in Einzelpunkten unklar.** Noch relativ unproblematisch ist die Verpflichtung des Versicherers auf **»den zu zahlenden Betrag«** hinzuweisen.[156] Damit soll der Fernabsatzrichtlinie II entsprochen werden, die in Art. 7 III 1 – allerdings unmittelbar nur für eine Zahlungspflicht des Versicherungsnehmers *nach* Ausübung des Widerrufs – die Unterrichtung des Verbrauchers über den zu zahlenden Betrag gem. Art. 3 I Nr. 3 lit. a der Richtlinie verlangt.[157] Dieser Betrag darf nach der Richtlinie nicht höher sein als der Anteil der bereits erbrachten Dienstleistung im Vergleich zum Gesamtumfang der im Fernabsatzvertrag vorgesehenen Dienstleistung, und er darf nicht so bemessen sein, dass er als Vertragsstrafe ausgelegt werden kann. Diese Anforderungen kommen in § 9 S. 1 VVG zwar nicht ausdrücklich zur Sprache, die Regelung ist aber ohne Probleme in diesem Sinne richtlinienkonform auslegungsfähig. 317

Ein anderes Auslegungsproblem ergibt sich hinsichtlich der Hinweispflicht des Versicherers auf die **Rechtsfolgen des Widerrufs**: Hat der Versicherer nur auf die Rechtsfolgen hinzuweisen, die § 9 S. 1 VVG für den Normalfall statuiert, dass der Versicherer den Versicherungsnehmer ordnungsgemäß nach § 8 II Nr. 2 VVG belehrt, ihn ordnungsgemäß auf den zu zahlenden Betrag hingewiesen hat und dieser zugestimmt hat, dass der Versicherungsschutz vor Ende der Widerrufsfrist beginnt? Oder hat der Versicherer auch auf die andersartigen Rechtsfolgen hinzuweisen, die der Widerruf nach sich zieht, wenn die Voraussetzungen von § 9 S. 1 VVG nicht erfüllt sind. Mit anderen Worten: Hat der Versicherer auch über die Rechtsfolgen von § 9 S. 2 VVG und über die Rechtsfolgen nach den gegebenenfalls analog anzuwendenden allgemeinen Regelungen des BGB (§§ 357, 346, 312d VI BGB) zu belehren?[158] 318

Schließlich ist unklar, welche **Anforderungen an die Zustimmung des Versicherungsnehmers** über den Beginn des Versicherungsschutzes vor Ende der Widerrufsfrist zu stellen sind. Eine Ausdrücklichkeit der Zustimmung ist nicht erforderlich,[159] anders als nach § 312d VI BGB, der die Fernabsatzrichtlinie II *außerhalb* des Bereichs von Versicherungsverträgen umsetzt. 319

156 Vgl. *Wandt/Ganster* VersR 2007, 1034, 1036 Fn. 31.

157 Zur Erstreckung dieses Erfordernisses auf die in Art. 7 IV Fernabsatzrichtlinie II geregelte Frage, ob der Versicherer eine vom Versicherungsnehmer vor Ausübung des Widerrufsrecht gezahlte Prämie behalten darf, siehe *Wandt/Ganster* VersR 2008, 425, 427 ff.

158 Dies bejahend: *Knops* in: Bruck/Möller, § 9 VVG Rn. 12; verneinend hingegen: *Armbrüster* r+s 2008, 493, 497.

159 Im Ergebnis ebenso *Armbrüster* r+s 2008, 493, 502; *Marlow/Spuhl* S. 35; *Schimikowski* Rn. 37; *ders.* in: HK-VVG, § 9 VVG Rn. 4. – Art. 7 IV der Fernabsatzrichtlinie II erfordert seinem Wortlaut nach sogar keinerlei Zustimmung des Verbrauchers. Das Erfordernis einer Zustimmung in § 9 S. 1 VVG ist insoweit gleichwohl nicht als richtlinienwidrig zu qualifizieren. Denn bei sachgerechter Auslegung von Art. 7 IV statuiert dieser das Erfordernis einer einfachen (nicht ausdrücklichen) Zustimmung, die bereits durch die Zahlung des Verbrauchers als erfüllt anzusehen ist, vgl. *Wandt/Ganster* VersR 2008, 425, 428.

320 **Vertiefung:** Eine Ausdrücklichkeit der Zustimmung mittels einer erweiternden Auslegung von § 9 S. 1 VVG in Anlehnung an § 312d VI BGB zu verlangen, ist abzulehnen. Denn jene Vorschrift fordert eine ausdrückliche Zustimmung, weil sie auf Grund ihres weiten Anwendungsbereichs auch die Fälle einer *nachträglichen* Zahlungspflicht des Verbrauchers erfasst. Für diese Fälle schreibt Art. 7 I, III der Fernabsatzrichtlinie II eine ausdrückliche Zustimmung[160] vor, um den Verbraucher vor einer überraschenden *nachträglichen* Zahlungspflicht zu schützen.[161] Dagegen fordert Art. 7 IV Fernabsatzrichtlinie II für das Behaltendürfen einer bereits vom Versicherer erlangten Zahlung keine Ausdrücklichkeit der Zustimmung, weil dieses Erfordernis dem Versicherungsnehmer keinen zusätzlichen Schutzgewinn bringen würde.[162] Eine **Zustimmung des Versicherungsnehmers zum Beginn des Versicherungsschutzes vor Ablauf der Widerrufsfrist** ist anzunehmen, wenn der Versicherungsnehmer über das Bestehen des Widerrufsrechts informiert ist, einen Zeitpunkt als Beginn des Versicherungsschutzes vereinbart hat, der vor oder innerhalb der grundsätzlich 14-tägigen Widerrufsfrist liegt und vertragsgemäß die Prämie zahlt.[163] Der Versicherungsnehmer, der in Kenntnis der Widerruflichkeit des Vertrages und des vereinbarten Beginnzeitpunkts zahlt, stimmt damit jedenfalls dann dem Beginn des Versicherungsschutzes vor Ablauf der Widerrufsfrist zu, wenn der beantragte Versicherungsbeginn in der Vergangenheit liegt, sofortiger Versicherungsschutz beantragt wird oder der beantragte Versicherungsbeginn innerhalb von 14 Tagen nach Antragstellung durch den Versicherungsnehmer liegt. – Der Zahlung durch den Versicherungsnehmer steht dessen Erteilung einer Einzugsermächtigung gleich. Entscheidend ist, dass der Versicherungsnehmer deutlich macht, dass er mit dem Beginn des Versicherungsschutzes vor Ablauf der Widerrufsfrist einverstanden ist. – Zweifeln könnte man am Vorliegen einer Zustimmung, wenn der Versicherungsnehmer und der Versicherer davon ausgehen, dass der vereinbarte (spätere) Versicherungsbeginn nach Ablauf der Widerrufsfrist liegt, diese Erwartung jedoch dadurch unterlaufen wird, dass die Belehrung nach § 8 VVG *nicht* ordnungsgemäß war und deshalb die Widerrufsfrist nicht zu laufen begonnen hat. Der Versicherungsnehmer möchte aber auch in dieser Konstellation Versicherungsschutz ab dem vereinbarten Zeitpunkt, und zwar unabhängig von der Widerruflichkeit des Vertrages. Im Ergebnis spricht deshalb auch hier viel dafür, eine Zustimmung i.S.v. § 9 S. 1 VVG zu bejahen.[164]

321 Besondere und besonders schwierige Probleme ergeben sich hinsichtlich § 9 S. 1 VVG im Hinblick auf die **Konformität mit der Fernabsatzrichtlinie II**, die für Fernabsatz-Verbraucherverträge zwingend einzuhalten ist und der sich der deutsche

160 Vgl. zur Ausdrücklichkeit der Zustimmung bei Art. 7 I, III der Richtlinie *Wandt/Ganster* VersR 2008, 425.

161 Vgl. dazu auch Regierungsentwurf eines Gesetzes zur Änderung der Vorschriften über Fernabsatzverträge bei Finanzdienstleistungen, BT-Drucks. 15/2946 S. 23 zu § 312d VI BGB und den Gesetzentwurf zur Modernisierung des Schuldrechts, BT-Drucks 14/6040 S. 169 zu § 312d BGB.

162 Ausführlich hierzu *Wandt/Ganster* VersR 2008, 425, 428.

163 So auch *Armbrüster* r+s 2008, 493, 502; *Schimikowski* Rn. 37; *ders.* in: HK-VVG, § 9 VVG Rn. 4. Es spricht sehr viel dafür, grundsätzlich bereits die Vereinbarung eines Zeitpunktes für den Beginn des Versicherungsschutzes als (sogar ausdrückliche) Zustimmung zum Beginn des Versicherungsschutzes vor Ablauf der Widerrufsfrist zu sehen, wenn der Versicherungsnehmer im Zeitpunkt der Vereinbarung von dem Widerrufsrecht Kenntnis hat. Restriktiver hingegen *Knops* in: Bruck/Möller, § 9 VVG Rn. 15, der wohl nur eine Individualvereinbarung des Versicherungsbeginns durch einen über die Bedeutung der Zustimmung zum Beginn des Versicherungsschutzes belehrten Versicherungsnehmer ausreichen lassen will.

164 Verneint man in dieser Konstellation eine Zustimmung, wären die Rechtsfolgen eines Widerrufs nach § 346 BGB zu beurteilen. Den Rückgewähranspruch des Versicherers bezüglich einer für einen Versicherungsfall gewährten Leistung könnte der Versicherungsnehmer durch einen Schadensersatzanspruch abwehren, weil sein vertraglicher Anspruch auf die Versicherungsleistung allein daran scheitert, dass die Belehrung des Versicherers nicht ordnungsgemäß war. Vgl. hierzu EuGH, Große Kammer, Urteil vom 25.10.2005 – C-350/03 (*Elisabeth und Wolfgang Schulte/ Deutsche Bausparkasse Badenia AG*), NJW 2005, 3551 (unterbliebene Widerrufsrechtsbelehrung im Immobilien-Strukturvertrieb).

Gesetzgeber wegen des einheitlichen Konzepts im Übrigen freiwillig unterworfen hat (Rn. 311). Verständnisschwierigkeiten ergeben sich schon im Ausgangspunkt. Dies liegt zum einen an Unklarheiten von Art. 7 Fernabsatzrichtlinie II. Dieser Richtlinienartikel konzentriert sich nämlich auf die Voraussetzungen für eine Prämienzahlungspflicht des Versicherungsnehmers *nach* Ausübung des Widerrufs (Art. 7 I–III). Dagegen ist unklar, in welchem Umfang die darin statuierten Voraussetzungen auch im Rahmen von Art. 7 IV, der mit § 9 S. 1 VVG korrespondierenden Regelung über das Schicksal einer vom Versicherungsnehmer bereits *vor* Ausübung des Widerrufs gezahlten Prämie, Geltung beanspruchen.[165] Zusätzliche Verständnisschwierigkeiten ergeben sich hinsichtlich der Konformität mit der Fernabsatzrichtlinie II daraus, dass § 9 VVG (§ 48c V VVG a.F.) die Richtlinienbestimmung in einer sprachlich sehr verkürzten Art und Weise umsetzt. § 9 VVG regelt nämlich nur die Erstattungspflicht für Zahlungen, die der Versicherungsnehmer vor Ausübung seines Widerrufsrechts erbracht hat, enthält also nur eine Art. 7 IV der Richtlinie entsprechende Regelung. Dagegen enthält § 9 VVG keine dem Art. 7 I und III der Richtlinie entsprechende Regelung über eine Verpflichtung des Versicherungsnehmers, für einen vertragsgemäß gewährten Versicherungsschutz *nachträglich* Prämie zu zahlen.

Vertiefung: Insoweit könnte man auf den ersten Blick annehmen, dass Deutschland von der Option des Art. 7 II der Richtlinie Gebrauch gemacht hat. Danach kann ein Mitgliedstaat bestimmen, dass der Verbraucher keinen Betrag schuldet, wenn er eine Versicherungspolice widerruft.[166] Die Gesetzesbegründung zu § 9 VVG[167] bzw. zu § 48c V VVG a.F.[168] stellt jedoch unzweifelhaft klar, dass dies nicht der Absicht des Gesetzgebers entspricht. In der Begründung heißt es nämlich, dass § 9 VVG-E sachlich unverändert die Vorschrift des § 48c V VVG a.F. übernimmt, bei dessen Begründung wiederum explizit hervorgehoben wurde, dass der Gesetzgeber von seiner Ausnahmebefugnis keinen Gebrauch mache. Der deutsche Gesetzgeber wollte einen vertraglichen Zahlungsanspruch des Versicherers also nicht ausschließen, wenn – abgesehen von der Zahlung – alle Voraussetzungen von § 9 S. 1 VVG vorliegen.[169] **322**

Im Regelungsbereich von § 9 S. 1 VVG ist zu beachten, dass die Fernabsatzrichtlinie **323**
II dem nationalen Gesetzgeber generell keine Berechtigung gibt, von Art. 7 der

165 Vgl. hierzu *Ganster* Die Prämienzahlung im Versicherungsrecht, 2008, S. 285 ff.

166 Der deutsche Richtlinientext spricht missverständlich von Kündigung.

167 RegE BT-Drucks. 16/3945 S. 62.

168 Regierungsentwurf eines Gesetzes zur Änderung der Vorschriften über Fernabsatzverträge bei Finanzdienstleistungen, BT-Drucks. 15/2946 S. 30 zu § 48c VVG a.F. Kritisch *Rott* BB 2005, 53, 62; *Schneider* VersR 2004, 696 (der allerdings nicht die Frage der Richtlinienwidrigkeit von § 48c V 2 VVG a.F. aufwirft). – Der deutsche Gesetzgeber hat vermutlich keine Notwendigkeit gesehen, den Zahlungsanspruch des Versicherers entsprechend Art. 7 I, III der Fernabsatzrichtlinie II explizit zu statuieren, was in gewisser Weise nachvollziehbar ist. Denn nach der Konzeption des VVG ist es wegen des gesetzlichen Einlösungsprinzips des § 37 II VVG *grundsätzlich* nicht möglich, dass der Versicherungsnehmer ohne Zahlung der Prämie Versicherungsschutz erlangt (Rn. 448 f.). Dazu kommt es regelmäßig nur, wenn die Parteien § 37 II VVG zum Vorteil des Versicherungsnehmers abbedungen haben. Für diesen Fall vertraglicher Abweichung vom Gesetz einen *gesetzlichen* Zahlungsanspruch zu begründen, schien dem Gesetzgeber wohl nicht erforderlich. Es ist allerdings darauf hinzuweisen, dass der Versicherungsnehmer ausnahmsweise auch ohne Zahlung der Erstprämie kraft Gesetzes Versicherungsschutz erlangt, nämlich wenn er die nicht rechtzeitige Zahlung der Erstprämie nicht zu vertreten hat oder wenn der Versicherer den Hinweis auf die Rechtsfolge der Nichtzahlung der Prämie nach § 37 II 2 VVG unterlassen hat. Eine Regelung, die Art. 7 der Richtlinie vollständig abdeckt, wäre also im deutschen Recht – schon mit Blick auf den beschriebenen gesetzlichen Rahmen – durchaus sinnvoll gewesen.

169 Siehe auch *Wandt/Ganster* VersR 2007, 1034, 1037 Fn. 33.

Richtlinie abzuweichen. Denn Art. 7 der Richtlinie setzt grundsätzlich keinen Mindestschutz fest, den die Mitgliedstaaten verschärfen dürfen,[170] sondern statuiert ein für die Mitgliedstaaten verbindliches (Höchst-) Schutzniveau (vgl. Rn. 310).

324 Fraglich ist die Richtlinienkonformität soweit § 9 S. 1 VVG voraussetzt, dass der Versicherer **auf das Widerrufsrecht und die Rechtsfolgen des Widerrufs hingewiesen** hat.[171] Art. 7 III 1 Fernabsatzrichtlinie II verlangt für eine (nachträgliche) Zahlungspflicht des Versicherungsnehmers nämlich nur die Unterrichtung des Verbrauchers über den zu zahlenden Betrag gem. Art. 3 I Nr. 3 lit. a der Richtlinie. Die Richtlinienkonformität lässt sich für die Belehrung über das Widerrufsrecht noch mit der Begründung bejahen, die von Art. 3 I Nr. 3 lit. a der Richtlinie geforderte Unterrichtung über den zu zahlenden Betrag lasse sich ordnungsgemäß nur erfüllen, wenn der Verbraucher in ihr auch auf das Widerrufsrecht als solches hingewiesen wird. Für eine ordnungsgemäße Unterrichtung gem. Art. 7 III ist jedoch nicht erforderlich, dass der Verbraucher über *sämtliche* Rechtsfolgen des Widerrufs, also beispielsweise auch über die Rechtsfolgen bezüglich einer vom Verbraucher erlangten Versicherungsleistung, belehrt wird. § 9 S. 1 VVG ist deshalb richtlinienkonform in dem Sinne auszulegen, dass diese Vorschrift nur die ordnungsgemäße Belehrung über den im Falle eines Widerrufs zu zahlenden Betrag verlangt (**richtlinienkonforme Reduktion**).[172] Die Notwendigkeit zur richtlinienkonformen Auslegung von § 9 S. 1 VVG besteht nur im Anwendungsbereich der Fernabsatzrichtlinie II, also nur für Fernabsatzverträge mit Verbrauchern (vgl. Art. 1 der Richtlinie). Legt man aber den grundsätzlichen Willen des deutschen Gesetzgebers zu Grunde, eine einheitliche Regelung unter Beachtung der Richtlinienvorgaben zu treffen, ist § 9 S. 1 VVG insgesamt in dem beschriebenen Sinne richtlinienkonform auszulegen (vgl. dazu Rn. 311).

325 § 9 S. 1 VVG weicht auch insoweit von Art. 7 der Fernabsatzrichtlinie II ab, als der erforderliche **Hinweis in der Belehrung nach § 8 II 1 Nr. 2 VVG** erteilt werden muss. Für die Erteilung dieser Belehrung fixiert das VVG keinen verbindlichen Zeitpunkt, sondern bestimmt in § 8 II 1 VVG nur, dass die Widerrufsfrist erst zu laufen beginnt, wenn dem Versicherungsnehmer die Belehrung sowie der Versicherungsschein und die Vertragsbestimmungen einschließlich der AVB sowie die weiteren Informationen nach § 7 I und II VVG zugegangen sind. Dagegen stellt Art. 7 der Fernabsatzrichtlinie II darauf ab, dass der Verbraucher über den zu zahlenden Betrag gem. Art. 3 I Nr. 3 lit. a, also »rechtzeitig bevor der Verbraucher durch einen Fernabsatzvertrag oder durch ein Angebot gebunden ist«, ordnungsgemäß unterrichtet worden ist. Dies wird im deutschen VVG durch § 1 I Nr. 13 der VVG-InfoV i.V.m. § 7 I und II VVG umgesetzt. Indem § 9 S. 1 VVG nicht auf den Zeitpunkt von Art. 3 der Richtlinie bzw. von § 7 VVG abstellt, sondern auf den – gesetzlich nicht fixierten – Zeitpunkt der Erteilung der Belehrung nach § 8 II 1 Nr. 2 VVG, können sich bei wortlautgetreuer Anwendung erhebliche Rechtsanwendungsunterschiede ergeben. So erhielte ein Versicherungsnehmer, obwohl er nicht rechtzeitig, bevor er durch den Fernabsatzvertrag oder durch ein Angebot gebunden ist, über den im Falle des Widerrufs zu zahlenden Betrag belehrt worden wäre, diesen Betrag bei wortlautgetreuer Anwendung von § 9 S. 1 VVG nicht zurück, wenn die Belehrung zu irgendeinem späteren Zeitpunkt mit der Belehrung nach § 8 II 1 Nr. 2 VVG nachgeholt worden wäre und er dann so belehrt (fristgerecht) den Widerruf erklärt. Nach Art. 7 der Richtlinie hätte er in diesem Fall jedoch einen Rückerstattungsanspruch. § 9 S. 1 VVG ist deshalb – wiederum ohne Beschränkung auf Fernabsatz-Verbraucherverträge (vgl. vorige Rn.) – **richtlinienkonform** dahinge-

---

170 Gem. Art. 4 I und II der Richtlinie wird dagegen mit der Regelung des Art. 3 über die »vorherige Auskunftserteilung« lediglich ein Mindestschutz angestrebt.

171 Damit ist jedenfalls für § 9 VVG der Ansicht von *Grüneberg* in: Palandt, BGB, 68. Aufl. 2009, § 312d Rn. 16, nicht zu folgen, dass der Hinweis bei Einholung der Zustimmungserklärung *individuell* gegeben werden muss.

172 Die richtlinienkonforme Auslegung ist für zulässig zu erachten, weil der nationale Gesetzgeber mit § 9 S. 1 VVG ausdrücklich Art. 7 IV der Fernabsatzrichtlinie II umsetzen wollte (vgl. BT-Drucks. 15/2946 S. 30 zur Vorgängerregelung § 48c V VVG a.F.) und weder aus der Gesetzesbegründung noch aus sonstigen Anhaltspunkten etwas dafür ersichtlich ist, dass der Gesetzgeber mit dem überschießenden Hinweis auch auf die Rechtsfolgen des Widerrufs einen eigenständigen – von der Richtlinie nicht gedeckten – Zweck verfolgen wollte; es liegt vielmehr nahe, dass er sich lediglich an § 8 VVG orientiert hat. Zur richtlinienkonformen Auslegung vgl. auch *Martin Schwab* ZGR 2000, 446, 465; *Herresthal* EuZW 2007, 396. Vgl. zu weiteren Einzelheiten betreffend die Ausnahmeregelung des Art. 7 II Fernabsatzrichtlinie II *Wandt/Ganster* VersR 2008, 425.

hend **auszulegen**, dass der Hinweis auf den im Falle des Widerrufs gegebenenfalls zu zahlenden Betrag – wie die Informationen nach § 7 VVG – dem Versicherungsnehmer rechtzeitig vor Abgabe von dessen Vertragserklärung zu erteilen ist.[173]

cc) Rechtsfolgen des Widerrufs bei Unterlassen des von § 9 S. 1 VVG geforderten Hinweises (§ 9 S. 2 VVG)

(1) Überblick

§ 9 S. 2 VVG trifft eine **Sonderregelung** für den Fall, dass der in Satz 1 der Vorschrift genannte Hinweis – in richtlinienkonformer Beschränkung (Rn. 311) – auf den im Falle des Widerrufs zu zahlenden Betrags unterblieben ist[174] (also diese Tatbestandsvoraussetzung von § 9 S. 1 VVG nicht erfüllt ist). Der Versicherer hat dann nach § 9 S. 2 Hs. 1 VVG zusätzlich zu dem Prämienanteil, der auf die Zeit *nach* Zugang des Widerrufs entfällt und im Falle eines Widerrufs gem. § 9 S. 1 VVG stets zurückzuerstatten ist, **auch die für das erste Jahr des Versicherungsschutzes gezahlten Prämien zu erstatten (Satz 2 Halbsatz 1).** Dies soll nach § 9 S. 2 Hs. 2 VVG jedoch dann nicht gelten, wenn der Versicherungsnehmer Leistungen aus dem Versicherungsvertrag in Anspruch genommen hat. **326**

Der Gesetzgeber will mit § 9 S. 2 Hs. 1 VVG den Versicherer dafür sanktionieren, dass er den Hinweis gem. § 9 S. 1 VVG unterlassen hat.[175] Die vom Gesetzgeber be- **327**

173 Zur Zulässigkeit der richtlinienkonformen Auslegung dieses Inhalts gelten die Ausführungen in der vorigen Fn. entsprechend. Vgl. auch *Funck* VersR 2008, 163, 165.

174 § 9 S. 2 VVG ist mangels Vorliegens seiner Tatbestandsmerkmale nicht anwendbar, wenn der Versicherer den Hinweis gem. § 9 S. 1 VVG ordnungsgemäß gegeben hat, der Versicherungsnehmer jedoch dem Beginn des Versicherungsschutzes vor Ablauf der Widerrufsfrist nicht zugestimmt hat. Fehlt nämlich bereits die Zustimmung des Versicherungsnehmers, hat der Versicherer keine Veranlassung, während der normalen Widerrufsfrist von 14 Tagen Versicherungsschutz zu gewähren. Ohne erhaltenen Versicherungsschutz ist der Versicherungsnehmer jedoch nicht zum Wertersatz verpflichtet, was aber nach der Vorstellung des deutschen Gesetzgebers Grundlage von § 9 S. 2 VVG ist (vgl. Rn. 327). Soweit § 9 S. 2 VVG nicht anwendbar ist, beurteilen sich die Rechtsfolgen eines Widerrufs entsprechend der allgemeinen Regelungen der §§ 357, 346 BGB. Danach sind die gegenseitig empfangenen Leistungen zurückzugewähren. – Dieser Fallkonstellation kommt jedoch kaum eine praktische Bedeutung zu, wenn man annimmt, dass in der Zahlung durch den über sein Widerrufsrecht informierten Versicherungsnehmer regelmäßig die Zustimmung zum *vereinbarten* Beginn des Versicherungsschutzes vor Ablauf der Widerrufsfrist liegt (Rn. 319). – Es ist jedoch auch die Ausnahmesituation denkbar, dass der gem. §§ 8 und 9 S. 1 VVG ordnungsgemäß belehrte Versicherungsnehmer *ausdrücklich keine Zustimmung* zu einem Beginn des Versicherungsschutzes vor Ablauf der normalen 14-tägigen Widerrufsfrist gibt, jedoch gleichwohl vor Ablauf der Widerrufsfrist die Prämie zahlt und anschließend widerruft. In dieser Konstellation bleibt es mangels Anwendbarkeit von § 9 S. 2 VVG bei dem aus § 9 S. 1 VVG zu ziehenden Umkehrschluss, d.h. der Versicherer hat sämtliche erlangten Prämien an den Versicherungsnehmer zurückzuzahlen. Problematisch wird die Beurteilung dieser Ausnahmesituation, wenn in der Zeit bis zum Ablauf der Widerrufsfrist ein Versicherungsfall eintritt und der Versicherungsnehmer dafür unter Hinweis auf den im Vertrag vereinbarten Versicherungsbeginn vom Versicherer Leistung verlangt. Im Ergebnis besteht ein solcher Leistungsanspruch nicht. Denn der Versicherungsnehmer kann nicht durch Verweigerung seiner Zustimmung gem. § 9 S. 1 VVG einen Rückerstattungsanspruch auf gezahlte Prämie erlangen und gleichzeitig (kostenlosen) Versicherungsschutz begehren.

175 Vgl. Regierungsentwurf eines Gesetzes zur Änderung der Vorschriften über Fernabsatzverträge bei Finanzdienstleistungen, BT-Drucks. 15/2946 S. 31 zu § 48c VVG a.F.: »Für den Fall, dass die in Absatz 5 Satz 1 vorgesehene Belehrung unterblieben ist, wird allerdings vorgesehen, dass auch die für das erste Versicherungsjahr gezahlten Prämien zurück zu erstatten sind. *Dies stellt eine Sanktion dafür dar, dass der Versicherungsnehmer nicht ausreichend informiert worden ist.*« [Hervorhebung in Kursivschrift durch den Verfasser].

absichtigte Sanktionsregelung beruht auf der Vorstellung, dass bei Nichtvorliegen der Voraussetzungen von § 9 S. 1 VVG – sieht man von § 9 S. 2 VVG ab – die allgemeine Regelung des § 346 BGB zur Anwendung käme und der widerrufende Versicherungsnehmer danach für den gesamten Zeitraum bis zum Widerruf Wertersatz für den gewährten Versicherungsschutz zu zahlen hätte, wobei sich die Höhe des geschuldeten Wertersatzes gem. § 346 II 2 BGB nach der im Vertrag bestimmten Gegenleistung bemessen würde, was der zeitanteiligen Prämie entspräche. Ausgehend von dieser Vorstellung soll der Versicherer also für das Unterlassen des Hinweises dadurch sanktioniert werden, dass er nicht für die gesamte Zeit des gewährten Versicherungsschutzes vom Versicherungsnehmer Wertersatz erlangt, sondern nur für die Zeit nach Ablauf des ersten Versicherungsjahres. Dabei ist zu beachten, dass nach § 8 II Nr. 1 VVG die Widerrufsfrist solange nicht zu laufen beginnt, bis der nach § 1 I Nr. 13 VVG-InfoV[176] erforderliche Hinweis auf den zu zahlenden Betrag erteilt worden ist. Es geht in der praktischen Relevanz also insbesondere um die Rechtsfolgen des Widerrufs, wenn dieser unter Umständen erst nach Jahren ausgeübt wird.

328 Diese Sanktion des § 9 S. 2 Hs. 1 VVG hält der Gesetzgeber jedoch trotz vom Versicherer unterlassenen Hinweises nach § 9 S. 1 VVG nicht für gerechtfertigt, wenn der Versicherungsnehmer Leistungen aus dem Versicherungsvertrag in Anspruch genommen hat. »Leistungen aus dem Versicherungsvertrag« meint nicht die Gewährung von Versicherungsschutz durch abstrakte Gefahrtragung, sondern »Leistungen des Versicherers für eingetretene Versicherungsfälle«. Die Regelung soll den Versicherungsnehmer davor schützen, auf Grund seines Widerrufs eine bereits erhaltene Versicherungsleistung zurückgewähren zu müssen.[177] Trotz unterlassenem Hinweis nach Satz 1 soll der Versicherer in diesem Fall nicht nach Satz 2 Halbsatz 1 sanktioniert werden; er soll vielmehr die volle Prämie für die Zeit bis zum Widerruf behalten dürfen. Andererseits soll aber auch der Versicherungsnehmer die für einen Versicherungsfall gewährten Versicherungsleistungen *behalten* können.[178] Dies ist vom Gesetzgeber nicht ausgesprochen, aber als selbstverständlich angenommen worden.

329 **Vertiefung:** Ein **»Unterbleiben des Hinweises nach Satz 1«** liegt nach der allgemeinen Gesetzesterminologie nur dann vor, wenn der Hinweis gänzlich unterlassen wird. Der Begriff »unterbleiben« erfasst dagegen nicht die fehlerhafte Erteilung eines Hinweises (vgl. §§ 571, 1139, 2080 BGB; § 16 II VVG a.F. in Abgrenzung zu § 17 VVG a.F.). Eine Differenzierung zwischen einem gänzlichen Unterlassen und einer **nicht ordnungsgemäßen Erteilung des Hinweises** ist jedoch grundsätzlich sachlich nicht überzeugend.[179] Deshalb ist **§ 9 S. 2 Hs. 1 VVG analog** anzuwenden, wenn der Hinweis nach Satz 1 zwar nicht gänzlich unterlassen, aber nicht ordnungsgemäß erteilt wurde. Diese Analogie ist allerdings auf Grund der sogleich darzulegenden teilweisen Richtlinienwidrigkeit von § 9 S. 2 Hs. 1 VVG nicht bei Fernabsatz-Verbraucherverträgen vorzunehmen (zu Einzelheiten vgl. nächste Rn. am Ende).

176 BGBl. I 2007, S. 3004.

177 RegE BT-Drucks. 16/3945 S. 62.

178 Im Ergebnis entspricht die Rechtsfolge von § 9 S. 2 Hs. 2 VVG exakt der Rechtsfolge von § 9 S. 1 VVG. Dies bedeutet, dass der Fehler des Hinweises nach Satz 1 nach der Vorstellung des Gesetzgebers durch die Gewährung einer Versicherungsleistung im Versicherungsfall geheilt ist.

179 Vgl. auch Regierungsentwurf eines Gesetzes zur Änderung der Vorschriften über Fernabsatzverträge bei Finanzdienstleistungen, BT-Drucks. 15/2946 S. 31 zu § 48c VVG a.F. (»dass der Versicherungsnehmer nicht ausreichend informiert worden ist«).

(2) Richtlinienwidrigkeit von § 9 S. 2 Hs. 1 VVG

Die § 9 S. 2 VVG zu Grunde liegende Vorstellung des deutschen Gesetzgebers ist mit den Vorgaben der Fernabsatzrichtlinie II nicht zu vereinbaren und führt zu einer teilweisen Richtlinienwidrigkeit von § 9 S. 2 Hs. 1 VVG. Nach der Fernabsatzrichtlinie II schuldet der Versicherungsnehmer, wenn er nicht auf den im Falle eines Widerrufs zu zahlenden Betrag hingewiesen worden ist, im Falle eines Widerrufs für den bis zum Zugang seiner Widerrufserklärung beim Versicherer erlangten Versicherungsschutz nämlich weder Prämie noch Wertersatz.[180] Nach der Richtlinie muss der Versicherer als Folge des Widerrufs des Versicherungsnehmers also nicht nur die Prämie für die Zeit nach Zugang des Widerrufs, sondern auch die gesamte Prämie bis zum Zugang des Widerrufs zurückerstatten. § 9 S. 2 Hs. 1 VVG ist daher **richtlinienwidrig, soweit der Widerruf eines Fernabsatz-Verbrauchervertrages später als nach dem ersten Versicherungsjahr erfolgt.**[181] Soweit § 9 S. 2 Hs. 1 VVG auf einen Widerruf angewendet wird, der bis Ende des ersten Jahres erfolgt, führt die Regelung allerdings zu richtlinienkonformen Ergebnissen. Denn dann erhält der Versicherungsnehmer die Prämie vollständig zurück. 330

Vertiefung: Eine richtlinienkonforme Auslegung scheidet auf Grund des eindeutigen Regelungswillens des Gesetzgebers und des nicht auslegungsfähigen Wortlauts der Regelung aus.[182] Die Rechtsfolgen, die sich im Verhältnis zwischen Privatrechtssubjekten aus der Richtlinienwidrigkeit einer Norm ergeben, wenn die als richtlinienwidrig qualifizierte Norm des nationalen Rechts nicht richtlinienkonform auslegungsfähig ist, sind derzeit nicht in jeder Hinsicht geklärt. Überwiegend wird (noch[183]) angenommen, dass die Rechtsprechung die Norm auf Grund des Grundsatzes der Gewaltenteilung ungeachtet der angenommenen Richtlinienwidrigkeit anzuwenden habe und der durch die fehlerhafte Umsetzung der Richtlinie Benachteiligte auf einen Staatshaftungsanspruch verwiesen sei.[184] Danach ist § 9 S. 2 Hs. 1 VVG von der Rechtsprechung[185] **trotz der dargelegten Richtlinien-** 331

180 Dies wird in § 312d VI BGB zutreffend umgesetzt, wenngleich auch die Formulierung dieser Regelung nicht völlig präzise ist (vgl. die – auslegungsfähige – Formulierung »wenn er vor Abgabe seiner Vertragserklärung auf diese Rechtsfolge hingewiesen worden ist«).

181 Zur Richtlinienwidrigkeit vgl. auch *Armbrüster* r+s 2008, 493, 502; *Dörner/Staudinger* WM 2006, 1710, 1714; *Knops* in: Bruck/Möller, § 9 VVG Rn. 19 ff.; *Mönnich* in: Beckmann/Matusche-Beckmann, § 2 Rn. 85; *Schwintowski* Stellungnahme zum Entwurf eines Gesetzes zur Reform des Versicherungsvertragsrechts (BT-Drucks. 16/3945), S. 2 (abrufbar unter http://www.uni-hamburg.de/fachbereiche-einrichtungen/vw/Stellungnahme_Schwintowski.pdf).

182 Das Gebot richtlinienkonformer Auslegung verpflichtet (und berechtigt) nicht zu einer Auslegung *contra legem*, wenn das nationale Recht – wie das deutsche – eine solche methodisch nicht zulässt (vgl. EuGH NJW 2006, 2465; BGH NJW 2006, 3200 mit Anm. *S. Lorenz*). Für eine Neubestimmung der Grenzen zulässiger Rechtsfortbildung zur Erreichung der Gemeinschaftskonformität des nationalen Rechts *Herresthal* EuZW 2007, 396, 399 ff.

183 Der BGH (BGHZ 179, 27 = NJW 2009, 427) hat allerdings kürzlich im Anschluss an ein Vorabentscheidungsverfahren, in welchem der EuGH in Auslegung der Verbrauchsgüterkaufrichtlinie die Richtlinienwidrigkeit von § 439 IV BGB festgestellt hatte (EuGH VersR 2008, 979 = NJW 2008, 1433), im Wege einer teleologischen Reduktion eine richtlinienkonforme Rechtsfortbildung vorgenommen und die Vorschrift contra legem nicht angewandt. Eine richtlinienkonforme Auslegung der Vorschrift hatte der BGH in der vorausgehenden Vorlageentscheidung (BGH NJW 2006, 3200 mit Anm. *S. Lorenz*) abgelehnt. Vgl. hierzu *Hummel* EuZW 2007, 268, 269.

184 Vgl. dazu *Hummel* EuZW 2007, 268 m.w.N. auch zu Gegenstimmen, die mit unterschiedlicher dogmatischer Begründung zu einer unmittelbaren Geltung hinreichend bestimmter Richtlinien auch im Zivilrecht gelangen.

185 Eine andere Frage ist, welche Rechtsfolgen sich aus der Richtlinienwidrigkeit von § 9 S. 2 Hs. 1 VVG für den Verordnungsgeber ergeben, wenn er gem. § 8 V VVG ein Muster der Belehrung nach § 8 II 1 Nr. 2 VVG festlegt.

widrigkeit bis zur Aufhebung durch den deutschen Gesetzgeber weiterhin anzuwenden. Entsprechend dem Vorgehen des BGH zu § 439 IV BGB[186] könnte auch ein Vorlageersuchen an den EuGH und eine Aussetzung des anhängigen Verfahrens bis zur Entscheidung durch den EuGH in Betracht kommen und wohl auch gemeinschaftsrechtlich geboten sein.

332 Die für Fernabsatz-Verbraucherverträge festgestellte Richtlinienwidrigkeit des § 9 S. 2 Hs. 1 VVG strahlt nicht auf andere Arten von Versicherungsverträgen aus. Es ist nämlich davon auszugehen, dass der deutsche Gesetzgeber, hätte er die partielle Richtlinienwidrigkeit von § 9 S. 2 Hs. 1 VVG erkannt, diese Regelung generell getroffen und lediglich für Fernabsatz-Verbraucherverträge eine richtlinienkonforme Sonderregelung bevorzugt hätte. Dafür sprechen die materiellen Erwägungen des Gesetzgebers zu § 48c V VVG a.F., der Vorgängerregelung zu § 9 VVG.[187] Dafür spricht auch, dass es dem Gesetzgeber mit der freiwilligen Unterwerfung unter die Vorgaben der Fernabsatzrichtlinie II vor allem darum geht, das Vertragsabschlussverfahren zu vereinheitlichen und die zuvor bestehende Rechtszersplitterung im Bereich der Lösungsrechte von einem Versicherungsvertrag zu beseitigen.[188] Die Regelung des § 9 S. 2 Hs. 1 VVG betrifft jedoch nicht unmittelbar den Vertragsabschluss oder die Art und die Ausübung des Lösungsrechts, sondern nur eine Folgefrage für den Fall, dass das Widerrufsrecht ausgeübt wurde. Insgesamt gesehen sprechen die dargelegten Gesichtspunkte bzw. die verbleibenden Zweifel hinsichtlich des hypothetischen Willens des Gesetzgebers dafür, dass die Judikative § 9 S. 2 Hs. 1 VVG jedenfalls auf Verträge außerhalb des Bereichs der Fernabsatzrichtlinie II anzuwenden hat, solange der Gesetzgeber keine abweichende Regelung trifft.

333 **Vertiefung: Aus der teilweisen Richtlinienwidrigkeit von § 9 S. 2 Hs. 1 VVG** ergeben sich Konsequenzen für die Auslegung des Tatbestandsmerkmals **»Unterbleiben des Hinweises nach Satz 1«**. Die grundsätzlich zu befürwortende analoge Anwendung von **§ 9 S. 2 Hs. 1 VVG** für den Fall, dass der Hinweis nach Satz 1 zwar nicht gänzlich unterlassen wurde, aber nicht ordnungsgemäß erteilt wurde (Rn. 329), ist bei **Fernabsatz-Verbraucherverträgen unzulässig**.[189] Denn die Analogie würde den Anwendungsbereich der richtlinienwidrigen Regelung des § 9 S. 1 Hs. 1 VVG erweitern.

(3) Richtlinienkonforme Auslegung von § 9 S. 2 Hs. 2 VVG

334 Der Regelungsgehalt von § 9 S. 2 Hs. 2 VVG (Rn. 328) scheint bei erster Betrachtung vollumfänglich richtlinienwidrig, weil der Versicherer trotz Nichterteilung des Hin-

186 BGH NJW 2006, 3200 mit Anm. *S. Lorenz*. – Der EuGH, 17.04.2008, C-404/06, VersR 2008, 979 = NJW 2008, 1433, hat festgestellt, dass die Nutzung des vertragswidrigen Verbrauchsguts für den Käufer unentgeltlich sein müsse. Vgl. hierzu auch die Anschlussentscheidung BGHZ 179, 27 = NJW 2009, 427.

187 Vgl. BT-Drucks. 15/2946 S. 30 f. »Insbesondere dann, wenn der Versicherungsnehmer seine Vertragserklärung erst nach vielen Monaten oder sogar Jahren widerruft, wäre es nicht zu rechtfertigen, dass der Versicherer sämtliche gezahlten Prämien zurückzahlen muss, obwohl er seine Leistung erbracht hat und im Schadenfall sehr wahrscheinlich auch trotz einer möglicherweise nicht vollständigen Erfüllung der Informationspflichten in Anspruch genommen worden wäre. Würde man die – Kosten verursachende – Rückabwicklung vorsehen, müsste die Regelung des § 357 Abs. 1, § 346 BGB, nach der Wertersatz zu leisten ist, wenn eine Rückgewähr wegen der Natur des Erlangten – hier der durch den Versicherungsvertrag gewährte Schutz – nicht in Betracht kommt, übernommen werden.«

188 Vgl. RegE BT-Drucks. 16/3945 S. 59, 61.

189 Dies gilt, obwohl Art. 7 der Fernabsatzrichtlinie II bereits genügen lässt, dass der Hinweis »nicht ordnungsgemäß« erteilt wurde und deshalb eigentlich eine richtlinienkonforme Auslegung von § 9 S. 2 Hs. 1 VVG geboten wäre.

weises auf den im Falle des Widerrufs zu zahlenden Betrag[190] die volle Prämie behalten können soll. Diese Rechtsfolge von § 9 S. 2 Hs. 2 VVG darf jedoch nicht isoliert, sondern muss zusammen mit der weiteren Rechtsfolge betrachtet werden, dass der Versicherungsnehmer eine bereits erhaltene Versicherungsleistung für einen eingetretenen Versicherungsfall behalten darf. § 9 S. 2 Hs. 2 VVG regelt damit auch die Rückabwicklung einer im Vermögen des Verbrauchers gegenständlich vorhandenen Leistung des Versicherers. Die Frage der Rückabwicklung einer im Vermögen des Verbrauchers gegenständlich vorhandenen Leistung des Versicherers wird von der Fernabsatzrichtlinie II nur in Art. 7 V ausdrücklich geregelt, dessen exakter Regelungsgehalt zweifelhaft ist. Mit Gewissheit lässt sich sagen, dass diese Vorschrift die Rückabwicklung der im Vermögen des Verbrauchers gegenständlich vorhandenen Leistung des Versicherers, also insbesondere der Geldzahlung des Versicherers im Versicherungsfall, nicht umfassend regelt. Denn bei wortlautgetreuer Anwendung der Vorschrift müsste der Versicherungsnehmer die Leistung des Versicherers auch dann zurückgewähren, wenn er nach Art. 7 I und III zur Zahlung der Prämie verpflichtet wäre. Dies wäre selbstverständlich sinnwidrig. Im Ergebnis wird man sagen können, dass die Fernabsatzrichtlinie II die Rückabwicklung einer im Vermögen des Verbrauchers gegenständlich vorhandenen Leistung des Versicherers mit Art. 7 V nur rudimentär regelt, insbesondere hinsichtlich der Fälligkeit einer Rückgabeverpflichtung des Verbrauchers. Die Regelung im Übrigen ist dem nationalen Gesetzgeber überlassen.[191] Gleichwohl darf § 9 S. 2 Hs. 2 VVG die Ziele der Richtlinie nicht konterkarieren. Dies würde gegen das Gebot der effektiven Umsetzung der Ziele der Richtlinie verstoßen (»effet utile«).[192] Die nationalen Regelungen über die Rückabwicklung des Vertragsverhältnisses hinsichtlich der für einen Versicherungsfall erhaltenen Versicherungsleistung dürfen deshalb nicht zu einem wirtschaftlichen Ergebnis führen, das den Zielen der Richtlinie widerspricht.

Die Ziele der Richtlinie werden erreicht, wenn der Versicherungsnehmer durch § 9 S. 2 Hs. 2 VVG wirtschaftlich keine Schlechterstellung erfährt. So ist es, wenn die Versicherungsleistung, die der Versicherungsnehmer für einen Versicherungsfall erhalten hat und die er nach § 9 S. 2 Hs. 2 VVG behalten darf, wertmäßig dem Prämienanteil, den der Versicherungsnehmer für die Zeit bis zum Zugang des Widerrufs gezahlt hat, entspricht oder dessen Höhe übersteigt. Dann heißt dies im Ergebnis nämlich, dass der Versicherungsnehmer für die erbrachte Dienstleistung – wie es Art. 7 Fernabsatzrichtlinie II vorsieht – nicht mit einer Zahlung belastet wird. § 9 S. 2 Hs. 2 bedeutet für den Versicherungsnehmer also eine Privilegierung, wenn die Leistungen des Versicherers höher sind als der Prämienanteil, den der Versicherungsnehmer für die Zeit bis zum Zugang des Widerrufs gezahlt hat. Denn bei einer Rückabwicklung nach den allgemeinen Regelungen des BGB müsste der Versicherer sämtliche Prämien zurückzahlen (womit Art. 7 der Fernabsatzrichtlinie II genügt ist) und der Versicherungsnehmer müsste im Gegenzug die Leistung des Versicherers für den eingetretenen Versicherungsfall zurückgewähren (was die Richtlinie nicht verbietet, vgl. deren Art. 7 V). Der Versicherer würde regelmäßig aufrechnen und hätte einen verbleibenden Rückzahlungsanspruch gegen den Versicherungsnehmer. Die durch § 9 S. 2 Hs. 2 VVG angeordnete Besserstellung des Versicherungsnehmers wird 335

190 Zur richtlinienkonformen Begrenzung des Umfangs des Hinweises siehe Rn. 324.

191 So auch *Ganster* Die Prämienzahlung im Versicherungsrecht, 2008, S. 285 ff.

192 Ständige Rechtsprechung des EuGH; vgl. nur EuGH 5. Kammer, Urteil vom 15.05.2003 – Rs. C-160/01 (*Karin Mau/Bundesanstalt für Arbeit*), NJW 2003, 2371.

von der Fernabsatzrichtlinie II nicht verboten. Denn der Richtlinie geht es nur darum, den Versicherungsnehmer vor einer Zahlungsbelastung für die Dienstleistung zu schützen.

336 Wenn der Prämienanteil, den der Versicherungsnehmer für den Zeitraum bis zum Zugang des Widerrufs gezahlt hat, jedoch höher ist als die Versicherungsleistung, die er für einen Versicherungsfall erlangt hat, wird der Versicherungsnehmer bei wortlautgemäßer Anwendung von § 9 S. 2 Hs. 2 VVG im wirtschaftlichen Ergebnis mit einer Zahlung für die Versicherungsleistung (Finanzdienstleistung) belastet. Dies verstößt gegen die Fernabsatzrichtlinie II, nach der der Verbraucher bei Nichtvorliegen der Voraussetzungen von Art. 7 seine Zahlung *ungeschmälert* zurückerhalten soll.

337 Der Verstoß gegen die Richtlinie ist – wenn und so weit möglich – durch **richtlinienkonforme Auslegung** zu vermeiden. Ein richtlinienkonformes Ergebnis wird erreicht, wenn § 9 S. 2 Hs. 2 VVG in der Weise richtlinienkonform reduziert wird, dass er nicht zur Anwendung kommt, wenn der Versicherungsnehmer im Ergebnis weniger erhalten würde als den Betrag, den er für die Zeit bis zum Zugang des Widerrufs als Prämien gezahlt hat.[193] Diese Fallgruppe, die im Wege richtlinienkonformer Reduktion aus dem Anwendungsbereich von § 9 S. 2 Hs. 2 VVG herauszunehmen ist, beurteilt sich dann nach dem (richtlinienkonformen) Umkehrschluss aus § 9 S. 1 VVG bzw. gem. § 346 BGB. Das heißt, der Versicherungsnehmer muss die für den Versicherungsfall erlangte Versicherungsleistung, die geringwertiger ist als seine für die Zeit bis zum Zugang des Widerrufs gezahlten Prämien, zurückgewähren und erhält im Gegenzug die von ihm gezahlten Prämien vollständig zurück.[194]

338 **Vertiefung:** Die dargelegte richtlinienkonforme Auslegung ist methodisch zulässig. Sie steht in Einklang mit dem gesetzgeberischen Willen, der darauf gerichtet ist, den nicht ordnungsgemäß belehrten Versicherungsnehmer gegenüber der Rückabwicklung nach § 346 BGB dadurch besser zu stellen, dass er die Versicherungsleistung behalten darf, obwohl sie wertmäßig den Betrag der Prämien übersteigt, die der Versicherungsnehmer für die Zeit bis zum Zugang des Widerrufs gezahlt hat. Diesem gesetzgeberischen Willen ist immanent, dass der Versicherungsnehmer, wenn der Wert der erhaltenen Versicherungsleistung geringer ist als die Prämie für die Zeit bis zum Zugang des Widerrufs, jedenfalls nicht *schlechter* gestellt werden soll als bei der Rückabwicklung nach § 346 BGB.

193 So auch *Armbrüster* r+s 2008, 493, 503.

194 Die Richtlinienkonformität ist durch den geringstmöglichen Eingriff in den Regelungsgehalt der Norm zu bewirken, um dem gesetzgeberischen Willen unter Beachtung der Richtlinienvorgaben möglichst zu entsprechen. Deshalb wäre es unzulässig, § 9 S. 2 Hs. 2 VVG wegen der festgestellten teilweisen Richtlinienwidrigkeit insgesamt nicht anzuwenden. Dies hätte nämlich zur Konsequenz, dass sich die Rechtsfolgen hinsichtlich der Rückabwicklung in allen Fällen nach dem Umkehrschluss aus § 9 S. 1 VVG bzw. § 346 BGB beurteilen würden. Eine solche Regelung entspräche zum einen nicht dem Willen des Gesetzgebers, der dem Versicherungsnehmer die für einen eingetretenen Versicherungsfall erhaltene Versicherungsleistung im Sinne einer Privilegierung belassen will (so ausdrücklich die Begründung des Regierungsentwurfs, BT-Drucks. 16/3945 S. 62). Die vollständige Rückabwicklung in den Fällen, in denen die erhaltene Versicherungsleistung die Prämie für die Zeit bis zum Zugang des Widerrufs übersteigt, wäre auch sachlich zweifelhaft, weil die Erlangung von Versicherungsschutz für die Zeit bis zum Widerruf gem. § 9 S. 1 VVG allein an dem Umstand gescheitert ist, dass der Versicherer dem Versicherungsnehmer den Hinweis gem. § 9 S. 1 VVG nicht oder nicht ordnungsgemäß erteilt hat. Sieht man von § 9 S. 2 Hs. 2 VVG ab, käme ansonsten eine Schadensersatzpflicht des Versicherers in Betracht. – Fehlt die Zustimmung auf Grund einer unterlassenen oder fehlerhaften Belehrung, so kommt ebenfalls eine Schadensersatzpflicht des Versicherers in Betracht.

339 Im Ergebnis trifft § 9 S. 2 Hs. 2 VVG also in richtlinienkonformer Auslegung folgende Regelung:

> »...; wenn der Versicherungsnehmer Leistungen aus dem Versicherungsvertrag in Anspruch genommen hat, deren Wert dem auf die Zeit vor Zugang des Widerrufs entfallenden Teils der Prämien entspricht oder ihn übersteigt, beschränkt sich die Rückgewähr der empfangenen Leistungen auf die Erstattung des auf die Zeit nach Zugang des Widerrufs entfallenden Teils der Prämien«.[195]

340 Diese richtlinienkonforme Auslegung ist nicht auf den Anwendungsbereich der Fernabsatzrichtlinie II zu beschränken. Dagegen sprechen die Regelungsabsicht des Gesetzgebers, den Verbraucher zu privilegieren, und der grundsätzliche Wille des deutschen Gesetzgebers, eine einheitliche Regelung unter Beachtung der Richtlinienvorgaben zu treffen.

VIII. Willensmängel

341 Willensmängel beim Abschluss von Versicherungsverträgen (vor allem Irrtum und arglistige Täuschung) werden grundsätzlich nach den allgemeinen Regeln des BGB behandelt.[196] Für Irrtümer auf Seiten des Versicherungsnehmers enthält das VVG auch keine Sonderregeln, abgesehen von § 41 S. 2 VVG (§ 41a II VVG a.F.).

342 Sonderregeln gelten jedoch bei **Irrtümern des Versicherers**: Hat der Versicherungsnehmer unrichtige Angaben über die versicherten Gegenstände, die Gefahr usw. gemacht, kann der Versicherer nicht gemäß § 119 II BGB wegen eines Irrtums über die Eigenschaften des Vertragsgegenstandes anfechten. Dies ergibt sich aus dem Umkehrschluss zu § 22 VVG, der eine Anfechtung nur im Falle einer arglistigen Täuschung nach § 123 BGB gestattet. Das typische Beispiel hierfür: Der Versicherungsnehmer verschweigt beim Abschluss einer Krankenversicherung bewusst eine Vorerkrankung, nach der im Antragsvordruck gefragt wird. Abgesehen von einer arglistigen Täuschung gelten für Irrtümer des Versicherers versicherungsrechtliche Sonderregeln (§§ 19–21 VVG; §§ 16–21 VVG a.F.), die noch eingehend erörtert werden (Rn. 782 ff.). Vorläufig ist sehr verkürzt festzuhalten: Anfechten kann der Versicherer nur bei Arglist. Im Übrigen kann er, wenn der Versicherungsnehmer schuldhaft eine Anzeigepflicht verletzt hat, nur die Deckung solcher Versicherungsfälle verweigern, die mit dem nicht oder falsch angezeigten Umstand zusammenhängen. Des Weiteren kann er unter bestimmten Voraussetzungen vom Vertrag zurücktreten (Rn. 801 f.), ihn kündigen (Rn. 803) oder anpassen (Rn. 804).

---

195 Nimmt man an, dass sich die Belehrung über die Rechtsfolgen des Widerrufs gem. § 8 II 1 Nr. 2 VVG auch auf die Rechtsfolgen von § 9 S. 2 VVG erstreckt, dann ist der Verordnungsgeber, der gem. § 8 V VVG ermächtigt ist, ein Muster der Belehrung nach § 8 II 1 Nr. 2 VVG festzulegen, gehalten, die richtlinienkonforme Auslegung von § 9 S. 2 Hs. 2 VVG bei der Formulierung des Mustertextes zu beachten.

196 Zur Irrtumsanfechtung nach § 119 I BGB durch den Versicherer wegen irrtümlicher Versendung einer Police infolge fehlerhafter Bedienung der EDV-Anlage siehe OLG Köln VersR 2002, 85.

IX. Zusammenfassung

343 **Eingehung und Wirksamkeit des Versicherungsverhältnisses**

Grundsätzlich gelten die allgemeinen Regeln des BGB (§§ 145 ff. BGB), vorrangig jedoch die Sonderregeln des VVG (insb. §§ 6–9 VVG).

1. **Einigung durch Antrag und Annahme → kann von VN oder VR erklärt werden; keine Formerfordernisse** (Rn. 249 ff.)

- **Antrag regelmäßig vom VN → Annahme durch VR** meist durch Übersendung des Versicherungsscheins
  - Schweigen begründet nach allgemeinen Regeln keine Annahme; Ausnahme: Kfz-Haftpflichtversicherung gem. § 5 III PflVG
  - grds. freie Entscheidung des VR über Annahme, sofern nicht ausnahmsweise Kontrahierungszwang (z.B. § 5 II PflVG) oder nebenvertragliche Rücksichts- und Fürsorgepflicht
- **Antrag vom VR → Annahme durch VN** ausdrücklich oder konkludent (Zahlung der Erst- oder Einmalprämie, u.U. auch in der Duldung der Abbuchung durch VR aufgrund Einzugsermächtigung)

2. **Abweichung des Versicherungsscheins vom Antrag** (Rn. 256 ff.)

- Risikoprüfung kann den VR veranlassen, den Vertrag nur mit geändertem Inhalt anzunehmen → Übersendung eines Versicherungsscheins, dessen Inhalt vom Antrag abweicht
- § 150 II BGB wird verdrängt durch **Sonderregelung des § 5 VVG (»Billigungsklausel«)**: Abweichung gilt als genehmigt, wenn der VN nicht innerhalb eines Monats widerspricht (Schweigen gilt also als Annahme des abweichenden Angebots). Voraussetzungen:
  - auffälliger Hinweis auf Abweichungen
  - Belehrung über Widerspruchsrecht des VN

3. **Vorvertragliche Beratung des VN, § 6 VVG** (Rn. 263 ff. sowie Zusammenfassung Rn. 344)

VR muss VN befragen, beraten, erteilten Rat begründen und die Befragung, Beratung und Begründung dokumentieren.

4. **Information des VN vor Vertragsschluss, § 7 VVG** (Rn. 278 ff. sowie Zusammenfassung Rn. 345)

VR muss VN **rechtzeitig vor Abgabe von dessen Vertragserklärung** seine **Vertragsbestimmungen** einschließlich der **AVB** sowie die **in der VVG-InfoV bestimmten Informationen in Textform mitteilen**.

5. **Einbeziehung von AVB** (Rn. 291 ff.)

- es gelten grds. die allgemeinen Regeln des BGB (§§ 305 ff. BGB)
- Sonderregelung für Vertrag über vorläufige Deckung, § 49 II VVG (Rn. 186, 456)
- AGB-mäßiger Verzicht auf Einbeziehungsvoraussetzungen ist grds. unwirksam
- **P:** *Ausdrücklicher Verzicht des VN auf eine Information vor Abgabe seiner Vertragserklärung gem. § 7 I 3 Hs. 2 VVG* (Rn. 292)

6. **Lösungsrechte vom Vertrag** (Rn. 294 ff. sowie Zusammenfassungen Rn. 346 und 347)

- einheitliches Widerrufsrecht des § 8 VVG
- VN kann sich noch nach Abgabe seiner Vertragserklärung vom Vertragsschluss lösen
- Rechtsfolgen eines Widerrufs bestimmen sich nach § 9 VVG, subsidiär nach allgemeinen Regeln des BGB.

7. **Willensmängel** (Rn. 341 f.)

- es gelten die allgemeinen Regeln des BGB (§§ 119 ff. BGB)
- keine Sonderregelungen für Irrtümer des VN (Ausnahme: § 41 S. 2 VVG)
- Sonderregelungen für Irrtümer des VR (§§ 19–22 VVG)

Vorvertragliche Beratung des VN (§ 6 VVG) 344

VR muss VN **befragen**, **beraten**, erteilten Rat **begründen** und die Befragung, Beratung und Begründung **dokumentieren** (bei Erfüllung durch Versicherungsvertreter → § 278 BGB).

1. **Befragung des VN nach dessen Wünschen und Bedürfnissen** (Rn. 265 f.), soweit hierfür **Anlass** besteht
   - aufgrund der Schwierigkeit die angebotene Versicherung zu beurteilen oder
   - in der Person des VN und dessen Situation
   - **P:** *Grenzziehung im Einzelfall; jedenfalls keine generelle (voraussetzungslose) Pflicht zu einer allgemeinen und umfassenden Risikoanalyse* (Rn. 266)
2. **Beratung → Inhalt und Umfang** sind zusätzlich unter Berücksichtigung eines angemessenen Verhältnisses zwischen Beratungsaufwand und der zu zahlenden Prämie zu bestimmen (Rn. 267)
3. **Begründung** → Pflicht des VR jeden erteilten Rat zu begründen
4. Befragungs-, Beratungs- und Begründungspflicht sind **vor Abgabe der Vertragserklärung des VN zu erfüllen** (Rn. 268)
5. **Dokumentation** der Befragung, Beratung und Begründung unter Berücksichtigung der Komplexität des angebotenen Versicherungsvertrages (Rn. 269 ff.)
   - Übermittlung vor Abschluss des Vertrages in Textform
   - mündliche Übermittlung nur, wenn VN dies wünscht oder Vertrag über vorläufige Deckung → dann ist Übermittlung unverzüglich nachzuholen, es sei denn, Vertrag kommt nicht zustande oder vorläufige Deckung bei PflichtV (Rn. 269 f.)
   - **P:** *Zeitpunkt für die Erstellung der Dokumentation* (Rn. 270)
6. **Verzicht auf Beratung und Dokumentation** (Rn. 274)
   - gesonderte schriftliche Verzichtserklärung (eigenes Dokument)
   - ausdrücklicher Hinweis auf die Nachteile bezüglich Schadensersatzanspruch gegen den VR
7. **Schadensersatzanspruch des VN gem. § 6 V VVG**, wenn VR Pflichten nach § 6 VVG verletzt (Rn. 275)
8. Nachfrage-, Beratungs- und Begründungspflicht auch **während der Vertragslaufzeit**, aber keine Dokumentationspflicht (§ 6 IV VVG; Rn. 277)
   - wenn und soweit **objektiver Anlass**: tatsächliche oder rechtliche Veränderungen, die den VN zu einer Vertragsänderung oder zum Abschluss eines neuen Versicherungsvertrags veranlassen könnten und für den VR zumutbar erkennbar sind
   - **Verzicht** nur im Einzelfall durch schriftliche Erklärung des VN
9. **§ 6 VVG gilt nicht**, ggf. aber Beratungspflicht nach allgemeinem SchuldR (Rn. 264)
   - wenn der Vertrag von einem **Versicherungsmakler** vermittelt wird
   - für **Fernabsatzverträge**
   - für Versicherungsverträge über **Großrisiken**

Vorvertragliche Information des VN (§ 7 VVG) 345

VR muss VN rechtzeitig vor Abgabe von dessen Vertragserklärung seine Vertragsbestimmungen einschließlich der AVB sowie die in der VVG-InfoV bestimmten Informationen in Textform mitteilen.

1. **Informationspflichten nach § 7 VVG obliegen ausschließlich VR** (auch wenn für VN Versicherungsmakler am Vertragsschluss beteiligt) → eigene statusbezogene Informationspflichten der Versicherungsvermittler; §§ 60, 63 VVG (Rn. 279)

2. **Inhalt der zu gebenden Informationen und die Form und Reihenfolge ergeben sich insb. aus der VVG-InfoV:**
   - **Produktinformationsblatt**, § 4 VVG-InfoV (Rn. 280)
     - knapper und verständlicher Überblick
     - Hinweis auf nicht abschließende Information
     - Verweis auf die jeweils maßgebliche Bestimmung des Vertrages oder der AVB bei Informationen über Vertragsinhalt
   - **Informationen für alle Versicherungszweige**, § 1 VVG-InfoV: Angaben über
     - den VR (u.a. Name, Anschrift)
     - die wesentlichen Merkmale der Versicherungsleistung (u.a. AVB)
     - die Gegenleistung des VN (Prämie, Kosten etc.)
     - den Vertrag (u.a. Beginn des Versicherungsschutzes, Widerrufsrecht, Laufzeit und Beendigung des Vertrages)
     - das anwendbare Recht und Beschwerde- und Rechtsbehelfsverfahren
   - **spezielle Informationspflichten** für LebensV, BerufsunfähigkeitsV, UnfallV mit Prämienrückgewähr und für KrankenV, §§ 2, 3 VVG-InfoV
   - **Besonderheiten bei telefonischer Kontaktaufnahme durch VR**, § 5 VVG-InfoV (Rn. 282)

3. **Mitteilung der Information an VN »rechtzeitig vor Abgabe von dessen Vertragserklärung«** (Rn. 284)
   - **P:** *Auslegung des unbestimmten Rechtsbegriffs der Rechtzeitigkeit* (Rn. 284)
   - ausnahmsweise Informationserteilung erst unverzüglich nach Vertragsschluss, wenn
     - Vertrag auf Verlangen des VN telefonisch oder unter Verwendung eines anderen Kommunikationsmittels geschlossen, das die Informationen in Textform vor der Vertragserklärung des VN nicht gestattet
     - ausdrücklicher Verzicht des VN durch gesonderte schriftliche Erklärung (eigenes Dokument) vor Abgabe seiner Vertragserklärung

4. **Verletzung der Informationspflichten** (Rn. 287)
   - Widerrufsfrist gem. § 8 II VVG beginnt nicht zu laufen
   - ggf. Schadensersatzanspruch des VN gem. § 311 II BGB
   - planmäßige Verstöße → Missstand iSv § 81 VAG

5. **Versicherungsverträge über Großrisiken**
   → **§ 7 I–IV VVG nicht anwendbar**; begrenzte Informationspflicht, wenn VN natürliche Person (§ 7 V VVG; Rn. 278)

346 **Das einheitliche Widerrufsrecht des VN (§ 8 VVG)**

Der VN kann seine Vertragserklärung zu dem während der Widerrufsfrist schwebend wirksamen Vertrag widerrufen.

1. **Widerrufsfrist** beträgt vierzehn Tage, in der LebensV nach § 152 I VVG 30 Tage (Rn. 303). **Fristbeginn**, wenn VN folgende Unterlagen zugegangen sind:
   - Versicherungsschein
   - sämtliche nach § 7 I und II VVG vorgeschriebenen Unterlagen und Informationen
   - Belehrung über das WiderrufsR und dessen Folgen in Textform (gesetzliches Belehrungsmuster, § 8 V VVG und Anlage zum VVG)
   - **P:** *Verstoß gegen Fernabsatzrichtlinie II* (Rn. 304)
   - **P:** *Beginn der Widerrufsfrist, wenn nach einer invitatio ad offerendum des VN der Antrag vom VR und infolgedessen die Annahme vom VN kommt* (Rn. 305)

2. **Beweislast des VR** für den die Widerrufsfrist in Gang setzenden Zugang der Unterlagen (Rn. 306)

3. Kein Erlöschen des Widerrufsrechts trotz Prämienzahlung, wenn Voraussetzungen des § 8 II VVG nicht erfüllt (**»ewiges Widerrufsrecht«**) (Rn. 307)

4. **Widerrufserklärung** (Rn. 308)
   - Textform
   - Angabe von Gründen nicht erforderlich
   - Fristwahrung durch rechtzeitige Absendung

5. **Ausnahmsweise kein Widerrufsrecht** (§ 8 III 1 VVG; Rn. 302 f.) bei
   - Vertrag mit einer Laufzeit von weniger als einem Monat
   - Vertrag über vorläufige Deckung, es sei denn, es handelt sich um einen Fernabsatzvertrag
   - Vertrag mit Pensionskassen, der auf arbeitsvertraglichen Regelungen beruht, es sei denn, es handelt sich um einen Fernabsatzvertrag
   - Vertrag über Großrisiken

6. **Ausschluss des Widerrufsrechts** durch beidseitige Erfüllung des Vertrages auf Wunsch des VN (§ 8 III 2 VVG)

Rechtsfolgen des Widerrufs (§ 9 VVG) 347

§ 9 VVG enthält gegenüber BGB-Regelungen vorrangige Spezialregelung über die (wichtigsten) Rechtsfolgen eines Widerrufs nach § 8 VVG (Rn. 309); für die LebensV gilt zusätzlich der speziellere § 152 II VVG

1. **Regelung der Rechtsfolgen** (Rn. 310)
   - unmittelbar hinsichtlich der Prämienzahlung des VN vor Ausübung seines Widerrufs
   - mittelbar für die Leistung (Leistungspflicht) des VR

2. **Umsetzung der Fernabsatzrichtlinie II → Gebot richtlinienkonformer Auslegung** (Rn. 311)
   P: *Reichweite des Gebots der richtlinienkonformen Auslegung im Bereich freiwilliger Unterwerfung unter die Vorgaben der Richtlinie* (Rn. 321)

3. **Anwendbarkeit der §§ 9, 152 II VVG setzt voraus, dass VR vor Ablauf der Widerrufsfrist vertragsgemäß Versicherungsschutz gewährt hat**
   P: *Versicherungsschutz hat nach der vertraglichen Vereinbarung nicht vor Ablauf der Widerrufsfrist begonnen → Rückforderung vor Ausübung des Widerrufs erbrachter Prämienzahlungen gemäß §§ 346, 357 I BGB analog* (Rn. 312)

4. **Rechtsfolgen des Widerrufs nach ordnungsgemäß erfolgtem Beginn des Versicherungsschutzes** (§ 9 S. 1 VVG; Rn. 313 ff.)
   - Erstattungsanspruch des VN für Prämien, die für die Zeit nach Zugang des Widerrufs erbracht wurden
   - keine unmittelbare Regelung zur Rechtsfolge des Widerrufs hinsichtlich der Leistung des VR → dennoch **keine Rückabwicklung gewährten Versicherungsschutzes** (Rn. 314)
   - **P:** *Auslegung der unklaren Voraussetzungen des S. 1* (Rn. 317 ff.):
     - *Hinweis auf »den zu zahlenden Betrag«*
     - *Auf welche Rechtsfolgen des Widerrufs hat der VR hinzuweisen?*
     - *Anforderungen an die Zustimmung des VN?*
   - **P:** *Richtlinienkonformität des § 9 S. 1 VVG* (Rn. 321 ff.)

5. **Rechtsfolgen des Widerrufs bei Unterlassen des von S. 1 geforderten Hinweises** (§ 9 S. 2 VVG; Rn. 326 ff.)
   - nach § 9 S. 2 Hs. 1 VVG **Erstattung auch der für das erste Jahr des Versicherungsschutzes gezahlten Prämien**
     - Anspruch zusätzlich zur Erstattung der Prämie nach § 9 S. 1 VVG

  - Erstattungsanspruch nach § 9 S. 2 Hs. 1 VVG ist Sanktion für unterlassenen Hinweis nach § 9 S. 1 VVG
  - keine Erstattung, wenn VN Leistungen des VR in Anspruch genommen hat (§ 9 S. 2 Hs. 2 VVG)
  - bei gegebenem, aber nicht ordnungsgemäß erteiltem Hinweis → § 9 S. 2 Hs. 1 VVG analog
- **P:** *Richtlinienwidrigkeit des § 9 S. 2 Hs. 1 VVG, soweit der Widerruf eines Fernabsatzverbrauchervertrages später als nach dem ersten Versicherungsjahr erfolgt* (Rn. 330 ff.)
- **P:** *Richtlinienkonforme Auslegung des § 9 S. 2 Hs. 2 VVG* (Rn. 334 ff.)

E. Versicherungsvermittlung

I. Überblick

1. Vertrieb; wirtschaftliche Bedeutung und begriffliche Abgrenzungen des VVG

Die Initiative zum Abschluss eines Versicherungsvertrages geht selten unmittelbar vom Versicherungsnehmer aus. Dies hat viele Gründe. Ein Grund ist, dass sich Verbraucher nur ungern mit den Risiken des täglichen Lebens und der Risikovorsorge beschäftigen. Ein anderer wesentlicher Grund ist, dass Versicherung ein für den durchschnittlichen Verbraucher nur schwer verständliches Rechtsprodukt ist.[1] Der Versicherungsmarkt ist deshalb – ökonomisch betrachtet – kein Käufermarkt, sondern ein Verkäufermarkt.[2] Der **Vertrieb (Absatz) von Versicherungsprodukten** spielt deshalb wirtschaftlich eine große Bedeutung. 348

Es gibt **unterschiedliche Vertriebswege** für Versicherungsprodukte. Von **Direktvertrieb** spricht man, wenn die Anbahnung und der Abschluss des Versicherungsvertrages – anders ausgedrückt der Absatz des Versicherungsprodukts – ohne Einschaltung von Versicherungsvermittlern erfolgt. Dies kann per Post, Telefon oder Internet geschehen. Juristisch handelt es sich um **Fernabsatzverträge**, die nach neuem Versicherungsrecht grundsätzlich keine Sonderstellung haben (vgl. jedoch die speziellen Regelungen §§ 6 VI, 7 II VVG). Der Marktanteil des Direktvertriebs beträgt ca. 5 %, Tendenz steigend. Der Direktvertrieb eignet sich vor allem für einfach strukturierte und deshalb wenig beratungsintensive Versicherungsprodukte, wie zum Beispiel eine Kraftfahrtversicherung oder eine Risikolebensversicherung. 349

Ganz überwiegend erfolgt der Vertrieb von Versicherungsprodukten unter Einschaltung von Versicherungsvermittlern.[3] Die **Versicherungsbetriebslehre** unterscheidet (versicherungs-) unternehmenseigene Absatzorgane (insbesondere **angestellte Mitarbeiter im Außendienst**), unternehmensgebundene Absatzorgane (die rechtlich selbständigen **Ausschließlichkeitsvertreter**, auch Einfirmen- bzw. Konzernvertreter genannt), sowie die unternehmensfremden Absatzorgane wie die **Mehrfirmenvertreter**, die Versicherungsgeschäfte für mehrere voneinander unabhängige Versicherungsunternehmen oder -konzerne vermitteln, und den **Versicherungsmakler**, der als Beschaffungsorgan des Kunden ebenfalls Verträge mit konkurrierenden Versicherern vermittelt. 350

Das **VVG** unterscheidet Versicherungsvertreter, Versicherungsmakler und Versicherungsberater (§ 59 VVG) sowie Angestellte eines Versicherers und nicht gewerbsmäßig tätige Vermittler (§ 73 VVG).[4] **Versicherungsvertreter und Versicherungsmakler** werden unter dem **Oberbegriff des Versicherungsvermittlers** zusammengefasst 351

1 *Wandt* Transparenz im Versicherungswesen, S. 47. Bitburger Gespräche, 2007, S. 18 m.w.N.; vgl. auch Rn. 129, 199.

2 *Görsdorf-Kegel* VW 2002, 947; *Kuberg/Reinking* VW 1998, 1360; a.A. *Lier* VW 2000, 805 f.; *Louis* VW 1995, 70.

3 Umfassend *Reiff/Matusche-Beckmann* in: Beckmann/Matusche-Beckmann, § 5.

4 Zur Terminologie und Abgrenzung vgl. *Reiff/Matusche-Beckmann* in: Beckmann/Matusche-Beckmann, § 5 Rn. 1 ff.; Rechtsvergleich von *Basedow/Fock* I S. 40 ff.

(§ 59 I VVG).[5] Versicherungsvermittler können juristische Personen (z.B. Banken) oder natürliche Personen sein.

352 **Versicherungsvertreter** ist, wer von einem Versicherer oder einem Versicherungsvertreter damit betraut ist, gewerbsmäßig Versicherungsverträge zu vermitteln oder abzuschließen (§ 59 II VVG; Einzelheiten Rn. 382 ff.). Wegen des Erfordernisses der Gewerbsmäßigkeit erfasst diese Definition nicht die Angestellten eines Versicherers (dazu und zu dem nicht gewerbsmäßig tätigen Vermittler Rn. 356).

353 In Deutschland erfolgt der Vertrieb vor allem über Versicherungsvertreter, nämlich zu ca. 70 %.[6] Versicherungsvertreter bilden soziologisch keine homogene Gruppe. Der größte Teil ist nebenberuflich tätig (etwa 300.000). Die nebenberuflichen Versicherungsvertreter sind ganz überwiegend sog. **Ausschließlichkeits- oder Einfirmenvertreter**, d.h. sie werden ausschließlich für ein Versicherungsunternehmen tätig. Die Zahl der hauptberuflichen Versicherungsvertreter[7] ist mit etwa 77.000 wesentlich geringer.[8] Bei der Einschätzung ihrer Marktbedeutung muss man allerdings beachten, dass sie vielfach als Inhaber von Agenturen ihrerseits Angestellte beschäftigen. Unter den Begriff »Versicherungsvertreter« fallen auch Allfinanzunternehmen, etwa Banken, wenn sie auf vertraglicher Grundlage für einen Versicherer beim Abschluss oder der Abwicklung von Versicherungsverträgen mitwirken.

354 **Versicherungsmakler** ist, wer gewerbsmäßig für den Auftraggeber die Vermittlung oder den Abschluss von Versicherungsverträgen übernimmt, ohne von einem Versicherer oder von einem Versicherungsvertreter damit betraut zu sein (§ 59 III VVG). Ein **Versicherungsmakler**[9] wird typischerweise aufgrund eines Maklervertrages mit dem potentiellen Versicherungsnehmer tätig, um ihm eine für seine Bedürfnisse passende Versicherungsdeckung zu suchen. Er steht bildlich gesprochen im Lager des Versicherungsnehmers (Einzelheiten Rn. 411 ff.).

355 **Versicherungsmakler** sind in Deutschland vornehmlich im Bereich der Personenversicherung und im Industrieversicherungsgeschäft tätig.[10] Eine Besonderheit sind die **»firmenverbundenen Makler«**, bei denen es sich um rechtlich selbstständige Versicherungsvermittlungsunternehmen als Ausgründungen von Industrieunternehmen handelt.[11] Sie sind wirtschaftlich »Versicherungseinkäufer« für das Industrieunternehmen als Versicherungsnehmer; für ihre Vermittlungstätigkeit erhalten sie – wie der

5 Zur Definition des Versicherungsvermittlers nach altem Recht vgl. BGHZ 94, 356, 358 = VersR 1985, 930 = NJW 1985, 2595. Zur EG-Richtlinie über Versicherungsvermittlung siehe Rn. 368 ff.

6 Im Übrigen erfolgt der Vertrieb zu ca. 15 % über Makler, zu ca. 10 % über Banken und zu ca. 5 % über Direktversicherer. In einigen EU-Mitgliedstaaten wie z.B. in Großbritannien ist das Verhältnis von Vertrieb über Versicherungsvertreter und über Makler nahezu umgekehrt; vgl. die Übersicht in der Begründung des Vorschlags der EG-Kommission für eine Richtlinie über Versicherungsvermittlung vom 20.09.2000, KOM (2000) 511 endg.

7 Die Abgrenzung zwischen neben- und hauptberuflichen Versicherungsvertretern ist für § 92b HGB wichtig; vgl. dazu BGH VersR 1999, 186 = NJW 1999, 639.

8 Zahlen aus: Jahrbuch des GDV 2008, S. 65.

9 Zu den historischen Wurzeln vgl. *Benkel/Reusch* VersR 1992, 1302; *Durstin/Peters* VersR 2007, 1456 m.w.N.

10 Vgl. aus betriebswirtschaftlicher Sicht *Farny* Versicherungsbetriebslehre, S. 732 f.

11 Vgl. den instruktiven Gesamtüberblick des Bundesverbands firmenverbundener Versicherungsvermittler und -gesellschaften e.V. http://www.bfv-fvv.de/bfv_papier_d.html.

Makler grundsätzlich – die Provision vom Versicherer.[12] Sie nehmen für »ihre« Industrieunternehmen meist auch weitreichende Aufgaben des Risikomanagements wahr. Häufig vermitteln sie auch Versicherungsschutz für die Belegschaft des Unternehmens (»Belegschaftsgeschäft«), bisweilen auch für andere Unternehmen oder gar Privatpersonen (»Drittgeschäft«).

Angestellte eines Versicherers und nicht gewerbsmäßig tätige Vermittler unterfallen nach den Legaldefinitionen des VVG nicht den Begriffen »Versicherungsvertreter« und »Versicherungsvermittler«. Gem. § 73 VVG gelten für sie nur die Regelungen über die Vertretungsmacht von Versicherungsvermittlern entsprechend (§§ 69–71 VVG), nicht also die sonstigen haftungsbewehrten Pflichten der §§ 60–62 VVG und nicht die berufsrechtlichen Regelungen.[13] **356**

Keine Versicherungsvermittler sind die **gesetzlichen Vertreter der Vertragsparteien.** Für sie gelten die allgemeinen Regeln (zur gesetzlichen Vertretung des Versicherers durch seine »Organe« vgl. auch Rn. 910). **357**

Die allgemeinen Regeln des BGB, z.B. über Vollmachten, culpa in contrahendo usw. (vgl. Rn. 403, 405, 414), gelten grundsätzlich auch, soweit sich der Versicherungsnehmer beim Abschluss des Versicherungsvertrages **rechtsgeschäftlich vertreten** lässt, sei es durch einen Makler oder durch eine andere Person. Es gibt zwar auch einige Sonderregeln des Versicherungsrechts (vgl. z.B. § 20 VVG im Gegensatz zu § 166 II BGB), diese werden wir aber erst im Zusammenhang mit dem konkreten Verhalten eines Versicherungsnehmers behandeln, für das sich die Frage einer Zurechnung stellt (z.B. Erfüllung von Anzeigepflichten, Rn. 817 ff.). **358**

Kein Versicherungsvermittler ist auch der sog. **»Tippgeber«**. Seine Tätigkeit beschränkt sich darauf, den Kontakt zwischen Versicherungsinteressenten und einem Versicherer bzw. einem Vermittler herzustellen, ohne auf den Abschluss eines konkreten Versicherungsvertrages abzuzielen (beispielsweise durch Weitergabe bloßer Kontaktdaten).[14] Die Grenzziehung zwischen solchen einer Vermittlung vorgelagerten Aktivitäten und dem Beginn der Vermittlung kann im Einzelfall allerdings schwierig sein.[15] **359**

Die begrifflichen Abgrenzungen einerseits zwischen den einzelnen Arten von Versicherungsvermittlern (Versicherungsvertreter, Makler) und andererseits zwischen Versicherungsvermittler und Nicht-Vermittlern sind naturgemäß wichtig, da sie über den Anwendungsbereich der entsprechenden Vorschriften bestimmen.[16] Bei der Gesetzesauslegung sind wegen des Gebots der richtlinienkonformen Auslegung des nationalen Rechts die Vorgaben der Versicherungsvermittlerrichtlinie zu beachten (dazu Rn. 386). **360**

---

12 Die Wiesbadener Vereinigung prüft, ob eine unabhängige Vermittlertätigkeit gemäß dem »Abkommen der Versicherungsunternehmen zur Durchführung rechtlich begründeter Provisionsregelungen aus 1971« erfolgt.

13 Zur Richtlinienwidrigkeit der völligen Herausnahme der Gelegenheitsvermittler aus der berufsrechtlichen und vertragsrechtlichen Regulierung vgl. *Reiff* VersR 2007, 717; *ders.* in: Beckmann/Matusche-Beckmann, § 5 Rn. 21.

14 Vgl. *Reiff* VersR 2007, 717, 719.

15 Vgl. LG Wiesbaden VersR 2008, 919 (Einstufung der Tätigkeit einer Supermarkt-Kette als Versicherungsvermittlung i.S.v. § 34d GewO).

16 Vgl. *Böckmann/Ostendorf* VersR 2009, 154.

2. Die unterschiedlichen Regelungsprobleme und -bereiche

361 Die **vertragsrechtlichen Regelungsprobleme**, die sich **bei der Einschaltung dritter Personen** in die Anbahnung, den Abschluss und die Erfüllung des Versicherungsvertrages ergeben, sind aus dem allgemeinen Zivilrecht bekannt. Es geht insbesondere um die Abgrenzung von Pflichtenkreisen, um Grund und Grenzen einer Vertretungsmacht (Stellvertretungsrecht) sowie um die Zurechnung von Verhalten und Wissen insbesondere im Rahmen der Haftung (§§ 278, 166 BGB).

362 Die **Rechtsbeziehungen des Versicherungsnehmers zum Versicherungsvermittler** sind vom Versicherungsvertrag, also dem Rechtsverhältnis zwischen Versicherungsnehmer und Versicherer, zu unterscheiden. Welche Rechtsbeziehungen bestehen, hängt von der Art des Versicherungsvermittlers ab. Mit seinem **Versicherungsmakler** ist der Versicherungsnehmer durch den Maklervertrag verbunden (Rn. 411). Dagegen gibt es zwischen dem Versicherungsnehmer und einem **Versicherungsvertreter** des Versicherers keine vertragliche Verbindung. Das neue VVG legt dem Versicherungsvertreter jedoch eigene Pflichten gegenüber dem Versicherungsnehmer auf, deren Verletzung ihn gegenüber dem Versicherungsnehmer schadenersatzpflichtig machen kann. Mit einem **Versicherungsberater** ist der Versicherungsnehmer durch einen Beratervertrag verbunden, der als Geschäftsbesorgungsvertrag[17] zu qualifizieren ist (Rn. 420).

363 Die **Rechtsbeziehungen der Mittelspersonen** (Versicherungsvermittler und sonstige Personen) **zum Versicherer** unterscheiden sich ebenfalls je nach der Rechtsnatur der Mittelsperson.

364 (Gewerbsmäßig tätige) **Versicherungsvertreter** sind selbstständige (haupt- oder nebenberufliche) **Handelsvertreter** im Sinne der §§ 84, 92, 92b HGB. Der Versicherer ist mit seinem Versicherungsvertreter also durch einen **Handelsvertretervertrag** verbunden. Es gelten die §§ 84 ff. HGB. In diesem »Innenverhältnis« zwischen Versicherer und Vertreter geht es vor allem um Provisionsansprüche und Kündigungsfragen.

365 Vermittler, die nicht gewerbsmäßig tätig sind, sondern dem Versicherer nur gelegentlich Kunden zuführen (**»Gelegenheitsvermittler«**), werden gewöhnlich als **Zivilmakler** (§§ 652–654 BGB) oder »Zivilagent«[18] eingestuft. Sie unterfallen deshalb dem Handelsvertreterrecht nicht unmittelbar; dieses kann aber partiell entsprechende Anwendung finden.[19]

366 Soweit sich der Versicherer **eigener Angestellter** bedient,[20] die – wie gesagt – nicht unter die Begriffe »Versicherungsvermittler« und »Versicherungsvertreter« fallen, geht es im »Innenverhältnis« um **Arbeitsrecht** (Gehaltsansprüche, Sozialversicherungspflichten, Kündigungsschutz usw.).

367 Einen eigenen Regelungsbereich bildet schließlich das **Berufsrecht der Versicherungsvermittler**. Hier geht es um Berufszulassungs- und Berufsausübungsregelungen (Einzelheiten Rn. 373 ff.).

17 § 68 VVG spricht von Auftragsverhältnis.
18 *Reiff* VersR 2007, 717
19 So für Provisionsfragen *Möller* in: Bruck/Möller, 8. Aufl., Vorbem. §§ 43–48 VVG a.F., Anm. 422; ablehnend dagegen OLG Hamburg NJW-RR 1996, 869.
20 Die Abgrenzung kann im Einzelfall schwierig sein. Vgl. BAG VersR 2000, 1143; BAG VersR 2000, 1496; BAG VersR 2000, 1501.

3. Gesetzeshistorie und Bedeutung der Vermittlerrichtlinie

Deutschland zählte bis vor kurzem zu den wenigen Staaten, die keine **Berufszulassungs- und Berufsausübungsregelungen für Versicherungsvermittler** hatten.[21] Es bestand uneingeschränkte Gewerbefreiheit. Es gab auch keine gesetzlichen Mindestanforderungen an die Qualifikation eines Versicherungsvermittlers. Dies hatte in der Praxis aufgrund von Nicht- oder Fehlberatung immer wieder zu Missständen geführt.[22] 368

Einen ersten Schritt zur Bewältigung der Probleme hatte die **EG-Kommission** im Jahre **1991** mit einer **unverbindlichen »Empfehlung« zur Qualifikation von Versicherungsvermittlern** unternommen.[23] Die Kommission hatte das Instrument einer unverbindlichen Empfehlung gewählt, um den Mitgliedstaaten größtmögliche Flexibilität bei der erhofften freiwilligen Rechtsänderung zu geben.[24] Die Empfehlung wurde von vielen Mitgliedstaaten weitgehend befolgt und trug zur Rechtsangleichung bei. Deutschland hat sich jedoch beharrlich geweigert, der Empfehlung zu folgen.[25] Insgesamt blieben deshalb trotz verbreiteter freiwilliger Befolgung der Empfehlung außerhalb Deutschlands erhebliche Unterschiede zwischen den einzelstaatlichen Vorschriften. 369

Das Europäische Parlament und der Europäische Rat haben deshalb die **Richtlinie über Versicherungsvermittlung** vom 09.12.2002[26] erlassen, die am 15.01.2003 in Kraft getreten ist.[27] Die Richtlinie verlangt vor allem eine Registrierungspflicht für Vermittler, stellt Anforderungen an die berufliche Qualifikation und den beruflichen Leumund als Voraussetzung für die Registrierung und verlangt eine Deckungsvorsorge, vornehmlich durch den Abschluss einer Berufshaftpflichtversicherung. Außerdem fordert sie eigene Informations- und Dokumentationspflichten des Vermittlers gegenüber dem Versicherungsnehmer.[28] Hinzu kommen Regelungen zur Kundengeldsicherung und zur Schaffung angemessener und wirksamer Beschwerde- und Abhilfeverfahren zur außergerichtlichen Streitbeilegung. Bemerkenswert ist, dass die Richtlinie (Außendienst-) Angestellte des Versicherers nicht erfasst.[29] Der deutsche Gesetzgeber muss die **zwingenden Vorgaben der Versicherungsvermittlungsrichtlinie** bei der Umsetzung in nationales Recht beachten. Die Richtlinie gestattet den Mitgliedstaaten allerdings punktuell, insbesondere bei den Informationspflichten der Vermittler gegenüber den Kunden, strengere Vorschriften beizubehalten oder zu erlassen, sofern diese mit dem Gemeinschaftsrecht vereinbar sind (vgl. Art. 12 V der Richtlinie). 370

Die Richtlinie hätte schon bis zum 15.01.2005 in nationales Recht umgesetzt werden müssen. Deutschland hat diese Umsetzungsfrist deutlich überschritten. Dafür gab es mehrere Gründe: Auf- 371

21 Vgl. hierzu Hamburger Gesellschaft zur Förderung des Versicherungswesens (Hrsg.) Berufsregelung für Versicherungsvermittler in Deutschland, 1997; *Matusche-Beckmann* NVersZ 2002, 385.

22 Plastisch *Reiff* r+s 1998, 89.

23 Empfehlung 92/48/EWG (ABl. L 19 v. 28.01.1992, S. 32). – Die Versicherungsvermittlerrichtlinie 77/92/EWG (ABl. L 26 v. 31.1.1977, S. 14; aufgehoben durch die Richtlinie 2002/92/EG v. 09.12.2002, ABl. L 9 v. 15.01.2003, S. 3, mit Wirkung zum 15.01.2005) betraf die grenzüberschreitende Tätigkeit von Versicherungsvermittlern.

24 Vgl. *Müller* Versicherungsbinnenmarkt, 1995, Rn. 290.

25 Vgl. die umfangreichen Nachweise bei *Müller* Versicherungsbinnenmarkt, 1995, Rn. 291.

26 Vgl. zum Richtlinienvorschlag *Abram* NVersZ 2001, 49; siehe auch *Teichler* VersR 2002, 385.

27 Richtlinie 2002/92/EG v. 09.12.2002 über Versicherungsvermittlung (ABl. L 9 vom 15.01.2003, S. 3). Vgl. auch Richtlinienvorschlag der Kommission ABl. C 29 E v. 30.01.2001, S. 245.

28 Eingehend *Reiff* ZVersWiss 2001, 451 ff.; *ders.* VersR 2004, 142; *ders.* Versicherungsvermittlerrecht im Umbruch, 2006; zu weitergehenden Beratungspflichten vgl. *Mensching* VersR 2004, 19.

29 Kritisch hierzu *Reiff* in: Beckmann/Matusche-Beckmann, Versicherungsrechts-Handbuch, 2004, § 5 Rn. 133 m.w.N.; *ders.* VersR 2007, 717.

grund der gravierenden Änderungen für das bisherige deutsche System und des erheblichen Administrationsaufwandes war zunächst geplant gewesen, die Umsetzung der Richtlinie in zwei Etappen durchzuführen.[30] Mit dem Referentenentwurf vom 09.12.2004 für ein Erstes Gesetz zur Neuregelung des Versicherungsvermittlerrechts sollten die Bereiche der Berufshaftpflichtversicherung, Informations-, Beratungs-, Dokumentationspflichten, Kundengeldsicherung und Schlichtungsstelle umgesetzt werden. Dem sollte ein zweites Gesetz folgen, das die Bereiche der Zugangsvoraussetzungen, also insbesondere der Qualifikation und Registrierung, regeln sollte. Der Referentenentwurf vom 09.12.2004 für ein Erstes Gesetz zur Neuregelung des Versicherungsvermittlerrechts wurde dann aber wieder zurückgezogen, da absehbar war, dass der Bundesrat einer solchen Zweiteilung des Gesetzgebungsverfahrens nicht zustimmen würde. Aufgrund der Neuwahlen zum Deutschen Bundestag im Herbst 2005 hatte sich die Umsetzung weiter verzögert.[31]

372 Die Richtlinie wurde durch das **Gesetz zur Neuregelung des Versicherungsvermittlerrechts mit Wirkung vom 22.05.2007**[32] in das deutsche Recht umgesetzt. Dieses Gesetz schuf berufsrechtliche Regelungen durch Änderungen der Gewerbeordnung, versicherungsvertragsrechtliche Regelungen durch Änderungen des VVG (Einfügung insbesondere der §§ 42a-k VVG a.F.) und neue aufsichtsrechtliche Regelungen im VAG über Pflichten des Versicherers in der Zusammenarbeit mit Versicherungsvermittlern (insbesondere §§ 80, 80a und 80b VAG). Die versicherungsvertragsrechtlichen Regelungen sind schließlich sachlich nahezu unverändert in das **VVG 2008** übernommen worden. Daneben ist die **Verordnung über die Versicherungsvermittlung und -beratung (VersVermV)**[33] zu beachten, die sowohl berufsrechtliche als auch versicherungsrechtliche Regelungen enthält.

II. Berufsrechtliche Regelungen für Versicherungsvermittler und Versicherungsberater

373 Das Gesetz zur Neuregelung des Versicherungsvermittlerrechts vom 19.12.2006 macht die Versicherungsvermittlung in Deutschland erstmals zu einem **grundsätzlich erlaubnispflichtigen Gewerbe**. Der Erlaubnis bedürfen Versicherungsvermittler, die gewerbsmäßig als Versicherungsmakler oder als Versicherungsvertreter den Abschluss von Versicherungsverträgen vermitteln (§ 34d I GewO).

374 Ein Gewerbetreibender, der die Versicherung als Ergänzung der im Rahmen seiner Haupttätigkeit gelieferten Waren oder Dienstleistungen vermittelt (sog. **produktakzessorischer Vermittler**), kann die **Befreiung von der Erlaubnispflicht beantragen** (§ 34d III GewO).

375 **Keiner Erlaubnis** bedarf ein Versicherungsvermittler, der seine Tätigkeit ausschließlich im Auftrag eines Versicherungsunternehmens oder, wenn die vermittelten Versicherungsprodukte nicht in Konkurrenz stehen, im Auftrag mehrerer Versicherungsunternehmen ausübt (sog. **gebundener Versicherungsvertreter i.S.d. Versicherungsvermittlerrichtlinie; Ausschließlichkeitsvertreter**) und für den das oder die Versicherungsunternehmen die uneingeschränkte Haftung aus seiner Vermittlertätig-

30 Vgl. zur Umsetzung *Abram* r+s 2005, 137; *ders.* VersR 2005, 1318; *Mönnich/Baumeister* ZfV 2005, 284; *Reiff* VersR 2004, 142.

31 Zur Berücksichtigung der Versicherungsvermittlerrichtlinie durch die Reformkommission vgl. deren Abschlussbericht, S. 4 f., 13 ff., 58 ff., 335 ff.; vgl. dazu *Abram* VersR 2005, 43; *Niederleithinger* ZfV 2004, 316.

32 Gesetz vom 19.12.2006 (BGBl. I S. 3232); zu den Konsequenzen des Vermittlergesetzes für die Versicherungsbranche *Beenken/Sandkühler* r+s 2007, 182; *Jahn/Klein* DB 2007, 957.

33 Verordnung über die Versicherungsvermittlung und -beratung vom 15.05.2007 (BGBl. I S. 733).

keit übernehmen (§ 34d IV GewO). Liegt eine Haftungsübernahme des Versicherers nicht vor, ist auch der gebundene Versicherungsvertreter erlaubnispflichtig. Für bestimmte gewerbsmäßige, aber nebenberufliche Versicherungsvermittler gelten die berufsrechtlichen Regelungen des § 34d I–VIII GewO auf Grund des Ausnahmetatbestandes des § 34d IX GewO generell nicht (sog. **Bagatellvermittler**, Rn. 379).

Die **Erlaubniserteilung setzt voraus**, dass der Antragsteller zuverlässig ist, in geord- **376**
neten Vermögensverhältnissen lebt und eine **Berufshaftpflichtversicherung** sowie seine **Sachkunde** nachweist (§ 34d II GewO). Einzelheiten hierzu sind in der **Versicherungsvermittlungsverordnung (VersVermV) vom 15.05.2007** geregelt, die am 22.05.2007 in Kraft getreten ist.[34] Danach beträgt die Mindestversicherungssumme der erforderlichen Berufshaftpflichtversicherung eine Million € für jeden Versicherungsfall und 1,5 Millionen € für alle Versicherungsfälle eines Jahres (§ 9 II VersVermV). Die geforderte Sachkunde wird grundsätzlich durch eine IHK-Prüfung nachgewiesen, die sich an den Vorgaben des IHK-Rahmenstoffplans für den Versicherungsfachmann/die Versicherungsfachfrau orientiert (§ 1 III VersVermV).

Versicherungsvermittler, auch die erlaubnisfreien gebundenen Versicherungsvertreter, **377**
müssen sich unverzüglich nach Aufnahme ihrer Tätigkeit in das **Vermittlerregister** eintragen lassen, das von der örtlich zuständigen Industrie- und Handelskammer als Registerbehörde geführt wird. Zweck des Registers ist es, der Allgemeinheit, vor allem aber Versicherungsnehmern und Versicherungsunternehmen, die Möglichkeit zu geben, die Zulassung sowie deren Umfang zu überprüfen. Die Einzelheiten zu Auskünften und Mitteilungen durch die Registerbehörde sowie zum Datenaustausch zwischen Behörden regeln § 11 GewO sowie die §§ 5–7 VersVermV.

Den Vermittler treffen gegenüber dem Kunden beim ersten Kundenbesuch **statusbe- 378**
zogene Informationspflichten, deren Inhalt sowie Verstoßsanktionen in der GewO bzw. § 11 VersVermV geregelt sind. Der Vermittler muss dem Kunden vor Beginn des Beratungsgesprächs klar und verständlich in Textform insbesondere mitteilen, ob er als Versicherungsmakler oder als Versicherungsvertreter tätig wird.

Die aufwändige Berufszulassung samt ihren Voraussetzungen (Rn. 373 ff.) haben **379**
gem. dem Ausnahmetatbestand des § 34d IX GewO keine Geltung für gewerbsmäßige Vermittler von bestimmten Versicherungen geringen Risikos (sog. »**Bagatellvermittler**«[35]). Ausgenommen sind dadurch Vermittler von im Bausparwesen üblichen Versicherungen, bei denen die Versicherungssumme das vorhandene Restdarlehen abdeckt (§ 34d IX Nr. 2 GewO), Vermittler von Restschuldversicherungen, die als Zusatzleistung zur Lieferung einer Ware oder der Erbringung einer Dienstleistung im Zusammenhang mit Verbraucherdarlehen vermittelt werden, deren Jahresprämie einen Betrag von 500 € nicht übersteigt (§ 34d IX Nr. 3 GewO)[36], sowie nebenberuflich tätige Vermittler von anderen Versicherungen bis zu einer Jahresprämie von 500 € als Zusatzleistung zur Lieferung einer Ware oder der Erbringung einer Dienstleistung (zu den Einzelheiten siehe § 34d IX Nr. 1 GewO). Zu letzteren zählen u.a. Kredit-, Kreditkartenvermittler (z.B. Arbeitslosigkeitsversicherung), Brillenhändler (z.B. Kaskoversicherung), Versand- und Einzelhandel (z.B. Garantieversicherung zur Verlän-

34 Verordnung über die Versicherungsvermittlung und -beratung vom 15.05.2007 (BGBl. I S. 733).
35 Vgl. *Reiff* VersR 2007, 717; *ders.* in: Beckmann/Matusche-Beckmann, § 5 Rn. 24.
36 Zur Richtlinienwidrigkeit der Ausnahmen des § 34d IX Nr. 2 und 3 GewO vgl. *Reiff* VersR 2007, 717.

gerung der Gewährleistung), Elektrohändler (z.B. Garantie- und Reparaturversicherung), Fahrradhändler und -hersteller (z.B. Unfall- und Diebstahlversicherung) oder Reisebüros (z.B. Reiserücktritts- und Reisekrankenversicherung).[37]

380 Die beschriebenen Berufszulassungsregelungen gelten dagegen weitgehend auch für **Versicherungsberater** (§ 34e GewO).[38] Sie dürfen insbesondere keine Provision von Versicherungsunternehmen entgegennehmen (§ 34e III 1 GewO).

381 **Flankierend** zu den berufsrechtlichen Regelungen für Versicherungsvermittler wurden **aufsichtsrechtliche Pflichten des Versicherers** statuiert, die dieser im Rahmen seiner Zusammenarbeit mit Versicherungsvermittlern zu beachten hat (**§§ 80 ff. VAG**). Der Versicherer darf nur mit solchen gewerbsmäßig tätigen Versicherungsvermittlern zusammenarbeiten, die die beschriebenen Berufszulassungsregelungen erfüllen (§ 80 I, II VAG). Dementsprechend muss er regelmäßig die Registereintragung seiner Versicherungsvermittler überprüfen und überwachen, dass diese die Kundengeldsicherungsbestimmungen einhalten.[39] Der Versicherer darf mit Versicherungsvermittlern, die nach § 34d III GewO von der Erlaubnispflicht befreit sind oder der Erlaubnispflicht gemäß § 34d IV GewO nicht unterfallen, nur zusammenarbeiten, wenn der Vermittler zuverlässig ist und in geordneten Vermögensverhältnissen lebt und der Versicherer sicherstellt, dass der Vermittler die erforderliche Sachkunde hat (§ 80 II VAG). Der Versicherer ist auf Veranlassung eines erlaubnisfreien Versicherungsvermittlers verpflichtet, dessen Registereintragung zu veranlassen und dafür zu sorgen, dass die Voraussetzungen des § 34d IV GewO vorliegen (§ 80 III VAG), sowie gegebenenfalls dessen Löschung aus dem Register zu veranlassen (§ 80 IV VAG). Schließlich muss der Versicherer Beschwerden über seine Vermittler beantworten und bei wiederholten Beschwerden, die für die Beurteilung der Zuverlässigkeit erheblich sein können, die zuständige IHK davon in Kenntnis setzen (§ 80a VAG).

III. Versicherungsvertreter

1. Begriff

382 Im allgemeinen Sprachgebrauch und im Handelsrecht (§ 92 I HGB) heißen die Abschlussgehilfen des Versicherers seit jeher »Versicherungsvertreter«. Das VVG 1908 sprach dagegen von »Versicherungsagenten«. Das neue VVG folgt nunmehr dem allgemeinen Sprachgebrauch: Versicherungsvertreter i.S.d. VVG ist, wer von einem Versicherer oder einem Versicherungsvertreter damit betraut ist, gewerbsmäßig Versicherungsverträge zu vermitteln oder abzuschließen (§ 59 II VVG; zu den Erscheinungsformen und zur wirtschaftlichen Bedeutung Rn. 351 ff.).

2. Mitteilungs-, Beratungs- und Dokumentationspflichten

383 Der Versicherungsvertreter steht in vertraglichen Beziehungen zum Versicherer (Innenverhältnis), nicht aber in vertraglichen Beziehungen zum (potenziellen) Versicherungsnehmer (Außenverhältnis). Als bloßen (Abschluss-) Gehilfen, der nicht selbst

37 BT-Drucks. 16/1935 S. 20.

38 Zum Berufsbild des Versicherungsberaters vgl. BVerfGE 75, 284 = NJW 1988, 543 sowie *Reiff* FS Birk, 2008, S. 703; zur Rechtsberatung durch Versicherungsberater nach bisherigem und künftigem Recht *Ring* WM 2007, 281.

39 BT-Drucks. 16/1935 S. 27.

Vertragspartei ist, treffen ihn nach **allgemeinem Zivilrecht** nur ganz ausnahmsweise eigene Pflichten gegenüber dem Versicherungsnehmer gem. § 311 III 1 BGB. Nach allgemeinem Zivilrecht kommt eine **Eigenhaftung des Vertreters** in Betracht, wenn er in besonderem Maße Vertrauen für sich in Anspruch nimmt. Dies ist jedoch nur dann der Fall, wenn der Vertreter über das allgemeine Verhandlungsvertrauen hinaus eine zusätzliche, von ihm persönlich ausgehende Gewähr für die Seriosität und die Erfüllung des Geschäfts bietet, woran es bei Versicherungsvertretern regelmäßig fehlt.[40] Eine Eigenhaftung des Vertreters kann nach allgemeinem Zivilrecht auch durch ein besonderes wirtschaftliches Eigeninteresse begründet werden, wobei allerdings das bloße Provisionsinteresse nicht ausreicht.[41] Diese von der Rechtsprechung entwickelten **Regeln zur »Sachwalterhaftung«**, die mit der Schuldrechtsmodernisierung in § 311 III BGB als Grundsatz normiert worden sind, wurden bislang auch auf Versicherungsvertreter angewendet.[42] Die Rechtsprechung stellte insoweit hohe Anforderungen.

Das VVG a.F. enthielt keine vom allgemeinen Zivilrecht abweichenden Sonderrege- **384**
lungen. In Umsetzung der Versicherungsvermittlerrichtlinie statuieren die **§§ 60–63 VVG**[43] dagegen nunmehr **eigene Pflichten des Versicherungsvertreters** (sowie des Versicherungsmaklers), deren Verletzung zu einer **eigenen Schadensersatzverpflichtung** führen kann. Die §§ 60–63 VVG gelten allerdings nicht für die Vermittlung von Versicherungsverträgen über Großrisiken (§ 65 VVG) und nicht für Versicherungsvermittler i.S.d. § 34d IX Nr. 1 GewO (dazu Rn. 379; § 66 VVG); insoweit bleibt es also bei den in der vorigen Randnummer beschriebenen allgemeinen Haftungsgrundsätzen.

Der Versicherungsvertreter hat gegenüber dem Versicherungsnehmer zunächst ein- **385**
mal – neben den berufsrechtlichen statusbezogenen Informationspflichten gem. § 11 VersVermV – **Mitteilungspflichten über die Beratungsgrundlage** (zum Versicherungsmakler Rn. 417). Er muss – sofern der Versicherungsnehmer nicht gemäß § 60 III VVG durch eine gesonderte schriftliche Erklärung darauf verzichtet – mitteilen, auf welcher Markt- und Informationsgrundlage er seine Leistung als Versicherungsvertreter erbringt, und er muss die Namen der seinem Rat zu Grunde gelegten Versicherer angeben (§ 60 II 1 VVG). Außerdem hat er mitzuteilen, für welche Versicherer er seine Tätigkeit ausübt und ob er für diese ausschließlich tätig ist (§ 60 II 2 VVG). Die Informationen des § 60 II VVG sind dem Versicherungsnehmer vor Abgabe seiner Vertragserklärung klar und verständlich in Textform zu übermitteln (§ 62 I VVG). Auf Wunsch des Versicherungsnehmers sowie bei vorläufiger Deckung kann die Übermittlung zunächst auch mündlich erfolgen. Sie muss aber unverzüglich nach Vertragsschluss, spätestens jedoch mit Übermittlung des Versicherungsscheins in Textform nachgeholt werden; diese Nachholpflicht gilt nicht für Verträge über vorläufige Deckung bei Pflichtversicherungen (§ 62 II VVG).

40 BGH VersR 1991, 1052, 1053; OLG Karlsruhe VersR 1986, 33; zu geringe Anforderungen stellt das OLG Frankfurt ZfS 1982, 334, 335; vgl. allgemein BGH VersR 1990, 753 = NJW 1990, 1907.

41 Vgl. OLG Karlsruhe VersR 1986, 33; OLG Düsseldorf VersR 1970, 126; 1973, 74; OLG Stuttgart VersR 1970, 237; LG Mönchengladbach VersR 1974, 185; LG Bielefeld VersR 1975, 368; LG Kempten VersR 1981, 472.

42 Vgl. BGH VersR 1991, 1052 m.w.N. Vgl. allgemein zu den Grundlagen der Sachwalterhaftung BGHZ 56, 81 = NJW 1971, 1309 sowie *Medicus* BGB AT, 9. Aufl. 2006, Rn. 456.

43 §§ 42b–42e VVG a.F.

386 Der Versicherungsvertreter wie der Versicherungsmakler (Rn. 417) haben darüber hinaus – in wortgleicher Regelung zu den Pflichten des Versicherers gem. § 6 VVG – **Befragungs-, Beratungs-, Begründungs- und Dokumentationspflichten** (§ 61 I 1 VVG). Insoweit kann auf die Ausführungen zu den Pflichten des Versicherers gem. § 6 VVG verwiesen werden (siehe Rn. 245, 263 ff.). Der Versicherungsnehmer kann – wie gegenüber dem Versicherer, § 6 III VVG – auch gegenüber dem Versicherungsvermittler auf die Beratung oder die Dokumentation durch eine gesonderte schriftliche Erklärung verzichten, in der er vom Versicherungsvermittler ausdrücklich darauf hingewiesen wird, dass sich ein Verzicht nachteilig auf die Geltendmachung eines Schadensersatzanspruchs nach § 63 VVG auswirken kann (§ 61 II VVG).[44] Keinen Verzicht stellt die bloße Weigerung des Versicherungsnehmers dar, auf Fragen des Versicherungsvermittlers Auskunft zu erteilen.[45]

387 Verletzt der Versicherungsvertreter schuldhaft eine Pflicht nach den §§ 60 oder 61 VVG[46], so ist er dem Versicherungsnehmer zum Ersatz des hierdurch entstandenen Schadens verpflichtet (**Eigenhaftung des Versicherungsvertreters gem. § 63 VVG**; zur gesamtschuldnerischen Haftung mit dem Versicherer Rn. 405).

388 Von den §§ 60–66 VVG kann nicht zum Nachteil des Versicherungsnehmers abgewichen werden (§ 67 VVG).

3. Vertretungsmacht

389 **Ein Versicherungsvertreter »gilt« kraft Gesetzes in bestimmtem Umfang als vertretungsberechtigt** (§§ 69 ff. VVG; §§ 43 ff. VVG a.F.).[47] Die §§ 69–72 VVG gelten nach § 73 VVG entsprechend für Angestellte des Versicherers, die mit der Vermittlung oder dem Abschluss von Versicherungsverträgen betraut sind, und auch für nicht gewerbsmäßig tätige Vermittler, sodass die Vertretungsregelungen also den gesamten Versicherer-Außendienst erfassen.

390 Im **VVG a.F.** war die Auslegung der in ihrem Wortlaut teilweise engeren, teilweise weiteren §§ 43 ff. VVG a.F. kompliziert und heftig umstritten, bis der BGH die Auslegung durch die sog. **»Auge-und-Ohr-Rechtsprechung«** zum Schutze der Versicherungsnehmer ganzheitlich bestimmte.[48] Die Systematik und Formulierung der neuen Vorschriften §§ 69 ff. VVG tragen dieser Rechtsprechung Rechnung.

391 § 69 I Nr. 1 VVG beschreibt die **umfassende passive Empfangsvollmacht** des Versicherungsvertreters für alle Erklärungen des Versicherungsnehmers im Zusammenhang mit dem Abschluss des Vertrages (»Anträge«, »Widerruf«, »Anzeigen« und »sonstige Erklärungen«). Erfasst wird auch eine Annahmeerklärung seitens des Versi-

44 Zu Zweifeln, ob die Vermittlerrichtlinie diese Regelung zulässt, vgl. *Dörner/Staudinger* WM 2006, 1710; *Schwintowski* ZRP 2006, 139; *Franz* VersR 2008, 298.

45 In diesem Fall beschränken sich die Pflichten des Versicherungsvertreters mangels Anlasses zu einer weiter gehenden Beratung (vgl. § 61 I VVG) auf das vom Versicherungsnehmer ausdrücklich gewünschte Versicherungsprodukt. Vgl. BT-Drucks. 16/1935 S. 25.

46 Entgegen *Michaelis* (in Schwintowski/Brömmelmeyer, § 61 VVG Rn. 22 ff.) besteht kein Bedürfnis und keine Berechtigung für eine Ausdehnung der gesetzlichen Pflichten des Versicherungsvertreters auf die Zeit nach Abschluss des Vertrages. Insoweit bleibt es bei der Haftung des Versicherers gem. § 6 IV und V VVG.

47 Rechtsvergleich von *Basedow/Fock* I S. 44 ff.

48 Vgl. *Weyers/Wandt* Versicherungsvertragsrecht, 3. Aufl., Rn. 310.

cherungsnehmers. Anders als in § 43 Nr. 1 VVG a.F. werden nunmehr auch vor Vertragsschluss abzugebende Anzeigen, also insbesondere die Anzeigen zur Erfüllung der vorvertraglichen Anzeigepflicht gem. § 19 VVG, ausdrücklich erwähnt.

§ 69 I Nr. 2 VVG beschreibt die entsprechende passive Empfangsvollmacht für sämtliche Erklärungen und Anzeigen, die ein bestehendes Versicherungsverhältnis betreffen. **392**

Nach § 69 I Nr. 3 VVG gilt der Versicherungsvertreter als bevollmächtigt, die vom Versicherer ausgefertigten **Versicherungsscheine oder Verlängerungsscheine dem Versicherungsnehmer zu übermitteln**. Diese Vorschrift hat die Regelung des § 43 Nr. 3 VVG a.F. unverändert übernommen. **393**

Der Versicherungsvertreter gilt außerdem als bevollmächtigt, **Zahlungen des Versicherungsnehmers** im Zusammenhang mit der Vermittlung und dem Abschluss des Versicherungsvertrages für den Versicherer anzunehmen (§ 69 II 1 VVG). Eine Beschränkung dieser Zahlungsempfangsvollmacht muss der Versicherungsnehmer nur gegen sich gelten lassen, wenn er die Beschränkung bei der Vornahme der Zahlung kannte oder infolge grober Fahrlässigkeit nicht kannte (§ 69 II 2 VVG). **394**

Für die umgekehrte Situation, nämlich dass der Versicherungsnehmer einen Versicherungsvermittler bevollmächtigt, Leistungen des Versicherers anzunehmen, bestimmt § 64 VVG, dass eine solche Bevollmächtigung einer gesonderten schriftlichen Erklärung des Versicherungsnehmers bedarf. Die Regelung gilt nicht für Bagatellvermittler i.S.d. § 34d IX Nr. 1 GewO (§ 66 VVG, dazu Rn. 379). **395**

Neu ist die Regelung des § 69 III VVG über die **Beweislast**, mit der wiederum die »Auge-und-Ohr-Rechtsprechung« gesetzlich festgeschrieben wird. Der Versicherungsnehmer trägt die Beweislast für die Abgabe oder den Inhalt eines Antrags oder einer sonstigen **Willenserklärung** nach § 69 I Nr. 1 und 2 VVG. Demgegenüber trägt der Versicherer die Beweislast für die Verletzung einer **Anzeigepflicht** oder einer **Obliegenheit** durch den Versicherungsnehmer. **396**

Eine Sonderregelung besteht – wie schon im alten Recht, § 45 VVG a.F. – für einen Versicherungsvertreter, den der Versicherer rechtsgeschäftlich zum Abschluss von Versicherungsverträgen bevollmächtigt hat (sog. **Abschlussvertreter**).[49] Er ist kraft Gesetzes auch (aktiv) befugt, die Änderung oder Verlängerung solcher Verträge zu vereinbaren sowie Kündigungs- und Rücktrittserklärungen abzugeben (§ 71 VVG). **397**

Während das alte Recht in § 47 VVG a.F. eine **Beschränkung der gesetzlichen Vertretungsmacht** des Versicherungsvertreters zuließ[50] – was auf Grund der »Auge-und-Ohr-Rechtsprechung« zu zahlreichen Streitfragen führte[51] –, ist nach § 72 VVG jede Beschränkung **durch Allgemeine Versicherungsbedingungen** gegenüber dem Versicherungsnehmer und Dritten, wie z.B. dem Erwerber nach § 96 I VVG, **unwirksam**. Ausgeschlossen ist damit auch eine Beschränkung der Empfangsvollmacht nach § 69 I VVG durch eine Klausel, die für Erklärungen des Versicherungsnehmers speziell gegenüber dem Vertreter abweichend vom Gesetz Schrift- oder Textform **398**

49 Vgl. hierzu auch *Reiff* in: Beckmann/Matusche-Beckmann, § 5 Rn. 100 ff.
50 Anders als § 46 VVG a.F. sieht das neue Recht auch keine Begrenzung der Vertretungsmacht von »Bezirksvertretern« vor.
51 Vgl. *Weyers/Wandt* Versicherungsvertragsrecht, 3. Aufl., Rn. 310 ff.

verlangt. Nicht ausgeschlossen sind dagegen – gesetzlich zugelassene – Klauseln, wonach bestimmte Willenserklärungen oder Anzeigen des Versicherungsnehmers gegenüber dem Versicherer (wie z.B. die Änderung eines Bezugsrechts in der Lebensversicherung oder die Anzeige einer Abtretung) der Schriftform bedürfen.[52]

398a **Vertiefung: § 72 VVG** ist als **lex specialis** vorrangig gegenüber § 32 Satz 2 VVG, soweit eine Anzeige i.S.v. §§ 19, 23 II, III VVG (oder eine andere das Versicherungsverhältnis betreffende Erklärung) **gegenüber einem nach § 69 VVG gesetzlich empfangsbefugten Versicherungsvertreter** abgegeben wird.[53] Die gesetzliche Empfangsvertretungsmacht des Versicherungsvertreters besteht für die vom Versicherungsnehmer vor Vertragsschluss abzugebenden Anzeigen und Erklärungen, einschließlich der vorvertraglichen Anzeige nach § 19 VVG, und für die während der Dauer des Versicherungsverhältnisses zu erstattenden Anzeigen und sonstigen das Versicherungsverhältnis betreffenden Erklärungen, einschließlich von Anzeigen gem. § 23 VVG oder vertraglicher Obliegenheiten (§ 69 I Nr. 1 und Nr. 2 VVG). Aus dem Verbot des § 72 VVG, die gesetzliche Empfangsvertretungsmacht des Versicherungsvertreters durch AVB zu beschränken, wird – wie schon nach der Rechtsprechung zu §§ 43 Nr. 1, 47 VVG a.F.[54] – auch das Verbot abgeleitet, für Anzeigen und sonstige Erklärungen gegenüber dem Versicherungsvertreter die Schrift- oder Textform durch AVB zu vereinbaren (Versicherungsvertreter als nicht verschließbares Auge und Ohr des Versicherers). Nach der Rechtsprechung zum VVG a.F. war die Nichtbeschränkbarkeit der Empfangsvertretungsmacht des Versicherungsvertreters auf Anzeigen vor Abschluss des Vertrages beschränkt.[55] Das **Formvereinbarungsverbot aus § 72** erfasst nunmehr grundsätzlich[56] aber auch die in § 69 I Nr. 2 genannten Anzeigen und Erklärungen während der Laufzeit des Vertrages.[57] Unwirksam ist danach eine AVB-Regelung, wonach Anzeigen und sonstige Erklärungen gegenüber dem Versicherungsvertreter einer bestimmten Form bedürfen. Unwirksam ist auch eine AVB-Regelung, die generell für Anzeigen und sonstige Erklärungen des Versicherungsnehmers ein Formerfordernis begründet, also nicht nach dem Adressaten (Versicherungsvertreter oder Versicherer) unterscheidet.[58] Dagegen ist § 72 nicht berührt, wenn eine AVB-Regelung ein Formerfordernis ausschließlich für **Anzeigen** und Erklärungen statuiert, die **ohne Mitwirkung eines Versicherungsvertreters unmittelbar gegenüber dem Versicherer** abgegeben werden. Ein so beschränktes Schriftform- oder Textformerfordernis ist – vorbehaltlich der Maßgaben der §§ 305 ff., 307 ff. BGB – zulässig.[59] Erforderlich ist, dass die Formklausel auf Anzeigen und Erklärungen beschränkt ist, die in der Weise unmittelbar gegenüber dem Versicherer abgegeben werden, dass ein Versicherungsvertreter weder an ihrer inhaltlichen Erstellung noch an ihrer Abgabe mitwirkt. Auch die Gesetzesbegründung zu § 72 VVG differenziert in diesem Sinne zwischen Anzeigen und Erklärun-

52 RegE BT-Drucks. 16/3945 S. 78.

53 Vgl. auch *Reiff* in: Langheid/Wandt, § 72 Rn. 16.

54 Vgl. BGH VersR 1999, 565, 567 = NJW 1999, 1633, 1635 f.; BVerwGE 107, 101 = VersR 1998, 1137, 1140 mit Anm. *Präve* = NJW 1998, 3216.

55 Vgl. BGH VersR 1999, 565, 567 = NJW 1999, 1633, 1635 f.

56 Für eng begrenzte Ausnahmen mag eine teleologische Reduktion in Betracht kommen, z.B. um auszuschließen, dass der Versicherungsnehmer die Obliegenheit zur Einreichung einer Stehlgutliste dadurch erfüllt, dass er die Angaben dem Versicherungsvertreter am Telefon vorliest.

57 Vgl. RegE BT-Drucks. 16/3945 S. 78.

58 *Muschner* in: HK-VVG, § 32 VVG Rn. 2; *Brömmelmeyer* in: Bruck/Möller, § 32 VVG Rn. 23; *Schwintowski* in: Schwintowski/Brömmelmeyer, § 32 VVG Rn. 4 ff.; *Präve* VW 2009, 98, 100.

59 Für Zulässigkeit: RegE BT-Drucks. 16/3945 S. 78; *Muschner* in: HK-VVG, § 32 VVG Rn. 2; *Brömmelmeyer* in: Bruck/Möller, § 32 VVG Rn. 28; wohl auch *Präve* VW 2009, 98, 100 ff. (vgl. seine Einschränkung auf S. 101: »wenn es zur Einschaltung eines Versicherungsagenten kommt«); dagegen wohl für Unzulässigkeit: *Reiff* in: Langheid/Wandt, § 72 VVG Rn. 16 (zulässig sei jedoch ausnahmsweise die Vereinbarung eines Schriftformerfordernisses für bestimmte Erklärungen in der Lebensversicherung, nämlich für die Abtretung und Verpfändung von Ansprüchen sowie für die Einräumung und den Widerruf der Bezugsberechtigung; dogmatisch gehe es hier nicht um den Schutz des Versicherungsnehmers, sondern um den Schutz von Dritten); *Schwintowski* in: Schwintowski/Brömmelmeyer, § 32 VVG Rn. 5.

gen gegenüber dem Versicherungsvertreter und solchen gegenüber dem Versicherer: § 72 VVG schließe die Vereinbarung eines Formerfordernisses für Erklärungen gegenüber dem Vertreter aus; dagegen seien Klauseln zulässig, wonach bestimmte Willenserklärungen oder Anzeigen des Versicherungsnehmers gegenüber dem Versicherer der Schriftform bedürfen.[60] Ein Formerfordernis ausschließlich für Anzeigen und Erklärungen unmittelbar gegenüber dem Versicherer, die ohne Mitwirkung eines Versicherungsvertreters erstellt und abgegeben werden, ist nicht (inhaltlich) überraschend i.S. von § 305c BGB.[61] Es lässt sich auch nicht sagen, dass ein so beschränktes Formerfordernis den Versicherungsnehmer generell i.S. von § 307 BGB unangemessen benachteiligen würde.[62] Der Gesetzgeber nimmt jedenfalls für Anzeigen nach dem Gesetzesabschnitt der §§ 19 bis 32 VVG das Gegenteil an, indem er hierfür in **§ 32 Satz 2 VVG** ausdrücklich die Vereinbarung der Schrift- oder Textform zulässt. Dieser gesetzgeberischen Entscheidung liegt die zutreffende sachliche Erkenntnis zu Grunde, dass der Versicherer bei den betroffenen Anzeigen ein berechtigtes Klarstellungs- und Beweissicherungsinteresse hat.[63] Es macht sachlich durchaus einen Unterschied, ob diese Anzeigen und Erklärungen gegenüber einem Versicherungsvertreter oder ohne Mitwirkung eines Versicherungsvertreters unmittelbar gegenüber dem Versicherer abgegeben werden. Der in unmittelbarem Kontakt zum Versicherungsnehmer stehende Versicherungsvertreter ist nicht nur Auge und Ohr des Versicherers, sondern auch dessen Mund, sodass er auf den Inhalt der Anzeige oder Erklärung des Versicherungsnehmers Einfluss nehmen kann. Dies hat den BGH überzeugend dazu veranlasst, die Gesamtsituation des persönlichen Kontakts zwischen Versicherungsnehmer und Versicherer nicht rechtlich aufzuspalten. Bei Anzeigen und Erklärungen unmittelbar gegenüber dem Versicherer, die ohne Mitwirkung eines Versicherungsvertreters zu Stande kommen, ist eine vergleichbare Beeinflussung des Versicherungsnehmers bei Abgabe seiner Erklärung ausgeschlossen. Das Klarstellungs- und Beweissicherungsinteresse des Versicherers spricht deshalb allgemein – also über § 32 Satz 2 VVG hinausgehend – für die Zulässigkeit eines Schriftform- oder Textformerfordernisses, jedenfalls wenn die AVB-Regelung die erfassten Anzeigen und Erklärungen konkretisiert[64] und eindeutig klarstellt, dass die betroffenen Anzeigen und Erklärungen gegenüber einem Versicherungsvertreter auch mündlich abgegeben werden können.[65]

Selbstverständlich kann die Vertretungsmacht des Vertreters im Einzelfall infolge des Eingreifens allgemeiner Regeln auch weiter reichen, als es das VVG vorsieht. So kann der Versicherer die Vollmacht durch Rechtsgeschäft über die gesetzlich bestimmte Vertretungsmacht ausdehnen. Dies geschieht aber selten. In Betracht kommt auch eine **erweiterte Vertretungsmacht** aufgrund der allgemeinen zivilrechtlichen Regeln über die **Anscheins- und Duldungsvollmacht**. **399**

4. Wissenszurechnung

In einzelnen Regelungen des VVG geht es nicht darum, ob dem Versicherer eine Erklärung des Antragstellers oder Versicherungsnehmers zugegangen ist (vgl. den vorigen Abschnitt), sondern darum, ob der Versicherer von einem bestimmten Umstand (anderweitig) Kenntnis erlangt hat. Beispielsweise ist das Rücktrittsrecht des Versicherers bei einer schuldhaften Verletzung der vorvertraglichen Anzeigepflicht durch den Versicherungsnehmer ausgeschlossen, wenn der Versicherer den nicht angezeig- **400**

60 RegE BT-Drucks. 16/3945 S. 78.

61 A.A. *Schwintowski* in: Schwintowski/Brömmelmeyer, § 32 VVG Rn. 5.

62 A.A. *Schwintowski* in: Schwintowski/Brömmelmeyer, § 32 VVG Rn. 5.

63 Vgl. auch BGH VersR 1999, 565, 566 = NJW 1999, 1633, 1634 f.

64 Vgl. RegE BT-Drucks. 16/3945 S. 78 (»bestimmte Willenserklärungen oder Anzeigen des Versicherungsnehmers gegenüber dem Versicherer«).

65 Entgegen *Schwintowski* in: Schwintowski/Brömmelmeyer, § 32 VVG Rn. 5 liegt bei einem solchen Klauselinhalt keine Abweichung von § 69 I Nr. 2 VVG vor.

ten Umstand kannte (§ 19 V 2 VVG). Hier stellt sich die Frage, unter welchen Voraussetzungen dem Versicherer Wissen seiner Abschlussgehilfen oder -vertreter zugerechnet wird.

401 Nach § 70 S. 1 VVG wird die Kenntnis eines Versicherungsvertreters dem Versicherer zugerechnet. Dies entspricht der allgemeinen Regelung des **§ 166 I BGB** über die Wissenszurechnung von Stellvertretern auf den Vertretenen.[66] **§ 70 S. 2 VVG** modifiziert die allgemeine Regelung des BGB allerdings geringfügig: Dem Versicherer wird dasjenige Wissen des (vertretungsberechtigten) Versicherungsvertreters nicht zugerechnet, das dieser nicht in seiner Eigenschaft als Vertreter »und« ohne Zusammenhang mit dem betreffenden Versicherungsvertrag erlangt hat. Dies ist indes nicht kumulativ zu verstehen, sodass »privat« erlangtes Wissen immer schon dann zugerechnet würde, wenn ein Zusammenhang mit dem konkret zu beurteilenden Versicherungsvertrag besteht.[67] Nach der Ratio der Vorschrift soll nämlich ausgeschlossen werden, dass der Versicherungsvertreter privat erlangte Informationen ständig durch Abgleich mit seinem geschäftlichen Wissen auf berufliche Relevanz überprüfen und gegebenenfalls speichern und an den Versicherer weiterleiten muss. Deshalb ist »privat« erlangtes Wissen grundsätzlich nicht zuzurechnen.

402 Die Neuregelung des § 70 VVG entspricht der Auslegung des § 44 VVG a.F. durch die »Auge-und-Ohr-Rechtsprechung« des BGH.[68] Ausgehend von seinem weiten Wortlaut – aber unter Außerachtlassung der Motive – war § 44 VVG a.F. jahrzehntelang jedoch dahin ausgelegt worden, dass auch das »dienstlich« erlangte Wissen eines bloßen Vermittlungsvertreters dem Versicherer nicht zugerechnet werde.[69] Dem ist der BGH aber schon in der ersten »Auge-und-Ohr«-Entscheidung von 1987 entgegengetreten.[70]

403 Eine **Wissenszurechnung analog § 166 I BGB** kommt in Betracht, wenn der Versicherungsvertreter ausnahmsweise keine Vertretungsmacht hat, weil die gesetzliche Vertretungsmacht nach den §§ 69, 71 VVG individualvertraglich wirksam beschränkt wurde (vgl. § 72 VVG), der Versicherungsvertreter aber gleichwohl als Wissensvertreter zu qualifizieren ist. **Wissensvertreter** ist jeder, der nach der Arbeitsorganisation des Geschäftsherrn dazu berufen ist, im Rechtsverkehr als dessen Repräsentant bestimmte Aufgaben in eigener Verantwortung zu erledigen und die dabei angefallenen Informationen zur Kenntnis zu nehmen sowie gegebenenfalls weiterzuleiten.[71] Die Stellung als Wissensvertreter folgt aus der mit Wissen und Wollen des Geschäftsherrn geschaffenen faktischen Arbeitsorganisation; eine Bevollmächtigung oder auch nur eine Bestellung als Wissensvertreter ist nicht erforderlich. So kann ein Versicherungsvertreter, der in üblicher Manier das Kundengespräch leitet, als Wissensvertreter einzuordnen sein, selbst wenn seine Vertretungsmacht unter Beachtung von § 72 VVG wirksam beschränkt wurde (allgemein zur Wissenszurechnung Rn. 400, 45).[72]

---

66 Instruktiv *Reiff* r+s 1998, 133 ff.

67 Vgl. auch BGH VersR 2009, 529 (Versicherer muss sich im Rahmen der »Erklärung vor dem Arzt« nicht das vom Arzt aus früheren Untersuchungen erlangte Wissen zurechnen lassen).

68 RegE BT-Drucks. 16/3945 S. 77.

69 Nachweise bei *Reiff* r+s 1998, 133, 136 in Fn. 150.

70 BGHZ 102, 194 = VersR 1988, 234 = NJW 1988, 973 (distanzierend zu BGH VersR 1983, 237 = NJW 1983, 1676); BGH VersR 1989, 398 (Erstreckung auf Mitteilungen bestimmter Dritter an den Vertreter).

71 BGHZ 117, 104 = NJW 1992, 1099; *Reiff* r+s 1998, 133, 137.

72 Vergleiche zum alten Recht *Reiff* r+s 1998, 133, 137.

Eine Wissenszurechnung ist auch ohne ausdrückliche gesetzliche Regelung nach allgemeinen Grundsätzen ausgeschlossen bei Missbrauch, z.B. bei kollusivem Zusammenwirken von Vertreter und Kunde zum Nachteil des Versicherers oder bei einem für den Kunden evidenten Fehlverhalten des Vertreters, etwa wenn dieser beim Ausfüllen der Gesundheitsfragen auf dem Antragsformular für eine Lebensversicherung die Mitteilung des Kunden, er habe gerade einen Herzinfarkt hinter sich, mit den Worten übergeht, das wolle er gar nicht wissen.[73] 404

5. Haftung des Versicherers für Versicherungsvertreter

Neben die durch § 63 VVG statuierte Eigenhaftung des Versicherungsvertreters (Rn. 387) tritt grundsätzlich die gesamtschuldnerische Haftung des Versicherers, der für eine fehlerhafte oder unterbliebene Beratung durch den Vertreter nach **allgemeinem Vertragsrecht** haftet (**§§ 280, 311 i.V.m. § 6 V VVG und § 278 BGB**).[74] 405

Die Gerichte nutzten die allgemeinen haftungsrechtlichen Grundsätze unter der Geltung des VVG a.F., also schon vor Einführung von § 6 V VVG, häufig zur Abmilderung versicherungsrechtlicher Spezialvorschriften (z.B. § 47 VVG a.F.; Vereinbarkeit der Schriftform gemäß § 34a VVG a.F.). Ein Beispiel: In den AVB war die Empfangsvollmacht des Vertreters für Willenserklärungen und Anzeigen des Versicherungsnehmers nach Vertragsschluss wirksam ausgeschlossen.[75] Der Versicherungsnehmer teilte den Eintritt des Versicherungsfalles dennoch nur dem – vielleicht örtlich ansässigen und ihm bekannten – Versicherungsvertreter (also fast immer einem bloßen Vermittlungsvertreter) mit. Erachtet man es als grob fahrlässig im Sinne von § 47 VVG a.F., dass der Versicherungsnehmer die Beschränkung der Vertretervollmacht in den AVB bei seiner Anzeige nicht mehr im Gedächtnis hatte[76], dann ist die Anzeige »dem Versicherer« nicht zugegangen. Das konnte zur Versäumung von Fristen und unter weiteren Voraussetzungen zur Leistungsfreiheit des Versicherers führen (vgl. § 33 i.V.m. § 6 III VVG a.F.).[77] Die Gerichte korrigierten dies durch die Anwendung allgemeiner Regeln. Man verpflichtete den Versicherer nämlich, erstens den Versicherungsnehmer darüber zu informieren, dass seine Mitteilung erst wirksam wird, wenn sie den in den AVB vorgesehenen Empfänger erreicht, und zweitens die Weiterleitung der Anzeige an ihn unverzüglich zu bewerkstelligen. Für die Nichterfüllung dieser Pflichten durch den Vertreter haftete der Versicherer nach § 278 BGB.[78] 406

§ 278 BGB kann zu Lasten des Versicherers auch dann eine Rolle spielen, wenn es primär um eine Sanktion für schuldhaftes Verhalten des Versicherungsnehmers geht. Beruft sich nämlich der Versicherungsnehmer zur Abwendung der Sanktion auf mitwirkendes Verschulden des Versicherers, dann muss sich dieser das Verhalten des Vertreters nach § 254 i.V.m. § 278 BGB ebenfalls zurechnen lassen. – An sich ist der Versicherungsvertreter in vielen Fällen auch **Verrichtungsgehilfe** i.S.d. § 831 BGB, doch hat diese Regel aus verschiedenen Gründen hier geringe Bedeutung. 407

Vertiefung: Für das VVG a.F. war die **sog. versicherungsrechtliche Vertrauens- bzw. Erfüllungshaftung** von erheblicher Bedeutung, welche die Gerichte außerhalb des Gesetzes speziell für den 408

73 Vgl. OLG Karlsruhe VersR 1997, 861; BGH VersR 2002, 425 = NJW 2002, 1497; BGH VersR 2008, 765; OLG Düsseldorf ZfS 2009, 160.

74 Vgl. BGHZ 116, 387 = VersR 1992, 217 = NJW 1992, 233.

75 So in § 12 I ALB 1986. Diese Regelung hat keine Entsprechung in den ALB 2008.

76 Anders in der Tendenz schon zu diesem Punkt (jedenfalls nach gegenteiliger Beratung durch den Agenten) z.B. OLG Frankfurt VersR 1990, 1103.

77 Mehr bei *Kollhosser* in: Prölss/Martin, § 47 VVG a.F. Rn. 3.

78 *Kollhosser* in: Prölss/Martin, § 47 VVG a.F. Rn. 3.

Versicherungsvertrag entwickelt hatten und der verbreitet bereits die Qualität von Gewohnheitsrecht zuerkannt wurde.[79] Machte ein Versicherungsvertreter gegenüber einem Interessenten bestimmte Angaben über den Umfang des Versicherungsschutzes, so durfte der Interessent auf die Richtigkeit einer solchen Auskunft vertrauen, es sei denn, ihm war ein erhebliches eigenes Verschulden anzulasten.[80] Der Interessent durfte dem Vertreter also nicht unbedingt vertrauen, z.B. nicht, wenn dessen Erklärung offensichtlich im Widerspruch zu den AVB stand. Es ging hier aber nicht um eine Anwendung des § 254 BGB mit der Folge einer möglicherweise abgestuften Zurechnung, sondern um ein Alles-oder-nichts.[81] Das bedeutete: Wenn dem Interessenten kein erhebliches Eigenverschulden anzulasten war, hatte der Vertrag den Inhalt, der sich aus der Auskunft ergab – selbst dann, wenn der betroffene Versicherer Verträge solcher Art gewöhnlich nicht abschloss, ja selbst, wenn es Versicherungen dieser Art im Allgemeinen nicht gab. Auf diesem Wege konnte sich allerdings kein Versicherungsschutz ergeben, der gegen zwingendes Gesetzesrecht verstieß.

409 Berühmt geworden ist der **»Sturmflut-Fall«** des Reichsgerichts.[82] Der Betreiber eines Kurhauses an der Ostseeküste wollte in seine Sturmversicherung auch das Risiko von Sturmflutschäden eingeschlossen haben. Es war unter den Beteiligten zunächst unklar, ob eine solche Deckung gewährt werden konnte. Dann verhielt sich der Versicherungsvertreter aber so, dass der Kurhausbetreiber annehmen musste, Sturmflutschäden seien mit gedeckt. Tatsächlich war dies nach den AVB des Versicherers nicht der Fall und der Kurhausbetreiber hätte auch sonst in Deutschland keinen Versicherungsschutz gegen Sturmfluten erlangen können. Dennoch ließ das Reichsgericht den Versicherer schließlich auf Erfüllung haften, weil es ihm das Verhalten des Vertreters zurechnete. – Es war nicht leicht, diesen Rechtssatz in die Dogmatik unseres Schuldrechts einzupassen. Er ist denn auch älter als das BGB.[83] Nach moderner Systematik kann man eine unrichtige Auskunft nur als Fall der culpa in contrahendo ansehen und dem Versicherungsnehmer demzufolge lediglich einen Anspruch auf das negative (nicht auf das positive) Interesse geben. Danach müsste er so gestellt werden, wie er bei richtiger Auskunft gestanden hätte. Genau das ist auch gerechtfertigt. Nicht aber kann er auf diese Weise zu einem Versicherungsschutz kommen, den er sich auf dem Versicherungsmarkt nicht besorgt hätte, oder gar zu einem solchen, den es dort nicht gibt. – Die von den Gerichten befolgte Regel ließ sich nur historisch und vielleicht mit dem Bemühen erklären, Benachteiligungen des Versicherungsnehmers an anderer Stelle des Versicherungsvertragsrechts auszugleichen. Das war aber nicht der richtige Weg zu ihrer Korrektur. Allerdings verlor das Problem zunehmend an praktischer Bedeutung, weil sich der Unterschied zwischen dem Ersatz des negativen und dem des positiven Interesses allmählich verflüchtigte. Denn es gibt kaum noch ein Risiko, das auf dem Versicherungsmarkt nicht gedeckt werden könnte.[84]

410 **Im neuen VVG ist für** eine ergänzende Anwendung der von der Rechtsprechung entwickelten **Grundsätze über die versicherungsrechtliche Vertrauens- bzw. Erfüllungshaftung kein Raum** und – wie in der vorigen Rn. dargelegt – auch **kein Bedarf** mehr.[85] Denn § 6 V VVG bestimmt ausdrücklich, dass die Verletzung einer Beratungspflicht durch den Versicherer (bzw. durch den Versicherungsvermittler i.V.m. § 278 BGB) zu einer (den allgemeinen Regeln unterliegenden) Schadenersatzpflicht

79 Vgl. *Langheid* in: Römer/Langheid, § 43 VVG a.F. Rn. 38 ff. Kritisch *Kollhosser* in: Prölss/Martin, § 43 VVG a.F. Rn. 35a f.

80 BGHZ 40, 22 = VersR 1963, 768; BGH VersR 2001, 1502.

81 Vgl. OLG Schleswig VersR 1985, 757; OLG Bamberg VersR 1990, 260; OLG Frankfurt VersR 1990, 782; vgl. auch OLG Oldenburg VersR 1996, 373 (versicherungsrechtliche Vertrauenshaftung gilt nicht für Versicherungsmakler).

82 RGZ 86, 128; s.a. BGHZ 2, 87; BGHZ 40, 22 = VersR 1963, 768 (»Europaklausel-Fall«); BGHZ 108, 200 = VersR 1989, 948 = NJW 1989, 3095; BGH VersR 2001, 1502.

83 Vgl. RGZ 46, 184 m.w.N.

84 Vgl. hierzu auch *Reiff* r+s 1998, 89, 92; *ders.* ZVersWiss 2001, 451 ff.

85 Vgl. *Reiff* in: Beckmann/Matusche-Beckmann, § 5 Rn. 151; *Lorenz* in: FS Canaris, 2007, S. 757 ff. Dagegen für Fortgeltung *Michaelis* in: Schwintowski/Brömmelmeyer, § 69 VVG Rn. 12.

führt. Auch ohne ausdrückliche gesetzliche Regelung gilt dies ebenso für eine Verletzung der Informationspflicht nach § 7 VVG.[86]

IV. Versicherungsmakler

1. Überblick

Das Geschäft eines Maklers besteht bekanntlich darin, künftige Vertragspartner zu- 411
sammenzuführen (vgl. Rn. 354). Der Versicherungsmakler führt also Versicherer und künftige Versicherungsnehmer zusammen. Rechtssystematisch ist seine Tätigkeit wie folgt einzuordnen: Für alle Maklerverträge gelten die §§ 652 ff. BGB. Für die »Handelsmakler«, die bestimmte Geschäfte des Handelsverkehrs vermitteln, gelten außerdem die besonderen Bestimmungen des Handelsgesetzbuches (vgl. §§ 93 ff. HGB). Die Versicherungsmakler sind eine **Untergruppe der Handelsmakler** (vgl. § 93 HGB). Gesetzliche spezielle Vorschriften gab es für sie bis zum Inkrafttreten des Gesetzes zur Neuregelung des Versicherungsvermittlerrechts am 22.05.2007 nicht;[87] eine Unterscheidung der Versicherungsmakler von den Handelsmaklern fand lediglich durch Vertragspraxis und Gewohnheitsrechtsregeln statt (vgl. die folgenden Rn.). Nunmehr enthält zumindest das VVG mit den §§ 59 ff. VVG gesetzliche Bestimmungen, die den Begriff des Versicherungsmaklers definieren und die wesentlichen Pflichten statuieren (§§ 60–63 VVG; vgl. Rn. 417 ff.).

Nach § 59 III VVG ist **Versicherungsmakler i.S.d. VVG**, wer gewerbsmäßig für den 412
Auftraggeber die Vermittlung oder den Abschluss von Versicherungsverträgen übernimmt, ohne von einem Versicherer oder von einem Versicherungsvertreter damit betraut worden zu sein. Die **Abgrenzung zwischen einem Makler und einem Mehrfachvertreter** kann in der Praxis Schwierigkeiten bereiten.[88] Rechtlich ist das entscheidende Abgrenzungskriterium, ob eine Betrauung zur Vermittlung durch einen Versicherer oder Versicherungsvertreter erfolgt ist (Versicherungsvertreter) oder ob die Betrauung durch einen anderen Auftraggeber erfolgt ist (Makler).[89] Wenn eine vertragliche Vermittlungspflicht gegenüber einem Versicherer besteht, der Vertreter nach außen hin aber gleichwohl als Makler auftritt, spricht man vom **»Pseudomakler«**. Für Pflichtverletzungen durch diesen in seiner Eigenschaft als Versicherungsvertreter haftet unstreitig der Versicherer gemäß § 278 BGB. Umstritten war bisher allerdings, ob der »Pseudomakler« im Verhältnis zum Versicherungsnehmer persönlich als Makler haftet[90] oder nach den allgemeinen Grundsätzen der Sachwalterhaftung.[91] § 59 III 2 VVG stellt nunmehr Vermittler, die gegenüber dem Versicherungsnehmer als Makler auftreten, dem Versicherungsmakler gleich mit der Folge, dass sie den Pflichten des Versicherungsmaklers unterworfen sind und damit auch wie ein Makler nach § 63 VVG schadensersatzpflichtig gemacht werden können.

Während der Handelsmakler im Allgemeinen als Vermittlungsmakler »unparteiisch« 413
für beide Teile tätig wird, arbeitet der Versicherungsmakler durchweg für den Versicherungsnehmer als seinen Kunden. Seine wirtschaftliche Funktion besteht eben

86 Vgl. RegE BT-Drucks. 16/3945 S. 60 sowie *Marlow/Spuhl* S. 21.
87 Zur Geschichte des Versicherungsmakler-Rechts vgl. *Koch* FS Schirmer, 2005, S. 279 ff.
88 Rechtsvergleich von *Basedow/Fock* I S. 42 f.
89 Instruktiv BGH NJW 1988, 60.
90 So z.B. *Reiff* r+s 1998, 89, 91; *ders.* ZVersWiss 2001, 451 ff.; *ders.* ZVersWiss 2002, 103, 113 f.
91 So noch z.B. *Schimikowski* 2. Aufl 2001, Rn. 145; anders jetzt *Schimikowski* 4. Aufl. 2009, Rn. 145.

darin, sich auf dem Versicherungsmarkt um Deckung für die spezifischen Risiken seines jeweiligen Kunden zu bemühen. Oft reicht seine Tätigkeit allerdings über den Abschluss des Vertrages auch weit hinaus bis zu laufender Betreuung, Prämienverwaltung, Schadensabwicklung, Anpassungen, Neuabschlüssen, usw.

414 Diese Stellung des Maklers hat juristisch zur Folge, dass der Maklervertrag – anders als bei sonstigen Handelsmaklern – nur mit dem Kunden geschlossen wird. Auf Grund dieses Vertrages wird der Makler als **treuhänderischer Sachwalter des Versicherungsnehmers** angesehen.[92] Dies erklärt, warum die Auge-und-Ohr-Rechtsprechung (Rn. 390, 402) für den – im Lager des Versicherungsnehmers stehenden – Makler grundsätzlich nicht galt.[93] Im Gegenteil ist Wissen des Maklers, wenn er vom Versicherungsnehmer bevollmächtigt wurde, gemäß § 166 BGB dem Versicherungsnehmer zuzurechnen.[94]

415 Eine weitere Besonderheit gegenüber sonstigen Handelsmaklern (§ 99 HGB) ist die Verkehrssitte, dass der Makler den **Provisionsanspruch (»Courtage«)** in der Regel nicht gegenüber seinem Vertragspartner, dem Versicherungsnehmer, sondern gegenüber dem Versicherer hat, mit dem der Vertrag vermittelt wird.[95] Anders als nach §§ 652 ff. BGB hängt der Courtage-Anspruch dann nicht nur vom Zustandekommen des Vertrages, sondern außerdem davon ab, dass der Versicherungsnehmer seine Prämienschuld erfüllt. Die Courtage teilt, so sagt man, das Schicksal der Prämie.[96]

416 Der Makler steht nicht nur – aufgrund des Maklervertrages – in einem Schuldverhältnis zum Versicherungsnehmer, sondern **kraft Gesetzes** auch in einem **Schuldverhältnis mit dem Versicherer** (sog. »Doppelrechtsverhältnis« zum Versicherungsnehmer und zum Versicherer).[97] Versicherer und Makler gestalten das zwischen ihnen bestehende gesetzliche Schuldverhältnis häufig im Wege vertraglicher Vereinbarung aus. Üblich sind Vereinbarungen über die Höhe der Courtage und über die Verwaltung vermittelter Verträge. Dies kann so weit gehen, dass der Makler vom Versicherer in bestimmtem Umfang bevollmächtigt wird, z.B. zur Erteilung vorläufiger Deckungszusagen, zur Empfangnahme von Erklärungen und Anzeigen, zum Prämieninkasso oder zur Schadensregulierung. Solche Vollmachten begründen die Gefahr von Interessenkollisionen. Im Konfliktfall hat der Makler den Interessen des Versicherungsnehmers den Vorrang zu geben.

---

92 Vgl. BGHZ 94, 356 = VersR 1985, 930 = NJW 1985, 2595; Bundesgenosse des Versicherungsnehmers.

93 BGH VersR 1999, 1481.

94 OLG Frankfurt VersR 1995, 946.

95 BGHZ 94, 356 = VersR 1985, 930 (»Übung des Versicherungsvertragsrechts«); *Deutsch* Rn. 136 (»Verkehrsgewohnheit«); zur Dogmatik vgl. *Kollhosser* in: Prölss/Martin, Nach § 48 VVG a.F. Rn. 28 ff. Zu abweichenden Gestaltungsmöglichkeiten in Verbindung mit Nettopolicen vgl. BGH VersR 2005, 404; BGHZ 162, 67 = VersR 2005, 406 = NJW 2005, 1357 sowie BGH VersR 2007, 1127 (Makler schuldet grundsätzlich keine Aufklärung über den dem zu vermittelnden Versicherungsvertrag vorgelagerten Maklervertrag).

96 *Kollhosser* in: Prölss/Martin, Nach § 48 VVG a.F. Rn. 35; *Matusche-Beckmann* in: Beckmann/Matusche-Beckmann, § 5 Rn. 396. Zur Möglichkeit des wirksamen Ausschlusses des so genannten Schicksalsteilungsgrundsatzes durch AGB zwischen Makler und Versicherungsnehmer bei Vermittlung einer Lebensversicherung mit Nettopolice vgl. BGH VersR 2005, 404 und BGHZ 162, 67 = VersR 2005, 406 = NJW 2005, 1357.

97 BGH VersR 1995, 92 (Nichtannahmebeschluss); *Matusche* Pflichten und Haftung des Versicherungsmaklers, 4. Aufl. 1995, S. 37 ff.

2. Pflichten und Haftung

417 Den Makler treffen als Sachwalter seines Kunden diesem gegenüber weitgehende Pflichten.[98] Er hat das Risiko seines Kunden fachmännisch zu analysieren und dann nach sorgfältiger Prüfung des Versicherungsmarktes für angemessene und kostengünstige Deckung dauerhaft zu sorgen (vgl. § 60 I 1 VVG). Er muss seinem Rat grundsätzlich »eine hinreichende Zahl von auf dem Markt angebotenen Versicherungsverträgen und von Versicherern zu Grunde legen, sodass er nach sachlichen Kriterien eine Empfehlung dahin abgeben kann, welcher Versicherungsvertrag geeignet ist, die Bedürfnisse des Versicherungsnehmers zu erfüllen«. Damit hat er grundsätzlich alle ernsthaft in Betracht kommenden Versicherungsprodukte sämtlicher Anbieter in seine Marktanalyse einzubeziehen.[99] Dies gilt nur dann nicht, wenn und soweit er seine Pflichten nicht vor Abgabe der Vertragserklärung des Versicherungsnehmers ausdrücklich auf eine eingeschränkte Versicherer- und Vertragsauswahl begrenzt hat (§ 60 I 2 VVG), indem er z.B. eine Analyse ausländischer Versicherungsmärkte ausgeschlossen hat. Weist der Versicherungsmakler auf eine solche eingeschränkte Auswahl hin, hat er dem Versicherungsnehmer – sofern dieser nicht durch eine gesonderte schriftliche Erklärung darauf verzichtet (§ 60 III VVG) – mitzuteilen, auf welcher Markt- und Informationsgrundlage er seine Leistung erbringt, und die Namen der seinem Rat zu Grunde gelegten Versicherer anzugeben (§ 60 II 1 VVG). Den Versicherungsmakler treffen ebenso wie den Versicherungsvertreter die **Befragungs-, Beratungs-, Begründungs- und Dokumentationspflichten der §§ 61 f. VVG** (vgl. Rn. 386). Verletzt der Versicherungsmakler eine seiner Pflichten schuldhaft, so haftet er nach § 63 VVG.

418 Die **Beweislast** für ein objektives Fehlverhalten des Maklers trägt der Versicherungsnehmer.[100] Das Vertretenmüssen der Pflichtverletzung wird gemäß § 63 S. 2 VVG vermutet; der Makler muss also sein Nichtvertretenmüssen darlegen und beweisen. Wenn die Verletzung einer Aufklärungs- oder Beratungspflicht feststeht, muss der Makler nach den Grundsätzen aufklärungsrichtigen Verhaltens außerdem darlegen und beweisen, dass der eingetretene Schaden auch ohne die Pflichtverletzung eingetreten wäre.[101]

V. Versicherungsberater

419 Versicherungsberater ist, wer gewerbsmäßig Dritte bei der Vereinbarung, Änderung oder Prüfung von Versicherungsverträgen oder bei der Wahrnehmung von Ansprüchen aus Versicherungsverträgen im Versicherungsfall berät oder gegenüber dem Versicherer außergerichtlich vertritt, ohne von einem Versicherer einen wirtschaftlichen Vorteil zu erhalten oder in anderer Weise von ihm abhängig zu sein (§ 59 IV VVG; vgl. auch Rn. 380).[102] Die Gesamtzahl der in Deutschland tätigen Versicherungsbera-

98 So ausdrücklich das sog. Sachwalter-Urteil BGHZ 94, 356 = VersR 1985, 930; vgl. auch *Benkel/Reusch* VersR 1992, 1302; *Werber* VersR 1992, 917; *Matusche* Pflichten und Haftung des Versicherungsmaklers, 4. Aufl. 1995, S. 66 ff.; *Michaelis* ZfV 2009, 147.

99 *Reiff* in: Langheid/Wandt, § 60 VVG Rn. 17; *Michaelis* in: Schwintowski/Brömmelmeyer, § 60 VVG Rn. 6 f.

100 OLG Hamm VersR 2001, 583 mit Anm. *Wandt*.

101 BGHZ 94, 356 = VersR 1985, 930.

102 Vgl. *Reiff* FS Birk, 2008, S. 703; *Durstin/Peters* VersR 2007, 1456.

ter soll bei ca. 100 liegen[103] (zur Geltung der Berufszulassungsregelungen gem. § 34e GewO Rn. 380).

420 Nach § 68 VVG sind die für den Versicherungsmakler geltenden Vorschriften der §§ 60 I 1, 61 I, 62–65 und 67 VVG auf den Versicherungsberater entsprechend anzuwenden. Weitergehende Pflichten aus dem »Auftragsverhältnis«, gemeint ist der regelmäßig bestehende entgeltliche Geschäftsbesorgungsvertrag, bleiben unberührt (§ 68 S. 2 VVG). Angesichts des Zwecks, der mit der Einschaltung eines Versicherungsberaters verfolgt wird, und der Entgeltlichkeit seiner Tätigkeit ist bei der entsprechenden Anwendung der Vorschriften über Versicherungsvermittler wenig Raum für die dort statuierten Begrenzungen der Beratungspflicht (Anknüpfung an einen Frage- und Beratungsanlass und an die Prämienhöhe).[104]

VI. Außergerichtliche Streitschlichtung und Gerichtsstand

421 § 214 I Nr. 2 VVG sieht zur außergerichtlichen Beilegung von Streitigkeiten zwischen Versicherungsvermittlern oder Versicherungsberatern und Versicherungsnehmern die Möglichkeit der Einrichtung einer Schlichtungsstelle vor. Dies gilt gemäß § 66 VVG allerdings nicht für Bagatellvermittler i.S.d. § 34d IX Nr. 1 GewO (zu ihnen Rn. 350, 379).

422 Für Klagen aus einer Versicherungsvermittlung gilt der **besondere Gerichtsstand** am Wohnsitz, hilfsweise am gewöhnlichen Aufenthalt des Versicherungsnehmers zur Zeit der Klageerhebung. Für Klagen gegen den Versicherungsnehmer ist dieser Gerichtsstand ausschließlich (§ 215 VVG; Rn. 172). Er ist auf Klagen gegen Versicherungsberater und von Versicherungsberatern nicht anwendbar.[105]

VII. Zusammenfassung

423 **Versicherungsvermittlung**

Die Initiative zum Abschluss eines Versicherungsvertrages geht selten unmittelbar vom VN aus, vor allem weil Versicherung ein für den durchschnittlichen Verbraucher nur schwer verständliches Rechtsprodukt ist. Ganz überwiegend erfolgt der Vertrieb unter Einschaltung von Versicherungsvertretern oder Versicherungsmaklern (Oberbegriff: Versicherungsvermittler).

1. **Abgrenzung der Vertriebswege und Arten von Mittelspersonen** (Rn. 348 ff.)
   - **Direktvertrieb**: Anbahnung und Abschluss der Versicherung ohne Einschaltung von Versicherungsvermittlern (= Fernabsatzverträge)
   - **Versicherungsvertreter** ist, wer von einem Versicherer oder einem Versicherungsvertreter damit betraut ist, gewerbsmäßig Versicherungsverträge zu vermitteln oder abzuschließen, § 59 II VVG → **»im Lager« des VR**
   - **Versicherungsmakler** ist, wer gewerbsmäßig für den Auftraggeber die Vermittlung oder den Abschluss von Versicherungsverträgen übernimmt, ohne von einem VR oder von einem Versicherungsvertreter damit betraut zu sein, § 59 III VVG → **»im Lager« des VN**
   - **Angestellte eines VR und nicht gewerbsmäßig tätige Vermittler** (nur die §§ 69–71 VVG gelten für sie entsprechend, § 73 VVG)
   - keine Versicherungsvermittler sind sog. **»Tippgeber«** → keine Tätigkeit bezüglich eines konkreten Vertragschlusses

103 *Reiff* VersR 2007, 717; *Ring* WM 2007, 281.
104 So nachdrücklich *Reiff* FS Birk, 2008, S. 703, 713 f.
105 Vgl. *Reiff* FS Birk, 2008, S. 703, 715 f., entgegen RegE BT-Drucks. 16/3945 S. 117.

2. **Unterschiedliche Rechtsbeziehungen je nach Art der Mittelsperson** (Rn. 361 ff.)
   - VN – Versicherungsmakler: Maklervertrag
   - VN – Versicherungsvertreter: Keine vertragliche Verbindung, aber schadensersatzbewehrte gesetzliche Pflichten des Versicherungsvertreters
   - VN – Versicherungsberater: Geschäftsbesorgungsvertrag
   - VR – Versicherungsvertreter: Handelsvertretervertrag, §§ 84 ff. HGB
   - VR – Gelegenheitsvermittler: BGB-Vertragsrecht, ergänzend Handelsvertreterrecht analog (str.)
   - VR – eigener Angestellter: Arbeitsrecht

3. **Berufsrechtliche Regelungen für Versicherungsvermittler und Versicherungsberater** (Rn. 373 ff.)
   - keine Geltung der berufsrechtlichen Regelungen für sog. Bagatellvermittler gem. § 34d IX GewO
   - im Übrigen ist Versicherungsvermittlung grundsätzlich erlaubnispflichtiges Gewerbe, § 34d I GewO
   - Erlaubnisbefreiung auf Antrag für produktakzessorischen Vermittler, § 34d III GewO
   - Ausnahme: Erlaubnisfreiheit für den gebundenen Versicherungsvertreter (= Tätigkeit ausschließlich im Auftrag eines VR oder mehrerer insoweit nicht konkurrierender VR und Haftungsübernahme durch VR gem. § 34d IV GewO)
   - Voraussetzungen der Erlaubniserteilung u.a.:
     - Berufshaftpflichtversicherung
     - Sachkunde
   - Registrierungspflicht → Vermittlerregister
   - Vermittler treffen ggü Kunden statusbezogene Informationspflichten, § 11 VersVermV
   - Berufszulassungsvoraussetzungen gelten weitgehend auch für Versicherungsberater, § 34e GewO

4. VR treffen **vermittlungsspezifische aufsichtsrechtliche Pflichten**, §§ 80 ff. VAG

5. **Versicherungsvertreter** (Rn. 382 ff.)
   - **Legaldefinition § 59 II VVG**
   - **Mitteilungs-, Beratungs- und Dokumentationspflichten** (Rn. 383 ff.)
     - eigene gesetzliche Pflichten des Versicherungsvertreters gem. §§ 60–63 VVG (nicht bei Großrisiken, § 65 VVG)
     - Mitteilungspflicht über Beratungsgrundlage, § 60 II 1 u 2 VVG
     - Pflicht zu Befragung, Beratung, Begründung und Dokumentation gem. § 61 I VVG; Ausnahme: Verzicht des VN gem. § 61 II VVG
     - Haftung des Versicherungsvertreters gem. § 63 VVG
     - §§ 60–66 VVG sind halbzwingend
     - daneben ausnahmsweise unter strengen Voraussetzungen allgemeine zivilrechtliche Pflichten und Sachwalter-»Eigenhaftung« ggü. dem VN aus § 311 III 1 BGB möglich
   - **Vertretungsmacht** (Rn. 389 ff.)
     - Versicherungsvertreter »gilt« kraft Gesetzes in bestimmtem Umfang als vertretungsberechtigt, §§ 69 ff. VVG → »Auge-und-Ohr-Rechtsprechung« des VVG a.F. in §§ 69 ff. VVG kodifiziert
     - passive Empfangsvollmacht für alle Erklärungen des VN im Zusammenhang mit dem Abschluss des Vertrages, § 69 I Nr. 1 VVG (Anträge, Widerruf, Anzeige und sonstige Erklärungen)
     - passive Empfangsvollmacht für sämtliche Erklärungen und Anzeigen, die ein bestehendes Versicherungsverhältnis betreffen, § 69 I Nr. 2 VVG
     - Vollmacht, die vom VR ausgefertigten Versicherungsscheine oder Verlängerungsscheine dem VN zu übermitteln, § 69 I Nr. 3 VVG
     - (beschränkbare) Zahlungsempfangsvollmacht, § 69 II VVG
     - Sonderregel für Abschlussvertreter, § 71 VVG
     - Erweiterung der Vertretungsmacht über Anscheins- und Duldungsvollmacht möglich
     - Beschränkung der gesetzlichen Vertretungsmacht durch AVB unwirksam, § 72 VVG

- Beweislast für Abgabe oder Inhalt einer Willenserklärung nach § 69 I Nr. 1 und 2 VVG beim VN, Beweislast für Anzeigepflicht- oder Obliegenheitsverletzung bei VR (§ 69 III VVG)

- **Wissenszurechnung** (Rn. 400 ff.)
  - Kenntnis des Versicherungsvertreters wird VR zugerechnet, § 70 S. 1 VVG (entspricht § 166 I BGB); Einschränkung: § 70 S. 2 VVG → privat erlangtes Wissen
  - Wissenszurechnung analog § 166 I BGB, wenn Versicherungsvertreter ausnahmsweise wegen wirksamer Beschränkung nach § 72 VVG keine Vertretungsmacht hat, aber Wissensvertreter ist (= jeder, der nach der Arbeitsorganisation des Geschäftsherrn dazu berufen ist, im Rechtsverkehr als dessen Repräsentant bestimmte Aufgaben in eigener Verantwortung zu erledigen und die dabei angefallenen Informationen zur Kenntnis zu nehmen sowie gegebenenfalls weiterzuleiten).
  - Ausschluss der Wissenszurechnung bei Mißbrauch (z.B. kollusives Zusammenwirken)
- **Haftung des VR für Versicherungsvertreter** (Rn. 405 ff.)
  - Haftung des VR aus pVV oder cic (§§ 280, 311 II iVm § 6 V VVG und § 278 BGB) → Versicherungsvertreter = Erfüllungsgehilfe
  - VR und Versicherungsvertreter haften als Gesamtschuldner

6. **Versicherungsmakler** (Rn. 411 ff.)
- **Legaldefinition § 59 III VVG**
- **Untergruppe der Handelsmakler** (§ 93 HGB)
- **P:** *Abgrenzung Makler und Mehrfachvertreter* (Rn. 412)
- **Pseudomakler**: vertragliche Vermittlungspflicht ggü VR, dennoch tritt Vertreter nach außen hin als Makler auf → **Haftung des Vertreters wie Makler** gem. § 59 III 2 VVG (außerdem Haftung des VR für Pflichtverletzungen als Versicherungsvertreter gem. § 278 BGB)
- Maklervertrag mit dem Kunden (VN) → Versicherungsmakler ist **treuhänderischer Sachwalter des VN**
- **Provisionsanspruch (»Courtage«)** des Maklers idR nicht ggü VN, sondern gegenüber dem VR, mit dem der Vertrag vermittelt wird (Verkehrsübung; Grundsatz »Courtage teilt Schicksal der Prämie«)
- Versicherungsmakler steht **kraft Gesetzes** auch in einem **Schuldverhältnis mit VR** (häufig vertragliche Ausgestaltung bzgl. Höhe der Courtage, Verwaltung vermittelter Verträge)
- **Pflichten und Haftung** (Rn. 417 f.):
  - Pflicht zu fachmännischer Analyse des Risikos und sorgfältiger Prüfung angemessener und konstengünstiger Deckung, § 60 I 1 VVG
  - Begrenzung der VR- und Vertragsauswahl möglich, § 60 I 2 VVG
  - Pflicht zur Mitteilung der Markt- und Informationsgrundlage, § 60 II 1 VVG (Verzicht des VN möglich, § 60 III VVG)
  - Pflicht zu Befragung, Beratung, Begründung und Dokumentation nach § 61 f. VVG
  - Beweislast (Rn. 418)

7. **Versicherungsberater** (Rn. 419 f.)
- Legaldefinition § 59 IV VVG
- Geltung der §§ 60 I 1, 61 I, 62–65, 67 VVG

8. **Außergerichtliche Streitschlichtung** (Rn. 421)

Streitschlichtungsstelle zur außergerichtlichen Beilegung von Streitigkeiten zwischen Versicherungsvermittlern oder -beratern und VN, § 214 I Nr. 2 VVG

9. **Gerichtsstand** (Rn. 422)

Für Klagen aus seiner Versicherungsvermittlung gilt der besondere Gerichtsstand am Wohnsitz, hilfsweise am gewöhnlichen Aufenthalt des VN zur Zeit der Klageerhebung, der für Klagen gegen den VN ausschließlich ist (§ 215 VVG)

Übersicht über Versicherungsvermittler und andere Mittelspersonen 424

Art der Mittelsperson	Versicherungsvertreter	Versicherungsmakler
Rechtsbeziehungen zum VN	– kein Vertrag – spezielle gesetzliche schadensersatzbewehrte Pflichten (§§ 60–63 VVG), es sei denn Vermittler von Großrisiko oder Bagatellvermittler nach § 34d IX Nr. 1 GewO (§ 66 VVG) – ausnahmsweise Eigenhaftung nach §§ 311 III 1, 280 BGB nach den allgemeinen Grundsätzen; bloßes Provisionsinteresse genügt nicht – gesetzlich bestimmter (Mindest-) Umfang der Vertretungsmacht, §§ 69–72 VVG – Inkassovollmacht seitens des VN nur durch gesonderte schriftliche Erklärung (§ 64 VVG), es sei denn Versicherungsvertreter iSv § 34d IX Nr. 1 GewO	Maklervertrag §§ 93–104 HGB; ergänzend §§ 652 ff. BGB
Rechtsbeziehungen zum VR	Handelsvertretervertrag, § 92 HGB Handelsvertreter im Nebenberuf, § 92b HGB	gesetzliches Schuldverhältnis; idR kraft Verkehrsübung Provisionsanspruch (»Courtage«) gegen den VR; häufig vertraglich nähere Ausgestaltung
Gewerberechtliche Erlaubnispflicht	§ 34d I GewO es sei denn – Befreiung nach § 34d III GewO (produktakzessorischer Vertreter) – erlaubnisfrei nach § 34d IV GewO (gebundener Vertreter mit Haftungsübernahme durch VR) – nachgewiesene Registrierung eines Versicherungsvermittlers aus einem anderen EU/EWR-Staat – Gewerbetreibender nach § 34d IX GewO, für den § 34d I–VIII GewO nicht gelten	§ 34d I GewO
Gewerberechtliche Registrierungspflicht	§ 34d VII GewO es sei denn Gewerbetreibender nach § 34d IX GewO, für den § 34d I–VIII GewO nicht gelten	§ 34d VII GewO
Gewerberechtliche Informationspflichten	§ 11 VersVermV	§ 11 VersVermV, es sei denn, Rückversicherungsvermittlung oder Vermittlung betreffend Großrisiko (§ 17 VersVermV)
Besondere aufsichtsrechtliche Pflichten des VR	§ 80 VAG: – Zusammenarbeit nur mit solchen gewerbsmäßigen Versicherungsvermittlern, die von § 34d I–IX GewO erfasst werden – Zusammenarbeit mit Vermittlern nach § 34d III und IV GewO nur bei Gewährleistung bestimmter Kriterien – Mitteilungspflichten ggü der Registrierungsbehörde bei Zusammenarbeit mit dem Vermittler nach § 34d IV GewO § 80a VAG: – Pflicht zur Entgegennahme und Beantwortung von Beschwerden über den Versicherungsvermittler – Pflicht, der Erlaubnisbehörde wiederholte Beschwerden über den Versicherungsvermittler mitzuteilen	§ 80 VAG Zusammenarbeit nur mit Versicherungsmakler mit Erlaubnis nach § 34d I GewO

Art der Mittelsperson	Versicherungsberater	Angestellte des VR	Nicht gewerbsmäßiger Makler (»Zivilmakler«)	Nicht gewerbsmäßiger Vertreter (»Zivilagent«)
Rechtsbeziehungen zum VN	Geschäftsbesorgungsvertrag	– kein Vertrag – gesetzlich bestimmter (Mindest-) Umfang der Vertretungsmacht (§§ 69–72 VVG)	Maklervertrag	– kein Vertrag – gesetzlich bestimmter (Mindest-) Umfang der Vertretungsmacht (§§ 69–72 VVG)
Rechtsbeziehungen zum VR	keine; Verbot der Entgegennahme von Provision, § 34e III 1 GewO	Arbeitsrecht	gesetzliches Schuldverhältnis; idR kraft Verkehrsübung Provisionsanspruch (»Courtage«) gegen den VR	Geschäftsbesorgungsvertrag
Gewerberechtliche Erlaubnispflicht	§ 34e iVm § 34d I GewO	keine	keine	keine
Gewerberechtliche Registrierungspflicht	§ 34e iVm § 34d VII GewO	keine	keine	keine
Gewerberechtliche Informationspflichten	§ 11 VersVermV	keine	keine	keine
Besondere aufsichtsrechtliche Pflichten des VR	keine	keine	keine	keine

F. Versicherungsschein, Dauer und Beendigung des Versicherungsverhältnisses

I. Versicherungsschein (Police)

1. Funktionen

Der Versicherungsschein (»Police«) ist eine Erklärung des Versicherers – in Textform (§ 126b BGB) oder als Urkunde (§ 126 BGB), vgl. Rn. 429 – zum Beweis, dass ein Versicherungsvertrag geschlossen wurde.[1] Damit ist vorausgesetzt, dass der Vertrag schon geschlossen wurde oder gleichzeitig geschlossen wird. Die Ausstellung eines Versicherungsscheins ist also nicht Voraussetzung für die Wirksamkeit des Versicherungsvertrages (Rn. 252). Vielmehr trifft den Versicherer eine schuldrechtliche (Neben-) Pflicht, ein **Dokument über den bestehenden Versicherungsvertrag** auszustellen (§ 3 I VVG). Für den Versicherungsschein in Urkundenform[2] gilt wie allgemein für Vertragsurkunden[3] die Vermutung der Vollständigkeit und Richtigkeit.[4] 425

Nach § 3 I VVG genügt es, dass der Versicherer dem Versicherungsnehmer einen Versicherungsschein in **Textform** (§ 126b BGB) übermittelt. Der Versicherungsnehmer kann jedoch verlangen, dass der Versicherer ihm den Versicherungsschein als **Urkunde**, also in Papierform, zur Verfügung stellt.[5] 426

Nur **ausnahmsweise** kann der Versicherungsschein auch **konstitutive Wirkung** haben, nämlich wenn er vom Antrag des Versicherungsinteressenten abweicht (§ 5 VVG; Rn. 256). 427

Der Versicherungsschein kann weitergehende Funktionen haben. Manche halten ihn stets für einen **»Schuldschein«** im Sinne von § 371 BGB,[6] andere jedenfalls dann, wenn er die in § 4 II VVG vorgesehene »Einlösungsklausel« enthält.[7] Ist der Versicherungsschein Schuldschein, dann muss der Versicherer nur gegen Rückgabe dieses Scheins leisten (§ 371 BGB; für die Eigentumsverhältnisse gilt § 952 BGB). Dieser Umstand kann genutzt werden, wenn der Versicherungsnehmer einen versicherten Gegenstand einem Gläubiger als Kreditsicherung hingibt. Wirklich gesichert ist der Gläubiger (Kreditgeber) nur dann, wenn ihm außer dem Gegenstand auch die Versicherungsansprüche für den Fall der Beschädigung oder Zerstörung des Gegenstandes zustehen. Der Versicherungsnehmer wird ihm diese Ansprüche also abtreten und da- 428

---

1 Rechtsvergleich von *Basedow/Fock* I S. 28 ff.

2 Zum Beweiswert eines Versicherungsscheins in Textform vgl. *Ebers* in: Schwintowski/Brömmelmeyer, § 3 VVG Rn. 30.

3 Vgl. nur BGH VersR 1999, 1373 = NJW 1999, 1702. Der BGH und ein Teil der Lehre begreifen die Vermutung als Beweislastregel: Wer abweichende mündliche Vereinbarungen behauptet, hat diese zu beweisen. Nach anderer Ansicht begründet die Urkunde lediglich einen Anscheinsbeweis, der bereits durch substantiierten Vortrag entkräftet werden kann. Vgl. dazu BGH NJW 1980, 1680 (Beweislastregel); *Schellhammer* Zivilprozess, 12. Aufl. 2007, Rn. 522, 582 ff.

4 OLG Saarbrücken VersR 1997, 863; OLG Karlsruhe VersR 1995, 909; *Prölss* in: Baumgärtel, Handbuch der Beweislast im Privatrecht, Bd. 5: Versicherungsrecht, 1993, § 3 VVG Rn. 3 und 4; *Ebers* in: Schwintowski/Brömmelmeyer, § 3 VVG Rn. 29; *Schimikowski*, Rn. 56; offen gelassen von BGH VersR 2000, 1133.

5 RegE BT-Drucks. 16/3945 S. 57.

6 Z.B. *Knops* in: Bruck/Möller, § 5 VVG Rn. 6; *Schimikowski* Rn. 57; *Schwintowski* in: BK, § 3 VVG a.F. Rn. 57.

7 Z.B. *Prölss* in: Prölss/Martin, § 3 VVG a.F. Rn. 45.

bei auch den Versicherungsschein übergeben. Dann ist der Gläubiger sicher, im Falle der Beschädigung oder Zerstörung des Gegenstandes wenigstens die Versicherungsleistung zu erhalten und als Sicherheit behalten zu können. Allerdings kann nach den AVB vieler Versicherungen der Versicherungsanspruch nur mit Zustimmung des Versicherers wirksam abgetreten oder verpfändet werden.[8]

429 Etwas anders liegt es, wenn der **Versicherungsschein »auf den Inhaber«** – als Urkunde, Textform genügt hier nicht[9] – ausgestellt wird, der Versicherer sich also vorbehält, an den jeweiligen Inhaber zu leisten.[10] Dann sieht § 4 I VVG die Folgen des »hinkenden Inhaberpapiers« vor (§ 808 BGB). Das bedeutet: Der Versicherer kann an jeden Inhaber leisten und wird damit von seiner Leistungspflicht frei, auch wenn der Inhaber nicht der materiell Berechtigte ist.[11] Er kann aber auch die Leistung davon abhängig machen, dass der Inhaber ihm seine Berechtigung nachweist. Nach Treu und Glauben muss er das sogar, wenn sich Zweifel an der Berechtigung des Inhabers aufdrängen.[12]

430 Bei der **Versicherung für fremde Rechnung** (§§ 43 ff. VVG; Rn. 686 ff.) wird der Versicherungsschein als Legitimationspapier genutzt, um das Auseinanderfallen von Anspruchsinhaberschaft und Verfügungsbefugnis praktikabel auszugestalten (vgl. §§ 44 II, 45 II VVG).

431 Im **Transport- und Seeversicherungsrecht** kann der Versicherungsschein darüber hinaus auch zum Order- und zum echten Inhaberpapier gemacht werden. Damit wird die Übertragung der Rechte aus dem Versicherungsvertrag erleichtert, und der Erwerber ist vor bestimmten Einwendungen des Versicherers geschützt.[13]

2. Sonderformen des Versicherungsscheins

432 Auf einem einzigen Versicherungsschein können mehrere Versicherungen zugleich dokumentiert werden (**»gebündelte Versicherung«**). Das ist gerade bei den Jedermann-Versicherungen eher die Regel als die Ausnahme. Beispiele: In einer »Familienversicherung« kann eine Hausratversicherung (ihrerseits eine kombinierte Versicherung, Rn. 32) mit einer Privathaftpflichtversicherung und einer Unfallversicherung gebündelt werden. Ähnlich können in der Kraftfahrtversicherung nach den AKB eine Haftpflicht-, Fahrzeug-(»Kasko«-) und Unfallversicherung verbunden werden. Das erspart dem Versicherer Verwaltungsaufwand, ändert aber nichts daran, dass verschiedene Verträge vorliegen, die rechtlich getrennt zu beurteilen sind und sich auch verschieden entwickeln können (z.B. unabhängig gekündigt werden können). § 10a I 1 VAG verlangt einen Mindeststandard für die Übersichtlichkeit, Lesbarkeit und Verständlichkeit der einschlägigen Antragsvordrucke.

---

8 Vgl. etwa A.2.14.4 AKB 2008 (Kfz-Kaskoversicherung).

9 RegE BT-Drucks. 16/3945 S. 57.

10 Ein Beispiel ist § 11 ALB 2008; vgl. zur Wirksamkeit nach dem AGB-Recht BGH VersR 2000, 709 = NJW 2000, 2103.

11 Vgl. OLG Koblenz VersR 2008, 1338; OLG München VersR 2008, 1521; *K. Johannsen* in: Beckmann/Matusche-Beckmann, § 8 Rn. 26; *Schimikowski*, Rn. 58.

12 Vgl. BGH VersR 2009, 1061 (Zahlung mit befreiender Wirkung nach Kündigung einer Lebensversicherung durch einen betrügerischen Makler); BGH VersR 1999, 700; OLG Koblenz VersR 2008, 1338.

13 Zu Einzelheiten vgl. die Kommentare zu § 363 HGB.

Für manche Versicherungsarten werden dem Versicherungsvertreter Blöcke mit Versicherungsscheinformularen zur Verfügung gestellt, die dieser dann sofort gegen Bezahlung der (ersten) Prämie ausstellen kann. Man spricht deshalb von **»Block-Police«**. Juristische Besonderheiten bietet die Block-Police nur insofern, als man aus der Überlassung des Blocks an den Versicherungsvertreter auf den Umfang seiner (wirklichen oder Anscheins-) Vollmacht schließen kann (mehr dazu Rn. 389 ff.). 433

II. Vertragsdauer, Haftungsdauer und prämienbelasteter Zeitraum

1. Formelle Vertragsdauer

Ein Versicherungsvertrag kommt wie andere Verträge in dem Zeitpunkt zustande, in dem die Annahmeerklärung der anderen, antragstellenden Vertragspartei zugeht, meist also mit Zugang des Versicherungsscheins beim Versicherungsnehmer (Rn. 252). Man bezeichnet dies als den **»formellen Versicherungsbeginn«**. Die »Vertragsdauer« richtet sich nach der Vereinbarung der Parteien. Als Ende des Vertrages kann ein bestimmtes Datum oder ein konkretes Ereignis (Ende einer Reise oder eines Transports usw.) vereinbart werden. Ein Versicherungsverhältnis kann auch auf unbestimmte Dauer eingegangen werden (»dauernde Versicherung«; § 11 II VVG). Es endet dann mit dem Wirksamwerden einer Kündigung (Rn. 477 ff.). 434

Bei Versicherungsverträgen, die für eine bestimmte Zeit geschlossen sind (»Zeitverträge«), war rechtspolitisch lange Zeit stark umstritten, ob von Gesetzes wegen **Höchstlaufzeiten** vorgesehen werden sollten. Die Versicherungswirtschaft begründete die in der älteren Vertragspraxis üblichen langen Laufzeiten in erster Linie mit Rationalisierungsvorteilen.[14] Dagegen wurde vor allem wettbewerbspolitisch argumentiert: Lange Laufzeiten hindern den Versicherungsnehmer daran, das jeweils aktuell günstigste Versicherungsangebot auf dem Markt zu nutzen. 435

Das VVG setzte ursprünglich grundsätzlich keine allgemeinen zeitlichen Grenzen fest. Auch von der Zweijahresgrenze nach § 11 Nr. 12 lit. a des inzwischen aufgehobenen AGBG waren Versicherungsverträge nach § 23 II Nr. 6 AGBG ausgenommen. Die Aufsichtsbehörde hatte aber in ihrer Genehmigungspraxis Maximallaufzeiten durchgesetzt:[15] In der Schadensversicherung im Allgemeinen 10–12 Jahre, in der Kraftfahrtversicherung ein Jahr. Die BGH-Rechtsprechung zur Unwirksamkeit von AVB, die eine Vertragslaufzeit von zehn Jahren vorsahen,[16] ist überholt, seit das VVG dem Versicherungsnehmer bei langjährigen Versicherungsverträgen ein **gesetzliches Kündigungsrecht** einräumt. Eine erste gesetzliche Regelung erfolgte mit Wirkung zum 01.01.1991: Der modifizierte § 8 III VVG a.F. erklärte Verträge mit Laufzeiten von drei bis zehn Jahren an sich implizit für zulässig – jedoch für vorzeitig kündbar, wenn nicht dem Versicherungsinteressenten als Alternative auch Verträge mit kürzeren Laufzeiten angeboten wurden und die Prämie für Verträge mit fünf oder mehr Jahren Laufzeit im Vergleich dazu günstiger war.[17] Für Verträge, die in den östlichen Bundesländern abgeschlossen wurden, galten befristet Sonderregeln.[18] Nach der seit 24.07.1994 geltenden Fassung von § 8 III VVG a.F.[19] konnten Versicherungsverträge mit einer Vertragsdauer über fünf Jahren zum Ende des fünften oder jedes darauf folgenden Jahres mit drei Monaten Frist gekündigt werden, mit Ausnahme der Lebens- und Krankenversicherung, für die seit jeher Sonderregelungen galten. 436

14 Überblick bei *Präve* ZfV 1992, 622.
15 VerBAV 1970, 1988; 1987, 167.
16 BGHZ 127, 35 = VersR 1994, 1049 = NJW 1994, 2693; BGH VersR 1994, 1052; BGH VersR 1995, 459; BGH VersR 1997, 345.
17 Fassung des § 8 III VVG a.F. durch Gesetz v. 17.12.1990 (BGBl. I S. 2864).
18 Mehr dazu bei *Baumann* ZVersWiss 1991, 37 ff. (umfassend); *Präve* VW 1991, 488.
19 Art. 16 § 5 des Dritten Durchführungsgesetzes/EWG zum VAG v. 21.07.1994 (BGBl. I S. 1668).

437 Nach § 11 IV VVG kann ein **Versicherungsverhältnis**, das **für eine Dauer von mehr als drei Jahren** eingegangen worden ist, zum Ende des dritten oder jedes darauf folgenden Jahres gekündigt werden.[20] Eine dreijährige Vertragsdauer ist AGB-rechtlich grundsätzlich nicht zu beanstanden.[21] Die Kündigungsrechte aus § 11 II und IV VVG stellen gem. § 18 VVG halbzwingendes Recht dar.

438 Nach **§ 11 I VVG** kann bei einem auf bestimmte Zeit geschlossenen Vertrag vereinbart werden, dass sich der Vertrag automatisch – maximal jeweils um 1 Jahr – verlängert, wenn keine Partei zum Zeitablauf kündigt (sog. **Verlängerungsklausel**). Die Verlängerungsklausel gilt dann wiederum für das jeweils verlängerte Vertragsverhältnis.

2. Haftungsdauer (»materielle Versicherungsdauer«)

439 Von der »formellen Versicherungsdauer« ist der Zeitraum zu unterscheiden, innerhalb dessen ein Ereignis zum »Versicherungsfall« werden kann und damit die Leistungspflicht des Versicherers auslöst. Man spricht von »Haftungsdauer« oder (weniger deutlich) von »materieller Versicherungsdauer« und dementsprechend vom »materiellen Versicherungsbeginn«.

440 Die **Haftungsdauer** richtet sich (natürlich) in erster Linie nach der vertraglichen Vereinbarung. Eine Auslegungsregel gibt § 10 VVG.[22] Danach beginnt die Versicherung mit Beginn des Tages, an welchem der Vertrag geschlossen wird,[23] und endet mit Ablauf des letzten Tages der Frist, die als Vertragsdauer vereinbart ist. Die Auslegungsregel des § 7 VVG a.F. benannte dagegen den Mittag des jeweiligen Tages als maßgebenden Zeitpunkt.[24] Das neue Recht ersetzt also die »Mittagsregel« durch eine »Mitternachtsregel«. § 10 VVG ist dispositiv (vgl. § 18 VVG). Deshalb kann durch vertragliche Vereinbarung, einschließlich AVB, – wie in § 7 VVG a.F. – auf den Mittag eines Tages abgestellt werden. Dies kann sich insbesondere für solche Versicherungszweige anbieten, bei denen die Versicherungsfälle häufiger nachts eintreten, da sich hier der genaue Eintritt des Versicherungsfalls unter Umständen nur schwerlich auf vor oder nach Mitternacht bestimmen lassen wird.[25]

441 Von der Bestimmung im Vertrag abgesehen, kann der Haftungsbeginn aber auch davon abhängen, ob der Versicherungsnehmer die Prämie rechtzeitig bezahlt hat (§ 37 II VVG, eingehend hierzu Rn. 448 f., 461).

20 Article 2:601 und 2:602 PEICL gehen grundsätzlich von der Einjährigkeit des Vertrages mit automatischer Verlängerung aus.

21 Vgl. – allerdings zu dem nach § 8 III VVG a.F. (i.d.F. ab 25.06.1994) zulässigen fünfjährigen Zeitraum – BGH VersR 1997, 685 = NJW 1997, 1849.

22 Vgl. hierzu auch *Wandt/Ganster* VersR 2007, 1034.

23 Danach liegt regelmäßig für die Stunden bis zum Abschluss des Vertrages eine Rückwärtsversicherung i.S.v. § 2 VVG vor; vgl. *K. Johannsen* in: Bruck/Möller, § 10 VVG Rn. 3; *Marlow/Spuhl* S. 2.

24 Die Auslegungsregel galt nach § 7 II VVG a.F. nicht für die private Krankenversicherung, um einen nahtlosen Übergang mit der gesetzlichen Krankenversicherung zu gewährleisten, für welche die allgemeinen Vorschriften der §§ 187, 188 BGB gelten.

25 RegE BT-Drucks. 16/3945 S. 62 f.

3. Prämienbelasteter Zeitraum (»technische Versicherungsdauer«)

Ein dritter, juristisch weniger problematischer Zeitraum ist derjenige, für den der Versicherungsnehmer die Prämie schuldet. Man spricht von »technischem Versicherungsbeginn« und »technischer Versicherungsdauer«. Der prämienbelastete Zeitraum kann nach Vereinbarung von der formellen und der materiellen Vertragsdauer abweichen.[26] Der Versicherungsnehmer zahlt dann für einen Zeitraum Prämie, ohne für diesen Zeitraum auch Versicherungsschutz zu haben. Meist geht es darum, dass sich der Versicherungsnehmer durch Vordatierung des Zeitpunkts, ab dem Prämie zu zahlen ist, Vorteile erkauft, z.B. ein günstigeres Eintrittsalter in der Lebens- oder Krankenversicherung. **442**

4. Vorwärts- und Rückwärtsversicherung

Im Normalfall fällt der Haftungsbeginn mit dem formellen Versicherungsbeginn zusammen oder folgt ihm nach. Man spricht anschaulich von »**Vorwärtsversicherung**«. Ein Bedürfnis für einen späteren Haftungsbeginn kann aus vielen Gründen bestehen. Ein Beispiel: Ein Elektronikhersteller will seine Geräte auf einer Ausstellung im Oktober zeigen und schließt schon im Juni eine Versicherung ab, die die Geräte während des Transports und der Ausstellung gegen bestimmte Gefahren deckt. **443**

Weniger selbstverständlich ist, dass es auch eine »**Rückwärtsversicherung**« gibt, bei der der Haftungsbeginn vor dem Vertragsabschluss liegt (vgl. § 2 I VVG). Das klassische Beispiel war früher die Schiffsladung, die versichert wurde, während das Segelschiff schon einige Zeit unterwegs war. Die Versicherung sollte die ganze Reise vom Ausgangshafen an decken, wobei keine Vertragspartei wusste, ob der Klipper schon heil um das Kap der guten Hoffnung herumgekommen oder bereits im Sturm gesunken war. Für die Vertragsparteien war das Schicksal des Schiffes also nicht nur in der Zukunft, sondern auch für einen bestimmten Zeitraum in der Vergangenheit subjektiv ungewiss. Natürlich liegen die Beispielsfälle im Zeitalter besserer technischer Kommunikationsmöglichkeiten anders. Sie beschränken sich auch nicht auf die Sachversicherung. Beispielsweise kann in einer Betriebshaftpflichtversicherung vereinbart werden, dass auch Schadensereignisse gedeckt werden, die sich möglicherweise schon ohne Wissen des Versicherungsnehmers ereignet haben (z.B. schon entstandene Ansprüche aus Produkt- oder Umwelthaftung). Die Rückwärtsversicherung wird – wie die Beispiele zeigen – meist mit einer Vorwärtsversicherung kombiniert. Das in § 37 II VVG verankerte Einlösungsprinzip (Haftungsbeginn grundsätzlich nur mit Zahlung der einmaligen oder ersten Prämie; vgl. dazu sogleich Rn. 467 f.) ist auf die Rückwärtsversicherung nicht anzuwenden (§ 2 IV VVG). **444**

Die wichtigste Problematik der Rückwärtsversicherung liegt auf der Hand: Was ist, wenn eine der Parteien bei Vertragsabschluss schon genau weiß, was in Wirklichkeit vorgefallen ist? § 2 II VVG, der gem. § 18 VVG dispositiv ist, gibt die naheliegenden Antworten für die wichtigsten beiden Fälle. Weiß der Versicherer bei Abgabe seiner Vertragserklärung, dass der Eintritt eines Versicherungsfalles ausgeschlossen ist, hat er keinen Anspruch auf Prämie. Weiß der Versicherungsnehmer bei Abgabe seiner **445**

26 Beispiele bei *Prölss* in: Prölss/Martin, § 2 VVG a.F. Rn. 1 ff.

Vertragserklärung[27], dass ein Versicherungsfall bereits eingetreten ist, ist der Versicherer insoweit leistungsfrei.[28] Die Frage, ob der Versicherungsnehmer gleichwohl zur Prämienzahlung verpflichtet ist, richtet sich nach § 80 VVG.[29] Der Vertrag ist allerdings nichtig, wenn der Versicherungsnehmer ein nicht bestehendes Interesse in der Absicht versichert, sich dadurch einen rechtswidrigen Vermögensvorteil zu verschaffen (§ 80 III VVG).

446 Wenn bei Abschluss einer Rückwärtsversicherung beide Vertragspartner wissen, dass ein Versicherungsfall bereits eingetreten ist, so liegt darin ein **Abbedingen von § 2 II 2 VVG**. Das ist zulässig, wenn zumindest die nicht fernliegende Möglichkeit besteht, dass der Versicherer – etwa aufgrund vorläufiger Deckungszusage oder einer Schadensersatzpflicht – ohnehin zur Leistung verpflichtet war.[30] Anderenfalls ist die Qualifikation der Vereinbarung als Versicherungsvertrag fraglich[31] und regelmäßig ein Verstoß gegen § 138 BGB gegeben.[32] Sittenwidrigkeit mit der Folge der Vertragsnichtigkeit ist auch gegeben, wenn Versicherungsnehmer und Versicherungsvertreter, dessen Wissen dem Versicherer grundsätzlich zugerechnet wird (siehe Rn. 404), kollusiv zusammenwirken.[33]

447 Ein anderes Problem ist die Auslegung, wenn der Versicherungsnehmer auf dem Antragsformular als »Beginn« ein Datum angibt, das schon verstrichen ist. Aus den Umständen des Einzelfalles kann sich relativ eindeutig ergeben, dass damit lediglich der Beginn des prämienbelasteten Zeitraums gemeint ist, insbesondere bei der **Rückdatierung** einer Lebensversicherung für den Versicherungsnehmer. Wenn aber Zweifel bestehen, ist die Rückdatierung nach einer Grundsatzentscheidung des BGH[34] als Antrag auf eine Rückwärtsversicherung zu verstehen.

5. Haftungsbeginn erst mit Zahlung der einmaligen oder ersten Prämie

448 Eine gegenüber dem allgemeinen Schuldrecht wichtige Sonderregelung des Versicherungsvertragsrechts ist § 37 II 1 VVG (§ 38 II VVG a.F.). Danach beginnt die Haf-

---

27 § 2 II 2 VVG a.F. stellte nicht auf die Abgabe der Vertragserklärung, sondern auf die Schließung des Vertrages ab. Auch hier wurde im Regelfall jedoch angenommen, dass sie in dem Sinne abbedungen ist, dass es für die Kenntnis des Versicherungsnehmers nicht auf den Zeitpunkt des Vertragsschlusses, sondern auf den Zeitpunkt der Antragstellung ankommt. Vgl. BGHZ 111, 29 = VersR 1990, 618 = NJW 1990, 1851; BGHZ 111, 44 = VersR 1990, 729 = NJW 1990, 1916; BGHZ 117, 213 = VersR 1992, 484 = NJW 1992, 1505; zu Fallgestaltungen, in denen das Angebot zum Abschluss der Rückwärtsversicherung vom Versicherer ausgeht, vgl. *Klimke* VersR 2005, 595.

28 RegE BT-Drucks. 16/3945 S. 56 f.

29 § 2 II 2 Hs. 2 VVG a.F. sah vor, dass dem Versicherer, sofern er nicht bei der Schließung des Vertrages von dem Eintritt des Versicherungsfalles Kenntnis hatte, die Prämie bis zum Schluss der Versicherungsperiode gebührt, in welcher er die Kenntnis von dem bereits eingetretenen Versicherungsfall erlangt. Diese auf dem früheren Grundsatz der Unteilbarkeit der Prämie beruhende Regelung ist weggefallen. Vgl. RegE BT-Drucks. 16/3945 S. 57.

30 BGHZ 84, 268 = VersR 1982, 841 = NJW 1982, 2776. – Zu anderen Problemen der Rückwärtsversicherung vgl. *Muschner* in: Langheid/Wandt, § 2 VVG; *Prölss* in: Prölss/Martin, § 2 VVG a.F. Rn. 8 ff.; *Klimke* VersR 2004, 287; siehe auch die §§ 2 III, 47 I, 179 III VVG.

31 Vgl. *Baumann* in: BK, § 2 VVG a.F. Rn. 31; *Muschner* in: Langheid/Wandt, § 2 VVG Rn. 46 (Vertrag sui generis).

32 *K. Johannsen* in: Bruck/Möller, § 2 VVG Rn. 18; *Muschner* in: Langheid/Wandt, § 2 VVG Rn. 46.

33 Vgl. BGH VersR 1986, 131; Fallbeispiel bei *Müringer* VW 2000, 406.

34 BGHZ 84, 268 = VersR 1982, 841 = NJW 1982, 2776 (unter Aufgabe von BGH VersR 1979, 709); in BGHZ 111, 29 = VersR 1990, 618 = NJW 1990, 1851 für die Fahrzeugversicherung bekräftigt.

tung des Versicherers erst in dem Zeitpunkt, in dem die einmalige oder erste Prämie (»Einmalprämie«, »Erstprämie«) bezahlt worden ist, es sei denn, der Versicherungsnehmer hat die Nichtzahlung nicht zu vertreten (**sog. Einlösungsprinzip**, Einzelheiten Rn. 515; bei den späteren »Folgeprämien« im Falle laufender Prämienzahlung liegen die Dinge in Bezug auf die Haftung des Versicherers anders, eingehend hierzu Rn. 520 ff.). Die Regelung trägt dem Umstand Rechnung, dass der Versicherer einerseits auf die Prämieneingänge angewiesen ist, um seinen Leistungspflichten aus eingetretenen Versicherungsfällen nachkommen zu können, und dass es andererseits zu kostenträchtig ist, einzelne Prämien in meist geringer Höhe einzutreiben. Zugleich wird auf Seiten vieler Versicherungsnehmer auch einem psychologischen Umstand begegnet, der in der »Unsichtbarkeit« der Risikotragung begründet ist: Angenommen der Versicherer kassiert für eine kurzfristige Reisegepäckversicherung die Prämie nicht gleich bei Vertragsabschluss, dann glauben viele Versicherungsnehmer nach schadensfreiem Verlauf der Reise, der Versicherer habe keinerlei Leistung erbracht. Sie sind deshalb häufig nicht willig, die Prämie nachträglich noch zu zahlen. Dabei besteht kein Zweifel daran, dass sie geschuldet wird, und dass der Versicherer dafür sehr wohl eine Gegenleistung erbracht hat, nämlich die wirtschaftliche Risikotragung (Rn. 649 ff.).

Die Regel der »Einlösungsklausel«[35] ist allerdings unpraktisch, wenn einem zweifels- **449**
frei redlichen Versicherungskunden schon vor Zahlung der ersten Prämie Versicherungsschutz gewährt werden soll (»sofortige Deckung«). Zu diesem Zweck kann die Regelung des **§ 37 II 1 VVG vertraglich** mit der Folge **abbedungen** werden, dass die Haftung des Versicherers mit dem formellen Vertragsschluss oder jedenfalls zu dem im Vertrag vorgesehenen Zeitpunkt ohne Rücksicht darauf beginnt, ob auch die Prämie schon bezahlt ist. So wird oft ausdrücklich vereinbart, dass die Haftung zum vereinbarten Zeitpunkt beginnt, wenn nur die Prämie nach späterer Aufforderung unverzüglich oder innerhalb eines bestimmten Zeitraums entrichtet wird (sog. **»erweiterte Einlösungsklausel«**; vgl. § 15 Nr. 2 S. 2 VHB 2000, nicht mehr so deutlich B. § 2 VHB 2008). § 37 II 1 VVG kann auch stillschweigend abbedungen werden. Von einer »Stundung« zu sprechen, wie das unter Versicherungskaufleuten üblich ist, ist juristisch nicht korrekt. Denn durch eine Stundung wird die gegebene Fälligkeit eines Anspruchs hinausgeschoben, also geändert. Durch eine erweiterte Einlösungsklausel wird dagegen von Anfang an privatautonom ein Leistungstermin vereinbart, der allerdings vom gesetzlich vorgesehenen abweicht (zum gesetzlichen Fälligkeitszeitpunkt siehe Rn. 502).

III. Vertrag über vorläufige Deckung

Es gibt viele Fälle, in denen der Versicherungsinteressent sofortige Deckung eines Ri- **450**
sikos wünscht, also nicht abwarten will, bis der Versicherer das zu versichernde Risiko eingehend geprüft hat und sich auf Grund der Risikoprüfung entscheidet, das Risiko langfristig zu decken. Beispiele: Jemand möchte ein gekauftes Auto sofort bei

35 Diese gesetzliche Regelung wird auch heute noch häufig **»Einlösungsklausel«** genannt, weil vor Erlass des VVG die AVB meist eine entsprechende Klausel enthielten, nach welcher der Versicherungsschein gegen Zahlung der ersten Prämie ausgehändigt (»eingelöst«) werden musste. Vgl. Motive zum VVG S. 109. Rechtsvergleichung allgemein *Basedow/Fock* Europäisches Versicherungsvertragsrecht, 3 Bände, 2002–2003; *Reichert-Facilides* (Hrsg.) Insurance Contract Law, IECL Band IX (im Druck).

der Straßenverkehrsbehörde zulassen, wozu er den Abschluss der obligatorischen Kfz-Haftpflichtversicherung nachweisen muss. Oder: Die Parteien konnten sich nicht rechtzeitig vor Ablauf eines befristeten Versicherungsvertrages über die Konditionen für eine Vertragsverlängerung einigen. Der Versicherer ist in solchen Fällen zwar grundsätzlich bereit, den Vertrag zu schließen, braucht aber noch Zeit für die genauere Prüfung des Risikos, des gewünschten Deckungsumfangs, usw. Der Ausweg besteht darin, dass ein vorläufiger Vertrag geschlossen wird, dessen Wirkungsdauer von vornherein einverständlich begrenzt wird (»vorläufige Deckung«). Der Vertrag über die vorläufige Deckung soll nur so lange gelten, bis die Entscheidung über den Abschluss des endgültigen Vertrages (»Hauptvertrag«, § 50 VVG) getroffen ist. Der Vertrag über die vorläufige Deckung begründet jedoch keine Verpflichtung zum Abschluss des Hauptvertrages. Er ist also kein Vorvertrag.

451 Der Vertrag über vorläufige Deckung war im **VVG a.F.** nicht umfassend, sondern nur sehr rudimentär geregelt (vgl. § 5a III VVG a.F.). Die Rechtsprechung war daher gehalten, gesetzesergänzende Grundsätze zu schaffen. Insgesamt gab es zahlreiche Streitfragen mit teilweise divergierender Rechtsprechung, was den Überblick erschwerte und zu Rechtsunsicherheit führte.[36]

452 Die vorläufige Deckung wird durch die §§ 49–52 VVG[37] nunmehr grundlegend geregelt. Wie §§ 49 und 50 VVG ausdrücklich klarstellen, handelt es sich bei dem **Vertrag über vorläufige Deckung** um einen **selbstständigen Versicherungsvertrag**, also nicht um eine einseitige Erklärung des Versicherers, wie der früher gebräuchliche etwas unglücklich gewählte Begriff »Deckungszusage« vermuten ließ. Demgemäß sind die allgemeinen Vorschriften des VVG, insbesondere über den Abschluss von Versicherungsverträgen, grundsätzlich auch auf den Vertrag über die vorläufige Deckung anzuwenden. Sie werden allerdings in den §§ 49 bis 52 VVG teilweise modifiziert.

453 Der Vertrag über die vorläufige Deckung kann wie jeder Versicherungsvertrag formfrei vereinbart werden, also auch mündlich und per Telefon. Das ist besonders wichtig, weil es gerade hier gelegentlich schnell gehen muss. Der Versicherungsnehmer sollte aber in jedem Fall dafür sorgen, dass er den Vertragsschluss später auch beweisen kann. Der Versicherer geht seinerseits mit der vorläufigen Deckungszusage ohne genauere Prüfung der Umstände ein erhebliches Risiko ein. Das wird er nicht leichtfertig tun. Man wird also vorsichtig damit sein müssen, allgemeinen Ankündigungen des Versicherers die Qualität einer vertraglich bindenden Erklärung zuzubilligen. Andererseits ist eine Erklärung des Versicherers, die vom Versicherungsinteressenten als Deckungszusage verstanden werden kann, für diesen von höchster Bedeutung, weil er sich auf sie verlässt und beispielsweise nicht nach anderen Versicherungsmöglichkeiten Umschau hält. Insgesamt ist also höchste Sorgfalt bei der Ermittlung des Parteiwillens geboten.[38] Schwierigkeiten haben sich in der Judikatur besonders oft gezeigt, wenn es um die Verlängerung oder Erweiterung eines bereits bestehenden Versicherungsschutzes ging.[39]

---

36 Vgl. hierzu *Weyers/Wandt* Versicherungsvertragsrecht, 3. Aufl., Rn. 258 ff.

37 RegE BT-Drucks. 16/3945 S. 73; vgl. auch *Maier* r+s 2006, 485; *Hermanns* in: Beckmann/Matusche-Beckmann, § 7.

38 Vgl. etwa BGH VersR 1981, 469 = NJW 1981, 2305; OLG Hamm VersR 1992, 1462. Vgl. hierzu auch *Herrmanns* in: Beckmann/Matusche-Beckmann, § 7 Rn. 8 ff.

39 Vgl. z.B. BGH VersR 1976, 160; OLG Köln VersR 1983, 1179.

Um den praktischen Bedürfnissen und dem Wunsch des Versicherungsinteressenten nach sofortiger Deckung Rechnung tragen zu können[40], können die Vertragsparteien für den Vertrag über vorläufige Deckung vereinbaren (auch stillschweigend), dass dem Versicherungsnehmer die **Vertragsbestimmungen und die Informationen nach § 7 I und II VVG i.V.m. der VVG-InfoV** (Rn. 279) nur auf dessen Anforderung, spätestens aber mit dem Versicherungsschein vom Versicherer zu übermitteln sind (§ 49 I 1 VVG).[41] Diese Regelung ist wegen der abweichenden zwingenden Vorgabe der Fernabsatzrichtlinie II nicht anzuwenden, wenn der Vertrag über vorläufige Deckung ein Fernabsatzvertrag i.S.d. §§ 312b I und II BGB ist (§ 49 I 2 VVG). Eine Unterrichtung des Versicherungsnehmers kann in diesen Fällen aber, wenn die Information in Textform vor der Vertragserklärung des Versicherungsnehmers auf Grund des gewählten Kommunikationsmittels nicht möglich ist, gem. § 7 I 3 VVG erst »unverzüglich nach Vertragsschluss« erfolgen (vgl. Rn. 285).[42] Für den sich an die vorläufige Deckung anschließenden Hauptvertrag gelten die Informationspflichten nach § 7 I und II VVG unverändert.[43] 454

Die **Beratungspflichten** des Versicherers und der Versicherungsvermittler gemäß § 6 VVG und §§ 61, 62 VVG (vgl. Rn. 263 ff., 383 ff.) sind dagegen auf den Vertrag über die vorläufige Deckung von wenigen Erleichterungen abgesehen (vgl. §§ 6 II, 62 II VVG, dazu Rn. 269, 385) uneingeschränkt anzuwenden.[44] 455

Für die **Einbeziehung von AVB** in den Vertrag über vorläufige Deckung sieht § 49 II VVG eine Sonderregelung vor (vgl. dazu auch Rn. 186). Abweichend von § 305 II BGB, also ohne ausdrücklichen Hinweis, ohne Übermittlung bei Vertragsschluss und ohne Einverständnis des Versicherungsnehmers mit der Einbeziehung, werden diejenigen AVB des Versicherers Vertragsbestandteil, die dieser im Zeitpunkt des Vertragsschlusses üblicherweise für den vorläufigen Versicherungsschutz verwendet bzw. bei Fehlen solcher Bedingungen jene, welche der Versicherer für den Hauptvertrag verwendet. Bestehen Zweifel, welche Bedingungen für den Vertrag über die vorläufige Deckung gelten sollen, werden diejenigen zum Zeitpunkt des Vertragsschlusses vom Versicherer verwendeten Bedingungen Vertragsbestandteil, die für den Versicherungsnehmer im konkreten Einzelfall[45] am günstigsten sind (§ 49 II 2 VVG).[46] 456

Fraglich ist, ob die Sonderregelung des § 49 II VVG auch für **Fernabsatzverträge** i.S.d. § 312b I und II BGB gilt. Art. 5 I der Fernabsatzrichtlinie II verlangt nämlich, dass der Anbieter die Versicherungsbedingungen und die übrigen Informationen dem Verbraucher übermittelt, rechtzeitig bevor dieser durch den Fernabsatzvertrag gebunden ist. Wenn der Vertrag auf Ersuchen des Verbrauchers mittels eines Fernkommunikationsmittels geschlossen wurde, das die Vorlage der Vertragsbedingungen nicht gestattet, muss der Anbieter die Versicherungsbedingungen etc. unverzüglich nach Abschluss des Fernabsatzvertrages übermitteln (Art. 5 II). Die Nichterfüllung 457

40 RegE BT-Drucks. 16/3945 S. 73.

41 Auf Grund der kurzen Dauer des Vertrags und wegen der in § 52 VVG vorgesehenen Beendigungsmöglichkeiten (vgl. Rn. 466 f.) sei eine unangemessene Benachteiligung des Versicherungsnehmers weitgehend ausgeschlossen, RegE BT-Drucks. 16/3945 S. 73.

42 RegE BT-Drucks. 16/3945 S. 73.

43 RegE BT-Drucks. 16/3945 S. 73.

44 Dies umfasst auch die Möglichkeit des Versicherungsnehmers, nach § 6 III VVG auf eine Beratung und Dokumentation zu verzichten. Vgl. dazu *Maier* r+s 2006, 485.

45 RegE BT-Drucks. 16/3945 S. 74.

46 Vgl. RegE BT-Drucks. 16/3945 S. 74; vgl. auch Reformkommission, Abschlussbericht, S. 50 f., 328 f.

der Verpflichtungen aus Art. 5 hat zur Folge, dass die Widerrufsfrist nach Art. 6 I nicht zu laufen beginnt. Eine Privilegierung von Versicherungsverträgen über vorläufige Deckung sieht die Fernabsatzrichtlinie II nicht vor. Deshalb sah sich der deutsche Gesetzgeber auch genötigt, in §§ 8 III 1 Nr. 2, 49 I 2 VVG Sonderregelungen für Fernabsatzverträge zu statuieren. Dies alles spricht dafür, § 49 II VVG im Wege richtlinienkonformer teleologischer Beschränkung nicht auf Fernabsatzverträge anzuwenden.[47]

458 Der Versicherungsnehmer hat bei einem Vertrag über vorläufige Deckung kein **Widerrufsrecht**, es sei denn, es handelt sich um einen Fernabsatzvertrag i.S.d. §§ 312b I und II BGB (§ 8 III 1 Nr. 2 VVG).[48]

459 Die **Beweislast** für den Abschluss und den Inhalt des Vertrages liegt nach den allgemeinen Regeln beim Versicherungsnehmer, wenn er den Versicherer auf Leistung (vgl. auch § 69 III VVG), dagegen beim Versicherer, wenn dieser den Versicherungsnehmer auf Zahlung der Prämie verklagt.

460 Der Versicherungsnehmer schuldet für den Vertrag über vorläufige Deckung die vereinbarte Prämie (§ 1 S. 2 VVG). In der Vertragspraxis unter Geltung des VVG a.F. wurde für den Vertrag über vorläufige Deckung häufig keine gesonderte **Prämie** verlangt, wenn anschließend der Hauptvertrag zustande kam. Es wurde vielmehr für beide Verträge nur eine Prämie, und zwar für die zusammengerechnete Dauer beider Verträge, berechnet, so als ob von vornherein nur ein Vertrag bestanden hätte. Für den Fall, das der Hauptvertrag nicht zu Stande kam, war häufig eine gesonderte Prämie nach einem (relativ teuren) Kurztarif vereinbart. § 50 VVG stellt nun für das neue Recht klar, dass es einer vertraglichen Vereinbarung darüber bedarf, dass der Versicherungsnehmer verpflichtet ist, im Falle des Nichtzustandekommens des Hauptvertrags eine Prämie für die vorläufige Deckung zu zahlen. Die Vorschrift begrenzt den Prämienanspruch des Versicherers auf einen der Laufzeit der vorläufigen Deckung entsprechenden Teil der Prämie, die beim Zustandekommen des Hauptvertrages für diesen zu zahlen wäre (»pro rata temporis-Prämie«). Da die Regelung über die Prämienhöhe dispositiv ist, können abweichende Vereinbarungen getroffen werden.[49] Bei Verwendung von AVB sind jedoch die Maßgaben des AGB-Rechts, insbesondere das Transparenzgebot, zu beachten.[50]

---

47 Für das neue VVG lässt sich auf Grund der Existenz von § 49 II VVG nicht mehr die These vertreten, der Antrag auf vorläufige Deckung enthalte stets auch einen konkludenten Verzicht auf Überlassung der AVB vor Abschluss des Vertrages (vgl. *Römer* in: Römer/Langheid, Vor § 1 VVG a.F. Rn. 35). Jedenfalls erlaubt es die Fernabsatzrichtlinie II für Fernabsatz-Verbraucherverträge nicht, das nationale Recht so zu interpretieren, dass stets ein derartiger Verzicht anzunehmen wäre.

48 *Maier* (r+s 2006, 485) hält die Ausnahme des § 8 III 1 Nr. 2 a.E. VVG im Falle eines Fernabsatzvertrages für zu weitgehend, da der Versicherungsnehmer bei einer vorläufigen Deckung in Form eines Fernabsatzvertrages im Normalfall keinen Versicherungsschein bekomme, an dessen Erhalt nach § 8 II VVG der Beginn der Widerrufsfrist geknüpft ist, und infolgedessen das Widerrufsrecht unbefristet wäre. Vgl. auch *Herrmanns* in: Beckmann/Matusche-Beckmann, § 7 Rn. 29.

49 Nach der Gesetzesbegründung soll AVB-mäßig auch weiterhin eine Abrechnung nach einem Kurztarif vereinbart werden können, vgl. RegE BT-Drucks. 16/3945 S. 74.

50 *Maier* (r+s 2006, 485) folgert daraus, dass künftig in den AVB und nicht nur in den Tarifbestimmungen die Fälle der Anwendung des Kurzzeittarifs genau beschrieben werden müssten. Diese Folgerung erscheint jedoch zweifelhaft, da die Tarifbestimmungen keine AVB minderer Qualität sind und grundsätzlich der systematisch richtige Ort für Regelungen über die Prämienhöhe sind.

Die **Haftung** aus dem Vertrag über vorläufige Deckung **beginnt** – wie sich aus dem Umkehrschluss zu § 51 I VVG ergibt – grundsätzlich mit dem Zustandekommen des Vertrages (Rn. 440).[51] Die Geltung des Einlösungsprinzips des § 37 II VVG (Rn. 515) ist also die Ausnahme und bedarf besonderer Vereinbarung. Der Versicherer muss den Versicherungsnehmer hierüber durch gesonderte Mitteilung in Textform oder durch einen auffälligen Hinweis im Versicherungsschein aufmerksam machen (§ 51 I VVG; halbzwingend gem. Abs. 2 der Vorschrift). 461

Der Vorschlag der Reformkommission[52], nach dem ein **Prämienverzug** weder allgemein noch in der Kfz-Haftpflichtversicherung zu einem rückwirkenden Wegfall des vorläufigen Deckungsschutzes führen sollte, fand bei der Neufassung des VVG keine Berücksichtigung. Nach der Gesetzesbegründung ist ein Versicherungsnehmer, der trotz Belehrung seine Zahlungspflicht verletzt, nicht schutzwürdig.[53] Damit ist der Versicherer künftig nach § 37 I VVG zum Rücktritt berechtigt, sofern er den Versicherungsnehmer nach § 37 II 2 VVG auf diese Rechtsfolge hingewiesen hat. Der Vertrag wandelt sich also in ein Rückabwicklungsschuldverhältnis um, §§ 346 ff. BGB. Außerdem kann der Versicherer nach § 39 I 3 VVG eine angemessene Geschäftsgebühr verlangen. 462

Für die **Kfz-Haftpflichtversicherung** bestimmt § 9 S. 2 KfzPflVV, dass sich der Versicherer bei gesonderter schriftlicher Belehrung des Versicherungsnehmers vorbehalten kann, dass die vorläufige Deckung rückwirkend außer Kraft tritt, wenn bei einem unverändert angenommenen Antrag[54] der Versicherungsschein für den Hauptvertrag nicht binnen einer im Versicherungsvertrag bestimmten, mindestens zweiwöchigen Frist durch Prämienzahlung »eingelöst« wird und der Versicherungsnehmer die Verspätung zu vertreten hat. Einen solchen Vorbehalt enthält B.2.3 AKB 2008. Das rückwirkende Außerkrafttreten der vorläufigen Deckung bei Prämienverzug kann auch für andere Versicherungsarten vereinbart werden.[55] Es setzt nach allgemeiner Meinung[56] aber stets voraus, dass der Versicherer, wenn er den endgültigen Vertrag durch Zusendung des Versicherungsscheins zustande bringt, auf diese Rechtsfolge ausdrücklich und drucktechnisch hervorgehoben hinweist. 463

Ein Vertrag über **vorläufige Deckung endet** mit Fristablauf, wenn die Vertragsparteien einen Beendigungszeitpunkt vereinbart haben, was in der Praxis allerdings nur ausnahmsweise vorkommen wird. Eine strikte zeitliche Befristung der vorläufigen 464

51 Für das VVG alte Fassung war gewöhnlich vereinbart, dass das Entgelt für die vorläufige Deckung noch nicht bezahlt werden soll (Abbedingung des § 38 II VVG a.F.). Man sprach von »deckender Stundung«.

52 Vgl. Reformkommission, Abschlussbericht, S. 55 f., 330 zu § 54 II VVG-E; zur Kritik aus der Versicherungsbranche vgl. beispielsweise *Kerst* ZfV 2005, 212; vgl. auch RegE BT-Drucks. 16/3945 S. 74 zu § 51 VVG.

53 RegE BT-Drucks. 16/3945 S. 74; *Rixecker* in: Langheid/Wandt, § 52 VVG Rn. 31 f.; kritisch *Maier* r+s 2006, 485.

54 Der Begriff des »unverändert angenommenen Antrages« darf hierbei nicht mit dem Begriff des »gleichartigen Versicherungsschutz« i.S.d. § 52 VVG (siehe Rn. 466) verwechselt oder gleichgesetzt werden, *Meixner/Steinbeck* Das neue Versicherungsvertragsrecht, 2008, § 1 Rn. 152 f.

55 Vgl. zum Ganzen *Gitzel* VersR 2007, 323; *Hermanns* in: Beckmann/Matusche-Beckmann, § 7 Rn. 62 ff.; a.A. *Schwintowski* in: Schwintowski/Brömmelmeyer, § 51 VVG Rn. 6, der aber die in der Gesetzesbegründung zum Ausdruck gebrachte Intention des Gesetzgebers und die deshalb aufrecht erhaltene Sonderregelung des § 9 S. 2 KfzPflVV nicht berücksichtigt.

56 Vgl. BGHZ 47, 352 = VersR 1967, 569 = NJW 1967, 1800; BGH VersR 1985, 981; *Hermanns* in: Beckmann/Matusche-Beckmann, § 7 Rn. 63.

Deckung durch AVB (z.B. zwei Monate nach Stellung des Antrags für den Hauptvertrag) ist unwirksam.[57]

465 Üblicherweise wird der Vertrag über vorläufige Deckung auf unbestimmte Zeit geschlossen (§ 11 VVG). Er kann in diesem Falle gem. § 52 IV VVG von jeder Vertragspartei ohne Einhaltung einer Frist gekündigt werden. Die Kündigung des Versicherers wird allerdings erst zwei Wochen nach ihrem Zugang beim Versicherungsnehmer wirksam (§ 52 IV 2 VVG), damit der Versicherungsnehmer die Möglichkeit hat, sich in diesem Zeitraum anderweitigen Versicherungsschutz zu verschaffen.

466 Die **Beendigung** des Vertrages über vorläufige Deckung mangels Fristablaufs und mangels Kündigung ist nunmehr in § 52 VVG eingehend geregelt (halbzwingend, § 52 V VVG).[58] Um den Versicherungsnehmer sowohl vor einem überraschenden Verlust des vorläufigen Deckungsschutzes als auch vor einer Mehrfachversicherung zu schützen,[59] endet die vorläufige Deckung (erst, aber auch) spätestens zu dem Zeitpunkt, zu dem gleichartiger Versicherungsschutz aus einem vom Versicherungsnehmer geschlossenen Hauptvertrag oder einem weiteren Vertrag über vorläufige Deckung beginnt (§ 52 I 1 VVG). Maßgebend ist also nicht der Zeitpunkt des Abschlusses des anderen Vertrages, sondern der Zeitpunkt des Beginns des materiellen Versicherungsschutzes aus diesem Vertrag, damit keine Deckungslücke entsteht.[60] Gleichartigkeit des Versicherungsschutzes bedeutet hierbei nicht Gleichwertigkeit. Der neue Vertrag muss dem bisherigen daher nicht in jeder Hinsicht entsprechen (Bsp.: Der Versicherungsschutz aus dem Vertrag über vorläufige Deckung für die Kfz-Haftpflicht war summenmäßig nicht begrenzt, der sich anschließende andere Vertrag ist auf die gesetzliche Mindestversicherungssumme begrenzt).[61]

467 Damit der Versicherungsnehmer die Beendigung der vorläufigen Deckung nicht durch Nichtzahlung oder Verzögerung der Prämienzahlung für den gleichartigen Versicherungsschutz aus dem anderen Vertrag zum Nachteil des Versicherers hinausschieben kann[62], endet der Vertrag über vorläufige Deckung bei **Nichtzahlung oder verspäteter Zahlung der Prämie für den anderen Vertrag** abweichend von § 52 I 1 VVG spätestens zu dem Zeitpunkt, zu dem der Versicherungsnehmer mit der Prämienzahlung in Verzug ist,[63] vorausgesetzt, dass der Versicherer den Versicherungsnehmer durch gesonderte Mitteilung in Textform oder durch einen auffälligen Hinweis im Versicherungsschein auf diese Rechtsfolge aufmerksam gemacht hat (§ 52 I 2 VVG).

57 BGH VersR 1996, 743 = NJW 1996, 1967.

58 RegE BT-Drucks. 16/3945 S. 74 f.; vgl. auch Reformkommission, Abschlussbericht, S. 52 ff., 330 ff.

59 RegE BT-Drucks. 16/3945 S. 74 f.

60 Die Beendigung soll nach der Gesetzesbegründung auch dann eintreten, wenn der vom Versicherungsnehmer erlangte gleichartige Versicherungsschutz später mit Wirkung ex tunc wegfällt (z.B. durch Anfechtung wegen arglistiger Täuschung, § 123 BGB); vgl. RegE BT-Drucks. 16/3945 S. 75.

61 Vgl. *Hermanns* in: Beckmann/Matusche-Beckmann, § 7 Rn. 52; *Maier* r+s 2006, 485; *Rixecker* ZfS 2007, 314; *Marlow/Spuhl* S. 134.

62 RegE BT-Drucks. 16/3945 S. 75.

63 Zum Prämienzahlungsverzug vgl. *Maier* r+s 2006, 485: Die Prämie ist zwei Wochen nach Zugang des Versicherungsscheins fällig (vgl. § 33 I VVG). Verzug tritt gemäß § 286 I BGB aber erst nach erfolgter Mahnung des Versicherers ein (§ 286 II Nr. 2 BGB ist nicht anwendbar, da die Prämie »*unverzüglich* nach Zugang des Versicherungsscheins« zu zahlen ist. Der Begriff »*unverzüglich*« ermöglicht aber keine genaue kalendermäßige Berechnung für das von § 286 II Nr. 2 BGB ausschlaggebende Ereignis); vgl. zur Beendigung der vorläufigen Deckung bei Prämienzahlungsverzug auch *Gitzel* VersR 2007, 322.

Die Regelungen des § 52 I VVG über die Beendigung des Vertrages über vorläufige Deckung findet auch dann Anwendung, wenn der Versicherungsnehmer den Hauptvertrag oder den weiteren **Vertrag** über vorläufige Deckung **mit einem anderen Versicherer** abschließt (§ 52 II 1 VVG). In diesem Fall ist der Versicherungsnehmer verpflichtet, dem bisherigen Versicherer den Vertragsschluss mit dem anderen Versicherer unverzüglich mitzuteilen (§ 52 II 2 VVG). Die Erfüllung dieser Mitteilungspflicht ist jedoch keine Voraussetzung für die Beendigung des Vertrages über vorläufige Deckung nach § 52 I VVG.[64] Im Falle schuldhafter Pflichtverletzung kann der Versicherungsnehmer aber gegenüber dem Versicherer nach den allgemeinen Regeln (§ 280 BGB) schadensersatzpflichtig sein, sodenn dem Versicherer aus der Pflichtverletzung ein Schaden erwächst.[65] **468**

Falls ein Hauptvertrag mit dem Versicherer, mit dem der Vertrag über vorläufige Deckung besteht, nicht zustande kommt, weil der Versicherungsnehmer seine Vertragserklärung nach § 8 VVG widerruft oder nach § 5 I und II VVG einen Widerspruch erklärt, endet die vorläufige Deckung spätestens mit dem Zugang des Widerrufs oder des Widerspruchs beim Versicherer (§ 52 III VVG). Nach der Gesetzesbegründung bedarf der Versicherungsnehmer in diesen Fällen keines weitergehenden Schutzes durch eine Nachfrist, da er sich für das Scheitern des Hauptvertrages entscheidet und innerhalb der geltenden Widerrufs- oder Widerspruchsfrist für neue Deckung sorgen könne.[66] Diese Begründung und die getroffene Regelung erscheinen zweifelhaft, da der Versicherungsnehmer die Widerrufs- oder Widerspruchsfrist ohne Nachteile ausschöpfen können sollte. Außerdem ist nicht gesichert, dass der Versicherungsnehmer diese Rechtsfolge für den Vertrag über vorläufige Deckung überblickt. Deshalb wäre eine Belehrung rechtspolitisch angezeigt, wie sie für die Beendigung durch Nichtzahlung oder verspätete Zahlung der Prämie eines sich anschließenden anderen Vertrags nach § 52 I 2 VVG vorgeschrieben ist. Dass auch diese Rechtsfolge eines Widerrufs von der Belehrungspflicht nach § 8 II 1 Nr. 2 VVG umfasst wäre, erscheint zweifelhaft. Für § 5 VVG fehlt jedenfalls eine Belehrungspflicht. Nimmt der Versicherungsnehmer seinen Antrag auf Abschluss des Hauptvertrages zurück, soll § 52 III VVG nach der Gesetzesbegründung entsprechend anzuwenden sein.[67] Auch insoweit besteht keine gesetzliche Belehrungspflicht über den Einfluss der Rücknahme des Antrags für den Hauptvortrag auf die vorläufige Deckung. **469**

Die meisten Verträge über vorläufige Deckung werden über Kfz-Haftpflichtversicherungen geschlossen. Die frühere **»Doppelkarte«**, die der Versicherer dem Versicherungsnehmer übergab, damit dieser sie als Nachweis für den Abschluss einer Haftpflichtversicherung der Straßenverkehrszulassungsbehörde vorlegen konnte, heißt heute »Versicherungsbestätigung« bzw. seit 01.03.2008 »elektronische Versicherungsbestätigung mit Versicherungsbestätigungsnummer« (vgl. § 23 FZV).[68] Die Aushän- **470**

64 Anders noch Reformkommission, Abschlussbericht, S. 331 f. zu § 55 II VVG-E.

65 RegE BT-Drucks. 16/3945 S. 75.

66 RegE BT-Drucks. 16/3945 S. 75.

67 RegE BT-Drucks. 16/3945 S. 75; zustimmend *Rixecker* in: Langheid/Wandt, § 52 VVG Rn. 17.

68 Mit Gesetz zur Änderung des StVG und anderer straßenverkehrsrechtlicher Vorschriften vom 11.09.2002 (BGBl. I S. 3574) wurde die »Doppelkarte« mit spätester Wirkung zum 01.03.2003 (Übergangsfrist) durch eine »Versicherungsbestätigung« ersetzt. Die bislang mit dem Doppel an den Versicherer übermittelte Information erfolgt nunmehr auf elektronischem Weg durch das Kraftfahrtbundesamt (vgl. § 23 III FZV).

digung an den Versicherungsnehmer stellt zugleich die Erklärung des Versicherers dar, die Deckung vorläufig zu übernehmen. Das ist in B.2.1 AKB 2008 klargestellt.

471 Die Aushändigung der »Versicherungsbestätigung« an einen Versicherungsnehmer, der einen einheitlichen Antrag auf Abschluss einer Kfz-Haftpflicht- und einer Fahrzeugversicherung gestellt hat, ist als uneingeschränkte Annahme des Antrags auf vorläufigen Deckungsschutz zu verstehen, es sei denn der Versicherer hat dem Versicherungsnehmer unmissverständlich klargemacht, dass entgegen seinem Wunsch nach Kaskoversicherungsschutz vorläufig nur das Haftpflichtrisiko gedeckt sei.[69] Die gegenteilige Regelung des § 1 (3) AKB 2004 genügt als unmissverständlicher Hinweis nicht, selbst wenn die AKB wirksam in den Vertrag über vorläufige Deckung einbezogen sind (dazu Rn. 456).[70] Obwohl B.2.1 und B.2.2 AKB 2008 demgegenüber schon wesentlich klarer gefasst sind, räumen auch sie nicht restlos alle Zweifel aus;[71] ganz abgesehen davon, dass nicht gewährleistet ist, dass die AKB im maßgebenden Zeitpunkt dem Versicherungsnehmer bereits übermittelt und dadurch zur Kenntnis gelangt sind.

IV. Beendigung, insbesondere Rücktritt und Kündigung

1. Überblick über die Beendigungsgründe

472 Ein Versicherungsverhältnis kann auf dieselbe Weise enden wie andere Vertragsverhältnisse: durch Zeitablauf, durch das zeitliche Ende eines gedeckten Ereignisses (Reise, Transport, Ausstellung, Montage usw.), durch einverständliche Aufhebung des Vertrages, durch Rücktritt oder Kündigung (zum Widerruf Rn. 301 ff.).[72] Für die Beendigung durch Zeitablauf und einverständliche Vertragsaufhebung kann ohne weitere Erläuterung auf die allgemeinen Regeln des Schuldrechts verwiesen werden. Näherer Betrachtung bedürfen Rücktritt und Kündigung. Dabei geht es an dieser Stelle nur um einen Überblick.[73] Denn die einzelnen Beendigungstatbestände versteht man besser im konkreten Zusammenhang, also bei den jeweiligen Rücktritts- und Kündigungsgründen (zu der bereits behandelten Beendigung durch Widerruf vgl. Rn. 301 ff.).

2. Rücktritt

473 Ein Rücktritt führt nach allgemeinem Schuldrecht grundsätzlich zur Rückabwicklung des Vertragsverhältnisses hin zum Status *quo ante*. Das VVG berücksichtigt bei der gesetzlichen Ausgestaltung der Rücktrittsfolgen jedoch, dass der Versicherungsvertrag ein Dauerschuldverhältnis ist und Dauerschuldverhältnisse, die schon teilweise erfüllt worden sind, grundsätzlich nicht rückabgewickelt werden (sondern durch

69 Vgl. BGH VersR 1999, 1274 = NJW 1999, 3560; VersR 1986, 541; OLG Hamm r+s 1998, 404; OLG Köln VersR 2002, 970; vgl. auch *Hermanns* in: Beckmann/Matusche-Beckmann, § 7 Rn. 12 sowie *Heß/Höke* in: Beckmann/Matusche-Beckmann, § 30 Rn. 93.

70 Vgl. BGH VersR 1999, 1274 = NJW 1999, 3560 (zu § 1 (3) AKB 1998).

71 Auch zweifelnd: *Hermanns* in: Beckmann/Matusche-Beckmann, § 7 Rn. 12.

72 Vgl. *K. Johannsen* in: Beckmann/Matusche-Beckmann, § 8 Rn. 55 ff. Zur Insolvenz eines Versicherers vgl. Rn. 64, 78. Für die Insolvenz des Versicherungsnehmers gilt § 103 InsO (dazu die Kommentare zur InsO, vgl. *Häsemeyer* Insolvenzrecht, 3. Aufl. 2003, Rn. 20, 83). Siehe auch § 110 VVG (§ 14 VVG a.F.).

73 Rechtsvergleich von *Basedow/Fock* I S. 127 ff.

Kündigung nur mit Wirkung für die Zukunft aufgehoben werden). Der »Rücktritt« nach dem VVG ist deshalb nicht notwendig dasselbe wie der Rücktritt im BGB. Er lässt sich vielmehr gemessen an der Terminologie des BGB eher als Mittelding zwischen Kündigung und Rücktritt kennzeichnen, wenn der Versicherer einen Anspruch auf eine angemessene Geschäftsgebühr (§ 39 I 3 VVG; Rn. 462) oder sogar den Anspruch auf die Prämie bis zum Wirksamwerden der Rücktrittserklärung behält (§ 39 I 2 VVG; Rn. 500).

Das VVG gewährt dem Versicherer ein solches Rücktrittsrecht,[74] wenn der Versiche- **474**
rungsnehmer eine einmalige oder die erste von mehreren Prämien nicht bezahlt (§ 37 I VVG, Rn. 518) und wenn der Versicherungsnehmer bei Vertragsabschluss gefahrerhebliche Umstände nicht oder falsch angezeigt hat (§ 19 II VVG, Rn. 801).

Ein Rücktrittsrecht für den Versicherer kann auch vertraglich (durch AVB) vereinbart **475**
werden. Dabei kann allerdings nicht von halbzwingenden Vorschriften des VVG abgewichen werden. Insbesondere kann die Verletzung einer Obliegenheit nicht vertraglich zu einem Rücktrittsgrund gemacht werden (§ 28 V VVG, vgl. auch §§ 56, 131 VVG).

Der Rücktritt wird in allen Fällen, wie nach dem BGB, durch eine empfangsbedürfti- **476**
ge Willenserklärung ausgeübt (zu den zusätzlichen Erfordernissen gem. § 21 I VVG Rn. 812, 814.).

3. Kündigung

Die **ordentliche Kündigung** von Versicherungsverträgen ist in § 11 II–IV VVG gere- **477**
gelt (halbzwingend nach § 18 VVG; zu vorrangigen speziellen Vorschriften siehe Rn. 480). § 11 III VVG bestimmt nunmehr für Verträge auf bestimmte Zeit mit Verlängerungsklausel und für Verträge auf unbestimmte Zeit, dass die Kündigungsfrist für beide Vertragsparteien gleich sein muss und nicht weniger als einen Monat und nicht mehr als drei Monate betragen darf. Hinsichtlich des **zulässigen kündigungsfesten Zeitraums** wird wie folgt differenziert:

Bei einem auf unbestimmte Zeit eingegangenen Versicherungsverhältnis (§ 11 II **478**
VVG) können die Parteien bis zur Dauer von zwei Jahren auf das Kündigungsrecht verzichten. Eine Kündigung kann von beiden Vertragsparteien nur für den Schluss der laufenden Versicherungsperiode erfolgen.

Ein Versicherungsvertrag, der für die Dauer von mehr als drei Jahren geschlossen **479**
worden ist, kann vom Versicherungsnehmer zum Schluss des dritten oder jedes darauf folgenden Jahres unter Einhaltung einer Frist von drei Monaten gekündigt wer-

74 Das VVG enthält keine Regelung, die dem Versicherungsnehmer ein Rücktrittsrecht einräumt. Es schließt ein solches Recht aber auch nicht aus, wie § 69 I Nr. 2 VVG zeigt. Ein *gesetzliches* Rücktrittsrecht des Versicherungsnehmers wird allerdings nur ausnahmsweise bestehen. Es kann sich aus § 323 BGB (z.B. wegen dauerhafter Verweigerung der Versicherungsleistung) oder aus § 324 BGB (z.B. wegen unberechtigter Datenweitergabe) ergeben, da die Regeln über den gegenseitigen Vertrag grundsätzlich auch auf Versicherungsverträge anwendbar sind. Allerdings werden diese Vorschriften grundsätzlich durch §§ 313 III 2, 314 BGB verdrängt. Dennoch wird ausnahmsweise ein Rücktrittsrecht zugelassen, wenn an der Rückgängigmachung ein berechtigtes Interesse besteht bzw. die Rückgängigmachung unschwer möglich und sachgerecht ist. Vgl. BGH NJW 2002, 1870; *Grüneberg* in: Palandt, BGB, 68. Aufl. 2009, § 314 BGB Rn. 12 sowie *Looschelders* Schuldrecht, Allgemeiner Teil, 2006, Rn. 807.

den (§ 11 IV VVG). Zugunsten des Versicherers sieht das Gesetz ein solches Kündigungsrecht nicht vor. Der Versicherer kann sich ein entsprechendes Kündigungsrecht jedoch in seinen AVB vorbehalten; § 18 VVG steht dem nicht entgegen.[75]

480 In den meisten Arten der Krankenversicherung, insbesondere in der substitutiven, hat der Versicherer allerdings aus sozialen Gründen kein ordentliches Kündigungsrecht (§ 206 VVG)[76] und kann sich ein solches auch nicht vertraglich ausbedingen (§ 208 VVG). Auch in der Lebensversicherung hat der Versicherer kein ordentliches Kündigungsrecht, ohne dass dies im Gesetz ausdrücklich gesagt würde. Im Übrigen sind für die Lebens- und Berufsunfähigkeitsversicherung die Sonderregelungen der §§ 168, 176 VVG zu beachten, für die Krankenversicherung § 205 VVG. Für einen auf unbestimmte Zeit eingegangenen Vertrag über vorläufige Deckung ist § 52 IV VVG zu beachten (Rn. 465).

481 Die **außerordentliche Kündigung**, die meist mit einer Kündigungsfrist verbunden ist, gibt beiden Parteien oder auch nur einer Partei die Möglichkeit, sich aus besonderem Anlass vorzeitig von dem Vertrag zu lösen (z.B. nach Prämienerhöhung, § 40 VVG; nach einem Versicherungsfall in der Sachversicherung, § 92 VVG; nach einer Veräußerung in der Sachversicherung, § 96 VVG).

482 Die **fristlose Kündigung** schließlich ist eine Reaktion auf schwere Vertragsstörungen, meist auf schuldhafte Vertragsverletzungen der anderen Partei (z.B. Kündigung des Versicherers wegen vorsätzlicher oder grobfahrlässiger Gefahrerhöhung durch den Versicherungsnehmer, § 24 I VVG).

483 Die einzelnen Kündigungsmöglichkeiten des Versicherungsvertragsrechts werden wie gesagt noch im Zusammenhang mit ihren Voraussetzungen behandelt. Hier folgen nur einige Bemerkungen zum **allgemeinen Recht auf fristlose Kündigung aus wichtigem Grund**, das sich mangels spezieller gesetzlicher Vorschriften im Versicherungsvertragsrecht aus § 314 BGB (vor der Schuldrechtsmodernisierung aus Treu und Glauben)[77] ergeben kann. Dieses Kündigungsrecht besteht beim Versicherungsvertrag so wie bei jedem Dauerschuldverhältnis. Grund und Maßstab dafür ist wie überall, dass einem Vertragspartner eine Fortsetzung des Verhältnisses nicht mehr zugemutet werden kann. Was das im Einzelnen bedeutet, kann man nicht für alle zukünftigen Fälle kasuistisch voraussagen, eben weil die Regel so umfassend ist. Hier nur einige Fälle aus der Rechtsprechung als Anschauungsmaterial: Kündigungsrecht des Versicherungsnehmers, weil der Versicherer finanziell »unsicher« geworden ist[78] oder seine Deckungspflicht grundlos bestreitet;[79] Kündigungsrecht des Versicherers, weil der Versicherungsnehmer versucht hat, einen anderen zur Herbeiführung des Versicherungsfalls anzustiften[80] oder sich Versichererleistungen auf anderem Wege zu er-

75 RegE BT-Drucks. 16/3945 S. 63; von einer Beschränkung des Anwendungsbereichs des § 11 IV VVG auf Verbraucher i.S.d. § 13 BGB wurde mit der Begründung abgesehen, dass auch kleine Unternehmen und Freiberufler ebenso schützbedürftig sein können wie Verbraucher; anders noch Reformkommission, Abschlussbericht, S. 28 ff., 302.

76 Vgl. BGH VersR 1985, 54.

77 BGH VersR 1985, 54.

78 BGHZ 1, 334 = VersR 1951, 132 = NJW 1951, 714 (Hagelversicherung).

79 Vgl. BGH VersR 1972, 970 (dort Schadensersatz).

80 RG JW 1937, 218.

schleichen.[81] Zu beachten ist allerdings in jedem Einzelfall, inwieweit bereits vertragliche oder spezialgesetzliche Regelungen die Belange des Kündigenden wahren. Erst wenn seine Interessen trotz Ausschöpfung der sonstigen vertraglichen und spezialgesetzlichen Möglichkeiten in einem Maße beeinträchtigt sind, dass ihm eine sinnvolle Fortsetzung der Beziehungen nicht mehr möglich ist, kann er sich durch außerordentliche Kündigung vom Vertrag lösen.[82]

Vertiefung (vgl. auch Rn. 1366): § 206 I 1 VVG 2009 schließt für die Pflicht-Krankheitskosten- **484**
versicherung i.S.v. § 193 III 1 VVG 2009 »jede Kündigung … durch den Versicherer« aus. Umstritten ist, ob diese Regelung teleologisch zu reduzieren ist. Zutreffend erscheint es, die Vorschrift so auszulegen, dass das allgemeine Recht auf fristlose Kündigung aus wichtigem Grund aus § 314 BGB nicht ausgeschlossen wird.[83] Die Gesetzesbegründung legt nahe, dass es dem Gesetzgeber nur darum ging, Tatbestände der außerordentlichen Kündigung nach dem VVG auszuschließen.[84] Es besteht auch kein Grund die Kündigung aus wichtigem Grund generell auszuschließen. Denn die Voraussetzungen für eine solche Kündigung werden bei einer Krankheitskostenversicherung nur in seltenen Extremfällen erfüllt sein.[85] Für sie kann die außerordentliche Kündigung aber unter dem Gesichtspunkt von Treu und Glauben unerlässlich sein (Beispiel: nachhaltige Beleidigungen und Bedrohungen eines Krankenversicherers und seiner Sachbearbeiter[86]). Die uneingeschränkt zulässige Anfechtung des Vertrages wegen arglistiger Täuschung (vgl. § 193 V 4 VVG) hilft in solchen Fällen nicht, weil die Täuschung nicht bei Vertragsschluss erfolgt. Das BVerfG[87] hat festgestellt, dass § 206 I 1 VVG 2009 verstanden als absolutes Kündigungsverbot verfassungsgemäß sei. Die Regelung sei nicht sachwidrig und es sei zumutbar, dass der Gesetzgeber auf eine Kündigungsregelung wegen anderer Vertragsverletzungen als einem Prämienverzug, die nur relativ selten vorkommen, verzichtet habe. Der Gesetzgeber wolle das duale Krankenversicherungssystem erhalten und stärken; dabei solle auch die private Säule zur Vollfunktionalität gelangen und ihre Mitglieder in gleicher Weise wie die öffentlich-rechtliche Versicherung umfassend, rechtssicher und dauerhaft absichern. Diese Argumentation berücksichtigt allerdings nicht, dass ein Krankenversicherungsvertrag – anders als ein gesetzliches Krankenversicherungsverhältnis – infolge einer Anfechtung wegen Drohung oder arglistiger Täuschung rückwirkend wegfallen kann (vgl. § 193 V 4 VVG). Es leuchtet daher nicht ein, dass eine Drohung oder betrügerisches Verhalten während der Laufzeit des Vertrages selbst in Extremfällen nicht zu einer – nur in die Zukunft wirkenden – außerordentlichen Kündigung berechtigen soll. Dabei ist zu berücksichtigen, dass der gekündigte Versicherte insoweit geschützt wird, als die anderen privaten Krankenversicherer auf Grund des Kontrahierungszwangs verpflichtet sind, ihn im Basistarif zu versichern (vgl. §§ 193 V 4 VVG, 12 Ib 4 VAG). Will man deshalb für Extremfälle eine außerordentliche Kündigung zulassen, so müsste dem Versicherten jedoch die volle Alterungsrückstellung mitgegeben werden. Die Feststellung des BVerfG, dass § 193 III 1 VVG auch bei einem Verständnis als absolutes Kündigungsverbot verfassungsgemäß ist, hindert eine teleologische Reduktion der Regelung durch die Fachgerichte nicht.

---

81 Vgl. BGH VersR 2007, 1260; BGH VersR 1985, 54 (jeweils Krankentagegeldversicherung); vgl. aber auch OLG Saarbrücken VersR 2009, 344 (Berufsunfähigkeitsversicherung).

82 BGH VersR 1985, 54; vgl. auch BGH VersR 2007, 1260; BGH VersR 2009, 1063 (Krankentagegeldversicherung: trotz Täuschungsversuchs des Versicherungsnehmers wurde eine außerordentliche Kündigung wegen unzulässigen Detektiveinsatzes durch den Versicherer verneint).

83 Für eine Beschränkung der Anwendbarkeit auf eine außerordentliche Kündigung wegen Verzuges mit einer Folgeprämie *Marko* in: Marlow/Spuhl, S. 322; *ders.* in: HK-VVG, § 206 VVG (ab 01.01.2009) Rn. 6; *Hütt* in: Langheid/Wandt, § 206 VVG Rn. 52. Eine teleologische Reduktion dagegen ablehnend: *Grote/Bronkars* VersR 2008, 580, 583; *Boetius* VersR 2007, 431,436; *Langheid* NJW 2007, 3745, 3749.

84 BT-Drucks. 16/4247 S. 68.

85 Vgl. OLG Karlsruhe VersR 2007, 530.

86 Vgl. OLG Rostock r+s 2006, 506 (körperlicher Angriff, Bedrohung und Nötigung eines Schadenregulierers).

87 BVerfG VersR 2009, 957, 964 = NJW 2009, 2033, 2041.

V. Zusammenfassung

485 **Versicherungsschein, Dauer und Beendigung des Versicherungsverhältnisses**

1. **Versicherungsschein (Police)** (Rn. 425 ff.)
   - Erklärung des VR zum Beweis, dass ein Versicherungsvertrag geschlossen wurde → keine Voraussetzung für die Wirksamkeit des Versicherungsvertrags; ausnahmsweise konstitutive Wirkung bei vom Antrag des VN abweichendem Versicherungsschein (§ 5 VVG)
   - grds. in **Textform** (§ 126b BGB), auf Wunsch des VN auch als **Urkunde** (§ 126 BGB)
   - Übermittlungs- bzw. Aushändigungspflicht gem. § 3 I VVG
   - Versicherungsschein als »Schuldschein« → immer bei Einlösungsklausel gem. § 4 II VVG
   - beim **Versicherungsschein »auf den Inhaber«** behält sich der VR vor, an den jeweiligen Inhaber zu leisten → gem. § 4 I VVG sog. hinkendes Inhaberpapier (§ 808 BGB)
   - bei **Versicherung für fremde Rechnung** (§§ 43 ff. VVG) → Legitimationspapier
   - bei **Transport- und Seeversicherung** → je nach Ausgestaltung Order- oder echtes Inhaberpapier

2. **Vertragsdauer, Haftungsdauer und prämienbelasteter Zeitraum**
   - **formeller Vertragsbeginn** = Beginn des Versicherungsverhältnisses mit Zugang der Annahmeerklärung beim Antragsteller (Rn. 434)
   - unkündbare Höchstlaufzeit max. 3 Jahre, vgl. § 11 VVG
   - Zulässige Verlängerungsvereinbarung → max. um jeweils ein Jahr, § 11 I VVG
   - **Haftungsdauer (»materielle Versicherungsdauer«)** = Zeitraum des Versicherungsschutzes → Auslegung nach § 10 VVG (Rn. 440)
   - **Prämienbelasteter Zeitraum (»technische Versicherungsdauer«)** = Beginn der Prämienzahlungspflicht (Rn. 442)
   - **Vorwärts- und Rückwärtsversicherung** (vgl. Rn. 443 ff.)
     - Vorwärtsversicherung: Haftungszeitraum fällt mit formellem Versicherungsbeginn zusammen oder folgt ihm nach
     - Rückwärtsversicherung: Haftungsbeginn liegt vor Vertragsabschluss (§ 2 I VVG)
     - bei Kenntnis, dass Versicherungsfall bei Vertragsschluss schon eingetreten ist → kein Prämienanspruch bzw. kein Versicherungsschutz (§ 2 II VVG; abdingbar)
     - **P:** *Rückdatierung* (Rn. 447)
   - **Haftungsbeginn erst mit Zahlung der einmaligen oder ersten Prämie**, § 37 II VVG (Rn. 448 f.)
     - Haftung beginnt erst, wenn Erst- oder Einmalprämie bezahlt worden ist (Einlösungsprinzip)
     - Ausnahme: Abbedingung des Einlösungsprinzips → Haftung beginnt zum vereinbarten Zeitpunkt, wenn nur die Prämie nach Aufforderung unverzüglich entrichtet wird (erweiterte Einlösungsklausel)

3. **Vertrag über vorläufige Deckung**, §§ 49–52 VVG (Rn. 450 ff.)
   - **selbständiger Versicherungsvertrag** → grds. Anwendbarkeit der allgemeinen Vorschriften über Abschluss von Versicherungsverträgen
   - § 49 I 1 VVG → Informationen nach § 7 I und II iVm VVG-InfoV nur auf Anforderung des VN, spätestens mit Versicherungsschein
   - §§ 6 II, 62 II VVG → zunächst nur mündliche Mitteilung von Rat und Gründen; Nachholung in Textform nach Vertragsschluss
   - § 49 II VVG → Sonderregelung für Einbeziehung von AVB
   - **P:** *Anwendung des § 49 II VVG auf Fernabsatzverträge* (Rn. 457)
   - kein Widerrufsrecht; Ausnahme: → Widerrufsrecht bei Fernabsatzvertrag gemäß § 8 III 1 Nr. 2 VVG
   - **Haftungsbeginn** mit Vertragsabschluss (vgl. § 51 I VVG; Einlösungsprinzip muss als Ausnahme vereinbart werden)
   - **Prämienverzug** → §§ 37, 38 VVG → Sonderregelung in § 52 I 2 VVG → rückwirkender Wegfall der vorläufigen Deckung aufgrund Sonderregelung des § 9 S. 2 KfzPflVV für Kfz-HaftpflichtV

- **Prämienanspruch, § 50 VVG →** nur bei Vereinbarung, grds. »pro rata temporis-Prämie« (abweichende Vereinbarung möglich)
- **Beendigung der vorläufigen Deckung**, § 52 VVG:
  - mit Fristablauf
  - Abschluss des Hauptvertrages oder weitere vorläufige Deckung
  - Zahlungsverzug hinsichtlich Hauptvertrag oder weitere vorläufige Deckung
  - Vertrag mit anderem VR
  - Zugang des Widerrufs/Widerspruchs
  - fristlose Kündigung

4. Beendigung des Versicherungsvertrags, insbesondere Rücktritt und Kündigung (Rn. 472 ff.)
- Beendigung nach allgemeinen Regeln des SchuldR (Zeitablauf, Ende eines gedeckten Ereignisses, einverständliche Aufhebung)
- **Sonderregelungen des VVG** (zum Widerruf Rn. 301 ff.):
  - Rücktritt (Rn. 473 ff.)
    →besondere Rechtsfolgen, weil Versicherungsvertrag Dauerschuldverhältnis → Mittelding zwischen Rücktritt und Kündigung
    →Anspruch des VR auf angemessene Geschäftsgebühr, § 39 I 3 VVG
    →Anspruch des VR auf Prämie bis zum Wirksamwerden der Rücktrittserklärung, § 39 I 2 VVG
  - Kündigung (Rn. 477 ff.)
    →ordentliche Kündigung, § 11 II–IV VVG
    →außerordentliche Kündigung, z.B. §§ 40, 92, 96 VVG
    →fristlose Kündigung, z.B. § 24 I VVG bzw. § 314 BGB

G. Die Pflicht des Versicherungsnehmers zur Prämienzahlung

I. Einführung

Die **Prämie** ist das Entgelt für die Versicherung. Es handelt sich um die (einzige) vertragliche **Hauptleistung(-spflicht) des Versicherungsnehmers** (§ 1 S. 2 VVG). **486**

Wenn im Folgenden von »Prämie« gesprochen wird, so ist damit – dies gilt für das gesamte Buch – zugleich der **»Beitrag«** eines Mitglieds zu einem Versicherungsverein auf Gegenseitigkeit gemeint (vgl. § 24 VAG).[1] Zu beachten ist, dass in der Praxis die Prämie auch bei Versicherungsaktiengesellschaften gelegentlich als »Beitrag« bezeichnet wird (so traditionell in der Krankenversicherung, vgl. die MB/KK). **487**

Das **Versicherungsvertragsrecht** befasst sich mit den Voraussetzungen für die Entstehung einer Prämienschuld, der Art und Weise der Zahlung und den Sanktionen für Verletzungen der Zahlungspflicht.[2] Das Vertragsrecht, insbesondere das AGB-Recht, ist auch berührt, wenn es um einseitige Prämienanpassungsbefugnisse des Versicherers geht (dazu Rn. 210 ff.). **488**

Die bei Vertragsbeginn vereinbarte **Prämienhöhe** gehört dagegen grundsätzlich nicht zu den Regelungsgegenständen des Vertragsrechts, ebenso wenig wie die Grundlagen der Berechnung von Kaufpreisen, von Zinsen für Bankdarlehen oder von Handwerkerrechnungen.[3] Die Prämienhöhe richtet sich regelmäßig nach einem vertraglich vereinbarten Tarif (sog. Tarifprämie). **»Tarif«** bezeichnet das Preisverzeichnis des Versicherers, das dieser nach versicherungsmathematischen und -technischen Grundsätzen erstellt hat. Der Begriff umfasst in erster Linie die Aufgliederung der Prämienbeträge für unterschiedliche Risikogruppen (sog. Prämienstaffeln). Er erfasst auch die Vertragsbedingungen, die der Festlegung der Prämienhöhe dienen, die sog. Tarifbestimmungen (Rn. 178).[4] **489**

Auch das **Aufsichtsrecht** sieht nach der Deregulierung im Jahre 1994 keine unmittelbare Preisregulierung mehr vor. Die zuvor bestehende Tarifgenehmigungspflicht in der Lebens- und Krankenversicherung sowie in der Kfz-Haftpflichtversicherung ist weggefallen (Rn. 66).[5] Es gibt aber weiterhin **Regelungen über die Prämienkalkulation** für die sozialpolitisch relevanten Versicherungssparten Lebensversicherung, Unfallversicherung mit Prämienrückgewähr und substitutive Krankenversicherung (§§ 5 V Nr. 1a, 11, 11a, 11d, 12 ff. VAG, Rn. 1156 ff., 1310 ff.). Es handelt sich dabei um allgemeine Regelungen über die Preisbemessung, über die Aufgaben des »verantwortlichen Aktuars« im Zusammenhang mit der Prämienkalkulation und über Informationspflichten der Versicherer gegenüber der Aufsichtsbehörde. Abgesehen von diesen aufsichtsrechtlichen Regelungen kann man aber festhalten: Versicherungsprämien dürfen seit der Deregulierung wie die Preise anderer Produkte frei kalkuliert **490**

1 § 1 II 2 VVG a.F. stellte diesen »Beitrag« der »Prämie« für das Versicherungsvertragsgesetz ausdrücklich gleich.
2 Vgl. *Hahn* in: Beckmann/Matusche-Beckmann, § 12.
3 Siehe allgemein BGHZ 137, 27 = NJW 1998, 383; für das Versicherungsrecht aus jüngerer Zeit BVerfG VersR 2006, 961 (Prämienhöhe in der Unfallversicherung), *Dreher* VersR 1997, 1; *Leverenz* VersR 1997, 652; vgl. auch *Farny* Versicherungsbetriebslehre, S. 655 ff.
4 Zur Abgrenzung der Tarifbestimmungen von sonstigen AVB vgl. *Wandt* Änderungsklauseln in Versicherungsverträgen, 2000, Rn. 210 ff.
5 Vgl. zum alten Recht *Baumann* in: HdV, 1988, S. 533 ff.

werden. Sowohl die Struktur ihrer Tarife wie die absolute Höhe der Prämien ist den Versicherern überlassen (»Tariffreiheit«; zu Einzelheiten Rn. 66, 105). Damit ist die Grundvoraussetzung für einen **Preiswettbewerb** gegeben.[6]

491 Eine unmittelbare betragsmäßige **Preisregulierung** gibt es ausnahmsweise entsprechend spezieller rechtspolitischer Ziele[7] für den »Basistarif«, den die privaten Krankenversicherer seit 01.01.2009 branchenweit einheitlich anzubieten verpflichtet sind (§ 193 V VVG 2009). Nach dem seit 01.01.2009 geltenden § 12g I Nr. 1 VAG darf der Beitrag für den Basistarif, dessen Leistungen nach Art, Umfang und Höhe der gesetzlichen Krankenversicherung vergleichbar sein müssen, den Höchstbeitrag der gesetzlichen Krankenversicherung nicht übersteigen (vgl. Rn. 1317).[8]

II. Tarif- und Prämienanpassungen

492 In der Lebens-, Berufsunfähigkeits- und Krankenversicherung gewährt das VVG den Versicherern unter engen Voraussetzungen eine gesetzliche Befugnis zur Anpassung der Prämie (§§ 163 I, 176, 203 II VVG; vgl. Rn. 210 ff., 1249, 1322 ff.). Auf diesem Wege soll Änderungsrisiken Rechnung getragen werden, die bei Vertragsschluss nicht abzuschätzen sind und die deshalb zu diesem Zeitpunkt nicht vollständig in Form von Sicherheitszuschlägen in die Prämie einkalkuliert werden können (Rn. 99). Die Anpassungsbefugnisse sind in den betreffenden Versicherungsarten besonders geboten, weil diese Versicherungen insbesondere wegen der langen Laufzeit in hohem Maße unkalkulierbaren Änderungsrisiken ausgesetzt und für den Versicherer regelmäßig nicht ordentlich kündbar sind (Rn. 480).[9]

493 Im Übrigen sehen Allgemeine Versicherungsbedingungen häufig eine Befugnis des Versicherers vor, die Prämienhöhe oder die sie bestimmenden Tarifbestimmungen während der Laufzeit des Vertrages anzupassen oder zu ändern (**Tarifänderungsklauseln** oder – nur auf die Prämienhöhe bezogen – **Prämienanpassungsklauseln**). Derartige Klauseln unterliegen strengen AGB-rechtlichen Wirksamkeitsvoraussetzungen (Rn. 215 ff.).[10]

494 Wenn der Versicherer aufgrund einer Anpassungsklausel die Prämie erhöht, ohne dass sich der Umfang des Versicherungsschutzes entsprechend ändert, kann der Versicherungsnehmer den Vertrag nach § 40 I VVG **kündigen**. Das Ausmaß der Prä-

6 Vgl. hierzu Monopolkommission, Die Wettbewerbsordnung erweitern: Siebentes Hauptgutachten 1986/87, BT-Drucks. 11/2677 (zu Wettbewerb und Regulierung in der Versicherungswirtschaft); Deregulierungskommission, Marktöffnung und Wettbewerb, 1991, S. 14 ff.; Gutachten zur Untersuchung der Problematik steigender Beiträge der privaten Krankenversicherten im Alter, BT-Drucks. 13/4945.

7 Vgl. die Begründung des Fraktionen-Gesetzentwurfs, BT-Drucks. 16/3100 S. 92, die vom RegE wortgleich übernommen wurde, BT-Drucks. 16/3950.

8 Zur Verfassungsmäßigkeit BVerfG VersR 2009, 957, 963 = NJW 2009, 2033, 2041; zu Einzelheiten vgl. *Marko* in: Marlow/Spuhl, S. 310; *Kalis* in: Langheid/Wandt, § 193 VVG Rn. 28 ff.; kritisch mit Blick auf das der Privatversicherung immanente Äquivalenzprinzip *Boetius* VersR 2007, 431; *Grote/Bronkars* VersR 2008, 580.

9 Eine gesetzliche Tarifänderungsbefugnis für die Stichtagsaltverträge in der Kfz-Haftpflichtversicherung (29.07.1994/31.12.1994) begründet Art. 16 § 8 Drittes Durchführungsgesetz/EWG zum VAG (abgedruckt bei *Lorenz/Wandt* Nr. 5). Vgl. dazu BGH VersR 2001, 493 mit Anm. *Feyock* VersR 2001, 496 und *Wandt* VersR 2001, 498.

10 Eingehend dazu *Wandt* Änderungsklauseln in Versicherungsverträgen, 2000; *ders.* in: Beckmann/Matusche-Beckmann, § 11 Rn. 59 ff.

mienerhöhung spielt dabei, anders als früher[11], keine Rolle. Dies gilt entsprechend, wenn der Versicherer auf Grund einer Anpassungsklausel den Umfang des Versicherungsschutzes vermindert, ohne die Prämie entsprechend herabzusetzen (§ 40 II VVG).

Nicht von § 40 VVG erfasst sind Prämienanpassungen, die mit einer proportionalen Veränderung des Deckungsumfangs einhergehen, sei es aufgrund einer Anpassungsklausel (z.B. nach A. § 10 VHB 2008) oder durch Gesetz (z.B. nach § 10 Kfz-PflVV).[12] Auch derartige Prämienanpassungsklauseln unterliegen strenger AGB-rechtlicher Kontrolle. Bei Ankoppelung an objektive Parameter, Indices etc. erfordern sie aber nicht grundsätzlich, dass dem Versicherungsnehmer ein außerordentliches Kündigungsrecht eingeräumt wird. **495**

III. Prämienarten und Fälligkeit

Wie schon mehrfach erwähnt, gibt es Versicherungsverträge, bei denen aufgrund der vertraglichen Vereinbarung die Prämie in einer einzigen Zahlung zu entrichten ist (»**Einmalprämie**«). Typisches Beispiel ist die Reisegepäckversicherung. Hier ist die gesamte Prämie auf einmal vor der Reise zu zahlen. **496**

In den meisten »Jedermann-Versicherungen«, z.B. der Kraftfahrtversicherung, der Hausratversicherung, der Privathaftpflichtversicherung oder der (privaten) Krankenversicherung, sind dagegen **»laufende Prämien«** geschuldet. Hier wird die gesamte Vertragsdauer in gleich große Zeitabschnitte unterteilt und für diese Zeitabschnitte die jeweils (im Voraus) zu zahlende Prämie berechnet. Die Zeitabschnitte heißen **»Versicherungsperioden«**. **497**

Als Versicherungsperiode gilt der Zeitraum eines Jahres, falls nicht die Prämie vertraglich nach kürzeren Zeitabschnitten bemessen ist (§ 12 VVG). **498**

Von der Versicherungsperiode als Berechnungsgrundlage für die Prämie ist die **Zahlungsweise** zu unterscheiden. Wenn die Parteien »halbjährliche«, »vierteljährliche« oder »monatliche« Zahlungsweise vereinbaren, handelt es sich um **Ratenzahlungen**. Dies berührt die Versicherungsperiode nicht.[13] Die Unterscheidung zwischen Versicherungsperiode und Zahlungsweise ist nach Abschaffung des Grundsatzes der »Unteilbarkeit der Prämie« (folgende Rn. 500) vor allem für die Hagelversicherung hervorzuheben, weil dem Versicherer dort auch nach neuem Recht die Prämie für die gesamte laufende Versicherungsperiode zusteht, wenn der Versicherungsnehmer für einen früheren Zeitpunkt als den Schluss dieser Versicherungsperiode kündigt (§ 92 III VVG). Aufgrund der Abhängigkeit der Hagelversicherung von den Jahreszeiten erscheint es angemessen, hier dem Versicherer die Prämien der gesamten Versicherungsperiode zuzubilligen.[14] **499**

Der **im VVG a.F. herrschende »Grundsatz der Unteilbarkeit der Prämie«** sah vor, dass der Versicherer die Prämie für die gesamte laufende Versicherungsperiode auch dann behalten durfte, wenn der Vertrag während des Laufs der Versicherungsperiode beendet wurde (vgl. z.B. § 40 VVG a.F.). Der Reformgesetzgeber hat dies als grund- **500**

11 Vgl. *Weyers/Wandt* Versicherungsvertragsrecht, 3. Aufl., Rn. 354 Fn. 7.

12 Verordnung über den Versicherungsschutz in der Kraftfahrzeug-Haftpflichtversicherung, abgedruckt bei *Wiechmann/Block* Nr. 55.

13 BGHZ 115, 347 = VersR 1991,1277 = NJW 1992, 107.

14 Vgl. RegE BT-Drucks. 16/3945 S. 83.

sätzlich unangemessene Begünstigung des Versicherers aufgegeben und **durch** den **»pro rata temporis-Grundsatz« ersetzt.** § 39 I 1 VVG statuiert demgemäß, dass dem Versicherer im Fall der Beendigung des Versicherungsverhältnisses vor Ablauf der Versicherungsperiode nur derjenige Teil der Prämie zusteht, der dem anteilig getragenen Risiko entspricht (halbzwingend, § 42 VVG; zu der Sonderregelung für die Hagelversicherung in § 92 III VVG siehe die vorige Rn.). Einige Sonderregelungen begrenzen den Prämienanspruch auf den Zeitpunkt des Wirksamwerdens eines Gestaltungsrechts oder der Kenntniserlangung des Versicherers von einem bestimmten Ereignis (Rücktritt nach Anzeigepflichtverletzung oder Anfechtung wegen arglistiger Täuschung § 39 I 2 VVG; Kenntniserlangung durch den Versicherer: bei Betrugsfällen § 74 II VVG; bei der betrügerischen Mehrfachversicherung § 78 III VVG; bei in betrügerischer Absicht fehlendem versicherten Interesse § 80 III VVG). Diese Sonderregelungen beruhen auf unterschiedlichen Gründen. Bei einem Rücktritt wegen Verletzung der vorvertraglichen Anzeigepflicht lässt sich die bis zum Wirksamwerden der Rücktrittserklärung fortdauernde Prämienzahlungspflicht immerhin noch damit rechtfertigen, dass der Versicherer trotz Rücktritts leistungspflichtig sein kann, wenn die Anzeigepflichtverletzung weder für den Eintritt oder die Feststellung des Versicherungsfalles noch für die Feststellung oder den Umfang der Leistungspflicht des Versicherers kausal geworden ist (§ 21 II 1 VVG). In den übrigen Fällen besteht die Prämienzahlungspflicht fort, obwohl eine Leistungspflicht des Versicherers ausgeschlossen ist. Gründe hierfür sind einerseits die Prävention vor betrügerischem Verhalten und andererseits der pauschalierte Ausgleich des Risikos des Versicherers, durch entsprechende Verhaltensweisen geschädigt zu werden, wenn diese nicht aufgedeckt werden.

501 Bei laufender Prämienzahlung unterscheidet das Gesetz scharf zwischen der ersten und den später geschuldeten Prämien (**»erste Prämie« im Gegensatz zu »Folgeprämien«**). Diese Unterscheidung ist zum einen für die Regelung über die Fälligkeit von Bedeutung (§ 33 VVG). Viel wichtiger aber ist, dass die Rechtsfolgen der verspäteten Zahlung unterschiedlich geregelt sind, je nachdem, ob die erste Prämie oder eine Folgeprämie verspätet gezahlt wird (§§ 37, 38 VVG; zu den Einzelheiten der Abgrenzung Rn. 525 ff.). Die **Einmalprämie stellt das Gesetz in allem der Erstprämie gleich** (§§ 35, 39 VVG).

502 Nach § 35 VVG a.F. hatte der Versicherungsnehmer die einmalige oder die erste Prämie sofort nach Vertragsschluss zu zahlen.[15] Das entsprach der allgemeinen schuldrechtlichen Regel (§ 271 BGB). Das VVG 2008 ändert den **gesetzlichen Fälligkeitszeitpunkt**, weil Versicherungsverträge nunmehr grundsätzlich widerruflich sind und der Versicherungsnehmer nicht vor Ablauf der Widerrufsfrist zur Zahlung verpflichtet sein soll.[16] Die Widerrufsfrist beträgt in der Regel vierzehn Tage (§ 8 I VVG[17]).[18] Entsprechend bestimmt § 33 I VVG als generellen Fälligkeitszeitpunkt der einmali-

15 Allerdings stand dem Versicherungsnehmer nach § 35 S. 2 VVG a.F. eine Einrede gegenüber dem Forderungsrecht des Versicherers zu, solange ihm der Versicherungsschein nicht ausgehändigt worden war. Daher der Ausdruck »Einlösung des Versicherungsscheins«.

16 Vgl. RegE BT-Drucks. 16/3945 S. 70.

17 I.d.F. des Gesetzes zur Umsetzung der Verbraucherkreditrichtlinie, des zivilrechtlichen Teils der Zahlungsdiensterichtlinie sowie zur Neuordnung der Vorschriften über das Widerrufs- und Rückgaberecht vom 29.07.2009 (BGBl. I S. 2355).

18 In der Lebensversicherung 30 Tage (§ 152 I VVG).

gen oder ersten Prämie »unverzüglich[19] nach Ablauf von 14 Tagen nach Zugang des Versicherungsscheins«.[20] Bei der Lebensversicherung ist in Übereinstimmung mit der verlängerten Widerrufsfrist (§ 152 I VVG) unverzüglich nach Ablauf von 30 Tagen nach Zugang des Versicherungsscheins zu zahlen, § 152 III VVG.

§ 33 I VVG ist wörtlich zu nehmen, d.h. die Fälligkeit der Prämie tritt zwei Wochen (ab 11.06.2010: vierzehn Tage; vgl. Rn. 502) nach Zugang des Versicherungsscheins ein, auch wenn die Widerrufsfrist zu diesem Zeitpunkt ausnahmsweise noch läuft.[21] Nach der Gesetzesbegründung soll allerdings abweichend von § 33 I VVG die Monatsfrist von § 5 II VVG maßgebend sein, wenn der Versicherungsschein vom Antrag des Versicherungsnehmers abweicht. Diese Gesetzesbegründung legt nahe, § 33 I VVG teleologisch dahin auszulegen, dass es *stets* auf das Ende der Widerrufsfrist ankommt. Dies würde bedeuten, dass entgegen dem Wortlaut von § 33 I VVG im Wege teleologischer Auslegung auch die Fälligkeit der Prämie hinausgeschoben ist, wenn die Widerrufsfrist zum Beispiel mangels Belehrung nicht regulär 14 Tage nach Zugang des Versicherungsscheins, sondern erst später aufgrund nachträglich erfolgter Belehrung endet. Es ist jedoch zu berücksichtigen, dass das Widerrufsrecht des § 8 VVG die Wirksamkeit des Vertrages nicht berührt. Dagegen ist bei § 5 VVG der Vertrag bis zur Genehmigung unwirksam, sodass die Fälligkeit der Prämie zwingend erst mit Genehmigung eintreten kann. Der Hinweis auf § 5 VVG in der Gesetzesbegründung könnte deshalb auch rein informativ gemeint sein. Gegen eine teleologische Reduktion von § 33 I VVG spricht jedenfalls, dass die Gesetzesbegründung ausdrücklich sagt, dass die Fälligkeit auf den Zeitpunkt festgelegt werde, zu dem »im Normalfall« die Widerrufsfrist ablaufe. Hätte der Gesetzgeber stets auf den Zeitpunkt der endgültigen Bindung abstellen wollen, hätte er dies auch problemlos in klarer Weise zum Ausdruck bringen können. Zu berücksichtigen ist auch, dass das Hinausschieben der Fälligkeit auf den Zeitpunkt der endgültigen Bindung im Einzelfall zu Rechtsunsicherheit führt und für den Versicherungsnehmer wegen der Abhängigkeit des materiellen Haftungsbeginns von der Zahlung der ersten Prämie (»Einlösungsprinzip«) Nachteile nach sich ziehen kann. Diese könnten zwar auch durch Schadensersatzansprüche ausgeglichen werden, besser erscheint es jedoch diese Problematik von vornherein zu vermeiden. 503

Eine andere Frage ist, zu welchem Zeitpunkt mangels vertraglicher Vereinbarung die **Fälligkeit** eintritt, **wenn die Annahme** nicht wie im Regelfall vom Versicherer, son- 504

19 Unverzüglich bedeutet gem. der Legaldefinition des § 121 I 1 BGB »ohne schuldhaftes Zögern«. – Es ist nicht sachgerecht, den für zahlreiche Regelungszusammenhänge wie beispielsweise den Verjährungsbeginn wichtigen Fälligkeitszeitpunkt von einem Verschulden des Versicherungsnehmers und damit von einem variablen Zeitpunkt abhängig zu machen. Dafür besteht auch keinerlei Grund. Denn der Versicherungsnehmer ist durch die Verschuldensberücksichtigung in § 37 VVG hinreichend geschützt. Kritisch auch *Schimikowski/Höra* S. 132 f.

20 I.d.F. des Gesetzes zur Umsetzung der Verbraucherkreditrichtlinie, des zivilrechtlichen Teils der Zahlungsdiensterichtlinie sowie zur Neuordnung der Vorschriften über das Widerrufs- und Rückgaberecht vom 29.07.2009 (BGBl. I S. 2355). RegE BT-Drucks. 16/3945 S. 70 führt aus, dass eine sofortige Fälligkeit des Prämienanspruchs dem Widerrufsrecht des § 8 VVG widerspräche. Die Begründung weist außerdem darauf hin, dass die Monatsfrist von § 5 II VVG maßgebend sei, wenn der Versicherungsschein vom Antrag des Versicherungsnehmers abweicht.

21 Im Ergebnis ebenso *Marlow/Spuhl* S. 115; *Schimikowski*, Rn. 152; *Looschelders* in: Langheid/Wandt, § 1 VVG Rn. 53; a.A. nämlich für teleologische Reduktion; *Karczewski* in: HK-VVG, § 33 VVG Rn. 5; *Staudinger* in: Langheid/Wandt, § 33 VVG Rn. 19; tendenziell auch noch *Wandt/Ganster* VersR 2007, 1034 Fn. 5.

dern wie im »Invitatio-Modell« **vom Versicherungsnehmer erklärt wird.** Bei dem »Invitatio-Modell« übersendet der Versicherer den »Versicherungsschein« bereits mit seiner Antragserklärung. Bei genauer Sicht der Dinge handelt es sich in diesem Zeitpunkt noch nicht um einen Versicherungsschein i.S.v. § 3 VVG, da der im Versicherungsschein zu dokumentierende Vertrag noch gar nicht zustande gekommen ist. Auf den Zeitpunkt des Zugangs dieser als Versicherungsschein bezeichneten Erklärung des Versicherers kann es also nicht ankommen. Man kann § 33 I VVG aber auch in diesem Fall wörtlich nehmen, wenn man zugrunde legt, dass der vor Vertragsschluss übersandte Versicherungsschein erst mit Vertragsschluss zu einem echten Versicherungsschein i.S. von § 3 VVG erstarkt (vgl. zur parallelen Problematik des Beginns der Widerrufsfrist Rn. 305).[22]

505 Die auf die grundsätzlich bestehende Widerruflichkeit von Versicherungsverträgen abgestimmte Fälligkeitsregelung des § 33 I VVG ist dispositiv (weil nicht halbzwingend nach § 42 VVG).[23] Die Begründung des Regierungsentwurfs weist hierauf ausdrücklich hin.[24] Erläutert wird dies allerdings nur bezüglich derjenigen Verträge, die gem. § 8 III VVG ausnahmsweise unwiderruflich sind.[25] Für **unwiderrufliche Verträge** trifft die Ratio der neuen gesetzlichen Fälligkeitsregelung nicht zu; bei ihnen kann die Prämie deshalb – wie im allgemeinen Zivilrecht und im VVG a.F. – im Wege einer vertraglichen Vereinbarung (AVB) sofort mit Vertragsschluss fällig gestellt werden.

506 Die Parteien können aber auch eine AVB-Bestimmung vereinbaren, die die beiderseitigen Leistungspflichten schon während der Widerruflichkeit des Vertrages gleichzeitig fällig werden lässt. Bei einem **widerruflichen Vertrag** ist eine solche **AGB-mäßige Vorverlagerung der Prämienfälligkeit** abweichend von § 33 I VVG am (neuen) gesetzlichen Leitbild für widerrufliche Verträge zu messen. Dieses Leitbild ergibt sich in erster Linie aus § 9 VVG als der speziellen Vorschrift für widerrufliche Verträge. Die gesetzliche Gesamtkonzeption erschließt sich allerdings nur dann, wenn man neben § 9 auch die §§ 33 I und 37 II VVG in den Blick nimmt. Das Leitbild lautet: Während der Widerruflichkeit des Vertrages soll den Parteien ein nicht rückabzuwickelnder Leistungsaustausch möglich sein; Voraussetzung hierfür ist aufgrund des Einlösungsprinzips, dass der Versicherungsnehmer die Prämie zahlt, und aufgrund besonderer gesetzlicher Vorkehrungen zum Schutz des Versicherungsnehmers, dass dieser ordnungsgemäß belehrt wurde und dem Leistungsaustausch zugestimmt hat. Dieses gesetzliche Leitbild wird **durch eine vereinbarte Vorverlagerung der Prämienfälligkeit** in zulässiger Weise verwirklicht. Denn eine solche Regelung sichert dem Versicherungsnehmer Versicherungsschutz schon während der Widerruflichkeit des Vertrages, begründet die ihm günstige frühere Anwendbarkeit des § 37 II 1 Hs. 2 VVG und vermeidet Probleme beim Einzugsermächtigungsverfahren.[26]

---

22 Im Ergebnis ebenso *Hahn* in: Beckmann/Matusche-Beckmann, § 12 Rn. 21; Vgl auch *Leverenz* Vertragsschluss nach der VVG-Reform, 2008, S. 171, der annimmt, § 33 I VVG passe nicht auf das »Invitatio-Modell«. Seine Ausführungen lassen offen, ob er die Vorschrift korrigierend auslegen will oder zur Problembewältigung stets eine vertragliche abweichende Regelung verlangt.

23 Gleiches gilt für § 152 III VVG gem. § 171 VVG.

24 Vgl. RegE BT-Drucks. 16/3945 S. 70.

25 Vgl. RegE BT-Drucks. 16/3945 S. 70.

26 Eingehend hierzu *Wandt/Ganster* VersR 2007, 1034; zustimmend *Karczewski* in: HK-VVG, § 33 VVG Rn. 24; *Looschelders* in: Langheid/Wandt, § 1 VVG Rn. 54.

Zur **Fälligkeit von Folgeprämien** sagt das VVG nichts. Sie richtet sich nach der vertraglichen Vereinbarung (in AVB) oder subsidiär nach § 271 I BGB. 507

IV. Erfüllung der Prämienzahlungspflicht

Wie der Versicherungsnehmer die Prämienzahlungsschuld **erfüllen** muss, ergibt sich im Wesentlichen aus den allgemeinen Regeln (§§ 269 ff. BGB). 508

Hinsichtlich des **Ortes** der Zahlung weicht § 36 VVG insofern von § 269 BGB ab, als Leistungsort der jeweilige (!) Wohnsitz des Prämienschuldners ist, nicht wie in § 269 BGB der Wohnsitz zur Zeit der Entstehung der Schuld. Kosten- und Gefahrtragung treffen allerdings nach § 36 I 2 VVG ebenso wie nach § 270 I 1 BGB den Versicherungsnehmer. Zusammengenommen ergibt das, wie bei der Geldschuld im Allgemeinen, eine **»qualifizierte Schickschuld«**.[27] Der Versicherungsnehmer trägt damit die Übermittlungsgefahr[28], nicht aber die Verzögerungsgefahr bei rechtzeitiger Ausführung der Leistungshandlung.[29] 509

Die Regeln über den Zahlungsort sind abänderlich (vgl. § 42 VVG), so dass auch eine Bringschuld vereinbart werden könnte. Dies geschieht in AVB allerdings selten. Hier wirkt die Praxis der Aufsichtsbehörde vor der Deregulierung im Jahre 1994 nach, die in der Sach- und der Haftpflichtversicherung Abweichungen vom Gesetz nicht genehmigte.[30] 510

Heute wird häufig Prämieneinzug durch den Versicherer vom Bankkonto des Kunden mittels Einzugsermächtigung vereinbart (**Lastschriftverfahren**). Dann liegt eine Holschuld vor.[31] Der Versicherungsnehmer hat dann nur dafür zu sorgen, dass die Prämie bei Fälligkeit von seinem Konto abgebucht werden kann (Einzelheiten Rn. 517). Zum Schutze des Versicherungsnehmers bestimmt § 33 II VVG, dass der Versicherungsnehmer, wenn die Prämie zuletzt vom Versicherer eingezogen worden ist, zur Übermittlung der Prämie erst verpflichtet ist, wenn er vom Versicherer hierzu in Textform »aufgefordert« worden ist. Die Regelung ist teleologisch in der Weise zu reduzieren, dass entgegen ihrem Wortlaut eine voraussetzungslose bloße »Aufforderung« durch den Versicherer nicht genügt, wenn das Einzugsverfahren vertraglich vereinbart worden ist.[32] Für diesen Fall sehen die AVB deshalb regelmäßig eine Kündigung dieser Vereinbarung vor, die meist voraussetzt, dass es der Versicherungsnehmer zu vertreten hat, dass der Versicherer eine oder mehrere Prämien, trotz wieder- 511

27 *Larenz* Lehrbuch des Schuldrechts, Band I, Allgemeiner Teil, 1987, S. 196 f.

28 H.M.; a.A. *Schimikowski* Rn. 157.

29 H.M. Dagegen plädiert *Staudinger* in: Langheid/Wandt, § 36 VVG Rn. 3 ff. (*ders.* DNotZ 2009, 198 ff.) dafür, auf den Leistungserfolg abzustellen. Begründung: Art. 3 Abs. 1 Buchst. c Ziff. ii der Richtlinie 2000/35/EG des Europäischen Parlaments und des Rates vom 29.06.2000 zur Bekämpfung von Zahlungsverzug im Geschäftsverkehr in seiner Auslegung durch EuGH NJW 2008, 1935 gelte zwar nur für den Geschäftsverkehr zwischen Unternehmen und öffentlichen Stellen, sei aber im Sinne einer freiwilligen harmonischen Interpretation des Sachrechts auf das gesamte Zivilrecht, also auch auf das Verhältnis zu Verbrauchern, zu erstrecken.

30 Nachweise bei *Knappmann* in: Prölss/Martin, § 36 VVG a.F. Rn. 2.

31 Vgl. BGH VersR 1985, 447; *Hahn* in: Beckmann/Matusche-Beckmann, § 12 Rn. 33.

32 Die Vorgängerregelung § 37 VVG a.F. beruhte auf einer bei Erlass des VVG 1908 verbreiteten Übung der Versicherer, die Prämien beim Versicherungsnehmer abholen zu lassen. Vgl. Motive VVG S. 107.

holtem Einziehungsversuch, nicht einziehen konnte (z.B. Abschnitt B § 5 Nr. 2 VHB 2008).

512 **Prämienschuldner** ist der Versicherungsnehmer (§ 1 S. 2 VVG). Dritte können nach § 267 II BGB anstelle des Schuldners leisten. Voraussetzung ist aber, dass der Schuldner nicht widerspricht. Es gibt also (verständlicherweise) kein allgemeines Recht eines Dritten, fremde Schulden gegen den Willen des Schuldners zu tilgen. Schon § 268 BGB schafft aber ein solches »Ablösungsrecht« für bestimmte Personen. § 34 I VVG weitet den Kreis der Ablösungsberechtigten auf drei Personengruppen aus. Es sind ähnlich wie in § 268 BGB Personen, die Gefahr laufen, ein Recht zu verlieren, wenn die Prämie nicht bezahlt wird: nämlich der Versicherte bei der Versicherung für fremde Rechnung (Rn. 686 ff.), der (unwiderruflich) Bezugsberechtigte, der ein Recht auf die Leistung des Versicherers erworben hat, sowie ein Pfandgläubiger, soweit er ein Pfandrecht an der Versicherungsforderung erworben hat.

513 Umgekehrt kann der Versicherer eine Prämienforderung gegen den Versicherungsnehmer auch gegenüber einem Dritten durch **Aufrechnung** geltend machen, wenn dieser eine ihm zustehende Leistung beim Versicherer einfordert (§ 35 VVG). Dies ist eine Durchbrechung des Gegenseitigkeitserfordernisses der Aufrechnung im allgemeinen Schuldrecht (vgl. § 387 BGB). Dritte im Sinne von § 35 VVG sind im Wesentlichen dieselben Personen wie in § 34 VVG. Abweichend von § 388 BGB wirkte nach § 35b VVG a.F. (»in Abzug bringen«) bereits die bloße Minderung der Leistung des Versicherers (ohne zusätzliche Erklärung) als Aufrechnung. § 34 VVG sieht diese Formulierung nicht mehr vor, sondern spricht allgemein von »aufrechnen«. Nach der Gesetzesbegründung ist jedoch keine sachliche Änderung gewollt.[33] Der »Abzug« durch den Versicherer kann daher als konkludente Aufrechnungserklärung aufgefasst werden.

V. Die Verletzung der Prämienzahlungspflicht

1. Überblick

514 Verletzt der Versicherungsnehmer seine Hauptleistungspflicht zur Prämienzahlung, so kann der Versicherer wie jeder Gläubiger einer Hauptleistung **auf Erfüllung klagen** und einen etwaigen **Verzugsschaden nach den Regeln des BGB** geltend machen. Für **Sekundäransprüche** aus nicht erfolgter oder verspäteter Prämienzahlung sehen die §§ 37–39 VVG von den allgemeinen Regeln des BGB abweichende Sonderregelungen vor. Die Rechtsfolgen **unterscheiden sich, je nachdem ob** die Leistungsstörung die **Erstprämie (bzw. die ihr gleichgestellte Einmalprämie) oder eine Folgeprämie** betrifft. Bei Verzug mit einer Folgeprämie wird der Versicherungsnehmer stärker geschützt, weil er sich durch Zahlung der Erstprämie bereits als vertragstreu erwiesen und dadurch bereits Versicherungsschutz erlangt hat. – Obgleich das Recht der Prämienzahlung für das gesamte Versicherungsvertragsrecht zentrale Bedeutung hat und die Rechtsprechung die einschlägigen Vorschriften des VVG a.F. vielfältig korrigiert und ergänzt hat, stand dieser Regelungskomplex nicht im Fokus der **Reform.** Entsprechend dem allgemeinen Reformkonzept lag das Hauptgewicht auch in diesem Bereich auf einer **Verbesserung der Transparenz** durch Information und Belehrung des Versicherungsnehmers (vgl. insb. die verschiedenen Informationsanfor-

33 RegE BT-Drucks. 16/3945 S. 71.

derungen der VVG-InfoV über den Gesamtpreis der Versicherung, die Prämienbestandteile, Kosten etc.). In einigen Punkten hat der Reformgesetzgeber die Rechtsstellung des Versicherungsnehmers aber auch inhaltlich verbessert, insbesondere indem er für Sanktionen ausnahmslos ein Vertretenmüssen des Versicherungsnehmers voraussetzt. Insgesamt wäre es aber angesichts der zentralen Bedeutung des Prämienzahlungsrechts wünschenswert gewesen, wenn der Reformgesetzgeber den reichhaltigen Erfahrungsschatz der Rechtsprechung zum alten Recht voll ausgewertet und so ein in sich geschlossenes und durchgehend klares Regelungssystem geschaffen hätte. Dies ist leider nicht geschehen, wie die zahlreichen Auslegungsprobleme zu den neuen Vorschriften verdeutlichen (vgl. dazu Rn. 503).

2. Erstprämie und Einmalprämie

Wird die Erstprämie oder die Einmalprämie nicht rechtzeitig gezahlt, so greift **§ 37 VVG** ein. Er bestimmt, dass der Versicherer bei nicht rechtzeitiger Zahlung **nicht zur Leistung verpflichtet** (und zum Rücktritt berechtigt, vgl. Rn. 462) ist, es sei denn, der Versicherungsnehmer hat die Nichtzahlung nicht zu vertreten (sog. **»Einlösungsprinzip«**[34]). Die **Deckung** durch den Versicherer beginnt also – mangels abweichender vertraglicher Vereinbarungen – grundsätzlich erst mit der Entrichtung der Erst- oder Einmalprämie (**»materieller Vertragsbeginn«**), wie bereits im Abschnitt über den Haftungsbeginn dargestellt wurde. Dazu gehören die Stichworte »Einlösungsklausel« (Rn. 448 f.), »erweiterte Einlösungsklausel« (Rn. 449) und »vorläufige Deckungszusage« (Rn. 450 f.). Nach § 38 VVG a.F. kam es auf ein **Vertretenmüssen des Versicherungsnehmers** nicht an. Die Rechtsstellung des Versicherungsnehmers wurde durch die Reform in diesem Punkt also wesentlich gestärkt.[35] Die Struktur von § 37 II VVG macht allerdings deutlich, dass der Versicherungsnehmer für das Nichtvertretenmüssen die Beweislast trägt.[36] Zusätzlich zu dem Erfordernis des Vertretenmüssens, wird das Einlösungsprinzip dadurch eingeschränkt, dass der Versicherer nur leistungsfrei ist, wenn er den Versicherungsnehmer durch besondere Mitteilung in Textform oder durch einen auffälligen Vermerk im Versicherungsschein auf die Rechtsfolge der Nichtzahlung der Prämie hingewiesen hat. Ein solcher **Warnhinweis** soll laut der Gesetzesbegründung auch im Fall der weit verbreiteten erweiterten Einlösungsklausel (vgl. dazu Rn. 449) notwendig sein.[37] 515

Für die Rechtzeitigkeit ist nicht auf den Leistungserfolg, sondern darauf abzustellen, ob der Versicherungsnehmer die **Leistungshandlung** so bewirkt hat, wie es der Vertrag oder das Gesetz vorschreiben (Rn. 509). Es ist wegen des Verschuldenserfordernisses nicht erforderlich, dem Begriff »rechtzeitig« in § 37 I VVG eine eigene Bedeutung im Sinne einer (nach den Umständen des Einzelfalles unterschiedlich) kurzen Zahlungsfrist zuzumessen. 516

Geschützt wird der Versicherungsnehmer durch das von der Rechtsprechung in Ergänzung des Gesetzes entwickelte Erfordernis einer **»Erstprämienanforderung«** sei- 517

34 Im Vergleich zum VVG a.F. kann man wegen des neu aufgenommenen Verschuldenserfordernisses auch von einem »modifizierten« Einlösungsprinzip sprechen.

35 Was durch die von manchen verwendete Bezeichnung »abgeschwächtes Einlösungsprinzip« zum Ausdruck gebracht wird.

36 Vgl. Formulierung in § 37 II 1 VVG »..., es sei denn, der Versicherungsnehmer hat die Nichtzahlung nicht zu vertreten«.

37 RegE BT-Drucks. 16/3945 S. 71.

tens des Versicherers. Die Rechtsprechung stellt an die Klarheit, Genauigkeit und Richtigkeit der Erstprämienanforderung wegen der harten Sanktionen für eine Nichtzahlung zu Recht sehr hohe Anforderungen.[38] Im Lastschriftverfahren muss die Lastschrift über die Erstprämie inhaltlich den Anforderungen an eine Erstprämienanforderung entsprechen.[39] Darüber hinaus betrachtet es der BGH als vertragliche Nebenpflicht des Versicherers, dem Versicherungsnehmer die Lastschrifteinreichung vorher anzukündigen, wenn Zeitpunkt und/oder Höhe des Prämieneinzugs dem Versicherungsnehmer nicht im Vorhinein zuverlässig bekannt sind.[40] Außerdem muss der Versicherer den Versicherungsnehmer deutlich über die Folgen eines erfolglosen Abbuchungsversuchs belehren, wenn wegen vorläufiger Deckung schon vor der Abbuchung Versicherungsschutz bestand.[41]

518 Die bloße Leistungsfreiheit berührt den Fortbestand des Vertrages nicht. Deshalb stellt sich die Frage: Was wird, wenn der Versicherungsnehmer die Prämie nicht bezahlt, aus dem Versicherungsvertrag im Ganzen? Der Versicherer kann auf zweierlei Weise reagieren. Er kann (zunächst) an dem Vertrag festhalten und auf Erfüllung der vertraglich versprochenen Leistung durch den Versicherungsnehmer bestehen, **also auf Zahlung der Prämie klagen**. Die Versicherer sind allerdings, wie auch die Rechtsprechung zeigt, selten bereit, schon der Erst- oder Einmalprämie »hinterher zu laufen«. Im Allgemeinen gibt der Versicherer ein solches Vertragsverhältnis sofort verloren. § 37 I VVG gewährt ihm ein (im Vergleich zu § 323 BGB vereinfachtes) **Rücktrittsrecht**, solange die **Zahlung schuldhaft nicht bewirkt** ist. Dem Versicherer gebührt im Falle des Rücktritts gem. § 39 I 3 VVG eine angemessene Geschäftsgebühr, die pauschaliert die entstandenen Verwaltungskosten abdecken soll.[42] Das allein durch die schuldhafte Nichtzahlung der Prämie ausgelöste Rücktrittsrecht, dessen Ausübung zur Leistungsfreiheit ex tunc führt, weckt Bedenken, wenn die Leistungsfreiheit infolge des Einlösungsprinzips des § 37 II 1 Hs. 1 VVG vertraglich oder gesetzlich nicht oder nur unter strengeren Voraussetzungen zur Anwendung kommen soll. Beispielsweise könnte der Versicherer, wenn er den in § 37 II 2 VVG geforderten Rechtsfolgenhinweis unterlassen hat und deshalb nach dieser Vorschrift nicht leistungsfrei wäre, gemäß § 37 I VVG mit Wirkung ex tunc vom Versicherungsvertrag zurücktreten. Zur Harmonisierung dieser Fallkonstellationen bedarf es Korrekturen des § 37 I VVG, damit nicht durch diese Vorschrift die in speziellen gesetzlichen Vorschriften bzw. vertraglichen Vereinbarungen statuierten strengeren Anforderungen für die Leistungsfreiheit unterlaufen werden.[43]

519 **Vertiefung**: § 38 I 2 VVG a.F. enthielt eine Rücktrittsfiktion, die das neue Recht nicht mehr kennt:[44] Während im Allgemeinen für den Rücktritt eine Erklärung notwendig ist, traten nach dieser Regelung die Rücktrittsfolgen automatisch ein, wenn der Versicherer die Prämie nicht innerhalb von drei Monaten gerichtlich geltend machte. Das Gesetz ersparte so dem Versicherer, für einen offensichtlich un-

38 BGH VersR 1985, 447; BGH VersR 1986, 986; BGH VersR 1988, 484.
39 BGH VersR 1985, 447.
40 BGH VersR 1985, 447.
41 BGH VersR 1985, 981; BGH VersR 2006, 913 = NJW-RR 2006, 1101; vgl. auch OLG Düsseldorf VersR 1999, 829 (Rückwärtsversicherung).
42 Sie war z.B. in § 4 VI 2 AKB 1986 in Höhe des Kurztarifs, maximal 40% der Jahresprämie, festgelegt. Die AKB 2008 enthalten in C.1.3 eine ähnliche Regelung, aus kartellrechtlichen Gründen aber ohne Empfehlung eines festen Prozentsatzes.
43 Vgl. hierzu *Ganster* Die Prämienzahlung im Versicherungsrecht, 2008, S. 274 ff.
44 Zur Begründung vgl. RegE BT-Drucks. 16/3945 S. 71.

willigen Kunden noch Verwaltungsarbeit und Porto aufzuwenden. Zugleich wurde auf diese Weise verhindert, dass das Versicherungsverhältnis ohne eine Haftung des Versicherers dauerhaft in der Schwebe blieb und der leistungsfreie Versicherer die Prämien bis zum Verjährungsbeginn auflaufen ließ und einklagte.[45] Der Reformgesetzgeber erachtet diese Rücktrittsfiktion als nicht immer im Interesse des Versicherungsnehmers und sieht die Interessen des Versicherers durch die Rücktrittsmöglichkeit des § 37 I VVG ausreichend gewahrt.[46]

3. Folgeprämie

Wird eine **Folgeprämie schuldhaft nicht rechtzeitig gezahlt**, so sieht § 38 VVG[47] ebenfalls **Leistungsfreiheit** und – anstelle eines Rücktrittsrechts – ein **Kündigungsrecht** des Versicherers vor. Die Voraussetzungen für diese Rechtsfolgen sind aber zum Schutze des Versicherungsnehmers, der bereits Versicherungsschutz erlangt hat, strenger. 520

Leistungsfreiheit setzt nach § 38 I und II VVG voraus, dass der Versicherer den Versicherungsnehmer in Verzug setzt und der Versicherungsnehmer bei Eintritt des Versicherungsfalls noch in Verzug ist. Der Versicherer muss dem Versicherungsnehmer nach nicht rechtzeitiger Zahlung in Textform eine Zahlungsfrist von mindestens zwei Wochen setzen, und zwar nicht mit einem einfachen Zahlungsersuchen nach § 286 BGB, sondern in qualifizierter Form (»**qualifizierte Mahnung**«). Der Versicherer muss die rückständigen Beträge der Prämie, Zinsen und Kosten im Einzelnen beziffern; bei zusammengefassten Verträgen sind die Beträge jeweils getrennt anzugeben (§ 38 I 2 VVG). Der Versicherer muss den Versicherungsnehmer außerdem auf alle Rechtsfolgen hinweisen, die sich nach § 38 II und III VVG aus der Nichtzahlung ergeben können.[48] Auch bei ordnungsgemäßer Mahnung ist der Versicherer nur leistungsfrei, wenn sich ein Versicherungsfall nach Ablauf der Nachfrist ereignet und der Versicherungsnehmer sich im Zeitpunkt des Eintritts des Versicherungsfalles noch in Verzug befindet (§ 38 II VVG). 521

Zahlt der Versicherungsnehmer die Prämie, einschließlich Zinsen und Kosten, nach Ablauf der Nachfrist, so ist er nicht mehr in Verzug und hat Versicherungsschutz für einen nach der Zahlung eintretenden Versicherungsfall. Voraussetzung ist aber, dass das Vertragsverhältnis nicht bereits durch **Kündigung** des Versicherers (endgültig) beendet ist. Der Versicherer kann den Versicherungsvertrag nämlich nach Ablauf der Nachfrist fristlos kündigen, sofern der Versicherungsnehmer mit der Zahlung der geschuldeten Beträge noch in Verzug ist (§ 38 III 1 VVG). Die fristlose Kündigung kann schon zusammen mit der Mahnung auf den Zeitpunkt des Ablaufs der Zahlungsfrist erklärt werden (vgl. § 38 III 2 VVG mit Einzelheiten). 522

---

45 *Römer* in: Römer/Langheid, § 38 VVG a.F. Rn. 1; *Knappmann* in: Prölss/Martin, § 38 VVG a.F. Rn. 32.

46 RegE BT-Drucks. 16/3945 S. 71.

47 Die Regelung des § 38 VVG wird für die Lebensversicherung durch § 166 VVG und für die Gebäudeversicherung durch § 143 VVG modifiziert.

48 Die Rechtsprechung bestand hier schon in der Vergangenheit zu Recht streng auf wortgetreuer Befolgung des Gesetzes und verlangte insbesondere unmissverständliche Information über Grund und Umfang der Zahlungspflicht. Z.B. BGH VersR 1988, 484; BGH VersR 1992, 1501 = NJW 1993, 130; BGH VersR 1999, 1525; OLG Hamm VersR 1999, 957; vgl. auch *Lang* VersR 1987, 1158.

523 Den Prämienanspruch behält der Versicherer bei vorzeitiger Vertragsbeendigung nach § 39 I 1 VVG (nur) bis zum Ablauf der Zahlungsfrist, weil nur bis dahin Versicherungsschutz bestand.[49] Eine unbefriedigende Lage tritt ein, wenn der Versicherer zwar in qualifizierter Form mahnt, jedoch keine Kündigung ausspricht: Er wird dann von der Verpflichtung zur Leistung frei, könnte aber dennoch die Prämie verlangen, weil der Vertrag weiterhin besteht und § 39 I 1 VVG daher nicht greift.[50] Der Versicherungsnehmer wäre gehalten, den Zustand seinerseits durch Kündigung zu beenden. Kann der Versicherer dann die Prämie auch für den Zeitraum einklagen, für den er leistungsfrei ist? Und wie ist der Prämienanspruch des Versicherers zu beurteilen, wenn der Versicherer erst nach einem langen Zeitraum der Leistungsfreiheit die Kündigung erklärt? Bedenkliche Ergebnisse werden vermieden oder jedenfalls abgemildert, wenn die AVB eine Befristung für die Geltendmachung der rückständigen Prämie vorsehen.[51] Anderenfalls ist eine Verwirkung des Prämienanspruchs des Versicherers zu bejahen.[52] Schließlich ist auch daran zu denken, den neuen Grundsatz der Teilbarkeit der Prämie grundsätzlich rigoros in dem Sinne zu verstehen, dass – abgesehen von gesetzlichen Spezialregelungen wie z.B. § 39 I 2 VVG – ein Prämienanspruch des Versicherers stets nur für Zeiträume besteht, in denen er auch Versicherungsschutz gewährt hat. Insgesamt zeigt sich, dass die Grenzen des neuen Grundsatzes der Teilbarkeit der Prämie erst noch sorgfältig ausgelotet werden müssen.

524 Auch hinsichtlich der Kündigung kommt das Gesetz den Interessen des Versicherungsnehmers entgegen. Es gestattet ihm nämlich noch einen Monat über das Wirksamwerden der fristlosen Kündigung hinaus, die **Zahlung nachzuholen**. Zahlt er innerhalb der Monatsfrist, dann fallen gemäß § 38 III 3 VVG die Wirkungen der Kündigung fort. Dies ändert jedoch nichts an der nach § 38 II VVG für einen bereits eingetretenen Versicherungsfall bestehenden Leistungsfreiheit (§ 38 III 3 Hs. 2 VVG). Die Zahlung innerhalb der Monatsfrist bewirkt also das Wiederaufleben des Vertragsverhältnisses, allerdings – wie ausgeführt – mit Leistungsfreiheit des Versicherers vom Ablauf der schuldhaft versäumten Zahlungsfrist bis zur Zahlung der Prämie.[53]

4. Einordnung als Erst- oder als Folgeprämie

525 Die genaue Einordnung als Erst- oder Folgeprämie ist wegen der unterschiedlichen Voraussetzungen für die Leistungsfreiheit des Versicherers sehr wichtig. Wenn bei einer Jahresprämie Ratenzahlungen vereinbart sind, ist die erste zu zahlende Rate die Erstprämie.[54]

526 Umstritten ist die Einordnung vor allem bei einer Stundung der Prämie für einen Vertrag über vorläufige Deckung, und zwar sowohl hinsichtlich der gestundeten

49 Vgl. *Marlow/Spuhl* S. 124 f. – Anders noch § 40 II 1 VVG a.F. entsprechend dem früheren Grundsatz der Unteilbarkeit der Prämie.

50 Vgl. hierzu *Ganster* Die Prämienzahlung im Versicherungsrecht, 2008, S. 263 ff.

51 Vgl. § 8 I Nr. 3 AHB 1994; § 8 Nr. 1 S. 3 AFB 1987. In den AHB 2008 und den AFB 2008 ist diese Regelung nicht mehr enthalten.

52 Vgl. *Karczewski* in: HK-VVG, § 39 VVG Rn. 25; *Knappmann* in: Prölss/Martin, § 39 VVG a.F. Rn. 36. – Weitergehende Kritik am Einlösungsprinzip und am Suspensiveffekt des § 39 II VVG a.F. bei *Gärtner* Der Prämienzahlungsverzug, 2. Aufl. 1977, S. 143 ff.

53 Strittig ist, ob die Zahlung das Vertragsverhältnis ex nunc oder ex tunc wiederaufleben lässt. Vgl. zum Streitstand *Knappmann* in: Prölss/Martin, § 39 VVG a.F. Rn. 31 f.

54 Vgl. z.B. OLG Oldenburg VersR 1980, 1113.

Prämie für die vorläufige Deckung als auch hinsichtlich der Prämie für den sich anschließenden Hauptvertrag. Ausgehend von der rechtlichen Selbstständigkeit beider Verträge gibt es eigentlich keinen Grund daran zu zweifeln, dass es sich bei den Prämien jeweils um Erstprämien handelt. Die Einordnung ist gleichwohl nicht unumstritten. Denn der Versicherungsnehmer, dem die Prämie für die vorläufige Deckung gestundet wurde, hat ohne Zahlung bereits Versicherungsschutz erlangt; er könnte deshalb wie ein Versicherungsnehmer, der eine Folgeprämie nicht rechtzeitig gezahlt hat, schutzwürdig sein. Die Prämie für den Hauptvertrag könnte als Folgeprämie angesehen werden, weil sie die Prämie für die vorläufige Deckung mit einschließt. Der BGH hat gleichwohl an der Einordnung als jeweilige Erstprämie festgehalten.[55] Er hat jedoch für diese Fälle über § 38 VVG a.F. hinausgehend verlangt, dass der Versicherer dem Versicherungsnehmer eine gesonderte Rechtsbelehrung über die Rechtsfolgen einer verspäteten Zahlung der Erstprämie erteilt.[56] Das neue Recht schreibt eine solche Belehrung zwingend für alle Fälle der Leistungsfreiheit wegen Zahlungsverzugs mit der Erstprämie vor (§ 37 II VVG).

Praktisch wichtig ist das vor allem für die »vorläufige Deckung« in der obligatori- **527**
schen Kfz-Haftpflichtversicherung (vgl. Rn. 463 und B.2 AKB 2008). Nach § 9 KfzPflVV[57] kann sich der Kfz-Haftpflichtversicherer, sofern er den Versicherungsnehmer schriftlich darüber belehrt, vertraglich vorbehalten, dass die vorläufige Deckung rückwirkend außer Kraft tritt, wenn bei einem unverändert angenommenen Versicherungsantrag der Versicherungsschein nicht binnen einer im Versicherungsvertrag bestimmten, mindestens zweiwöchigen Frist eingelöst wird (= die Prämie bezahlt wird) und der Versicherungsnehmer die Verspätung zu vertreten hat (vgl. B.2.4 AKB 2008).

Die Parteien des Versicherungsvertrages können vereinbaren, dass die Prämie zu ei- **528**
nem späteren Zeitpunkt fällig wird und gleichwohl ab Vertragsschluss Deckung besteht (»**deckende Stundung**«). Die Erstprämie wird dadurch nicht zu einer Folgeprämie. Der Versicherungsnehmer ist durch das Belehrungserfordernis des § 37 II 2 VVG hinreichend geschützt.[58]

Vereinbaren die Parteien, einen bestehenden Vertrag mit geändertem Inhalt fortzuset- **529**
zen, so bleibt der Vertrag bestehen und die nach der **Vertragsänderung** zu zahlenden Prämien sind Folgeprämien. Vereinbaren die Parteien dagegen, den bestehenden Vertrag durch einen neuen Vertrag zu ersetzen, dann handelt es sich um eine Erstprämie. Maßgebend für die Frage, ob eine Vertragsänderung oder ein **Neuvertrag** vorliegt, ist die Auslegung der Parteivereinbarung, wobei die für den Versicherungsnehmer nachteiligen Folgen des § 37 VVG zu berücksichtigen sind.[59]

55 Zur gestundeten Prämie für die vorläufige Deckung vgl. BGHZ 21, 122 = VersR 1956, 482 = NJW 1967, 1800; BGHZ 47, 352 = VersR 1967, 569; BGH VersR 1986, 986 = NJW 1973, 1746. Zur Erstprämie des Hauptvertrages nach vorläufiger Deckung vgl. BGH VersR 1973, 811.

56 Siehe die Nachweise in der vorigen Fn.

57 Abgedruckt bei *Wiechmann/Block* Nr. 55.

58 Zu § 38 II VVG a.F., der ein solches Belehrungserfordernis nicht vorsah und durch die Rechtsprechung entsprechend korrigiert wurde BGH VersR 1985, 981.

59 OLG Hamm VersR 1979, 413; OLG Köln VersR 1990, 1004.

VI. Zusammenfassung

530 **Prämienzahlungspflicht**

Prämie (»Beitrag«, § 24 VAG) = vertragliche Hauptleistungspflicht des Versicherungsnehmers, §§ 1 S. 2, 33 ff. VVG

Tarif = nach versicherungsmathematischen und -technischen Grundsätzen erstelltes Preisverzeichnis des VR → umfasst Aufgliederung der Prämienbeträge für unterschiedliche Risikogruppen (Prämienstaffeln) und Vertragsbedingungen, die der Festlegung der Prämienhöhe dienen (Tarifbestimmungen)

1. **Fälligkeit der Prämie**
   - **gesetzlicher Fälligkeitszeitpunkt** = unverzüglich nach Ablauf von zwei Wochen nach Zugang des Versicherungsscheins (auch wenn die Widerrufsfrist zu diesem Zeitpunkt ausnahmsweise noch läuft)
   - **Vorrang vertraglicher Vereinbarung** → zulässige AVB-Bestimmung über gleichzeitige Fälligkeit der beiderseitigen Leistungspflichten schon während der Widerruflichkeit des Vertrages

2. **Zahlungsweise** → abhängig von der Vereinbarung über die Zahlung der fälligen Prämie (verbunden mit Stundungsvereinbarung)

3. **Prämienarten** (Rn. 496 ff.)
   - **Einmalprämie** (= Verpflichtung zur Zahlung einer einmaligen Prämie für den gesamten Vertrag)
   - **laufende Prämie** (= Verpflichtung zur jeweiligen Zahlung pro Versicherungsperiode), § 33 I VVG
     Untergliederung der laufenden Prämie in:
     - **Erstprämie** = erste nach Vertrag oder Gesetz zu erbringende Prämienzahlung → bei vereinbarter Ratenzahlungen die erste zu zahlende Rate (Rn. 501, 525)
     - **Folgeprämie** = jede Prämienzahlung nach Zahlung der Erstprämie (Rn. 501, 525)
     - **P:** *Einordnung einer gestundeten Prämie für einen Vertrag über vorläufige Deckung und der ersten Prämienzahlung für den sich anschließenden Hauptvertrag* (Rn. 526 f.)

4. **Verletzung der Prämienzahlungspflicht**
   - Nichtzahlung der **Erstprämie oder Einmalprämie** (Rn. 515 ff.)
     - **Rücktrittsrecht** bei ausstehender Zahlung, es sei denn VN hat – von ihm zu beweisen – die Nichtzahlung nicht zu vertreten, § 37 I VVG → außerdem bei Rücktritt **Anspruch auf eine angemessene Geschäftsgebühr**, § 39 I 3 VVG
     - **Leistungsfreiheit** bei ausstehender Zahlung bei Eintritt des Versicherungsfalles und entsprechender Belehrung des VN, es sei denn VN hat – von ihm zu beweisen – die Nichtzahlung nicht zu vertreten, § 37 II VVG (**»Einlösungsprinzip«**) (Rn. 515, 518).
     - **P:** *Berufung des VR auf Rechtsfolgen kann von ordnungsgemäßer »Erstprämienanforderung« abhängig sein → zum Schutz des VN von der Rechtsprechung in Ergänzung des Gesetzes entwickeltes Erfordernis* (Rn. 517)
   - Nichtzahlung einer **Folgeprämie** (Rn. 520 ff.)
     - **Leistungsfreiheit** nach qualifizierter Mahnung und andauerndem Verzug bei Eintritt des Versicherungsfalls nach Fristablauf, § 38 I und II VVG
     - **Kündigungsrecht** nach Fristablauf und andauerndem Verzug, § 38 III VVG; Kündigung wird bei Nachholung der Prämienzahlung innerhalb Monatsfrist unwirksam, § 38 III 3 VVG
     - **P:** *Qualifizierte Mahnung des VR und Nichtausübung oder verzögerte Ausübung des Kündigungsrechts* (Rn. 523)

5. Prämienschuld bei vorzeitiger Vertragsbeendigung
- **Prämienanteil für den Zeitraum, für den Versicherungsschutz bestand (»pro rata temporis-Grundsatz«**, § 39 I 1 VVG) → ersetzt früheren Grundsatz der Unteilbarkeit der Prämie nach altem VVG (Rn. 500)
- Prämienanteil bis zum Wirksamwerden eines Rücktritts gem. § 19 II VVG oder einer Anfechtung wegen arglistiger Täuschung
- Sonderregelung für Vertragsbeendigung infolge Insolvenz des Versicherers, § 39 II VVG

6. Tarif- und Prämienanpassungen aufgrund Änderungsklausel
- **Kündigungsrecht des VN** gem. § 40 VVG bei Prämienerhöhung ohne proportionale Erhöhung des Versicherungsumfangs oder bei Verminderung des Versicherungsumfangs ohne proportionale Prämienminderung (Rn. 494 f.)
- **P:** *Vertragliche Befugnis zu nichtproportionaler Anpassung → strenge AGB-Voraussetzungen* (Rn. 493)
- **Hinweis:** Gesetzliche Anpassungsbefugnisse in LebensV-, BU- und KrankenV (§§ 163 I, 176, 203 II VVG Rn. 1249, 1322 ff.)

H. Die Obliegenheiten

I. Einführung

1. Überblick, Terminologie und Grundlagen

Mit »**Obliegenheiten**« bezeichnet man im Versicherungsvertragsrecht Verhaltensregeln, vor allem für den Versicherungsnehmer.[1] Sie unterscheiden sich von den aus dem allgemeinen Schuldrecht bekannten Leistungs- und Leistungsnebenpflichten dadurch, dass die andere Vertragspartei ihre Erfüllung nicht einklagen kann.[2] Von den ebenfalls nicht einklagbaren Nebenpflichten des allgemeinen Schuldrechts unterscheiden sie sich dadurch, dass ihre Nichterfüllung keinen Schadensersatzanspruch begründet, sondern andersartige Rechtsfolgen nach sich zieht. **531**

Um die exakte **Abgrenzung von Obliegenheiten zu Pflichten** (zu »echten Rechtspflichten«) wird seit langem gestritten. Der Gesetzgeber des VVG 1908 hatte sich nicht besonders um die Abgrenzung bemüht und daher reichhaltigen Stoff für wissenschaftliche Auseinandersetzungen gegeben.[3] Auch der moderne Gesetzgeber des VVG 2008 hat sich nicht zu letzter dogmatischer Klarheit, insbes. nicht zu begrifflicher Klarheit durchgerungen – letzteres ist aufgrund der überkommenen Begrifflichkeiten durchaus verständlich. Die **Terminologie des VVG** ist für die Abgrenzung deshalb wenig hilfreich. Denn das Gesetz spricht häufig von »Pflicht«, obwohl es sich nicht um »echte Rechtspflichten«, sondern um Obliegenheiten handelt (vgl. z.B. die Überschrift des Zweiten Abschnitts im 1. Teil des VVG »Anzeigepflicht, Gefahrerhöhung, andere Obliegenheiten«). Näher zur Abgrenzung und zur Rechtsnatur von Obliegenheiten Rn. 541 ff. und 545 ff. **532**

Mit vertraglichen Haupt- und Neben(leistungs)pflichten haben Obliegenheiten gemeinsam, dass sie **entweder durch Gesetz oder durch vertragliche Vereinbarung (insbesondere AVB) begründet** werden können (Rn. 553 ff.). **533**

2. Funktionen

Das Versicherungsvertragsrecht kennt eine Vielzahl von Obliegenheiten mit ganz verschiedenen **Funktionen**. Sie reichen von dem Stadium vor Vertragsschluss über die Durchführung des Vertrages bis hin zu seiner Beendigung. **534**

Die **vorvertragliche »Anzeigepflicht«** (§§ 19 ff. VVG/§§ 16 ff. VVG a.F.), die keine »echte Rechtspflicht«, sondern nur eine Obliegenheit ist (Rn. 541 ff.), soll den Versicherer in die Lage versetzen, das zu übernehmende Risiko richtig zu beurteilen, damit er sich entscheiden kann, ob und zu welchen Konditionen, insbes. zu welcher Prämie, er die Risikotragung übernehmen möchte. **535**

---

1 Grundlegend zum Begriff der Obliegenheiten *R. Schmidt* Die Obliegenheiten, 1953, S. 195; Rechtsvergleich von *Basedow/Fock* I S. 73 ff., 80 ff.; *Rühl* Obliegenheiten im Versicherungsvertragsrecht, 2004 (Vergleich zum englischen Recht). Vgl. auch *Heiss* in: Bruck/Möller, § 28 VVG Rn. 32; *Felsch* in: HK-VVG, § 28 VVG Rn. 4; *Wandt* in: Langheid/Wandt, Vor § 28 VVG Rn. 14; *Marlow* in: Beckmann/Matusche-Beckmann, § 13.

2 Vgl. nur *Kramer* in: MünchKomm, 5. Aufl. 2007, § 241 Rn. 18; *Medicus* Bürgerliches Recht, 21. Aufl. 2007, Rn. 207.

3 Vgl. die Nachw. von *Prölss* in: Prölss/Martin, § 6 VVG a.F. Rn. 30.

536 Wenn der Versicherungsnehmer seine vorvertragliche Anzeigepflicht ordnungsgemäß erfüllt hat und auf dieser Grundlage der Vertragsinhalt bestimmt wurde, dann haben die Vertragsparteien das Äquivalenzverhältnis von Leistung (Versicherungsschutz) und Gegenleistung (Prämie) festgelegt. Dieses Äquivalenzverhältnis gilt es im weiteren Verlauf des Dauerschuldverhältnisses möglichst zu wahren. Den Versicherungsnehmer treffen deshalb eine Reihe von nach Vertragsschluss zu erfüllenden Obliegenheiten, die verhindern sollen, dass sich das vertraglich übernommene und der Prämienkalkulation zugrunde gelegte Risiko verändert (sog. **äquivalenzsichernde Obliegenheiten**).[4] Hierzu gehören die gesetzlichen Gefahrstandsobliegenheiten (§ 23 VVG/§ 23 VVG a.F.) und die gesetzliche Rettungsobliegenheit bei Eintritt des Versicherungsfalles (§ 82 VVG/§ 62 VVG a.F.). Darüber hinaus statuieren viele AVB detaillierte vertragliche Obliegenheiten über den Umgang mit dem versicherten Gegenstand, die ebenfalls einer Risikoerhöhung entgegen wirken sollen (Einbau von Sicherheitsvorrichtungen, Einhalten von Sicherheitsvorschriften usw.). Zur Kategorie der äquivalenzsichernden Obliegenheiten kann man auch die Obliegenheit des Versicherungsnehmers rechnen, eine Doppelversicherung und die Veräußerung der versicherten Sache anzuzeigen (§§ 77, 97 VVG/§§ 58, 71 VVG a.F.), wenn man berücksichtigt, dass das vom Versicherer übernommene Risiko auch von der Person und den psychologischen Voraussetzungen des Versicherungsnehmers abhängt (»moralisches Risiko«).

537 Andere Obliegenheiten sollen dem Versicherer eine **ordnungsgemäße Durchführung des Vertrages** ermöglichen. Sie verlangen – allgemein gesprochen – eine Kooperation des Versicherungsnehmers mit dem Versicherer bei der Abwicklung des Vertrages. Die bedeutsamste hiervon betrifft die richtige und vollständige Information des Versicherers über den Hergang des Versicherungsfalls (vgl. § 31 VVG/§ 34 VVG a.F. und z.B. die Regelungen unter Abschnitt E AKB 2008).

538 Bisweilen wird auch dann von »Obliegenheiten« gesprochen, wenn sich eine Regel nur schwer in das Konzept von Verhaltensregel und Sanktion einordnen lässt. So wird § 13 VVG (§ 10 VVG a.F.) von manchen als Obliegenheitsregelung qualifiziert.[5] Die Vorschrift enthält jedoch nichts anderes als eine Zugangsregel aus dem Recht der Willenserklärungen. Sie modifiziert § 130 I 1 BGB.[6]

539 Die zahlreichen, das gesamte Vertragsverhältnis begleitenden Obliegenheiten des Versicherungsnehmers sind nicht nur Folge der Rechtsnatur des Versicherungsverhältnisses als Dauerschuldverhältnis. Sie sind vor allem auch eine Folge des Umstands, dass der **Versicherungsnehmer** mit dem Versicherungsvertrag die Risikotragung zwar wirtschaftlich auf den Versicherer übertragen hat, aber **regelmäßig selbst näher am Risiko** ist. Der Versicherungsnehmer kann deshalb häufig die dem vereinbarten Äquivalenzverhältnis zugrunde gelegten Gefahrumstände, die das Risiko ausmachen, beeinflussen, ihre Entwicklung jedenfalls aber beobachten. Diese tatsächlichen Gegebenheiten rechtfertigen es, den Versicherungsnehmer während der gesamten Vertragszeit durch Obliegenheiten »in die Pflicht zu nehmen«.

540 Eine **wichtige Zäsur** in funktioneller Hinsicht, die sich teilweise auch in unterschiedlichen Regelungen niederschlägt, **bildet der Eintritt des Versicherungsfalles**. Vor dem Eintritt des Versicherungsfalls geht es darum, einen der Wirklichkeit entsprechenden Informationsstand des Versicherers über Art und Umfang des Risikos zu

4 Vgl. § 6 Ia österr. VVG und dazu *Fenyves/Kronsteiner/Schauer* § 6 österr. VVG, Rn. 4 ff.; *Schauer* S. 254.
5 Z.B. *Hofmann* S. 157.
6 Im Ergebnis ebenso *Fausten* in: Langheid/Wandt, § 13 VVG Rn. 12 ff.

gewährleisten sowie Erhöhungen des Risikos, die nicht durch die vereinbarte Prämienhöhe gedeckt sind, zu vermeiden (zur vorvertraglichen Anzeigepflicht vgl. Rn. 782 ff.; zur Gefahrerhöhung vgl. Rn 819 ff.). **Nach dem Eintritt des Versicherungsfalls** geht es vor allem um die Abwendung oder Minderung des Schadens und erneut darum, dem Versicherer einen der Wirklichkeit entsprechenden Informationsstand über den Sachverhalt zu verschaffen (vgl. Rn 938 f.).[7]

Obliegenheitsregelungen haben **keine Straffunktion**.[8] Dies wird im reformierten Obliegenheitenrecht vor allem dadurch bekräftigt, dass dem Versicherungsnehmer – abgesehen vom Fall der arglistigen Verletzung einer Obliegenheit – der Kausalitätsgegenbeweis eröffnet ist (§ 28 III 1 VVG). Dadurch ist die Sanktion der Leistungsfreiheit des Versicherers stark einem Schadensersatzanspruch des Versicherers angenähert, mit dem er gegen den Leistungsanspruch des Versicherungsnehmers aufrechnen könnte. Besondere generalpräventive Funktion haben die Sonderregelungen für die **arglistige Verletzung von Obliegenheiten**. Bei ihnen handelt es sich um gesetzliche Verwirkungsregelungen. Auch sie dienen nicht der zivilrechtsfremden Bestrafung, sondern der zivilrechtseigenen Prävention.[9] **540a**

3. Rechtsnatur

Wenn man die Vielfalt der Funktionen und Bedeutungen betrachtet, die unter den Begriff »Obliegenheiten« gebracht werden, kann es nicht wundern, dass über ihre **»Rechtsnatur«** gestritten wird. Auf diesen Streit wird hier aus verschiedenen Gründen nicht näher eingegangen. Schon theoretisch ist oft nicht ganz klar, was eigentlich der Gegenstand des Streites ist (wie oft bei einem Streit über die »Rechtsnatur«). Mit der VVG-Reform haben sich die Grundlagen des Streits verändert. Die praktischen Folgen sind jedenfalls gering, weil man trotz verschiedener Ansätze weitgehend zu gleichen Ergebnissen gelangt. Nach der schon bisher herrschenden und vom Reformgesetzgeber auch zugrunde gelegten Ansicht zur »Rechtsnatur« von Obliegenheiten ist die Erfüllung einer Obliegenheit nur **objektive Voraussetzung für die Erhaltung der Rechte des Versicherungsnehmers** (sog. **»Voraussetzungstheorie«**).[10] Der Ver- **541**

7 Nach BGH VersR 2005, 493 (bestätigt durch BGH VersR 2007, 1267) dienen Aufklärungsobliegenheiten des Versicherungsnehmers dem Zweck, den Versicherer in die Lage zu versetzen, sachgemäße Entschlüsse zu fassen. Fehlt das entsprechende Aufklärungsbedürfnis des Versicherers deshalb, weil er einen maßgeblichen Umstand bereits kennt, so verletzen unzulängliche Angaben des Versicherungsnehmers über diesen Umstand keine schutzwürdigen Interessen des Versicherers und können deshalb die Sanktion der Leistungsfreiheit des Versicherers nicht rechtfertigen. Es genügt dagegen nicht, dass sich der Versicherer durch Nachforschungen kundig machen könnte, etwa durch eine Abfrage der Uni-Wagnis-Datei, BGH VersR 2007, 481. – Der objektive Tatbestand einer Aufklärungsobliegenheit verlangt Kenntnis des Versicherungsnehmers von den mitzuteilenden Umständen (vgl. BGH VersR 2007, 389; BGH VersR 2008, 484) oder die Nichterfüllung einer Erkundigungspflicht, die zu bejahen ist, wenn Anhaltspunkte für relevante Umstände vorliegen, sodass eine an der Aufklärung interessierte Person diesen Anhaltspunkten nachgegangen wäre (*Prölss* VersR 2008, 674). – Zu Angaben des Versicherungsnehmers »ins Blaue hinein« vgl. OLG Köln VersR 2009, 215.

8 Vgl. *Felsch* in: HK-VVG, § 28 VVG Rn. 5.

9 Vgl. BGHZ 44, 1, 5 = NJW 1965, 1585, 1587 f. Ablehnend *Schwintowski* ZRP 2006, 139 (die Beibehaltung des Alles-oder-nichts-Prinzips bei Arglist verstoße gegen das verfassungsrechtlich verbriefte Verhältnismäßigkeitsprinzip und das *Verbot der Doppelbestrafung* nach Art. 103 GG). Dagegen unter Betonung des Gesichtspunkts der Prävention *Langheid* VVG Reform und Verbraucherschutz, Münsteraner Reihe Bd. 105, 2007, S. 34.

10 Vgl. z.B. BGHZ 24, 378 = VersR 1957, 458 = NJW 1957, 1233; so auch schon RGZ 56, 346; vgl. auch *Felsch* in: HK-VVG, § 28 VVG Rn. 5; *Marlow* in: Beckmann/Matusche-Beckmann, § 13 Rn. 4; *Schimikowski* Rn. 176.

sicherungsnehmer ist nicht verpflichtet, eine Obliegenheit zu erfüllen; die Erfüllung liegt aber in seinem Interesse, um sich seinen Deckungsanspruch zu erhalten. Es handelt sich also bei einer Obliegenheit – im Unterschied zur Prämienzahlungspflicht des Versicherungsnehmers[11] – nicht um eine »echte Rechtspflicht« des Versicherungsnehmers, deren Erfüllung vom Versicherer klageweise erzwingbar wäre und die bei Nichterfüllung in eine Schadensersatzpflicht überginge. Die (andersartigen) **Rechtsfolgen der Verletzung einer Obliegenheit** sind nicht einheitlich geregelt. Generell lässt sich aber sagen, dass der Versicherer meist zur Kündigung des Vertrages berechtigt ist und unter weiteren Voraussetzungen auch für einen bereits eingetretenen Versicherungsfall abhängig vom Verschuldensgrad vollständig oder teilweise leistungsfrei ist.

542 **Vertiefung:** Neben der herrschenden »Voraussetzungstheorie« über die »Rechtsnatur« der Obliegenheiten wird seit langem auch die **»Verbindlichkeitstheorie«** vertreten.[12] Dazu kommt als Mittelmeinung die **Lehre von den »Rechtspflichten minderer Zwangsintensität«**.[13] Alle Theorien gehen davon aus, dass die Rechtsnatur aller Obliegenheiten gleich ist, man also über sie allgemeingültige Aussagen machen kann. Mit der »Verbindlichkeitstheorie« wird die Meinung vertreten, es handele sich durchweg um Nebenpflichten aus dem Versicherungsvertrag, die sich von anderen Vertragspflichten grundsätzlich nicht unterschieden – wenn auch Erfüllungszwang und Schadensersatzanspruch oft unpraktikabel seien. Die Lehre von den »Rechtspflichten minderer Zwangsintensität« geht – wie der Name schon sagt – davon aus, dass es sich bei den Obliegenheiten um Pflichten minderer Zwangsintensität handelt, bei denen an ein bestimmtes Verhalten des Versicherungsnehmers für diesen rechtlich nachteilige Rechtsfolgen geknüpft sind, die nicht in einem Erfüllungsanspruch oder Schadensersatzanspruch bestehen.[14] Ungeachtet welcher Theorie man im Ansatz folgt, ist es wegen der unterschiedlichen Funktionen und Ausgestaltungen von Obliegenheitsregelungen geboten, sich die jeweilige Verhaltensregel anzusehen und dann nach den allgemeinen Regeln der Auslegung von gesetzlichen und vertraglichen Regelungen und der Bewertung der beteiligten Interessen zu entscheiden.[15]

543 Bei der Definition und Kategorisierung geht es vor allem um Klarheit und Stimmigkeit. Nach der hier vertretenen Ansicht ist eine **Verhaltensregel, deren Verletzung eine Schadensersatzpflicht zur Folge hat, keine Obliegenheit, sondern eine (Haupt- oder Neben-) Pflicht**. Diese Definition ist nicht nur als Ausgangspunkt, sondern generell tauglich. Der Gesetzgeber des VVG hätte an Stelle von Obliegenheiten allerdings auch Nebenpflichten wie im sonstigen Schuldrecht statuieren können. Bei ihrer Verletzung würden dann je nach ihrem genauen Inhalt Schadensersatzansprüche entstehen, mit denen der Versicherer aufrechnen könnte, wenn der Versicherungsnehmer (oder ein leistungsberechtigter Dritter) Forderungen stellt.[16] Bei entsprechendem Gewicht könnte die Nebenpflichtverletzung auch zur Aufkündigung des ganzen Vertragsverhältnisses führen. Auf Besonderheiten des Versicherungsver-

11 Zum Unterschied gegenüber der Prämienzahlungspflicht BGHZ 55, 281 = VersR 1971, 429 = NJW 1971, 937.

12 Überblick über den Streitstand bei *Eichler* S. 40 ff.; *Heiss* in: Bruck/Möller, § 28 VVG Rn. 32 ff.; *Prölss* in: Prölss/Martin, § 6 VVG a.F. Rn. 30 f.; vgl. auch *Weyers* in: Gitter u.a., Vertragsschuldverhältnisse, 1974, S. 459 ff. und *Weyers* 2. Aufl. 1995, Rn. 320.

13 *R. Schmidt* Die Obliegenheiten, 1953, S. 314 ff.; ähnlich *Heiss* in: Bruck/Möller, § 28 VVG Rn. 46.

14 *R. Schmidt* Die Obliegenheiten, 1953, S. 315.

15 In diesem Sinne auch *Schauer*, S. 235.

16 »Leistungsfreiheit des Versicherers« tritt als Rechtsfolge einer Obliegenheitsverletzung unmittelbar ein, ohne dass es wie bei einer Aufrechnung einer Gestaltungserklärung des Versicherers bedarf. Es wird deshalb von einem »Selbstvollstreckungselement« als typische Begleiterscheinung der Obliegenheitsverletzung gesprochen; vgl. *Weyers* 2. Aufl. 1995, Rn. 315; *Gärtner* S. 288; *Schimikowski* Rn. 176.

trages hätte der Gesetzgeber ähnlich durch Sonderbestimmungen eingehen können wie z.B. im Werkvertragsrecht. Die positiven Regeln des Versicherungsvertragsrechts sind aber anders.[17]

Vertiefung: In der Gesetzesbegründung wird die **»Anzeigepflicht« über den Eintritt des Versicherungsfalles gem. § 30 I 1 VVG** als Obliegenheit des Versicherungsnehmers bezeichnet, aber zugleich im Hinblick auf die Anzeigepflicht eines Dritten, wenn diesem das Recht auf die vertragliche Leistung zusteht (§ 30 I 2 VVG), ausgeführt, bei schuldhafter Verletzung der Anzeigepflicht des *Dritten* könne sich für den Versicherer ein Schadensersatzanspruch nach allgemeinem Recht gegen den Dritten ergeben.[18] Zur Verhaltensregel des § 30 I 1 VVG für den *Versicherungsnehmer* wird ausgeführt, es handele sich um eine Obliegenheit im Sinn des § 28 VVG, die wegen ihrer grundlegenden Bedeutung für den Versicherer weiterhin gesetzlich geregelt werden solle. Eine besondere Sanktionsregelung sei entbehrlich, da die AVB regelmäßig entsprechende Anzeigepflichten enthalten und somit § 28 VVG zur Anwendung kommt.[19] Damit hat sich die Grundlage für die Auslegung maßgebend geändert. Bislang konnte mit Blick auf die Motive zum VVG 1908 gut vertreten werden, dass es sich bei der im Gesetz ohne ausdrückliche Sanktion normierten Anzeigepflicht jedenfalls dann um eine Rechtspflicht handelt, deren Verletzung zu einer Schadensersatzpflicht gem. § 280 BGB führt, wenn der Vertrag diese »Pflicht« *nicht* zu einer Obliegenheit macht.[20] Die Gesetzesbegründung stellt nun aber klar, dass es sich bei dieser gesetzlichen »Anzeigepflicht« des Versicherungsnehmers nicht um eine Pflicht, sondern um eine gesetzliche Obliegenheit handelt, die der Gesetzgeber bewusst sanktionslos lässt, soweit es um den *Versicherungsnehmer* (*und ihm vertraglich gleichgestellte Versicherte*) geht. Die gesetzliche Obliegenheit wird zu einer vertraglichen Obliegenheit mit der Maßgabe der Anwendbarkeit der Sanktionsregelungen des § 28 VVG, wenn der Versicherer die »Anzeigepflicht« des Versicherungsnehmers im Versicherungsvertrag (AVB) als Obliegenheit vereinbart und mit vertraglichen Sanktionen verknüpft. Dagegen soll die Verletzung der gesetzlichen »Anzeigepflicht«, die einen *Dritten* trifft, wenn ihm das Recht auf die vertragliche Leistung zusteht, nach der Gesetzesbegründung zum neuen VVG kraft Gesetzes zu einer Schadensersatzpflicht des Dritten führen.[21] Es handelt sich daher nach der Vorstellung des Gesetzgebers um eine gesetzliche Nebenpflicht (echte Rechtspflicht).[22] Das Beispiel zeigt, was im vorherigen Abschnitt gerade ausgeführt wurde, nämlich dass an Stelle von Obliegenheiten ohne weiteres auch Nebenpflichten möglich sind. In der gestalterischen Freiheit des Gesetzgebers liegt es – wie in §§ 53, 54 VVG für die laufende Versicherung geschehen[23] – ein und dieselbe Verhaltensregel als einklagbare Pflicht und zugleich als Obliegenheit auszugestalten, deren Verletzung zur Leistungsfreiheit des Versicherers führen kann. Dieses Beispiel zeigt, dass die Qualifikation als Pflicht oder Obliegenheit grundsätzlich von der gesetzlich statuierten Rechtsfolge her zu erfolgen hat. Mit Blick auf die Gesetzesbegründung zu § 30 VVG wird man sagen können, dass im Gesetz sanktionslos ausgesprochene »Pflichten« *des Versicherungsnehmers* (»lex imperfecta«, Rn. 557) grundsätzlich sanktionslose Obliegenheiten sein sollen; und dass der Versicherer sie zu vertraglichen Obliegenheiten machen muss, wenn er sie mit Sanktionen versehen will.[24] 544

17 Die Rechtsfolgen sind allerdings dadurch angenähert, dass § 28 III VVG den Kausalitätsgegenbeweis nunmehr – abgesehen von Arglist – generell zulässt. Vgl. *Wandt* in: Langheid/Wandt, § 28 VVG Rn. 211.

18 RegE BT-Drucks. 16/3945 S. 69 f.

19 RegE BT-Drucks. 16/3945 S. 70. Siehe hierzu auch Rn. 558.

20 Vgl. Motive zum VVG S. 129; *Dörner* in: BK, § 33 VVG a.F. Rn. 34; wohl auch *Prölss* in: Prölss/Martin, § 33 VVG a.F. Rn. 9. Eine Rechtspflicht grundsätzlich bejahend, aber bei Ausgestaltung als vertragliche Obliegenheiten verneinend: *Römer* in: Römer/Langheid, § 58 VVG a.F. Rn. 10; *Kollhosser* in: Prölss/Martin, § 58 VVG a.F. Rn. 17, 21 f.; *Armbrüster* in: Beckmann/Matusche-Beckmann, § 6 Rn. 30.

21 RegE BT-Drucks. 16/3945 S. 70.

22 Vgl. aber *Schwintowski* in: Schwintowski/Brömmelmeyer, § 30 VVG Rn. 19, der von einem Redaktionsversehen des Gesetzgebers ausgeht und auch für den Dritten eine Obliegenheit annimmt.

23 RegE BT-Drucks. 16/3945 S. 75 f.

24 Im Ergebnis ebenso *Schwintowski* in: Schwintowski/Brömmelmeyer, § 30 VVG Rn. 19.

4. Abgrenzung: Obliegenheiten und Risikobeschreibungen

545 Es wird noch im Einzelnen ausgeführt werden, dass der Versicherungsnehmer nicht ohne weiteres den Versicherungsschutz verliert, wenn er eine Obliegenheit verletzt. Es kommt stets darauf an, ob er schuldhaft gehandelt hat (**Verschuldenserfordernis**), grundsätzlich auch darauf, ob der Versicherungsfall sonst nicht eingetreten oder der Schaden geringer geblieben wäre (**Kausalitätserfordernis**) und außerdem muss der Versicherer in manchen Fällen rechtzeitig gekündigt haben. Kurz: Zum Schutz des Versicherungsnehmers wird trotz Obliegenheitsverletzung unter bestimmten Voraussetzungen die Versicherungsdeckung gesetzlich gewährleistet. Dieser Schutz ist nicht abdingbar, weil die maßgebenden Vorschriften sämtlich halbzwingend sind (vgl. z.B. §§ 32, 87 VVG/§§ 15a, 68a VVG a.F.).

546 Einen solchen Schutz gibt es bei **Risikoausschlüssen (Risikobeschränkungen)** nicht. Sie klammern bestimmte Risiken von vornherein aus dem Versicherungsschutz aus (Einzelheiten zur Technik der Risikoabgrenzung Rn. 774 f.). Hat sich ein Risiko verwirklicht, das von der vertraglichen Risikobeschreibung nicht erfasst wird, dann besteht ohne weiteres kein Versicherungsschutz. Verschulden des Versicherungsnehmers, Kausalität seines Verhaltens oder eine Kündigung des Vertrages durch den Versicherer spielen hier ersichtlich keine Rolle.

547 Der Unterschied in der rechtlichen Behandlung von **Risikoausschlüssen und Obliegenheiten** verleiht der **Abgrenzung** beider Rechtsinstitute erhebliche Bedeutung. Diese Abgrenzung ist schwierig, wenn eine AVB-Bestimmung den Versicherungsschutz von einem Zustand abhängig macht, den der Versicherungsnehmer durch sein Verhalten beeinflussen kann.[25] Der Reformgesetzgeber hat sich zu dieser generellen Problematik bewusst nicht geäußert.[26]

548 Es besteht heute in Rechtsprechung und Literatur im Ansatz weitgehend Einigkeit darüber, dass die §§ 28, 32 VVG/§§ 6, 15a VVG a.F.[27] einen Schutzzweck haben, der vom Versicherer nicht dadurch umgangen werden darf, dass er eine Obliegenheit durch die Formulierung einer Klausel oder durch ihren Standort innerhalb des Regelungswerkes in eine Risikobeschreibung »ummünzt«. Man spricht mit einem von *Ehrenzweig* geprägten Ausdruck plastisch von einer **»verhüllten Obliegenheit«**, wenn das »Verhalten« des Versicherungsnehmers derart in einer (objektiven) Risikobeschreibung versteckt ist.[28] Andererseits muss es dem Versicherer aber auch möglich sein, ein klar abgrenzbares, bestimmtes Risiko von vornherein nicht zu versichern, unabhängig davon, ob das nicht versicherte Risiko die Verhaltenssphäre des Versicherungsnehmers berührt. Diese Zwiespältigkeit der Problematik erklärt, weshalb es schwierig und bisher nicht gelungen ist, klare Abgrenzungskriterien zu entwickeln. Es erklärt auch die Divergenzen in der Rechtsprechung, insbesondere zu AVB-Klauseln, die den Versicherungsschutz davon abhängig machen, dass eine versicherte Sache in bestimmter Weise (z.B. in einem Safe) aufbewahrt, verschlossen oder be-

25 Vgl. BGH VersR 1986, 1097, 1098 = NJW 1987, 191, 192 (»Auch Risikobeschreibungen können an ein bestimmtes Verhalten des Versicherungsnehmers anknüpfen«).

26 RegE BT-Drucks. 16/3945 S. 69.

27 Zu der gem. Art. 1 II EGVVG dauerhaften Fortgeltung des VVG a.F. für Versicherungsfälle, die vor dem 01.01.2009 eingetreten sind, Rn. 16.

28 *Ehrenzweig* Versicherungsvertragsrecht, S. 175; zur verhüllten Obliegenheit siehe BGHZ 51, 356 = VersR 1969, 507 = NJW 1969, 1116; BGH VersR 2000, 969.

wacht worden ist.[29] Meist wird hier eine Obliegenheit, manchmal aber auch eine objektive Risikobeschränkung angenommen.

Nach der ständigen Rechtsprechung des BGH[30] kommt es bei der Unterscheidung zwischen Obliegenheit und Risikobeschränkung nicht entscheidend auf Wortlaut und Stellung einer Versicherungsklausel an. Maßgeblich ist vielmehr der materielle Inhalt der einzelnen Bedingung. Es kommt darauf an – so die andere Formulierung des BGH –, ob die AVB-Bestimmung die Beschreibung eines bestimmten Wagnisses enthält, für das allein der Versicherer Schutz gewähren will, oder ob die AVB-Bestimmung in erster Linie ein bestimmtes vorbeugendes Verhalten des Versicherungsnehmers fordert, von dem es abhängt, ob er einen zugesagten Versicherungsschutz behält oder ob er ihn verliert. Steht ein solches Verhalten im Vordergrund und tritt es nicht hinter objektiven Voraussetzungen, wie z.B. den Versicherungsort oder den Zustand der versicherten Sache, zurück, so liegt eine Obliegenheit vor. Wird dagegen von vornherein nur ausschnittsweise Deckung gewährt und nicht ein gegebener Versicherungsschutz wegen nachlässigen Verhaltens wieder entzogen, so handelt es sich um eine Risikobeschreibung. 549

Vertiefung: Im Gegensatz hierzu hält sich die »Ausschlusstheorie«[31] streng an den Wortlaut der jeweiligen Klausel und nimmt nur dann eine Obliegenheit an, wenn der Text tatsächlich ein Verhalten beschreibt. Es gibt eine Reihe weiterer, teils vermittelnder, teils weiter differenzierender Theorien.[32] 550

Lässt man die vielfältigen Bemühungen um brauchbare Kriterien für die Abgrenzung zwischen Risikoausschlüssen und Obliegenheiten Revue passieren, dann wird deutlich, dass es im Kern darum geht, **berechtigte Erwartungen der Versicherungsnehmer in das Bestehen von Versicherungsdeckung** zu schützen.[33] Solche berechtigten 551

29 Für Obliegenheiten z.B. BGHZ 51, 356 = VersR 1969, 507 = NJW 1969, 1116; BGH VersR 1986, 962 = NJW 1986, 2838; BGH VersR 2000, 969; für Risikobeschränkung z.B. BGH VersR 1983, 573; BGH VersR 1986, 1097 = NJW 1987, 191.

30 Gesamtüberblick bei *Wandt* in: Langheid/Wandt, § 28 VVG Rn. 62 ff. Vgl. aus jüngerer Zeit: **Verhüllte Obliegenheit bejahend** BGH VersR 1985, 854 = NJW 1985, 2831 (§ 5 Nr. 1d AVBR 1980, wonach Pelze, Schmuck, Fotoapparate, etc. in unbeaufsichtigt abgestelltem Kfz nicht versichert sind); BGH VersR 1986, 781 (Safe- und Depotklauseln in Nr. 5.5.1 und 5.5.2 AVBSP 1976); BGH VersR 2000, 969 (Nr. 6.1.5 AVB Werkverkehr, wonach Schäden durch nicht verkehrssicheren Zustand der Fahrzeuge von der Haftung ausgeschlossen sind); BGH VersR 2004, 1132 (Verwahrklausel in § 4c ABEH). **Risikobegrenzung bejahend** BGH VersR 1983, 573 (instruktiv: § 2 Nr. 8 VHB 1974 (Risikobegrenzung) anders als Vorgängerregelung § 2 IV b VHB 1966 (Obliegenheit)); BGH VersR 1985, 629 (§ 4c AVB Flusskasko, wonach nicht für einen Schaden gehaftet wird, der daraus entsteht, dass das Schiff in einem nicht fahrtüchtigen Zustand die Reise antritt); BGH VersR 1986, 1097 = NJW 1987, 191 (§ 1 Nr. 4 AVBR 1980, wonach Pelze, Foto- und Filmapparate und Zubehör versichert sind, wenn sie in ordnungsgemäß verschlossenen, nicht einsehbaren Behältnissen einem Beförderungsunternehmen oder einer Gepäckaufbewahrung übergeben sind); BGH VersR 1995, 328 (MB/KK 1976: unbegrenzte Kostenerstattung nur für den Fall zugesagt, dass der Versicherungsnehmer vor Behandlungsbeginn die Notwendigkeit der Heilbehandlung durch Vorlage eines Heil- und Kostenplans nachweist); BGH VersR 2006, 215 (§ 3 Nr. 2 AMBUB 94: keine Entschädigungsleistung, soweit ein Betriebsunterbrechungsschaden durch den Umstand vergrößert wird, dass dem Versicherungsnehmer zur Wiederherstellung oder Wiederbeschaffung beschädigter oder zerstörter Sachen oder Daten nicht rechtzeitig genügend Kapital zur Verfügung steht).

31 Überblick bei *Prölss* in: Prölss/Martin, § 6 VVG a.F. Rn. 7 ff.

32 Vgl. *Heiss* in: Bruck/Möller, § 28 VVG Rn. 26 ff.; *Wandt* in: Langheid/Wandt, § 28 VVG Rn. 65 ff.; *Prölss* in: Prölss/Martin, § 6 VVG a.F. Rn. 11 ff.

33 So auch *Weyers* 2. Aufl. 1995, Rn. 356 ff.

Erwartungen können sich aus dem Wortlaut und der Systematik der vertraglichen Regelungen (AVB) sowie aus dem gesamten Zuschnitt der jeweiligen Versicherung ergeben. Angesichts der Schwierigkeiten – wenn nicht gar Unmöglichkeit – der bisherigen Literaturansätze, das für Obliegenheiten maßgebliche Verhalten abstrakt trennscharf von verhaltensbezogenen Risikobeschreibungen abzugrenzen,[34] ist die herrschende **Auslegungsmethode zu bevorzugen**; vor allem weil sie größere Flexibilität in der Rechtsanwendung erlaubt. Lässt allerdings die Auslegung des konkreten Vertrages keinen Raum für berechtigte Erwartungen an einen bestimmten Inhalt einer grundsätzlich bestehenden Versicherungsdeckung, dann sollte das Produkt des Versicherers vom Rechtsanwender nicht aus rechtspolitischen Erwägungen durch Annahme einer verhüllten Obliegenheit »umdefiniert« werden,[35] etwa mit Blick auf neuartige Deckungen, die einem gewandelten Versicherungsbedürfnis Rechnung tragen und deshalb statt eines Risikoausschlusses eine entsprechende Obliegenheit verwenden (und deren Prämien deshalb auch anders kalkuliert sein können).

552 Führt die Auslegung einer AVB-Klausel zu der Annahme eines »harten« **Risikoausschlusses**, dann ist als **Auslegungsregel** zu beachten, dass solche Klauseln grundsätzlich **eng auszulegen** sind und nicht weiter ausgelegt werden dürfen, als es ihr Sinn unter Beachtung ihres wirtschaftlichen Zwecks und der gewählten Ausdrucksweise erfordert.[36] Eine in dieser Weise eng ausgelegte Risikoausschlussklausel kann dann immer noch gemäß § 305c BGB als überraschende Klausel nicht Vertragsbestandteil geworden sein, was aber selten vorkommen wird. Sie kann schließlich, wenn sie Vertragsbestandteil geworden ist, gemäß § 307 BGB wegen unangemessener Benachteiligung des Versicherungsnehmers unwirksam sein[37] (zum AGB-Recht Rn. 176 ff.).

5. Gesetzliche und vertragliche Obliegenheiten

553 Nach dem Rechtsgrund einer Obliegenheit unterscheidet man durch Gesetz begründete Obliegenheiten (**»gesetzliche Obliegenheiten«**) und durch vertragliche Vereinbarung, insbesondere AVB, begründete Obliegenheiten (**»vertragliche Obliegenheiten«**).

554 **Entwicklungsgeschichtlicher Ausgangspunkt** waren die **vertraglichen Obliegenheiten**. Die AVB, in deren Gestaltung die Versicherer vor Inkrafttreten des VVG 1908 kaum gesetzlichen Beschränkungen unterlagen, sahen als Sanktion für Obliegenheitsverletzungen meist die Leistungsfreiheit des Versicherers vor. Der Gesetzgeber hat Klauseln dieser Art bei Erlass des VVG 1908 vorausgesetzt. Er hat einiges davon bei Erlass des Gesetzes übernommen, anderes begrenzt oder verworfen (vgl. Rn. 141). Für »vertragliche Obliegenheiten« gibt **§ 28 VVG** (§ 6 VVG a.F.) eine **allgemeine Regelung**, die halbzwingend (§ 32 VVG/§ 15a VVG a.F.) die zulässigen Rechtsfolgen festlegt und Mindestvoraussetzungen für ihren Eintritt statuiert. Dieser Vorschrift kommt wegen der Vielzahl vertraglicher Obliegenheiten große praktische Bedeutung zu. In der Begründung vertraglicher Obliegenheiten – nicht aber in ihrer

34 Zur Unvermeidbarkeit von Abgrenzungsschwierigkeiten *Prölss* in: Prölss/Martin, § 6 VVG a.F. Rn. 11.

35 Zutreffend in diesem Sinne BGH VersR 1985, 629; instruktiv auch BGH VersR 1986, 1098 = NJW 1987, 191.

36 St.Rspr., vgl. nur BGH VersR 2000, 963; BGH VersR 2000, 1090.

37 Vgl. BGH VersR 1994, 549 mit Anm. *Prölss* VersR 1994, 1216 = NJW 1994, 1534 (unwirksame Klausel in einer Reisekrankenversicherung: »Keine Leistungspflicht besteht für solche Krankheiten oder Unfallfolgen, die bereits vor Beginn des Versicherungsschutzes akut behandlungsbedürftig waren«).

Ausgestaltung, die durch halbzwingende Vorschriften begrenzt ist – ist der Versicherer grundsätzlich frei. Für die Kfz-Haftpflichtversicherung enthalten die §§ 5 ff. KfzPflVV jedoch Einschränkungen. Der Grund hierfür liegt in dem Charakter der Kfz-Haftpflichtversicherung als Pflichtversicherung, die im öffentlichen Interesse einen ausreichenden und gleichen Verkehrsopferschutz sowie im Interesse der Pflichtversicherten einheitliche Mindeststandards erfordert (Rn. 1115 ff.).

Für **»gesetzliche Obliegenheiten«** gibt es keine dem § 28 VVG vergleichbare allgemeine Regelung. Deshalb kommt es hier entscheidend auf die Auslegung der jeweiligen obliegenheitsbegründenden Norm an. Die Vorschriften, die gesetzliche Obliegenheiten statuieren, sind über das gesamte VVG verstreut. Die für sämtliche Versicherungszweige geltenden Obliegenheiten sind systematisch folgerichtig im Allgemeinen Teil (Teil 1, Kapitel 1) und dort vor allem in dem eigenen 2. Abschnitt »Anzeigepflicht, Gefahrerhöhung, andere Obliegenheiten« geregelt. Gesetzliche Obliegenheiten des Allgemeinen Teils sind die vorvertragliche Anzeigepflicht (§ 19 VVG/§ 16 VVG a.F. – vgl. hierzu Rn. 782 ff.), die Gefahrstandspflichten (§ 23 VVG/§ 23 VVG a.F. – vgl. hierzu Rn. 819 ff.), und, jedenfalls soweit der Versicherungsnehmer und Versicherte betroffen ist,[38] die Pflicht zur Anzeige des Versicherungsfalls (§ 30 VVG/§ 33 VVG a.F.) und die Auskunftspflicht nach Eintritt des Versicherungsfalls (§ 31 VVG/§ 34 VVG a.F. – vgl. Rn. 938). 555

Obliegenheiten nur für die Schadensversicherung sind die Pflicht zur Anzeige einer mehrfachen Versicherung (§ 77 VVG/§ 58 VVG a.F. – vgl. Rn. 765 ff.), die Schadensabwendungs- und Schadensminderungspflicht (§ 82 VVG/§ 62 VVG a.F. – vgl. Rn. 923 ff.) und die Pflicht zur Anzeige einer Veräußerung (§ 97 VVG/§ 71 VVG a.F. – vgl. Rn. 719 f.). **Obliegenheiten speziell für einzelne Versicherungszweige** sind im jeweiligen Kontext geregelt, also im zweiten Teil des VVG über »einzelne Versicherungszweige« (z.B. §§ 104, 119, 122, 131 ff., 158, 181, 184 VVG). 556

Bezogen auf die Abgrenzung von gesetzlichen zu vertraglichen Obliegenheiten ist eine **für die Rechtsanwendung sehr wichtige rechtssystematische Besonderheit** zu beachten: **Modifiziert der Versicherungsvertrag** (regelmäßig durch AVB) den Tatbestand oder die Rechtsfolge einer **gesetzlichen Obliegenheit**, dann wird die gesetzliche Obliegenheit grundsätzlich[39] zu einer vertraglichen Obliegenheit, für die § 28 VVG gilt. Außerdem gibt es einige gesetzliche Obliegenheiten, für die nur der Tatbestand, nicht aber die Rechtsfolge ihrer Verletzung normiert ist (z.B. §§ 30, 31 VVG). Man nennt diese Vorschriften daher **»lex imperfecta«**. Übernimmt der Versicherer eine solche gesetzlich nur tatbestandlich geregelte Obliegenheit in den Versicherungsvertrag (regelmäßig durch AVB) und ergänzt er die gesetzliche Regelung um eine Sanktion (Rechtsfolge), wird aus der gesetzlichen Obliegenheit wiederum eine vertragliche Obliegenheit, die § 28 VVG unterliegt. 557

Man kann sich allerdings fragen, welchen Sinn es hat, gesetzliche Obliegenheiten zu statuieren, die im Falle einer Verletzung ohne vertragliche Begleitregelung sanktionslos bleiben und die durch die Vereinbarung einer vertraglichen Begleitregelung zu vertraglichen Obliegenheiten werden. Die Beibehaltung der gesetzlichen »Pflichten- 558

38 Zur problematischen Einordnung der Anzeigepflicht eines Dritten Rn. 544.

39 Eingehend hierzu – auch zu Ausnahmen erlaubter Modifikationen einer gesetzlichen Obliegenheit, ohne diese in eine vertragliche Obliegenheit umzuwandeln – *Wandt* in: Langheid/Wandt, Vor § 28 VVG Rn. 11.

regelungen« der §§ 30 I, 31 I VVG in der Rechtsnatur einer gesetzlichen Obliegenheit ist wohl vor allem der Tradition geschuldet. Außerdem dienen diese Regelungen rechtstechnisch als Anknüpfung für die gleichlaufenden echten Rechtspflichten[40] von Dritten, wenn diesen das Recht auf die vertragliche Leistung des Versicherers zusteht (jeweils Absatz 2 der Vorschriften).

II. Reform des Rechts der Obliegenheiten durch das neue VVG

559 Das Recht der Obliegenheiten war jedenfalls bis zur Reform durch das VVG 2008 einer der schwierigsten Problemkomplexe des Versicherungsvertragsrechts. Ob das Verständnis dieses Regelungskomplexes und die Rechtsanwendung durch die Reform wie beabsichtigt wesentlich erleichtert sind, wird sich erst noch erweisen müssen. Die Schwierigkeiten hatten nämlich vielschichtige Gründe, die durch die Reform nur teilweise beseitigt wurden. Außerdem bringt die Neuregelung neue schwierige Probleme, vor allem die Leistungskürzung bei grob fahrlässiger Verletzung einer Obliegenheit entsprechend der Schwere der groben Fahrlässigkeit (Rn. 596 ff.).

560 Eine grundlegende Schwierigkeit, die im neuen Recht fortbesteht, liegt in der notwendigen Unterscheidung von gesetzlichen und vertraglichen Obliegenheiten. Wie bereits gesehen (Rn. 557), werden gesetzliche Obliegenheiten ohne benannte Rechtsfolgen (»lex imperfecta«) zu vertraglichen Obliegenheiten, wenn der Versicherungsvertrag die Rechtsfolgen ihrer Verletzung ergänzt. Auch sonst können gesetzliche Obliegenheiten vertraglich derart modifiziert werden, dass sie sich in vertragliche Obliegenheiten umwandeln. Hinzu kommt die fehlende Einheitlichkeit der – im VVG verstreuten – gesetzlichen Obliegenheiten, die sich in den Voraussetzungen für die Sanktionierung wesentlich unterscheiden. Eine weitere Schwierigkeit sowohl im alten wie im neuen Recht liegt in der Abgrenzung zu Risikobeschreibungen, die völlig anderen Regelungen unterliegen, und schließlich in der gesetzlich nur rudimentär geregelten Problematik der Zurechnung des Verhaltens Dritter (Einzelheiten Rn. 545 ff. und Rn. 628 ff.).

561 In wichtigen Punkten hat die Reform jedoch wesentliche Veränderungen (und Verbesserungen) gebracht. **Systematik und Regelungsgehalt von § 6 VVG a.F.**, der zentralen Vorschrift des alten Rechts für vertragliche Obliegenheiten, erschlossen sich aus unterschiedlichen Gründen nur schwer (Stichworte: Unterscheidung zwischen Obliegenheiten vor Eintritt und nach Eintritt des Versicherungsfalls hinsichtlich Kündigungsrecht und Belehrungserfordernis; Unterscheidung nach Verschuldensgraden und Kausalität; komplizierte Normstruktur wegen der impliziten Regelung der Beweislastverteilung für Bestehen und Ausmaß an Kausalität, etc.).[41] An die Stelle von § 6 VVG a.F. ist **nunmehr die Regelung des § 28 VVG** getreten, die **systematisch und inhaltlich einfacher** zu verstehen ist als die Vorgängerregelung.

562 Ein Schwerpunkt der Reform lag in der Neuregelung der Rechtsfolgen der Verletzung von vertraglichen Obliegenheiten. Das **bisherige Recht** folgte dem sog. **»Alles-oder-nichts-Prinzip«**. Danach führte die Verletzung einer vertraglichen Obliegenheit regelmäßig zur vollständigen Leistungsfreiheit des Versicherers. Es ging also stets um »Alles-oder-nichts«, vollen oder keinen Versicherungsschutz. Diese Rigorosität der Sanktion war – auch mit Blick auf moderne ausländische Versicherungsvertragsgeset-

40 Vgl. dazu Rn. 532.
41 Zu Einzelheiten vgl. *Weyers/Wandt* Versicherungsvertragsrecht, 3. Aufl., Rn. 422 ff.

ze[42] – rechtspolitisch seit langem heftig umstritten.[43] Es wurde angezweifelt, dass die Schärfe der Sanktion tatsächlich die von ihr erhoffte abschreckende Wirkung (»Generalprävention«) habe.[44] Vor allem aber wurde beanstandet, dass die scharfe Sanktion unter bestimmten Voraussetzungen außer Verhältnis zum Unrechtsgehalt der Obliegenheitsverletzung stehe.[45] An der scharfen Rechtsfolge der vollständigen Leistungsfreiheit konnte die Rechtsprechung wegen der eindeutigen gesetzgeberischen Entscheidung nichts ändern. Die Rechtsprechung bemühte sich jedoch, den Anwendungsbereich dieses Prinzips möglichst zu begrenzen, indem sie die Voraussetzungen für eine Leistungsfreiheit des Versicherers in Fortbildung des Gesetzes verschärfte. Dies führte zu einer Überlagerung des Gesetzesrechts durch korrigierende Rechtsprechung, die das Gesamtverständnis des Problembereichs »Obliegenheiten« ganz erheblich erschwerte. (Stichworte: Belehrungspflicht; Relevanzrechtsprechung, Rn. 595).[46]

Der **Reformgesetzgeber** hat das »Alles-oder-nichts-Prinzip« als grundsätzliches Prinzip[47] aufgegeben[48] und durch ein **nach dem Verschuldensgrad abgestuftes Sanktionensystem** ersetzt. Die Gesetzesbegründung[49] beschreibt die Grundsätze dieses neuen Sanktionensystems für Obliegenheitsverletzungen sinngemäß so: **563**

- **Einfache Fahrlässigkeit** des Versicherungsnehmers bleibt folgenlos.
- **Vorsatz** führt zur Leistungsfreiheit.
- Bei **grober Fahrlässigkeit** kann der Versicherer seine Leistung entsprechend der Schwere des Verschuldens kürzen.
- Zur Leistungsfreiheit oder Leistungskürzung können grundsätzlich nur solche Verstöße führen, die **kausal** für den Versicherungsfall oder den Umfang der Leistung des Versicherers sind. Nur bei betrügerischem Verhalten des Versicherungsnehmers ist die Kausalität unerheblich.
- Es werden **Belehrungspflichten** des Versicherers vorgesehen, die den Versicherungsnehmer vor möglichen Sanktionen warnen und ihn zur ordnungsgemäßen Erfüllung der Obliegenheiten anhalten sollen.
- Die **Beweislast** wird klar und einheitlich geregelt. Die Beweislast für Vorsatz trägt der Versicherer. Grobe Fahrlässigkeit und die Kausalität werden widerleglich vermutet, sodass sich der Versicherungsnehmer entlasten muss.
- In manchen Fällen erscheint es ausreichend, wenn der Versicherer **kündigen oder eine höhere Prämie** verlangen kann. Deshalb wird hier unabhängig vom Verschuldensgrad des Versicherungsnehmers auf Leistungsfreiheit und Leistungskürzung verzichtet.

42 Rechtsvergleich von *Basedow/Fock* I S. 73 ff., 80 ff.
43 Vgl. *Römer* NVersZ 2000, 259; *Kurzka* VersR 2001, 698; *Terbille* r+s 2001, 1.
44 *Römer* VersR 2000, 661, 663; *Gärtner* S. 314; vgl. auch *Weyers* 2. Aufl. 1995, Rn. 308.
45 Vgl. das drastische Beispiel aus der Rechtsprechung von *Römer* VersR 2000, 661, 663 (Fahrzeugversicherung: Verlust eines Deckungsanspruchs für ein gestohlenes Fahrzeug in Höhe von ca. 80.000 Euro wegen Nichtangabe der Reparaturkosten für einen früheren Schaden).
46 Zu den Einzelheiten vgl. *Weyers/Wandt* Versicherungsvertragsrecht, 3. Aufl.; Überblick bei *Sieg* BB 1990, 2279; zur Entwicklung des § 6 VVG a.F. vgl. *Möller* in: Bruck/Möller, 8. Aufl., § 6 VVG a.F. Anm. 1.
47 Eine Ausnahme bestimmt beispielsweise § 137 I VVG für die Transportversicherung.
48 Vgl. die Überschrift in dem RegE BT-Drucks. 16/3945 S. 49.
49 RegE BT-Drucks. 16/3945 S. 49.

564 **Übergreifendes Regelungsziel** ist ein allgemeines, für gesetzliche und vertragliche Obliegenheiten des Versicherungsnehmers weitgehend einheitliches System, das für alle Beteiligten verständlich sein und ihre Interessen angemessen berücksichtigen soll.[50] Eine völlige Einheitlichkeit auch für gesetzliche Obliegenheiten war jedoch wegen mancher Besonderheiten, insbesondere bei Anzeigepflichten, nicht zu erreichen.

III. Zeitlich beschränkte Fortgeltung des alten Rechts

565 Die grundlegenden Veränderungen im Recht der Obliegenheiten geben der Frage, ob und wie lange das alte Recht noch gilt, besonderes Gewicht (allg. dazu Rn. 14 ff.). Maßgebend ist in erster Linie die spezielle Übergangsregelung des Art. 1 II EGVVG, die eine verfassungsrechtlich problematische Rückwirkung der Neuregelung vermeiden soll: Wenn bei **Versicherungsverhältnissen, die vor dem 01.01.2008 entstanden sind (»Altverträge«)**, ein Versicherungsfall bis zum 31.12.2008 eingetreten ist, ist »insoweit« das (alte) VVG in der bis zum 31.12.2007 geltenden Fassung weiterhin anzuwenden. Rechte und Pflichten aus einem bis zum 31.12.2008 eingetretenen Versicherungsfall sind also allein und dauerhaft nach altem Recht zu beurteilen.

566 Wenn es dagegen zwar um einen **Altvertrag, aber nicht um einen bis zum 31.12.2008 eingetretenen Versicherungsfall** geht, ist gemäß der allgemeinen Übergangsregelung des Art. 1 I EGVVG ab 01.01.2009 das VVG n.F. anzuwenden. Es versteht sich auch ohne gesetzliche Klarstellung, dass die Geltung des neuen Rechts für Altverträge jedoch insoweit eingeschränkt ist, als es um Verhaltensgebote für einen Zeitpunkt vor Inkrafttreten des neuen Rechts geht. Beispielsweise beurteilt sich die Frage, ob der Versicherungsnehmer eines Altvertrages vor dem 01.01.2009 seine vorvertragliche Anzeigepflicht verletzt hat, auch zukünftig nach §§ 16, 17 VVG a.F.; die Rechtsfolgen aus einer Anzeigepflichtverletzung beurteilen sich aber nach dem neuen VVG, wenn der Versicherungsfall erst nach dem 31.12.2008 eintritt.[51] Zur umstrittenen Frage, ob eine AVB-Obliegenheitsregelung, die in ihren Rechtsfolgen nicht mit dem neuen Recht vereinbar ist, hinsichtlich des Tatbestands der Obliegenheit aufrechterhalten werden darf, vgl. Rn. 19.

567 Auch wenn nach den dargestellten Übergangsregelungen das alte VVG für Obliegenheitsverletzungen noch viele Jahre anwendbar sein kann, wird nachfolgend auf eine vollständige und detaillierte Beschreibung des alten Rechts verzichtet. Die Abweichungen zum alten Recht werden lediglich – soweit tunlich – im Rahmen der Darstellung des neuen Rechts dargelegt. Für Einzelheiten zum alten Recht wird dagegen auf die (älteren) Kommentare und auf die 3. Auflage dieses Lehrbuches verwiesen.

IV. Rechtsfolgen der Verletzung vertraglicher Obliegenheiten

1. Grundlagen

568 Der nach § 32 VVG halbzwingende § 28 VVG regelt allgemein die Mindestvoraussetzungen für die Sanktionierung von vertraglichen Obliegenheiten und begrenzt die

50 RegE BT-Drucks. 16/3945 S. 49, 68; vgl. auch Reformkommission, Abschlussbericht, S. 36 ff., 307 ff.; *Deutsch* VersR 2004, 1485; *Marlow* VersR 2007, 43; kritisch *Maier* r+s 2007, 89; kritisch noch zum Zwischenbericht der Reformkommission *Prölss* VersR 2003, 669; *Armbrüster* VersR 2003, 675; zur Frage, ob der Vorschlag der Reformkommission zum Recht der Obliegenheiten europarechtskonform war, vgl. *Herrmann* VersR 2003, 1333.

51 Vgl. RegE BT-Drucks. 16/3945 S. 118.

Art der zulässigen Sanktionen (zum Begriff »vertragliche Obliegenheiten« Rn. 553 f.). Dabei geht es zum einen um die Frage, welche Auswirkungen die Obliegenheitsverletzung auf den Bestand des Vertrages hat (Schicksal des Vertrages als Ganzes), und zum anderen um die Frage, ob und inwieweit der Versicherer für einen nach der Verletzung der Obliegenheit eingetretenen Versicherungsfall leistungspflichtig ist (Rechtsfolge hinsichtlich eines eingetretenen konkreten Versicherungsfalls).

Die Rechtsfolgen bzw. die Voraussetzungen für ihren Eintritt unterscheiden sich ab- **569**
hängig vom Grad des Verschuldens des Versicherungsnehmers. Entsprechend den bereits dargelegten Grundsätzen des neuen Sanktionensystems für Obliegenheitsverletzungen **bleiben schuldlose oder einfach fahrlässig begangene Verletzungen vertraglicher Obliegenheiten folgenlos**. Sie führen weder zu einer Anpassung des Vertrages noch zur Leistungsfreiheit des Versicherers und auch nicht zu einer Vertragsbeendigung für die Zukunft. Im Ergebnis heißt dies, dass das schuldlose oder einfach fahrlässige Verhalten des Versicherungsnehmers kraft Gesetzes unter Versicherungsschutz steht. Ein **Verlust oder eine Kürzung des Versicherungsschutzes** setzt also voraus, dass der Versicherungsnehmer **vorsätzlich bzw. grob fahrlässig** gehandelt hat. **Arglist** des Versicherungsnehmers ist durch **Sonderregelungen** bedacht (Rn. 590 f., Rn. 594, Rn. 624).

»Vorsatz«, **»Arglist«** und **»grobe Fahrlässigkeit«** bedeuten dasselbe wie im allge- **570**
meinen Schuldrecht.

»Vorsatz« verlangt das Kennen der Tatumstände und das Wollen ihrer Verwirkli- **571**
chung in einem Schaden. Bedingter Vorsatz genügt.[52]

»Arglist« ist eine Sonderform des Vorsatzes. Bei einer Täuschung durch Verschweigen **572**
eines offenbarungspflichtigen Umstands handelt arglistig, wer mindestens für möglich hält und gleichzeitig weiß oder damit rechnet und billigend in Kauf nimmt, dass der Vertragsgegner den Umstand nicht kennt und bei Offenbarung den Vertrag nicht oder nicht mit dem vereinbarten Inhalt geschlossen hätte. »Arglist« erfasst damit nicht nur ein Handeln, das von betrügerischer Absicht getragen ist, sondern auch solche Verhaltensweisen, die auf bedingten Vorsatz im Sinne eines »Fürmöglichhaltens« reduziert sind und mit denen kein moralisches Unwerturteil verbunden sein muss.[53] Arglist liegt selbst bei gutem Glauben im Hinblick auf die Richtigkeit der eigenen Angaben vor, wenn der Erklärende »ins Blaue hinein« objektiv unrichtige Angaben macht, ohne offenzulegen, dass es ihm an einer zuverlässigen Beurteilungsgrundlage fehlt.[54]

»Grobe Fahrlässigkeit« verlangt ein besonders grobes, schlechthin unentschuldbares **573**
Außerachtlassen dessen, was im konkreten Fall jedermann hätte einleuchten müssen.[55] Dabei geht es zum einen um ein objektives Element der gesteigerten objektiven Erkennbarkeit und/oder Vermeidbarkeit eines Verhaltensgebots (einer Gefahr, etc.)

52 BGHZ 7, 311.

53 BGH VersR 1995, 1358, 1359 f. = NJW 1995, 1549, 1550; vgl. auch BGH VersR 2009, 968, 969.

54 Vgl. BGH NJW 2001, 2326, 2327; BGH NJW 1980, 2460; BGH NJW 1981, 1441; KG VersR 2007, 381; OLG Köln VersR 2009, 215; OLG Nürnberg VersR 2006, 1627; OLG Karlsruhe VersR 2006, 205.

55 Einzelheiten: *Marlow* in: Beckmann/Matusche-Beckmann, § 13 Rn. 89 ff.; *Möller* in: Bruck/Möller, 8. Aufl., § 61 VVG a.F. Anm. 42 ff.; *Prölss* in: Prölss/Martin, § 61 VVG a.F. Rn. 10 ff., § 6 VVG a.F. Rn. 116 ff.; *Deutsch* VersR 2004, 1485; *Schmid* VersR 2009, 49.

und zum anderen um ein subjektives Element einer gesteigerten subjektiven Vorwerfbarkeit.[56]

574 Wie die **Beweislast verteilt** ist, erkennt man bekanntlich meist am Satzbau einer Norm. Die allgemeine Grundregel lautet, dass jeder die Voraussetzungen des Rechtssatzes beweisen muss, der ihm günstig ist. Nach dieser Grundregel verteilt der Gesetzgeber den materiellen Gehalt der Norm nach seinen Vorstellungen über die Beweislast auf mehrere (Haupt- und Neben-) Sätze. Dass viele Formulierungen im VVG mit aneinander gekoppelten Grundregeln, Einschränkungen, Ausnahmen usw. so kompliziert sind, erklärt sich oft dadurch, dass man bei der Redaktion des Gesetzes auch auf die Beweislastverteilung gezielt hat. Im Zuge der Reform des VVG wurden verschiedentlich zur Klarstellung explizite Beweislastregelungen eingeführt (vgl. z.B. § 28 II 2 Hs. 1 VVG).

575 Nach der allgemeinen Grundregel trägt der Versicherer stets die **Beweislast** dafür, dass der Versicherungsnehmer eine Obliegenheit objektiv verletzt hat, also dass sein Verhalten den objektiven Tatbestand einer Obliegenheitsverletzung erfüllt. Die Beweislast für den Verschuldensgrad ist dagegen bei den einzelnen Obliegenheiten unterschiedlich verteilt.

Grafische Übersichten

576

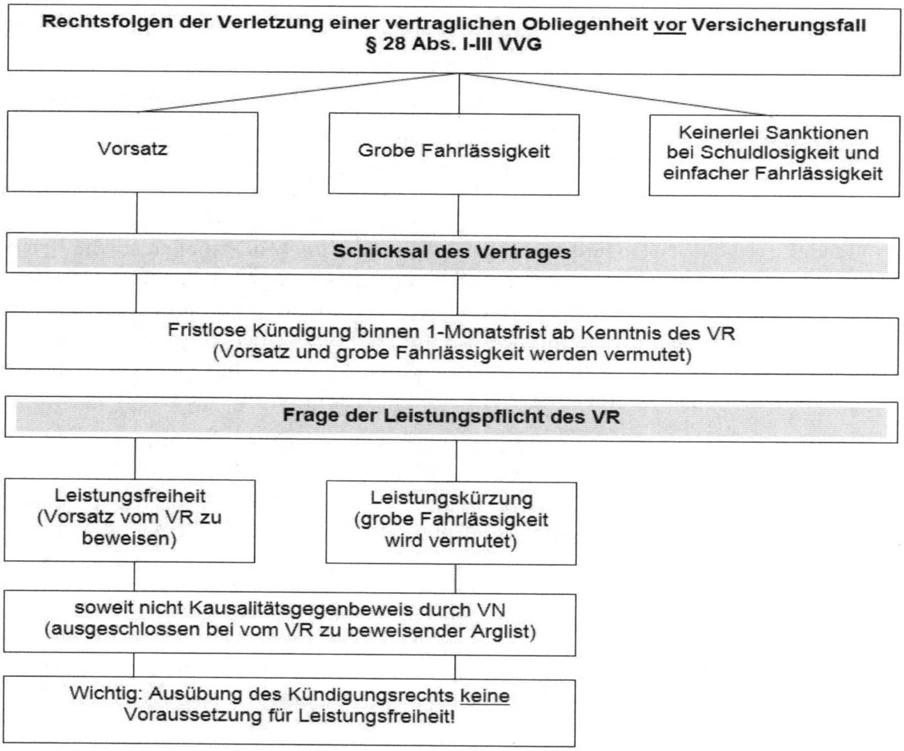

56 BGH VersR 1989, 582 = NJW 1989, 1354; BGH VersR 1989, 840 m.w.N.

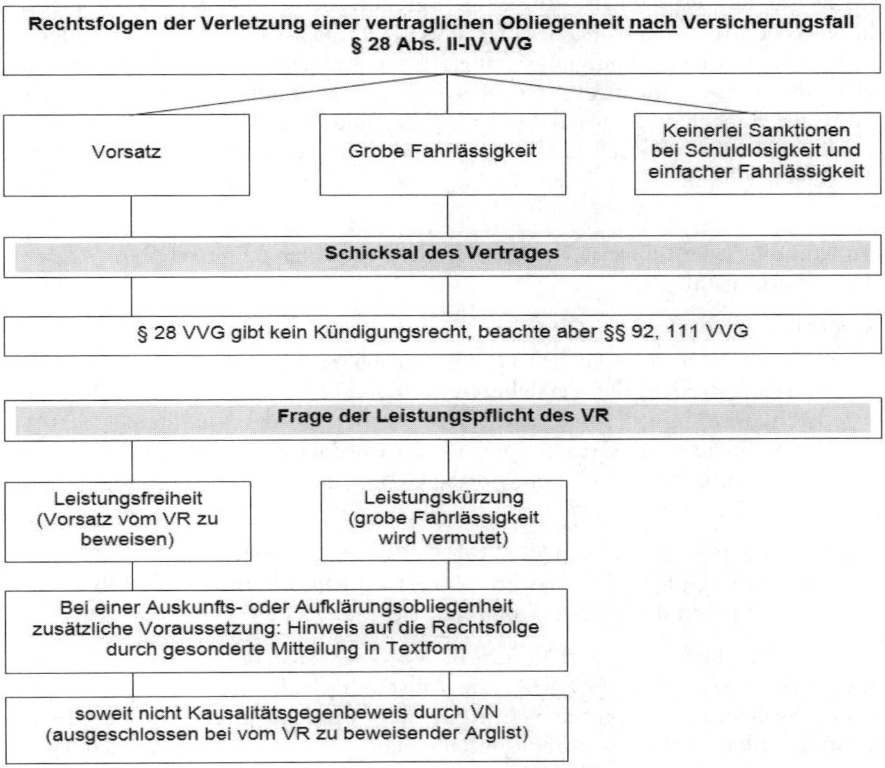

2. Schicksal des Vertrages als Ganzes

§ 28 V VVG bestimmt, dass ein Rücktrittsrecht des Versicherers als Sanktion für die 577
Verletzung einer vertraglichen Obliegenheit nicht vereinbart werden darf. Dieses Verbot ist Folge der gesetzgeberischen Entscheidung, den Versicherer auf die Kündigung zu beschränken (nächste Rn.) und die Voraussetzungen der vollständigen oder teilweisen Leistungsfreiheit spezialgesetzlich zu regeln.

Verletzt der Versicherungsnehmer eine **vertragliche Obliegenheit, die vor dem Ein-** 578
tritt des Versicherungsfalles zu erfüllen ist, kann[57] der Versicherer den Vertrag innerhalb eines Monats ab Kenntnis von der Obliegenheitsverletzung **fristlos kündigen (§ 28 I VVG).** Voraussetzung ist, dass die **Verletzung vorsätzlich oder grob fahrlässig** erfolgte, was widerleglich vermutet wird (vgl. die Normstruktur »es sei denn«). Um die Kündigung abzuwehren, muss der Versicherungsnehmer also nachweisen, dass er entweder nur einfach fahrlässig oder schuldlos gehandelt hat.

Für den Fall der Verletzung einer **vertraglichen Obliegenheit, die nach dem Ein-** 579
tritt des Versicherungsfalles zu erfüllen ist, enthält § 28 VVG keine Regelung über

57 Nach § 6 I 3 VVG a.F. musste der Versicherer dagegen den Vertrag fristgerecht kündigen, um sich auf Leistungsfreiheit berufen zu können (Kündigungsobliegenheit). Dazu Rn. 584; vgl. auch *Römer* in: Römer/Langheid, § 6 VVG a.F. Rn. 96.

das Schicksal des Vertrages als Ganzes. Hier greifen aber das gesetzliche Kündigungsrecht wegen Eintritts des Versicherungsfalles (§§ 92, 111 VVG, Rn. 948 ff.) oder vergleichbare vertragliche Kündigungsrechte, die nicht an eine Obliegenheitsverletzung, sondern nur an den Eintritt des Versicherungsfalles anknüpfen und deshalb auch als AVB-Bestimmungen nicht gegen den halbzwingenden § 28 VVG verstoßen.[58] In Betracht kommt insoweit auch das stets anwendbare, aber strengen Voraussetzungen unterliegende Kündigungsrecht aus wichtigem Grund nach § 314 BGB (Rn. 483).

3. Vollständige oder teilweise Leistungsfreiheit für einen eingetretenen Versicherungsfall

a) Überblick

580 Die Verletzung einer vertraglichen Obliegenheit kann zur **vollständigen oder teilweisen Leistungsfreiheit des Versicherers** führen. Die Rechtsfolge der vollständigen oder teilweisen Leistungsfreiheit tritt jedoch – anders als das Kündigungsrecht nach § 28 I VVG – nicht kraft Gesetzes ein, sondern **bedarf einer entsprechenden vertraglichen Vereinbarung** (vgl. den Wortlaut von § 28 II VVG »Bestimmt der Vertrag, dass ...«).

581 Die maßgebenden Regelungen in § 28 II–IV VVG unterscheiden – anders als die Vorgängerregelung des § 6 VVG a.F. – grundsätzlich nicht, ob es um eine Obliegenheit vor oder nach Eintritt des Versicherungsfalles geht.

582 Die einzige Durchbrechung enthält **§ 28 IV VVG**. Danach ist – in Anlehnung an die Rechtsprechung zu § 6 VVG a.F.[59] – die vollständige oder teilweise Leistungsfreiheit bei **Verletzung einer nach Eintritt des Versicherungsfalles bestehenden Auskunfts- oder Aufklärungsobliegenheit** nicht nur von den allgemeinen Voraussetzungen der §§ 28 II und III VVG, sondern zusätzlich davon abhängig, dass der Versicherer den Versicherungsnehmer »durch gesonderte Mitteilung in Textform« (Rn. 809) auf die Rechtsfolge vollständiger oder teilweiser Leistungsfreiheit hingewiesen hat. Diese Belehrungspflicht war für das VVG a.F. von der Rechtsprechung entwickelt worden, um dem Versicherungsnehmer vor Augen zu führen, dass er seinen Versicherungsschutz bei bewusst unwahrer oder unvollständiger Angabe nach Eintritt des Versicherungsfalles, z.B. bei der Schadensanzeige, auch dann verlieren kann, wenn sich aus der Obliegenheitsverletzung für den Versicherer kein Nachteil ergibt. Obwohl das neue VVG die Leistungsfreiheit – abgesehen von Arglist des Versicherungsnehmers – stets nur bei Kausalität eintreten lässt, hat der Reformgesetzgeber die Belehrungspflicht allgemein statuiert. Dies erscheint auch sachgerecht, da die Belehrung für den Versicherer ein Leichtes ist und sie ihm daher ohne weiteres zugemutet werden kann.[60] § 28 IV VVG ist jedoch im Wege teleologischer Reduktion nicht auf solche Auskunfts- und Aufklärungsobliegenheiten anzuwenden, denen wegen der faktischen Umstände des Regelungsgrundes keine Belehrung durch den Ver-

58 Vgl. *Wandt* in: Langheid/Wandt, § 28 VVG Rn. 172.

59 St.Rspr., die aber auf folgenlos gebliebene Obliegenheitsverletzungen beschränkt war; vgl. nur BGHZ 47, 101 = VersR 1967, 441 = NJW 1967, 1226; BGHZ 48, 7 = VersR 1967, 593 = NJW 1967, 1756; BGH VersR 1973, 174 = NJW 1973, 365; BGH VersR 1978, 121 = NJW 1978, 826; BGH VersR 1998, 447.

60 Vgl. BGHZ 48, 7 = VersR 1967, 593 = NJW 1967, 1756; BGH VersR 2008, 1491 = NJW 2008, 3643 = r+s 2008, 513 mit Anm. *Eckes*.

sicherer vorausgehen kann.[61] Ein Beispiel gibt die Obliegenheit zur Anzeige des Versicherungsfalles nach § 30 VVG. Die Gesetzesbegründung weist außerdem darauf hin, dass im Falle der Arglist des Versicherungsnehmers die Leistungsfreiheit entgegen dem Wortlaut von § 28 IV VVG nicht von einer Belehrung abhängt.[62] Im Sinne der Gesetzestransparenz wäre dies besser – wie in § 28 III 2 VVG – ausdrücklich gesagt worden.

§ 28 IV VVG verlangt eine **Belehrung** nur gegenüber dem Versicherungsnehmer. Eine Belehrung wird man grundsätzlich aber auch bezüglich eines Versicherten fordern müssen, wenn sich der Versicherer diesem gegenüber auf Leistungsfreiheit berufen möchte.[63] **583**

Vertiefung: Die vollständige oder teilweise Leistungsfreiheit ist entgegen dem bisherigen Recht nicht mehr daran gekoppelt, dass der Versicherer das ihm wegen der Obliegenheitsverletzung (gesetzlich) zustehende **Kündigungsrecht** ausübt. Der Reformgesetzgeber hat von einer solchen Koppelung abgesehen, da ein zwingendes Kündigungserfordernis nicht immer im Interesse des Versicherungsnehmers liegt.[64] – Das Kündigungserfordernis des § 6 I 3 VVG a.F. diente der Klarstellung. Der Versicherer sollte sich auf die Leistungsfreiheit nur dann berufen können, wenn er den Verstoß als so schwerwiegend ansieht, dass er sich auch zu einer Kündigung des Vertrages entschließt.[65] Das Kündigungserfordernis bewirkte auch eine Klarstellung in zeitlicher Hinsicht. Es verhinderte nämlich, dass der Versicherer weiterhin Prämien einzieht, gleichzeitig aber den Einwand der Leistungsfreiheit bis zum Eintritt des nächsten Versicherungsfalls in der Hinterhand behält, um sich dessen nach Belieben zu bedienen. Im neuen VVG werden unbillige Ergebnisse insbesondere durch das Kausalitätserfordernis (§ 28 III VVG) vermieden. In Betracht kommt auch eine Hinweispflicht des Versicherers aus Treu und Glauben (§ 242 BGB), deren Nichtbeachtung die Berufung auf Leistungsfreiheit ausschließt (siehe auch die nächste Rn.).[66] **584**

Ungeachtet des § 28 VVG kann der Versicherungsnehmer in Einzelfällen seinen Deckungsanspruch nach allgemeinen schuldrechtlichen Regeln (ganz oder teilweise) **verwirken**[67], nämlich dann und nur dann, wenn es dem Versicherer nach dem vorangegangenen Verhalten des Versicherten nach **Treu und Glauben** unzumutbar ist, noch zu leisten, und es mutatis mutandis bei einem anderen Vertragstyp entsprechend aussähe.[68] Umgekehrt kann nach allgemeinem Schuldrecht auch der Versicherer seine Leistungsfreiheit infolge eines schwerwiegenden unredlichen Verhaltens verwirken.[69] **585**

---

61 RegE BT-Drucks. 16/3945 S. 69. Vgl. hierzu *Heiss* in: Bruck/Möller, § 28 VVG Rn. 174; *Wandt* in: Langheid/Wandt, § 28 VVG Rn. 320; zum Erfordernis einer Belehrung zur unverzüglichen Vorlage einer Stehlgutliste vgl. BGH VersR 2008, 1491 = NJW 2008, 3643 = r+s 2008, 513 mit Anm. *Eckes*; vgl. aber auch OLG Düsseldorf VersR 2009, 354 sowie OLG Celle VersR 2009, 631.

62 RegE BT-Drucks. 16/3945 S. 69.

63 So auch *Felsch* in: HK-VVG, § 28 VVG Rn. 205; *Marlow* VersR 2007, 43; *ders.* in: Beckmann/Matusche-Beckmann, § 13 Rn. 153; *Marlow/Spuhl* S. 109.

64 RegE BT-Drucks. 16/3945 S. 69.

65 Vgl. BGHZ 4, 369, bekräftigt in: BGH VersR 1983, 573; BGH VersR 1988, 1013, 1014; BGH VersR 1997, 443; Bedenken gegen diese Rechtsprechung äußern *Hübner* VersR 1978, 982 f., sowie OLG Koblenz VersR 1982, 1090; zur Abdingbarkeit des Kündigungserfordernisses vgl. BGH VersR 2005, 266.

66 *Marlow/Spuhl* S. 91.

67 Vgl. BGH VersR 1991, 1129 m.w.N.

68 Näher hierzu *Wandt* in: Langheid/Wandt, Vor § 28 VVG Rn. 25.

69 BGHZ 107, 368 = VersR 1989, 842 = NJW 1989, 2472; BGH VersR 2007, 777; *Marlow* in: Beckmann/Matusche-Beckmann, § 13 Rn. 168 ff.

b) Volle Leistungspflicht bei schuldloser oder einfach fahrlässiger Obliegenheitsverletzung

586 Entsprechend den bereits dargelegten Grundsätzen des neuen Sanktionensystems für Obliegenheitsverletzungen **bleiben schuldlos oder einfach fahrlässig begangene Obliegenheitsverletzungen folgenlos.**

587 Dies ist eine zu begrüßende Regelung, weil – sieht man von exzeptionellen speziellen gesetzlichen Beschränkungen und den allgemeinen Grenzen des AGB-Rechts ab – der Versicherer grundsätzlich frei darüber bestimmen kann, welche Obliegenheiten er dem Versicherungsnehmer auferlegt. Bedenkt man den Zweck einer Versicherung, dem Versicherungsnehmer Risiken abzunehmen, und bedenkt man, dass es häufig um die Absicherung existenzieller Risiken wie des gesamten Vermögenswerts geht, dann erscheint es rechtspolitisch sachgerecht, einfach-fahrlässige Verstöße gegen vertragliche Obliegenheiten, die jederzeit auch einem redlichen Versicherungsnehmer passieren können, nicht zu sanktionieren, mit anderen Worten den Versicherungsschutz auf einfach-fahrlässiges Fehlverhalten des Versicherungsnehmers zu erstrecken.[70] *Nota bene*: Bei der *gesetzlichen* Obliegenheit der vorvertraglichen Anzeigepflicht, die eine Sonderstellung einnimmt, schadet auch einfache Fahrlässigkeit.

c) Leistungsfreiheit bei vorsätzlicher Obliegenheitsverletzung

588 Bei Vorsatz des Versicherungsnehmers, den der Versicherer beweisen muss, ist der Versicherer bei entsprechender vertraglicher Vereinbarung leistungsfrei. Bei Verletzung einer nach Eintritt des Versicherungsfalles bestehenden Auskunfts- oder Aufklärungsobliegenheit ist § 28 IV VVG zu beachten (vgl. Rn. 582).

589 Leistungsfreiheit besteht jedoch nicht, soweit die Obliegenheitsverletzung weder für den Eintritt oder die Feststellung des Versicherungsfalls noch für die Feststellung oder den Umfang der Leistungspflicht des Versicherers ursächlich war (§ 28 III 1 VVG; vom Versicherungsnehmer zu führender **Kausalitätsgegenbeweis**).

> **Beispiel:** Hat der Versicherungsnehmer entgegen dem Versicherungsvertrag Sicherheitsvorkehrungen zur Verhütung des Versicherungsfalls außer Acht gelassen, also z.B. die Alarmanlage seines Geschäftsbetriebs nicht in Betrieb gesetzt oder die defekte Anlage nicht reparieren lassen, so muss der Versicherer im Fall eines Einbruchs dennoch Entschädigung leisten, wenn der Versicherungsnehmer nachweist, dass der Einbruch genauso bei Funktionieren der Alarmanlage gelungen wäre (beispielsweise weil die Einbrecher mit Hilfe einer raffinierten neuen Technik eingedrungen sind).

590 Der vom Versicherungsnehmer zu führende Kausalitätsgegenbeweis ist jedoch nicht eröffnet, wenn der Versicherungsnehmer arglistig gehandelt hat (§ 28 III 2 VVG). Bei **Arglist** tritt die Leistungsfreiheit des Versicherers also – aus Gründen der Prävention (Rn. 540a) – unabhängig von einer Kausalität der Obliegenheitsverletzung für den Eintritt des Versicherungsfalles oder für die Feststellung oder den Umfang der Leistungspflicht des Versicherers ein.[71] – Für die spezielle Beschränkung der Leistungsfreiheit auf Höchstgrenzen in der Kfz-Haftpflichtversicherung (Rn. 615) ist der **Kausalitätsgegenbeweis gem. § 6 II KfzPflVV** allerdings nach wie vor auf grobe Fahrlässigkeit beschränkt, also bei Vorsatz nicht eröffnet. An dieser gesetzgeberi-

70 Vgl. hierzu auch *Looschelders* VersR 2008, 1.

71 Im Fall von Arglist besteht nach OLG Saarbrücken VersR 2008, 1643 Leistungsfreiheit auch dann, wenn der Versicherungsnehmer fehlerhafte Angaben alsbald berichtigt.

schen Entscheidung ist de lege lata nicht zu rütteln. Rechtspolitisch empfiehlt sich aber eine Angleichung an § 28 III VVG.

Die Normstruktur des § 28 II 2 VVG ist kompliziert, weil durch sie die **Beweislast** 591 bestimmt wird. Die Kausalität wird zu Gunsten des Versicherers vermutet. Der Versicherungsnehmer kann die Vermutung der Kausalität widerlegen, indem er beweist, dass seine Obliegenheitsverletzung nicht ursächlich geworden ist. Diese Kausalitätswiderlegung ist ihm jedoch dann nicht möglich, wenn der Versicherer beweist, dass der Versicherungsnehmer arglistig gehandelt hat.

Wie bei Rechtspflichtverletzungen[72] bedarf es eines rechtlich erheblichen Ursachen- 592 zusammenhangs, des sog. **Rechtswidrigkeitszusammenhangs** zwischen Obliegenheitsverletzung und Versicherungsfall bzw. Eintrittspflicht des Versicherers.[73] Erforderlich ist ein innerer Zusammenhang zwischen der vom Versicherungsnehmer geschaffenen Gefahrenlage und der eingetretenen Schadensfolge in dem Sinne, dass die auf der Obliegenheitsverletzung beruhende Gefahrenlage und die Schadensfolge zu denjenigen gehören, denen die Obliegenheit vorbeugen soll. Es genügt, dass die Verletzung der Obliegenheit eine Gefahrenlage geschaffen hat, die bei abstrakter, vom Einzelfall losgelöster Betrachtung (generell) geeignet ist, die Wahrscheinlichkeit des Eintritts eines Versicherungsfalls der vorliegenden Art zu erhöhen.[74] Fehlt der so beschriebene Rechtswidrigkeitszusammenhang, so kann sich der Versicherer nicht auf Leistungsfreiheit berufen; seine Leistungsverweigerung liegt dann nicht in dem durch **Auslegung** der vertraglichen Regelung über die Obliegenheit gewonnenen **Schutzbereich der Norm**. Besteht der erforderliche Rechtswidrigkeitszusammenhang, so ist es Sache des Versicherungsnehmers zu beweisen, dass sich die Obliegenheitsverletzung in keiner Weise auf den Eintritt des konkreten Versicherungsfalls ausgewirkt hat.

Beispiel: Der Fahrer eines Omnibusses verstößt gegen die Obliegenheit des § 2b AKB 2004 (entspricht D AKB 2008), weil er keine Fahrerlaubnis zur Fahrgastbeförderung (§ 15d I Nr. 2 StVZO a.F.; jetzt: § 48 FeV) besitzt. Werden durch den Unfall jedoch keine Fahrgäste, sondern nur andere Verkehrsteilnehmer geschädigt, so besteht versicherungsrechtlich kein Rechtswidrigkeitszusammenhang zwischen der Obliegenheitsverletzung und dem eingetretenen Versicherungsfall, weil die Fahrerlaubnis zur Fahrgastbeförderung nur der Sicherheit der beförderten Fahrgäste, nicht auch anderer Verkehrsteilnehmer dient.[75] – Werden dagegen auch Fahrgäste des Omnibusses verletzt, dann besteht zwar ein Rechtswidrigkeitszusammenhang, weil die Obliegenheitsverletzung generell geeignet ist, die Wahrscheinlichkeit des Eintritts eines Versicherungsfalles der vorliegenden Art zu erhöhen. Die Obliegenheitsverletzung hat aber keine Folgen für den Versicherungsnehmer, wenn er beweist, dass sich die Obliegenheitsverletzung nicht auf den Eintritt des konkreten Versicherungsfalls ausgewirkt hat, z.B. weil der Versicherungsfall erwiesenermaßen auf höherer Gewalt im Sinne von § 7 II StVG beruhte oder der Unfall auf einem Fahrfehler beruhte, der mit der besonderen Fahrerlaubnis zur Fahrgastbeförderung in keinerlei Zusammenhang steht.[76]

Es bedarf keiner vertieften **rechtspolitischen Rechtfertigung**, den vorsätzlichen Ver- 593 stoß gegen eine vertragliche Obliegenheit mit Leistungsfreiheit zu sanktionieren, wenn dieser Verstoß für den Eintritt oder die Feststellung des Versicherungsfalles oder für die Feststellung oder den Umfang der Leistungspflicht des Versicherers ur-

72 Vgl. BGHZ 75, 134 = VersR 1980, 1009 = NJW 1979, 2043.

73 BGH VersR 2002, 829; BGH VersR 1976, 134; BGH VersR 1977, 245; vgl. *Deutsch* Rn. 214; *Felsch* in: HK-VVG, § 28 VVG Rn. 36 ff.

74 BGH VersR 1997, 485.

75 BGH VersR 1973, 172 = NJW 1973, 285.

76 Vgl. z.B. BGH VersR 1976, 531.

sächlich war. Diese Sanktion harmoniert mit dem generellen Ziel von Obliegenheiten, nur eine an den typischen Interessen von redlichen Versicherungsnehmern ausgerichtete Risikoverlagerung auf den Versicherer zu gewährleisten und das bei Abschluss des Vertrages vereinbarte Äquivalenzverhältnis von Leistung und Gegenleistung während der gesamten Vertragsdauer im Gleichgewicht zu halten.

594 Dass (die widerleglich vermutetete) »**Kausalität**« nunmehr – abgesehen von Arglist des Versicherungsnehmers – in allen Fällen von Obliegenheitsverletzungen, also auch bei Vorsatz, Voraussetzung für die Leistungsfreiheit des Versicherers ist (vgl. Rn. 563), ist dagegen rechtspolitisch keine Selbstverständlichkeit.[77] Dies zeigt schon der Unterschied zum VVG a.F. (siehe dazu nächste Rn.). Wenn eine vorsätzliche Obliegenheitsverletzung folgenlos geblieben ist, ist dem Versicherer jedoch wirtschaftlich kein Nachteil entstanden.[78] Eine Sanktion wäre daher nur aus generalpräventiven Gründen gerechtfertigt, um Versicherungsnehmer von vorsätzlichen Verstößen gegen Obliegenheiten abzuhalten. Angesichts des Umstands, dass »Vorsatz« in Einzelfällen ganz unterschiedlich motiviert sein kann, erscheint es jedoch hinnehmbar, sich darauf zu beschränken, betrügerischem Verhalten durch den Ausschluss des Kausalitätsgegenbeweises entgegenzuwirken (§ 28 III 2 VVG). Bezogen auf die nicht arglistige, aber vorsätzliche Obliegenheitsverletzung bedeutet die Zulassung des Kausalitätsgegenbeweises eine »Flurbereinigung«, die von den nur schwer zu greifenden und deshalb nur schwer zu vermittelnden Voraussetzungen der früheren Relevanzrechtsprechung »befreit«.

595 **Vertiefung:** Das **VVG a.F.**, das auf bis zum 31.12.2008 eingetretene Versicherungsfälle weiterhin anwendbar ist, sah bei vorsätzlicher Verletzung einer nach dem Versicherungsfall zu erfüllenden Obliegenheit kein Kausalitätserfordernis vor. Die strenge Sanktionierung des Vorsatzes diente der grundsätzlich berechtigten Generalprävention (siehe vorige Rn.).[79] Die Rechtsfolge der völligen Leistungsfreiheit konnte aber trotz Vorsatzes des Versicherungsnehmers unter bestimmten Voraussetzungen als zu hart empfunden werden. Die sog. **Relevanzrechtsprechung**[80] hatte deshalb unter Berufung auf die Grundsätze von Treu und Glauben sowie der Verhältnismäßigkeit die Voraussetzungen für die Leistungsfreiheit des Versicherers erhöht, **wenn die vorsätzliche Obliegenheitsverletzung keine Folgen hatte**: Der Versicherer wurde nicht leistungsfrei, wenn die vorsätzliche, folgenlos gebliebene Obliegenheitsverletzung objektiv generell ungeeignet war, die Interessen des Versicherers ernsthaft zu gefährden,[81] oder wenn den Versicherungsnehmer subjektiv kein erhebliches Verschulden traf. Ein geringes Verschulden trotz Vorsatzes war nur dann anzunehmen, wenn es sich um ein Fehlverhalten des Versicherungsnehmers handelte, das auch einem ordentlichen Versicherungsnehmer leicht unterlaufen kann und für das deshalb ein einsichtiger Versicherer Verständnis aufzubringen vermag.[82]

---

77 Kritisch hierzu *Maier* r+s 2007, 89.

78 Reformkommission, Abschlussbericht, S. 43.

79 BGH VersR 1977, 272 = NJW 1977, 533; vgl. auch *Prölss* in: Prölss/Martin, § 6 VVG a.F. Rn. 98.

80 Zur Entwicklungsgeschichte *Weyers* 2. Aufl. 1995, Rn. 340 ff.

81 Vgl. dazu z.B. BGH VersR 1998, 577; BGH VersR 2004, 1117; BGH VersR 2005, 493; BGH VersR 2006, 108 (spricht anschaulich von »Härtekorrektur« der Drohung vollständiger Leistungsfreiheit des Versicherers; diese ist mit Einführung der – an die Regelungen der §§ 5 III, 6 I und III KfzPflVV angebundenen – Höchstbeträge für die Leistungsfreiheit in § 7 V (2) und (3) AKB 2004 weitgehend abgemildert, sodass in diesem Bereich die Relevanzrechtsprechung auch unter Maßgabe des VVG a.F. nicht mehr anwendbar war).

82 BGH VersR 1998, 447 m.w.N. Wegen der Schwierigkeiten der Abgrenzung fordert *Prölss* einen »Benachteiligungsvorsatz«, d.h. der Versicherungsnehmer muss für den Fall, dass alles nach Plan läuft, einen Vermögensnachteil des Versicherers gewollt oder zumindest in Kauf genommen haben; vgl. *Prölss* in: Prölss/Martin, § 6 VVG a.F. Rn. 99.

d) Quotelung bei grob fahrlässiger Obliegenheitsverletzung

aa) Grundsatz

Bei einer **grob fahrlässigen Obliegenheitsverletzung** ist der Versicherer bei entsprechender vertraglicher Vereinbarung (Rn. 580) berechtigt, seine Leistung in einem der Schwere des Verschuldens des Versicherungsnehmers entsprechenden Verhältnis zu kürzen. Man spricht von **»Quotelung«**, weil es darum geht, Quoten festzulegen, inwieweit der Versicherer leistungspflichtig ist und inwieweit er leistungsfrei ist, der Versicherungsnehmer einen eingetretenen Schaden also selbst tragen muss bzw. in der Summenversicherung, die keinen Schaden voraussetzt, auf die Leistung des Versicherers verzichten muss. **596**

Anders als bei Vorsatz und einfacher Fahrlässigkeit ist die **gesetzgeberische Wertung** einer bloßen Leistungskürzung bei grober Fahrlässigkeit nicht ohne weiteres selbstverständlich und zwingend. Dies zeigt sich schon an dem Unterschied zwischen dem alten VVG (vollständige Leistungsfreiheit)[83] und dem neuen VVG (teilweise Leistungsfreiheit entsprechend der Schwere der groben Fahrlässigkeit). Die Entscheidung des neuen Rechts ist vielmehr ein – tendenziell zu begrüßender – **rechtspolitischer Kompromiss** im Zeichen (und in Zeiten) eines verbesserten Verbraucherschutzes. Die Lösung sichert weitgehenden Versicherungsschutz, wenn die grobe Fahrlässigkeit nicht ihr volles Gewicht hat, beispielsweise weil die Schwelle zur groben Fahrlässigkeit nur geringfügig überschritten ist, und gibt damit die Möglichkeit, Härten in Einzelfällen zu vermeiden.[84] Der Kompromiss animiert andererseits nicht dazu, sich zu Lasten der über die Prämienkalkulation betroffenen Versichertengemeinschaft grob fahrlässig zu verhalten (»moral hazard«), sondern entfaltet durchaus präventive Wirkung, weil der in besonderem Maße grob fahrlässig Handelnde den Versicherungsschutz vollständig »verwirken« kann (Rn. 902) und weil die Versicherungsnehmer stets der Unsicherheit der Bewertung des Verschuldensgrades durch die Gerichte unterworfen sind.[85] **597**

bb) Ausnahmen vom Grundsatz bei Großrisiken und laufende Versicherung

Bei der Versicherung von Großrisiken und bei der laufenden Versicherung kann auf Grund von § 210 VVG als Rechtsfolge der grob fahrlässigen Verletzung einer vertraglichen Obliegenheit auch nach neuem Recht vollständige Leistungsfreiheit des Versicherers vorgesehen werden. Bei der Transportversicherung führt grobe Fahrlässigkeit auch nach neuem Recht kraft Gesetzes zur vollständigen Leistungsfreiheit des Versicherers (§ 137 I VVG). Der Gesetzgeber hält die volle Belastung des Versicherungsnehmers in diesem gewerblichen Bereich für sachgerecht.[86] **598**

cc) Die Voraussetzungen der Quotelung

Die Leistungskürzung setzt grobe Fahrlässigkeit des Versicherungsnehmers voraus (zum Begriff Rn. 573). **599**

---

83 Vgl. insoweit *Lorenz* VersR 2000, 2, 4 (ein grob fahrlässig handelnder Versicherungsnehmer sei insbesondere mit Blick auf die Prämienfolgen für die vielen sorgfältigen Versicherungsnehmer nicht schutzwürdig).

84 RegE BT-Drucks. 16/3945 S. 80; vgl. auch Reformkommission, Abschlussbericht, S. 69 ff., 351. – *Canaris* JZ 1987, 993, 1003 plädierte unter Berufung auf das verfassungsrechtliche Übermaßverbot für eine Abschwächung der §§ 61, 152 VVG a.F. bei ruinösen und katastrophalen Schäden; dagegen *Lorenz* VersR 2000, 2, 7 ff.

85 Vgl. auch *Looschelders* VersR 2008, 1 m.w.N.

86 RegE BT-Drucks. 16/3945 S. 93 (»Großrisiko«).

600 Eine Leistungskürzung ist nicht gestattet, »soweit« die Obliegenheitsverletzung weder für den Eintritt oder die Feststellung des Versicherungsfalls noch für die Feststellung oder den Umfang der Leistungspflicht des Versicherers ursächlich war (§ 28 III 1 VVG: vom Versicherungsnehmer zu führender **Kausalitätsgegenbeweis**, Einzelheiten Rn. 589 f.). Bei Verletzung einer nach Eintritt des Versicherungsfalles bestehenden Auskunfts- oder Aufklärungsobliegenheit ist als Voraussetzung einer Leistungskürzung das Belehrungserfordernis nach § 28 IV VVG zu beachten (vgl. Rn. 582).

dd) Der Vorgang der Quotelung

601 Die Kürzung der Leistung des Versicherers muss der Schwere des Verschuldens des Versicherungsnehmers entsprechen (§ 28 II 2 VVG).[87] Gemeint ist die **Schwere der groben Fahrlässigkeit**. Das VVG nennt keine Kriterien, anhand derer die Schwere der groben Fahrlässigkeit zu messen wäre. Es ist daher der Rechtsprechung und Lehre aufgegeben, im Wege der Auslegung der gesetzlichen Vorschrift sachgerechte Kriterien zu entwickeln.[88]

602 Die Vertragsparteien können vertragliche Vereinbarungen über die Quotelung (auch durch AVB) treffen. Darauf weist die Gesetzesbegründung zum neuen VVG ausdrücklich hin.[89] Derartige Vereinbarungen dürfen aber wegen des **halbzwingenden Charakters** von § 28 VVG nicht zum Nachteil des Versicherungsnehmers von der gesetzlichen Regelung abweichen (§ 32 VVG). Die durch Auslegung von § 28 II VVG zu gewinnenden Kriterien für die Feststellung der Schwere des Verschuldens sind deshalb auch bei einer vertraglichen Vereinbarung als Kontrollmaßstab für § 32 VVG und § 307 BGB relevant.

603 Bei § 28 II 2 VVG geht es darum, im Wege einer **»Binnendifferenzierung«**[90] **innerhalb des Verschuldensgrades der groben Fahrlässigkeit** das Gewicht der vom Versicherungsnehmer konkret an den Tag gelegten groben Fahrlässigkeit zu bestimmen. Die Binnendifferenzierung schließt es aus, die Kriterien für die **Bemessung** der Schwere der groben Fahrlässigkeit aus einer Analogie zur allgemeinen Mitverschuldensregelung des § 254 BGB zu gewinnen.[91] Denn bei § 254 BGB geht es um die Abwägung der relativen Verantwortlichkeitsanteile des Schädigers und des Geschädigten.

604 Nach der Gesetzesbegründung soll für die Bestimmung des Gewichts der groben Fahrlässigkeit entscheidend sein, »ob die grobe Fahrlässigkeit im konkreten Fall nahe beim bedingten Vorsatz oder aber eher im Grenzbereich zur einfachen Fahrlässigkeit liegt«.[92] Damit will die Gesetzesbegründung allerdings nur eine Veranschaulichung

87 Vorbild für diese Regelung war u.a. Art. 14 II des schweizerischen VVG. Vgl. hierzu *Felsch* r+s 2007, 485 m.w.N.

88 Siehe hierzu den sehr lesenswerten »Zwischenruf: der Richter wird's schon richten« des früheren Präsidenten des BGH und jetzigen Ombudsmanns für die Privatversicherung *Hirsch* ZRP 2006, 161; kritisch auch *Marlow* VersR 2007, 43, 45.

89 RegE BT-Drucks. 16/3945 S. 69.

90 *Marlow/Spuhl* S. 97.

91 *Looschelders* VersR 2008, 1, 6; *Rixecker* ZfS 2007, 16; *Marlow* in: Beckmann/Matusche-Beckmann, § 13 Rn. 102; *Marlow/Spuhl* S. 96 f.; a.A. *Baumann* r+s 2005, 1, 3 (zu § 61 II VVG a.F.); *Felsch* r+s 2007, 485, 492; *Franz* VersR 2008, 298, 305; *Römer* VersR 2006, 740; *Schmitz* DRiZ 2006, 208, 209; *Terbille* r+s 2001, 1, 7.

92 RegE BT-Drucks. 16/3945 S. 69; vgl. hierzu auch *Deutsch* VersR 2004, 1485 (der zwar die Abschaffung des Alles-oder-nichts-Prinzips begrüßt, jedoch die Dürftigkeit der Argumentation des Regierungsentwurfs bemängelt); kritisch *Maier* r+s 2007, 89.

geben. Der Gesetzgeber hat bewusst darauf verzichtet, den Verschuldensgrad der groben Fahrlässigkeit schematisch zu unterteilen, etwa in »geringe grobe Fahrlässigkeit«, »mittlere grobe Fahrlässigkeit« oder »besonders grobe Fahrlässigkeit«. Derartige schematische Binnendifferenzierungen würden mehr schaden als nutzen, weil offensichtlich ist, dass sich messerscharfe Abgrenzungen nicht finden lassen. Es geht daher stets darum, durch Wertung der erheblichen **Umstände des Einzelfalles**[93] das konkrete Maß an grober Fahrlässigkeit auf einer Skala von 0 % bis 100 % einzustufen. Zu Recht wird auf Grund der Erfahrungen aus anderen Bereichen (z.B. zu § 254 BGB) die Erwartung geäußert, dass die Gerichtspraxis »greifbare« Quoten festlegen wird, also beispielsweise 10 %, 25 %, 50 %, etc. Kein Richter wird sich freiwillig der überzeugend nicht zu bewältigenden Aufgabe aussetzen, eine Quote von unter 10 % oder beispielsweise eine Quote von 63 % zu begründen.

Wortlaut sowie Sinn und Zweck von § 28 II 2 VVG schließen nicht aus, dass im Ein- **605**
zelfall das Gewicht der groben Fahrlässigkeit als so schwer bewertet wird, dass die Leistung des Versicherers **auf Null gekürzt** wird.[94] Dies entspricht dem Grundanliegen, dem Einzelfall gerecht zu werden. Es vermeidet auch das unbillige Ergebnis, dass ein Versicherungsnehmer selbst bei »äußerst rücksichtslosem« Verhalten einen Teil der Versicherungsleistung erhält. Im engen Grenzbereich zur einfachen Fahrlässigkeit kann umgekehrt im Einzelfall **volle Leistung** zugesprochen werden; in der Praxis wird sich diese Frage aber voraussichtlich kaum stellen, da in einem Grenzfall im Zweifel nur einfache Fahrlässigkeit bejaht werden wird.

Zur Bestimmung der »Schwere des Verschuldens des Versicherungsnehmers« hin- **606**
sichtlich einer konkreten Obliegenheitsverletzung sind nur Kriterien geeignet, welche Elemente des Begriffs der groben Fahrlässigkeit darstellen. Als **erhebliche Kriterien** werden insbesondere (also nicht abschließend) angesehen:[95] das objektive Gewicht der Obliegenheit und damit des Fehlverhaltens des Versicherungsnehmers (z.B. Schutz von Leben oder bloßer Schutz von Sachwerten)[96]; die Offenkundigkeit der Obliegenheit für den Versicherungsnehmer; der für den Versicherungsnehmer erkennbare Grad der Wahrscheinlichkeit, mit dem sein Verhalten zu einer Verletzung

93 *Rixecker* ZfS 2007, 16.

94 Reformkommission, Abschlussbericht, S. 70; *Heiss* in: Bruck/Möller, § 28 VVG Rn. 195; *Looschelders* VersR 2008, 1, 6; *ders.* ZVersWiss 2009, 13, 25 f.; *Römer* VersR 2006, 740 f.; *Armbrüster* VersR 2003, 675, 677; *Felsch* r+s 2007, 485, 492; *ders.* in: HK-VVG, § 28 VVG Rn. 160; *Franz* VersR 2008, 298, 304 f.; *Grote/Schneider* BB 2007, 2689, 2695; *Looschelders* VersR 2008, 1, 6; *Veith* VersR 2008, 1580, 1583 f.; *Rixecker* ZfS 2008, 73 f.; *ders.* ZfS 2009, 5, 7; *ders.* ZVersWiss 2009, 3, 7; *Schubach* AnwBl 2008, 27, 29; *Wandt* in: Langheid/Wandt, § 28 VVG Rn. 240; a.A. *Marlow/Spuhl* S. 95; *Marlow* in: Beckmann/Matusche-Beckmann § 13 Rn. 96; *Maier* r+s 2007, 89, 90; *Meixner/Steinbeck* Das neue Versicherungsvertragsrecht, 2008, S. 90; *Schimikowski/Höra* S. 129; grundsätzlich wohl auch *Schwintowski* VuR 2008, 1, 5, 7.

95 Vgl. hierzu *Marlow* in: Beckmann/Matusche-Beckmann, § 13 Rn. 101 ff.; *Marlow/Spuhl* S. 96 ff.; *Armbrüster* Das Alles-oder-nichts-Prinzip im Privatversicherungsrecht, 2003, Rn. 119 ff., 189 ff.; *ders.* VersR 2003, 675; *ders.* ZVersWiss 2001, 501; *Felsch* r+s 2007, 485; *ders.* in: HK-VVG, § 28 VVG Rn. 166 ff.; *Rixecker* ZfS 2007, 15; *ders.* ZfS 2009, 5, 8; *Looschelders* VersR 2008, 1 (zur Parallelregelung in § 81 II VVG); *ders.* ZVersWiss 2009, 13, 18 ff.; *Maier/Stadler* Rn. 123 ff.; *Veith* VersR 2008, 1580, 1581 ff.; *Wandt* in: Langheid/Wandt, § 28 VVG Rn. 241.

96 *Felsch* in: HK-VVG § 28 VVG Rn. 167; ablehnend hingegen *Marlow/Spuhl* S. 97 sowie *Marlow* in: Beckmann/Matusche-Beckmann, § 13 Rn. 105.

der Obliegenheit führen kann; die zeitliche Dauer der Obliegenheitsverletzung[97]; die Wahrscheinlichkeit eines Schadenseintritts; die mögliche Höhe des Schadens[98]; die Vermeidbarkeit eines Schadenseintritts; die Motive des Versicherungsnehmers für sein Verhalten. Im Rahmen der genannten Gesichtspunkte kann auch die Würdigung eines Verhaltens des Versicherers von Bedeutung sein, etwa wenn er unklare Informationen gegeben oder eine sich aufdrängende Rückfrage unterlassen hat.[99]

607 Keine (unmittelbar) erheblichen Kriterien sind der Grad der Ursächlichkeit der Obliegenheitsverletzung[100] (vgl. dagegen § 254 BGB; dieser Gesichtspunkt kann aber für die Vorhersehbarkeit der Obliegenheitsverletzung relevant sein), das generelle Verhalten des Versicherungsnehmers im bisherigen Vertragsverlauf[101] oder das Ausmaß seiner wirtschaftlichen Belastung durch die zu bestimmende Quote der Leistungsfreiheit[102] (zu einer Versagung der Berufung auf Leistungsfreiheit durch den Grundsatz von Treu und Glauben vgl. Rn. 585).

608 Angesichts der Unbestimmtheit der einzelnen Kriterien und der Unbestimmtheit ihres relativen Gewichts wird es einige Zeit dauern, bis sich in der (Gerichts-) Praxis Regelquoten für typische Fälle herausbilden.

ee) Die Quotelung in Sondersituationen

609 Probleme bereitet die von § 28 VVG nicht beantwortete Frage, wie die Leistung bei **grob fahrlässiger Verletzung mehrerer Obliegenheiten** zu kürzen ist.

610 Wenn der Versicherungsnehmer mehrere Obliegenheiten verletzt, die demselben Zweck dienen und lediglich unterschiedliche Konkretisierungen eines generell geforderten Verhaltens sind, erscheint es plausibel, eine Gesamtbeurteilung der Schwere des Verschuldens vorzunehmen.

---

97 *Felsch* r+s 2007, 485, 494; *ders.* in: HK-VVG § 28 VVG Rn. 171; *Looschelders* ZVersWiss 2009, 13, 22; ablehnend *Marlow/Spuhl* S. 98 sowie *Marlow* in: Beckmann/Matusche-Beckmann, § 13 Rn. 107.

98 Und zwar des Schadens innerhalb des konkret versicherten Risikos; vgl. *Felsch* in: HK-VVG, § 28 VVG Rn. 173; *Marlow/Spuhl* S. 99; *Marlow* in: Beckmann/Matusche-Beckmann, § 13 Rn. 109; *Looschelders* ZVersWiss 2009, 13, 21 f.; a.A. Teile der schweizerischen Rechtsprechung zur Quotelungsregelung in Art. 14 II schweizerisches VVG (Herbeiführung des Versicherungsfalls), vgl. *Armbrüster* Das Alles-oder-nichts-Prinzip im Privatversicherungsrecht, 2003, Rn. 196; *Schwintowski* VuR 2008, 1, 5.

99 Vgl. *Felsch* r+s 2007, 485, 496; *Marlow/Spuhl* S. 100; *Wandt* in: Langheid/Wandt, § 28 VVG Rn. 243.

100 Vgl. *Looschelders* ZVersWiss 2009, 13, 21; *Wandt* in: Langheid/Wandt, § 28 VVG Rn. 245.

101 *Armbrüster* Das Alles-oder-nichts-Prinzip im Privatversicherungsrecht, 2003, Rn. 200; *ders.* VersR 2003, 675, 680; *Looschelders* ZVersWiss 2009, 13, 24; *Marlow* in: Beckmann/Matusche-Beckmann, § 13 Rn. 113; vgl. auch *Felsch* r+s 2007, 485, 496.

102 *Armbrüster* Das Alles-oder-nichts-Prinzip im Privatversicherungsrecht, 2003, Rn. 208; *ders.* VersR 2003, 675, 680; *ders.* ZVersWiss 2001, 501, 506; *Looschelders* VersR 2008, 1, 6 (zur Parallelregelung in § 81 II VVG); *ders.* ZVersWiss 2009, 13, 23 f.; *Marlow* in: Beckmann/Matusche-Beckmann, § 13 Rn. 111; *Rixecker* ZfS 2009, 5, 8. Das Merkmal der wirtschaftlichen Verhältnisse wird hingegen – insbesondere in Notlagen – von der schweizerischen Rechtsprechung für die Quotelungsregelung in Art. 14 II schweizerisches VVG (Herbeiführung des Versicherungsfalls) herangezogen; vgl. *Looschelders* VersR 2008, 1, 7; *Maurer* Schweizerisches Privatversicherungsrecht, S. 359 f.; *Schuppisser* Die grobfahrlässige Herbeiführung des VF nach Art. 14 Abs. 2 VVG (Schweiz), 1964, S. 72 f.; *Schwintowski* VuR 2008, 1, 5. Auch im deutschen Recht könne dieser Gesichtspunkt im Einzelfall nach Treu und Glauben (§ 242 BGB) Beachtung finden, so *Felsch* r+s 2007, 485, 495 f.; *ders.* in: HK-VVG, § 28 VVG Rn. 181.

Beispiel: Ein Kfz-Fahrer verstößt durch Fahrerflucht gegen seine Aufklärungspflicht (E.1.3. AKB 2008) und zeigt das Schadensereignis dem Versicherer nicht rechtzeitig an (E.1.1. AKB 2008).

Unklar und umstritten ist dagegen, wie zu quoteln ist, wenn die **Obliegenheiten unterschiedlichen Zwecken dienen**, insbesondere unterschiedlichen Gefahren vorbeugen sollen. 611

Beispiele: Ein Kfz-Fahrer hat keine Fahrerlaubnis (D.1.3. AKB 2008) und fährt außerdem in alkoholisiertem Zustand (D.2.1. AKB 2008). Oder: Ein Kfz-Fahrer hat keine Fahrerlaubnis (D.1.3. AKB 2008) und verstößt durch Fahrerflucht gegen seine Aufklärungspflicht (E.1.3. AKB 2008).

Vertreten werden **unterschiedliche Lösungsmodelle.** Eine **Addition der verschiedenen Kürzungsquoten** wird insbesondere mit der Begründung vorgeschlagen, dass es einem Versicherungsnehmer nicht zu Gute kommen dürfe, wenn er durch verschiedene Handlungen mehrere Obliegenheiten verletzte.[103] *Marlow/Spuhl*[104] schlagen ein **»Stufen- oder Quotenmultiplikationsmodell«** vor: zuerst soll die Quote für die zeitlich erste Obliegenheitsverletzung ermittelt und von der vollen Leistungspflicht des Versicherers (100 %) abgezogen werden; von dem so ermittelten Restbetrag sei sodann die Quote für die zweite Obliegenheitsverletzung abzuziehen. 612

Beispiel: Für zwei unterschiedliche Obliegenheitsverletzungen wird jeweils eine Quote von 50 % ermittelt. Die Quote der ersten Obliegenheitsverletzung wird von der vollen Leistungspflicht abgezogen, sodass 50 % verbleiben. Diese 50 % sind wegen der Quote für die zweite Obliegenheitsverletzung zu halbieren, sodass der Versicherungsnehmer im Ergebnis 25 % des Betrages der vollen Leistungspflicht des Versicherers erhält.[105]

Felsch[106] tritt für eine **»Quotenkonsumption«** ein. Danach soll allein die höchste Quote der Leistungsfreiheit in Ansatz gebracht werden und die geringeren Quoten sollen unberücksichtigt bleiben. Dieses Modell hat den Vorteil der Einfachheit und der Praktikabilität, da unproblematisch auf die Quoten zurückgegriffen werden kann, die sich in der Praxis für »isolierte« Obliegenheitsverletzungen herausbilden. 613

Angesichts der gesetzgeberischen Grundintention der Quotelung, den Umständen des Einzelfalles möglichst gerecht zu werden, sprechen gute Gründe dafür, auch bei Verletzung mehrerer Obliegenheiten mit unterschiedlichen Zwecken eine **Gesamtbeurteilung** vorzunehmen.[107] Damit lässt sich einerseits – mildernd – dem Umstand Rechnung tragen, dass sich eine Obliegenheitsverletzung häufig in einer anderen Obliegenheitsverletzung fortsetzt. Andererseits fällt so eine zweite Obliegenheitsverletzung nicht schematisch »unter den Tisch«, was insbesondere bei Obliegenheitsverletzungen mit unterschiedlichen Zwecken nicht einsichtig wäre. 614

103 *Maier/Stadler* Rn. 144 und 146 (Verdoppelung des Betrags der Leistungsfreiheit bei Trunkenheitsfahrt und anschließendem unerlaubten Entfernen vom Unfallort). Ablehnend *Marlow/Spuhl* S. 102; *Felsch* r+s 2007, 485; *Rixecker* ZfS 2009, 5, 8; *Weidner/Schuster* r+s 2007, 363.

104 *Marlow/Spuhl* S. 102; *Marlow* in: Beckmann/Matusche-Beckmann, § 13 Rn. 120; mit Einschränkungen *Looschelders* ZVersWiss 2009, 13, 30; ablehnend *Felsch* r+s 2007, 485; *ders.* in: HK-VVG § 28 VVG Rn. 188 (»Mathematismus«).

105 Vgl. *Marlow/Spuhl* S. 102.

106 *Felsch* r+s 2007, 485; *ders.* in: HK-VVG, § 28 VVG Rn. 188; ebenso *Schimikowski* Rn. 215; *Veith* VersR 2008, 1580, 1589; ablehnend *Franz* VersR 2008, 298, 305; *Looschelders* ZVersWiss 2009, 13, 30; *Rixecker* ZfS 2009, 5, 8.

107 Ebenso *Heiss* in: Bruck/Möller, § 28 VVG Rn. 202; *Looschelders* ZVersWiss 2009, 13, 30; *Rixecker* ZfS 2009, 5, 8; *ders.* ZVersWiss 2009, 3, 7 ff.; vgl. auch *Wandt* in: Langheid/Wandt, § 28 VVG Rn. 248.

615 Ein weiteres Sonderproblem stellt die Frage dar, ob und wie die **Quotelung nach § 28 II 2 VVG bei einer nach §§ 5, 6 KfzPflVV betragsmäßig begrenzten Leistungsfreiheit des Versicherers** (5.000 € bei Obliegenheitsverletzungen vor dem Versicherungsfall; 2.500 € bei grobfahrlässiger Verletzung einer nach Eintritt des Versicherungsfalles zu erfüllenden Obliegenheit) zu erfolgen hat. Angesichts des Zweckes der betragsmäßigen Grenzen der KfzPflVV, die zumutbare Belastung des Versicherungsnehmers festzulegen, verbietet es sich, die Kürzungsquote des § 28 II 2 VVG auf die gesetzlich festgelegten Höchstbeträge der Leistungsfreiheit (2.500 bzw. 5.000 €) zu beziehen, also nur diese Höchstbeträge zu kürzen. Anderenfalls käme es zu einer unbeabsichtigten doppelten Privilegierung des gegen eine Obliegenheit verstoßenden Versicherungsnehmers.[108] Sachgerecht erscheint es, im ersten Schritt die Quotelung nach § 28 II 2 VVG bezogen auf die volle (betragsmäßig nicht begrenzte) Versicherungsleistung durchzuführen und im zweiten Schritt die Höchstgrenzen der Leistungsfreiheit nach §§ 5, 6 KfzPflVV zur Anwendung zu bringen, sodass die Höchstgrenzen wie auch sonst eine Kappung bewirken.[109]

ff) Beweislast

616 Nach § 28 II 2 Hs. 2 VVG trägt der Versicherungsnehmer die Beweislast für das Nichtvorliegen einer groben Fahrlässigkeit, anders ausgedrückt: grobe Fahrlässigkeit wird zu Gunsten des Versicherers widerleglich vermutet. Diese Regelung besagt jedoch nichts über die **Beweislast hinsichtlich der Schwere der groben Fahrlässigkeit** als Maß für die Leistungskürzung. Die Beweislast für die Tatsachen, die das Maß der Leistungskürzung rechtfertigen, trägt nach den allgemeinen Beweisgrundsätzen der Versicherer, wenn er sich auf eine bestimmte Höhe der Leistungskürzung beruft.[110] Dabei ist zu berücksichtigen, dass diejenigen Tatsachen, welche die objektive Obliegenheitsverletzung begründen, bereits unstreitig oder bewiesen feststehen, bevor sich die Frage der Quotelung stellt. Diese feststehenden Tatsachen sind der Bewertung der Schwere der groben Fahrlässigkeit zugrunde zu legen, wenn der Versicherer keine zusätzlichen Tatsachen vorträgt und gegebenenfalls beweist.

Beispiel: Besteht die Obliegenheitsverletzung des Versicherungsnehmers darin, dass er einen »Rotlichtverstoß« begangen hat, dann mag aufgrund dieser feststehenden Tatsachen eine Quote von 50 % gerechtfertigt sein.[111] Um eine höhere Quote zu erreichen, muss der Versicherer zusätzliche Tatsachen beweisen, die das Gewicht der groben Fahrlässigkeit erhöhen (beispielsweise absichtliche Nichtbeachtung der Ampel aus Rücksichtslosigkeit). Umgekehrt muss der Versicherungsnehmer, will er eine niedrigere Quote erreichen, zusätzliche Tatsachen beweisen, die das Gewicht der groben Fahrlässigkeit mindern (beispielsweise Unkonzentriertheit auf Grund des vorangegangenen Unfalls eines Angehörigen oder erst kürzlich erfolgte Aufstellung der Ampel).

108 Vgl. *Felsch* in: HK-VVG, § 28 VVG Rn. 194; *Franz* VersR 2008, 298, 305; *Schimikowski* Rn. 215; *Schimikowski/Höra* S. 129; wohl auch *Nugel* NZV 2008, 11, 14.

109 *Franz* VersR 2008, 298, 305; *Maier* r+s 2007, 89, 90; *Schimikowski/Höra* S. 129; vgl. auch *Wandt* in: Langheid/Wandt, § 28 VVG Rn. 254. A.A. *Nugel* NZV 2008, 11, 14 ff. (für Nichtanwendbarkeit von § 28 II 2 VVG). Dagegen spricht aber, dass die §§ 5, 6 KfzPflVV nicht den Zweck haben, dem Versicherungsnehmer eine nach allgemeinem Versicherungsvertragsrecht bestehende Privilegierung zu nehmen.

110 RegE BT-Drucks. 16/3945 S. 69; *Heiss* in: Bruck/Möller, § 28 VVG Rn. 217 ff.; *Rixecker* ZfS 2008, 73; *ders.* ZVersWiss 2009, 3, 10; *Marlow/Spuhl* S. 93, 96; *Marlow* in: Beckmann/Matusche-Beckmann, § 13 Rn. 175; vgl. auch *Wandt* in: Langheid/Wandt, § 28 VVG Rn. 266. A.A. *Pohlmann* VersR 2008, 437 (Beweislast des Versicherungsnehmers) sowie die Vertreter eines Ausgangspunktes von 50%, siehe Nachweis in der übernächsten Fn.

111 Vgl. *Maier/Stadler* Rn. 138.

Es besteht dagegen kein Grund und keine Berechtigung, wie es verbreitet vorgeschlagen wird, unabhängig von den feststehenden Tatsachen stets eine pauschale Kürzungsquote von 50 % als Ausgangspunkt für die Quotenbildung zu nehmen und von diesem Ausgangspunkt aus dem Versicherer die Beweislast für eine höhere Quote bzw. dem Versicherungsnehmer für eine niedrigere Quote aufzuerlegen.[112] **617**

V. Rechtsfolgen der Verletzung gesetzlicher Obliegenheiten

1. Überblick

Der Reformgesetzgeber hat sich auch hinsichtlich der **Verletzung gesetzlicher Obliegenheiten weitgehend an den allgemeinen Grundsätzen über Obliegenheitsverletzungen orientiert**[113] (Rn. 563; zur Abgrenzung zu vertraglichen Obliegenheiten Rn. 553 ff.). Es gibt für gesetzliche Obliegenheiten allerdings keine allgemeine Vorschrift entsprechend § 28 VVG für vertragliche Obliegenheiten. **618**

Man kann aber, wenn man sich die gesetzlichen Obliegenheiten der Reihe nach ansieht, feststellen, dass bestimmte Einzelprobleme immer wieder auftauchen und meist entsprechend der neuen allgemeinen Grundsätze behandelt werden. Dies soll hier allgemein aufgezeigt werden. Details und Sonderregeln (z.B. für die Kfz-Haftpflichtversicherung) werden erst später besprochen bei der Behandlung des jeweiligen Sachzusammenhangs, in dem die einzelnen konkreten Obliegenheiten entstehen (z.B. Gefahrerhöhung Rn. 819 ff., Eintritt des Versicherungsfalls Rn. 875 ff.). **619**

2. Verschuldenserfordernis

Auch die Verletzung einer gesetzlich geregelten Obliegenheit löst nur dann Sanktionen aus, wenn der Versicherungsnehmer sie **verschuldet** hat (vorvertragliche Anzeigepflicht, § 19 III 1 VVG; Gefahrstandspflicht, §§ 24 I, 26 I VVG; Rettungspflicht, § 82 III VVG; auch Anzeigepflicht der Veräußerung der versicherten Sache (»unverzüglich«), § 97 I VVG). **Ausnahmen** bestehen bei schuldloser Verletzung der Anzeigepflicht. Hier ist der Versicherer zur Kündigung bzw. rückwirkenden Vertragsänderung berechtigt, um eine dauerhafte Störung des Äquivalenzverhältnisses von Prämie und Versicherungsschutz zu verhindern (Rn. 803 f.). **620**

Das neue VVG folgt auch bei gesetzlichen Obliegenheiten dem **Grundsatz, dass die einfach fahrlässige Verletzung einer gesetzlichen Obliegenheit sanktionslos bleibt**. Insbesondere für Verletzungen von Anzeigepflichten sind jedoch **Ausnahmen** notwendig, um Störungen des Äquivalenzverhältnisses von Leistung und Gegenleistung zu vermeiden bzw. zu beseitigen (vgl. z.B. das Kündigungsrecht des Versicherers bei einfach fahrlässiger Verletzung der vorvertraglichen Anzeigepflicht, § 19 III 2 VVG; das Kündigungsrecht wegen einfach fahrlässiger Obliegenheitsverletzung bei Gefahrerhöhung, § 24 I und II VVG). **621**

112 *Felsch* r+s 2007, 485, 493; *ders.* in: HK-VVG § 28 VVG Rn. 161 (mit der Annahme, der Gesetzgeber habe bei § 28 II 2 VVG eine »normale«, mittelschwere Form der groben Fahrlässigkeit vor Augen gehabt); *Grote/Schneider* BB 2007, 2689, 2695; *Langheid* NJW 2007, 3665, 3669; *Rixecker* ZfS 2009, 5, 7; *ders.* ZVersWiss 2009, 3, 5 f.; *Veith* VersR 2008, 1580, 1581; *Weidner/Schuster* r+s 2007, 363, 364.

113 Vgl. RegE BT-Drucks. 16/3945 S. 49 f. (allgemein), S. 64 (vorvertragliche Anzeigepflicht), S. 67 (Gefahrerhöhung), S. 80 (Schadensabwendungs- und Schadensminderungspflicht) und passim.

622 Das neue VVG folgt auch bei gesetzlichen Obliegenheiten außerdem dem **Grundsatz**, dass **grobe Fahrlässigkeit** lediglich zu einer **Leistungskürzung** entsprechend der Schwere des Verschuldens (»Quotelung«, Rn. 563 und 596 ff.) und nur **Vorsatz** zur **vollständigen Leistungsfreiheit** führt. Ausnahmsweise führt aber bereits grobe Fahrlässigkeit zur Leistungsfreiheit (in der laufenden Versicherung, § 58 I VVG, und in der Transportversicherung, insb. gem. § 134 II VVG).

3. Kausalitätserfordernis

623 Auch bei gesetzlichen Obliegenheiten setzt eine vollständige oder teilweise Leistungsfreiheit des Versicherers grundsätzlich **Kausalität** der Obliegenheitsverletzung voraus (meist für den Eintritt des Versicherungsfalls oder den Umfang der Leistung des Versicherers).[114] Im Einzelnen findet sich das Kausalitätserfordernis bei der Pflicht zur Anzeige gefahrerheblicher Umstände (§ 21 II 1 VVG), der Obliegenheiten betreffend Gefahrerhöhungen (§ 26 III Nr. 1 VVG), der Rettungspflicht (§ 82 IV 1 VVG) und der Verletzung der Anzeige- oder Auskunftspflicht des Dritten in der Pflicht-Haftpflichtversicherung (§ 120 VVG).

624 Dagegen führen **arglistige Verletzungen** der Obliegenheitsvorschriften oftmals ohne Rücksicht auf kausale Auswirkungen zum Deckungsverlust (§§ 21 III 2 VVG, 82 IV 2 VVG).

4. Rücktritts- bzw. Kündigungserfordernis

625 Anders als gem. § 28 VVG bei den vertraglichen Obliegenheiten (allerdings im Einklang mit dem früheren § 6 I 2, 3 VVG a.F.) ist die Leistungsfreiheit des Versicherers bei der gesetzlichen Obliegenheit der vorvertraglichen Anzeigepflicht und bei den gesetzlichen Obliegenheiten betreffend Gefahrerhöhungen davon abhängig, dass er rechtzeitig den Rücktritt bzw. die Kündigung erklärt (vgl. § 21 II VVG; § 26 III Nr. 2 VVG; vgl. auch § 97 II VVG; »**Klarstellungserfordernis**«).

VI. Einrede der Leistungsfreiheit und Verzicht

626 Nach herrschender Ansicht tritt die Rechtsfolge »Leistungsfreiheit« nicht unmittelbar kraft Gesetzes (»eo ipso«) ein; der Versicherer muss sich vielmehr auf seine Leistungsfreiheit berufen. Es handelt sich danach also um eine Einrede und nicht um eine von Amts wegen zu prüfende Einwendung.[115]

627 Der Versicherer kann auf die Rechtsfolge »Leistungsfreiheit« verzichten. Folgt man der herrschenden Qualifikation, handelt es sich um einen Einredeverzicht. Nimmt man dagegen an, die Rechtsfolge »Leistungsfreiheit« trete »eo ipso« ein, bedarf es der (zumindest konkludenten) vertraglichen Neubegründung der Leistungspflicht des Versicherers.[116]

114 RegE BT-Drucks. 16/3945 S. 49.

115 BGH VersR 1974, 689 = NJW 1974, 1241; BGH VersR 1990, 384; BGH VersR 2005, 493 = NJW 2005, 143; *Felsch* in: HK-VVG, § 28 VVG Rn. 207; *Heiss* in: Bruck/Möller, § 28 VVG Rn. 148; *Schwintowski* in: BK, § 6 VVG a.F. Rn. 60; *Römer* in: Römer/Langheid, § 6 VVG a.F. Rn. 30; a.A. *Prölss* in: Prölss/Martin, § 6 VVG a.F. Rn. 86.

116 Vgl. *Prölss* in: Prölss/Martin, § 6 VVG a.F. Rn. 128 ff.

VII. Zurechnung des Verhaltens Dritter

1. Überblick

Im täglichen Privat- oder Berufsleben kümmert sich der Versicherungsnehmer nicht immer selbst um den Abschluss und die Abwicklung eines Versicherungsvertrages, um die Mitteilungen und Auskünfte an den Versicherer, um die Aufbewahrung der versicherten Sache, um das Reifenprofil des Firmenwagens usw. Diese Aufgaben überträgt der Versicherungsnehmer häufig Dritten (Mitarbeiter, Familienangehörige, etc.). Es bedarf daher Regeln über die Voraussetzungen, unter denen das Verhalten oder die Kenntnis eines vom Versicherungsnehmer eingeschalteten Dritten dem Versicherungsnehmer zuzurechnen ist.[117] **628**

Für eine **Schadensversicherung »für fremde Rechnung«** ordnet § 47 I VVG (§ 79 I VVG a.F.) als Grundsatz an, dass die Kenntnis und das Verhalten des »Versicherten« der Kenntnis und dem Verhalten des Versicherungsnehmers gleichstehen.[118] Entsprechende Regelungen enthalten die §§ 156 und 193 II VVG (§§ 161 und 178a III 2 VVG a.F.) für die **Lebens- und Krankenversicherung »auf die Person eines anderen«**. Dies leuchtet ohne weiteres ein. – Wenn ein Vertrag dagegen eine Eigen- und eine Fremdversicherung umfasst, werden Obliegenheitsverletzungen des Versicherten dem Versicherungsnehmer nicht zugerechnet, wenn der Mitversicherte nicht dessen Repräsentant ist. In diesem Fall schadet die Obliegenheitsverletzung also nur dem Mitversicherten.[119] Der Versicherungsnehmer soll hinsichtlich seiner Eigenversicherung nicht allein deshalb schlechter stehen, weil daneben eine Fremdversicherung besteht. **629**

Der Gesetzgeber ging stets davon aus, dass der Versicherungsnehmer auch außerhalb der speziellen Regelungen über die Fremdversicherung (vorige Rn.) nicht nur für eigenes Verhalten oder eigene Kenntnis einzustehen hat.[120] Dennoch **enthält das – alte wie neue[121] – VVG keine allgemeinen Normen über die Zurechnung des Verhaltens oder der Kenntnisse Dritter**. Bei dieser Ausgangslage ist es naheliegend, in erster Linie die allgemeinen Regelungen des BGB anzuwenden (insbesondere §§ 278, 166 BGB). § 166 BGB setzt jedoch eine Stellvertretung voraus, die meist nicht gegeben ist. In Betracht kommt also meist nur eine Analogie zu § 166 BGB. Sie wird von den Gerichten auch für das Versicherungsrecht verschiedentlich genutzt.[122] Dagegen lehnt die herrschende Meinung im Versicherungsrecht eine Anwendung des § 278 BGB kategorisch ab[123] und geht für Obliegenheiten – wie auch für die Herbeiführung des Versicherungsfalls gemäß § 81 VVG (§ 61 VVG a.F.) (dazu Rn. 910 f.) – mit dem **630**

117 Vgl. *Looschelders* in: Beckmann/Matusche-Beckmann, § 17; Rechtsvergleich von *Basedow/Fock* I S. 84 f.

118 Zum – umstrittenen – Charakter von § 47 VVG als reine Zurechnungsnorm vgl. *Wandt* in: Langheid/Wandt, § 28 VVG Rn. 102.

119 BGH VersR 2003, 445; BGH VersR 1982, 84; BGHZ 35, 153 = VersR 1961, 555. – Dann bestand nach altem Recht auch das frühere Kündigungserfordernis (Rn. 584, 625) nicht.

120 Vgl. *Looschelders* VersR 1999, 666, 669 f.

121 RegE BT-Drucks. 16/3945 S. 79.

122 Vgl. nur BGHZ 122, 388 = VersR 1993, 960 = NJW 1993, 2112.

123 St.Rspr. seit BGHZ 11, 120 = VersR 1953, 494; anders aber schon *Ehrenzweig* S. 152 f. sowie aus dem neueren Schrifttum *Heiss* in: Bruck/Möller, § 28 VVG Rn. 81; *Prölss* in: Prölss/Martin, § 6 VVG a.F. Rn. 47 ff.

Einstehenmüssen für »**Repräsentanten**« eigene dogmatische Wege.[124] Missverständlich wird leider meist von Repräsentantenhaftung gesprochen, obwohl es nicht um eine Haftung des Repräsentanten, sondern allenfalls um eine Haftung für Repräsentanten geht, genauer aber darum, ob Verhalten und Verschulden des Repräsentanten dem Versicherungsnehmer zuzurechnen sind. Man sollte daher dazu übergehen, durchgehend von **Repräsentation**[125] zu sprechen.[126]

631 **Vertiefung:** Der dogmatische Streit um die Anwendbarkeit des § 278 BGB ist nicht zu vertiefen. In Betracht kommt allenfalls eine Analogie zu dieser Vorschrift, wie sie auch § 254 BGB für eine vergleichbare Situation anordnet. Den Verfechtern einer Analogie zu § 278 BGB geht es um das grundsätzliche richtige Ziel, im Interesse der Einheit der Zivilrechtsordnung den systematischen schuldrechtlichen Zusammenhang zu wahren. Man muss jedoch sehen, dass es auch im Rahmen einer solchen Analogie notwendig wäre, dem jeweiligen Versicherungsvertrag (-styp) zu entnehmen, welche Personen für welche Tätigkeiten als Erfüllungsgehilfen i.S.d. (abdingbaren) § 278 BGB anzusehen sind, so dass ihr Verhalten dem Versicherungsnehmer zuzurechnen wäre.[127] Selbst bei einer Analogie zu § 278 BGB müsste sich also in der praktischen Rechtsanwendung ein Sonderrecht für Versicherungsverträge entwickeln.

632 Im Einzelnen wird je nach den Feldern, auf denen Hilfspersonen eingesetzt werden – jedenfalls im Ansatz – unterschieden: Geht es um den tatsächlichen Umgang mit dem versicherten Risiko (Wartung des versicherten Autos usw.), dann ist maßgeblich, ob ein »**Repräsentant**« für den Versicherungsnehmer gehandelt hat. Geht es nur um die Zurechnung von Kenntnissen (wie z.B. in § 2 II 2 VVG), dann wird gefragt, ob an seiner Stelle ein »**Wissensvertreter**« die Kenntnisse hatte. Geht es allein um die Erfüllung von Anzeige- und Auskunftspflichten (vgl. z.B. § 23 III VVG), dann entscheidet, ob ein »**Wissenserklärungsvertreter**« die Mitteilung richtig gemacht oder unterlassen hat. Leider wird diese Differenzierung in der Rechtsprechung[128] nicht immer exakt eingehalten, sondern allgemein auf die »Repräsentanz« abgestellt, was bisweilen zu dogmatischen Unklarheiten führt.[129]

124 Bis auf die nordischen Rechtsordnungen, die ebenfalls versicherungsspezifische Zurechnungsregelungen entwickelt haben, werden in den anderen europäischen Rechtsordnungen meist die allgemeinen zivilrechtlichen Zurechnungsregelungen angewandt. Vgl. *Basedow/Fock* I S. 84 f.

125 Teilweise wird in der instanzgerichtlichen Rechtsprechung – in aller Regel synonym zur Repräsentation bzw. Repräsentantenhaftung – auch von Repräsentanz gesprochen; vgl. OLG Braunschweig VersR 1986, 330; OLG Frankfurt VersR 1996, 838; OLG Hamm VersR 1995, 1348; OLG Hamm VersR 1990, 516; vgl. aber auch *Langheid* in: Römer/Langheid, § 61 VVG a.F. Rn. 22, der unterschiedliche Begriffsinhalte erwägt.

126 Zur Verwendung dieses eingeführten Begriffs vgl. insb. Begr. RegE BT-Drucks. 16/3945, S. 79 sowie BGH VersR 2007, 673, 674; BGH VersR 1996, 1229; BGH VersR 1975, 229; OLG München VersR 2006, 1492; OLG Düsseldorf VersR 2004, 1129; OLG Saarbrücken VersR 2002, 1415.

127 Vgl. eingehend *Weyers* 2. Aufl. 1995, Rn. 332 f.

128 BGHZ 122, 250 = VersR 1993, 828 = NJW 1993, 1862 mit Anm. *Lücke* VersR 1993, 1098 und Besprechungsaufsatz *Knappmann* VersR 1994, 277; klare Trennung aber früher seit BGH VersR 1967, 343; vgl. z.B. auch BGHZ 122, 388 = VersR 1993, 960 = NJW 1993, 2112.

129 Zu der – im Interesse dogmatischer Klarheit zu verneinenden – Frage, ob die Repräsentanteneigenschaft die Stellung als Wissensvertreter oder Wissenserklärungsvertreter zwingend umfasst, vgl. Rn. 640 ff., sowie *Looschelders* VersR 1999, 666 (verneinend) und *Knappmann* VersR 1994, 277 (wohl zustimmend).

2. Repräsentant

Die Voraussetzungen für die Zurechnung von Drittverhalten sind bei Versicherungsverträgen schwieriger zu bestimmen als bei anderen Schuldverhältnissen. Denn es kann sein, dass der Versicherungsnehmer sich gerade auch gegen das Risiko eines Fehlverhaltens von ihm eingeschalteter Personen versichern will. So gibt es Versicherungen, die überwiegend oder sogar ausschließlich das Fehlverhalten von Mitarbeitern zum Gegenstand haben, z.B. die Betriebshaftpflichtversicherung oder die Computer-Missbrauch-Versicherung. Auch bei den üblichen Versicherungsarten liegt der Vertragszweck gelegentlich darin, den Versicherungsnehmer auch vor den Folgen von Fehlern eingeschalteter Personen zu schützen. 633

Beispiel: Wenn jemand eine Fahrzeugversicherung hat und sein Auto in die Werkstatt zur Wartung der Bremsanlage bringt, könnte man zwar sagen, bei der Erfüllung seiner Pflicht zur Verhütung einer Gefahrerhöhung setze er diese Werkstatt ein und müsse sich daher gefahrerhöhende Fehler der Werkstatt zurechnen lassen. In Wirklichkeit hat die Fahrzeugversicherung aber auch den Zweck, dem Versicherungsnehmer auch dann Ersatz zu gewähren, wenn sein Fahrzeug infolge eines bei der Inspektion übersehenen Bremsdefekts auf einen Baum prallt und zerstört wird. 634

Dem Versicherungsnehmer wird das Verhalten eines Dritten zugerechnet, wenn der Dritte als »**Repräsentant**« des Versicherungsnehmers zu qualifizieren ist.[130] Man spricht missverständlich von »Repräsentantenhaftung« statt von »Zurechnung von Repräsentantenverhalten«. Bei der Konkretisierung der Zurechnungsvoraussetzungen hat es in der Rechtsprechung einige Schwankungen und auch Brüche gegeben.[131] Nach der **neueren Rechtsprechung des BGH**[132] gilt: **Repräsentant ist, wer in dem Geschäftsbereich, zu dem das versicherte Risiko gehört, aufgrund eines Vertretungs- oder ähnlichen Verhältnisses an die Stelle des Versicherungsnehmers getreten ist.** Die bloße Überlassung der Obhut über die versicherte Sache reicht hierbei nicht aus. Repräsentant kann nur sein, wer befugt ist, selbstständig in einem gewissen nicht ganz unbedeutenden Umfang für den Versicherungsnehmer zu handeln (sog. »**Risikoverwaltung**«). Es braucht nicht noch hinzuzutreten, dass der Dritte auch Rechte und Pflichten aus dem Versicherungsvertrag (sog. »**Vertragsverwaltung**«) wahrzunehmen hat. Übt der Dritte aufgrund eines Vertretungs- oder ähnlichen Verhältnisses jedoch die Verwaltung des Versicherungsvertrags eigenverantwortlich aus, kann dies unabhängig von einer Übergabe der versicherten Sache für seine Repräsentantenstellung sprechen (zur Reichweite der Zurechnung vgl. nächste Rn.). Während die ältere Rechtsprechung eine Kumulation von Risiko- und Vertragsverwaltung verlangte[133], kann sich die Repräsentanteneigenschaft nach der neueren Rechtsprechung also entweder aus der Risikoverwaltung oder aus der Vertragsverwaltung ergeben. 635

Der **Grund der Zurechnung** liegt darin, dass es dem Versicherungsnehmer nicht freistehen darf, den Versicherer dadurch schlechter und sich selbst besser zu stellen, 636

130 Das österr. Versicherungsrecht hat auf gleicher Normbasis einen anderen dogmatischen Weg eingeschlagen. Die Rechtsprechung gleicht das Fehlen der Repräsentantenhaftung partiell dadurch aus, dass sie das Auswahl- und Überwachungsverschulden des Versicherungsnehmers bei Einschaltung Dritter nach sehr strengen Maßstäben beurteilt. Vgl. *Cyrus* Repräsentantenhaftung des Versicherungsnehmers, 1998, Rn. 391 ff. und 419 ff.; *Schauer* S. 265 ff.; *Looschelders* VersR 1999, 666.

131 Überblick bei *Schirmer* Der Repräsentantenbegriff im Wandel der Rechtsprechung, 1995; *Looschelders* VersR 1999, 666.

132 BGHZ 122, 250 = VersR 1993, 828 = NJW 1993, 1862; BGH VersR 1996, 1229 = NJW 1996, 2935.

133 So noch BGHZ 107, 229 = VersR 1989, 737.

dass er einen Dritten an seine Stelle setzt. Daraus ergibt sich zugleich die **Grenze der Zurechnung**. Der Versicherungsnehmer muss sich ein Verhalten seines Repräsentanten nur für den Bereich zurechnen lassen, für den er den Dritten an seine Stelle gesetzt hat. Wenn er dem Dritten die selbstständige Wahrnehmung seiner Befugnisse nur in einem bestimmten abgrenzbaren Geschäftsbereich überträgt, ist die Zurechnung auf diesen Bereich beschränkt. Wenn der Versicherungsnehmer einen Dritten beispielsweise nur die Vertragsverwaltung übertragen hat, muss er sich auch nur ein Fehlverhalten des Repräsentanten in Vertragsangelegenheiten zurechnen lassen, also insbesondere bei Anzeigeobliegenheiten vor und nach Eintritt des Versicherungsfalles. Dagegen braucht sich der Versicherungsnehmer ein Verhalten des ausschließlich mit der Vertragsverwaltung Betrauten nicht zurechnen zu lassen, wenn dieses Verhalten den Bereich der nicht übertragenen Risikoverwaltung betrifft, also beispielsweise zu einer Erhöhung objektiver Gefahrumstände führt (oder zum Eintritt des Versicherungsfalls; bei dem es sich aber um einen subjektiven Risikoausschluss handelt, Rn. 899).[134]

637 **Beispiele** zur Veranschaulichung der Voraussetzungen für die Repräsentanteneigenschaft: Keine Repräsentanteneigenschaft des Mieters einer gegen Feuer versicherten gewerblichen Halle, wenn der Mieter nur gelegentlich im Rahmen der Risiko- oder Vertragsverwaltung nach außen tätig wird und dabei stets mit Wissen und im Auftrag des nicht am Ort des versicherten Objekts wohnhaften Vermieters handelt[135]; ein von seiner Ehefrau als Grundstückseigentümerin allgemein zur Verwaltung und Nutzung des Hauses beauftragter und bevollmächtigter Ehemann ist dagegen Repräsentant[136]; keine Repräsentantenstellung jedoch allein aufgrund der Ehegatteneigenschaft und der bloßen Mitbenutzung der versicherten Sache[137]; Repräsentantenstellung des Vaters des Versicherungsnehmers nach der förmlichen Übertragung seines Betriebs aufgrund beibehaltener faktischer vollständiger Betriebsinhaberschaft[138]; keine Repräsentantenstellung des angestellten Kfz-Fahrers nur wegen der Obhut über das Fahrzeug[139]; aber Repräsentantenstellung eines Prokuristen, dem das versicherte Fahrzeug aufgrund Arbeitsvertrag zur geschäftlichen und privaten Nutzung mit vollumfänglicher Sorge auch hinsichtlich etwaiger Schadensmeldung an den Versicherer überlassen ist[140].

638 **Vertiefung:** Ein Teil des Schrifttums tritt für einen sog. »obliegenheitsbezogenen« Repräsentantenbegriff ein.[141] Danach soll es ausreichen, dass eine andere Person lediglich mit der eigenverantwortlichen Wahrnehmung der verletzten einzelnen Obliegenheiten betraut wurde (z.B. in der Leitungswasserversicherung ein Hausmeister mit der Aufgabe, die Wasserleitungen des Hauses zu entleeren). Gegenüber diesem Ansatz wird zu Recht eingewandt, dass er den Versicherungsschutz schon für Normalsituationen erheblich verkürzen würde.[142]

639 Eine klare Abgrenzung müsste durch ausdrückliche vertragliche Regelung zu erreichen sein. Die Rechtsprechung scheint aber Festlegungen des Einstehens für Dritte in

134 BGH VersR 2007, 673 m.w.N.
135 OLG Hamm VersR 2002, 433; vgl. auch BGHZ 107, 229 = VersR 1989, 737 = NJW 1989, 1861.
136 OLG Hamm VersR 1987, 1002; vgl. auch BGHZ 122, 250 = VersR 1993, 828 = NJW 1993, 1862.
137 BGH VersR 1990, 732; OLG Hamm VersR 1995, 1086; OLG Hamm VersR 1988, 240; OLG Koblenz VersR 2004, 1410.
138 OLG Köln VersR 1996, 94.
139 BGH VersR 1986, 696.
140 BGH VersR 1996, 1229 = NJW 1996, 2935.
141 In diesem Sinne z.B. *Bach* VersR 1990, 235; *Langheid* NJW 1991, 268.
142 *Looschelders* VersR 1999, 666; *Römer* NZV 1993, 249.

AVB-Bestimmungen reserviert gegenüberzustehen.[143] Letztlich berührt das die Frage nach der Freiheit des Versicherers zur Umschreibung seines Leistungsangebots.[144]

3. Wissensvertreter

»Wissensvertreter« ist jeder, der vom Versicherungsnehmer betraut ist, im Rechtsverkehr für ihn bestimmte Aufgaben in eigener Verantwortung zu erledigen und dabei anfallende Informationen, die in Bezug auf den Versicherungsvertrag von rechtlicher Bedeutung sind, zur Kenntnis zu nehmen (und gegebenenfalls weiterzugeben).[145] Die **Kenntnis des Wissensvertreters steht der Kenntnis des Versicherungsnehmers gleich**: im Fall der Rückwärtsversicherung beispielsweise das Wissen, dass der Versicherungsfall schon eingetreten ist (vgl. § 2 II 2 VVG/§ 2 II 2 VVG a.F.), oder das Wissen, dass ein gefahrerheblicher Umstand vorliegt, der dem Versicherer mitgeteilt werden müsste (vgl. §§ 20, 23 II VVG/§§ 19, 23 II, 27 II VVG a.F.). Nach überwiegender Ansicht muss dem Dritten – anders als bei der Repräsentation – nicht ein Bereich von einiger Bedeutung übertragen sein;[146] andererseits genügt es nicht, dass z.B. ein Mitarbeiter aus tatsächlichen Gründen von für den Versicherungsvertrag relevanten Umständen Kenntnis erlangt, ohne eigens mit der Kenntnisnahme betraut zu sein.[147] 640

4. Wissenserklärungsvertreter

Ist das entscheidende Tatbestandsmerkmal nicht die Kenntnis, sondern eine Erklärung darüber (bei der Erfüllung von Anzeige- und Aufklärungspflichten), dann kommt als zurechnungsbegründende Hilfsperson des Versicherungsnehmers der **»Wissenserklärungsvertreter«** in Betracht. Es wird also gefragt, ob die Anzeige einer Gefahrerhöhung von diesem rechtzeitig gemacht wurde (vgl. §§ 23 II, III VVG bzw. §§ 23 II, 27 II VVG a.F.) oder ob er den Versicherungsfall rechtzeitig und richtig gemeldet hat (vgl. Abschnitt B § 8 Nr. 2 a) bb) AFB 2008). Zum Wissenserklärungsvertreter wird jemand allerdings nur dadurch, dass er regelrecht mit derartigen Erklärungen betraut wird – entsprechend den vollmachtsrechtlichen Regeln, wie sie für rechtsgeschäftliche Erklärungen gelten.[148] Die Betrauung setzt nicht die Erteilung einer Vollmacht voraus (da es nicht um die Abgabe einer Willenserklärung geht). Es genügt vielmehr die tatsächliche Betrauung mit der Abgabe einer Wissenserklärung in Erfüllung einer (Anzeige-oder Auskunfts-) Obliegenheit. Die Betrauung erfolgt 641

143 Vgl. BGH VersR 1993, 830 = NJW 1994, 520 (nur Leitsatz); vgl. hierzu *Winter* FS Lorenz, 1994, S. 723.

144 Vgl. *Bach* VersR 1990, 235.

145 BGH VersR 2000, 1133 (Versicherungsmakler, den der Versicherungsnehmer mit der Weiterleitung seines Antrags an den Versicherer betraut hat); BGHZ 117, 104 = NJW 1992, 1099; vgl. auch *Bruns* Voraussetzungen und Auswirkungen der Zurechnung von Wissen und Wissenserklärungen im allgemeinen Privatrecht und im Privatversicherungsrecht, 2007.

146 A.A. *Knappmann* VersR 1997, 261.

147 Vgl. *Prölss* in: Prölss/Martin, § 6 VVG a.F. Rn. 79.

148 Vgl. BGHZ 122, 388 = VersR 1993, 960 = NJW 1993, 2112 (Ehegatte ist als solcher kein Wissenserklärungsvertreter; vielmehr ist erforderlich, dass der Versicherungsnehmer ihn mit der Abgabe von Erklärungen gegenüber dem Versicherer betraut hat); vgl. auch BGHZ 128, 167 = VersR 1995, 281 = NJW 1995, 662 (Dritter ist kein Wissenserklärungsvertreter, wenn der Versicherungsnehmer das von dem Dritten ausgefüllte Schadensformular unterschreibt); zu Rechtsanwälten als Wissenserklärungsvertreter: OLG Koblenz VersR 2000, 315; OLG Koblenz VersR 2000, 180.

durch eine rechtsgeschäftsähnliche Handlung, die analog §§ 104 ff. BGB zu beurteilen ist.[149]

642 Ein Wissenserklärungsvertreter wird zumeist auch Wissensvertreter sein. Er ist dann zuständig für die Kenntnisnahme und zugleich damit betraut, entsprechende Mitteilungen an den Versicherer zu machen. Er kann aber auch nur mit der Weiterleitung von Wissen betraut sein, das der Versicherungsnehmer selbst gewonnen hat. Umgekehrt kann es Wissensvertreter geben, die mangels Betrauung mit der Weiterleitung ihrer Erkenntnisse an Dritte nicht auch Wissenserklärungsvertreter sind.

643 Der Versicherungsnehmer kann sich dem Risiko, dass seine Hilfspersonen Anzeigen und Auskünfte nicht oder falsch geben, zwar dadurch entziehen, dass er keine Hilfspersonen einschaltet. Er muss *seine* Obliegenheiten dann aber selbst erfüllen; anderenfalls verletzt er sie, ohne dass es auf die Frage einer Zurechnung ankommt.

VIII. Zusammenfassung

644 **Obliegenheiten** sind Verhaltenspflichten einer Person, im Versicherungsrecht vor allem des VN.

Nach der herrschenden »Voraussetzungstheorie« sind sie »nur« objektive Voraussetzung für die Erhaltung der Rechte des VN ⟷ keine echten Rechtspflichten, auf deren Erfüllung geklagt werden kann und die im Verletzungsfall einen Schadensersatzanspruch begründen (Rn. 541 f.).

Eine Obliegenheitsverletzung führt nur unter besonderen – halbzwingenden – Voraussetzungen zu Sanktionen (insb. Verschulden und Kausalität).

P: *Rechtswidrigkeitszusammenhang zwischen Obliegenheitsverletzung und Versicherungsfall bzw. Eintrittspflicht des Versicherers* (Rn. 592)

1. **Abgrenzung von Obliegenheiten zu Risikobeschränkungen**
   - Wichtig, da Risikobeschränkung einen Versicherungsschutz objektiv und von vornherein ausschließt, also unabhängig von Verschulden und Kausalität (Rn. 546 f.)
   - Abgrenzung in erster Linie nach dem materiellen Inhalt der Vertragsbestimmung → von untergeordneter Bedeutung sind Wortlaut und Stellung der Vertragsbestimmung
     - **Risikobeschränkung**: Beschreibung eines bestimmten Wagnisses, für das allein der Versicherer Schutz gewähren will
     - **Obliegenheit**: im Vordergrund steht das Verlangen nach einem vorbeugenden Verhalten des VN, von dem es abhängt, ob er einen zugesagten Versicherungsschutz behält oder verliert

     P: *»verhüllte Obliegenheiten«* (Rn. 548 f.)

2. **Unterscheidung von gesetzlichen und vertraglichen Obliegenheiten** (Rn. 553 f.)
   - **Vertragliche Obliegenheit ist durch Vertrag (AVB) begründet**
     → Zentrale Schutzvorschrift zu Gunsten des VN ist § 28 VVG (Einzelheiten unter 3.)
   - **Gesetzliche Obliegenheit ist durch Gesetz begründet**
     → Keine allgemeine Schutzvorschrift zu Gunsten des VN, sondern Spezialregelungen, die sich aber weitgehend an dem Schutzkonzept von § 28 VVG orientieren (Einzelheiten unter 4.)
     P: *gesetzliche Obliegenheiten, für die nur der Tatbestand, nicht aber die Rechtsfolge ihrer Verletzung normiert ist (»lex imperfecta«, z.B. §§ 30, 31 VVG)*
     P: *Ergänzung oder Modifikation einer gesetzlichen Obliegenheit wandelt diese in eine vertragliche Obliegenheit → Anwendbarkeit von § 28 VVG*

149 *Looschelders* in: Beckmann/Matusche-Beckmann, § 17 Rn. 92.

3. **Rechtsfolgen der Verletzung einer vertraglichen Obliegenheit**
Einfache Fahrlässigkeit des VN → keinerlei Sanktion, also volle Leistungspflicht des VR und Fortbestand des Vertrages (Rn. 586 f.)
Für **andere Verschuldensformen** gilt ein nach dem Verschuldensgrad abgestuftes Sanktionensystem, das zwischen dem Schicksal des Vertrages im Ganzen und der Leistungspflicht des Versicherers unterscheidet (Rn. 563, 568 f.)
Hinweis: also grundsätzliche Abkehr vom im VVG a.F. herrschenden »Alles-oder-nichts-Prinzips« (Rn. 562 f.)
Schicksal des Vertrages im Ganzen:
Vorsätzliche oder grob fahrlässige Verletzung einer Obliegenheit *vor* Versicherungsfall (Vorliegen von Vorsatz oder grober Fahrlässigkeit wird vermutet) → Kündigungsrecht des VR (Rn. 578 f.)
Hinweis: *keine entsprechende Regelung für vorsätzliche oder grob fahrlässige Verletzung einer Obliegenheit* nach *Versicherungsfall, weil besondere Kündigungsrechte nach Eintritt des Versicherungsfalls*
Leistungspflicht des Versicherers:
- **Vorsatz** (vom VR zu beweisen) → volle Leistungsfreiheit des VR, soweit kein Kausalitätsgegenbeweis des VN (der bei Arglist nicht zulässig ist)
- **Grobe Fahrlässigkeit** (Vorliegen widerleglich vermutet) → Kürzung des Leistungsanspruchs des VN entsprechend der Schwere der groben Fahrlässigkeit (sog. Quotelung, Rn. 596 f.), soweit kein Kausalitätsgegenbeweis des VN
- **Zusätzliche Voraussetzung bei Auskunfts- oder Aufklärungsobliegenheit nach Eintritt des Versicherungsfalles:** VR muss VN durch gesonderte Mitteilung in Textform auf Rechtsfolgen hinweisen (Rn. 582 f.)
- **Einzelheiten zur Quotelung bei grober Fahrlässigkeit** (Rn. 596 f.)
  - **P:** *Wie ist die »Schwere des Verschuldens« zu messen?* (Rn. 601 ff., 606)
  - **P:** *Kürzung der Leistung auf Null* (Rn. 605)
  - **P:** *Quotelung bei Verletzung mehrerer Obliegenheiten* (Rn. 609 f.)
  - **P:** *Quotelung bei betragsmäßig begrenzter Leistungsfreiheit des VR* (Rn. 615)
  - **P:** *Beweislast hinsichtlich der Schwere der groben Fahrlässigkeit im Hinblick auf das Maß der Leistungskürzung* (Rn. 616 f.)

4. **Rechtsfolgen der Verletzung gesetzlicher Obliegenheiten:**
- keine allgemeine Vorschrift entsprechend § 28 VVG für vertragliche Obliegenheiten
- **Sondervorschriften für die einzelnen gesetzlichen** Obliegenheiten, insb. vorvertraglicher Anzeigepflicht (Rn. 782 ff.), Gefahrerhöhung (vgl. Rn. 819 ff.)
- **inhaltlich orientieren sich** die Sonderregelungen weitgehend an den Grundsätzen des § 28 VVG (siehe 3. sowie Rn. 563, 618 ff.)
  Hinweis: entsprechende Rechtsfolgen bei der Herbeiführung des Versicherungsfalls (= objektiver Risikoausschluss bzw. -begrenzung, Rn. 875 ff.)

5. **Zurechnung des Verhaltens Dritter** (Rn. 628 ff.)
- **gesetzlicher Vertreter:** Zurechnung nach BGB-Regeln
- **sonstige Dritte:**
  - **Spezialregelung für die Versicherung für fremde Rechnung, §§ 47, 156, 193 VVG**
  - keine allgemeine Regelung im VVG
  - keine Anwendbarkeit von § 278 BGB (h.M.)
  - **Zurechnung, wenn Dritter = Repräsentant** (von der Rechtsprechung entwickelte versicherungsrechtliche Rechtsfigur) → Repräsentant ist, wer in dem Geschäftsbereich, zu dem das versicherte Risiko gehört, aufgrund eines Vertretungs- oder ähnlichen Verhältnisses an die Stelle des Versicherungsnehmers getreten ist (Rn. 633 f.)
  - Vorzugswürdige Differenzierung zwischen **»Repräsentant«** und
    → **»Wissensvertreter«** = wer vom VN betraut ist, im Rechtsverkehr für ihn bestimmte Aufgaben in eigener Verantwortung zu erledigen und dabei anfallende Informationen, die in

Bezug auf den Versicherungsvertrag von rechtlicher Bedeutung sind, zur Kenntnis zu nehmen (Rn. 640)

→ **»Wissenserklärungsvertreter«** = wer vom VN – durch rechtsgeschäftsähnliche Handlung, nicht notwendig durch Erteilung einer Vollmacht – betraut ist, für ihn Erklärungen gegenüber dem VR abzugeben (Rn. 641 f.)

J. Die Leistung des Versicherers: Übernahme eines wirtschaftlichen Risikos

I. Einführung

1. Überblick

Aufgrund des Versicherungsvertrages soll der Versicherer dem Versicherungsnehmer ein wirtschaftliches Risiko abnehmen. Dies setzt eine umfangreiche **Organisationstätigkeit** des Versicherers voraus: Er muss Vorsorge treffen, um im Versicherungsfall den plötzlichen Bedarf von Versicherungsnehmern zu decken – sei es von einzelnen Versicherungsnehmern oder z.B. nach einer Naturkatastrophe von sehr vielen. Einfacher gesagt: Er muss fortlaufend liquide Mittel beschaffen und bereithalten. Das setzt im Wesentlichen voraus: Die Werbung und Gewinnung einer ausreichenden Zahl von Versicherungsnehmern als Prämienzahler, den Einzug der Prämien, ihre zweckmäßige Anlage, den Abschluss von Rückversicherungen[1] sowie das Bereithalten der erfahrungsgemäß erforderlichen Summen für aktuelle Versicherungsfälle (vgl. die Regelungen des Versicherungsaufsichtsgesetzes zur Kapitalausstattung von Versicherungsunternehmen, §§ 53c ff. VAG). Das ist der für Versicherungsnehmer meist unsichtbare Teil der Tätigkeit des Versicherers, die er im Interesse jedes Versicherungsnehmers erbringen muss, auch wenn es nicht zum Versicherungsfall kommt. Insoweit unterscheiden sich die verschiedenen Versicherungsarten nicht grundsätzlich. 645

Unterschiede je nach Versicherungsart bestehen dagegen hinsichtlich des Inhalts der **Leistung im Versicherungsfall**.[2] Ist dieser eingetreten, dann ist es also nicht beim Risiko geblieben, sondern die Gefahr hat sich verwirklicht: Der Kfz-Haftpflichtversicherte hat einen Unfall verursacht; der Krankenversicherte ist ärztlich behandelt worden; der Lebensversicherte ist gestorben. Im Normalfall hat der Versicherer jetzt **Geld zu leisten**, entweder – so in der Schadensversicherung (vgl. Rn. 33) – in Höhe des Schadens (Autoreparatur-, Krankenhauskosten), oder – so in der Summenversicherung (vgl. Rn. 34) – die vereinbarte feste Summe. Bei bestimmten Versicherungsformen schuldet der Versicherer im juristischen Sinne jedoch nicht (nur) Geld, sondern (auch) eine **andersartige Leistung**: Bei der Haftpflichtversicherung die Befriedigung begründeter und die Abwehr unbegründeter Haftpflichtansprüche gegen den Versicherungsnehmer (vgl. § 100 VVG; A.1.1 AKB 2008 entspr. § 2 I KfzPflVV), in der Rechtsschutzversicherung die Sorge für die notwendige Wahrnehmung der rechtlichen Interessen des Versicherungsnehmers (§ 1 ARB 2009), in der Glasversicherung nach seiner Wahl Naturalersatz (Einbau einer gleichen Scheibe durch den Handwerker) oder Barzahlung (Abschnitt A § 7 AGlB 2008)[3] und in der 646

1 Dazu Rn. 42.
2 Vgl. dazu insgesamt *Höke* in: Beckmann/Matusche-Beckmann, § 19.
3 Abschnitt A § 7 AGlB lautet auszugsweise: »1. a) Der Versicherer gewährt im Versicherungsfall eine Sachleistung, zu der er den Auftrag erteilt. b) Sachleistung bedeutet, dass auf Veranlassung und Rechnung des Versicherers die zerstörten oder beschädigten Sachen entsorgt und in gleicher Art und Güte […] an den Schadensort geliefert und wieder eingesetzt werden. […] 2. a) Im Einvernehmen mit dem Versicherungsnehmer ersetzt der Versicherer den Geldbetrag, welcher dem unter Nummer 1 beschriebenen Leistungsumfang entspricht. b) Darüber hinaus kann der Versicherer in Geld leisten, soweit eine Ersatzbeschaffung durch den Versicherer zu den ortsüblichen Wiederherstellungskosten nicht möglich ist.« Alternativ ist in den Musterbedingungen des GDV eine 2. Variante vorgesehen, welche nur die Geldleistung kennt.

Krankenversicherung bestimmte Dienstleistungen im Zusammenhang mit der Kostenerstattung, wie Beratungen oder die Abwehr unberechtigter Entgeltansprüche von medizinischen Leistungserbringern (§ 193 VVG). Was die **Versicherungstechnik** (Rn. 94 ff.) angeht, sind diese Unterschiede im Leistungsinhalt allerdings nur bedingt von Bedeutung. Denn der Versicherer muss für den Versicherungsfall auch für diese Leistungen regelmäßig Geld in ausreichender Menge bereithalten: um den gegen seinen Versicherungsnehmer erhobenen Haftpflichtanspruch zu befriedigen, um das Anwaltshonorar und die Gerichtskosten zu bezahlen, um eine neue Glasscheibe zu kaufen und den Handwerker zu entlohnen usw.

647 Hinsichtlich der Pflichten des Versicherers ist noch auf eigentlich Selbstverständliches hinzuweisen: Treuepflichten und andere **Nebenpflichten**, wie sie der Versicherungsnehmer – allerdings meist in Gestalt bloßer Obliegenheiten (Rn. 531 ff.) – in so erheblichem Umfang hat, treffen auch den Versicherer. Beispielsweise erhält der Versicherer bei Vertragsabschluss oft diskretionsbedürftige Informationen aus dem Privat- oder Geschäftsbereich des Kunden. Hier kann der Versicherer unabhängig von Einzelheiten des Datenschutzrechts auch auf Grund vertraglicher Nebenpflicht zur Verschwiegenheit verpflichtet sein. Das kann in Grenzfällen schwierige Sonderfragen aufwerfen, weil andererseits auch legitime Interessen an der Weitergabe von Daten bestehen können, z.B. zum Schutz vor Betrügereien.

648 Spezielle **datenschutzrechtliche Regelungen für den Versicherungsbereich** gab es bislang nicht.[4] Nunmehr enthält § 213 VVG eine eigenständige Regelung.[5] Sie soll sicherstellen, dass die – grundsätzlich schriftlich zu erteilende – Einwilligungserklärung des Patienten in die Offenbarung von Patienteninformationen durch Ärzte etc. die Wirksamkeitsvoraussetzungen des § 4a I und III BDSG erfüllt. Die bisherige vom Versicherungsnehmer bei Vertragsschluss abgegebene pauschale Erklärung[6] entsprach nicht mehr den Anforderungen des Bundesdatenschutzgesetzes, das in Umsetzung der europäischen Datenschutzrichtlinie 95/46/EG im Jahre 2001 novelliert worden war.[7]

2. Zur Rechtsnatur der Versichererleistung

649 Der Versicherer muss also zweierlei tun: erstens die Leistung im Versicherungsfall durch umfangreiche organisatorische Maßnahmen vorbereiten und zweitens im Versicherungsfall die Leistung erbringen.[8] Es wird nun darüber gestritten, welche von beiden Tätigkeitsbereichen im Rechtssinne »die Leistung« des Versicherers ist. Nach der **»Gefahrtragungstheorie«** erschöpft sich die Leistung im Rechtssinne darin, die Gefahr zu tragen, so dass die Leistung im Versicherungsfall lediglich eine Folge der Gefahrverwirklichung ist.[9] Nach der **»Geldleistungstheorie«**, die überwiegend vertreten wird, ist umgekehrt die Organisationstätigkeit vor dem Eintritt des Versicherungsfalles juristisch gesehen nur die Vorbereitung der »eigentlichen« Leistung, näm-

4 Vgl. *Hoeren* in: Hoeren/Spindler, Versicherungen im Internet – Rechtliche Rahmenbedingungen, 2002, S. 77.

5 Vgl. hierzu *Fricke* VersR 2009, 297; *Neuhaus/Kloth* NJW 2009, 1707; *Wolf* ZVersWiss 2009, 35.

6 Die bisher branchenweit verwendete Schweigepflichtentbindungserklärung war im Jahr 1989 zwischen dem Gesamtverband der Deutschen Versicherungswirtschaft und dem Düsseldorfer Kreis, einem Zusammenschluss der obersten Datenschutzaufsichtbehörden für den nichtöffentlichen Bereich, vereinbart worden.

7 Vgl. RegE BT-Drucks. 16/3945 S. 116.

8 Deshalb weder für die Gefahrtragungs- noch für die Geldleistungstheorie, sondern für eine »kombinierte Theorie« *Baumann* in: Bruck/Möller, § 1 VVG Rn. 27 ff.

9 Vgl. *Möller* in: Bruck/Möller, 8. Aufl., § 1 VVG a.F. Anm. 40 ff. m.w.N. (Anm. 44); *Höke* in: Beckmann/Matusche-Beckmann, § 19 Rn. 3.

lich der Geldzahlung usw., die selbst nur unter der Bedingung erbracht werden muss, dass der Versicherungsfall eintritt.[10] Der Theorienstreit kann im Ergebnis jedoch auf sich beruhen, denn unmittelbare praktische Folgerungen sind aus der Entscheidung dieses Streits nicht zu ziehen.

Vertiefung: Man könnte zwar argumentieren, wenn nach der »Geldleistungstheorie« nur die Zahlung im Versicherungsfall die Leistung des Versicherers im juristischen Sinne darstellt, dann habe der Versicherungsnehmer – das erscheint als zwingende Folgerung – keinerlei Möglichkeit, die Geschäftstätigkeit des Versicherers vorher zu beeinflussen.[11] Dies könnte dann aber umgekehrt bedeuten: Wenn der Versicherer vor dem Versicherungsfall keine Leistung im juristischen Sinne erbringt, dann hat er – das erscheint ebenfalls zwingend – vom Versicherungsnehmer im Falle einer Anfechtung des Versicherungsvertrages auch nichts zurückzufordern, während dieser seine Prämien als unbestreitbare Leistung zurückfordern kann.[12] 650

In Wahrheit liegen die Dinge schon theoretisch nicht so einfach. Denn es gibt im Schuldrecht auch vorwirkende Vertragspflichten, die der Hauptleistungspflicht vorausgehen. Auch kann die Regelung des § 39 VVG (wie die Vorgängerregelung des § 40 VVG a.F., die gerade von den Vertretern der **Geldleistungstheorie** begrüßt worden war), wonach der Versicherungsnehmer bei vorzeitiger Vertragsbeendigung eine zeitanteilige Prämie zu zahlen hat, rechtspolitisch nur damit begründet werden, dass schon die bloße Risikoübernahme durch den Versicherer auch im juristischen Sinne als Leistung des Versicherers anerkannt wird.[13] Auch ist durch die Rechtsprechung anerkannt, dass der Versicherungsnehmer den Vertrag aus wichtigem Grunde kündigen kann, wenn der Versicherer finanziell »unsicher« wird.[14] Der Versicherungsnehmer muss also doch nicht tatenlos zusehen, wie der Versicherer seine Geschäfte vor dem Versicherungsfall führt. Außerdem wollen auch die Vertreter der Geldleistungstheorie die Regeln über den gegenseitigen Vertrag anwenden, obwohl doch das, was sie als »Leistung« im Rechtssinne definiert haben, vom Versicherer nie erbracht wird, wenn kein Versicherungsfall eintritt. Umgekehrt wird allein aus der **»Gefahrtragungstheorie«** nicht ernsthaft ein Recht auf Beeinflussung der Geschäftsführung des Versicherers gefolgert. Eine solche Forderung käme auch einem Missverständnis der wirklichen Voraussetzungen der Gefahrtragungstheorie gleich. Aus allgemeinen schuldrechtlichen Regeln lässt sich ebenso wenig ein Recht des Versicherungsnehmers herleiten, dem Versicherer Einzelheiten der Geschäftsführung vorzuschreiben, wie beispielsweise aus dem Guthabenvertrag der Bank ein Recht des Bankkunden, die technische Durchführung des Zahlungsverkehrs und der Kontenführung usw. zu bestimmen (allgemeiner zu dieser Problematik in Rn. 110). – Insgesamt verhält es sich wie so oft: Für die Beurteilung konkreter Rechtsfragen helfen Theorien nur, wenn sie passen. Ob sie passen, ist jedoch eine schwierige Frage, die für die einzelnen Rechtsfragen gesondert unter Berücksichtigung der spezifischen Interessen und rechtspolitischen Ziele zu beantworten ist. 651

10 *Prölss* in: Prölss/Martin, § 1 VVG a.F. Rn. 21 ff. m.w.N.; wohl auch *Brömmelmeyer* in: HK-VVG, § 1 VVG Rn. 36; zu dem bestehenden Meinungsstand ausführlich *Looschelders* in: Langheid/Wandt, § 1 VVG Rn. 8 ff.; aus der Rechtsprechung anschaulich und m.w.N. OLG Karlsruhe VersR 1988, 128.

11 Siehe zu dieser Problematik auch Rn. 65.

12 So in der Tat für einen nach Irrtumsanfechtung nichtigen Vertrag über eine Krankheitskostenversicherung OLG Karlsruhe VersR 1988, 128. Anders für gewisse Fälle § 39 I VVG, dazu Rn. 814.

13 Vgl. dazu RegE BT-Drucks. 16/3945 S. 72.

14 St.Rspr. vgl. RGZ 60, 56; BGHZ 1, 334. Vgl. auch *Fausten* in: Langheid/Wandt, § 16 Rn. 34; *Johannsen* in: Bruck/Möller, § 16 VVG Rn. 9; *Prölss* in: Prölss/Martin, § 13 VVG a.F. Rn. 9.

II. Versicherbares und versichertes Interesse

1. Begriff und Funktion

652 Der »Interesse«-Begriff (vgl. §§ 48, 53, 74, 76 ff., 80 VVG) ist wie alle Begriffe juristischer Dogmatik ein Mittel, mit dem bestimmte Gerechtigkeitsziele denkökonomisch einfacher verfolgt werden können.[15] Benötigt wird das versicherungsrechtliche »Interesse« bei der Schadensversicherung und innerhalb dieser fast nur bei der Sachversicherung. Der Begriff bereitet Schwierigkeiten, weil er abstrakt ist. Anstatt zu sagen »sein Interesse am Haus (Hausrat usw.) ist gegen … versichert«, ist es anschaulicher – wie in der Alltagssprache – zu sagen, »sein Haus (Hausrat, ...) ist gegen ... versichert«. Dieser anschaulicheren Ausdrucksweise fehlt jedoch die erforderliche juristische Genauigkeit.

653 Außer dem Eigentum an Sachen gibt es nämlich noch andere rechtliche Beziehungen zwischen einer Person (Rechtssubjekt) und einem Vermögensgut, deren Beeinträchtigung zu einem Schaden führen kann, sodass ein Bedürfnis nach Versicherungsschutz besteht. Für viele dieser Rechtsbeziehungen gelten dieselben Regeln. Deshalb ist es zweckmäßig, gewissermaßen eine Abstraktionsstufe hinaufzusteigen und einen gemeinsamen Oberbegriff zu bilden, der alle diese Beziehungen umfasst. Das eben ist das »Interesse« des Versicherungsrechts. Man kann diesen Begriff nicht ganz genau, aber für unsere Zwecke ausreichend und vielleicht am einprägsamsten so definieren: **»Interesse« bedeutet im Versicherungsrecht eine Rechtsbeziehung einer Person zu einem Vermögensgut, deren Beeinträchtigung ihr einen wirtschaftlichen Nachteil bringt.**

2. Das versicherbare Interesse

654 Von dem bisher angesprochenen »versicher**ten** Interesse« ist das »versicher**bare** Interesse« zu unterscheiden. Bevor wir uns mit dem juristischen Bedeutungsgehalt der Versicherbarkeit eines Interesses befassen, wollen wir uns noch einmal vergegenwärtigen, dass sich die Frage der Versicherbarkeit auch und zuerst aus betriebswirtschaftlicher Sicht stellt. Denn es ist Aufgabe der **Betriebswirtschaftslehre** und **Versicherungsmathematik**, Kriterien und Methoden zur Verfügung zu stellen, mit denen sich beantworten lässt, ob eine konkrete Risikoübernahme für den Versicherer kalkulierbar und wirtschaftlich tragbar ist.

655 **Juristisch** geht es bei »Versicherbarkeit« um etwas anderes: Der Versicherungsvertrag ist nicht der einzige Vertrag, bei dem es – aus der Sicht der Vertragsparteien – vom Zufall abhängt, ob ein Vertragspartner an den anderen eine Leistung erbringen muss. Solche sog. aleatorischen Verträge[16] sind z.B. auch Spiel und Wette, auf deren Erfül-

15 Eindrucksvoller Scharfsinn ist darauf verwendet worden, den Begriff des versicherungsrechtlichen »Interesses« von allen Seiten zu betrachten und zu analysieren. Dies hat zu einer reichen Vielfalt von Unterbegriffen geführt. Klassisch: *Kisch* Handbuch des Privatversicherungsrechts, III, Die Lehre von dem Versicherungsinteresse, 1922, S. 84 ff. – Im Übrigen vgl. *Möller* in: Bruck/Möller, 8. Aufl., § 49 VVG a.F. Anm. 28 ff.; *Schweitzer* Das versicherte Interesse, 1990; *Krause* Der Begriff des versicherten Interesses und seine Auswirkungen auf die Versicherung für fremde Rechnung, 1998.

16 Ein aleatorischer Vertrag ist ein Vertrag, bei dem die Erfüllung von dem Eintritt eines ungewissen Ereignisses abhängt. Abgeleitet von lateinisch »alea« = Würfel, Würfelspiel, Glücksspiel, Risiko, Zufall.

lung man allerdings nicht klagen kann (§ 762 BGB). Daher ist es nötig, diese »unseriösen« und deshalb nur bedingt schutzwürdigen Verträge von Versicherungsverträgen zu unterscheiden. Dies geschieht durch das Erfordernis des »versicherbaren Interesses«, das dem Vertrag gewissermaßen den Seriositätsstempel »Versicherungsvertrag« aufdrückt. Fehlt ein versicherbares Interesse, dann liegt nach heutiger Auffassung also kein Versicherungsvertrag vor, sondern vielleicht eine Wette.[17]

Vertiefung: Die Unterscheidung zwischen Versicherungsverträgen und »unseriösen« Verträgen ist nicht allein durch das Bestreben begründet, die staatliche Rechtsschutzgarantie auf ernsthafte Wirtschaftsbeziehungen zu beschränken. Es geht auch um die Kalkulation der Versicherer. Wer einen Versicherungsvertrag abschließt, tut dies typischerweise, weil er einen Schaden befürchtet. Er sucht also sein vorhandenes Vermögen vor den Unsicherheiten der Zukunft zu schützen (Rn. 7). Ganz anders der Spieler und Wettteilnehmer: Er möchte, dass der Zufall sein Spiel (zu seinen Gunsten) treibt, weil er sich dadurch eine Bereicherung, einen Zugewinn verspricht. Deshalb kommt er viel leichter in Versuchung, dem Schicksal ein wenig nachzuhelfen, als der normale, redliche Versicherungsnehmer, auf den die Kalkulation des Versicherers abgestellt ist. **656**

Die Unterscheidung zwischen Versicherungsverträgen sowie Spiel- und Wettverträgen ist in der täglichen Praxis jedoch nur ganz ausnahmsweise notwendig. Viel öfter stellt sich die Frage nach dem versicherbaren Interesse in einem anderen Zusammenhang, nämlich wenn bei einem Vertrag **Interessen mehrerer Personen** oder jedenfalls **Interessen verschiedener Art** betroffen sein können. Die daraus entstehenden Probleme lassen sich aber besser unter der Frage »Wessen (welches) Interesse ist versichert?« behandeln (vgl. Rn. 665 ff., 673 f.). **657**

Juristisch bedeutsam ist die Frage, was ein »versicherbares Interesse« sein kann, auch deshalb, weil sie praktisch gleichbedeutend ist mit der Frage nach dem rechtlich zulässigen **Gegenstand von Versicherungsverträgen** (Rn. 20 ff.). Versicherbar sind außer dem Interesse des Eigentümers an der Erhaltung des **Sachwerts** (Zeitwerts) noch andere Interessen, beispielsweise das Interesse, mit einer Sache oder einem sonstigen Gegenstand **Gewinn** zu erzielen (Veräußerungsgewinn, Gewinn aus der Vermietung eines Hauses usw.) oder das Interesse, wenigstens die **laufenden Kosten** zu decken (beides bei der [Feuer-] Betriebsunterbrechungsversicherung), oder das **Kreditsicherungsinteresse** des Pfandgläubigers usw., oder das **Nutzungsinteresse** des Mieters, oder das Interesse an der Realisierung einer **Forderung** (Kreditversicherung, aber auch an einer Gewährleistungsforderung, z.B. für den Bauherrn). Auch **»künftige Interessen«**, also beispielsweise solche an erst noch herzustellenden Sachen, können ohne weiteres versichert werden (Umkehrschluss aus § 80 I 1 Hs. 2 VVG). Die Versicherung beginnt dann »materiell« (vgl. Rn. 439 ff.) in dem Augenblick, in dem das Interesse zur Entstehung gelangt. **658**

Die Versicherbarkeit eines Interesses wird selbstverständlich durch die allgemeinen Regeln der **§§ 134, 138 BGB** eingeschränkt: Man kann nicht wirksam eine wirtschaftliche Beziehung versichern, die rechtlich **verboten** ist, z.B. den aus einer Straftat er- **659**

17 Aus dem Mittelalter ist die »Versicherung auf das Leben des Papstes« oder »auf das Leben des Kaisers« berühmt. Es handelt sich jedoch um eine Wette, dass der jeweilige Würdenträger einen bestimmten Zeitraum überleben würde. Für die Qualifikation als Versicherung fehlt der unmittelbare wirtschaftliche Nachteil für den »Versicherungsnehmer« durch den etwaigen Todesfall des Würdenträgers.

warteten Gewinn.[18] Ein Versicherungsvertrag darf auch nicht die Erreichung des Ziels einer zwingenden gesetzlichen Vorschrift vereiteln. Man kann sich also nicht gegen gerichtliche Geldstrafen oder gegen die wirtschaftlichen Folgen eines strafgerichtlich angeordneten Entzugs der Fahrerlaubnis versichern.

660 **Vertiefung:** Wenn man von der **»Unversicherbarkeit des Unternehmerrisikos«**[19] spricht, so hat das einen doppelten Hintergrund. Einerseits ist im Allgemeinen der Ertrag eines Unternehmens deshalb nicht tauglicher Gegenstand einer Versicherung, weil er für die Prämienkalkulation zu unsicher ist. Auf dieser Unsicherheit beruht ja zu einem guten Teil die Philosophie der Marktwirtschaft. Andererseits schwingt aber auch Missbilligung mit: Versicherung soll auch nicht, indem sie gewissermaßen zur Gewinngarantie wird, den Anreiz zur Unternehmerleistung mindern. Freilich lässt sich manchmal nur schwer sagen, wo eine unerwünschte Gewinngarantie beginnt und wo legitimer Schutz z.B. vor Haftpflichtansprüchen endet, so bei der Produkthaftpflichtversicherung.[20]

661 Oft wird auch darauf hingewiesen, dass **»immaterielle Interessen«** nicht versicherbar seien, so etwa das Andenken an Angehörige im Gegensatz zu marktfähigen Souvenirs bekannter Persönlichkeiten. Hier scheitert – ähnlich wie ein Schadensersatz nach §§ 249 ff. BGB – die Versicherung eben schon daran, dass ein wirtschaftlicher Wert nicht feststellbar und Summenversicherung nur in der Personenversicherung möglich ist (Rn. 36).

662 Es geht also bei »versicherbarem Interesse« immer um etwas, was ernsthaft als schützenswert erscheint, weil seine Beeinträchtigung als von der Rechtsordnung anerkannter wirtschaftlicher Nachteil eingeschätzt wird. Deshalb hat das Kriterium des »versicherbaren Interesses« seine **Berechtigung in der Schadensversicherung, insbesondere in der Sachversicherung.**

663 Schon in der so genannten **Passivenversicherung** (Versicherung gegen neue Verbindlichkeiten oder gegen die Vergrößerung bestehender Verbindlichkeiten; Rn. 741), die ebenfalls ein Teil der Schadensversicherung ist (vgl. Rn. 33), braucht man das Kriterium nicht. In deren wichtigstem Zweig, der Haftpflichtversicherung, kann man aus AVB und Versicherungsschein unmittelbar feststellen, welche Person gegen welche Art von Haftpflichtansprüchen gedeckt ist. Die Aussage, bei der Haftpflichtversicherung hafte (= »klebe«) das Interesse am Vermögen des Versicherten als Ganzem[21], hilft bei der Lösung juristischer Probleme allerdings nicht unbedingt.

Beispiele für die Abgrenzung des Haftpflichtversicherungsschutzes: Die Haftpflicht aus dem Gebrauch eines Kraftfahrzeugs (A.1.1 und A.1.2 AKB 2008 entspr. § 2 I a.E. KfzPflVV) oder diese gerade nicht (Nr. 4.3 AHB 2008, »Benzinklausel«)?[22] Aus beruflicher Tätigkeit oder gerade nicht (vgl. Nr. 7.7 AHB 2008)?

18 Vgl. BGHZ 59, 82 = VersR 1972, 849 = NJW 1972, 1575 (nigerianische Masken: Sittenwidrigkeit und deshalb Nichtigkeit einer Transportversicherung wegen Verstoßes gegen ausländisches Ausfuhrverbot).

19 Vgl. BGHZ 23, 349; *Littbarski* AHB-Kommentar, § 4 AHB Rn. 472 ff.; *Voit/Knappmann* in: Prölss/Martin, § 4 AHB Rn. 43 ff.

20 Vgl. zu einem Modell der Produkthaftpflichtversicherung (insbesondere für Produktions- und Handelsbetriebe) *Krause* NVersZ 2001, 103.

21 *Bruck* Das Privatversicherungsrecht, 1930, S. 75; *Richter* S. 187 f.; *Ehrenzweig* S. 206.

22 Nr. 4.3 der AHB 2008 lautet: »Die Regelung der Vorsorgeversicherung gilt nicht für Risiken (1) aus dem Eigentum, Besitz, Halten oder Führen eines Kraft-, Luft- oder Wasserfahrzeugs, soweit diese Fahrzeuge der Zulassungs-, Führerschein- oder Versicherungspflicht unterliegen«. Zu der Problematik vgl. auch BGH VersR 2007, 388.

Vertiefung: Wenig zielführend ist es, wie manche dies früher wollten[23], den Interessebegriff bei der **Summenversicherung**, also einem Teil der Personenversicherung (Rn. 34), zu verwenden. Denn dort ist ein Schaden im juristischen Sinne nicht Voraussetzung der Versicherungsleistung. Deshalb taucht in einem solchen Vertrag das »Interesse« an einer wirtschaftlichen Beziehung juristisch nicht auf. Allerdings besteht dort ebenso die Gefahr, dass jemand mehr Interesse an der Versichererleistung als Furcht vor dem Versicherungsfall haben könnte. Es ist also auch hier zweckmäßig, irgendein Indiz für die »Seriosität« des Interesses zu haben, das ein Versicherungsnehmer am Leben der versicherten Person hat. Nimmt jemand die Versicherung auf sein eigenes Leben, so ist der Selbsterhaltungstrieb ausreichende Gewähr dafür, dass er an der Herbeiführung des Versicherungsfalles nicht allzu interessiert sein wird (für pathologische Fälle gibt es die »Selbstmordklausel«, vgl. § 161 VVG). Wachsamkeit ist dagegen geboten, wenn jemand das Leben eines anderen versichert. Hier nimmt das VVG als Seriositätsindiz die schriftliche **Einwilligung** der versicherten Person: Nach §§ 150 II, 179 II VVG ist sie Wirksamkeitsvoraussetzung für den Abschluss eines Lebens- und eines Unfallversicherungsvertrages.[24] 664

3. Das versicherte Interesse: Auslegung

Wenn Zweifel an der Deckung eines bestimmten Interesses bestehen, sind **zwei Fragen** exakt zu unterscheiden. Erstens: »Welches Interesse soll nach dem konkreten Vertrag gedeckt sein?« Zweitens: »Ist das Interesse, das nach dem Vertrag gedeckt werden soll, versicherbar oder nicht?« Die erste Frage ist ein **Auslegungsproblem.** Die zweite zielt auf die **Zulässigkeit des Vertragsgegenstandes**, also auf die Wirksamkeit des Vertrages. In der Praxis vermischen sich beide Fragen häufig. 665

Denn das Auslegungsproblem stellt sich hier ebenso wie bei vielen anderen Problemen meistens in Form einer Alternative: »Bedeutet der Vertragstext die Deckung des Interesses A oder des Interesses B?«, wobei möglicherweise das Interesse A für versicherbar gehalten wird, das Interesse B dagegen nicht. Regelmäßig wird ein Gericht in einem solchen Fall den Vertragstext so verstehen, dass »Deckung des Interesses A« gemeint ist. Denn bekanntlich soll bei der Auslegung von Verträgen soweit möglich dem wirtschaftlichen Willen der Parteien zum Erfolg verholfen werden.[25] 666

Um Anschauungsmaterial für die möglichen praktischen Auslegungsalternativen zu bekommen, sollte man sich zunächst vergegenwärtigen, welche **verschiedenen Interessen** es an einer Sache geben kann. Zunächst einmal kann eine Person verschiedenartige Interessen an einer Sache haben. Beispielsweise kann der Eigentümer nur ein Interesse am Sachwert haben oder auch an der Möglichkeit, darüber hinaus mit der Sache Gewinne durch Verkauf oder Vermietung zu erzielen. 667

Problematisch sind aber meist Fälle, in denen verschiedene Personen am Schicksal einer Sache interessiert sind. Es können mehrere Personen gleichartige Interessen an einer Sache haben (Miteigentümer). Eine Sache kann auch mehreren Personen auf verschiedene Weise zugeordnet sein, zum Beispiel dem Eigentümer, einem Vorbehaltskäufer und Anwartschaftsberechtigten oder demjenigen, der zumindest schon die Preisgefahr trägt (vgl. § 447 BGB), oder Sicherungsgeber und -nehmer. Von diesen Personen würde jede durch Beschädigung oder Zerstörung der Sache auf eigene Weise wirtschaftlich betroffen. 668

23 Vgl. die Nachweise bei *Eichler* S. 255 Fn. 17.
24 Vgl. BGHZ 140, 167 = VersR 1999, 347 mit Anm. *Wandt* = NJW 1999, 950.
25 Vgl. BGHZ 20, 110 = NJW 1956, 665.

669 Sehr häufig ist in der Praxis eine Konstellation, in der gleichzeitig die Frage nach dem Träger des Interesses und die nach der Art des betroffenen Interesses zu beantworten sind. Hat beispielsweise der Vorbehaltskäufer den Kaufgegenstand versichert, kann man zweifeln, ob der Käufer ein eigenes oder ein Interesse des Vorbehaltsverkäufers versichert hat. Ein Interesse an der (bis zur vollständigen Bezahlung) noch dem Verkäufer gehörenden Sache hat der Käufer auch schon, ohne Eigentümer zu sein; denn er muss nach § 446 BGB den Kaufpreis bezahlen, auch wenn die Sache ohne sein Verschulden untergeht. Deshalb kommt die Versicherung eines eigenen Interesses an der (noch) fremden Sache in Betracht.[26] Es ist aber auch möglich, dass der Käufer ein für ihn fremdes, nämlich ein nach wie vor bestehendes Interesse des Eigentümers und Verkäufers zu dessen Gunsten versichert hat. Letzteres wäre ein Vertrag zugunsten Dritter (»Versicherung für fremde Rechnung«, mehr in Rn. 686 ff.).

670 Zweifel über das versicherte Interesse sind wie immer, wenn es um die Feststellung des Vertragsgegenstandes geht, durch **Vertragsauslegung** zu klären – gegebenenfalls auch durch ergänzende Vertragsauslegung (vgl. Rn. 205 ff., Rn. 684). Ausgangspunkt ist der Wortlaut des Vertrages, meist der AVB.[27] Dabei spielt – wie gesagt (Rn. 658 ff.) – eine wichtige Rolle, was der Vertrag rechtlich zum Inhalt haben kann. Ist von mehreren in Frage kommenden Interessen eines versicherbar, das andere aber nicht, dann wird im Regelfall Ersteres gemeint sein.

671 Die Frage, ob die Deckung eines bestimmten Interesses zulässig und gewollt ist, ist im Zweifel nicht ausschließlich formal juristisch aufgrund juristischer Zuordnung, sondern unter **Berücksichtigung der wirtschaftlichen Hintergründe** zu beantworten. Denn Versicherungsverträge werden abgeschlossen, um sich vor wirtschaftlichen Nachteilen zu schützen. Also muss man berücksichtigen, wer wirtschaftlich vom Schicksal der Sache betroffen ist, ohne Rücksicht auf die formale Eigentümerstellung. Zu fragen ist also, wen in welchem Umfang die Beschädigung, Zerstörung usw. einer Sache wirtschaftlich treffen würde. Das führt im Fall des Vorbehaltskaufs zum Interesse des nach § 446 BGB gefahrtragenden Käufers am Eigentumserwerb. Ist eine Sache versichert, die an einen Kreditgeber zur Sicherung übereignet wurde, dann kann der Kreditnehmer und Sicherungsgeber sein Rückerwerbsinteresse versichern. Geht es um eine verpfändete Sache, dann kann das Verwertungsinteresse des Pfandgläubigers[28] usw. versichert sein und dies alles in genau dem Umfang, den das Interesse wirtschaftlich hat.

672 Die wirtschaftlichen Interessen nach Bestand und Umfang im Einzelfall festzustellen, ist natürlich meist schwieriger, als einfach juristisch zu fragen, wer Eigentümer ist. Außerdem ist die Grenze zwischen den bloß wirtschaftlichen und den immateriellen, nicht versicherbaren Interessen in manchen Fällen nur schwer zu ziehen. Diese Umstände mögen dafür verantwortlich sein, dass die Rechtsprechung[29], soweit eine Al-

26 Vgl. BGH VersR 2009, 1114 (§ 95 VVG steht nicht entgegen).

27 Zu den Regeln für die Auslegung von AVB Rn. 191 ff.

28 Eine eigens für Pfandgläubiger angebotene Versicherung ist die »Hypotheken-Interesse-Versicherung«, vgl. *Kollhosser* in: Prölss/Martin, Vor § 51 VVG a.F. Rn. 28; *Langheid* in: Römer/Langheid, § 105 VVG a.F. Rn. 2.

29 Grundlegend RGZ 84, 409; aus der BGH-Rechtsprechung vgl. BGHZ 10, 376; BGHZ 100, 60 = VersR 1987, 477 = NJW 1987, 2238; mehr bei *Kollhosser* in: Prölss/Martin, Vor § 51 VVG a.F. Rn. 20 ff. – In der Literatur sind die Meinungen geteilt, vgl. *Kollhosser* in: Prölss/Martin, Vor § 51 VVG a.F. Rn. 20 ff.

ternative besteht, im Allgemeinen dazu neigt, ohne weiteres anzuerkennen, dass das Interesse eines Eigentümers versichert ist. Dagegen wird die wirtschaftliche Betroffenheit anderer Beteiligter zurückhaltend und meist nur dann bejaht, wenn im Vertrag eindeutige Hinweise dafür vorhanden sind, dass eine solche gegeben und als Gegenstand der Versicherung gemeint ist (zu Problemfällen sogleich unter 4.).

4. Das versicherte Interesse: Problemfälle

Die folgende Besprechung einiger konkreter Zweifelsfälle mag deutlicher machen, wie sich die Interesseproblematik in der Praxis meist darstellt und wie man zur Lösung ansetzen kann. **673**

In alten AVB für die Feuerversicherung kann man beispielsweise lesen: »Die Gesellschaft versichert gegen den Schaden, welcher den versicherten Gegenständen durch Brand usw. zugefügt wird«. Daraus ergibt sich wenig für den Fall, dass ein Gegenstand verbrennt, den der Versicherungsnehmer unter Eigentumsvorbehalt gekauft hat: Wird der Schaden des Vorbehaltskäufers gedeckt, und in welchem Umfang? – Etwas genauer war dann schon § 2 I 1 der AFB in der Fassung bis 1987: »Soweit nichts anderes vereinbart ist, sind nur die dem Versicherungsnehmer gehörigen Sachen versichert«. »Gehören« bedeutet nach dem üblichen zivilrechtlichen Sprachgebrauch: »Im Eigentum von... stehen.« Freilich könnte es sein, dass (bedauerlicherweise) der spezielle versicherungsrechtliche Sprachgebrauch hiervon abweicht. In diesem Sinne stellte § 2 I 2 AFB in der Fassung bis 1987 klar, dass »auch Sachen, die vom Versicherungsnehmer unter Eigentumsvorbehalt erworben und ihm übergeben sind«, versichert sind. Der Schaden des Vorbehaltskäufers war also gedeckt. Eindeutig war sodann § 2 Nr. 1, Nr. 3b) AFB 1987 (»sie unter Eigentumsvorbehalt erworben hat«), der dem nun gültigen Abschnitt A § 3 Nr. 3 b) AFB 2008 entspricht. Letzterer umfasst nun auch explizit Leasingfälle. **674**

Die AFB 1987 beantworten auch eine andere Frage ausdrücklich, die früher zweifelhaft war (vgl. § 2 Nr. 5 AFB 1987, jetzt Abschnitt A § 3 Nr. 5 AFB 2008). Es geht darum, wer den Anspruch auf die Versichererleistung hat. Las man den fraglichen Satz älterer AFB in seinem systematischen Zusammenhang, so lag es nahe anzunehmen, dass das eigene Interesse des Versicherungsnehmers an den unter **Eigentumsvorbehalt** gekauften Sachen versichert sei, also er (und nur er) einen Anspruch gegen den Versicherer hatte, in Höhe eben dieses Interesses, das wegen seiner Gefahrtragung (§ 446 BGB) dem Sachwert entsprach. **675**

Anders und im Ergebnis einleuchtend hat der BGH in einem vielzitierten ähnlichen Fall (BGHZ 10, 376) entschieden: Dort hatte jemand eine Feuerversicherung, deren Deckung unter anderem auch seine Maschinen umfasste. Diese hatte er einem Kreditgeber zur Sicherung übereignet. Dann brannte sein Betrieb ab und er fiel in Konkurs. Der Kreditgeber verlangte vom Konkursverwalter Aussonderung der Entschädigung, die der Feuerversicherer für die Zerstörung der Maschinen geleistet hatte, mit folgender Begründung: Nach § 2 I 2 AFB 1930 sei nicht das eigene Interesse des Kreditnehmers und Sicherungsgebers gedeckt. (Dieser konnte ganz ähnlich wie ein Vorbehaltskäufer bei ordnungsgemäßer Rückzahlung des Kredits mit dem Erwerb des Eigentums an den Maschinen rechnen und trug jedenfalls das Risiko der Erhaltung ihres Sach- und Gebrauchswerts). Versichert sei vielmehr im Wege einer »Versicherung für fremde Rechnung« das **Verwertungsinteresse des Kreditgebers und Siche-** **676**

rungseigentümers. Dieser habe also einen eigenen Anspruch gegen den Versicherer gehabt, der nicht in die Konkursmasse gehöre. Also habe der Konkursverwalter ihn nicht einziehen dürfen usw. – Dem folgte der BGH im Ergebnis, indem er darauf abstellte, Eigentümer sei nun einmal der Sicherungsnehmer (Kreditgeber) gewesen. Deshalb habe sich der Versicherungsvertrag auch auf sein Interesse bezogen. Diese Entscheidung ist im Ergebnis richtig. Der Grund liegt aber eher im Insolvenzrecht als im Versicherungsvertragsrecht. Der Versicherungsanspruch wird allgemein oft als Surrogat der versicherten Sache angesehen, und diese selbst wäre hier, da sicherungsübereignet, auch nicht in die Insolvenzmasse gefallen.

677 Der Eigentümer (Verkäufer) kann auch nach dem **Übergang der Gefahr i.S.d. § 446 BGB** vom Schicksal der Sache wirtschaftlich getroffen werden. Noch immer kann sein Kaufpreisanspruch nämlich davon betroffen werden, dass die Sache durch sein oder seiner Leute Verschulden beschädigt oder zerstört wird. Noch immer kann Säumigkeit oder Zahlungsunfähigkeit des Käufers ihn veranlassen, vom Kauf zurückzutreten und damit wieder Volleigentümer zu werden. Allerdings ist nicht zu übersehen, dass inzwischen auch der Käufer ein Interesse an der Sache hat. Dem gerecht zu werden, überlässt die Rechtsprechung eher den Kaufrechtsregeln. Dazu gehört z.B., dass der Verkäufer nach § 285 BGB verpflichtet sein kann, die Versichererleistung ganz oder teilweise an den Käufer herauszugeben.[30] Die AFB 1987 lösen das Problem versicherungsrechtlich durch ausdrückliche Deckung des jeweiligen Interesses beider (§ 2 Nr. 5 AFB 1987, jetzt Abschnitt A § 3 Nr. 5 AFB 2008).

678 Die Frage, wie die Interessen der Beteiligten eines **Vorbehaltskaufs** versichert sind, wird oft ausdrücklich geregelt, vor allem bei Autokäufen. Der Käufer schließt den Kaskoversicherungsvertrag als Versicherungsnehmer. Es wird aber nicht nur das Interesse des Käufers, sondern auch das des Verkäufers gedeckt. In Höhe des Betrages, den der Käufer noch schuldet, liegt ein Vertrag zugunsten Dritter vor, nämlich zugunsten des Verkäufers (in der Praxis allerdings meist zugunsten einer Bank, die dem Käufer gegen Sicherungsübereignung des Fahrzeugs ein Darlehen gegeben hat, das er zurückzahlen muss). Während der Laufzeit einer Ratenzahlung verändern sich also die vom Versicherungsvertrag gedeckten Interessen ständig. Sobald der Kaufgegenstand abbezahlt ist, wird nur noch das eigene Interesse des Käufers (und nunmehr Volleigentümers) gedeckt. – Im »**Sicherungsschein**« bestätigt der Versicherer dem Dritten (beispielsweise dem Verkäufer oder der finanzierenden Bank), dass eine solche Versicherung abgeschlossen wurde[31], und übernimmt regelmäßig bestimmte Pflichten, welche die Auszahlung der Versicherungsleistung und die drohende Beendigung des Versicherungsvertrags betreffen. Der Sicherungsschein dient – allgemein gesprochen – dazu, die Rechtsstellung des Dritten, dessen Interesse durch eine Versicherung für fremde Rechnung (mit-) versichert ist, gegenüber den allgemeinen Regeln der §§ 43 ff. VVG (vgl. Rn. 425 ff.) zu stärken.[32]

30 Weitere Einzelheiten und Hinweise bei *Sieg* in: Bruck/Möller, 8. Aufl., § 69 VVG a.F. Anm. 21 f.

31 Weitere Einzelheiten zum Sicherungsschein bei *Knappmann* in: Prölss/Martin, § 15 AKB Rn. 6 ff.; als Beispiel siehe BGHZ 40, 297 = VersR 1964, 131 = NJW 1964, 654; vgl. auch BGH VersR 2001, 235 mit Anm. *van Bühren* EWiR 2001, 339.

32 Vgl. auch *Römer* in: Römer/Langheid, § 3 VVG a.F. Rn. 8; *Armbrüster* in: Langheid/Wandt, § 3 VVG Rn. 5; *Rüther* in: Beckmann/Matusche-Beckmann, 2004, § 23 Rn. 38; *v. Rintelen* in: Beckmann/Matusche-Beckmann, § 23 Rn. 49.

Die Frage, welches Interesse versichert ist, stellt sich auch anlässlich eines Veräußerungsvorgangs. Die Beteiligten treffen bei **Veräußerung einer versicherten Sache** bestimmte versicherungsrechtliche Obliegenheiten. Teilweise entstehen ihnen aber auch Rechte (vgl. §§ 95 ff. VVG, Rn. 714). Definiert man als »versichertes Interesse« nur die Beziehung des Eigentümers zu der Sache, dann liegt eine »Veräußerung« immer schon oder erst dann vor, wenn das Eigentum nach den Regeln der §§ 929 ff. BGB übergeht. Es scheint »logisch zwingend«, dass die Frage, welches Interesse versichert wurde und damit veräußert wird, für alle Veräußerungsvorgänge und alle Rechtsfolgen einheitlich beantwortet wird. 679

Der Schein trügt jedoch. Ein solches Vorgehen ist nicht logisch zwingend; es macht die Rechtsordnung nur übersichtlicher und damit die Arbeit des Juristen praktisch einfacher. Bei jeder Fallgestaltung geht es von neuem darum, der Interessenregelung gerecht zu werden, die das Gesetz für die konkrete Situation bezweckt. Deshalb liegt kein Widerspruch darin, dass der BGH in der in Rn. 676 behandelten Entscheidung[33] die Bestellung des Sicherungseigentums als Veräußerung des versicherten Interesses und damit den Kreditgeber als versicherungsrechtlich berechtigt ansieht, während das OLG Düsseldorf[34] im Augenblick einer Sicherungsübereignung noch keine Pflicht zur »Anzeige der Veräußerung« (vgl. § 97 VVG) entstehen lässt, weil wirtschaftlich gesehen nur eine Verwertungsbefugnis eingeräumt werde und es deshalb an einer »Veräußerung« – hier: i.S.d. §§ 95 ff. VVG! – fehle. 680

Gelegentlich ist zweifelhaft und durch Auslegung des Vertrages zu bestimmen, ob das Interesse des Eigentümers an einer Sache, das so genannte **Sacherhaltungsinteresse**, oder das so genannte **Sachersatzinteresse (Haftpflichtrisiko)** desjenigen versichert ist, der dem Eigentümer für den Verlust der Sache Ersatz zu leisten hat. In einer Sachversicherung kann durchaus das Sachersatzinteresse eines Dritten mitversichert werden.[35] Es unterliegt nämlich der grundsätzlich freien Entscheidung der Vertragsparteien, welches und wessen Interesse Gegenstand der Versicherung sein soll. Aus der Typisierung (des Kernbereichs) eines Versicherungsvertrages ergibt sich – von aufsichtsrechtlichen Vorschriften abgesehen – also nicht, dass die Ausgestaltung im Einzelnen nicht auch Elemente anderer Vertragstypen enthalten kann. 681

Auf dieser Grundlage wird für eine **Gebäudeversicherung einer Wohnungseigentümergemeinschaft** der Einschluss des Sachersatzinteresses einzelner Wohnungseigentümer bejaht, weil dort eine besondere Verbundenheit der Wohnungseigentümer untereinander besteht und daher auch ein Sachersatzinteresse der einzelnen Wohnungseigentümer in Bezug auf Schäden am Gemeinschaftseigentum und am Sondereigentum der anderen Wohnungseigentümer gegeben ist.[36] Beispiele findet man auch 682

33 BGHZ 10, 376.

34 OLG Düsseldorf VersR 1982, 644.

35 BGH VersR 2008, 634 mit Besprechung *C. Brand* VersR 2009, 306. – Der BGH hatte lange Zeit die Ansicht vertreten, in eine Sachversicherung könne über das Sacherhaltungsinteresse hinaus nicht zusätzlich das Sachersatzinteresse einer anderen Person einbezogen werden, also das Interesse, aufgrund ihrer Haftung gegenüber dem Eigentümer nicht wegen Beschädigung oder Verlustes der Sache in Anspruch genommen zu werden. Diese Ansicht hat der BGH unter Berufung auf die Privatautonomie aufgegeben; vgl. BGHZ 145, 393, 397 = VersR 2001, 94; BGH VersR 2001, 713; BGH VersR 2003, 1171.

36 BGH VersR 2001, 713.

in der **Versicherung des Lagerhalters** für die Ware seiner Kunden, die im Lager beschädigt wird.[37]

683 Hingegen wird für die **Transportversicherung** eine Mitversicherung des Sachersatzinteresses abgelehnt, weil der Unternehmer die gesetzliche Pflicht hat (§ 7a GüKG), neben der Transportversicherung eine Güterschaden-Haftpflichtversicherung zu unterhalten, deren maßgeblicher Inhalt die Abdeckung des Sachersatzinteresses ist, und deshalb keine Veranlassung gesehen wird, das Sachersatzinteresse (zusätzlich) zum Gegenstand der Sachversicherung zu machen.[38]

684 Die **Mitversicherung eines fremden Interesses** kann sich auch aus einer **ergänzenden Vertragsauslegung** ergeben. Hierfür müssen hinreichend konkrete Anhaltspunkte vorliegen, die für eine Mitversicherung des Interesses eines Dritten sprechen. Zu berücksichtigen sind dabei in erster Linie die Interessen der Vertragsparteien. Die Interessen des Dritten, dessen Einbeziehung in den Vertrag fraglich ist, sind nur mittelbar insoweit zu berücksichtigen, als sie sich in einem Interesse des Versicherungsnehmers niederschlagen.[39] So wird im Wege ergänzender Vertragsauslegung angenommen, dass eine Fahrzeugversicherung, die von einer Personengesellschaft für ein zum Gesellschaftsvermögen gehörendes Fahrzeug genommen wird und bei welcher der Träger des versicherten Sacherhaltungsinteresses nicht die einzelnen Gesellschafter, sondern die rechtlich verselbständigte Gesamthand ist[40], auch das Sachersatzinteresse der Gesellschafter und Geschäftsführer mitversichert ist, die gesellschaftsintern dazu berufen sind, das versicherte Fahrzeug zu nutzen.

685 Dagegen verneint der BGH eine ergänzende Vertragsauslegung einer vom Eigentümer genommenen Gebäudeversicherung dahin, dass auch das Sachersatzinteresse des Mieters hinsichtlich von ihm leicht fahrlässig verursachter Schäden einbezogen sei. Der BGH möchte dem Mieter – entgegen möglicher Interessen des Vermieters – keine eigenen Ansprüche gegen den Versicherer geben. Stattdessen hat er im Wege einer ergänzenden Vertragsauslegung des Gebäudeversicherungsvertrages einen **Regressverzicht des Versicherers** angenommen (vgl. eingehend mit Nachweisen Rn. 1001).

5. Versicherung für fremde Rechnung

a) Überblick

686 Ein **Versicherungsvertrag** kann – wie andere Verträge auch – **zugunsten eines Dritten** geschlossen werden. Dann hat nicht der Versicherungsnehmer (»Versprechensempfänger«, vgl. §§ 331 ff. BGB), sondern eine dritte Person (»Dritter«, vgl. §§ 328 ff. BGB) das Recht, von dem anderen Vertragsteil (»Versprechender«, vgl. §§ 332 ff. BGB) die Leistung zu verlangen.

---

37 Vgl. *Kollhosser* in: Prölss/Martin, Vor § 51 VVG a.F. Rn. 32 ff.; aus der Rechtsprechung BGH VersR 2003, 1171 (Transportversicherung: Versicherung von Gütern ist eine Sach- und keine Haftpflichtversicherung); BGH VersR 1991, 462 (Leitungswasserversicherung: Sachersatzinteresse des Mieters nicht mitversichert). Zum Ganzen siehe auch *Honsell* VersR 1985, 301; *Schirmer* ZVersWiss 1981, 637, 681 ff.

38 BGH VersR 2003, 1171.

39 BGH VersR 2006, 1536. Vgl. dazu auch OLG Stuttgart VersR 2009, 206 (keine Mitversicherung eines Fluggastes in der Betriebshaftpflichtversicherung eines Flughafenbetreibers).

40 BGH VersR 2008, 634 mit Besprechung *C. Brand* VersR 2009, 306 (Aufgabe der bisherigen Rechtsprechung; BGH WM 1964, 592).

Die Versicherung für fremde Rechnung[41], die im alten VVG im Abschnitt über die Schadensversicherung geregelt war (§§ 74 ff. VVG a.F.), ist im neu gefassten VVG nunmehr im Allgemeinen Teil geregelt (§§ 43 bis 48 VVG). Die neue Systematik trägt dem Umstand Rechnung, dass eine Versicherung für fremde Rechnung – vorbehaltlich spezieller Regelungen bei der Kranken-, Lebens- und Unfallversicherung – gleichermaßen in der Schadensversicherung wie in der Summenversicherung zulässig ist.[42] An dieser Stelle sollen die allgemeinen Grundlagen der Versicherung zugunsten Dritter, also die »Versicherung für fremde Rechnung« gleichwohl anhand der **Schadensversicherung** – hauptsächlich der Sachversicherung – behandelt werden. **687**

Dabei soll an das gerade behandelte Thema »versichertes Interesse« angeknüpft werden, wo sich mehrfach eine typische Alternative gezeigt hat: Wenn zweifelhaft ist, ob der Versicherungsnehmer sein eigenes Interesse versichert hat, kommt als zweite Möglichkeit in Betracht, dass das Interesse eines anderen zu dessen Gunsten versichert ist (Beispiel: BGHZ 40, 297). **688**

Die Versicherung für fremde Rechnung kommt häufig vor.[43] Ein wichtiger Anwendungsfall ist die Haftpflichtversicherung. Wenn es für die Kfz-Haftpflichtversicherung in A.1.2 AKB 2008 (entspr. § 2 II KfzPflVV) heißt: »Der Schutz der Kfz-Haftpflichtversicherung gilt für : ... b) den Eigentümer, c) den Fahrer, d) den Beifahrer,...« und weiter in Satz 2, dass die genannten Personen ihre Ansprüche selbständig geltend machen können, so bedeutet das systematisch gesehen nichts anderes, als dass eine Haftpflichtversicherung (zugleich) zugunsten aller in A 1.2 AKB 2008 aufgeführten Personen, also als Vertrag zugunsten Dritter, abgeschlossen wurde. **689**

b) Vorliegen einer Versicherung für fremde Rechnung

Die Probleme der Versicherung für fremde Rechnung lassen sich auf wenige Punkte reduzieren (dazu sogleich und unter c), wenn man sich zunächst auf das Grundsätzliche beschränkt. **690**

Erstens kann fraglich sein, **ob** überhaupt eine Versicherung für fremde Rechnung vorliegt. Das ist wie immer zuerst dem Vertrag zu entnehmen. Für die meisten Fälle geben die AVB auch klare Auskunft. Im Übrigen sind einige **Auslegungs- und Vermutungsregeln des VVG** zu beachten. Diese Regeln erschließen sich weitgehend bei genauer Lektüre der §§ 43 und 48 VVG sowie der speziellen Regelungen der §§ 89 II 2, 102 I 2, 179 I 2 VVG. Nur einige Punkte erfordern eine Erklärung. Nicht nur bei dem oben (Rn. 678) erwähnten Ratenkauf eines Autos, sondern auch sonst werden oft in einem einzigen Vertrag zugleich eigene und fremde Interessen versichert, besonders bei der Versicherung von Sachgesamtheiten wie »Hausrat« oder »Lager«. Sie können ja Gegenstände ganz verschiedener Eigentümer umfassen (vgl. Abschnitt A § 6 Nr. 2 c) dd) VHB 2008). Hier wissen die Parteien bei Vertragsabschluss (natürlich) oft noch nicht, wie es im Einzelnen damit stehen wird. Für solche Fälle (»Versicherung für Rechnung, wen es angeht«) bestimmt § 48 VVG, dass die Regeln über die **691**

41 Vgl. *Armbrüster* in: Beckmann/Matusche-Beckmann, § 6 Rn. 91 ff.

42 RegE BT-Drucks. 16/3945 S. 72 f.

43 Ursprünglich wohl am häufigsten bei Lagerhaltern, Transporteuren, Kommissionären; vgl. *Sieg* in: Bruck/Möller, 8. Aufl., Vor §§ 74–80 VVG a.F. Anm. 6 ff. – Neuere Urteile haben oft einen Leasingvertrag zum Gegenstand: Vgl. z.B. BGHZ 93, 391 = VersR 1985, 679 = NJW 1985, 1537; OLG Hamm NVersZ 1999, 37; vgl. ferner BGH VersR 1998, 887 = NJW 1998, 2449; BGH VersR 2001, 53; BGH VersR 2001, 235; BGH VersR 2008, 501 = NJW 2008, 989; OLG Köln NVersZ 2000, 431.

Versicherung für fremde Rechnung (§§ 43 ff. VVG) dann eben (nur) auf die Sachen angewendet werden, die dem Versicherungsnehmer nicht gehören.

c) Rechtsfolgen

692 Wenn man sich einen Überblick über die **Rechtsfolgen** der Versicherung für fremde Rechnung verschaffen will, muss man die drei Beziehungen unterscheiden, die das Dreieck »Versicherer – Versicherungsnehmer – Dritter (= Versicherter, Interessenträger)« bilden. Dabei stehen die drei Seiten im Wechselwirkungsverhältnis. Dies gilt vor allem für die Beziehung Versicherungsnehmer – Versicherer einerseits und Versicherter – Versicherer andererseits. Denn je mehr Rechte der Versicherte gegenüber dem Versicherer hat, desto weniger werden für den Versicherungsnehmer übrig bleiben und umgekehrt.

693 Am besten orientiert man sich zunächst an den allgemeinen schuldrechtlichen Regeln über den echten Vertrag zugunsten Dritter gemäß § 328 BGB. Danach ist der **Versicherungsnehmer der Vertragspartner** des Versicherers. Auf seine Person kommt es an, wenn zweifelhaft ist, ob der Vertrag wirksam zustande gekommen ist. Ihn treffen alle vertraglichen Pflichten, hauptsächlich die zur Zahlung der Prämie. Ihm stehen aber auch die Gestaltungsrechte zu, die den Vertrag im Ganzen beeinflussen, also hauptsächlich das Widerrufsrecht gem. § 8 VVG oder ein etwaiges Kündigungsrecht. Umgekehrt müssen auch ihm gegenüber die Erklärungen abgegeben werden, die den Vertrag insgesamt betreffen (Rücktritt, Kündigung usw. durch den Versicherer).

694 Andererseits stehen – das macht ja den Vertrag zugunsten Dritter aus – die **Ansprüche auf die Leistung** des Versicherers grundsätzlich dem Dritten, dem **»Versicherten«** (§ 44 I VVG) zu. Wichtig ist das, wenn Versicherungsnehmer oder Versicherter insolvent werden: Der Anspruch auf die Versicherungsleistung fällt immer in die Insolvenzmasse des Versicherten. Umgekehrt wird dieser durch die **Insolvenz** des Versicherungsnehmers nicht gehindert, seine Ansprüche gegen den Versicherer geltend zu machen und er kann Aussonderung einer etwa schon vom Versicherungsnehmer eingezogenen Leistung verlangen.[44]

695 In einem Punkt allerdings unterscheidet sich das Versicherungsvertragsrecht deutlich von der Regelung der §§ 328 ff. BGB. Danach kann im Falle eines echten Vertrages zugunsten Dritter der »Dritte« mit seinem Anspruch gegen den Versprechenden nach Belieben verfahren – so wie jeder, dem ein Anspruch zusteht. Nach dem VVG dagegen kann der Versicherte (= Dritte) seine Rechte gegenüber dem Versicherer (= Versprechenden) praktisch nur geltend machen, wenn er sich mit dem Versicherungsnehmer (=Versprechensempfänger) darüber einig ist. Bewerkstelligt wird dies durch zwei Regeln: Erstens kann allein derjenige, der im **Besitz des Versicherungsscheins** ist, die Rechte des Versicherten (gerichtlich) geltend machen und über sie verfügen (§§ 44 II, 45 II VVG). Zweitens ist dafür gesorgt, dass eben dieser zur Legitimation eingesetzte Versicherungsschein in die Hände des Versicherungsnehmers gelangt. Das aus § 3 VVG folgende Recht auf Übermittlung des Versicherungsscheins hat nämlich nicht der Versicherte, sondern der Versicherungsnehmer (§ 44 I 2 VVG). Der **Versicherte** kann über die ihm an sich zustehenden Rechte nur verfügen, sie gerichtlich nur geltend machen, wenn er entweder den Versicherungsschein besitzt oder der Ver-

44 Vgl. den schon in Rn. 676 behandelten Fall BGHZ 10, 376. Zum Insolvenzverfahren vgl. auch OLG Düsseldorf VersR 2006, 250 (Leistungen aus Versicherungsverträgen sind grundsätzlich teilbar i.S. d. § 105 InsO).

sicherungsnehmer zustimmt (§ 44 II VVG). Sonst kann nur der **Versicherungsnehmer** über die Rechte verfügen und zwar sogar im eigenen Namen (§ 45 I VVG). Auch der Versicherungsnehmer kann die Rechte des Versicherten ohne dessen Zustimmung nur dann an Dritte abtreten oder vom Versicherer Zahlung an sich verlangen, wenn er im Besitz des Scheins ist (§ 45 II VVG). Selbst dann kann der Versicherer die Zahlung an den Versicherungsnehmer davon abhängig machen, dass ihm die Zustimmung des Versicherten mit der Versicherung – sei es von Anfang an oder nachträglich – nachgewiesen wird (§ 45 III VVG; dazu Rn. 701).

Man fragt sich, was mit der komplizierten Regelung erreicht werden soll. Das lässt **696** sich leicht auf zwei einfache Formeln bringen: Einerseits ist es eine erhebliche **Erleichterung für den Versicherer**, wenn er sich nur mit dem Versicherungsnehmer, seinem Vertragspartner, oder jedenfalls nur mit demjenigen auseinandersetzen muss, dem der Versicherungsnehmer den Versicherungsschein übergeben hat. Deswegen wird die Geltendmachung von Rechten an den Versicherungsschein gebunden und die im Zivilrecht sonst recht seltene Befugnis gegeben, das fremde Recht (ohne Angabe des Berechtigten) im eigenen Namen des Versicherungsnehmers geltend zu machen (§§ 44 II, 45 I VVG). Dasselbe Interesse des Versicherers steht übrigens auch hinter der in AVB nicht selten zu findenden Bestimmung, dass Rechte aus dem Versicherungsvertrag nicht abgetreten werden können (vgl. § 399 BGB[45]).

Andererseits wird auf diese Weise erreicht, dass der Versicherungsnehmer (mit der im **697** Versicherungsschein verkörperten Verfügungsmöglichkeit) ein **Druckmittel** in der Hand hat, mit dem er etwaige eigene Ansprüche gegenüber dem Versicherten durchsetzen kann.

Dass ein solches Druckmittel einen guten Sinn hat, wird klar, wenn man sich als drit- **698** te Seite des Beziehungsdreiecks das **Innenverhältnis** zwischen Versichertem und Versicherungsnehmer ansieht. Es beruht ja auf einer besonderen Rechtsbeziehung, dass jemand einen Versicherungsvertrag zugunsten eines Dritten abschließt. In den allermeisten Fällen liegt ein Vertrag zugrunde und zwar von der Art, wie ihn der Lagerhalter abschließt: Er hat mit seinem Kunden einen Lagervertrag über die Sachen, die versichert werden. Aufgrund dieses Vertrages muss er die Ansprüche des Kunden gegen den Versicherer nach Art eines **Treuhänders** wahrnehmen. (Im Außenverhältnis zum Versicherer kann er ja in eigenem Namen handeln, § 45 I VVG). Man nimmt sogar an, dass ein solches Treuhandverhältnis auch ohne Vertrag besteht.[46] Andererseits hat der Lagerhalter einen vertraglichen Vergütungsanspruch gegen den versicherten Kunden, vielleicht sogar noch andere Ansprüche (z.B. auf Schadensersatz). Er kann dann das bewusste »Druckmittel« einsetzen, um sich wegen seiner Ansprüche zu befriedigen. Allerdings hätte er schon nach Bürgerlichem Recht ein gesetzliches Pfandrecht oder nach Handelsrecht ein Zurückbehaltungsrecht an der eingelagerten Sache. Und wenn die Sache, wie oft nach einem Versicherungsfall, wertlos ist, so tritt doch meist nach vertraglichen oder gesetzlichen Regeln der Versicherungsanspruch an ihre Stelle (ähnlich § 255 BGB). Aber der Besitz des Versicherungsscheins vereinfacht die Geltendmachung der Rechte des Lagerhalters (= Versicherungsneh-

45 Vgl. aber auch die spezielle Regelung des § 108 II VVG, wonach die Abtretung des Freistellungsanspruchs aus der Haftpflichtversicherung an den geschädigten Dritten nicht durch AVB ausgeschlossen werden darf.

46 Instruktiv OLG Köln VersR 1990, 847 m.w.N.; im Übrigen vgl. *Prölss* in: Prölss/Martin, § 77 VVG a.F. Rn. 1; *Dageförde* in: Langheid/Wandt, § 46 VVG Rn. 6.

mers). § 46 VVG gibt dem Versicherungsnehmer ausdrücklich das Recht, den Versicherungsschein bis zur Befriedigung seiner Ansprüche zurückzuhalten und darüber hinaus ein Vorrecht auf abgesonderte Befriedigung vor anderen Einzel- und Insolvenzgläubigern des Versicherten. So viel zum Verständnis der §§ 44 ff. VVG in Bezug auf das »Innenverhältnis«.

699 Eine Sache für sich ist es, dass natürlich der konkrete Inhalt dieses Innenverhältnisses (Verwahrungsvertrag, Frachtvertrag, Kommissionsvertrag usw.) letzten Endes über die Beziehungen zwischen Versicherungsnehmer und Versichertem bestimmt. Aus ihm muss man entnehmen, welche Ansprüche es sind, derentwegen das Zurückbehaltungsrecht nach § 46 VVG bestehen könnte, vielleicht aber auch, ob aus irgendeinem Grunde dem Versicherungsnehmer die Berufung auf die Regel des § 46 VVG verwehrt ist.

700 **AVB-Bestimmungen** verstärken gewöhnlich die Stellung des Versicherungsnehmers noch weiter und erleichtern dem Versicherer die Entledigung von seinen Verbindlichkeiten. So stehen nach Abschnitt B § 12 Nr. 1 AFB 2008 die Rechte aus dem Vertrag entgegen dem dispositiven § 44 II VVG nur dem Versicherungsnehmer zu, auch wenn der Versicherte den Versicherungsschein besitzt.

701 Schließlich zu § 45 III VVG: Der Versicherer kann (muss dies aber nicht) vor der Auszahlung an den Versicherungsnehmer den Nachweis verlangen, dass der Versicherte mit der Versicherung einverstanden war. Dies beruht auf der schon mehrfach erwähnten Sorge vor der Umgehung der gesetzlichen Regeln über die Wette[47]. Die Bestimmung soll verhindern, dass jemand, der vom Schicksal einer fremden Sache in keiner Weise betroffen ist, angeblich für Rechnung ihres Eigentümers eine Versicherung nimmt, die Versicherungssumme dann aber unter Berufung auf §§ 44 f. VVG selbst kassiert und behält.

d) Zurechnung

702 Bei der Behandlung der Obliegenheiten des Versicherungsnehmers ist davon die Rede gewesen, dass nicht nur das Verhalten des Versicherungsnehmers selbst eine Rolle spielt, sondern auch das bestimmter Hilfspersonen (Rn. 628 ff.). Es wurde insbesondere festgestellt: Wenn ein »Repräsentant« Sicherheitsvorschriften außer Acht lässt, verliert der Versicherungsnehmer ebenso seinen Versicherungsanspruch, wie wenn er sie selbst missachtet hätte. Allgemein kann man sagen: Eine **»Rollenspaltung« auf der Versicherungsnehmerseite** (*Ehrenzweig*) kann die Stellung des Versicherers nicht verschlechtern. Das gilt auch dann, wenn der Versicherer sich bei einem Versicherungsvertrag für fremde Rechnung einem gewissermaßen in Versicherungsnehmer und Versicherten gespaltenen Partner gegenübersieht.

703 Zunächst kann nach der einleuchtenden **Grundregel des § 334 BGB** der Versicherer dem Versicherten alle **Einwendungen** aus seinem Verhältnis zum Versicherungsnehmer entgegenhalten. Der Versicherte läuft also – wichtigster Fall – Gefahr, seinen Deckungsanspruch zu verlieren, wenn der Versicherungsnehmer die Prämie nicht bezahlt (eben deswegen hat er ein eigenes Befriedigungsrecht, vgl. § 34 VVG und Rn. 512).[48]

---

47 Vgl. Rn. 655 ff.

48 Vgl. z.B. OLG Düsseldorf VersR 2003, 627 mit Anm. *Langohr-Plato* zur Pflicht des Versicherers, einen Arbeitnehmer über Prämienverzug des Arbeitgebers zu informieren, um dem Arbeitnehmer die Möglichkeit zu verschaffen, durch eigene Beitragsleistung Versicherungsschutz zu erhalten.

704 Von dieser Grundregel gibt es aber Ausnahmen, von denen einige in der Praxis besondere Bedeutung haben. Vor allem der Schutzcharakter der obligatorischen Kfz-Haftpflichtversicherung legt es nahe, dass die Deckung der anderen Mitversicherten (vgl. A.1.2 AKB 2008 entspr. § 2 II KfzPflVV) nicht in jeder Hinsicht davon abhängt, dass der Versicherungsnehmer seine Pflichten gegenüber dem Versicherer erfüllt hat (mehr dazu sogleich).[49]

705 Für die Versicherung für fremde Rechnung enthält § 47 I VVG eine **besondere Zurechnungsregelung**: Kenntnis und Verhalten des Versicherten stehen der Kenntnis und dem Verhalten des Versicherungsnehmers gleich (und zwar nach richtiger Auffassung sowohl für gesetzliche wie für vertragliche Tatbestände).[50] Die schwierigen Qualifikationsfragen, ob eine Person Repräsentant oder Wissensvertreter ist, stellen sich also für den Versicherten einer Fremdversicherung wegen der speziellen Zurechnungsregel nicht. Das wirkt sich bei den schon erwähnten Obliegenheitsverletzungen beispielsweise bei der Verletzung vorvertraglicher Anzeigepflichten (§§ 19 ff. VVG, Rn. 782 ff.) und im Übrigen auch bei der Herbeiführung des Versicherungsfalls (§ 81 VVG, Rn. 896 ff.) aus. Die versicherungsrechtliche Regelung des § 47 VVG leuchtet ohne weiteres ein. Wenn der Lagerhauskunde die von ihm eingelagerten Sachen umsortiert und bei dieser Gelegenheit vorsätzlich feuerpolizeiliche Vorschriften verletzt, sodass ein Brand ausbricht und seine Sachen zerstört werden, dann wird man kaum erwarten, dass hierfür ungerührt die Versicherungssumme kassiert werden darf.

706 Die in § 47 II VVG genannten Ausnahmen, die lediglich die Kenntniszurechnung betreffen, spielen in der Gerichtspraxis generell eine geringe Rolle. Sie können aber beispielsweise in einer D&O-Versicherung (Directors and Officers Liability-Versicherung: Vermögensschaden-Haftpflichtversicherung für Organmitglieder und leitende Angestellte einer Gesellschaft) Bedeutung erlangen, wenn ein Versicherter zwar Kenntnis von relevanten Umständen hat, von der Gesellschaft aber – wie häufig aus naheliegenden Gründen – nicht darüber informiert wurde, dass die Versicherung für ihn abgeschlossen wurde.[51]

707 Eine weitere (scheinbare) Ausnahme von den Zurechnungsregelungen, die ebenfalls leicht nachvollziehbar ist, besteht, wenn ein Versicherungsvertrag **gleichzeitig eine Eigen- und Fremdversicherung** enthält, wie etwa die Kfz-Haftpflichtversicherung nach A.1.2 AKB 2008 (entspr. § 2 II KfzPflVV). Dann legt es der Zweck dieses Vertrages nahe, dass jeder Versicherte nur die Folgen seines eigenen Verhaltens trägt. Wenn also der Fahrer eines Kraftfahrzeugs gegen die »Trunkenheitsklausel« der AKB verstößt, dann verliert nicht allein deswegen der Halter seinen Versicherungsschutz gegenüber Ansprüchen des Verletzten aus § 7 StVG (vgl. D.2, D.3 und F.1 AKB 2008 entspr. § 5 KfzPflVV).[52] Ist allerdings der Fahrer aus besonderem Grunde (!) auch als

49 Vgl. § 123 VVG i.V.m. Nr. A 1.2 AKB 2008. Zu Einzelheiten zur alten Rechtslage nach § 158i VVG a.F. *Knappmann* in: Prölss/Martin, § 10 AKB Rn. 27.

50 Einzelheiten bei *Dageförde* in: Langheid/Wandt, § 47 VVG Rn. 4; *Prölss* in: Prölss/Martin, § 75 VVG a.F. Rn. 12. Eine Anfechtung des Versicherers wegen arglistiger Täuschung seitens des Versicherungsnehmers wirkt auch gegenüber redlich mitversicherten Personen, so OLG Düsseldorf VersR 2006, 785.

51 Eingehend hierzu *Langheid* VersR 2005, 1165; *Dreher/Thomas* ZGR 2009, 31, 62 ff.

52 Instruktiv z.B. BGHZ 24, 378; vgl. auch BGH VersR 2003, 445 (kein Kündigungsrecht gem. § 6 I 2 VVG a.F. bei Obliegenheitsverletzung durch einen nicht als Repräsentanten zu qualifizierenden mitversicherten Fahrer).

»Repräsentant« des Halters einzustufen, dann wird diesem das Verhalten des Fahrers deswegen doch zugerechnet (dazu Rn. 637).[53]

6. Interessemangel

708 § 80 VVG regelt die Fälle, in denen der Vertrag über eine Schadensversicherung[54] zwar ein (rechtlich) versicherbares Interesse zum Gegenstand hat (Rn. 658 ff.), das versicherte **Interesse** jedoch **aus tatsächlichen Gründen fehlt**. Beispiele: Das kaskoversicherte Auto wurde ein paar Stunden vor Vertragsabschluss zerstört oder aus der geplanten Aufnahme einer rechtsschutzversicherten selbständigen Tätigkeit wird nichts oder in einer gegen Einbruchdiebstahl versicherten Betriebsstätte sind nach einer dauernden Betriebsverlagerung keinerlei Warenvorräte mehr vorhanden. In diesen Fällen kann ein Versicherungsfall nicht (mehr) eintreten. Der Versicherer kann und muss also keine Leistung für einen Versicherungsfall erbringen. Diese Störung kann angesichts des angestrebten Äquivalenzverhältnisses von Leistung und Gegenleistung für die Prämienzahlungspflicht des Versicherungsnehmers nicht ohne Folgen bleiben. § 80 VVG, der nach § 87 VVG halbzwingend ist, unterscheidet zwischen dem anfänglichen Interessemangel (Abs. 1), dem späteren Interessewegfall (Abs. 2) und der betrügerischen Versicherungsnahme für ein nicht bestehendes Interesse (Abs. 3).

709 **Vertiefung:** Das Beispiel der Betriebsverlagerung zeigt, dass in Einzelfällen zwischen Nichtbestehen des Interesses und dem bloßen Nichtbestehen der Gefahr zu unterscheiden ist. Das Nichtbestehen einer Gefahr bedeutet nicht zwingend das Nichtbestehen des Interesses. Beispielsweise ist bei einer dauernden Betriebsverlagerung ein Interessewegfall zu bejahen, wenn eine zuvor als Warenlager genutzte Betriebsstätte dauerhaft als Betriebsstätte aufgegeben wird. Dagegen entfällt bei fortbestehendem Interesse nur die Gefahr, wenn wegen einer Betriebsumstrukturierung ein Warenlager längerfristig nicht mehr genutzt wird, ohne dass eine endgültige Entscheidung über die Weiternutzung getroffen ist. Das Gesetz stellt auf den Interessemangel ab, der im Einzelfall anhand von objektiven und subjektiven Kriterien festzustellen ist. Die Regelungen über den Interessenmangel sind nach herrschender Meinung auf einen Gefahrmangel nicht generell analog anzuwenden.[55]

710 Wenn das versicherte Interesse schon bei Abschluss des Vertrages[56] nicht besteht oder bei einer Versicherung künftigen Interesses während der materiellen Vertragsdauer

53 Beispiel: OLG Frankfurt VersR 1996, 838.

54 Bei der Summenversicherung – die definitionsgemäß ein »Interesse« nicht voraussetzt (vgl. Rn. 665) – kommt in Einzelfällen die entsprechende Anwendung in Frage; ähnlich *Sieg* in: Bruck/Möller, 8. Aufl., § 68 VVG a.F. Anm. 15; *Römer* in: Römer/Langheid, § 68 VVG a.F. Rn. 1; a.A. *Halbach* in: Langheid/Wandt, § 80 VVG Rn. 3. Der praktisch wichtigste Fall ist vertraglich geregelt: Nach § 15 (1) MB/KK 2009 endet das Krankenversicherungsverhältnis mit dem Tode des Versicherungsnehmers.

55 Vgl. *Halbach* in: Langheid/Wandt, § 80 VVG Rn. 7 f.; *Kollhosser* in: Prölss/Martin, § 68 VVG a.F. Rn. 1; vgl. auch *Römer* in: Römer/Langheid, § 68 VVG a.F. Rn. 3; für die Gegenansicht siehe *Beckmann* in: BK, § 68 VVG a.F. Rn. 5; jeweils m.w.N.).

56 Genauer: im vereinbarten Zeitpunkt des technischen Versicherungsbeginns, also des Beginns des prämienbelasteten Zeitraums, ab dem in der Schadensversicherung der Versicherungsschutz einsetzen soll (vgl. *Sieg* in: Bruck/Möller, 8. Aufl., § 68 VVG a.F. Anm. 46). Die Maßgeblichkeit dieses Zeitraums ergibt sich aus der Ratio der Vorschrift, eine Störung des Äquivalenzverhältnisses von Leistung und Gegenleistung zu regeln. Deshalb kommt es nicht auf den Zeitpunkt des formellen Vertragsschlusses an (zu den Abgrenzungen zwischen formellem, technischem und materiellem Versicherungsbeginn Rn. 434 ff.).

nicht zur Entstehung gelangt, liegt ein **anfänglicher Interessemangel** vor. Dann ist der Versicherungsnehmer zwar nicht zur Zahlung der Prämie, wohl aber zur Zahlung einer angemessenen Geschäftsgebühr verpflichtet (§ 80 I 2 VVG).[57] Der Anspruch auf angemessene Geschäftsgebühr ist pauschalierter Ersatz für Organisationsaufwendungen des Versicherers, die der Versicherungsnehmer durch den Abschluss des Versicherungsvertrages für ein zu diesem Zeitpunkt nicht bestehendes Interesse in Anspruch nimmt.

Wenn das Interesse erst nach Abschluss des Vertrages (dauerhaft) wegfällt, beispiels- **711**
weise weil eine zunächst ausgeübte versicherte Tätigkeit endgültig aufgegeben wird oder ein versicherter Gegenstand zerstört wird (**nachträglicher Interessewegfall**), gebührt dem Versicherer eine Prämie, wie sie für den Zeitraum bis zur Kenntnis vom Interessewegfall nach einem Kurztarif geschuldet wäre. Dies impliziert zugleich, dass der dauerhafte Wegfall des versicherten Interesses die **Beendigung des Versicherungsverhältnisses** zur Folge hat.[58] Die **Prämie nach einem Kurztarif** ist regelmäßig höher als für ein längerfristiges Versicherungsverhältnis, um die relativ höheren Verwaltungskosten und eine mögliche negative Risikoselektion auszugleichen (Motorradversicherung nur in der Sommersaison, Kfz-Kaskoversicherung nur wegen einer Urlaubsreise ins Ausland etc.).[59] Im Ergebnis wird also die pro-rata-Prämie zuzüglich einer der Kurzfristigkeit des Versicherungsverhältnisses angemessenen Geschäftsgebühr geschuldet.

Nach **früherer Rechtslage** schuldete der Versicherungsnehmer dagegen die Prämie **712**
für die gesamte laufende Versicherungsperiode, wenn das versicherte Interesse wegen Eintritt des Versicherungsfalles wegfiel (§ 68 IV VVG a.F., »Grundsatz der Unteilbarkeit der Prämie«).[60] Dies führte dazu, dass der Versicherungsnehmer unter Umständen doppelte Prämien zahlen musste, nämlich einmal für die zerstörte Sache und einmal für die neu angeschaffte Ersatzsache.[61] Das VVG 2008 hat den »Grundsatz der Unteilbarkeit der Prämie« aufgegeben (hierzu und zu Ausnahmen einer Prämienzahlungspflicht für die laufende Versicherungsperiode trotz vorheriger Vertragsbeendigung Rn. 500, Rn. 522 ff.).

§ 80 III VVG enthält eine Sonderregelung für den Fall, dass der Versicherungsnehmer **713**
ein nicht bestehendes Interesse in **betrügerischer Absicht** versichert hat. Dann ist der **Vertrag nichtig** und dem Versicherer steht die Prämie bis zu dem Zeitpunkt zu, zu dem er von den Umständen, welche die Nichtigkeit des Vertrags begründen, Kenntnis erlangt (in Anlehnung an §§ 74 II, 78 III VVG, vgl. Rn. 763, 766). Die Prämienzahlungspflicht bei Nichtigkeit des Vertrags soll dem Ausgleich der Organisationsaufwendungen des Versicherers dienen und dem Umstand Rechnung tragen, dass der Versicherer der Gefahr des Versicherungsbetrugs ausgesetzt war, sowie außerdem betrügerischem Vorgehen präventiv entgegenwirken.[62]

---

57 Vgl. aus der Rechtsprechung zu § 68 VVG a.F. OLG Hamm VersR 1999, 50; OLG Nürnberg VersR 1999, 749.

58 Vgl. RegE BT-Drucks. 16/3945 S. 79; OLG Hamm VersR 1999, 50.

59 Siehe *v. Fürstenwerth/Weiß* Versicherungsalphabet, S. 399 (»Kurztarif«).

60 Vgl. hierzu OLG Frankfurt VersR 1996, 1532 (Prämienanspruch nach einem sog. wirtschaftlichen Totalschaden trotz Veräußerung); OLG Hamm VersR 1997, 1096 (Prämienanspruch in der Kfz-Vollkaskoversicherung trotz Wagniswegfalls infolge Diebstahls des versicherten Fahrzeuges).

61 Dazu *Sieg* in: Bruck/Möller, 8. Aufl., § 68 VVG a.F. Rn. 76.

62 RegE BT-Drucks. 16/3945 S. 79.

7. Veräußerung der »versicherten« Sache

714 Man könnte auch dann vom Wegfall eines Interesses sprechen, wenn der Versicherungsnehmer den Gegenstand, auf den sich sein Interesse bezieht (Auto, Gebäude usw.), auf einen anderen überträgt, ihm übereignet usw. Um das eigene Interesse des Versicherungsnehmers, wie es ursprünglich durch den Vertrag geschützt wurde, handelt es sich nach der Übertragung jedenfalls nicht mehr. Trotzdem werden hier nicht einfach die Regeln des Interessewegfalls angewendet.

715 Die Folgen der Veräußerung der versicherten Sache – genauer: der Sache, auf die sich das versicherte Interesse bezieht – sind im Versicherungsrecht ähnlich geregelt wie die Folgen der Veräußerung einer vermieteten Sache im Mietrecht (vgl. dort § 566 BGB). Das Gesetz geht davon aus, dass der Versicherer und auch der Erwerber daran interessiert sein können, dass der Versicherungsschutz während des Übergangs und danach ununterbrochen fortdauert. Der Versicherer bleibt, wenn der Erwerber kein allzu ungünstiges subjektives Risiko (Rn. 837) einbringt, weiterhin an den Prämieneinnahmen interessiert und dem Erwerber wird ebenfalls oft an einer ununterbrochenen Deckung gelegen sein. Deshalb sieht das Gesetz in den §§ 95 ff. VVG vor, dass der Versicherungsvertrag insgesamt auf den Erwerber übergeht (**gesetzlicher Vertragseintritt**).[63] Andererseits kann es aber auch sein, dass der Erwerber oder der Versicherer an einer Fortsetzung des Versicherungsverhältnisses aus diesem oder jenem Grunde nicht interessiert ist. Deshalb gibt § 96 VVG jedem die **Möglichkeit zur Kündigung**.[64] Diese ist (unterschiedlich, vgl. § 96 VVG) befristet,[65] denn der andere Teil muss bald Klarheit über die Fortsetzung des Vertrages haben. Die Regeln der §§ 95 ff. VVG sind halbzwingend (vgl. im Einzelnen § 98 VVG).

716 § 95 VVG setzt eine Sache, also einen körperlichen Gegenstand (§ 90 BGB) voraus. Deshalb kann man § 95 VVG auch nicht ohne weiteres analog auf eine Haftpflichtversicherung anwenden. Denn eine Haftpflichtschuld ist ja nicht einzelnen Gegenständen zugeordnet, sondern lastet auf dem gesamten Vermögen einer Person. In gewissen Fällen sind aber die Haftpflicht und ihre Versicherung doch so sehr mit dem Besitz usw. eines bestimmten Gegenstandes verbunden, dass der Gesetzgeber entsprechende Regeln vorgesehen hat. So für die Betriebshaftpflichtversicherung in § 102 II VVG und in § 122 VVG für alle Fälle der obligatorischen Haftpflichtversicherung (d.h. im Wesentlichen: Kfz- und Luftfahrzeughaftpflichtversicherung). Daher rührt es, dass § 97 VVG beim Verkauf eines Kfz nicht nur für die Fahrzeugversicherung (»Kaskoversicherung«), sondern auch für die Haftpflichtversicherung wichtig ist (vgl. G.7 AKB 2008).[66]

717 § 95 VVG kommt nicht zur Anwendung, wenn jemand eine Sache veräußert, die nicht selbständig versichert ist, sondern nur als Teil einer Sachgesamtheit von einem Versicherungsvertrag erfasst wird. **Beispiel:** Jemand verkauft eine alte Standuhr, die

63 Vgl. zu den bisherigen §§ 69 ff. VVG a.F. OLG Düsseldorf VersR 2000, 1537. Vgl. auch BGH VersR 2009, 1114 (Zulässig ist auch ein Vertragsbeitritt des Käufers bereits vor Eintragung im Grundbuch).

64 Dem Zwangsverwalter steht das Kündigungsrecht des § 96 II VVG nicht zu; vgl. noch zu § 70 II VVG a.F. OLG Hamm NVersZ 2000, 421.

65 Vgl. z.B. BGH VersR 2004, 765 (Fristbeginn für Kündigung einer Versicherung gemäß § 70 II 2 VVG a.F., jetzt § 96 II VVG, im Fall des Erwerbs eines Grundstücks im Wege der Zwangsversteigerung).

66 Vgl. noch zu VVG a.F. *Knappmann* in: Prölss/Martin, § 158h VVG a.F. Rn. 1.

zu seinem Hausrat gehörte, auf dem Flohmarkt. Jetzt kommt nicht etwa der Erwerber (teilweise) in den Genuss der Hausratversicherung des Veräußerers. Vielmehr ist die Uhr definitionsgemäß, weil sie nicht mehr zum »Hausrat« gehört, nach Abschnitt A § 6 Nr. 2 VHB 2008 von der Versicherung nicht mehr erfasst. Der Erwerber tritt jedoch in den Versicherungsvertrag ein, wenn er den kompletten Hausrat (versicherter Inbegriff von Sachen) erwirbt. Zu Einzelheiten bei Wohnungswechsel vgl. Abschnitt A § 11 VHB 2008.

Die Auslegung des Tatbestandsmerkmals »veräußert« (§ 95 I VVG) bzw. »Veräußerung« (§ 97 I 1 VVG) hängt davon ab, was man als das »versicherte Interesse« ansieht.[67] Hält man (nur) die juristische Objektbeziehung, z.B. das Eigentum, für versichert, dann muss sich der Veräußerungsbegriff mit dem des Sachenrechts decken. Anders steht es, wenn man weniger auf die juristische Zuordnung sieht als darauf, wer zu welchem Zeitpunkt wirtschaftlich vom Schicksal des versicherten Gegenstandes betroffen ist. Die Einzelheiten dazu wurden schon eingehend erörtert (Rn. 665 ff., Rn. 671). Danach definiert die Rechtsprechung den Veräußerungsbegriff noch ganz überwiegend juristisch-formal, nicht wirtschaftlich.[68] 718

Den Veräußerer und den Erwerber treffen nach § 97 I 1 VVG die **Obliegenheit**, die **Veräußerung der Sache dem Versicherer unverzüglich anzuzeigen**. Dadurch soll dem Versicherer Gelegenheit gegeben werden, sich über die neue (subjektive) Risikolage Klarheit zu verschaffen und über die Fortsetzung des Vertragsverhältnisses zu entscheiden. Die Verletzung der Obliegenheit führt zur Leistungsfreiheit des Versicherers, wenn der Versicherungsfall später als einen Monat nach dem Zeitpunkt eintritt, zu dem die Anzeige dem Versicherer hätte zugehen müssen, und wenn der Versicherer den mit dem Veräußerer bestehenden Vertrag mit dem Erwerber nicht geschlossen hätte, also nachweist, dass er das nach § 95 VVG übergegangene Versicherungsverhältnis gekündigt hätte (vgl. Rn. 563 und Rn. 580 ff.). 719

Fraglich ist, ob die **Schärfe der in § 97 I 2 VVG vorgesehenen Sanktion** immer im richtigen Verhältnis zum Gewicht einer etwaigen Verletzung der »Anzeigepflicht« steht. Der BGH hat zur Vorgängerregelung des § 71 I VVG a.F. in angeblicher Auslegung – tatsächlich in Korrektur der Vorschrift – die Regel aufgestellt, dass ein Verstoß des Versicherungsnehmers gegen die Anzeigeobliegenheit nur dann zur Leistungsfreiheit des Versicherers führt, wenn diese Rechtsfolge nicht außer Verhältnis zur Schwere des Verstoßes steht. Die Anwendung der Vorschrift setzt danach eine Abwägung voraus, bei der auf Seiten des Versicherers zu berücksichtigen ist, wie weit seine Interessen in ernster Weise beeinträchtigt sind, auf Seiten des Versicherungsnehmers, in welchem Umfang ihn ein Verschulden trifft und welches Gewicht die Entziehung der Versicherungsleistung hat.[69] Diese Rechtsprechung bleibt auch für das neue VVG von Bedeutung.[70] Man fragt sich, warum der Reformgesetzgeber nicht auch hier Gesetzestransparenz durch eine klare, an den allgemeinen Grundsätzen der 720

67 Ausführlich hierzu *Brünjes* Der Veräußerungsbegriff des § 69 a.F. VVG, 1995.

68 BGHZ 100, 60 = VersR 1987, 477 = NJW 1987, 2238; OLG Düsseldorf VersR 2000, 1537; vgl. auch *Halbach* in: HK-VVG, § 95 VVG Rn. 3 f.; *Sieg* in: Bruck/Möller, 8. Aufl., § 69 VVG a.F. Anm. 20 ff.; *Kollhosser* in: Prölss/Martin, § 69 VVG a.F. Rn. 4.

69 BGHZ 100, 60 = VersR 1987, 477 = NJW 1987, 2238.

70 RegE BT-Drucks. 16/3945 S. 85; *Armbrüster* in: Beckmann/Matusche-Beckmann, § 6 Rn. 163; *Hammel* in: Schwintowski/Brömmelmeyer, § 97 VVG Rn. 15; vgl. auch *Reusch* in: Langheid/Wandt, § 97 VVG Rn. 39 ff.

Verletzung von Obliegenheiten (Rn. 563) orientierte gesetzliche Regelung geschaffen hat.

III. Andere Leistungsgrenzen: Versicherungsschaden, Versicherungswert, Versicherungssumme

1. Der Versicherungsschaden

721 Was der Versicherer dem Versicherungsnehmer im Versicherungsfall zu zahlen hat, richtet sich in erster Linie nach dem Versicherungsvertrag. Bei der **Summenversicherung** ist die vereinbarte feste Summe zu zahlen, ohne Rücksicht auf die Auswirkungen, die der Versicherungsfall im Einzelnen gehabt haben mag (Rn. 34).

722 Anders steht es bei der **Schadensversicherung**, die ja so definiert ist, dass der Versicherer dem Versicherten das Risiko der Beeinträchtigung eines bestimmten Interesses abnimmt (Beschädigung des kaskoversicherten Autos usw.). Der Versicherer muss mithin genau diese Schädigung wirtschaftlich ausgleichen, den »Versicherungsschaden« ersetzen. Der Versicherungsschaden kann also nur als Funktion des Interesses verstanden werden. Nach der vielzitierten Formel von *Ehrenberg* ist eben der **»Versicherungsschaden die Negation des Interesses«**. Deshalb ist es nicht verwunderlich, dass es mit dem Versicherungsschaden als Rechtsbegriff ähnlich zugeht wie mit dem »Interesse«. Einerseits war er Gegenstand umfangreicher, eher theoretischer wissenschaftlicher Bemühungen.[71] Andererseits ergibt sich im Einzelfall die Antwort darauf, ob ein Versicherungsschaden vorliegt, weitgehend aus der Prüfung, welches Interesse versichert war. Beim »Schaden« wirkt sich dann auf »Heller und Pfennig« aus, dass sich z.B. das Eigentümerinteresse an der Substanzerhaltung vom Gebrauchsinteresse eines Mieters oder Pächters oder dem Sachersatzinteresse eines Verwahrers unterscheiden kann (zu diesen Interessen vgl. Rn. 658).

723 Nur Weniges muss für die Schadensversicherung besonders behandelt werden. Zunächst sind Missverständnisse zu vermeiden. Oft wird betont, der Schadensbegriff im Versicherungsrecht sei kein anderer als im sonstigen Schuldrecht. Das ist an sich richtig. Es gibt aber auch wichtige Unterschiede. Sie haben ihren Grund darin, dass es im Versicherungsrecht in erster Linie um Vertragsauslegung geht. Was hat der Versicherer als Leistung im Versicherungsfall versprochen? Dagegen bestimmen die §§ 249 ff. BGB den gesetzlichen Inhalt »sekundärer« Schadensersatzansprüche aller Art und zwar regelmäßig als Reaktion auf eine Rechtsverletzung.

724 Das Leistungsversprechen in der Schadensversicherung läuft ebenso wie § 249 BGB grundsätzlich auf eine **Differenzrechnung** hinaus.[72] Zur Ermittlung des Versicherungsschadens muss der **Zustand des versicherten Interesses** nach dem Versicherungsfall mit dem verglichen werden, der ohne den Versicherungsfall bestünde. Der Vergleich erfasst aber nicht wie in § 249 BGB die gesamte Vermögenslage des Geschädigten. Vereinbart ist nur ein sehr beschränkter Vergleich: Welchen Wert hätte gerade und nur das versicherte Interesse ohne den Versicherungsfall? Nicht gefragt wird, wie sich der Versicherungsfall sonst im Vermögen des Versicherten ausgewirkt

71 Vgl. *Möller* in: Bruck/Möller, 8. Aufl., Vor §§ 49–80 VVG a.F. Anm. 37 ff.; Literaturzusammenstellung a.a.O. § 55 VVG a.F., Anm. 2.

72 Zum Schadenersatz nach § 249 BGB vgl. allgemein *Schiemann/Haug* VersR 2006, 160, *Pauge* VersR 2007, 569; *Schwarz/Wandt* Gesetzliche Schuldverhältnisse, 3. Aufl. 2009, § 22 Rn. 4 ff.

hat, z.B. durch Wegfall von Aufwendungen für die Unterhaltung des versicherten Gegenstandes. Probleme wie »normativer Schadensbegriff« oder »Vorteilsausgleichung« kann es hier deshalb gar nicht oder nur in sehr beschränktem Maße geben (vgl. auch Rn. 952 ff.). Denn dabei ginge es um die Auswirkungen des Versicherungsfalles auf das sonstige Vermögen. Für die Berechnung des Schadens am versicherten Interesse kann aber auch etwas anderes als eine einfache Differenzrechnung vereinbart werden (vgl. etwa A.1.3 AKB 2008). Hierher gehört z.B. die Vereinbarung eines bestimmten Betrages als Versicherungswert (»**Taxe**«, § 76 VVG vgl. auch Rn. 744) oder eines »**Selbstbehalts**«, sodass der Versicherer nicht den vollen Schaden zu ersetzen hat (mehr dazu in Rn. 760).

Sehr umstritten war lange, ob die Freiheit der Parteien, zu vereinbaren, was als Versi- **725**
cherungsschaden gelten soll, zwingend durch ein so genanntes »allgemeines Bereicherungsverbot«[73] begrenzt ist. Dies wird heute allgemein verneint (zur früheren Sicht vgl. Rn. 727 ff.).[74] Es gibt im Versicherungsvertragsrecht **kein allgemeines und zwingendes Bereicherungsverbot.**[75] Entscheidend ist, was der Versicherer vertraglich versprochen hat (§ 1 S. 1 VVG »bestimmtes Risiko«; deshalb ist eine exakte Risikobeschreibung so wichtig, vgl. Rn. 665 ff.). Dies muss er auch halten, es sei denn, das Gesetz bestimmt ausdrücklich etwas anderes.

Eine solche gesetzliche Leistungseinschränkung ergibt sich aus § 76 S. 2 VVG, wo- **726**
nach eine **Taxenvereinbarung** unwirksam ist, wenn sie den wirklichen Versicherungswert erheblich übersteigt. Wann eine solche erhebliche Abweichung vorliegt, wird in Rechtsprechung und Literatur unterschiedlich beantwortet. Nach herrschender Meinung ist eine Abweichung von mehr als 10 % erheblich.[76] Der BGH lehnt die Festlegung auf eine starre Grenze von 10 % zu Recht ab und orientiert sich an Art und Zweck der Versicherung sowie dem Grund, aus dem die Parteien eine Taxe vereinbart haben.[77]

Früher bejahte die ganz herrschende Meinung ein zwingendes »allgemeines Bereicherungsver- **727**
bot«.[78] Danach durfte eine Leistung aus einem Versicherungsvertrag nicht zu einer Bereicherung des Versicherungsnehmers führen. Der Versicherungsschaden durfte somit nicht so definiert werden, dass der Versicherungsnehmer nach der Leistung des Versicherers mehr an Vermögen hätte als vor dem Versicherungsfall. Eine gesetzliche Fixierung dessen sah man allgemein in § 55 VVG a.F., der als unabdingbar galt (vgl. auch §§ 51 III, 59 I, 67 VVG a.F.). § 55 VVG a.F. wurde nicht in das neue VVG übernommen, so dass dieses Argument nun nicht mehr greifen kann.

Das Bereicherungsverbot sah man als Folge des Grundsatzes, dass der Versicherungsvertrag von der **728**
Wette abgegrenzt werden muss (dazu ausführlich Rn. 655 ff.), und nichts anderes als die Kehrseite der daraus entwickelten Regel sei, dass eine Schadensversicherung ein Interesse voraussetze (dazu

73 Ausführlich zum Bereicherungsverbot *Gärtner* Das Bereicherungsverbot, 1970; *Bartholomäus* Das versicherungsrechtliche Bereicherungsverbot, 1997; *Meinert* Das Bereicherungsverbot im deutschen Seeversicherungsrecht, 1998; *Kollhosser* VersR 1997, 521.

74 Vgl. BGHZ 137, 319 = VersR 1998, 305 = NJW 1998, 1072; BGHZ 147, 212 = VersR 2001, 749 = NJW 2001, 3539. Vgl. *A. Staudinger* JR 1999, 353; *Römer* in: Römer/Langheid, § 55 VVG a.F. Rn. 2 ff.

75 RegE BT-Drucks. 16/3945 S. 79.

76 Vgl. *Halbach* in: Langheid/Wandt, § 76 VVG Rn. 15; *Brambach* in: HK-VVG, § 74 VVG Rn. 23; *Möller* in: Bruck/Möller, 8. Aufl., § 57 VVG a.F. Anm. 36; *Kollhosser* in: Prölss/Martin, § 57 VVG a.F. Rn. 12; *Schauer* in: BK, § 57 VVG a.F. Rn. 14.

77 Vgl. BGHZ 147, 212 = VersR 2001, 749 = NJW 2001, 3539.

78 Vgl. *Gärtner* Das Bereicherungsverbot, 1970; aus der Rechtsprechung BGHZ 103, 228 = VersR 1988, 463 = NJW 1988, 1590.

Rn. 33, 662). Der Versicherungsvertrag dürfe eben nur gegen die Beeinträchtigung des versicherten Interesses schützen, mehr nicht.

729 Ganz ausnahmslos praktiziert wurde das Bereicherungsverbot aber auch früher nicht. Eine der Ausnahmen ergab sich daraus, dass die Parteien den Wert des versicherten Interesses als Grundlage der Schadensberechnung auch etwas höher vereinbaren konnten, als er tatsächlich war, entweder gemäß § 57 VVG a.F. (entspricht § 76 VVG) durch Vereinbarung einer **»Taxe«**[79] (dazu Rn. 744) oder durch die Abrede, dass der Neuwert einer Sache ersetzt werden sollte[80], auch wenn sie durch Gebrauch und Alterung diesen Wert nicht mehr hatte (**Neuwertversicherung**, Rn. 735 ff.). Es konnte aber auch direkt vereinbart werden, dass die Ersatzleistung im Versicherungsfall in bestimmter Weise über den tatsächlich erlittenen Schaden hinausgehen sollte (Ersatz der Kosten für die Wiederbeschaffung statt des Zeit[=Markt]-Werts der zerstörten Sache in der Fahrzeug- und der Hausratversicherung, vgl. § 13 AKB 2004; § 12 Nr. 4 VHB 2000 und Rn. 735).

2. Versicherungswert und Versicherungssumme: Funktion

730 **Grenzen der Versichererleistung** werden insbesondere durch »Versicherungswert« und »Versicherungssumme« bestimmt (§§ 74 ff., 88 VVG). Insoweit muss man deutlich zwischen Summenversicherung und Schadensversicherung unterscheiden.

a) Summenversicherung

731 Die **Summenversicherung** kennt den Begriff »Versicherungswert« nicht, sondern nur die **»Versicherungssumme«**. Das versteht sich nahezu von selbst. Denn die Summenversicherung wird dadurch definiert, dass der Versicherer eine grundsätzlich frei zu vereinbarende Summe zu zahlen hat und die Höhe seiner Leistung im Versicherungsfall von nichts anderem abhängt (Rn. 34). Es wäre deshalb deutlicher, diesen Betrag als z.B. »vereinbarte Summe« oder »Vertragssumme« zu bezeichnen.[81] Stärker als das Streben nach Deutlichkeit ist aber erfahrungsgemäß die Macht der Gewohnheit.

b) Schadensversicherung

732 Die **Schadensversicherung** verwendet sowohl den Begriff **»Versicherungswert«** als auch den Begriff **»Versicherungssumme«**, der hier jedoch eine andere Bedeutung als in der Summenversicherung hat (dazu in Rn. 740).

aa) Versicherungswert

733 **»Versicherungswert«** ist der Geldwert des versicherten Interesses (§ 74 I VVG). Diese Größe braucht der Versicherer zur Berechnung seiner Prämie, weil davon sein Risiko abhängt: Je größer der Wert, desto mehr kann im Versicherungsfall auszuzahlen sein.[82]

734 Nach § 88 VVG gilt als Versicherungswert einer Sache oder eines Inbegriffs von Sachen der Betrag, den der Versicherungsnehmer zur Zeit des Eintritts des Versicherungsfalles für die Wiederbeschaffung oder Wiederherstellung in neuwertigem Zustand unter Abzug des sich aus dem Unterschied zwischen alt und neu ergebenden Minderwerts aufzuwenden hat (**»Wiederbeschaffungswert«**). Die Vorschrift ist

79 Siehe hierzu auch *Stahl* Die Taxe in der Seeversicherung, VersR 2004, 558.

80 Ob hier eine Abweichung vom Bereicherungsverbot vorlag, war strittig. Vgl. *Kollhosser* in: Prölss/Martin, § 55 VVG a.F. Rn. 1 ff.; *Möller* in: Bruck/Möller, 8. Aufl., Vor §§ 49–80 VVG a.F. Anm. 46.

81 *Hofmann* § 14 Rn. 3.

82 Der Versicherer hat den Versicherungsnehmer nach Treu und Glauben auf die Schwierigkeiten bei der Bemessung des Versicherungswertes hinzuweisen, so OLG Celle r+s 2004, 20.

dispositiv.[83] Eine vertragliche Abweichung ist insbesondere durch die Möglichkeit der Vereinbarung einer Taxe gegeben (§ 76 VVG, Rn. 744).

Gewöhnlich wird der Versicherungswert in den AVB ausdrücklich bestimmt. Die Terminologie ist leider nicht einheitlich. Als Regel kann man sich merken, dass die Berechnung in den AVB an dem Bedarf ausgerichtet wird, den der Versicherte im Versicherungsfall voraussichtlich haben wird. So wird als Versicherungswert von Hausratsgegenständen, die zweckgemäß in dem versicherten Haushalt nicht mehr verwendet werden können, der Wert vereinbart, den die versicherte Sache zur Zeit des Versicherungsfalles auf dem Markt hatte, auf dem der Versicherte sie hätte verkaufen können. Das wird in Abschnitt A § 9 Nr. 1 c) VHB 2008 als **»gemeiner Wert«** bezeichnet. Wird nur er ersetzt, ist dem Versicherten bei Gegenständen, auf deren Nutzung er angewiesen ist, nicht gedient. Deshalb stellt das Gesetz als Regelfall auf den **»Wiederbeschaffungswert«** ab (§ 88 VVG; vgl. auch A.2.6.1. AKB 2008). Eine andere Einordnung stellt die Einteilung in Neuwert und Zeitwert dar: Der **»Neuwert«** bezeichnet die Kosten, die für die Anschaffung eines neuen Gegenstandes von der Art des versicherten aufgewendet werden müssen (vgl. Abschnitt A § 9 Nr. 1 a) VHB 2008); bei der Berechnung des **»Zeitwerts«** wird vom Neuwert ausgegangen, davon jedoch ein meist nicht genau definierter Prozentsatz abgezogen, der Alter, Abnutzungsgrad usw. Rechnung tragen soll (vgl. Abschnitt A § 7 Nr. 1 a) bb) AFB 2008). **735**

Noch einmal: Die **Terminologie ist uneinheitlich**, und man muss sich die einschlägige Bestimmung jeweils genau ansehen. Leider schließt auch das Zweifel nicht immer aus. Klärungsbedürftig ist mitunter, welcher Markt maßgeblich sein soll: Der des Verbrauchers, des Zwischenhändlers oder des Produzenten? Ist der für den Versicherten maßgebliche Verkaufs- oder der Ankaufspreis entscheidend? **736**

Die **Neuwertversicherung**, deren Zulässigkeit mit Blick auf allgemeine Grundsätze früher umstritten war[84], ist völlig unproblematisch, wenn die versicherten Sachen **neu** waren, also etwa bei Waren, die der Versicherungsnehmer selbst herstellt und mit denen er handelt (so der Sache nach Abschnitt A § 7 Nr. 2 AFB 2008). Auch hinsichtlich **gebrauchter Sachen** wurde sie als zulässig anerkannt. Damit wird dem Umstand Rechnung getragen, dass der Bedarf des Versicherten darin besteht, unabhängig von Marktgegebenheiten möglichst schnell wieder in den Genuss der Funktion zu gelangen, die der versicherte Gegenstand erfüllte. Für vieles gibt es keinen Gebrauchtwarenmarkt oder der Versicherte hat Grund, sich mit dessen Angebot nicht zufrieden zu geben (Kleidung).[85] **737**

Nicht zu leugnen ist freilich, dass in diesen Fällen nach der Entschädigung das Vermögen des Versicherten größer ist als vor dem Versicherungsfall: Nämlich um die **Differenz »neu für alt«**.[86] Der Versicherer kann das hierin begründete Risiko beispielsweise dadurch verringern, dass er eine sorgfältige Auswahl des subjektiven Risikos vornimmt (d.h. verdächtige Versicherungsinteressenten nicht versichert) oder eine Zweckbindung der auszubezahlenden Ersatzsumme vereinbart (z.B., dass das **738**

83 RegE BT-Drucks. 16/3945 S. 82; kritisch *Weidner* r+s 2007, 138.
84 *Ehrenzweig* S. 282 ff.
85 Vgl. zur wirksamen Vereinbarung einer Neuwerttaxe OLG Karlsruhe VersR 1998, 977.
86 Nach dem – abdingbaren – § 88 VVG ist die Differenz »neu für alt« in der Sachversicherung bei der Bestimmung des Versicherungswertes abzuziehen; vgl. RegE BT-Drucks. 16/3945 S. 82.

Geld nur für den Fall und für den Zweck des Wiederaufbaus ausbezahlt und verwendet wird, »Wiederherstellungsklausel«[87], vgl. Abschnitt A § 8 Nr. 2 AFB 2008; gemäß § 93 VVG kann eine »Wiederherstellungsklausel« allgemein in der Sachversicherung vereinbart werden[88]). Gelegentlich lehrt die Erfahrung, dass schon die Art der gedeckten Gefahren und des gedeckten Gegenstands das »subjektive Risiko« auch bei einem Ersatz des Neuwerts begrenzt (so bei Abschnitt A § 9 Nr. 1 c) VHB 2008: verwendungsfähige Gebrauchsgüter für den Haushalt).

739 § 93 VVG regelt die Folgen einer »Wiederherstellungsklausel« bzw. einer »Wiederbeschaffungsklausel« nunmehr für die gesamte Sachversicherung (zuvor gab es eine entsprechende Bestimmung nur für die Feuerversicherung, § 97 VVG a.F.). Die Neuregelung stellt klar, dass der Versicherungsnehmer einen über den Zeitwert (in Form des Wiederbeschaffungswertes gem. § 88 VVG, vgl. Rn. 735) hinausgehenden Betrag nur verlangen kann, wenn die Wiederherstellung oder Wiederbeschaffung gesichert ist.[89] Davon kann durch AVB abgewichen werden, weil die Regelung dispositiv ist. Die gesetzliche Regelung gibt aber das für die AGB-Kontrolle maßgebende gesetzliche Leitbild (vgl. Rn. 202). Einen den Versicherungswert übersteigenden Betrag muss der Versicherungsnehmer zurückzahlen, wenn die Wiederherstellung oder Wiederbeschaffung infolge seines Verschuldens nicht innerhalb einer angemessenen Frist erfolgt (§ 93 S. 2 VVG).

bb) Versicherungssumme

740 Obwohl in der Schadensversicherung der Versicherer grundsätzlich einen bestimmten Schaden in eben der Höhe ersetzen muss, in der er nun einmal entstanden ist, gibt es auch hier den Begriff der (festen) **Versicherungssumme**. Der Ausdruck bedeutet hier aber etwas anderes als in der Summenversicherung. Man muss dabei die Aktivenversicherung von der Passivenversicherung unterscheiden.

741 In der **Passivenversicherung** (Rn. 663) hat die Versicherungssumme nur die Funktion, die Leistung des Versicherers zu begrenzen, und zwar auf einen frei vereinbarten Betrag. In dem wichtigsten Fall der Passivenversicherung, der Haftpflichtversicherung, gibt es ja keinen anderen Faktor, der gewissermaßen automatisch das Risiko der Höhe nach definiert. Denn niemand ist davor sicher, sich eines Tages Haftpflichtansprüchen in Schwindel erregender Höhe auszusetzen. Der Versicherer kann sein Versprechen der Risikodeckung aber summenmäßig begrenzen. Er sagt dann zu, einen Haftpflichtschaden nur bis zur Höhe der »Versicherungssumme« zu decken (vgl. A.1.3 AKB 2008).[90]

742 Die Versicherer glaubten lange Zeit – angeregt durch die Rechtslage insbesondere in Frankreich – auf eine solche Haftungsbegrenzung bei der Kfz-Haftpflichtversicherung als vermeintlich überschaubares Risiko verzichten zu können und boten über mehrere Jahre auch bei uns (fast) unbegrenzte Haftpflichtdeckungen (»illimité«) an. Beispielsfälle haben aber deutlich gemacht, dass auch

---

87 Dazu BGHZ 103, 228 = VersR 1988, 463 = NJW 1988, 228: Wiederherstellungsvoraussetzung sogar kraft ergänzender Vertragsauslegung. Vgl. zur Wiederherstellungsklausel ferner BGH VersR 2001, 326; OGH VersR 2000, 659; BGH VersR 2007, 489 mit Anm. *Dallmayr* = BGH NJW-RR 2007, 608; OLG Hamm VersR 2006, 355; OLG Köln r+s 2006, 196; OLG Frankfurt/M. r+s 2006, 112 mit Anm. *Wälder*. Vgl. auch *Kollhosser* VersR 1997, 521; *Wälder* r+s 2007, 8.

88 RegE BT-Drucks. 16/3945 S. 83 f.; vgl. auch *Marlow/Spuhl* S. 170 f.; *Höke* in: Beckmann/Matusche-Beckmann, § 19 Rn. 22.

89 RegE BT-Drucks. 16/3945 S. 83.

90 Zum Verteilungsverfahren im Fall der Deckungssummenüberschreitung vgl. *Konradi* VersR 2009, 321.

ein einzelner Autounfall ein enormes Schadenspotenzial haben kann (Kollision eines Pkw mit einem Tanklastwagen, der eine Autobahnbrücke bei Gummersbach hinabstürzt, im Jahre 2004: geschätzter Schaden ca. 33 Mio. €; oder der Unfall im Jahre 2001 im britischen Selby, bei dem ein Zug entgleiste, weil ein Kfz auf Bahngleise geriet: Schaden ca. 70 Mio. €).

Bei der **Aktivenversicherung** findet die Leistung des Versicherers zwar »automatisch« eine Grenze im Wert des versicherten Interesses. Die Versicherungssumme spielt aber auch hier eine Rolle. Denn welchen Wert das versicherte Interesse wirklich hat (»Versicherungswert«, vgl. Rn. 732 ff.), kann der Versicherer bei Vertragsschluss nicht von sich aus wissen, und er könnte ihn nur mit einigem Aufwand feststellen. Wie soll er beispielsweise in der Hausratversicherung wissen oder feststellen, was dem Versicherungsnehmer alles gehört und welchen Wert jeder Gegenstand hat? Deshalb überlässt es der Versicherer dem Versicherungsnehmer, den Wert des versicherten Interesses anzugeben, eben in Form der »Versicherungssumme«. Dann hat der Versicherer den Anhaltspunkt, den er braucht, um das übernommene Risiko abzuschätzen und die Prämie entsprechend zu berechnen. 743

Vertiefung: Die Versicherungssumme hat also teilweise dieselbe Funktion wie die in der gewerblichen Versicherung übliche **»Taxe«** (vgl. Rn. 729). Man darf die Begriffe aber nicht verwechseln. Der Sinn der Vereinbarung einer Taxe reicht weiter. Er liegt darin, dass für die Parteien der Versicherungswert im Schadensfall in Höhe der Taxe als festgestellt gilt. Die Angabe der Versicherungssumme allein bewirkt dies nicht. Der Versicherungsnehmer kann daher in die Lage kommen, den Versicherungswert erst nachweisen zu müssen. Ist dagegen eine Taxe vereinbart, dann kann allenfalls der Versicherer nachweisen, »dass sie den wirklichen Versicherungswert in diesem Zeitpunkt erheblich übersteigt« (§ 76 S. 2 VVG). 744

3. Schadensversicherung: Unterversicherung, Überversicherung und Mehrfachversicherung

a) Überblick

Wenn bei einem Schadensversicherungsvertrag, beispielsweise bei einer Hausratversicherung, Versicherungswert und Versicherungssumme auseinanderklaffen, so kann das ganz verschiedene Gründe haben. 745

Die **Diskrepanz zwischen Versicherungswert und Versicherungssumme** kann **schon bei Abschluss des Vertrages** entstanden sein. Der Versicherungsnehmer kann den Wert seiner Sachen arglos zu hoch oder zu niedrig eingeschätzt haben. Es kann auch weniger harmlos zugegangen sein: Der Versicherungsnehmer hat eine zu niedrige Versicherungssumme angegeben, um »Prämien zu sparen«, oder – aber das ist schon ein klassisches Kriminalstück – er kann wertlose Gegenstände hoch versichert haben, um nach ihrem vorausgeplanten spurlosen Verschwinden die Versicherungssumme zu kassieren. Mehr als einmal in der Geschichte der christlichen Seefahrt ist ein Schiff hoch versichert und mit wertlosem Ballast beladen auf hoher See versenkt worden. 746

Häufiger kommt es vor, dass die Diskrepanz zwischen Versicherungssumme und Versicherungswert erst allmählich **während der Laufzeit des Vertrages** entsteht. Beispielsweise kann eine Familie seit vielen Jahren eine Hausratversicherung haben. Der Wohlstand ist gewachsen, dazu die Inflation fortgeschritten, der Geldwert des Hausrats also inzwischen erheblich angewachsen. Wenn nicht – wie dies inzwischen regelmäßig geschieht (vgl. Abschnitt A § 10 VHB 2008, dazu aber auch in Rn. 495) – 747 die Versicherungssumme immer wieder angepasst wird, also Vertragsänderungen vorgenommen werden, entsteht eine **Unterversicherung** (Rn. 753 ff.). Hat sich der Haushalt im Lauf der Zeit verkleinert, dann kann eine **Überversicherung** entstanden sein (Rn. 762 ff.).

748 Eine **über den Wert des Interesses hinausgehende Versicherungsdeckung** kann sich auch dadurch ergeben, dass dieses Interesse gegen dieselbe Gefahr gleichzeitig bei mehreren Versicherern gedeckt wird. Man spricht dann von **»Mehrfachversicherung«** (mehr in Rn. 765 ff.). Auch sie kann verschiedene Ursachen haben, z.B. betrügerische Absicht oder unbewusste Mitversicherung in einer Fremdversicherung (Rn. 766).

749 Das VVG regelt alle diese Konstellationen im Allgemeinen Teil der Schadensversicherung (Kapitel 2, Abschnitt 1 »Allgemeine Vorschriften«). Ähnlich wie sonst im Versicherungsvertragsrecht geht es hauptsächlich um zwei Problembereiche, nämlich einmal um das Schicksal des Vertrages als Ganzem und zum anderen um die Folgen für die Abwicklung eines bestimmten Versicherungsfalls.

750 Keine »Mehrfachversicherung« liegt vor, wenn ein Interesse teils von einem, teils von einem anderen Versicherer (**»Nebenversicherung«**) oder wenn es von mehreren Versicherern in bewusstem Zusammenwirken (**»offene Mitversicherung«**, Rn. 751) gedeckt wird, ohne dass die Versicherungsdeckungen insgesamt den Versicherungswert oder die Entschädigungen den Gesamtschaden übersteigen (dann »Mehrfachversicherung«). Wenn bei einer **Versicherungsnahme bei mehreren Versicherern** ein Interesse gegen dieselbe Gefahr versichert ist oder bezüglich desselben Interesses bei einem Versicherer der entgehende Gewinn, bei einem anderen Versicherer der sonstige Schaden versichert ist, trifft den Versicherungsnehmer die **Obliegenheit**, jedem Versicherer die andere Versicherung einschließlich der jeweiligen Versicherungssumme **unverzüglich mitzuteilen (§ 77 I VVG)**. Diese Anzeigeobliegenheit setzt nicht voraus, dass in concreto die Gefahr einer Überentschädigung besteht. Es geht vielmehr darum, den Versicherern die Möglichkeit zu geben, selbst überprüfen zu können, wie groß im Einzelfall das subjektive Risiko durch die mehreren Versicherungen wird. Das Gesetz sieht für die Verletzung der Obliegenheit keine Sanktion vor (»lex imperfecta«, Rn. 557 f.). Der Versicherungsvertrag, insbesondere in AVB, kann vertragliche Rechtsfolgen unter der Maßgabe von § 28 VVG bestimmen. Jedenfalls war zum bisherigen Recht umstritten, ob die Verletzung der Obliegenheit unabhängig von vertraglichen Rechtsfolgen eine Schadenersatzhaftung des Versicherungsnehmers begründet[91] (zum neuen Recht Rn. 544).

751 Bei der **»offenen Mitversicherung«**[92] (abzugrenzen von der verdeckten Mitversicherung, bei der der Versicherungsnehmer nur einen Vertrag schließt und sein Versicherer das Risiko auf sekundärer Ebene mit anderen Versicherern teilt) übernimmt jeder Versicherer eine Quote des Risikos und erhält einen entsprechenden Anteil an der Prämie. Es handelt sich nach herrschender Meinung um **selbstständige, aber rechtlich verbundene** Versicherungsverträge. Die Mitversicherung wird zu einer einheit-

91 Vgl. hierzu die Motive zum VVG 1908 S. 129 sowie *Schauer* in: BK, § 58 VVG a.F. Rn. 21 m.w.N.
92 Zu Einzelheiten *Dreher/Lange* VersR 2005, 717; *Brinker/Schädle* VW 2003, 1318, 1420; *Halbach* in: Langheid/Wandt, § 77 VVG Rn. 12; *Möller* in: Bruck/Möller, 8. Aufl., § 58 VVG a.F. Anm. 51 ff.; *Kollhosser* in: Prölss/Martin, Vor § 58 VVG a.F. Rn. 1; *Armbrüster* in: Beckmann/Matusche-Beckmann, § 6 Rn. 40 ff.

lichen Prämie mit einheitlichen AVB abgeschlossen und in einem einheitlichen Versicherungsschein dokumentiert. Zum Zwecke der Vereinfachung der Vertragsdurchführung wird in der Praxis meist der Versicherer mit dem größten Anteil (»führender Versicherer«) in der »Führungsklausel«[93] mit Vollmachten für die anderen Versicherer ausgestattet (Auftrag bzw. bei Entgeltlichkeit ein Geschäftsbesorgungsvertrag). Dadurch kann auch dem Versicherungsnehmer die Erfüllung der gegenüber allen Versicherern bestehenden Obliegenheiten erleichtert werden. Auf Grund der Verbundenheit der Versicherungsverträge sind bei einer über den Wert des Interesses hinausgehenden Versicherungsdeckung nicht die Regeln über die Mehrfachversicherung (§ 78 VVG), sondern über die Überversicherung (§ 74 VVG) anzuwenden.

Keine »Mehrfachversicherung« liegt vor, wenn ein Gegenstand von mehreren Versicherern gegen verschiedene Gefahren (z.B. einerseits gegen Einbruchdiebstahl, andererseits gegen Feuer) gedeckt wird. Rechtlich begründet das Nebeneinander der Verträge keine spezifischen Probleme, da es sich um die Versicherung unterschiedlicher Interessen bei unterschiedlichen Versicherern handelt. Die Verträge sind vollkommen selbständig und unabhängig voneinander zu beurteilen. Lediglich bei der Auslegung der einzelnen Verträge kann das Nebeneinander zu berücksichtigen sein, etwa wenn ein eindeutiges Interesse des Versicherungsnehmers besteht, dass keine Deckungslücken zwischen den Verträgen bestehen (Rn. 768 f.). 752

b) Unterversicherung

Eine **Unterversicherung** liegt vor, wenn die **Versicherungssumme erheblich niedriger ist als der Versicherungswert** zur Zeit des Eintritts des Versicherungsfalles (§ 75 VVG). Wann eine erhebliche Abweichung gegeben ist, definiert das Gesetz nicht. Der Gesetzesbegründung zufolge soll jedoch eine Übereinstimmung mit den Regelungen der Überversicherung (§ 74 VVG; vgl. Rn. 762 ff.) und der Taxe (§ 76 VVG; vgl. Rn. 744) hergestellt werden.[94] Dementsprechend wird man die Frage der »Erheblichkeit« vom Einzelfall abhängig machen müssen, jedoch regelmäßig bei einer Abweichung von mehr als 10 % bejahen können.[95] 753

Die Unterversicherung berührt die Wirksamkeit des Vertrages nicht. Man sieht, was zweifelhaft erscheint, auch allgemein keinen Anlass für eine Kündigung aus wichtigem Grund darin, dass eine (u.U. erhebliche) Unterversicherung festgestellt wird.[96] Teilweise sehen AVB vor, dass der Versicherungsnehmer zur nachträglichen Höherversicherung verpflichtet ist. 754

Für die Behandlung einer Unterversicherung bei Eintritt des Versicherungsfalls gibt das Gesetz in § 75 VVG klare Weisungen. Unerhebliche Abweichungen von Versicherungssumme und Versicherungswert sind unbeachtlich. Liegt aber eine erhebliche Abweichung vor, so kommt es zu einer **Anpassung der Leistungspflicht des Versi-** 755

---

93 Vgl. aus der jüngeren Rechtsprechung BGH VersR 2002, 117 (zur Frage, ob einer Führungsklausel in einem Transportversicherungsvertrag die Ermächtigung zu entnehmen ist, die mehreren Mitversicherern zustehenden Ansprüche im Wege der gewillkürten Prozessstandschaft einzuklagen); OLG Köln VersR 2006, 1564 (Prozessführungsbefugnis eines Hamburger Assekuradeurs im Wege gewillkürter Prozessstandschaft).

94 RegE BT-Drucks. 16/3945 S. 78.

95 Vgl. hierzu *Halbach* in: Langheid/Wandt, § 75 VVG Rn. 6; *Höke* in: Beckmann/Matusche-Beckmann, § 19 Rn. 42; *Marlow/Spuhl* S. 156; *Kollhosser* in: Prölss/Martin, § 57 VVG a.F. Rn. 11 f.; BGH VersR 2001, 749.

96 Vgl. etwa *Möller* in: Bruck/Möller, 8. Aufl., § 56 VVG a.F. Anm. 53.

cherers. Der Versicherungsnehmer hat eine Prämie gezahlt, die nur einem Teil des Versicherungswertes entspricht. Er kann deshalb bei einem Schaden auch nur eine diesem Teil entsprechende Entschädigung erwarten (**Proportionalitätsregel**). Die Leistung des Versicherers wird deshalb nach der Formel herabgesetzt: »Entschädigung: entstandener Schaden = Versicherungssumme : wirklicher Versicherungswert« oder umformuliert: »Entschädigung = Versicherungssumme x entstandener Schaden : wirklicher Versicherungswert«.[97] Dem Einwand der Unterversicherung kann im Einzelfall ein Schadensersatzanspruch des Versicherungsnehmers nach § 6 V VVG entgegenstehen, wenn der Versicherer die ihm obliegende Beratungspflicht in diesem Punkt verletzt hat.[98] In Betracht kommt auch ein Schadenersatzanspruch gegen einen Vermittler gem. § 63 VVG.

756 Von den gesetzlichen Regeln weicht die **Vertragspraxis** oft ab, aus verschiedenen Gründen und in verschiedener Richtung. Eine vertragliche Abweichung kann ihren Grund darin haben, dass sich der Wert des versicherten Interesses nur mit viel Aufwand feststellen lässt. Man braucht z.B. nicht viel Phantasie, um sich die Umstände vorzustellen, die die Feststellung des Wertes aller Gegenstände im Hausrat einer Familie verursacht (und das vielleicht auch noch in dem Durcheinander nach einem Wohnungsbrand). Darauf nehmen die »VHB 2008 (Quadratmetermodell)« Rücksicht: Der Versicherer verzichtet auf den Einwand einer Unterversicherung, wenn die Prämienvereinbarung in Abhängigkeit von der tatsächlichen Wohnfläche erfolgt (zu Einzelheiten vgl. Abschnitt A § 9 Nr. 3 VHB 2008 [Quadratmetermodell]).

757 Bei einer Versicherung **»auf erstes Risiko«** kann sich der Versicherer bis zum Betrag der Versicherungssumme nicht auf § 75 VVG berufen. Er trägt also bis zu diesem Betrag das »erste Risiko«, während der Versicherte das (zweite) Risiko trägt, dass der Schaden die Versicherungssumme übersteigt.[99] Eine – Versicherung »auf erstes Risiko« wird meist allerdings nur für einen bestimmten Teil des Gesamtrisikos vereinbart, meist für Kosten, für die ein Versicherungswert nicht festgelegt werden kann. Beispielsweise ersetzt der Versicherer Aufräumungs- und Abbruchskosten in der Einbruchsdiebstahl- und Raubversicherung nach Abschnitt A § 5 Nr. 1 AERB 2008 oder in der Feuerversicherung (Abschnitt A § 5 Nr. 1 AFB 2008) voll, auch wenn eine Unterversicherung vorliegt.[100] – Das erhöhte Versichererrisiko bei einer Versicherung auf erstes Risiko schlägt sich naheliegenderweise in einer höheren Prämie nieder.

758 Bei der **»Bruchteilsversicherung«** liegt es etwas anders. Hier wird z.B. von einem Warenlager im Werte von 1 Mio. € nur ein wertmäßig (!) bestimmter Anteil in Höhe von 25 %, also 250.000,– € versichert. Das ist dann sinnvoll, wenn ein Vollschaden nicht zu befürchten ist (z.B. in der Einbruchdiebstahlversicherung: totale Ausräumung eines sehr großen Warenlagers). Dann soll jeder Schaden bis zu dem vereinbarten Prozentsatz der Gesamtwertsumme voll ersetzt werden, ein höherer dagegen

97 Vgl. hierzu auch *Halbach* in: Langheid/Wandt, § 75 VVG Rn. 8 ff.

98 RegE BT-Drucks. 16/3945 S. 78. Vgl. BGH VersR 1989, 472; OLG Celle NJW-RR 2004, 604; OLG Oldenburg VersR 1993, 1226 mit Anm. *Engler*; OLG Saarbrücken r+s 2006, 197; OLG Düsseldorf r+s 2006, 331; KG VersR 2007, 1649; vgl. auch *Brambach* in: HK-VVG, § 75 VVG Rn. 27 ff.

99 Vgl. *Martin* Sachversicherungsrecht, 3. Aufl. 1992, S II Rn. 10.

100 Abschnitt A § 5 Nr. 1 AERB 2008 lautet: »Soweit dies vereinbart ist, ersetzt der Versicherer ohne Berücksichtigung einer Unterversicherung (auf Erstes Risiko) die infolge eines Versicherungsfalles notwendigen Aufwendungen für […].«

nicht. Hier kann es allerdings – anders als bei einer Versicherung »auf erstes Risiko« (vorige Rn.) – zu einer Unterversicherung kommen. Denn die Prämie wird nach dem Gesamtwert des Objekts berechnet, weil das vom Versicherer übernommene Risiko vom Gesamtwert des versicherten Objekts abhängt (im Gegensatz zu den meisten Fällen der Versicherung auf erstes Risiko). Aus einem größeren Warenlager kann eben mit größerer Wahrscheinlichkeit mehr gestohlen werden als aus einem kleineren. Wurde der Gesamtwert zu niedrig angegeben, dann entspricht die Prämie nicht dem Risiko. Die Entschädigung für den Teilschaden reguliert sich deshalb entsprechend § 75 VVG. Ist dagegen der Gesamtwert richtig angegeben, dann wird jeder Teilschaden bis zur Höhe des vereinbarten Bruchteils der Gesamtwertsumme ersetzt.

In umgekehrter Richtung, nämlich zu Lasten des Versicherten, wirken »**Selbstbeteiligungen**«. Sie haben zur Folge, dass der Versicherte im Versicherungsfall einen Teil des Schadens selbst tragen muss. Es gibt verschiedene Varianten. Häufig wird durch AVB-Klauseln sichergestellt, dass die Selbstbeteiligung nicht dadurch umgangen werden kann, dass bis zur Höhe der Selbstbeteiligung eine andere Versicherung genommen wird (vgl. § 9 Nr. 2 AFB 1987). **759**

Häufiger sind »**Selbstbehalte**«. Leider ist die Terminologie hier uneinheitlich. Die Gestaltungen selbst sind überschaubar. Aus der Fahrzeugversicherung ist der Selbstbehalt in fester Höhe bekannt (z.B. »Vollkasko [=Fahrzeugversicherung] mit 500,– € Selbstbehalt«). Hier kann man von **Abzugs-Franchise** sprechen[101], weil bei jeder Schadenleistung des Versicherers 500,– € abgezogen werden. Bei der »**Integral-Franchise**« werden Schäden bis zu einem bestimmten Betrag oder einem Prozentsatz der Versicherungssumme überhaupt nicht ersetzt, höhere aber in voller Höhe. Dies erspart die Verwaltungskosten für die Abwicklung von Kleinschäden. Schließlich kann vereinbart sein, dass der Versicherungsnehmer sich an jedem Schadensfall nicht mit einer festen Summe, sondern mit einem bestimmten Anteil des Schadens zu beteiligen hat. Das wohl bekannteste Beispiel hierfür entstammt der Personenversicherung: Bei der Krankheitskostenversicherung wird oft vereinbart, dass der Versicherer nur einen bestimmten Prozentsatz der Heilkosten ersetzen soll. So versichern sich meist Personen, die Anspruch auf staatliche Beihilfe zu einem (anderen) Teil der Krankheitskosten haben. **760**

Die Behandlung eines Falles von Unterversicherung kann gelegentlich dadurch etwas verwickelter werden, dass nicht pauschal eine einzige Versicherungssumme im Vertrag zugrunde gelegt wird, sondern mehrere Teilversicherungssummen für verschiedene Teile (»Gruppen, Positionen«) des versicherten Objekts, z.B. eines Warenlagers (Uhren, Rauchwaren, optische Geräte usw.). Dann muss die Frage, ob eine Unterversicherung vorliegt, für jede Gruppe getrennt geprüft und die Entschädigung besonders berechnet werden (vgl. Abschnitt A § 8 Nr. 5 b) AFB 2008). **761**

c) Überversicherung

Eine »**Überversicherung**« liegt vor, wenn die Versicherungssumme den Versicherungswert erheblich übersteigt (§ 74 I VVG). Leider sagt weder das Gesetz, noch findet sich gefestigte Rechtsprechung zu der Frage, was »**erheblich**« genau bedeutet. Es ist auch umstritten, ob es auf einen deutlichen absoluten oder relativen Unterschied im Vergleich zur »richtigen« Prämiensumme ankommen soll. Gelegentlich liest **762**

101 Franchise (frz.) = Freiheit, Befreiung; franchise d'assurance = vom Versicherer nicht gedeckter Teil des versicherten Schadens.

man[102], dass die Überversicherung bei einer Überschreitung des Versicherungswertes um 10 % beginnt. Letztlich geht es darum, die Schwelle zu finden, bei der das Interesse eines Vertragspartners an Prämiengerechtigkeit einerseits oder die Gefahr einer Bereicherung im Versicherungsfall andererseits schwerer zu wiegen beginnt als der Aufwand, den das gesetzlich vorgesehene Verfahren der verhältnismäßigen Minderung der Prämie verursacht. – Für Versicherungsobjekte, deren Wert zu schwanken pflegt, beugt man einer Überversicherung in der Praxis durch eine Vereinbarung vor, nach der die Versicherungssumme in regelmäßigen zeitlichen Abständen (z.B. an »Stichtagen«) überprüft und gegebenenfalls neu vereinbart wird.

763 Wird eine **Überversicherung in betrügerischer Absicht**[103] geschlossen, dann ist der **Vertrag nichtig**, der Versicherer aber berechtigt, die Prämie bis zu dem Zeitpunkt zu behalten, zu dem er von den Umständen, welche die Nichtigkeit des Vertrags begründen, Kenntnis erlangt (§ 74 II Hs. 2 VVG).[104] Hat für den Versicherungsnehmer eine Hilfsperson gehandelt, so muss er sich in der Regel dieses Verhalten ebenso zurechnen lassen wie bei der Verletzung von Obliegenheiten (Rn. 628 ff.).

764 Bei einer **nicht in betrügerischer Absicht abgeschlossenen Überversicherung** ist der **Vertrag wirksam**. Nach § 74 VVG kann in diesem Fall jede Vertragspartei die **Herabsetzung der Prämie** »verlangen«. Über die Rechtsnatur des »Herabsetzungsverlangens« besteht Streit. Am praktischen Ergebnis kann es aber keinen Zweifel geben: Die Ermäßigung der Versicherungssumme steht »mit sofortiger Wirkung« fest, sobald die Willenserklärung (»Verlangen«) dem Vertragspartner zugeht.[105] Für die Prämienherabsetzung nach § 74 VVG ist entscheidend, ob die Überversicherung in dem Augenblick vorliegt, in dem das Verlangen nach § 74 I VVG gestellt wird.

d) Mehrfachversicherung

765 Im wirtschaftlichen Ergebnis liegt eine »Überversicherung« auch vor, wenn jemand genau dasselbe Risiko gegen genau dieselbe Gefahr bei mehreren Versicherern so versichert, dass er im Schadensfall zusammen mehr Entschädigung beanspruchen könnte, als der Schaden ausmacht (**»Mehrfachversicherung«**).[106]

766 Für die »Mehrfachversicherung« sehen die §§ 78 f. VVG Rechtsfolgen vor, die sich im Wesentlichen an § 74 VVG für die Überversicherung orientieren. Die **betrügerische Mehrfachversicherung** behandelt § 78 III VVG nach dem Muster des § 74 II VVG: Jeder der betroffenen Verträge ist nichtig; dem jeweiligen Versicherer steht die Prämie bis zu dem Zeitpunkt zu, zu dem er von den die Nichtigkeit begründenden Umständen Kenntnis erlangt. Bei der **unbewusst geschlossenen Mehrfachversicherung** kann der Versicherungsnehmer nach § 79 I VVG Aufhebung des später geschlossenen Vertrages oder die Herabsetzung seiner Versicherungssumme auf den Teilbetrag verlangen, der durch die früher geschlossene Versicherung nicht gedeckt ist. Entspre-

102 *Brambach* in: HK-VVG, § 74 VVG Rn. 23; *Werber/Winter* Rn. 139.

103 Vgl. OLG Bremen VersR 2004, 107 (Transportversicherung: Indizien für den Schluss auf eine in betrügerischer Weise herbeigeführte Überversicherung).

104 Vgl. RegE BT-Drucks. 16/3945 S. 78.

105 Überblick bei *Möller* in: Bruck/Möller, 8. Aufl., § 51 VVG a.F. Anm. 23 ff.

106 Vgl. RegE BT-Drucks. 16/3945 S. 79; noch zu der alten Doppelversicherung (entspricht dem Begriff der Mehrfachversicherung) der §§ 59 f. VVG a.F.: OLG Stuttgart VersR 2009, 207; OLG Düsseldorf VersR 2005, 108; OLG Düsseldorf VersR 2000, 1353; OLG Düsseldorf VersR 1999, 1366; OLG Oldenburg VersR 1998, 1148; OLG Karlsruhe VersR 1997, 9; *Kohleick* Die Doppelversicherung im deutschen Versicherungsvertragsrecht, 1999; *Fenyves* ZVersWiss 1997, 295.

chende Regeln gelten, wenn eine Mehrfachversicherung erst nach Abschluss der mehreren Versicherungen durch Sinken des Versicherungswertes entsteht (siehe § 79 II VVG). Die Mehrfachversicherung fällt unter § 77 I VVG. Der Versicherungsnehmer hat also jedem Versicherer von der anderen Versicherung unverzüglich Mitteilung zu machen (Rn. 536, Rn. 556, Rn. 750).

Für den Versicherungsfall bestimmt § 78 I VVG: Die beteiligten Versicherer haften 767
als **Gesamtschuldner** so, dass der Anspruch des Versicherungsnehmers gegen jeden doppelt begrenzt wird: Erstens durch den Rahmen des jeweiligen Vertrages, zweitens noch dadurch, dass der Versicherungsnehmer von allen zusammen nicht mehr als den Betrag seines Schadens verlangen kann (obwohl er die Prämie für beide Verträge zahlen musste).[107]

Vertiefung: Der Abschnitt über den Interessebegriff (Rn. 652 ff.) zeigt, dass viele praktische Beispiele 768
für Zweifelsfälle die Frage aufwerfen, ob eine Mehrfachversicherung vorliegt, z.B. wenn ein Vorbehaltsverkäufer und der Käufer gleichzeitig die verkaufte Sache versichert haben. Dann kommt es darauf an, das versicherte Interesse genau zu analysieren. Hat jeder nur sein Eigeninteresse versichert – wirtschaftlich gesehen also: der Verkäufer sein Kreditrisiko, der Käufer die Anwartschaftsposition[108] – dann liegt keine Mehrfachversicherung vor. Die Auslegung des Vertrages kann aber auch ergeben, dass mindestens einer von ihnen teils sein eigenes, teils jedoch auch das Interesse des anderen für dessen Rechnung versichert hat. Wenn und soweit dann dieser gleichzeitig selbst versichert ist, liegt eine Mehrfachversicherung vor. (Die Versicherung des Vorbehaltsverkäufers deckt noch die verkaufte und übergebene Sache. Die Hausratversicherung des Käufers deckt auch die – noch – im Eigentum des Vorbehaltsverkäufers stehenden und – schon – zum Hausrat des Versicherungsnehmers gehörenden Sachen, vgl. Abschnitt A § 6 Nr. 2 VHB 2008).

Mehrfachversicherungen geringeren Umfangs sind ohnehin im Bereich der Jedermann-Versicherung 769
nicht selten – so, wenn ein einfacher Fotoapparat zugleich von einer Hausratversicherung, einer Reisegepäckversicherung und der Fahrzeugversicherung (wenn im Handschuhfach eingeschlossen) gedeckt wird. Sie lassen sich kaum vermeiden, wenn nicht in anderen Fällen Lücken im Versicherungsschutz entstehen sollen. Die Versicherer sehen deshalb auch keinen Anlass, Vorkehrungen dagegen zu treffen. Die theoretisch aufgeworfenen Rechtsfragen scheinen sich in der Praxis nicht zu stellen oder werden problemlos bewältigt. Sicher ist jedenfalls, dass der Versicherungsnehmer nur aus einer Versicherung Entschädigung verlangen kann. – Zuweilen schließen AVB in einer **»Subsidiaritätsklausel«**[109] ausdrücklich die Deckung von Sachen aus, die schon durch eine andere Versicherung gedeckt sind (z.B. Abschnitt A § 6 Nr. 4 f) VHB 2008).

IV. Zusammenfassung

Leistung des VR 770

Abstrakt gesprochen besteht die Leistung des VR in der Übernahme eines wirtschaftlichen Risikos des VN. Die durch Vertrag begründete Leistungspflicht des Versicherers wird in erster Linie durch den Vertrag (AVB), ergänzend durch das Gesetz ausgestaltet. Regelungsbedürftig ist insbesondere, was (wel-

107 Zum Ausgleich im Innenverhältnis unter den Versicherern vgl. § 78 II VVG und die einschlägigen Kommentare; auch zu der entsprechenden Regelung des § 59 II VVG a.F.

108 Zu Einzelheiten vgl. Rn. 667 ff.

109 Dazu *Fenyves* Aktuelle Probleme der Subsidiaritätsklausel (Mannheimer Vorträge zur Versicherungswissenschaft 46), 1989; vgl. auch BGH VersR 2004, 994 (Wirksame Subsidiaritätsklausel eines Reiseversicherers zulasten des privaten Krankenversicherers) sowie OLG Köln VersR 2009, 539 (Übergang des Anspruchs des Versicherungsnehmers gegen den Primärversicherer bei irrtümlicher Leistung des Sekundärversicherers).

ches Interesse), welche Person oder Personen gegen welche Gefahren in welchem Umfang (Höhe) versichert ist und welchen Inhalt die Leistung des VR hat.

1. **Inhalt der Versicherungsleistung** (Rn. 645 ff.)
   - regelmäßig schuldet der Versicherer **Geld**, entweder in Höhe des Schadens – so in der Schadensversicherung – oder – so in der Summenversicherung – die vereinbarte feste Summe
   - es können aber auch **andersartige Leistungen** geschuldet sein, insbesondere
     - die Abwehr unbegründeter Haftpflichtansprüche (Haftpflichtversicherung)
     - Naturalersatz (z.B. Glasversicherung)
     - Dienstleistungen im Zusammenhang mit der Kostenerstattung (Krankenversicherung)

2. **Rechtsnatur** der Versicherungsleistung ist umstritten → hauptsächlich vertreten werden die »**Gefahrtragungstheorie**« und die »**Geldleistungstheorie**« (Rn. 649 f.)

3. **Funktion und Inhalt des Interessebegriffs** (Rn. 652 ff.)
   - In der **Summenversicherung** wird der Inhalt und der Umfang der Leistungspflicht des VR weitgehend abschließend und konkret im Vertrag bestimmt (z.B. xx € im Todesfall)
   - In der **Schadensversicherung, insbesondere in der Sachversicherung**, bedarf es dagegen einer Reihe ergänzender Regelungen, um exakt zu bestimmen, was Inhalt der Versicherung sein kann und im konkreten Fall ist. Um allgemeine Regelungen für alle Arten von Schadensversicherungen aufstellen zu können, nutzt das VVG das abstrakte Kriterium des »versicherten Interesses« einer Person.
   - **Interesse** bedeutet im Versicherungsrecht eine Rechtsbeziehung einer Person zu einem Vermögensgut, deren Beeinträchtigung ihr einen wirtschaftlichen Nachteil bringt (Rn. 653)

4. **Versicherbares Interesse** = Interesse, für das rechtlich zulässig Versicherungsschutz genommen werden kann
   - Abgrenzung zu Naturalobligationen (Spiel, Wette)
   - §§ 134, 138 BGB (Rn. 659)
   - »Unversicherbarkeit des Unternehmerrisikos« (Rn. 660) und »Unversicherbarkeit immaterieller Interessen« (Rn. 661)

5. **Versichertes Interesse** = das (versicherbare) Interesse, für das ein Vertrag Versicherungsschutz gewährt
   - Maßgebend für die Bestimmung des versicherten Interesses ist in erster Linie die Auslegung des Vertrages, ggf. auch eine ergänzende Vertragsauslegung.
   - **P:** *Interessen der Beteiligten beim Kauf unter Vorbehalt* (Rn. 678 f.)
   - **P:** *Versicherung des Sachersatzinteresses (= Haftpflichinteresses) in einer Schadensversicherung* (Rn. 681 f.)

6. **Versicherung für fremde Rechnung** = Versicherung eines fremden Interesses zugunsten des Interessenträgers als Dritten im Sinne der §§ 328 ff. BGB → Sonderregelungen der §§ 43–48 VVG (vgl. Rn. 686 f.).
   - Ggf. aufgrund (ergänzender) Auslegung des Vertrages; Auslegung- und Vermutungsregeln (§§ 48, 89 II 2, 102 I 2, 179 I 2 VVG)
   - Trennung zwischen materieller Anspruchsinhaberschaft und Verfügungsbefugnis im VVG (Rn. 694 f.)
   - Kenntnis und Verhaltens des Versicherten steht Kenntnis und Verhalten des VN grundsätzlich gleich, § 47 I VVG (Rn. 705)
   - Ausnahmsweise keine Kenntniszurechnung, wenn
     - Vertragsschluss ohne Kenntnis des Versicherten; es sei denn, VN hat bei Vertragsschluss nicht angezeigt, dass er ohne Auftrag des Versicherten handelt (§ 47 II 1 und 2 VVG)
     - rechtzeitigen Benachrichtigung des VN für den Versicherten nicht möglich oder unzumutbar (§ 47 II 1 VVG)

7. **Interessemangel** = versicherte Interesse fehlt aus tatsächlichen Gründen (Rn. 708 ff.); zu unterscheiden sind:
   - Anfänglicher Interessemangel → § 80 I VVG: Anspruch des VR auf angemessene Geschäftsgebühr
   - Interessewegfall nach Vertragsschluss → § 80 II VVG: Beendigung des Vertrages mit Interessewegfall und Prämienzahlungspflicht bis Kenntnis des VR
   - Betrügerische Versicherungsnahme für nichtbestehendes Interesse → § 80 III VVG: Nichtigkeit des Vertrages und Prämienanspruch bis Kenntnis des VR

8. **Veräußerung der versicherten Sache** (§§ 95 ff. VVG) (Rn. 679, 714 ff.)
   - Gesetzlicher Vertragseintritt des Erwerbers, § 95 I VVG
   - Kündigungsrechte beider Vertragsparteien, § 96 VVG
   - Anzeigeobliegenheit von Veräußerer und Erwerber, § 97 VVG

9. **Versicherungsschaden** (nur in der Schadensversicherung, Rn. 721)
   - Der Versicherungsschaden ergibt sich aus dem Vergleich des Zustandes (nur) des versicherten Interesses nach Eintritt des schädigenden Ereignisses mit der hypothetischen Situation ohne Schadenseintritt (Rn. 722 f.)
   - **Kein allgemeines Bereicherungsverbot** → Taxenvereinbarung und Neuwertversicherung zulässig (Rn. 725 f.)

10. **Versicherungswert** = Geldwert des versicherten Interesses (Legaldefinition des § 74 I VVG)
    - in der Sachversicherung grundsätzlich **Wiederbeschaffungswert**, § 88 VVG
    - häufig vertraglich abweichende Regelungen: **gemeiner Wert**, **Zeitwert** oder **Neuwert** (Rn. 734 f.)
    - **P:** *Wiederherstellungsklauseln* (Rn. 739)

11. **Versicherungssumme → unterschiedliche Funktionen in der Schadens- und Summenversicherung**
    - **Summenversicherung:** Versicherungssumme bestimmt abschließend die vom VR geschuldete Leistung
    - **Schadenversicherung:** vereinbarte Obergrenze, bis zu der der VR in Anspruch genommen werden kann (Überschreitung kraft vertraglicher Ausnahmeregelungen möglich, zum Beispiel für Nichtanrechnung von Aufräumkosten etc. des VN)
    - in der Aktivenversicherung außerdem Bezugsgröße zur Ermittlung von Über- und Unterversicherung, der zulässigen Höhe einer Taxe etc. (Rn. 743)

12. **Unter-, Über- und Mehrfachversicherung**
    - **Unterversicherung** = Versicherungssumme ist »erheblich« niedriger als der Versicherungswert, § 75 VVG (Rn. 753 ff.)
      - Es gilt die sog. **Proportionalitätsregel** des § 75 VVG: der VR ist im Versicherungsfall nur nach dem Verhältnis der (niedrigeren) Versicherungssumme zum (höheren) Versicherungswert (Ersatzwert) verpflichtet (Rn. 755).
      - **Vertragliche Abweichungen** durch
        → Versicherung **»auf erstes Risiko«** (Rn. 757)
        → **»Bruchteilsversicherung«** (Rn. 758)
    - **Überversicherung** = Versicherungssumme ist »erheblich« höher als der Versicherungswert, § 74 VVG (Rn. 762 f.)
      - Überversicherung in betrügerischer Absicht: Nichtigkeit des Vertrages und Prämienzahlungsanspruch bis Kenntnis des VR
      - Überversicherung nicht in betrügerischer Absicht: wirksamer Vertrag und Befugnis beider Vertragsparteien, Herabsetzung der Prämie zu verlangen

- **Mehrfachversicherung** = VN hat genau dasselbe Risiko gegen genau dieselbe Gefahr bei mehreren Versicherern so versichert, dass er im Schadensfall mehr Entschädigung beanspruchen könnte, als der Schaden ausmacht, § 78 VVG (Rn. 765 f.)
  - Abgrenzung zur **Nebenversicherung** und **offenen Mitversicherung** (Rn. 750 f.)
  - bei **betrügerischer** Mehrfachversicherung: Nichtigkeit der Verträge und Prämienzahlungsanspruch der Versicherer bis Kenntnis (Rn. 766)
  - bei nicht in betrügerischer Absicht geschlossener Mehrfachversicherung: **gesamtschuldnerische Haftung der VR** im Versicherungsfall (Rn. 767)

V. Die übernommene Gefahr

1. Terminologie

771 **»Gefahr«** ist einer der Begriffe, die im Versicherungsvertragsrecht am häufigsten verwendet werden. Denn der Versicherer nimmt ja dem Versicherten ein wirtschaftliches Risiko ab, und »Risiko« bedeutet: die Gefahr, dass ein Schaden eintritt. Es wurde schon darauf hingewiesen, dass man zwischen mindestens zwei **verschiedenen Bedeutungen** unterscheiden muss, die mit dem Wort »Gefahr« bezeichnet werden: »Gefahr« bezeichnet einmal bezogen auf das versicherte Interesse (Schadensversicherung) oder die versicherte Person (Summenversicherung) abstrakt die Art des Risikos, für das der Versicherer einzutreten verspricht (»Gefahrbeschreibung als Teil der Risikobeschreibung«) (Rn. 772 ff.), das andere Mal die zu einem bestimmten Zeitpunkt konkret bestehende Gefahrenlage, d.h. die konkrete Eintrittswahrscheinlichkeit für das versicherte Risiko, auf die der Vertrag und das Gesetz in unterschiedlichen Zusammenhängen Bezug nehmen.

2. Die Gefahrbeschreibung

772 Gefahrbeschreibungen sind als Teil der umfassenden Risikobeschreibung notwendig, wenn der Versicherer – wie nahezu stets[110] – nicht alle Schädigungen eines versicherten Interesses ausgleichen will, sondern nur bestimmte. In der Gefahrbeschreibung werden zu diesem **Zweck** die Schadensursachen oder allgemeiner die Kausalabläufe beschrieben, die zu einer Leistungspflicht des Versicherers führen sollen. Eine präzise Gefahrbeschreibung liegt im Interesse beider Vertragsparteien sowie im Gemeininteresse, gerichtliche Auseinandersetzungen im Schadensfall möglichst zu vermeiden. Der Versicherer ist an einer präzisen Gefahrbeschreibung interessiert, weil er anders das übernommene Risiko nicht abschätzen und keine adäquate Prämie festsetzen kann. Aber auch der Versicherungsnehmer muss wissen, wie weit sein Versicherungsschutz reicht. Deshalb wird auf die Gefahrbeschreibung in AVB und Einzelverträgen große Sorgfalt verwendet.

773 Problematisch ist das Thema »Gefahrbeschreibung« zunächst für die Verfasser von **AVB**. Sie müssen durch möglichst klare und eindeutige Begriffe und Formulierungen erreichen, dass die Gefahr, gegen die Deckung gegeben werden soll, möglichst verständlich und präzise beschrieben wird, sodass Zweifelsfälle oder gar Überraschungen vermieden werden. Ganz gelingt das nie, so wenig wie bei Gesetzestexten. Die Kommentare zu den verschiedenen AVB sind voller Beispiele dafür. Wenn es infolgedessen zum Streit kommt, müssen schließlich die Gerichte sehen, wie sie anhand der

110 Zu »Allgefahrendeckungen« vgl. auch Rn. 890.

Vertragstexte und der AVB durch **Auslegung** zu interessengerechten Lösungen finden.[111] Erinnert sei daran, dass Gefahrbeschreibungen in AVB für die **AGB-Kontrolle** besondere Probleme aufwerfen: Inwieweit sind sie kontrollfreie Leistungsbeschreibungen, inwieweit als bloße »Bedingungen« der gerichtlichen Kontrolle unterworfen? (vgl. dazu Rn. 194 ff.).

Bei der »Gefahrbeschreibung« bedient man sich wie für die umfassende Risikobeschreibung verschiedener **Beschreibungstechniken.** Die Gefahr kann zunächst **positiv beschrieben** werden. Man spricht dann von **»primärer« Risikoabgrenzung** (gegenüber anderen von vornherein nicht von der Versicherung umfassten Gefahren), für die der Versicherungsnehmer die Beweislast trägt. Schon die positive Gefahrumschreibung kann enorme Schwierigkeiten bereiten, wie das Beispiel »Brand« in der Feuerversicherung zeigt (vgl. Abschnitt A § 1 Nr. 2 AFB 2008: »Brand ist ein Feuer, das ohne einen bestimmungsgemäßen Herd entstanden ist oder ihn verlassen hat und das sich aus eigener Kraft auszubreiten vermag«). Es kann notwendig sein, die positive Gefahrumschreibung durch einzelne Ergänzungen zu komplettieren oder durch Klarstellungen zu präzisieren (vgl. Abschnitt A § 4 Nr. 2 S. 3 VHB 2008 zur Gefahr durch Leitungswasser: »... sowie Wasserdampf stehen Leitungswasser gleich«). Oft wird nicht nur eine Deckung gegen einzelne, eng umschriebene Gefahren gewährt, sondern gegen ein ganzes Bündel mehr oder weniger eng definierter Gefahren, die dann nebeneinander möglichst präzise beschrieben werden: So gegen Feuer usw., Einbruchdiebstahl, Raub, Vandalismus, Leitungswasser, Sturm und Hagel in der Hausratversicherung (vgl. Abschnitt A § 1 VHB 2008, genaue Aufzählung der Fälle des Einbruchdiebstahls in Abschnitt A § 3 Nr. 2 VHB 2008). **774**

Je nach Gegenstand kann aber auch eine gewissermaßen umgekehrte Technik das Ziel präziser Umschreibung besser erreichen. Dann beschreiben die AVB die gedeckte Gefahr zunächst in der »primären Risikoabgrenzung« ziemlich allgemein, sodass sehr viele Schadensereignisse darunter fallen würden, und anschließend wird die Beschränkung auf einen engeren Bereich durch **negative Zusätze** erreicht, die man **»Risikoausschlüsse« oder »sekundäre Risikobegrenzungen«** nennt und für die der Versicherer die Beweislast trägt. Typisch dafür sind Wendungen wie: »Nicht versichert sind... Schäden durch...« (Abschnitt A § 4 Nr. 3a) VHB 2008) oder: »Der Versicherer leistet keine Entschädigung für Schäden ...« (Abschnitt A § 4 Nr. 3b) VHB 2008) oder: »...sind von der Versicherung ausgeschlossen...« (vgl. Nr. 7 AHB 2008). Dabei kann man noch unterscheiden zwischen »objektiven« und »subjektiven« Risikoausschlüssen. Für letztere ist kennzeichnend, dass das ausschließende Merkmal »im Kopf« des Versicherten zu finden ist (z.B. Wissen[112], Absicht). Schließlich werden häufig wiederum **Ausnahmen von den Risikoausschlüssen** (sog. »Rückeinschlüsse«, »**tertiäre Risikobegrenzung**«) gemacht, die das versicherte Risiko also wiederum positiv beschreiben und für die – als Ausnahme von der Ausnahme – der Versicherungsnehmer die Beweislast trägt. – Die **versicherungstechnische Bedeutung** von **775**

111 Plastische Beispiele zu klassischen Risikomerkmalen (»Brand« in der Feuerversicherung; »falscher Schlüssel« in der Hausratversicherung; »plötzliches Ereignis« in der Unfallversicherung; Vandalismus): BGH VersR 2002, 480; OLG Hamm VersR 1991, 923; OLG Köln VersR 1988, 1234; OLG München VersR 1983, 127.

112 Beispiel: Nach § 4 Nr. 5 AHB Vermögen bezieht sich der Versicherungsschutz nicht auf die Haftpflichtansprüche »wegen Schadensstiftung durch wissentliches Abweichen vom Gesetz ... oder durch sonstige wissentliche Pflichtverletzung«; vgl. zu § 4 Nr. 5 AVB Vermögen BGH VersR 1991, 176 m.w.H.; OLG Köln VersR 1997, 1345; OLG Koblenz VersR 2000, 174.

Risikoausschlüssen ist verschieden. Manchmal können die »ausgeschlossenen« Risiken in der betreffenden Versicherungsart schlechthin nicht gedeckt werden (so naheliegenderweise bei den »subjektiven« Risikoausschlüssen). Manchmal ist aber auch die Deckung gegen einen Prämienzuschlag möglich.

3. Die Gefahrenlage: Systematischer Überblick

776 Wenn der Ausdruck »Gefahr« in der Bedeutung **»Gefahrenlage«** gemeint ist (Rn. 771), geht es darum, dass das in der Gefahrbeschreibung definierte Ereignis mit einer bestimmten Wahrscheinlichkeit eintreffen wird, die je nach den konkreten Umständen, in denen sich der versicherte Gegenstand befindet, bald höher, bald geringer sein kann. Auf einer Einschätzung dieser Gefahrenlage beruhen das Bedürfnis des Versicherungsnehmers nach Deckung und die Übernahme des Risikos durch den Versicherer und besonders seine Prämienberechnung. Um ihre Interessen zu wahren, muss jede der Parteien ein richtiges Bild der tatsächlichen Lage, der »Gefahrumstände«, haben. Für den Versicherungsnehmer ist das in aller Regel leicht zu gewinnen. Es geht ja um sein Haus, Kraftfahrzeug usw. Dagegen ist der Versicherer meist auf richtige Information durch den Versicherungsnehmer angewiesen. Das juristische Hauptproblem ist deshalb, was geschieht, wenn der Versicherer wegen fehlender oder falscher Information die Gefahrenlage von Anfang an falsch einschätzt oder diese sich anders als im Vertrag zugrunde gelegt entwickelt. Von den »Obliegenheiten«, die dem Versicherungsnehmer im Versicherungsvertragsrecht auferlegt werden (Rn. 531 ff.), haben die meisten deshalb den Zweck, ein Auseinandergehen von vertraglich vorausgesetzter und tatsächlicher Gefahrenlage zu verhindern. Bevor die beiden wichtigsten Problembereiche der »vorvertraglichen Anzeigepflicht« des zukünftigen Versicherungsnehmers (unten 4.) und die Gefahrerhöhung (unten 5.) behandelt werden, soll in Kürze ein Überblick über den Ort dieser Probleme im **System des Zivilrechts** gegeben werden.

777 Wenn die Gefahrenlage schon bei Vertragsabschluss anders ist, als die Parteien voraussetzen, kann das nach den allgemeinen zivilrechtlichen Regeln zunächst ein Fall des **Eigenschaftsirrtums** nach § 119 II BGB (Irrtum über eine Eigenschaft des Vertragsgegenstandes) oder der Störung der Geschäftsgrundlage nach § 313 BGB[113] sein. Das ist nicht immer leicht zu entscheiden[114], lohnt allerdings auch keiner eingehenden Behandlung. Unterliegt der Versicherer nämlich einem Irrtum über gefahrerhebliche Umstände, so sind die §§ 19 ff. VVG lex specialis, die in ihrem Anwendungsbereich § 119 II BGB verdrängen. Bei einem Eigenschaftsirrtum des Versicherungsnehmers, der nach einer unrichtigen Angabe gegenüber dem Versicherer zu einer zu hohen Prämieneinstufung führt, wird § 119 II BGB durch § 41 S. 2 VVG verdrängt: Der Versicherungsnehmer kann für die Zukunft eine Herabsetzung der Prämie verlangen, aber – das ergibt der Umkehrschluss – nicht (mit Rückwirkung) anfechten. Im Übrigen ist eine Irrtumsanfechtung nach § 119 BGB durch den Versicherungsnehmer zwar zulässig. Der Versicherungsnehmer wird aber selten dartun können, dass er seine Vertragserklärung »bei verständiger Würdigung des Falles« (§ 119 I BGB) nicht abgegeben hätte. Denn die Unsicherheit über die konkrete Wahrscheinlichkeit des

113 Vgl. aus der Rspr. OLG Celle VersR 2004, 632.

114 Vgl. *Medicus* Allgemeiner Teil des BGB, 9. Aufl. 2006, Rn. 764 ff., 778.

Schadens gehört typischerweise gerade zu dem Risiko, das er sich vom Versicherer abnehmen lassen will.

Die **Anfechtung wegen arglistiger Täuschung** nach § 123 BGB steht dagegen beiden Vertragsparteien offen, wie § 22 VVG für den Versicherer ausdrücklich klarstellt. Hinzuweisen ist in diesem Zusammenhang besonders auf die allgemeine Regel des § 123 II BGB, nach der Abschlussgehilfen nicht als »Dritte« anzusehen sind, und außerdem auf § 39 I 2 VVG, wonach dem Versicherer, wenn er den Vertrag anficht, die Prämie (nur) bis zum Wirksamwerden der Anfechtungserklärung gebührt.[115] **778**

Dass die Gefahr völlig fehlt (**Gefahrenmangel**), wird selten vorkommen (**Beispiel:** Der Transport, der versichert werden sollte, ist bei Vertragsabschluss schon beendet). Sie ist vorhanden, solange nur irgendeine Möglichkeit des Versicherungsfalls besteht. Systematisch gehört der Gefahrenmangel am ehesten unter die subjektive Unmöglichkeit in Form des Zweckmangels. Auch dies ist aber nicht zu vertiefen. Denn entscheidend ist nach § 80 VVG, ob der Gefahrenmangel das Fehlen des versicherten Interesses begründet (vgl. Rn. 708 ff.). Entsprechendes gilt für den nachträglichen völligen Fortfall der Gefahr (§ 80 II VVG). **779**

Eine **Gefahrveränderung während der Laufzeit** des Vertrages (Gefahrminderung, Gefahrerhöhung) ist ein Fall der Störung des Verhältnisses von Leistung und Gegenleistung. Im Allgemeinen Schuldrecht fällt dies unter das Stichwort »Störung der Geschäftsgrundlage«.[116] Das würde nach § 313 BGB meist auf eine Anpassung des Vertrages an die veränderten Bedingungen hinauslaufen. Einige ausländische Rechte sehen das auch für den Versicherungsvertrag vor (ähnlich einige AVB, z.B. Nr. 13.2 AHB 2008). Die Lehre von der Geschäftsgrundlage steckte aber, als das VVG entworfen wurde, dogmengeschichtlich noch in den Kinderschuhen. Eine Anpassung des Vertrages wurde erst 1939 für den Fall der **Gefahrminderung** vorgesehen (jetzt § 41 S. 1 VVG), sofern sie sich auf bestimmte, im jeweiligen Tarif vorgesehene Gefahrumstände bezieht (**Beispiel:** Ein feuergefährlicher Betrieb auf dem Nachbargrundstück wird endgültig eingestellt). – Dagegen eröffnet das VVG dem Versicherer für den viel häufiger akut werdenden Fall der **Gefahrerhöhung** die Möglichkeit, einerseits mit **Kündigung oder Prämienerhöhung bzw. Absicherungsausschluss** und andererseits mit **Leistungsverweigerung** zu reagieren (Einzelheiten unten Rn. 819 ff.). **780**

Gegenüber anderen Verträgen weist das Versicherungsverhältnis in Bezug auf die Problematik der Geschäftsgrundlagen freilich noch eine Besonderheit auf: Der Versicherungsnehmer kennt die Gefahrumstände, von denen die Leistung des Versicherers abhängen kann, in aller Regel erheblich besser als dieser, und er kann sie selbst beeinflussen. Deshalb werden ihm einerseits Informationsobliegenheiten auferlegt (dazu sogleich) und andererseits zurechenbare Gefahrerhöhungen durch **Anspruchsverlust** oder **Anspruchskürzung** sanktioniert (hierzu Rn. 819 ff.). **781**

115 Nach § 40 I VVG a.F. stand dem Versicherer die Prämie bis zum Schluss der Versicherungsperiode zu (Grundsatz der Unteilbarkeit der Prämie, Rn. 500). Vgl. hierzu BGH VersR 2005, 1065 = NJW 2005, 2549; OLG München VersR 2004, 721; OLG Nürnberg VersR 2000, 437 mit Anm. *Rixecker* ZfS 2000, 256; vgl. auch *Prahl* VersR 2007, 459 (zugl. Anm. zu BGH VersR 2005, 1065).

116 Vgl. *Medicus* Allgemeiner Teil des BGB, 9. Aufl. 2006, Rn. 857.

4. Vorvertragliche Anzeigepflicht

a) Überblick

782 Die »vorvertragliche Anzeigepflicht« ist entgegen ihrem Namen eine **gesetzliche Obliegenheit** des zukünftigen Versicherungsnehmers. Ihr **Zweck** ist es, den Versicherer in die Lage zu versetzen, das Risiko des potenziellen zukünftigen Vertragspartners, das er mit dem Versicherungsvertrag wirtschaftlich übernehmen soll, richtig einschätzen zu können. Der Versicherer soll in Kenntnis der Gefahrumstände entscheiden können, ob und mit welchem Inhalt (Versicherungssumme, Risikoausschlüsse etc.) er den Versicherungsvertrag abschließen möchte. Der Versicherer benötigt die Kenntnis der Gefahrumstände außerdem, um die richtige Prämieneinstufung vornehmen zu können.

783 Die vorvertragliche Anzeigepflicht betrifft einen **in der Praxis sehr wichtigen Problemschwerpunkt des Themas »Gefahrenlage«** (Rn. 771). Der Abschluss einer Krankenversicherung gibt ein gutes Beispiel. Hier fragt der Versicherer regelmäßig in einem detaillierten Fragebogen, ob und wegen welcher Erkrankungen der Versicherungsnehmer bereits in ärztlicher Behandlung gewesen ist (»Vorerkrankungen«). Denn davon hängt schließlich auch die Höhe des Risikos künftiger Krankheitskosten ab, das der Versicherer übernehmen soll. Die Probleme ergeben sich, wenn die Antworten des Versicherungsnehmers unrichtig sind – sei es, dass er Vorerkrankungen vergessen hat, für unwesentlich hielt oder aber verschwieg, um Versicherungsschutz zu erlangen. Wenn man aus der Anzahl veröffentlichter Urteile schließen darf, geschieht das nicht selten.[117]

784 Die Regelungen über die vorvertragliche Anzeigepflicht gehören zu den **Kernbereichen der am 01.01.2008 in Kraft getretenen Reform des VVG.**[118] Grund hierfür war, dass einzelne Regelungen des alten VVG den Versicherungsnehmer übermäßig belasteten und deshalb modernem Verbraucherschutz nicht mehr entsprachen. Die Rechtsprechung hat zwar vielfach steuernd oder korrigierend eingegriffen, dies führte aber zu einer unter dem Gesichtspunkt der Gesetzestransparenz unerwünschten Überlagerung des Gesetzestextes durch Rechtsprechung.

785 **Reformbedarf bestand** zunächst für die **Regelungen über den Umfang der Anzeigepflicht.** Nach § 16 VVG a.F. traf den zukünftigen Versicherungsnehmer eine Anzeigepflicht für alle gefahrerheblichen Umstände, auch wenn der Versicherer keine Fragen gestellt hatte (sog. »spontane Anzeigepflicht«). Der Versicherungsnehmer trug also das Beurteilungsrisiko hinsichtlich der Frage, ob es sich um einen anzeigepflichtigen gefahrerheblichen Umstand handelt. Außerdem erstreckte sich die Anzeigepflicht zeitlich bis zur Schließung des Vertrages, also auch auf den Zeitraum nach Antragstellung, und zwar ebenfalls unabhängig davon, ob der Versicherer Fragen stellte oder nicht (sog. »Nachmeldeobliegenheit«). Diese gesetzliche Regelung konnte – abhängig von den Umständen des Einzelfalles – für einen unkundigen Laien überraschend sein. Zu helfen war nur über das Kriterium des Verschuldens als Voraussetzung für Rechtsfolgen einer Anzeigepflichtverletzung (dazu sogleich).

117 Aus vielen Beispielen (noch zum VVG a.F.): OLG Hamburg VersR 1988, 396; BGH VersR 1989, 689; BGH VersR 1990, 297 (Lebensversicherung). – Seit längerer Zeit ergeben sich zunehmend ähnliche Fälle aus der Berufsunfähigkeits-Zusatzversicherung, vgl. BGH VersR 1990, 1382 = NJW 1991, 358; OLG Celle r+s 2009, 73.

118 Eingehend hierzu *Reusch* VersR 2007, 1313; *ders.* VersR 2008, 1179.

Reformbedarf bestand darüber hinaus bei den **Rechtsfolgen einer Verletzung der vorvertraglichen Anzeigepflicht.** Denn nach altem Recht begründete grundsätzlich bereits einfache Fahrlässigkeit des Versicherungsnehmers ein Rücktrittsrecht und die Leistungsfreiheit des Versicherers (§§ 16, 21 VVG a.F.; ausnahmsweise reduziert auf Arglist nach § 18 VVG a.F.). Bedenken bestanden insoweit vor allem wegen der scharfen Sanktion des Rücktritts und der gegebenenfalls vollständigen Leistungsfreiheit.[119] 786

Die Regelungen über die vorvertragliche Anzeigepflicht finden sich nunmehr in den **§§ 19 bis 22 VVG.** Sonderregeln gelten für die laufende Versicherung (§ 56 I VVG), die Transportversicherung (§ 131 VVG), die Lebensversicherung (§ 157 VVG) und die Krankenversicherung (§ 194 I 3 und 4 VVG). **Ausgangspunkt** sind die **dem Versicherungsnehmer bekannten Gefahrumstände, nach denen der Versicherer in Textform gefragt hat.** Die **Rechtsfolgen** differieren in Abhängigkeit vom Verschuldensgrad des Versicherungsnehmers und abhängig davon, ob der Versicherer bei Kenntnis des nicht angezeigten Umstandes, den Vertrag nicht oder zu anderen Bedingungen geschlossen hätte: Rücktritt (mit oder ohne Leistungsfreiheit), Kündigung oder Vertragsänderung. Hat der Versicherungsnehmer einen ihm bekannten Gefahrumstand vorsätzlich oder grob fahrlässig nicht oder falsch angezeigt, dann kann der Versicherer vom Vertrag zurücktreten (§ 19 II VVG). Einzelheiten zum Bestehen des Rücktrittsrechts ergeben sich aus § 19 II bis IV VVG, die Bedingungen für die Ausübung des Rücktrittsrechts sind § 21 VVG zu entnehmen. Der Prämienanspruch des Versicherers bleibt bei einem Rücktritt bis zum Wirksamwerden der Rücktrittserklärung bestehen (§ 39 I 2 VVG). Im Übrigen bestimmt sich die Wirkung des Rücktritts nach § 346 BGB.[120] Trifft den Versicherungsnehmer lediglich einfache Fahrlässigkeit oder kein Verschulden, dann steht dem Versicherer ein Kündigungsrecht zu (§ 19 III 2 VVG). Rücktritts- und Kündigungsrecht des Versicherers können aber nach § 19 IV 1 VVG ausgeschlossen sein mit der Folge, dass dem Versicherer ein Recht zur Vertragsänderung eingeräumt wird (§ 19 IV 2 VVG; rückwirkend auf den Vertragsbeginn oder auf den Beginn der laufenden Versicherungsperiode). Das Recht des Versicherers, den Vertrag wegen arglistiger Täuschung anzufechten, bleibt unberührt (§ 22 VVG; dazu Rn. 793, Rn. 778). Im Übrigen sind die in den §§ 19 bis 21 VVG vorgesehenen Sanktionen der Verletzung vorvertraglicher Anzeigeobliegenheiten grundsätzlich abschließend. Ausgeschlossen sind deshalb Ansprüche des Versicherers aus culpa in contrahendo, nicht aber die weiterreichenden Tatbestände der §§ 826, 823 I BGB.[121] 787

Zur zeitlich beschränkten Fortgeltung des VVG a.F. im Bereich des Obliegenheitenrechts, insbesondere der vorvertraglichen Anzeigepflicht, siehe Rn. 565 ff. 788

b) Inhalt und Umfang der Anzeigepflicht

Nach § 19 I VVG muss der Versicherungsnehmer alle ihm bekannten **Gefahrumstände** anzeigen, die der Versicherer für seine Entscheidung über den Abschluss des Vertrags mit dem vereinbarten Inhalt benötigt und nach denen er in Textform (§ 126b BGB) gefragt hat. Die Anzeigepflicht beschränkt sich also – abgesehen von Arglist des Versicherungsnehmers, dazu Rn. 572, 793 – auf die **Beantwortung von Fragen,** 789

119 Vgl. *Weyers/Wandt* Versicherungsvertragrecht, 3. Aufl., Rn. 610.

120 RegE BT-Drucks. 16/3945 S. 65.

121 So zu §§ 16 ff. VVG a.F. BGH VersR 2007, 630; BGH VersR 1984, 630; BGH VersR 1989, 465; BGH VersR 1991, 1404; zu §§ 19 ff. VVG vgl. *Knappmann* in: Beckmann/Matusche-Beckmann, § 14 Rn. 122.

die der Versicherer in Textform gestellt hat.[122] Die Versicherer verwenden hierfür meistens Fragebögen.

790 **»Textform«** verlangt nach § 126b BGB, dass die Fragen in einer Urkunde oder auf andere zur dauerhaften Wiedergabe in Schriftzeichen geeignete Weise gestellt werden. Zweck der Textform ist es, dem Versicherungsnehmer die Fragen in verkörperter Form zugänglich zu machen. Es soll einerseits den Verständnisgefahren des »flüchtigen« Wortes vorgebeugt werden, indem der Versicherungsnehmer die Fragen zumindest lesen können soll. Die Form soll andererseits auch der Dokumentation dienen. Deshalb muss dem Versicherungsnehmer mindestens die Möglichkeit eingeräumt sein, die in Textform gestellten Fragen zu dokumentieren. Nach dem Sinn von § 19 I VVG genügt es deshalb nicht, wenn die Fragen allein im Laptop des Versicherungsvertreters vorliegen, ohne dass der Versicherungsnehmer die Möglichkeit hatte, die Datei selbst zu speichern.[123]

791 Fragt der Versicherer nach einem bestimmten Umstand, so indiziert dies, dass dieser **Umstand für den Entschluss des Versicherers, den Vertrag mit dem vereinbarten Inhalt zu schließen, erheblich** ist.[124] Maßgebend ist grundsätzlich die Sicht des konkreten Versicherers unter Berücksichtigung seiner Annahmepolitik. Die subjektive Sicht des Versicherers darf jedoch zum Schutz des Versicherungsnehmers nicht allein entscheidend sein, sondern muss normativer Wertung standhalten. Entsprechend heißt es in der Gesetzesbegründung, dass der fragliche Umstand auch objektiv erheblich sein müsse, was zum Beispiel bei einer Nachfrage, die sich auf einen sehr lange zurückliegenden Zeitraum beziehe, regelmäßig zu verneinen sei.[125] Der Sache nach geht es um eine doppelte Kontrolle: Der erfragte Umstand muss nach der von dem konkreten Versicherer allgemein praktizierten Annahmepolitik erheblich sein und diese unternehmensindividuelle Annahmepolitik muss unter Berücksichtigung des Marktüblichen normativ angemessen sein. Es ist zu erwarten, dass die Rechtsprechung zukünftig ein besonderes Auge darauf haben wird, dass die Fragen so gestaltet und gefasst sind, dass der Zweck der Fragepflicht des Versicherers, dem Versicherungsnehmer das Einschätzungsrisiko abzunehmen, nicht unterlaufen wird.[126]

792 Ist die Frage des Versicherers nicht oder nur mündlich erfolgt, dann steht dem Versicherer dennoch die Anfechtung nach § 123 BGB offen, wenn der Versicherungsnehmer einen gefahrerheblichen Umstand arglistig verschwiegen hat (vgl. § 22 VVG).[127] Insoweit trägt der Versicherungsnehmer auch nach neuem Recht das Risiko der Einschätzung, ob es sich um einen gefahrerheblichen Umstand handelt.[128]

---

122 Anders als nach § 16 I VVG a.F. liegt das Risiko, einen gefahrerheblichen Umstand falsch einzuschätzen, damit – abgesehen von Arglist – nicht mehr beim Versicherungsnehmer, vgl. RegE BT-Drucks. 16/3945 S. 64.

123 *Knappmann* in: Beckmann/Matusche-Beckmann, § 14 Rn. 8; a.A. *Langheid/Muschner* in: Langheid/Wandt, § 19 VVG Rn. 67; anders wohl auch *Marlow/Spuhl* S. 44.

124 RegE BT-Drucks. 16/3945 S. 64.

125 RegE BT-Drucks. 16/3945 S. 64; vgl. auch *Marlow/Spuhl* S. 46. – Pauschale Wertungen verbieten sich hier; es kommt für den Zeitraum entscheidend auf die Versicherungsart an.

126 Vgl. *Neuhaus* r+s 2008, 47, 56; *Brand* VersR 2009, 715, 717.

127 RegE BT-Drucks. 16/3945 S. 64; *Müller-Frank* in: Langheid/Wandt, § 22 VVG Rn. 5 f.; zweifelnd *Schimikowski/Höra* S. 123; *Schimikowski* in: HK-VVG, § 19 VVG Rn. 4; vgl. auch *Brand* VersR 2009, 715, 720; *Rolfs* in: Bruck/Möller, § 22 VVG Rn. 10 f.

128 Vgl. *Reusch* VersR 2008, 1179.

Der Versicherungsnehmer hat nur die ihm **bekannten Umstände** anzuzeigen. Ähnlich wie bei der Bestimmung von Arglist auch einbezogen wird, wenn der Handelnde deshalb keine positive Kenntnis von einem Umstand hat, weil er bewusst die Augen verschließt, ist hier dem Versicherungsnehmer eine angemessene Gedächtnisanstrengung und in engen Grenzen auch eine Nachschau- und Erkundigungspflicht abzuverlangen.[129] 793

Der Versicherungsnehmer muss die Fragen des Versicherers **vollständig und wahrheitsgemäß beantworten.**[130] Er verletzt seine Pflicht also nicht nur durch Nichtanzeige, sondern auch wenn er unrichtige oder unvollständige Angaben macht (vgl. § 19 V 2 VVG »Unrichtigkeit der Anzeige«).[131] Bei der Beantwortung von vorformulierten Antragsfragen geht es allerdings nicht zu Lasten des künftigen Versicherungsnehmers, wenn der Versicherungsvertreter durch einschränkende Bemerkungen zu den Fragen verschleiert, was auf die jeweilige Frage anzugeben und in das Formular aufzunehmen ist.[132] 794

Der Versicherungsnehmer hat seine **Anzeigepflicht bis zur Abgabe seiner Vertragserklärung zu erfüllen** (§ 19 I 1 VVG). Dies bedeutet bis zur Antragstellung, wenn er den Antrag stellt, oder bis zu seiner Annahmeerklärung, wenn der Versicherer den Antrag stellt. Bei einer Antragstellung durch den Versicherer muss dieser dafür sorgen, dass der Vertrag nicht durch die Annahmeerklärung des Versicherungsnehmers wirksam wird, ohne dass der Versicherer auf die dann erst gemachten Angaben des Versicherungsnehmers reagieren kann. Dies kann beispielsweise durch eine Bedingung (Vorbehalt) geschehen.[133] 795

Für den regelmäßigen Fall, dass der Versicherungsnehmer den Antrag gestellt hat, wird die **Anzeigepflicht durch § 19 I 2 VVG zeitlich erweitert**: Der Versicherungsnehmer muss auch nach seiner Antragstellung Fragen beantworten, die der Versicherer bis zur Vertragsannahme in Textform – das Formerfordernis gilt auch insoweit – stellt. Die Bestimmung nennt – anders als Satz 1 – insoweit keinen Zeitpunkt für die Erfüllung durch den Versicherungsnehmer. Dies ist aber auch nicht notwendig, denn der Versicherer hat es in der Hand, die Policierung (genauer: die Abgabe seiner Annahmeerklärung) von der Beantwortung der Fragen durch den Versicherungsnehmer abhängig zu machen. 796

Die zeitliche Ausdehnung der Anzeigepflicht auf Fragen, die der Versicherer nach der Antragstellung durch den Versicherungsnehmer bis zur Annahmeerklärung stellt, ist auch im Zusammenhang mit einer von der Rechtsprechung entwickelten **Risikoprüfungsobliegenheit (Nachfrageobliegenheit) des Versicherers** zu sehen. Entsprechend dem Zweck der vorvertraglichen Anzeigepflicht des Versicherungsnehmers, dem Versicherer vor Vertragsabschluss eine Risikoprüfung zu ermöglichen, versagt die Rechtsprechung dem Versicherer, sich nach Eintritt eines Versicherungsfalls auf eine Verletzung der Anzeigepflicht zu berufen, wenn er trotz offensichtlich unvollständiger, widersprüchlicher oder inkorrekter Angaben des Versicherungsneh- 797

129 Vgl. zum alten Recht BGHZ 122, 250 = VersR 1993, 1098 mit Anm. *Lücke* = NJW 1993, 1862; OLG Saarbrücken VersR 2007, 193; zum neuen Recht *Härle* in: Schwintowski/Brömmelmeyer, § 19 VVG Rn. 91; *Knappmann* in: Beckmann/Matusche-Beckmann, § 14 Rn. 47; *Rolfs* in: Bruck/Möller, § 19 VVG Rn. 55.

130 RegE BT-Drucks. 16/3945 S. 65.

131 So auch *Niederleithinger* Das neue VVG, 2007, Rn. 88; vgl. auch OLG Koblenz VersR 2009, 53 (Durchstreichen einer Antragsanfrage kann als Verneinung zu werten sein).

132 BGH VersR 2001, 1541.

133 Vgl. ausführlich *Neuhaus* r+s 2008, 47, 48 f.

mers[134] eine eingehende Risikoprüfung unterlassen und den Vertrag geschlossen hat.[135] Systematisch wird das am zutreffendsten als Ausprägung des Verbots missbräuchlicher Rechtsausübung erfasst: Es muss verhindert werden, dass der Versicherer trotz gegebenem Anlass Nachfragen unterlässt und Prämien einzieht, den Versicherungsschutz aber zunichte macht, wenn er wegen Eintritts eines Versicherungsfalls zu leisten hätte.

c) Rechtsfolgen der Verletzung der Anzeigepflicht

798 Ein Ziel der Neuregelung der vorvertraglichen Anzeigepflicht war – neben inhaltlichen Verbesserungen des Verbraucherschutzes – die **Gesetzestransparenz** im Vergleich zu der »nicht sehr übersichtlichen« Regelung des alten Rechts zu verbessern.[136] Dies ist hinsichtlich der Rechtsfolgen der Verletzung der Anzeigepflicht nicht wirklich gelungen. Die **Gesetzessystematik ist nämlich nach wie vor nur äußerst schwer zu durchschauen.**

Grafische Übersicht

799

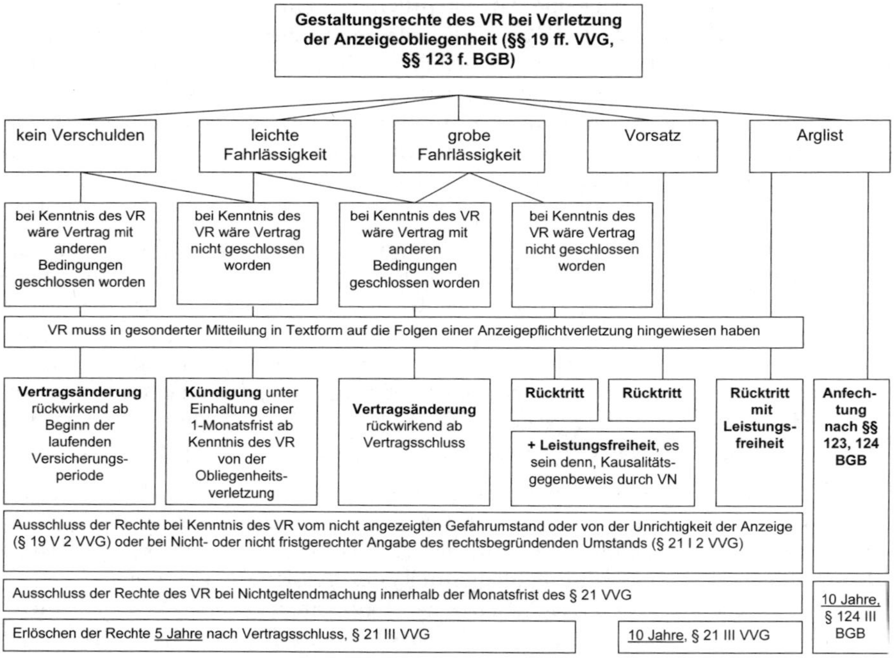

134 Vgl. BGH VersR 1995, 901; OLG München VersR 1998, 1361 mit Anm. *Müller-Frank/Scherff* VersR 1998, 1362; OLG Hamm VersR 2000, 878 m.w.N.; OLG Brandenburg r+s 2008, 325; OLG Saarbrücken VersR 2009, 99.

135 BGHZ 117, 213 = VersR 1992, 484 = NJW 1992, 1505 mit Anm. *Dehner* NJW 1992, 3007; BGHZ 117, 385 = VersR 1992, 603 = NJW 1992, 1506; kritisch hierzu *Lorenz* VersR 1993, 513 m.w.H.; BGH VersR 1995, 901; BGH VersR 1996, 486 = NJW 1996, 1409; BGH VersR 2008, 668; OLG München VersR 1998, 1361 mit zustimmender Anm. *Müller-Frank/Scherff* VersR 1998, 1362; KG VersR 1998, 1362 mit ablehnender Anm. *Müller-Frank/Scherff*; OLG Hamm VersR 2000, 878; OLG Frankfurt NVersZ 2001, 115; OLG Koblenz VersR 2004, 849; *Koppenfels-Spies* ZfS 2004, 489; *Knappmann* in: Beckmann/Matusche-Beckmann, § 14 Rn. 61; *Rolfs* in: Bruck/Möller, § 19 VVG Rn. 91 ff.; *Schimikowski* in: HK-VVG, § 19 VVG Rn. 15.

136 RegE BT-Drucks. 16/3945 S. 64.

aa) Die Rechtsfolgen im Überblick

Nach der **Konzeption der Neuregelung** ist der **Rücktritt die grundsätzliche Rechtsfolge.** Dementsprechend wird das Recht des Versicherers auf Kündigung oder Vertragsänderung nur im Zuge von **Ausschlusstatbeständen** des Rücktritts geregelt. Die Frage, ob der Rücktritt des Versicherers seine **Leistungspflicht** für einen vor dem Rücktritt eingetretenen Versicherungsfall fortbestehen oder entfallen lässt, ist in § 21 II VVG geregelt, der mit »Ausübung der Rechte des Versicherers« überschrieben ist. Abs. 1 und 2 dieser Vorschrift regeln die eher technischen Fragen der Frist für den Rücktritt und seiner Begründung (Abs. 1) sowie des Erlöschens durch Zeitablauf (Abs. 3). Die für die Rechtsstellung des Versicherungsnehmers enorm wichtige Frage der **Leistungsfreiheit** findet sich – gesetzestechnisch wenig geglückt – eingerahmt von diesen technischen Regelungen in Abs. 2. 800

bb) Die Rechtsfolgen im Einzelnen

Hat der Versicherungsnehmer seine Anzeigepflicht verletzt, **kann der Versicherer** 801 **vom Vertrag zurücktreten** (§ 19 II VVG). Das Rücktrittsrecht ist jedoch ausgeschlossen, wenn der Versicherungsnehmer weder vorsätzlich noch grob fahrlässig gehandelt hat (§ 19 III 1 VVG). Hat der Versicherungsnehmer grob fahrlässig gehandelt, ist das Rücktrittsrecht dennoch ausgeschlossen und wird durch ein Recht auf Vertragsanpassung ersetzt, wenn der Versicherer den Vertrag »auch bei Kenntnis der nicht angezeigten Umstände, wenn auch zu anderen Bedingungen, geschlossen hätte« (§ 19 IV 1 VVG; Nichtanzeige sog. »vertragsändernder Umstände« im Gegensatz zu »vertragshindernden Umständen«, bei deren Kenntnis der Versicherer den Vertrag nicht geschlossen hätte). Ausgeschlossen ist das Rücktrittsrecht auch dann, wenn der Versicherer den Vertrag bei Kenntnis des nicht angezeigten Umstandes zu *gleichen* Bedingungen geschlossen hätte. Zur Begründung kann man anführen, dass es sich dann bei dem erfragten, aber nicht angezeigten Umstand schon gar nicht um einen gefahrerheblichen Umstand handelt (vgl. § 19 I 1 VVG: »Gefahrumstände, die für den Entschluss des Versicherers, den Vertrag mit dem vereinbarten Inhalt zu schließen, erheblich sind«). Man kann sich auch darauf berufen, dass der Gesetzgeber den Ausschluss des Rücktrittsrechts speziell in diesem Falle durch die sperrige Formulierung des § 19 IV 1 VVG »wenn er [der Versicherer] den Vertrag auch bei Kenntnis der nicht angezeigten Umstände, *wenn auch zu anderen Bedingungen*, geschlossen hätte« zum Ausdruck bringen wollte.[137] Für die Ausschlusstatbestände trägt der Versicherungsnehmer die **Beweislast**. Für die Ausübung des Rücktrittsrechts gilt § 21 VVG (Rn. 473 ff.).

Im Falle eines ordnungsgemäß ausgeübten Rücktritts ist der Versicherer für einen zu- 802 vor eingetretenen Versicherungsfall **grundsätzlich leistungsfrei** (§ 21 II VVG). Der Versicherer ist jedoch **leistungspflichtig**, wenn der Versicherungsnehmer beweist, dass die Verletzung der Anzeigepflicht sich auf einen Umstand bezog, der weder für den Eintritt oder die Feststellung des Versicherungsfalles noch für die Feststellung oder den Umfang der Leistungspflicht des Versicherers ursächlich war (**Kausalitätsgegenbeweis**[138], § 21 II 1 Hs. 2 VVG). Dieser Kausalitätsgegenbeweis ist dem Versicherungsnehmer jedoch verwehrt, wenn er die Anzeigepflicht arglistig verletzt hat (§ 21 II 2 VVG).

137 So *Reusch* VersR 2007, 1313; *Neuhaus* r+s 2008, 47, 49.
138 RegE BT-Drucks. 16/3945 S. 66.

803 Wenn das Rücktrittsrecht ausgeschlossen ist, weil der Versicherungsnehmer die Anzeigepflicht weder vorsätzlich noch grob fahrlässig (also einfach fahrlässig oder schuldlos) verletzt hat, hat der Versicherer das **Recht, den Vertrag unter Einhaltung einer Frist von einem Monat zu kündigen**. Die Monatsfrist soll es dem Versicherungsnehmer ermöglichen, sich anderweitig Versicherungsschutz zu verschaffen.[139] Wie das Rücktrittsrecht wegen grober Fahrlässigkeit (Rn. 573, Rn. 801) ist auch das **Kündigungsrecht ausgeschlossen**, wenn der Versicherer den Vertrag bei Kenntnis der nicht angezeigten Umstände zu anderen – oder gleichen[140] – Bedingungen abgeschlossen hätte (§ 19 IV 1 VVG; **Nichtanzeige sog. »vertragsändernder Umstände«** im Gegensatz zu »vertragshindernden Umständen«, bei deren Kenntnis der Versicherer den Vertrag nicht geschlossen hätte). Die Darlegungs- und Beweislast für den Ausschlusstatbestand trägt der Versicherungsnehmer.[141] Er genügt seiner Darlegungslast, indem er auf die Annahmerichtlinien des Versicherers Bezug nimmt, die dann auf Anordnung des Gerichts nach § 142 I ZPO vom Versicherer vorzulegen sind.[142]

804 Wenn der Versicherer den Vertrag bei Kenntnis der nicht angezeigten Umstände zu anderen Bedingungen abgeschlossen hätte, sprechen die Interessen beider Parteien dafür, den Vertrag mit diesen »anderen Bedingungen« fortzusetzen. Deshalb kann der Versicherer verlangen, dass diese »anderen Bedingungen« nachträglich Vertragsinhalt werden (**Recht auf Vertragsanpassung**).[143] Der **Wirkungszeitpunkt** der Vertragsanpassung richtet sich nach dem Verschuldensgrad des Versicherungsnehmers (§ 19 IV 2 VVG). Die Vertragsanpassung erfolgt mit Zugang der Gestaltungserklärung des Versicherers rückwirkend auf den Vertragsschluss, es sei denn der Versicherungsnehmer hat die Pflichtverletzung – unstreitig oder von ihm bewiesen – nicht zu vertreten. In diesem Falle tritt die Vertragsanpassung rückwirkend mit Beginn der laufenden Versicherungsperiode in Kraft.[144]

805 Mit der Vertragsanpassung wird das angestrebte **Äquivalenzverhältnis von Versicherungsschutz und Prämie** entweder rückwirkend von Beginn des Vertrages oder rückwirkend von Beginn der laufenden Versicherungsperiode hergestellt. Die rückwirkende Vertragsänderung führt zur Leistungsfreiheit des Versicherers, wenn ein Versicherungsfall nach dem Wirkungszeitpunkt der Vertragsanpassung eingetreten ist und der Versicherer beweist, dass er bei Kenntnis des nicht angezeigten Gefahrumstands einen Risikoausschluss vereinbart hätte.[145]

---

139 RegE BT-Drucks. 16/3945 S. 65.

140 Siehe Rn. 801.

141 RegE BT-Drucks. 16/3945 S. 65.

142 So auch *Meixner/Steinbeck* Das neue Versicherungsvertragsrecht, 2008, § 1 Rn. 250; *Schimikowski* Rn. 190.

143 Umstritten ist, ob dem Versicherungsnehmer ein Wahlrecht (zum Beispiel zwischen Risikozuschlag oder Risikoausschluss) zustehen soll, wenn ihm der Versicherer bei Kenntnis des nicht angezeigten Umstandes ein solches Wahlrecht eingeräumt hätte. Dies bejahend: *Härle* in: Schwintowski/Brömmelmeyer, § 19 VVG Rn. 196; *Knappmann* in: Beckmann/Matusche-Beckmann, § 14 Rn. 110; *Langheid/Muschner* in: Langheid/Wandt, § 19 VVG Rn. 150. Ablehnend: *Knappmann* VRR 2007, 451, 452; *Rolfs* in: Bruck/Möller, § 19 VVG Rn. 146; wohl auch *Schimikowski* in: HK-VVG, § 19 VVG Rn. 29.

144 RegE BT-Drucks. 16/3945 S. 65.

145 Vgl. hierzu auch *Knappmann* in: Beckmann/Matusche-Beckmann, § 14 Rn. 112; *Marlow/Spuhl* S. 51; *Meixner/Steinbeck* Das neue Versicherungsvertragsrecht, 2008, § 1 Rn. 261; *Schimikowski/Höra* S. 126.

Vertiefung: Bemerkenswert ist, dass der fahrlässig handelnde Versicherungsnehmer, und zwar auch der grob fahrlässig handelnde – zumindest bei Nichteintritt eines Versicherungsfalls – im Ergebnis nicht schlechter gestellt wird, als der ordnungsgemäß handelnde Versicherungsnehmer. Wurde nämlich ein gefahrerheblicher Umstand (grob) fahrlässig nicht angezeigt und hätte der Versicherer den Vertrag bei Kenntnis dieses Umstands zu Bedingungen geschlossen, nach denen kein Versicherungsschutz bestanden hätte, steht der Versicherungsnehmer nicht anders, als wenn er die Anzeigepflicht ordnungsgemäß erfüllt hätte. Wäre nach den »anderen Bedingungen« Versicherungsschutz gewährt worden, aber zu einer höheren Prämien, so muss der (grob) fahrlässig handelnde Versicherungsnehmer die Prämie (lediglich) nachentrichten und steht im Ergebnis wiederum wie der ordnungsgemäß handelnden Versicherungsnehmer. Der Gesetzgeber sieht es offenbar als ausreichende Sanktion, dass der Versicherungsnehmer das Risiko der Fehleinschätzung seines Versicherungsschutzes trägt. Wenn der Versicherungsnehmer schuldlos gehandelt hat, trägt er dieses Risiko nur ab Beginn der laufenden Versicherungsperiode. 806

Fraglich ist, ob der Versicherer auf Grund eines Leistungsausschlusses, der rückwirkend Vertragsbestandteil geworden ist, auch dann leistungsfrei sein soll, wenn der Versicherungsnehmer nicht grob fahrlässig, sondern nur einfach fahrlässig bzw. schuldlos gehandelt hat. Dagegen spricht, dass zum Schutze des Versicherungsnehmers kein Rücktrittsrecht (mit Leistungsfreiheit für eingetretene Versicherungsfälle), sondern nur ein Kündigungsrecht (mit Leistungspflicht für eingetretene Versicherungsfälle) besteht, wenn der Versicherer den Vertrag bei Kenntnis des nicht angezeigten Umstands erst gar nicht geschlossen hätte (§ 19 III 1 VVG). Der schuldlos oder nur einfach fahrlässig handelnde Versicherungsnehmer wird mit der Beschränkung der Rechte des Versicherers auf die Kündigung also in seiner (fehlerhaften) Erwartung hinsichtlich des Versicherungsschutzes zu Lasten des Versicherers geschützt. Es erscheint nun widersprüchlich, den Versicherungsnehmer nicht in gleicher Weise zu schützen, wenn der Versicherer den Vertrag nicht gänzlich verweigert, sondern mit einem Risikoausschluss geschlossen hätte. Deshalb wird im Schrifttum vorgeschlagen, § 19 IV 2 VVG in der Weise teleologisch zu reduzieren, dass die nur einfach fahrlässige oder schuldlose Nichtanzeige eines vertragsändernden Umstandes, der bei seiner Anzeige zu einem Leistungsausschluss geführt hätte, diesen Leistungsausschluss nicht rückwirkend, sondern nur für die Zukunft nach sich zieht.[146] Dem ist im Ergebnis nicht zu folgen. Wenn nämlich der Versicherer den Vertrag überhaupt nicht geschlossen hätte, wird die Nichtanzeige immerhin dadurch sanktioniert, dass der Vertrag mit Monatsfrist beendet wird. Wenn der Versicherer den Vertrag dagegen, wenn auch mit einem Leistungsausschluss, abgeschlossen hätte, würde der einfach fahrlässig handelnde Versicherungsnehmer überhaupt nicht sanktioniert, wenn der Vertrag aufrechterhalten bliebe und der Leistungsausschluss nur für die Zukunft gelten würde. Auf diese Weise würde der einfach fahrlässig handelnde Versicherungsnehmer gegenüber dem ordnungsgemäß handelnden Versicherungsnehmer, der alle Gefahrumstände angezeigt hat und mit dem deshalb ein Risikoausschluss vereinbart wurde, bevorteilt. Dies würde nicht gerade zu Sorgfalt bei der Erfüllung der vorvertraglichen Anzeigepflicht ermutigen und spricht dagegen, die gesetzlichen Regelungen teleologisch zu reduzieren.[147] 807

146 So *Knappmann* in: Beckmann/Matusche-Beckmann, § 14 Rn. 112; *Marlow/Spuhl* S. 52.

147 Im Ergebnis ebenso *Neuhaus* r+s 2008, 47, 50 (unter Hinweis auf die Gesetzesbegründung, nach der bei unverschuldeter Anzeigepflichtverletzung »insbesondere« eine rückwirkende Prämienanpassung möglich sei); wohl auch *Schimikowski/Höra* S. 125, die auf einen gravierenden Wertungswiderspruch hinweisen, aber keine Korrektur fordern.

808 Der **Versicherungsnehmer** kann sich der Vertragsanpassung im Gegenzug durch **fristlose Kündigung** innerhalb eines Monats nach Zugang der Mitteilung des Versicherers für die Zukunft entziehen, wenn sich durch die Vertragsanpassung die Prämie um mehr als 10 % erhöht oder der Versicherer die Gefahrabsicherung für den nicht angezeigten Umstand ausschließt (§ 19 VI 1 VVG). Über dieses Kündigungsrecht hat der Versicherer den Versicherungsnehmer in der Mitteilung über die Vertragsanpassung zu belehren (§ 19 VI 2 VVG).[148]

cc) Weitere Voraussetzungen für alle Rechtsfolgen: Belehrungserfordernis und Nichtkenntnis des Versicherers

809 Sämtliche Rechtsfolgen des § 19 VVG setzen voraus, dass der Versicherer den Versicherungsnehmer durch gesonderte Mitteilung in Textform auf die Folgen einer Anzeigepflichtverletzung hingewiesen hat (§ 19 V 1 VVG; Beweislast beim Versicherer). Strittig ist, ob »gesonderte Mitteilung« ein eigenes Schriftstück erfordert – wie die Gesetzesbegründung zu § 6 III VVG durch Verweis auf die Begründung zu § 42c II VVG a.F. feststellt[149] – oder ob es genügt, dass der Hinweis von anderen Texten deutlich abgesondert ist[150]. Die Belehrung muss vor dem Zeitpunkt erfolgen, zu dem der Versicherungsnehmer die Anzeigepflicht zu erfüllen hat.

810 **Vertiefung:** In der Gesetzesbegründung heißt es, die **Belehrung** müsse so rechtzeitig vor Vertragsschluss erfolgen, dass der Versicherungsnehmer seine Anzeigepflicht noch erfüllen könne.[151] Diese Formulierung ist vage. Es sollte grundsätzlich nicht ausreichen, dass die Belehrung erst zu einem Zeitpunkt erteilt wird, nachdem der Versicherungsnehmer die ihm gestellten Fragen bereits beantwortet hat. Andererseits muss es dem Versicherer möglich sein, eine versäumte Belehrung bis zum Vertragsschluss nachzuschieben. Der Versicherer kann ja auch bis zu seiner Annahmeerklärung Fragen wiederholen oder neue Fragen stellen. Wenn der Versicherer die vor Antragstellung gestellten Fragen allerdings nicht wiederholt, sondern lediglich die Belehrung nachschiebt, wird man einen Hinweis darauf zu fordern haben, dass sich die Belehrung auch auf die Beantwortung derjenigen Fragen bezieht, die schon vor Zugang der Belehrung beantwortet wurden. Man kann gegen diese Forderung einwenden, ein »mitdenkender« Versicherungsnehmer müsse darauf von alleine kommen. Es gilt jedoch sicherzustellen, dass der Versicherungsnehmer, wenn er die ihm gestellten Fragen bereits beantwortet hat, die nachträgliche Belehrung zwingend auch darauf bezieht.

811 Die Rechte des Versicherers nach § 19 II–IV VVG sind ausgeschlossen, wenn der Versicherer den nicht angezeigten Gefahrumstand oder die Unrichtigkeit der Anzeige kannte (§ 19 V 2 VVG; Beweislast beim Versicherungsnehmer). Insoweit ist die Frage erheblich, unter welchen Voraussetzungen elektronisch gespeicherte Daten, auf die der Versicherer zugreifen kann, ihm als Gegenstand seines Wissens (§ 19 V 2 VVG) zuzurechnen sind (vgl. Rn. 400 ff.).[152]

---

148 RegE BT-Drucks. 16/3945 S. 66.

149 RegE BT-Drucks. 16/3945 S. 58 und RegE BT-Drucks. 16/1935 S. 24; ebenso *Neuhaus* r+s 2008, 47, 52; *Reusch* VersR 2007, 1313, 1320; *Funk* VersR 2008, 163, 166; *Rolfs* in: Bruck/Möller, § 19 VVG Rn. 115.

150 *Marlow/Spuhl* S. 54; *Rixecker* ZfS 2007, 369, 370; *Grote/Schneider* BB 2007, 2689; *Schimikowski/Höra* S. 125; *Leverenz* VersR 2008, 709; *Langheid/Muschner* in: Langheid/Wandt, § 19 VVG Rn. 160; *Schimikowski* in: HK-VVG, § 19 VVG Rn. 31.

151 RegE BT-Drucks. 16/3945 S. 66.

152 Vgl. zu § 16 III VVG a.F. BGHZ 123, 224 = VersR 1993, 1089 = NJW 1993, 2807; vgl. auch *Langheid/Muschner* in: Langheid/Wandt, § 19 VVG Rn. 167; *Rolfs* in: Bruck/Möller, § 19 VVG Rn. 119 ff.

d) Geltendmachung der Rechte durch den Versicherer

Der Versicherer muss die Rechte nach § 19 II bis IV VVG **schriftlich innerhalb eines Monats geltend machen**, nachdem er von der Verletzung der Anzeigepflicht Kenntnis erlangt hat (§ 21 I 1, 2 VVG). Entscheidend für den Fristbeginn ist der Zeitpunkt der Kenntniserlangung des Versicherers »von der Verletzung der Anzeigepflicht, die das von ihm geltend gemachte Recht begründet«. 812

In diesem Zusammenhang wirkt sich die komplizierte Abstufung der Rechte des Versicherers abhängig vom Verschuldensgrad des Versicherungsnehmers in der Weise aus, dass für jedes Recht eine eigenständige Monatsfrist laufen kann bzw. der Versicherer genötigt sein kann, **Rechte hilfsweise geltend zu machen.**[153] Ausgangspunkt ist stets die Kenntnis des Versicherers von dem objektiven Tatbestand einer Anzeigepflichtverletzung. Sie wird den Versicherer veranlassen, innerhalb der Monatsfrist den Rücktritt zu erklären. Denn der Vorsatz des Versicherungsnehmers ist nach der Gesetzessystematik keine vom Versicherer zu beweisende Rücktrittsvoraussetzung, sondern wird vermutet (und kann seitens des Versicherers kaum sicher ausgeschlossen werden). Sind dem Versicherer allerdings Umstände bekannt, die geeignet sind, Vorsatz und grobe Fahrlässigkeit des Versicherungsnehmers auszuschließen, muss der Versicherer – auch wenn er selbst Zweifel hat – in Rechnung ziehen, dass ein Gericht die vorgetragenen Umstände möglicherweise entsprechend bewertet. Der Versicherer ist in einem solchen Fall deshalb gut beraten, **hilfsweise zum Rücktritt die Kündigung zu erklären.**[154] Mit Kenntnis des Versicherers von Umständen, die geeignet sind, Vorsatz und grobe Fahrlässigkeit des Versicherungsnehmers auszuschließen, läuft jedenfalls die – eigenständige – Monatsfrist für die Kündigung nach § 19 III 2 VVG. Auch das Kündigungsrecht des Versicherers ist ausgeschlossen und wird durch ein Vertragsanpassungsrecht ersetzt, wenn der Versicherer den Vertrag auch bei Kenntnis der nicht angezeigten Umstände, wenn auch zu anderen Bedingungen, geschlossen hätte. Für diese Voraussetzung des Ausschlusstatbestandes trägt zwar der Versicherungsnehmer die Beweislast, ihr Vorliegen ist aber zugleich Voraussetzung für das Vertragsanpassungsrecht. Dem Versicherer ist deshalb in Zweifelsfällen zu raten, **hilfsweise zur Kündigung das Verlangen** geltend zu machen, den Vertrag rückwirkend auf den Vertragsschluss **anzupassen**, »hilfshilfsweise« rückwirkend auf den Beginn der laufenden Versicherungsperiode anzupassen. Entsprechendes gilt, wenn der Versicherungsnehmer Umstände darlegt, die jedenfalls den Vorsatz ausschließen sollen, und vorträgt, dass der Versicherer den Vertrag bei Kenntnis der dann nur noch grobfahrlässig nicht angezeigten Umstände zu anderen Bedingungen geschlossen hätte. Das »hilfsweise Geltendmachen« der Gestaltungsrechte ist trotz der grundsätzlichen Bedingungsfeindlichkeit von Gestaltungserklärungen zulässig, weil es nur um die rechtliche Bewertung den Parteien bekannter Umstände geht.[155] 813

Der Versicherer hat nach neuem Recht eine **Begründungspflicht**: Er hat die Gründe anzugeben, auf die er sein Recht stützt (§ 21 I 3 Hs. 1 VVG). Damit die schriftliche Erklärung des Versicherers nicht »überfrachtet« wird[156], ist er allerdings berechtigt, 814

153 Vgl. *Marlow/Spuhl* S. 57; *Rixecker* ZfS 2007, 371; *Reusch* VersR 2007, 1313, 1316.

154 Zur Möglichkeit der Umdeutung eines Rücktritts in eine Kündigung vgl. KG Berlin r+s 2000, 122; zustimmend *Prölss* in: Prölss/Martin, § 20 VVG a.F. Rn. 7; *Langheid* in: Römer/Langheid, §§ 16, 17 VVG a.F. Rn. 70; *Rolfs* in: Bruck/Möller, § 19 VVG Rn. 130; ablehnend *Knappmann* in: Beckmann/Matusche-Beckmann, § 14 Rn. 81.

155 *Marlow/Spuhl* S. 57.

156 RegE BT-Drucks. 16/3945 S. 66.

weitere Gründe seiner Erklärung **fristgebunden nachzuschieben** (§ 21 I 3 Hs. 2 VVG). Auf einen dem Versicherer bekannten, aber nicht oder nicht rechtzeitig angegebenen Umstand darf das Gestaltungsrecht des Versicherers nicht gestützt werden. Insoweit ist das Begründungserfordernis Wirksamkeitsvoraussetzung für die Ausübung des Gestaltungsrechts.[157]

815 Das Nachschieben setzt voraus, dass für *»diese die Frist nach Satz 1 nicht verstrichen ist«*. Insoweit ist unklar, ob sich das Wort *»diese«* auf die Erklärung über die Ausübung des Gestaltungsrechts oder auf den jeweiligen neuen, zur Begründung vorgetragenen Umstand bezieht. Zutreffend erscheint, ab Kenntnis von einem weiteren Umstand für diesen eine gesonderte Monatsfrist laufen zu lassen.[158] Der Versicherer, der beispielsweise am 1.3. eines Jahres von dem Tatbestand einer objektiven Anzeigepflichtverletzung Kenntnis erlangt, muss also innerhalb eines Monats schriftlich und begründet den Rücktritt erklären. Umstände, die er zu diesem Zeitpunkt kannte, aber in der Rücktrittserklärung nicht angegeben hat, kann er nur innerhalb dieser Monatsfrist nachschieben. Einen Umstand, den er aber beispielsweise erst am 1.5. des Jahres erfährt, kann er ab diesem Zeitpunkt innerhalb einer neuen Monatsfrist nachschieben. Aus Gründen der Klarheit ist zu fordern, dass der Versicherer deutlich macht, dass er den bereits erklärten Rücktritt nachträglich auch auf den später erfahrenen Umstand stützt. Eine solche Erklärung könnte auch als eigenständige Rücktrittserklärung aufgefasst werden, wenn man eine solche für jeden neu erfahrenen Umstand verlangt[159], obwohl der Versicherer den Rücktritt bereits wegen eines anderen Umstandes erklärt hat.

816 Die Rechte des Versicherers nach § 19 II bis IV VVG erlöschen nach Ablauf von fünf Jahren nach Vertragsschluss (**Ausschlussfrist**, § 21 III 1 Hs. 1 VVG). Hierdurch soll dem Versicherungsnehmer jedenfalls nach fünf Jahren die Sicherheit gegeben werden, dass der Vertrag mit dem vereinbarten Inhalt Bestand hat, also nicht mehr nach vielen Jahren rückabgewickelt oder rückwirkend angepasst wird, was zu unzumutbaren Belastungen des Versicherungsnehmers führen könnte.[160] Die Ausschlussfrist des § 21 III 1 Hs. 1 VVG gilt allerdings nicht für Versicherungsfälle, die vor Ablauf dieser Frist eingetreten sind (§ 21 III 1 Hs. 2 VVG). Andernfalls könnte der Versicherungsnehmer einen Versicherungsfall, für den der Versicherer auf Grund einer Anzeigepflichtverletzung nicht eintreten müsste, erst nach Fristablauf geltend machen und so den Versicherer wegen des Ausschlusses seiner Rechte nach § 19 II bis IV VVG zur Leistung verpflichten.[161] Bei Vorsatz oder Arglist des Versicherungsnehmers beträgt die Ausschlussfrist für die Rechte des Versicherers nach § 19 II bis IV VVG – wie nach § 124 III BGB für die Anfechtung wegen arglistiger Täuschung gem. § 123 BGB – zehn Jahre (§ 21 III 2 VVG).

157 Vgl. jedoch die offene Formulierung von *Rixecker* ZfS 2007, 369, 370 (»Begründung muss nicht zutreffen, damit die Erklärung wirksam ist, sie muss aber über eine bloße formelhafte Bezugnahme auf das Gesetz hinausgehen«); ihm folgend *Härle* in: Schwintowski/Brömmelmeyer, § 21 VVG Rn. 20.

158 A.A. *Langheid/Muschner* in: Langheid/Wandt, § 21 VVG Rn. 40 ff.; *Schimikowski* in: HK-VVG, § 22 VVG Rn. 7.

159 In diesem Sinne *Reusch* VersR 2007, 1313.

160 RegE BT-Drucks. 16/3945 S. 66.

161 Begründung des Rechtsausschusses des Bundestages BT-Drucks. 16/5862 S. 99.

e) Zurechnungsfragen

Versicherungsnehmer berufen sich häufig darauf, der **Versicherungsvertreter**, der den Abschluss des Vertrages vermittelt hatte, habe von einem anzeigepflichtigen Umstand gewusst (z.B. einer Vorerkrankung) und weitergehend, er habe dem Versicherungsnehmer sogar ausdrücklich davon abgeraten, diesen Umstand im Fragebogen des Versicherers zu nennen. Dieses Thema gehört in den allgemeinen Zusammenhang der Wissenszurechnung, der schon besprochen wurde (Rn. 400 ff.). Nach den §§ 69, 70, 72 VVG wird alles, was dem Vertreter – als **»Auge und Ohr des Versicherers«** – bekannt geworden ist, dem Versicherer als eigenes Wissen zugerechnet, sodass insoweit die Anzeigeobliegenheit des Versicherungsnehmers ordnungsgemäß erfüllt ist.[162] Gleiches gilt in der Personenversicherung für einen vom Versicherer eingeschalteten Arzt (»Erklärung vor dem Arzt«).[163] **817**

Für das Mitwirken von **Hilfspersonen auf Seiten des Versicherungsnehmers** gibt zunächst § 20 VVG die Regel vor, dass im Falle einer Vertretung auch die Kenntnis, die Arglist (vgl. zur Arglist § 21 II 2 und III 2 VVG) sowie Vorsatz und grobe Fahrlässigkeit des Vertreters dem Versicherungsnehmer schaden.[164] Im Übrigen gelten für die vorvertragliche Anzeigepflicht alle Regeln über »Obliegenheiten«, also auch die über die Zurechnung des Verhaltens von Hilfspersonen (Rn. 628 ff.). **818**

5. Gefahrerhöhung

a) Überblick und Systematik

Die Regeln über die **Erhöhung der Gefahr** für das versicherte Interesse finden sich in den **§§ 23 ff. VVG** (Einzelheiten zum Begriff Rn. 826 ff.).[165] Die Vorschriften sind halbzwingend (§ 32 VVG). **819**

Zur Illustration zunächst zwei **Beispielsfälle**: Generationenlang hatte ein feuerversichertes Haus auf der grünen Wiese gestanden – weshalb die Prämie niedrig war. Mit der Zeit änderten sich die Verhältnisse: Im Bebauungsplan der Gemeinde wurde der Ortsteil als »Mischgebiet« ausgewiesen. Gleich neben dem Versicherungsobjekt war eine Holzhandlung entstanden. Der Sohn des alten Hauseigentümers hatte sich am Waldrand eine Villa gebaut und wartete auf einen Käufer für das Grundstück seines Vaters. Um das Haus kümmerte er sich kaum noch, sodass es immer häufiger von Obdachlosen als Nachtquartier aufgesucht wurde. Eines Tages brannte das Haus ab. Der Feuerversicherer, jetzt auf Leistung in Anspruch genommen, lehnt jede Entschädigung ab. Er beruft sich auf Verletzung der Anzeigepflicht nach § 23 III VVG und **820**

---

162 Vgl. in diesem Sinne auch die zum VVG a.F. entwickelte »Auge und Ohr«-Rechtsprechung BGHZ 116, 387 = VersR 1992, 217 = NJW 1992, 828. Im Übrigen siehe die Nachweise zu Rn. 390; jedoch keine Zurechnung bei kollusivem Zusammenwirken von Versicherungsnehmer und Versicherungsvertreter (OLG Zweibrücken VersR 2004, 630). – Zu den Anforderungen an ein kollusives Zusammenwirken BGH VersR 2008, 765.

163 BGH VersR 2001, 620. Nach BGH VersR 2009, 529 bezieht sich die Zurechnung jedoch nur auf solches Wissen, welches der vom Versicherer eingeschaltete Arzt im Rahmen der Erklärung des Versicherungsnehmers erlangt hat. Kenntnisse des Arztes aus vorangegangenen Untersuchungen oder Behandlungen werden dem Versicherer hingegen nicht zugerechnet; a.A. noch OLG Celle ZfS 2008, 688, das eine allumfassende Zurechnung bejaht. Vgl. zur Problematik auch *Knappmann* VersR 2005, 199.

164 Vgl. RegE BT-Drucks. 16/3945 S. 66.

165 Vgl. insgesamt *Hahn* in: Beckmann/Matusche-Beckmann, § 20.

des Verbots der Gefahrerhöhung nach § 23 I VVG.[166] Oder: Ein Autofahrer reagiert erschrocken, als ein Reh plötzlich aus einem Getreidefeld über die Landstraße springt, und fährt gegen einen Baum. Er verlangt von seinem Fahrzeugversicherer Ersatz des Schadens. Dieser verweigert jede Zahlung, weil die Reifen des Autos völlig abgefahren waren und – so der Versicherer – es mit ordentlichen Reifen ohne weiteres gelungen wäre, den Wagen vor dem Baum zum Stehen zu bringen.

821 In den Beispielsfällen hat sich die Gefahrenlage nach Vertragsabschluss verändert. Die Prämienhöhe entsprach nicht (mehr) der Höhe des Risikos für das versicherte Interesse. Der Feuerversicherer des Hauses konnte bei der ersten Berechnung der Prämie von einem ständig bewohnten Haus in einiger Entfernung von jedem feuergefährlichen Betrieb ausgehen, der Fahrzeugversicherer von einem fahrtüchtigen Auto. Der Fahrzeugversicherer hätte die Deckung überhaupt nicht, der Feuerversicherer nur gegen höhere Prämie übernommen, wenn er diese Entwicklung vorausgesehen hätte, und der Versicherungsnehmer hätte sich darauf redlicherweise einlassen müssen.

822 Es wurde bereits ausgeführt (Rn. 780), dass die Veränderung der Gefahrenlage nach allgemeinen schuldrechtlichen Regeln Fälle der Veränderung der Geschäftsgrundlage sein können, dass aber die **§§ 23 ff. VVG** für das Versicherungsvertragsrecht Sonderregeln geben.[167] Es geht wie so häufig im Versicherungsvertragsrecht um die Wahrung des vereinbarten Äquivalenzverhältnisses von Leistung (Versicherungsschutz) und Gegenleistung (Prämie). Der Versicherungsnehmer soll das Äquivalenzverhältnis nicht zu Lasten des Versicherers verändern, indem er die Gefahr erhöht oder zulässt, dass sie von Dritten erhöht wird. Und bei einer unabhängig von seinem Willen eingetretenen Gefahrerhöhung, soll er den Versicherer davon in Kenntnis setzen. Man spricht (wenig deutlich) von **»Gefahrstandspflichten«**. Systematisch handelt es sich dabei um – praktisch sehr bedeutsame – **gesetzliche Obliegenheiten** (hierzu allgemein Rn. 531, 555). Wenn der Versicherungsnehmer eine Obliegenheit aus § 23 VVG verletzt hat, geht es darum, die infolge der Gefahrerhöhung eingetretene Störung des Äquivalenzverhältnisses zu korrigieren. Wie auch in anderem Zusammenhang geht es einerseits um die Frage der Leistungspflicht des Versicherers für einen bereits eingetretenen Versicherungsfall und andererseits um die Frage des Schicksals des Vertrages als Ganzes. Der Versicherer ist für einen Versicherungsfall **leistungsfrei**, soweit dieser oder der Umfang der Eintrittspflicht des Versicherers auf der Gefahrerhöhung beruht. Er kann – bzw. muss, um Leistungsfreiheit zu erlangen – das Vertragsverhältnis durch **Kündigung** beenden oder durch **Vertragsanpassung (Prämienerhöhung oder Risikoausschluss)** Leistung und Gegenleistung wieder ins Lot bringen.

823 Wie die Regelungen über die vorvertragliche Anzeigepflicht gehören auch die Regelungen zur Gefahrerhöhung zu den **Kernbereichen der am 1.1.2008 in Kraft getretenen Reform des VVG.** Grund war auch hier, dass einzelne Regelungen im alten VVG den Versicherungsnehmer übermäßig belasteten und deshalb modernem Ver-

166 Vgl. zur Gefahrerhöhung in der Feuerversicherung *Johannsen/Johannsen* in: Bruck/Möller, Feuerversicherung, 8. Aufl., Anm. G 24 ff.; *Wussow* VersR 2001, 678.

167 Zum VVG a.F. vgl. *Terbille* r+s 2001, 1; zur bewegten Entstehungsgeschichte vgl. *Weyers*, 2. Aufl. 1995, Rn. 511 sowie Motive zum VVG S. 302 ff. – Aufschlussreiche Kritik zur Regelung der Gefahrerhöhung in den Entwürfen zum VVG 1908 findet sich schon bei *Hupka* Gegenentwurf eines Gesetzes über den Versicherungsvertrag, 1908, S. 53. Dieses Werk ist leider nicht leicht greifbar, für ein tieferes Verständnis des VVG allgemein aber nützlicher als manche neuere Publikation.

braucherschutz nicht mehr entsprachen, insbesondere die Leistungsfreiheit auch bei einfacher Fahrlässigkeit. Außerdem war die Regelungssystematik im alten VVG »nach einhelliger Ansicht rechtssystematisch missglückt und daher äußerst schwierig zu verstehen«.[168]

Die **Neuregelung** verbessert die Gesetzestransparenz deutlich (was bei der vorvertraglichen Anzeigepflicht leider nicht gelungen ist, Rn. 798). In § 23 VVG (i.V.m. § 27 VVG) werden zunächst die unterschiedlichen Tatbestände einer Gefahrerhöhung festlegt. In den §§ 24 bis 26 VVG werden sodann die unterschiedlichen Rechtsfolgen (Kündigung, Vertragsanpassung und Leistungsfreiheit) voneinander getrennt und inhaltlich in Anlehnung an die allgemeinen Grundsätze von Obliegenheitsverletzungen geregelt.[169] **824**

Sonderregeln zu den §§ 23 ff. VVG gelten für die laufende Versicherung (§ 57 VVG), die Transportversicherung (§ 132 VVG), die Lebensversicherung (§ 158 VVG), die Berufsunfähigkeitsversicherung (§§ 158, 176 VVG) und die Unfallversicherung (§ 181 VVG). **Auf die Krankenversicherung finden die §§ 23 bis 27 VVG keine Anwendung** (§ 194 I 2 VVG). Die mit dem Älterwerden verbundenen stetigen Gefahränderungen sind hier bereits bei der Kalkulation der Ausgangsprämie berücksichtigt bzw. werden über Prämienerhöhungen ausgeglichen. **825**

b) Begriff der Gefahrerhöhung

Das Gesetz definiert den Begriff der Gefahrerhöhung nicht. Es macht in § 27 VVG lediglich deutlich, dass eine unerhebliche Erhöhung der Gefahr für die Anwendung der gesetzlichen Vorschriften über die Gefahrerhöhung nicht genügt. Die Bedeutung des Begriffs »Gefahrerhöhung« ergibt sich im Ausgangspunkt aus dem Sinn des Versicherungsvertrages: Es müssen sich wesentliche Umstände so verändert haben, dass nunmehr die Beanspruchung des Versicherers wahrscheinlicher wird, als beim Abschluss des Vertrages angenommen. Wann ist dies der Fall? Hauptsächlich natürlich, wenn der Versicherungsfall jetzt leichter eintreten kann (mit abgenutzten Reifen wird ein Fahrzeug schneller in einen Unfall verwickelt, **»Erhöhung der Grundgefahr«**); aber auch schon, wenn das Ausmaß des möglichen Schadens sich erhöht hat (wird ein Haus auf längere Zeit verlassen, kann ein Wasserrohrbruch schlimmere Folgen haben, **»Erhöhung der Schadenauswirkungsgefahr«**); schließlich, wenn auch nur die Beanspruchung des Versicherers wahrscheinlicher wird (Verurteilung des Versicherungsnehmers wegen Versicherungsbetruges, **»Erhöhung der Vertragsgefahr«**). **826**

Nun verändern sich die gefahrrelevanten Umstände in gewissem Rahmen ständig. Z.B. hängt das von der Haftpflichtversicherung gedeckte Risiko vom wechselnden Stand der Rechtsprechung zu vielen Streitfragen des Haftpflichtrechts ab. Ein Einbruchdiebstahl ist zu bestimmten Tageszeiten wahrscheinlicher als zu anderen, oder im Urlaub oder bei einem Krankenhausaufenthalt des Wohnungsinhabers usw. Es ist nun aber nicht der Sinn einer Versicherung, dass ihr Schutz bei jeder nachteiligen Veränderung in Frage gestellt wird. Vielmehr kommt es darauf an, ob ein bestimmter Risikorahmen, mit dem der Versicherer rechnen musste, verlassen wird. Nach den allgemeinen Regeln muss man versuchen, aus den Umständen des Vertragsschlusses auf das zu schließen, wovon die Parteien (gemeinsam) als Geschäftsgrundlage ausgegangen sind. Die ältere Rechtsprechung fragte, »ob die Veränderungen allgemein **827**

168 Vgl. *Weyers/Wandt* Versicherungsvertragsrecht, 3. Aufl., Rn. 264.
169 RegE BT-Drucks. 16/3945 S. 67.

nach den den Betrieb des betreffenden Versicherungszweiges beherrschenden Anschauungen dem Versicherer vernünftigerweise hätte Anlass bieten können, die Versicherung aufzuheben oder nur gegen erhöhte Prämie fortzusetzen«.[170] Der BGH hält in neueren Urteilen – was im Ergebnis keinen Unterschied macht[171] – für **maßgebend, ob der Versicherer den Vertrag nicht oder nicht mit diesem Inhalt, jedenfalls nicht zur vereinbarten Prämie, abgeschlossen hätte.**[172] Dieses Begriffsverständnis knüpft an die Regelung des **§ 27 VVG** an. Nach dieser Vorschrift ist eine Gefahrerhöhung nicht relevant, wenn nach den »Umständen« als vereinbart anzusehen ist, dass die Gefahrerhöhung mitversichert sein soll. Es kommt also auf die begründeten Erwartungen der Versicherungskunden an.[173]

828 Die Ausführungen zum Begriffsverständnis machen deutlich, dass es nicht um eine Definition des isolierten Begriffes geht. Denn auch eine unerhebliche oder nach den Umständen als mitversichert anzusehende Gefahrerhöhung ist eine Gefahrerhöhung. Es geht vielmehr darum, den Begriff mit Blick auf die Anwendbarkeit der Regelungen über die Gefahrerhöhung eingrenzend zu beschreiben.

829 Aus § 27 VVG und aus § 23 II VVG, der eine Anzeige an den Versicherer voraussetzt, kann man entnehmen, dass für den Deckungsverlust infolge **Gefahrerhöhung** noch etwas anderes erforderlich ist, nämlich ein **Moment der Dauer**. Für die Gefahrerhöhung ist erforderlich, »dass der bisherige Gefahrenstand in einen neuen Zustand vertauscht wird, derart, dass nunmehr in ihm die Gefahr »stehen« zu bleiben oder zu ruhen geeignet ist, dass also die Gefahrenlage auf ein neues, höheres Niveau emporsteigt, auf dem sie sich ebenso wie auf dem bisherigen stabilisieren und die Grundlage eines neuen, natürlichen Gefahrenverlaufs bilden kann«.[174] So sehr solche Sätze zu Betrachtungen über die Bildersprache von Juristen reizen, bleiben wir streng beim Thema: Eine Rechtfertigung für dieses Moment der »Dauereignung« des veränderten Zustands lässt sich in den berechtigten Interessen des Versicherungsnehmers finden. Der Versicherungsnehmer kann in vielen Fällen berechtigterweise erwarten, dass eine kurzfristige Veränderung der Gefahr keine für ihn negativen Rechtsfolgen auslöst. Dies gilt beispielsweise für das kurzfristige Verlassen der Wohnung, ohne die zugezogene Haustür abzuschließen[175], oder für die während eines Ehestreits ausgesprochene Drohung des Ehemannes mit der Sprengung des versicherten Hauses[176], die deshalb keine Anzeigeobliegenheit der Ehefrau als Versicherungsnehmerin gegenüber ihrem Versicherer begründet. Anderenfalls wäre wegen sich ständig ändernder Gefahrumstände die Erwartung des Versicherungsnehmers an Versicherungsschutz ständig gefährdet (und der Versicherer könnte sich vor Anzeigen des Versicherungsnehmers nicht mehr retten).

830 Das Merkmal der Dauer des erhöhten Gefahrzustandes ist in vielen Fällen ein taugliches Kriterium, um von vornherein in den Versicherungsschutz eingeschlossene Gefahrveränderungen von solchen Gefahrerhöhungen abzugrenzen, die eine Vertrags-

170 RGZ 73, 361; weitere Nachweise bei *Prölss* in: Prölss/Martin, § 23 VVG a.F. Rn. 14 sowie *Wrabetz/Reusch* in: Langheid/Wandt, § 23 VVG Rn. 21 f.

171 So zu Recht *Prölss* in: Prölss/Martin, § 23 VVG a.F. Rn. 15.

172 Z.B. zum VVG a.F. BGHZ 79, 156 = VersR 1981, 245 = NJW 1981, 926; BGH VersR 2005, 218.

173 So die Rspr. zum VVG a.F., vgl. BGHZ 42, 295; OLG Köln VersR 2001, 580 (Keine relevante Gefahrerhöhung durch einen Umzug in eine Wohnung über einer Schreinerei).

174 Vgl. BGHZ 7, 311.

175 LG Hamburg VersR 1984, 752.

176 BGH VersR 1999, 484.

anpassung oder Vertragsbeendigung sowie Leistungsfreiheit des Versicherers rechtfertigen können. Man muss in diesem Zusammenhang auch beachten, dass kurzfristige Gefahrerhöhungen, wenn sie den Versicherungsfall herbeiführen, gem. § 81 VVG zur Leistungsfreiheit des Versicherers führen können. Wie noch zu zeigen ist, sind die Voraussetzungen für Leistungsfreiheit aufgrund Gefahrerhöhung oder Herbeiführung des Versicherungsfalles im neuen VVG weitgehend die gleichen (vollständige Leistungsfreiheit bei Vorsatz und Quotelung bei grober Fahrlässigkeit). Mit Blick auf die Frage der Leistungsfreiheit des Versicherers besteht also kein Grund, mit den §§ 23 ff. VVG auch kurzfristige Gefahrerhöhungen zu erfassen.[177] Andererseits besteht auch kein Grund für eine Kündigung oder Anpassung des Vertrages gem. den §§ 24 und 25 VVG, wenn eine kurzfristige Gefahrerhöhung nicht zum Versicherungsfall führt.

Ein wichtiges **Abgrenzungsproblem** stellt sich jedoch **hinsichtlich § 103 VVG**, der 831
Regelung über die **Herbeiführung des Versicherungsfalles** in der Haftpflichtversicherung. Denn danach ist der Versicherer nur leistungsfrei, wenn der Versicherungsnehmer den Versicherungsfall *vorsätzlich* herbeigeführt hat. Grobe Fahrlässigkeit schadet dagegen nicht, anders als bei der Gefahrerhöhung nach § 26 VVG (Einzelheiten dazu bei der Behandlung der Rechtsfolgen Rn. 840 ff.). Nehmen wir, um nicht auf die Sonderprobleme der Kfz-Haftpflichtversicherung eingehen zu müssen, als Beispiel einen Radfahrer, der eine allgemeine (»Privat-«) Haftpflichtversicherung hat. Der Radfahrer ist nach einem ausgiebigen Kneipenbesuch angetrunken und verursacht durch einen Schlenker beim Fahren den Zusammenstoß zweier Autos. Kann sich nun, wenn es um die Deckung der gegen ihn gerichteten Haftpflichtansprüche geht, sein Versicherer auf eine Gefahrerhöhung berufen, die schon mit dem Losfahren vorgenommen wurde? Nein, würden die Gerichte in Übereinstimmung mit der h.M. sagen.[178] Wenn nämlich § 103 VVG den Versicherungsschutz erst bei vorsätzlicher Herbeiführung des Haftpflichtfalles entfallen lässt, dann kann der Versicherungsnehmer ihn nicht schon bei grob fahrlässiger Ingangsetzung einer zum Versicherungsfall führenden Ursachenkette (entsprechend der Schwere der groben Fahrlässigkeit teilweise) verlieren. Auch um dies auszuschließen, hat die Rechtsprechung das Moment der Dauer des neuen Gefahrszustandes geschaffen. Eine Gefahrerhöhung wird demgemäß verneint, wenn sich jemand angetrunken oder unter einmaligem Medikamenteneinfluss in den Straßenverkehr begibt oder wenn ein Fahrzeug trotz eines technischen Mangels, beispielsweise mit defekten Bremsen oder abgefahrenen Reifen, nur kurzfristig im Straßenverkehr benutzt wird.[179]

Übrigens: Diese Rechtsprechung hat früher dazu geführt, dass auch einem betrunke- 832
nen Kraftfahrer der Haftpflichtversicherungsschutz in vollem Umfang erhalten blieb. Dies hat sich durch den Erlass der KfzPflVV für die obligatorische Kfz-Haftpflichtversicherung geändert. § 5 I Nr. 5 KfzPflVV gibt dem Versicherer die – in D.2.1 i.V.m. D.3 AKB 2008 wahrgenommene – Möglichkeit, dem Versicherten den Erhalt seiner Fahrtüchtigkeit frei von Rauschmitteln als Obliegenheit aufzuerlegen.

177 Die zum alten Recht durchaus berechtigten Bedenken dagegen, in kurzfristigen Erhöhungen keine relevante Gefahrerhöhung zu sehen (vgl. *Langheid* in: Römer/Langheid, §§ 23–25 VVG a.F. Rn. 21 f.), sind also wegen der Angleichung der Rechtsfolgen im neuen Recht obsolet. Vgl. auch *Wrabetz/Reusch* in: Langheid/Wandt, § 23 VVG Rn. 36.

178 St.Rspr. zum VVG a.F. seit BGHZ 7, 311 = VersR 1972, 387; kritisch *Prölss* in: Prölss/Martin, § 23 VVG a.F. Rn. 12.

179 Vgl. BGHZ 50, 385 = VersR 1968, 1153 = NJW 1969, 42; BGHZ 50, 392 = VersR 1968, 1131 = NJW 1969, 44; BGH VersR 1990, 80.

833 Für die Feststellung einer zur Anwendung der §§ 23 bis 26 VVG führenden Gefahrerhöhung, kommt es nach deren Sinn, ein Ungleichgewicht zwischen Versicherungsschutz und Prämie auszugleichen, darauf an, dass sich die **Gefahr insgesamt erhöht** hat. Eine (relevante) Gefahrerhöhung liegt daher nicht vor, wenn die Wahrscheinlichkeit eines Schadens sich zwar durch die Veränderung eines Umstands erhöht, durch Veränderung eines anderen aber auch wieder mindert, sodass die Wahrscheinlichkeit eines Versicherungsfalls im Ergebnis nicht nennenswert verändert wird.[180] Man spricht von **»Gefahrkompensation«**. Einzelheiten dazu sind streitig. Zur Illustration: Man weiß, dass die Einbruchsgefahr sich schlagartig erhöht, wenn an einem mehrstöckigen Gebäude ein Gerüst für Bauarbeiten hochgezogen wird, und erst recht, wenn dieses durch Schutzfolien abgedeckt wird. Also bedeutet dergleichen eine Gefahrerhöhung für den Einbruchdiebstahlversicherer. Wie aber, wenn der Inhaber einer Pelzhandlung, die sich in dem Gebäude befindet, eben deswegen eigens einen Nachtwächter eingestellt hat?[181] Kommt es darauf an, dass – wie im Pelzhändlerbeispiel – gerade der gefahrerhöhende Umstand durch einen anderen neutralisiert wird[182] oder genügt es, wenn der Erhöhung der Gefahr aus einer Richtung eine Verringerung der Gefahr aus einer anderen Richtung gegenübersteht? Wenn also eine Diskothek aufgegeben wurde und das Gebäude von Unbefugten benutzt wird, sich damit die Feuergefahr erhöht – wird das dadurch ausgeglichen, dass immerhin der nach allen Erfahrungen sehr feuergefährliche Diskothekenbetrieb nicht mehr darin stattfindet? Der BGH stellt darauf ab, dass sich die Schadenswahrscheinlichkeit tatsächlich insgesamt im Ergebnis nicht erhöht hat.[183] Dem ist zuzustimmen. Denn eine scharfe Unterscheidung zwischen den alternativen Fallgruppen ist ohnehin nicht möglich, und schließlich kommt es nur darauf an – das allerdings! – ob sich das Verhältnis von Prämie und Gesamtrisiko verändert hat (vgl. Rn. 821).[184]

834 Eigentlich eine Selbstverständlichkeit ist, dass eine Gefahrerhöhung nicht vorliegt, wenn das versicherte Interesse einer völlig anderen Gefahr ausgesetzt wird, als im Versicherungsvertrag vorgesehen. Man spricht oft von **»Gefahrwechsel«** oder **»Gefahränderung«**: Der Berufshaftpflichtversicherte wechselt seinen Beruf, ein als Wohnhaus versichertes Gebäude wird in eine Fabrik umgewandelt. Hier ist die Rechtsfolge sehr einfach festzustellen: Eine Deckung gegen die neue, andersartige Gefahr war nicht vereinbart.[185] Schwierig kann allenfalls die Ermittlung des genauen Vertragsinhalts sein. Ist – wie in den Beispielen – gleichzeitig mit dem Entstehen der neuen Gefahr die ursprüngliche, zum Gegenstand des Vertrages gemachte Gefahr weggefallen, dann richtet sich das Schicksal des Vertrages danach, ob damit auch ein Interessenwegfall gegeben ist (§ 80 II VVG, Rn. 708 ff.).

180 Vgl. z.B. OLG Hamm VersR 1999, 1409 (keine Gefahrkompensation durch leichtes Beheizen eines leerstehenden Gebäudes, wenn die wasserführenden Leitungen während der Wintermonate nicht entleert sind); BGH VersR 2005, 218.

181 BGH VersR 1975, 845 = NJW 1975, 1841.

182 So *Honsell* VersR 1981, 1094, 1096.

183 BGH VersR 2005, 218; BGHZ 79, 156 = VersR 1981, 245 = NJW 1981, 926; OLG Hamm VersR 1999, 1409; ebenso *Hahn* in: Beckmann/Matusche-Beckmann, § 20 Rn. 24; *Wrabetz/Reusch* in: Langheid/Wandt, § 23 VVG Rn. 40; *Karczewski* in: HK-VVG, § 23 VVG Rn. 18; *Matusche-Beckmann* in: Bruck/Möller, § 23 VVG Rn. 11.

184 So z.B. BGH VersR 1990, 881.

185 Natürlich kann anderes, nämlich die Deckung neu auftauchender Risiken, im Voraus vereinbart werden, vgl. Nr. 3.1 (3), Nr. 4 AHB 2008 sowie Rn. 1026.

Zusammenfassend kann man also – mit aller Vorsicht, die nach den vorangegangenen Ausführungen angebracht ist – wie folgt definieren: Eine Gefahrerhöhung ist gegeben, wenn sich nach Abgabe der Vertragserklärung des Versicherungsnehmers (dazu Rn. 836) die tatsächlichen gefahrerheblichen Umstände, wie sie bei Vertragsschluss vorausgesetzt wurden, auf eine gewisse Dauer angelegt so verändern, dass sich die Wahrscheinlichkeit einer Verwirklichung des Risikos derart erhöht, dass der Versicherer den Vertrag nicht oder nicht mit diesem Inhalt abgeschlossen hätte. 835

c) Maßgebender Zeitpunkt

Die Obliegenheit nach § 23 I VVG beginnt nach **Abgabe der Vertragserklärung des Versicherungsnehmers**, also regelmäßig ab dessen Antragserklärung.[186] Bis zur Abgabe der Vertragserklärung sind die Gefahrumstände nur Gegenstand der vorvertraglichen Anzeigepflicht nach §§ 19 ff. VVG, die strenger sanktioniert ist als die Gefahrstandspflicht (Rn. 798 ff.). Zu einer parallelen Anwendung der §§ 19 ff. VVG und der §§ 23 ff. VVG kommt es nur, wenn der Versicherer noch nach Antragstellung durch den Versicherungsnehmer Fragen über Gefahrumstände stellt (§ 19 I 2 VVG) und nach Antragstellung eine Gefahrerhöhung eingetreten ist.[187] 836

d) Obliegenheiten des Versicherungsnehmers

§ 23 VVG statuiert drei (gesetzliche) Obliegenheiten des Versicherungsnehmers: Der Versicherungsnehmer darf (nach Abgabe seiner Vertragserklärung ohne Einwilligung des Versicherers) keine Gefahrerhöhung selbst vornehmen oder deren Vornahme durch einen Dritten gestatten (**Verbot einer »bewussten subjektiven Gefahrerhöhung«, Abs. 1**). Wenn der Versicherungsnehmer zu einem späteren Zeitpunkt erkennt, dass er eine Gefahrerhöhung unbewusst selbst vorgenommen oder die Gefahrerhöhung durch einen Dritten unbewusst gestattet hat, muss er die Gefahrerhöhung dem Versicherer »unverzüglich« (§ 121 I BGB) anzeigen (**Anzeigepflicht bei Erkennen einer »unbewussten subjektiven Gefahrerhöhung«, Abs. 2**).Wenn der Versicherungsnehmer Kenntnis davon erlangt, dass nach Abgabe seiner Vertragserklärung eine Gefahrerhöhung unabhängig von seinem Willen eingetreten ist, muss er auch diese Gefahrerhöhung dem Versicherer unverzüglich anzeigen (**Anzeigepflicht bei Erkennen einer »objektiven Gefahrerhöhung«, Abs. 3**).[188] Hiervon werden sowohl Gefahrerhöhungen durch Dritte als auch durch Naturgewalten oder Witterungseinflüsse (Blitz beschädigt ein Stromkabel und erhöht dadurch die Feuergefahr)[189] erfasst.[190] 837

---

186 RegE BT-Drucks. 16/3945 S. 67.

187 Vgl. *Wrabetz/Reusch* in: Langheid/Wandt, § 23 Rn. 104 ff. § 23 I VVG a.F. stellte für die Gefahrerhöhung auf den Vertragsschluss ab. Über § 29a VVG a.F. wurde dieser Zeitpunkt aber ebenfalls auf die Stellung des Antrags durch den Versicherungsnehmer vorverlagert. Nach der amtlichen Begründung zur Verordnung von 1939, mit der § 29a VVG a.F. in das Gesetz eingefügt wurde, abgedruckt in Motive zum VVG S. 642, sollten bezüglich einer Gefahrerhöhung nach Antragstellung ausschließlich die §§ 23 ff. VVG a.F. maßgebend sein; ebenso *Prölss* in: Prölss/Martin, § 29a VVG a.F. Rn. 1; dagegen für parallele Anwendung der §§ 16 ff. und §§ 23 ff. VVG a.F. *Langheid* in: Römer/Langheid, § 29a VVG a.F. Rn. 2.

188 Vgl. zu § 27 II VVG a.F. (entspricht § 23 III VVG) BGH VersR 1999, 484 (Drohung des Ehemannes mit Sprengung des versicherten Hauses als anzeigepflichtige Gefahrerhöhung, wenn erkennbar ist, dass die Drohung nicht nur vorübergehender Natur ist); vgl. ferner OLG Hamm VersR 1996, 448 (Leistungsfreiheit der Kfz-Kaskoversicherung bei Entwendung des versicherten Fahrzeugs wegen Nichtanzeige der Gefahrerhöhung).

189 Bekanntes historisches Beispiel: OLG Stettin JRPV 1928, 247.

190 Vgl. LG Köln VersR 2004, 636 (zur Kündigung des Versicherungsvertrages wegen den Ereignissen des 11. September 2001) sowie *Beckmann* ZIP 2002, 1125.

838 Das Gesetz unterscheidet also Gefahrerhöhungen, die mit **Willen des Versicherungsnehmers** erfolgen und sich deshalb als **subjektive Gefahrerhöhungen** bezeichnen lassen, und Gefahrerhöhungen **»unabhängig von seinem Willen«**, die als **objektive Gefahrerhöhungen** bezeichnet werden. Innerhalb der Gruppe der subjektiven Gefahrerhöhungen wird unterschieden zwischen solchen, die der Versicherungsnehmer **bewusst vornimmt oder gestattet**, und solchen, die er **unbewusst vorgenommen oder gestattet hat und dies nachträglich erkennt**. Die zuletzt genannte Fallgruppe spielt in der Praxis keine große Rolle, weil die erforderliche Kombination von zunächst unbewusst vorgenommener oder gestatteter, später erkannter und schuldhaft nicht angezeigter Gefahrerhöhung nur äußerst selten vorkommt.[191]

839 Problematisch ist, ob und wann aus einer von außen kommenden Gefahrerhöhung, die unabhängig vom Willen des Versicherungsnehmers eingetreten ist, eine Obliegenheit des Versicherungsnehmers zur Rückführung auf den alten Gefahrenstand erwächst. Illustration an den Beispielsfällen von Rn. 820: Der Bau der Holzhandlung in der Nachbarschaft des feuerversicherten Hauses verstieß gegen nachbarschaftsrechtliche Vorschriften und der Versicherungsnehmer hätte rechtlich dagegen vorgehen können. Oder im Autoreifen-Fall: Die abgefahrenen Autoreifen schrien förmlich nach Austausch. Aus anderen Rechtsgebieten kennt man den Begriff der **»Begehung durch Unterlassen«** (wenn nämlich eine Handlungspflicht besteht). In unserem Zusammenhang muss die Antwort so ausfallen, dass einerseits der Versicherungsschutz nicht entwertet, andererseits aber auch dem Versicherer nicht ein Risiko überdurchschnittlicher Sorglosigkeit des Versicherungsnehmers aufgebürdet wird.[192] Die bisherige Rechtsprechung, die eine Gefahrerhöhung durch Unterlassen weitgehend ablehnt, hat noch keine überzeugende Linie gefunden.[193] Der richtige Maßstab dürfte wie sonst durch die Frage gegeben werden, wie sich jemand verhalten hätte, der nicht versichert war. Der Reformgesetzgeber hat sich zu dieser Streitfrage nicht geäußert. – Auch hier wird die Bedeutung dadurch abgemildert, dass die maßgeblichen Verschuldensgrade für eine vollständige oder teilweise Leistungsfreiheit bei Gefahrerhöhung und Herbeiführung des Versicherungsfalles übereinstimmen.

e) Rechtsfolgen von Gefahrerhöhungen

aa) Überblick

840 Die §§ 24 bis 26 VVG regeln die Rechtsfolgen »Kündigung«, »Vertragsanpassung« und »Leistungsfreiheit« inhaltlich in Anlehnung an die allgemeinen Grundsätze von Obliegenheitsverletzungen (Rn. 568 ff.). Im Vordergrund der Rechtsfolgen steht das **Kündigungsrecht** des Versicherers. Das **Vertragsanpassungsrecht** des Versicherers

191 *Wrabetz/Reusch* in: Langheid/Wandt, § 23 VVG Rn. 85; *Langheid* in: Römer/Langheid, §§ 23–25 VVG a.F. Rn. 50.

192 Vgl. zum neuen Recht *Loacker* in: Schwintowski/Brömmelmeyer, § 23 VVG Rn. 90 ff. (Gefahrerhöhung durch Unterlassung sei grundsätzlich vorstellbar, aber sehr zurückhaltend zu bejahen); ablehnend *Matusche-Beckmann* in: Bruck/Möller, § 23 VVG Rn. 24; *Hahn* in: Beckmann/Matusche-Beckmann, § 20 Rn. 14; *Karczewski* in: HK-VVG, § 23 VVG Rn. 19. Einen guten Überblick über den Streitstand geben *Wrabetz/Reusch* in: Langheid/Wandt, § 23 VVG Rn. 60, die die Problematik des Unterlassens vielmehr zur Herbeiführung des Versicherungsfalles nach § 81 VVG verorten und die Möglichkeit einer Herbeiführung durch Unterlassen bejahen (Rn. 66).

193 Vgl. z.B. BGH VersR 1987, 653 = NJW 1987, 2443 (ablehnend); dagegen die Möglichkeit einer Gefahrerhöhung durch Unterlassen bejahend die Vorinstanz OLG Frankfurt VersR 1985, 825; aus der neueren Rechtsprechung z.B. OLG Celle VersR 2005, 640 m.w.N. Kritisch *Langheid* in: Römer/Langheid, §§ 23–25 VVG a.F. Rn. 24 ff.; vgl auch *Prölss* in: Prölss/Martin, § 23 VVG a.F. Rn. 38 f.

besteht nur *anstelle* einer Kündigung, das heißt die Voraussetzungen einer Kündigung müssen auch hierfür vorliegen. Auch die **Leistungsfreiheit** ist mittelbar im Wege des Ausschlusstatbestandes des § 26 III Nr. 2 VVG mit der Kündigung verknüpft. Der Versicherer ist nämlich nicht leistungsfrei, wenn zur Zeit des Eintritts des Versicherungsfalles die Frist für die Kündigung des Versicherers abgelaufen und eine Kündigung nicht erfolgt war.

Die Regelungen über die Rechtsfolgen unterscheiden zwischen der Verletzung einer Obliegenheit nach § 23 I VVG (Verbot einer »bewussten subjektiven Gefahrerhöhung«) sowie der Verletzung der Obliegenheiten nach § 23 II oder III VVG (Abs. 2: Anzeigepflicht bei Erkennen einer »unbewussten subjektiven Gefahrerhöhung« und Abs. 3: Anzeigepflicht bei Erkennen einer »objektiven Gefahrerhöhung«). Die nachträglich erkannte »unbewusste subjektive Gefahrerhöhung« (§ 23 II VVG) und die »objektive Gefahrerhöhung« (§ 23 III VVG) werden auf der Rechtsfolgenseite gleichbehandelt, wie sich aus den §§ 24 II, 26 II VVG entnehmen lässt.[194] **841**

Sämtliche Rechtsfolgen setzen voraus, dass der Versicherungsnehmer eine Obliegenheit nach § 23 VVG verletzt hat. Bei unbefangener Betrachtung des Wortlauts von § 24 II VVG (»in den Fällen einer Gefahrerhöhung nach § 23 Abs. 2 und 3«) könnte man allerdings annehmen, das Kündigungsrecht mit Monatsfrist und damit auch das Recht zur Vertragsanpassung stehe dem Versicherer bei einer **unbewussten subjektiven Gefahrerhöhung** schon dann zu, wenn die Gefahrerhöhung nach ihrem objektiven Tatbestand vorliegt, also unabhängig von einem Verschulden oder sogar der Kenntnis des Versicherungsnehmers. Die Gestaltungsrechte wären dann nicht nur Sanktionen von Obliegenheitsverletzungen, sondern gesetzliche Reaktion auf eine wie auch immer eingetretene Gefahrerhöhung. Diese Sicht entspricht jedoch nicht dem Willen des Gesetzgebers.[195] Die Formulierung »in den Fällen einer Gefahrerhöhung nach § 23 Abs. 2 und 3« (§§ 24 II und 26 II VVG) meint also »verletzt der Versicherungsnehmer seine Verpflichtung nach § 23 Abs. 2 und 3«. **842**

Sämtliche Rechtsfolgen setzen außerdem voraus, dass der Versicherungsnehmer die Obliegenheit **schuldhaft** verletzt hat, wobei abhängig von dem Grad des Verschuldens unterschiedliche Rechtsfolgen ausgesprochen werden. Das Vorliegen einer Obliegenheitsverletzung muss stets der Versicherer beweisen. Dagegen ist die **Beweislast** für ein Verschulden teilweise dem Versicherer, teilweise aber auch dem Versicherungsnehmer auferlegt. **843**

Vertiefung: Das Erfordernis eines Verschuldens kommt in § 24 II VVG für die unterlassene oder verspätet erfolgte Anzeige einer vom Versicherungsnehmer nachträglich erkannten unbewussten subjektiven oder objektiven Gefahrerhöhung (§ 23 II, III VVG) allerdings nicht zum Ausdruck. Deshalb nehmen einige Autoren an, für das Kündigungsrecht des Versicherers gem. § 24 II VVG bzw. für das daran gekoppelte Recht zur Prämienerhöhung gem. § 25 I VVG komme es auf ein Verschulden nicht an, es genüge vielmehr die objektive Tatbestandsverwirklichung.[196] Jedoch ist eine schuldlose Verwirklichung des Tatbestands von § 23 II und III VVG nicht möglich. Denn die Verletzung dieser Anzeigeobliegenheiten setzt voraus, dass der Versicherungsnehmer nachträglich erkannt hat, dass er entweder **844**

194 RegE BT-Drucks. 16/3945 S. 68.

195 Vgl. auch die Begründung des Kommissionsentwurfs Seite 41 (»bei Verstößen gegen die Anzeigepflicht nach § 25 Abs. 2 und 3«).

196 So *Loacker* in: Schwintowski/Brömmelmeyer, § 24 VVG Rn. 9; *Langheid* in: Römer/Langheid, § 24 VVG a.F. Rn. 5; a.A. *Wrabetz/Reusch* in: Langheid/Wandt, § 24 VVG Rn. 10.

selbst ohne Einwilligung des Versicherers eine Gefahrerhöhung vorgenommen oder gestattet hat oder dass eine Gefahrerhöhung unabhängig von seinem Willen eingetreten ist. Der Versicherungsnehmer muss also trotz dieser Kenntnis die Anzeige an den Versicherer nicht oder nicht ordnungsgemäß abgegeben haben. Eine schuldlose Anzeigeverletzung wäre gleichwohl denkbar, wenn der Versicherungsnehmer beispielsweise durch einen Unfall gehindert worden ist, die Anzeige zu erstatten. Der Versicherungsnehmer verletzt die Anzeigeobliegenheiten jedoch nur, wenn er nicht unverzüglich gehandelt hat, gem. § 121 BGB also schuldhaft gezögert hat. Eine schuldlose Verletzung der Anzeigeobliegenheiten ist also wegen der kumulativ geforderten Voraussetzungen der Kenntnis von der Gefahrerhöhung und des schuldhaften Zögerns bei der Abgabe der Anzeige nicht denkbar.

845 Angesichts der Differenzierungen nach dem Verschuldensgrad bei der **bewussten subjektiven Gefahrerhöhung** in Vorsatz, grobe Fahrlässigkeit und einfache Fahrlässigkeit (vgl. § 24 I VVG) kann man sich die Frage stellen, ob es auch eine unverschuldete bewusste subjektive Gefahrerhöhung geben kann. Indes schließt das Bewusstsein von der Gefahrerhöhung Schuldlosigkeit aus. Schuldlosigkeit liegt hinsichtlich einer subjektiven Gefahrerhöhung mit anderen Worten nur vor, wenn der Versicherungsnehmer sich der Gefahrerhöhung nicht bewusst war. Dann handelt es sich aber um eine unbewusste Gefahrerhöhung i.S. von § 23 II VVG, die nur bei einem schuldhaften Verstoß gegen die Anzeigeobliegenheit Rechtsfolgen nach sich zieht.

846 Bei § 23 I VVG ist das Verschulden auf den gefahrerhöhenden Charakter der dem Versicherungsnehmer bekannten Umstände zu beziehen. Der **Kenntnis von den gefahrerhöhenden Umständen** steht es gleich, wenn sich der Versicherungsnehmer der Kenntnis arglistig entzieht. Von einer **arglistigen Nichtkenntnisnahme** kann aber nur dann gesprochen werden, wenn der Versicherungsnehmer mit dem Vorhandensein eines gefahrerhöhenden Umstands, beispielsweise eines Fahrzeugmangels, rechnet und eine Nachprüfung unterlässt, um sich die Rechtsvorteile zu sichern, die ihm infolge seiner Nichtkenntnis zustehen.[197]

847 **Vertiefung:** Das Wort **»Verschulden«** muss auf besondere Weise verstanden werden. Denn die »Gefahrstandspflicht« ist (nur) eine Obliegenheit. Deshalb kann nicht gemeint sein, dass der Versicherungsnehmer, was »Fahrlässigkeit« angeht, gegen die »im Verkehr erforderliche Sorgfalt« (§ 276 BGB) verstoßen haben müsste. Denn von »erforderlich« kann man nur bei Bestehen einer Verpflichtung sprechen, die aber bei einer Obliegenheit nicht vorliegt. »Verschulden« kann im Zusammenhang mit den Gefahrstandsobliegenheiten deshalb nur bedeuten, dass der Versicherungsnehmer aus den tatsächlichen Umständen, die er kannte, entweder tatsächlich entnommen hat oder bei durchschnittlich-vernünftiger Sorgfalt hätte entnehmen können, dass sie eine Erhöhung des (doch von seinem Versicherer übernommenen) Risikos zur Folge hätten.[198] In einem Sonderfall wird es auch einmal bedeuten können, dass der Versicherungsnehmer, der eine Einwilligung des Versicherers in die Gefahrerhöhung vermutete (vgl. § 23 I VVG), die Unrichtigkeit dieser Vermutung hätte erkennen können.

848 Zum Verständnis des Tatbestandsmerkmals »Verschulden« sei der **Beispielsfall** erläutert, dass feuergefährliches Material in einem feuerversicherten Betrieb gelagert wird.[199] Erste Voraussetzung für die Einordnung des Falles in die Gruppe »vom Versicherungsnehmer verschuldete Gefahrerhöhung« ist, dass die Einlagerung des Materials auf Anordnung oder jedenfalls mit Kenntnis des Versicherungsnehmers (oder seines Repräsentanten usw.) erfolgte. Man muss also sagen können, er habe eine Gefahrerhöhung »vorgenommen oder gestattet« (§ 23 I VVG). Nach dem klaren Wortlaut des Gesetzes genügt es nicht, dass er sie bei Anwendung verkehrsüblicher

197 BGH VersR 1982, 793; BGH VersR 1987, 897; OLG Düsseldorf VersR 2004, 1408.
198 Ähnlich BGH VersR 1969, 177 = NJW 1969, 464.
199 Vgl. schon RGZ 161, 23 (Weberei-Fall).

Sorgfalt hätte kennen können.[200] Gleichzusetzen sind nach einem allgemeinen Rechtsgrundsatz nur die Fälle, in denen der Versicherungsnehmer sich der aufdrängenden Erkenntnis arglistig entzogen hat.[201] – Ist diese erste Voraussetzung gegeben, dann kann die Frage nach der »Schuld« im obigen Sinne gestellt werden und zwar muss, wenn neben dem Tatbestandsmerkmal »(finale) Vornahme« das »Verschulden« noch einen eigenen Sinn haben soll, dann etwa gefragt werden: War dem Versicherungsnehmer bewusst, dass sich dadurch die Feuersgefahr erhöhte? Oder hätte jedenfalls ein sorgfältiger und umsichtiger Versicherungsnehmer die aus der Einlagerung erwachsende Gefahrerhöhung erkannt?

Die Regeln für die **Zurechnung des Verhaltens von Hilfspersonen**, die allgemein für alle Obliegenheiten erläutert wurden (Rn. 628 ff.), gelten auch für die Gefahrstandspflicht. Eine »schuldhafte« Gefahrerhöhung liegt also auch vor, wenn das Kennen oder das Kennenmüssen der Risikoerheblichkeit nicht beim Versicherungsnehmer selbst, sondern beim Repräsentanten usw. vorliegt.[202] **849**

Grafische Übersichten

850

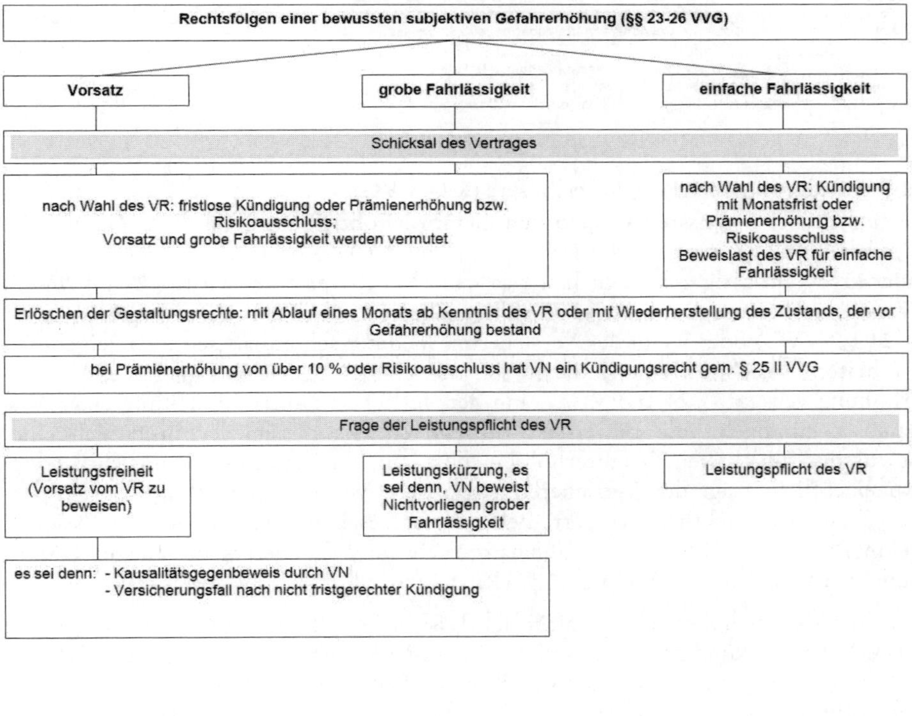

200 Grundlegend zu § 23 VVG a.F. BGHZ 50, 385 = VersR 1968, 1153 = NJW 1969, 42; siehe auch OLG Köln VersR 1987, 1026; OLG Köln VersR 1990, 1226; OLG Hamm VersR 1992, 1218.

201 Vgl. BGHZ 50, 385 = VersR 1968, 1153 = NJW 1969, 42; BGH VersR 1982, 793 = NJW 1983, 121; OLG Köln VersR 1990, 1226.

202 So schon im Weberei-Fall, vgl. RGZ 161, 23, 25; vgl. ferner OLG Koblenz VersR 1983, 870.

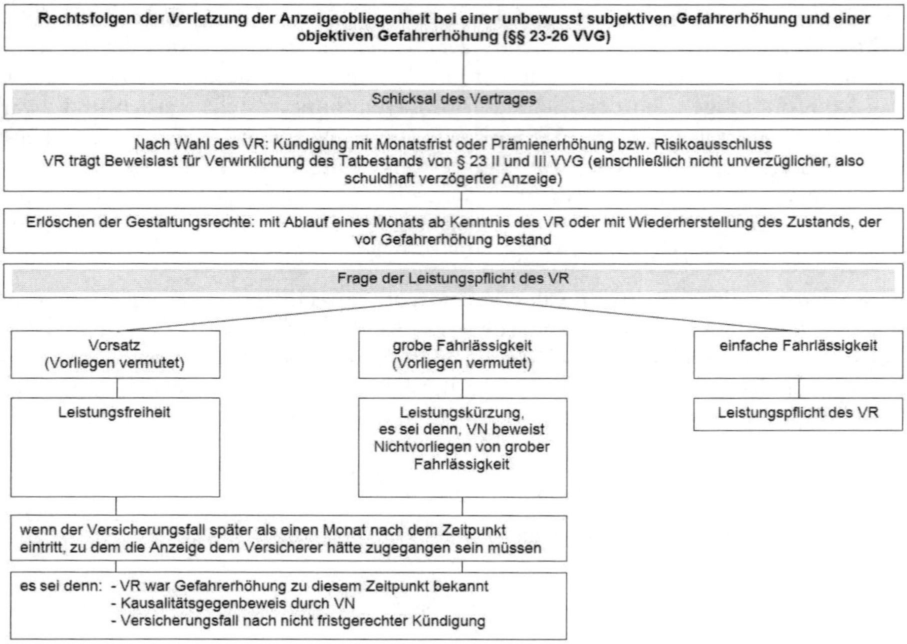

bb) Kündigungsrecht des Versicherers (§ 24 VVG)

851 Im Falle einer **bewussten subjektiven Gefahrerhöhung** nach § 23 I VVG kann der Versicherer den Vertrag fristlos kündigen, wenn der Versicherungsnehmer vorsätzlich oder grob fahrlässig gehandelt hat, was widerleglich vermutet wird (§ 24 I 1 VVG). Wenn eine bewusste subjektive Gefahrerhöhung einfach fahrlässig begangen wird (§ 24 I 2 VVG) oder wenn der Versicherungsnehmer schuldhaft seine **Anzeigeobliegenheiten** hinsichtlich einer unbewussten subjektiven oder einer objektiven Gefahrerhöhung verletzt (§ 24 II VVG), kann der Versicherer unter Einhaltung einer Monatsfrist kündigen. Die **Beweislast** für einfache Fahrlässigkeit hinsichtlich einer bewussten subjektiven Gefahrerhöhung bzw. für ein Verschulden hinsichtlich der Anzeigepflicht trägt der Versicherer, wenn dem Versicherungsnehmer der Entlastungsbeweis hinsichtlich des vermuteten Vorsatzes bzw. der groben Fahrlässigkeit gelungen ist.[203] Die Höhe des Prämienanspruchs des Versicherers im Falle der Kündigung beurteilt sich nach § 39 I 1 VVG (Rn. 500)

852 Dass der Versicherer auch bei einfach-fahrlässiger Verletzung der Gefahrstandspflicht aus § 23 I VVG kündigen kann, weicht von § 28 VVG ab, nach dem einfache Fahrlässigkeit generell sanktionslos ist (vgl. Rn. 563, 578). Diese Abweichung ist dadurch gerechtfertigt, dass es sich bei der Gefahrerhöhung um einen Dauerverstoß handelt, der den Versicherer ohne eine Reaktion auch in der Zukunft belasten würde.[204]

853 Die Fälle der Anzeigepflichtverletzung werden unabhängig vom Verschuldensgrad als weniger gravierend angesehen als die vorsätzliche oder grob fahrlässige bewusste subjektive Gefahrerhöhung und lösen deshalb kein fristloses Kündigungsrecht aus

203 Vgl. *Marlow/Spuhl* S. 72.
204 RegE BT-Drucks. 16/3945 S. 67.

(§ 24 II VVG). Man kann sich allerdings fragen, weshalb der Versicherer nicht wenigstens bei einer vorsätzlichen Verletzung der Anzeigeobliegenheit zu einer fristlosen Kündigung berechtigt ist. Der Versicherer wird jedoch hinreichend durch die Leistungsfreiheit gemäß § 26 II VVG geschützt.

Der Versicherer hat also nach alledem kein Kündigungsrecht, wenn der Versicherungsnehmer nachweist, dass er die Obliegenheit nach § 23 I VVG schuldlos verletzt hat,[205] und wenn auch keine Anzeigepflichtverletzung nach § 23 II und III VVG vorliegt.[206] Für eine **unbewusste Gefahrerhöhung** erhält der Versicherungsnehmer also Versicherungsschutz, solange er diese nicht nachträglich erkennt und nicht schuldhaft seine Anzeigepflicht verletzt (und zwar, ohne dass er zur Zahlung einer erhöhten Prämie verpflichtet wäre, weil die Voraussetzungen für eine Prämienerhöhung gem. § 25 I VVG nicht vorliegen).[207] Dem Versicherungsnehmer für die beschriebene Konstellation Versicherungsschutz zu gewähren, erscheint angesichts des Sinns und Zwecks der Versicherung, dem Versicherungsnehmer zumindest die nicht beherrschbaren Risiken abzunehmen, sachgerecht. Es wäre rechtspolitisch aber durchaus vertretbar gewesen, den Versicherungsnehmer für diesen Versicherungsschutz entsprechend der Geschäftsgrundsätze des Versicherers eine erhöhte Prämie zahlen zu lassen (vgl. § 25 I VVG). **854**

Das **Kündigungsrecht erlischt** (§ 24 III VVG), wenn der Versicherer es nicht innerhalb eines Monats ab Kenntnis von der Gefahrerhöhung ausübt. Das Kündigungsrecht erlischt außerdem, wenn die Gefahrerhöhung vor Ausübung des Kündigungsrechts rückgängig gemacht ist. Dann ist das Äquivalenzverhältnis von Leistung und Gegenleistung für die Zukunft wiederhergestellt und es besteht deshalb keine Veranlassung den Vertrag zu beenden. **855**

Ist für den Versicherer zweifelhaft, ob dem Versicherungsnehmer grobe Fahrlässigkeit (dann fristlose Kündigung) oder nur einfache Fahrlässigkeit (dann Kündigung mit Monatsfrist) anzulasten ist, kann er fristlos kündigen und **hilfsweise** eine fristgemäße Kündigung erklären, um den Verlust seines Kündigungsrechts wegen Ablaufs der Frist nach § 24 III VVG zu vermeiden.[208] **856**

cc) Vertragsanpassungsrecht des Versicherers (§ 25 VVG)

Wenn die Voraussetzungen für eine Kündigung nach § 24 VVG vorliegen, kann der Versicherer an Stelle einer Kündigung den Vertrag rückwirkend auf den Zeitpunkt der Gefahrerhöhung **anpassen**, indem er entweder eine seinen Geschäftsgrundsätzen für diese höhere Gefahr entsprechende Prämie verlangt oder die Absicherung der höheren Gefahr ausschließt (§ 25 I 1 VVG). **857**

---

205 Es wurde in Rn. 847 bereits ausgeführt, dass es eine schuldlose Verletzung der Obliegenheit nach § 23 I VVG bei genauer Sicht der Dinge nicht gibt. – Nach § 24 I 2 VVG a.F. bestand ein Kündigungsrecht des Versicherers auch bei einer schuldlosen Vornahme oder Gestattung einer Gefahrerhöhung. Für die schuldlose subjektive Gefahrerhöhung wurde allerdings Kenntnis des Versicherungsnehmers von den Umständen verlangt, die eine Gefahrerhöhung begründen; nicht erforderlich war dagegen, dass der Versicherungsnehmer den gefahrerhöhenden Charakter oder die Pflichtwidrigkeit der eingetretenen Gefahränderung erkannte; vgl. BGHZ 50, 385 = VersR 1968, 1153 = NJW 1969, 42; BGH VersR 1982, 793.

206 RegE BT-Drucks. 16/3945 S. 67.

207 Vgl. *Rixecker* ZfS 2007, 136.

208 RegE BT-Drucks. 16/3945 S. 67. – Zur Frage der Umdeutung einer fristlosen in eine fristgemäße Kündigung, vgl. *Wrabetz/Reusch* in: Langheid/Wandt, § 24 VVG Rn. 20; *Matusche-Beckmann* in: Bruck/Möller, § 24 VVG Rn. 13; *Loacker* in: Schwintowski/Brömmelmeyer, § 24 VVG Rn. 7; unklar *Hahn* in: Beckmann/Matusche-Beckmann, § 20 Rn. 37.

858 Das **Kriterium der Geschäftsgrundsätze** bezieht sich (grammatikalisch) allein auf die Prämienhöhe.[209] Nach dem Wortlaut der Bestimmung kann der Versicherer deshalb frei wählen, ob er »eine seinen Geschäftsgrundsätzen für diese höhere Gefahr entsprechende Prämie« verlangt oder die Absicherung der höheren Gefahr ausschließt. Der Versicherer kann einen Risikoausschluss also auch dann verlangen, wenn er nach seinen Geschäftsgrundsätzen das erhöhte Risiko an sich zu einer höheren Prämie versichert. Dieses **Wahlrecht des Versicherers** im Wege teleologischer Reduktion des § 25 I 1 VVG generell (vgl. aber nächste Rn.) einzuschränken, besteht kein Grund, wenn man bedenkt, dass auch das Kündigungsrecht des Versicherers nicht dadurch ausgeschlossen wird, dass er das erhöhte Risiko gewöhnlich nach seinen Geschäftsgrundsätzen zu einer höheren Prämie versichert. Auch die Gesetzesbegründung spricht für ein freies Wahlrecht des Versicherers, da sie die Geschäftsgrundsätze nur hinsichtlich der Bemessung der Prämienhöhe erwähnt.[210]

859 Nach dem Wortlaut von § 25 I VVG wirkt auch der Ausschluss der höheren Gefahr ab dem Zeitpunkt der Gefahrerhöhung. Diese Regelung kann zu Widersprüchen mit der Regelung über die Leistungsfreiheit nach § 26 VVG führen. Jene Vorschrift ist aber als spezielle Regelung für die Leistungsfreiheit betreffend eines nach der Gefahrerhöhung eingetretenen Versicherungsfalles vorrangig.[211] Der vom Versicherer gem. § 25 VVG gewählte Risikoausschluss wirkt deshalb ausnahmsweise erst ab dem Zeitpunkt, ab dem auch Leistungsfreiheit nach § 26 VVG besteht.

860 Wie das Kündigungsrecht erlischt auch das **Vertragsanpassungsrecht** (§§ 25 I 2, 24 III VVG), wenn der Versicherer es nicht innerhalb eines Monats ab Kenntnis von der Gefahrerhöhung ausübt oder wenn die Gefahrerhöhung vor Ausübung des Vertragsanpassungsrechts rückgängig gemacht ist.

861 Wenn der Versicherer als Folge der Gefahrerhöhung die Prämie um mehr als 10 % erhöht oder wenn er die Absicherung der höheren Gefahr ausschließt, kann der Versicherungsnehmer im Gegenzug seinerseits den Vertrag innerhalb eines Monats nach Zugang der Mitteilung des Versicherers fristlos kündigen (§ 25 II 1 VVG). Auf dieses Recht hat der Versicherer den Versicherungsnehmer in der Mitteilung der Vertragsanpassung hinzuweisen (§ 25 II 2 VVG). Unterlässt es der Versicherer, den Versicherungsnehmer auf sein Kündigungsrecht nach § 25 II 2 VVG hinzuweisen, beginnt die Kündigungsfrist für den Versicherungsnehmer nicht zu laufen. Diese Rechtsfolge ergibt sich zwar nicht aus dem Gesetz, erscheint aber im Interesse und zum Schutze des Versicherungsnehmers als gerechtfertigt. Darüber hinaus kann der Versicherungsnehmer einen Schadensersatzanspruch gegen den Versicherer aus § 280 BGB haben.[212]

862 Wenn der Versicherungsnehmer fristlos kündigt, beseitigt dies die Wirkungen der Vertragsanpassung, die nach § 25 I VVG mit dem Zeitpunkt der Gefahrerhöhung beginnen, nur für die Zukunft. Erhöht der Versicherer also die Prämie, muss der Versi-

209 RegE BT-Drucks. 16/3945 S. 68; zustimmend *Wrabetz/Reusch* in: Langheid/Wandt, § 25 VVG Rn. 11. A.A. *Marlow/Spuhl*, S. 73.

210 RegE BT-Drucks. 16/3945 S. 68 (»Alternativrecht«).

211 So auch *Marlow/Spuhl*, S. 73; *Wrabetz/Reusch* in: Langheid/Wandt, § 25 VVG Rn. 8; *Loacker* in: Schwintowski/Brömmelmeyer, § 25 VVG Rn. 6 (insoweit für teleologische Reduktion von § 25 VVG); *ders.* VersR 2008, 1285.

212 So auch *Marlow/Spuhl* S. 73; *Schimikowski/Höra* S. 127.

cherungsnehmer die erhöhte Prämie ab dem Zeitpunkt der Gefahrerhöhung bis zu seiner Kündigung zahlen.[213]

dd) Leistungsfreiheit des Versicherers (§ 26 VVG)

Hinsichtlich der – vollen oder teilweisen – Leistungsfreiheit für einen Versicherungsfall, der nach der Gefahrerhöhung eingetreten ist, wird wiederum zwischen der Vornahme einer bewussten subjektiven Gefahrerhöhung (§ 23 I VVG) und den Fällen der Nichtanzeige bei Erkennen einer unbewussten subjektiven oder einer objektiven Gefahrerhöhung (§ 23 II und III VVG) unterschieden. **863**

Im Falle der **bewussten subjektiven Gefahrerhöhung** (§ 23 I VVG) ist der Versicherer bei Vorsatz des Versicherungsnehmers leistungsfrei. Im Falle grober Fahrlässigkeit ist der Versicherer – entsprechend der allgemeinen Grundsätze über die Rechtsfolgen einer grob fahrlässigen Obliegenheitsverletzung – berechtigt, seine Leistung in einem der Schwere der groben Fahrlässigkeit entsprechenden Verhältnis zu kürzen (§ 26 I 2 VVG, sog. Quotelung). Bei einfacher Fahrlässigkeit des Versicherungsnehmers ist der Versicherer in vollem Umfang zur Leistung verpflichtet. **864**

Beweislast für § 26 I VVG: Für den Vorsatz ist der Versicherer beweispflichtig. Das Vorliegen grober Fahrlässigkeit wird widerlediglich vermutet (§ 26 I 3 VVG). Der Versicherungsnehmer muss sich also vom Vorliegen grober Fahrlässigkeit entlasten. **865**

Die Leistungspflicht im Falle einer **schuldhaften Nichtanzeige** (genauer: einer unterlassenen oder verspätet erfolgten Anzeige) einer nachträglich erkannten unbewussten subjektiven oder objektiven Gefahrerhöhung (§ 23 II, III VVG) ist entsprechend geregelt. Bei einfach fahrlässiger Anzeigepflichtverletzung ist der Versicherer – wie bei der bewussten subjektiven Gefahrerhöhung – leistungspflichtig. Bei Vorsatz des Versicherungsnehmers ist der Versicherer gem. § 26 II VVG leistungsfrei. Grobe Fahrlässigkeit führt zur Quotelung. Leistungsfreiheit bzw. Leistungskürzung greifen allerdings nur für Versicherungsfälle, die später als einen Monat nach dem Zeitpunkt eintreten, zu dem die Anzeige dem Versicherer hätte zugegangen sein müssen, und auch nur dann, wenn dem Versicherer zu diesem Zeitpunkt die Gefahrerhöhung nicht schon anderweitig bekannt war. Dies harmoniert mit dem Umstand, dass der Versicherer bei einer ordnungsgemäßen Anzeige auch nur mit Monatsfrist hätte kündigen können. **866**

Beweislast für § 26 II VVG: Die Beweislast für das Nichtvorliegen von Vorsatz trifft aufgrund der Normstruktur von § 26 II 2 Hs. 1 VVG (Ausnahme von der Leistungsfreiheit) nicht den Versicherer, sondern den Versicherungsnehmer.[214] Dies steht im Widerspruch zur Beweislastverteilung bei § 26 I VVG und bei § 28 II VVG, wonach der Versicherer bei Verletzung *vertraglicher* Obliegenheiten den Vorsatz des Versicherungsnehmers beweisen muss. Es entspricht jedoch der Beweislastverteilung bei Verletzung der vorvertraglichen Anzeigepflicht (§ 19 III 1 VVG). Die Beweislast für das Nichtvorliegen von grober Fahrlässigkeit liegt beim Versicherungsnehmer. Dies ist ausdrücklich in § 26 I 2 Hs. 2 VVG geregelt, auf den § 26 II 2 Hs. 2 VVG verweist. **867**

213 Vgl. die Erläuterungen zur parallelen Regelung des § 19 VI VVG in RegE BT-Drucks. 16/3945 S. 66.

214 *Wrabetz/Reusch* in: Langheid/Wandt, § 26 VVG Rn. 16 ff.; *Matusche-Beckmann* in: Bruck/Möller, § 26 VVG Rn. 20; *Marlow/Spuhl* S. 76; a.A. *Felsch* r+s 2007, 485, 488 (»möglicherweise … Redaktionsversehen«); *Karczewski* in: HK-VVG, § 26 VVG Rn. 13.

868 Der Versicherer bleibt in allen Fällen **leistungspflichtig**, soweit die Gefahrerhöhung für den Eintritt des Versicherungsfalles oder den Umfang der Leistungspflicht des Versicherers nicht ursächlich war (§ 26 III Nr. 1 VVG, **Kausalitätsgegenbeweis des Versicherungsnehmers**). Dies muss nicht näher begründet werden. Wie sollte auch billigerweise z.B. bei einer Autokaskoversicherung die Leistung des Versicherers unter Hinweis auf abgefahrene Reifen verweigert werden können, wenn der Schaden dadurch entstanden ist, dass der Wagen auf einem Parkplatz von einem anderen angefahren wurde?

869 Der Versicherer bleibt außerdem **leistungspflichtig für diejenigen Versicherungsfälle**, die nach Ablauf der Frist für die Kündigung des Versicherers eintreten, wenn eine **Kündigung nicht erfolgt** ist (§ 26 III Nr. 2 VVG). Diese Regelung beruht auf dem Gedanken, dass der Versicherer, der den Vertrag wegen einer Gefahrerhöhung kündigen kann, dies aber nicht tut, den neuen Zustand erhöhter Gefahr *für die Zukunft* akzeptiert und daher für Versicherungsfälle, die nach (ungenutztem) Ablauf der Kündigungsfrist eintreten, *wieder* leistungspflichtig ist.[215]

870 Nicht einfach zu sehen ist, dass § 26 III Nr. 2 VVG auch zu einer Leistungspflicht für Versicherungsfälle nach Ablauf der Kündigungsfrist führt, wenn der Versicherer zwar nicht gekündigt, aber von seinem Vertragsanpassungsrecht Gebrauch gemacht hat.[216] Denn auch dann ist – wie es der Wortlaut der Regelung verlangt – die Kündigungsfrist abgelaufen und eine Kündigung nicht erfolgt. Dass der Versicherer, wenn er den Vertrag durch Prämienerhöhung der höheren Gefahr angepasst hat, diese Gefahr für die Zukunft tragen soll, ist unmittelbar einsichtig. Umgekehrt ist aber auch einsichtig, dass eine Leistungspflicht für Versicherungsfälle nach der Vertragsanpassung dann nicht bestehen kann, wenn der Versicherer die Absicherung der höheren Gefahr ausgeschlossen hat. Insoweit besteht also eine Leistungspflicht trotz § 26 III Nr. 2 VVG nicht.

f) Abgrenzung zu vertraglichen Gefahrstandsobliegenheiten

871 Oft belässt es der Versicherungsvertrag nicht bei der allgemeinen Gefahrstandspflicht nach § 23 I VVG. Vielmehr werden dem Versicherungsnehmer ganz bestimmte Verhaltensregeln als Obliegenheiten auferlegt, die **das versicherte Risiko begrenzen** sollen (**vertragliche Gefahrstandsobliegenheiten**, z.B. Einbau und Unterhaltung von Sprinkleranlagen, Rauchverbote in bestimmten Räumen, Einhaltung feuerpolizeilicher Vorschriften in der Feuerversicherung [vgl. § 7 Nr. 1a) AFB 1987]; die »Verwendungsklausel« und die »Führerscheinklausel« in den AKB 2008 [D.1.3 i.V.m. D.3 entspr. § 5 I Nr. 1, 4 KfzPflVV]). Es handelt sich um Obliegenheiten, die vor dem Versicherungsfall zu beachten sind und der Verminderung oder der Verhütung einer Gefahrerhöhung dienen. Diese Verhaltensregeln können grundsätzlich sowohl nach den §§ 23 ff. VVG als auch nach § 28 I VVG beurteilt werden (Einzelheiten Rn. 536). Die §§ 23 ff. VVG sind aber nicht anwendbar, wenn man der AVB-Regelung über die Gefahrstandsobliegenheit entnehmen kann, dass sie eine (begünstigende, § 32 S. 1 VVG) Sonderregelung enthält, auf deren exklusive Geltung sich der Versicherungsnehmer verlassen kann.

---

215 Vgl. zu dieser schon im alten Recht bestehenden Regelung (§ 25 III Alt. 1 VVG a.F.) *Prölss* in: Prölss/Martin, § 25 VVG a.F. Rn. 1.

216 Ebenso *Wrabetz/Reusch* in: Langheid/Wandt, § 26 VVG Rn. 37; *Matusche-Beckmann* in: Bruck/Möller, § 26 VVG Rn. 34; *Marlow/Spuhl*, S. 75. – Die Gesetzesbegründung ist zu diesem Punkt wenig erhellend, vgl. RegE BT-Drucks. 16/3945 S. 68.

6. Zusammenfassung

Gefahr 872

»Gefahr« bezeichnet entweder bezogen auf das versicherte Interesse (Schadensversicherung) bzw. die versicherte Person (Summenversicherung) abstrakt die Art des Risikos, für das der VR einzutreten verspricht (»Gefahrbeschreibung als Teil der Risikobeschreibung«), oder die zu einem bestimmten Zeitpunkt konkret bestehende Gefahrenlage, d.h. die Wahrscheinlichkeit, mit der das in der Gefahrbeschreibung definierte Ereignis – abhängig von den Gefahrumständen – eintreffen wird.

1. **Gefahrbeschreibung**
   - benennt (meist in AVB) die Gefahren für das versicherte Interesse bzw. die versicherte Person (Kausalabläufe), die zu einer Leistungspflicht des VR führen sollen (Rn. 772 ff.).
   - **Regelungstechnik**:
     - **»primäre Risikobegrenzungen«** mit Beweislast des VN (Rn. 774),
     - **»sekundäre Risikobegrenzungen (Risikoausschlüsse)«** mit Beweislast des VR (Rn. 775) und
     - **»tertiäre Risikobegrenzungen«** (Rückeinschlüsse) mit Beweislast des VR

2. **Gefahrenlage**
   - Wahrscheinlichkeit, mit der das in der Gefahrbeschreibung definierte Ereignis – abhängig von den Gefahrumständen – eintreffen wird
   - Bezugspunkt von gesetzlichen oder vertraglichen Regelungen, insbesondere der vorvertraglichen Anzeigeobliegenheit und der Gefahrstandsobliegenheiten des VN (Rn. 776 ff.).

Vorvertragliche Anzeigepflicht 873

Vorvertragliche »Anzeigepflicht« (= gesetzliche Obliegenheit) soll den VR in die Lage versetzen, das Risiko des potenziellen zukünftigen Vertragspartners, das er mit dem Versicherungsvertrag wirtschaftlich übernehmen soll, richtig einschätzen zu können, zwecks Entscheidung über Vertragsschluss, Umfang des Versicherungsschutzes und Prämienhöhe.

1. **Anzeigepflichtige Gefahrumstände** (§ 19 I 1 VVG, Rn. 782 ff.)
   VN muss nur die Gefahrumstände angeben,
   - die für den Entschluss des VR den Vertrag mit dem vereinbarten Inhalt zu schließen erheblich sind,
     P: *subjektiver Maßstab des VR muss objektiv angemessen sein* (Rn. 791)
   - und nach denen der VR ihn in **Textform** gefragt hat,
     P: *Erklärungen und Einflussnahme des Versicherungsvertreters* (Rn. 794)
   - und die dem VN bekannt sind
     P: *angemessene Gedächtnisanstrengung sowie – in engen Grenzen – Nachschau- und Erkundigungspflicht* (Rn. 793)

2. **Maßgeblicher Zeitraum** (§ 19 I VVG Rn. 795 ff.)
   - grds. nur **bis zur Abgabe der Vertragserklärung des VN**;
   - Nachmeldeobliegenheit zwischen Antragstellung und Vertragsannahme, wenn VR in Textform nachträglich fragt
     Hinweis: Arglistiges Verschweigen eines Gefahrumstands, nach dem der VR nicht oder nur mündlich gefragt hat, begründet Anfechtungsrecht des VR nach § 123 BGB (vgl. § 22 VVG)

3. **Gestaltungsrechte des VR bei Verletzung der Anzeigeobliegenheit** (Rn. 801 ff.)
   - **Voraussetzungen für alle Gestaltungsrechte**:
     - VR muss in gesonderter Mitteilung in Textform auf die Folgen einer Anzeigepflichtverletzung hingewiesen haben → Beweislast des VR

- keine Kenntnis des VR von nicht angezeigtem Gefahrumstand oder von Unrichtigkeit der Anzeige → Beweislast des VN
- **Gestaltungsrechte (ggf. mit Leistungsfreiheit) im Einzelnen**
  - **Recht zur Vertragsanpassung rückwirkend zum Beginn der laufenden Versicherungsperiode, wenn**
    schuldlose Verletzung *und* VR bei Kenntnis des nicht angezeigten Umstandes den Vertrag mit anderen Bedingungen geschlossen hätte
  - **Kündigung unter Einhaltung einer 1-Monat-Frist, wenn**
    schuldlose oder leicht fahrlässige Verletzung *und* VR bei Kenntnis des nicht angezeigten Umstandes den Vertrag nicht geschlossen hätte
  - **Recht zur Vertragsanpassung rückwirkend zum Beginn des Vertrages, wenn**
    leicht oder grob fahrlässige Verletzung *und* VR bei Kenntnis des nicht angezeigten Umstandes den Vertrag mit anderen Bedingungen geschlossen hätte
  - **Rücktrittsrecht mit – vorbehaltlich Kausalitätsgegenbeweis des VN – Leistungsfreiheit, wenn**
    - grob fahrlässige Verletzung und VR bei Kenntnis des nicht angezeigten Umstandes den Vertrag nicht geschlossen hätte,
    - *oder* vorsätzliche Verletzung, wobei bei Arglist der Kausalitätsgegenbeweis nicht eröffnet ist

Hinweis: Anfechtung wegen arglistiger Täuschung nach § 123 BGB ist möglich (vgl. § 22 VVG)

- **Ausübung der Gestaltungsrechte**
  - Geltendmachung innerhalb 1-Monats-Frist ab Kenntniserlangung von der Verletzung der Anzeigepflicht
  - Begründungserfordernis: Gestaltungsrecht kann nur auf einen Umstand gestützt werden, der innerhalb der Monatsfrist benannt worden ist (in der Ausübungserklärung oder nachgeschoben)
  - Erlöschen der Rechte, 5 Jahre nach Vertragsschluss bei Schuldlosigkeit oder Fahrlässigkeit, 10 Jahren nach Vertragsschluss bei Vorsatz oder Arglist, es sei denn es geht um Versicherungsfall, der vor Ablauf dieser Frist eingetreten ist (§ 21 III 1 Hs. 2 VVG, Rn. 816)

4. Sonderregelungen
laufende Versicherung (§ 56 I VVG), Transportversicherung (§ 131 VVG), Lebensversicherung (§ 157 VVG) und Krankenversicherung (§ 194 I 3 und 4 VVG)

874 **Gefahrerhöhung**

VR schließt den Vertrag auf der Basis der Informationen, die er vom VN in Erfüllung dessen vorvertraglicher Anzeigepflicht erhält (»vorausgesetzter Gefahrstand«). Die sog. »Gefahrstandspflichten« (= gesetzliche Obliegenheiten) sollen sicherstellen, dass VN die vorausgesetzten gefahrerheblichen Umstände nicht selbst ändert oder eine Änderung Dritter duldet bzw., dass VN den VR von einer von ihm nicht veranlassten oder geduldeten Gefahrerhöhung informiert.

1. **Begriff der Gefahrerhöhung** (Rn. 826 ff.)
   - **Keine gesetzliche Definition, lediglich Ausschluss unerheblicher Gefahrerhöhungen durch § 27 VVG →** Begriffsbestimmung durch Rspr. und Lehre: Eine Gefahrerhöhung ist gegeben, wenn sich nach Abgabe der Vertragserklärung des VN die tatsächlichen gefahrerheblichen Umstände, wie sie bei Vertragsschluss vorausgesetzt wurden, auf eine gewisse Dauer angelegt so verändern, dass sich die Wahrscheinlichkeit einer Verwirklichung des Risikos derart erhöht, dass der VR den Vertrag nicht oder nicht mit diesem Inhalt abgeschlossen hätte (»Erhöhung der Grundgefahr«, »Erhöhung der Schadenauswirkungsgefahr« oder »Erhöhung der subjektiven Vertragsgefahr«)
   - Abgrenzung zu grds. nicht versichertem **Gefahrwechsel oder Gefahränderung** (Rn. 834)
   - Abgrenzung zu vertraglichen Gefahrstandsobliegenheiten (Rn. 871)

- **P:** *Dauermoment zwecks Abgrenzung zu § 103 VVG* (Rn. 831 f.)
- **P:** *Maßgeblicher Zeitpunkt bei Antragstellung durch VR* (Rn. 836)

2. Obliegenheiten des VN (»Gefahrstandspflichten«)

- **Verbot einer »bewussten subjektiven Gefahrerhöhung«:** VN darf nach Abgabe seiner Vertragserklärung ohne Einwilligung des Versicherers keine Gefahrerhöhung selbst vornehmen oder deren Vornahme durch einen Dritten gestatten (§ 23 I VVG)
- **Anzeigepflicht bei Erkennen einer »unbewussten subjektiven Gefahrerhöhung«:** VN muss Gefahrerhöhung, die er unbewusst vorgenommen oder gestattet hat, nach Kenntniserlangung dem VR »unverzüglich« (§ 121 I BGB) anzeigen (§ 23 II VVG)
- **Anzeigepflicht bei Erkennen einer »objektiven Gefahrerhöhung«:** VN muss Gefahrerhöhung, die unabhängig von seinem Willen eingetreten ist, nach Kenntniserlangung dem VR »unverzüglich« (§ 121 I BGB) anzeigen (§ 23 III VVG)

3. Rechtsfolgen der Verletzung von »Gefahrstandspflichten«

- **Kündigung** (§ 24 VVG, Rn. 851 ff.)
  - fristlos, wenn vorsätzliche oder grob fahrlässige Verletzung der Obliegenheit nach § 23 I VVG (Verschuldensgrad wird vermutet)
  - mit Monatsfrist, wenn einfach fahrlässige Verletzung der Obliegenheit nach § 23 I VVG oder schuldhafte Verletzung einer Obliegenheit nach § 23 II oder III VVG
- **Vertragsanpassung** durch Prämienerhöhung oder Risikoausschluss (§ 25 VVG, Rn. 857 ff.)
  - nach Wahl des VR an Stelle der Kündigung, deren Voraussetzungen vorliegen müssen
  - **P:** *teleologische Reduktion betreffend rückwirkendem Risikoausschluss wegen Vorrangs von § 26 VVG*
  - **Gegenrecht des VN: Kündigung** bei Prämienerhöhung um mehr als 10 % oder Risikoausschluss (§ 25 II VVG)
- **Leistungsfreiheit** (§ 26 VVG, Rn. 863 ff.)
  - **vollständige** Leistungsfreiheit, wenn vorsätzliche Verletzung von § 23 I VVG (Beweislast VR); außerdem wenn vorsätzliche Verletzung von § 23 II und III VVG, aber nur für Versicherungsfälle, die später als einen Monat nach dem Zeitpunkt eintreten, zu dem die Anzeige dem VR hätte zugegangen sein müssen, und wenn VR zu diesem Zeitpunkt die Gefahrerhöhung nicht schon anderweitig bekannt war (zur Beweislast Rn. 867)
  - **Leistungskürzung (Quotelung)**, wenn grobfahrlässige Verletzung von § 23 I VVG (grobe Fahrlässigkeit wird vermutet); außerdem wenn grobfahrlässige Verletzung von § 23 II und III VVG, aber nur für Versicherungsfälle, die später als einen Monat nach dem Zeitpunkt eintreten, zu dem die Anzeige dem VR hätte zugegangen sein müssen, und wenn VR zu diesem Zeitpunkt die Gefahrerhöhung nicht schon anderweitig bekannt war (zur Beweislast Rn. 867)
- **Keine Leistungsfreiheit**, wenn Kausalitätsgegenbeweis des VN oder wenn Versicherungsfall nach Ablauf der Kündigungsfrist eingetreten ist und VR nicht gekündigt hat (§ 26 III VVG)

4. Sonderregelungen

- **modifizierte Anwendung** der §§ 23 ff. VVG bei laufender Versicherung (§ 57 VVG), Transportversicherung (§ 132 VVG), Lebensversicherung (§ 158 VVG), Berufsunfähigkeitsversicherung (§§ 158, 176 VVG) und Unfallversicherung (§ 181 VVG)
- **keine Anwendung** der §§ 23 bis 27 VVG auf die Krankenversicherung (§ 194 I 2 VVG)

VI. Der Versicherungsfall

1. Begriff und Funktion

875 Der **»Versicherungsfall«** ist das Ereignis, das die Leistungspflicht des Versicherers begründet[217]; anders ausgedrückt: die Verwirklichung eines versicherten Risikos.[218] Das VVG verwendet diesen Begriff – wie schon gesehen – in den verschiedensten Bedeutungszusammenhängen. Es enthält gleichwohl keine Legaldefinition.

876 Vor Einführung des VVG 1908 kannten die damals vor allem maßgebenden AVB den Begriff »Versicherungsfall« noch nicht, sondern verwendeten konkrete Begriffe wie »Unfall«, »Schadenfall« oder »Brandfall«.[219] Die Kodifikation des Versicherungsvertragsrechts brachte dann allgemeine gesetzliche Regelungen für unterschiedliche Versicherungsarten, beispielsweise für die gesamte Schadensversicherung. Derartige Regelungen verlangen nach abstrakten und daher sehr flexiblen Begriffen wie dem des Versicherungsfalles.[220]

877 Heutige AVB enthalten meist möglichst konkrete Definitionen des Versicherungsfalles, um den **Auslöser für die Leistungspflicht des Versicherers** möglichst exakt zu bestimmen. Es gibt aber auch AVB-Bestimmungen, die gesetzliche Regelungen über den Versicherungsfall lediglich wiederholen, ohne den Begriff selbst zu definieren. Jedenfalls dann kommt es für die Auslegung (auch) auf das gesetzliche Begriffsverständnis an. Das gesetzliche Verständnis ist im Übrigen stets Maßstab der Inhaltskontrolle von AVB-Bestimmungen, die den Begriff des Versicherungsfalles eigenständig festlegen. Den Vertragsparteien ist es zwar unbenommen, den Versicherungsfall vertraglich zu bestimmen; dies schließt aber nicht aus, dass dadurch in einem Einzelpunkt unzulässig von einer halbzwingenden Regelung des VVG abgewichen wird.[221]

878 In der **Sachversicherung** liegt ein **Versicherungsfall** nur und erst vor, wenn durch Einwirkung auf die Sache ein **Sachschaden** eingetreten ist.[222] Auch in den anderen Zweigen der Schadensversicherung setzt der Versicherungsfall – vorbehaltlich abweichender vertraglicher Vereinbarung – grundsätzlich voraus, dass sich die Gefahr am versicherten Interesse realisiert hat, ein Schaden also jedenfalls dem Grunde nach entstanden ist.[223] Mehrere Schadensereignisse können als ein Versicherungsfall angesehen werden, wenn sie sich nach der Verkehrsauffassung bei natürlicher Betrachtungsweise

217 Motive zum VVG S. 70.

218 *Lorenz* VersR 2000, 2 ff.

219 Vgl. *Siebeck* Die Schadensabwendungs- und -minderungspflicht des Versicherungsnehmers, 1963, S. 43.

220 Der Begriff findet sich im deutschen Recht erstmals im Vorentwurf zum Versicherungsvertragsgesetz von 1903. Vgl. umfassend hierzu *Marx* Rettungsobliegenheit und Rettungskostenersatz im Versicherungsvertragsrecht, 2008, S. 37 ff. mit Nachweisen der älteren Literatur.

221 Vgl. *Johannsen* in: Bruck/Möller, 8. Aufl., §§ 149–158a VVG a.F. Anm. B 30.

222 Vgl. *Prölss* in: Prölss/Martin, § 1 VVG a.F. Rn. 31; *Wandt* FS Schirmer, S. 619 ff.; dies war umstritten für die Feuerversicherung auf Grundlage der alten AFB 1930 und AFB 1987/1995 (Gefahr verwirkliche sich bereits, wenn irgendeine Sache – gleichgültig ob diese gemäß den AFB versichert ist – in Brand gerät und dadurch eine »Bedrohung« des versicherten Schutzobjektes eintritt, vgl. *Martin* SVR, B I Rn. 13; dagegen aber *Johannsen/Johannsen* in: Bruck/Möller, Feuerversicherung, 8. Aufl., H 2; *Langheid* in: Römer/Langheid, § 82 VVG a.F. Rn. 1).

223 Der Reformgesetzgeber ist nicht dem Reformvorschlag von *Schimikowski* VersR 2003, 133, gefolgt, an Stelle von »Versicherungsfall« möglichst von »versichertem Schaden« zu sprechen.

als Teil eines einheitlichen Vorgangs oder eines einheitlichen Geschehensablaufs darstellen.[224]

2. Versicherungsfall innerhalb des Haftungszeitraums

Der Versicherer ist für einen Versicherungsfall nur deckungspflichtig, wenn er sich innerhalb des vertraglich vereinbarten Haftungszeitraums (Rn. 439) ereignet hat. Deshalb ist es sehr wichtig, genau den **Zeitpunkt des Versicherungsfalles** zu bestimmen. **879**

Kaum Schwierigkeiten ergeben sich bei den Versicherungsarten, bei denen der Versicherungsfall ein einmaliges, schnell ablaufendes Ereignis ist, wie ein Blitzschlag oder ein Unfall. Hier kann man nach der Uhrzeit feststellen, ob das Ereignis in den vom Vertrag gegebenen zeitlichen Rahmen der materiellen Versicherungsdauer fällt. **880**

Anders liegt es bei den **»gedehnten Versicherungsfällen«**[225], bei denen das versicherte Ereignis sich über längere Zeiträume erstreckt: eine Heilbehandlung in der Krankenversicherung, eine Rechtsverfolgung in der Rechtsschutzversicherung. Es kann auch zweifelhaft sein, welches von mehreren in Frage kommenden Ereignissen eigentlich »der Versicherungsfall« sein soll: Kommt es in der Haftpflichtversicherung auf den Zeitpunkt des Verhaltens an, das dem Versicherungsnehmer als Delikt zugerechnet wird (»Kausalereignisprinzip«, auch »Verstoßprinzip«) oder auf den Zeitpunkt, in dem dieses Verhalten das Rechtsgut des Verletzten beeinträchtigt hat (»Folgeereignisprinzip«)[226] oder soll schließlich maßgeblich sein, wann der Haftpflichtanspruch gegen den Versicherungsnehmer erhoben wurde (»Anspruchserhebungsprinzip« oder auch »claims made-Prinzip«)? **881**

Diese Fragen sind wegen ihrer Bedeutung meist ausdrücklich und möglichst präzise in den **AVB** geregelt. Ein gutes Beispiel gibt die **Krankheitskosten- und Krankenhaustagegeldversicherung**. Für sie bestimmt § 1 (2) S. 2 MB/KK 2009, dass der Versicherungsfall »mit der Heilbehandlung« beginnt und dass er endet, »wenn nach medizinischem Befund Behandlungsbedürftigkeit nicht mehr besteht«. Nach ständiger Rechtsprechung »beginnt« die Heilbehandlung mit der ersten Inanspruchnahme einer ärztlichen Tätigkeit, »die durch die betreffende Krankheit verursacht worden ist, sofern die Leistung des Arztes von ihrer Art her in den Rahmen der medizinisch notwendigen Krankenpflege fällt und auf die Heilung oder Linderung der Krankheit abzielt, mag auch dieses Endziel erst nach Unterbrechungen oder mit Hilfe weiterer Ärzte erreicht werden«.[227] Zur »Behandlung« einer Krankheit gehört nicht nur die unmittelbare Heiltätigkeit, sondern auch schon die erste ärztliche Untersuchung, die auf die Erkennung des Leidens abzielt, ohne Rücksicht darauf, ob sofort oder erst nach weiteren Untersuchungen eine endgültige oder richtige Diagnose gestellt und mit den eigentlichen Heilmaßnahmen begonnen worden ist.[228] Mit dieser Festlegung des Beginns der Heilbehandlung wird verhindert, dass jemand nach der ärztlichen **882**

224 BGH VersR 2009, 1130 (zu den AKB); BGH VersR 2006, 108; BGH VersR 1966, 745.

225 Definition bei BGHZ 107, 170 = VersR 1989, 588 = NJW 1989, 3019.

226 Vgl. OLG Hamm VersR 2005, 71 (wonach in der Rechtsschutzversicherung allein das Kausalereignis als Versicherungsfall gewertet wird); vgl. hierzu auch BGH r+s 2009, 64; OLG Celle VersR 2009, 1645.

227 Z.B. BGH VersR 1978, 271 = NJW 1978, 1197.

228 BGH VersR 1978, 271 = NJW 1978, 1197.

Diagnose einer Krankheit die unmittelbare Heilbehandlung aufschiebt, um zuvor einen Versicherungsvertrag abzuschließen.

883 Um auch die Fälle selbst diagnostizierter Krankheiten zu erfassen und um Nachweisprobleme zu vermeiden, ist in Krankenversicherungsverträgen die Vereinbarung von »Wartezeiten« üblich (vgl. § 3 MB/KK 2009). Dann beginnt, gestaffelt nach verschiedenen Krankheitsarten, die »materielle Vertragsdauer«, also der für den Eintritt des Versicherungsfalls maßgebliche Zeitraum, erst z.B. drei, sechs oder acht Monate nach dem formellen Vertragsbeginn (hierzu Rn. 434). § 197 VVG sieht zwingend Höchstgrenzen vor und sagt weiter, dass einem Versicherten, der einen Versicherungsvertrag beim Ausscheiden aus der gesetzlichen Krankenversicherung abschließt, grundsätzlich die dort verbrachte Zeit auf die Wartezeiten anzurechnen ist.

884 Für die allgemeine **Haftpflichtversicherung** bestimmt Nr. 1.1. der AHB 2008 »...Schadensereignis ist das Ereignis, als dessen Folge die Schädigung des Dritten unmittelbar entstanden ist. Auf den Zeitpunkt der Schadensverursachung, die zum Schadensereignis geführt hat, kommt es nicht an«. Es gilt also das **»Folgeereignisprinzip«** (Rn. 881).

885 **Vertiefung:** Die Diskussion über die Definition des Versicherungsfalles in der Haftpflichtversicherung gibt ein anschauliches Beispiel für eine wechselhafte Entwicklung von AVB in Reaktion auf Rechtsprechungsentwicklungen. Einigkeit bestand früh, dass es jedenfalls nicht auf den (ziemlich zufälligen) Zeitpunkt ankommt, zu dem ein Haftpflichtanspruch erhoben wird (anders teilweise noch das RG[229]). Nach dem Wortlaut der alten AHB vor 1982 konnte man darüber streiten, ob der »Kausalereignistheorie«[230] oder der »Folgeereignistheorie«[231] der Vorzug gegeben werden sollte (§ 1 »...wegen eines während der Wirksamkeit der Versicherung eingetretenen Ereignisses« (!) »... in Anspruch genommen wird«). Der BGH hatte sich zunächst für die auf das Schadensereignis abstellende »Folgeereignistheorie« ausgesprochen[232], ist später aber zur »Kausalereignistheorie«[233] gewechselt. Daraufhin wurde – übrigens damals noch mittels einer Verordnung der Aufsichtsbehörde auch für laufende Verträge[234] – in § 1 AHB das Wort »Ereignis« durch »Schadensereignis« ersetzt. Damit sollte klargestellt werden, dass es für die zeitliche Abgrenzung des Deckungsschutzes nicht auf das Kausalereignis ankommt. Aber auch nach dieser Änderung wurde teilweise in Literatur[235] und Rechtsprechung[236] von einer Weitergeltung der Kausalereignistheorie ausgegangen. Die Maßgeblichkeit des »Folgeereignisprinzips« ist aber nunmehr in Nr. 1.1. der AHB 2008 eindeutig klargestellt.

886 Anders als die allgemeine Haftpflichtversicherung folgen spezielle Zweige der Haftpflichtversicherung wie die **Vermögensschadenhaftpflichtversicherungen** (z.B. die Berufshaftpflichtversicherung von Rechtsanwälten, Wirtschaftsprüfern, Architekten usw.) dem sog. **»Verstoßprinzip«**. Entscheidend ist, ob der Zeitpunkt des Verstoßes gegen die Berufspflicht in den versicherten Zeitraum fällt (vgl. § 2 Nr. 1, § 5 Nr. 1

229 Zuletzt RGZ 171, 338.

230 So BGHZ 79, 76 = VersR 1981, 173 = NJW 1981, 870 (ein zu Verallgemeinerungen wenig geeigneter Fall).

231 So früher der BGH ständig, vgl. BGHZ 25, 34 = VersR 1957, 499.

232 Vgl. BGHZ 25, 34 = VersR 1957, 499; zur uneinheitlichen Bestimmung des Folgeereignisses in der Rechtsprechung des BGH vgl. *Jenssen* ZVersWiss 1987, 425 ff.

233 BGHZ 79, 76 = VersR 1981, 173 = NJW 1981, 870.

234 VerBAV 1982, 122.

235 Vgl. *Kretschmer* Die zeitliche Abgrenzung des Versicherungsschutzes in der allgemeinen Haftpflichtversicherung, 2002, S. 51 ff. m.w.N.

236 Vgl. OLG Karlsruhe VersR 2005, 397 m.w.N.

Allgemeine Versicherungsbedingungen für die Haftpflichtversicherung gegen Vermögensschäden = AVB Vermögen).[237]

Eine besondere zeitliche Abgrenzung erfolgt in der **Umwelthaftpflichtversicherung.** 887
Teils wegen der zeitlichen »Dehnung« der Tatbestände (allmähliche Umwelteinwirkungen), teils wegen der historischen Dimension vieler Schäden (»Altlasten«) kann hier nämlich sowohl die Feststellung eines »Ereignisses« wie die des Schadenseintritts auf kaum überwindbare Schwierigkeiten stoßen. Deshalb stellt das – vom früheren HUK-Verband entwickelte – Umwelthaftpflichtmodell auf den Zeitpunkt der ersten Feststellung eines Schadens ab (sog. »Feststellungsprinzip«).[238]

Wann der Versicherungsfall eingetreten ist, ist nicht nur für vertragliche Regelungen, 888
sondern auch für zahlreiche Vorschriften des VVG erheblich (z.B. §§ 37 II 1, 38 II, 82 VVG). Auch insoweit kommt es in erster Linie darauf an, ob der maßgebende Zeitpunkt vertraglich bestimmt ist. Wortlaut und Zweck der jeweiligen gesetzlichen Regelung (vgl. z.B. die halbzwingende Regelung des § 82 VVG: »bei Eintritt des Versicherungsfalls«) können allerdings ein eigenes gesetzliches Begriffsverständnis vorgeben.[239]

3. Kausalitäts- und Schutzzweckprobleme

Kausalitätsprobleme sind, wie in vielen anderen Rechtsgebieten, auch im Versiche- 889
rungsrecht Gegenstand nachhaltiger Diskussionen. Sie inspirieren offenbar die Phantasie juristischer Autoren ganz besonders. Faszinierend sind schon die bizarren Beispiele, die – einmal geschaffen – die juristische Literatur über Jahrzehnte hinweg bereichern.[240] Es ist allerdings auch nicht zu leugnen, dass Kausalitätsfragen immer wieder in der Praxis auftauchen und dann ohne tiefgründige Analyse nicht erschöpfend zu beantworten sind. Gerade deshalb können hier nur einzelne, etwas häufiger vorkommende Fragen angesprochen werden. Nur so lassen sich die wesentlichen Zusammenhänge im Blick behalten.[241]

Der wichtigste Gesichtspunkt ist: Im Versicherungsvertragsrecht geht es anders als 890
beispielsweise im Haftpflichtrecht immer in erster Linie darum, zu ermitteln, was vertraglich gewollt ist. Die Frage ist daher: Gehört nach dem **Sinn einer Gefahrbeschreibung im Vertragstext (insbesondere in AVB)** ein bestimmter, höchst unerwarteter und ungewöhnlicher Geschehensablauf noch zu den Risiken, die der Versicherer decken soll? Das Problem stellt sich weniger bei »Allgefahrenversicherungen« (Rn. 772); in anderen Versicherungen jedoch umso schärfer, je spezieller die versicherte Gefahr ist.

---

237 Vgl. § 2 Nr. 1 AHBVerm.: »Die Vorwärtsversicherung umfasst die Folgen aller vom Beginn des Versicherungsschutzes an (§ 3) bis zum Ablauf des Vertrages vorkommenden Verstöße« sowie § 5 Nr. 1 AHBVerm.: »Versicherungsfall im Sinne dieses Vertrages ist der Verstoß, der Haftpflichtansprüche gegen den Versicherungsnehmer zur Folge haben könnte«. Beispiel: OLG Saarbrücken VersR 1991, 457.

238 Nr. 4 des Umwelthaftpflichtmodells des (früheren HUK-) Verbandes, vgl. *Küpper* VP 1993, 19; *Wagner* VersR 1992, 261 ff., 266; *Limberger/Koch* VersR 1991, 134 ff.

239 BGHZ 43, 88 = VersR 1965, 325 = NJW 1965, 755.

240 Vgl. *Ehrenzweig* S. 262 (Muss der Feuerversicherer einen Schaden decken, der dadurch entsteht, dass eine Person, erschreckt durch das Feuer, im Wahnsinn Möbel ohne Rettungsabsicht auf die Straße wirft?).

241 Überblick zu Kausaltheorien bei *Möller* in: Bruck/Möller, 8. Aufl., § 49 VVG a.F. Anm. 134 ff.

891 Soweit der Versicherungsvertrag – wie meist – keine abschließende spezielle Regelung enthält, wird die Frage nach einem versicherungsrechtlich relevanten Ursachenzusammenhang sachlich ganz überzeugend mit Hilfe der **»Adäquanztheorie«** beantwortet, die man aus dem allgemeinen Schadensrecht kennt. Nach der traditionellen Formel des Reichsgerichts[242] ist dabei zu fragen, ob die Gefahr nicht »nur unter besonders eigenartigen, ganz unwahrscheinlichen und nach dem regelmäßigen Lauf der Dinge außer Betracht zu lassenden Umständen« zur Herbeiführung eines Schadens dieser Art geeignet war. Die Adäquanztheorie führt auch bei Versicherungsverträgen meist zu angemessenen Ergebnissen, weil die Beteiligten beim Abschluss eines Versicherungsvertrages eben an solche schädlichen Ereignisse denken, die gewöhnlich vorzukommen pflegen, mithin an »adäquate« Kausalverläufe und nicht an aberwitzige Verkettungen von Zufällen. Es sei aber noch einmal betont: Wenn es im Rahmen eines »Risikoeinschlusses« oder eines »Risikoausschlusses« um Kausalitätsfragen geht, muss stets der Sinn des Ein- oder Ausschlusses ermittelt werden, der von ganz verschiedenen Faktoren bestimmt sein kann.

892 In schwierigen Fällen reicht die Adäquanztheorie zur Bestimmung der versicherten Geschehensabläufe nicht aus. **Beispiel:** Nach Nr. 5.1.2 AUB 2008[243] fallen Unfälle nicht unter den Versicherungsschutz, die der versicherten Person »dadurch« zustoßen, dass sie vorsätzlich eine Straftat ausführt. Wenn jemand ohne Fahrerlaubnis ein Fahrzeug führt, dann verwirklicht er einen Straftatbestand (§ 21 StVG). Wenn er dadurch einen Unfall erleidet, dass ein anderer ihm die Vorfahrt nimmt, dann kann er kaum mit dem Argument Leistung vom Versicherer verlangen, es fehle an dem für den Deckungsausschluss vorausgesetzten (»dadurch«) Kausalzusammenhang zwischen Unfall und strafbarem Verhalten, weil dieser nicht adäquat sei. Denn Vorfahrtsverletzungen sind adäquate Folge des Fahrzeugverkehrs; sie geschehen immer wieder, mag der Benachteiligte nun einen Führerschein haben oder nicht. Wenn man dennoch zögert, den Risikoausschluss anzuwenden, also erwägt, Versicherungsschutz zu bejahen, dann beruht dies auf einem Gedankengang, der dem **»Schutzzweckzusammenhang«** des allgemeinen Haftpflichtrechts nahe steht.[244] Man könnte den Grund für den Risikoausschluss nämlich darin sehen, dass die Unfallgefahr bei der vorsätzlichen Ausführung einer kriminellen Handlung besonders hoch ist und der Versicherer dieses erhöhte Risiko nicht übernehmen wollte. Dann sollte er in der Tat leisten, wenn die Unfallursache mit dieser Erhöhung des Risikos nichts zu tun hat. Das Beispiel zeigt aber auch, dass man nicht vorschnell urteilen darf. Man kann nämlich sehr wohl auch der Ansicht sein, dass der Grund für den Risikoausschluss auf einer anderen Ebene liegt. Es könnte nämlich auch sein, dass der Versicherer es ganz allgemein ablehnt, dem Versicherten während strafbarer Tätigkeiten sozusagen Rückendeckung zu bieten, ja, dass eine solche Deckung sogar objektiv sittenwidrig wäre. Dann muss man anders entscheiden.[245]

242 RGZ 133, 127. Zur heutigen Formulierung vgl. BGHZ 3, 261.

243 Nr. 5.1.: »Kein Versicherungsschutz besteht für folgende Unfälle: ... (Nr. 5.1.2) Unfälle, die der versicherten Person dadurch zustoßen, dass sie vorsätzlich eine Straftat ausführt oder versucht«.

244 Vgl. *Kötz/Wagner* Deliktsrecht, 10. Aufl. 2006, Rn. 195 ff.; *Schwarz/Wandt* Gesetzliche Schuldverhältnisse, 3. Aufl. 2009, § 16 Rn. 136 ff.; speziell zum Versicherungsrecht: *Möller* in: Bruck/Möller, 8. Aufl., § 49 VVG a.F. Anm. 146. – Beispiel: BGH VersR 1963, 133.

245 Weiteres Beispiel bei BGH VersR 1990, 1268.

Die Problematik verdeutlicht auch folgender gelegentlich in diesem Zusammenhang genannter – im Übrigen recht lehrreicher – Fall:[246] Ein Krankenversicherer hatte unter Berufung auf die (damalige) »Suchtklausel« Leistungen für die Behandlung einer Morphiumabhängigkeit abgelehnt (§ 5 (1) b) MB/KK 1966: Keine Leistungspflicht besteht ... für auf Vorsatz oder auf Sucht beruhende Krankheiten und Unfälle einschließlich deren Folgen). Die Morphiumsucht des Versicherungsnehmers war allerdings Folge einer früheren ärztlichen Behandlung mit schmerzstillenden Mitteln gewesen. Das Gericht wies die Klage des Versicherten ab und betonte dabei zu Recht, dies habe mit Kausal- und Adäquanzfragen nichts zu tun. Auch hier zeigt sich, dass man in zweifelhaften Fällen immer nach dem Sinn eines »Ausschlusses« fragen muss. Manchmal liegt der Grund eines Ausschlusses darin, dass eine bestimmte Schadensursache versicherungstechnisch schwierig zu erfassen ist (z.B. Kriegsrisiken). Dann muss es im Einzelfall darauf ankommen, ob sich gerade eine solche Ursache typisch ausgewirkt hat (»adäquate Verursachung«). Ein Ausschluss kann seinen Grund aber auch gerade darin haben, dass der Versicherer bestimmte Arten von Schäden wegen ihrer besonderen Höhe unter keinen Umständen decken will. Dann kann es keine Rolle spielen, wie es zu dem Schaden im Einzelfall gekommen ist. Er gehört jedenfalls zu denen, die nicht gedeckt werden. Zu dieser zweiten Kategorie gehört das Risiko »Behandlungsbedürftigkeit durch Sucht«. **893**

Noch eine Bemerkung zur so genannten **»hypothetischen Kausalität«**: Wenn z.B. ein kaskoversichertes Schiff beschädigt wird, muss der Versicherer für den Schaden auch dann aufkommen, wenn das Schiff bald danach von hoher Hand beschlagnahmt wird. Der Versicherer kann nicht einwenden, der Anspruch auf Ersatz des Schadens sei durch die Entziehung des Schiffs (gleichzusetzen mit dem Totalverlust) hinfällig geworden.[247] Allgemein gesprochen, denn dies gilt nicht nur für die Seeversicherung: Nach einem hypothetischen Geschehensverlauf wird nicht gefragt; es wird nur danach gefragt, ob tatsächlich ein versichertes Ereignis eingetreten ist. Das beruht darauf, dass die Voraussetzungen für den Deckungsanspruch in den AVB durchweg anders definiert werden, als es § 249 BGB für das allgemeine Schadensersatzrecht vorgibt, nämlich nicht mit Hilfe eines Vergleichs der Vermögenslagen insgesamt, sondern nur durch Abstellen auf die Beeinträchtigung eines ganz bestimmten, eben des versicherten Gegenstandes (vgl. Rn. 724). Dergleichen wird manchmal »unmittelbarer« oder »Objektschaden« genannt, aber solche Ausdrücke helfen selten bei der Lösung von Problemen. **894**

Vertiefung: Nichts mit »hypothetischer« Kausalität hat die Frage nach dem Wert des versicherten Gegenstandes zu tun: Wenn ein Gebäude aus baupolizeilichen Gründen zum Abbruch ansteht und es kurz vor dem Termin abbrennt, dann wird sein Eigentümer keinen nennenswerten Anspruch gegen den Feuerversicherer haben und zwar deshalb nicht, weil niemand für ein solches Gebäude sehr viel gezahlt hätte, der Versicherungswert und damit der eingetretene Schaden also nur noch gering sein konnte. **895**

246 BGHZ 65, 142 = VersR 1975, 1093 = NJW 1976, 106.
247 BGHZ 2, 336.

4. Herbeiführung des Versicherungsfalls

a) Überblick

896 Die vorsätzliche oder grob fahrlässige Herbeiführung des Versicherungsfalles durch den Versicherungsnehmer (oder durch eine ihm zuzurechnende Person, Rn. 628 ff.) führt zur vollständigen oder teilweisen Leistungsfreiheit des Versicherers.[248] Der Versicherungsnehmer soll nicht die Folgen seines vorsätzlichen Handelns auf den Versicherer abwälzen können und er soll durch das Bestehen der Versicherung auch nicht zu sorglosem Verhalten animiert werden (näher dazu Rn. 900 ff.). Die zentrale Regelung findet sich in § 81 VVG (Vorgängerregelung § 61 VVG a.F.) im Abschnitt über die »allgemeinen Vorschriften« der Schadensversicherung. Sonderregelungen gibt es für die Haftpflichtversicherung (§ 103 VVG), die Transportversicherung (§ 137 VVG), die Lebensversicherung (§§ 161, 162 VVG), die Berufsunfähigkeitsversicherung (§ 176 VVG), die Unfallversicherung (§ 183 I VVG; s.a. die Definition des Unfalls in § 178 II VVG als unfreiwillige Gesundheitsschädigung) und für die Krankenversicherung (§ 201 VVG). Diese Regelungen sind dispositiv, ausgenommen den halbzwingenden §§ 161, 201 VVG. Soweit von den dispositiven Regelungen durch AVB abgewichen wird, muss das Leitbild des Gesetzes beachtet werden.

897 Die »Herbeiführung des Versicherungsfalles« ist eine **in der (Gerichts-) Praxis sehr bedeutsame Problematik.** Die Palette der Fälle reicht von Nachlässigkeiten im Alltag (z.B. Verlassen des Hauses bei Fenster in Kipp-Stellung[249] oder bei laufenden elektrischen Geräten[250], geringfügige Geschwindigkeitsüberschreitung im Straßenverkehr[251]) über Sorglosigkeiten (z.B. Brennenlassen von Kerzen[252], Nichtentleerung wasserführender Leitungen bei längerer Abwesenheit[253], Leerstehenlassen eines Hauses ohne die üblichen Sicherungsmaßnahmen[254], Verwahrung von Schlüsseln in Fahrzeugen[255], Nichtauswechseln des Schlosses der Wohnungstür nach Abhandenkommen des

248 Vgl. insgesamt *Heß* in: Beckmann/Matusche-Beckmann, § 16.

249 OLG Saarbrücken VersR 2004, 1265 (grobe Fahrlässigkeit bei Fenster in Kippstellung während zweiwöchiger Urlaubsabwesenheit); OLG Oldenburg VersR 1997, 999 (grobe Fahrlässigkeit bei Kippstellung des Fensters eines Abstellraums bei nächtlichem Verlassen eines sonst unbewohnten Hauses für ca. elf Stunden); OLG Hamm VersR 1997, 1352 (grobe Fahrlässigkeit verneint bei Kippstellung eines sehr kleinen Fensters in der zweiten Etage während dreitägiger Abwesenheit).

250 LG Passau VersR 2007, 242 (Waschmaschine).

251 OLG Nürnberg VersR 1993, 603.

252 BGH VersR 1986, 254; OLG Düsseldorf VersR 2000, 1493 (grobe Fahrlässigkeit verneint bei Versicherungsnehmer, der am Morgen des ersten Weihnachtsfeiertags die Kerzen eines Adventskranzes auf dem Wohnzimmertisch angezündet und den Frühstückskaffee zubereitet hatte, sich in das Schlafzimmer begab, um seine Lebensgefährtin zu wecken, sich dort von ihr ablenken ließ und deshalb den sich entwickelnden Brand nicht bemerkte).

253 OLG Düsseldorf VersR 1989, 697 (grobe Fahrlässigkeit bei mehrwöchiger Urlaubsreise ohne Schließen des Absperrventils der Kaltwasserleitung, an dem der zu dem Geschirrspüler führende Wasserschlauch angeschlossen ist); LG Köln VersR 1988, 1258 (grobe Fahrlässigkeit wegen Nichtentleerens der Wasserleitung zum WC-Spülkasten der unbewohnten und unbeheizten Wohnung trotz Frostes).

254 BGH VersR 1984, 25; OLG Oldenburg r+s 2005, 422 (Leistungsfreiheit des Versicherers wegen grob fahrlässiger Verursachung eines Einbruchsdiebstahles bei Abwesenheit über Nacht und nur zugezogener und nicht abgeschlossener mit Glasfenstern versehener Wohnungseingangstür).

255 BGH VersR 1986, 962 = NJW 1986, 2839; OLG Hamm VersR 1998, 489 (unverschlossenes Abstellen des Kfz mit Verwahrung des Schlüssels hinter der Sonnenblende); OLG Celle VersR 2004, 585 (Zurücklassen von Schlüsseln in einer Yacht).

Schlüssels[256], Nichtentfernen von Fahrzeugen auf einem überschwemmungsgefährdeten Parkplatz[257], Rotlichtverstöße im Straßenverkehr[258]) bis hin zu Leichtsinn oder gar Betrug (Trunkenheitsfahrten[259], Brandstiftung[260] oder Manipulation von Kfz-Unfällen[261]).

Für die **Rechtsfolgen der Herbeiführung des Versicherungsfalles** galt im **VVG a.F. das »Alles-oder-nichts-Prinzip«** (Rn. 562), nach dem der Versicherungsnehmer entweder vollen oder überhaupt keinen Versicherungsschutz hatte.[262] Nach **§ 81 VVG** ist die vollständige Leistungsfreiheit nur noch bei der vorsätzlichen Herbeiführung des Versicherungsfalles vorgesehen. Grobe Fahrlässigkeit führt dagegen – wie bei der Verletzung einer Obliegenheit – zu einer Leistungskürzung abhängig von der Schwere der groben Fahrlässigkeit (»Quotelung«; zu den Kriterien der Quotelung siehe die allgemeinen Erläuterungen Rn. 596 ff.). Im Bereich der Sonderregeln (vgl. Rn. 1189 ff., 1343) schadet gegenstandsbedingt meist nur Vorsatz (Haftpflichtversicherung, Selbsttötung in der Krankenversicherung etc.). Bei der Transportversicherung schadet jedoch – wie allgemein gem. § 81 VVG – grobe Fahrlässigkeit und begründet hier ausnahmsweise auch nach neuem Recht die vollständige Leistungsfreiheit des Versicherers (§ 137 I VVG).[263] **898**

Die Rechtsfolgen des § 81 VVG sind im Ergebnis also an die Rechtsfolgen der Verletzung von Obliegenheiten angeglichen, obwohl es sich nach herrschender Ansicht bei der Herbeiführung des Versicherungsfalles nicht um eine Obliegenheit handelt (mit der Folge, dass die allgemeinen Regeln über Obliegenheiten zur Anwendung kämen[264]), sondern um einen **subjektiven Risikoausschluss** (bei Vorsatz) bzw. um eine **subjektive Risikobegrenzung** (bei grober Fahrlässigkeit).[265] Das heißt bei Vorsatz: Kraft gesetzlichem Risikoausschluss liegt schon kein Versicherungsfall vor. Bei grober Fahrlässigkeit lässt sich das Vorliegen eines Versicherungsfalles nicht verneinen, denn der Versicherer ist ja wegen Eintritts des Versicherungsfalles teilweise leistungspflichtig. Der Versicherer haftet aber auch hier von vornherein nur in begrenztem Umfang (»beschränkter subjektiver Risikoausschluss«).[266] Die Bedeutung der dogmatischen Einordnung nicht als Obliegenheit, sondern als Risikoausschluss bzw. -begrenzung ist nach der VVG-Reform zwar durch die Angleichung der Rechtsfolgen verringert, sie bleibt aber von Gewicht. Denn der Risikoausschluss bzw. die Risi- **899**

256 OLG Hamburg VersR 1992, 822; OLG Hamm VersR 1988, 49.

257 BGH VersR 1976, 649.

258 BGH VersR 2003, 1561; OLG Rostock VersR 2003, 1528.

259 BGH VersR 2007, 389 = NJW 2007, 1126 (noch in der Unfallnacht entnommene Blutprobe mit BAK von 1,7 ‰); OLG Saarbrücken r+s 2009, 138; OLG Saarbrücken VersR 2004, 1262; OLG Karlsruhe VersR 2002, 969; OLG Karlsruhe VersR 2002, 969 (grobe Fahrlässigkeit bei alkoholbedingtem Abkommen von der Fahrbahn fünf Stunden nach Trinkende mit einer BAK von 0,65‰).

260 BGH VersR 2005, 1387; OLG Koblenz VersR 2004, 642; OLG Stuttgart VersR 1998, 750.

261 OLG Köln VersR 2000, 1140.

262 Vgl. zum alten Recht § 61 VVG a.F. und zur Sonderregelung in § 152 VVG a.F. *Lorenz* VersR 2000, 2; *Baumann* r+s 2005, 1; zur Anwendbarkeit des § 61 VVG a.F. bei der Beeinträchtigung der Schuldfähigkeit durch Alkohol und Drogen *Knappmann* NVersZ 1998, 13.

263 Vgl. zu allem *Heß* in: Beckmann/Matusche-Beckmann, § 16.

264 So aber *Deutsch* Rn. 275; *Neumann* Abkehr vom Alles-oder-nichts-Prinzip, 2004, S. 169 f.

265 Instruktiv *Lorenz* VersR 2000, 2; *Looschelders* in: Langheid/Wandt, § 81 VVG Rn. 5 ff.; ausführlich *Möller* in: Bruck/Möller, 8. Aufl., § 61 VVG a.F. Anm. 17 ff.

266 *Looschelders* in: Langheid/Wandt, § 81 VVG Rn. 7; *ders.* VersR 2008, 1, 4.

kobegrenzung hat bei obligatorischen Haftpflichtversicherungen zur Folge, dass den Versicherer ungeachtet des für Obliegenheiten geltenden »Einwendungsausschlusses« auch gegenüber dem Geschädigten keine Leistungspflicht trifft.[267]

b) Regelungszwecke

900 Wenn der Versicherungsnehmer den Versicherungsfall **vorsätzlich** herbeigeführt hat, kann er nichts vom Versicherer verlangen (§ 81 I VVG). Eine Leistungspflicht anzunehmen, widerspräche Sinn und Zweck einer Versicherung, die darin liegen, dem Versicherungsnehmer wirtschaftlich das Risiko des Eintritts eines *ungewissen* Ereignisses abzunehmen (Rn. 23, 645). Von daher versteht es sich eigentlich von selbst, dass der Versicherungsnehmer nicht Leistungen für ein Ereignis beanspruchen kann, dass er selbst vorsätzlich herbeiführt. Anderenfalls würde für den Versicherungsnehmer ein »Anreiz zu unredlichem Verhalten» geschaffen, da es ihm im Ergebnis erlaubt wäre, den Versicherer vorsätzlich zu schädigen.[268]

901 Umgekehrt ist ebenso einsichtig, dass der Versicherungsnehmer bei **einfach fahrlässiger** Herbeiführung des Versicherungsfalles Versicherungsschutz genießen soll. Der Versicherungsnehmer kann nämlich berechtigterweise erwarten, dass die Versicherung nicht nur in den Fällen greift, in denen der Versicherungsfall trotz Beachtung der im Verkehr erforderlichen Sorgfalt eintritt, sondern auch bei Nachlässigkeiten, die auch einem im allgemeinen sorgfältigen Versicherungsnehmer ebenso passieren können wie einer unversicherten Person.[269]

902 Anders als bei Vorsatz und einfacher Fahrlässigkeit ist die gesetzgeberische Wertung bei **grober Fahrlässigkeit** nicht ohne weiteres selbstverständlich und zwingend. Dies zeigt sich schon an dem Unterschied zwischen dem alten VVG (vollständige Leistungsfreiheit, § 61 VVG a.F.)[270] und dem neuen VVG (teilweiser Leistungsfreiheit entsprechend der Schwere der groben Fahrlässigkeit). Die Entscheidung des neuen Rechts ist vielmehr ein rechtspolitischer Kompromiss im Zeichen verbesserten Verbraucherschutzes.[271] Die Lösung sichert weitgehenden Versicherungsschutz, wenn die grobe Fahrlässigkeit nicht schwer wiegt und gibt damit die Möglichkeit,

267 Zu Zweifeln an der Konformität mit den Kfz-Haftpflicht-Richtlinien der EG vgl. *Looschelders* in: Langheid/Wandt, § 81 VVG Rn. 8; *ders.* VersR 2008, 1, 3.

268 RegE BT-Drucks. 16/3945 S. 79.

269 Vgl. hierzu auch *Looschelders* VersR 2008, 1. – Die Vereinbarung einer strengeren Haftung durch AVB ist grundsätzlich möglich. Nach BGH VersR 2009, 341 = NJW 2009, 1147 kann eine solche Erweiterung der Leistungsfreiheit jedoch nicht in einer Klausel gesehen werden, welche den Versicherungsnehmer lediglich dazu verpflichtet, die Sorgfalt eines ordentlichen Kaufmanns wahrzunehmen, ohne gleichzeitig auf eine Rechtsfolge im Falle der Verletzung hinzuweisen.

270 Vgl. insoweit *Lorenz* VersR 2000, 2, 4 (ein grob fahrlässig handelnder Versicherungsnehmer sei insbesondere mit Blick auf die Prämienfolgen für die vielen sorgfältigen Versicherungsnehmer nicht schutzwürdig); ebenso *Koppenfels-Spies* VersR 2006, 23.

271 Vgl. dagegen die abweichende Wertung in Article 9:101 I PEICL (Rn. 175): Danach ist der Versicherer nicht nur bei Vorsatz, sondern schon dann leistungsfrei, wenn und so weit »the loss was caused … recklessly and with knowledge that the loss would probably result« (»leichtfertig und in dem Bewußtsein begangen wurde, dass der Schaden mit Wahrscheinlichkeit eintreten werde«). Diese Formulierung lehnt sich an internationale Abkommen an; sie findet sich beispielsweise in Art. 25 A des Warschauer Abkommens zur Vereinheitlichung von Regeln über die Beförderung im internationalen Luftverkehr vom 12.10.1929 (RGBl. 1933 II S. 1039) in der Fassung des Haager Protokolls vom 28.9.1955 (BGBl. II 1958, S. 291). Sie beschreibt einen besonders hohen Grad an grober Fahrlässigkeit an der Grenze zum bedingten Vorsatz.

Härten in Einzelfällen zu vermeiden.[272] Der Kompromiss animiert andererseits nicht zu grober Fahrlässigkeit zu Lasten der über die Prämienkalkulation betroffenen Versichertengemeinschaft (»moral hazard«), sondert entfaltet durchaus präventive Wirkung, weil der in besonderem Maße grobfahrlässig Handelnde den Versicherungsschutz vollständig »verwirken« kann (und die Versicherungsnehmer der Unsicherheit der Bewertung des Verschuldensgrades durch die Gerichte unterworfen sind).[273]

Die Ausnahmeregelung des § 137 I VVG für die Transportversicherung, nach der schon grobe Fahrlässigkeit die volle Leistungsfreiheit des Versicherers begründet, hält der Gesetzgeber für sachgerecht, weil es sich um einen gewerblichen Bereich handelt.[274] 903

c) Objektiver Tatbestand der Herbeiführung des Versicherungsfalles

Für den objektiven Tatbestand der Herbeiführung des Versicherungsfalles genügt jedes adäquat kausale Verhalten des Versicherungsnehmers (oder einer ihm zuzurechnenden Person, Rn. 628 ff.). Es kann – anders als nach herrschender Meinung bei der Gefahrerhöhung (Rn. 839) – auch ein Unterlassen genügen.[275] Insoweit ist allerdings zu berücksichtigen, dass § 81 VVG keine ständige und allgemeine Schadensverhütungspflicht des Versicherungsnehmers begründet, was dem Zweck der Versicherung zuwider liefe.[276] Ein Unterlassen ist daher nur relevant, wenn der Versicherungsnehmer trotz erkennbarer dringender Gefahr[277] die ihm möglichen, geeigneten und zumutbaren Maßnahmen zum Schutz des versicherten Gegenstandes nicht ergriffen hat (sich also anders verhalten hat, als es in dieser konkreten Situation von einer nicht versicherten Person zu erwarten gewesen wäre).[278] 904

d) Subjektiver Tatbestand: Vorsatz oder grobe Fahrlässigkeit

»Vorsatz« und **»grobe Fahrlässigkeit«** bedeuten dasselbe wie im Allgemeinen Schuldrecht (Rn. 570 ff.). Vorsatz verlangt also das Kennen der Tatumstände und das Wollen ihrer Verwirklichung in einem Schaden. Bedingter Vorsatz genügt.[279] Grobe Fahrlässigkeit verlangt ein besonders grobes, schlechthin unentschuldbares Außerachtlassen der jedermann bekannten, selbstverständlichen Sorgfaltsregeln[280] (objektives und subjektives Element[281]). Das Verschulden muss sich auf die Herbeiführung 905

272 RegE BT-Drucks. 16/3945 S. 80; vgl. auch Reformkommission, Abschlussbericht, S. 69 ff., 351. – *Canaris* JZ 1987, 993, 1003, plädierte unter Berufung auf das verfassungsrechtliche Übermaßverbot für eine Abschwächung der §§ 61, 152 VVG a.F. bei ruinösen und katastrophalen Schäden; dagegen *Lorenz* VersR 2000, 2, 7 ff.

273 Vgl. auch *Looschelders* in: Langheid/Wandt, § 81 VVG Rn. 4; *ders.* VersR 2008, 1 f. m.w.N.

274 RegE BT-Drucks. 16/3945 S. 93 (»Großrisiko«).

275 Grundlegend BGH VersR 1976, 649; BGH VersR 1986, 962 = NJW 1986, 2838.

276 Eine gesetzliche Verpflichtung des Versicherungsnehmers, den Schaden abzuwenden oder zu mindern, besteht nach § 82 VVG erst »bei Eintritt des Versicherungsfalles«.

277 Ausreichend ist die Kenntnis von Umständen, aus denen sich ergibt, dass der Eintritt des Versicherungsfalls in den Bereich der praktisch unmittelbar in Betracht zu ziehenden Möglichkeiten gerückt ist; BGH VersR 1986, 962 = NJW 1986, 2838.

278 Ständige Rechtsprechung, vgl. nur BGH VersR 1986, 962 = NJW 1986, 2838. – Zu der dogmatischen Frage, dass es im Ergebnis auch insoweit auf objektive Verhaltensregeln ankommt, vgl. *Looschelders* VersR 2008, 1, 3 f.

279 BGHZ 7, 311.

280 Einzelheiten: *Heß* in: Beckmann/Matusche-Beckmann, § 16 Rn. 42 ff.; *Looschelders* in: Langheid/Wandt, § 81 VVG Rn. 66 ff.; *Möller* in: Bruck/Möller, 8. Aufl., § 61 VVG a.F. Anm. 42 ff.; *Prölss* in: Prölss/Martin, § 61 VVG a.F. Rn. 10 ff., § 6 VVG a.F. Rn. 116 ff.

281 BGH VersR 1989, 582 = NJW 1989, 1354; BGH VersR 1989, 840 m.w.N.

des Versicherungsfalls beziehen. Es muss sich deshalb – in der Sachversicherung stets, in der übrigen Schadensversicherung grundsätzlich – auch auf den Schaden beziehen, allerdings nicht auf den konkreten Schadensumfang.[282]

906 Allerdings schlägt hier auch eine allgemeine Problematik durch: Der Versicherungsnehmer verletzt mit der Herbeiführung des Versicherungsfalls nicht etwa eine Pflicht gegenüber dem Versicherer. Er kann im Rahmen der allgemeinen Gesetze mit seinem Hab und Gut verfahren, wie er will; nur kann er daraus keine Ansprüche gegen den Versicherer herleiten. Deshalb passen »Widerrechtlichkeit« und »Verschulden« hier als Handlungsattribute genausowenig, wie beim so genannten Mitverschulden in § 254 BGB. Entscheidend ist vielmehr, dass der Versicherer nach dem Sinn des Vertrages nur das Risiko eines durchschnittlich vernünftigen Privatmannes, Gewerbetreibenden usw. übernimmt, der zwar wie jedermann gelegentlich einen Fehler macht, aber nicht absichtlich seine eigenen Sachen zerstört oder die einfachsten Vorsichtsmaßregeln außer Acht lässt. Hilfreich ist auch hier meist der Vergleich mit demjenigen, der sich nicht versichert hat.

907 Die Hauptprobleme des § 81 VVG liegen nicht bei den abstrakten Begriffen, sondern bei der Einordnung der Lebenswirklichkeit. Vielfältige Belege geben dafür die Eingangsbeispiele aus der Rechtsprechung (Rn. 897), vor allem aber die langen Listen der Kommentare zur Frage, wann insbesondere in der Fahrzeug- (Kasko-) Versicherung ein Schaden **grob fahrlässig** herbeigeführt worden ist. Aufgrund der nach neuem VVG im Falle grober Fahrlässigkeit erforderlichen »Quotelung« muss nunmehr nicht nur die im Einzelfall schwierige Grenzziehung zwischen grober und einfacher Fahrlässigkeit bewältigt, sondern sogar die Schwere grober Fahrlässigkeit bestimmt werden. Hier auch nur typische Einzelfälle zu schildern würde den Rahmen dieses Kapitels bei weitem sprengen. Wer aktuelle Beispiele sucht, wird sie in fast jedem neuen Heft von »VersR« oder einer sonstigen versicherungsrechtlichen Spezialzeitschrift finden. – Das wichtigste Ziel jedenfalls für die Abgrenzung zwischen einfacher und grober Fahrlässigkeit muss hier Berechenbarkeit der Ergebnisse sein. Das bedeutet aus der Sicht der Versicherungsnehmer: Im Rahmen des Möglichen müssen die gerichtlichen Leitentscheidungen so an allgemeinen Anschauungen orientiert sein, dass der einzelne Versicherungsnehmer ihre Regeln intuitiv vorweg befolgen kann, auch ohne speziell versicherungsrechtlich bewandert zu sein. Aus der Sicht der Versicherer bedeutet es: eine eindeutige und möglichst konstante Rechtsprechung.

908 Abweichend von den für Obliegenheiten geltenden Regelungen der §§ 26 I, 28 II, 82 III VVG hat der Versicherer bei der Herbeiführung des Versicherungsfalls sowohl **Vorsatz als auch grobe Fahrlässigkeit nachzuweisen**. Der Gesetzgeber begründet diese Abweichung damit, dass anders als in den genannten Fällen keine Obliegenheits- bzw. Pflichtverletzung des Versicherungsnehmers vorliegt und vom Versicherer bereits nachgewiesen ist. Bei § 81 II VVG stelle die grobe Fahrlässigkeit des Versicherungsnehmers einen Ausnahmetatbestand dar, der trotz Eintritts des Versicherungsfalls zur teilweisen Leistungsfreiheit des Versicherers führt.[283] Der entscheidende tiefere Grund liegt darin, dass für § 81 I VVG – wie gesagt – grundsätzlich jedes adäquat kausale Verhalten des Versicherungsnehmers genügt. Es sind also keine konkretisierten Verhaltenspflichten normiert, deren bewiesener Verstoß eine Beweislastumkehr

---

282 *Lorenz* VersR 2000, 2, 6 f. m.w.N.

283 RegE BT-Drucks. 16/3945 S. 80. Vgl. auch BGH VersR 2005, 1387 zu § 61 VVG a.F.

hinsichtlich des Verschuldens rechtfertigen könnte.[284] Im Übrigen: Ob die nähere zeitliche Eingrenzung der Rettungsobliegenheit des § 82 VVG (»bei Eintritt des Versicherungsfalles«) eine hinreichende Konkretisierung der Verhaltenspflichten des Versicherungsnehmers mit sich bringt, sodass dort die Beweislast des Versicherungsnehmers für das Nichtvorliegen von grober Fahrlässigkeit gerechtfertigt ist, erscheint zweifelhaft.[285]

e) Zurechnung von Drittverhalten

Wenn nicht der Versicherungsnehmer selbst, sondern ein **Dritter** den Versicherungsfall herbeigeführt hat, stellt sich die Frage der Zurechnung. Etliche Fälle regelt das Gesetz ausdrücklich (§§ 47, 162, 183 VVG). Als Faustregel kann man sich merken: Verhalten von Dritten, die als **Versicherte** oder **Begünstigte** (zur Terminologie vgl. Rn. 46 ff.) am Vertrag beteiligt sind, steht dem Verhalten des Versicherungsnehmers gleich. 909

Einzustehen hat der Versicherungsnehmer auch für **gesetzliche Vertreter** und **Organe**. Dagegen gibt es keine Haftung für Erfüllungsgehilfen im Sinne von § 278 BGB. Dafür fehlen die Voraussetzungen (vgl. Rn. 45, 630 ff.) und manche Versicherungen haben ja gerade den Zweck, den Versicherungsnehmer vor Schäden zu schützen, die durch eine Hilfsperson verursacht werden (z.B. die Betriebshaftpflichtversicherung). Die h.M. wendet für den subjektiven Risikoausschluss die für Obliegenheitsverletzungen entwickelten Regeln zum Einstehenmüssen für das Verhalten von **Repräsentanten** entsprechend an (Rn. 633 ff.).[286] Wenn also der Versicherungsnehmer in einem Geschäftsbereich von einiger Bedeutung die laufende notwendige Betreuung des versicherten Risikos jemand anderem überlassen hat, dann soll nach ganz überwiegender Meinung – es wird auch von Gewohnheitsrecht gesprochen[287] – die »schuldhafte« Herbeiführung des Versicherungsfalls durch den Repräsentanten dieselbe Wirkung haben, wie die Herbeiführung durch den Versicherungsnehmer selbst. 910

In Frage steht bei der Zurechnung des Repräsentantenhandelns wiederum der Umfang des zugesagten Versicherungsschutzes, der von AVB zu AVB wechseln kann. Schließt der Versicherungsvertrag das Risiko ein oder aus, das in der Übertragung des fraglichen Geschäftsbereichs auf den »Repräsentanten« liegt? Da es der Versicherer in der Hand hat, für Klarheit zu sorgen, spricht einiges für eine Mindermeinung[288], die dem Versicherungsnehmer eine Herbeiführung des Versicherungsfalls durch Repräsentanten nur im Falle einer entsprechenden Vereinbarung anlasten will. 911

284 Vgl. *Looschelders* VersR 2008, 1, 4.

285 Vgl. *Marx* Rettungsobliegenheit und Rettungskostenersatz im Versicherungsvertragsrecht, 2008, S. 243 f.

286 Für die h.M. vgl. *Beckmann* in: BK, § 61 VVG a.F. Rn. 46; *Looschelders* in: Langheid/Wandt, § 81 VVG Rn. 106; a.A. *Prölss* in: Prölss/Martin, § 61 VVG a.F. Rn. 3 ff.

287 *Möller* in: Bruck/Möller, 8. Aufl., § 61 VVG a.F. Anm. 71; *Beckmann* in: BK, § 61 VVG a.F. Rn. 46.

288 *Prölss* in: Prölss/Martin, § 61 VVG a.F. Rn. 3.

5. Beweisfragen

912 Verlangt der Versicherungsnehmer von seinem Versicherer Leistung, weil der Versicherungsfall eingetreten sei, dann spielen oft **Beweisfragen** eine große Rolle.[289] Denn der Hergang eines Versicherungsfalls ist aus vielen Gründen später oft noch schwerer zu rekonstruieren als andere Sachverhalte. Deshalb soll hier ein kurzer Blick auf die wichtigsten einschlägigen Beweisregeln geworfen werden.

913 An sich geht es um nichts anderes als die richtige Anwendung der allgemeinen Beweislast- und Beweisführungsregeln. Die wichtigste **Beweislastregel** lautet bekanntlich: Jeder muss die Voraussetzungen eines Rechtssatzes, der ihm günstig ist, darlegen und notfalls beweisen. Also muss der Versicherungsnehmer, der Rechte aus einem Versicherungsfall herleiten will, dessen positive Voraussetzungen im Einzelfall beweisen; der Versicherer dagegen das Vorliegen von vertraglichen oder gesetzlichen Ausschlusstatbeständen. Verlangt also der Versicherungsnehmer z.B. aus einer Hausratversicherung Ersatz von gestohlenem Schmuck, dann muss er nachweisen, dass dieser gerade im Wege eines Einbruchs i.S.d. Abschnitts A § 3 Nr. 1a) und Nr. 2 VHB 2008[290] gestohlen wurde. Will der Versicherer nicht leisten, weil er meint, der Versicherungsnehmer habe eine Obliegenheit verletzt, dann muss der Versicherer die Voraussetzungen hierfür beweisen. Den Prozess verliert, wer den ihm obliegenden Beweis nicht führen kann.

914 **»Beweisen«** bedeutet nach der hergebrachten Formel, den Richter zu der Ansicht bringen, dass eine Behauptung **»mit an Sicherheit grenzender Wahrscheinlichkeit«** wahr sei, dass es also so und nicht anders gewesen sein muss. Einen solchen Beweis kann der Versicherungsnehmer für viele Arten von Versicherungsfällen nicht leicht führen. Dies gilt insbesondere für (Einbruch-) Diebstähle, weil ein hoher Prozentsatz von Diebstählen nicht aufgeklärt wird.

915 Um den Versicherungsschutz nicht weitgehend zu entwerten, billigen die Gerichte dem Versicherungsnehmer für bestimmte Arten von Versicherungsfällen **Beweiserleichterungen** zu. Materiellrechtlicher Ausgangspunkt hierfür ist, dass bei den betreffenden Versicherungen Beweisschwierigkeiten ein Teil des Risikos sind, das der Versicherer dem Versicherungsnehmer abzunehmen versprochen hat.[291] Dem Versicherungsvertrag wird also eine (stillschweigende) Abrede über eine Beweismaßsenkung zugunsten des Versicherungsnehmers entnommen.[292] Der Versicherungsnehmer muss nicht, wie es die allgemeine Regel erfordert, eine an Sicherheit grenzende Wahrscheinlichkeit, sondern nur eine **»hinreichende« Wahrscheinlichkeit** für den Versicherungsfall dartun. Dies kann vor allem dadurch geschehen, dass ein Mindestmaß an Tatsachen (voll) bewiesen wird, aus denen sich nach der Lebenserfahrung das **»äuße-**

289 Vgl. *Krahe/Prütting* in: Halm/Engelbrecht/Krahe, Kapitel 2; *v. Rintelen* in: Beckmann/Matusche-Beckmann, § 23 Rn. 162 ff.; *Höpfner*, Der Nachweis des Versicherungsfalls, 1996.

290 Insoweit ergeben sich keine Unterschiede zwischen den VHB 2008 – Quadratmetermodell (QM) und den VHB 2008 – Versicherungssummenmodell (VS).

291 Vgl. BGHZ 107, 368 = VersR 1989, 842 = NJW 1989, 2472 (»vertragstypische Beweiserleichterungen«). *Lücke* VersR 1994, 130 zum Ganzen m.w.N. sowie S. 131: »...ist Versicherungsfall nicht der Diebstahl, sondern, vorbehaltlich des Gegenbeweises des Versicherers, das Vorliegen des äußeren Bildes«.

292 St.Rspr.; vgl. BGHZ 123, 217 = VersR 1993, 1007; BGH VersR 1999, 1535.

re Bild« eines Versicherungsfalls ergibt[293] (z.B. bei dem Versicherungsfall »Einbruchdiebstahl«: Wohnungstür und Safe waren aufgebrochen, Inhalt von Schubladen und Schränken auf dem Zimmerboden verstreut; der Eigentümer hat sofort Anzeige erstattet[294]). Das »äußere Bild« ist allerdings ein weniger fest umrissener Begriff, als in manchen Urteilen vorausgesetzt wird. Es bedarf jeweils einer sorgfältigen Analyse der Rechtsprechung für die Frage, welche »Mindesttatsachen« für den jeweilig behaupteten Versicherungsfall bewiesen werden müssen.[295] Für einzelne Arten von Versicherungsfällen wie den in der Praxis besonders relevanten Kfz-Diebstahl hat die höchstrichterliche Rechtsprechung bereits klare Regeln aufgestellt.[296]

Beweiserleichterungen für den Versicherungsnehmer können allerdings auch negative **916**
Effekte nach sich ziehen. Denn es kommt nicht selten vor, dass unredliche Versicherungsnehmer gerade die Beweiserleichterungen für ihre Zwecke auszunutzen versuchen, wenn sie Versicherungsfälle »stellen«. In vergangenen Jahrzehnten gab es ganze Betrügerringe, die sich durch gestellte Unfälle aus der Haftpflicht- und der Kaskoversicherung bereicherten.[297] Daneben gibt es individuellere Varianten **vorgetäuschter Versicherungsfälle.**[298] Eine besteht darin, ein Fahrzeug bei der Polizei und dem Fahrzeugversicherer als gestohlen zu melden, das dann entweder nie wieder oder etwas später zufällig in einer abgelegenen Kiesgrube oder einem Waldstück einfach verlassen oder noch dazu total ausgebrannt[299] aufgefunden wird. Hier die Spreu vom Weizen zu scheiden, ist schwierig.[300] Denn es kommt andererseits auch vor, dass Autos zu vorübergehendem Gebrauch entwendet und dann vom Täter zur Verwischung etwaiger Spuren angezündet werden.

293 Vgl. nur BGHZ 123, 217 = VersR 1993, 1007. – Die »hinreichende« Wahrscheinlichkeit kann unter Umständen auch durch einen indirekten Beweis (Indizienbeweis) geführt werden. Einzelheiten bei *Kollhosser* in: Prölss/Martin, § 49 VVG a.F. Rn. 32.

294 Der Beweis für das äußere Bild einer Entwendung eines Tresors erbringt dagegen nicht zugleich das äußere Bild einer Entwendung der sich darin (nach Behauptung des Versicherungsnehmers) befindlichen Gegenstände, denn die Entwendung des Tresors lässt nicht mit hinreichender Wahrscheinlichkeit den Schluss darauf zu, dass sich im Tresor Gegenstände befunden haben; BGH VersR 2007, 102 = NJW 2007, 372. Vgl. zum Einbruchsdiebstahl *Spielmann* VersR 2004, 964.

295 Vgl. bspw. aus der neueren Rspr. OLG Hamm VersR 2005, 1074 (Nachweis einer Brandstiftung mittels Einsatz eines Computersimulationsverfahrens).

296 Vgl. BGHZ 130, 1 = VersR 1995, 909 = NJW 1995, 2169; BGH VersR 1993, 571. Vgl. auch BGH VersR 1998, 1012: Kann der Versicherungsnehmer für das Abstellen und das spätere Nichtwiederauffinden seines Fahrzeugs nur verschiedene Zeugen benennen, so ist mit ihnen der Beweis des äußeren Bildes eines Diebstahls nur dann zu führen, wenn ihre Aussagen zuverlässig ergeben, dass sich ihre Beobachtungen auf ein und dieselbe Örtlichkeit beziehen; vgl. auch OLG Koblenz NVersZ 2002, 180.

297 Ihnen hat der Informationsaustausch durch elektronische Datenverarbeitung das Geschäft zum Teil verdorben.

298 Vgl. zu Beweiserleichterungen bei Kfz-Diebstählen *Bach/Günther* Der Entwendungsnachweis in der Kfz-Kaskoversicherung, 1997; *Römer* NJW 1996, 2329; *ders.* NVersZ 1998, 63; *Kollhosser* NJW 1997, 969; *Schauer* in: BK, Vor §§ 49–68a VVG a.F. Rn. 83 ff.; vgl. aus der sehr zahlreichen Rechtsprechung z.B. BGH VersR 2008, 667; BGH VersR 1999, 1535; BGH VersR 1997, 181; BGHZ 132, 79 = VersR 1996, 575 = NJW 1996, 1348; BGHZ 130, 1 = VersR 1995, 909 = NJW 1995, 2169; OLG München VersR 1999, 308; OLG Düsseldorf VersR 1998, 754; OLG Hamm VersR 1998, 755; OLG Karlsruhe VersR 1998, 757; OLG Düsseldorf VersR 1998, 1107 = NJW 1999, 587; OLG Karlsruhe VersR 1998, 1229; OLG Hamm VersR 1997, 229; vgl. zu Beweisfragen zur Herbeiführung des Versicherungsfalls durch sog. Brandreden *Sieg* VersR 1995, 369.

299 Vgl. etwa KG Berlin VersR 2004, 997.

300 Vgl. etwa BGH VersR 1985, 78 = NJW 1985, 917; BGH VersR 1985, 330 = NJW 1985, 919; siehe auch BGH VersR 1984, 29.

917 Mit Blick auf die Gefahr solcher Versicherungsbetrügereien gibt die Rechtsprechung auch dem Versicherer die Möglichkeit, einen Missbrauch der Beweiserleichterung durch einen unredlichen Versicherungsnehmer in ebenfalls erleichterter Weise darzutun und zu beweisen (**Erleichterung des Gegenbeweises des Versicherers**). Er muss nämlich seinerseits nicht den Vollbeweis, sondern lediglich den Nachweis konkreter Tatsachen erbringen, die die Annahme einer Vortäuschung des Versicherungsfalls mit **»erheblicher Wahrscheinlichkeit«** nahelegen[301] (z.B. in dem für den Einbruch allein in Frage kommenden Zeitraum ist der Versicherungsnehmer mehrfach in dem erleuchteten Zimmer gesehen worden, in dem sich angeblich der Einbruch ereignet hat).[302]

918 Gelingt dem Versicherer der Gegenbeweis, dann ist damit die dem Versicherungsnehmer gewährte Beweiserleichterung hinfällig. Es bleibt ihm natürlich freigestellt, mit anderen – selten zugänglichen – Mitteln vollen Beweis zu erbringen (**Beispiel:** Der Dieb ist inzwischen gefasst worden und geständig).

919 Der BGH betont, dass es sich bei den Beweiserleichterungen für den Versicherungsnehmer und Versicherer um etwas anderes handele als den **»Beweis des ersten Anscheins«**, der in geeigneten Fällen ebenfalls geführt werden könne.[303] Beim Anscheinsbeweis (auch prima-facie-Beweis genannt) greift eine andere, allgemeine Regel, die gleichermaßen die Führung des Beweises erleichtert. Sie lautet etwa wie folgt: Kann eine Prozesspartei **Anhaltspunkte** dafür geben und notfalls beweisen, dass ein **Geschehensablauf** vorliegt, der **typischerweise** den behaupteten Sachverhalt enthält, dann gilt der Beweis für diesen Sachverhalt als erbracht. Die Gegenseite kann aber den so geführten Anscheinsbeweis **»erschüttern«**. Sie kann Tatsachen vortragen und notfalls beweisen, nach denen in concreto ein Fall vorliegt, der von der Regel abweicht. Die Unterschiede der spezifisch versicherungsvertraglichen Beweiserleichterungen zu den Regeln des Anscheinsbeweises bestehen darin, dass nicht jedes »äußere Bild« auf typische Geschehensabläufe hinweist. Außerdem muss nicht wie bei einem Anscheinsbeweis eine hohe Wahrscheinlichkeit für den Eintritt eines Versicherungsfalls sprechen.[304] Die Anforderungen an das »äußere Bild« sind also geringer. Die Regeln sind aber unverkennbar sehr ähnlich. Vielleicht rechtfertigt das die Hoffnung, dass man sich in absehbarer Zeit dazu entschließt, sie als Varianten eines einheitlichen Prinzips zu erkennen, das darin besteht, unter bestimmten Voraussetzungen statt des vollen Beweises von Tatbestandsmerkmalen den vollen Beweis von Ausgangstatsachen genügen zu lassen, aus denen vorbehaltlich einer »Erschütterung« auf den Tatbestand geschlossen werden darf. Welcher Art und Indizkraft die Ausgangstatsachen zu sein haben und wie der daraus gezogene vorläufige Schluss zu erschüttern ist, das mag dann (z.B. nach Rechtsgebieten) variieren. Mit der Herausstellung eines systematischen Zusammenhangs würde auch den offenbaren Schwierigkeiten der Instanzgerichte Rechnung getragen, die Linien höchstrichterlicher Rechtsprechung zu erkennen.[305] Der ständig fortschreitenden, rechtspolitisch verhängnisvollen Entwicklung zur isolierten Ausbildung von Spezialregeln ohne syste-

301 BGH VersR 1996, 186; BGHZ 130, 1 = VersR 1995, 909 = NJW 1995, 2169.

302 Ähnlich BGH VersR 1987, 801, 802; s.a. BGH VersR 1991, 1047 = NJW 1991, 2493.

303 BGHZ 79, 54, 59 = VersR 1981, 345 = NJW 1981, 684; BGH NJW-RR 1993, 720; BGH VersR 1991, 1367; BGH VersR 1987, 146; BGH VersR 1984, 29; BGH VersR 1978, 732; vgl. auch *Hoegen* VersR 1987, 221.

304 BGH VersR 1987, 146; BGH VersR 1987, 801.

305 Vgl. BGH VersR 1984, 29.

matischen (d.h. auch lernbaren) Zusammenhang muss wo immer möglich begegnet werden.

Wie sorgfältig die Facetten der Beweislast- und Beweisführungsregeln beachtet werden müssen, zeigt beispielhaft das Kriterium der **Glaubwürdigkeit** des Versicherungsnehmers. Wenn es dem Versicherungsnehmer gelungen ist, den ihm obliegenden Beweis von Mindesttatsachen für das äußere Bild des behaupteten Versicherungsfalls (z.B. eines Einbruchdiebstahls) durch Zeugen zu erbringen, sind Zweifel an seiner Glaubwürdigkeit erst bei der sich anschließenden Frage von Bedeutung, ob der Versicherer seinerseits Tatsachen beweist, die die erhebliche Wahrscheinlichkeit der Vortäuschung des Diebstahls nahe legen. Dagegen sind – vom Versicherer zu beweisende – schwerwiegende Zweifel an der Glaubwürdigkeit des Versicherungsnehmers schon auf der Ebene des Beweises des äußeren Bildes eines Versicherungsfalls zu beachten, wenn der Versicherungsnehmer diesen Beweis nicht mit den in der ZPO vorgesehenen Beweismitteln führen kann.[306] **920**

Beweisprobleme ergeben sich auch, wenn der Versicherungsfall feststeht, der Versicherer aber behauptet, aus einem besonderen Grunde leistungsfrei zu sein. Oft geht es um die Herbeiführung des Versicherungsfalles, also um die Regelung des § 81 VVG (§ 61 VVG a.F.). Der Versicherer trägt also vor, der Versicherungsnehmer habe das Ereignis vorsätzlich oder grob fahrlässig herbeigeführt. Hier ist der Versicherer beweispflichtig (Rn. 913) und kann seinerseits in Beweisnot geraten. Auch dann ist ein Balanceakt des Gerichts nötig, weil einerseits der Versicherer oft trotz begründeten Verdachts keine verlässlichen Informationen erlangen kann, andererseits aber auch gerade die Unklarheiten des Geschehensablaufs zu den Risiken gehören, derer sich der Versicherungsnehmer durch die Versicherung entledigen wollte. Für den Nachweis vorsätzlicher Herbeiführung in betrügerischer Absicht ist der Anscheinsbeweis nicht zulässig, weil der Willensentschluss eines Menschen keinen typischen Gesetzmäßigkeiten unterliegt.[307] Für den subjektiven Tatbestand der groben Fahrlässigkeit (siehe Rn. 905) wird weitgehend ähnlich argumentiert[308], wenngleich es der BGH bislang nicht für schlechthin ausgeschlossen hält, dass in Ausnahmefällen durch Anscheinsbeweis auch der subjektive Tatbestand der groben Fahrlässigkeit festgestellt werden könne.[309] **921**

Vortäuschung und **Herbeiführung** des Versicherungsfalls sind sorgfältig zu unterscheiden. Ob ein Versicherungsfall überhaupt vorliegt, fällt nach den zuvor geschilderten Regeln grundsätzlich in die Beweislast des Versicherungsnehmers, die vorsätzliche oder grob fahrlässige Herbeiführung dagegen nach § 81 VVG in die des Versicherers. Wichtig ist das besonders, wenn beides fraglich ist, wie in dem Beispiel eines entweder echten oder vorgetäuschten Diebstahls mit anschließendem, entweder vom Dieb oder dem Versicherten selbst gelegtem Brand. Wenn dann dem Versicherungsnehmer der Nachweis des Versicherungsfalls »Diebstahl« misslingt, ändert das nichts daran, dass der Versicherungsfall »Brand« unstreitig vorliegt, sodass der Versi- **922**

306 Vgl. BGH VersR 2002, 431; BGH VersR 1999, 1535.

307 BGHZ 104, 256 = VersR 1988, 683 = NJW 1988, 2940 (Brandstiftung); siehe auch BGHZ 100, 214 = VersR 1987, 503 = NJW 1987, 1944 (Selbstmord); vgl. auch OLG Düsseldorf VersR 1997, 337.

308 Vgl. OLG Düsseldorf VersR 1992, 1086, 1087.

309 Vgl. BGH VersR 1986, 254; BGH VersR 2003, 1561 m.w.N.

cherer hierzu an sich die »Herbeiführung« beweisen müsste.[310] Allerdings können die Umstände, die den Beweis des Versicherungsfalls »Diebstahl« haben scheitern lassen, zugleich Indizien dafür ergeben, dass der Versicherungsnehmer den Versicherungsfall »Brand« selbst herbeigeführt hat.[311]

6. Obliegenheiten des Versicherungsnehmers beim Versicherungsfall

923 Der Versicherungsnehmer muss es nicht nur unterlassen, den Versicherungsfall vorsätzlich oder grob fahrlässig herbeizuführen. Das Gesetz verlangt auch aktives Handeln zur Wahrung der gemeinsamen Interessen, wenn der Versicherungsfall eintritt. Den Versicherungsnehmer trifft nämlich gemäß § 82 I VVG »bei Eintritt des Versicherungsfalles« eine **Obliegenheit zur Schadensabwendung und Schadensminderung** (sog. **»Rettungspflicht«**).[312]

924 Mit der »Rettungspflicht« des Versicherungsnehmers korrespondiert ein **Anspruch auf Ersatz von Rettungskosten** – ähnlich dem Aufwendungsersatzanspruch eines Beauftragten gemäß § 670 BGB.[313] Zu ersetzen sind gemäß § 83 I 1 VVG diejenigen Aufwendungen, die der Versicherungsnehmer bei Erfüllung seiner Rettungsobliegenheit »den Umständen nach für geboten halten durfte«. Dies gilt auch dann, wenn die Rettungsmaßnahmen des Versicherungsnehmers erfolglos bleiben. Ist der Versicherer, aus welchem Grund auch immer, berechtigt, seine Leistung zu kürzen, kann er auch den Aufwendungsersatz entsprechend kürzen (§ 83 II VVG).

925 Was der Versicherungsnehmer »bei Eintritt des Versicherungsfalles« (mehr dazu in Rn. 931 ff.) zur Erfüllung seiner Rettungsobliegenheit im Einzelnen tun muss, lässt sich nicht abschließend aufzählen. Den abstrakten Maßstab für den **Inhalt der Rettungspflicht** gibt wieder einmal die Frage, was ein durchschnittlich vernünftiger Mensch tut, der das fragliche Risiko selbst trägt. Er wird versuchen, ein kleines Schadenfeuer schnell zu löschen, ehe es um sich greift, bei einem größeren Feuer die Feuerwehr alarmieren und versuchen, seine Wertsachen zu bergen. Ist ein ihm gehörendes Tier erkrankt, wird er es alsbald sachkundig behandeln lassen usw.

926 Solche Verhaltensregeln können konkretisiert werden durch bestimmte Weisungen des Versicherers, die der Versicherungsnehmer, soweit es ihm zumutbar ist, befolgen und gegebenenfalls auch einholen muss (§ 82 II 1 VVG). Man kann von einem **»Direktionsrecht« des Versicherers** sprechen, das aber durch die **Zumutbarkeit** für den

310 BGH VersR 2009, 540; BGH VersR 1985, 78 = NJW 1985, 917; BGH VersR 1985, 330, 331 = NJW 1985, 919.

311 BGH VersR 1996, 186; OLG Naumburg VersR 2001, 500; OLG Köln VersR 1997, 444.

312 Vgl. *Beckmann* in: Beckmann/Matusche-Beckmann, § 15.

313 Vgl. BGH VersR 1977, 709, 710 (»unentbehrliche Kehrseite der dem Versicherungsnehmer … auferlegten Pflicht beim Eintritt des Versicherungsfalles nach Möglichkeit den Schaden abzuwenden oder zu mindern«). Gegen ein Junktim und für eine Rechtfertigung aus Treu und Glauben mit dem Gedanken einer am durchschnittlichen Versicherungsnehmer ausgerichteten interessengerechten Ausgestaltung der Risikoübernahme durch den Versicherer *Marx* Rettungsobliegenheit und Rettungskostenersatz im Versicherungsvertragsrecht, 2008, S. 18 ff. (mit Hinweisen zu den Parallelen zu § 254 BGB und zur Geschäftsführung ohne Auftrag). – Zur Geschäftsführung ohne Auftrag vgl. *Schwarz/Wandt* Gesetzliche Schuldverhältnisse, 3. Aufl. 2009, § 8 Rn. 31 ff.

Versicherungsnehmer begrenzt ist. Deshalb muss der Versicherungsnehmer keine Weisung befolgen, die sich über seine berechtigten Interessen hinwegsetzt.[314]

Das Direktionsrecht des Versicherers hat vor allem in der Haftpflichtversicherung große Bedeutung. Denn dort kann das Verhalten des Versicherungsnehmers während eines unter Umständen langen Prozesses ausschlaggebend für das Urteil über den Haftpflichtanspruch sein. Deshalb enthalten die AVB auch genaue Regeln darüber (vgl. E.1.3 und E.1.4 AKB 2008, Nr. 25.2 AHB 2008). Allerdings können solche AVB nicht die halbzwingende Regelung des § 82 VVG zum Nachteil des Versicherungsnehmers abändern (§ 87 VVG). Im Übrigen gelten für sie § 28 VVG und die allgemeinen Regeln über Obliegenheiten (vgl. Rn. 531 ff.). 927

Verletzt der Versicherungsnehmer – oder sein Repräsentant (Rn. 633 ff.) – die »Rettungspflicht«, dann treten die in § 82 III VVG vorgesehenen **Sanktionen** ein (halbzwingend, § 87 VVG). Diese Sanktionen sind abhängig vom Verschuldensgrad nach dem bekannten allgemeinen **Schema** abgestuft: **Leichte Fahrlässigkeit** – keine Sanktion[315]; **grobe Fahrlässigkeit** – quotale Leistungskürzung[316]; **Vorsatz** – Leistungsfreiheit. 928

Grafische Übersicht

929

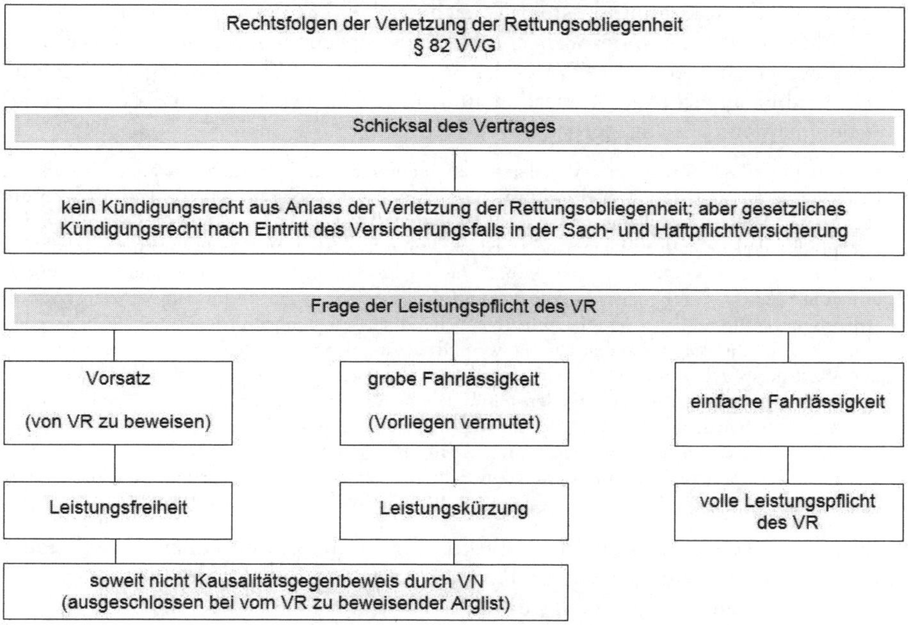

314 Beispiel in RegE BT-Drucks. 16/3945 S. 80: Im Kaskoschadenrecht ist eine Verletzung der Interessen des Versicherungsnehmers anzunehmen, wenn der Versicherer eine Weisung zur Reparatur eines beschädigten Pkw in einer Werkstatt erteilt, die keine Vertragswerkstatt des Kfz-Herstellers ist, und der Versicherungsnehmer damit seine Werksgarantie gefährden würde.

315 Bis zur Einfügung von § 62 II VVG a.F. im Jahre 1939 (DRGBl. I 2443 ff.) schadete sogar einfache Fahrlässigkeit. Vgl. Motive zum VVG S. 136.

316 Vgl. oben Rn. 605 zur Problematik einer Leistungskürzung um 100%.

930 Während der Versicherer die objektive Verletzung der Obliegenheit nach § 82 I VVG und Vorsatz des Versicherungsnehmers beweisen muss, liegt die Beweislast für das Nichtvorliegen grober Fahrlässigkeit beim Versicherungsnehmer (§ 82 III 1, 2 Hs. 2 VVG; dazu Rn. 616 f.). Dem Versicherungsnehmer – ausgenommen dem Arglistigen – ist jedoch der **Kausalitätsgegenbeweis** eröffnet (§ 82 IV VVG). Das heißt, der Versicherer bleibt leistungspflichtig, »soweit die Verletzung der Obliegenheit weder für die Feststellung des Versicherungsfalles noch für die Feststellung oder den Umfang der Leistungspflicht ursächlich ist«.[317]

931 Problematisch und umstritten sind die **zeitlichen Grenzen** der Rettungsobliegenheit (ihr Beginn und Ende). Dabei geht es vor allem um die wichtige **Abgrenzung zu den Regelungen über die Herbeiführung des Versicherungsfalls (§§ 81, 103 VVG).** Diese Abgrenzung ist vor allem für die Haftpflichtversicherung wichtig, weil dort gemäß § 103 VVG nur die vorsätzliche Herbeiführung des Versicherungsfalls relevant ist, dagegen bei der Verletzung der Rettungsobliegenheit (abhängig von der Kausalität) bereits grobe Fahrlässigkeit zu einer Leistungskürzung führen kann. Die Abgrenzung ist aber auch generell wegen Unterschieden in der Beweislastverteilung bedeutsam. Bei den §§ 81, 103 VVG muss nämlich der Versicherer beweisen, dass der Versicherungsfall vorsätzlich oder grob fahrlässig herbeigeführt wurde, dagegen muss bei § 82 VVG der Versicherungsnehmer beweisen, dass er nicht grob fahrlässig gehandelt hat. Hinzu kommt, dass der Versicherer bei § 81 VVG beweisen muss, dass das schuldhafte Verhalten des Versicherungsnehmers für den Versicherungsfall auch kausal gewesen ist. Bei § 82 IV VVG dagegen entfällt der Versicherungsanspruch bei Arglist unabhängig von der Kausalität und nach § 82 IV VVG muss der Versicherungsnehmer den Kausalitätsgegenbeweis führen.

Beispiele: Der Eigentümer eines Mietshauses ist seit einiger Zeit haftpflichtversichert. Inzwischen ist es vorgekommen, dass größere Putzstücke sich von der Decke des Hauses gelöst haben und Sachen von Mietern beschädigt haben. Die Schadensersatzansprüche der Mieter werden von dem Haftpflichtversicherer des Eigentümers gedeckt. Nun versäumt es der Eigentümer, obwohl gewarnt durch diese Vorgänge, umfassende Sicherungsmaßnahmen einzuleiten, und es kommt zu erneuten Schäden durch weitere Ablösungen. Für diese wird er wiederum auf Schadensersatz in Anspruch genommen. Ist der Haftpflichtversicherer jetzt leistungsfrei, weil der Versicherungsnehmer grob fahrlässig gehandelt hat? Ja, wenn die späteren Schäden als Folge der Verletzung seiner »Rettungspflicht« angesehen werden müssen (vgl. § 82 I, II 1 und III VVG). Diese müsste dann schon vor den erneuten Schäden bestanden haben. Der Versicherer ist dagegen leistungspflichtig, wenn man nicht von der Verletzung der Rettungspflicht, sondern von der Herbeiführung des Versicherungsfalls auszugehen hat. Denn diese wäre allenfalls grob fahrlässig, und nach § 103 VVG entfällt die Deckungspflicht im Falle der Haftpflichtversicherung nur bei vorsätzlicher »Herbeiführung«.[318]

932 Wichtig für diese Abgrenzung ist der Beginn der Rettungsobliegenheit. Entscheidend ist hierfür zunächst einmal, wie die Formulierung **»bei Eintritt des Versicherungsfalles« auszulegen** ist. Dies hängt davon ab, wie der Begriff »Versicherungsfall« in der jeweiligen Schadensversicherung definiert ist (Rn. 875 ff.) und welche Bedeutung die Formulierung »bei Eintritt« des Versicherungsfalls hat.

933 Die herrschende Ansicht zum VVG a.F. vertrat für die **Sachversicherung** die **Vorerstreckungstheorie:** Die Rettungspflicht und der Anspruch auf Kostenersatz ent-

317 RegE BT-Drucks. 16/3945 S. 80.
318 Vgl. BGHZ 43, 88, 94 zu §§ 62, 152 VVG a.F.

standen also schon **unmittelbar vor dem Eintritt des Versicherungsfalls.**[319] Dagegen bejahte eine Mindermeinung die Vorerstreckung nur für den Anspruch auf Rettungskostenersatz, lehnte sie dagegen für die Rettungsobliegenheit ab.[320] Mit dem Wortlaut des Gesetzes ließ sich die Frage nicht entscheiden. »Bei dem Eintritt« des Versicherungsfalls (vgl. § 62 I 1 VVG a.F.[321]) kann nämlich sowohl »kurz vor« als auch »kurz nach« dem Eintritt bedeuten; und eine »Abwendung« des Schadens setzt voraus, dass er noch nicht eingetreten ist.[322] Auch die Grenzziehung nach dem Zweck der berührten §§ 62, 63 VVG a.F. einerseits sowie der §§ 61, 152 VVG a.F. andererseits führte nicht zu ohne weiteres plausiblen Ergebnissen.

§ 90 VVG bestimmt nunmehr (nur) für die Sachversicherung, dass der **Aufwendungsersatzanspruch** des Versicherungsnehmers nach § 83 I 1, II und III VVG auf **934**
solche Aufwendungen **vorerstreckt wird**, welche die Abwendung eines objektiv »unmittelbar bevorstehenden Versicherungsfalls« oder die Minderung seiner Auswirkungen bezwecken.[323] Die Regelung verfolgt den Zweck, den Versicherungsnehmer zu frühzeitigem schadensvermeidendem Handeln zu animieren. Maßgeblich ist die Vorerstreckung aber nur hinsichtlich des Aufwendungsersatzes, nicht hinsichtlich der Rettungsobliegenheit des § 82 I und II VVG. Eine Vorverlegung auch der Rettungsobliegenheit würde den Versicherungsnehmer nach Ansicht des Gesetzgebers unangemessen belasten und die bis zum Eintritt des Versicherungsfalls anzuwendende Regelung des § 81 VVG unterlaufen.[324]

Der Reformgesetzgeber hat die Vorerstreckung des Aufwendungsersatzanspruchs **935**
bewusst auf die Sachversicherung begrenzt. Zur Begründung wird gesagt, eine Erstreckung der Regelung auf andere Zweige der Schadensversicherung hätte teilweise nicht überschaubare Konsequenzen und würde in die Produktgestaltung der Versicherer eingreifen.[325] Wegen des eindeutig gewollten Ausnahmecharakters der Vorerstreckung nur in der Sachversicherung ist fraglich, ob man zukünftig noch kraft Gesetzes, also ohne eine entsprechende vertragliche Vereinbarung, eine **Vorerstreckung in anderen Schadensversicherungen** bejahen kann.[326] Die entgegenstehende Gesetzesbegründung ist allerdings äußerst vage (»teilweise nicht überschaubare Konsequenzen«). Eindeutig ist, dass die gesetzliche Regelung nicht hindert, vorgezogenen Rettungskostenersatz auch außerhalb der Sachversicherung auf Grund vertraglicher Bestimmungen zu gewähren. Wenn es für einen bestimmten Typ der Schadensversicherung sachgerecht erscheint und eine vertragliche Vereinbarung nicht ausdrücklich entgegensteht, wird man einen Anspruch auf vorgezogenen Rettungskostenersatz zukünftig im Wege ergänzender Vertragsauslegung gewinnen können. Die angesichts

319 BGHZ 113, 359 = VersR 1991, 459 = NJW 1991, 1609; BGH VersR 1994, 1181; *Schimikowski* r+s 2003, 133 m.w.N.

320 Vgl. *Voit/Knappmann* in: Prölss/Martin, § 62 VVG a.F. Rn. 5; *Knappmann* VersR 2002, 129.

321 Die Begründung zu § 82 I VVG führt aus, dass die Obliegenheit erst mit dem Eintritt des Versicherungsfalls entstünde, bis dahin gelte § 81 I VVG, vgl. RegE BT-Drucks. 16/3945 S. 80.

322 Vgl. *Voit/Knappmann* in: Prölss/Martin, § 62 VVG a.F. Rn. 4; *Möller* in: Bruck/Möller, 8. Aufl., § 61 VVG a.F. Anm. 25; zur Entstehungsgeschichte *Ehrenzweig* S. 274.

323 RegE BT-Drucks. 16/3945 S. 82; kritisch *Marx* Rettungsobliegenheit und Rettungskostenersatz im Versicherungsvertragsrecht, 2008, S. 253 f.

324 RegE BT-Drucks. 16/3945 S. 82 f.; vgl. auch *Schimikowski/Höra* S. 152 f.

325 RegE BT-Drucks. 16/3945 S. 83.

326 Vgl. *Schimikowski/Höra* S. 152 f.

von § 90 VVG und der Gesetzesbegründung zweifelhafte Konstruktion eines gesetzlichen Anspruchs ist also nicht erforderlich.

936 **Vertiefung:** Angesichts des aufgezeigten begrenzten Anwendungsbereichs von § 90 VVG ist zukünftig relevant, ob eine bestimmte Schadensversicherung als Sachversicherung einzustufen ist oder nicht. Dies kann in Grenzbereichen zweifelhaft sein (z.B. bei der Betriebsunterbrechungsversicherung oder der Mietausfallversicherung, weil bei diesen Versicherungen der Sachschaden nicht Teil des Versicherungsschutzes ist). Wie stets sollte die Begriffsauslegung auch hier den Regelungszweck beachten. Deshalb spricht viel dafür, den Begriff der Sachversicherung hier so weit zu verstehen, dass auch die genannten Versicherungen erfasst werden.[327]

937 Die **Rettungsobliegenheit endet**, wenn die Schadensentwicklung abgeschlossen ist, der Schaden also nicht mehr gemindert werden kann.

7. Obliegenheiten des Versicherungsnehmers nach Eintritt des Versicherungsfalls

938 Ist der Versicherungsfall eingetreten, dann wird der Versicherungsnehmer von sich aus mit seinem Deckungsanspruch an den Versicherer herantreten, ihm also den **Versicherungsfall »anzeigen«**. Inhalt von Obliegenheiten sind hier sinnvollerweise die Begleitumstände, unter denen der Versicherer von den Voraussetzungen seiner Leistungsverpflichtung erfährt: Nach § 30 I 1 VVG »unverzüglich«[328] und nach § 31 I VVG mit allen erforderlichen Auskünften und, soweit die Beschaffung billigerweise zumutbar, mit Belegen.[329] Diese Anzeige-, Auskunfts- und Belegpflicht wird in den AVB durch viele Einzelbestimmungen genauer umschrieben.

939 Für die **Anzeige** können **Formen** (vgl. § 32 S. 2 VVG) und **Fristen** (z.B. E.1.1 AKB 2008, § 9 (1) MB/KK 2009) bestimmt werden. Für die Feststellung des Schadens können besondere Verfahren vorgesehen sein (besonders in der See- und der Binnentransportversicherung), oft unter Mitwirkung von Sachverständigen (vgl. etwa Abschnitt A § 10 AFB 2008). Um authentische Sachverhaltsfeststellungen zu ermöglichen, können »Veränderungsverbote« vereinbart werden (z.B. Abschnitt B § 8 Nr. 2 a) gg) VGB 2008 [Wohnflächenmodell]).[330] – Als Grundnenner all dieser Einzelbestimmungen kann man sich merken, dass der Versicherungsnehmer im Rahmen des Zumutbaren mitwirken muss, wenn der Versicherer sich umfassend und zuverlässig über den Hergang des vom Versicherungsnehmer geltend gemachten Versicherungsfalls informieren will.[331] Werden diese Obliegenheiten **verletzt**, dann richten sich die

327 Vgl. *Marx* Rettungsobliegenheit und Rettungskostenersatz im Versicherungsvertragsrecht, 2008, S. 247 ff.

328 Zur »Unverzüglichkeit« vgl. OLG Koblenz VersR 2009, 673 (Obliegenheitsverletzung bei sechs Monate verspäteter Anzeige); OLG Köln r+s 2009, 75 (Obliegenheitsverletzung, wenn Anzeige bis zur völligen Klarheit über den Unfall herausgezögert wird).

329 Zur Aufklärungsobliegenheit vgl. OLG Brandenburg VersR 2009, 627 (falsche Angaben zum Schadenshergang); OLG Brandenburg VersR 2009, 671 (falsche Angaben zum Unfallort); OLG Karlsruhe VersR 2008, 1526 (Aufklärungsobliegenheitsverletzung durch Nachtrunk setzt Kenntnis von Fremdschaden voraus); zur fehlerhaften Angabe der Kfz-Laufleistung in der Schadensmeldung vgl. OLG Frankfurt/M VersR 2009, 672; OLG Saarbrücken VersR 2008, 1528; OLG Celle r+s 2009, 7.

330 Die gesetzlichen Veränderungsverbote der §§ 93, 111 VVG a.F. wurden nicht in das neue VVG übernommen.

331 Zum Besichtigungsrecht des Versicherers vgl. *Hamann* VersR 2009, 35.

Folgen nach der Vereinbarung (AVB), vorausgesetzt, diese hält sich an den durch die §§ 28, 32 VVG gegebenen Rahmen.[332]

8. Abwicklungsfragen

Ist der Versicherungsfall eingetreten, dann schuldet der Versicherer im Normalfall eine **Geldsumme**. Bei manchen Versicherungstypen schuldet der Versicherer **Leistungen anderer Art** (vgl. Rn. 646). 940

Die **Höhe der Geldleistung** richtet sich in der Schadensversicherung nach der Höhe des Schadens. Diese wird bei vielen Versicherungsarten erforderlichenfalls in einem besonderen Feststellungsverfahren, auch unter Heranziehung von Sachverständigen, ermittelt. Dafür geben §§ 84 f. VVG einige, weitgehend durch AVB (vgl. z.B. Abschnitt A § 10 AFB 2008) ergänzte Regeln. Danach ist die vertraglich vereinbarte Schadenfeststellung durch einen Sachverständigen nicht verbindlich, wenn sie »offenbar von der wirklichen Sachlage erheblich abweicht« (vgl. § 84 I 1 VVG). Die »Erheblichkeitsschwelle« liegt nach verbreiteter Ansicht bei einer Abweichung von etwa 20–25 %.[333] 941

Neben dem eigentlichen Versicherungsschaden müssen auch andere nach den Umständen gebotene Aufwendungen zur Ermittlung und Feststellung des Schadens ersetzt werden, auch wenn sie zusammen mit der sonstigen Entschädigung die Versicherungssumme übersteigen (vgl. § 85 I VVG). Dazu können bei verzögerter Leistung des Versicherers Verzugszinsen (und Ersatz anderer Verzugsschäden) kommen, teils schon nach den allgemeinen schuldrechtlichen Regeln (§§ 280 II, 286 I, 288 BGB), teils nach Sonderregeln des Versicherungsrechts (vgl. § 91 VVG, sowie Abschnitt A § 9 Nr. 3 AFB 2008, Abschnitt A § 14 Nr. 2 VHB 2008 u.a.). Von § 85 VVG kann allerdings durch vertragliche Vereinbarungen auch zum Nachteil des Versicherungsnehmers abgewichen werden, da diese Vorschrift nicht halbzwingend ist (vgl. § 87 VVG). 942

Nach § 14 I VVG hängt die **Fälligkeit** von Geldleistungen des Versicherers[334] davon ab, dass die »zur Feststellung des Versicherungsfalles und des Umfanges der Leistung des Versicherers notwendigen Erhebungen« beendet sind.[335] »Beendigung der Erhebungen« und damit Fälligkeit ist auch mit Zugang einer endgültigen Deckungsablehnung seitens des Versicherers gegeben[336] oder bei verzögerten Erhebungen in dem Zeitpunkt, in dem die Erhebungen bei ordnungsgemäßer Bearbeitung beendet wären.[337] Die für den Versicherungsnehmer nachteilige Wirkung des § 14 I VVG wird durch die im zweiten Absatz des Paragrafen aufgestellte Pflicht zur Leistung von Abschlagszahlungen über unstreitige Beträge gemildert (Einzelheiten im Gesetz). Für die Fälligkeit des Deckungsanspruchs gegen den Haftpflichtversicherer gelten besondere Regeln (vgl. § 106 VVG, Rn. 1050 f.). 943

332 Dazu Rn. 568 ff.

333 Vgl. BGH VersR 1987, 601 und z.B. OLG Hamm VersR 1988, 509 zu § 64 I 1 VVG a.F.

334 Vgl. umfassend zur Fälligkeit und Verjährung *Schlegelmilch* in: Beckmann/Matusche-Beckmann, § 21 Rn. 5 ff.

335 Vgl. aus der neueren Rspr. OLG Saarbrücken VersR 2004, 1301.

336 St.Rspr. vgl. BGH VersR 2000, 753 = NJW 2000, 753; BGH VersR 1990, 153; OLG Köln ZfS 2007, 217.

337 Vgl. BGH VersR 1977, 471 = NJW 1976, 827; OLG Hamm VersR 1991, 1369.

944 In AVB kann die dispositive[338] Fälligkeitsregelung des § 14 I VVG (§ 11 I VVG a.F.) derart abgeändert werden, dass die Fälligkeit von einer Mitwirkungshandlung des Versicherungsnehmers abhängt. Grundsätzlich hat dies zur Folge, dass ohne die Mitwirkungshandlung des Versicherungsnehmers nicht nur der Anspruch nicht fällig wird, sondern auch die Verjährung nicht beginnt.[339]

945 Der Anspruch des Versicherungsnehmers unterliegt wie jeder andere schuldrechtliche Anspruch der **Verjährung**. Das neue VVG hat auf spezielle, vom BGB abweichende **Verjährungsfristen** verzichtet. Damit gilt grundsätzlich die **dreijährige Regelverjährungsfrist des § 195 BGB**. Sie beginnt gemäß § 199 I BGB mit dem Schluss des Jahres, in dem der Anspruch entstanden ist und der Gläubiger von den den Anspruch begründenden Umständen und der Person des Schuldners Kenntnis erlangt oder ohne grobe Fahrlässigkeit erlangen müsste. Eine Spezialregelung über die Hemmung der Verjährung enthält § 15 VVG (§ 12 II VVG a.F.). Danach ist die Verjährung eines Anspruchs aus dem Versicherungsvertrag, wenn dieser beim Versicherer angemeldet worden ist, bis zu dem Zeitpunkt gehemmt, zu dem die Entscheidung des Versicherers dem Anspruchsteller in Textform zugeht.

946 Die Dreijahresfrist ist auch auf bei Inkrafttreten des VVG zum 1.1.2008 **bestehende Ansprüche** der Vertragsparteien anzuwenden, sofern zu diesem Zeitpunkt die Verjährung noch nicht eingetreten ist (vgl. Art. 3 I EGVVG).[340] Ausnahmen hiervon statuieren Art. 3 II und III EGVVG (vgl. Rn. 17).

947 **Vertiefung:** Das neue VVG hat die **Ausschlussfrist des § 12 III VVG a.F.**, die eine gerichtliche Geltendmachung des Anspruchs durch den Versicherungsnehmer innerhalb einer Ausschlussfrist von sechs Monaten vorsah, bewusst nicht übernommen.[341] Die Ausschlussfrist sollte dem Interesse des Versicherers Rechnung tragen, möglichst bald Klarheit darüber zu bekommen, ob er noch mit der Geltendmachung von abgelehnten Ansprüchen rechnen müsse. Die darin steckende Privilegierung des Versicherers gegenüber einem gewöhnlichen Schuldner war jedoch schon in der Vergangenheit heftig umstritten.[342] Die bewusste Abschaffung der Ausschlussfrist des § 12 III VVG a.F. bestimmt das Leitbild des neuen Rechts, ohne dass es darauf ankommt, dass das Gesetz keine ausdrückliche verbie-

338 H.M. für die Vorgängerregelung § 11 I VVG a.F. Dagegen vertrat *Weyers* 2. Aufl. 1995, Rn. 590, die Ansicht § 11 I VVG a.F. sei halbzwingend. Zwar erkläre § 15a VVG a.F. diese Regelung nicht für halbzwingend; aber sonst könne das zwingende Gebot des § 11 IV VVG a.F. (Verpflichtung zur Zahlung von Verzugszinsen) leicht umgangen werden.

339 BGH VersR 2002, 698: Eine Vorverlegung des Verjährungsbeginns tritt in diesen Fällen nur ein, wenn der Versicherungsnehmer durch das Unterlassen seiner Mitwirkung gegen die allgemeinen Grundsätze von Treu und Glauben verstößt (§§ 162 I, 242 BGB); vgl. auch *Römer* in: Römer/Langheid, § 12 VVG a.F. Rn. 11. – Dagegen wollten zahlreiche Instanzgerichte die Fälligkeit (und den Verjährungsbeginn) schon in dem Zeitpunkt eintreten lassen, in dem der Versicherungsnehmer die Möglichkeit hatte, die erforderliche Mitwirkungshandlung vorzunehmen. Vgl. nur das durch BGH VersR 2002, 698 aufgehobene Urteil des OLG Hamm VersR 2001, 1269. – zum neuen Recht vgl. *Ebers* in: Schwintowski/Brömmelmeyer, § 14 VVG Rn. 13.

340 RegE BT-Drucks. 16/3945 S. 119 – Mit Art. 3 EGVVG wird die Überleitungsregelung von Art. 229 § 6 EGBGB zum Gesetz zur Modernisierung des Schuldrechts vom 26.11.2001 (BGBl. I S. 3138) aufgegriffen.

341 RegE BT-Drucks. 16/3945 S. 64. – Vgl. zu § 12 III VVG a.F. zuletzt BGH VersR 2006, 821 = NJW 2006, 2482; BGH VersR 2006, 1061; BGH VersR 2007, 1209.

342 Vgl. etwa BVerfG VersR 2004, 1585 = NJW 2005, 814 (danach sollte eine fristgerecht eingegangene, aber vom Prozessbevollmächtigten nicht unterschriebene Klage unter dem Gesichtspunkt des effektiven Rechtsschutzes dann als zulässig erachtet werden, wenn der Rechtssuchende durch das Versäumnis seines Bevollmächtigten unverhältnismäßig belastet würde) sowie *Römer* in: Römer/Langheid, § 12 VVG a.F. Rn. 32.

tende Regelung enthält. AVB-Bestimmungen, welche die Regelung von § 12 III VVG a.F. künftig beibehalten, halten der AGB-Inhaltskontrolle also nicht stand.[343]

9. Kündigungsrecht nach Eintritt eines Versicherungsfalls

948 Der Versicherungsfall bringt die Stunde der Wahrheit. Beide Vertragsparteien, Versicherungsnehmer und Versicherer, können jetzt aufgrund der Schadensermittlung und -regulierung beurteilen, wie es um die Vertragstreue des anderen bestellt ist. Deshalb sieht das VVG für die **Sach- und die Haftpflichtversicherung** vor, dass nach einem Versicherungsfall jede Vertragspartei ohne Angabe von Gründen kündigen kann (vgl. §§ 92, 111 VVG). Für andere Versicherungsarten wird Gleiches in den AVB bestimmt (vgl. z.B. Nr. 10.3 AUB 2008).

949 Gerade bei der Geltendmachung und Abwicklung von Versicherungsansprüchen kann es auf Seiten beider Vertragsparteien zu schweren Vertragsverletzungen kommen, die es dem Versicherungsnehmer oder dem Versicherer unzumutbar machen, das Vertragsverhältnis fortzusetzen. Für diese Fälle ist an das allgemeine Kündigungsrecht aus § 314 BGB zu erinnern, das für jedes Dauerschuldverhältnis gilt (Einzelheiten Rn. 483). Die gerade behandelten Kündigungsrechte nach einem Versicherungsfall haben demgegenüber aber den großen Vorteil, dass man sich auf unerquickliche Auseinandersetzungen über die Vertragsverletzungen des anderen Teils nicht einlassen muss.

950 Bei einigen Versicherungsarten ist für ein besonderes Kündigungsrecht nach einem Versicherungsfall kein Raum. Die Lebensversicherung auf den Todesfall endet vertragsgemäß mit diesem. In den wichtigsten Arten der Krankenversicherung ist eine Kündigung durch den Versicherer allgemein ausgeschlossen (vgl. § 206 I VVG; Rn. 1365).

10. Zusammenfassung

951

Der Versicherungsfall

Der Versicherungsfall ist die Verwirklichung eines versicherten Risikos. Er ist das Ereignis, das entsprechend der vertraglichen Vereinbarung der Parteien die Leistungspflicht des VR auslöst. Das VVG verwendet »den Versicherungsfall« als Bezugspunkt in unterschiedlichen Regelungszusammenhängen.

1. **Begriff**
   - keine Legaldefinition
   - entscheidend sind die vertraglichen Regelungen

   P: *Kausalitäts- und Schutzzweckprobleme* (Rn. 889 ff.)

2. **Zeitliche Komponente:** Deckungspflicht besteht grundsätzlich nur innerhalb des vereinbarten Haftungszeitraums → zur (vertraglichen) Definition des Versicherungsfalls gehört deshalb auch die Bestimmung des maßgebenden Zeitpunktes (Rn. 879 ff.)
   - **P:** *gedehnte Versicherungsfälle* (vgl. Rn. 881 f.)
   - **P:** *maßgebender Zeitpunkt in der Haftpflichtversicherung* (vgl. Rn. 884 ff.)

343 Vgl. *Marlow/Spuhl* S. 6; *Uyanik* VersR 2008, 468 (auch zum Übergangsrecht).

3. **Herbeiführung des Versicherungsfalls** (§ 81 VVG) = **Risikoausschluss** (also nicht Obliegenheit zur Nichtherbeiführung des Versicherungsfalls) → Herbeiführung durch **Tun** oder **Unterlassen** (Rn. 904)
   Sonderregelungen: für die Haftpflichtversicherung (§ 103 VVG), Transportversicherung (§ 137 VVG), Lebensversicherung (§§ 161, 162 VVG), Berufsunfähigkeitsversicherung (§ 176 VVG), Unfallversicherung (§ 183 I VVG) und Krankenversicherung (§ 201 VVG).
   - **Rechtsfolgen:**
     - **Vorsätzliche** Herbeiführung → **Leistungsfreiheit** (§ 81 I VVG)
     - **Grob fahrlässige** Herbeiführung → **Leistungskürzung** »in einem der Schwere des Verschuldens des VN entsprechenden Verhältnis« (§ 81 II VVG, **Quotelung**)
   - **P:** *Zurechnung von Drittverhalten analog zu Obliegenheiten* (Rn. 909 ff.)
   - **P:** *Beweiserleichterungen* (Rn. 912 ff.)

4. **Rettungsobliegenheit »bei Eintritt des Versicherungsfalles« und Anspruch auf Rettungskostenersatz:**
   - Obliegenheit zur Abwendung und Minderung des Schadens (§ 82 VVG, Rn. 923 ff.);
     P: *Abgrenzung zur Herbeiführung des Versicherungsfalls* (Rn. 931 f.)
   - **Ersatz von Rettungskosten** (§ 83 VVG); bei der Sachversicherung auch für Aufwendungen unmittelbar vor dem Versicherungsfall (Rn. 933 f.);
     P: *Vorerstreckung in anderen Bereichen der Schadensversicherung* (Rn. 935 f.)

5. **Gesetzliche Obliegenheiten nach Eintritt des Versicherungsfalls**
   - **Anzeigepflicht** (§ 30 VVG, Rn. 938 f.)
   - **Auskunfts-, Beleg- und Aufklärungsobliegenheit** (§ 31 VVG, Rn. 938 f.)
   - **P:** *keine gesetzliche Rechtsfolge (»lex imperfecta«) → Umwandlung in vertragliche Obliegenheit bei vertraglicher Rechtsfolgenregelung* (Rn. 939)

6. **Gesetzliches Kündigungsrecht nach Eintritt des Versicherungsfalls**
   - **Sachversicherung** (§ 92 VVG)
   - **Haftpflichtversicherung** (§ 111 VVG)

K. Der Übergang des Ersatzanspruchs des Versicherungsnehmers auf den Schadensversicherer

I. Grundsätzliches

1. Rechtspolitische Bedeutung

Der Versicherungsfall in der Schadensversicherung setzt voraus, dass der Versicherungsnehmer oder ein Versicherter einen konkreten Vermögensschaden erlitten hat (Rn. 878). Wenn für diesen versicherten Schaden ein **Dritter dem geschädigten Versicherungsnehmer schadensersatzpflichtig** ist, bedarf es einer Regelung über die Rechtslage im Dreiecksverhältnis »geschädigter Versicherungsnehmer«, »Schädiger« und »Schadensversicherer«. Gemäß § 86 I 1 VVG (§ 67 VVG a.F.) geht ein Anspruch des Versicherungsnehmers[1] auf Ersatz seines Schadens gegen einen Dritten auf den Versicherer über, soweit dieser dem Versicherungsnehmer den Schaden ersetzt.[2] Diese Regelung stellt klar, dass bei der Berechnung des Schadensersatzanspruchs des Verletzten gegenüber dem Schädiger die Leistung des Schadensversicherers nicht im Wege der »Vorteilsausgleichung« angerechnet (abgezogen) wird.[3] Der haftpflichtige Schädiger wird also nicht dadurch entlastet, dass der Geschädigte eine Schadensversicherung abgeschlossen hat. Die Regelung stellt zugleich klar, dass der Geschädigte nicht sowohl die Leistung des Schadensversicherers, als auch Schadensersatz vom Schädiger erhalten soll (**»Bereicherungsverbot«**).[4] 952

Beispiel: Ein Autofahrer gerät wegen zu hoher Geschwindigkeit auf die Gegenfahrbahn und stößt mit einem entgegenkommenden Fahrzeug zusammen. Dessen Fahrer wird verletzt, das Fahrzeug beschädigt. Der Wagen wird repariert. Betrachtet man jetzt nur den Schaden – im Anwaltsjargon – am »gegnerischen Fahrzeug« und nimmt man weiter an, der Eigentümer hat für dieses Fahrzeug eine Fahrzeugvollversicherung abgeschlossen – auf Umgangsdeutsch: es ist vollkaskoversichert –, dann hat der Eigentümer einen Anspruch auf Versicherungsleistung gegen den Fahrzeugversicherer, den dieser durch Ersatz der Reparaturkosten erfüllt. Außerdem hat der Eigentümer aber Schadensersatzansprüche gegen seinen Unfallgegner nach §§ 7, 18 StVG und nach §§ 823 I und II BGB. Diese Ansprüche gehen gemäß § 86 I 1 VVG auf den Fahrzeugversicherer über, »soweit« dieser den Schaden ersetzt. Die Schadensersatzansprüche des Versicherungsnehmers gegen den Schädiger stehen also ab dem Zeitpunkt ihres Übergangs dem Versicherer zu. An diesen, nicht an den Geschädigten, muss der Haftpflichtige (und ggf. sein Haftpflichtversicherer) nach Anspruchsübergang leisten.

1 Oder – im Rahmen von § 86 VVG in jeder Beziehung gleichstehend – der Ersatzanspruch eines Versicherten. Im nachfolgenden Text wird der Klarheit halber meist nur auf den Versicherungsnehmer rekuriert.

2 Vgl. Motive zum VVG S. 139. Vgl. insgesamt *Hormuth* in: Beckmann/Matusche-Beckmann, § 22; *Möller/Segger* in: Langheid/Wandt, § 86 VVG.

3 In diesem Zusammenhang ist zweitrangig, dass nach heutigem Stand schuldrechtlicher Dogmatik eine ausdrückliche gesetzliche Klarstellung im Sinne von § 86 VVG nicht mehr nötig ist, um eine Entlastung des Schädigers auszuschließen. Unter dem Stichwort »normativer Schadensbegriff« sind nämlich inzwischen Regeln entwickelt worden, die in gewissen Fallgruppen darauf hinauslaufen, bei der Berechnung eines Schadensersatzanspruchs bestimmte Vorteile zu ignorieren, die (wie Leistungen Dritter) dem Verletzten zugeflossen sind. Einzelheiten z.B. bei *Schwarz/Wandt* Gesetzliche Schuldverhältnisse, 3. Aufl. 2009, § 22 Rn. 12 ff.; *Kötz/Wagner* Deliktsrecht, 10. Aufl. 2006, Rn. 761 ff. (noch zu der alten Vorschrift des § 67 VVG a.F.).

4 Vgl. Motive zum VVG S. 139; zur historischen Entwicklung *Möller/Segger* in: Langheid/Wandt, § 86 VVG Rn. 27 ff.

953 Bei Personenschäden hat der Geschädigte meist auch Ansprüche gegen Sozialversicherungsträger (Träger der gesetzlichen Unfall-, Kranken- und Rentenversicherung) oder als Beamter gegen seinen Dienstherrn.[5] Auch insoweit sieht das deutsche Recht vor, dass die Schadensersatzforderung des Geschädigten auf den Leistungserbringer übergeht (Rn. 955). Der Schädiger soll grundsätzlich nicht entlastet werden (vgl. aber Rn. 987 ff., 996 ff.). Rechtspolitisch denkbar wäre es auch, derartige Leistungen eines Sozialversicherungsträgers oder des Staates als Dienstherrn auf den Schadensersatzanspruch des Geschädigten anzurechnen. Dadurch würde der Schädiger entlastet (»Haftungsersetzung durch Versicherungsschutz«). Solche Tendenzen findet man innerhalb Europas vor allem in skandinavischen Staaten.[6] Dort können die Vorsorgeträger beim Schädiger nur ausnahmsweise Regress nehmen, teilweise selbst dann nicht, wenn der Schädiger vorsätzlich gehandelt hat. Dergleichen ist auch unserem Recht nicht ganz fremd. Das zeigt die Beschränkung des Rückgriffsrechts der Vorsorgeträger bei Arbeitsunfällen auf vorsätzliche und grob fahrlässige Schadensverursachung.[7] Gegen eine Entlastung von Schädigern lässt sich außerhalb des Bereichs von Arbeitsunfällen[8] allerdings argumentieren, dass nur die Geschädigten die Leistung des Vorsorgeträgers finanzieren und ihre Beiträge nicht den Schädigern zugute kommen sollen. Zugunsten der Regressmöglichkeit von Vorsorgeträgern gegen Schädiger spricht auch, dass das Schadensrecht u.a. auch das Verhalten der Verkehrsteilnehmer steuern soll und diese Funktion entfiele, wenn der Schädiger nicht die Last des Regresses – zumindest in Form steigender (Haftpflicht-) Prämie – verspüren würde.[9]

954 Ungeachtet der eigentlichen Zwecke gestaltet § 86 VVG das **Risiko aus, das der Versicherer mit Abschluss der Schadensversicherung wirtschaftlich** übernimmt. Wenn der Versicherer nämlich nach § 86 VVG zum Regress berechtigt ist, übernimmt er wirtschaftlich »nur« die Regresslast und das Risiko der Regressdurchsetzbarkeit gegen den Schädiger.[10]

2. Regressinstrument: Legalzession

955 § 86 VVG, der nach § 87 VVG nicht zu Lasten des Versicherungsnehmers abbedungen werden darf, verwendet als Regressinstrument einen **gesetzlichen Forderungsübergang** (Legalzession, vgl. § 412 BGB).[11] Das bedeutet: Die Schadensersatzforde-

5 Vgl. *Kötz/Wagner* Deliktsrecht, 10. Aufl. 2006, Rn. 685, 761 ff.

6 Rechtsvergleichende Nachweise bei *Zweigert/Kötz* Einführung in die Rechtsvergleichung, 3. Aufl. 1996, § 42 VI. Für Schweden vgl. *Dufwa* in: Gerhard Wagner (Hrsg.), Tort Law and Liability Insurance, 2005, S. 149.

7 Auszug aus § 110 SGB VII: »Haben... [Arbeitgeber oder andere Betriebsangehörige] ... den Versicherungsfall vorsätzlich oder grob fahrlässig herbeigeführt, haften sie den Sozialversicherungsträgern für die infolge des Versicherungsfalles entstandenen Aufwendungen,...«.

8 Beitragspflichtig in der gesetzlichen Unfallversicherung sind gem. §§ 150 ff. SGB VII die Unternehmer, also die Arbeitgeber. Vgl. *Kötz/Wagner* Deliktsrecht, 10. Aufl. 2006, Rn. 599; *Schaub* Arbeitsrechts-Handbuch, 12. Aufl. 2007, § 71 Rn. 18.

9 Zur Steuerungsfunktion des Haftungsrechts vgl. *Kötz/Wagner* Deliktsrecht, 10. Aufl. 2006, Rn. 64, 78 ff.

10 Vgl. zu der alten Vorschrift des § 67 VVG a.F. *Prölss* in: Prölss/Martin, § 67 VVG a.F. Rn. 1.

11 Ähnliche Regeln finden sich im Sozialrecht: § 116 SGB X, im Beamtenrecht: §§ 46 III, 52 BRRG und entsprechende landesrechtliche Regeln; ferner im Arbeitsrecht: § 6 EntgeltfortzahlungsG. – Auszug aus § 116 SGB X, Abs. 1: »Ein auf anderen gesetzlichen Vorschriften beruhender Anspruch auf Ersatz eines Schadens geht auf den Versicherungsträger oder Träger der Sozialhilfe über, soweit dieser auf Grund des Schadensereignisses Sozialleistungen zu erbringen hat, die der

rung des geschädigten Versicherungsnehmers gegen den haftpflichtigen Schädiger geht kraft Gesetzes auf den Versicherer über, also ohne dass es einer rechtsgeschäftlichen Abtretung bedürfte.

Vertiefung: Einen anderen Regressweg böte § 255 BGB. Danach ginge die Schadensersatzforderung gegen den Haftpflichtigen nicht automatisch auf den Versicherer über; der geschädigte Versicherungsnehmer wäre jedoch verpflichtet, sie Zug um Zug gegen die Leistung des Versicherers an diesen abzutreten, d.h. einen Verfügungsvertrag nach § 398 BGB mit diesem zu schließen. Diese Lösung führt kaum zu anderen Ergebnissen als eine Legalzession, ist aber umständlicher. 956

Ein wiederum anderer Weg bestünde darin, dem Versicherer, der infolge des Versicherungsfalls einen Schaden erleidet, weil er an seinen Versicherungsnehmer vertragsgemäß leisten muss, einen eigenen, direkten deliktischen Schadensersatzanspruch gegen den Schädiger zu geben. Das wäre aber ein Anspruch wegen eines reinen Vermögensschadens. Denn der Versicherer erleidet keinen Schaden an einem der in § 823 I BGB genannten Rechtsgüter und Rechte. Das BGB hat sich aber klar dafür entschieden, Ersatzansprüche für reine Vermögensschäden nur unter ganz besonderen Voraussetzungen (z.B. § 826 BGB) zu geben.[12] Solche Voraussetzungen liegen zwischen Schädiger und Versicherer so gut wie nie vor. Wenn man diese dogmatische Grundentscheidung unseres Schuldrechts respektiert, kann man deshalb keinen direkten Anspruch des Versicherers gegen den Schädiger einführen.[13] 957

3. Die Folgen für das Schadensersatzrecht

Die gesetzgeberische Grundentscheidung, die hinter § 86 VVG (§ 67 VVG a.F.) steht, 958 war – wie man aus den Materialien entnehmen kann – zunächst nur negativer Art. Durch die Versicherung sollte der Schädiger keinen Vorteil, der geschädigte Versicherungsnehmer keine Bereicherung erfahren. Die Umsetzung dieser Grundentscheidung in die Praxis gestaltet unser Haftpflichtsystem (als realen Mechanismus der Schadenverteilung) jedoch unweigerlich auch positiv. Sie führt nämlich dazu, dass ein großer Teil der Haftpflichtansprüche aus Unfällen nicht mehr den Verletzten zusteht, sondern Versicherern. In weiten Teilen ist das **Haftpflichtrecht** deshalb nunmehr das **Recht der Regressvoraussetzungen.**

Wenn der Ersatzanspruch des Verletzten zu einem Regressanspruch seines Versiche- 959 rers wird, können sich die rechtspolitischen Regelungsziele verändern. Dies zeigen einzelne gesetzliche Regelungen, die jedoch nicht ohne Grund dem Sozialversicherungsrecht angehören. So können z.B. Sozialversicherungsträger, die aufgrund von Arbeitsunfällen Leistungen an den Geschädigten erbracht haben, gemäß § 110 II SGB VII nach billigem Ermessen, insbesondere unter Berücksichtigung der wirtschaftlichen Verhältnisse des Schädigers, auf den Regress gegen den schädigenden Unternehmer oder Arbeitskollegen verzichten.[14] Ein anderes Beispiel gibt § 116 VIII SGB X mit der Möglichkeit einer pauschalierten Schadensberechnung. Aber auch im Pri-

Behebung eines Schadens der gleichen Art dienen und sich auf denselben Zeitraum wie der vom Schädiger zu leistende Schadensersatz beziehen.« Abs. 8: »Weist der Versicherungsträger oder Träger der Sozialhilfe nicht höhere Leistungen nach, sind ... je Schadensfall für nicht stationäre ärztliche Behandlung und Versorgung mit Arznei- und Verbandmitteln fünf vom Hundert der monatlichen Bezugsgröße ... zu ersetzen.«

12 Vgl. *Schwarz/Wandt* Gesetzliche Schuldverhältnisse, 3. Aufl. 2009, § 16 Rn. 97.

13 Zu den verschiedenen Regressmöglichkeiten siehe auch *Möller/Segger* in: Langheid/Wandt, § 86 VVG Rn. 11.

14 Unternehmer und Arbeitskollegen haften gegenüber dem verletzten Arbeitnehmer nur bei Vorsatz (Haftungsprivileg der §§ 104, 105 SGB VII).

vatrecht lässt sich feststellen, dass die Gerichte dazu neigen, versicherte und nicht versicherte Schäden de facto unterschiedlich zu behandeln.

II. Anwendbarkeit des § 86 VVG nur in der Schadensversicherung

960 Aus der Stellung des § 86 im zweiten Kapitel des VVG folgt, dass diese Regelung **nur für die Schadensversicherung** gilt, nicht für die Summenversicherung.[15] Dies hängt damit zusammen, dass sich die Leistungspflicht des Versicherers in der Schadensversicherung an einem konkret entstandenen Schaden des Versicherungsnehmers orientiert und dem Versicherungsnehmer regelmäßig nur dieser Schaden abgenommen werden soll (konkrete Bedarfsdeckung; Rn. 33). Dagegen beurteilt sich die Leistungspflicht in der Summenversicherung nicht danach, ob der Versicherte tatsächlich einen Schaden erlitten hat, sondern nach festen Versicherungssummen, welche die Parteien im Versicherungsvertrag für den Versicherungsfall vereinbart haben (abstrakte Bedarfsdeckung; Rn. 34).[16]

961 Schadensversicherungen sind die verschiedenen Sachversicherungen, aber auch die Rechtsschutzversicherung[17] und die Haftpflichtversicherung[18]. Auch die Krankenversicherung ist gemäß § 194 I VVG[19] Schadensversicherung soweit der Versicherungsvertrag das Leistungsversprechen des Versicherers an einen konkret entstandenen Aufwand knüpft (z.B. die Krankheitskostenversicherung und die Unfall-Heilkostenversicherung). Ob eine Krankentagegeldversicherung Schadens- oder Summenversicherung ist, hängt davon ab, wie das Leistungsversprechen durch die jeweiligen Versicherungsbedingungen ausgestaltet wurde (Rn. 36).[20]

962 Fraglich ist, ob § 86 VVG auf die Summenversicherung analog anzuwenden ist, wenn sich die vereinbarte Versicherungssumme **pauschalierend an dem erwarteten konkreten Schaden des Versicherungsnehmers** orientiert. Während die Rechtsprechung – vor allem wohl aus Gründen der Rechtssicherheit – bislang an der formalen Begrenzung auf die Schadensversicherung festhält und deshalb eine Analogie ablehnt, wird teilweise im Schrifttum eine analoge Anwendung des § 86 VVG befürwortet.[21]

III. Voraussetzungen, Zeitpunkt und Inhalt des Forderungsübergangs

1. Leistung des Versicherers

963 Eine den Forderungsübergang auslösende Leistung des Versicherers ist fraglich, wenn der Versicherer seinen Versicherungsnehmer entschädigt hat, obwohl seine Deckungspflicht zweifelhaft war, oder wenn er irrtümlich eine Leistungspflicht ange-

15 Vgl. RegE BT-Drucks. 16/3945 S. 81.
16 Vgl. hierzu BGH VersR 1973, 224; *Prölss* in: Prölss/Martin, § 67 VVG a.F. Rn. 2.
17 BGH VersR 1967, 774.
18 Vgl. *Voit/Knappmann* in: Prölss/Martin, Vor §§ 149–158k VVG a.F. Rn. 1.
19 Vgl. dazu auch die Neuregelung in § 194 III VVG (in der Fassung bis 31.12.2008) bzw. § 194 II VVG (in der Fassung ab 01.01.2009), wonach § 86 I und II VVG entsprechend anzuwenden ist.
20 BGH VersR 2001, 1100; vgl. auch *Baumann* in: BK, § 67 VVG a.F. Rn. 25 ff.; *Hormuth* in: Beckmann/Matusche-Beckmann, § 22 Rn. 11; *Möller/Segger* in: Langheid/Wandt, § 86 VVG Rn. 43.
21 *Prölss* in: Prölss/Martin, § 67 VVG a.F. Rn. 2; vgl. auch *Langheid* in: Römer/Langheid § 67 VVG a.F. Rn. 7; ablehnend *Möller/Segger* in: Langheid/Wandt, § 86 VVG Rn. 47 ff.

nommen hat,[22] oder wenn er ausschließlich aus »Kulanz« geleistet hat[23]. In allen diesen Fällen ist die Anwendbarkeit des § 86 VVG aufgrund des Zwecks der Versicherleistung jedoch zu bejahen.[24]

»Rettungskosten«, die der Versicherer nach § 83 VVG zu ersetzen hat, sind dem Ersatz eines »Schadens« in § 86 I 1 VVG gleichzusetzen.[25] Bei Verwaltungs- und anderen Aufwendungen des Versicherers, die dieser nach dem Versicherungsfall hat, muss man unterscheiden.[26] Soweit sie dazu dienen, die eigene Leistungspflicht des Versicherers festzustellen, liegt darin kein Schaden des Versicherungsnehmers, also auch kein Gegenstand eines Ersatzanspruchs, der überginge.[27] Anders steht es mit Aufwendungen zur Feststellung der Höhe des (übergehenden) Anspruchs auf Schadensersatz gegen den Dritten, die als adäquate Schadensfolge sonst zunächst dem Versicherten selbst entstanden wären (z.B. Gutachterkosten). 964

2. Übergangsfähige Ansprüche

Gegenstand des Forderungsübergangs ist ein dem Versicherungsnehmer (oder einem im Wege der Fremdversicherung Versicherten[28]) zustehender »Ersatzanspruch gegen einen Dritten« (vgl. § 86 I 1 VVG).[29] Im Normalfall geht es um Ansprüche, die dem Versicherungsnehmer aus unerlaubter Handlung oder aus Gefährdungshaftung, z.B. anlässlich eines Verkehrsunfalls, gegen einen Schädiger entstanden sind. § 86 VVG erfasst aber auch Ausgleichsansprüche unter haftpflichtigen Gesamtschuldnern. 965

Beispiel: Ein unfallverletzter Fußgänger hat Schadensersatzansprüche gegen zwei beteiligte Autofahrer, die nach § 840 BGB als Gesamtschuldner haften (G1 und G2). Erfüllt der Haftpflichtversicherer von G1 die Schadensersatzschuld, dann erwirbt er damit den Ausgleichsanspruch, den sein haftpflichtiger Versicherungsnehmer nach § 17 StVG, § 426 BGB gegen G2 als den anderen Gesamtschuldner hat.[30]

Gegenstand des § 86 VVG können auch vertragliche Schadensersatzansprüche sowie auf Schadensersatz gerichtete Gewährleistungsansprüche des Versicherungsnehmers gegen Dritte sein. Für einen Anspruch aus Garantievertrag ist durch Auslegung zu ermitteln, ob er zur Versicherung des Geschädigten subsidiär, gleichrangig oder sogar vorrangig[31] sein soll. Bei einem Vorrang der Garantie gehen Ansprüche des Versicherungsnehmers aus der Garantie auf den Versicherer über. Bei einem (funktionellen) 966

22 BGH VersR 1963, 1192.

23 BGH VersR 1989, 250.

24 *Hormuth* in: Beckmann/Matusche-Beckmann, § 22 Rn. 42; *Muschner* in: HK-VVG, § 86 VVG Rn. 10; zu § 67 VVG a.F. vgl. Prölss in: Prölss/Martin, § 67 VVG a.F. Rn. 20 (m.w.N.).

25 H.M.; vgl. *Hormuth* in: Beckmann/Matusche-Beckmann, § 22 Rn. 45; *Baumann* in: BK, § 67 VVG a.F. Rn. 77 m.w.N.

26 Vgl. *Prölss* in: Prölss/Martin, § 67 VVG a.F. Rn. 18.

27 Es handelt sich um einen eigenen Schaden des Versicherers und zwar um einen »reinen Vermögensschaden«, für den der Versicherer im Regelfall keinen eigenen Ersatzanspruch hat. Vgl. *Sieg* in: Bruck/Möller, 8. Aufl., § 67 VVG a.F. Anm. 50 sowie BGHZ 37, 306 = VersR 1962, 725.

28 BGH VersR 2008, 634; BGHZ 117, 151 = VersR 1992, 485 = NJW 1992, 1507. »Dritter« i.S. von § 86 VVG ist damit – im Grundsatz – jeder, der nicht Versicherungsnehmer oder Versicherter ist.

29 Im Rahmen des § 67 I 1 VVG a.F. war auf den Anspruch des Versicherungsnehmers »auf Ersatz des Schadens gegen einen Dritten« abzustellen, was nach allgemeiner Ansicht entsprechend dem Zweck der Vorschrift weit auszulegen war; vgl. BGH VersR 1972, 194 = NJW 1972, 437.

30 Vgl. *Schwarz/Wandt* Gesetzliche Schuldverhältnisse, 3. Aufl. 2009, § 19 Rn. 20 ff.; vgl. auch *Möller/Segger* in: Langheid/Wandt, § 86 VVG Rn. 72.

31 Vgl. *Langheid* in: Römer/Langheid, § 67 VVG a.F. Rn. 17.

Gleichrang könnte man eine Analogie zu § 78 II VVG befürworten[32], der bereits behandelten Sonderregel für die »Mehrfachversicherung« (Rn. 765 ff.).

3. Zeitpunkt des Anspruchsübergangs

967 Der Ersatzanspruch des Versicherungsnehmers bzw. Versicherten geht nach § 86 I 1 VVG auf den Versicherer über, soweit dieser dem Versicherungsnehmer bzw. Versicherten den Schaden »ersetzt«. Gemeint ist **»ersetzt hat«**. Entscheidend ist damit für § 86 VVG, ob, wann und was der Versicherer tatsächlich gezahlt hat – nicht, worauf der Versicherungsnehmer gegenüber seinem Versicherer Anspruch hatte (siehe auch Rn. 963 ff.).

968 **Vertiefung:** Das **Sozialversicherungsrecht** bestimmt grundsätzlich einen anderen Zeitpunkt für den Forderungsübergang. Nach § 116 I SGB X wird der gesetzliche Anspruchsübergang auf Sozialversicherungsträger nicht erst durch die Erbringung der Leistung, sondern bereits durch die Verpflichtung zur Leistung ausgelöst (vgl. den Wortlaut des § 116 I SGB X: »zu erbringen hat«[33]). Maßgebend ist deshalb in aller Regel der Zeitpunkt des schadensstiftenden Ereignisses; unter Umständen aber auch erst der Zeitpunkt, zu dem nach den konkreten Umständen des jeweiligen Einzelfalls eine Leistungspflicht ernsthaft in Betracht zu ziehen ist.[34] Der Regelungsunterschied zu § 86 VVG beruht darauf, dass der Gesetzgeber in höherem Maße auf die korrekte Abwicklung und die Solvenz der öffentlich-rechtlich verfassten Sozialvorsorgeträger vertraut als auf die der Privatversicherer.

4. Inhalt des übergehenden Anspruchs

969 Nach allgemeiner Ansicht, die auf den Wortlaut des § 86 I 1 VVG (»soweit«) gestützt werden kann, gehen nur diejenigen Haftpflichtansprüche über, die aus der Verletzung genau des Interesses entstanden sind, das auch Gegenstand des Versicherungsvertrages ist und auf das der Versicherer geleistet hat. Beispielsweise gehen bei der Beschädigung eines kaskoversicherten Fahrzeuges nur Ansprüche wegen der Reparaturkosten über (vgl. A.2.1.1 AKB 2008 »Beschädigung, Zerstörung oder Verlust«), nicht auch Ansprüche wegen des Nutzungsausfalls, die von der Fahrzeugversicherung nicht gedeckt sind.[35] Man sagt, **Ersatzanspruch und Versicherungsanspruch** müssen kongruent sein (**»Kongruenzprinzip«**).

970 Die Begründung für das Kongruenzprinzip liegt im genauen Inhalt des § 86 VVG zu Grunde liegenden Bereicherungsverbots. Zur Erklärung muss man etwas ausholen: Die Schadensversicherung kann nur Gefahren für genau definierte Interessen decken. Deshalb wird auch nur im Hinblick auf das versicherte Interesse gefragt, ob ein Schaden eingetreten ist; das Vermögen des Geschädigten im Übrigen bleibt außer Betracht. Also kann sich auch das Bereicherungsverbot nur darauf beziehen, dass der Versicherungsnehmer durch den Versicherungsfall gerade hinsichtlich des versicherten Interesses nicht günstiger stehen darf als vorher. Ob er etwa in seinem übrigen Vermögen nach dem Versicherungsfall besser steht, spielt keine Rolle. Der Versiche-

32 So zum VVG a.F.: *Sieg* in: Bruck/Möller, 8. Aufl., § 67 VVG a.F. Anm. 35; ähnlich *Prölss* in: Prölss/Martin, § 67 VVG a.F. Rn. 6; zur a.A. im heutigen VVG *Möller/Segger* in: Langheid/Wandt, § 86 VVG Rn. 60 ff.

33 Zum Text des § 116 I SGB X vgl. Fn. zu Rn. 955.

34 Vgl. BGH VersR 2009, 995.

35 Vgl. BGHZ 25, 340.

rer kann ihm die Leistung nicht deshalb verweigern. Genau dies führt folgerichtig zum Kongruenzerfordernis. Der Versicherer kann eben nicht auf Ersatzansprüche zugreifen, die Surrogate für andere Vermögensbestandteile sind.

Die Kongruenz ist nicht immer einfach festzustellen. So ist in der Fahrzeugversicherung streitig, ob Ansprüche wegen des (technischen und kommerziellen) »Minderwerts«[36], den ein Fahrzeug bei einem Unfall erleidet, kongruent mit dem Deckungsanspruch sind oder nicht.[37] **971**

5. Höhe des übergehenden Anspruchs

a) Vollständiger Übergang bei vollständigem Ersatz durch den Versicherer

Die Frage, in welcher **Höhe** der Schadensersatzanspruch nach § 86 VVG auf den Versicherer übergeht, bereitet keine Probleme, wenn die Versichererleistung den Schaden des Versicherungsnehmers voll abdeckt. Der Anspruch des Versicherungsnehmers geht dann in voller Höhe auf den Versicherer über. Allerdings ist selbstverständlich, dass der Anspruch nur in der Höhe übergehen kann, in der er besteht. Wenn also der Schadensersatzanspruch des Versicherungsnehmers gegen den Dritten begrenzt ist, z.B. weil den Versicherungsnehmer ein zur Anspruchskürzung führendes Mitverschulden trifft, kann nur dieser begrenzte Anspruch auf den Versicherer übergehen. Der Versicherer kann dann also verglichen mit seiner Leistung an den Versicherungsnehmer nur in geringerer Höhe Regress nehmen. **972**

b) Das »Befriedigungsvorrecht« des Versicherungsnehmers (§ 86 I 2 VVG)

Es ist möglich, dass die Versichererleistung den Schaden des Versicherungsnehmers nicht voll abdeckt, beispielsweise wegen eines vereinbarten Selbstbehalts oder einer Unterversicherung. Dann wird der Schadensersatzanspruch des Versicherungsnehmers gespalten: In Höhe der Versichererleistung geht er auf den Versicherer über; der restliche Teil des Schadensersatzanspruchs bleibt beim Versicherungsnehmer. Demzufolge kann sowohl der Versicherer den auf ihn übergegangenen Teilanspruch als auch der Versicherungsnehmer den bei ihm verbliebenen Teilanspruch gegen den Haftpflichtigen geltend machen. Das Nebeneinander der Teilansprüche wird zu einem Problem, wenn das Vermögen des Schädigers nicht ausreicht, um beide Teilansprüche (also den gesamten Schaden) zu decken. Dazu ordnet § 86 I 2 VVG den Vorrang des Teilanspruchs des Versicherungsnehmers an (**Befriedigungsvorrecht des Versicherungsnehmers**). In der Zwangsvollstreckung darf der Versicherer deshalb nur auf den Teil des Vermögens des Haftpflichtigen zugreifen, den der Versicherungsnehmer nicht zur Befriedigung seiner Ansprüche braucht. Es geht also um eine **Rangfolgebestimmung** ähnlich derer, die man in der Insolvenzordnung findet. Solche Regeln sind bei fast allen Legalzessionen des BGB vorgesehen (vgl. nur §§ 426 II 2, 774 I 2 BGB sowie die Verweisungen in den §§ 1225, 1143 BGB). **973**

c) Das »Quotenvorrecht« des Versicherungsnehmers

Kompliziert ist es, wenn der Haftpflichtanspruch des Versicherungsnehmers gegen den Dritten – z.B. wegen Mitverschuldens – geringer ist als der Schaden und außerdem die Versichererleistung hinter dem Schaden zurückbleibt – z.B. weil bei der **974**

36 Hierzu *Esser/Schmidt* § 32 II 2a.

37 Einzelheiten bei *Prölss* in: Prölss/Martin, § 67 VVG a.F. Rn. 9; BGHZ 82, 338 = VersR 1982, 283 = NJW 1982, 827; BGH VersR 1982, 383 = NJW 1982, 829 (bejahend für merkantilen Minderwert).

Fahrzeugversicherung ein Selbstbehalt (Rn. 763) vereinbart ist oder weil eine Unterversicherung (Rn. 753 ff.) vorliegt (**»Mangelfall«**). Hier besteht eine besondere Konfliktsituation zwischen Versicherungsnehmer und Versicherer: Der geschädigte Versicherungsnehmer hat vom Versicherer nicht genug bekommen, um den vollen Schaden auszugleichen, und möchte deshalb den Ausgleich seines Restschadens mittels seines Schadensersatzanspruchs gegen den Haftpflichtigen realisieren. Dann darf sein Schadensersatzanspruch aber nicht auf den Versicherer übergehen, soweit der Versicherungsnehmer ihn benötigt, um den Restschaden auszugleichen. Der Versicherer seinerseits hat einen Teil des Schadens durch Leistung an den Versicherungsnehmer ausgeglichen und würde sich den Gegenwert dafür gern im Regresswege wieder holen. Dazu müsste der Schadensersatzanspruch jedoch auf ihn übergehen.

975 **Beispiel:** Der Versicherungsnehmer erleidet unfallbedingt einen Schaden von 3.000 € an seinem Fahrzeug. Sein Haftpflichtanspruch gegen den Unfallverursacher beläuft sich wegen hälftigen Mitverschuldens nur auf 1.500 €. Das Fahrzeug ist »vollkasko« versichert, wobei allerdings ein Selbstbehalt des Versicherungsnehmers von 1.000 € vereinbart ist. Der Versicherer leistet vertragsgemäß an den Versicherungsnehmer: Er zahlt also 2.000 € (Schadenssumme abzüglich Selbstbehalt). Für den Versicherungsnehmer bleibt demzufolge ein Schaden von 1.000 € ungedeckt. Der Haftpflichtanspruch (1.500 €) ist nicht hoch genug, als dass bei gleichzeitigem Vorgehen gegen den Haftpflichtigen sowohl der Versicherungsnehmer (1.000 €) als auch der Versicherer (2.000 €) voll auf ihre Kosten kämen.

976 Entsprechend der bisherigen ganz herrschenden Meinung[38] ist der **Mangelfall zugunsten des Versicherungsnehmers zu lösen.**[39] Dies bedeutet: Der Haftpflichtanspruch bleibt beim Versicherungsnehmer, soweit sein Schaden nicht vom Versicherer gedeckt wird (**»Differenztheorie«**). Diese günstige Stellung des Versicherungsnehmers nennt man sein **»Quotenvorrecht«**.[40] Der Ersatzanspruch des Versicherungsnehmers geht also nur auf den Versicherer über, soweit er vom Versicherungsnehmer nicht zur vollständigen Schadensdeckung benötigt wird (also nur soweit er zusammen mit der gezahlten Versicherungssumme den Schaden übersteigt).

977 **Beispiel** (wie vorvorige Rn.: Gesamtschaden von 3.000 €; hälftiges Mitverschulden des Versicherungsnehmers und deshalb Schadensersatzanspruch von 1.500 €): Der Versicherungsnehmer kann ungeachtet der Leistung des Versicherers (2.000 €) noch 1.000 € (seinen vom Versicherer nicht gedeckten Selbstbehalt) vom Schädiger verlangen. Auf den Versicherer geht nur der Haftpflichtanspruch über, der nach voller Befriedigung des Versicherungsnehmers verbleibt, also nur ein Anspruch in Höhe von 500 €.

978 Das »Quotenvorrecht« des Versicherungsnehmers ist – wie die im Schrifttum vertretenen Gegenpositionen (absolute Theorie, nach der der Anspruch des Versicherungsnehmers stets in Höhe der Leistung des Versicherers auf diesen übergeht; relative Theorie, nach der sich Versicherungsnehmer und Versicherer »den Mangel teilen«) – nicht zwingend zu begründen. Immerhin lässt sich sagen, dass das Quotenvorrecht des Versicherungsnehmers jedenfalls nicht den Zwecken des § 86 VVG widerspricht, weil der Versicherungsnehmer insgesamt nicht mehr als seinen Schaden ersetzt erhält, also nicht bereichert wird. Er erhält zwar mehr als er bei einer Selbstschädigung er-

38 BGHZ 13, 28 = VersR 1954, 211; BGHZ 47, 196 = VersR 1967, 505. Kritisch mit umfangreichen Nachweisen auch zu anderen Ansichten (insbesondere zur sog. absoluten Theorie – Vorrang des Versicherers – und zur sog. relativen Theorie – Teilung) *Ebbert/Segger* VersR 2001, 143; *Möller/Segger* in: Langheid/Wandt, § 86 VVG Rn. 121 ff.

39 So auch ausdrücklich RegE BT-Drucks. 16/3945 S. 81.

40 Zum Quotenvorrecht im Einzelnen: *Müller* VersR 1989, 317; *Lachner* VersR 1998, 161; *ders.* ZfS 1999, 184; *Hofmann* ZfS 1999, 45.

hielte, weil dann ein vereinbarter Selbstbehalt oder eine Unterversicherung zu Abzügen führte.[41] Zu berücksichtigen ist andererseits, dass der Versicherer nicht stets mit einem Regress rechnen kann, wie der Fall der versicherten Selbstschädigung zeigt.

Während in der Privatversicherung das Quotenvorrecht des Versicherungsnehmers seit längerem anerkannt ist, praktizierte die Rechtsprechung im **Sozialversicherungsrecht** nach dem alten § 1542 RVO ständig ein Quotenvorrecht des Sozialversicherers. Infolge heftiger Kritik in der Literatur wurde dies zu einer der meistumstrittenen Fragen des Regresses der Sozialversicherungsträger. Der seit 1983 geltende § 116 SGB X statuiert eine vermittelnde Lösung (»relative Theorie«; proportionale Beteiligung des Sozialvorsorgeträgers je nach Schwere des Mitverschuldens des Geschädigten), ist aber sehr kompliziert und aus technischen Gründen umstritten.[42] 979

Bei der Bestimmung der Höhe des **Quotenvorrechts** ist das **Kongruenzprinzip** zu beachten. Zur Illustration: In dem in Rn. 974 geschilderten Beispiel habe der Versicherungsnehmer nicht nur Reparaturkosten in Höhe von 3.000 €, sondern auch Kosten für ein Ersatzfahrzeug in Höhe von 700 €. Jetzt könnte er versucht sein, pauschal zu argumentieren: »Ich habe einen Schaden in Höhe von 3.700 €. Davon hat der Versicherer nur 2.000 € ersetzt. Mein Haftpflichtanspruch beträgt wegen hälftigen Mitverschuldens 1.850 €. Davon bleibt kraft meines Quotenvorrechts ein Anspruch von 1.700 € bei mir, nämlich die Differenz zwischen der Versichererleistung und meinem Schaden. Nur in Höhe der von mir nicht benötigten 150 € geht der Haftpflichtanspruch auf den Versicherer über«. Diese Argumentation wäre falsch. Denn das Quotenvorrecht gilt nur, soweit der Haftpflichtanspruch mit der Leistung des Versicherers kongruent ist, in der Fahrzeugversicherung also nur, soweit beide gerade Reparaturkosten zum Gegenstand haben (»**Kongruenz vor Differenz**«). Insoweit hat sich gegenüber dem Ausgangsfall (Rn. 974) jedoch nichts geändert. Mithin ändert sich auch an dem dort festgestellten Ergebnis des Quotenvorrechts nichts. 980

Das für den Versicherungsnehmer vorteilhafte Kongruenzprinzip (Rn. 969 f.) hat also auch eine Kehrseite: Der Versicherungsnehmer kann nicht seinerseits durch Geltendmachung des Quotenvorrechts den Versicherer am Schicksal anderer Vermögensbestandteile beteiligen, die nicht Gegenstand des Versicherungsvertrages gewesen sind. 981

6. Schutz des Schuldners bei Ungewissheit über den Gläubiger

Wer beispielsweise bei einem Straßenverkehrsunfall ein fremdes Auto beschädigt, kann nicht wissen, ob »das Fahrzeug« kaskoversichert ist.[43] Erst recht können er und sein Haftpflichtversicherer nicht wissen, ob und wie viel der Kaskoversicherer nach dem Unfall an den Eigentümer als Entschädigung gezahlt hat, sodass der Haftpflichtanspruch teilweise oder ganz auf den Versicherer übergegangen ist. Der Haftpflichtschuldner riskiert deshalb, an den falschen Gläubiger zu zahlen, wenn er an den Geschädigten zahlt. Aus diesem Grund wird er dadurch geschützt, dass er sich gemäß § 412 BGB auf die Schuldnerschutzvorschriften des Zessionsrechts berufen kann (vor 982

41 *Langheid* in: Römer/Langheid, § 67 VVG a.F. Rn. 39; *Möller/Segger* in: Langheid/Wandt, § 86 VVG Rn. 132 f., Rn. 148 lehnen das Quotenvorrecht des Versicherungsnehmers in diesen Konstellationen strikt ab.

42 Zur Entstehungsgeschichte und Kritik vgl. *Pickel* Das Verwaltungsverfahren, Kommentar zum 10. Buch des SGB, § 116 Rn. 1 ff. Zu den neueren Entwicklungen vgl. *Hessert* VersR 1997, 39 ff. Klarstellend BGHZ 146, 84 = VersR 2001, 387 = NJW 2001, 1214 in Anlehnung an BGHZ 135, 170 = VersR 1997, 901.

43 Zur Terminologie siehe Rn. 32.

allem auf § 407 BGB). Solange er es nicht besser weiß, kann er mit befreiender Wirkung an den Eigentümer, den ursprünglichen Gläubiger, leisten.[44] Um dem Versicherer die Legitimation bei der Geltendmachung der Ersatzforderung zu erleichtern, muss der Versicherungsnehmer diesem auf Verlangen eine öffentlich beglaubigte Urkunde über den Forderungsübergang ausstellen (§ 403 BGB), auf die sich der Haftpflichtschuldner dann auch verlassen kann (§ 409 BGB).

IV. Obliegenheit des Versicherungsnehmers zur Sicherung des Regresses (§ 86 II VVG)

983 Nach § 86 II VVG treffen den Versicherungsnehmer die (gesetzlichen) **Obliegenheiten**, seinen Ersatzanspruch oder ein zur Sicherung dieses Anspruchs dienendes Recht **zu wahren und bei dessen Durchsetzung durch den Versicherer so weit erforderlich mitzuwirken.**[45] Sinn und Zweck dieser Regelungen ist es, dem berechtigten Interesse des Versicherers Rechnung zu tragen, sich wegen seiner dem Versicherungsnehmer erbrachten Leistung bei dem ersatzpflichtigen Dritten schadlos zu halten (Rn. 952). Der Versicherungsnehmer muss sich so verhalten, dass der Ersatzanspruch durchsetzbar erhalten bleibt. § 86 II 1 VVG hebt insoweit die Beachtung der geltenden Form- und Fristvorschriften hervor. Der Versicherungsnehmer muss also beispielsweise verjährungsunterbrechende Maßnahmen ergreifen, wenn Verjährung droht. Außerdem hat der Versicherungsnehmer den Versicherer bei der Durchsetzung des Ersatzanspruchs »soweit erforderlich« zu unterstützen. Er muss dem Versicherer beispielsweise Auskünfte erteilen bzw. bei der Auskunftserlangung mitwirken.[46]

984 Der Schutz des Versicherers wurde im Vergleich zum bisherigen Recht erweitert.[47] Die bisherige Regelung des § 67 I 3 VVG a.F. beschränkte sich nämlich auf das Verbot, den Ersatzanspruch bzw. ein zur Sicherung dieses Anspruchs dienendes Recht aufzugeben, d.h. vorsätzlich zum Erlöschen zu bringen[48] (»Aufgabeverbot«, Regressvereitelung)[49]. Die dogmatische Einordnung von § 67 I 3 VVG a.F. war umstritten (Obliegenheit oder Risikobegrenzung?).[50] § 86 II VVG stellt nunmehr klar, dass es sich um **Obliegenheiten** des Versicherungsnehmers handelt.

985 Die Obliegenheiten des § 86 II 1 VVG betreffen unmittelbar nur die **Wahrung und Durchsetzung eines entstandenen Ersatzanspruchs.**[51] Eine **Analogie** zu dieser Vorschrift kann allerdings geboten sein, wenn der Versicherungsnehmer dazu beiträgt, dass ein Schadensersatzanspruch gegen den Dritten erst gar nicht entsteht (z.B. infolge einer vor dem schädigenden Ereignis vereinbarten Haftungsbegrenzung). Sieht man den § 86 II VVG als gesetzliche Fixierung des vom Versicherer zu übernehmen-

44 *Möller/Segger* in: Langheid/Wandt, § 86 VVG Rn. 117; zu einigen Sonderfragen vgl. *Sieg* in: Bruck/Möller, 8. Aufl., § 67 VVG a.F. Anm. 99 ff.

45 Vgl. *Just* VP 2008, 157.

46 RegE BT-Drucks. 16/3945 S. 81 f.

47 RegE BT-Drucks. 16/3945 S. 81.

48 H.M. vgl. z.B. OLG Koblenz VersR 1985, 879; OLG Köln VersR 1987, 977.

49 Dies führte zu der – nunmehr unter Maßgabe von § 86 II VVG eindeutig positiv zu beantwortenden – Streitfrage, ob das Aufgabeverbot auch durch Unterlassen anspruchsverfolgender Maßnahmen verletzt werden konnte. Vgl. hierzu *Prölss* in: Prölss/Martin, § 67 VVG a.F. Rn. 32.

50 Vgl. *Weyers/Wandt* Versicherungsvertragsrecht, 3. Aufl., Rn. 752.

51 RegE BT-Drucks. 16/3945 S. 82.

den »Normalrisikos« an, dann gelangt man insoweit zu brauchbaren Abgrenzungskriterien. Das heißt, der Versicherungsnehmer verhält sich nur dann pflichtwidrig, wenn er – gemessen an einer nicht versicherten Person – in ungewöhnlicher, unüblicher Weise die Anspruchsentstehung verhindert, nicht aber, wenn er billig und vernünftig handelt.[52]

Beispiel: Ein Schiffseigner lässt seine kaskoversicherten Schiffe von einem Bewachungsunternehmen bewachen. Eines Nachts sinkt ein Schiff infolge mangelhafter Bewachung. Der Kaskoversicherer leistet Ersatz und will bei dem Bewachungsunternehmen Regress nehmen, weil einer der Wachleute fahrlässig gehandelt habe. Das Bewachungsunternehmen hält entgegen, es sei kein Ersatzanspruch entstanden, weil die Haftung für einfache Fahrlässigkeit, die allenfalls vorliegen könnte, im Bewachungsvertrag abbedungen sei.[53] Auf die zulässigen und in vielen AGB vorgesehenen Haftungsverzichte lässt sich der durchschnittlich vernünftige Bürger und Gewerbetreibende gewöhnlich auch ein, wenn er nicht versichert ist. Man kann deshalb nicht sagen, der Versicherungsnehmer habe zu Lasten seines Versicherers etwas »aufgegeben« oder sei auf dessen Kosten ein zusätzliches Risiko eingegangen. Aufgrund dieser Erwägung ist eine Analogie zu § 86 II VVG abzulehnen. – Genau umgekehrt wäre zu entscheiden, wenn der Versicherungsnehmer das Bewachungsunternehmen auch von grober Fahrlässigkeit freigestellt hätte.

Die **Rechtsfolgen einer Verletzung der Obliegenheit** des § 86 II 1 VVG orientieren sich am allgemeinen Sanktionenkonzept: Leistungsfreiheit bei Vorsatz und Leistungsbegrenzung bei grober Fahrlässigkeit nach der Schwere des Verschuldens des Versicherungsnehmers (vgl. §§ 28 II, 82 III VVG und hierzu Rn. 580 ff., 928). Eintritt und Umfang der Rechtsfolge werden durch das **Kausalitätserfordernis** begrenzt: Der Versicherer wird nur insoweit leistungsfrei, als er infolge der Obliegenheitsverletzung von dem Dritten keinen Ersatz mehr erlangen kann. Hätte der Versicherer also den Ersatzanspruch beispielsweise wegen Insolvenz des Schädigers auch ohne die Obliegenheitsverletzung nicht durchsetzen können, bleibt die Obliegenheitsverletzung sanktionslos.[54] Das Kausalitätserfordernis gilt – anders als dies die Gesetzesformulierung nahe legt – nicht nur bei vorsätzlicher, sondern auch bei grobfahrlässiger Obliegenheitsverletzung. Es gilt sogar bei Arglist; eine Regelung entsprechend § 28 III 2 VVG, wonach das Kausalitätserfordernis bei Arglist des Versicherungsnehmers entfällt, besteht nicht.[55] Die **Beweislast** für die Kausalität trägt – abweichend von § 28 III 1 VVG – der Versicherer. **986**

Beispiel: Ein Autofahrer beschädigt beim Zurückstoßen aus einer Parklücke ein anderes Fahrzeug. Dessen Eigentümer gibt sich großzügig: »... das kann doch jedem passieren. Das mache ich über meine Versicherung. Sie müssen mir nur meinen Selbstbehalt, das sind ... €, zahlen. Von dem restlichen Schaden reden wir nicht mehr«. Der Schädiger zahlt in Höhe des Selbstbehalts und bedankt sich. Der Geschädigte erhält von seinem Fahrzeugversicherer Ersatz der Reparaturkosten. Als der Versicherer danach bei dem Schädiger nach § 86 I 1 VVG Rückgriff zu nehmen versucht, verweist dieser darauf, der Anspruch sei ihm vom Geschädigten erlassen worden, könne also nicht auf den Versicherer übergegangen sein. Hier greift § 86 II VVG, wenn in der Erklärung des Geschädigten ein wirksamer Erlass zu sehen ist, da dann der Versicherungsnehmer seinen Ersatzanspruch nicht »für seinen Fahrzeugversicherer« gewahrt hat. Im Falle einer vorsätzlichen Obliegenheitsverletzung ist der Versicherer mit dem Augenblick des Erlasses leistungsfrei geworden (§ 86 II 2 VVG); im Falle grober Fahrlässigkeit, deren Nichtvorliegen der Versicherungsnehmer

52 Vgl. *Möller/Segger* in: Langheid/Wandt, § 86 VVG Rn. 270 ff.; *Prölss* in: Prölss/Martin, § 67 VVG a.F. Rn. 35.

53 Vgl. BGHZ 33, 216 = NJW 1961, 212; BGHZ 22, 109 = VersR 1956, 725.

54 RegE BT-Drucks. 16/3945 S. 82.

55 Dies beruht darauf, dass es im Falle des § 86 VVG nicht mehr um die Leistungspflicht des Versicherers gegenüber dem Versicherungsnehmer, sondern »nur« um den Regress gegen Dritte geht. Ein Verzicht auf das dem Haftungsrecht eigene Erfordernis der Kausalität ist hier nicht angezeigt.

zu beweisen hat, kommt eine quotale Leistungsfreiheit in Betracht (§ 86 II 3 VVG). Infolge der Leistungsfreiheit hat der Versicherer die Leistung an seinen Versicherungsnehmer ohne rechtlichen Grund erbracht und kann von ihm nach § 812 BGB **kondizieren**.

V. Kein Regress gegen in häuslicher Gemeinschaft lebende Personen (§ 86 III VVG)

987 Der Versicherer kann einen auf ihn übergegangenen Ersatzanspruch nicht geltend machen, wenn sich der Anspruch gegen eine Person richtet, die mit dem Versicherungsnehmer (oder dem Versicherten[56]) bei Eintritt des Schadens in häuslicher Gemeinschaft lebt und den Schaden nicht vorsätzlich verursacht hat (§ 86 III VVG). Diese Regelung **soll den Versicherungsnehmer davor schützen, dass sein Versicherungsschutz mittelbar über einen Regress des Versicherers entwertet wird**. Dem liegt folgende Überlegung zugrunde:[57] Personen, die in »häuslicher Gemeinschaft« leben, wirtschaften – jedenfalls teilweise – aus einem »Topf«. Dies lässt bei der Schädigung eines Hausgenossen einen internen Ausgleich wirtschaftlich fragwürdig erscheinen. Außerdem gilt es den Frieden innerhalb der häuslichen Gemeinschaft zu wahren. Deshalb kann in der häuslichen Gemeinschaft ein anderer Haftungsmaßstab gelten bzw. die Mitglieder verzichten untereinander meist auf die Durchsetzung bestehender Schadensersatzansprüche.[58] Fährt also beispielsweise der Lebensgefährte mit dem kaskoversicherten Auto der Lebensgefährtin und beschädigt es dabei fahrlässig, dann soll der Versicherer, der die vereinbarte Leistung an die Lebensgefährtin (Eigentümerin des Kfz und Versicherungsnehmerin) erbracht hat, nicht deswegen einen Schadensersatzanspruch gegen den »Schädiger« geltend machen können. Sonst wäre letzten Endes auch der Versicherungsnehmer nicht vor einem finanziellen Verlust durch den Unfall geschützt.[59]

988 Rechtstechnisch hindert § 86 III VVG nicht den Übergang des Ersatzanspruchs, sondern nur seine Geltendmachung. Dagegen schloss § 67 II VVG a.F. bereits den Forderungsübergang aus. Der Ersatzanspruch verblieb also beim Versicherungsnehmer, was bei seiner Realisierung durch den vom Versicherer entschädigten Versicherungsnehmer zu bereicherungsrechtlichen Folgefragen führte.[60]

989 Der Ausschluss des Regresses setzt nicht voraus, dass der Regress den Versicherungsnehmer im Einzelfall tatsächlich mittelbar belasten würde. Der Regress ist viel-

56 BGH VersR 2008, 634; BGH VersR 1994, 85 = NJW 1994, 585.

57 Instruktiv zu den Regelungszwecken BGH VersR 1986, 333 (unter II. 2. b) aa) der Gründe).

58 Der Grundgedanke des § 67 II VVG a.F. war so zwingend, dass die Regel bisher auch bei praktisch allen anderen Legalzessionen ähnlicher Art angewendet wurde, selbst wenn sie dort nach dem Gesetzeswortlaut nicht vorgesehen war. Praktisch wichtig war dies vor allem für § 1542 RVO, der inzwischen jedoch mit einer klaren gesetzgeberischen Entscheidung für ein Familienprivileg durch § 116 SGB X (vgl. dessen Absatz 6) abgelöst worden ist. Zu § 116 VI SGB X vgl. OLG Köln VersR 1991, 1237. Zum alten § 1542 RVO vgl. BGHZ 41, 79 = VersR 1964, 391 = NJW 1964, 860; OLG Frankfurt VersR 1985, 936, dazu *Lorenz* VersR 1991, 505 ff. Zu § 4 LFG (heute: § 6 EFZG): BGHZ 66, 104; dazu *Schmitt*, Entgeltfortzahlungsgesetz, 6. Aufl. 2007, § 6 EFZG Rn. 23. Zum Beamtenrecht: BGHZ 43, 72 = VersR 1965, 386 = NJW 1965, 907. § 110 SGB VII sieht eine Verzichtsmöglichkeit vor, daher wurde mangels Regelungslücke § 67 II VVG a.F. auf diesen Regress nicht angewendet. Vgl. *Schmitt* SGB VII, 2. Aufl. 2004, § 110 Rn. 6.

59 Zu dem vertraglichen Regressverzicht in der Fahrzeugversicherung, der auch bei Nichthaushaltsangehörigen greift, wenn diese den Schaden weder vorsätzlich noch grob fahrlässig verursachen, siehe Rn. 999.

60 Vgl. *Langheid* in: Römer/Langheid, § 67 VVG a.F. Rn. 54 m.w.N.

mehr aus Praktikabilitätsgründen generell ausgeschlossen, beispielsweise auch dann, wenn der schädigende Haushaltsangehörige haftpflichtversichert ist.[61]

In entsprechender Anwendung von § 86 III VVG kann dem Versicherer auch unter- **990** sagt sein, den auf ihn übergegangenen Anspruch gegen einen Nichthausgenossen des Versicherungsnehmers geltend zu machen, soweit der Versicherungsnehmer anderenfalls mittelbar durch einen **Gesamtschuldregress** gegen den Haushaltsangehörigen belastet werden könnte.[62] **Beispiel:** Sind für die Beschädigung eines kaskoversicherten Fahrzeugs ein Haushaltsangehöriger und ein außen stehender Dritter verantwortlich, so stehen dem Fahrzeugeigentümer gegen den Haushaltsangehörigen und gegen den Dritten gesamtschuldnerisch Ersatzansprüche zu. Dürfte hier der Kaskoversicherer den Außenstehenden über dessen Verantwortungsbeitrag hinaus als Gesamtschuldner in voller Höhe nach § 86 VVG in Anspruch nehmen, dann könnte dieser nach § 426 BGB bei dem Haushaltsangehörigen Rückgriff nehmen. Eine sinngemäße Anwendung des § 86 III VVG verlangt deshalb, dass der Versicherer den auf ihn übergegangenen Ersatzanspruch des geschädigten Eigentümers gegenüber den außenstehenden Dritten nur insoweit geltend machen kann, als der Außenstehende im Endergebnis haftet.[63]

Das neue Recht weitet den Regressausschluss auf alle Personen aus, die mit dem Ver- **991** sicherungsnehmer in **häuslicher Gemeinschaft** leben (und den Schaden nicht vorsätzlich verursachen). Dagegen schloss § 67 II VVG a.F. einen Regress nur gegenüber Familienangehörigen aus, die mit dem Versicherungsnehmer in häuslicher Gemeinschaft lebten (sog. »Familienprivileg«).[64] Die enge Begrenzung auf Familienmitglieder entsprach jedoch nicht mehr den heutigen gesellschaftlichen Verhältnissen.[65]

Eine »häusliche Gemeinschaft« setzt eine **Gemeinschaft der Wirtschaftsführung** **992** voraus, die nicht notwendig umfassend sein muss.[66] Ein nur vorübergehender Aufenthalt im Haushalt (Besuch, Urlaub, etc.) genügt nicht; die häusliche Gemeinschaft muss vielmehr **auf Dauer angelegt** sein.[67] Sie wird andererseits nicht durch eine nur vorübergehende Abwesenheit eines Mitglieds aufgehoben, beispielsweise nicht während eines Auslandssemesters eines ansonsten noch zu Hause wohnenden Studenten.[68] Fraglich kann die Bejahung einer häuslichen Gemeinschaft bei zeitlich begrenzten Wohngemeinschaften (für die Ausbildung, für ein Auslandssemester etc.) sein; hier kommt es auf die Umstände des Einzelfalles an (insbesondere auf die Dauer, die Verbundenheit der Wohngenossen etc.).

---

61 So die st.Rspr. zu § 67 II VVG a.F.; vgl. BGH VersR 1985, 471 = NJW 1985, 1958. Vgl. auch *Prölss* in: Prölss/Martin, § 67 VVG a.F. Rn. 36.

62 Vgl. noch zu § 67 VVG a.F. *Sieg* in: Bruck/Möller, 8. Aufl., § 67 VVG a.F. Anm. 113.

63 So, allerdings für die entsprechende Anwendung des § 67 II VVG a.F. bei § 1542 RVO (vgl. Rn. 979), BGHZ 54, 256 = VersR 1970, 950 = NJW 1970, 1844.

64 Zum sog. Familienprivileg des bisherigen § 67 II VVG a.F. siehe *Rischar* VersR 1998, 27; *Fleischmann* ZfS 2000, 140.

65 RegE BT-Drucks. 16/3945 S. 82. Vgl. auch *Burmann/Heß/Höke/Stahl* Das neue VVG im Straßenverkehrsrecht, Rn. 452; *Marlow/Spuhl* S. 119; *Möller/Segger* in: Langheid/Wandt, § 86 VVG Rn. 186.

66 BGH VersR 1980, 644; vgl. auch *Staudinger/Kassing* VersR 2007, 10.

67 So auch *Deutsch* Rn. 287; *Hormuth* in: Beckmann/Matusche-Beckmann, § 22 Rn. 72; *Marlow/Spuhl* S. 119; *Meixner/Steinbeck* Das neue Versicherungsvertragsrecht, 2008, § 2 Rn. 52; zu weiteren Kriterien *Möller/Segger* in: Langheid/Wandt, § 86 VVG Rn. 187 f.

68 OLG Karlsruhe VersR 1988, 483.

993 Mit der Ausdehnung auf alle Mitglieder einer häuslichen Gemeinschaft – ungeachtet der Familienverhältnisse – entfallen zahlreiche Streitfragen des alten Rechts, beispielsweise ob auch der Partner einer eingetragenen Lebenspartnerschaft[69] sowie Personen, die »nur« tatsächlich die Stellung eines Verwandten einnehmen wie z.B. ein Pflegekind[70], als »Familienangehörige« im Sinne des § 67 VVG a.F. anzusehen waren. Erledigt hat sich auch die Frage, ob der Partner einer nichtehelichen Lebensgemeinschaft durch analoge Anwendung von § 67 VVG a.F. zu schützen sei.[71]

994 Um Missbrauch zu Lasten des Versicherers (und der übrigen Prämie zahlenden Versicherten) zu verhindern, verlangt § 86 III VVG, dass die häusliche Gemeinschaft schon **»bei Eintritt des Schadens«** bestanden haben muss. Gemeint ist der Eintritt des Versicherungsfalls (vgl. Rn. 875 ff.).[72] Der maßgebende Zeitpunkt für das Bestehen der häuslichen Gemeinschaft war für § 67 II VVG a.F., der keine konkrete Regelung dazu enthielt, umstritten. Die überwiegende Meinung stellte schon zum alten Recht auf den Eintritt des Versicherungsfalls ab.[73] Eine andere Ansicht stellte auf den Zeitpunkt ab, in dem der Versicherer leistete.[74] Analog § 116 VI 2 SGB X[75] sollte die Geltendmachung eines übergegangenen Anspruchs außerdem ausgeschlossen sein, wenn die Voraussetzungen des § 67 II VVG a.F. nach dem Schadensfall, aber vor der letzten mündlichen Verhandlung im Regressprozess eintraten.[76] Diese Analogie zum Sozialversicherungsrecht war aber schon bisher nicht zwingend. Stellt man für § 86 III VVG mit der bislang herrschenden Ansicht ausschließlich auf den Eintritt des Versicherungsfalls ab, so schließt man Manipulationsmöglichkeiten zu Lasten des Versicherers von vornherein aus. Diese Lösung erfüllt den Zweck der speziellen Regelung über den Zeitpunkt am besten, ohne die generellen Ziele von § 86 III VVG unangemessen zu tangieren. Der Versicherungsnehmer wird nicht unzumutbar belastet, da er die häusliche Gemeinschaft erst nach Eintritt des Versicherungsfalls begründete, also die mittelbare Belastung sehenden Auges in Kauf nimmt. Das Privatversicherungsrecht, das den Grundsätzen des allgemeinen Vertragsrechts und den Interessen begrenzter Versichertenkollektive verpflichtet ist, kann (und sollte) hier strenger sein als das Sozialversicherungsrecht.

995 Die **Beweislast** für den Regressausschluss nach § 86 III VVG als anspruchshindernder Tatbestand liegt bei demjenigen, der sich darauf beruft[77], also regelmäßig bei dem

69 Vgl. § 11 I Lebenspartnerschaftsgesetz.

70 Vgl. hierzu auch OLG Stuttgart VersR 1993, 724 = NJW 1993, 3208 für § 116 VI SGB X.

71 Für eine Analogie zu § 67 II VVG a.F. BGH VersR 2009, 813 mit Anm. *Günther* = NJW 2009, 2062; offen gelassen noch von BGH VersR 1980, 526 = NJW 1980, 1468; verneint für § 116 VI SGB X mit Rekurs auf § 67 II VVG a.F.: BGHZ 102, 257 = VersR 1988, 253 = NJW 1988, 1091; verneinend auch OLG Koblenz VersR 2003, 1381; bejaht im Hinblick auf eine eheähnliche Lebensgemeinschaft mit einem gemeinsamen Kind vom OLG Brandenburg VersR 2002, 839 = NJW 2002, 1581 mit zahlreichen Nachweisen zum Streitstand.

72 Die Gesetzesbegründung spricht von dem Zeitpunkt des schadensverursachenden Ereignisses; vgl. RegE BT-Drucks. 16/3945 S. 82.

73 Vgl. BGH VersR 1980, 644 m.w.N. sowie *Langheid* in: Römer/Langheid, § 67 VVG a.F. Rn. 52.

74 So *Prölss* in: Prölss/Martin, § 67 VVG a.F. Rn. 39 sowie *Weyers* 2. Aufl. 1995, Rn. 639.

75 § 116 VI SGB X: »Ein Übergang nach Absatz 1 ist bei nicht vorsätzlichen Schädigungen durch Familienangehörige, die im Zeitpunkt des Schadensereignisses mit dem Geschädigten oder seinen Hinterbliebenen in häuslicher Gemeinschaft leben, ausgeschlossen. Ein Ersatzanspruch nach Absatz 1 kann dann nicht geltend gemacht werden, wenn der Schädiger mit dem Geschädigten oder einem Hinterbliebenen nach Eintritt des Schadensereignisses die Ehe geschlossen hat und in häuslicher Gemeinschaft lebt.« (zu § 116 I SGB X vgl. Rn. 968).

76 OLG Köln VersR 1991, 1237.

77 So auch *Burmann/Heß/Höke/Stahl* Das neue VVG im Straßenverkehrsrecht, Rn. 452; *Möller/Segger* in: Langheid/Wandt, § 86 VVG Rn. 309; *Staudinger/Kassing* VersR 2007, 10.

vom Versicherer in Regress Genommenen. Aus der Normstruktur ergibt sich, dass der Versicherer seinerseits den Vorsatz des Schädigers als Ausnahme vom Regressausschluss beweisen muss.

VI. Kein Übergang von Ansprüchen gegen Mitversicherte und Regressverzicht

Es gibt neben § 86 III VVG eine Reihe von Konstellationen, in denen ein Regress des Versicherers gegen einen schädigenden Dritten den Sinn der Versicherung verfehlen würde. Es soll an dieser Stelle hauptsächlich um die rechtstechnischen Wege gehen, auf denen man zum Regressausschluss gelangt, nicht dagegen um eine abschließende Auflistung der einschlägigen Fallgruppen. **996**

Die Problematik stellt sich erst gar nicht, wenn rechtskonstruktiv eine Haftung des schädigenden Dritten von vornherein vermieden wird. Ein Beispiel gibt die frühere, inzwischen aufgegebene Rechtsprechung zur Haftung von Mietern für Schäden an der Mietsache. Die Rechtsprechung hatte im Wege der ergänzenden Auslegung des Mietvertrags eine stillschweigende Beschränkung der Haftung des Mieters für die Verursachung von Sachschäden auf Vorsatz und grobe Fahrlässigkeit abgeleitet, wenn der Mieter es vertraglich übernommen hatte, die Versicherungsprämie für die Sachversicherung zu tragen oder sich daran zu beteiligen (sog. haftungsrechtliche Lösung).[78] Diese Lösung des Problems auf der haftungsrechtlichen anstatt auf der versicherungsrechtlichen Ebene stieß jedoch zu Recht auf unterschiedliche Kritik. Vor allem wurde es nicht als überzeugend erachtet, dass der konkludente Haftungsverzicht des Vermieters und damit der Schutz des Mieters davon abhängen sollte, dass der Vermieter seine Kalkulation offen lege und den Mieter erkennbar mit der anteiligen Prämie für die Feuerversicherung belaste.[79] **997**

Der einfachste Weg, einen Ersatzpflichtigen (siehe vorige Rn.) vor einem Regressanspruch des Versicherers aus einer Legalzession im Sinne von § 86 I VVG zu schützen, besteht darin, ihn zu einem **Mitversicherten** zu machen, ihn also in den durch den Vertrag gewährten Versicherungsschutz einzubeziehen. Dann ist er nicht »Dritter« im Sinne von § 86 I VVG, und deshalb geht dann auch eine Schadensersatzforderung des Versicherungsnehmers gegen den Mitversicherten nicht auf den Versicherer über. Häufig findet sich eine solche Einbeziehung bestimmter Personen in der Haftpflichtversicherung (vgl. etwa § 102 VVG [Betriebshaftpflichtversicherung] oder A.1.2 AKB 2008 entsprechend der zwingenden Vorschrift des § 2 II KfzPflVV [Kfz-Haftpflichtversicherung]). Die Einbeziehung als Mitversicherter kann ausdrücklich, konkludent oder im Wege ergänzender Vertragsauslegung erfolgen. **998**

Ein anderer rechtstechnischer Weg zur Vermeidung einer Inanspruchnahme eines schädigenden Dritten ist ein **Regressverzicht** seitens des Versicherers. So ist in der Fahrzeugversicherung des Kfz-Eigentümers die Durchsetzung eines Regresses nach § 86 I VVG gegen den berechtigten Fahrer ausgeschlossen, wenn dieser den Versicherungsfall weder vorsätzlich noch grob fahrlässig[80] herbeigeführt hat (zu Einzelheiten siehe A.2.15 AKB 2008). Der Regressverzicht kommt dem Dritten jedoch nur zu Gu- **999**

78 Vgl. BGHZ 131, 288 = VersR 1996, 320 (Gebäudeversicherung). Zur Aufgabe der haftungsrechtlichen Lösung siehe BGH VersR 2005, 498; BGH VersR 2006, 1398, 1399 = NJW 2006, 3714 f.

79 Vgl. insbesondere *Armbrüster* NJW 1997, 177 sowie *Huber* VersR 1998, 265.

80 Entsprechend § 86 III VVG schadet gem. A.2.15 Satz 3 AKB 2008 selbst grobe Fahrlässigkeit nicht, wenn es sich um einen Haushaltsangehörigen handelt.

te, wenn der geschädigte Versicherungsnehmer seinen (Fahrzeug-) Versicherer in Anspruch nimmt, also nicht unmittelbar gegen den Schädiger selbst vorgeht. Aus **Treu und Glauben** kann sich allerdings eine Pflicht des versicherten Geschädigten ergeben, seinen Versicherer in Anspruch zu nehmen.[81] Ebenfalls aus Treu und Glauben folgt ein **Regressausschluss**, wenn der Dritte im Umfang seiner Inanspruchnahme einen Rückgriffsanspruch gegen den Versicherungsnehmer oder einen Mitversicherten hätte, für den der Versicherer wiederum einstandspflichtig wäre.[82]

1000 Wie gerade dargelegt, schließt A.2.15 AKB 2008 einen Regress gegen bestimmte Personen (berechtigten Fahrer, Fahrzeugmieter etc.) aus, wenn diese einfach fahrlässig gehandelt haben. Bemerkenswert an dieser Regelung ist, dass sie den Regress bei grober Fahrlässigkeit in voller Höhe zulässt, also nicht die beim Versicherungsnehmer zwingende Quotelung vorsieht. Dies wird im neuen Schrifttum mit dem Argument gerechtfertigt, die Quotenregelung wolle nur den Versicherungsnehmer als Prämienzahler privilegieren;[83] § 86 VVG erlaube einen Rückgriff sogar bei einfacher Fahrlässigkeit, sodass bereits die Regelung des A.2.15 AKB 2008 die dort genannten Dritten besser stelle als dies vom Gesetz gefordert werde.[84] Dem ist im Ergebnis grundsätzlich zuzustimmen. Zu denken geben allerdings teilweise die (ursprünglichen) Motive des Regressverzichts[85] verbunden mit den Situationen, in denen der Versicherungsnehmer aus Treu und Glauben zu einer Inanspruchnahme seines Versicherers verpflichtet ist. Auch das Argument des Prämienzahlers ist zweifelhaft, wenn es sich beispielsweise um einen die Prämienzahlung mitfinanzierenden Fahrzeugmieter handelt. Insgesamt ist die Rechtsstellung bestimmter Dritter, die anerkanntermaßen – aus ganz unterschiedlichen Gründen – eine Privilegierung erfahren sollen, indem ihre Rechtsstellung – auf welchem rechtstechnischen Weg auch immer – im Ergebnis der des Versicherten angeglichen wird, hinsichtlich der Quotelung bei grober Fahrlässigkeit erneut zu überdenken (vgl. zur ähnlichen Problematik bei dem allerdings auf ergänzender Vertragsauslegung beruhenden Regressverzicht gegenüber einem Gebäude- oder Wohnungsmieter Rn. 1001). Angesichts der komplexen und komplizierten gesetzlichen Grundlagen der Mehrpersonenverhältnisse kann aber wohl nicht von einem gesetzlichen Leitbild gesprochen werden, gegen das die Regelung in A.2.15 AKB 2008 über den vollen Regress bei grober Fahrlässigkeit verstoßen würde. Dies schließt aber nicht aus, dass *in Einzelfällen* auch insoweit Treu und Glauben durchschlagen und ein anderes Ergebnis rechtfertigen können (sog. »Ausübungskontrolle« von wirksamen AGB-Bestimmungen).[86]

1001 Ein solcher Regressverzicht kann einem Versicherungsvertrag auch im Wege **ergänzender Vertragsauslegung** entnommen werden. Diesen Weg ist die Rechtsprechung gegangen, um einen Regress des Gebäudeversicherers gegen einen Mieter auszuschließen, der einen Schaden an der Mietsache nur durch *einfache Fahrlässigkeit* verursacht hat[87], und zwar auch dann, wenn der Mieter für den Schaden am Mietobjekt

81 Vgl. für die Fahrzeugversicherung BGH VersR 1986, 755.
82 BGHZ 117, 151 = VersR 1992, 485 = NJW 1992, 1507; BGH VersR 1972, 166.
83 *Schimikowski/Höra* S. 154.
84 *Maier/Stadler* Rn. 226.
85 Zu den Motiven und zur Entwicklungsgeschichte ausführlich BGH VersR 1986, 755.
86 BGHZ 105, 71 (88) = NJW 1988, 2790 m.w.N.
87 BGHZ 145, 393 = VersR 2001, 94 mit Anm. *Lorenz* und *Walter* = NJW 2001, 1353; BGH VersR 2005, 498 mit Anm. *Breideneichen*; BGH VersR 2006, 1530 mit Anm. *Günther* = NJW 2006, 3712; BGH VersR 2006, 1533 mit Anm. *Günther* = NJW 2006, 3711 (auch bei auf Dauer angelegtem un-

aus einer von ihm abgeschlossenen Haftpflichtversicherung Deckung beanspruchen kann.[88] Die Begründung für die ergänzende Vertragsauslegung des Gebäudeversicherungsvertrages lautet im Wesentlichen: Da es um eine ergänzende Vertragsauslegung des Gebäudeversicherungsvertrages geht, kommt es nicht unmittelbar auf die Interessen des Mieters, sondern auf die Interessen des Vermieters an. Die Interessen des Mieters sind allerdings mittelbar beachtlich, soweit sie sich in einem auf dem Mietverhältnis beruhenden Interesse des Vermieters niederschlagen. Das für den Versicherer erkennbare Interesse des Vermieters geht dahin, das Vertragsverhältnis zum Mieter soweit wie möglich unbelastet zu lassen. Deshalb widerspräche es dem Interesse des Vermieters, wenn er im Wege einer Obliegenheit den Versicherer bei einem Vorgehen gegen den Mieter unterstützen müsste. Außerdem habe der Vermieter ein berechtigtes Interesse daran, dass der Mieter, der über die Miete die Versicherungsprämie mitfinanziere, nicht in seiner Erwartung enttäuscht würde, dass ihm diese Mitfinanzierung im Schadensfall in irgendeiner Weise zugute kommt.

Das **VVG** hat die Rahmenbedingungen einer ergänzenden Vertragsauslegung inso- 1002
weit verändert, als gem. § 81 II VVG die grob fahrlässige Herbeiführung des Versicherungsfalls nicht mehr zur vollständigen Leistungsfreiheit des Versicherers, sondern nur noch zu einer Kürzung der Leistungspflicht des Versicherers entsprechend der Schwere der groben Fahrlässigkeit führt. Dies führt zu der Frage, ob ein Gebäudeversicherungsvertrag entsprechend in dem Sinne ergänzend auszulegen ist, dass **bei grober Fahrlässigkeit des Mieters ein an der Schwere der groben Fahrlässigkeit ausgerichteter teilweiser Regressverzicht** zu bejahen ist.[89] Dafür spricht der Gesichtspunkt der Mitfinanzierung der Prämie durch den Mieter sowie die schon bisher gezogene Parallele zur Eintrittspflicht des Versicherers bei Herbeiführung des Versicherungsfalls. Allerdings wird häufig Streit über die Höhe der Quotelung bestehen und den Vermieter könnte im Hinblick auf den jedenfalls teilweise bestehenden Regressanspruch die Obliegenheit treffen, seinen Versicherer zu unterstützen (vgl. Abschnitt B § 13 Nr. 2 VGB 2008 [1914]; § 86 II VVG). Die Problematik des Schutzes eines Mieters über die Gebäudeversicherung des Vermieters ist daher erneut umfas-

entgeltlichen Nutzungsverhältnis über Wohnraum); BGH VersR 2006, 1536 mit Anm. *Günther* = NJW 2006, 3707; BGH VersR 2007, 539; BGH VersR 2002, 433 (auch bei gewerblichem Mieter); dagegen ist für die Hausratversicherung des Vermieters kein Regressverzicht anzunehmen BGH VersR 2006, 1398 mit Anm. *Günther* (VersR 2006, 1539) = NJW 2006, 3714. – Zum Regress des Gebäudeversicherers gegen den Mieter im Lichte des VVG n.F., vgl. *Staudinger/Kassing* VersR 2007, 10.

88 BGHZ 169, 86 = VersR 2006, 1536 mit Anm. *Günther* = NJW 2006, 3707; BGH VersR 2006, 1533 mit Anm. *Günther* = NJW 2006, 3711; BGH VersR 2006, 1530 mit Anm. *Günther* = NJW 2006, 3712 (der BGH bejaht in diesen Entscheidungen erstmals auch einen unmittelbaren Ausgleichsanspruch des Gebäudeversicherers gegen den Haftpflichtversicherer gemäß § 59 II 1 VVG analog); BGH VersR 2007, 539; vgl. aber auch OLG Nürnberg VersR 2009, 65; zum Regress des Gebäudeversicherers gegen den Mieter im Lichte des VVG n.F. vgl. *Staudinger/Kassing* VersR 2007, 10; *Piepenbrock* VersR 2008, 319. Zur Berechnung des Ausgleichsanspruchs des Gebäudeversicherers gegen den Haftpflichtversicherer gemäß § 59 II 1 VVG analog vgl. BGH VersR 2008, 1108; danach ist auf Seiten des Gebäudeversicherers nur der vom Regressverzicht erfasste Haftpflichtschaden – nicht eine weiter gehende Verpflichtung aus der Gebäudeversicherung – in Ansatz zu bringen.

89 Bejahend *Staudinger/Kassing* VersR 2007, 10 (wobei ihre Begründung zweifelhaft ist, der erkennende IV. Zivilsenat des BGH habe sich *»maßgeblich«* auf den Gleichlauf der Haftung von Versicherungsnehmer und Mieter gestützt; die Begründung des BGH besteht vielmehr aus einem ganzen Bündel von Argumenten); *Hormuth* in: Beckmann/Matusche-Beckmann, § 22 Rn. 96; a.A. *Möller/Segger* in: Langheid/Wandt, § 86 VVG Rn. 224. Vgl. hierzu auch *Schimikowski/Höra* S. 154; *Piepenbrock* VersR 2008, 319; *Muschner* in: HK-VVG, § 86 VVG Rn. 94 ff.

send auszutarieren, wobei entsprechend der bisherigen Begründung der Rechtsprechung auch zu fragen wäre, ob der Mieter als versicherungsrechtlicher Laie sogar bei grober Fahrlässigkeit eine teilweise Freistellung erwarten wird.

VII. Regressverzichts- und Schadenteilungsabkommen

1003 Bei Regressansprüchen nach § 86 VVG stehen sich meist Sachversicherer (einschließlich Autokaskoversicherer) auf der einen und die Haftpflichtversicherer der betroffenen »Dritten« auf der anderen Seite gegenüber. Regressverzichts- und Schadenteilungsabkommen sind Mittel, den Schadenausgleich zwischen den Versicherern zu rationalisieren. Ähnliches gilt, volkswirtschaftlich wohl noch wichtiger, für den Regress der Sozialversicherungsträger nach § 116 SGB X und deren dadurch vermittelte Kontakte mit den Haftpflichtversicherern (dazu noch Rn. 1007).

1. Regressverzichtsabkommen

1004 Bei Regressverzichtsabkommen[90] verzichten die daran beteiligten Versicherer im Vorhinein darauf, Ansprüche geltend zu machen, die gemäß § 86 VVG auf sie übergehen könnten. Ökonomisch sinnvoll ist das vor allem dann, wenn sich ein solcher Verzicht letzten Endes für sie selbst irgendwie günstig auswirkt. Dazu kann es auf zweierlei Weise kommen. Erstens kann sich ein Regressverzicht für Haftpflichtversicherer lohnen, wenn auf die Geltendmachung von übergegangenen Ausgleichsansprüchen nach § 426 BGB und § 17 StVG (Rn. 965) verzichtet wird. Ein Versicherer muss nämlich damit rechnen, in ebenso vielen Fällen auf der Passivseite wie auf der Aktivseite zu stehen. Zweitens kommt es häufig vor, dass derselbe Versicherer sowohl Sach- wie Haftpflichtversicherungsschutz gewährt (z.B. in der Kraftfahrtversicherung). Dann kann sich die Bilanz der Ansprüche, die er in der Sachversicherung aus § 86 VVG geltend machen kann, mit seiner Beanspruchung aus Regressen anderer Versicherer in der Haftpflichtversicherung jedenfalls soweit ausgleichen, dass eine individuelle Verfolgung und Abwicklung aller Ansprüche den Verwaltungsaufwand (hohe Personalkosten) nicht lohnen würde.

1005 Regressverzichte können den Versicherern aber auch aus anderen Gründen ratsam erscheinen. Beispielsweise ist der Regressverzicht der Feuerversicherer für den Fall leicht fahrlässiger Brandverursachung[91] der Sache nach eine Vervollständigung des eigenen Feuerversicherungsschutzes eines eventuellen Brandverursachers. Denjenigen nämlich, der leicht fahrlässig einen Brand im eigenen Haus verursacht hat, welcher dann auf das Nachbarhaus übergreift, schützt der Verzicht vor dem Regressanspruch des (oft identischen) Feuerversicherers des Nachbarhauses.

90 Z.B. Regressverzichtsabkommen der Feuerversicherer bei übergreifenden Schadensereignissen VerBAV 1978, 137; VerBAV 1985, 125 f.; erstmals VerBAV 1961, 234; vgl. hierzu *Johannsen/Johannsen* in: Bruck/Möller, Feuerversicherung, 8. Aufl., Anm. J 140 ff.; *Siegel* VersR 2009, 46. Zum Ganzen vgl. *Möller/Segger* in: Langheid/Wandt, § 86 VVG Rn. 239 ff.; *Prölss* in: Prölss/Martin, § 67 VVG a.F. Rn. 52 ff.; *Sieg* in: Bruck/Möller, 8. Aufl., § 67 VVG a.F. Anm. 175 ff.; *Martin* Sachversicherungsrecht, 3. Aufl. 1992, J I, Rn. 14.

91 Vgl. die vorige Fn.

2. Schadenteilungsabkommen

Eine Rationalisierung wird auch mit Hilfe von »Schadenteilungsabkommen« erreicht. 1006
Der **Grundgedanke** von Schadenteilungsabkommen ist, dass man das Gesamtergebnis, zu dem die Abwicklung vieler Regresse zwischen zwei Beteiligten im Laufe eines Jahres schließlich führt, auch ohne die aufwändige Prüfung der Rechtslage jedes einzelnen Falles erreichen kann. Beispielsweise kann ein Haftpflichtversicherer eine Statistik der Regressansprüche aufstellen, die in einem bestimmten Zeitraum gegen ihn geltend gemacht worden sind, und zu dem Ergebnis kommen, dass er von der Gesamtsumme dieser geltend gemachten Regresse (und damit im Durchschnitt auf jede einzelne Forderung) 55 % oder 60 % gezahlt hat. Wenn man davon ausgehen kann, dass die Abwicklung in den kommenden Jahren zu etwa demselben Ergebnis führen wird, kann man dieses Gesamtergebnis mit weitaus geringerem Aufwand erreichen, indem man nämlich nicht mehr jedes Mal die Rechtslage bei den einzelnen Ansprüchen prüft, sondern einfach den vereinbarten Prozentsatz zugrunde legt. Ein solches Vorgehen kann für alle künftigen Ansprüche in einem Rahmenvertrag vereinbart werden, eben einem »Schadenteilungsabkommen«, das mit dem oder den Versicherern abgeschlossen wird, die auf der Aktivseite der Regresse stehen und ebenso an einer Rationalisierung interessiert sein müssten.

Solche Abkommen gibt es in großer Zahl und in verschiedenen Varianten. Viele 1007
wichtige unter ihnen gelten allerdings nicht für Regresse von Privatversicherern nach § 86 VVG, sondern für Regresse der öffentlichen Vorsorgeträger hauptsächlich nach § 116 SGB X (früher: § 1542 RVO) wegen der Leistungen von gesetzlichen Krankenkassen, der gesetzlichen Unfallversicherung usw. nach Unfällen mit Personenschäden. Rationalisierungsbedürfnisse und -möglichkeiten gleichen hier weitgehend denen bei Regressen der Privatversicherer. Teilungsabkommen werden vielfach verbandsweise entworfen und vereinbart.[92]

Von ihrer praktischen Wirkung abgesehen haben (Regressverzichts- und) Schadentei- 1008
lungsabkommen vor allem **Bedeutung** für die Wirklichkeit unseres **Zivilrechtssystems.** Bei ihrer Würdigung kann man an die Erkenntnis anknüpfen, dass das Eingreifen der Versicherer und der öffentlichen Vorsorgeträger den Ausgleich der Sach- und Personenschäden aus Unfällen usw. sozusagen um eine Stufe über die unmittelbar Beteiligten emporhebt und das Haftpflichtrecht insofern nicht mehr einen individuellen Konflikt zwischen ihnen entscheidet. Hier ist festzustellen, dass die Schadenteilungsabkommen diese »Mediatisierung« des Haftpflichtrechts noch einen Schritt weiter treiben. Sie führen dazu, dass die Regeln des Haftpflichtrechts heute in zentralen Bereichen der Schadenausgleichspraxis nicht einmal mehr über den Ausgleich eines Schadens zwischen den Vorsorgeträgern auf beiden Seiten bestimmen. Die Regeln verblassen zu Unterlagen für eine Durchschnittsrechnung, zu Argumenten beim Aushandeln der globalen Quoten in den Abkommen. Das lädt ein zu Betrachtungen über die Funktion des Normensystems »Zivilrecht« in unserer Gesellschaft, für die hier allerdings kein Platz ist. Es verdient aber allgemein stärkere Beachtung, dass hier ein grundlegender Funktionswandel stattgefunden hat.

92 Zu diesem Komplex vgl. *H. Kaiser* Risikozuweisung durch Teilungsabkommen, 1981; *Schneider* in: Wussow/Dressler, Unfallhaftpflichtrecht, 15. Aufl. 2002, Kapitel 76 Rn. 1 ff.; *Filthaut* Haftpflichtgesetz, 7. Aufl. 2006, § 12 HaftPflG Rn. 176 ff.; *Becker/Böhme/Biela* Kraftverkehrs-Haftpflichtschäden, 22.Aufl. 2002, Rn. O 1 ff.

1009 Schadenteilungsabkommen (etwas weniger auch Regressverzichtsabkommen) vereinfachen zwar die massenhafte Regulierung von Unfallschäden, werfen aber ihrerseits viele **Rechtsfragen** technischer Art auf. Dabei geht es freilich fast ausschließlich um das Verhältnis zwischen Versicherern untereinander und zu öffentlichen Vorsorgeträgern oder auch um Modifikationen des diesen zustehenden Regresses nach § 116 SGB X und nicht um die Beziehungen zwischen Versicherungsnehmern und ihren Privatversicherern. Es soll deshalb nur ein Überblick über wenige charakteristische Probleme gegeben werden.

1010 Über die »**Rechtsnatur**« dieser atypischen Vertragsform wird naheliegenderweise gestritten. Die h.M. sieht darin (zu Recht) Rahmenverträge zur vergleichsweisen Erledigung künftiger Ansprüche mit – einerseits – der Verpflichtung des Haftpflichtversicherers zur Befriedigung in Höhe der »Quote« und – andererseits – der Zusage des Aktivenversicherers[93], weitergehende Ansprüche weder gegen den Haftpflichtversicherer noch gegen den Versicherungsnehmer geltend zu machen (pactum de non petendo).[94]

1011 Das zentrale sachliche und ganz eigentümliche Problem der Schadenteilungsabkommen liegt in der **Abgrenzung** ihres Anwendungsbereichs. Der Zweck der Abkommen liegt ja darin, dass die angemeldeten Ansprüche ohne (vollständige) Prüfung der Rechtslage in Höhe der vereinbarten Quote vom Haftpflichtversicherer befriedigt werden. Dennoch ist es notwendig, festzulegen, welche Ansprüche überhaupt zur Regulierung nach einem Abkommen angemeldet werden dürfen, und zwar muss dabei etwa die Menge und Zusammensetzung der Ansprüche erreicht werden, die ohne Schadenteilungsabkommen geltend gemacht würden. Darauf beruht schließlich die zwischen den Abkommenspartnern ausgehandelte Erfüllungsquote. Sonst könnte es dazu kommen, dass beispielsweise ein Sozialversicherer beim Haftpflichtversicherer nunmehr Ansprüche zur pauschalen Befriedigung nach dem Abkommen anmeldet, die man früher wegen völliger Aussichtslosigkeit niemals geltend gemacht hätte. Das Abgrenzungskriterium muss außerdem einfach anzuwenden sein, damit der angestrebte Rationalisierungseffekt erreicht wird. Unproblematische Grundvoraussetzung ist dabei, dass im gegebenen Fall der Haftpflichtversicherer deckungspflichtig und sein Gegenüber (Privat- oder Sozialversicherer) durch den Übergang Inhaber des Regressanspruchs geworden ist.

1012 In den Teilungsabkommen findet man verschiedene Formulierungen. Viele laufen mindestens mittelbar darauf hinaus, dass wenigstens ein adäquater Kausalzusammenhang zwischen – zwar nicht einer bestimmten schadenstiftenden Handlung, aber doch: – einer möglichen Ursache aus dem Gefahrenbereich, in dem der angeblich Haftpflichtige (durch den beanspruchten Haftpflichtversicherer Gedeckte) tätig geworden ist, und dem Schaden bestehen müsse (Formulierungen z.B. »zwischen dem versicherten Haftpflichtbereich [oder: Gefahrenbereich] und dem Schaden«).[95] In Urteilen ist auch von »innerem Zusammenhang« die Rede.[96] Teils wird verlangt, dass

93 Zum Begriff vgl. Rn. 743.

94 *Möller/Segger* in: Langheid/Wandt, § 86 VVG Rn 247; *Prölss* in: Prölss/Martin, § 67 VVG a.F. Rn. 53; zur Wirkung eines im Teilungsabkommen vereinbarten Regressverzichts für Schädiger BGH VersR 1993, 981.

95 Vgl. BGH VersR 1979, 903 und BGH VersR 1979, 1093; OLG Frankfurt VersR 1982, 1044. – Zur Auslegung eines Teilungsabkommens vgl. auch BGH VersR 2007, 1247.

96 BGH VersR 1984, 158.

»objektiv die Möglichkeit einer Inanspruchnahme der Haftpflichtversicherten gegeben« ist[97]; schließlich auch, dass der ersatzpflichtige Dritte (»haftpflichtversicherte Fahrzeuge«) an einem Schadenereignis »beteiligt« war[98]. Die Anwendung des Merkmals »beteiligt« kann dann noch dadurch erleichtert werden, dass es durch eine vertragliche Definition konkretisiert wird: Beteiligung liegt jedenfalls vor, wenn eine »Berührung« zwischen Fahrzeugen stattgefunden hat. Ungeachtet all dieser Bemühungen um Abgrenzung wird gelegentlich die Regulierung nach Teilungsabkommen rechtsmissbräuchlich auch in Fällen verlangt, in denen keine ernsthafte Aussicht auf Durchsetzung von Haftpflichtansprüchen bestanden hätte (sog. »Grotesk-Fälle«).[99]

Sehr kompliziert kann die Rechtslage bei Vorliegen eines oder mehrerer Teilungsabkommen werden, wenn an einem Haftpflichtereignis nicht nur ein (bei einem einzigen Vorsorgeträger versicherter) Verletzter und ein (haftpflichtversicherter) Schädiger beteiligt sind, sondern mehrere Schädiger (und/oder mehrere Vorsorgeträger auf Seiten des oder der Verletzten). Dazu ist hier nur eines festzuhalten:[100] Nach allgemeinen schuldrechtlichen Regeln kann das Bestehen und die Anwendung eines Schadenteilungsabkommens unter keinen Umständen dazu führen, dass ein Haftpflichtiger (und demzufolge sein Versicherer), der nicht an diesem Abkommen vertraglich beteiligt war, stärker in Anspruch genommen wird als ohne das Abkommen (Verbot von Verträgen zu Lasten Dritter). Im Übrigen ist es Sache der Formulierung oder notfalls der sinngemäßen Auslegung von Teilungsabkommen, dafür zu sorgen, dass das Nebeneinander mehrerer Verantwortlicher nicht dazu führt, dass ein Abkommenspartner im Endergebnis mehr bezahlen muss, als es seiner im Abkommen vorgesehenen Quote entspricht.[101] 1013

VIII. Zusammenfassung

Legalzession des Ersatzanspruchs des VN auf den VR 1014

In der Schadensversicherung geht ein Anspruch des VN auf Ersatz seines Schadens gegen einen Dritten kraft Gesetzes auf den VR über, sobald und soweit dieser dem VN den Schaden ersetzt hat (§ 86 VVG, Legalzession).

Schadensersatzanspruch des VN wird durch Leistung des VR inhaltlich nicht berührt (also keine Vorteilsausgleichung).

Legalzession soll Bereicherung des VN »am Schaden« ausschließen (»Bereicherungsverbot«).

P: *analoge Anwendung von § 86 VVG auf Summenversicherung, wenn sich die Versicherungssumme pauschalierend an dem erwarteten konkreten Schaden orientiert* (Rn. 962)

1. Übergangsfähiger Anspruch:
- gesetzliche oder vertragliche Ansprüche des VN auf Ersatz des Schadens gegen Dritten aus Anlass des Versicherungsfalls, auch Ausgleichsanspruch als Gesamtschuldner (Rn. 965 f.) → (Mit-) Versicherter ist kein Dritter

97 Vgl. BGH VersR 1983, 26; BGH VersR 1977, 854; s.a. BGH VersR 1980, 1170.
98 Abkommen innerhalb der Kraftfahrtversicherung, vgl. dazu *Stiefel* in: Stiefel/Hofmann, Kraftfahrtversicherung, 17. Aufl. 2000, § 67 VVG a.F. Rn. 60.
99 Vgl. BGH VersR 1984, 889; BGH VersR 1983, 771 = NJW 1984, 41; BGH VersR 1979, 1093; Überblick bei *Prölss* in: Prölss/Martin, § 67 VVG a.F. Rn. 63.
100 Einzelheiten bei *Prölss* in: Prölss/Martin, § 67 VVG a.F. Rn. 57 ff., 73 ff.; *Sieg* in: Bruck/Möller, 8. Aufl., § 67 VVG a.F. Anm. 181 ff.
101 Mehr bei *Prölss* in: Prölss/Martin, § 67 VVG a.F. Rn. 74 ff.

- Anspruch muss genau auf den Ersatz des Interesses gerichtet sein, das auch Gegenstand des Leistungsanspruchs gegen den VR ist, »Kongruenzprinzip« (Rn. 969 f.)

2. Begrenzungen des Anspruchsüberganges
- »Befriedigungsvorrecht« des VN (§ 86 I 2 VVG, Rn. 973)
- »Quotenvorrecht« des VN = Schadensersatzanspruch bleibt beim VN, soweit sein Schaden durch die Leistung des VR nicht gedeckt ist (»Differenz« Rn. 974 f.)
- **P:** *»Kongruenz vor Differenz«* (Rn. 980 f.)

3. Regressausschluss
- Geltendmachung des übergegangenen Anspruchs ist unzulässig
  - **gegen eine in häuslicher Gemeinschaft** mit dem VN lebende Person, es sei denn diese handelte vorsätzlich (§ 86 III VVG, Rn. 987 f.)
  - **bei vertraglichem Regressverzicht** (Rn. 999 f.)
- **P:** *Regressverzicht durch ergänzende Auslegung des Versicherungsvertrages → in der Gebäudeversicherung zu Gunsten eines schädigenden Mieters* (Rn. 1001 f.)
- **P:** *Regressverzichtsabkommen und Schadenteilungsabkommen zwischen VR* (vgl. Rn. 1004 f.)

4. Obliegenheiten des VN zur Sicherung des Regresses
- VN muss seinen Ersatzanspruch wahren und bei dessen Durchsetzung durch den VR soweit erforderlich mitwirken (§ 86 II VVG, Rn. 983 f.)
- **Rechtsfolgen** bei Obliegenheitsverletzung (Rn. 986):
  - **Vorsatz** des VN (Beweislast des VR) → Leistungsfreiheit, soweit Obliegenheitsverletzung die Durchsetzung des übergegangenen Anspruchs beeinträchtigt
  - **grobe Fahrlässigkeit** (Beweislast des VN für Nichtvorliegen) → Leistungskürzung entsprechend der Schwere des Verschuldens, so weit Obliegenheitsverletzung die Durchsetzung des übergegangenen Anspruchs beeinträchtigt

L. Haftpflichtversicherung

I. Zweck und Rechtsnatur der Haftpflichtversicherung

Die Eigenart einer Versicherungsart wird bestimmt durch die Definition des Versicherungsfalls und die Art der Leistung, die der Versicherer zu erbringen hat. In beiden Punkten unterscheidet sich die Haftpflichtversicherung von anderen Versicherungsarten.[1] Der Grund dafür liegt in ihrem eigentümlichen Zweck. 1015

Was der **Zweck** einer Haftpflichtversicherung ist, weiß auch ein juristischer Laie in groben Umrissen. Die Haftpflichtversicherung soll **dem Versicherten die wirtschaftlichen Folgen einer Belastung mit Haftpflichtansprüchen abnehmen und sie auf den Versicherer überwälzen.** Die Gefahr, mit Haftpflichtansprüchen belastet zu werden, ist allgegenwärtig: Ein Autofahrer, ein Radfahrer oder ein Fußgänger verursacht einen Verkehrsunfall; ein Hauseigentümer streut bei Eisglätte den Gehweg vor seinem Grundstück nicht ordentlich, was den Sturz eines Passanten zur Folge hat; das Kind des Mieters zündelt und verursacht einen Hausbrand; ein fehlerhaft hergestelltes Produkt verletzt einen Benutzer; Schadstoffe aus einer Chemikalienfabrik verunreinigen den Tiefbrunnen einer Brauerei etc. Wenn in solchen Fällen ein Haftpflichttatbestand (§ 7 StVG, §§ 823 ff., 832 BGB, § 1 ProdHaftG, § 22 WHG) verwirklicht ist, ist der Schädiger Schadensersatzansprüchen des Geschädigten ausgesetzt.[2] Ist der Schädiger haftpflichtversichert, dann trägt – wirtschaftlich gesehen – der Versicherer das Risiko. 1016

Betrachtet man die Haftpflichtversicherung aus der **Perspektive der Funktionen des Haftungsrechts**, dann erkennt man sofort, dass das Bestehen von Haftpflichtversicherungsschutz wesentliche Veränderungen bewirkt. Die **Schadensausgleichsfunktion des Haftungsrechts** wird erheblich verstärkt, indem der Geschädigte im wirtschaftlichen Ergebnis – also ungeachtet der juristischen Konstruktionen, die wir genauer betrachten werden – mit dem Versicherer eine sichere, liquide Zahlungsquelle erhält. Die andere Funktion des Haftungsrechts, nämlich durch Androhung von Haftung und ihren wirtschaftlichen Folgen schadensträchtiges Verhalten von vornherein zu unterbinden (**»Schadensprävention«**), wird durch die Haftpflichtversicherung jedoch scheinbar völlig ausgehebelt. Denn der Schädiger muss die wirtschaftlichen Folgen seines Tuns wegen des Haftpflichtversicherungsschutzes nicht selbst tragen. Es ist nicht von der Hand zu weisen, dass dies mitunter einen Schlendrian befördert, nach dem Motto »Das ist zwar gefährlich; aber das macht nichts, ich bin ja versichert«. In der Gesamtsicht überwiegen gleichwohl die Vorteile der Haftpflichtversicherung für alle Beteiligten. Im Übrigen ist die Schadensprävention durch das Bestehen von Haftpflichtversicherungsschutz nicht völlig ausgeschaltet. Sie findet in abgeschwächter Form mit anderen Mitteln statt, nämlich stets durch die Gefahr für den Versicherten, dass der Versicherer die Versicherung wegen des Eintritts eines Versicherungsfalls kündigt (Rn. 948 ff.) und – abhängig von der konkreten Ausgestaltung des Versicherungsvertrages – durch eine Erhöhung der Prämien wegen des Eintritts 1017

1 Vgl. zur allgemeinen Haftpflichtversicherung *Halm* in: Halm/Engelbrecht/Krahe, Kapitel 23; *Schneider* in: Beckmann/Matusche-Beckmann, § 24; zur Kfz-Haftpflicht *Heß/Höke* in: Beckmann/Matusche-Beckmann, § 29.

2 Zum Haftungs- und Schadensrecht vgl. *Kötz/Wagner* Deliktsrecht, 10. Aufl. 2006; *Schwarz/Wandt* Gesetzliche Schuldverhältnisse, 3. Aufl. 2009.

eines Versicherungsfalls (bzw. durch die Nichtabsenkung der Prämie mangels Schadensfreiheit, sog. »Schadensfreiheitssystem«, das jedem aus der Kfz-Haftpflichtversicherung bekannt ist).[3] In speziellen Bereichen der Haftpflichtversicherung wirken außerdem sanktionsbewehrte Obliegenheiten schadenspräventiv.

1018 Die Stärkung der Schadensausgleichsfunktion des Haftungsrechts verleiht der Haftpflichtversicherung einen über den Versicherten hinausgehenden, nämlich **auf den Geschädigten gerichteten Schutzzweck** (»Sozialbindung der Haftpflichtversicherung«[4]). Dies gilt schon in der freiwilligen Haftpflichtversicherung, bei der zum Schutze des Dritten dem Versicherungsnehmer verboten wird, über seinen versicherungsvertraglichen Anspruch gegen den Versicherer zu verfügen (vgl. § 108 VVG; näher dazu Rn. 1064 ff.). Der Gesetzgeber macht sich die Schutzwirkung für den Dritten auch weitergehend zu Nutze und statuiert – in erster Linie zum Schutze des Geschädigten – für viele Lebensbereiche, beispielsweise für den Kfz-Verkehr, eine gesetzliche Pflicht des potenziell Haftpflichtigen eine Haftpflichtversicherung abzuschließen (»Pflichtversicherung«). Zugleich verstärkt er in der Pflichtversicherung den Schutz des geschädigten Dritten durch Sonderregelungen (Direktanspruch etc.; näher dazu Rn. 1078 ff.), und zwar innerhalb der Pflichtversicherungen in besonderem Maße in der Kfz-Haftpflichtversicherung (näher dazu Rn. 1106 ff.).

1019 Insgesamt sind drei Typen der Haftpflichtversicherung zu unterscheiden, die den Dritten in unterschiedlicher Intensität schützen, nämlich die **freiwillige Haftpflichtversicherung**, die **obligatorische Haftpflichtversicherung im Allgemeinen** und die obligatorische **Kraftfahrzeug-Haftpflichtversicherung** im Besonderen.[5] Die Stellung des Dritten gegenüber dem Haftpflichtversicherer verstärkt sich von einem Typ zum nächsten. Das heißt aber auch: Die Beziehungen unter den drei Beteiligten eines Haftpflicht-(Versicherungs-)Falls unterscheiden sich danach, welcher der genannten Typen der Haftpflichtversicherung vorliegt (Einzelheiten Rn. 1059 ff., 1071 ff. und 1106 ff.).

1020 Am Beispiel des Straßenverkehrs lässt sich die zu Anfang dieses Buches vorgestellte[6] soziale Funktion von Versicherung noch einmal gut verdeutlichen. Ohne die Sicherheit, dass für ein Verkehrsopfer im Wege des finanziellen Schadensausgleichs gesorgt ist, wäre die Zulassung des Straßenverkehrs – wie auch vieler anderer gefährlicher Unternehmungen – nicht denkbar gewesen. Ohne Versicherungsschutz wäre es aber auch für den potenziell Haftpflichtigen nicht akzeptabel, sich den Risiken der Haftpflicht aus dem Straßenverkehr auszusetzen, die leicht zu einem Schaden in zigfacher Millionenhöhe führen können. – Bei dieser Erkenntnis erscheint es rechtspolitisch allerdings äußerst fragwürdig, den »segensreichen« Schutz der Haftpflichtversicherung nur motorisierten Verkehrsteilnehmern aufzuoktroyieren. Radfahrer und Fuß-

3 Der Deutsche Corporate Governance Kodex empfiehlt in Ziffer 3.8 Satz 3 bei Abschluss einer gesellschaftsfinanzierten Vermögensschaden-Haftpflichtversicherung für Organmitglieder und leitende Angestellte als versicherte Personen (D&O-Versicherung) die Vereinbarung eines angemessenen Selbstbehalts. Die Versicherten sollen dadurch zur Anwendung eines hohen Sorgfaltsmaßstabs bei ihrer Tätigkeit veranlasst werden. Vgl. *Ferck* Der Selbstbehalt in der D&O-Versicherung für Organmitglieder von Aktiengesellschaften, 2007.

4 Vgl. bspw. BGH VersR 2001, 90.

5 Als gewissermaßen vierte Stufe des Verkehrsopferschutzes kann man den »Entschädigungsfonds für Schäden aus Kraftfahrzeugunfällen« bezeichnen, der eingreift, wenn jemand durch einen flüchtigen oder nicht versicherten Kraftfahrer verletzt wurde (§§ 12 ff. PflVG; näher dazu Rn. 1121 ff.).

6 Siehe Rn. 7.

gänger können ebenso leicht wie ein Kfz-Führer einen Verkehrsunfall mit ruinöser Schadenshöhe herbeiführen. Sind sie weniger schutzwürdig? Gibt es Grund zu der Annahme, dass eine Versicherungspflicht für sie so negative Auswirkungen auf ihr Verhalten im Straßenverkehr hätte, dass diese die Vorteile eines Haftpflichtversicherungsschutzes für alle Beteiligten überwögen? Man könnte hier sehr kritische Bemerkungen über den modernen Verbraucherschutz anfügen, der dem Zeitgeist huldigt und dem deshalb die Senkung von Gebühren für Mobiltelefone wichtiger ist als der wirtschaftliche Schutz des Einzelnen vor ruinösen Risiken.

Vertiefung: Einen systemwidrigen Zweck erhält die (Privat-) Haftpflichtversicherung, soweit Schäden, die von nicht deliktsfähigen Kindern (§ 828 I BGB) verursacht werden, mitversichert werden. Entsprechende Deckung wird neuerdings von einigen Versicherern – meist begrenzt bis zu einem Betrag von wenigen tausend € – angeboten. Es erfolgt hier Versicherungsschutz ohne Haftung. Denn Voraussetzung für die Eintrittspflicht des Versicherers ist zwar die vollständige Erfüllung eines Haftungstatbestandes, der allerdings mangels Deliktsfähigkeit des Kindes keine Haftpflicht begründet. Mit dem gleichwohl gewährten Versicherungsschutz soll vermieden werden, dass Eltern, die sich für den von ihrem Kind verursachten Schaden moralisch verantwortlich fühlen, eine Aufsichtspflichtverletzung behaupten, um dem Geschädigten zu einem – vom Versicherer zu befriedigenden – Schadenersatzanspruch zu verhelfen. Ein solcher Versicherungsbetrug wird häufig zum Vorteil von geschädigten Freunden oder Nachbarn versucht, um das Verhältnis zu ihnen nicht zu trüben.[7] Dogmatisch könnte man bei der Versicherung für Schädigungen durch nicht deliktsfähige Kinder an eine Versicherung für fremde Rechnung denken, bei der das Interesse des fremden Vermögensträgers, der durch ein nicht haftpflichtfähiges Kind geschädigt wird, versichert wäre. Es handelte sich bei dieser Sicht – je nach der Art des von dem Deliktsunfähigen verursachten Schadens – um eine Sachversicherung bzw. eine Vermögensschadensversicherung für fremde Rechnung, die (nur) als Zusatz einer (Eigen-) Haftpflichtversicherung des Versicherungsnehmers angeboten wird. Dem Parteiinteresse wird jedoch eher die Einstufung als atypische Eigenversicherung gerecht, auf die die Regeln der Haftpflichtversicherung entsprechend anzuwenden sind. 1021

Auch ohne exakte Kenntnisse über Einzelheiten wie die Definition des Versicherungsfalls und den Inhalt der Leistungspflichten des Versicherers kann die Haftpflichtversicherung bereits jetzt ohne Schwierigkeiten in die allgemeinen Kategorien von Versicherungsarten eingeordnet werden (vgl. Rn. 26 ff.). Die Haftpflichtversicherung ist eine **Passivenversicherung,** denn sie schützt den Versicherten nicht vor der Beeinträchtigung eines in seinem Vermögen schon vorhandenen Interesses, sondern dagegen, einen Aufwand erbringen zu müssen, der eine Belastung seines Aktivvermögens darstellt. Deshalb hat auch der Interessebegriff hier keine rechte Funktion (vgl. Rn. 652 ff., 663 f.). Die Haftpflichtversicherung ist keine Summen-, sondern eine **Schadensversicherung.** Denn die Leistung des Versicherers besteht nicht in der Auszahlung einer vertraglich vereinbarten, festen Summe, sondern in der Abwehr einer Belastung, deren Höhe von den Umständen des einzelnen Versicherungsfalls abhängt. Dass auch in der Haftpflichtversicherung meist eine **Versicherungssumme** vereinbart wird, bedeutet nur eine betragsmäßige Beschränkung der Versichererleistung, die bis zu dieser vereinbarten Höhe konkret errechnet wird (vgl. Rn. 740 ff.). Die Haftpflichtversicherung ist **keine Personenversicherung,** weil der Versicherungsfall nicht an vitale Umstände der Person des Versicherungsnehmers oder des Versicherten an- 1022

7 Vgl. BAV VerBAV 2000, 207 ff.; *Schimikowski* NVersZ 1999, 545, 547; zur Problematik einer Versicherungspflicht für Kinder vgl. *Bernau* VersR 2005, 1346.

knüpft, sondern anhand von Belastungen seiner Vermögenssphäre definiert wird (vgl. Rn. 35).

1023 Insgesamt ist das Verständnis der Haftpflichtversicherung dadurch erschwert, dass mit dem Geschädigten neben den Parteien des Versicherungsvertrages eine dritte Person involviert ist. Dies bedingt Sonderregelungen, sowohl bei einer freiwilligen Haftpflichtversicherung, vor allem aber bei einer Pflichtversicherung. Zur Erleichterung des Verständnisses werden wir die **zentralen Fragen des Haftpflichtversicherungsrechts** zunächst unabhängig von diesen Sonderregelungen erläutern und erst im Anschluss auf die besondere Problematik der Rechtsstellung des Dritten eingehen (vgl. Rn. 1059 ff., 1078 ff.). Auf die Besonderheiten der Haftpflichtversicherung, die schon im Allgemeinen Teil behandelt worden sind, werden wir nicht noch einmal eingehen (insbes. Kontrahierungszwang des Kfz-Haftpflichtversicherers mit Annahmefiktion, § 5 II PflVG, Rn. 223, 253; Vertrag über vorläufige Deckung in der obligatorischen Kfz-Haftpflichtversicherung mit zulässiger Vereinbarung eines rückwirkenden Wegfalls der Deckung, § 9 S. 2 KfzPflVV, Rn. 463; Kündigung bei Eintritt des Versicherungsfalls, § 111 VVG, Rn. 948; Übergang von Ersatzansprüchen des Versicherungsnehmers auf den (Haftpflicht-) Versicherer gem. § 86 I 1 VVG, Rn. 952 ff.).

II. Der Versicherungsfall in der Haftpflichtversicherung

1. Grundlagen: Grundsatz der Spezialität der versicherten Gefahr, Versicherungsschutz auch für Risikoerweiterungen und neue Risiken

1024 Das Haftpflichtrisiko ist in verschiedenen Lebensbereichen unterschiedlich hoch: Ein Heizölhändler oder ein Architekt ist bei seiner gewerblichen und professionellen Tätigkeit viel stärker Haftpflichtrisiken ausgesetzt als in seinem Privatleben, und Eltern einer Schar übermütiger Kinder mehr als ein »Single«. Um risikogerechte Prämien tarifieren zu können (Rn. 486 ff.), bieten die Versicherer den Haftpflichtversicherungsschutz für verschiedene Lebensbereiche getrennt an (Grundsatz der **»Spezialität der versicherten Gefahr«**). Im Versicherungsvertrag (den AVB)[8] wird deshalb genau umschrieben, aus welchem Tätigkeits- und Lebensbereich die Haftpflichtansprüche stammen müssen, für die der Versicherer Deckungsschutz verspricht (Privat-, Berufs-, Tierhalter-, Betriebs-, Kfz-Haftpflicht etc.). Diese Festlegung der versicherten Gefahr ist oft eine schwierige Aufgabe. Wie bei jeder Kasuistik entstehen dabei Abgrenzungsprobleme und die Gefahr von (Deckungs-) Lücken.

Vertiefung: Die Rechtsprechung hatte sich öfter mit der Grenzlinie zwischen allgemeiner Haftpflichtversicherung und Kfz-Haftpflichtversicherung zu befassen.[9] In A.1.1.1 der Allgemeinen Bedin-

8 Einschließlich der »Besonderen Bedingungen« für die Privathaftpflichtversicherung, die Betriebs- und Berufshaftpflichtversicherung, die Produkthaftpflichtversicherung von Industrie- und Handelsbetrieben usw.; vgl. *Späte*, Haftpflichtversicherungsrecht, 1993, Anhang II; *Voit/Knappmann* in: Prölss/Martin, Teil III E. Haftpflichtversicherung (IIIa). Zum Begriff der »Besonderen Bedingungen« s. Rn. 1028. Zu dem Nebeneinander der AHB und der »Besonderen Bedingungen und Risikobeschreibungen für die Privathaftpflichtversicherung« und diesbezüglichen Reformvorschlägen *Fausten* VersR 1996, 1057.

9 BGH VersR 1995, 951 = NJW-RR 1995, 1303; BGH VersR 1992, 47 = NJW 1992, 315; BGHZ 75, 45 = VersR 1979, 956 = NJW 1979, 2408; OLG Köln VersR 2000, 352; Überblick bei *Hofmann* NVersZ 1998, 54 und *Schug* VersR 1998, 819.

gungen für die Kraftfahrtversicherung (AKB 2008)[10] wird der für die Versicherungsdeckung vorgesehene Lebensbereich mit »Gebrauch des Fahrzeugs« definiert. Dadurch wird in erster Linie die Haftung aus den §§ 7, 18 StVG (und aus § 823 BGB) abgedeckt. Dagegen erstreckt sich der Versicherungsschutz nach den Allgemeinen Versicherungsbedingungen für die Haftpflichtversicherung (AHB 2008) nicht auf die Gefahren, die mit dem Führen oder Halten von Kfz verbunden sind (Nr. 3.1 (2)) AHB 2008; sog. »kleine Benzinklausel«).[11]

Um den Versicherungsnehmer vor unvorhersehbaren Entwicklungen zu schützen, 1025
die Risiken mit sich bringen, die nach der eigentlichen Risikobeschreibung nicht versichert sind, erstreckt sich der Versicherungsschutz nach Nr. 3.1 (2) AHB 2008 – soweit nicht etwas anderes vereinbart wurde – auch auf **»Erhöhungen oder Erweiterungen des versicherten Risikos«** (ausgenommen Risiken, für die eine Versicherungspflicht besteht).[12] Beruht die Erhöhung des versicherten Risikos auf einer Änderung bestehender oder dem Erlass neuer Rechtsvorschriften hat der Versicherer allerdings ein außerordentliches Kündigungsrecht (Nr. 3.2 i.V.m. Nr. 21 AHB 2008).[13]

Eine Erhöhung oder Erweiterung des versicherten Risikos ist abzugrenzen von »Ri- 1026
siken, die für den Versicherungsnehmer nach Abschluss der Versicherung neu entstehen«. Solche **neuen Risiken** sind nach Nr. 3.1 (3) und Nr. 4 AHB 2008 ebenfalls – zunächst – mitgedeckt (**»Vorsorgeversicherung«**).[14] Der Versicherungsnehmer ist hier allerdings gehalten, die neuen Risiken[15] binnen Monatsfrist nach einer – meist der Prämienrechnung beigefügten – Aufforderung des Versicherers[16] anzuzeigen, um dem Versicherer die Entscheidung über die endgültige Mitdeckung dieser Risiken zu ermöglichen. Unterlässt der Versicherungsnehmer die rechtzeitige Anzeige oder kommt innerhalb Monatsfrist nach Eingang der Anzeige eine Prämienvereinbarung nicht zustande, so entfällt der Versicherungsschutz für das neue Risiko *rückwirkend* (zu Einzelheiten vgl. Nr. 4 AHB 2008).

2. Definition des Versicherungsfalls

Das VVG enthält bewusst keine **Definition des Versicherungsfalls der Haftpflicht-** 1027
versicherung (vgl. § 100 VVG wie schon § 149 VVG a.F.). Eine gesetzliche Definition macht angesichts der Vielfältigkeit von Haftpflichtversicherungen keinen Sinn (Allgemeine Haftpflichtversicherung, Anwalts- und Notarhaftpflichtversicherung[17], Archi-

10 Vgl. zu § 10 AKB 1998 *Feyock/Jacobsen/Lemor* Kraftfahrtversicherung-Kommentar, 2. Aufl. 2002.

11 Vgl. dazu *Bayer* VersR 1985, 305; *Schug* VersR 1998, 819. In der Betriebshaftpflichtversicherung erfolgt die Abgrenzung zur Kfz-Haftpflichtversicherung durch die sog. »große Benzinklausel«; vgl. OLG Karlsruhe VersR 1996, 1228.

12 Als Beispiel für Risikoerweiterung siehe OLG Köln r+s 1989, 9 (Halten einer größeren Zahl von Reitpferden als im Vertrag angegeben).

13 Näher dazu *Schneider* in: Beckmann/Matusche-Beckmann, § 24 Rn. 38.

14 Vgl. *Schneider* in: Beckmann/Matusche-Beckmann, § 24 Rn. 39 ff.; *Heimbücher* VW 2001, 108; OLG Köln VersR 1987, 1230; OLG Celle VersR 1991, 1282.

15 Siehe hierzu OLG Hamm VersR 2001, 632 = NJW-RR 2000, 1194; (§§ 1 Nr. 2c, 2 AHB 2000, entspricht Nr. 3.1 (3) und Nr. 4 AHB 2008, seien zu Gunsten des Versicherungsnehmers so auszulegen, dass auch für ein vorübergehendes Risiko Versicherungsschutz bestehe, es sei denn, es handele sich um ein ganz kurzfristiges, im Wesentlichen einmaliges Risiko).

16 Zu den Anforderungen an die Aufforderung zur Risikoanzeige: OLG Düsseldorf VersR 1997, 177; KG VersR 2004, 1593.

17 *v. Rintelen* in: Beckmann/Matusche-Beckmann, § 26.

tektenhaftpflichtversicherung, D&O-Versicherung[18], etc.). Sie würde notwendige Fort- oder Neuentwicklungen nur ohne Grund einschränken.[19] Der Versicherungsfall wird deshalb durch den jeweiligen Vertragsinhalt, vor allem durch die jeweiligen AVB beschrieben (vgl. hierzu bereits Rn. 875 ff.). In der »Allgemeinen Haftpflichtversicherung« ist Versicherungsfall grundsätzlich das Schadensereignis, in der Anwalts- und Notarhaftpflichtversicherung der Rechtsverstoß, in der Architektenhaftpflichtversicherung der Planungsfehler, in der Umwelthaftpflichtversicherung die erstmalige Feststellung des Schadens und in der D&O-Versicherung die Schadensmeldung (sog. »claims made«).[20]

1028 Die **Allgemeinen Versicherungsbedingungen für die Haftpflichtversicherung**, die **AHB**[21], benutzen für die Definition des Versicherungsfalls folgende Technik: Nr. 1–3 und 7 AHB 2008 beschreiben den allgemeinen Rahmen des Versicherungsschutzes (dazu sogleich, Rn. 1029 ff.). Innerhalb dieses Rahmens wird die Haftpflicht »aus den im Versicherungsschein und seinen Nachträgen angegebenen Risiken des Versicherungsnehmers« (versichertes Risiko) gedeckt (Nr. 3.1 (1) AHB 2008). Im Versicherungsschein (und seinen Nachträgen) werden die betreffenden Risiken des Versicherungsnehmers regelmäßig unter Hinweis auf »Besondere Bedingungen«[22] umschrieben. Diese besagen etwa, dass in die Haftpflichtdeckung (auch) alle Ansprüche aus Innehabung »eines im Inlande gelegenen Einfamilienhauses« einbezogen werden. Alle »**Besonderen Bedingungen**« enthalten Einzelheiten solcher Art, auf die hier weder für die »Privathaftpflicht« noch für die »Betriebshaftpflicht« und sonstige Unterarten der Haftpflichtversicherung näher eingegangen werden soll. Das Wesentliche, nämlich einen Blick für die Problematik der vertraglichen Definition des versicherten Risikos, erreicht man bereits, wenn man sich die gemeinsamen Elemente oder Alternativen jeder Definition eines Haftpflichtversicherungsfalls ansieht.

1029 In Nr. 1.1 AHB 2008[23] (ähnlich A.1.1.1 AKB 2008) verspricht der Versicherer Deckung von **Schadensersatzansprüchen »aufgrund gesetzlicher Haftpflichtbestimmungen privatrechtlichen Inhalts« für Personen-, Sach- oder sich daraus ergebenden Vermögensschäden**. Das ist eine Standardformel, von der ausgehend wir einige wichtige Fragen behandeln können.

1030 Die **primäre Risikobegrenzung auf »gesetzliche Haftpflichtbestimmungen«** bezweckt, die Deckung auf das gesetzliche Standardrisiko zu beschränken, das für alle Versicherten in dem versicherten Lebensbereich (Privatleben, Grundbesitz, professio-

18 Vgl. hierzu *Ihlas* D&O – Directors & Officers Liability, 2. Aufl. 2009; *Beckmann* in: Beckmann/Matusche-Beckmann, § 28; aus jüngster Zeit *Kretschmer* VersR 2008, 33; *Langheid/Grote* VersR 2005, 1165; *Graf von Westphalen* VersR 2006, 17; *ders.* DB 2005, 431; *Fleischer* WM 2005, 909.

19 RegE BT-Drucks. 16/3945 S. 85.

20 Vgl. hierzu *Pataki* VersR 2004, 835; sowie RegE BT-Drucks. 16/3945 S. 85.

21 Der GDV hat in Reaktion auf die VVG-Reform die Musterbedingungen für die Haftpflichtversicherung als AHB 2008 neu gefasst. Zuletzt waren die AHB im Jahr 2004 neu systematisiert und nummeriert worden; vgl. dazu *Johannsen* ZVersWiss 2005, 179; *Klinkhammer* VP 2004, 178; *Schimikowski* FS Schirmer, 2005, S. 545 ff.

22 Hierzu Rn. 179.

23 »Versicherungsschutz besteht im Rahmen des versicherten Risikos für den Fall, dass der Versicherungsnehmer wegen eines während der Wirksamkeit der Versicherung eingetretenen Schadenereignisses (Versicherungsfall), das einen Personen-, Sach- oder sich daraus ergebenden Vermögensschaden zur Folge hatte, aufgrund gesetzlicher Haftpflichtbestimmungen privatrechtlichen Inhalts von einem Dritten auf Schadensersatz in Anspruch genommen wird.«

nelle Tätigkeit usw.) gleich und deshalb für die kalkulatorische Erfassung im Versicherungsbetrieb geeignet ist. Dagegen hätte der Versicherer keine taugliche Grundlage für die Prämienkalkulation, wenn er grundsätzlich Schadensersatzansprüche jedweder Art, z.B. auch alle vertraglichen Ansprüche, decken müsste.

Die Nr. 1.1 und die Risikoausschlüsse in Nr. 1.2 AHB 2008 bedeuten jedoch nicht, dass der Haftpflichtversicherer – in der Terminologie mancher Klausurlösungsschemata: – nur »Ansprüche aus Gesetz« deckt und alle **»Ansprüche aus Vertrag«** von der Deckung ausgeschlossen wären. Man muss die Bestimmung vielmehr genau lesen. Richtet sich ein irgendwie auf Vertrag beruhender Anspruch nicht gerade auf Erfüllung oder Erfüllungsersatz und geht er auch nicht über den gesetzlichen (auch: gewohnheitsrechtlichen) Rahmen hinaus, dann fällt er sehr wohl unter Nr. 1.1 und 1.2 AHB 2008.[24] Wenn also eine Maschine nicht nur hinter der vertraglich versprochenen Leistung zurückbleibt, sondern heißläuft und beim Kunden einen Brand verursacht, dann fällt ein möglicherweise entstehender Schadensersatzanspruch unter den Haftpflichtversicherungsschutz, obwohl er (jedenfalls auch) auf Vertrag beruht.[25] Auch in den meisten Schadensfällen der Berufshaftpflichtversicherungen für Rechtsanwälte, Architekten usw. besteht in erster Linie eine vertragliche Haftung und dennoch besteht regelmäßig Deckungsschutz.[26] 1031

Vertiefung: Schadensersatzanspruch im Sinne der AHB-Standardformel ist auch ein Beseitigungsanspruch gemäß § 1004 BGB[27] und ein nachbarrechtlicher Ausgleichsanspruch entsprechend § 906 II 2 BGB[28], wenn diese Ansprüche funktionell dazu dienen, durch eine Eigentumsbeeinträchtigung erlittene Einbußen auszugleichen, sowie ein Anspruch nach § 14 Nr. 4 Hs. 2 WEG[29]. 1032

Öffentlich-rechtliche Ansprüche sind durch die Begrenzung auf **Haftpflichtbestimmungen privatrechtlichen Inhalts** von der Deckung nach AHB und AKB ausgeschlossen.[30] Davon nicht betroffen ist nach heute allgemeiner Ansicht der Rückgriffsanspruch des Sozialversicherungsträgers gegen den Unternehmer aus § 110 SGB VII (früher § 640 RVO), der als privatrechtlich einzustufen ist.[31] 1033

Der Regelungszweck der primären Risikobegrenzung, die Deckung auf das gesetzliche Standardrisiko zu beschränken, wird durch **Risikoausschlüsse** (sekundäre Risikobegrenzungen[32]) abgesichert (vgl. z.B. Nr. 7.3, 7.6 und Nr. 7.7 AHB 2008). Hierauf beruht der (überwiegend klarstellende) Ausschluss in Nr. 7.3 AHB 2008 sowie der 1034

24 Vgl. z.B. BGH VersR 1983, 1169; BGHZ 43, 88; zum Einfluss der Schuldrechtsreform vgl. *Westphalen* VP 2004, 157.

25 Zur Anspruchskonkurrenz vgl. *Schwarz/Wandt* Gesetzliche Schuldverhältnisse, 3. Aufl. 2009, § 1 Rn. 4 ff. – Instruktiv BGHZ 43, 88 (Ersatzpflicht des Vermieters gem. § 538 BGB a.F. = § 536a BGB).

26 Vgl. BGHZ 88, 228 = VersR 1984, 252 m. krit. Anmerkung *Honsell* VersR 1985, 3 = BGH NJW 1984, 370; BGH VersR 1998, 228 = NJW-RR 1998, 378; BGH VersR 1999, 748 = NJW-RR 1999, 1038 mit Anm. *Bayer* VersR 1999, 813; zum Ganzen vgl. *Späte* Haftpflichtversicherung, 1993, § 1 AHB Rn. 128.

27 BGH VersR 2000, 311 = NJW 2000, 1194.

28 BGHZ 142, 66 = VersR 1999, 1139 = NJW 1999, 2896; vgl. zum Ganzen auch *Binder* VersR 2003, 1226.

29 BGH VersR 2003, 236 = NJW 2003, 826.

30 Zu Einschlüssen bestimmter öffentlich-rechtlicher Ansprüche in besondere Haftpflichtversicherungsarten wie z.B. die Umwelthaftpflichtversicherung vgl. *Schimikowski* NVersZ 1999, 545.

31 Vgl. zur Vorgängerregelung § 640 RVO BGH VersR 1969, 363 = NJW 1969, 1065; BGH VersR 1972, 271 = NJW 1972, 445.

32 Zu diesem Begriff vgl. Rn. 775.

Deckungsausschluss für die »Erfüllung von Verträgen und die an die Stelle der Erfüllungsleistung tretende Ersatzleistung« (Nr. 1.2 (6) AHB 2008). Der Haftpflichtversicherer muss also nicht eintreten, wenn ein bei ihm versicherter Maschinenhersteller auf Schadensersatz verklagt wird, weil er eine Maschine überhaupt nicht, zu spät oder in einem Zustand geliefert hat, in dem sie die versprochene Leistung nicht erbringt. Dieser Ausschluss beruht allerdings noch auf einem anderen Motiv: Die Haftpflichtversicherung soll nicht die Funktion haben, jemanden von der eigenen Bemühung um die Erbringung vertraglicher Leistungen zu entlasten. Man spricht auch von der »Unversicherbarkeit des Unternehmerrisikos«; dies ist allerdings ein Schlagwort, das manchen Erscheinungen wie z.B. der Produkthaftpflichtversicherung nicht gerecht wird.[33] – Die »Obhuts- und Tätigkeitsklausel« in Nr. 7.6 und 7.7 (1) AHB 2008 schließt von der Haftpflichtdeckung Schadensersatzansprüche wegen Beschädigung von Sachen aus, die der Versicherungsnehmer gemietet (usw.) hatte oder an denen er tätig werden sollte (z.B. für eine Reparatur).[34] Ausdrücklich ausgeschlossen sind auch alle sich daraus ergebenden Vermögensschäden. Die »Herstellungs- und Lieferklausel« in Nr. 7.8 AHB 2008 schließt Ansprüche wegen der Schäden aus, die an gelieferten Sachen infolge eines in ihnen selbst liegenden Mangels entstehen.[35]

1035 **Vertiefung**: Besondere Schwierigkeiten bereitet die Beschreibung des Versicherungsfalls[36] bei der »Produkthaftpflicht«.[37] Verhältnismäßig unproblematisch ist (juristisch) die Versicherungsdeckung für Ansprüche beliebiger Dritter gegen den Hersteller (Beispiel: Ein zufällig vorbeikommender Fußgänger wird durch die Explosion einer fehlerhaft hergestellten Gasflasche verletzt). Abgrenzungsschwierigkeiten können aber durch die Unschärfe in der Trennlinie zwischen Erfüllungs- und Integritätsschäden bei Ansprüchen unter Vertragspartnern entstehen.

1036 Der Begrenzung des vom Versicherer zu übernehmenden Risikos auf kalkulatorisch abschätzbare Risiken dient auch die Beschränkung der Standardformel auf **Personen-, Sach- oder sich daraus ergebenden Vermögensschäden**. Dies steht in **Abgrenzung zu den »reinen Vermögensschäden«**, die weder durch einen Personen- noch einen Sachschaden entstanden sind, z.B. durch falsche Beratung von Seiten eines Rechtsanwalts (vgl. Nr. 2.1 AHB 2008; A.1.1.1 AKB 2008).[38] Der Umfang reiner Vermögensschäden ist für den Versicherer viel schwieriger zu kalkulieren als der Umfang von

33 Siehe dazu Rn. 660. Kritisch *Littbarski* Zur Versicherbarkeit des »Unternehmerrisikos«, 1980, S. 209 ff.; siehe ferner *Nickel* VersR 1989, 873; *Späte* Haftpflichtversicherung, 1993, § 4 AHB Rn. 173; BGH VersR 1966, 434 = BGH NJW 1966, 1073; OLG Hamm VersR 1994, 167; OLG Koblenz VersR 2000, 94.

34 Zum Umfang des Ausschlusses vgl. BGH VersR 1998, 228; BGH VersR 2000, 962; OLG Karlsruhe VersR 2005, 213; *Heimbücher* VW 1999, 794.

35 Zu den Einzelheiten *Voit/Knappmann* in: Prölss/Martin, § 4 AHB 2000 Rn. 98 sowie – zu den auch hier unvermeidlichen Abgrenzungsfragen – kritisch *Littbarski* AHB-Kommentar, 2001, § 4 AHB 2000 Rn. 473 ff.

36 Vgl. die Besonderen Bedingungen und Risikobeschreibungen für die Produkthaftpflichtversicherung von Industrie- und Handelsbetrieben (Produkthaftpflicht-Modell) VerBAV 1987, 3 mit Erläuterungen VW 1987, 255; dazu *Nickel/Ganz* VersR 1999, 151 und zuletzt *Krause* NVersZ 2001, 103. – Zur Überarbeitung des Produkthaftpflicht-Modells im Jahre 2000, insbesondere zur Anpassung an die Schuldrechtsmodernisierung, vgl. *Zölch* PHi 2002, 166 und 236 (AVB-Text S. 245 ff.).

37 Einzelheiten bei *Schwarz/Wandt* Gesetzliche Schuldverhältnisse, 3. Aufl. 2009, § 21 Rn. 49 ff.; *Kötz/Wagner* Deliktsrecht, 10. Aufl. 2006, Rn. 606 ff.; *Larenz* Schuldrecht, II/1, § 41a; *Esser/Weyers* II/2 § 55a.

38 Zur Abgrenzung vgl. *Wandt* FS Schirmer, 2005, S. 619 ff.

sog. Folgevermögensschäden, die aus einem Sach- oder Personenschaden resultieren.[39] Ansprüche aus reinen Vermögensschäden sind in der Kfz-Haftpflichtversicherung (vgl. A.1.1.1 AKB 2008) ohne weiteres mitgedeckt, kommen dort allerdings kaum vor. Nach den AHB dagegen muss die Deckung dieser Ansprüche ausdrücklich vereinbart werden (vgl. Nr. 2.1 AHB 2008).[40] Das geschieht oft. Für manche Berufshaftpflichtversicherungen sind dies sogar die wichtigsten Risiken (Rechtsanwälte, Wirtschaftsprüfer, usw., teilweise auch Architekten).

Zur Definition des **Versicherungsfalls** gehört auch die **zeitliche Fixierung**: Der Versicherungsfall muss so definiert sein, dass Klarheit darüber besteht, wann genau er eingetreten ist. Praktische Folgen hat die Fixierung vor allem, wenn zweifelhaft ist, ob zum fraglichen Zeitpunkt noch oder schon Versicherungsschutz bestand.[41] Schwierigkeiten bereitet das vor allem in der **Umwelt-Haftpflichtversicherung**.[42] Sie muss sich ja nach der Vorgabe des UmweltHG nicht nur mit einzelnen und aktuellen, zeitlich relativ leicht feststellbaren »Störfällen« befassen, sondern auch einerseits mit weit zurückliegenden, zeitlich schwer fixierbaren Ereignissen und andererseits mit Schädigungen aus laufendem »Normalbetrieb«.[43] Auf die mit der zeitlichen Dimension zusammenhängenden Fragen sind wir bereits eingegangen (Rn. 879 ff.). Schäden aus Normalbetrieb, deren Problematik nicht in erster Linie in der zeitlichen Dimension liegt, sind nur unter zusätzlichen, engeren Voraussetzungen gedeckt.[44] 1037

Zur Begrenzung des versicherten Risikos gehört auch die Frage der **personellen Reichweite des Versicherungsschutzes.** Eine Haftpflichtversicherung ist häufig nicht nur Eigenversicherung des Versicherungsnehmers, sondern zugleich **Versicherung für fremde Rechnung** (vgl. Rn. 686 ff.).[45] Beispielsweise sind die Familienangehörigen regelmäßig als Mitversicherte in den Versicherungsschutz einbezogen.[46] Für die Betriebshaftpflichtversicherung bestimmt § 102 VVG dispositiv, dass die Haftpflicht der zur Vertretung des Unternehmens befugten Personen sowie der Personen, die in einem Dienstverhältnis zu den Unternehmen stehen, im Wege der Versicherung für fremde Rechnung mitversichert sind. Im Falle einer solchen Mitversicherung sind alle Bestimmungen, die für den Versicherungsnehmer gelten, auf den Mitversicherten entsprechend anzuwenden (Nr. 27.1 S. 1 AHB 2008). So sind Oblie- 1038

39 *Wandt* FS Schirmer, 2005, S. 629.

40 So durch einen Einschluss im Rahmen der AHB oder durch Abschluss einer gesonderten Haftpflichtversicherung für Vermögensschäden; Abdruck der AHB 2002 und Kommentierung bei *Voit/Knappmann* in: Prölss/Martin, Teil III E. Haftpflichtversicherung (X).

41 Wegen solcher Schwierigkeiten sind z.B. »Allmählichkeits«-Schäden im Allgemeinen nicht gedeckt (Nr. 7.14 AHB 2008); vgl. BGH VersR 1994, 1171 = NJW-RR 1994, 1368 sowie *Voit* VersR 1991, 627; kritisch *Bähr* VersR 1994, 530; anders jedoch die Besonderen Bedingungen und Risikobeschreibungen für die Versicherung der Haftpflicht wegen Schäden durch Umwelteinwirkung (Umwelthaftpflicht-Modell) VerBAV 1993, 31 mit Erläuterungen VW 1992, 192 sowie *Voit/Knappmann* in: Prölss/Martin, Teil III, E. Haftpflichtversicherung (VI).

42 Dazu zuletzt *Schimikowski* VersR 1998, 1452; *ders.* ZfV 1999, 416; *Schieber* VersR 1999, 816.

43 § 1 UmweltHG, dazu Umkehrschluss aus §§ 5, 6 UmweltHG. Vgl. *Kötz/Wagner* Deliktsrecht, 10. Aufl. 2006, Rn. 520. – Das Umwelthaftungsgesetz (UmweltHG) statuiert eine privatrechtliche Gefährdungshaftung, die aber nicht für die eigentlichen Umweltschäden gilt, sondern nur für die Verletzung privater Individualrechtsgüter (Leben, Gesundheit, Körper, Eigentum, etc.); für den Ersatz von Schäden, die ausschließlich an der Umwelt entstanden sind, gilt das Umweltschadensgesetz (USchadG); vgl. hierzu *Wagner* VersR 2008, 565; *Diederichsen* NJW 2007, 3377.

44 Überblick bei *Wagner* VersR 1992, 261; *Küpper* VP 1993, 17.

45 Näher hierzu *Schneider* in: Beckmann/Matusche-Beckmann, § 24 Rn. 44 f.

46 Vgl. im einzelnen *Schneider*, in: Beckmann/Matusche-Beckmann, § 24 Rn. 44.

genheiten (Rn. 531 ff.) vom Versicherungsnehmer und dem Mitversicherten gleichermaßen zu erfüllen (Nr. 27.1 AHB 2008). Die Ausübung der Rechte aus dem Versicherungsvertrag bleibt indes ausschließlich dem Versicherungsnehmer vorbehalten (Nr. 27.2 S. 1 AHB 2008).

III. Die Leistungspflichten des Haftpflichtversicherers

1039 Das **Leistungsprogramm**, zu dem der Haftpflichtversicherer verpflichtet ist, wird in §§ 100 und 101 VVG beschrieben (vgl. auch Nr. 5 AHB 2008; A.1.1.1–A.1.1.3 AKB 2008). Der Versicherer hat den Versicherungsnehmer im Rahmen der vertraglich festgelegten Versicherungssumme (Rn. 1022) von Ansprüchen freizustellen, die von einem Dritten auf Grund der Verantwortlichkeit des Versicherungsnehmers für eine während der Versicherungszeit eintretende Tatsache[47] geltend gemacht werden (»Freistellungsanspruch«). Darüber hinaus hat der Versicherer unbegründete Ansprüche auf seine Kosten[48] abzuwehren (»Rechtsschutzanspruch«).[49]

1040 **Vertiefung:** Die Beschreibung der Leistungspflicht in § 149 VVG a.F. beruhte auf einem schon bisher rechtstechnisch überholten Ansatz, der den allgemeinen Gegebenheiten der Praxis nicht entsprach. Die alte Regelung sprach von einer Pflicht des Versicherers, dem Versicherungsnehmer die Leistung »zu ersetzen«, die dieser an einen Dritten zu bewirken hatte. Daraus hätte man entnehmen können, dass der Versicherer in erster Linie zu einer Geldleistung an den Versicherungsnehmer verpflichtet gewesen sei (Zahlungsanspruch). Die allgemein anerkannte Auslegung der Vorschrift führte jedoch zur Annahme einer Freistellungsverpflichtung (vgl. § 3 II AHB 2002). Bei der dogmatischen Entscheidung für einen Freistellungsanspruch handelt es sich nicht um eine begriffliche Spielerei. Das können wir in vollem Umfange allerdings erst verstehen, wenn wir uns mit den Auswirkungen auf die Beziehungen von Versicherer und Versichertem zu dem Verletzten und anderen Gläubigern des Versicherten befassen (vgl. Rn. 1059 ff.).

1. Einzelheiten zum Freistellungsanspruch

1041 **Freizustellen hat der Versicherer den Versicherungsnehmer nur von Ansprüchen, die begründet sind.** Der Versicherungsnehmer kann nicht zu Lasten des Versicherers durch **Anerkenntnis oder Vergleich** einen nicht bestehenden Anspruch des Dritten begründen oder den Umfang eines bestehenden Anspruchs erweitern (vgl. Nr. 5.1 (2) S. 2 AHB 2008). Anderenfalls hätte er die Befugnis, zu Gunsten des Dritten den Versicherer zu belasten. Entsprechend wird auch ein Zahlungsanspruch gegen den Versicherer nicht dadurch begründet, dass der Versicherungsnehmer den Dritten durch Zahlung auf eine unbegründete Forderung **»befriedigt«**. Verspricht oder zahlt der Versicherungsnehmer dem Dritten mehr als diesem zusteht, schädigt er sich selbst, denn der Mehrbetrag geht zu seinen eigenen Lasten.[50] Im Falle eines den Versiche-

47 Der Gesetzgeber verwendet bewusst den offenen Begriff »Tatsachen«, um der vertraglichen Definition des Versicherungsfalls größtmöglichen Regelungsraum zu geben. RegE BT-Drucks. 16/3945 S. 85.

48 Näher hierzu *Schneider* in: Beckmann/Matusche-Beckmann, § 24 Rn. 133 ff.

49 So schon die allgemeine Auffassung zum VVG a.F.; vgl. auch *Schneider* in: Beckmann/Matusche-Beckmann, § 24 Rn. 12 ff.; vgl. noch zum VVG a.F. *Voit/Knappmann* in: Prölss/Martin, § 149 VVG a.F. Rn. 1; *R. Johannsen* in: Bruck/Möller, 8. Aufl., §§ 149–158a VVG a.F. Anm. B 32 ff.

50 Vgl. RegE BT-Drucks. 16/3945 S. 86 (zu § 105 VVG). Bei Zahlung des Versicherungsnehmers auf eine unbegründete Forderung hat der Versicherungsnehmer einen Kondiktionsanspruch gegen den Dritten.

rungsnehmer bindenden Anerkenntnisses kann zu seinen Lasten also erstmals eine Schadenersatzpflicht begründet werden[51]; in aller Regel wird es allerdings an einem konstitutiven Schuldanerkenntnis fehlen.

Nach dem halbzwingenden § 105 VVG ist andererseits eine Vereinbarung unwirksam, 1042
nach welcher der Versicherer nicht zur Leistung verpflichtet ist, wenn ohne seine Einwilligung der Versicherungsnehmer den Dritten befriedigt oder dessen Anspruch anerkennt.[52] Nach dem Willen des Gesetzgebers soll der Versicherungsnehmer den Dritten befriedigen oder seinen Anspruch anerkennen dürfen. Der Versicherer wird hinreichend dadurch geschützt, dass seine Deckungspflicht dadurch nicht erweitert wird. Allerdings ist zu beachten, dass die Rechtsstellung des Versicherers mittelbar dennoch – zumutbar – verändert wird. Soweit der anerkannte oder befriedigte Anspruch des Dritten tatsächlich bestand, wird der Versicherer nämlich durch das Anerkenntnis oder die Befriedigung in der Weise gebunden, dass er den Versicherungsnehmer freistellen muss; dem Versicherer ist dadurch also die Möglichkeit genommen, den (begründeten) Anspruch abzuwehren.[53] Zu beachten ist auch, dass den Versicherungsnehmer Obliegenheiten zur wahrheitsgemäßen Information des Versicherers treffen, deren Verletzung zur vollständigen oder teilweisen Leistungsfreiheit führen kann (Rn. 537).

Die bisherigen AVB verboten – zulässig gem. § 154 II VVG a.F.[54] –, dass der Versicherungsnehmer 1043
den gegen ihn gerichteten Haftpflichtanspruch ohne Zustimmung des Versicherers anerkennt oder befriedigt, es sei denn der Versicherungsnehmer konnte nach den Umständen die Befriedigung oder die Anerkennung nicht ohne offenbare Unbilligkeit verweigern (§ 5 Nr. 5, 6 AHB 2002, Nr. 25.3 AHB 2004, Nr. 25.3 AHB 2006 oder § 7 II (1) AKB 2004).[55] Ein Verstoß gegen dieses Anerkenntnis- und Befriedigungsverbot hatte nach Maßgabe von § 6 III VVG a.F. Leistungsfreiheit des Versicherers zur Folge, selbst dann, wenn der Anspruch – auch ohne Anerkenntnis – begründet war. Die vollständige Untersagung des bisherigen AVB-mäßigen Anerkenntnis- und Befriedigungsverbots war ein zentraler Streitpunkt in der VVG-Reform.[56] Das bisherige Verbot wurde als unangemessen weitgehend erachtet, da den Interessen des Versicherers schon genügt sei, wenn er nicht anders verpflichtet sei also ohne Anerkenntnis. Es wurde auch auf die Defizite und Ineffektivität des bisherigen Anerkenntnis- und Befriedigungsverbots hingewiesen.[57]

---

51 *Schimikowski/Höra* S. 161, empfehlen dem Versicherer, um Missverständnissen oder gerichtlichen Streitigkeiten zuvorzukommen, den Versicherungsnehmer darauf hinzuweisen, dass im Falle eines Anerkenntnisses eine Entscheidung über die Eintrittspflicht des Versicherers erst nach Prüfung der Haftpflichtfrage erfolge (der Versicherungsnehmer sich also durch das Anerkenntnis schaden könne).

52 Der Gesetzgeber hat keine Ausnahme für den Fall eines betrügerischen, kollusiven Anerkenntnisses für geboten erachtet, da der Versicherer alle Einwendungen gegen seinen Versicherungsnehmer und gegen den Dritten geltend machen könne; vgl. RegE BT-Drucks. 16/3945 S. 86; *Franz* VersR 2008, 298. Eine Leistungsfreiheit des Versicherers auf § 242 BGB zu stützen, ist entgegen *Lange* (VersR 2006, 1313) nicht angezeigt.

53 RegE BT-Drucks. 16/3945 S. 86 (Versicherer ist insoweit nicht schutzwürdig), Vgl. *Schneider* in: Beckmann/Matusche-Beckmann, § 24 Rn. 129; *Lange* VersR 2006, 1313; *ders.* r+s 2007, 401.

54 Vgl. hierzu *Lange* VersR 2006, 1313 m.w.N.

55 Vgl. hierzu *Späte* Haftpflichtversicherungsrecht, 1993, § 5 AHB Rn. 46 ff.; *R. Johannsen* in: Bruck/Möller, 8. Aufl., §§ 149–158a VVG a.F. Anm. F 82 ff., 139 ff.; *Langheid* in: Römer/Langheid, § 154 VVG a.F. Rn. 8 f.

56 Vgl. hierzu auch *Grote/Schneider* BB 2007, 2689; *Lange* r+s 2007, 401; *Langheid* VersR 2007, 865; *ders.* NJW 2006, 3317; *Römer* VersR 2006, 865, der darauf hinweist, dass das Befriedigungsverbot in Österreich bereits am 1.1.1995 abgeschafft wurde, ohne dass nennenswerte Nachteile der Versicherer bekannt geworden wären; *Schimikowski/Höra* S. 161 f.; *Schneider* in: Beckmann/Matusche-Beckmann, § 24 Rn. 129. Zu Bedenken hinsichtlich der Abschaffung des Anerkenntnis- und Befriedigungsverbots vgl. *Langheid* FS Gerrit Winter, 2007, S. 367 ff.; *Littbarski* Phi 2007, 176.

57 RegE BT-Drucks. 16/3945 S. 86; *Römer* VersR 2006, 865; vgl. auch *Lange* VersR 2006, 1313; *Langheid* FS Gerrit Winter, 2007, S. 367 ff.; *Grote/Schneider* BB 2007, 2689.

1044 Ob und inwieweit die vom Versicherungsnehmer erfüllte oder anerkannte Haftpflichtforderung tatsächlich bestand, muss ggf. gerichtlich im Deckungsprozess festgestellt werden. Nach den allgemeinen Regeln liegt die **Darlegungs- und Beweislast** dabei hinsichtlich der Tatsachen, welche die Haftpflichtforderung begründen, beim Versicherungsnehmer; hinsichtlich der Einwendungen und Einreden liegt die Darlegungs- und Beweislast beim Versicherer.[58] Dies hat zur Folge, dass der Versicherungsnehmer im Deckungsprozess gewissermaßen wie der geschädigte Dritte handeln muss, um den Prozess für sich zu entscheiden; der Versicherer muss dagegen gewissermaßen wie der Versicherungsnehmer im Haftpflichtprozess auftreten. Angesichts dieser Rollenverteilung liegt es nahe, dass der Versicherungsnehmer im nachgelagerten Deckungsprozess nicht unbedingt alle (für ihn nachteiligen) Tatsachen aufdecken wird.[59]

1045 Den **Freistellungsanspruch** des Versicherten **erfüllt** der Versicherer regelmäßig dadurch, dass er gemäß § 267 BGB als Dritter auf die Schuld des Versicherten eine Geldleistung an den Berechtigten erbringt, oder im Falle der obligatorischen Kfz-Haftpflichtversicherung als einer der Gesamtschuldner leistet und damit die Freistellung des anderen, nämlich des Versicherten, bewirkt (mehr dazu Rn. 1106 ff.).[60] Der Versicherer kann nicht statt an den Dritten an den Versicherungsnehmer selbst zahlen. Dies schließt das in § 108 VVG statuierte generelle Verfügungsverbot über den Freistellungsanspruch aus (näher dazu Rn. 1064 ff.). Der Freistellungsanspruch wandelt sich nur dann in einen Zahlungsanspruch des Versicherungsnehmers, wenn der geschädigte Dritte wegen seiner Haftpflichtversicherung bereits befriedigt worden ist.[61]

1046 **Vertiefung:** Der Versicherer wird an den geschädigten Dritten regelmäßig nur dann zahlen, wenn er durch Prüfung der Haftungslage zu dem Ergebnis gelangt ist, dass dessen Haftpflichtanspruch begründet ist. Dem Versicherer kommt insoweit eine sehr weitgehende Beurteilungsfreiheit zu.[62] Auch diese muss aber eine Grenze jedenfalls dort haben, wo der Versicherer sich mehr oder weniger willkürlich über die Interessen seines Vertragspartners hinwegsetzt, indem er eine bei vernünftiger Beurteilung offensichtlich unbegründete Forderung erfüllt. Dies ist aber sicher keine sehr praxisrelevante Frage, denn ein Versicherer wird eine offensichtlich unbegründete Forderung regelmäßig nicht erfüllen.

2. Einzelheiten zum Rechtsschutzanspruch

1047 Gelangt der Versicherer auf Grund der Prüfung der Haftungslage (vgl. Nr. 5.1 AHB 2008) zu der Ansicht, dass der Haftpflichtanspruch unbegründet ist, oder hegt er entsprechende Zweifel, die ihn von der Befriedigung des Dritten abhalten, dann ist er verpflichtet, den von ihm als unbegründet eingestuften Anspruch auf seine Kosten abzuwehren (»**Rechtsschutzanspruch**«). Die Wahl der zweckmäßigen Mittel und Wege, insbesondere die Art und Weise der Prozessführung, des Abschlusses eines Vergleiches etc., stehen dabei im pflichtgemäßen Ermessen des Versicherers.[63] Er

58 Vgl. *Lange* VersR 2006, 1313 m.w.N.
59 Vgl. zum Ganzen auch *Lange* VersR 2006, 1313.
60 Vgl. RegE BT-Drucks. 16/3945 S. 86 (zu § 106); *Voit/Knappmann* in: Prölss/Martin, § 149 VVG a.F. Rn. 2 f.
61 BGH VersR 1968, 289.
62 OLG Frankfurt/M. VersR 2003, 588; *Heß/Höke* in: Beckmann/Matusche-Beckmann, § 29 Rn. 36 f.
63 Beispiele bei *Stiefel/Hofmann* § 10 AKB Rn. 35 ff.

kann sich dabei sehr weitgehend an der eigenen Einschätzung darüber ausrichten, welche Maßnahmen zur Abwehr »lohnend« sind. Insoweit ist bedeutsam, dass der Versicherer, wenn er den Anspruch des Dritten nicht als unbegründet abwehrt, zur Freistellung des Versicherungsnehmers verpflichtet ist (darauf beruht auch § 101 III 3 VVG). Der Versicherer hat die **Kosten** eines auf seine Veranlassung geführten Rechtsstreites und sonstige auf seine Weisung oder mit seiner Genehmigung aufgewendete Kosten der Verteidigung auch insoweit zu tragen, als sie zusammen mit den Aufwendungen des Versicherers zur Freistellung des Versicherungsnehmers die Versicherungssumme übersteigen (Einzelheiten in § 101 VVG, der gem. § 112 VVG nicht halbzwingend, also dispositiv ist).

Ungeachtet der Alternative »Abwehr oder Freistellung« kann es bei der Auswahl und **1048** Durchführung der Abwehrmaßnahmen zu **Interessenkonflikten** zwischen Versicherer und Versicherungsnehmer kommen. Dies liegt auf der Hand, wenn der Haftungsanspruch des Dritten höher ist als der vertragliche Deckungsanspruch des Versicherungsnehmers, beispielsweise weil der Anspruch des Dritten die Versicherungssumme überschreitet oder der Versicherungsnehmer einen Selbstbehalt zu tragen hat. Nach Nr. 5.2 AHB 2008 ist der Versicherer bevollmächtigt, alle ihm zur Abwicklung des Schadens oder zur Abwehr der Schadensersatzansprüche zweckmäßig erscheinenden Erklärungen im Namen des Versicherungsnehmers abzugeben. Die dem Versicherer damit eingeräumte **Regulierungsvollmacht** ist im **Außenverhältnis** zum Geschädigten weder durch die Höhe der Deckungssumme noch durch einen vereinbarten Selbstbehalt begrenzt. Die Rechtsprechung hat diese AVB-Bestimmung als AGB-rechtlich wirksam erachtet.[64] Dies überzeugt, weil eine »gespaltene« Prozessführung aus vielen Gründen nicht denkbar ist.[65] Für die Frage der Wirkungen im Außenverhältnis ist schließlich von Bedeutung, dass der Haftpflichtversicherer, der erkennbar auf der Grundlage der Regulierungsvollmacht handelt, regelmäßig nicht in eigenem Namen, sondern vollumfänglich als Vertreter des Versicherungsnehmers und Schädigers auftritt.[66] Im **Innenverhältnis** zum Versicherungsnehmer ist der Versicherer jedoch verpflichtet, vorrangig die Interessen des Versicherungsnehmers zu beachten.[67]

Vertiefung: Die Regulierungsvollmacht gem. § 5 Nr. 7 AHB 2002 erstreckte sich nach herrschender **1049** Ansicht nicht auf Mitversicherte[68] (anders dagegen die Regulierungsvollmacht gem. § 10 Nr. 5 AKB 2004 im Bereich der Kfz-Pflichtversicherung, für die der BGH eine gesetzliche Regulierungsvollmacht des Versicherers aus dem PflVG bejaht[69]). Nach Nr. 27.1 AHB 2008 sind zwar alle für den Versicherungsnehmer geltenden Bestimmungen des Bedingungswerkes auch auf Mitversicherte entsprechend anzuwenden. Ein Vollmachtgeber (hier der VN) kann den Bevollmächtigten (hier den Versicherer) je-

64 BGH VersR 2006, 1676 = NJW 2007, 69 (für § 5 Nr. 7 AHB 2002; insoweit unter ausdrücklicher Aufgabe von BGHZ 101, 276, 284 = VersR 1987, 924, 926, wo noch als Grundsatz formuliert worden war, dass die Regulierungsvollmacht nicht weiter reiche als die Regulierungspflicht).

65 Außerdem ist zu berücksichtigen, dass der Versicherungsnehmer nicht vollkommen schutzlos ist, sondern den Versicherer bei schuldhaft pflichtwidrigem Verhalten im Innenverhältnis in Regress nehmen kann.

66 BGH VersR 2006, 1676.

67 BGHZ 119, 276 = BGH VersR 1992, 1504 = NJW 1993, 68; BGH VersR 2007, 1119; BGH VersR 2001, 1150 (Haftpflichtversicherer verletzt seine Pflicht zur Wahrung der Interessen des Versicherungsnehmers, wenn er einen diesem günstigen Vergleich widerruft, obwohl er die Deckung zu verweigern beabsichtigt); vgl. *Schneider* in: Beckmann/Matusche-Beckmann, § 24 Rn. 131.

68 BGH VersR 1990, 497 m.w.N.; BGH VersR 1991, 1033.

69 BGH VersR 1990, 497; BGHZ 28, 244, 246 ff. = VersR 1958, 830.

doch nur dann zur Vertretung eines Dritten (hier des Mitversicherten) ermächtigen, wenn er für diesen Dritten eine gesetzliche oder gewillkürte Vertretungsmacht besitzt. Aus dem VVG ergibt sich indes keine allgemeine Ermächtigung des Versicherungsnehmers, gegenüber dem Versicherer rechtsgeschäftliche Handlungen im Namen des (Mit-) Versicherten vorzunehmen. Der Versicherungsnehmer ist lediglich befugt, im Versicherungsvertrag Obliegenheiten für den (Mit-) Versicherten zu begründen.[70] Die in Nr. 27.1 AHB 2008 angeordnete »entsprechende Anwendung« von Nr. 5.2 AHB 2008 auf den (Mit-) Versicherten kann daher grundsätzlich nur dahin verstanden werden, dass den (Mit-) Versicherten die Obliegenheit trifft, dem Haftpflichtversicherer spätestens nach Eintritt des Versicherungsfalls Vollmacht zu erteilen; eine unmittelbare Bevollmächtigung kann daraus nur dann hergeleitet werden, wenn der Versicherte den Versicherungsnehmer zur Abgabe von Willenserklärungen gegenüber dem Versicherer bevollmächtigt hatte.[71]

3. Fälligkeit

1050 Für die Bestimmung der Fälligkeit der Leistung ist zwischen dem Freistellungsanspruch und dem Rechtsschutzanspruch zu unterscheiden. Die **Fälligkeit des Freistellungsanspruchs** richtet sich nach dem gem. § 112 VVG halbzwingenden § 106 VVG. Nach § 106 S. 1 VVG hat der Versicherer seine Pflicht zur Freistellung des Versicherungsnehmers von dem Anspruch des geschädigten Dritten innerhalb von zwei Wochen ab dem Zeitpunkt zu erfüllen, ab dem der Anspruch des Dritten mit bindender Wirkung für den Versicherer durch rechtskräftiges Urteil, Anerkenntnis oder Vergleich festgestellt worden ist.[72] Der Versicherer hat also die erforderliche Zeit, um die Berechtigung des von einem Dritten geltend gemachten Anspruchs prüfen zu können, was insbesondere wegen der Abschaffung des Anerkenntnis- und Befriedigungsverbots (näher hierzu Rn. 1043) notwendig ist. § 106 S. 2 VVG bestimmt für den Sonderfall, dass der Versicherungsnehmer den Geschädigten mit bindender Wirkung für den Versicherer (näher hierzu Rn. 1061) befriedigt hat, als Fälligkeitszeitpunkt »zwei Wochen nach der Befriedigung des Dritten«.

1051 Die **Fälligkeit des Rechtsschutzanspruchs** wird in § 106 S. 3 VVG nur hinsichtlich des Ersatzes von Kosten nach § 101 VVG festgelegt; der Versicherer hat binnen zwei Wochen ab Mitteilung der Berechnung der Kosten zu leisten. Die Fälligkeit des allgemeinen Abwehranspruchs ist dagegen nicht in § 106 VVG geregelt. Der Abwehranspruch wird fällig, wenn der Versicherer Kenntnis davon erlangt, dass gegen den Versicherungsnehmer ein vom Haftpflichtversicherungsschutz erfasster Anspruch geltend gemacht wird (zur Anzeigepflicht des Versicherungsnehmers gem. § 104 VVG s. Rn. 1055).[73]

70 BGH VersR 1987, 924 m.w.N.

71 BGH VersR 1990, 497; BGH VersR 1987, 924.

72 Problematisch ist, ab welchem Zeitpunkt ein Anerkenntnis oder ein Vergleich durch den Versicherungsnehmer bindende Wirkung für den Versicherer hat, wenn das Anerkenntnis oder der Vergleich ohne Zustimmung des Versicherers erfolgt sind. Denn ein Anerkenntnis oder ein Vergleich seitens des Versicherungsnehmers binden den Versicherer grundsätzlich nicht. Deshalb plädiert *Lange* (VersR 2006, 1313) dafür, auch hinsichtlich eines Anerkenntnisses oder eines Vergleichs auf den Zeitpunkt der Rechtskraft im Deckungsprozess abzustellen; dagegen für Zeitpunkt der Abgabe des Anerkenntnisses bzw. Abschlusses des Vergleichs *Retter* in: Schwintowski/Brömmelmeyer, § 106 VVG Rn. 40. Für die Ansicht von *Retter* lässt sich Nr. 5.1 (2) S. 2 AHB 2008 anführen. Danach *binden* Anerkenntnisse und Vergleiche, die vom Versicherungsnehmer ohne Zustimmung des Versicherers abgegeben oder geschlossen worden sind, den Versicherer nur, soweit der Anspruch auch ohne Anerkenntnis oder Vergleich bestanden hätte.

73 BGHZ 36, 24; *Schneider* in: Beckmann/Matusche-Beckmann, § 24 Rn. 17 m.w.N.

IV. Herbeiführung des Versicherungsfalls und Obliegenheiten des Versicherungsnehmers

Der Versicherer ist nicht zur Leistung verpflichtet, wenn der Versicherungsnehmer vorsätzlich und widerrechtlich den bei dem Dritten eingetretenen Schaden herbeigeführt hat (§ 103 VVG). Gegenüber § 152 VVG a.F. ist nunmehr ausdrücklich klargestellt, dass sich der **Vorsatz** auch auf den Schaden beziehen muss, wobei es nicht auf Einzelheiten, sondern auf eine grobe Vorstellung vom Schaden ankommt.[74] Im Übrigen gelten die schon ausführlich behandelten allgemeinen Grundsätze zur **Herbeiführung des Versicherungsfalls** (Rn. 896 ff.). Hervorgehoben sei nur noch einmal, dass wegen der der Haftpflichtversicherung eigenen Begrenzung auf Vorsatz die Abgrenzung zu Obliegenheiten (insbesondere zur Gefahrerhöhung) gerade hier von besonderer Bedeutung ist. **1052**

Für Obliegenheitsverletzungen des Versicherungsnehmers in der Haftpflichtversicherung gelten grundsätzlich die allgemeinen Grundsätze (Rn. 563). Unterschiede gibt es jedoch vor allem hinsichtlich der Leistungspflicht des Versicherers im Außenverhältnis zum geschädigten Dritten (Einzelheiten dazu erst in Rn. 1059 ff., weil auch die Rechtsbeziehungen zum verletzten Dritten berührt sind). Darüber hinaus gibt es Unterschiede in der praktischen Bedeutung dieser oder jener Verhaltensregel. Sie erklären sich aus den Besonderheiten des Haftpflichtrisikos. Zur Erinnerung nochmals einige Schwerpunkte: **1053**

Während die Problematik der »**Gefahrerhöhung**« in manchen Versicherungszweigen keine[75] oder nur eine untergeordnete Rolle spielt, hat sie bei der Haftpflichtversicherung umso größere Bedeutung, je größer die Gefahren des Lebensbereichs sind, für den Haftpflichtversicherungsschutz genommen wurde. Der Versicherungsschutz ist – wie wir bereits gesehen haben (Rn. 1025) – allerdings durch Nr. 3.1 (2) S. 1 AHB 2008 auch auf Erhöhungen oder Erweiterungen der im Versicherungsschein angegebenen Risiken erstreckt. Die **Anwendung der §§ 23 ff. VVG** wird insofern **eingeschränkt**. Nur für Risiken aus dem Halten oder Gebrauch von versicherungspflichtigen Kraft-, Luft- oder Wasserfahrzeugen sowie für sonstige Risiken, die einer Versicherungs- oder Deckungsvorsorgepflicht unterliegen, bleiben die §§ 23 ff. VVG von ungeschmälert großer Bedeutung (vgl. Nr. 3.1 (2) S. 2 AHB 2008).[76] **1054**

Praktisch wichtig sind im Übrigen vor allem die **Obliegenheiten** des Versicherungsnehmers **nach dem Versicherungsfall.** Den Versicherungsnehmer trifft zunächst die **Pflicht, dem Versicherer den Versicherungsfall anzuzeigen** (§ 104 I VVG, vgl. auch Nr. 25.1 AHB 2008 und E.1.1 AKB 2008).[77] Er hat dem Versicherer innerhalb einer Woche die Tatsachen anzuzeigen, die seine Verantwortlichkeit gegenüber einem Drit- **1055**

74 So schon die allgemeine Meinung zum alten Recht, vgl. nur BGH VersR 1998, 1011. Zu Einzelheiten vgl. die Kommentare; zum neuen Recht insbesondere *Retter* in: Schwintowski/Brömmelmeyer, § 103 VVG.

75 So in der Krankenversicherung, vgl. Rn. 1292.

76 Vgl. *Schneider* in: Beckmann/Matusche-Beckmann, § 24 Rn. 37, 119 m.w.N. – Wenn in Rn. 868 bei der Behandlung der Gefahrerhöhung für den Straßenverkehr das Beispiel aus der Kaskoversicherung entnommen wurde, so geschah dies nur, um den Leser nicht mit den zusätzlichen Problemen aus der obligatorischen Kfz-Haftpflichtversicherung zu belasten. Praxisnäher wäre es gewesen, von dieser auszugehen (Beispiel: Haftung für einen Straßenverkehrsunfall, der infolge abgefahrener Reifen verursacht wird z.B. BGH VersR 1978, 146 = NJW 1978, 1819).

77 Eingehend *Schneider* in: Beckmann/Matusche-Beckmann, § 24 Rn. 121 ff.

ten zur Folge haben könnten (§ 104 I 1 VVG). Maßgeblich für den Fristbeginn ist der Zeitpunkt, zu dem der Versicherungsnehmer von schadensursächlichen Tatsachen Kenntnis hat[78] oder zumindest damit rechnet, dass er wegen der ihm bekannten Tatsachen von einem Dritten in Anspruch genommen werden kann.[79] Nr. 25.1 AHB 2008 stellt ausdrücklich klar, dass ein Schadensersatzanspruch noch nicht erhoben worden sein muss. Eine (zusätzliche) Obliegenheit zur unverzüglichen Anzeige trifft den Versicherungsnehmer jedoch, wenn gegen ihn ein Anspruch gerichtlich geltend gemacht, Prozesskostenhilfe beantragt, ihm gerichtlich der Streit verkündet oder gegen ihn »wegen des den Anspruch begründenden Schadensereignisses«[80] ein Ermittlungsverfahren eingeleitet wird (§ 104 II 2 VVG und auch Nr. 25.3 AHB 2008, E.2.3 AKB 2008). Die rechtzeitige Absendung der Anzeige genügt (§ 104 III VVG). Aus dieser Regelung (»Absendung«) ist nicht abzuleiten, dass die Anzeige schriftlich zu erfolgen hätte. Der halbzwingende § 104 VVG statuiert vielmehr keinerlei Formerfordernis; entsprechend sehen die aktuellen Bedingungswerke auch nicht mehr das Erfordernis der Schriftform vor. **Rechtsfolgen** hat ein Verstoß gegen die Anzeigepflicht nur, wenn diese unter Beachtung von § 28 VVG vertraglich vereinbart sind (vgl. Nr. 26.2 AHB 2008; s.a. Rn. 580). Rechtsfolgen sind allerdings kraft Gesetzes ausgeschlossen, wenn der Versicherer auf andere Weise rechtzeitig Kenntnis erlangt hat (§ 104 III 2 i.V.m. § 30 II VVG).

1056 Nur am Rande: Nr. 25.1 und 3. AHB 2008 verlangen, dass der Versicherungsnehmer die Tatsachen unverzüglich anzeigt; darin liegt – bei Nr. 25.3 AHB 2008, soweit es um die Erhebung eines Anspruchs gegen den Versicherungsnehmer geht – eine Abweichung von § 104 VVG zum Nachteil des Versicherungsnehmers. Sie führt wegen des gem. § 112 VVG halbzwingenden Charakters der gesetzlichen Vorschrift zur Unwirksamkeit der Regelung.[81]

1057 Von besonderer Bedeutung sind auch die Obliegenheiten zur richtigen Information des Versicherers (vgl. E.1.2 – E.1.3, E.2.1 AKB 2008, Nr. 25.2 AHB 2008).[82] Es gilt zwar für viele Versicherungsarten, dass der Hergang eines Versicherungsfalls akribisch genau ermittelt werden muss. Bei der Haftpflichtversicherung geht es aber nicht nur um das tatsächliche Geschehen als solches, sondern auch noch um die Rechtsfolgen, die sich aus diesem Geschehen ergeben. Wegen dieser Folgewirkung sind hier häufig schon die Tatsachen heftig umstritten. Den Versicherungsnehmer trifft die Obliegenheit nach Nr. 25.2 S. 3 AHB 2008, dem Versicherer ausführliche und wahrheitsgemäße Schadensberichte zu erstatten und ihn bei der Schadensermittlung und -regulierung zu unterstützen. Diese Obliegenheit hindert ihn nicht gegenüber dem geschädigten Dritten ein Anerkenntnis abzugeben; der Versicherungsnehmer ist aber

78 Ein bloßes Kennenkönnen oder Kennenmüssen des Schadensereignisses bzw. der haftpflichtbegründenden Tatsachen genügt nicht; BGH VersR 2003, 187.

79 RegE BT-Drucks. 16/3945 S. 85; BGH VersR 2007, 979.

80 Strittig ist, ob die Einleitung eines Ermittlungsverfahrens auch dann anzuzeigen ist, wenn der Anspruch noch nicht erhoben ist; bejahend *Retter* in: Schwintowski/Brömmelmeyer, § 104 VVG Rn. 13; unter Berufung auf den gleichlautenden Wortlaut von § 153 IV 2 VVG a.F. *Johannsen* in: Bruck/Möller, 8. Aufl., §§ 149–158a VVG a.F. Anm. F 39.

81 So auch *Schneider* in: Beckmann/Matusche-Beckmann, § 24 Rn. 122. Fraglich ist, ob die Unwirksamkeit der Fristbestimmung »unverzüglich« (nur) dazu führt, dass die Wochenfrist des § 104 I VVG zur Anwendung kommt. Dann wäre für den Versicherer die wegen des halbzwingenden Charakters von § 104 VVG gesetzwidrige Fristverkürzung »risikolos«.

82 Vgl. hierzu *Knappmann* VersR 2009, 186, 187; *Schneider* in: Beckmann/Matusche-Beckmann, § 24 Rn. 124 ff.; noch zum VVG a.F. *Weyers* 2. Aufl. 1995, Rn. 340 ff.

ungeachtet eines solchen Anerkenntnisses verpflichtet, gegenüber dem Versicherer wahrheitsgemäße Angaben zu machen.[83]

Die der Haftpflichtversicherung eigene Art des Versicherungsfalls und der Versi- **1058**
chererleistung geben auch der **Rettungsobliegenheit** des Versicherungsnehmers (Rn. 923 ff.) ein besonderes Gepräge. Der Versicherungsnehmer kann bei der Haftpflichtversicherung länger und nachhaltiger als bei den meisten anderen Versicherungsarten Einfluss auf die mit einem Schadensereignis verbundenen Folgen nehmen: Ein Brand ist bei allen damit verbundenen Schrecken doch bald vorüber; die Auseinandersetzung über einen angeblichen oder wirklichen Haftpflichtfall kann dagegen viele Jahre dauern, und der Versicherungsnehmer kann in vielfältiger Weise, etwa durch Terminversäumnis oder ungeschickte Sachverhaltsdarstellung, den Ausgang eines Rechtsstreits ungünstig beeinflussen. Deshalb wiederholen die AVB regelmäßig die gesetzliche Verpflichtung des Versicherungsnehmers, Weisungen des Versicherers zu befolgen, soweit es für ihn zumutbar ist (vgl. z.B. Nr. 25.5 AHB 2008; E.1.3. und 1.4 AKB 2008).

V. Die Rechtsstellung des geschädigten Dritten in der freiwilligen Haftpflichtversicherung

1. Gesetzliche Grundkonzeption: materielles und prozessuales Trennungsprinzip

Wenn sich jemand freiwillig haftpflichtversichert hat und dann ein Versicherungsfall **1059**
eintritt (Beispiel: Sturz eines Passanten, weil ein Hauseigentümer seiner Streupflicht nicht gehörig nachgekommen war), gibt es nach der gesetzlichen Grundkonzeption der freiwilligen Haftpflichtversicherung nur zwei, streng voneinander zu trennende Rechtsbeziehungen: einerseits zwischen dem Versicherungsnehmer und seinem Versicherer, eben das Versicherungsverhältnis (sog. **»Deckungsverhältnis«**), und andererseits zwischen dem Versicherungsnehmer als Haftpflichtigem und dem verletzten Anspruchsteller, eben den Haftpflichtanspruch (das **»Haftpflichtverhältnis«**).

Für die beiden Rechtsbeziehungen gilt ein materielles und ein prozessuales »Tren- **1060**
nungsprinzip«. **»Materielles Trennungsprinzip«** heißt: Das Haftungsverhältnis und das versicherungsrechtliche Deckungsverhältnis stehen selbstständig nebeneinander mit der Folge, dass der geschädigte Dritte keinen eigenen Anspruch unmittelbar gegen den Versicherer seines Schädigers hat. Systematisch hängen Versicherungsverhältnis und Haftpflichtanspruch nur mittelbar in der Weise zusammen, dass sich der Deckungsanspruch des Haftpflichtigen gegen seinen Versicherer inhaltlich nach dem Haftpflichtanspruch richtet, den der Verletzte gegen ihn hat. Dies ergibt sich aus dem Charakter der Haftpflichtversicherung als Schadensversicherung, bei welcher der Schaden des Versicherungsnehmers in der Belastung mit der Haftpflicht gegenüber dem Dritten besteht. Umgekehrt gilt für den Inhalt des Haftpflichtanspruchs des Geschädigten gegen den Versicherungsnehmer, dass der Umstand einer Haftpflichtversicherung bei der Entscheidung darüber, was der Geschädigte vom Haftpflichtigen verlangen kann, außer Betracht zu bleiben hat. (Auf einem anderen Blatt steht, dass in der Gerichtspraxis im Haftpflichtprozess das materielle Trennungsprinzip nicht immer folgerichtig durchgehalten, vielmehr im Widerspruch dazu stellenweise ausdrücklich und vielfach unterschwellig berücksichtigt wird, ob der beklagte Schädiger

83 Vgl. hierzu *Römer* VersR 2006, 865.

haftpflichtversichert ist[84]. Vgl. Rn. 1130). – Das **prozessuale Trennungsprinzip** ist die logische Konsequenz aus dem materiellen Trennungsprinzip: Mangels materieller Berechtigung gibt das Gesetz dem Dritten auch keine prozessuale Handhabe, wegen seines Haftpflichtanspruchs – zusätzlich oder separat – den Haftpflichtversicherer des Schädigers direkt in Anspruch zu nehmen. **»Haftpflichtprozess« und »Deckungsprozess« verlaufen nach der gesetzlichen Grundkonzeption der freiwilligen Haftpflichtversicherung völlig getrennt.**

1061 Eine **Ergänzung des Trennungsprinzips**[85], die man auch als Durchbrechung bezeichnen kann[86], erfolgt insoweit, als die rechtskräftige Entscheidung in dem zwischen dem geschädigten Dritten und dem Versicherungsnehmer geführten Haftpflichtprozess die Parteien des sich anschließenden Deckungsprozesses hinsichtlich der Frage »bindet«, ob und in welchem Umfang eine Haftpflicht besteht (sog. **»Bindungswirkung«**).[87] Damit wird verhindert, dass die im Haftpflichtprozess getroffene Entscheidung und die ihr zugrunde liegenden Feststellungen im Deckungsprozess erneut überprüft werden können und abweichend vom Haftpflichtprozess entschieden werden.[88] Die dogmatische Grundlage für die Annahme der Bindungswirkung ist nicht die Rechtskraft des Haftpflichturteils, da der Versicherer am Haftpflichtprozess nicht beteiligt ist. Die Bindungswirkung wird vielmehr im Wege der Auslegung dem vertraglichen Leistungsversprechen des Versicherers entnommen.[89] Bindend ist die Entscheidung des Haftpflichtprozesses für den Deckungsprozess jedoch nur insoweit, als »eine für die Entscheidung im Deckungsprozess maßgebliche Frage sich auch im Haftpflichtprozess nach dem vom Haftpflichtgericht gewählten rechtlichen Begründungsansatz bei objektiv zutreffender rechtlicher Würdigung als entscheidungserheblich erweist«.[90] Mit anderen Worten: Bindungswirkung entfalten nur Feststellungen, die für die Entscheidung des Haftpflichtanspruchs erheblich waren und eben auch für den Deckungsanspruch erheblich sind, denn anderenfalls stellt sich die Frage der Bindungswirkung nicht. Man bezeichnet dies als **»Voraussetzungsidentität«**. Die Begrenzung der Bindungswirkung auf Fälle der Voraussetzungsidentität ist insbesondere deshalb geboten, weil der Versicherungsnehmer und der Versicherer keinen Einfluss darauf haben, ob der Haftpflichtrichter »überschießende«, nicht entscheidungserhebliche Feststellungen trifft oder nicht entscheidungserhebliche Rechts-

---

84 Vgl. z.B. BGHZ 127, 186 = VersR 1995, 96 = NJW 1995, 452 (zu § 829 BGB); weitere Nachweise von *Langheid* in: Römer/Langheid, § 149 VVG a.F. Rn. 8; *Voit/Knappmann* in: Prölss/Martin, § 149 VVG a.F. Rn. 39 ff.

85 Vgl. BGH VersR 2006, 106.

86 *Langheid* in: Römer/Langheid, § 149 VVG a.F. Rn. 12.

87 St.Rspr. (noch zum VVG a.F.), vgl. z.B. BGH VersR 2001, 1103 = NJW-RR 2001, 1311 (keine Anwendung eines Ausschlusstatbestands im Deckungsprozess wegen Feststellung eines nicht ausgeschlossenen Pflichtverstoßes des Versicherungsnehmers im Haftpflichtprozess) und BGH VersR 2000, 311 = NJW 2000, 1194; siehe auch BGHZ 117, 345 = VersR 1992, 568; BGH VersR 2007, 641; BGH VersR 2006, 106 = NJW 2006, 289; zur Voraussetzungsidentität vgl. BGH VersR 2004, 590; *Voit/Knappmann* in: Prölss/Martin, § 149 VVG a.F. Rn. 29; *Späte* Haftpflichtversicherung, 1993, § 3 AHB, Anm. 43.

88 BGH VersR 2006, 106; BGH VersR 2001, 1103; BGHZ 117, 345, 350 = VersR 1992, 568, 569; BGHZ 119, 276, 278 f. = VersR 1992, 1504, 1505.

89 BGH VersR 1969, 413; BGH VersR 2006, 106; BGH VersR 2001, 1103; BGHZ 119, 276, 280 f. = VersR 1992, 1504, 1505.

90 BGH VersR 2007, 641 (begrenzte Bindungswirkung des Haftpflichturteils im Deckungsprozess über den Risikoausschluss wegen Schadenstiftung durch wissentliche Pflichtverletzung).

ausführungen macht (, die er mangels Entscheidungserheblichkeit möglicherweise auch nur unzureichend geprüft hat).

Beispiele zur Verdeutlichung der »Voraussetzungsidentität«: Ist bei einer Klage auf Schmerzensgeld festgestellt oder ausgeschlossen worden, dass der Versicherungsnehmer den Dritten vorsätzlich geschädigt hat, entfaltet dies Bindungswirkung bei der Prüfung der Voraussetzungen des § 103 VVG, des gesetzlichen Risikoausschlusses bei vorsätzlicher Herbeiführung des Versicherungsfalls.[91] Das Vorliegen bzw. Nichtvorliegen von Vorsatz ist haftungsrechtlich für die Festsetzung der Höhe des Schmerzensgeldes bedeutsam. – Geht es dagegen um eine Haftungsklage aus Eigentumsverletzung, dann sind Ausführungen zu einem höheren Verschuldensgrad als einfacher Fahrlässigkeit »überschießende«, nicht entscheidungserhebliche Feststellungen. Denn die Eigentumsverletzungsklage ist bereits bei einfacher Fahrlässigkeit begründet. Die Ausführungen zum höheren Verschuldensgrad binden daher im Deckungsprozess über die Eintrittspflicht des Haftpflichtversicherers nicht.[92]

Materielles und prozessuales Trennungsprinzip schließen selbstverständlich nicht aus, 1062
dass der geschädigte Dritte, wenn er gegen den Versicherungsnehmer im Haftungsprozesses obsiegt und einen Titel erwirkt hat, mit diesem Titel im Wege der **Zwangsvollstreckung** den zum Vermögen seines Schuldners gehörenden Deckungsanspruch gegen dessen Versicherer pfänden und sich überweisen lässt.[93] Mit der Pfändung und Überweisung des Deckungsanspruchs an den Dritten »wandelt sich« der Freistellungsanspruch des Versicherungsnehmers in einen Geldanspruch des Dritten. Jedenfalls über den (Um-) Weg der Zwangsvollstreckung kann der Dritte also schließlich doch den Haftpflichtversicherer in Anspruch nehmen. Insoweit stünde der geschädigte Dritte jedoch wie jeder andere Gläubiger des Versicherungsnehmers und wäre auf die Schnelligkeit seines Zugriffs in der Zwangsvollstreckung angewiesen, gäbe es nicht zusätzliche gesetzliche Sonderregelungen, die dem geschädigten Dritten eine bevorzugte Stellung einräumen (dazu sogleich unter 2.).

Vertiefung: Wenn der Deckungsanspruch des Schädigers gegen seinen Haftpflichtversicherer gefähr- 1063
det erscheint, hat der geschädigte Dritte die Möglichkeit, selbst gegen den ihm fremden Versicherer auf Feststellung zu klagen, dass dieser dem Schädiger (seinem Versicherungsnehmer) Deckungsschutz zu gewähren hat.[94] Der Dritte kann also ausnahmsweise klageweise ein Rechtsverhältnis feststellen lassen, an dem er selbst nicht beteiligt ist, und zwar vor der Entscheidung über den Haftpflichtanspruch (»vorgezogene Deckungsprozess«). Das erforderliche rechtliche Interesse i.S.v. § 256 I ZPO wird dem Haftpflichtgläubiger unter Berufung auf die »Sozialbindung der Haftpflichtversicherung« zuerkannt.

2. Besonderer gesetzlicher Schutz des geschädigten Dritten im Rahmen des Trennungsprinzips

Die Stellung des Dritten bliebe trotz der Möglichkeit der Zwangsvollstreckung in 1064
den Deckungsanspruch seines Schuldners gefährdet, wenn sein Schuldner (der Versicherungsnehmer) die Freiheit hätte, seinen Haftpflichtversicherer vor der Befriedigung des Dritten auf Zahlung in Anspruch zu nehmen, wenn er in anderer Weise über den Deckungsanspruch aus dem Versicherungsverhältnis zu Lasten des Dritten verfügen könnte oder wenn andere Gläubiger des Versicherungsnehmers im Wege der

91 BGH VersR 1992, 56.
92 BGH VersR 2004, 590.
93 So bereits RGZ 158, 12; im Übrigen BGH DB 1975, 445.
94 BGH VersR 2001, 90.

Zwangsvollstreckung gleichermaßen darauf zugreifen könnten. Dies alles wird jedoch durch das **zwingende**[95] **Verfügungsverbot des § 108 VVG** ausgeschlossen. Danach sind Verfügungen des Versicherungsnehmers über den Freistellungsanspruch gegen den Versicherer »dem Dritten gegenüber« unwirksam; der rechtsgeschäftlichen Verfügung steht eine Verfügung im Wege der Zwangsvollstreckung oder Arrestvollziehung gleich. Dies ist ein gesetzliches relatives Verfügungsverbot i.S.v. § 135 BGB.

1065 Das Verfügungsverbot verhindert zunächst einmal, dass der **Versicherungsnehmer** selbst den Deckungsanspruch zum Nachteil des Dritten beeinflusst, z.B. im Wege eines vergleichsweisen Erlasses oder im Wege der Erfüllung durch Entgegennahme der Zahlung seitens des Versicherers. Derartige »vereitelnde« Verfügungen wirken nicht, soweit die Rechte des Dritten betroffen sind. Dieser kann deshalb den Deckungsanspruch pfänden, sich überweisen lassen usw., so als ob die Verfügung nicht geschehen wäre. Die Verfügung wirkt dagegen im Verhältnis der Parteien der Verfügung. Wenn also der Versicherungsnehmer gegenüber dem Versicherer auf Deckung verzichtet hat, hat er selbst keinen Anspruch mehr darauf. Muss nun der Versicherer dennoch aufgrund der Pfändung und Überweisung des fiktiven Deckungsanspruchs an den Dritten zahlen und damit den Versicherungsnehmer von dessen Haftpflichtschuld freistellen, wirft dies die Regressfrage auf. Sie beurteilte sich nach allgemeinem Vertrags- oder Bereicherungsrecht.[96]

1066 Der Versicherungsnehmer ist auch gehindert, seinen Deckungsanspruch mit Wirkung gegenüber dem geschädigten Dritten an eine andere Person als den geschädigten Dritten abzutreten. Eine solche **Abtretung** ist regelmäßig bereits wegen der Natur des Freistellungsanspruches gem. § 399 Alt. 1 BGB unzulässig.[97] Aber selbst bei Einigkeit der Parteien des Versicherungsverhältnisses wäre eine Abtretung an eine andere Person als den geschädigten Dritten diesem gegenüber gem. § 108 VVG unwirksam.

1067 **Vertiefung:** In Ergänzung der zwingenden Regelung des § 108 VVG bestimmt **Nr. 28 AHB 2008**, dass der Freistellungsanspruch vor seiner endgültigen Feststellung ohne Zustimmung des Versicherers[98] an eine andere Person als den geschädigten Dritten weder abgetreten noch verpfändet werden darf. Dieses AGB-rechtlich wirksame[99] **vertragliche Abtretungs- und Verpfändungsverbot** soll verhindern, dass sich der Versicherer im Streit um den Deckungsanspruch mit einer anderen Person als dem Versicherungsnehmer auseinander setzen muss, insbesondere dadurch beeinträchtigt wird, dass der Versicherungsnehmer, der nach der Abtretung nicht mehr Partei des Deckungsprozesses wäre, in diesem Prozess als Zeuge auftritt.[100] Diese vertragsrechtliche Regelung ist angezeigt, da § 108 I VVG nur ein relatives Verfügungsverbot zum Schutze des geschädigten Dritten enthält, dem Versicherer also keinen Schutz bietet. Schutz bietet allerdings – wie zuvor gesagt – bereits die gesetzliche Regelung des § 399 Alt. 1 BGB.

---

95 RegE 16/3945 S. 87 (zu § 112 VVG); *Schimikowski/Höra* S. 162; *Littbarski* PHi 2007, 176.

96 Einzelheiten bei *R. Johannsen* in: Bruck/Möller, 8. Aufl., §§ 149–158a VVG a.F. Anm. B 68; *Voit/Knappmann* in: Prölss/Martin, § 149 VVG a.F. Rn. 47. Allgemein zum Bereicherungsrecht *Schwarz/Wandt* Gesetzliche Schuldverhältnisse, 3. Aufl. 2009, §§ 9 ff.

97 *Esser/Schmidt* § 37 I 2e; *Larenz* I § 34 II 2.

98 Eine Genehmigung des Versicherers genügt, vgl. § 184 BGB; vgl. auch *Schneider* in: Beckmann/Matusche-Beckmann, § 24 Rn. 46 m.w.N.

99 BGH VersR 1997, 1088. – Im Einzelfall kann eine Berufung auf das Abtretungsverbot gegen Treu und Glauben verstoßen; vgl. BGH VersR 1983, 945 (zur Betriebshaftpflichtversicherung bei Übernahme eines Betriebs).

100 Vgl. OLG Düsseldorf VersR 1983, 625.

§ 108 I 2 VVG schützt den geschädigten Dritten auch gegen **Zwangsvollstreckungsmaßnahmen anderer Gläubiger** des Versicherungsnehmers. Der durch das relative Verfügungsverbot geschützte Geschädigte steht nach § 772 ZPO demjenigen gleich, der ein die Veräußerung hinderndes Recht hat. Er kann deshalb gegen die Zwangsvollstreckung durch einen anderen Gläubiger mit der Drittwiderspruchsklage nach § 771 ZPO vorgehen bzw. bei entgegen § 772 ZPO erfolgter Pfändung die Erinnerung nach § 766 ZPO erheben, um die Aufhebung des Pfändungsbeschlusses zu erreichen.[101] In der Insolvenz des Versicherungsnehmers kann er abgesonderte Befriedigung aus dem Freistellungsanspruch des Versicherungsnehmers verlangen (§ 110 VVG). **1068**

3. Die Stellung des geschädigten Dritten als Zessionar des Freistellungsanspruchs

Eine **Abtretung des Freistellungsanspruchs an den geschädigten Dritten** ist weder durch die Natur des Anspruchs noch durch § 108 I VVG ausgeschlossen. § 108 II VVG verbietet es sogar, die Abtretung des Freistellungsanspruchs an den geschädigten Dritten durch Allgemeine Versicherungsbedingungen auszuschließen.[102] Der Reformgesetzgeber wendet sich mit dieser neu in das Gesetz eingefügten Regelung direkt gegen die bisherige gegensätzliche Bedingungspraxis der Versicherer (vgl. z.B. § 7 Nr. 3 AHB 2002, Nr. 28 AHB 2004, Nr. 28 AHB 2006). Der Reformgesetzgeber will den Versicherungsnehmer – abgesehen von abweichenden individualvertraglichen Vereinbarungen[103] – in die Lage versetzen, seinen Freistellungsanspruch an den geschädigten Dritten abzutreten. Eine solche Abtretung ist für den Versicherungsnehmer insbesondere dann von Interesse, wenn der Versicherer den Haftpflichtanspruch in Frage stellt, der Versicherungsnehmer selbst diesen aber für begründet hält, jedenfalls aber gegenüber dem Dritten nicht zurückweisen möchte (z.B. wegen einer bestehenden persönlichen Beziehung zu dem Geschädigten). Eine Abtretung entspricht auch dem Interesse des geschädigten Dritten.[104] Denn mit der Abtretung an ihn wandelt sich der Freistellungsanspruch in einen Zahlungsanspruch, den er mit einer Leistungsklage gegen den Versicherer gerichtlich geltend machen kann.[105] **1069**

---

101 Vgl. hierzu *Retter* in: Schwintowski/Brömmelmeyer, § 108 VVG Rn. 65; *Schneider* in: Beckmann/Matusche-Beckmann, § 24 Rn. 152. Im Ergebnis so bereits RGZ 158, 12; vgl. auch BGH DB 1975, 445; *Brox/Walker* Zwangsvollstreckungsrecht, 6. Aufl. 1999, Rn. 523.

102 Auf Versicherungsverträge über *Großrisiken* ist die Beschränkung des § 108 II VVG gem. § 210 VVG nicht anzuwenden (Rn. 160). Dies bedeutet, dass insoweit wie bisher ein Abtretungsverbot auch durch AVB vereinbart werden kann. Vgl. *Grote/Schneider* BB 2007, 2689. A.A. *Koch* r+s 2009, 133, 136 f. (unangemessene Benachteiligung des Versicherungsnehmers).

103 Nach RegE BT-Drucks. 16/3945 S. 86 kann individualvertraglich ein Verbot der Abtretung an den geschädigten Dritten »bei Abschluss des Versicherungsvertrages ebenso wie nach dem Versicherungsfall« vereinbart werden; zustimmend *Littbarski* PHi 2007, 176; *Schneider* in: Beckmann/Matusche-Beckmann, § 24 Rn. 46. Einem individualvertraglichen Abtretungsverbot *nach dem Versicherungsfall* könnte jedoch eine analoge Anwendung von § 108 I VVG entgegenstehen. Voraussetzung dafür wäre allerdings eine planwidrige Gesetzeslücke, die sich entgegen der Gesetzesbegründung wohl nicht begründen lässt.

104 Vgl. RegE BT-Drucks. 16/3945 S. 87.

105 Allgemeine Meinung. Grundlegend BGHZ 7, 244 = VersR 366 = NJW 1952, 1333; vgl. auch BGH VersR 1975, 655 sowie *Retter* in: Schwintowski/Brömmelmeyer, § 108 VVG Rn. 26 mit umfangreichen Nachweisen zur Lehre; *Schimikowski* in: HK-VVG, § 108 VVG Rn. 9. – Die Umwandlung des Freistellungsanspruchs in einen Zahlungsanspruch in der Hand des geschädigten Dritten ist dogmatisch nicht als Verschmelzung von Deckungs- und Haftpflichtanspruch zu deuten (vgl. *Langheid* VersR 2007, 865; *ders.* FS Gerrit Winter, 2007, S. 367 ff.). Zutreffend erscheint vielmehr anzunehmen, dass die Abtretung des Freistellungsanspruchs den Haftpflicht-

1070 Der Versicherer kann auch nach der Abtretung des Freistellungsanspruchs dem Geschädigten als Zessionar alle **Einwendungen** entgegenhalten, die er dem Versicherungsnehmer hätte entgegenhalten können (§ 404 BGB). Der Dritte muss also damit rechnen, dass der Versicherer, falls die Voraussetzungen vorliegen, auch ihm gegenüber einwendet, er sei zur Deckung nicht verpflichtet – etwa, weil er den Versicherungsvertrag angefochten habe oder von ihm zurückgetreten sei, ihn gekündigt habe oder – häufigste Möglichkeit – weil er infolge Prämienzahlungsverzuges oder einer Obliegenheitsverletzung des Versicherungsnehmers leistungsfrei sei. Damit bleibt – vergegenwärtigen Sie sich die vielen Möglichkeiten der (vollen oder teilweisen) **Leistungsfreiheit wegen Obliegenheitsverletzung** – ein gewichtiges Einwendungspotential des Versicherers. Der Versicherer kann dem Geschädigten auch entgegenhalten, dass dieser mit der Abtretung keinen Zahlungsanspruch erlangt hat, weil ein **Haftpflichtanspruch gegen den Versicherungsnehmer nicht begründet** sei.[106] Dieser Einwand ist dem Versicherer jedoch dann nicht eröffnet, wenn über die Haftpflicht bereits mit bindender Wirkung gegen den Versicherer entschieden ist.[107] An einer **Bindungswirkung** fehlt es allerdings, wenn im Haftpflichtprozess offen gelassen wurde, ob der zuerkannte Haftungsanspruch auf einem von der Deckungspflicht umfassten Haftpflichtverhältnis beruht.[108] Soweit eine Bindungswirkung nicht besteht, liegt die Darlegungs- und Beweislast für die anspruchsbegründenden Tatsachen beim klagenden Dritten. Der Versicherungsnehmer ist nicht Partei des Prozesses und kann daher Zeuge sein. Seine Aussagen unterliegen der freien Beweiswürdigung durch das Gericht.[109]

VI. Die Pflicht-Haftpflichtversicherung

1. Einführung

1071 Besteht nach einer Rechtsvorschrift eine Verpflichtung zum Abschluss einer Haftpflichtversicherung, so handelt es sich nach der Legaldefinition des § 113 I VVG um eine **»Pflichtversicherung«**. Die gesetzliche Definition einer obligatorischen Haftpflichtversicherung als »Pflichtversicherung« hat Tradition, wie das PflVG zeigt. Versicherungspflichten gibt es jedoch auch außerhalb der Haftpflichtversicherung, beispielsweise seit dem 1.1.2009 auch in der Krankenversicherung (Rn. 1277). Gesetzestechnisch erscheint es deshalb bedenklich, den allgemeinen Begriff der Pflichtver-

anspruch nicht berührt. Versicherungsnehmer und geschädigter Dritter haben nicht die rechtliche Befugnis, den Versicherer ohne dessen Zustimmung zum neuen Schuldner des Haftpflichtanspruchs zu machen. Wie hier *Lange* r+s 2007, 401; *Retter* in: Schwintowski/Brömmelmeyer, § 108 VVG Rn. 29.

106 BGH VersR 1975, 655 (Die Haftpflicht des Versicherungsnehmers sei dann als Vorfrage zu prüfen. Das sonst für die Haftpflichtversicherung geltende sogenannte Trennungsprinzip sei in diesem Falle nicht anwendbar). Entgegen *Lange* r+s 2007, 401 kann der Versicherer die Klärung der Haftpflichtfrage im Prozess über den Zahlungsanspruch des geschädigten Dritten nicht mit der Begründung verhindern, abgetreten sei nur der Freistellungsanspruch, der nach Wahl des Versicherers bereits durch Gewährung von Rechtsschutz zur Abwehr des Anspruchs erfüllt werde. Wie hier mit ausführlicher Begründung *Retter* in: Schwintowski/Brömmelmeyer, § 108 VVG Rn. 32 ff.

107 *Lange* r+s 2007, 401; *Langheid* VersR 2007, 865.

108 BGH VersR 1962, 557.

109 Vgl. zum Ganzen *Schimikowski/Höra* S. 162; *Lange* r+s 2007, 401; *ders.* VersR 2006, 1313; *Langheid* VersR 2007, 865; *ders.* NJW 2006, 3317; *ders.* NJW 2006, 3745; *ders.* FS Gerrit Winter, 2007, S. 367 ff.; *Franz* VersR 2008, 298.

sicherung für die Haftpflichtversicherung zu »reservieren«, zumal § 5 V Nr. 1 VAG denselben Begriff in einem umfassenden Sinne verwendet. Man sollte daher der Klarheit halber besser von Pflicht-Haftpflichtversicherung, Pflicht-Krankenversicherung etc. sprechen. Wir fügen uns trotz dieser gesetzestechnischen Kritik nachfolgend meist der Legaldefinition.

Rechtsvorschrift im Sinne von § 113 I VVG ist nicht nur ein formelles Gesetz, sondern auch eine Rechtsverordnung, eine Satzung einer öffentlich-rechtlichen Körperschaft oder eine EU-Verordnung.[110] Eine solche Versicherungspflicht besteht bekanntlich für Kfz-Halter (§ 1 PflVG), aber beispielsweise auch für Versicherungsvermittler (§ 34d II Nr. 3 GewO i.V.m. §§ 8 f. VersVermV), für Versicherungsberater (§§ 34e II, 34d II Nr. 3, VIII GewO i.V.m. §§ 8 f. VersVermV), für Rechtsanwälte (§ 51 BRAO), für Wirtschaftsprüfer (§ 54 Wirtschaftsprüferordnung), für Notare (§ 19a BNotO), für Jäger (§ 17 I Nr. 4 BJagdG) etc.[111] Unter den privaten Versicherungsverträgen, die auf Grund einer gesetzlichen Verpflichtung des Versicherungsnehmers abgeschlossen werden, bilden die Haftpflichtversicherungen bei weitem die größte Gruppe (vgl. Rn. 220). 1072

Für Pflicht-Haftpflichtversicherungen enthält der **2. Abschnitt des Kapitels über die Haftpflichtversicherung spezielle Vorschriften**, die den allgemeinen Vorschriften der §§ 100–112 VVG vorgehen. Die speziellen Vorschriften enthalten Mindestanforderungen an den Inhalt einer Pflichtversicherung (§§ 113, 114 VVG). Vor allem gestalten sie den besonderen Schutz des Dritten aus, insbesondere durch einen Direktanspruch gegen den Versicherer, der als Gesamtschuldner selbst und unmittelbar verpflichtetet ist (§§ 115–118 VVG), durch eine nur relative Wirkung von Einwendungen (§ 117 VVG) und durch eigene Obliegenheiten des derart geschützten Dritten (§ 119, 120 VVG). 1073

Die speziellen Regelungen der §§ 113 ff. VVG sind auch insoweit anzuwenden, als der Versicherungsvertrag über eine Pflichtversicherung eine über die vorgeschriebenen Mindestanforderungen hinausgehende Deckung gewährt, zum Beispiel eine höhere Versicherungssumme als die gesetzliche Mindestversicherungssumme vorsieht oder – insoweit nicht unbedenklich – den Kreis der mitversicherten Personen weiter zieht als gesetzlich zwingend gefordert[112] (§ 113 III VVG). Durch die Anwendbarkeit der §§ 113 ff. VVG wird eine komplizierte rechtliche Aufspaltung des Versicherungsverhältnisses in einen den Regeln über die Pflichtversicherung unterliegenden Teil und einen den allgemeinen Regeln unterliegenden Teil ausgeschlossen.[113] 1074

2. Gesetzliche Mindestanforderungen an die Erfüllung der Versicherungspflicht

Eine Pflicht-Haftpflichtversicherung muss **mit einem im Inland zum Geschäftsbetrieb befugten Versicherungsunternehmen** abgeschlossen werden (§ 113 I VVG). Erforderlich ist nur die nach dem Versicherungsaufsichtgesetz zu beurteilende Be- 1075

110 RegE BT-Drucks. 16/3945 S. 87; *Huber* in: Schwintowski/Brömmelmeyer, § 113 VVG Rn. 2 ff.
111 Überblick über Pflicht-Haftpflichtversicherungen: *Wiechmann/Block* Nr. 54, 55, 70d, 70j; *Prölss* in: Prölss/Martin, Vorbem. IV 1. – Vom Verordnungsgeber noch umzusetzen sind § 36 GenTG, § 19 f. UmweltHG.
112 So RegE BT-Drucks. 16/3945 S. 88.
113 Näher hierzu RegE BT-Drucks. 16/3945 S. 87 f.; *Huber* in: Schwintowski/Brömmelmeyer, § 113 VVG Rn. 11 ff.

fugnis zum Geschäftsbetrieb im Inland, nicht aber der Sitz des Versicherungsunternehmens im Inland.[114]

1076 Soweit durch (speziellere) Rechtsvorschrift nichts anderes bestimmt ist, muss die **Mindestversicherungssumme** 250.000 € je Versicherungsfall und 1 Million € für alle Versicherungsfälle eines Versicherungsjahres betragen (§ 114 I VVG). Die vielfältigen Rechtsquellen, die eine Pflicht zum Abschluss einer Haftpflichtversicherung begründen (Rn. 1072), schreiben allerdings häufig andere Mindestversicherungssummen vor. Beispielsweise verlangt § 9 II VersVermV für Versicherungsvermittler und -berater eine Mindestversicherungssumme von 1 Million € je Versicherungsfall und 1,5 Millionen € für alle Versicherungsfälle eines Jahres. Besondere Mindestversicherungssummen gelten bekanntlich auch für die Kfz-Haftpflichtversicherung (vgl. Anlage zu § 4 II PflVG; näher hierzu Rn. 1109).

1077 Im Übrigen belässt der Gesetzgeber den Parteien des Versicherungsvertrags ausdrücklich die **Befugnis, Inhalt und Umfang der Pflichtversicherung näher zu bestimmen**, jedoch unter dem Vorbehalt, dass dadurch die Erreichung des jeweiligen Zwecks der Pflichtversicherung nicht gefährdet wird und durch Rechtsvorschrift nicht ausdrücklich etwas anderes bestimmt sein darf (§ 114 II 1 VVG). Diese Vorbehalte sind bei der Inhaltskontrolle von abweichenden AVB gem. § 307 BGB zu beachten; sie stehen aber auch abweichenden Individualvereinbarungen entgegen. Dabei ist zu berücksichtigen, dass mit der Pflichtversicherung stets und vorrangig auch die Interessen des geschädigten Dritten geschützt werden sollen.[115] Eine Konkretisierung gibt der Reformgesetzgeber für Selbstbehalte. Ein vertraglich vereinbarter **Selbstbehalt** des Versicherungsnehmers kann weder dem geschädigten Dritten noch einem Mitversicherten entgegengehalten werden (§ 114 II 2 VVG). Der Versicherer muss den Dritten also voll entschädigen bzw. für einen Haftpflichtanspruch gegen einen Mitversicherten voll aufkommen, kann aber sodann beim Versicherungsnehmer in Höhe des Selbstbehalts Rückgriff nehmen (hierzu Rn. 1097 ff.).[116]

3. Der Schutz des geschädigten Dritten in der Pflichtversicherung und Folgefragen

a) Überblick

1078 Der geschädigte Dritte wird in der Pflicht-Haftpflichtversicherung stärker geschützt als der Dritte in der freiwilligen Haftpflichtversicherung. Er wird **in allen Fällen der Pflicht-Haftpflichtversicherung** *zusätzlich zu dem unter V. (Rn. 1059 ff.) Gesagten* dadurch geschützt, dass der Versicherer »in Ansehung seiner Person« auch dann verpflichtet bleibt, wenn er gegenüber dem Versicherungsnehmer ganz oder teilweise

114 Vgl. hierzu Rn. 77 f.; vgl. auch RegE BT-Drucks. 16/3945 S. 87; *Huber* in: Schwintowski/Brömmelmeyer, § 113 VVG Rn. 9; *Schneider* in: Beckmann/Matusche-Beckmann, § 24 Rn. 164. – Vgl. dagegen die Regelung zur Pflicht-Krankenversicherung § 193 III VVG 2009. Danach muss die Krankenversicherung »bei einem in Deutschland zum Geschäftsbetrieb zugelassenen Versicherungsunternehmen« abgeschlossen werden.

115 Vgl. hierzu RegE BT-Drucks. 16/3945 S. 88; *Marlow/Spuhl* S. 180 f.; *Huber* in: Schwintowski/Brömmelmeyer, § 114 VVG Rn. 5; *Armbrüster/Dallwig* VersR 2009, 150; zu § 114 VVG vgl. auch *Dallwig* ZVersWiss 2009, 47.

116 Vgl. hierzu RegE BT-Drucks. 16/3945 S. 50, 88; *Huber* in: Schwintowski/Brömmelmeyer, § 114 VVG Rn. 1 ff.; *Marlow/Spuhl* S. 180 ff.; *Schneider* in: Beckmann/Matusche-Beckmann, § 24 Rn. 166 f.

leistungsfrei ist (§ 117 VVG, sog. **»Einwendungsausschluss«**). Unter den **besonderen Voraussetzungen von § 115 VVG** wird der Schutz des Dritten dann noch weitergehend dadurch verstärkt, dass ihm ein **Direktanspruch** gegen den Haftpflichtversicherer zugebilligt wird.

Der besondere Schutz des Dritten durch den Einwendungsausschluss hat Folgewirkung für das Versicherungsvertragsverhältnis. Denn im Innenverhältnis zum Versicherungsnehmer ist der Versicherer leistungsfrei. Der Einwendungsausschluss bedingt deshalb Regelungen über den **Rückgriff** des Versicherers beim Versicherungsnehmer (§§ 117 V, 116 VVG). 1079

b) Der Einwendungsausschluss

Wie bereits dargelegt, kann der Versicherer sich im Falle einer freiwilligen Haftpflichtversicherung gegenüber allen Beteiligten ohne weiteres darauf berufen, er sei (z.B. wegen Obliegenheitsverletzung) von seiner **Verpflichtung zur Leistung ganz oder teilweise frei.** Diese nach allgemeinen Grundsätzen des Vertrags- und Zessionsrechts selbstverständliche Regel gilt für Pflichtversicherungen nicht mehr. Vielmehr **bleibt die Verpflichtung** des Pflichtversicherers **»in Ansehung des Dritten bestehen«** (§ 117 I VVG). Dieses »in Ansehung des Dritten« hat dieselbe Folge wie das »dem Dritten gegenüber« in § 108 I 1 VVG, nämlich eine Verdoppelung der juristischen Realität: Obwohl der Versicherer dem Versicherungsnehmer gegenüber nicht zur Deckung verpflichtet ist (sog. »krankes Versicherungsverhältnis«), kann der verletzte Dritte sich so verhalten, als bestehe ein Deckungsanspruch, den er pfänden und sich überweisen lassen kann (oder in den Fällen eines Direktanspruchs unmittelbar gegen den Versicherer geltend machen kann). Die so begründete Einstandspflicht des Pflichtversicherers gegenüber dem Dritten ist allerdings auf die jeweilige vorgeschriebene Mindestversicherungssumme und – selbstverständlich – auf den Rahmen der vom Versicherer übernommenen Gefahr beschränkt (§ 117 III 1 VVG). Außerdem kann sich der Versicherer gegenüber dem Dritten auf die Verweisungsprivilege der § 117 III 2 und IV VVG berufen (näher dazu Rn. 1083).[117] 1080

Beispiel: Ein pflichtversicherter Jäger hat durch einen unglücklichen Schuss einen Jogger verletzt und danach seinem Versicherer eine völlig irreführende Darstellung des Jagdunfalls gegeben, um die Mitverantwortlichkeit eines nicht haftpflichtversicherten Jagdbegleiters zu verheimlichen. Dann hat der Versicherungsnehmer damit seinem Versicherer die Geltendmachung eines Rückgriffsanspruchs (§§ 823, 840, 426 BGB, § 86 VVG) gegen den Jagdfreund vorsätzlich, wenn nicht arglistig erschwert und deshalb nach § 86 II 2 VVG den Deckungsanspruch verloren, soweit wegen seines Verhaltens von dem Jagdbegleiter kein Ersatz verlangt werden konnte, beispielsweise weil der Versicherer mit der Zwangsvollstreckung gegen den zwischenzeitlich zahlungsunfähigen Jagdfreund zu spät kommt. Der verletzte Jogger kann ungeachtet der Leistungsfreiheit des Pflicht-Haftpflichtversicherers gegenüber dem Jäger den im Verhältnis zu ihm fortbestehenden Deckungsanspruch pfänden und sich überweisen lassen und dann den Versicherer auf Zahlung in Anspruch nehmen.

Zu beachten ist, dass eine **vorsätzliche Herbeiführung des Versicherungsfalls** nicht wie eine Obliegenheitsverletzung zur Leistungsfreiheit i.S. einer nachträglichen Befreiung von einer an sich gegebenen Leistungspflicht führt. Es handelt sich vielmehr um einen **Risikoausschluss** (vgl. § 103 VVG und Nr. 7.1 AHB 2008, Rn. 1052). Auf ihn ist die Regelung über den Einwendungsaufschluss gem. § 117 III VVG (»nur im 1081

117 Näher zum »kranken« Versicherungsverhältnis *Schneider* in: Beckmann/Matusche-Beckmann, § 24 Rn. 169 f.

Rahmen … der von ihm übernommenen Gefahr«) nicht anwendbar. Dies ist eine wichtige zusätzliche Begründung dafür, dass man sich mit der schwierigen Abgrenzung zwischen Risikobeschreibung (Risikoausschluss) und Obliegenheit zu Recht große Mühe macht (vgl. Rn. 545 ff.).

1082 Dem Versicherer ist nach § 117 II VVG auch die Einwendung des **Nichtbestehens oder der Beendigung des Versicherungsverhältnisses** (jedenfalls zeitweilig) versagt. Ist das Versicherungsverhältnis durch Kündigung oder Zeitablauf beendet, oder muss es im Rechtssinne (z.B. infolge Anfechtung oder Rücktritts) als nicht bestehend angesehen werden, so kann sich der Versicherer darauf Dritten gegenüber nicht sofort, sondern erst nach Ablauf einer gewissen Frist berufen (sog. »**Nachhaftung**«).[118] Der Hintergrund der Regel ist dieser: Die gesetzlichen Gebote, vor Aufnahme bestimmter Tätigkeiten eine Haftpflichtversicherung zu nehmen, werden verwaltungsmäßig meist so durchgesetzt, dass beim Antrag auf behördliche Erlaubnis zur Aufnahme der betroffenen Tätigkeit (Kfz-Zulassung, Jagdschein usw.) der Behörde auch der vorgeschriebene Haftpflichtversicherungsschutz nachgewiesen werden muss. Deshalb kann der Versicherungsnehmer auch über die Pflichtversicherung eine Bescheinigung nach § 113 II VVG verlangen.[119] Wenn nun die zuständige Behörde später davon erfährt, dass aus irgendeinem Grund kein wirksames Versicherungsverhältnis vorliegt, dann muss sie die Erlaubnis nach verwaltungsrechtlichen Regeln wieder zurücknehmen. Denn dann sind Dritte, die durch die Versicherungspflicht geschützt werden sollten, in hohem Maße gefährdet. Über § 117 II VVG erreicht das Gesetz nun auf einfache Weise, dass die Behörde alsbald über das Fehlen des Versicherungsschutzes unterrichtet und das Publikum geschützt wird. Danach haftet nämlich der Versicherer noch einen Monat lang, nachdem er die zuständige Stelle über Fehlen oder Beendigung des Versicherungsverhältnisses unterrichtet hat. Er hat also Grund, die Mitteilung so bald wie möglich zu machen. Die zuständige Stelle hat dann noch einen Monat Zeit, für die Einstellung der versicherungspflichtigen Tätigkeit zu sorgen, ehe das Publikum durch Leistungsfreiheit des Versicherers finanziell gefährdet wird. Auch im Fall des § 117 II VVG haftet der Versicherer nur in dem in § 117 III 1 VVG beschriebenen Umfang. – Dem geschilderten Regelungszweck der »Nachhaftung« wird auch bei einer Insolvenz des Versicherers Rechnung getragen. Nach der allgemeinen Regelung des § 16 VVG endet das Versicherungsverhältnis mit Ablauf eines Monats seit der Eröffnung des Insolvenzverfahrens. Für den Fall der Insolvenz eines Pflicht-Haftpflichtversicherers bestimmt § 117 VI VVG zum Schutze des Dritten einen anderen Ausgangspunkt für die Fristbestimmung: das Versicherungsverhältnis endet hier erst mit dem Ablauf eines Monats, nachdem der Insolvenzverwalter die Eröffnung des Insolvenzverfahrens der für die Kfz-Zulassung etc. zuständigen Stelle angezeigt hat.[120]

1083 Die Einwendungsausschlüsse des § 117 I und II VVG schützen den geschädigten Dritten auf Kosten der Interessen des Versicherers (genauer: letztlich auf Kosten der anderen Versicherungsnehmer, denn der Versicherer muss jede zusätzliche Belastung

118 Näher hierzu *Huber* in: Schwintowski/Brömmelmeyer, § 117 VVG Rn. 64 ff.; *Schneider* in: Beckmann/Matusche-Beckmann, § 24 Rn. 171.

119 Für Kraftfahrzeuge § 23 FZV, für Luftfahrzeuge § 2 I Nr. 3 LuftVG, für Jagdscheine § 17 I Nr. 4 BJagdG.

120 Vgl. hierzu RegE BT-Drucks. 16/3945 S. 89 f. (zu § 117 V VVG); *Schneider* in: Beckmann/Matusche-Beckmann, § 24 Rn. 189.

in erhöhten Prämien weitergeben). Das erscheint dem Gesetzgeber nur gerechtfertigt, wenn der Geschädigte ohne diese Regelung in wirtschaftliche Not kommen könnte. Deshalb soll der Haftpflichtversicherer nicht belastet werden, wenn für den Geschädigten auf andere Weise gesorgt ist. So erklärt sich das sog. **»Verweisungsprivileg« nach § 117 III 2 VVG**: Der Pflicht-Haftpflichtversicherer ist auch im Außenverhältnis zum Dritten leistungsfrei, soweit dieser Ersatz seines Schadens von einem anderen Schadensversicherer oder von einem Sozialversicherungsträger erlangen »kann«.[121]

Ein Spezialproblem regelt § 117 IV VVG, der nicht im Verhältnis zum geschädigten Dritten, sondern nur für das Ausgleichsverhältnis zwischen dem nach § 117 I und II VVG eintrittspflichtigen Versicherer und einem nach § 839 I BGB Ersatzpflichtigen gilt. Eine Ausgleichspflicht des Ersatzpflichtigen nach § 839 I BGB gegenüber dem Versicherer soll nicht dadurch ausgeschlossen werden können, dass sich der Beamte bzw. der öffentliche Dienstherr auf das Verweisungsprivileg des § 839 I 2 BGB beruft.[122] **1084**

c) Direktanspruch des Dritten gegen den Versicherer

In den Fällen des § 115 I VVG ist der geschädigte Dritte, will er gegen den Pflicht-Haftpflichtversicherer seines Schädigers vorgehen, unter bestimmten Voraussetzungen nicht darauf angewiesen, vom Schädiger dessen Freistellungsanspruch abgetreten zu bekommen (Rn. 1069 f.) oder den Schädiger zu verklagen, um so über den (Um-)Weg der Pfändung und Überweisung des Deckungsanspruchs schließlich gegen den Versicherer vorgehen zu können (Rn. 1062). Das Gesetz gibt dem Dritten vielmehr einen **»Direktanspruch«** gegen den Versicherer, d.h. die Befugnis, »seinen Anspruch auf Schadenersatz auch gegen den Versicherer geltend zu machen« (§ 115 VVG). Das ist wörtlich zu nehmen: Der Versicherer haftet dem Dritten wie der versicherte haftpflichtige Schädiger selbst. Der Direktanspruch macht den Versicherer neben dem Schädiger zum Gesamtschuldner (§ 116 VVG), also zu einem zweiten Schuldner des Haftpflichtanspruchs. **1085**

Einen solchen Direktanspruch gibt es schon bisher in der Kfz-Haftpflichtversicherung (§ 3 Pflichtversicherungsgesetz – PflVG).[123] Er vereinfacht dort die Regulierung von Schäden aus Straßenverkehrsunfällen erheblich und hat sich gut bewährt. Der Regierungsentwurf des VVG-Reformgesetzes wollte den Direktanspruch deshalb generell für alle Pflichtversicherungen einführen.[124] Im Zuge der Beratungen des Rechtsausschusses wurde der Anwendungsbereich des Direktanspruchs dann aber auf die »unter Verbrauchergesichtspunkten wesentlichen Problembereiche« be- **1086**

121 Maßgebend ist der Zeitpunkt des Versicherungsfalls, so dass das Verweisungsprivileg des Pflichtversicherers beispielsweise nicht dadurch tangiert wird, dass der Versicherungsnehmer den anderweitigen Anspruch mangels rechtzeitiger Geltendmachung verliert. Vgl. BGH VersR 1971, 238.

122 So schon BGH VersR 1983, 84 für die Vorgängerregelung § 158c V VVG a.F., für die auf Grund des andersartigen Wortlauts umstritten war, ob sie auch Bedeutung für die Haftung des Versicherers im Außenverhältnis zum Geschädigten hat. Durch die Neufassung der Regelung hat der Gesetzgeber die frühere Streitfrage im Sinne der Rechtsprechung entschieden; vgl. RegE BT-Drucks. 16/3945 S. 89.

123 In Umsetzung des Europäischen Übereinkommens über die obligatorische Haftpflichtversicherung für Kfz von 1959 ([BGBl. II 1965, S. 282]; vgl. auch BT-Drucks. IV/2253 S. 3 sowie *Feyock/Jacobsen/Lemor* S. 1070 ff.). Vorbild war das französische Recht. Deshalb findet sich auch die Bezeichnung »action directe« (gegen den Haftpflichtversicherer).

124 Vgl. RegE BT-Drucks. 16/3945 S. 88 f.

schränkt.[125] Die zunächst geplante umfassende Konzeption gab immerhin Anlass zu gesetzestechnischer Vereinfachung. So wurden die bisherigen Vorschriften für die Pflichtversicherung in den §§ 158b–158k VVG a.F. und die sie überlagernden Regelungen des § 3 PflVG a.F. weitgehend zusammengeführt und neu gefasst. Für die obligatorische Kfz-Haftpflichtversicherung finden allerdings weiterhin die spezielleren Regelungen der KfzPflVV und des PflVG Anwendung;[126] die Vorschriften beider Rechtsquellen sind im Zuge der VVG-Reform aber ebenfalls teilweise geändert worden (Rn. 1107 f.).

1087 Nach der schließlich Gesetz gewordenen Regelung des § 115 I VVG besteht ein **Direktanspruch** nicht für alle Pflichtversicherungen, sondern nur für eine **Pflichtversicherung nach dem Pflichtversicherungsgesetz** (Nr. 1; näher hierzu Rn. 1111), außerdem **unabhängig von der Art der Pflicht-Haftpflichtversicherung**, wenn über das Vermögen des Versicherungsnehmers das **Insolvenzverfahren** eröffnet (vgl. § 27 InsO), der Eröffnungsantrag mangels Masse abgewiesen (vgl. § 26 InsO) oder ein vorläufiger Insolvenzverwalter bestellt (vgl. § 21 II S. 1 Nr. 1 InsO) worden ist (Nr. 2), oder wenn der **Aufenthalt des Versicherungsnehmers unbekannt** ist.[127] Unbekannt ist der Aufenthalt des Versicherungsnehmers entsprechend der Regelung des § 185 Nr. 1 ZPO zur öffentlichen Zustellung, wenn er – trotz Nachforschungen wie z.B. einer Melderegisteranfrage oder dem Befragen von ehemaligen Nachbarn, Verwandten etc. – nicht nur dem geschädigten Dritten, sondern allgemein unbekannt ist.[128]

1088 **Inhalt und Umfang des Direktanspruchs** bestimmen sich vor allem nach § 115 I 2–4 VVG. Maßgebend ist grundsätzlich die Leistungspflicht des Versicherers aus dem Versicherungsverhältnis unter Beachtung der bereits dargelegten Einwendungsausschlüsse des § 114 II 2 VVG (Selbstbehalt) und des § 117 VVG (sonstige Einwendungen). Der Versicherer hat den Schadensersatz in Geld zu leisten. Er haftet neben dem Versicherungsnehmer (bzw. Versicherten[129]) als Gesamtschuldner. Der Direktan-

125 Vgl. die Begründung der Beschlussempfehlung des BT-Rechtsausschusses, BT-Drucks. 16/5862 S. 99. Vgl. auch die Begründung der Beschlussempfehlung des BT-Rechtsausschusses zum Entwurf eines Zweiten Gesetzes zur Änderung des Pflichtversicherungsgesetzes und anderer versicherungsrechtlicher Vorschriften, BT-Drucks. 16/6627 S. 6; vgl. hierzu auch *Littbarski* PHi 2007, 176. – Die Begrenzung des Direktanspruchs während des Gesetzgebungsverfahrens auf die Fälle des § 115 VVG in der Gesetz gewordenen Fassung machte schon vor Inkrafttreten des VVG 2008 eine Änderung des Reformgesetzes notwendig, da die ursprüngliche Fassung des Regierungsentwurfs zu einer unbeabsichtigten Schutzlücke führte.

126 Zur zeitlichen Anwendbarkeit des PflVG a.F. LG Karlsruhe, 23.01.2009, Az.: 3 O 172/08 (analog Art. 1 II EGVVG).

127 Vgl. *Abram* VP 2008, 77. – Entgegen *Schneider* in: Beckmann/Matusche-Beckmann, § 24 Rn. 177, ist eine Analogie zu § 115 I 1 Nr. 2 VVG nicht zu erwägen, wenn sich der Versicherungsnehmer »in Zahlungsschwierigkeiten befindet«. Für eine solche Analogie fehlen die Voraussetzungen, ganz abgesehen von der Unbestimmtheit des Kriteriums; allein die Berufung auf den beabsichtigten Verbraucherschutz reicht nicht aus. Zur Frage eines Anspruchs des Geschädigten auf Information über das Bestehen einer Pflichtversicherung etc. *Keppel* ZVersWiss – Supplement 2007, 109.

128 *Marlow/Spuhl* S. 182; so auch *Huber* in: Schwintowski/Brömmelmeyer, § 115 VVG Rn. 9; *Schimikowski* in: HK-VVG, § 115 VVG Rn. 4.

129 Der Begriff »Versicherungsnehmer« steht im VVG in zahlreichen Regelungsbereichen zugleich für »Versicherter«, siehe Rn. 46 ff.

spruch unterliegt der gleichen **Verjährung**[130] wie der Schadensersatzanspruch gegen den ersatzpflichtigen Versicherungsnehmer (zu Einzelheiten vgl. § 115 II VVG).[131]

Im Übrigen gelten grundsätzlich die §§ 421 ff. BGB (zum Rückgriff des Versicherers gegen den Versicherungsnehmer vgl. Rn. 1097 ff.). Eine Besonderheit gegenüber der allgemeinen Regelung des § 425 II BGB bringt § 124 I VVG: Sowohl der Versicherer als auch der haftpflichtige Versicherungsnehmer können sich auf ein klageabweisendes Urteil berufen, das auf eine Klage des Geschädigten gegen den jeweils anderen ergangen ist (**Rechtskrafterstreckung**). 1089

Vertiefung: Für Klagen aus dem Versicherungsvertrag oder der Versicherungsvermittlung gilt der Wohnsitz des Versicherungsnehmers gemäß § 215 I 1 VVG als besonderer, für Klagen gegen den Versicherungsnehmer gemäß § 215 I 2 VVG sogar als ausschließlicher **Gerichtsstand**. Möchte der Dritte den Versicherer über § 115 I VVG direkt in Anspruch nehmen, so stellt sich die Frage, ob der Dritte sowohl den Versicherungsnehmer – um ihn als Zeuge auszuschalten – als auch den Versicherer am Wohnsitz des Versicherungsnehmers (§ 13 ZPO) verklagen kann. Nach § 215 I 1 VVG käme eine solche Vorgehensweise nur dann in Betracht, wenn der gegen den Versicherer geltend gemachte Direktanspruch als eine Klage »aus dem Versicherungsvertrag« anzusehen wäre. Ein solches Verständnis scheitert aber, wenn man entsprechend dem Wortlaut des § 115 I VVG den Direktanspruch als einen Anspruch des Dritten auf Schadensersatz gegen den Versicherer beschreibt und annimmt, dass der Direktanspruch – jedenfalls überwiegend – deliktsrechtlicher Natur ist. Es bleibt dann dabei, dass sich der Gerichtsstand einer Klage gegen den Versicherungsnehmer nach § 13 ZPO und gegen den Versicherer nach § 17 ZPO richtet. Wenn nicht – wie bei Kfz-Unfällen am Unfallort – ein gemeinsamer Gerichtsstand eröffnet ist, kann bei einer Klage gegen Versicherungsnehmer und Versicherer als Gesamtschuldner ein gemeinsamer Gerichtsstand gemäß § 36 I Nr. 3 ZPO gerichtlich bestimmt werden.[132] 1090

d) Anzeigepflicht und Obliegenheiten des Dritten

Den Dritten treffen bei der Pflichtversicherung kraft Gesetzes eigene **Anzeige- und Auskunfts-»Obliegenheiten«**. Die amtliche Überschrift von § 119 VVG lautete »Obliegenheiten des Dritten«; es ist gleichwohl fraglich, ob § 119 I VVG eine Obliegenheit oder nicht doch eine Nebenpflicht des Dritten begründet (dazu Rn. 544, 1093). Nach § 119 I VVG hat der Dritte – wie der Versicherungsnehmer nach § 30 VVG – dem Versicherer ein Schadensereignis, aus dem er einen Anspruch gegen den Versicherungsnehmer oder im Wege der Direktklage gegen den Versicherer herleiten möchte, innerhalb von zwei Wochen ab Kenntniserlangung von dem Schadensereignis in Textform anzuzeigen; rechtzeitige Absendung genügt. Wenn er den Anspruch gegen den Versicherungsnehmer gerichtlich geltend macht, hat er dies dem Versicherer unverzüglich anzuzeigen (§ 119 II VVG). § 119 III VVG begründet außerdem – ähnlich wie § 31 VVG für den Versicherungsnehmer – eine Auskunftsobliegenheit des Dritten. Er hat auf Verlangen dem Versicherer Auskunft zu erteilen, soweit dies zur Feststellung des Schadensereignisses und der Höhe des Schadens erforderlich ist. 1091

130 Die Fälligkeit des Direktanspruchs richtet sich mangels spezieller Regelung nach § 271 I BGB.

131 Vgl. hierzu auch BT-Rechtsausschuss BT-Drucks. 16/5862 S. 99; *Huber* in: Schwintowski/Brömmelmeyer, § 115 VVG Rn. 30 ff.

132 *Klär* in: Schwintowski/Brömmelmeyer, § 215 VVG Rn. 6 m.w.N.; *Marlow/Spuhl* S. 184 f. – Umstritten ist die Anwendbarkeit von § 215 I VVG, wenn ein infolge fehlerhafter Beratung beim Abschluss eines Versicherungsvertrages geschädigter Versicherungsnehmer an seinem Wohnsitz sowohl den Versicherungsvermittler als auch unter den besonderen Voraussetzungen von § 115 VVG im Wege der Direktklage dessen Haftpflichtversicherer verklagen möchte; vgl. bejahend *Marlow/Spuhl* S. 185; verneinend *Klär* in: Schwintowski/Brömmelmeyer, § 215 VVG Rn. 6.

Belege kann der Versicherer nur insoweit verlangen, als deren Beschaffung dem Dritten billigerweise zugemutet werden kann.

1092 Für die Verletzung einer **Obliegenheit nach § 119 II und III VVG** ergeben sich die **Rechtsfolgen** aus § 120 VVG. Bei schuldhafter Verletzung dieser Obliegenheiten beschränkt sich die Haftung des Versicherers nach den §§ 115 und 117 VVG auf den Betrag, den er auch bei gehöriger Erfüllung der Obliegenheit zu leisten gehabt hätte; vorausgesetzt ist allerdings, dass der Dritte vorher ausdrücklich und in Textform auf diese Rechtsfolge der Obliegenheitsverletzung hingewiesen worden ist. Diese Belehrung kann entgegen dem Wortlaut des § 120 VVG für die Obliegenheit des § 119 II VVG jedenfalls dann nicht verlangt werden, wenn der Dritte entgegen § 119 I VVG das Schadensereignis nicht angezeigt hat und der Versicherer deshalb keine Möglichkeit hatte, den Dritten vor Klageerhebung auf die Anzeigeobliegenheit nach § 119 II VVG hinzuweisen.[133]

1093 Für den Fall des **Unterlassens der Anzeige nach § 119 I VVG** sieht das Gesetz keine **Rechtsfolge** vor. Nach der Gesetzesbegründung soll ein gesetzlicher Schadensersatzanspruch bestehen[134]; gemeint ist ein Schadensersatzanspruch nach § 280 BGB i.V.m. § 119 I VVG. Legt man dies zu Grunde, dann wäre es richtig gewesen, in der gesetzlichen Überschrift zu § 119 VVG nicht nur von Obliegenheiten, sondern eben auch von einer Anzeigepflicht zu sprechen. Bemerkenswert ist, dass sowohl dieser Schadensersatzanspruch als auch die (teilweise oder vollständige) Leistungsfreiheit als Sanktion für eine Obliegenheitsverletzung nach § 119 II und III VVG schon bei einfacher Fahrlässigkeit des Dritten greifen. Daraus können sich gravierende Rechtsfolgenunterschiede ergeben, wenn sowohl der Versicherungsnehmer wie auch der Dritte das Schadensereignis einfach fahrlässig nicht anzeigen. Für den Versicherungsnehmer ist die einfach fahrlässige Verletzung einer Obliegenheit nämlich sanktionslos. Dies könnte dazu führen, dass der Versicherer gegenüber dem Versicherungsnehmer uneingeschränkt leistungspflichtig ist, von dem einfach fahrlässig handelnden Dritten jedoch Schadenersatz verlangen kann, beispielsweise wenn er infolge der Nichtanzeige des Schadensereignisses Aufklärungs- oder Schadensminderungsmaßnahmen nicht vornehmen konnte, die seine Leistungspflicht ausgeschlossen oder gemindert hätten.

e) Rangfolge mehrerer Ansprüche

1094 Rechtsvorschriften, die eine Versicherungspflicht begründen, setzen die Höhe der Mindestversicherungssummen einer Pflichtversicherung gewöhnlich so hoch fest, dass mit diesem Betrag ein durchschnittlicher Großschaden gedeckt werden kann.[135] Es kann aber vorkommen, dass ein und dasselbe Schadensereignis mehrere Ansprüche auf Entschädigung begründet, die zusammen die Versicherungssumme übersteigen. Für diesen Fall sieht der im Wege der VVG-Reform neu eingeführte § 118 VVG eine **abgestufte Rangfolge der Ansprüche auf die Versicherungssumme** vor. An der Spitze dieser Rangfolge stehen Ansprüche wegen Personenschäden, am Ende Ansprüche, die auf Sozialversicherungsträger übergegangen sind, und sonstige Ansprüche. Ansprüche gleichen Ranges sind nach dem Verhältnis ihrer Beiträge zu befriedigen (vgl. im Einzelnen § 118 I VVG).

---

133 Vgl. *Schneider* in: Beckmann/Matusche-Beckmann, § 24 Rn. 187, der von einem Redaktionsversehen des Gesetzgebers spricht und die Belehrungspflicht bei § 119 II VVG generell verneint.

134 RegE BT-Drucks. 16/3945 S. 90; ebenso *Schimikowski/Höra* S. 164.

135 RegE BT-Drucks. 16/3945 S. 90.

Ein Ersatzberechtigter, der bei der Verteilung entgegen seines Vorrangs nicht berücksichtigt worden ist, kann sich bei Erschöpfung der Versicherungssumme darauf nicht nachträglich berufen, wenn der Versicherer mit der Geltendmachung dieses Anspruchs nicht gerechnet hat und auch nicht rechnen musste (§ 118 II VVG). Diese Regelung erfasst auch den Fall, dass ein weiterer – bisher nicht angemeldeter oder erst später entstandener – Teil eines bisher teilweise angemeldeten Anspruchs nachträglich geltend gemacht wird.[136] 1095

f) Veräußerung der von der Versicherung erfassten Sache

Eine **Veräußerung der von der Versicherung erfassten Sache** führt gemäß § 122 VVG zur entsprechenden Anwendung der §§ 95 bis 98 VVG (vgl. dazu Rn. 714 ff.). Ausgangspunkt der Regelung ist der Umstand, dass die Haftpflicht des Versicherungsnehmers oder eines Versicherten an eine Sache (beispielsweise Kfz) geknüpft ist. Mit der Eigentumsübertragung dieser Sache scheidet der Veräußerer als Versicherungsnehmer aus und es tritt der Erwerber in die während der Dauer seines Eigentums aus dem Versicherungsverhältnis sich ergebenden Rechte und Pflichten des Versicherungsnehmers ein.[137] Für die obligatorische Kfz-Haftpflichtversicherung ist die Sonderregelung des § 3b PflVG zu beachten (Rn. 1114). 1096

g) Rückgriff des Versicherers gegen den Versicherungsnehmer

Wer etwas Sensibilität für schuldrechtliche Probleme hat, dem wird sich bei der Lektüre der letzten Abschnitte die Frage nach dem »Ausgleich« oder **»Rückgriff«** des Versicherers gegen den Versicherungsnehmer aufgedrängt haben. Denn es kann ja nicht dabei bleiben, dass der im Innenverhältnis leistungsfreie Versicherer im Interesse des geschädigten Dritten eine Leistung erbringen musste und der Versicherungsnehmer damit trotz »kranken« Versicherungsverhältnisses von seiner Haftpflicht befreit ist. 1097

Wenn der Versicherer im Wege des **Direktanspruchs** als Gesamtschuldner in Anspruch genommen worden ist, gilt für den **Rückgriff** des Versicherers gegenüber dem Versicherungsnehmer oder Versicherten grundsätzlich das **Gesamtschuldrecht** des BGB, vorrangig jedoch die spezielle Regelung des § 116 I 2 VVG. Bei »krankem« Versicherungsverhältnis ist im Innenverhältnis allein der Versicherungsnehmer verpflichtet. Der ausgleichsberechtigte Versicherer hat den originären Rückgriffsanspruch aus § 116 I VVG und erhält zusätzlich im Wege der Legalzession gemäß § 426 II BGB die Forderung des geschädigten Dritten. Beide Ansprüche unterliegen der speziellen Verjährungsregelung des § 116 II VVG. (Zur Rechtskrafterstreckung zum Nachteil des ausgleichsverpflichteten Versicherungsnehmers vgl. nächste Rdnr.) Der ausgleichsberechtigte Versicherer kann auch Ersatz der über die Schuldtilgung hinausgehenden Aufwendungen verlangen, die er den Umständen nach für erforderlich halten durfte (§ 116 I 3 VVG). – § 116 I 1 VVG stellt klar, dass bei »gesundem« Versicherungsverhältnis im Innenverhältnis der Gesamtschuldner allein der Versicherer verpflichtet ist, also kein Rückgriff stattfindet. 1098

Wenn der Versicherer nicht auf Grund eines Direktanspruchs, sondern lediglich auf Grund des Einwendungsaufschlusses nach **§ 117 I bis IV VVG** an den Dritten geleistet 1099

136 *Huber* in: Schwintowski/Brömmelmeyer, § 118 VVG Rn. 39.

137 Eine gravierende Rechtsschutzlücke kann sich für den Erwerber ergeben, wenn der Haftpflichtversicherer gem. § 117 II VVG haftet (Nachhaftung) und dem Erwerber dies nicht bewusst ist; vgl. hierzu *Huber* in: Schwintowski/Brömmelmeyer, § 122 VVG Rn. 7 ff.

hat, geht nach § 117 V VVG die Forderung des Dritten zum Zwecke des Rückgriffs kraft Gesetzes auf den Versicherer über. Das ist ein **gesetzlicher Forderungsübergang** (Legalzession), ähnlich wie in § 86 VVG, aber mit anderem rechtspolitischen Hintergrund.[138] Ähnlich wie in § 86 I 2 VVG kann der Forderungsübergang nicht zum Nachteil des Dritten geltend gemacht werden (vgl. hierzu Rn. 973). – Auf einem anderen Blatt steht, dass der Versicherte oft nicht genug Vermögen hat, um den Rückgriffsanspruch zu erfüllen, so dass dieser wirtschaftlich wenig Wert hat.

h) Rechtskrafterstreckung bei gegebenem Direktanspruch

1100 Wenn der geschädigte Dritte in den Fällen des § 115 VVG seinen Direktanspruch gegen den Versicherer gerichtlich geltend macht, seine Klage aber **als unbegründet rechtskräftig abgewiesen wird**, wirkt dieses Urteil auch zu Gunsten des Versicherungsnehmers; umgekehrt wirkt ein abweisendes Urteil gegen den Versicherungsnehmer auch zu Gunsten des Versicherers (§ 124 I VVG).[139]

1101 Ist der Anspruch des Dritten gegen den Versicherer durch rechtskräftiges Urteil, Anerkenntnis oder Vergleich **als begründet festgestellt** worden, muss der Versicherungsnehmer diese Feststellung im Regress gemäß § 116 I 2 VVG gegen sich gelten lassen, es sei denn, der Versicherer hat seine Pflicht zur Abwehr unbegründeter Entschädigungsansprüche sowie zur Minderung oder zur sachgemäßen Feststellung des Schadens schuldhaft verletzt[140] (§ 124 II VVG)[141].

4. Der Schutz des Mitversicherten

1102 Es wurde eingangs dieses Kapitels bereits darauf hingewiesen, dass eine Haftpflichtversicherung häufig nicht nur Eigenversicherung des Versicherungsnehmers, sondern zugleich **Versicherung für fremde Rechnung** ist (vgl. Rn. 1038). Dies gilt häufig auch für Pflichtversicherungen. In der Kfz-Haftpflichtversicherung sind beispielsweise kraft gesetzlicher Vorgabe bestimmte Personen wie der berechtigte Fahrer mitversichert (§ 2 II KfzPflVV; A.1.2 AKB 2008). Der Versicherungsschutz eines Mitversicherten wäre nun sehr unvollkommen, wenn er durch ein Verhalten des Versicherungsnehmers, das eine Leistungsfreiheit des Versicherers zur Folge hat, beeinträchtigt würde. Für die gewöhnliche Versicherung für fremde Rechnung ist dies die gesetzliche Regelung (§ 47 VVG; Rn. 705 ff.). Dieser allgemeine Grundsatz wäre jedoch bei der Pflichtversicherung nicht sachgerecht, weil dort regelmäßig die Möglichkeit sehr hoher Schäden besteht. **§ 123 VVG schützt deshalb den Mitversicherten einer Pflicht-Haftpflichtversicherung**, wenn dieser zur selbstständigen Geltendmachung seiner Rechte aus dem Versicherungsvertrag befugt ist: ihm kann der Versicherer eine gegenüber dem Versicherungsnehmer bestehende **Leistungsfreiheit** nur entgegenhalten, wenn die zur Leistungsfreiheit führenden Umstände in seiner Person vorliegen

138 Eine Parallele hierzu findet sich im Sozialrecht, nämlich in § 110 SGB VII (früher § 640 RVO), der dem Träger der Arbeitsunfallversicherung einen Rückgriff gegen denjenigen gibt, der einen Arbeitsunfall grob fahrlässig oder vorsätzlich verursacht hat.

139 Verallgemeinerung der für die Kfz-Haftpflichtversicherung geltenden Regelung § 3 Nr. 8 PflVG a.F.; zur Geltung auch gegenüber Versicherten OLG Brandenburg DAR 2009, 461.

140 Der Versicherer kann gemäß §§ 675, 666 BGB verpflichtet sein, dem Versicherungsnehmer Auskunft und Rechenschaft über die Schadensregulierung zu erteilen. Vgl. BGH VersR 1981, 180; *Schneider* in: Beckmann/Matusche-Beckmann, § 24 Rn. 180.

141 Verallgemeinerung der für die Kfz-Haftpflichtversicherung geltenden Regelung § 3 Nr. 10 S. 1 PflVG a.F.

oder wenn diese Umstände zwar bei einer anderen Person vorliegen, aber dem Versicherten bekannt oder infolge grober Fahrlässigkeit nicht bekannt waren. Auf die sog. »Nachhaftungszeit« beschränkt, wird der »gutgläubige« Mitversicherte auch davor geschützt, dass das **Versicherungsverhältnis nicht besteht oder beendet ist** (§ 123 IV VVG). Damit ist eine gravierende Schutzlücke des bisherigen Rechts geschlossen.[142]

Geschützt wird der Mitversicherte allerdings nur, wenn er **befugt ist, seine Rechte aus dem Versicherungsvertrag selbstständig geltend zu machen.** Dies ist nach den – dispositiven – allgemeinen Regelungen zur Versicherung für fremde Rechnung jedoch gerade nicht der Fall (Umkehrschluss aus § 44 II VVG). Es bedarf also besonderer gesetzlicher Anordnung oder jedenfalls einer abweichenden vertraglichen Vereinbarung im Versicherungsvertrag (AVB). Für die Kfz-Haftpflichtversicherung schreibt § 2 III Kfz PflVV vor, dass der Versicherungsvertrag den Mitversicherten zur selbstständigen Geltendmachung seiner Rechte ermächtigen muss. Für andere Pflicht-Haftpflichtversicherungen – insbesondere wenn sie erst zukünftig durch Landesgesetz oder örtliche Satzung begründet werden – ist nicht gesichert, dass sie jeweils den Mitversicherten zur selbstständigen Geltendmachung seiner Rechte ermächtigen. Dieses Manko wird zu Recht als Ungereimtheit des Schutzes des Mitversicherten in der Pflichtversicherung angesehen.[143] 1103

Der **Umfang der Leistungspflicht des Versicherers** gegenüber dem »gutgläubigen« Mitversicherten ist auf das beschränkt, was auch einem geschädigten Dritten bei einem »kranken« Versicherungsverhältnis zu leisten ist (§§ 123 II i.V.m. § 117 VVG, vgl. Rn. 1080 ff.). Der Versicherer kann sich allerdings gegenüber dem Mitversicherten nicht auf das Verweisungsprivileg des § 117 III 2 VVG auf andere Schadensversicherer oder auf einen Sozialversicherungsträger berufen (§ 123 III 1 Hs. 2 VVG). 1104

Soweit der Versicherer nach § 123 I VVG leistet, weil er nur gegenüber dem Versicherungsnehmer, nicht aber gegenüber dem Versicherten leistungsfrei ist, gibt ihm § 123 III VVG einen **Rückgriffsanspruch gegen den Versicherungsnehmer**. Dieser Rückgriffsanspruch ist jedoch nur berechtigt, wenn die Leistung des Versicherers bei krankem Versicherungsverhältnis auch dem Versicherungsnehmer zugutekommt, er durch die Leistung des Versicherers für den Mitversicherten also von einer Haftung im Außenverhältnis zum geschädigten Dritten befreit worden ist (Beispiel: Zusammentreffen von Kfz-Halterhaftung des Versicherungsnehmers mit der Fahrerhaftung des Mitversicherten). Nur dieser Vorteil des Versicherungsnehmers soll bei »krankem« Versicherungsverhältnis durch den Regress korrigiert werden. Wenn der Versicherungsnehmer dagegen im Außenverhältnis nicht haftet und ihm deshalb die Leistung des Versicherers für den Mitversicherten nicht zugutekommt, soll er den durch § 123 VVG gewährten Schutz des Mitversicherten nicht über den Umweg des Regresses tragen müssen.[144] § 123 III VVG ist insoweit teleologisch zu reduzieren. 1105

142 Zur Vorgängerregelung § 158i VVG a.F. vgl. BGHZ 157, 269 = VersR 2004, 369 mit Anm. *Lorenz*; *Schirmer* DAR 2004, 375; *Johannsen* VersR 1991, 500; zum neuen Recht *Huber* in: Schwintowski/Brömmelmeyer, § 123 VVG Rn. 10 ff.; *Schneider* in: Beckmann/Matusche-Beckmann, § 24 Rn. 195.

143 *Huber* in: Schwintowski/Brömmelmeyer, § 123 VVG Rn. 7 auch mit Nachweisen zu kritischen Stimmen gegen die Vorgängerregelung § 158i VVG a.F.

144 *Huber* in: Schwintowski/Brömmelmeyer, § 123 VVG Rn. 19 ff.

5. Besonderheiten der obligatorischen Kfz-Haftpflichtversicherung

a) Überblick

1106 Nach **§ 1 Pflichtversicherungsgesetz** (PflVG) ist der Halter eines Kraftfahrzeugs oder Anhängers verpflichtet, für sich, den Eigentümer und den Fahrer eine Haftpflichtversicherung zur Deckung der durch den Gebrauch des Fahrzeugs verursachten Personen-, Sach- und sonstigen Vermögensschäden abzuschließen und aufrechtzuerhalten. Halter ist, wer das Fahrzeug für eigene Rechnung in Gebrauch hat und die Verfügungsgewalt besitzt, die ein solcher Gebrauch voraussetzt.[145]

1107 Die somit obligatorische Kfz-Haftpflichtversicherung hat in verschiedener Beziehung eine **Sonderstellung** auch im Verhältnis zu anderen Pflichtversicherungen. Sie ist zunächst einmal wegen ihrer praktischen Bedeutung eingehender gesetzlich geregelt als andere Pflichtversicherungen. Bis zur Deregulierung des Versicherungsrechts im Jahre 1994 war es allerdings auch in der Kfz-Haftpflichtversicherung weitgehend der Genehmigungspraxis der Aufsichtsbehörde überlassen, auf Gesetz- und Zweckmäßigkeit der einschlägigen AVB zu achten (vgl. Rn. 180 ff.).[146] Die Aufhebung der Bedingungsgenehmigung durch das Dritte Durchführungsgesetz/EWG zum VAG vom 21.07.1994 hatte es dann aber notwendig gemacht, den Mindestinhalt und -umfang des durch die Kfz-Haftpflichtversicherung zu gewährenden Schutzes der Verkehrsopfer und Versicherten gesetzlich sicherzustellen. Der Gesetzgeber hatte aus diesem Grund § 4 I PflVG neu gefasst und darin das Bundesministerium der Justiz ermächtigt, den Umfang des notwendigen Versicherungsschutzes durch Rechtsverordnung zu bestimmen. Gestützt auf diese Verordnungsermächtigung wurde die **»Verordnung über den Versicherungsschutz in der Kraftfahrzeug-Haftpflichtversicherung« (KfzPflVV)** vom 29.07.1994 erlassen[147], die weitgehend den von der Aufsichtsbehörde vor der Deregulierung genehmigten AKB entspricht. Die KfzPflVV regelt den Inhalt des Versicherungsvertrages nicht unmittelbar, sondern begründet eine Pflicht des Kfz-Haftpflichtversicherers, den Regelungsgehalt der Verordnung zum Inhalt des Versicherungsvertrages zu machen. Dies geschieht vor allem, indem der Versicherer in den Vertrag AKB einbezieht, die den Anforderungen der KfzPflVV entsprechen. Im Zuge der Neufassung des VVG (Rn. 12 f., 132 ff.) wurden viele Regelungen, die bis dahin nur für die obligatorische Kfz-Haftpflichtversicherung Geltung hatten, in das VVG für alle Pflichtversicherungen übernommen.[148] Die Ausführungen zur obligatorischen Haftpflichtversicherung im Allgemeinen (Rn. 1071 ff.) gelten also grundsätzlich auch für die obligatorische Kfz-Haftpflichtversicherung, sofern sich aus den besonderen Regelungen des neu gefassten PflVG und der KfzPflVV nichts anderes ergibt. Nachfolgend geht es deshalb in erster Linie um die Besonderheiten, die ausschließlich für die Kfz-Haftpflichtversicherung gelten.

1108 **Gesetzestechnisch** ergibt sich bei der Kfz-Haftpflichtversicherung also eine **komplizierte Abstufung und Verzahnung des Anwendungsbereichs der einschlägigen Rechtsquellen**. Die wichtigsten gesetzlichen Regelungen des Haftpflichtversicherungsrechts sind die §§ 100 ff. VVG und das

145 Vgl. *Schwarz/Wandt* Gesetzliche Schuldverhältnisse, 3.Aufl. 2009, § 21 Rn. 8; *Heß/Höke* in: Beckmann/Matusche-Beckmann, § 29 Rn. 30 m.w.N.

146 So § 4 PflVG a.F.

147 BGBl. I 1994, S. 1837 (abgedruckt bei *Wiechmann/Block* Nr. 55).

148 Beispielsweise sind die Regelungen des § 3 Nr. 9, 10 S. 2, 11 PflVG a.F. in § 116 VVG und die Regelungen des § 3 Nr. 4–6 PflVG a.F. in § 117 VVG übernommen worden. Vgl. im Einzelnen BT-Drucks. 16/3945 S. 87 ff.

Pflichtversicherungsgesetz.[149] Davon gelten die §§ 100–112 VVG grundsätzlich für alle Haftpflichtversicherungen, uneingeschränkt im Ergebnis allerdings nur für die freiwillig abgeschlossenen Versicherungsverträge. Denn für die obligatorischen Haftpflichtversicherungen enthalten die §§ 113–124 VVG Sonderregeln, und zwar auch insoweit als der Vertrag über die vorgeschriebenen Mindestanforderungen hinausgehende Deckung gewährt (§ 113 III VVG). Für die Kfz-Haftpflichtversicherung wiederum kommt eine dritte, noch speziellere »Schicht« von Bestimmungen hinzu, nämlich Vorschriften des bereits genannten Pflichtversicherungsgesetzes. Wichtig ist hier außerdem die KfzPflVV, die in Ergänzung und Modifikation der Sonderregeln des VVG und des PflVG den zulässigen Inhalt des Kfz-Haftpflichtversicherungsvertrages bestimmt. Für die Rechtsanwendung bedeutet dies, dass man für Fragen der Kfz-Haftpflichtversicherung zunächst die KfzPflVV und das PflVG als speziellste Gesetze heranziehen muss. Findet man dort nichts Einschlägiges, hält man sich an die §§ 113 ff. VVG, schließlich an die §§ 100–112 VVG.[150]

b) Umfang der Leistungspflicht des Versicherers

Für die Kfz-Haftpflichtversicherung gelten **spezielle Mindestversicherungssummen.** 1109
Sie ergeben sich – unter Beachtung der Fünften Kfz-Haftpflichtversicherungsrichtlinie[151] – aus der gegenüber § 114 I VVG vorrangigen Anlage zu § 4 II PflVG: 7,5 Millionen € für Personenschäden, 1 Million € für Sachschäden und 50.000 € für reine Vermögensschäden (vgl. Nr. 1 der Anlage). Diese Mindestversicherungssummen erhöhen sich für Kraftfahrzeuge, die der Personenbeförderung dienen (vgl. Nr. 2 der Anlage). Darüber hinaus kann der Haftungsumfang des Kfz-Haftpflichtversicherers beschränkt auf das Verhältnis zum Versicherungsnehmer auch durch die Vereinbarung eines Selbstbehalts eingeschränkt sein (§ 114 II VVG; Rn. 1077).

Der **zwingende Mindestumfang** der Kfz-Haftpflichtversicherung wird im Übrigen 1110
durch die **Kfz-Pflichtversicherungsverordnung** bestimmt (einschließlich der Frage, welche Personen zwingend mitversichert sind und welche Haftungsausschlüsse zulässig sind, Einzelheiten §§ 2 bis 4 KfzPflVV).

Was die Beziehungen im Dreieck »Geschädigter – Schädiger – Haftpflichtversicherer« angeht, so unterscheidet sich die obligatorische Kfz-Haftpflichtversicherung von 1111
allen anderen Pflicht-Haftpflichtversicherungen hauptsächlich dadurch, dass der **»Direktanspruch«** gegen den Kfz-Haftpflichtversicherer stets eröffnet ist (§ 115 I S. 1 Nr. 1 VVG, zuvor § 3 Nr. 1 PflVG a.F.[152], vgl. bereits Rn. 1087 ff.). Macht der Dritte den Direktanspruch geltend, treffen den Versicherer (oder den Schadensregulierungsbeauftragten i.S. von § 7b VAG) **gegenüber dem Dritten gem. § 3a PflVG zusätzliche Pflichten.** Der Versicherer muss unverzüglich, spätestens aber innerhalb von drei Monaten, entweder ein mit Gründen versehenes Schadensersatzangebot vorlegen, wenn die Eintrittspflicht des Versicherers unstreitig ist und der Schaden beziffert wurde, oder aber, sofern die Eintrittspflicht bestritten wird oder nicht eindeutig feststeht oder der Schaden nicht vollständig beziffert worden ist, eine mit Gründen versehene Antwort auf die in dem Antrag enthaltenen Darlegungen erteilen (§ 3a I Nr. 1 PflVG). Wird das Angebot nicht binnen drei Monaten vorgelegt, ist der Anspruch des Dritten mit dem Zinssatz des § 288 I 2 BGB zu verzinsen (§ 3a I Nr. 2 PflVG).

149 »Gesetz über die Pflichtversicherung für Kraftfahrzeughalter«, Fassung vom 05.04.1965 (BGBl. I S. 213) (abgedruckt bei *Wiechmann/Block* Nr. 54).

150 Noch zum VVG a.F. zu Recht kritisch *Langheid* in: Römer/Langheid, § 149 VVG a.F. Rn. 5 (»unübersichtlich und unnötigerweise kompliziert«).

151 Richtlinie v. 11.05.2005 (2005/14/EG) ABl. L 149 v. 11.6.2005, S. 14; vgl. hierzu *Becker* DAR 2008, 187; *Kröger/Kappen* DAR 2007, 557.

152 Näher hierzu *Weyers/Wandt* Versicherungsvertragsrecht, 3. Aufl., Rn. 926 ff.

1112 Für den Fall, dass der Versicherer gegenüber dem Versicherungsnehmer nicht zur Leistung verpflichtet ist, weil das Fahrzeug den Bau- und Betriebsvorschriften der Straßenverkehrs-Zulassungs-Ordnung nicht entsprach oder von einem unberechtigten Fahrer oder von einem Fahrer ohne die vorgeschriebene Fahrerlaubnis geführt wurde, bestimmt **§ 3 S. 1 PflVG abweichend von § 117 III 2 VVG**, dass der Versicherer den Dritten **nicht an einen anderen Schadensversicherer oder einen Sozialversicherungsträger verweisen** kann. Die Leistungspflicht des Versicherers nach § 3 S. 1 PflVG entfällt jedoch, so weit der Dritte von einem nach § 2 I Nr. 1 bis 5 PflVG befreiten Fahrzeughalter Ersatz seines Schadens verlangen kann (§ 3 S. 1 PflVG).

1113 **Vertiefung:** Generell ist zu beachten, dass die Beschränkungen der Leistungsfreiheit des Versicherers bei Obliegenheitsverletzungen nach §§ 5, 6 KfzPflVV zur Folge haben, dass der Versicherer oberhalb dieser Grenzen leistungspflichtig ist. Oberhalb dieser Grenzen kommt eine Verweisung auf andere Schadensversicherer oder Sozialversicherungsträger deshalb grundsätzlich nicht in Betracht. Die Hauptfolge der §§ 5, 6 KfzPflVV ist damit eine Belastung der Kfz-Haftpflichtversicherer zum Vorteil der Sozialversicherungsträger. Unabhängig von der rechtspolitischen Bewertung der in diesen Regelungen festgelegten Betragshöhen ist sehr zweifelhaft, ob die Ermächtigung des § 4 PflVG die beschriebene Einschränkung des Subsidiaritätsprinzips (»gesundes« Sozialversicherungsverhältnis vor »krankem« Haftpflichtversicherungsverhältnis) durch den Verordnungsgeber deckt.[153] Dem Versicherer ist daher zu gestatten, seine Leistungspflicht speziell für den Fall von Obliegenheitsverletzungen vertraglich auf die gesetzlichen Mindestversicherungssummen zu beschränken (vgl. D.3.3 S. 2 AKB 2008; § 2b (2) S. 2 AKB 2004).[154]

1114 Wir haben schon gesehen, dass bei Pflichtversicherungen für eine an eine Sache anknüpfende Haftung die Vorschriften über die **Veräußerung der versicherten Sache** gem. § 122 VVG entsprechend gelten (vgl. Rn. 714 ff., 1096). Der wichtigste Anwendungsfall ist auch hier die Kfz-Haftpflichtversicherung. Die §§ 95 ff. VVG gelten also entsprechend, wenn ein Kfz-Halter sein Fahrzeug veräußert, und zwar auch für die Beziehungen im Dreieck Veräußerer – Erwerber – Haftpflichtversicherer. **§ 3b PflVG** sieht jedoch vor, dass die nach § 96 II VVG mögliche Kündigung durch den Erwerber des Kfz ohne weiteres als erfolgt gilt, wenn er einen neuen Vertrag mit einem anderen Versicherer abgeschlossen hat. So werden sinnlose Doppelversicherungen ausgeschlossen.

c) Obliegenheiten und Regress

1115 Die wichtigste Folge von Obliegenheitsverletzungen des Versicherungsnehmers ist die teilweise oder vollständige Leistungsfreiheit des Versicherers (Rn. 580 ff.). Diese Leistungsfreiheit läuft in der obligatorischen Haftpflichtversicherung darauf hinaus, dass der Versicherer zunächst an den Geschädigten leisten muss, dann aber beim Versicherten Rückgriff nehmen kann (Rn. 1097 ff.). Dies ist nun gerade bei der Kfz-Haftpflichtversicherung wegen der Höhe, die Verkehrsunfallschäden oft erreichen, eine sehr gefährliche Reaktion. Deshalb hatte die Rechtsprechung zum VVG a.F. schon vor längerer Zeit begonnen, das rigorose »Alles-oder-nichts-Prinzip« abzu-

153 Vgl. *Weyers* 2. Aufl. 1995, Rn. 732; *Wandt* VersR 1995, 494.
154 Ebenso *Huber* in: Schwintowski/Brömmelmeyer, § 117 VVG Rn. 21 am Ende m.w.N.; a.A. *Knappmann* VersR 2009, 186, 187 f.

schwächen (Rn. 562, 595).[155] Der Gesetzgeber hat dann die Rechtslage vor allem durch die zwingenden §§ 5–7 KfzPflVV gestaltet.[156]

Für die Kfz-Haftpflichtversicherung regelt § 5 KfzPflVV abschließend, welche **»Obliegenheiten vor Eintritt des Versicherungsfalls«** vereinbart werden dürfen (Abs. 1), **1116** und begrenzt auch die zulässige Sanktion: Die Leistungsfreiheit des Versicherers (auch wegen einer Gefahrerhöhung) ist grundsätzlich auf höchstens 5.000 € beschränkt (§ 5 III S. 1 KfzPflVV); unbegrenzte Leistungsfreiheit darf nur vereinbart werden gegenüber dem Fahrer, der das Fahrzeug durch eine strafbare Handlung erlangt (§ 5 III 2 KfzPflVV).[157] Aus dem begrenzten Regelungszweck der KfzPflVV ergibt sich, dass der Versicherer ungeachtet des Wortlautes von § 5 III 1 KfzPflVV im Versicherungsvertrag vorsehen darf, dass seine Leistungspflicht oberhalb von 5.000 € nur bis zu den gesetzlichen Mindestversicherungssummen besteht (Rn. 1109).

§ 6 KfzPflVV regelt die zulässige Sanktion für die vorsätzliche oder grob fahrlässige **1117** Verletzung einer **Obliegenheit nach Eintritt des Versicherungsfalls**[158]: Die Leistungsfreiheit des Versicherers ist grundsätzlich auf höchstens 2.500 € beschränkt (§ 6 I KfzPflVV); bei besonders schwerwiegender vorsätzlich begangener Verletzung der Aufklärungs- oder Schadensminderungspflichten[159] ist die Leistungsfreiheit auf höchstens 5.000 € beschränkt (§ 6 III KfzPflVV).[160] Der Versicherer bleibt zur Leistung verpflichtet, so weit eine grob fahrlässig begangene Obliegenheitsverletzung weder Einfluss auf die Feststellung des Versicherungsfalles noch auf die Feststellung oder den Umfang der dem Versicherer obliegenden Leistung gehabt hat (§ 6 II KfzPflVV; vgl. dazu Rn. 590). Entsprechend den allgemeinen Grundsätzen (Rn. 563) muss der Versicherer Vorsatz beweisen, der Versicherungsnehmer muss beweisen, dass ihn keine grobe Fahrlässigkeit trifft.[161]

Eine gegenständlich beschränkte **vollständige Leistungsfreiheit** des Versicherers be- **1118** steht nur bei betrügerischem Handeln hinsichtlich des erlangten rechtswidrigen Vermögensvorteils sowie hinsichtlich des Mehrbetrages, der sich daraus ergibt, dass der Versicherungsnehmer vorsätzlich oder grob fahrlässig einen Anspruch ganz oder teilweise unberechtigt anerkennt oder befriedigt,[162] eine Anzeigepflicht verletzt oder

155 Zum VVG a.F.: BGHZ 47, 101 = VersR 1967, 441 = NJW 1967, 1226; BGHZ 48, 7 = VersR 1967, 593 = NJW 1967, 1756; BGHZ 53, 160 = NJW 1970, 465; BGH VersR 1969, 651 = NJW 1969, 385; BGH VersR 1970, 410 = NJW 1970, 861.

156 Vgl. ausführlich zu § 7 V AKB 1998 auch *R. Johannsen* in: Bruck/Möller, 8. Aufl., §§ 149–158a VVG a.F. Anm. F 96 ff., 109 ff. (114 ff.).

157 Vor Inkrafttreten der KfzPflVV galt eine geschäftsplanmäßige Erklärung der Versicherer von 1973 (VerBAV 1973, 103) mit einer Regressverzichts-Absichtserklärung, die im Ergebnis auf eine ähnliche Entlastung des Versicherten hinauslief, soweit der Schaden über 5.000 DM betrug.

158 Vgl. dazu BGH VersR 2000, 222 = NJW-RR 2000, 553 (Verletzung der vertraglichen Aufklärungspflicht durch Unfallflucht auch bei eindeutiger Haftungslage).

159 Vgl. BGHZ 84, 84 = VersR 1982, 742 = NJW 1982, 2323; BGH VersR 1983, 333.

160 Zur Kumulation der Regressbeträge bei mehreren Obliegenheitsverletzungen nach dem VVG a.F.: BGH VersR 2005, 1720; OLG Schleswig VersR 2003, 637; OLG Hamm VersR 2000, 843; *Knappmann* in: Prölss/Martin, § 5 KfzPflVV Rn. 11; *Knappmann* NVersZ 2000, 558. Gegen Kumulation OLG Nürnberg VersR 2001, 231.

161 Vgl. hierzu auch *Schirmer* DAR 2008, 181.

162 Der Anwendungsbereich dieser Regelung ist fraglich angesichts der Grundkonzeption der Haftpflichtbestimmungen des neuen VVG, wonach ein materiell unberechtigtes Anerkenntnis den Versicherer nicht bindet (Rn. 1041 f.).

bei einem Rechtsstreit dem Versicherer nicht dessen Führung überlässt (§ 7 KfzPflVV).

1119 Auf die Frage, ob und wie die **Quotelung nach § 28 II 2 VVG bei einer nach §§ 5, 6 KfzPflVV betragsmäßig begrenzten Leistungsfreiheit des Versicherers** zu erfolgen hat, wurde bereits im Kapitel über Obliegenheitsverletzungen eingegangen (Rn. 615). Die betragsmäßigen Grenzen der KfzPflVV haben den Zweck, die zumutbare Belastung des Versicherungsnehmers festzulegen. Deshalb verbietet es sich, die Kürzungsquote des § 28 II 2 VVG auf die so festgelegten Höchstbeträge der Leistungsfreiheit (2.500 bzw. 5.000 €) zu beziehen, also nur diese Höchstbeträge zu kürzen. Anderenfalls käme es zu einer unbeabsichtigten doppelten Privilegierung des gegen eine Obliegenheit verstoßenden Versicherungsnehmers.[163] Deshalb ist im ersten Schritt die Quotelung nach § 28 II 2 VVG bezogen auf die volle (betragsmäßig nicht begrenzte) Versicherungsleistung durchzuführen und im zweiten Schritt die Höchstgrenzen der Leistungsfreiheit nach §§ 5, 6 KfzPflVV zur Anwendung zu bringen, sodass die Höchstgrenzen wie auch sonst eine Kappung bewirken.[164]

Beispiel: Der Versicherungsnehmer hat einem Dritten einen Schaden von 20.000 € zugefügt und außerdem grob fahrlässig eine »Obliegenheit vor Eintritt des Versicherungsfalls« verletzt. Die Quotelung gem. § 28 II 2 VVG führt zu einer Kürzungsquote von 50 %. Der Regressanspruch des Versicherers gem. § 117 V VVG beläuft sich dann nicht auf 10.000 €, sondern ist infolge § 5 III KfzPflVV auf 5.000 € beschränkt. Der Versicherungsnehmer hat also nicht etwa nur 2.500 € zu zahlen, was sich ergäbe, wenn man die Kürzungsquote von 50 % auf den Festbetrag von § 5 III KfzPflVV bezöge.[165]

1120 Es wurde bereits bei den allgemeinen Grundsätzen für Pflichtversicherungen auf den für alle Pflichtversicherungen geltenden **Schutz des Mitversicherten durch § 123 VVG** hingewiesen, wonach Leistungsfreiheit gegenüber dem Versicherungsnehmer dem Mitversicherten, der zur eigenständigen Geltendmachung seiner Rechte befugt ist, nur unter besonderen Voraussetzungen entgegengehalten werden kann (Rn. 1102 ff.). Diese Regelung wird wegen der besonderen Risiken der Kfz-Haftpflichtversicherung **durch § 5 II KfzPflVV erweitert und verstärkt**: Eine Obliegenheitsverletzung nach § 5 I Nr. 3 bis 5 KfzPflVV (unberechtigter Fahrzeuggebrauch, Fahren ohne Fahrerlaubnis und Trunkenheitsfahrt) befreit den Versicherer gegenüber dem Versicherungsnehmer, dem Halter oder Eigentümer nur dann, wenn der Versicherungsnehmer, der Halter oder der Eigentümer die Obliegenheitsverletzung selbst begangen oder schuldhaft ermöglicht hat (Satz 1). Eine Obliegenheitsverletzung durch Trunkenheitsfahrt befreit den Versicherer außerdem nicht von der Leistungspflicht, so weit der Versicherungsnehmer, Halter oder Eigentümer durch den Versicherungsfall als Fahrzeuginsasse, der das Fahrzeug nicht geführt hat, geschädigt wurde (Satz 2). Im Übrigen gilt für das Zusammentreffen von Eigen- und Fremdversicherung die allgemeine Regel, dass Obliegenheitsverletzungen des Versicherten dem Versicherungsnehmer nur zugerechnet werden, wenn der Mitversicherte als dessen Repräsentant gehandelt hat (Rn. 707). Im Ergebnis bedeuten alle diese Regelungen, dass der Versi-

163 Vgl. *Franz* VersR 2008, 298, 305; *Schimikowski/Höra* S. 129; wohl auch *Nugel* NZV 2008, 11, 14.

164 *Franz* VersR 2008, 298, 305; *Heß/Höke* in: Beckmann/Matusche-Beckmann, § 29 Rn. 351; *Maier* r+s 2007, 89, 90; *Schimikowski/Höra* S. 129. A.A. *Nugel* NZV 2008, 11, 14 ff. (für Nichtanwendbarkeit von § 28 II 2 VVG). Dagegen spricht aber, dass die §§ 5, 6 KfzPflVV nicht den Zweck haben, dem Versicherungsnehmer eine nach allgemeinem Versicherungsvertragsrecht bestehende Privilegierung zu nehmen.

165 So auch *Maier* r+s 2007, 89.

cherer den Rückgriff nach § 117 V VVG nur gegen denjenigen unter den Mitversicherten nehmen kann, der selbst für die Umstände, die der Leistungsfreiheit des Versicherers zugrunde liegen, (mit-) verantwortlich ist.[166]

6. Der »Entschädigungsfonds« und die »Entschädigungsstelle für Auslandsunfälle«

Aller Schutz eines Verletzten durch das Haftpflichtversicherungsrecht geht fehl, 1121
wenn kein Versicherer auszumachen ist, gegen den man Ansprüche erheben könnte. Dazu kann es hauptsächlich kommen, wenn der haftpflichtige Kraftfahrer nicht feststellbar ist, wenn ein Kraftfahrzeug ohne Versicherungsschutz benutzt wurde, oder wenn der Versicherer des Haftpflichtigen insolvent ist.

In diesen Fällen kann der Verletzte Ansprüche gegen den **»Entschädigungsfonds für** 1122
Schäden aus Kraftfahrzeugunfällen« haben. Dafür ist nach § 13 PflVG eine Anstalt öffentlichen Rechts vorgesehen. Ihre Funktionen werden allerdings, wie das Gesetz alternativ gestattet (§ 13 II 1 PflVG), von dem rechtsfähigen Verein »Verkehrsopferhilfe eingetragener Verein« mit Sitz in Hamburg wahrgenommen, den die deutschen Kfz-Haftpflichtversicherer schon früher gegründet hatten.[167] Alle Versicherungsunternehmen, die zum Betrieb der Kfz-Haftpflichtversicherung in Deutschland befugt sind, müssen sich nach § 8 I PflVG am Entschädigungsfonds beteiligen.

Der Entschädigungsfonds haftet nicht unmittelbar nach den Regeln des Haftpflicht- 1123
rechts wie ein Kfz-Haftpflichtversicherer. Im Ausgangspunkt steht er zwar ähnlich wie ein Versicherer, der trotz Leistungsfreiheit an den Verletzten zahlen muss (§ 12 IV PflVG). Im Einzelnen ist aber der Anspruch des Verletzten an zusätzliche Bedingungen geknüpft und auch der Höhe nach beschränkt. Die Einzelheiten ergeben sich aus § 12 I–VI PflVG.

Eine dem Entschädigungsfonds vergleichbare Funktion hat die **»Entschädigungs-** 1124
stelle für Schäden aus Auslandsunfällen (Entschädigungsstelle)«, die in Umsetzung der Vierten Kfz-Haftpflichtversicherungsrichtlinie[168] durch Gesetz vom 10.07.2002[169] neu geschaffen worden ist. Damit wird der Geschädigtenschutz in Straßenverkehrsunfällen mit Auslandsbezug weiter vervollständigt.[170]

---

166 Zum VVG a.F. vgl. *R. Johannsen* VersR 1991, 500; vgl. zur Wirkung einer Kündigung gegenüber dem gutgläubigen Fahrzeugführer BGH NJW 2004, 1250 =VersR 2004, 369 mit Anm. *Lorenz*.

167 Vgl. dazu die Verordnung über den Entschädigungsfonds für Schäden aus Kraftfahrzeugunfällen v. 14.12.1965 (BGBl. I S. 2093) abgedruckt bei *Wiechmann/Block* Nr. 58 sowie von *Knappmann* in: Prölss/Martin, Teil III G II; vgl. auch die Satzung der Verkehrsopferhilfe e.V. in BundesAnz. Nr. 1 v. 04.01.1966; ferner Anl. I, Kap III Sachgeb. D Abschnitt III Nr. 8 Einigungsvertrag v. 31.08.1990 (BGBl. II S. 885, 960).

168 Richtlinie v. 16.05.2000 (2000/26/EG) ABl. L 181 v. 20.07.2000, S. 65; abgedruckt bei *Feyock/Jacobsen/Lemor* S. 1098.

169 BGBl. I S. 2586 ff.

170 Zur Bestimmung des anwendbaren Rechts mittels des Internationalen Privatrechts vgl. *Looschelders* VersR 1999, 1316; zur Rechtslage nach Umsetzung der 4. KH-Richtlinie *Backu* DAR 2003, 145; *Becker/Lemor* DAR 2004, 677; zur Entwicklung der Rechtsprechung bis zur IPR-Reform im Jahre 1999 vgl. *Wandt* VersR 1993, 409. Ab 01.01.2009 gilt die Verordnung (EG) Nr. 864/2007 v. 11.07.2007 über das auf außervertragliche Schuldverhältnisse anzuwendende Recht (Rom II), ABl. L 199, S. 40.

1125 Schon seit 1953 besteht das bewährte »**System der Grünen Karte**«, das aber nur eingreift, wenn der Ersatzberechtigte bei einem **Unfall in seinem Wohnsitzstaat** durch ein im Ausland, genauer in einem anderen Mitgliedstaat des Systems zugelassenes Kfz geschädigt wird. Das Unfallopfer kann sich dann an das in seinem Wohnsitzland existierende Grüne-Karte-Büro wenden, das den Schaden reguliert (und beim Grüne-Karte-Büro des Kfz-Zulassungsstaates Regress nimmt).[171]

1126 Das »Grüne-Karte-System« greift jedoch nach seiner Konzeption nicht ein, wenn das Unfallopfer nicht in seinem Wohnsitzstaat, sondern auf einer Auslandsreise geschädigt wird. Auch dann sind die Schwierigkeiten für den Geschädigten aber enorm, wenn er nach der Rückkehr in seinen Wohnsitzstaat versucht, von dort aus seine Ansprüche gegen den ausländischen Unfallgegner und dessen Haftpflichtversicherer durchzusetzen. Die Vierte Kfz-Haftpflichtversicherungsrichtlinie will diese Regulierungsschwierigkeiten mildern.[172] Ihr Kernstück ist die Verpflichtung der in einem Mitgliedstaat der EU oder des EWR zugelassenen Kfz-Haftpflichtversicherer, in jedem anderen Mitgliedstaat einen »**Schadensregulierungsbeauftragten**« zu bestellen (vgl. § 7b VAG). Dies erlaubt es dem Geschädigten, sich nach der Rückkehr aus dem ausländischen Unfallstaat in seinem Wohnsitzstaat an den dortigen Schadensregulierungsbeauftragten zwecks Regulierung zu wenden. Abgesichert wird das Instrument des Schadensregulierungsbeauftragten durch die »**Entschädigungsstelle**«. Wenn nämlich der Haftpflichtversicherer des Schädigers entgegen der Vierten Kfz-Haftpflichtversicherungsrichtlinie in Deutschland keinen Schadensregulierungsbeauftragten bestellt hat, kann der Geschädigte einen Erstattungsantrag wegen Personen- oder Sachschaden gegen die »Entschädigungsstelle« geltend machen (§ 12a PflVG). Gleiches gilt, wenn binnen drei Monaten nach der Geltendmachung des Entschädigungsanspruchs keine mit Gründen versehene Antwort seitens des Haftpflichtversicherers oder seines Schadensregulierungsbeauftragten erteilt wurde (vgl. § 3a PflVG) oder wenn das Fahrzeug oder der Haftpflichtversicherer nicht innerhalb von zwei Monaten nach dem Unfall ermittelt werden konnte. Weitere Voraussetzung ist, dass der Geschädigte keine gerichtlichen Schritte unmittelbar gegen den Versicherer eingeleitet hat. Bei einem **Unfall in einem Staat, der nicht EU/EWR-Staat ist, aber dem Grüne-Karte-System angehört**, ist ein Erstattungsantrag an die Entschädigungsstelle nur zulässig, wenn das schädigende Fahrzeug in einem EU/EWR-Staat versichert ist und dort seinen gewöhnlichen Standort hat (§ 12a IV PflVG).

1127 Die Aufgabe der Entschädigungsstelle wird von der »**Verkehrsopferhilfe**« in Hamburg unter der Aufsicht des Bundesministeriums der Justiz wahrgenommen (§ 13a I PflVG). Sie wäre jedoch einer Anstalt des öffentlichen Rechts zu übertragen, wenn die Wahrnehmung der Aufgaben durch die Verkehrsopferhilfe nicht (mehr) gewährleistet wäre oder diese nicht mehr zur Wahrnehmung der Aufgaben bereit wäre (§§ 13, 13a PflVG).

1128 **Internationale Gerichtszuständigkeit und anwendbares Recht**: Anstatt sich wegen eines in einem anderen Mitgliedstaat erlittenen Verkehrsunfalls an den (inländischen) Schadensregulierungsbeauftragten des (ausländischen) Kfz-Haftpflichtversicherers zu wenden, kann der Geschädigte vor dem deutschen Gericht seines Wohnsitzes eine

---

171 Grundlegend *Schmitt* System der grünen Karte, 1968; vgl. auch *Wandt* VersR 1993, 409; *ders.* NZV 1992, 89.

172 *Schewior* VersR 1998, 671; *Riedmeyer* ZfS 2006, 132.

Direktklage gegen den Kfz-Haftpflichtversicherer mit Sitz in einem anderen EU-Mitgliedstaat erheben (Art. 11 II i.V.m. Art. 9 I lit. b EuGVVO).[173] Der Geschädigte hat damit die Wahl, den Kfz-Haftpflichtversicherer in dessen Sitzstaat, im Unfallstaat oder vor dem Gericht am Wohnsitz des Geschädigten zu verklagen. Die kollisionsrechtliche Frage, welches materielle Recht das angerufene Gericht anzuwenden hat, beurteilt sich nach dem Internationalen Privatrecht des Gerichtsstaates (vgl. für Deutschland Art. 40 EGBGB bzw. ab 01.01.2009 die Verordnung (EG) Nr. 864/2007 v. 11.07.2007 über das auf außervertragliche Schuldverhältnisse anzuwendende Recht (Rom II)).[174]

VII. Rechtspolitik jenseits der Haftpflichtversicherungstechnik

Zum Abschluss dieses Kapitels wollen wir noch einen kurzen Blick auf die rechtspolitischen Fragen werfen, die der Zustand unseres Rechts im Bereich der Haftpflichtversicherung aufwirft:[175] Nimmt man zu den oben besprochenen Regeln hinzu, was zum Regress nach § 86 VVG und – andeutungsweise – zu § 116 SGB X und weiter zu den Schadensteilungsabkommen gesagt wurde und vergegenwärtigt man sich weiter, was man aus allgemeinen Kenntnissen über unser System sozialer Sicherheit wissen kann, dann gewinnt man eine umrissartige Vorstellung davon, welchen Gesetzmäßigkeiten die Entschädigung nach Unfällen in der statistischen Masse bei uns tatsächlich folgt.[176] Der größte Teil der dabei anfallenden Schäden wird von kollektiven Vorsorgeträgern übernommen, zumindest auf Seiten einer der Parteien, entweder beim Geschädigten (Sach-, privater Kranken-, Sozialversicherer) oder beim Haftpflichtigen (Haftpflichtversicherer), zu einem hohen Prozentsatz aber bei beiden. Die Vorsorgeträger nehmen dann den Ausgleich, wo es technisch irgend geht, in der pauschalen Form von Schadensteilungsabkommen vor. Welche geringe Rolle das Haftpflichtrecht dann noch spielt, wurde schon angedeutet (Rn. 1006 ff.). 1129

Dieses Nebeneinander der kollektiven Schadenstragung und des individuellen Haftpflichtrechts ist theoretisch noch immer nicht bewältigt. Ein Symptom dafür ist, dass man immer wieder vor technischen Einzelfragen steht, für die keine Lösung aus einem systematischen Grundansatz abgeleitet wird, und die auch nicht widerspruchsfrei zueinander in Beziehung gesetzt werden können. Im Übrigen gilt zwar theoretisch unangefochten – weil logisch doch so zwingend –, dass die Frage nach der Deckung durch Haftpflichtversicherung erst aufgeworfen wird, wenn ein Haftpflichtanspruch in bestimmter Höhe festgestellt ist. Praktisch wird das Prinzip aber oft durchbrochen: unterschwellig, wenn etwa bei der Feststellung der Fahrlässigkeit ein Gericht die Sorgfaltspflicht des versicherten Beklagten ein wenig schärfer prüft als beim unversicherten; ausdrücklich in der Rechtsprechung zum Schmerzensgeld[177] und der Billigkeitshaftung nach § 829 BGB[178] oder bei der Auslegung von Haftungs- 1130

173 BGHZ 176, 276 = BGH VersR 2008, 955 = NJW 2008, 2343; EuGH v. 13.12.2007 (Rs C-463/06) VersR 2008, 111; vgl. hierzu Anmerkung *Thiede/Ludwichowska* VersR 2008, 631.

174 ABl. L 199, S. 40; vgl. *Becker* DAR 2008, 187; *Staudinger/Czaplinski* NJW 2009, 2249.

175 Hierzu *Katzenmeier* VersR 2002, 1449.

176 Vgl. *Kötz* Sozialer Wandel im Unfallrecht, 1976; *Kötz/Wagner* Deliktsrecht, 10. Aufl. 2006, Rn. 761 ff.

177 BGHZ 18, 149, 165 m.w.N.

178 BGHZ 76, 279 = VersR 1980, 625; BGH VersR 1995, 96 = NJW 1995, 452.

verzichtserklärungen[179]. Nicht anders, wenngleich zumeist übersehen, liegt es auch bei dem Haftpflichtversicherungsschutz für Ansprüche unter Angehörigen, der selbst für die hohen Risiken aus dem Gebrauch von Kraftfahrzeugen bis 1977 ausgeschlossen war, seitdem aber zu Recht gewährt werden muss (zunächst auf Grund aufsichtsbehördlich erzwungener Änderung von § 11 AKB[180], heute auf Grund von § 4 KfzPflVV; vgl. A.1.5 AKB 2008).[181] Hier ist wegen der engen wirtschaftlichen Verbindung der Beteiligten ein Haftpflichtanspruch meist eine bloße juristische Konstruktion ohne Realität. In Wirklichkeit ersetzt die Haftpflichtversicherung hier eine Sach- oder Personenversicherung für den geschädigten Angehörigen, aber eben nur so weit die Verursachung des Sach- oder Personenschadens einen Haftungstatbestand erfüllt.

1131 In allen diesen Fällen geht man über die eigentliche Funktion der Haftpflichtversicherung hinaus. Die Entschädigung des Geschädigten richtet sich eben nicht mehr allein nach haftpflichtrechtlichen Regeln, sondern auch nach dem Umstand, dass der Schädiger durch Versicherung gedeckt ist. Von dort aus ist kein weiter Weg zu einer Versicherung, die ganz allgemein – von potentiellen Schädigern finanziert – etwaige Geschädigte ohne Rücksicht auf Haftpflichtansprüche entschädigt. Ein geschichtliches Beispiel für eine solche Entwicklung in großer Dimension ist die heute sozialrechtlich verfasste gesetzliche Unfallversicherung, die sich aus einer Haftung der Arbeitgeber für Verletzungen von Arbeitnehmern entwickelt hat. Moderne Beispiele sind die obligatorische Unfallversicherung des Luftfahrzeughalters zugunsten seiner Passagiere (§ 50 LuftVG) und die »Probandenversicherung«, die ein Arzneimittelhersteller für Personen abschließen muss, an denen Wirkungen von Arzneimitteln klinisch geprüft werden (§ 40 AMG).[182] Es werden auch immer wieder für begrenztere oder weitere Lebensbereiche Vorschläge zur Einführung ähnlicher Deckungsformen gemacht. Und in der Tat ist es angebracht, von Zeit zu Zeit zu überprüfen, wo unser System der Bewältigung von Unfallschäden seinen Zielen vielleicht nicht mehr gerecht wird, weil das Haftpflichtrecht einen unzureichenden und zu kostspieligen »Transfer«-Mechanismus bereitstellt. Dabei muss man allerdings auch die grundsätzliche Frage im Auge behalten, wie es sich allgemein auf das Verhalten der Mitmenschen untereinander auswirkt, wenn die Verantwortung für Schädigungen anderer dem Einzelnen in Teilbereichen abgenommen wird. Die relevanten empirischen Daten werden teilweise nicht systematisch erhoben, teilweise sind sie nicht allgemein zugänglich. Über die auf sie einwirkenden Gesetzmäßigkeiten weiß man wenig. Behauptungen hierüber, über die faktischen Verhältnisse und die Argumente bei ihrer Bewertung sind hinsichtlich ihrer Begründetheit und ihres Gewichts so schwer abzuschätzen wie nur in irgendeinem anderen politischen Bereich. Die Diskussion, sobald sie den engsten fachlichen Bereich verlässt, steht mitten im Brennpunkt aller nur denkbaren sozialpolitischen Interessen, und ob sie überhaupt stattfindet, ist natürlich eine Frage allgemeiner politischer Prioritäten.

---

179 Vgl. BGH VersR 1992, 1145 = NJW 1992, 2474; BGH VersR 2008, 540 = NJW 2008, 1591 (Grundsätze über Haftungsausschluss bei sportlichen Wettbewerben mit nicht unerheblichem Gefahrenpotential gelten nicht bei bestehendem Versicherungsschutz); vgl. hierzu *Seybold/Wendt* VersR 2009, 455; vgl. allgemein *Armbrüster* NJW 2009, 187; *Voit/Knappmann* in: Prölss/Martin, § 149 VVG a.F. Rn. 8.

180 VerBAV 1977, 49.

181 Zur Rechtsentwicklung vgl. Johannsen in: Bruck/Möller, 5. Band, 1. Halbbd., Kraftfahrtversicherung, 1994, Anm. G 61.

182 Hierzu zuletzt *Taupitz/Krpic-Mocilar* VersR 2003, 533.

VIII. Zusammenfassung

Haftpflichtversicherung 1132

Zweck der Haftpflichtversicherung ist es, dem VN das wirtschaftliche Risiko abzunehmen, das sich aus der Belastung mit Haftpflichtansprüchen dritter Personen ergibt.

Die Haftpflichtversicherung verstärkt die Schadensausgleichsfunktion des Haftungsrechts. Dies verleiht ihr einen über den Versicherten hinausgehenden, nämlich auf den Geschädigten gerichteten Schutzzweck (»Sozialbindung der Haftpflichtversicherung«).

1. **Einordnung der Haftpflichtversicherung** (Rn. 1015 ff.)
   - schützt nicht ein vorhandenes Vermögensgut, sondern schützt vor der Belastung durch eine Verbindlichkeit → **Passivenversicherung**
   - Umfang der Leistungspflicht des Versicherers richtet sich nach der Höhe der jeweils konkret entstandenen Haftpflichtverbindlichkeit → **Schadensversicherung**
   - Haftpflichtversicherung ist häufig auch Versicherung für fremde Rechnung (vgl. Rn. 1038)

2. **Typisierung der Haftpflichtversicherung** (Rn. 1019 ff.)
   - Freiwillige Haftpflichtversicherung
   - Obligatorische Haftpflichtversicherung (»Pflichtversicherung«) im Allgemeinen
   - Obligatorische Kraftfahrzeug-Haftpflichtversicherung

   Die Rechtsposition des Dritten gegenüber dem Haftpflichtversicherer verstärkt sich von einem Typ zum nächsten.

3. **Der Versicherungsfall in der Haftpflichtversicherung** (Rn. 1024 ff.)
   - **Grundlagen:**
     - Anbieten getrennten Haftpflichtversicherungsschutzes für verschiedene Lebensbereiche zwecks Tarifierung risikogerechter Prämien (**»Spezialität der versicherten Gefahr«**)
     - Versicherungsschutz erstreckt sich auf **Erhöhungen oder Erweiterungen des versicherten Risikos** (= abzugrenzen von neuen Risiken) → Schutz des VN vor unvorhersehbaren Entwicklungen des versicherten Risikos
     - vorläufiger Versicherungsschutz für **neue Risiken**, die für den VN nach Abschluss der Versicherung entstehen (sog. **»Vorsorgeversicherung«**) → Anzeigepflicht des VN (Rn. 1026)
   - **Definition** des Versicherungsfalles:
     - **Keine gesetzliche Definition des Versicherungsfalls → Bestimmung durch Vertrag, insb. durch AVB** (Rn. 1027)
     - Gemäß **Nr. 1.1 AHB 2008** besteht Versicherungsschutz im Rahmen des versicherten Risikos für den Fall, dass der Versicherungsnehmer wegen eines während der Wirksamkeit der Versicherung eingetretenen Schadenereignisses (Versicherungsfall), das einen Personen-, Sach- oder sich daraus ergebenden Vermögensschaden zur Folge hatte, aufgrund gesetzlicher Haftpflichtbestimmungen privatrechtlichen Inhalts von einem Dritten auf Schadensersatz in Anspruch genommen wird. → **Deckung nur für das Standardrisiko → weitere Einschränkungen durch Risikoausschlüsse**
     - **P:** *in diesem Rahmen auch Deckung für vertragliche Ansprüche → besondere Risikoausschlüsse sind zu beachten* (Rn. 1031 ff.)
     - **P:** *Abgrenzung zu »reinen« Vermögensschäden* (Rn. 1036)
     - **P:** *Zeitliche Fixierung des Versicherungsfalls* (Rn. 1037)

4. **Die Leistungspflichten des Haftpflichtversicherers** (Rn. 1039 ff.)
   - **Freistellungsverpflichtung** (§ 100 VVG, Rn. 1041 ff.)
     - **VR hat VN von begründeten Ansprüchen freizustellen** → maßgebend ist die objektive materielle Rechtslage → davon ohne Zustimmung des VR abweichendes **Anerkenntnis** des VN, **Vergleich** zwischen VN und dem Dritten sowie **Befriedigung** des Dritten binden VR nicht
     - Darlegungs- und Beweislast nach allgemeinen Regeln (Rn. 1044)

- **Rechtsschutzverpflichtung (§§ 100, 101 VVG, Rn. 1047 ff.)**
  - **VR hat unbegründete Ansprüche auf seine Kosten vom VN abzuwehren**
  - **P:** *Interessenkonflikte* zwischen VR und VN möglich:
    → *Regulierungsvollmacht des VR ist im Außenverhältnis zum Geschädigten nicht begrenzt*
    → *VR hat im Innenverhältnis vorrangig die Interessen des VN zu beachten*

5. Herbeiführung des Versicherungsfalls und Obliegenheiten des VN

- **Herbeiführung des Versicherungsfalles** (§ 103 VVG, Rn. 1052)
  - es schadet ausschließlich vorsätzliche und widerrechtliche Schadensverursachung
  - Vorsatz muss sich auch auf den Schaden beziehen (grobe Vorstellung vom Schaden genügt)
- **Obliegenheiten** (§ 104 VVG, Rn. 1053 ff.)
  - grds. Geltung der allgemeinen Grundsätze für Obliegenheitsverletzungen
  - Anwendungsbereich der §§ 23 ff. VVG kann durch Versicherungsschutz für Risikoerhöhungen und -erweiterungen eingeschränkt sein
  - wichtig sind insb. Rettungsobliegenheit und Obliegenheiten nach dem Versicherungsfall (Anzeige- und Informationspflichten)

6. Die Rechtsstellung des Geschädigten Dritten in der freiwilligen Haftpflichtversicherung (Rn. 1059 ff.)

- **Gesetzliche Grundkonzeption** (Rn. 1059 ff.)
  - **»Deckungsverhältnis«** = Versicherungsverhältnis zwischen VN und VR
  - **»Haftpflichtverhältnis«** = Verhältnis zwischen dem VN als Haftpflichtigem und dem geschädigten Dritten
  - **»Materielles Trennungsprinzip«**: Haftungsverhältnis und Deckungsverhältnis stehen selbstständig nebeneinander mit der Folge, dass der geschädigte Dritte keinen eigenen unmittelbaren Anspruch gegen den Versicherer hat.
  - **»Prozessuales Trennungsprinzip«**: Infolge des materiellen Trennungsprinzips besteht für den Dritten auch keine prozessuale Möglichkeit, den VR direkt in Anspruch zu nehmen → »Haftpflichtprozess« und »Deckungsprozess« verlaufen völlig getrennt, aber:
  - **»Bindungswirkung«**: Rechtskräftige Entscheidung im Haftpflichtprozess »bindet« die Parteien des Deckungsprozesses hinsichtlich der Frage, ob und in welchem Umfang eine Haftpflicht besteht → Bindungswirkung entfalten jedoch nur Feststellungen, die für die Entscheidung des Haftpflichtanspruchs erheblich waren und auch für den Deckungsanspruch erheblich sind (Erfordernis der »Voraussetzungsidentität«, Rn. 1061)
  - **Klage des geschädigten Dritten gegen VR nur nach Zwangsvollstreckung in das Vermögen des VN** → Geschädigter kann im Haftungsprozesses einen Titel gegen VN erwirken und im Wege der Zwangsvollstreckung den zum Vermögen seines Schuldners gehörenden Deckungsanspruch gegen dessen Versicherer pfänden und sich überweisen lassen und sodann aus diesem Anspruch klageweise gegen VR vorgehen
- **Gesetzlicher Schutz des geschädigten Dritten** (Rn. 1064 ff.)
  - **zwingendes Verfügungsverbot des § 108 I 1 VVG**: Verfügungen des VN über den Freistellungsanspruch gegen VR sind »dem Dritten gegenüber« unwirksam → gesetzliches relatives Verfügungsverbot i.S.v. § 135 BGB → Abtretung des Deckungsanspruchs an den Geschädigten ist zulässig; VR kann auch nach der Abtretung dem Geschädigten als Zessionar alle Einwendungen entgegenhalten, die er dem VN hätte entgegenhalten können (§ 404 BGB)
  - Schutz des Dritten auch gegen Zwangsvollstreckungsmaßnahmen anderer Gläubiger des VN (§ 108 I 2 VVG)

7. Pflicht-Haftpflichtversicherung (§§ 113–124 VVG, Rn. 1071 ff.)

- gesetzlicher Begriff: »Pflichtversicherung« = Haftpflichtversicherung, zu deren Abschluss eine Verpflichtung durch Rechtsvorschrift besteht (§ 113 I VVG)
- Rechtsvorschrift iSd § 113 I VVG sind formelle Gesetze, Rechtsverordnungen, Satzungen einer öffentlich-rechtlichen Körperschaft, EU-Verordnungen

- es gelten vorrangig die speziellen Vorschriften der §§ 113–124 VVG, und zwar auch so weit Deckung über die gesetzlich vorgeschriebenen Mindestanforderungen gewährt wird
- ergänzend gelten die allgemeinen Vorschriften der §§ 100–112 VVG
- **gesetzliche Mindestanforderungen an die Erfüllung der Versicherungspflicht** (§ 114 VVG, Rn. 1075 ff.)
  - Abschluss mit einem im Inland zum Geschäftsbetrieb befugten VR
  - Mindestversicherungssummen gem. die Versicherungspflicht begründender spezieller Rechtsvorschriften, bzw. subsidiär gem. § 114 I VVG
  - Parteien können Inhalt und Umfang der Pflichtversicherung im Rahmen des § 114 II VVG näher bestimmen; nur relative Wirkung eines vereinbarten Selbstbehalts
- **Schutz des geschädigten Dritten** (Rn. 1078 ff.)
  - **Direktanspruch des Dritten gegen VR** (§ 115 VVG, Rn. 1085 ff.)
    →Direktanspruch besteht nur für eine Pflichtversicherung nach dem PflVG und unabhängig von der Art der Pflicht-Haftpflichtversicherung, wenn über das Vermögen des VN das Insolvenzverfahren eröffnet wurde etc. oder wenn der Aufenthalt des VN unbekannt ist.
    →Direktanspruch nur im Rahmen der Leistungspflicht des Versicherers unter Beachtung des Einwendungsausschlusses aus § 117 I–IV VVG
    →VR haftet als Gesamtschuldner neben dem ersatzpflichtigen VN (§ 115 I 2–4 VVG)
    →es gelten grds. die §§ 421 ff. BGB → beachte aber die vorrangige Regelung des § 124 I VVG über die Rechtskrafterstreckung
  - **Einwendungsausschluss:** VR ist »in Ansehung des Dritten« auch dann zur Leistung verpflichtet, wenn er gegenüber dem VN ganz oder teilweise leistungsfrei ist (§ 117 VVG)
    →jedoch Verpflichtung des VR gegenüber dem Dritten nur im Rahmen der vorgeschriebenen Mindestversicherungssumme und der übernommenen Gefahr → primäre Risikoabgrenzung, Risikoausschlüsse und Risikoausschluss wegen Herbeiführung des Versicherungsfalles wirken auch gegenüber dem Dritten (Rn. 1080 f.)
    →besondere Regelung über zeitlich befristete »Nachhaftung« des VR bei Nichtbestehen oder Beendigung des Versicherungsverhältnisses (§ 117 II VVG; Rn. 1082)
    →Verweisungsprivileg des VR auf eintrittspflichtigen Schadensversicherer oder Sozialversicherungsträger (§ 117 III 2 VVG; Rn. 1083)
  - **Abgestufte Rangfolge mehrerer Ansprüche auf die Versicherungssumme**, wenn die Versicherungssumme erschöpft ist (§ 118 VVG, Rn. 1094 f.)
  - bei **Veräußerung der von der Versicherung erfassten Sache** gelten die §§ 95–98 VVG entsprechend (§ 122 VVG); für die obligatorische Kfz-Haftpflichtversicherung ist § 3b PflVG zu beachten (Rn. 1096)
  - eigene schadenersatzbewehrte **Anzeigepflicht** des Dritten (§ 119 I VVG) und gesetzliche **Anzeige- und Auskunftsobliegenheiten des Dritten** (§§ 119 II und III, 120 VVG, Rn. 1091 ff.)
- **Rückgriff des VR auf VN bei Leistungsfreiheit im Innenverhältnis** (»krankes Versicherungsverhältnis«)
  - bei Direktanspruch: Gesamtschuldnerausgleich nach § 116 VVG
  - bei Pflichtversicherungen ohne Direktanspruch: VR erhält durch Legalzession den Anspruch des Dritten gegen VN (§ 117 V VVG)
- **Der Schutz des Mitversicherten** (§ 123 VVG, Rn. 1102 ff.)
  - VR kann dem »gutgläubigen« Mitversicherten eine gegenüber dem VN bestehende Leistungsfreiheit nicht entgegenhalten, wenn Mitversicherter zur selbständigen Geltendmachung seiner Rechte aus dem Versicherungsvertrag befugt ist
  - entsprechende Anwendung der »Nachhaftung« des VR auch im Verhältnis zum »gutgläubigen« Mitversicherten (§ 123 IV VVG)
  - bei Leistungen für den Mitversicherten trotz Leistungsfreiheit gegenüber VN hat VR den originären Rückgriffsanspruch gem. § 123 III VVG gegen VN

8. **Besonderheiten der obligatorischen Kfz- Haftpflichtversicherung** (Rn. 1106 ff.)
   - Vorrang der speziellen Regelungen der KfzPflVV und des PflVG

- spezielle Mindestversicherungssummen (Anlage zu § 4 II PflVG)
- VR treffen zusätzliche Pflichten, wenn der Dritte den Direktanspruch geltend macht (§ 3a PflVG, Rn. 1111)
- Einschränkung des Verweisungsprivilegs des § 117 III 2 VVG (§ 3 S. 1 PflVG; vgl. Rn. 1112)
- Es gelten spezielle Regelungen für Obliegenheiten, §§ 5–7 KfzPflVV (**P:** *Quotelung nach § 28 II 2 VVG bei einer nach §§ 5, 6 KfzPflVV betragsmäßig begrenzten Leistungsfreiheit des VR*) (Rn. 1115 ff.)
- gegenüber § 123 VVG **erweiterter und verstärkter Schutz des Mitversicherten** (§ 5 II KfzPflVV, Rn. 1120)

- **»Entschädigungsfonds« und die »Entschädigungsstelle für Auslandsunfälle«** (Rn. 1121 ff.)
  - Ansprüche des Unfallopfers gegen den »Entschädigungsfonds für Schäden aus Kraftfahrzeugunfällen«, wenn Anspruchsdurchsetzung gegen Haftpflichtige ausgeschlossen (§ 12 PflVG)
  - bei Unfall im Wohnsitzstaat des Geschädigten greift das **»System der Grünen Karte«**, wenn das schädigende Kfz in einem anderen Mitgliedsstaat des Systems der grünen Karte zugelassen ist → Unfallopfer kann Regulierung durch das Grüne-Karte-Büro seines Wohnsitzlandes verlangen
  - bei Unfall im Ausland kann sich Unfallopfer in seinem Wohnsitzstaat an den **»Schadensregulierungsbeauftragten«** des ausländischen Haftpflichtversicherers (vgl. § 7b VAG) wenden (Rn. 1126) → subsidiäre Eintrittspflicht der **»Entschädigungsstelle für Auslandunfälle«** (§ 12a PflVG)

M. Lebensversicherung

I. Einführung

1. Erscheinungsformen und Abgrenzungen

Die Regelungen des VVG über die Lebensversicherung (§§ 150–177 VVG) geben bewusst keine standardisierte Form der Lebensversicherung vor.[1] In der Praxis haben sich **verschiedene Grundformen** herausgebildet, die in der konkreten Produktgestaltung meist modifiziert und vermischt werden. Man kategorisiert vor allem nach dem versicherten Risiko (Todes- oder Erlebensfall), der Art der Leistung im Versicherungsfall (Kapital oder Rente) und nach dem Versicherungsnehmer (Individual- oder Kollektivversicherung).[2] 1133

Die einfachste Form einer Lebensversicherung ist die **Risikolebensversicherung.** Versicherungsfall ist der Tod der versicherten Person, sei es des Versicherungsnehmers selbst oder eines anderen. Versprochene Leistung ist die Zahlung des vereinbarten Betrags an Kapital oder Rente bei Tod der versicherten Person; erlebt der Versicherte[3] die vertragliche Ablaufzeit, so löst dies keine Leistung aus. Man spricht deshalb von **Todesfallversicherung.** Die Risikolebensversicherung dient gewöhnlich der finanziellen Sicherung von Hinterbliebenen oder von Kreditgebern, indem die Leistung des Versicherers den Wegfall des Einkommens der versicherten Person ausgleichen soll (zur Einräumung einer Bezugsberechtigung vgl. Rn. 1235). 1134

Volkswirtschaftlich und sozialpolitisch noch wichtiger als die (reine) Risikolebensversicherung ist die **kapitalbildende Lebensversicherung.** Versicherungsfall ist hier sowohl der Tod des Versicherten während der Vertragszeit als auch das Erleben eines bestimmten Ablauftermins, der sich häufig an dem prognostizierten Ende des Berufslebens des Versicherten orientiert. Gebräuchlich ist daher auch die Bezeichnung als **»gemischte Versicherung auf den Todes- und Erlebensfall«.** Die kapitalbildende Lebensversicherung dient für den Erlebensfall der eigenen finanziellen Versorgung im Alter und für den Todesfall der Versorgung der Hinterbliebenen.[4] Formen der kapitalbildenden Lebensversicherung sind die **Kapitallebensversicherung,** bei der am Ende der Vertragslaufzeit ein Kapitalbetrag fällig wird (für den aber häufig auch ein Wahlrecht der Verrentung besteht) sowie die **Rentenversicherung,** bei der je nach vertraglicher Ausgestaltung eine Rente lebenslänglich oder zeitlich befristet gezahlt wird (häufig mit einer einmaligen Kapitalleistung an die Hinterbliebenen, wenn die versicherte Person noch vor Beginn der Rentenzahlung oder nach wenigen Rentenjahren stirbt). Eine besondere Form der kapitalbildenden Lebensversicherung stellt die **fondsgebundene Lebensversicherung** dar. Bei ihr ist vertraglich – anders als 1135

1 RegE BT-Drucks. 16/3945 S. 51.

2 Einen vollständigen Überblick über die Formen (Arten) der Lebensversicherung geben *Brömmelmeyer* in: Beckmann/Matusche-Beckmann, § 42 Rn. 3 ff.; *Kirscht* in: Halm/Engelbrecht/Krahe, Kapitel 21, sowie die Kommentare (meist in den Vorbemerkungen zur Lebensversicherung).

3 Zur Terminologie Rn. 46 ff.

4 Zur Abgrenzung von Kapitalgeschäften und Lebensversicherungen *Winter* VersR 2004, 8; näher zur Kreditlebensversicherung *Krämer* VersR 2004, 713. Zur Qualifikation der fondsgebundenen Lebensversicherung mit begrenztem Risikotransfer als aufsichtspflichtiges Versicherungsgeschäft *Dreher/Schmidt* WM 2008, 377.

sonst – ein unmittelbarer Bezug zwischen der Kapitalanlage in Investmentfonds und der Höhe der Versicherungsleistung hergestellt.

1136 Die Regelungen des VVG sind grundsätzlich auch auf **Lebensversicherungen im Rahmen der betrieblichen Altersvorsorge** anzuwenden (vgl. jedoch §§ 150 II 1, 211 VVG).[5] In der betrieblichen Altersvorsorge, der kapitalgedeckten »zweiten Säule« des Systems der Altersvorsorge[6], schließt der Arbeitgeber häufig als Versicherungsnehmer einer Gruppenversicherung eine kapitalbildende Lebensversicherung zugunsten seiner Arbeitnehmer ab (»Direktversicherung«, zur uneinheitlichen Terminologie Rn. 40 f.).[7] Die Beiträge werden durch eine Versorgungszusage des Arbeitgebers oder im Rahmen der Entgeltumwandlung erbracht.

1137 Zu einer Lebensversicherung als Hauptversicherung können bestimmte **Zusatzversicherungen** genommen werden. Sie sind in ihrem Fortbestand von der Hauptversicherung abhängig. Die wichtigsten Zusatzversicherungen sind die Berufsunfähigkeits-Zusatzversicherung (BUZ)[8], die Unfall-Zusatzversicherung (UZV)[9] und die Pflegerenten-Zusatzversicherung (PZV)[10]. Die **Berufsunfähigkeits-Zusatzversicherung** gewährt Versicherungsschutz für den Fall, dass der Versicherte zu einem bestimmten Mindestgrad berufsunfähig wird. Für sie gelten die Vorschriften über die Berufsunfähigkeitsversicherung (§§ 172 ff. VVG), für die nach § 176 VVG grundsätzlich zusätzlich die Vorschriften der §§ 150 bis 170 VVG über die Lebensversicherung entsprechend gelten.[11] Die **Unfall-Zusatzversicherung** ist eine gesetzlich nicht geregelte,

5 Vgl. dazu *Schwintowski* in: Beckmann/Matusche-Beckmann, § 43.

6 Das System der Altersvorsorge in Deutschland beruht auf drei Säulen: die – in diesem Buch nicht behandelte – gesetzliche Rentenversicherung (erste Säule; grundsätzlich Umlageprinzip), die betriebliche und die private Altervorsorge (zweite und dritte Säule; jeweils Kapitaldeckung).

7 *Kollhosser* in: Prölss/Martin, vor § 159 VVG a.F. Rn. 29. – Bei Rückdeckungsversicherungen, d.h. Versicherungen, die der Arbeitgeber auf Grund von gegenüber seinen Arbeitnehmern bestehenden Versorgungszusagen auf deren Leben zur Absicherung des Todesfallrisikos abschließt, stehen dagegen alle Ansprüche stets dem Versicherungsnehmer, d.h. dem Arbeitgeber zu, der hier sein eigenes Interesse versichert, vgl. *Kollhosser* in: Prölss/Martin, vor § 159 VVG a.F. Rn. 32.

8 Siehe dazu die (Muster-) Bedingungen für die Berufsunfähigkeits-Zusatzversicherung (BUZ) unter http://www.gdv.de/Publikationen/versicherungsbedingungen/Lebensversicherung/Berufsunfaehigkeitsversicherungstarife/avbinhalt21194.html. Zu dieser Zusatzversicherung vgl. *Oster* Entwicklungen und Trends in der privaten Berufsunfähigkeitsversicherung in Deutschland, Österreich und der Schweiz, 1999; *Neuhaus* r+s 2008, 449; zum Übergangsrecht nach der Reform vgl. *Neuhaus* r+s 2007, 441.

9 Siehe dazu die (Muster-) Bedingungen für die Unfall-Zusatzversicherung (UZV) unter http://www.gdv.de/Publikationen/versicherungsbedingungen/Lebensversicherung/Weitere_Zusatzversicherungen/avbinhalt.html.

10 Siehe dazu die (Muster-) Bedingungen für die Pflegerenten-Zusatzversicherung (PZV) unter http://www.gdv.de/Publikationen/versicherungsbedingungen/Lebensversicherung/Weitere_Zusatzversicherungen/avbinhalt21200.html.

11 Bemerkenswert ist, dass bei der Berufsunfähigkeitsversicherung – anders als bei der Lebensversicherung – eine vertragliche Abbedingung der entsprechend anwendbaren Regelungen über die Lebensversicherung zum Nachteil des Versicherungsnehmers möglich ist, soweit sie sich an die allgemeinen Grenzen insbesondere des AGB-Rechts hält. Dies ergibt sich aus § 176 VVG, der nur die Vorschriften der §§ 150–170 VVG für entsprechend anwendbar erklärt, nicht aber § 171 VVG, der in der Lebensversicherung die halbzwingenden Vorschriften bestimmt. Der Regierungsentwurf (BT-Drucks. 16/3945 S. 107) führt zur Begründung an, die Berufsunfähigkeitsversicherung befände sich noch in der Entwicklung und deshalb benötige der Versicherer Produktgestaltungsfreiheit; außerdem bestünden rechtssystematische Bedenken dagegen, Vorschriften für halbzwingend zu erklären, deren Anwendung nur vorbehaltlich der noch näher zu bestimmenden Besonderheiten der Berufsunfähigkeitsversicherung in Frage kämen. – Das VVG a.F. enthielt keine

erweiterte Lebensversicherung: Gegen einen Prämienaufschlag wird die Versicherungssumme bei Unfalltod vereinbarungsgemäß erhöht, meist verdoppelt. Maßgebend sind die vertraglichen Regelungen (AVB) und die gesetzlichen Vorschriften über die Lebensversicherung. Die **Pflegerenten-Zusatzversicherung** gewährt im Pflegefall eine nach Pflegestufen gestaffelte Pflegerente sowie – abhängig von der konkreten Ausgestaltung – die Beitragsbefreiung für die Hauptversicherung und gegebenenfalls für weitere Zusatzversicherungen.

Von ausdrücklichen Ausnahmen abgesehen gelten die Vorschriften des VVG über die Lebensversicherung für alle Formen von Lebensversicherungen. Manche Vorschriften sind allerdings nur auf einen – zu rechtssystematischen Zwecken – **abstrakt definierten Versicherungstyp** anzuwenden, nämlich auf eine **»Versicherung, die Versicherungsschutz für ein Risiko bietet, bei dem der Eintritt der Verpflichtung des Versicherers gewiss ist«** (§§ 168 II, 169 I VVG).[12] Dies ist bei einer kapitalbildenden Versicherung stets der Fall, weil im Vorhinein gewiss ist, dass der Versicherungsfall eintritt. Denn der Versicherte erlebt entweder den vereinbarten Ablauftermin oder er stirbt vorher; eine dritte Möglichkeit gibt es nicht. Dagegen ist der Eintritt der Verpflichtung des Versicherers bei der reinen Risikolebensversicherung ungewiss, weil hier nicht sicher ist, ob der Versicherungsfall (Tod der versicherten Person) während der Vertragslaufzeit eintreten wird. Der Eintritt einer Verpflichtung des Versicherers für ein versichertes Risiko ist beispielsweise auch bei der »*Rürup*-Rente« ungewiss, wenn eine Leistungspflicht gegenüber Hinterbliebenen ausgeschlossen ist. 1138

2. Sozialpolitische und wirtschaftliche Bedeutung

Die kapitalbildende Lebensversicherung hat große **sozialpolitische Bedeutung** für die betriebliche und die private Altersvorsorge, die beide auf Grund der demografiebedingten Probleme staatlicher Sicherungssysteme immer wichtiger werden.[13] Deshalb fördert der Staat diese zweite und dritte Säule der Altersvorsorge steuerlich. Beiträge im Rahmen der betrieblichen Altersvorsorge sind – auch wenn vom Arbeitgeber geleistet – für den Arbeitnehmer bis zu einer Höhe von vier Prozent der Beitragsbemessungsgrenze[14] grundsätzlich steuerfrei. Die steuerrechtlichen Rahmenbedingungen der **privaten Altersvorsorge** wurden zu Beginn des Jahres 2005 erheblich geändert. Zuvor war die Kapitallebensversicherung in besonderer Weise steuerprivi- 1139

Regelungen zur Berufsunfähigkeitsversicherung. Bislang wurden daher die Vorschriften über die Lebensversicherung entsprechend angewandt (BGH VersR 1988, 1233; BGH VersR 1991, 289; ebenso *Voit/Knappmann* in: Prölss/Martin, Teil III, Vorbemerkung zur Kommentierung der BUZ, S. 1985 Rn. 3 f.), unabhängig davon, ob es sich um eine (selbstständige) Haupt- oder (unselbstständige) Zusatzversicherung handelte. Vgl. auch *Präve* VersR 2003, 1207 und *Rosensträter-Krumbach* VersR 2004, 170. Zum neuen Recht *Römer* VersR 2006, 865; *Schwintowski* in: Schwintowski/Brömmelmeyer, §§ 172 ff. VVG; *Marlow/Spuhl* S. 253 ff.

12 Zur Frage der begrenzten Anwendbarkeit von §§ 168 II, 169 I VVG, wenn ein Vertrag Versicherungen mit gewisser und ungewisser Leistungspflicht enthält, *Engeländer* VersR 2007, 1297 und *Ortmann* in: Schwintowski/Brömmelmeyer, § 169 VVG Rn. 9 ff.

13 RegE BT-Drucks. 16/3945 S. 50.

14 Im Jahr 2008: 2.554 Euro. Vgl. § 3 Nr. 63 EStG. Dieser Höchstbetrag erhöht sich noch um weitere 1.800 €, sofern der Arbeitgeber die Versorgungszusage nach dem 31.12.2004 erteilt hat. – Für Zusagen, die vor dem 01.01.2005 gegeben worden sind, konnte – soweit eine Steuerfreistellung nach § 3 Nr. 63 EStG nicht gewünscht war – auch weiterhin die Lohnsteuerpauschalierung genutzt werden, um Beiträge bis zu einer Höhe von 1.752 € pro Jahr (bei Gruppenversicherungsverträgen bis zu 2.148 €) mit einem pauschalen Steuersatz in Höhe von 20 % zu versteuern (§ 40b EStG a.F.).

legiert.[15] Heute sind unter dem Aspekt staatlicher Förderung vor allem die – ebenfalls als Lebensversicherung zu qualifizierenden – Rentenversicherungen bedeutsam (»*Riester*-Rente«[16] und »*Rürup (=Basis)*-Rente«[17]).[18]

1140 Für die **Versicherungswirtschaft** stellt die Lebensversicherung gemessen am Prämienvolumen die wichtigste Sparte dar. Mit ihr wird im Inlandsgeschäft ungefähr die Hälfte aller Prämieneinnahmen erwirtschaftet.[19] Der **Bestand an Lebensversicherungen** (ohne Pensionskassen und -fonds) betrug Ende 2008 ca. 93 Millionen Hauptversicherungen[20] sowie ca. 33 Millionen Zusatzversicherungen[21]. Die daraus gebuchten Bruttobeiträge (ohne die als Versicherungsbeitrag verwendeten Überschussanteile) beliefen sich in 2008 auf knapp 80 Milliarden €.[22]

1141 Für den **Kapitalmarkt** hat die Lebensversicherung wegen der hohen Kapitalanlagen große Bedeutung (»Kapitalsammelbecken«). Die Kapitalanlagen der Lebensversicherer betrugen im Jahr 2008 ca. 701 Milliarden €.[23]

3. Zur Entwicklungsgeschichte

1142 Die moderne Lebensversicherung hat zahlreiche **historische Vorläufer**.[24] Aus der Antike sind bereits Formen von Sterbekassen zur Absicherung der Begräbniskosten bekannt. Im frühen Mittelalter ließ das kirchliche Zinsverbot den Leibrentenkauf entstehen. Gegen Zahlung einer Kapitalsumme wurde ein lebenslanger Rentenanspruch erworben, wodurch das Zinsverbot umgangen werden konnte. Noch fehlte es jedoch an den wissenschaftlichen Grundlagen für eine Abschätzung des Risikos und

15 Das Alterseinkünftegesetz vom 05.07.2004 (BGBl. I. S. 1427) unterwirft diese »Neuverträge« – zumindest teilweise – der nachgelagerten Besteuerung.

16 Vgl. Altersvorsorgeverträge i.S.v. §§ 5, 1 des Gesetzes über die Zertifizierung von Altersvorsorgeverträgen (AltZertG); zu den AVB siehe http://www.gdv.de/Publikationen/versicherungsbedingungen/Lebensversicherung/Rentenversicherungen/avb.html.

17 Vgl. § 10 I Nr. 2 b EStG (Basisversorgung); zu den AVB siehe http://www.gdv.de/Publikationen/versicherungsbedingungen/Lebensversicherung/Rentenversicherungen/avb.html.

18 Beiträge zu einem »*Riester*-Vertrag« werden gemäß § 82 I 1 EStG gefördert durch Zulagen gemäß § 79 S. 1 EStG sowie durch einen beschränkten Sonderausgabenabzug mit in § 10a I EStG angegebenen Höchstbeträgen, wobei das Finanzamt eine Günstigkeitsprüfung (§ 10a II EStG) vornimmt. Beiträge zu einem »*Rürup*-Vertrag« sind unter den Voraussetzungen des § 10 I Nr. 2 b) EStG als beschränkt abzugsfähige Sonderausgaben gefördert. In der Auszahlungsphase unterliegen Leistungen aus beiden Rentenversicherungen der Besteuerung gemäß § 22 Nr. 5 EStG bzw. § 22 Nr. 1 S. 3 A) aa) EStG. Vgl. *Brömmelmeyer* in: Beckmann/Matusche-Beckmann, § 42 Rn. 20.

19 RegE BT-Drucks. 16/3945 S. 50.

20 Etwas mehr als die Hälfte des Bestandes an Hauptversicherungen entfällt auf Kapitalversicherungen, ein Drittel auf Rentenversicherungen und nur circa 15 % auf Risikoversicherungen, vgl. GDV (Hrsg.) – Geschäftsentwicklung 2008/Die deutsche Lebensversicherung in Zahlen, S. 14, 16.

21 Der Bestand der Zusatzversicherungen teilt sich in Berufsunfähigkeits- oder Invaliditäts-Zusatzversicherung (BUZ/IZV) (ca. 44%), Unfall-Zusatzversicherung (UZV) (ca. 36%) sowie sonstige Zusatzversicherungen (ca. 19%), vgl. GDV (Hrsg.), Geschäftsentwicklung 2008/Die deutsche Lebensversicherung in Zahlen, S. 17.

22 Vgl. GDV (Hrsg.), Geschäftsentwicklung 2008/Die deutsche Lebensversicherung in Zahlen, S. 7; vgl. auch Übersicht in ZfV 2008, 493 f.

23 Vgl. GDV (Hrsg.), Geschäftsentwicklung 2008/Die deutsche Lebensversicherung in Zahlen, S. 6.

24 Vgl. zur Geschichte der Lebensversicherung *Heiss* Die Institutionalisierung der deutschen Lebensversicherung, 2006.

d.h. zugleich für eine verlässliche Kalkulation von Leistung und Gegenleistung.[25] Diese Grundlagen wurden erst im 16. und 17. Jahrhundert durch die Zinseszins- und Wahrscheinlichkeitsrechnung sowie durch die zunächst auf Kirchenbüchern fußende Sterblichkeitsstatistik (Sterbetafeln) geschaffen. Der wissenschaftliche Fortschritt war vor allem *John Graunt* (1620–1674), *Edmund Halley* (1656–1742), *Gottfried Wilhelm Leibniz* (1646–1716) sowie *Jakob Bernouille* (1654–1705) zu verdanken. Basierend auf ihren Forschungen entwickelte sich die Versicherungstechnik der Lebensversicherung. In London wurde 1765 die »Equitable« als Versicherungsverein auf Gegenseitigkeit gegründet. In Deutschland wurden die ersten Lebensversicherungsunternehmen Anfang des 19. Jahrhunderts gegründet (1827 in Gotha, 1828 in Lübeck und 1831 in Leipzig). – Zu der Krise von »Equitable Life«, die Ende des letzten Jahrhunderts eintrat und zu enormen Verlusten der Versicherten führte, sowie zur Krise der Mannheimer Lebensversicherung AG vor wenigen Jahren vgl. Rn. 1144.

4. Besondere Notwendigkeit (aufsichts-) rechtlicher Regulierung

Lebensversicherungen sind entsprechend ihrer Zwecksetzung meist sehr **langfristige Versicherungsverhältnisse**. In der kapitalbildenden Lebensversicherung beträgt die durchschnittliche Laufzeit derzeit ca. 26 Jahre.[26] Für den Versicherungsnehmer bedeutet dies, dass er über eine sehr lange Vertragsdauer Prämien zahlt, die in das Eigentum des Versicherers übergehen[27], und während der gesamten Vertragsdauer berechtigt die Erwartung hegt, dass bei Eintritt des Versicherungsfalles in – hoffentlich – ferner Zukunft der Versicherer noch existiert und zur Erfüllung seiner Verbindlichkeit solvent ist. 1143

In Deutschland hat das **Aufsichtsrecht** erfolgreich mit dazu beigetragen, dass es seit dem Zweiten Weltkrieg zu keiner Insolvenz eines Lebensversicherers kam. Vor wenigen Jahren geriet allerdings die Mannheimer Lebensversicherung AG infolge einer verfehlten Kapitalanlagestrategie in enorme wirtschaftliche Schwierigkeiten und musste ihren gesamten Versicherungsbestand an die Protektor Lebensversicherungs-AG übertragen, einer von der Versicherungsbranche gegründeten Auffanggesellschaft, welche die Verträge fortführt.[28] Weniger glimpflich davon kamen die Versicherten des traditionsreichen englischen Unternehmens »Equitable Life« (Rn. 1142). Dieses Unternehmen war in den 80er und 90er Jahren des letzten Jahrhunderts in so große wirtschaftliche Schwierigkeiten geraten, dass es die garantierten Leistungen nicht mehr erfüllen konnte und schließlich kein Neugeschäft mehr zeichnete. Die 1144

25 Instruktiv hierzu *Bernstein* Wider die Götter – Die Geschichte von Risiko und Risikomanagement von der Antike bis heute, 3. Aufl. 2000.

26 Vgl. Abschlussbericht der Reformkommission S. 97.

27 Das BVerfG (BVerfGE 114, 1 = VersR 2005, 1109 = NJW 2005, 2363) hat klargestellt, dass die Prämie mit ihrer Zahlung vollständig in das Eigentum des Versicherers übergeht. So auch schon die bis dahin herrschende Meinung, vgl. nur *Gärtner* Neuere Entwicklungen der Vertragsgerechtigkeit im Versicherungsrecht, 1991, (Münsteraner Reihe, H. 9); *Lorenz* ZVersWiss 1993, 283; *Winter* ZVersWiss 1991, 218. Zu der vom BVerfG verworfenen Gegenthese, dass es sich bei dem »Sparanteil« der Prämie, also dem Prämienanteil, der nicht für Verwaltungskosten des Versicherers und die Risikoabdeckung bestimmt ist, um »das Geld der Versicherten« handele, das der Versicherer lediglich treuhänderisch zu verwalten habe, vgl. *Meyer* ZRP 1990, 424; *v. Hippel* JZ 1989, 666.

28 *Himstedt* Protektor Lebensversicherungs-AG: Erfahrungen im Fall Mannheimer, Frankfurter Vorträge zum Versicherungswesen, Band 35, 2004.

Versicherten erlitten enorme Verluste und damit eine empfindliche Schmälerung ihrer Altersvorsorge. Die Krise von »Equitable Life« führte zu einer Untersuchung durch das englische und das Europäische Parlament und hatte erhebliche Gesetzeskorrekturen zur Folge.[29]

1145 Die wichtigste **Aufgabe von Gesetzgebung und Versicherungsaufsicht** ist es also, die **Solvenz des Versicherers** dauerhaft zu sichern. Eine weitere wichtige Aufgabe besteht darin, für eine **faire Gewinnbeteiligung und -verteilung** zu sorgen, und zwar sowohl im Verhältnis zwischen Unternehmen (Aktionären) und Versicherten als auch im Verhältnis der Versicherten untereinander.

1146 Diese gesetzgeberischen Ziele bedingen komplexe und komplizierte aufsichtsrechtliche und vertragsrechtliche Regelungen. Das Lebensversicherungsrecht ist daher nur zu begreifen, wenn man neben dem Versicherungsvertragsrecht auch das Aufsichtsrecht (und die handels- und bilanzrechtlichen sowie aktuariellen Bezüge) in den Blick nimmt (siehe dazu auch Rn. 1160 ff.). Das Gesamtverständnis der Lebensversicherung wird leider noch zusätzlich dadurch erschwert, dass sich die rechtlichen Rahmenbedingungen im Laufe der Zeit verändert haben, sodass Übergangsbestimmungen und unterschiedliche Systeme (insb. bei der Überschussbeteiligung) zu beachten sind (Rn. 1168). Das Recht der Lebensversicherung ist also besonders schwierig. Hier sind deshalb auch die im Versicherungsbereich generell bestehenden Transparenzprobleme für die Versicherten besonders groß (allgemein Rn. 8).[30] Aber auch der im Versicherungsrecht ausgebildete und auf das Versicherungsrecht spezialisierte Jurist ist hier besonders gefordert, wenn er in der interdisziplinären Praxis an der Produktgestaltung und der Lösung von Problemen mitwirken möchte.

1147 Betrachtet man die **Rechtsentwicklung** zur Lebensversicherung, deren Grundsatzfragen bis in jüngste Zeit den BGH und das BVerfG beschäftigt haben, so kann man durchaus fragen, ob sich hier Juristen in der Vergangenheit früh genug und intensiv genug »eingebracht« haben – sei es in der Rechtspolitik, der Aufsichtspraxis oder der Wissenschaft – und ob die Regulierungsakzente immer richtig gesetzt wurden. Bedenkt man den Hauptzweck einer Lebensversicherung, dann sollte in dem komplexen rechtlichen Gesamtgefüge der auf Leistungsaustausch ausgerichtete gegenseitige Vertrag im Zentrum stehen – selbstverständlich unter Berücksichtigung seiner Natur als ein auf einem Vertragskollektiv aufbauender Versicherungsvertrag (Rn. 94 f.). Andere Rechtsbereiche haben dienende Funktion. Dies wurde in der Vergangenheit nicht immer hinreichend beachtet, was Auslöser mancher langdauernder Meinungsstreitigkeiten war (bspw. des Streits um die Notwendigkeit einer Vereinbarung der Zillmerung[31]). Die Rechtsprechung hat derartige Fehlentwicklungen über die Zeit mühsam korrigiert.

29 Siehe den »Report on the crisis of the Equitable Life Assurance Society« vom 04.06.2007 der Untersuchungskommission des Europäischen Parlaments (2006/2199(INI)) sowie den Untersuchungsbericht des englischen Parlaments-Ombudsmanns »Equitable Life: a decade of regulatory failure« vom 16.07.2008, http://www.equitable.co.uk/. Siehe hierzu auch *Wandt/Ehlers* Insurance Supervision in Germany – Equitable Life and Mannheimer Leben: Can the Germans rest assured of their assurance?, in FS Hüseyin Ülgen, Bd. I, 2007, S. 981–996.

30 Vgl. allgemein zur Transparenz im Versicherungswesen *Wandt*, 47. Bitburger Gespräche, Jb. 2006/II, 2007 S. 17–26; speziell zur Transparenz des Rechts der Überschussbeteiligung *Wandt* VW 2006, 1965.

31 Vgl. Rn. 1228.

Das **BVerfG** hatte mit **Urteilen vom 26.07.2005** festgestellt, dass im Hinblick auf die Überschussbeteiligung der Versicherungsnehmer das damals geltende Recht – in seinem Zusammenspiel von aufsichtsrechtlichen und vertragsrechtlichen Regelungen und in seiner Auslegung durch die Gerichte[32] – der verfassungsrechtlichen Schutzpflicht des Staates aus Art. 2 I und Art. 14 I GG nicht genügte.[33] Dies betraf vor allem die Beteiligung der Versicherungsnehmer an – auch mit Hilfe der Prämien aufgebauten – **bilanziellen Bewertungsreserven (»stille Reserven«)**.[34] Eine Beteiligung hing nach früherem Recht davon ab, ob und wann der Versicherer die Bewertungsreserven gewinnwirksam auflöste. Ein Problem war die Bildung stiller Reserven durch Anlage in Vermögensgegenständen, die nicht zur Auflösung bestimmt waren. Aber selbst im Falle einer Auflösung kam es regelmäßig zu Verschiebungen im Versichertenkollektiv, indem Versicherungsnehmer, die zur Zeit des Aufbaus der stillen Reserve versichert waren, nicht an der Wertsteigerung partizipierten, weil ihr Vertrag endete, bevor die Reserve aufgelöst wurde, dagegen diejenigen Versicherungsnehmer, deren Verträge erst später geschlossen wurden, von der Auflösung der Reserven profitierten.[35] Das BVerfG hatte dem Gesetzgeber daher eine Neuregelung bis zum 31.12.2007 aufgegeben und dabei auch größere **Transparenz** der rechtlichen Regelungen angemahnt. Dieser Regelungsauftrag an den Gesetzgeber sowie die Rechtsprechung des BGH zur Intransparenz von AVB-Bestimmungen über den Rückkaufswert[36] haben das Recht der Lebensversicherung zu einem Schwerpunkt der Reform des Versicherungsvertragsrechts gemacht und deren Inhalt maßgeblich geprägt. Die **Neuregelung** ist im Vertragsrecht durch das **VVG 2008 und im Aufsichtsrecht** durch eine Novellierung des VAG und der Verordnungen zur Überschussbeteiligung erfolgt (Einzelheiten dazu Rn. 12 ff., 1165). **1148**

32 Vgl. die Nachweise in den Entscheidungen des BVerfG; einen Überblick über die Rechtsprechung zum alten Recht gibt *Ortmann* in: Schwintowski/Brömmelmeyer, § 153 VVG Rn. 23 f. Die bisherige Rechtsprechung ist mangels Rückwirkung der Entscheidungen des BVerfG für die bis zum 31.12.2007 abgeschlossenen Versicherungsverträge auch weiterhin maßgeblich (BGH VersR 2008, 338).

33 BVerfGE 114, 73 = VersR 2005, 1127 = NJW 2005, 2376 (Überschussbeteiligung); BVerfGE 114, 1 = VersR 2005, 1109 = NJW 2005, 2363 (Bestandsübertragung). Vgl. dazu *Albrecht/Bartels/Heiss* (Hrsg.) Das Urteil des BVerfG v. 26.07.2005 (1 BvR 80/95), Mannheimer Vorträge zur Versicherungswissenschaft Bd. 84, 2006; *Armbrüster* ZGR 2006, 683; *Brömmelmeyer* WuB IV F § 2 ALB 1.06; *Geib/Engeländer* VW 2006, 541; *dies.* VW 2006, 620; *Lensing* VuR 2006, 249; *Mudrack* VuR 2006, 41; *Mülbert/Leuschner* ZHR 170 (2006), 615; *Wandt* VR 2006, 159; *Baumann* r+s 2005, 401; *Bäuerle* VuR 2005, 401; *Knappmann* NJW 2005, 2892; *Schröder* VW 2005, 1226; *Schwintowski* VuR 2005, 305; *Surminski* ZfV 2005, 491; *Weber-Rey/Ressos/Mönnich* ZfV 2005, 494; *Grobenski* ZfV 2005, 535; *Löwe* EWiR 2005, 703. – Siehe außerdem BVerfG VersR 2006, 489 = NJW 2006, 1783 (Rückkaufswert) mit Anm. *Grote* VersR 2006, 957. – Zur zivilgerichtlichen und verwaltungsgerichtlichen Rechtsprechung vor den Entscheidungen des BVerfG *Schenke* Verfassungsrechtliche Probleme des Privatversicherungsrechts, 2003.

34 Vgl. die Kontroverse um den Gesetzentwurf der SPD, BT-Drucks. 13/8163 vom 02.07.1997 und dazu *Hesberg/Karten* NVersZ 1999, 1 ff.

35 Die nachhaltige Schwäche des Kapitalmarktes seit Anfang des Jahres 2000 hatte zunächst die stillen Reserven vieler Lebensversicherer erheblich vermindert oder auch aufgezehrt. Aufgrund der Abschreibungsregeln des § 341b HGB hatten viele Versicherer anstelle stiller Reserven zeitweilig »stille Lasten« in den Bilanzen. Inzwischen sind die Reserven wieder gestiegen.

36 BGH VersR 2008, 337; BGHZ 164, 297 = VersR 2005, 1565 mit Anm. *Merschmeyer/Präve* VersR 2005, 1670 = NJW 2005, 3559. Für die Anwendung auf die fondsgebundene Lebensversicherung BGH VersR 2007, 1547.

II. Grundzüge der aufsichtsrechtlichen Regulierung

1. Überblick

1149 Anders als in den allermeisten anderen Versicherungsarten (vgl. Rn. 489) ist die **Prämienkalkulation** in der Lebensversicherung – wie auch in der Krankenversicherung – reguliert (§ 11 VAG; Einzelheiten Rn. 1310). Dies ändert aber nichts daran, dass die Prämie – wie die Gegenleistung im Rahmen eines synallagmatischen Vertrages stets – mit ihrer Zahlung vollständig in das Eigentum des Versicherers übergeht, also auch insoweit als Teile der Prämie für die Kapitalbildung bestimmt sind.[37]

1150 Durch **Vorschriften über die Kapitalausstattung des Versicherers und über die Anlage seines Vermögens** wird rechtlich dafür Sorge getragen, dass der Versicherer die für die (langfristige) Kapitalbildung vorgesehenen Prämienanteile sachgerecht und sicher anlegt und verwaltet (vgl. §§ 53c ff. VAG). Der Versicherer hat für die einzelnen Verträge eine ausreichende **Deckungsrückstellung** zu bilden (§ 11 I 1 VAG). Zum Schutze der Versicherten als seine Gläubiger muss der Lebensversicherer ein **»Sicherungsvermögen«** in bestimmter Mindesthöhe bilden. Das Sicherungsvermögen ist eine gesonderte Vermögensmasse, die ausschließlich der Befriedigung von Ansprüchen aus einem Versicherungsvertrag vorbehalten ist und deshalb vor der Vollstreckung seitens anderer Gläubiger geschützt ist. Es ist ungeachtet der besonderen Zweckbindung nicht Vermögen der Versicherten, sondern des – gegenüber den Versicherten schuldrechtlich verpflichteten – Versicherers.[38] Der Versicherer differenziert bei der Kapitalanlage deshalb grundsätzlich auch nicht zwischen der Herkunft und späteren Verwendung des angelegten Kapitals; man spricht von »einheitlicher und ungetrennter Kapitalanlage«. Hieraus ergibt sich regulatorisch die Notwendigkeit, eine **Mindestbeteiligung der Versicherten am Kapitalanlageergebnis** gesetzlich festzulegen (Rn. 1194 ff.). Außerdem bedarf es – ebenso wie bei der Prämie, vgl. § 11 II VAG und Rn. 1313 – einer gesetzlichen Pflicht zur **Gleichbehandlung von Versicherten** i.S. einer verursachungsorientierten Beteiligung an Überschüssen.[39]

1151 Abgesichert wird das – hier nur in seinen Grundzügen beschriebene – aufsichtsrechtliche Schutzsystem dadurch, dass die Erlaubnis zum Betrieb der Lebensversicherung nicht zusammen mit der Erlaubnis zum Betrieb anderer Versicherungssparten erteilt werden darf (§ 8 Ia 1 VAG, **»Gebot der Spartentrennung«**). Dadurch soll das Lebensversicherungsunternehmen vor den Risiken des Betriebs anderer Sparten freigehalten und eine Quersubventionierung anderer Sparten ausgeschlossen werden.

1152 Die aufsichtsrechtliche Zielsetzung bedingte bis zur Deregulierung im Jahre 1994 (Rn. 70) eine breit angelegte und gleichzeitig in die Einzelheiten gehende aufsichtsrechtliche Regulierung, die zu einer weitgehenden Einheitlichkeit des Marktes führte.[40] Nach früherem Aufsichtsrecht musste der von der Aufsichtsbehörde zu genehmigende Geschäftsplan alle fachlichen Geschäftsgrundlagen (Tarife, Grundsätze für die Berechnung von Prämien und Rückstellungen, AVB etc.) darstellen. Auch jede Änderung des Geschäftsplans, also auch jede Änderung der AVB und der Prämien, musste von der Aufsichtsbehörde genehmigt werden. Im Ergebnis wurde der Inhalt von Lebensversicherungsver-

37 Siehe Fn. 27.

38 Der Anlagestock (§ 54b VAG) bildet eine selbstständige Vermögensmasse innerhalb des Sicherungsvermögens und enthält die Vermögensbestandteile zur Bedeckung der fondsgebundenen Lebensversicherung.

39 Zur Problematik einer risikoadjustierten Gesamtverzinsung von Beständen mit unterschiedlich hohem Rechnungszins *Ortmann* in: Schwintowski/Brömmelmeyer, § 153 VVG Rn. 53 ff. m.w.N.

40 Vergleiche *Renger* VersR 1995, 866; *Claus* ZfV 1994, 139.

trägen so vor allem aufsichtsrechtlich bestimmt. Das Versicherungsvertragsrecht hatte nur ergänzende Bedeutung.

Seit der »Deregulierung« im Jahre 1994 müssen die **Versicherungsbedingungen und Tarife** grundsätzlich nicht mehr von der Aufsichtsbehörde genehmigt werden (Rn. 79). Mangels gemeinschaftsrechtlich anderer Vorgaben für Pensions- und Sterbekassen wurde das Genehmigungssystem für diese jedoch beibehalten (§§ 5 III Nr. 2 Hs. 2, 118b VAG). 1153

§ 81c VAG enthält eine Spezialregelung für die Überschussbeteiligung in der Lebensversicherung, welche speziell Missständen im Rahmen der Überschussbeteiligung entgegenwirken soll und insoweit die allgemeine Generalklausel des § 81 VAG zur **laufenden Missstandsaufsicht** konkretisiert. § 81c VAG wird seinerseits weiter konkretisiert durch die Mindestzuführungsverordnung[41], die erstmals für das nach dem 31.12.2007 beginnende Geschäftsjahr anzuwenden ist (und zersplitterte ältere Verordnungen abgelöst hat, vgl. Rn. 1204). 1154

Zu beachten ist, dass für **Unternehmen mit Sitz in einem anderen Mitgliedstaat der EG oder einem anderen Vertragsstaat des EWR-Abkommens** grundsätzlich ausschließlich das Aufsichtsrecht ihres Sitzstaates gilt (vgl. §§ 110a ff. VAG). Vertragsrechtlich gilt dagegen, wenn der Versicherungsnehmer seinen gewöhnlichen Aufenthalt in Deutschland hat, grundsätzlich[42] das deutsche VVG (Art. 8 EGVVG). Es liegt auf der Hand, dass sich aus dem – im Recht der Lebensversicherung ausgeprägten – Zusammenspiel von Aufsichtsrecht und Vertragsrecht[43] schwierige Probleme ergeben können, wenn das anwendbare Aufsichtsrecht und das anwendbare Vertragsrecht auseinander fallen.[44] 1155

2. Prämienkalkulation

Zwecks Solvenzsicherung sind die Lebensversicherer verpflichtet, Prämien und Leistungen sehr vorsichtig zu kalkulieren. Als Kehrseite zu den gesetzlich verordneten **vorsichtigen Kalkulationsgrundlagen**, die infolge Sicherheitsmargen zu einer höheren Prämie führen, stellt der Gesetzgeber auch sicher, dass die Versicherten an den Überschüssen beteiligt werden, die der Versicherer mit Hilfe der »überhobenen« Prämien erwirtschaftet (Rn. 1165).[45] 1156

Die Prämienkalkulation unterliegt seit der Deregulierung im Jahre 1994 (Rn. 79) nicht mehr der Genehmigung der Aufsichtsbehörde. § 11 I 1 VAG[46] verpflichtet den Versicherer aber, die **Prämien** unter Zugrundelegung »angemessener versicherungs- 1157

41 Mindestzuführungsverordnung – Verordnung über die Mindestbeitragsrückerstattung in der Lebensversicherung i.d.F. vom 04.04.2008 (BGBl. I S. 690).

42 Eine Rechtswahlmöglichkeit besteht nur auf das Recht des Staates, dessen Staatsangehörigkeit der Versicherungsnehmer hat, wenn der Versicherungsnehmer die Staatsangehörigkeit eines anderen Staates als desjenigen hat, in dem er sich bei Schließung des Vertrages gewöhnlich aufhält (Art. 9 V EGVVG).

43 Das Vertragsrecht nimmt in mehreren Vorschriften auf das Aufsichtsrecht Bezug (ausdrücklich: §§ 154 I 2, 164 I, 169 III; implizit z.B. §§ 163, 169 VII VVG, vgl. »Rechnungsgrundlagen der vereinbarten Prämie«).

44 Vgl. *Bürkle* VersR 2006, 1042.

45 Zum Begriff vgl. BVerwGE 95, 25 = VersR 1994, 541 = NJW 1994, 2561.

46 Die Vorschrift dient der Umsetzung von Art. 19 der Dritten Richtlinie zur Lebensversicherung (Richtlinie 92/96/EWG v. 10.11.1992, ABl. L 360 v. 09.12.1992, S. 1; abgedruckt in: *Prölss/Kollhosser* VAG, S. 1475); jetzt Art. 21 der konsolidierten Richtlinie 2002/83/EG des Europäischen Parlaments und Rates v. 05.11.2002 ABl. L 345, S. 1.

mathematischer Annahmen« **so hoch zu bemessen, dass der Versicherer allen seinen Verpflichtungen nachkommen und** insbesondere für die einzelnen Verträge ausreichende Deckungsrückstellungen bilden kann (vgl. hierzu Rn. 1161 ff.). Die Prämie darf deshalb nicht – beispielsweise aus Wettbewerbsgründen – von Anfang an zu niedrig kalkuliert werden. Die Verpflichtung, die Prämien so hoch zu bemessen, dass der Versicherer allen seinen Verpflichtungen nachkommen kann, umfasst vielmehr umgekehrt das Gebot, als Bestandteil der Prämie ausreichende **Sicherheitszuschläge** zu erheben, um Änderungsrisiken während der langen Laufzeit der Verträge (Änderung der allgemeinen Sterblichkeitserwartung, der Verwaltungskosten, des Zinsniveaus etc.) jedenfalls teilweise auffangen zu können. Ungeachtet solcher Änderungsrisiken ist die Prämienhöhe in Deutschland üblicherweise für die gesamte Vertragslaufzeit fixiert (zu dem nur unter besonderen Voraussetzungen gegebenen gesetzlichen Prämienanpassungsrecht des Versicherers gem. § 163 VVG vgl. Rn. 1249 ff.).[47]

1158 **Grundlagen der Prämienberechnung** sind die Annahmen über die Sterbewahrscheinlichkeit und über den dauerhaft zu erzielenden Zins sowie die kalkulierten Kosten insbesondere für Vertrieb und Betrieb sowie der kalkulierte Gewinnanteil des Versicherers.[48] Erläuterungsbedürftig ist insoweit vor allem die Zinskomponente. Der Versicherer nimmt bei der Kalkulation der Prämie einen bestimmten Zinssatz für die Anlage von Prämienteilen am Kapitalmarkt an. Um diesen für die gesamte Vertragsdauer angenommenen Zinssatz wird die Prämie von vornherein reduziert (»diskontiert«). Man bezeichnet diesen Zinssatz deshalb als **Rechnungszins(-satz)** bzw. als Garantiezins, weil dem Versicherungsnehmer dieser Zinsgewinn dadurch »garantiert« ist, dass die verbindliche Vertragsleistung des Versicherers zu der durch Diskontierung abgesenkten Prämie gewährt wird.[49] Der Versicherer orientiert sich bei der **Festlegung** des Rechnungszinssatzes an den jeweiligen Erwartungen hinsichtlich des Kapitalmarktes und seiner Entwicklung.[50] Demgemäß setzt der Versicherer den Rechnungszinssatz von Zeit zu Zeit neu fest. Der neu festgelegte Rechnungszinssatz gilt jeweils nur für die während seiner Geltung abgeschlossenen Versicherungsverträge (für diese aber auf Dauer). Der gesamte Vertragsbestand des Versicherers besteht deshalb aus unterschiedlichen Teilbeständen mit teilweise erheblich unterschiedlichen Rechnungszinssätzen. Bezogen auf den Gesamtbestand muss der Versicherer im Wege der Kapitalanlage zumindest den durchschnittlich garantierten Rechnungszins erwirtschaften; dies kann in Zeiten niedrigen Zinsniveaus durchaus schwierig sein.

1159 Die aufsichtsbehördliche Kontrolle der Prämienkalkulation wird abgesichert durch die Verpflichtung des Lebensversicherers, unverzüglich nach Erteilung der Erlaubnis zum Betrieb der Lebensversicherung der Aufsichtsbehörde »die Grundsätze für die Berechnung der Prämien und Deckungsrückstellung einschließlich der verwendeten Rechnungsgrundlagen, mathematischen Formeln, kalkulatorischen Herleitung und statistischen Nachweise unter deren Beifügung« anzuzeigen (§ 13d Nr. 6 VAG).

47 Vgl. dazu *Neuburger* in VersWissStud Bd. 4, 1996 S. 37 ff. (dies könne durch den unmittelbaren Ansatz von Sicherheitsmargen, aber auch durch andere geeignete versicherungsmathematische Ansätze geschehen).

48 Vgl. zur Kalkulation in der Lebensversicherung *Kurzendörfer* Einführung in die Lebensversicherung, 3. Aufl. 2000, S. 42 ff.

49 Zum Verhältnis des Rechnungszinses für die Prämienkalkulation zu dem davon zu unterscheidenden »Höchstzinssatz« für die Berechnung der Deckungsrückstellung Rn. 1162.

50 Bei der Einschätzung spielt auch die Wettbewerbssituation gegenüber anderen Finanzdienstleisterprodukten eine Rolle.

Außerdem muss das Lebensversicherungsunternehmen einen »**Verantwortlichen Aktuar**« bestellen, sozusagen als »Vorposten der Aufsicht«. Er hat u.a. sicherzustellen, dass die Prämienberechnung und die Deckungsrückstellung den gesetzlichen Vorgaben entsprechen (§ 11a I VAG).[51] In der Regel ist er ein Versicherungsmathematiker. 1160

3. Deckungsrückstellung, Rechnungszins und Sicherungsvermögen

Ein wichtiges Mittel der Solvenzsicherung neben der Erhebung von Sicherheitszuschlägen (Rn. 1157) ist die Bildung der **Deckungsrückstellung**, zu der § 11 I 2 VAG (und das Bilanzrecht, § 341f HGB) verpflichtet. Die bilanzielle Deckungsrückstellung nach § 341f HGB ist von der Deckungsrückstellung »für die einzelnen Verträge« i.S.v. § 11 I VAG, die meist als »**Deckungskapital**« bezeichnet wird (§ 169 III 1 VVG)[52], zu unterscheiden. Das Deckungskapital ist die Summe der verzinslich angesammelten Sparanteile eines konkreten Vertrages. Die Summe der Deckungskapitale aller Verträge ergibt – cum grano salis – die bilanzielle Deckungsrückstellung (siehe hierzu § 25 der Verordnung über die Rechnungslegung von Versicherungsunternehmen – RechVersV[53]). Die gesetzlichen Regelungen beziehen sich meist auf die Deckungsrückstellung (für die Gesamtheit der Verträge); das »Deckungskapital« des einzelnen Vertrages ist nur selten unmittelbarer Regelungsgegenstand (zum Beispiel in § 11 I 1 VAG oder bei der Berechnung des Rückkaufswertes eines Vertrages gem. § 169 III 1 VVG). 1161

Die Deckungsrückstellung ist eine **versicherungstechnische Rückstellung** als Posten der **Passivseite der Bilanz** (, auf der die Schulden – Verbindlichkeiten und Rückstellungen – eines Unternehmens dargestellt werden[54]). Indem die Deckungsrückstellung auf der Passivseite der Bilanz ausgewiesen wird, mindert sie das Bilanzergebnis, sodass weniger Gewinn entsteht und entnommen werden kann. Dadurch wird die Erfüllung der Verpflichtungen aus den Versicherungsverträgen wirtschaftlich gesichert. Die Deckungsrückstellung ist nach gesetzlich vorgegebenen Rechnungsgrundlagen zu berechnen. Spezielle Vorgaben für ihre **Höhe** geben § 65 VAG, die Deckungsrückstellungsverordnung (DeckRV)[55] sowie die §§ 25, 32, 62 II der Verordnung über die Rechnungslegung von Versicherungsunternehmen (RechVersV). Diese speziellen Vorschriften ergänzen die allgemeinen handelsrechtlichen Vorschriften der §§ 341e und f HGB. – Zu den Rechnungsgrundlagen für die Berechnung der Deckungsrückstellung gehört der vom Versicherer im Zeitpunkt des Vertragsschlusses verwendete und für die gesamte Vertragslaufzeit festliegende »**Rechnungszins**« (Rn. 1158).[56] Damit die Deckungsrückstellung aber ausreichend hoch bemessen ist, um die dauernde Erfüllbarkeit der Verträge langfristig zu sichern, darf der Versicherer bei ihrer 1162

51 Zur Rechtsstellung des Aktuars ausführlich *Brömmelmeyer* Der Verantwortliche Aktuar in der Lebensversicherung, 2000; *Schroer* Der Verantwortliche Aktuar in der Lebensversicherung, 2000; für einen ersten Überblick *Claus* ZfV 1994, 139 (143); *Präve* VersR 1995, 733; zur Historie *Koch* VW 2003, 1787.

52 Instruktiv *Kaulbach* in: Fahr/Kaulbach/Bähr, § 11 VAG Rn. 7.

53 Versicherungsunternehmens-Rechnungslegungsverordnung vom 08.11.1994 (BGBl. I S. 3378), vgl. Anhang. Abgedruckt bei *Wiechmann/Block* Nr. 103.

54 Vgl. *Großfeld* Bilanzrecht, 4. Aufl. 2005 Rn. 36; zur Gliederung der Bilanz vgl. § 266 HGB.

55 Deckungsrückstellungsverordnung vom 6.5.1996 (BGBl. I S. 670), vgl. Anhang.

56 § 2 II 1 der Deckungsrückstellungsverordnung.

Berechnung[57] einen gesetzlich festgelegten »**Höchstzinssatz**« nicht überschreiten (§§ 2, 2a und 3 Deckungsrückstellungsverordnung). Der Verordnungsgeber orientiert sich bei der Festlegung des Höchstzinssatzes gewöhnlich an der Durchschnittsrendite von zehnjährigen Bundesanleihen (davon nicht mehr als 60 %, vgl. § 65 I 1 Nr. 1 a) VAG). Seit dem Jahr 2000 ist dieser Wert kontinuierlich gesunken von 4 %, über 3,25 % und 2,75 %. Der seit dem 01.01.2007 aktuelle »Höchstzinssatz« beträgt 2, 25 %.

1163 Der nach § 11a VAG zu bestellende »**Verantwortliche Aktuar**« (vgl. Rn. 1160) hat sicherzustellen, dass die Deckungsrückstellung den gesetzlichen Vorgaben entspricht.

1164 Die Deckungsrückstellung ist nach § 66 VAG ein Teil des »**Sicherungsvermögens**« (frühere gesetzliche Bezeichnung: Deckungsstock), das als Sondervermögen gegen gefährdende Maßnahmen des Versicherers und gegen einen Zugriff durch andere Gläubiger des Versicherers geschützt ist (§ 77 VAG). Auch die **Rückstellung für Beitragsrückerstattung (RfB)**, die die für die Überschussbeteiligung der Versicherten zurückgestellten Mittel enthält (hierzu Rn. 1165, 1194), ist Teil des Sicherungsvermögens, soweit sie bereits festgelegte, aber noch nicht zugeteilte Überschussanteile enthält. Im Falle einer Insolvenz des Versicherers gehen die Forderungen der Versicherten auf den jeweiligen Anteil am Sicherungsvermögen, das aufsichtsrechtlich zwingend gebildet werden musste, den Forderungen aller übrigen Insolvenzgläubiger vor (§ 77a VAG). Zur Überwachung des Sicherungsvermögens ist gemäß § 70 VAG der »**Treuhänder für das Sicherungsvermögen**« zu bestellen (frühere gesetzliche Bezeichnung: Deckungsstocktreuhänder).[58]

4. Überschussbeteiligung

1165 Wenn die in die Prämien einkalkulierten, vom Versicherungsnehmer gezahlten Sicherheitsmargen (Rn. 1157) nicht benötigt werden, entstehen Überschüsse. Überschüsse entstehen außerdem und vor allem aus der Kapitalanlage durch den Versicherer. Rechtlich ist dafür Sorge zu tragen, dass die Versicherten an diesen Überschüssen fair und sachgerecht beteiligt werden. Dies geschieht durch ein kompliziertes Geflecht aufsichtsrechtlicher, handels- und bilanzrechtlicher sowie – erstmals mit dem VVG 2008 – vertragsrechtlicher Gesetzesvorschriften (und AVB). Das Schwergewicht der gesetzlichen Regelungen liegt noch immer im Aufsichtsrecht (insb. §§ 56a, 81c, 11a VAG sowie die Mindestzuführungsverordnung) und im Handels- und Bilanzrecht. Dennoch werden wir die Überschussbeteiligung erst im Vertragsrecht behandeln, um eine geschlossene Darstellung geben zu können (Rn. 1194 ff.).

5. Sicherungsfonds

1166 Lebensversicherer (ebenso private Krankenversicherer), die in Deutschland zum Geschäftsbetrieb zugelassen sind, müssen einem »**Sicherungsfonds**« angehören, »der

57 In der Festsetzung des Rechnungszinssatzes bei der Kalkulation der Prämie ist der Versicherer rechtlich nicht an den gesetzlichen Höchstzinssatz gebunden, da dieser nur für die Bildung der Deckungsrückstellung vorgegeben ist. Meist wird – aus wirtschaftlicher Vernunft – der Prämienkalkulation aber der gleiche Zinssatz zugrundegelegt wie der Bildung der Deckungsrückstellung.

58 Hierzu *Grote* Die Rechtsstellung der Prämien-, Bedingungs- und Deckungsstocktreuhänder nach dem VVG und dem VAG, 2002.

dem Schutz der Ansprüche ihrer Versicherungsnehmer, der versicherten Personen, Bezugsberechtigten und sonstiger aus dem Versicherungsvertrag begünstigter Personen« im Insolvenzfall dient (§ 124 I VAG). Der Sicherungsfonds ist grundsätzlich bei der Kreditanstalt für Wiederaufbau als nicht rechtsfähiges Sondervermögen des Bundes einzurichten. Das Bundesministerium der Finanzen hat jedoch von der Ermächtigung des § 127 I VAG Gebrauch gemacht und durch Verordnung die von der Versicherungsbranche als freiwillige Insolvenzschutzeinrichtung gegründete **Protektor Lebensversicherungs-AG als beliehenen Unternehmer** mit den Aufgaben und Befugnissen des Sicherungsfonds für die Lebensversicherer betraut.[59] Der Sicherungsfonds wird durch Beiträge der zwangsverpflichteten Unternehmen finanziert. Sicherungsfall ist die Feststellung der Aufsichtsbehörde, dass ein Mitgliedsunternehmen für die Dauer nicht mehr imstande ist, seine Verpflichtungen zu erfüllen, oder die Anzeige der Zahlungsunfähigkeit durch das Unternehmen (§ 125 I VAG). Sofern im Sicherungsfall keine milderen Maßnahmen zur Wahrung der Belange der Versicherten möglich sind, bewirkt die Aufsichtsbehörde mittels privatrechtsgestaltenden Verwaltungsakt die Übertragung des gesamten Bestandes an Versicherungsverträgen mitsamt der zur Bedeckung der Verbindlichkeiten aus diesen Verträgen erforderlichen Vermögensgegenständen auf den Sicherungsfonds § 125 II VAG). Der Sicherungsfonds führt die übernommenen Verträge fort (§ 125 III und IV VAG). Die Überschussbeteiligung ist solange ausgesetzt, bis die Aufsichtsbehörde feststellt, dass der Versicherungsbestand saniert und das von den Mitgliedsunternehmen zur Sanierung zur Verfügung gestellte Kapital an diese zurückgezahlt ist (§ 125 IV 3 Hs. 2 VAG). Wenn die gem. § 129 VAG dem Sicherungsfonds zur Verfügung zu stellenden Mittel nicht ausreichen, um die Fortführung der Verträge zu gewährleisten, ist die Aufsichtsbehörde gehalten, die Verpflichtungen aus den Verträgen um maximal 5 % der vertraglich garantierten Leistungen herabzusetzen. Der Sicherungsfonds ist befugt, den Versicherungsbestand ganz oder teilweise auf ein Versicherungsunternehmen entsprechend § 14 VAG zu übertragen. In diesem Fall können die AVB und Tarifbestimmungen an die Verhältnisse des übernehmenden Versicherers angepasst werden (Einzelheiten in § 125 VI VAG).

III. Vertragsrechtliche Besonderheiten

Um einen Überblick über die vertragsrechtlichen Besonderheiten des Rechts der Lebensversicherung[60] zu bekommen, werden wir ausgehend von der allgemeinen Systematik des Versicherungsvertragsrechts untersuchen, zu welchen Einzelfragen spezielle Regeln vorgesehen sind. Wir werden das nur in großen Zügen tun. Im Übrigen ergibt sich fast alles aus der Lektüre der §§ 150 ff. VVG und der AVB.[61] Die Regelungen über die speziellen Informationspflichten des Versicherers, über die Überschussbeteiligung, den Rückkaufswert und die Bezugsberechtigung eines Dritten werden **1167**

59 Verordnung über die Übertragung von Aufgaben und Befugnissen eines Sicherungsfonds für die Lebensversicherung an die Protektor Lebensversicherungs-AG vom 11.05.2006 (BGBl. I S. 1170).

60 Zum neuen Recht vgl. *Franz* VersR 2008, 298; *Römer* VersR 2006, 865; *Präve* VersR 2006, 1190.

61 Aufgrund der Vielzahl an Gestaltungsmöglichkeiten der Lebensversicherung (Rn. 1133 ff.) gibt es diverse Bedingungswerke, die sich aber im Wesentlichen gleichen. Nennungen der ALB in diesem Lehrbuch beziehen sich auf die ALB für die kapitalbildende Lebensversicherung. Die einzelnen Musterbedingungen sind im Internet abrufbar unter: http://www.gdv.de/Publikationen/versicherungsbedingungen/avb.html.

wir allerdings ausführlicher behandeln, da sie in anderen Versicherungszweigen kein Gegenstück haben.

1168 Das Recht der Lebensversicherung ist durch die **VVG-Reform 2008 grundlegend neu gestaltet** worden.[62] Es gelten die bereits dargelegten **Grundsätze der allgemeinen Übergangsvorschrift des Art. 1 EGVVG** (Rn. 15).[63] Dies bedeutet: Für Verträge, die ab dem 1.1.2008 »entstanden« sind, gilt das VVG 2008 (Art. 1 I EGVVG). Für die vor dem 1.1.2008 entstandenen »Altverträge« gilt das »alte« VVG, also das VVG in seiner Fassung vor Inkrafttreten des Versicherungsvertragsgesetzes vom 23.11.2007 (BGBl. I S. 2631) in seiner Ausprägung durch die Rechtsprechung, und zwar bis zum 31.12.2008 (Art. 1 I EGVVG) und dauerhaft zur Beurteilung von Versicherungsfällen der »Altverträge«, die bis zum 31.12.2008 eingetreten sind (Art. 1 II EGVVG). **Art. 4 EGVVG** enthält jedoch **spezielle Übergangsvorschriften für die Lebensversicherung.** Danach beurteilt sich der bei vorzeitiger Beendigung eines Lebensversicherungsvertrages vom Versicherer zu zahlende **Rückkaufswert** (auch zwecks Bildung einer prämienfreien Versicherung[64]) für die vor dem 01.01.2008 entstandenen »Altverträge« auch zukünftig nach dem »alten« VVG in seiner Ausprägung durch die Rechtsprechung.[65] Dagegen beurteilt sich die **Überschussbeteiligung** von »Altverträgen« ab dem 1.1.2008 grundsätzlich nach neuem Recht (s. Art. 4 I EGVVG mit Klarstellung und Modifikation).[66]

1169 Auf Grund des besonderen Schutzbedürfnisses des Versicherungsnehmers einer Lebensversicherung sind viele Vorschriften der §§ 150 ff. VVG **halbzwingend** (vgl. § 171 VVG).

1. Summenversicherung

1170 Die Lebensversicherung ist **Summenversicherung.**[67] Ihr Gegenstand ist also nicht ein bestimmtes Interesse, das abhängig von der konkreten (Schadens-) Entwicklung den Umfang der Leistungspflicht des Versicherers bestimmt (Rn. 34). Der Lebensversicherer hat vielmehr im Versicherungsfall die vertraglich vereinbarte Summe zu zahlen (Rn. 1134 f., 1193).

62 Vgl. *Grote* in: Marlow/Spuhl, S. 189 (das Produkt Lebensversicherung sei nach der VVG-Reform ein anderes als vorher); zu den Neuerungen vgl. auch *Römer* r+s 2008, 405.

63 Vgl. *Neuhaus* r+s 2007, 441.

64 Vgl. die Formulierung in Art. 4 II EGVVG »§ 169 des Versicherungsvertragsgesetzes, auch so weit auf ihn verwiesen wird« und dazu *Grote* in: Marlow/Spuhl, S. 246.

65 Das insoweit fortgeltende alte Recht differenziert wiederum zwischen dem sog. »Altbestand« (Verträge, die vor dem 29.07.1994 bzw. – auf Grund von Art. 16 § 6 Drittes Durchführungsgesetz/EWG zum VAG vor dem 31.12.1994 – geschlossen worden sind) und dem »Neubestand« (Verträge, die nach dem 29.07.1994 bzw. 31.12.1994 geschlossen worden sind); vgl. § 11c VAG, außerdem *Grote* in: Marlow/Spuhl, S. 221 ff. sowie *Weyers/Wandt* Versicherungsvertragsrecht, 3. Aufl. 2008, Rn. 805 Fn. 38.

66 Zur problematischen Auslegung der Art. 1 und 4 EGVVG bezüglich Versicherungsverträgen, die im Jahre 2008 enden, *Grote* in: Marlow/Spuhl, S. 208 ff.

67 Ausnahme: Sterbegeldversicherung, wenn sie nur auf Erstattung der tatsächlich entstandenen Beerdigungskosten gerichtet ist; diese lassen wir hier außer Betracht.

2. Vertragsschluss, Informationspflichten des Versicherers und Versicherungsschein

Der **Abschluss** eines Lebensversicherungsvertrages richtet sich nach den allgemeinen Regeln (Rn. 240 ff.). **1171**

Für den **Widerruf** gilt abweichend von § 8 VVG eine 30-Tagesfrist[68] (§ 152 VVG).[69] **1172** Die Widerrufsfolgen, über die der Versicherer nach § 8 VVG belehren muss, sind speziell geregelt: Haben die Parteien wirksam vereinbart, dass Versicherungsschutz schon während der Widerruflichkeit des Vertrages bestehen soll und liegen die sonstigen Voraussetzungen von § 9 S. 1 VVG vor, so erhält der Versicherungsnehmer nach seinem Widerruf zusätzlich zu den Prämien, die auf den Zeitpunkt nach Zugang des Widerrufs entfallen, den nach § 169 VVG zu berechnenden Rückkaufswert der Versicherung einschließlich etwaiger Überschussanteile (§ 152 II 1 VVG[70]; zum Rückkaufswert Rn. 1221 ff.). Jedenfalls im Anwendungsbereich der Fernabsatzrichtlinie für Finanzdienstleistungen ist der Rückkaufswert so zu berechnen, dass er nicht durch Abschlusskosten gemindert ist.[71] Im Falle von § 9 S. 2 VVG, also wenn der Versicherungsnehmer nicht ordnungsgemäß gem. § 9 S. 1 VVG belehrt worden ist, hat der Versicherungsnehmer laut § 152 II 2 VVG Anspruch auf den Rückkaufswert einschließlich Überschussanteile oder, wenn dies für ihn günstiger ist, auf Rückerstattung der für das erste Jahr gezahlten Prämien (zur teilweisen Richtlinienwidrigkeit von § 152 II 2 VVG s. Rn. 311 f.).[72]

Die **Todesfallversicherung auf eine andere Person** als den Versicherungsnehmer bedarf, wenn ihre Versicherungssumme den Betrag der gewöhnlichen Beerdigungskosten übersteigt, – aus offensichtlichen Gründen – der schriftlichen Einwilligung des anderen (ausgenommen sind Kollektivversicherungen im Bereich der betrieblichen Altersversorgung; § 150 II–IV VVG mit weiteren Einzelheiten betreffend der Versicherung von Geschäftsunfähigen und Minderjährigen). **1173**

Den Lebensversicherer treffen wegen der Bedeutung und Komplexität des Versicherungsproduktes besondere über § 7 VVG und § 1 VVG-InfoV hinausgehende **Informationspflichten vor Vertragsschluss**. Sie betreffen insbesondere die in die Prämie einkalkulierten Kosten, die sonstigen Kosten, die Berechnungsgrundsätze und Maßstäbe für die Überschussermittlung und -beteiligung, die Rückkaufswerte und die garantierten Leistungen (Einzelheiten in § 2 VVG-InfoV, zur Information über den Rückkaufswert s. auch § 169 III 2 VVG). **1174**

Wenn der Versicherer im Zusammenhang mit dem Angebot oder dem Abschluss einer Lebensversicherung bezifferte Angaben zur Höhe von möglichen Leistungen über die vertraglich garantierten Leistungen hinaus macht (und nur dann), hat er dem **1175**

68 Sonderregelung für »Riester-Verträge« in § 7 III AltZertG.

69 Es ist zweifelhaft, ob der Ausschluss des Rücktrittsrechts mit den EG-Richtlinien zur Lebensversicherung vereinbar ist; verneinend z.B. *Reiff* VersR 1997, 267. – § 8 V VVG a.F. sah in Umsetzung der Lebensversicherungs-Richtlinie ein spezielles Rücktrittsrechts vor.

70 *Ortmann* (in: Schwintowski/Brömmelmeyer, § 152 VVG Rn. 7) meint, der Verweis auf § 169 VVG erfasse auch die Herabsetzungsbefugnis des Versicherers gem. § 169 VI VVG. Dies ist im Anwendungsbereich der Fernabsatzrichtlinie für Finanzdienstleistungen zweifelhaft.

71 RegE BT-Drucks. 16/3945 S. 95 (ohne Beschränkung auf Fernabsatzverträge: »Rückkaufswert ... unter Ausklammerung der Abschluss- und Vertriebskosten (ungezillmertes Deckungskapital)«).

72 Zur Auslegung bei Einmalprämie *Grote* in: Marlow/Spuhl, S. 194 f.; *Armbrüster* r+s 2008, 493, 503.

Versicherungsnehmer zusätzlich eine »**Modellrechnung**« zu übermitteln (§ 154 VVG). In ihr ist die mögliche Ablaufleistung unter Zugrundelegung der Rechnungsgrundlagen für die Prämienkalkulation mit drei verschiedenen Zinssätzen darzustellen, nämlich dem jeweils geltenden Höchstrechnungszinssatz multipliziert mit dem Faktor 1,67[73], zuzüglich und abzüglich eines Prozentpunktes (§ 154 VVG i.V.m. § 2 III VVG-InfoV). Dem Versicherungsnehmer soll dadurch eine einigermaßen realistische Vorstellung von der möglichen Ablaufleistung gegeben werden, die insbesondere von der zukünftigen Entwicklung des volatilen Kapitalmarktes abhängt.[74] Wie schwierig eine am durchschnittlichen Versicherungsnehmer ausgerichtete transparente Information offensichtlich auch in der Vorstellung des Gesetzgebers ist, belegt die mehrfach tautologische Formulierung der Verpflichtung des Versicherers, den Versicherungsnehmer klar und verständlich darauf hinzuweisen, »dass es sich bei der Modellrechnung nur um ein Rechenmodell handelt, dem fiktive Annahmen zu Grunde liegen, und dass der Versicherungsnehmer aus der Modellrechnung keine vertraglichen Ansprüche gegen den Versicherer ableiten kann« (§ 154 III VVG). Die Verpflichtung zur Übermittlung einer Modellrechnung besteht nicht bei Risikoversicherungen und auch nicht bei fondsgebundenen Lebensversicherungen, bei denen sich wegen der Kapitalanlage in Aktien die Angabe einer realistischen Bandbreite der möglichen Ablaufleistung verbietet.[75]

1176 **Während der Laufzeit des Versicherungsvertrages** hat der Versicherer bei Versicherungen mit Überschussbeteiligung (Rn. 1194) den Versicherungsnehmer jährlich in Textform **über die Entwicklung seiner Ansprüche unter Einbeziehung der Überschussbeteiligung zu unterrichten**. Wenn er bezifferte Angaben zur möglichen zukünftigen Entwicklung der Überschussbeteiligung gemacht hatte, hat er den Versicherungsnehmer außerdem auf Abweichungen der tatsächlichen Entwicklung von den anfänglichen Angaben hinzuweisen (§ 155 VVG mit Konkretisierung durch § 6 I Nr. 3 VVG-InfoV).

1177 Der **Versicherungsschein**, der über den Vertragsabschluss auszustellen ist, wird durch § 12 ALB 2008 zum Inhaberpapier (Rn. 425 ff.).[76]

3. Prämie

1178 Bei der kapitalbildenden Lebensversicherung schuldet der Versicherungsnehmer eine **einheitliche Prämie** für die Risikotragung sowie für die Kapitalbildung (»Sparvorgang«). Der Versicherer kalkuliert die Prämien auf der Grundlage versicherungsmathematischer Regeln so, dass er die Versicherungssumme im Todesfall, gleich zu welchem Zeitpunkt während der Laufzeit des Vertrages, zahlen kann und dass er in der Lage ist, zum vereinbarten Ablaufzeitpunkt die vertraglich festgelegte Kapitalsumme zu zahlen (zu den aufsichtsrechtlichen Vorgabe der Prämienkalkulation Rn. 1156 ff.).

73 Vgl. hierzu Reformkommission, Abschlussbericht, S. 122 f.

74 RegE BT-Drucks. 16/3945 S. 97; *Brömmelmeyer* VersR 2003, 939; *Römer* DB 2007, 2523.

75 Vgl. OLG Nürnberg VersR 2004, 182.

76 Zur Konformität der sog. Inhaberklausel mit dem früheren AGBG vgl. BGH VersR 2000, 709 = NJW 2000, 2103 (hier: § 11 ALB 1986). Der Versicherer wird trotz wirksamer Inhaberklausel durch Leistung an den Inhaber nicht frei, wenn er die mangelnde Verfügungsbefugnis des Inhabers positiv kennt oder sonst gegen Treu und Glauben verstößt; vgl. BGH VersR 1999, 700 = NJW-RR 1999, 898; zur Reichweite vgl. KG NJW-RR 2007, 1175.

§ 2 I Nr. 1 VVG-InfoV verpflichtet den Lebensversicherer, den Versicherungsnehmer gemäß § 7 VVG, also grundsätzlich rechtzeitig vor Abgabe seiner Vertragserklärung, über die Höhe der in die Prämie einkalkulierten Kosten zu **informieren.**[77] Damit wird einer seit langem erhobenen rechtspolitischen Forderung nach einer größeren **Prämientransparenz** hinsichtlich der einkalkulierten Kosten entsprochen. Ob dazu allerdings auch die Verpflichtung beiträgt, einen Euro-Betrag auszuweisen, wird angesichts der unterschiedlichen gesetzlichen Vorgaben für die Kostentransparenz von konkurrierenden Altersvorsorge-Produkten mit Fug bezweifelt.[78] 1179

Vertiefung: Die von manchen Stimmen[79] geforderte vollständige Aufspaltung der Prämie, also auch bezüglich der Anteile für das Risiko des Todesfalles (Risikoanteil) und für die Kapitalbildung für den Erlebensfall (Sparanteil), hat der Gesetzgeber nicht vorgenommen.[80] Versicherungsmathematisch ist eine solche Aufgliederung möglich. Sie wird für *bilanzrechtliche* Zwecke auch ansatzweise durchgeführt. Das Verfahren ist allerdings kompliziert. Es führt – so wie es bisher ausgestaltet ist – nicht zu konstanten Prämienanteilen, vielmehr verändern sich die Anteile während der Vertragslaufzeit.[81] Eine *vertragsrechtlich verbindliche* vollständige Aufspaltung der Prämie[82] wäre auf dieser Grundlage nur sehr schwierig zu bewerkstelligen und dem Versicherungsnehmer auch nur schwer verständlich zu machen. Die Vergleichbarkeit von Lebensversicherungsprodukten würde so für den Versicherungsnehmer nicht verbessert, sondern eher erschwert.[83] 1180

Die Prämie wird bei der Lebensversicherung meist laufend gezahlt. Es gibt aber auch Einmalprämien (Rn. 496). Beispielsweise kann sich jemand gegen Einmalprämie die Zahlung einer lebenslänglichen Rente vom Versicherer versprechen lassen. Für die **Prämienzahlung** gelten die allgemeinen Regeln (dazu Rn. 486 ff.). Eine Ausnahme besteht für die Fälligkeit der **Einmalprämie bzw. ersten Prämie.** Wegen der 30-tägigen Widerrufsfrist des Vertrages ist sie abweichend von § 33 I VVG erst 30 Tage nach Erhalt des Versicherungsscheins fällig (§ 152 III VVG). 1181

Für den **Zahlungsverzug mit einer Folgeprämie** enthält § 166 VVG **Sonderregelungen.** Die Kündigung nach § 38 III VVG führt – wie jede Kündigung einer Lebensversicherung durch den Versicherer (Rn. 1219) – zu einer Umwandlung der Versicherung in eine prämienfreie Versicherung (Rn. 1186 f.). Hierauf hat der Versicherer den Versicherungsnehmer bei der Bestimmung der Zahlungsfrist des § 38 I VVG hinzuweisen. Bei einer vom Arbeitgeber für seine Arbeitnehmer abgeschlossenen Lebensversicherung (»betriebliche Altersvorsorge«) muss der Versicherer die versicherte Personen über die nach § 38 I VVG gesetzte Zahlungsfrist und über die ggf. eintretende Umwandlung der Versicherung informieren und ihnen eine eigene Zahlungsfrist von mindestens zwei Monaten einräumen (§ 166 IV VVG). So wird der Arbeit- 1182

77 Vgl. hierzu *Castellvi* r+s 2009, 1.

78 *Ganster*, Die Prämienzahlung im Versicherungsrecht, 2008, S. 100 f.

79 Vgl. § 1 I des nicht Gesetz gewordenen Entwurfs eines Gesetzes zur Reform des Versicherungsvertragsgesetzes BT-Drucks. 13/8163 v. 02.07.1997, auszugsweise abgedruckt in NVersZ 1999, 23 f. und dazu *Adams* ZIP 1997, 1224 ff. sowie *Hesberg/Karten* NVersZ 1999, 1.

80 RegE BT-Drucks. 16/3945 S. 97.

81 Vgl. *Hesberg/Karten* NVersZ 1999, 1 ff.

82 Vgl. § 1 I des nicht Gesetz gewordenen Entwurfs eines Gesetzes zur Reform des Versicherungsvertragsgesetzes BT-Drucks. 13/8163 v. 02.07.1997, auszugsweise abgedruckt in NVersZ 1999, 23 f. und dazu *Adams* ZIP 1997, 1224 ff. sowie *Hesberg/Karten* NVersZ 1999, 1.

83 Ausführlich hierzu die Reformkommission, Abschlussbericht, 93 ff.

nehmer in die Lage versetzt, die Umwandlung der Versicherung durch Zahlung als Dritter nach § 34 VVG abzuwenden.[84]

4. Vorvertragliche Anzeigepflichten des Versicherungsnehmers und Gefahrerhöhung

1183 Der Lebensversicherer ist wie jeder Versicherer auf die richtige Beurteilung des übernommenen Risikos angewiesen. Deshalb gelten die allgemeinen Regeln über die vorvertraglichen **Anzeigepflichten** und die **Gefahrerhöhung** auch hier (Rn. 782 ff., 819 ff.). Ihre Schärfe wird vom Gesetz aber erheblich gemildert (halbzwingend, vgl. § 171 VVG).

1184 Bei **unrichtiger Altersangabe** tritt im Normalfall nur eine anteilige Herabsetzung der Versicherungsleistung ein (Einzelheiten § 157 VVG).[85] Für Versicherungsfälle, die nach Ablauf von fünf Jahren – zehn Jahren bei Vorsatz und Arglist – eintreten, kann gemäß dem halbzwingenden § 21 VVG eine Anzeigepflichtverletzung nicht mehr als Rücktrittsgrund geltend gemacht werden (»Unanfechtbarkeit«). § 7 (3) ALB 1994 bzw. § 6 (3) ALB 2006 verkürzen die Frist zu Gunsten des Versicherungsnehmers auf drei Jahre; die AVB für die kapitalbildende Lebensversicherung 2008 sehen diese Begünstigung nicht mehr vor.

1185 Als **Gefahrerhöhung** i.S.d. §§ 23 ff. VVG (Rn. 819 ff.) können nur Änderungen von Umständen vorgebracht werden, die zumindest in Textform ausdrücklich als solche vereinbart wurden, und das auch nur fünf, bzw. bei Vorsatz und Arglist 10 Jahre lang (vgl. § 158 VVG mit Einzelheiten). Anders als im alten Recht besteht im Gegenzug ein Anspruch auf Prämienminderung gemäß § 41 VVG, wenn sich die **Gefahr vermindert** hat, allerdings nur in Bezug auf solche Gefahrumstände, für die das ausdrücklich vereinbart ist (siehe auch Rn. 780). Die Vorschrift verlangt eine ausdrückliche Vereinbarung der Vertragsparteien, weil – so die Gesetzesbegründung – sich die Fallgruppen der Gefahrerhöhung und der Gefahrminderung in der Lebensversicherung nur unsicher abgrenzen ließen.[86] Hier können sich AGB-rechtliche und schadensrechtliche Probleme ergeben, wenn der Versicherer AVB-Bestimmungen über gefahrerhöhende und gefahrmindernde Umstände ungleichgewichtig ausgestaltet oder einen naheliegenden Umstand nicht als Gefahrminderung benennt.[87] Die Gesetzesbegründung macht allerdings deutlich, dass man sich – wie stets – mit vorschnellen Urteilen zurückhalten muss. So kann es angemessen sein, dass ein gefährlicher Beruf bei Vertragsschluss zu einer erhöhten Prämieneinstufung führt, seine Beendigung aber gleichwohl nicht als Gefahrminderung vereinbart ist, beispielsweise weil das Risiko von Berufskrankheiten fortbesteht.

---

84 Zu den Rechtsfolgen, wenn der Versicherer die Mitteilung an die versicherte Personen versäumt, sowie zur Datenschutzproblematik *Ganster* Die Prämienzahlung im Versicherungsrecht, 2008, S. 370 ff., 375 ff. (in Betracht kommen Schadensersatz oder ein Nichtberufen-Können auf die Rechtsfolgen von § 39 VVG).

85 Vgl. hierzu *Ortmann* in: Schwintowski/Brömmelmeyer, § 157 VVG Rn. 1 ff.

86 RegE BT-Drucks. 16/3945 S. 98.

87 Vgl. *Ortmann* in: Schwintowski/Brömmelmeyer, § 158 VVG Rn. 8 ff.

5. Umwandlung der Versicherung

a) Umwandlung in eine prämienfreie Versicherung

Der Versicherungsnehmer kann jederzeit eine »Umwandlung« seiner Versicherung in eine **prämienfreie** verlangen (vgl. § 165 VVG).[88] Voraussetzung ist, dass eine (vertraglich bestimmte) Mindestversicherungssumme erreicht wird (unterhalb derer der Verwaltungsaufwand des Versicherers eine Weiterführung als prämienfreie Versicherung nicht rechtfertigt). Wird die Mindestversicherungssumme nicht erreicht, so hat der Versicherer den Rückkaufswert einschließlich der Überschussbeteiligung zu zahlen. Bei einer Umwandlung wird der bisher auf laufende Prämienzahlung ausgerichtete Versicherungsvertrag – vereinfacht gesagt – so behandelt, als werde für den Rest der Laufzeit eine Versicherung mit Einmalprämie abgeschlossen und zwar in Höhe des Rückkaufswertes[89] einschließlich der Überschussanteile nach § 169 VVG unter Abzug von Prämienrückständen (vgl. Rn. 1221 ff.). Nach versicherungsmathematischen Grundsätzen wird dafür bezogen auf die fiktive Einmalprämie eine neue Versicherungssumme errechnet (§ 165 II VVG).[90] Die Ansprüche des Versicherungsnehmers aus der Überschussbeteiligung bleiben unberührt (§ 165 III 2 VVG). Dies bedeutet: Soweit Überschussanteile bereits unmittelbar dem einzelnen Vertrag zugeteilt sind (Rn. 1205), werden sie bei der Bildung der prämienfreien Leistung eingerechnet. Noch nicht zugeteilte Überschussanteile, einschließlich der Schlussüberschussanteile, sowie die latente Beteiligung an den Bewertungsreserven bestehen ungeachtet der Umwandlung in die – weiterhin überschussberechtigte – prämienfreie Versicherung fort. 1186

Zu einer Umwandlung in eine prämienfreie Versicherung kommt es auch, wenn der Versicherer kündigt (§ 166 I VVG i.V.m. § 165 VVG). Hierauf muss der Versicherer bei Bestimmung einer Zahlungsfrist nach § 38 I VVG hinweisen (Einzelheiten § 166 VVG). 1187

b) Umwandlung in eine pfändungsgeschützte Versicherung

Nach § 167 VVG kann der Versicherungsnehmer die Umwandlung in eine Versicherung verlangen, die den Anforderungen des **§ 851c I ZPO** entspricht.[91] Die Versicherung kann somit (zumindest teilweise) vor dem Zugriff der Gläubiger des Versicherungsnehmers geschützt und trotz einer Verschuldung für seine Altersversorgung bzw. die Versorgung seiner Hinterbliebenen gesichert werden. Rechte Dritter etwa 1188

88 Zu den Aufklärungspflichten des Versicherers im Vorfeld vgl. OLG Saarbrücken r+s 2004, 33. Zu einer von den Parteivereinbarungen abhängenden späteren »Rück-Umwandlung« in eine prämienpflichtige Versicherung vgl. *Brömmelmeyer* in: Beckmann/Matusche-Beckmann, § 42 Rn. 196 sowie OLG Oldenburg VersR 2004, 116; OLG Hamm VersR 1993, 169.

89 Bei der Berechnung des Rückkaufwertes kann gem. § 169 V VVG, auf den § 165 II VVG verweist, ein Abzug (»Stornoabzug«) vorgenommen werden, wenn dieser vereinbart, beziffert und angemessen ist. *Brömmelmeyer* (in: Beckmann/Matusche-Beckmann, § 42 Rn. 194) meint, der Abzug müsse niedriger sein als im Falle der Kündigung.

90 Die nach § 165 II VVG gebotene Angabe im Vertrag über die prämienfreie Leistung bezogen auf jedes Vertragsjahr betrifft nur die schon bei Vertragsschluss feststehenden garantierten Werte. Zum Einfluss einer Verrechnung (»Zillmerung«) der Abschlusskosten auf die Berechnung des Kapitals, das für die Bildung einer beitragsfreien Versicherungssumme zur Verfügung steht, siehe Rn. 1228.

91 So schon § 173 VVG a.F., eingefügt durch Gesetz zum Pfändungsschutz der Altersvorsorge vom 26.3.2007 (BGBl. I S. 368 ff.). Zum Hintergrund der Neuregelung des § 851c ZPO siehe *Hasse* VersR 2006, 145 und *Kogel* FamRZ 2007, 870.

aus Pfändung, Abtretung oder unwiderruflichem Bezugsrecht dürfen nicht entgegenstehen.[92]

6. Herbeiführung des Versicherungsfalles

1189 Die speziellen Regeln über die **»Herbeiführung des Versicherungsfalles«** in der Lebensversicherung (vgl. allgemein Rn. 896 ff.) betreffen zwei Themen: den Suizid und die Tötung des Versicherten durch den Versicherungsnehmer oder den Bezugsberechtigten (Rn. 1233 ff.).

1190 Die Bestimmungen über die **Selbsttötung** (§ 161 VVG; § 5 AVB für die kapitalbildende Lebensversicherung 2008) gehen auf die Annahme zurück, dass kaum jemand einen Selbsttötungsplan über Jahre hinweg systematisch verfolgen wird. Also erscheint bei einer Selbsttötung, die später als drei Jahre nach Vertragsabschluss geschieht, der Verdacht unbegründet, dass die Versicherung planmäßig zur Versorgung der Angehörigen genommen wurde. Auch eine Selbsttötung innerhalb von drei Jahren nach Vertragsschluss ist dem Verdacht dann nicht ausgesetzt, wenn sie wegen geistiger Störung im Augenblick der Tat jedenfalls nicht als Ausführung eines Plans erscheint (vgl. § 161 I 2 VVG).[93] Bei Leistungsfreiheit des Versicherers wegen Selbsttötung hat der Versicherer den Rückkaufswert einschließlich der Überschussanteile nach § 169 VVG zu zahlen (Rn. 1221 ff.).

1191 Dem Versicherer können bei der Lebensversicherung bis zu drei Personen gegenüberstehen (vgl. dazu schon Rn. 1134): erstens der Versicherungsnehmer, zweitens der Versicherte, dessen Tod die Leistungspflicht des Versicherers auslöst und der daher auch als Gefahrperson bezeichnet wird, und drittens ein Bezugsberechtigter (dazu Rn. 1134, 1233 ff.). § 162 VVG passt die Regeln über die »Herbeiführung des Versicherungsfalles« sinngemäß an Tatbestände an, bei denen die Rollen von Versicherungsnehmer, Versichertem und Bezugsberechtigtem auf verschiedene Personen verteilt sind.

1192 Missbrauchsgefahren, denen in der Schadensversicherung mit dem Erfordernis des versicherbaren Interesses begegnet wird (vgl. Rn. 652 ff.), beugt im Lebensversicherungsrecht die Bestimmung vor, dass die versicherte Person im Regelfall der Versicherung zustimmen muss (vgl. § 150 II VVG und Rn. 1173).[94]

92 Der Versicherungsnehmer muss die Umwandlung also beispielsweise zeitlich vor einer Pfändung herbeiführen. Vgl. BFH DStR 2007, 1817; *Römer* DB 2007, 2523; *Neuhaus/Köther* ZfV 2009, 248.

93 Zur Darlegungslast des beweispflichtigen Erben oder Bezugsberechtigten BGH VersR 1997, 687; OLG Karlsruhe VersR 2003, 977; LG Bonn VersR 2005, 965. Für eine Beweislastumkehr *Harrer/Mitterauer* VersR 2007, 579.

94 Zum Erfordernis der Einwilligung in eine Gruppenlebensversicherung zur Absicherung arbeitsrechtlicher Versorgungsverpflichtungen (sog. Rückdeckungsversicherung) BGH VersR 1997, 1213 = NJW 1997, 2381; vgl. auch *Drews* VersR 1987, 634; *Hülsmann* NVersZ 1999, 550. – Zum Schriftformerfordernis BGHZ 140, 167 = VersR 1999, 347 mit Anm. *Wandt* (insbesondere auch zur Frage des anwendbaren Rechts auf einen internationalen Sachverhalt) = NJW 1999, 950.

7. Leistung des Versicherers, einschließlich Überschussbeteiligung

a) Grundsatz der vertragsautonomen Bestimmungen des Inhalts der Leistungspflicht des Versicherers

Die Eigenart der **Leistung des Versicherers** wirft keine grundsätzlichen Rechtsfragen 1193
auf. Technisch gesehen gibt es allerdings viele Varianten, die sich auch in der Art des übernommenen Risikos unterscheiden. Sie reichen von der einmaligen Zahlung einer Kapitalsumme zum Zeitpunkt des Versicherungsfalles oder zu einem festen Termin (»terme-fixe-Versicherung«, z.B. als Versicherung zur Deckung von Ausbildungskosten für Kinder) bis zur Zahlung einer Rente auf bestimmte Zeit oder auf Lebenszeit.

b) Überschussbeteiligung: Überblick

Wir haben bereits gesehen (Rn. 1157), dass der Versicherer gem. § 11 VAG Sicher- 1194
heitszuschläge für das technische Risiko und die Kosten in die Prämie einkalkulieren muss. Wenn diese Sicherheitszuschläge wegen eines guten Geschäftsverlaufs nicht benötigt werden, führt dies zwangsläufig zu Überschüssen, an denen die Versicherten zu beteiligen sind (**Beteiligung am Risiko- und Kostenergebnis**). Überschüsse entstehen außerdem und vor allem aus der Kapitalanlage durch den Versicherer. Auch am Kapitalanlageergebnis sollen die Versicherten entsprechend dem Zweck einer Versicherung mit Überschussbeteiligung partizipieren (**Beteiligung am Kapitalanlageergebnis**).[95] Die vom Versicherer zu gewährende Überschussbeteiligung ist bei der kapitalbildenden Lebensversicherung von großer wirtschaftlicher Bedeutung, da sie dort häufig zu einer Verdoppelung oder Vervielfachung der vertraglichen Versicherungssumme führt.[96] Dies ist einer der Gründe, weshalb die Überschussbeteiligung im Zentrum der Reform des Lebensversicherungsrechts stand.[97] Sie bedarf wegen ihrer wirtschaftlichen Bedeutung und ihrer rechtlichen Kompliziertheit besonderer Betrachtung.[98]

Der **in § 153 VVG legaldefinierte Begriff »Überschussbeteiligung«** bezeichnet 1195
– sprachlich wenig glücklich – die »Beteiligung an dem Überschuss und an den Bewertungsreserven«. Mit der **»Beteiligung an dem Überschuss«** ist die Beteiligung des Versicherungsnehmers an dem Überschuss gemäß dem handelsrechtlichen Jahresabschluss gemeint.[99] Bei der **Beteiligung an den Bewertungsreserven** (»stille Reserven«) geht es darum, den Versicherungsnehmer auch an »Buchgewinnen« teilhaben zu lassen, die bestehen, wenn der bilanzielle Buchwert einer Kapitalanlage niedriger ist als deren tatsächlicher Zeitwert.

Der Versicherungsnehmer hat kraft Gesetzes einen **Anspruch auf Überschussbetei-** 1196
ligung, es sei denn, diese ist durch ausdrückliche Vereinbarung *insgesamt* ausge-

95 Die Mindestzuführungsverordnung spricht von der Beteiligung am Kapitalanlageergebnis, am Risikoergebnis und am »übrigen Ergebnis«; siehe § 4 der Verordnung.

96 Vgl. *Ortmann* in: Schwintowski/Brömmelmeyer, § 153 VVG Rn. 4.

97 Zu dem nicht sehr gradlinig verlaufenen Gesetzgebungsverfahren vgl. *Grote* in: Marlow/Spuhl, S. 200 f.

98 Siehe hierzu *Ebers* Die Überschußbeteiligung in der Lebensversicherung, 2001; *Römer* VersR 2006, 865; *Brömmelmeyer* VersR 2003, 939; *Mudrack* ZfV 2007, 41; *Engeländer* VersR 2007, 155, 156.

99 RegE BT-Drucks. 16/3945. S. 96. – Allgemein zum handelsrechtlichen Jahresabschluss *Großfeld/Luttermann* Bilanzrecht, 4. Aufl. 2005 Rn. 207 ff.

schlossen[100] (§ 153 I VVG). Damit ist die Überschussbeteiligung erstmals vertragsgesetzlich geregelt worden; zuvor war sie mangels gesetzlicher Regelung ausschließlich in den AVB und dem Aufsichtsrecht geregelt (Einzelheiten dazu Rn. 1165). Bei Vertragsschluss entsteht allerdings der Anspruch nur dem Grunde nach; seine Höhe ist vertraglich grundsätzlich nicht summenmäßig fixiert, sondern hängt insbesondere von der zukünftigen Entstehung von Überschüssen bzw. Bewertungsreserven ab.[101]

1197 Die Regelung des § 153 VVG gilt ab 01.01.2008 auch für **Verträge, die bis zum 01.01.2008 entstanden sind** (»**Altverträge**«, Art. 4 EGVVG). Ausgenommen sind nur Verträge, für die keine Überschussbeteiligung vereinbart war. Sie werden durch § 153 VVG also nicht um einen Anspruch auf Überschussbeteiligung erweitert.[102] In Altverträgen (wirksame) vereinbarte Verteilungsgrundsätze gelten als angemessen (§ 4 I 2 Hs. 2 EGVVG). Die Überschussbeteiligung vor dem 01.01.2008 beurteilt sich – gem. BVerfG zulässig[103] – nach dem bisherigen Recht.[104]

1198 Die **Einzelheiten der Überschussbeteiligung** können[105] vertraglich festgelegt werden (so geschehen in § 2 der **(Muster-)ALB**). Dabei sind jedoch die gesetzlichen (Mindest-) Vorgaben zu beachten, die für die Beteiligung am handelsrechtlichen Überschuss und für die Beteiligung an den Bewertungsreserven unterschiedlich sind. In der Gesamtheit ergibt sich ein komplexes und kompliziertes Regelungsgeflecht aus vertraglichen Regelungen, gesetzlichem Vertragsrecht, Aufsichtsrecht sowie Handels- und Bilanzrecht.[106] Eine konzentrierte Gesamtdarstellung vermittelt der – aus diesem Grund vollständig abgedruckte – § 2 der (Muster-) ALB 2008:

»§ 2 Wie erfolgt die Überschussbeteiligung?

Wir beteiligen Sie und die anderen Versicherungsnehmer gemäß § 153 des Versicherungsvertragsgesetzes (VVG) an den Überschüssen und Bewertungsreserven (Überschussbeteiligung). Die Überschüsse werden nach den Vorschriften des Handelsgesetzbuches ermittelt und jährlich im Rahmen unseres

---

100 Ein Ausschluss der Überschussbeteiligung kommt für andere Arten der Lebensversicherung als die kapitalbildende Lebensversicherung, bspw. für eine Risikolebensversicherung, in Betracht. Ist bei solchen Lebensversicherungen kein Ausschluss vereinbart, erfolgt die Überschussbeteiligung meist durch Verrechnung mit der Prämie.

101 Der in Art. 14 I GG enthaltene objektivrechtliche Schutzauftrag des Staates erstreckt sich auf die Sicherung der späteren Konkretisierung und Realisierung des zunächst nur dem Grunde nach bestehenden Anspruchs auf Teilhabe an den durch die Prämienzahlung geschaffenen Vermögenswerten im Wege der Überschussbeteiligung bei Ablauf der vorgesehenen Vertragszeit bzw. der Auszahlung des Rückkaufswertes bei einer vorzeitigen Beendigung des Vertragsverhältnisses (BVerfGE 114, 73 = VersR 2005, 1127 = NJW 2005, 2376). *Ortmann* (in: Schwintowski/Brömmelmeyer, § 153 VVG Rn. 32) stützt darauf auch die Annahme, dass die Angemessenheit der Überschussbeteiligung der Kontrolle nach § 315 III BGB unterliege; ebenso *Schwintowski* VuR 2005, 305 ff.; *Brömmelmeyer* in: Beckmann/Matusche-Beckmann, § 42 Rn. 288; a.A. zum alten Recht BGH VersR 1995, 77.

102 Vgl. *Neuhaus* r+s 2007, 441; *Römer* DB 2007, 2523.

103 BVerfGE 114, 73 = VersR 2005, 1127 = NJW 2005, 2376.

104 BGH VersR 2008, 338.

105 *Ortmann* (in: Schwintowski/Brömmelmeyer, § 153 VVG Rn. 41) folgert aus den Entscheidungen des BVerfG (Rn. 1148), dass sämtliche anfallende Kosten, auch die laufenden Verwaltungskosten und Kapitalanlagekosten verbindlich vereinbart werden müssten. Dagegen lässt sich einwenden, dass diese Kosten nicht notwendig schon bei Vertragsschluss bestimmbar sind.

106 Zu der umstrittenen Frage, inwieweit aufsichtsrechtliche sowie handels- und bilanzrechtliche Regelungen durch Verweise in AVB verbindlich für den Inhalt des schuldrechtlichen Anspruchs des Versicherungsnehmers werden, vgl. *Ortmann* in: Schwintowski/Brömmelmeyer, § 153 VVG Rn. 29 ff. (grundsätzlich bejahend); dagegen *Engeländer* VersR 2007, 155.

Jahresabschlusses festgestellt. Die Bewertungsreserven werden dabei im Anhang des Geschäftsberichtes ausgewiesen. Der Jahresabschluss wird von einem unabhängigen Wirtschaftsprüfer geprüft und ist unserer Aufsichtsbehörde einzureichen.

(1) Grundsätze und Maßstäbe für die Überschussbeteiligung der Versicherungsnehmer

(a) Die Überschüsse stammen im Wesentlichen aus den Erträgen der Kapitalanlagen. Von den Nettoerträgen derjenigen Kapitalanlagen, die für künftige Versicherungsleistungen vorgesehen sind (§ 3 der Verordnung über die Mindestbeitragsrückerstattung in der Lebensversicherung, Mindestzuführungsverordnung), erhalten die Versicherungsnehmer insgesamt mindestens den in dieser Verordnung genannten Prozentsatz. In der derzeitigen Fassung der Verordnung sind grundsätzlich 90 % vorgeschrieben (§ 4 Abs. 3, § 5 Mindestzuführungsverordnung). Aus diesem Betrag werden zunächst die Beträge finanziert, die für die garantierten Versicherungsleistungen benötigt werden. Die verbleibenden Mittel verwenden wir für die Überschussbeteiligung der Versicherungsnehmer.

Weitere Überschüsse entstehen insbesondere dann, wenn Sterblichkeit und Kosten niedriger sind, als bei der Tarifkalkulation angenommen. Auch an diesen Überschüssen werden die Versicherungsnehmer angemessen beteiligt und zwar nach derzeitiger Rechtslage am Risikoergebnis (Sterblichkeit) grundsätzlich zu mindestens 75 % und am übrigen Ergebnis (einschließlich Kosten) grundsätzlich zu mindestens 50 % (§ 4 Abs. 4 u. 5, § 5 Mindestzuführungsverordnung).

Die verschiedenen Versicherungsarten tragen unterschiedlich zum Überschuss bei. Wir haben deshalb gleichartige Versicherungen zu Gruppen zusammengefasst. Gewinngruppen bilden wir beispielsweise, um das versicherte Risiko wie das Todesfall- oder Berufsunfähigkeitsrisiko zu berücksichtigen [Ggf. weitere unternehmensindividuelle Information über Gewinngruppen bzw. Untergruppen und deren Modalitäten; die Begriffe sind dann an die unternehmensindividuellen Gegebenheiten anzupassen]. Die Verteilung des Überschusses für die Versicherungsnehmer auf die einzelnen Gruppen orientiert sich daran, in welchem Umfang sie zu seiner Entstehung beigetragen haben. Den Überschuss führen wir der Rückstellung für Beitragsrückerstattung zu, soweit er nicht in Form der sog. Direktgutschrift bereits unmittelbar den überschussberechtigten Versicherungen gutgeschrieben wird. Diese Rückstellung dient dazu, Ergebnisschwankungen im Zeitablauf zu glätten. Sie darf grundsätzlich nur für die Überschussbeteiligung der Versicherungsnehmer verwendet werden. Nur in Ausnahmefällen und mit Zustimmung der Aufsichtsbehörde können wir hiervon nach § 56a des Versicherungsaufsichtsgesetzes (VAG) abweichen, soweit die Rückstellung nicht auf bereits festgelegte Überschussanteile entfällt. Nach der derzeitigen Fassung des § 56a VAG können wir die Rückstellung, im Interesse der Versicherungsnehmer auch zur Abwendung eines drohenden Notstandes, zum Ausgleich unvorhersehbarer Verluste aus den überschussberechtigten Versicherungsverträgen, die auf allgemeine Änderungen der Verhältnisse zurückzuführen sind, oder – sofern die Rechnungsgrundlagen aufgrund einer unvorhersehbaren und nicht nur vorübergehenden Änderung der Verhältnisse angepasst werden müssen – zur Erhöhung der Deckungsrückstellung heranziehen.

(b) Bewertungsreserven entstehen, wenn der Marktwert der Kapitalanlagen über dem Wert liegt, mit dem die Kapitalanlagen in der Bilanz ausgewiesen sind. Die Bewertungsreserven sorgen für Sicherheit und dienen dazu, kurzfristige Ausschläge an den Kapitalmärkten auszugleichen. Ein Teil der Bewertungsreserven fließt den Versicherungsnehmern gemäß § 153 III VVG unmittelbar zu. Hierzu wird die Höhe der Bewertungsreserven jährlich neu ermittelt. Der so ermittelte Wert wird den Verträgen nach dem in Absatz 2 beschriebenen Verfahren zugeordnet (§ 153 III VVG). Bei Beendigung eines Vertrages [Ggf. unternehmensindividuellen früheren Zuteilungszeitpunkt] wird der für diesen Zeitpunkt aktuell ermittelte Betrag zur Hälfte zugeteilt und ausgezahlt. Aufsichtsrechtliche Regelungen zur Kapitalausstattung bleiben unberührt.

(2) Grundsätze und Maßstäbe für die Überschussbeteiligung Ihres Vertrages

(a) Ihre Versicherung erhält Anteile an den Überschüssen derjenigen Gruppe, die in Ihrem Versicherungsschein genannt ist. Die Mittel für die Überschussanteile werden bei der Direktgutschrift zu Lasten des Ergebnisses des Geschäftsjahres finanziert, ansonsten der Rückstellung für Beitragsrückerstattung entnommen. Die Höhe der Überschussanteilsätze wird jedes Jahr vom Vorstand unseres Unternehmens auf Vorschlag des Verantwortlichen Aktuars festgelegt. Wir veröffentlichen die Überschussanteilsätze in unserem Geschäftsbericht. Den Geschäftsbericht können Sie bei uns jederzeit anfordern.

(b) ...[Hier sind folgende unternehmensindividuelle Angaben zu machen:

a) Voraussetzung für die Fälligkeit der Überschussanteile

(Wartezeit, Stichtag für die Zuteilung u.ä.)

b) Form und Verwendung der Überschussanteile

(laufende Überschussanteile, Schlussüberschussanteile, Bonus, Ansammlung, Verrechnung, Barauszahlung u.ä.)

c) Bemessungsgrößen für die Überschussanteile]

c) ... [Hier sind der Verteilungsmechanismus, d.h. die Schlüsselung der ermittelten, verteilungsfähigen Bewertungsreserven auf den einzelnen Vertrag und die Bewertungsstichtage anzugeben.]

(3) Information über die Höhe der Überschussbeteiligung

Die Höhe der Überschussbeteiligung hängt von vielen Einflüssen ab. Diese sind nicht vorhersehbar und von uns nur begrenzt beeinflussbar. Wichtigster Einflussfaktor ist dabei die Zinsentwicklung des Kapitalmarkts. Aber auch die Entwicklung des versicherten Risikos und der Kosten sind von Bedeutung. Die Höhe der künftigen Überschussbeteiligung kann also nicht garantiert werden.«

1199 Die **vor dem 29.07.1994 geschlossenen Verträge** unterliegen aufgrund der früheren Genehmigungspraxis der Aufsichtsbehörde einheitlichen Bedingungen[107], die für diese Altverträge fortgelten. Nach § 16 ALB 1986[108] beurteilt sich die Überschussbeteiligung der Versicherungsnehmer nach dem von der Aufsichtsbehörde genehmigten **Geschäftsplan.** Der Geschäftsplan selbst ist dem Versicherungsnehmer nicht zugänglich, da er nur der Aufsichtsbehörde offen zu legen ist, im Übrigen aber der Geheimhaltung unterliegt. Der BGH hat zwar in der Verweisung auf den Geschäftsplan keine unangemessene Benachteiligung der Versicherungsnehmer im Sinne von § 307 BGB gesehen, weil das öffentliche Recht hinreichend bestimmte Regelungen über die Aufstellung und den Inhalt des Geschäftsplanes enthalte und die Einhaltung dieser Regelungen durch die Aufsichtsbehörde überwacht werde.[109] Das BVerfG sah dies jedoch anders und stellte klar, dass der Schutzauftrag aus Art. 2 und Art. 14 GG weiter reiche als die vorhandenen aufsichtsrechtlichen Regelungen. Es hat § 16 ALB 1986 aber für diese Altfälle gleichwohl als wirksam angesehen.[110]

1200 Für die **nach dem 29.07.1994 geschlossenen Verträge** gab und gibt es keine genehmigten, einheitlichen Versicherungsbedingungen mehr. Die verbandsseitig empfohlenen Musterbedingungen[111] verweisen nicht mehr auf den Geschäftsplan, sondern re-

107 VerBAV 1981, 118; VerBAV 1983, 271; VerBAV 1986, 209.

108 Die von der Aufsichtsbehörde genehmigten ALB 1986 (VerBAV 1986, 209) und die ALB 1994 (empfohlen vom Verband der Lebensversicherungsunternehmen, der inzwischen im Gesamtverband der Deutschen Versicherungswirtschaft (GDV) aufgegangen ist) sind kommentiert von *Kollhosser* in: Prölss/Martin, S. 1973 ff. Der GDV hat im Jahr 2000 neue Musterbedingungen empfohlen (hierzu *Präve* VersR 2000, 694), ebenso im Jahre 2006 und nach der VVG Reform im Jahre 2008. Es handelt sich jeweils um Musterbedingungen, von denen die Versicherer also unternehmensindividuell abweichen können. Die Musterbedingungen des GDV sind abrufbar unter http://www.gdv.de/Publikationen/versicherungsbedingungen/avb.html.

109 BGHZ 128, 54 = VersR 1995, 77 = NJW 1995, 589; folgend OLG Frankfurt VersR 1999, 1097; Überblick über die Gesamtthematik bei *Lorenz* ZVersWiss 1993, 307; *Kollhosser* in: Prölss/Kollhosser, § 81c VAG Rn. 1 ff.; *Kollhosser* in: Prölss/Martin, § 16 ALB 1986 Rn. 3 ff.

110 BVerfGE 114, 73 = VersR 2005, 1127 = NJW 2005, 2376; *Schröder* VW 2005, 1226.

111 Siehe die Fußnote zu § 16 ALB 1986 in den vorigen Rn.

geln die Überschussermittlung und -beteiligung weitgehend durch Verweis auf die einschlägigen gesetzlichen Vorschriften des HGB, des VAG und der Rechtsverordnungen. Der BGH hat dies für frühere Bedingungswerke AGB-rechtlich gut geheißen.[112]

c) Die Beteiligung am handelsrechtlichen Jahresabschluss

§ 153 II VVG begnügt sich hinsichtlich der »Beteiligung an dem Überschuss« (also 1201
den Überschüssen gemäß den handelsrechtlichen Jahresabschlüssen) mit der kryptischen Vorgabe, dass der Versicherer ein verursachungsorientiertes Verfahren durchzuführen hat, wenn er nicht andere vergleichbar angemessene Verteilungsgrundsätze vereinbart hat.[113] Eindeutig ist daran nur, dass ein streng verursachungsgerechtes Verfahren nicht verlangt ist und dass der Versicherer bei der »Beteiligung an dem Überschuss« berücksichtigen muss, dass die verschiedenen Versicherungsarten, die ein Lebensversicherer im Bestand hat (Portfolio des Versicherers), unterschiedlich zu den jährlichen Überschüssen beitragen. Deshalb werden – in der bisherigen, vor allem aufsichtsrechtlich bestimmten Praxis – gleichartige Versicherungen zu Gewinngruppen (frühere Bezeichnung: »Gewinnverbände«) zusammengefasst. Die Verteilung des Überschusses auf die einzelnen Gruppen orientiert sich dann daran, in welchem Umfang sie zu seiner Entstehung beigetragen haben.

Weiter gehende Regelungen, insbesondere zum Umfang der »Beteiligung an dem 1202
Überschuss«, enthält das VVG nicht.[114] Insoweit kommt es auf die vertragliche Vereinbarung bzw. die aufsichtsrechtlichen Regelungen an (zur Maßgeblichkeit des Aufsichtsrechts am Sitz des Versicherers Rn. 1155).

Das Aufsichtsrecht regelt die verschiedenen Schritte, die bis zur Erfüllung des – zu- 1203
nächst nur dem Grunde nach bestehenden – schuldrechtlichen Anspruchs der einzelnen Versicherten auszuführen sind.[115] Am Anfang steht die **Überschussermittlung**. Maßgebend ist die vom Versicherer jährlich aufzustellende bilanzielle Gewinn- und Verlustrechnung nach Handelsrecht (§§ 341a I, 264 I 1 HGB).

Nach der Ermittlung des Jahresüberschusses entscheidet der Versicherer im Rahmen 1204
der vertraglichen und gesetzlichen Vorgaben, welche Beträge für die Überschussbeteiligung der Versicherten zurückzustellen sind (§ 56a VAG, **Verwendung des Überschusses**). Gesetzlich ist eine **Mindesthöhe** der Verwendung für die Überschussbetei-

112 BGHZ 147, 354 = VersR 2001, 841 = NJW 2001, 2014 = ZIP 2001, 1052 ff. mit Anm. *Reiff*; fortgeführt in BGH VersR 2005, 1565; BGH VersR 2008, 338.

113 Vgl. § 2 (2) ALB 2008 sowie RegE BT-Drucks. 16/3945 S. 96; *Römer* DB 2007, 2523.

114 Nach § 153 II 2 VVG sind bei der Ermittlung der Überschussbeteiligung die Beiträge im Sinne des § 268 VIII HGB unberücksichtigt zu belassen. Diese Regelung wurde – in Verbindung mit Änderungen des HGB – durch das Bilanzrechtsmodernisierungsgesetz (BilMoG) vom 25.05.2009 (BGBl. I S. 1102) neu eingefügt. Gemäß dem geänderten § 248 II HGB dürfen selbst geschaffene immaterielle Vermögensgegenstände des Anlagevermögens – anders als früher – als Aktivposten in die Bilanz aufgenommen werden, unterliegen aber der Gewinn-Ausschüttungssperre des § 268 VIII HGB. § 153 II 2 VVG stellt sicher, dass die ausschüttungs- und abführungsgesperrten Erträge im Sinn des § 268 VIII HGB auch bei der Ermittlung der Überschussbeteiligung außer Betracht bleiben. Ob die erfolgte Ergänzung von § 153 II VVG gesetzestechnisch der richtige Regelungsort ist, ist zu bezweifeln, da sein sonstiger Inhalt zu den maßgebenden Bezugsgrößen für die Ermittlung des handelsrechtlichen Überschusses überhaupt nichts sagt. – Zum BiLMoG vgl. *Geib/Ellenbürger* VW 2008, 1173.

115 Zu den einzelnen Schritten der Überschussbeteiligung vgl. auch *Ortmann* in: Schwintowski/Brömmelmeyer, § 153 VVG Rn. 10.

ligung der Versicherten[116] vorgeschrieben (§ 81c VAG[117] i.V.m. der Mindestzuführungsverordnung[118]), und zwar 90 % der Kapitalerträge, 75 % des Risikoergebnisses und 50 % des »übrigen Ergebnisses« (§ 4 Mindestzuführungsverordnung). Eine Querverrechnung zwischen den einzelnen Überschussquellen ist unzulässig. Damit ist ein zentraler, auch vom BVerfG beanstandeter Kritikpunkt am alten Recht beseitigt.[119] Vertraglich ist bei vor dem 29.07.1994 geschlossenen Verträgen – auf Grund der Genehmigungspflicht durch die Aufsichtsbehörde einheitlich – entweder durch ausdrückliche Regelung oder durch Verweis auf den Geschäftsplan eine Beteiligung in Höhe von *mindestens* 90 % des Rohüberschusses[120] versprochen. Die »deregulierten Verträge« des Neubestands nach dem 29.07.1994 enthalten unternehmensindividuelle Festlegungen. Zu beachten ist, dass die Versicherer aus Wettbewerbsgründen aber regelmäßig eine höhere Überschussbeteiligung gewähren, als gesetzlich vorgeschrieben bzw. vertraglich garantiert ist. Es ist Aufgabe des Verantwortlichen Aktuars dem Vorstand des Versicherungsunternehmens Vorschläge über eine angemessene Höhe der »Beteiligung am Überschuss« zu machen (§ 11a III Nr. 4 VAG).

1205 Der Versicherer entscheidet zugleich darüber, auf welche **Art und Weise** die für die Überschussbeteiligung vorgesehenen Beträge i.S. von § 56a VAG zurückgestellt werden. Dies kann durch unmittelbare Zuteilung für die einzelnen Verträge (**»Direktgutschrift«**) erfolgen. Die aus Direktgutschriften gegenüber den einzelnen Versicherungsnehmern begründeten Verbindlichkeiten erhöhen bilanziell die Deckungsrückstellung (Rn. 1161 ff.).

1206 Regelmäßig wählt der Versicherer jedoch einen anderen ihm eröffneten (Um-) Weg, nämlich die Zuführung zur **Rückstellung für Beitragsrückerstattung** (abgekürzt: RfB, § 56a S. 3 VAG). Die RfB ist nicht Teil der Deckungsrückstellung, sondern eine eigenständige versicherungstechnische Rückstellung (§§ 341e, 341f HGB). Die der RfB zugewiesenen Beträge dürfen grundsätzlich nur für die Überschussbeteiligung der Versicherten verwendet werden. Nur ausnahmsweise darf der Versicherer die

---

116 Für Versicherungs-Aktiengesellschaften sichert § 56a VAG – als Sondervorschrift zu §§ 58, 254 I AktG – die Berücksichtigung der Aktionärsinteressen: den Aktionären ist grundsätzlich mindestens ein Gewinn von 4 % des Grundkapitals zuzuweisen.

117 In der Fassung des Art. 1 des Neunten Gesetzes zur Änderung des Versicherungsaufsichtsgesetzes v. 23.12.2007 (BGBl. I S. 3248); BT-Drucks. 16/6518 S. 18.

118 Mindestzuführungsverordnung – Verordnung über die Mindestbeitragsrückerstattung in der Lebensversicherung i.d.F. vom 04.04.2008 (BGBl. I S. 690), die erstmals für das nach dem 31.12.2007 beginnende Geschäftsjahr anzuwenden ist. Die Verordnungsregelungen über die Berechnung der Mindestzuführung gelten sowohl für den Neubestand (Verträge, die ab dem 29.07.1994 abgeschlossen worden sind) als auch für den Altbestand (früher geschlossene Verträge, vgl. auch § 11c VAG), wobei allerdings teilweise inhaltlich differenziert wird. Damit sind die früher grundsätzlich unterschiedlichen Berechnungsmethoden für die Mindestzuführung beseitigt worden (vgl. für den Neubestand die frühere VO über die Mindestbeitragsrückerstattung in der Lebensversicherung – ZRQuotenV –, abgedruckt bei *Wiechmann/Block* Nr. 10, und für den Altbestand die frühere Rückgewährquote-BerechnungsVO – RQV –, abgedruckt bei *Wiechmann/Block* Nr. 10a).

119 Vgl. BVerfGE 114, 73 = VersR 2005, 1127 = NJW 2005, 2376, 2379; BT-Drucks. 16/6518 S. 18.

120 »Rohüberschuss« bezeichnet den Bilanzgewinn vor Abzug der Überschussbeteiligung, vor Gewinn- und Verlustvortrag und vor Rücklagenzuweisung bzw. -entnahme. Vgl. § 10 Nr. 4 der Verordnung über die Berichterstattung von Versicherungsunternehmen gegenüber der Bundesanstalt für Finanzdienstleistungsaufsicht (BerVersV) vom 29.03.2006 (BGBl. I S. 622); *Ortmann* in: Schwintowski/Brömmelmeyer, § 153 VVG Rn. 11 sowie *Brömmelmeyer* in: Beckmann/Matusche-Beckmann, § 42 Rn. 275.

RfB, soweit sie nicht auf bereits festgelegte Überschussanteile entfällt, mit Zustimmung der Aufsichtsbehörde im Interesse der Versicherten zur Abwendung eines Notstandes heranziehen (§ 56a S. 4 und 5 VAG).[121] Der Versicherer kann grundsätzlich frei nach geschäftspolitischen Gesichtspunkten entscheiden, zu welchem Zeitpunkt er Mittel der RfB entnimmt, um sie – zu irgendeinem Zeitpunkt während der Laufzeit des Vertrages – im Wege der Direktgutschrift oder spätestens bei Vertragsende als sog. »Schlussüberschussanteil« zuzuweisen. Diese Entscheidungsfreiheit gibt dem Versicherer die Möglichkeit, Schwankungen insbesondere des Kapitalanlageergebnisses mehrerer Jahre auszugleichen und die Versicherten in möglichst konstanter Höhe am Überschuss zu beteiligen (»Glättungsfunktion«).[122] Aus steuerlichen Gründen (vgl. § 21 KStG) erfolgen aber Entnahmen aus der RfB in Form von Direktgutschriften meist innerhalb gewisser Zeit nach der Zuführung zur RfB, soweit nicht ein steuerunschädlicher Verbleib in der RfB als Schlussüberschussbeteiligung erfolgt.[123]

Vertiefung: Der **Schlussüberschussfonds** ist nach § 28 VI RechVersV[124] eine gesonderte Rückstellung innerhalb der Rückstellung für Beitragsrückerstattung (RfB). Aus dieser Teilrückstellung entnimmt der Versicherer die **Schlussüberschussanteile**, die er jeweils für Verträge deklariert, die in einem festgelegten Zeitraum beendet werden (vgl. § 169 VII VVG). Die Mittel des Schlussüberschussfonds werden während ihrer Ansammlung den einzelnen Verträgen regelmäßig noch nicht verbindlich zugeteilt, damit sie gem. § 56a S. 5 VAG zur Abwendung eines Notstandes herangezogen werden können.[125] 1207

Das Aufsichtsrecht enthält keine explizite Regelung über eine zeitnahe und möglichst verursachungsgerechte Ausschüttung der in der Rückstellung für Beitragsrückerstattung (RfB) angesammelten Überschüsse an die »Versicherten«.[126] Vor der Deregulierung im Jahre 1994 hatte die Aufsichtsbehörde durch entsprechende Anordnungen auf zeitnahe und verursachungsgerechte Ausschüttungen hingewirkt und Geschäftsplanänderungen oder neue Geschäftspläne nur genehmigt, wenn diese sachgerechte Ausschüttungsregelungen enthielten.[127] Für die nach dem 29.07.1994 geschlossenen Verträge wurde die (öffentlich-rechtliche) Verpflichtung des Versicherers zu einer zeitnahen und verursachungsgerechten Ausschüttung sowie die entsprechenden Aufsichtsbefugnisse der Aufsichtsbehörde bislang aus § 81 I 2 VAG abgeleitet.[128] Nach dem VVG 2008 sind die Interessen der Versicherten durch das gesetzlich vorgeschriebene »verursachungsorientierte Verfahren« bzw. der Vereinbarung vergleichbarer angemessener Verteilungsgrundsätze geschützt. Wie und in welcher Form ist durch Auslegung dieser – wie schon gesagt kryptisch formulierten – zivilrechtlichen Norm zu bestimmen; 1208

121 Zur genauen Zusammensetzung der RfB siehe *Ebers* Die Überschussbeteiligung in der Lebensversicherung, 2001, S. 72.

122 Vgl. *Kölschbach* in: Prölss, § 56a VAG Rn. 6.

123 Vgl. *Ortmann* in: Schwintowski/Brömmelmeyer, § 153 VVG Rn. 60; *Kaulbach* in: Fahr/Kaulbach/Bähr, Versicherungsaufsichtsgesetz 4. Aufl. 2007, § 56a VAG Rn. 7; *Zielke* VW 2002, 1826 f.

124 Versicherungsunternehmens-Rechnungslegungsverordnung vom 08.11.1994 (BGBl. I S. 3378), vgl. Anhang.

125 Zur Schlussüberschussbeteiligung Reformkommission, Abschlussbericht, S. 109; *Ortmann* in: Schwintowski/Brömmelmeyer, § 153 VVG Rn. 60; *Brömmelmeyer* in: Beckmann/Matusche-Beckmann, § 42 Rn. 182.

126 Das Aufsichtsrecht verwendet den Begriff »Versicherter« als Oberbegriff für alle Personen, deren Vermögensinteressen durch die Versicherung berührt werden (vgl. § 8 I Nr. 3 VAG sowie *Präve* in: Prölss/Kollhosser, § 8 VAG Rn. 17).

127 In der Tendenz bestätigt durch BVerwGE 82, 303 = VersR 1990, 73 = NJW 1990, 1003; (dazu zust. Anm. v. *Kaulbach* VersR 1990, 257; krit. *Kagelmacher* VersR 1990, 805); BVerwGE 95, 25 = VersR 1994, 541 = NJW 1994, 2561 (dazu *Donath* und *Lorenz* VersR 1994, 965 und 967; *Baumann* JZ 1995, 446); BVerwGE 100, 115 = VersR 1996, 569 = NJW 1996, 2521.

128 *Kollhosser* in: Prölss/Kollhosser, § 81c VAG Rn. 1; *Präve* VersR 1999, 1211, 1214.

die Aufsichtsbehörde hat insoweit nur noch Kontrollfunktion, kann also nicht – wie früher – autonom und gestützt auf das Aufsichtsrecht zeitliche Vorgaben machen.[129]

1209 Der Versicherer ist verpflichtet, den Versicherungsnehmer **jährlich über die Entwicklung seiner Ansprüche auf Beteiligung an dem Überschuss zu unterrichten.** Zu unterrichten ist über die Höhe des jeweiligen individuellen Deckungskapitals einschließlich bereits individuell gutgeschriebener Überschussanteile, nicht dagegen über individuell noch nicht zugewiesene, in die RfB eingestellte Beträge[130] (§ 155 VVG; § 6 I Nr. 3 VVG-InfoV i.V.m. § 7 II VVG; vgl. näher Rn. 1176).

1210 Bei **Beendigung des Vertrages** erstarkt der Anspruch auf »Beteiligung an dem Überschuss« (und an den Bewertungsreserven) vollständig zu einem **Zahlungsanspruch,** dessen Höhe der gerichtlichen Überprüfung unterliegt.

d) Die Beteiligung an den Bewertungsreserven

1211 Wie bereits ausgeführt (Rn. 1148) hat das BVerfG den Gesetzgeber verpflichtet, hinreichende rechtliche Vorkehrungen dafür vorzusehen, dass bei der Ermittlung eines bei Vertragsende zuzuteilenden Schlussüberschusses (Rn. 1206) die Vermögenswerte angemessen berücksichtigt werden, die durch die Prämienzahlungen im Bereich der kapitalbildenden Lebensversicherung mit Überschussbeteiligung geschaffen worden sind. Dabei ging es dem BVerfG vor allem um eine angemessene Beteiligung der Versicherungsnehmer an bilanziellen Bewertungsreserven (**»stille Reserven«**, Rn. 1195). Diesem Regelungsauftrag ist der Gesetzgeber durch § 153 I, III und IV VVG und begleitenden aufsichtsrechtlichen Regelungen nachgekommen.

1212 Der Versicherer hat die Bewertungsreserven jährlich neu zu ermitteln (§ 153 III 1 VVG). Einzelheiten der Ermittlung und des Ausweises im Anhang zum Jahresabschluss bestimmt § 54 der Versicherungsunternehmens-Rechnungslegungsverordnung.[131]

1213 Der Versicherer hat die ermittelten Bewertungsreserven sodann jährlich nach einem verursachungsorientierten Verfahren (den einzelnen Verträgen) **rechnerisch zuzuordnen** (§ 153 III 1 VVG). Die Zuordnung erfolgt lediglich rechnerisch, da die Bewertungsreserven vom wechselnden Zustand des Kapitalmarktes abhängen, deshalb schwanken und auch entfallen können (und sich im schlimmsten Falle in »stille Lasten« des Versicherers, nicht aber der Versicherungsnehmer verwandeln können). Die **Informationspflicht des Versicherers während der Vertragslaufzeit** (§ 155 VVG, Rn. 1176) umfasst auch die Entwicklung der Bewertungsreserven. Insoweit sollte der Versicherungsnehmer jeweils auch darüber informiert werden, dass es sich nur um eine vorläufige Angabe handelt, seine Beteiligung an den Bewertungsreserven erst am Vertragsende verbindlich festgelegt werden kann und sie zu diesem Zeitpunkt auch niedriger sein kann.

1214 Erst bei Beendigung des Vertrages – sofern vertraglich nicht ein früherer Zeitpunkt bestimmt ist – hat der Versicherungsnehmer einen Anspruch darauf, dass ihm **der auf den Beendigungszeitpunkt ermittelte Betrag zu 50 % zugeteilt und ausgezahlt** wird (§ 153 III 2 VVG). Der Anspruch kann gekürzt werden, wenn dies auf Grund

129 Ebenso *Ortmann* in: Schwintowski/Brömmelmeyer, § 153 VVG Rn. 59.
130 Vgl. *Ortmann* in: Schwintowski/Brömmelmeyer, § 155 VVG Rn. 3.
131 Versicherungsunternehmens-Rechnungslegungsverordnung vom 08.11.1994 (BGBl. I S. 3378).

aufsichtsrechtlicher Regelungen zur Kapitalausstattung[132] erforderlich ist (§ 153 III 3 VVG; vgl. § 53c VAG).[133] Damit soll im Ergebnis die Erfüllbarkeit der übrigen vertraglichen Ansprüche vorrangig gewährleistet werden.[134] Die – in ihrer Höhe in den Gesetzesmaterialien nicht näher begründete – Begrenzung des Anspruchs auf 50 %[135] soll die Interessen des einzelnen Versicherungsnehmers und die Interessen des Versichertenkollektivs sowie des Versicherers ausgleichen. Der Versicherer soll die bei ihm verbleibenden Bewertungsreserven nutzen können, um Schwankungen des Kapitalmarktes auszugleichen (»Risikopuffer«).[136]

Bei einer **Rentenversicherung** tritt an die Stelle des Zeitpunktes der Beendigung des Vertrages »die Beendigung der Ansparphase« (§ 153 IV VVG).[137] Während der Rentenbezugszeit findet also eine Beteiligung an den Bewertungsreserven nicht mehr statt.[138] Die Beteiligung an den Bewertungsreserven erfolgt vertragsgemäß regelmäßig nicht durch Auszahlung, sondern durch Erhöhung der Rentenleistung. 1215

e) Zusammenfassung

»Überschussbeteiligung« → Legaldefinition in § 153 I VVG = »Beteiligung an dem Überschuss« + »Beteiligung an den Bewertungsreserven« 1216

	»Beteiligung an dem Überschuss« (§ 153 II VVG) = Beteiligung am Überschuss gemäß dem handelsrechtlichen Jahresabschluss	**»Beteiligung an den Bewertungsreserven« (§ 153 III und IV VVG) =** Beteiligung an »Buchgewinnen«, auch »stille Reserven« genannt, die bestehen, wenn der bilanzielle Buchwert eines Vermögensgutes höher ist als dessen tatsächlicher Zeitwert
Ermittlung	**Jährliche Ermittlung des Überschusses** gem. der jährlich aufzustellenden bilanziellen Gewinn- und Verlustrechnung nach Handelsrecht (§§ 341a I, 264 I 1 HGB)	**Jährliche Ermittlung der Bewertungsreserven** (§ 153 III 1 VVG i.V.m. § 54 der Versicherungsunternehmens-Rechnungslegungsverordnung)

132 Damit sollen nach der Gesetzesbegründung auch die aufsichtsrechtlichen Anforderungen an sog. »Stresstests« umfasst sein; vgl. Beschlussempfehlung und Bericht des Rechtsausschusses, BT-Drucks. 16/5862 S. 99.

133 Vgl. Beschlussempfehlung und Bericht des Rechtsausschusses, BT-Drucks. 16/5862 S. 99.

134 *Ortmann* (in: Schwintowski/Brömmelmeyer, § 153 VVG Rn. 90) hält diese Einschränkung wegen ihrer Unbestimmtheit für verfassungswidrig; Zweifel in diese Richtung äußert auch *Römer* VersR 2006, 865.

135 *Ortmann* (in: Schwintowski/Brömmelmeyer, § 153 VVG Rn. 59) bezeichnet die Quote wegen der Einschätzungsprärogative des Gesetzgebers »wohl als angemessen«.

136 RegE BT-Drucks. 16/3945 S. 97.

137 Nach *Ortmann* in: Schwintowski/Brömmelmeyer, § 153 VVG Rn. 94 kommt es auf den Beginn der Rentenzahlung an, wenn dieser zeitlich nach dem Ende der Ansparphase liegt.

138 Dem liegt wohl die Annahme zu Grunde, dass die während der Rentenbezugszeit – betragsmäßig abnehmende – weitere Verfügbarkeit von Kapital bei der Berechnung der Rente berücksichtigt worden ist. Zu § 153 IV VVG: *Grote* in: Marlow/Spuhl, S. 207 (»sachgerecht«); *Ortmann* in: Schwintowski/Brömmelmeyer, § 153 VVG Rn. 97 (Verstoß gegen Art. 2 I und Art. 14 I GG); für verfassungskonforme Auslegung *Brömmelmeyer* in: Beckmann/Matusche-Beckmann, § 42 Rn. 301; sowie *Brambach* in: HK-VVG, § 153 VVG Rn. 56.

»Überschussbeteiligung« → Legaldefinition in § 153 I VVG = »Beteiligung an dem Überschuss« + »Beteiligung an den Bewertungsreserven«

Vorschlag	**Jährlicher Vorschlag des Verantwortlichen Aktuars** an die Unternehmensleitung über eine angemessene Höhe der Beteiligung der Versicherten (§ 11a III Nr. 4 VAG)	
Entscheidung über Verwendungsquoten	**Jährliche Entscheidung der Unternehmensleitung** im Rahmen der vertraglichen und gesetzlichen Vorgaben, welche Beträge für die Überschussbeteiligung der Versicherten zurückgestellt werden (§ 56a VAG) = zugleich Bestimmung der **Anteilsquoten für die Versicherten und die Unternehmenseigner**	
Deklaration bzw. Zuteilung; rechnerische Zuordnung	**Jährliche Entscheidung der Unternehmensleitung** (sog. **»Deklaration«**) über die **Art und Weise der Zurückstellung** für die Versicherten, § 56a S. 3 VAG – entweder Zuführung zur **Rückstellung für Beitragsrückerstattung** (RfB) → zzgl. Entscheidung der Unternehmensleitung über die Quote, die innerhalb der RfB in der Teilrückstellung des **Schlussüberschussfonds** zurückgestellt werden soll (= Ansammlung der Schlussüberschussanteile, die der Versicherer jeweils für Verträge deklariert, die in einem festgelegten Zeitraum beendet werden, vgl. § 169 VII VVG). – oder unmittelbare Zuteilung für die einzelnen Verträge (**»Direktgutschrift«**) = Erhöhung der **Deckungsrückstellung/des Deckungskapitals**, entweder durch Entnahme aus der RfB oder aus dem Überschuss des gerade abgeschlossenen Geschäftsjahres.	**Jährliche rechnerische Zuordnung** zu den einzelnen Verträgen nach einem verursachungsorientierten oder einem vereinbarten Verfahren (§ 153 III 1 VVG) → Bewertungsreserven sind vom wechselnden Zustand des Kapitalmarktes abhängig, können deshalb schwanken und auch ganz entfallen
Unterrichtung	**Jährliche Unterrichtung** der Versicherten über die Höhe bereits individuell gutgeschriebener Überschussanteile (§ 155 VVG, § 6 I Nr. 3 VVG-InfoV)	**Jährliche Unterrichtung** der Versicherten über die Entwicklung der Bewertungsreserven (§ 155 VVG)

»Überschussbeteiligung« → Legaldefinition in § 153 I VVG =
»Beteiligung an dem Überschuss« + »Beteiligung an den Bewertungsreserven«

Anspruch zum Vertragsende	**Anspruch** auf »Beteiligung an dem Überschuss« in Höhe der über die Vertragszeit deklarierten Direktgutschriften zuzüglich der Schlussüberschussanteile, die der Versicherer für den Zeitraum, in den das Vertragsende fällt, deklariert hat.	**Anspruch** auf »Beteiligung an den Bewertungsreserven« in Höhe von 50 % der zum Zeitpunkt des Vertragsendes für den Vertrag ermittelten Bewertungsreserven (§ 153 III 2 VVG).

8. Vorzeitige Vertragsbeendigung und Rückkaufswert

a) Rücktritt und Anfechtung durch den Versicherungsnehmer

1217 Für **Rücktritt und Anfechtung durch den Versicherungsnehmer** gelten die **allgemeinen Regelungen** über die Rückabwicklung des Vertrages. Der Versicherungsnehmer kann in diesen Fällen nicht nur den Rückkaufswert (Rn. 1221 ff.), sondern vollständige Rückabwicklung verlangen, da ihm der Versicherer Anlass zum Rücktritt oder zur Anfechtung gegeben hat.[139]

b) Kündigung durch eine der Vertragsparteien sowie Rücktritt und Anfechtung durch den Versicherer

1218 **Sonderregelungen** gibt es dagegen für die **Kündigung**, gleich seitens welcher Vertragspartei, sowie für den **Rücktritt oder die Anfechtung durch den Versicherer** (siehe Rn. 1223). Sie bezwecken, dem Versicherungsnehmer den im Zeitpunkt der Kündigung vorhandenen, durch Kapitalansammlung geschaffenen Wert der Versicherung zukommen zu lassen bzw. – bei Kündigung durch den Versicherer – zu erhalten.

1219 Ein ordentliches **Kündigungsrecht des Versicherers** besteht bei der Lebensversicherung nicht. Dies ist allgemein anerkannt[140], auch wenn es gesetzlich nicht ausdrücklich normiert ist.[141] Ein ordentliches Kündigungsrecht des Versicherers wäre mit dem Zweck des Vertrages, nämlich die Absicherung der Hinterbliebenen bzw. die Versorgung im Alter, nicht vereinbar. Den Interessen des Versicherers, nicht vorhersehbaren Änderungsrisiken begegnen zu können, trägt das Prämien- und Leistungsänderungsrecht des § 163 VVG ausreichend Rechnung (Rn. 1249 ff.). Die außerordentliche Kündigung durch den Versicherer (z.B. wegen Nichtzahlung der Folgeprämie, schuldloser oder einfach fahrlässiger Verletzung der vorvertraglichen Anzeigepflicht, grobfahrlässiger oder vorsätzlicher Verletzung einer sonstigen Obliegenheit etc.) bewirkt die Umwandlung der Versicherung in eine prämienfreie Versicherung (§ 166 I VVG). Diese Regelung war bislang auf eine außerordentliche Kündigung wegen Zahlungsverzugs beschränkt und insoweit ohne weiteres plausibel. Der Reformgesetzgeber hat sie – dem Vorschlag der Reformkommission folgend[142] – nunmehr auf alle Kündi-

139 RegE BT-Drucks. 16/3945 S. 102; Reformkommission, Abschlussbericht, S. 394.
140 RegE BT-Drucks. 16/3945 S. 100. Vgl. *Römer* in: Römer/Langheid, § 175 VVG a.F. Rn. 3; *Ortmann* in: Schwintowski/Brömmelmeyer, § 166 VVG Rn. 5; *Brömmelmeyer* in: Beckmann/Matusche-Beckmann, § 42 Rn. 133.
141 Dies kritisiert zu Recht *Hohlfeld* FS Lorenz, 1994, S. 295, 301.
142 Reformkommission, Abschlussbericht, S. 393.

gungen durch den Versicherer erstreckt. Für den Fall einer grobfahrlässigen oder vorsätzlichen Verletzung einer Obliegenheit erscheint dies rechtspolitisch nicht zwingend.

1220 Ein **Kündigungsrecht des Versicherungsnehmers** besteht jederzeit für den Schluss der laufenden Versicherungsperiode, wenn laufende Prämien zu entrichten sind, oder bei vereinbarter Einmalprämie, wenn es sich um eine Versicherung für ein Risiko handelt, bei dem der Eintritt der Verpflichtung des Versicherers gewiss ist (§ 168 I und II VVG; Rn. 1138). Das Kündigungsrecht des Versicherungsnehmers ist allerdings ausgeschlossen, wenn vertraglich ein Ausschluss der Verwertung des Vertrages vor dem Ruhestand vereinbart worden ist (§ 168 III VVG mit Einzelheiten). Eine Kündigung durch den Versicherungsnehmer ist außerdem nicht mehr möglich, wenn dieser seine Rechte abgetreten hat.[143]

c) Anspruch auf Rückkaufswert

1221 Bei einer Versicherung für ein Risiko, bei dem der Eintritt der Verpflichtung des Versicherers gewiss ist, findet notwendig eine Kapitalbildung statt (Rn. 1138). Deshalb hat der Versicherungsnehmer bei einer solchen Versicherung einen **Anspruch auf den Rückkaufswert**, wenn er selbst kündigt oder wenn der Versicherer vom Vertrag zurücktritt oder ihn anficht (§ 169 I VVG).[144] Der Versicherungsnehmer hat zusätzlich einen Anspruch auf Auszahlung der bereits zugeteilten **Überschussanteile**, soweit diese nicht in die Berechnung des Rückkaufswertes eingeflossen sind, sowie auf Schlussüberschussanteile, wenn dies für den Fall der Kündigung vertraglich[145] vorgesehen ist, und schließlich auf Beteiligung an den Bewertungsreserven (§ 169 VII VVG).[146] Der Versicherungsnehmer ist also nicht auf den Anspruch auf Umwandlung in eine prämienfreie Versicherung beschränkt, sondern er kann den Wert der Versicherung durch Kündigung realisieren, vorbehaltlich eines vereinbarten Stornoabzugs nach § 169 V VVG oder eine Herabsetzung nach § 169 VI VVG. Diese »jährliche« Möglichkeit der Kapitalisierung ist für den Versicherungsnehmer von großer Bedeutung, da er sich in der Regel über eine sehr lange Vertragsdauer bindet und bei Vertragsschluss die zukünftige Entwicklung seine wirtschaftlichen Verhältnisse nicht überblicken kann.

1222 § 169 VVG gilt für alle **Verträge, die ab dem 01.01.2008 geschlossen sind** (vgl. Art. 1 I EGVVG). Für die vor diesem Zeitpunkt geschlossenen **»Altverträge«** gilt dagegen auch zukünftig § 176 VVG a.F. (Art. 4 II EGVVG)[147], wohlgemerkt in seiner Ausprägung durch die Rechtsprechung (dazu Rn. 1226).[148]

1223 Im Falle des Rücktritts oder der Anfechtung durch den Versicherer ist der volle Rückkaufswert zu erstatten. Bei einer Kündigung durch den Versicherungsnehmer ist der Anspruch auf den Rückkaufswert dagegen auf den Betrag **begrenzt**, den der Versicherer bei einem (hypothetischen) Versicherungsfall zum Zeitpunkt der Kündigung

143 OLG München VersR 2007, 1637.

144 Vgl. zur Neuregelung *Engeländer* VersR 2007, 1297; *Schick/Franz* VW 2007, 764.

145 Entgegen dem Wortlaut von § 169 VII VVG nicht notwendig durch AVB. Ebenso *Engeländer* VersR 2007, 1297; *Ortmann* in: Schwintowski/Brömmelmeyer, § 169 VVG Rn. 124; *Brömmelmeyer* in: Beckmann/Matusche-Beckmann, § 42 Rn. 182.

146 Vgl. *Ortmann* in: Schwintowski/Brömmelmeyer, § 169 VVG Rn. 120.

147 Der Regierungsentwurf hatte noch eine Rückwirkung auch für Altverträge vorgesehen; vgl. BT-Drucks. 16/3945 S. 119. Aufgrund der Stellungnahme des Bundesrates (BT-Drucks. 16/3945 S. 128 f.) und der Beschlussempfehlung des Rechtsausschusses (BT-Drucks. 16/5862 S. 71 und 100) wurde dann jedoch von einer Rückwirkung, die erhebliche finanzielle Folgen gehabt hätte, abgesehen.

148 Vgl. *Neuhaus* r+s 2007, 441; *Römer* DB 2007, 2523.

zu leisten hätte. Der Versicherungsnehmer soll durch die Kündigung nämlich nicht mehr erhalten als bei einem Versicherungsfall in dem betreffenden Zeitpunkt (bspw. wenn das Deckungskapital für eine vereinbarte lebenslange Rente höher ist als die vereinbarte Rückzahlung aller Prämien im Todesfall vor Beginn der Rentenzahlung[149]). Der nach dieser Regelung nicht gezahlte Teil des Rückkaufswertes ist für eine prämienfreie Versicherung i.S. von § 165 VVG zu verwenden (§ 169 II VVG).

Der **Rückkaufswert** ist das Deckungskapital der Versicherung, das für den Schluss 1224
der laufenden Versicherungsperiode nach den anerkannten Regeln der Versicherungsmathematik mit den Rechnungsgrundlagen der Prämienkalkulationen zu berechnen ist (§ 169 III 1 Hs. 1 VVG; zum Deckungskapital vgl. Rn. 1161).[150] Für den Fall der Kündigung des Versicherungsverhältnisses ist eine **Mindesthöhe** vorgeschrieben, nämlich mindestens der Betrag des Deckungskapitals, das sich bei gleichmäßiger Verteilung der angesetzten Abschluss- und Vertriebskosten auf die ersten fünf Vertragsjahre ergibt[151], wobei die aufsichtsrechtlichen Regelungen über Höchstzillmersätze unberührt bleiben, d.h. die Höhe der ansetzbaren Abschluss- und Vertriebskosten ist auch hier begrenzt (§ 169 III 1 Hs. 2 VVG). Damit soll sichergestellt werden, dass auch bei einer Kündigung in den ersten Jahren nach Vertragsschluss (sog. **»Frühstorno«**) ein Mindestbetrag vorhanden ist. Dies war vor Inkrafttreten des VVG 2008 jedenfalls in den ersten zwei bis drei Vertragsjahren nicht der Fall, wenn – entsprechend der früheren Praxis – die ersten Prämien in den Grenzen der gesetzlich vorgegebenen Höchstzillmersätze vollständig zur Deckung der Abschlusskosten verwendet wurden (sog. »Zillmerung«, vgl. dazu Rn. 1228 und zur AGB-rechtlich gebotenen Transparenz Rn. 1226). Der Rückkaufswert und das Ausmaß, in dem er garantiert ist, sind dem Versicherungsnehmer vor Abgabe von dessen Vertragserklärung mitzuteilen (§ 169 III 2 VVG i.V.m. § 2 I Nr. 4 und Nr. 6 VVG-InfoV).

§ 169 III 1 VVG setzt eine **Vereinbarung** voraus, **dass die Abschlusskosten mit den** 1225
Prämien zu verrechnen sind. Die Regelung ist deshalb nicht anwendbar, wenn die Parteien vereinbart haben, dass die Abschlusskosten gesondert gezahlt werden, also nicht mit den Prämien verrechnet werden (**»separate Vergütungsvereinbarung«**).[152] Eine solche Regelung ist nach der Gesetzesbegründung[153] zulässig: Die erforderliche Transparenz sei für den Versicherungsnehmer bereits durch die besondere Vereinbarung gewährleistet. Im Ergebnis kann eine solche separate Vergütungsregelung in Kombination mit einer darauf abgestimmten Produktgestaltung dazu führen, dass der Rückkaufswert für eine gewisse Anfangszeit des Vertrages »0« ist und der Versiche-

149 Vgl. Reformkommission, Abschlussbericht, S. 394.

150 § 176 VVG a.F. gab einen Anspruch auf den »Zeitwert«. Der Reformgesetzgeber ist hiervon abgerückt, da eine klare Definition des Zeitwertes nicht gefunden worden sei (RegE BT-Drucks. 16/3945 S. 102). Der Zeitwert ist jedoch auch unter der Geltung des neuen Rechts maßgeblich für die fondsgebundene Versicherung, da hier der Versicherungsnehmer allein die Chancen und Risiken des Anlagemarktes trägt, vgl. § 169 IV VVG.

151 Nach dem Vorbild des Altersvorsorgeverträge-Zertifizierungsgesetzes vom 26.06.2001 (BGBl. I S. 1322).

152 Der Zwang zu einer Forderung der Abschlusskosten gleich bei Vertragsschluss wurde von dem EFTA-Gerichtshof im Falle einer norwegischen Regelung als Verstoß gegen die Dienstleistungsfreiheit gewertet, VersR 2006, 249 mit Anm. *Bürkle*. – Zu einer Gebührenvereinbarung mit einem Makler für die Vermittlung einer sog. »Nettopolice« (im Gegensatz zur »Bruttopolice«, bei der der Versicherer die von ihm an den Makler zu zahlende Provision eingerechnet hat) vgl. BGH VersR 2007, 1127.

153 RegE BT-Drucks. 16/3945 S. 53, 102.

rungsnehmer bei einer Kündigung in diesem Zeitraum deshalb keine Rückerstattung erlangt.[154]

1226 Für **Verträge**, die **vor dem 01.01.2008** abgeschlossen worden sind, gilt **§ 176 VVG a.F.** auch zukünftig. Danach ist der Rückkaufswert nach den anerkannten Regeln der Versicherungsmathematik als **Zeitwert der Versicherung**[155] zu berechnen. Da die anerkannten Regeln der Versicherungsmathematik dem Versicherer gewisse Spielräume bei der Berechnung des Rückkaufswertes lassen, wurde die gesetzliche Regelung meist in den **AVB** präzisiert. Der BGH stellt an die **Transparenz** entsprechender, die gesetzliche Regelung ergänzender Vertragsbedingungen hohe Anforderungen.[156] Sie müssen die **wirtschaftlichen Nachteile** und Belastungen für den Versicherungsnehmer klar und deutlich erkennen lassen. Wirtschaftliche Nachteile ergeben sich insbesondere, wenn die Beiträge des Versicherungsnehmers nach Vertragsbeginn zunächst mit den Abschlusskosten, einschließlich der erheblichen Vermittlerprovision, verrechnet werden sollen (**»Zillmerung«**). Bei einer solchen Verrechnung, die nach Ansicht des BGH[157] einer vertraglichen Vereinbarung bedarf, ist das Deckungskapital der Versicherung bis zum Ausgleich der Abschlusskosten gleich Null.[158] Der Versicherungsnehmer würde danach also bei einer Kündigung im entsprechenden Zeitraum keinen Rückkaufswert erhalten.[159] Dies wurde vom BVerfG als unangemessen erachtet.[160] Der BGH hat reagiert und im Wege der ergänzenden Vertragsauslegung einen Mindestrückkaufswert von 50 % des ungezillmerten Deckungskapitals festgelegt.[161] Dieser Wert soll den Interessen aller Beteiligten ausgleichend Rechnung tragen.

1227 Für **fondsgebundene Versicherungen** und andere Versicherungen i.S. von § 54b VAG bleibt es auch für Verträge ab dem 01.01.2008 bei der Berechnung des Rückkaufswertes als **Zeitwert** (Einzelheiten in § 169 IV VVG).

---

154 *Engeländer* VersR 2007, 1297; rechtspolitische Bedenken äußert *Ortmann* in: Schwintowski/Brömmelmeyer, § 169 VVG Rn. 62.

155 Vgl. dazu *Brömmelmeyer* in: Beckmann/Matusche-Beckmann, § 42 Rn. 158 ff.; *Schwintowski* VersR 2008, 1425.

156 BGHZ 147, 354 = VersR 2001, 841 = NJW 2001, 2014 = ZIP 2001, 1052 ff. mit Anm. *Reiff*; OLG Brandenburg VersR 2003, 1155 mit Anm. *Engeländer*.

157 BGHZ 147, 354 = VersR 2001, 841 = NJW 2001, 2014 = ZIP 2001, 1052 ff. mit Anm. *Reiff*; ebenso *Kölschbach* in: Prölss/Kollhosser, § 65 VAG Rn. 11.

158 Zum Einfluss der Verrechnung der Abschlusskosten (»Zillmerung«) auf die Berechnung des Rückkaufswertes als Zeitwert der Versicherung gem. § 176 VVG a.F. vgl. BGHZ 147, 354 = VersR 2001, 841 = NJW 2001, 2014 = ZIP 2001, 1052 ff. mit Anm. *Reiff*; OLG Stuttgart VersR 1999, 832; *Präve* VersR 2000, 694; *Schwintowski* in: BK, § 176 VVG a.F. Rn. 23. – Es ist umstritten, ob eine Zillmerung bei der betrieblichen Altersvorsorge zulässig ist, dagegen: LAG München VersR 2007, 968 = NZA 2007, 813; dafür ArbG Siegburg ZInsO 2008, 1038; *Cisch* NZA 2007, 786 und *Jäger* VersR 2006, 1033.

159 Auch der für eine Umwandlung in eine prämienfreie Versicherung notwendige Mindestbetrag (Rn. 1186) wird bei einer derartigen Verrechnung der Abschlusskosten in den ersten Vertragsjahren nicht erreicht.

160 BVerfGE 114, 1 = VersR 2005, 1109 = NJW 2005, 2363; BVerfG VersR 2006, 489 = NJW 2006, 1783 mit Anm. *Grote* VersR 2006, 957.

161 BGHZ 164, 297 = VersR 2005, 1565 mit Anm. *Merschmeyer/Präve* VersR 2005, 1670 = NJW 2005, 3559; BGH VersR 2008, 337 (Rechtsprechung zur Intransparenz von Rückkaufswertklauseln gilt auch für VVaG); vgl. auch Reformkommission, Abschlussbericht, S. 112 ff.; *Schwintowski* DStR 2006, 429, 473 und *Lerch* VuR 2005, 469; siehe auch BVerfG VersR 2006, 489 = NJW 2006, 1783 und BGH NJW-RR 2007, 1629.

Vertiefung: Bei dem nach dem Mathematiker *August Zillmer* (1831–1893) genannten **»Zillmerverfahren«** werden die Prämien, soweit sie nicht für Leistungen im Versicherungsfall, Kosten des Versicherungsbetriebs in der jeweiligen Versicherungsperiode und für die Bildung der Deckungsrückstellung aufgrund von § 25 II RechVersV i.V.m. § 169 III VVG bestimmt sind, soweit sie also der Kapitalanlage dienen, zunächst zur Tilgung der Abschlusskosten (Provisionen und sonstige Kosten des Vertragsschlusses, vgl. § 43 II RechVersV[162]) verwendet. Bis zur Tilgung der Abschlusskosten wird daher kein Deckungskapital und damit auch kein Rückkaufswert aufgebaut. Die auf diese Weise zu tilgenden Abschlusskosten sind aber gesetzlich auf höchstens 4 % der Summe aller während der Laufzeit des Vertrages zu zahlenden Prämien begrenzt (»Höchstzillmersatz«, vgl. § 4 I 2 Deckungsrückstellungsverordnung – DeckRV – sowie § 10 (2) AVB 2008 für die kapitalbildende Lebensversicherung).[163] Das Zillmerverfahren führt zu einer schnellen Tilgung der Abschlusskosten, spart daher langfristige Finanzierungskosten und führt konsequenterweise zu einer niedrigeren Prämie.[164] Das Zillmerverfahren muss – AGB-rechtlich wirksam – vereinbart werden.[165] Zur AGB-rechtlichen Problematik vgl. Rn. 1226. 1228

Vertiefung: § 169 III VVG beschränkt die Produktgestaltung durch den Versicherer in erheblichem Maße. Die Regelung bedarf einer **Rechtfertigung durch das Allgemeininteresse**[166], wenn sie i.S. der EuGH-Rechtsprechung zur Beschränkung der Dienstleistungsfreiheit als »rechtfertigungsbedürftige produktbezogene Regelung« zu qualifizieren ist.[167] Zu den **maßgebenden Grundlagen** nur dies: Es ist, wenngleich umstritten, davon auszugehen, dass auch Vorschriften desjenigen nationalen Versicherungsvertragsrechts, das nach den Regeln des *harmonisierten* Internationalen Privatrechts auf einen Sachverhalt mit Auslandsberührung (grenzüberschreitenden Sachverhalt) zur Anwendung berufen ist (Rn. 173 f.), unter das Beschränkungsverbot des Art. 49 EG fallen und deshalb auch sie einer Rechtfertigung durch das Allgemeininteresse bedürfen können.[168] Art. 36 der Richtlinie Lebensversicherung 2000/83/EG, der grundsätzlich nur die in Anhang III der Richtlinie vorgesehenen Angaben zulässt (sog. Informationsmodell), schließt eine solche Rechtfertigung nicht generell aus. Denn die Vorschrift ist nicht so zu verstehen, dass mit dieser die Informationsanforderungen harmonisierenden Regelung der gesamte Bereich des Vertragsrechts der Lebensversicherung in einem solchen Maße harmonisiert sei, dass jegliche nationale Vorschrift, die für Lebensversicherungsverträge andersartige vertragliche Regelungen aufstellt, einer Rechtfertigung entbehre. Die *partielle* Harmonisierung durch das Informationsmodell ist allerdings bei der abwägenden Würdigung zu berücksichtigen, ob eine Regelung im Allgemeininteresse gerechtfertigt ist. Nach der Rechtsprechung des EuGH ist eine die Dienstleistungsfreiheit beschränkende nationale Vorschrift nur dann gerechtfertigt, wenn sie einem nicht auf Gemeinschaftsebene harmonisierten Bereich zuzuordnen ist, nicht diskriminierend ist, durch einen zwingenden Grund im Allgemeininteresse begründet ist, objektiv notwendig und erforderlich ist, insbesondere nicht einem Schutz dient, der bereits durch die Vorschriften des Herkunftslandes gewährleistet ist, und in einem angemessenen Verhältnis zum verfolgten Ziel steht.[169] – Zu **§ 169 III 3 VVG**: Diese Regelung soll eine unzulässige Beschränkung der Dienstleistungsfreiheit aus- 1229

162 Versicherungsunternehmens-Rechnungslegungsverordnung vom 08.11.1994 (BGBl. I S. 3378).

163 So weit die Abschlusskosten den Höchstzillmersatz übersteigen, oder soweit nicht oder nur in geringerem Umfang »gezillmert« wird, werden sie als Amortisationskosten in die laufende Prämie einkalkuliert.

164 Vgl. *Bergmann* VersR 2004, 549, 551.

165 RegE BT-Drucks. 16/3945 S. 102; BVerfG VersR 2006, 489 = NJW 2006, 1783; *Ortmann* in: Schwintowski/Brömmelmeyer, § 169 VVG Rn. 48. A.A. *Engeländer* VersR 2007,1297.

166 Vgl. Art. 33 Richtlinie Lebensversicherung 2000/83/EG, ABl. L 345, S. 1.

167 Vgl. EuGH EuZW 1991, 542 = NJW 1991, 2693; EuGH EuZW 1991, 699 = JZ 1992, 1123; EuGH EuZW 1992, 56; *Roth* VersR 1993, 129 ff.

168 Überwiegende Ansicht im deutschen Schrifttum; vgl. *Lorenz* VR 1995, 8 m.w.N.; *Baumann* VersR 96, 1 (inzidenter); *Engeländer* VersR 2005, 1031; *Winter* VersR 2001, 1461; *Präve* VersR 1993, 1066; *Hohlfeld* VersR 1993, 144. A.A. *Prölss/Armbrüster* in: Prölss/Martin, Vor Art. 7 EGVVG Rn. 36; *dies.* DZWir 1993, 455.

169 S. Rn. 166.

ländischer Versicherungsunternehmen ausschließen. Nach ihr kann bei einem ausländischen Versicherer mit Sitz in einem Mitgliedstaat der EU oder des EWR-Abkommens für die Berechnung des Rückkaufswertes an Stelle des Deckungskapitals der in diesem Staat vergleichbare andere Bezugswert zugrundegelegt werden. Im Wege der – auch gemeinschaftsrechtskonformen – Auslegung ist die Regelung des § 169 III 1 VVG dahin auszulegen, dass nicht zu jedem Zeitpunkt ein Rückkaufswert garantiert sein muss, vielmehr beispielsweise auch Produkte mit Garantien nur zum vereinbarten Ablaufende (sog. »endfällige Garantien«) zulässig sind.[170] Die Frage, ob § 169 III 3 VVG offen genug formuliert ist, um zu einer solchen gemeinschaftsrechtskonformen Auslegung kommen zu können, ist umstritten.[171]

1230 Fraglich ist auch, ob die **Regelung des § 169 III 1 Hs. 2 VVG über die Mindesthöhe des Rückkaufswertes** gemeinschaftsrechtskonform ist.[172] Dann müsste die Regelung den Anforderungen an ein vorrangiges nationales Allgemeininteresse genügen, insbesondere i.S. der EuGH-Rechtsprechung erforderlich sein. Der Reformgesetzgeber stützt diese Regelung darauf, dass das bisher praktizierte Zillmerungsverfahren nicht hinreichend die Interessen der Versicherungsnehmer berücksichtige, die sich aus unterschiedlichen Gründen dazu entschließen, von ihrem gesetzlichen Kündigungsrecht Gebrauch zu machen.[173] Die berechtigten Interessen dieser Versicherungsnehmer erfordern jedoch nicht zwingend, dass für alle Lebensversicherungsverträge gesetzlich vorgeschrieben wird, die angesetzten Abschluss- und Vertriebskosten auf die ersten fünf Vertragsjahre gleichmäßig zu verteilen, um dadurch auch in den ersten Vertragsjahren einen Mindestrückkaufswert zu erzwingen. Aus dem Beschluss des BVerfG vom 15.2.2006[174] ist nicht abzuleiten, dass sich der staatliche Schutzauftrag betreffend der Ausgestaltung der Möglichkeit des Versicherungsnehmers, sich vom Vertrag zu lösen, einzig durch gesetzlich zwingende Mindestrückkaufswerte erfüllen lasse.[175] Als ein verglichen mit **§ 169 III 1 Hs. 2 VVG** milderer Eingriff wäre eine gesetzliche Pflicht denkbar und auch vorzugswürdig, neben Produkten ohne garantierte Mindestrückkaufswerte solche mit – gesetzlich festgelegten – Mindestrückkaufswerten anzubieten und die Kunden über diese Alternative klar und deutlich zu informieren. Die Produkte mit garantierten Mindestrückkaufswerten auch schon in den ersten Vertragsjahren wären dann zwar teurer; denn größere Sicherheit hat bekanntlich ihren Preis. Diesen Preis würden aber zu Recht (nur) diejenigen tragen, die sich auf Grund ihrer persönlichen Situation in privatautonomer Entscheidung für die größere Sicherheit entscheiden. Man mag dem entgegenhalten, dass eine Reihe von Verbrauchern trotz Aufklärung die für sie unrichtige Wahl träfe. Dies ist aber hinnehmbar und hinzunehmen, wenn man aus übergeordneten Gründen von dem Leitbild eines vernunftgemäß wirtschaftlich handelnden Verbrauchers ausgeht[176] und berücksichtigt, dass die wirtschaftlichen Konsequenzen einer subjektiven Fehlentscheidung insbesondere auf Grund der ab einer Untergrenze möglichen Beitragsfreistellung begrenzt sind. Die gemeinschaftsrechtlichen Bedenken lassen sich kaum damit ausräumen, dass die Vertragsparteien eine gesonderte Vergütung der Abschlusskosten vereinbaren und dadurch **§ 169 III 1 Hs. 2 VVG umgehen können** (Rn. 1225). Im Ge-

170 Angesichts des klaren Wortlauts von § 169 III 2 VVG i.V.m. § 2 I Nr. 4 und Nr. 6 VVG-InfoV ist die Gesetzesbegründung zweifelhaft, nach der jede Angabe von Rückkaufswerten – vorbehaltlich der Regelungen in § 169 V und VI VVG – zugleich eine Garantie des Rückkaufswertes darstelle (RegE BT-Drucks. 16/3945 S. 103). Zur Frage garantierter Rückkaufswerte vgl. *Ortmann* in: Schwintowski/Brömmelmeyer, § 169 VVG Rn. 31 ff., 71 ff.; *Schünemann* VersR 2009, 442, 447.

171 Inzident bejahend *Schünemann* VersR 2009, 442, 447; verneinend *Bürkle* VersR 2006, 1042; unentschieden *Brömmelmeyer* in: Beckmann/Matusche-Beckmann, § 42 Rn. 163. Vgl. auch *Ortmann* in: Schwintowski/Brömmelmeyer, § 166 VVG Rn. 36.

172 Eine Inländerdiskriminierung infolge der Maßgeblichkeit der aufsichtsrechtlichen Höchstzillmersatzes nur für Versicherungsunternehmen mit Sitz in Deutschland (»Sitzlandprinzip«, Rn. 77) beklagt *Brömmelmeyer* in: Beckmann/Matusche-Beckmann, § 42 Rn. 165.

173 RegE BT-Drucks. 16/3945 S. 102.

174 BVerfG VersR 2006, 489 ff. = NJW 2006, 1783 ff. Das BVerfG rekurriert auf »hohe Abschlusskosten, deren konkrete Berechnung zudem den Versicherungsnehmern nicht bekannt ist …«.

175 Kritisch *Schareck* FS Lorenz, 2004, S. 687, 702.

176 Vgl. zum europäischen Verbraucher-Leitbild *Damm* VersR 1999, 129 ff.; *Dreher* VersR 1993, 1443 ff.

genteil belegt diese Möglichkeit, dass zur Gewährleistung des Allgemeininteresses allein vollständige Transparenz über die Tragung der Abschlusskosten erforderlich, aber auch ausreichend ist.[177]

Der Versicherer kann den nach § 169 III VVG berechneten **Rückkaufswert angemessen herabsetzen**, soweit dies erforderlich ist, um eine Gefährdung der Belange der Versicherungsnehmer, insbesondere durch eine Gefährdung der dauernden Erfüllbarkeit der sich aus den Versicherungsverträgen ergebenden Verpflichtungen, auszuschließen (§ 169 VI VVG). Die Herabsetzung ist jeweils auf ein Jahr befristet. Diese Regelung soll insbesondere verhindern, dass bei einer wirtschaftlichen Krise des Versicherers kündigende Versicherungsnehmer im Verhältnis zu bleibenden Versicherungsnehmern begünstigt werden und – durch Massenkündigung – die wirtschaftlichen Schwierigkeiten des Versicherers noch verschärft würden.[178] 1231

Der Versicherer kann vom Rückkaufswert einen Abzug (»**Stornoabzug**«) vornehmen, wenn dieser vereinbart, beziffert und angemessen ist (§ 169 V VVG).[179] Die Vereinbarung eines Abzugs für noch nicht getilgte Abschluss- und Vertriebskosten ist unwirksam.[180] Die Angemessenheit des Stornoabzugs hängt von den – im Einzelnen umstrittenen – Zwecken des Abzugs ab (Verhinderung von Antiselektion, Abdeckung noch nicht getilgter Verwaltungskosten, Ausgleich für entgangenen Gewinn etc.).[181] Die Beweislast für die wirksame Vereinbarung, Bezifferung und Angemessenheit des Abzugs liegt beim Versicherer.[182] 1232

9. Bezugsberechtigung, Abtretung

Lebensversicherungsverträge werden regelmäßig als **Verträge zugunsten Dritter** geschlossen. Man spricht im Versicherungsrecht von »Bezugsberechtigung«. Sie ist eine spezifisch versicherungsrechtliche Art, einem Dritten Rechte aus einem Vertrag zuzuwenden. Der Anspruch auf die Versichererleistung steht als eigenes Recht dem bezugsberechtigten Dritten (Begünstigten) zu. Er fällt daher nicht in den Nachlass des Versicherungsnehmers. Für Verträge zugunsten Dritter gelten zunächst die §§ 328 ff. BGB, in denen sich auch spezielle Bestimmungen über den Lebensversicherungsver- 1233

177 Ebenso *Engeländer* VersR 2007, 1297; *Ortmann* in: Schwintowski/Brömmelmeyer, § 169 VVG Rn. 62; vgl. auch *Herrmann* VersR 2009, 7 (Verstoß gegen Art. 49 EGV); a.A. *Schünemann* VersR 2009, 442 (der sich aber nicht mit der Möglichkeit eines milderen Mittels als § 169 III 1 Hs. 2 VVG auseinandersetzt).

178 RegE BT-Drucks. 16/3945 S. 104. – *Brömmelmeyer* (in: Beckmann/Matusche-Beckmann, § 42 Rn. 181) hält die Regelung für verfassungsrechtlich bedenklich und plädiert jedenfalls für eine restriktive Auslegung.

179 *Ortmann* in: Schwintowski/Brömmelmeyer § 169 VVG Rn. 88; *Schick/Franz* VW 2007, 764, 766; Gatschke VuR 2007, 447 ff. (unter IV.); *Brömmelmeyer* in: Beckmann/Matusche-Beckmann, § 42 Rn. 174 ff.

180 RegE BT-Drucks. 16/3945 S. 104. – Der BGH hat frühere Klauseln über einen Stornoabzug wegen Intransparenz für unwirksam erachtet, BGHZ 164, 297 = VersR 2005, 1565 mit Anm. *Merschmeyer/Präve* VersR 2005, 1670 = NJW 2005, 3559; BGH VersR 2007, 1211.

181 Vgl. dazu *Grote* in: Marlow/Spuhl, S. 225 ff.; *Jaeger* VersR 2002, 133.

182 RegE BT-Drucks. 16/3945 S. 104. – § 9 (3) S. 7 ALB 2008 enthält – wohl mit Blick auf § 309 Nr. 5 BGB – den Vorbehalt eines Wegfalls oder einer Herabsetzung des Abzugs, wenn der Versicherungsnehmer nachweist, »dass die dem Abzug zugrunde liegenden Annahmen in Ihrem Fall entweder dem Grunde nach nicht zutreffen oder der Abzug wesentlich niedriger zu beziffern ist«. Vgl. dazu *Brömmelmeyer* in: Beckmann/Matusche-Beckmann § 42 Rn. 179 (Regelung sei wegen der gesetzlichen Beweislast des Versicherers irreführend); *Grote* in: Marlow/Spuhl, S. 227 ff., 245.

trag finden.[183] Praktische Bedeutung haben vor allem die ALB (vgl. § 13 ALB 2008[184]) und daneben die §§ 159 ff. VVG.

1234 Liegt keine Bezugsberechtigung vor, dann steht der Anspruch auf die Versichererleistung dem Versicherungsnehmer zu. Im Falle der Lebensversicherung wird das dem Laien paradox erscheinen. Dies ist es jedoch nicht, da vermögensrechtlich die Erben an die Stelle des verstorbenen Versicherungsnehmers treten (§ 1922 BGB).

1235 Die **Begründung einer Bezugsberechtigung** erfolgt durch eine einfache Erklärung des Versicherungsnehmers gegenüber dem Versicherer (vgl. § 159 I VVG, § 13 IV ALB 2008[185]); eine Stellvertretung ist möglich[186]. § 160 VVG enthält dazu Auslegungsregeln, die wegen vorrangiger Bestimmungen in den ALB jedoch meist nicht zur Anwendung kommen. Der Versicherungsnehmer kann die **Bezugsberechtigung widerruflich oder unwiderruflich** begründen, § 159 II, III VVG. **Je nachdem unterscheidet sich die Rechtsstellung des Bezugsberechtigten.**[187]

a) Widerrufliche Bezugsberechtigung

1236 Die **widerrufliche Bezugsberechtigung** gibt dem Begünstigten, solange der Versicherungsfall noch nicht eingetreten ist, im Wesentlichen nur eine ungesicherte, wertlose Hoffnung (vgl. § 159 II VVG, § 13 ALB 2008[188]).[189] Er steht etwa so wie jemand, der in einem Testament letztwillig bedacht worden ist, vor dem Erbfall. Denn die »Bezeichnung« als Bezugsberechtigter kann vom Versicherungsnehmer jederzeit widerrufen werden, so wie ein Testament vom Erblasser. Ähnlich wie im Falle des Testaments ändert sich die Lage schlagartig, wenn der Versicherungsfall eintritt, im Regelfall also: wenn der Versicherte stirbt. In diesem Augenblick erwirbt der Begünstigte das Recht auf die Leistung des Versicherers. Er hat gegenüber dem Versicherer dieselbe Stellung wie in jedem Vertrag zugunsten Dritter der »Dritte« gegenüber dem Versprechenden. Insgesamt entsteht also das von den Verträgen zugunsten Dritter bekannte Beziehungsdreieck.

1237 Davon ist das **Verhältnis »Versicherungsnehmer – Versicherer«** (in der allgemeinen schuldrechtlichen Terminologie: das Deckungsverhältnis) nur insofern problematisch, als der Versicherer aus ihm Einwendungen gegen das Forderungsrecht des Bezugsberechtigten herleiten kann.

1238 Im **Verhältnis »Bezugsberechtigter – Versicherer«** hat der Bezugsberechtigte im Versicherungsfall ein eigenes Forderungsrecht gegen den Versicherer. Das Recht fällt also nicht etwa in den Nachlass des Versicherungsnehmers, und dessen Gläubiger können nicht in der Zwangsvollstreckung darauf zugreifen. Das können nach überwiegender Ansicht nur die Gläubiger des Bezugsberechtigten.[190]

---

183 Zur Beurteilung der Lebensversicherung im Bürgerlichen Recht *Petersen* AcP 204 (2004), 832; *Dubischar* Jura 2004, 361.

184 § 13 ALB 2000 und § 1 ALB 1994.

185 §§ 13, 14 ALB 2000 und § 14 I, II ALB 1994.

186 BGH VersR 1988, 1236; LG Münster NJOZ 2007, 4526; zur Auslegung der Erklärung OLG Köln VersR 2004, 1032.

187 Ausführlich dazu *Hasse* VersR 2005, 1176.

188 § 13 I ALB 2000 und § 14 I ALB 1994

189 Vgl. auch BAGE 79, 360 = VersR 1996, 85; BAG VersR 1992, 341.

190 Vgl. BGHZ 32, 46 = VersR 1960, 339 = NJW 1960, 912; BGH VersR 1996, 877 = NJW 1996, 2230; *Kollhosser* in: Prölss/Martin, § 13 ALB 1986 Rn. 12 und § 14 ALB 1994; BGHZ 156, 350 = VersR 2004, 93 = NJW 2004, 214.

Vertiefung: Es kann also jemand, der hohe Schulden hat, versuchen, seinen Nachlass dem Zugriff seiner Gläubiger zu entziehen. Er kann einen Lebensversicherungsvertrag abschließen und z.B. zugunsten seiner Familie eine Bezugsberechtigung begründen. Ein Gläubiger kann dem nur auf zwei Arten begegnen. Vor dem Versicherungsfall kann er den Versicherungsanspruch des Versicherungsnehmers und alle daraus fließenden Rechte pfänden und sich überweisen lassen.[191] Dann kann er den Versicherungsvertrag kündigen und vom Versicherer den Rückkaufswert zur Befriedigung seiner Forderung herausverlangen. Er kann sich auch darauf beschränken, die Bezugsberechtigung zu widerrufen, sodass nach dem Versicherungsfall der Versicherungsanspruch in den Nachlass fällt.[192] Ein zweiter, erst nach dem Versicherungsfall gangbarer Weg liegt darin, gegen die Zuwendung der Bezugsberechtigung im Wege der Gläubiger- oder der Insolvenzanfechtung vorzugehen.[193] Ähnliche Probleme ergeben sich, wenn durch die Zuwendung eines Bezugsrechts die Pflichtteilsberechtigten eines Erblassers benachteiligt wurden.[194] 1239

Im **»Innenverhältnis« zwischen Versicherungsnehmer und Bezugsberechtigtem** (in der allgemeinen schuldrechtlichen Terminologie: das Valutaverhältnis) liegen oft familienrechtliche Beziehungen vor. Für gewöhnlich wirkt sich dieses nicht auf die beiden anderen Seiten des Dreiecks aus. Es kann in Ausnahmefällen allerdings sein, dass Mängel im Innenverhältnis auf die Begründung der Bezugsberechtigung durchschlagen, diese also nichtig machen. Der wichtigste Fall war früher die Begünstigung einer »Geliebten« unter Vernachlässigung der gesetzlichen Familie des Erblassers. Übrigens verbleibt es nach der Rechtsprechung des BGH, wenn der Versicherungsnehmer nach Einräumung der Bezugsberechtigung »für seinen Ehegatten« eine neue Ehe eingegangen ist, bei der Berechtigung des ersten, geschiedenen Ehegatten.[195] Dies ist aber ein Problem der Auslegung der Erklärung über das Bezugsrecht, kein Problem des Valutaverhältnisses. – Davon abgesehen sind natürlich auch andere Gläubiger des Versicherungsnehmers versucht, rechtliche Schwächen in diesem Innenverhältnis zu finden. Wenn dieses nämlich keinen »rechtlichen Grund« für die Begünstigung hergibt, kann wenigstens ein Kondiktionsanspruch des Erben des Versicherungsnehmers gegen den Begünstigten bestehen, gerichtet auf Abtretung der Ansprüche des Begünstigten gegen den Versicherer. Diesen Kondiktionsanspruch kann gegebenenfalls ein Gläubiger in der Zwangsvollstreckung pfänden und sich überweisen lassen, um dann die Ansprüche als Inhaber gegen den Versicherer geltend zu machen.[196] 1240

Hat der Versicherer infolge solcher oder anderer Umstände keine Klarheit darüber, ob die Bezugsberechtigung wirksam begründet worden ist, wer also sein Gläubiger ist, dann bleibt ihm nach den allgemeinen Regeln des Schuldrechts die Möglichkeit, 1241

191 In der Insolvenz des Versicherungsnehmers fällt der Anspruch auf den Rückkaufswert, falls der Versicherungsvertrag von beiden Seiten noch nicht vollständig erfüllt ist, ohne weiteres in die Masse, wenn nicht der Insolvenzverwalter gemäß § 103 InsO Erfüllung verlangt. Vgl. BAGE 79, 360 = VersR 1996, 85; BGH VersR 1993, 689 = NJW 1993, 1994 (zum früheren § 17 KO).

192 Zur Ausübung des Widerrufs OLGR Dresden 2007, 773; vgl. auch *Hasse* VersR 2005, 1176.

193 Vgl. § 4 AnfG bzw. §§ 133, 134 InsO; vgl. *Kollhosser* in: Prölss/Martin, § 13 ALB 1986 Rn. 40 ff.; BGHZ 156, 350 = VersR 2004, 93 = NJW 2004, 214.

194 Vgl. BGH VersR 1996, 877 = NJW 1996, 2230; *Lange* in: MünchKomm, 4. Aufl. 2004, § 2325 BGB Rn. 22; *Hasse* VersR 2009, 733.

195 BGH VersR 2007, 784.

196 Vgl. BGH VersR 2008, 1054 (mit Einzelheiten zum Zustandekommens des Schenkungsvertrages im Valutaverhältnis – vgl. hierzu auch die Anmerkungen von *Hasse* VersR 2009, 41); BGHZ 128, 125 = VersR 1995, 282 = NJW 1995, 1082; *Winter* Interessenkonflikte bei der Lebensversicherung zugunsten Angehöriger, 1989, S. 26 ff.; *ders.* ZVersWiss 1991, 209 f.; eingehend auch (für unwiderrufliche Bezugsberechtigung) *Kollhosser* in: Prölss/Martin, § 13 ALB 1986 Rn. 28.

sich durch **Hinterlegung** zu befreien. Bei nachträglicher Begründung oder Änderung der Bezugsberechtigung sind die Schuldnerschutzvorschriften des Zessionsrechts analog anzuwenden (vgl. §§ 407, 409 BGB). Angewiesen ist der Versicherer aber auf dergleichen nicht. Er kann sich nämlich auf § 12 ALB 2008[197] (Rn. 1177) berufen, der es ihm gestattet, an den Inhaber des Versicherungsscheins zu leisten.[198]

b) Unwiderrufliche Bezugsberechtigung

1242 Ist die Bezugsberechtigung **unwiderruflich**, erwirbt der Bezugsberechtigte den Anspruch auf die Versicherungsleistung sofort (§ 159 III VVG).[199] Der Anspruch gehört dann nicht mehr zum Vermögen des Versicherungsnehmers. Dieser ist folglich auch nicht mehr verfügungsbefugt. Die Stellung des unwiderruflich Bezugsberechtigten ist deshalb nicht der eines Testamentserben vor dem Erbfall, sondern eher etwa der eines Vertragserben vergleichbar (vgl. §§ 2274 ff. BGB).

1243 Von der Frage, ob die Bezugsberechtigung unwiderruflich ist und der Bezugsberechtigte den Anspruch auf die Versicherungsleistung deshalb sofort erwirbt, ist die Frage zu unterscheiden, welche **Rechte der Begünstigte im Versicherungsfall** gegenüber dem Versicherer hat. Ob im Augenblick des Versicherungsfalles der Versicherer überhaupt noch leistungspflichtig ist, hängt davon ab, welches Schicksal der Versicherungsvertrag bis dahin genommen hat. Der Versicherungsnehmer behält nämlich auch bei Einräumung einer unwiderruflichen Bezugsberechtigung das Dispositionsrecht über den Vertrag. Er kann den Vertrag deshalb jederzeit kündigen oder in eine prämienfreie Versicherung umwandeln.[200] Nach der Kündigung durch den Versicherungsnehmer hat jedoch der Bezugsberechtigte den Anspruch auf den Rückkaufswert und die Überschussbeteiligung (vgl. §§ 153 III 2, 169 VVG; Rn. 1221) oder im Falle der Umwandlung die Ansprüche aus der prämienfreien Versicherung (vgl. § 165 VVG; Rn. 1186 f.).

1244 Ein **Gläubiger des Versicherungsnehmers** kann im Wege der Zwangsvollstreckung nicht auf das Kündigungsrecht des Versicherungsnehmers zugreifen, da das Kündigungsrecht mit dem Anspruch auf den Rückkaufswert verbunden ist, der jedoch unwiderruflich dem Bezugsberechtigten zusteht.[201] Die Zuwendung einer unwiderruflichen Bezugsberechtigung unterliegt allerdings nach den allgemeinen Regeln ihrerseits der Gläubiger- und der Insolvenzanfechtung (Rn. 1239).

1245 In der **Insolvenz des Versicherungsnehmers** hat der unwiderruflich Bezugsberechtigte eine starke Stellung. Sein Anspruch auf die Versicherungsleistungen gehört nicht zur Insolvenzmasse (§ 35 InsO).[202] Er kann deshalb Aussonderung aus der Insol-

197 § 12 ALB 2000; § 12 ALB 1994.

198 Eine Ausnahme gilt, wenn der Versicherer die mangelnde Verfügungsberechtigung des Inhabers des Versicherungsscheins positiv gekannt hat oder sonst gegen Treu und Glauben die Leistung bewirkt hat; vgl. BGH VersR 1999, 700 = NJW-RR 1999, 898.

199 BGH VersR 1999, 1089 (Die Anordnung einer unwiderruflichen Bezugsberechtigung ist grundsätzlich in diesem Sinne auszulegen); BGH VersR 2003, 1021.

200 Vgl. BGHZ 118, 242 = VersR 1992, 1382 = NJW 1992, 2154; BGHZ 45, 162 = VersR 1966, 359 = NJW 1966, 1071.

201 Vgl. BGHZ 45, 165 = VersR 1966, 359 = NJW 1966, 1071; BAGE 65, 208 = VersR 1991, 211; BGH VersR 2005, 1134; BGH VersR 2006, 1059.

202 OLG Hamm VersR 1998, 1494 = NJW-RR 1998, 1062; BGH VersR 1996, 1089 = NJW 1996, 2731; KG Berlin VersR 2006, 1349. Eine Ausnahme besteht, wenn das Recht unter Vorbehalt gewährt wurde und dieser erfüllt ist, vgl. LAG Baden-Württemberg, Urt. v. 24.04.2007, 8 Sa

venzmasse verlangen (§ 47 InsO). Mit der Insolvenzeröffnung wandelt sich das Versicherungsvertragsverhältnis in ein Abwicklungsverhältnis um; dies steht der vertragsrechtlichen Kündigung gleich und führt zu dem Anspruch des Bezugsberechtigten auf den Rückkaufswert. Der Insolvenzverwalter kann den Versicherungsvertrag also nicht mehr kündigen; er kann allenfalls gemäß § 103 InsO Erfüllung des Versicherungsvertrages verlangen.

c) Abtretung

Die Begründung einer Bezugsberechtigung ist nicht die einzige Möglichkeit, Rechte **1246**
aus einem Lebensversicherungsvertrag auf einen Dritten zu übertragen. Darauf weist schon hin, dass die §§ 159 f. VVG abdingbar sind (vgl. § 171 VVG). Unberührt bleibt die Möglichkeit einer **Abtretung** des Anspruchs des Versicherungsnehmers gegen den Versicherer nach allgemeinen schuldrechtlichen Regeln. Eine solche ist allerdings nach § 13 III, IV ALB 2008 erst wirksam, wenn sie dem Versicherer schriftlich angezeigt worden ist.[203] Abtretungen dieser Art werden nicht selten als Sicherungszessionen zugunsten von Darlehensgläubigern des Versicherungsnehmers vereinbart. Der Zessionar tritt in die Gläubigerstellung des Versicherungsnehmers ein. Bei Eintritt des Versicherungsfalles kann er Leistung an sich verlangen.

Wenn der Versicherungsnehmer eine **unwiderrufliche Bezugsberechtigung** einge- **1247**
räumt hat, scheidet eine Abtretung aus. Denn dann ist der Versicherungsnehmer nicht mehr verfügungsbefugt.[204]

Hat der Versicherungsnehmer nur eine **widerrufliche Bezugsberechtigung** einge- **1248**
räumt, dann ist in der Mitteilung über eine nicht zu Sicherheitszwecken dienende **Abtretung an eine andere Person** regelmäßig ein Widerruf der Bezugsberechtigung zu sehen; wenn nicht, kann jedenfalls der Zessionar als Inhaber der Rechte aus dem Vertrag den Widerruf jederzeit aussprechen.[205] – Kompliziert werden die Dinge im Falle einer bloßen Sicherungszession. Hier entspricht es regelmäßig den Interessen des Versicherungsnehmers, die Bezugsberechtigung nicht uneingeschränkt zu widerrufen[206], sondern sie in ihren Wirkungen nur soweit einzuschränken, als es der Sicherungszweck der Abtretung erfordert.[207] Das Bezugsrecht bleibt also erhalten und tritt nur im Rang hinter die Rechte des Sicherungsnehmers zurück.[208] Ob mit der Siche-

---

32/06 (nicht rechtskräftig). Kein Aussonderungsrecht besteht bei der widerruflichen Bezugsberechtigung vgl. BGH VersR 2005, 923; OLG Hamm VersR 2006, 915; *Kayser* ZInsO 2004, 1321.

203 Nach BGHZ 112, 387 = VersR 1991, 89 = NJW 1991, 559 (kritisch dazu *Wagner* VersR 1991, 622) und BGH VersR 1999, 700 = NJW-RR 1999, 898 ist die Abtretung andernfalls absolut unwirksam.

204 Vgl. BGHZ 45, 162 = VersR 1966, 359 = NJW 1966, 1071.

205 *Wagner* VersR 1989, 18 m.w.N.

206 Eine uneingeschränkt widerrufene Bezugsberechtigung kann später nicht wieder aufleben; BGH VersR 1986, 231; BGHZ 109, 67 = VersR 1989, 1289 = NJW 1990, 256. Im Falle einer uneingeschränkt widerrufenen Bezugsberechtigung fällt die Versicherungssumme deshalb bei Tod des Versicherten in den Nachlass, wenn der Versicherungsnehmer die Bezugsberechtigung nicht erneut einräumt, was jedoch häufig aus Unkenntnis oder Nachlässigkeit versäumt wird.

207 BGH VersR 1996, 877 = NJW 1996, 2230; dazu *Winter* ZVersWiss 1991, 230; *Bayer* VersR 1990, 1380 und VersR 1989, 17; *Brömmelmeyer* in: Beckmann/Matusche-Beckmann, § 42 Rn. 232. – Die Bezugsberechtigung kann bereits als nachrangig gegenüber Rechten aus einer zukünftigen Abtretung begründet werden; vgl. BGH VersR 2001, 883.

208 Vgl. BGHZ 109, 67 = VersR 1989, 1289 = NJW 1990, 256. – Der Versicherungsnehmer behält das Recht, die nachrangige Bezugsberechtigung während des Zeitraums der Sicherungsabtretung vollständig zu widerrufen oder sie zu ändern; OLG Hamm VersR 1996, 1386; *Römer* in: Römer/

rungsabtretung der Ansprüche im Todesfall auch die Abtretung des Anspruchs auf den Rückkaufswert bei Kündigung verbunden ist, ist durch Auslegung im Einzelfall zu ermitteln.[209]

10. Prämien- und Bedingungsanpassung, Ersetzung unwirksamer AVB

a) Prämien- und Leistungsänderung durch den Versicherer (§ 163 VVG)

1249 Es wurde bereits darauf hingewiesen, dass die Prämie in der Lebensversicherung nach § 11 VAG ausreichende Sicherheitszuschläge enthalten muss (Rn. 1157). Diese Sicherheitszuschläge sind jedoch nicht geeignet, alle zukünftigen Änderungsrisiken vollständig aufzufangen. Welche Änderungsrisiken sich während der langen Laufzeit von Lebensversicherungsverträgen in welchem Umfang verwirklichen, ist nämlich bei Vertragsschluss nicht genau genug abschätzbar. Der Lebensversicherer kann sich aber bei Eintritt von nicht kalkulierten Änderungsrisiken – wie gesehen – auch nicht durch eine ordentliche Kündigung vom Vertrag lösen (Rn. 1219). Deshalb gewährt ihm § 163 I VVG eine **gesetzliche Befugnis zur Neufestsetzung der Prämie**, und zwar uneingeschränkt für alle Arten der Lebensversicherung (zu § 172 VVG a.F. Rn. 1256 f.).[210]

1250 Eine Neufestsetzung der Prämie ist zulässig, wenn sich der Leistungsbedarf nicht nur vorübergehend und nicht voraussehbar gegenüber den Rechnungsgrundlagen geändert hat, wenn die Neufestsetzung der Prämie entsprechend den berichtigten Berechnungsgrundlagen angemessen[211] und erforderlich erscheint, um die dauernde Erfüllbarkeit der Versicherungsleistung zu gewährleisten, und wenn ein unabhängiger Treuhänder die Rechnungsgrundlagen und das Vorliegen dieser Voraussetzungen überprüft und bestätigt hat (§ 163 I 1 Nr. 1–3 VVG, zum Treuhänder Rn. 1254).[212] Ausgeschlossen ist eine Prämienanpassung allerdings, wenn die Versicherungsleistungen zum Zeitpunkt der Erst- oder Neukalkulation unzureichend kalkuliert waren und ein ordentlicher und gewissenhafter Aktuar dies insbesondere anhand der zu diesem Zeitpunkt verfügbaren statistischen Kalkulationsgrundlagen hätte erkennen müssen (§ 163 I 2 VVG). Damit soll verhindert werden, dass für den Versicherer abschätzbare negative Risikoentwicklungen, die schon bei Vertragsschluss vorhersehbar waren, auf den Versicherungsnehmer abgewälzt werden.[213] – Die Mitwirkung des Treuhänders entfällt, wenn die Neufestsetzung der Prämie oder die Herabsetzung der

---

Langheid, § 166 VVG a.F. Rn. 18; *Kollhosser* in: Prölss/Martin, § 13 ALB 1986 Rn. 53; BGH VersR 2004, 93; OLG Koblenz NJOZ 2007, 3610.

209 BGH NJW 2007, 2320; OLG München NJOZ 2007, 1832; OLG Hamburg VersR 2008, 767; vgl. auch OLG Köln VersR 2009, 621.

210 Auf Lebensversicherungsverhältnisse, die zur Zeit des Inkrafttretens des Dritten Durchführungsgesetzes/EWG zum VAG am **29.07.1994** bestanden, sind gemäß Art. 16 § 6 dieses Gesetzes die §§ 173–178 VVG in der vor Inkrafttreten dieses Gesetzes geltenden Fassung anzuwenden. Das Gleiche gilt für Versicherungsverhältnisse, die bis zum 31.12.1994 unter Verwendung vor dem 29.07.1994 genehmigter Versicherungsbedingungen abgeschlossen wurden.

211 Vgl. RegE BT-Drucks. 16/3945 S. 99: Durch das Merkmal der »Angemessenheit« wird klargestellt, dass der Treuhänder kein eigenes Ermessen ausübt. Die Angemessenheit ersetzt das billige Ermessen, das der Versicherer einhalten müsste, wenn er die neue Prämie nach § 315 BGB festsetzen könnte.

212 Vgl. *Buchholz* VersR 2005, 866; *Brömmelmeyer* in: Beckmann/Matusche-Beckmann, § 42 Rn. 71.

213 RegE BT-Drucks. 16/3945 S. 99. Insoweit erfolgt eine Angleichung an die Krankenversicherung, für die ein vergleichbarer Ausschluss über § 203 II 4 VVG in Verbindung mit § 12b II 4 VAG Anwendung findet.

Versicherungsleistung der Genehmigung der Aufsichtsbehörde bedarf (§ 163 IV VVG).[214] Davon erfasst werden Verträge, die vor dem 29.07.1994 bzw. – auf Grund von Art. 16 § 6 Drittes Durchführungsgesetz/EWG zum VAG – vor dem 31.12.1994 geschlossen worden sind, sowie Verträge mit Pensions- und Sterbekassen (Rn. 1153).

Vertiefung: Der **unabhängige Treuhänder**[215] ist nicht Vertreter der Versicherungsnehmer.[216] Er wahrt »nur« mittelbar ihre Interessen, indem er überprüft, ob der in der gesetzlichen Anpassungsermächtigung statuierte Anpassungsanlass vorliegt und ob der Versicherer mit der beabsichtigten Vertragsanpassung die Grenzen seiner Anpassungsbefugnis einhält.[217] Der Treuhänder wird aufgrund eines mit dem Versicherer abgeschlossenen Geschäftsbesorgungsvertrags tätig. Er unterliegt nicht der Aufsicht durch die Aufsichtsbehörde und ist ihr gegenüber nicht berichts- oder auskunftspflichtig.[218] Als Treuhänder darf jedoch nur bestellt werden, wer zuverlässig, fachlich geeignet und von dem Versicherungsunternehmen unabhängig ist, insbesondere keinen Anstellungsvertrag oder sonstigen Dienstvertrag mit dem Versicherungsunternehmen oder einem mit diesem verbundenen Unternehmen abgeschlossen hat (§ 12b III VAG). Die fachliche Eignung des Treuhänders in der Lebensversicherung setzt ausreichende Kenntnisse auf dem Gebiet der Prämienkalkulation in der Lebensversicherung voraus (§ 11b VAG).[219] 1251

Wirksam wird die Vertragsanpassung zu Beginn des zweiten Monats, der auf die Mitteilung der Neufestsetzung oder der Herabsetzung und der hierfür maßgeblichen Gründe an den Versicherungsnehmer folgt (§ 163 III VVG). 1252

214 So schon § 172 I 3 VVG a.F.

215 In der amtlichen Begründung zu § 178g VVG a.F. (BT-Drucks. 12/6959 S. 105) wird die Einschaltung des unabhängigen Treuhänders als ein »neues Instrumentarium« bezeichnet, das als Ersatz für die Genehmigung durch die Aufsichtsbehörde diene, die vor der Deregulierung erforderlich war. Zuvor war es insoweit die Aufgabe der Aufsichtsbehörde, im Interesse der Gesamtheit der Versicherten zu prüfen, ob die Vertragsänderung die Belange der Versicherten ausreichend wahrte und die Verpflichtungen aus den Versicherungen weiterhin dauernd erfüllbar waren. Vgl. BVerwG VersR 1996, 1133; zu bereichsspezifischen Prüfungskriterien in der Kfz-Haftpflichtversicherung vgl. BVerwG VersR 1987, 320; BVerwG VersR 1981, 221; BVerwG VersR 1996, 569; BVerwG VersR 1994, 541; zur bestandswirksamen Änderung von Bausparbedingungen BGH NJW 1991, 2559, 2564. Für vertragliche Änderungsbefugnisse nahm die Rechtsprechung an, dass die an gesetzliche Kriterien geknüpfte Genehmigungspflicht der Aufsichtsbehörde geeignet war, etwaige durch den Regelungsgegenstand bedingte Konkretisierungsdefizite des Änderungsvorbehalts zu kompensieren; BGH NJW 1991, 2559, 2564 (Bausparbedingungen); BGH VersR 1992, 1211 (§ 8a MBKK/MBKT); BGH VersR 1988, 575 (VBL-Satzung); LG Hamburg VersR 1990, 303 (§ 16 Nr. 2a VHB 1984).

216 *Entzian* NVersZ 1998, 65, 66 (»unabhängige Instanz«); *Präve* in: Prölss/Kollhosser, § 12b VAG Rn. 3. Zu Funktion und Stellung des Treuhänders vgl. insb. *Grote* Rechtsstellung der Prämien-Bedingungs- und Deckungstreuhänder nach dem VVG und dem VAG, 2002 sowie *Langheid/Grote* NVersZ 2002, 49. Vgl. jedoch die Formulierungen von *Renger* VersR 1994, 1257; *Künzel* VersR 1996, 148, 149; *Hohlfeld* in: BK, § 178g VVG a.F. Rn. 10; zurückhaltend *Prölss* in: Prölss/Martin, § 178g VVG a.F. Rn. 29.

217 Für den unabhängigen Treuhänder in der substitutiven Krankenversicherung vgl. BVerwG VersR 1999, 1001, 1003 = NVersZ 1999, 463, 464.

218 Vgl. *Renger* VersR 1994, 1257, 1260; a.A. *Präve* in: Prölss/Kollhosser, § 12 b VAG Rn. 13.

219 Der vom Versicherungsunternehmen in Aussicht genommene Treuhänder muss vor seiner Bestellung der Aufsichtsbehörde benannt werden. Wenn Tatsachen vorliegen, aus denen sich eine mangelnde Eignung des Treuhänders ergibt, kann die Aufsichtsbehörde verlangen, dass eine andere Person benannt wird. Entsprechendes gilt für die Zeit nach der Bestellung des Treuhänders. In Ausnahmefällen kann die Aufsichtsbehörde den Treuhänder selbst bestellen (vgl. zu allem § 12b IV VAG).

1253 Die Einschaltung eines unabhängigen Treuhänders schränkt die **gerichtliche Überprüfbarkeit** der Vertragsänderung in keiner Weise ein.[220] Ein Versicherungsnehmer kann also gerichtlich überprüfen lassen, ob der Versicherer sämtliche Zulässigkeits- und Wirksamkeitsvoraussetzungen erfüllt hat, welche die gesetzliche Ermächtigungsgrundlage statuiert. Überprüfbar ist insbesondere auch, ob ein wirksam bestellter unabhängiger Treuhänder seinen Aufgaben gemäß § 163 VVG ordnungsgemäß nachgekommen ist.

1254 Der Versicherungsnehmer kann eine Prämienerhöhung nach § 163 I VVG abwenden, indem er vom Versicherer eine der Wirkung der Prämienerhöhung **entsprechende Herabsetzung der Versicherungsleistung** verlangt (§ 163 II 1 VVG). Die Regelung gleicht die Interessen von Versicherer und Versicherungsnehmer aus. Der Versicherer kann auf eingetretene Änderungen durch die Neufestsetzung der Prämie reagieren, im Gegenzug kann sich der Versicherungsnehmer vor einer Erhöhung der Zahlungsverpflichtung während des laufenden Vertrags schützen, indem er eine Absenkung der Leistung in Kauf nimmt. Die Mitwirkung eines unabhängigen Treuhänders ist für die Herabsetzung der Versicherungsleistung auf Verlangen des Versicherungsnehmers nicht erforderlich; diese gesetzgeberische Entscheidung leuchtet in der Gesamtschau mit § 163 I VVG nicht ohne Weiteres ein.

1255 Da bei einer **prämienfreien Versicherung** eine Neufestsetzung der Prämie nicht in Betracht kommt, ist hier der Versicherer seinerseits zu einer Herabsetzung der Versicherungsleistung unter den Voraussetzungen des § 163 I VVG – also wiederum unter Einschaltung eines Treuhänders – berechtigt (§ 163 II 2 VVG). Davon unberührt kann der Versicherer alternativ die ungekürzte Versicherungsleistung gegen eine neue Prämienzahlung anbieten.[221]

1256 Nach § 172 I 1 VVG a.F. bestand die Prämienänderungsbefugnis nicht für alle Verträge, sondern nur für solche, die Versicherungsschutz für ein Risiko boten, bei dem der Eintritt der Verpflichtung des Versicherers ungewiss war.[222] Darunter fielen insbesondere die reine Risikolebensversicherung, die Dread-disease-Versicherung und die Berufsunfähigkeitsversicherung.[223]

1257 **Vertiefung:** Gemäß § 172 I 2 VVG a.F. konnten auch die Bestimmungen über die Überschussbeteiligung geändert werden.[224] Diese Regelung ist im neuen VVG mit der Begründung[225] aufgegeben worden, dass ein Änderungsbedürfnis allenfalls im Hinblick auf Bestandsübertragungen oder für »auslaufende Bestände« in Betracht komme. Im Fall von Bestandübertragungen würden Fragen des Kosten- und Risikoausgleichs aber bereits von der Aufsichtsbehörde geprüft, die die Belange der Versicherten ohnehin berücksichtigen müsse. Für die Problematik »auslaufender Bestände« sei eine AVB-rechtliche Lösung vorzugswürdig.[226] Die in der Gesetzesbegründung angesprochenen Schwierigkeiten begrifflicher Abgrenzungen werden damit auf den AGB-Verwender verlagert. Ob diese Schwierigkeiten wirklich »eher« durch AVB gemeistert werden können, erscheint sehr zweifelhaft.

220 BVerfG VersR 2000, 214 zu § 178g III VVG a.F.

221 RegE BT-Drucks. 16/3945 S. 99.

222 Eingehende Analyse aus aktuarieller Sicht von *Engeländer* VersR 2000, 274; *Jaeger* VersR 1999, 26.

223 *Römer* in: Römer/Langheid, § 172 VVG a.F., Rn. 2; s. hierzu *Brömmelmeyer* in: Beckmann/Matusche-Beckmann, § 42 Rn. 67.

224 S. auch *Brömmelmeyer* in: Beckmann/Matusche-Beckmann, § 42 Rn. 77.

225 RegE BT-Drucks. 16/3945 S. 99.

226 RegE BT-Drucks. 16/3945 S. 99.

b) Gesetzliche Befugnis des Versicherers zur Ersetzung einer unwirksamen AVB-Bestimmung (§ 164 VVG)

Die im Jahre 1990 aufgehobene »Verordnung über die Anwendung Allgemeiner Ver- 1258
sicherungsbedingungen«[227] ermächtigte die Aufsichtsbehörde, AVB mit Wirkung für bestehende Verträge zu ändern. Auf diesem Weg konnte früher auch eine Regelungslücke beseitigt werden, die sich infolge der Unwirksamkeit einer AVB-Bestimmung ergab (zur Problematik s. Rn. 184, 1341). Als Ersatz für die weggefallene Befugnis der Aufsichtsbehörde schuf der Gesetzgeber bei der VVG-Novelle 1994 für den Bereich der Lebens- und Krankenversicherung eine **gesetzliche Befugnis des Versicherers**, ohne Zustimmung des Versicherungsnehmers **eine unwirksame AVB-**Bestimmung **durch eine wirksame zu ersetzen** (§§ 172 II, 178g III 2 VVG a.F.).[228] Im VVG 2008 ist die Ersetzungsbefugnis[229] des Lebensversicherer auf alle Arten von Lebensversicherungsverträgen erweitert[230] (**§ 164 VVG**)[231] und auf die Berufsunfähigkeitsversicherung ausgeweitet worden (**§ 176 VVG**; für die Krankenversicherung vgl. § 203 VVG und Rn. 1345 ff.).[232]

Der **Zweck der gesetzlichen Ersetzungsbefugnis des Versicherers** besteht in erster 1259
Linie darin, die bei Versicherungsverträgen begrenzte Funktionsfähigkeit des § 306 II BGB auszugleichen und die Nachteile einer richterlichen ergänzenden Vertragsauslegung zu vermeiden (s. nächste Rn.). Es soll eine schnelle, einheitliche und klare Vertragsergänzung ermöglicht werden. Den einzelnen Versicherungsnehmern werden auf diese Weise grundsätzlich die Lasten, Kosten und Unsicherheiten individueller

227 S. Rn. 216 in Fn.

228 RegE BT-Drucks. 16/3945 S. 100. Ausgangspunkt war die vor allem von *Römer* vorgetragene Forderung, im Zuge der Deregulierung eine *allgemeine* gesetzliche Regelung über die Ersetzung unwirksamer AVB-Bestimmungen durch den Versicherer zu schaffen. Vgl. *Römer* VersR 1994, 125. Zu entsprechenden Forderungen der Versicherungswirtschaft auch für Veränderungen vertragsexterner Umstände vgl. *Renger* VersR 1994, 753, 755.

229 Die amtliche Überschrift von § 164 VVG spricht von Bedingungsanpassung. Sinnvoller wäre es von Bedingungsersetzung zu sprechen, um die Besonderheit der Ersetzung einer unwirksamen Bestimmung im Gegensatz zur Anpassung wirksamer Bedingungen zum Ausdruck zu bringen. Vgl. hierzu *Wandt* in: Beckmann/Matusche-Beckmann, § 11 Rn. 128 sowie *Brömmelmeyer* in: Beckmann/Matusche-Beckmann, § 42 Rn. 107

230 So schon die überwiegende Ansicht zur Vorgängerregelung des § 172 II VVG a.F. Vgl. OLG München VersR 2003, 1024; OLG Stuttgart VersR 2001, 1141 mit Anm. *Lorenz*; Vorinstanz LG Stuttgart VersR 2000, 1136 mit Anm. *Präve*; LG Stuttgart VersR 2003, 313; LG Aachen VersR 2003, 1022; *Wandt* in: Beckmann/Matusche-Beckmann, 2004, § 11 Rn. 126; *Schwintowski* in: BK, § 172 VVG a.F. Rn. 23; *ders.* VuR 1996, 337, 340; *Kollhosser* in: Prölss/Martin, § 172 VVG a.F. Rn. 6 a.E.; *Präve* Versicherungsbedingungen und AGB-Gesetz, 1998, Rn. 475; *Fricke* NVersZ 2000, 310; *Baroch Castellvi* VersR 2000, 1199; *Wandt* Änderungsklauseln, Rn. 294 ff.; *ders.*, Ersetzung unwirksamer AVB der Lebensversicherung im Treuhänderverfahren gemäß § 172 VVG, S. 37; *ders.* VersR 2001, 1449; *Lorenz* VersR 2001, 1146, 1147; *Langheid/Grote* NVersZ 2002, 49; *Kollhosser* VersR 2003, 807, 811.

231 § 164 VVG ist verfassungsgemäß; vgl. *Wandt* in: Beckmann/Matusche-Beckmann, § 11 Rn. 151; ebenso für die Vorgängerregelung § 172 II VVG a.F. *Lorenz* VersR 2002, 410; *Kollhosser* VersR 2003, 807. A.A. für § 172 II VVG a.F. in Anwendung auf die Kapitallebensversicherung *Bäuerle* in: *Bäuerle/Schünemann*, Ersetzung unwirksamer Klauseln in der kapitalbildenden Lebensversicherung aus verfassungs- und zivilrechtlicher Sicht, VersWissStud Bd. 20, 2002, S. 9; *Schünemann* VersR 2002, 393 ff.

232 Der Reformgesetzgeber ist allerdings nicht dem Vorschlag der Reformkommission gefolgt, für alle Versicherungsarten eine Ersetzungsbefugnis des Versicherers vorzusehen (vgl. Abschlussbericht der Reformkommission S. 392).

Rechtsstreitigkeiten erspart.[233] Gemessen am allgemeinen AGB-Recht ist eine solche gesetzliche Ersetzungsbefugnis des Verwenders einer unwirksamen Klausel äußerst ungewöhnlich. Ihre Notwendigkeit ergibt sich jedoch aus der erforderlichen – jedenfalls aber gewünschten – Einheitlichkeit von Versicherungsverträgen, ohne die es an einem einheitlichen Versichertenkollektiv als Grundlage von Versicherung fehlt (Rn. 103). Die Bedingungsersetzung soll eine schnelle und einheitliche Lückenfüllung ermöglichen, die das allgemeine AGB-Recht nicht in gleicher Weise gewährleistet. Ohne die Spezialregelungen des Versicherungsrechts käme nämlich **§ 306 II BGB**[234] zur Anwendung. Diese allgemeine Regelung führt bei Versicherungsverträgen jedoch häufig nicht zu einer Schließung der Vertragslücke, die infolge der Unwirksamkeit einer AVB entstanden ist. Denn gesetzliche Vorschriften, die zur Lückenfüllung herangezogen werden könnten, fehlen im Versicherungsvertragsrecht häufig.[235] Die Produktgestaltung muss nämlich weitgehend dem Versicherer als im Wettbewerb stehenden Unternehmer überlassen bleiben (Stichworte: leistungsbeschreibende AVB und Tarifbestimmungen). Unabhängig davon regelt das Versicherungsvertragsgesetz zahlreiche Versicherungsarten überhaupt nicht oder nur lückenhaft. Ohne eine Befugnis zur Ersetzung unwirksamer Klauseln in den AVB wäre deshalb häufig eine Lückenschließung im Wege **richterlicher ergänzender Vertragsauslegung** vorzunehmen. Die Lückenschließung im Wege ergänzender Vertragsauslegung durch die Gerichte hat jedoch **eine Reihe von Nachteilen**, die dieses Verfahren zur Lückenfüllung von Versicherungsverträgen als nicht ideal erscheinen lassen.[236] Eine richterliche ergänzende Vertragsauslegung ist nämlich nur in einem Individualprozess, nicht aber in einem Verbandsklageverfahren zulässig.[237] Die einzelnen Versicherungsnehmer müssen also Individualrechtsstreite führen, um eine gerichtliche Vertragsergänzung zu erlangen. Bei einer ergänzenden Vertragsauslegung durch die Gerichte können außerdem Jahre vergehen, bis Klarheit über den Inhalt des Vertrages besteht. Die einzelnen Urteile haben nur Rechtskraft im Verhältnis der Parteien des jeweiligen Rechtsstreits. Angesichts der Wertungen, die mit einer ergänzenden Vertragsauslegung notwendig verbunden sind, kommen verschiedene Gerichte erfahrungsgemäß zu Vertragsergänzungen, die nicht in jeder Hinsicht und nicht in jedem Detail, übereinstimmen. Auf diesem Weg würden Verträge eines ehemals einheitlichen Versicherungsbestandes also unterschiedliche Inhalte erlangen, was dem Gedanken des Risikoausgleichs zuwider liefe und hohe Verwaltungskosten nach sich zöge.[238]

1260 Der Versicherer ist nach dem halbzwingenden[239] § 164 VVG nur unter strengen **Voraussetzungen** befugt, eine unwirksame Klausel in seinem Bedingungswerk durch ei-

233 So auch OLG Stuttgart VersR 2001, 1141; Rundschreiben der Aufsichtsbehörde R 1/2001 vom 10.10.2001, VerBAV 2001, 251; vgl. auch *Kollhosser* in: Prölss/Martin § 172 VVG a.F. Rn. 8; *Prölss* in: Prölss/Martin, § 178g VVG a.F. Rn. 35; *Fricke* NVersZ 2000, 310, 311; *Wandt* Änderungsklauseln, Rn. 315 und 349; *Lorenz* VersR 2001, 1146, 1147.

234 Vor Inkrafttreten des Schuldrechtsmodernisierungsgesetzes: § 6 II AGBG (wortgleich).

235 Vgl. BGH VersR 1992, 477, 479; *Römer* VersR 1994, 125.

236 Vgl. z.B. *Römer* VersR 1994, 125 ff.; *Matusche-Beckmann* NJW 1998, 112, 113.

237 *Römer* VersR 1994, 125, 126; *Präve* VersR 1999, 699; *Schmidt* in: Ulmer/Brandner/Hensen, AGB-Gesetz, 9. Aufl. 2001, § 6 AGBG Rn. 36.

238 Zur Ungeeignetheit der richterlichen ergänzenden Vertragsauslegung zur Lückenschließung von Massenverträgen vgl. *Römer* VersR 1994, 125; *Matusche-Beckmann* NJW 1998, 112, 113; *Präve* VersR 1999, 699; *Wandt* Änderungsklauseln in Versicherungsverträgen, 2000, Rn. 287.

239 Siehe § 171 VVG.

ne neue wirksame Klausel zu ersetzen.[240] Erforderlich ist, dass die Feststellung der Unwirksamkeit einer Klausel durch höchstrichterliche Entscheidung oder bestandskräftigen Verwaltungsakt erfolgt ist, dass die Ersetzung der unwirksamen Klausel zur Fortführung des Vertrages notwendig ist oder das Festhalten am Vertrag ohne die neue Regelung für eine Vertragspartei auch unter Berücksichtigung der Interessen der anderen Vertragspartei eine unzumutbare Härte darstellen würde (**Zulässigkeit der Ersetzung**). Anders als im alten Recht[241] ist die Zustimmung eines Treuhänders nicht mehr erforderlich.[242] Für die neu in den Vertrag eingefügte AVB-Regelung gilt, dass sie nur wirksam ist, wenn sie unter Wahrung des Vertragsziels die Belange der Versicherungsnehmer angemessen berücksichtigt (**Wirksamkeit der Ersetzung**).

Die Unwirksamkeit einer zu ersetzenden Versicherungsbedingung muss entweder **1261**
durch einen **bestandskräftigen Verwaltungsakt (der Aufsichtsbehörde oder der Kartellbehörden) oder durch eine rechtskräftige höchstrichterliche Gerichtsentscheidung** festgestellt worden sein.[243] Nach dem Wortlaut von § 164 VVG muss sich die behördliche oder gerichtliche Entscheidung konkret auf diejenige Klausel beziehen, die der Versicherer ersetzen will. Die Gesetzesbegründung macht jedoch deutlich, dass die behördliche oder gerichtliche Entscheidung keine Bestands- oder Rechtskraft gerade gegen den jeweiligen Versicherer haben muss, der von der Ersetzungsbefugnis nach § 164 VVG Gebrauch machen will.[244] Dem ist zuzustimmen. Denn die Regelung bezweckt in erster Linie, Rechtssicherheit zu gewähren. Dies spricht dafür, dass es ausreicht, wenn die Unwirksamkeit einer – in dem fraglichen Punkt – **inhaltsgleichen Bestimmung eines anderen Klauselverwenders** bestands- oder rechtskräftig festgestellt worden ist.[245] Ebenfalls ist daraus abzulesen, dass die Ersetzungsbefugnis nicht auf dasjenige Bedingungswerk beschränkt ist, das Gegenstand einer behördlichen oder gerichtlichen Unwirksamkeitserklärung war. Ausschlaggebend für die Ersetzungsbefugnis ist vielmehr ungeachtet der Art oder Bezeichnung des Bedingungswerks allein die Verwendung einer Klausel, die unter

---

240 Zu der tatbestandlich angelegten Unterscheidung zwischen Zulässigkeits- und Wirksamkeitsvoraussetzungen vgl. BGH BGHZ 164, 297 = VersR 2005, 1565 mit Anm. *Merschmeyer/Präve* VersR 2005, 1670 = NJW 2005, 3559 zu § 172 II VVG a.F.

241 § 172 II VVG a.F.

242 RegE BT-Drucks. 16/3945 S. 100. Zum bisherigen Treuhänderverfahren vgl. *Wandt* Änderungsklauseln in Versicherungsverträgen, 2000, S. 107 ff.; *ders.*, Ersetzung unwirksamer AVB der Lebensversicherung im Treuhänderverfahren gemäß § 172 VVG, 2001; *ders.* VersR 2001, 1449; *Lorenz* VersR 2001, 1141; *Kollhosser* VersR 2003, 807. – Zum Treuhänder vgl. *Grote* Die Rechtsstellung der Prämien-, Bedingungs- und Deckungsstocktreuhänder nach dem VVG und dem VAG, 2002, sowie *Buchholz* VersR 2005, 866.

243 Höchstrichterlich ist nach RegE BT-Drucks. 16/3945 S. 100 eine Entscheidungen des BGH oder eines OLG, dessen Entscheidung nicht anfechtbar ist; zustimmend *Ortmann* in: Schwintowski/Brömmelmeyer, § 164 VVG Rn. 11; a.A. *Brömmelmeyer* in: Beckmann/Matusche-Beckmann, § 42 Rn. 113 (nur BGH-Urteile). – Für das alte Recht war dagegen mangels ausdrücklicher gesetzlicher Regelung umstritten, ob allein die Feststellung der Klauselunwirksamkeit durch den Versicherer (mit Bestätigung des Treuhänders) als ausreichend angesehen werden konnte. Vgl. *Wandt* in: Beckmann/Matusche-Beckmann, § 11 Rn. 127. Zu rechtspolitischen Überlegungen im Zusammenhang mit der Feststellungskompetenz vgl. *Wandt* Änderungsklauseln in Versicherungsverträgen, 2000, Rn. 325 ff.

244 RegE BT-Drucks. 16/3945 S. 99.

245 So auch *Langheid/Grote* NVersZ 2002, 49, 51; *Brambach* in: HK-VVG, § 164 VVG Rn. 2.

Berücksichtigung einer bestandskräftigen behördlichen oder einer rechtskräftigen höchstrichterlichen Entscheidung als unwirksam zu erachten ist.[246]

1262 Die Klauselersetzung muss **zur Fortführung des Vertrages notwendig** sein.[247] Dies ist nicht der Fall, wenn die über § 306 II BGB geltenden gesetzlichen Vorschriften die Vertragslücke sachgerecht schließen. Eine Klauselersetzung ist auch dann nicht notwendig, wenn der Vertrag ausnahmsweise nach § 306 III BGB infolge der Unwirksamkeit einer AVB-Bestimmung insgesamt nichtig ist, weil das Festhalten an ihm auch unter Berücksichtigung der nach § 164 VVG eigentlich gebotenen Lückenfüllung für eine Vertragspartei eine unzumutbare Härte darstellen würde.[248] Eine Notwendigkeit zur Klauselersetzung besteht in allen übrigen Fällen, in denen gesetzliche Vorschriften zur Lückenfüllung fehlen und deshalb an sich eine richterliche ergänzende Vertragsauslegung stattfinden müsste.[249] Eine Klauselersetzung gemäß § 164 VVG ist schließlich erforderlich, wenn eine gesetzliche Regelung zur Lückenfüllung ausnahmsweise ungeeignet ist, weil sie gemessen an dem Regelungsplan der Vertragsparteien für den jeweiligen Vertrag in seiner konkreten Ausgestaltung nicht passt. Dazu gehören auch die Fälle, in denen eine ergänzende Vertragsauslegung notwendig ist, weil über die gesetzlichen Regelungen hinaus ein nicht zu übergehendes Bedürfnis des Versicherungsnehmers nach weiterer Unterrichtung besteht.[250] Wegen des AGB-rechtlichen Transparenzgebotes kann es zur Fortführung des Vertrages auch geboten sein, eine gesetzliche Vorschrift, die nach § 306 II BGB an Stelle einer unwirksamen Klausel maßgebend ist, im Wege der Klauselersetzung durch Wiederho-

246 In diesem Sinne auch das Rundschreiben der Aufsichtsbehörde R 1/2001 vom 10.10.2001, VerBAV 2001, 251. – Für die Versicherungsnehmer kann es jedoch schwierig sein zu beurteilen, ob aus der behördlichen oder gerichtlichen Entscheidung über eine Klausel eines anderen Versicherers auf die Unwirksamkeit einer Bestimmung ihres Versicherungsvertrages zu schließen ist. Dieses Kontrolldefizit wird im VVG 2008 nicht mehr durch das Erfordernis der Mitwirkung eines Treuhänders ausgeglichen.

247 Diese Notwendigkeit kann auch bei einem bereits gekündigten Vertrag gegeben sein, wenn sich dieser noch im Abwicklungsstadium befindet, weil zwischen den Vertragsparteien noch Ansprüche streitig sind. Vgl. LG Leipzig VersR 2005, 1378; LG Stuttgart VersR 2003, 313 mit weiteren Nachweisen in der Anm. der Redaktion; *Kirscht* VersR 2003, 1072; *Brömmelmeyer* in: Beckmann/Matusche-Beckmann, § 42 Rn. 109.

248 *Kollhosser* VersR 2003, 807, 809; zu *vertraglichen Anpassungsklauseln* vgl. BGH VersR 1999, 697, 698.

249 *Ortmann* in: Schwintowski/Brömmelmeyer, § 164 VVG Rn. 12; *Brömmelmeyer* in: Beckmann/Matusche-Beckmann, § 42 Rn. 116; so auch für § 172 II VVG a.F. *Wandt* Änderungsklauseln in Versicherungsverträgen, 2000, Rn. 304 und 315; *Lorenz* VersR 2001, 1146; *ders.* VersR 2002, 410; a.M. *Schünemann* VersR 2002, 393. – Die vereinzelt vertretene Ansicht, dass nicht nur die Existenz von zur Lückenfüllung geeignetem Gesetzesrecht, sondern schon die Möglichkeit einer richterlichen ergänzenden Vertragsauslegung die Anwendbarkeit des § 164 VVG ausschließe (*Schwintowski* in: BK, § 172 VVG a.F. Rn. 25), widerspricht dem Regelungszweck der Vorschrift und ließe ihr allenfalls einen marginalen und eher theoretischen Anwendungsbereich. Ebenso *Kollhosser* VersR 2003, 807, 812.

250 Vgl. BGH VersR 2001, 839 (unter I. 2. b) der Gründe) mit Anm. von *Präve* = NVersZ 2001, 313 = ZIP 2001, 1061 mit Anm. von *Reiff* (Vorinstanz OLG Stuttgart VersR 1999, 832); BGH VersR 2001, 841 mit Anm. von *Präve* = NVersZ 2001, 308 = ZIP 2001, 1052 mit Anm. von *Reiff* (Vorinstanz OLG Nürnberg VersR 2000, 713); zu beiden Urteilen *Schwintowski* NVersZ 2001, 337; vgl. auch *Kollhosser* VersR 2003, 807, 810.

lung des Gesetzeswortlautes, also rein deklaratorisch, zum Inhalt der AVB zu machen.[251]

Eine Klauselersetzung ist auch dann zulässig, wenn eine Fortführung des Vertrages **1263**
ohne Ersetzung zwar prinzipiell möglich wäre, dies jedoch für eine Vertragspartei eine **unzumutbare Härte** darstellen würde.[252] Um zu vermeiden, dass die Anpassungsmöglichkeit vom Versicherer einseitig zu Lasten des Versicherungsnehmers genutzt wird, schreibt § 164 I 1 VVG vor, dass bei der Beurteilung, ob eine unzumutbare Härte vorliegt, auch die Interessen der anderen Vertragspartei berücksichtigt werden müssen.

Gemäß § 164 I 2 VVG ist die neue Regelung nur dann wirksam, wenn sie unter Wah- **1264**
rung des Vertragsziels die **Belange der Versicherungsnehmer**[253] angemessen berücksichtigt. Dabei ist auf die typischen Belange der Versicherungsnehmer unter Berücksichtigung ihrer Einbindung in das Versichertenkollektiv abzustellen. Die Belange sind als gewahrt zu erachten, wenn die als Ersatzregelung in den Vertrag eingefügte neue Regelung das bei Vertragsschluss vorhandene Äquivalenzverhältnis wieder herstellt.[254] Die neue Regelung muss darüber hinaus selbstverständlich den Anforderungen der §§ 307 ff. BGB genügen. Der Versicherer darf nur das zum neuen Inhalt der Verträge machen, was nach den **anerkannten Grundsätzen der ergänzenden Vertragsauslegung** zulässiger Inhalt einer richterlichen ergänzenden Vertragsauslegung wäre (zu dem nicht zu eng zu ziehenden Bewertungsrahmen vgl. Rn. 205 ff.). § 164 VVG ändert also nichts an den inhaltlichen Maßstäben für eine Vertragsergänzung. Er besagt vielmehr nur, dass der Versicherer selbst berechtigt ist, den lückenhaften Vertrag unter Anwendung der Grundsätze der ergänzenden Vertragsauslegung zu ergänzen, so dass es hierzu also nicht eines Rechtsstreites und eines richterlichen Urteiles bedarf.[255]

Vertiefung: Die inhaltlichen Grenzen der Ersetzungsbefugnis des Versicherers wahren das AGB- **1265**
rechtliche **Verbot der geltungserhaltenden Reduktion** auch im Rahmen von § 164 VVG[256] und entfalten hierdurch Präventivfunktion. Die Interessen der Versicherungsnehmer werden nämlich vollständig gewahrt, weil die neu in die Verträge eingefügten Klauseln den strengen Kriterien genügen

251 Vgl. dazu *Ortmann* in: Schwintowski/Brömmelmeyer, § 164 VVG Rn. 13; *Wandt* Änderungsklauseln in Versicherungsverträgen, 2000, Rn. 313 f.; *Prölss* in: Prölss/Martin, Vorbem. I a.F. Rn. 109; *Kollhosser* in: Prölss/Martin, § 172 VVG a.F. Rn. 6; *Lorenz* VersR 2001, 1146, 1147; *Fricke* NVersZ 2000, 310, 314; *Kollhosser* VersR 2003, 807, 810.

252 Vgl. RegE BT-Drucks. 16/3945 S. 100. Die Bezugnahme auf § 306 III BGB ist insoweit missverständlich, als dort das Festhalten an dem geänderten Vertrag erheblich ist.

253 Der Gesetzgeber verwendet den Begriff der Wahrung der Belange der Versicherungsnehmer in Anlehnung an das Versicherungsaufsichtsrecht. Der dort verwendetet Begriff der (Wahrung der Belange der) Versicherten, wodurch sowohl Versicherungsnehmer als auch versicherte Personen und Bezugsberechtigte miterfasst sind, wurde jedoch für das VVG als unpassend erachtet, da er sich dort auf die Versicherung auf fremde Rechnung bezieht. Der Gesetzgeber geht jedoch davon aus, dass im Rahmen des § 164 VVG dennoch auch die Belange derjenigen Personen mitberücksichtigt werden sollen, die durch das VAG erfasst sind; vgl. RegE BT-Drucks. 16/3945 S. 100.

254 Vgl. RegE BT-Drucks. 16/3945 S. 100.

255 Instruktiv *Lorenz* VersR 2001, 1146, 1147.

256 Dies kann im Einzelfall bedeuten, dass eine Klausel, die AGB-rechtlich zulässig ist und daher im Neugeschäft verwendet werden darf, nicht über § 164 VVG in bestehende Verträge eingefügt werden darf, weil sie nicht die Regelung darstellt, welche die Parteien bei sachgerechter Abwägung der beiderseitigen Interessen nach Treu und Glauben redlicherweise vereinbart hätten, wenn ihnen die Unwirksamkeit der Klausel bei Abschluss des Vertrages bekannt gewesen wäre.

müssen, die sich aus den Grundsätzen der ergänzenden Vertragsauslegung ergeben. Die Versicherungsnehmer können selbstverständlich zur gerichtlichen Überprüfung stellen, ob die ersetzende Klausel entsprechend den Grundsätzen der ergänzenden Vertragsauslegung unter Wahrung der Interessen beider Vertragsparteien angemessen ist. Weitergehende Rechte haben die Versicherungsnehmer im Ergebnis auch nicht, wenn die Vertragslücke durch ein Gericht im Wege ergänzender Vertragsauslegung geschlossen wird. Die Versicherungsnehmer erleiden durch § 164 VVG also keine Rechtsnachteile. Sie haben im Gegenteil den Vorteil einer klaren, schnellen und für alle Versicherungsverträge gleichförmigen Lückenfüllung. – Die Ausnahmeregelung des § 306 III BGB, nach der die Unwirksamkeit einer Klausel ausnahmsweise zur Unwirksamkeit des gesamten Vertrages führt, entfaltet ihre Wirkungen ungeachtet des § 164 VVG. Nach Ermittlung des Inhalts der Ersatzregelung gem. § 164 VVG ist deshalb stets gemäß § 306 III BGB zu prüfen, ob das Festhalten an dem Vertrag *unter Berücksichtigung der Änderung* nach § 164 VVG für eine Vertragspartei eine unzumutbare Härte darstellen würde. Dies wird allerdings nur ganz ausnahmsweise der Fall sein. Den berechtigten Interessen der Versicherungsnehmer kann nämlich regelmäßig im Rahmen der ergänzenden Vertragsauslegung angemessen Rechnung getragen werden, so dass es für die Versicherungsnehmer grundsätzlich nicht unzumutbar ist, an dem *ergänzten* Vertrag festgehalten zu werden. Mit einer Unwirksamkeit des Versicherungsvertrages gemäß § 306 III BGB wäre dem Versicherungsnehmer in aller Regel nicht gedient. Auch für den Versicherer wird ein Festhalten an dem ergänzten Vertrag regelmäßig keine unzumutbare Härte i.S. von § 306 III BGB sein.

1266 Eine Klauselersetzung wird gemäß § 164 II VVG zwei Wochen nach Mitteilung der neuen Regelung und der hierfür maßgeblichen Gründe an den Versicherungsnehmer wirksam.

1267 **Vertiefung:** Von dem Zeitpunkt des Wirksamwerdens der Ersetzung ist der **Wirkungszeitraum** der in den Vertrag eingefügten neuen Bestimmung zu unterscheiden. Nach der Gesetzesbegründung soll die Ersetzung nur für die Zukunft wirken; es stehe den Vertragsparteien jedoch frei einen anderen Zeitpunkt für das Wirksamwerden, z.B. rückwirkend zum Vertragsschluss, zu vereinbaren, sofern dies für den Versicherungsnehmer nicht nachteilig ist.[257] Dieser Gesetzesbegründung, die über den objektiven Inhalt von § 164 II VVG hinausgeht, ist nicht zu folgen.[258] Vielmehr ist auch für das neue Recht daran festzuhalten, dass die eingefügte neue Klausel entsprechend dem Zweck der Vorschrift grundsätzlich auf den Zeitpunkt des Vertragsschlusses zurückwirkt, soweit es der Regelungsgehalt der eingefügten Bestimmung erfordert und zulässt. Der Vertrag wird – abgesehen von regelungsspezifischen Ausnahmefällen – so beurteilt, als habe er von Anfang an der inhaltlich sachgerechten Regelung unterlegen. Damit wird dem Interesse des Vertragspartners des AGB-Verwenders an der Geltung inhaltlich angemessener Regelungen und dem Schutzzweck des AGB-Rechts weitestgehend Rechnung getragen.[259]

1268 § 164 VVG begründet seinem Wortlaut nach nur eine Berechtigung des Versicherers zur Klauselersetzung, nicht aber eine Verpflichtung. Es ist aber zu berücksichtigen, dass der Versicherer in Anwendung der Grundsätze der ergänzenden Vertragsauslegung Rechtsnachteile erleiden kann, wenn er eine Klauselersetzung nicht mit dem gebotenen Inhalt oder nicht in angemessener Zeit vornimmt.[260] So gesehen kann man

257 Vgl. RegE BT-Drucks. 16/3945 S. 100.

258 Wie hier *Brömmelmeyer* in: Beckmann/Matusche-Beckmann, § 42 Rn. 123; vgl. auch *Brambach* in: HK-VVG, § 164 VVG Rn. 12, wonach dem Versicherer das Recht zustehen soll, den Wirkungszeitpunkt zu bestimmen.

259 *Wandt* VersR 2001, 1449, 1455; *Kollhosser* VersR 2003, 807, 812; *ders.* in: Prölss/Martin, § 172 VVG a.F. Rn. 40.

260 Eingehend dazu *Wandt* in: Beckmann/Matusche-Beckmann, § 11 Rn. 149 f.

die Ersetzungsbefugnis entgegen dem Wortlaut als eine **Obliegenheit** des Versicherers qualifizieren.[261]

IV. Zusammenfassung

Lebensversicherung (LV) 1269

In der LV schuldet der VR eine Kapitalzahlung (Kapitalbetrag oder Rente) – je nach Ausgestaltung – bei Eintritt des Todes einer Person und/oder des Erlebens eines bestimmten Ablauftermins.

Die LV dient in erster Linie der finanziellen Versorgung des VN oder seiner Hinterbliebenen (Altersvorsorge). Sie kann auch als Sicherungsmittel für Kreditgeber fungieren.

Aufgrund ihres Zwecks ist die – steuerbegünstigte – LV von großer sozialpolitischer Bedeutung. Sie hat als »Kapitalsammelbecken« zugleich eine herausragende wirtschaftliche Bedeutung.

1. Erscheinungsformen (Rn. 1133 ff.)
Das VVG gibt keine standardisierte Form der Lebensversicherung vor. In der Praxis haben sich **verschiedene Grundformen** herausgebildet, die in der konkreten Produktgestaltung modifiziert und vermischt werden:

- **Risiko-LV:** Versicherungsfall ist der Tod der versicherten Person (Todesfallversicherung), Einmalzahlung oder Rente
- **Kapitalbildende LV:** Versicherungsfall ist der Tod während der Vertragslaufzeit oder das Erreichen eines Ablaufzeitpunkts (gemischte Versicherung auf den Todes- und Erlebensfall), Einmalzahlung oder Rente
  - **fondsgebundene LV:** unmittelbarer Bezug zwischen Kapitalanlage in Investmentfonds und Höhe der Versicherungsleistung
  - **betriebliche Altersvorsorge:** Arbeitgeber schließt (Gruppen-) LV zugunsten Arbeitnehmer ab (zweite Säule der Altersvorsorge, neben gesetzlicher und privater)
- **Zusatzversicherungen:** insb. Berufsunfähigkeits-, Unfall- und Pflegerenten-Zusatzversicherung
- **»Versicherung, die Versicherungsschutz für ein Risiko bietet, bei dem der Eintritt der Verpflichtung des VR gewiss ist«**: abstrakt definierter Versicherungstyp (§§ 168 II, 169 I VVG)

2. Besondere Notwendigkeit (aufsichts-) rechtlicher Regulierung

- **Besondere Regulierungsbedürfnisse** aufgrund
  - sozialpolitischer und wirtschaftlicher Bedeutung
  - Schutzbedürfnis des VN → Langfristigkeit einer kapitalbildenden LV (Laufzeit über Jahrzehnte) → Komplexität des Produkts und seiner Regulierung
- **Regelungsziele** (Rn. 1143 ff.)
  - Sicherung der Solvenz des VR
  - (sach-) gerechte Überschussteilung zwischen Unternehmenseignern und Versicherten, Überschussbeteiligung und Überschussverteilung → Rechtsprechung des BVerfG
  - Transparenz → Rechtsprechung des BVerfG

3. Grundzüge der aufsichtsrechtlichen Regulierung

- **Sicherung ausreichend hoher Prämien** (§ 11 VAG, Rn. 1157) → insb. Gebot vorsichtiger Kalkulationsannahmen, Sicherheitszuschläge, Rechnungszins (bei der Kalkulation prämienmindernd in Ansatz gebrachter erwarteter Zins auf Prämienteile), Gleichbehandlungsgebot, Kontrolle durch Verantwortlichen Aktuar (§ 11a VAG)

261 Weitergehend nimmt *Kollhosser* (VersR 2003, 807, 811) eine echte Vertragspflicht des Versicherers an. Vgl. auch *Lorenz* VersR 2001, 1146, 1148, der die Nichtdurchführung einer Klauselersetzung zutreffend als aufsichtsrechtlichen Missstand qualifiziert; in diesem Sinne auch die Aufsichtsbehörde in dem Rundschreiben R 1/2001 vom 10.10.2001, VerBAV 2001, 251.

- Sicherung ausreichender **Kapitalausstattung und sachgerechter Vermögensanlage** (§§ 53c ff. VAG, Rn. 1150) → Spartentrennung (§ 8 Ia 1 VAG), Eigenkapitalanforderungen (§ 53c VAG), Deckungsrückstellung mit Höchstrechnungszins (§ 65 VAG, DeckRV, §§ 25, 32, 62 II RechVersV), Deckungskapital (§ 11 I VAG), Sicherungsvermögen mit Treuhänder (§§ 66, 70 VAG) und Anlagestock (§ 54b VAG) als selbstständige Vermögensmassen, teilweise Kontrolle durch Verantwortlichen Aktuar (§ 11a VAG)
- **Sicherung der Information der Aufsichtsbehörde** (Rn. 1159) → insb. unverzüglich nach Erteilung der Erlaubnis zum Betrieb der LV (§ 13d VAG), Rechnungslegung und Prüfung (§§ 55 ff. VAG mit Verordnungen), Mitteilungspflichten des Verantwortlichen Aktuars (§ 11a III Nr. 3 VAG)
- **Sicherung einer angemessenen Überschussbeteiligung der Versicherten** → s. gesonderte Zusammenfassung Rn. 1216 → Konkretisierung der Missstandsaufsicht durch § 81c VAG
- **Sicherung von Leistungen bei Zahlungsunfähigkeit des VR** (Rn. 1166) → Sicherungsfonds (§§ 124 ff. VAG), Protektor LV-AG als Beliehener
- anwendbares Aufsichtsrecht bei EG/EWR-Versicherern und Drittstaaten-Versicherern (Rn. 77, 1155)

4. Vertragsrechtliche Besonderheiten

- **Summenversicherung** (Rn. 1170)
- **Übergangsvorschriften** (Art. 1 und 4 EGVVG, Rn. 1168)
  - **Verträge ab 1.1.2008** (Art. 1 I EGVVG): VVG 2008
  - **Altverträge** (Art. 4 EGVVG):
    → VVG a.F. bis 31.12.2008
    → Versicherungsfall vor 31.12.2008 dauerhaft VVG a.F
    → Rückkaufswert dauerhaft § 176 VVG a.F. in der Auslegung durch die Rechtsprechung
    → Überschussbeteiligung: § 153 VVG 2008 ab 1.1.2008
  - **anwendbares Versicherungsvertragsrecht bei Auslandsberührung**: vgl. Art. 7 ff. EGVVG, Rn. 1155
  - **besondere Informationspflichten des VR** (Rn. 1174 f.):
    - **vor Vertragsschluss**: vgl. § 2 Info-VO; Modellrechnung: § 154 VVG
    - **während der Vertragszeit**: jährliche Unterrichtung vgl. § 155 VVG, § 6 I Nr. 3 VVG-Info-VO
- **schriftliche Einwilligung in Vertragsschluss** (Rn. 1173): bei Todesfallversicherung auf eine andere Person (ausgenommen betriebliche Altersversorgung) und Versicherung von Minderjährigen, wenn höhere Versicherungssumme als gewöhnliche Beerdigungskosten (§ 150 II, III VVG)
- **Versicherungsschein** ist Inhaberpapier (§ 12 ALB 2008, Rn. 1177)
- **Widerruf:** 30 Tagesfrist und spezielle Rechtsfolgen (§ 152 I, II VVG, Rn. 1172)
- **Prämienfälligkeit:** 30 Tage nach Erhalt des Versicherungsscheins (§ 152 III VVG abweichend von § 33 I VVG, Rn. 1181)
- **Zahlungsverzug mit Folgeprämie:** zusätzlicher Hinweis auf Umwandlung (§ 166 III VVG), Informationspflichten gegenüber versicherter Person in der betrieblichen Altersversorgung (§ 166 IV VVG), Modifikation der Rechtsfolge des § 38 II VVG durch § 166 III VVG (Rn. 1182)
- **Vorvertragliche Anzeigepflichten des VN:** bei unrichtiger Altersangabe verhältnismäßige Minderung der Versicherungsleistung und Rücktrittsrecht nach § 19 II VVG nur bei »vertragshinderndem« Alter (§ 157 VVG, Rn. 1183)
- **Gefahrerhöhung, -minderung:** nur bei vereinbarten Umständen; Rechte des VR nur innerhalb von 5 Jahren, bei Vorsatz und Arglist: 10 Jahren (§ 158 VVG, Rn. 1185)
- **Rechte des VN auf Umwandlung in eine prämienfreie/pfändungsgeschützte Versicherung:** jederzeit für die laufende Versicherungsperiode (Einzelheiten §§ 165, 167 VVG, Rn. 1186 ff.)
- **Herbeiführung des Versicherungsfalls:** Sonderregelung für Suizid (§ 161 VVG) und Tötung der versicherten Person durch VN (§ 162 VVG), Rn. 1189 ff.
- **Leistung des VR:** Überschussbeteiligung s. gesonderte Zusammenfassung Rn. 1216

- **Kündigung durch VR** (Rn. 1219):
  - ordentliche Kündigung ausgeschlossen
  - außerordentliche Kündigung bewirkt Umwandlung in prämienfreie Versicherung
- **Kündigung durch VN** (§ 168 VVG, Rn. 1220):
  - ordentliche Kündigung bei Folgeprämien zum Ende der Versicherungsperiode
  - ordentliche Kündigung bei Einmalprämie nur, wenn Eintritt des Risikos gewiss ist
  - unzulässig bei Ausschluss der Verwertung vor Ruhestand und Abtretung
- **Anspruch auf Rückkaufswert** (§ 169 VVG, Rn. 1221 ff.):
  - bei Versicherung mit gewisser Eintrittspflicht des VR und Kündigung durch VR oder VN und bei Rücktritt oder Anfechtung durch VR
  - Rückkaufswert ist Deckungskapital der Versicherung, das zum Ende der laufenden Versicherungsperiode zu berechnen ist (§ 169 III 1 Hs. 1 VVG) → im Falle der Kündigung gesetzlich vorgeschriebene Mindesthöhe → **P:** *Zillmerverfahren (Rn. 1228); europarechtliche Zulässigkeit (Rn. 1229)* → bei Kündigung durch VN begrenzt auf hypothetische Leistung des VR im Versicherungsfall; überschießender Teil fließt in prämienfreie Versicherung → bei fondsgebundener LV: Zeitwert (§ 169 IV VVG)
  - Abzug vom Rückkaufswert (Stornoabzug), wenn beziffert, vereinbart und angemessen (§ 169 V VVG)
  - Herabsetzung des Rückkaufswerts durch VR bei Gefährdung der Belange der VN bzw. Versicherten (§ 169 VI VVG)
- **Bezugsberechtigung** (§§ 159, 160 VVG, Rn. 1233 ff.)
  - Vertrag zugunsten Dritter i.S. von §§ 328 ff. BGB
  - Begründung durch Erklärung des VN gegenüber VR → **P:** *Auslegung bei Einsetzung des »Ehegatten« und spätere Scheidung* (Rn. 1240)
  - Unterscheidung zwischen widerruflicher und unwiderruflicher Bezugsberechtigung mit unterschiedlicher Rechtsstellung des Begünstigten (§ 159 II, III VVG)
  - Abtretung des Anspruchs auf die Versicherungsleistung durch VN
    - setzt schriftliche Anzeige an den VR voraus (§ 13 III, IV ALB 2008)
    - im Zweifel zugleich Widerruf einer widerruflichen Bezugsberechtigung; **P:** *Wirkung einer bloßen Sicherungszession* (Rn. 1246)
    - Abtretung durch VN ist unzulässig bei unwiderruflicher Bezugsberechtigung
- **Prämien- und Leistungsänderung durch VR** (§ 163 VVG, Rn. 1249 ff.):
  - gesetzliche Änderungsbefugnisse
  - Neufestsetzung der Prämie, wenn nicht nur vorübergehende und nicht voraussehbare Änderung des (bei Vertragsschluss nicht vorwerfbar falsch kalkulierten) Leistungsbedarfs, wenn angemessen und zur dauernden Erfüllbarkeit der Verträge erforderlich und wenn unabhängiger Treuhänder zustimmt → VN kann stattdessen Herabsetzung der Leistung verlangen → bei prämienfreier Versicherung kann auch VR Herabsetzung der Leistung verlangen → volle gerichtliche Überprüfbarkeit
- **Ersetzung unwirksamer AVB-Bestimmung durch VR** (§ 164 VVG, Rn. 1258 ff.)
  - gesetzliche Ersetzungsbefugnis
  - wenn AVB-Bestimmung durch höchstrichterliche Entscheidung oder bestandskräftigen Verwaltungsakt für unwirksam erklärt, wenn Ersetzungsregelung zur Fortführung des Vertrages notwendig oder Nichtersetzung unzumutbare Härte wäre und wenn Ersetzungsregelung unter Wahrung des Vertragsziels die Belange der VN angemessen berücksichtigt → keine Treuhänderbeteiligung erforderlich → volle gerichtliche Überprüfbarkeit

N. Kranken- und Pflegeversicherung

I. Funktion und Stellung im System der Sozialvorsorge

1. Funktion

Die **private Krankenversicherung** (PKV)[1] bietet Versicherungsschutz im Falle von Krankheit, Schwangerschaft, Entbindung und bestimmten medizinischen Vorsorgeuntersuchungen. Die Leistung des Versicherers besteht – abhängig von der vertraglichen Ausgestaltung – in der Erstattung der tatsächlichen Aufwendungen des Versicherten gegenüber Ärzten und anderen »Leistungserbringern« (**Krankheitskostenversicherung**), ggf. in »zusätzlichen Dienstleistungen« in unmittelbarem Zusammenhang mit der Kostenerstattung, oder in der Zahlung zeitabhängiger Beträge in Höhe vereinbarter Sätze (**Krankentagegeld-** und **Krankenhaustagegeldversicherung**), vgl. § 192 VVG sowie jeweils § 1 MB/KK 2009, MB/KT 2009. **1270**

Die **private »Pflegekrankenversicherung«** bietet Versicherungsschutz für das Risiko der Pflegebedürftigkeit entweder durch Erstattung von Pflegekosten oder durch Zahlung eines vereinbarten Tagegeldes (§ 192 VI VVG; Einzelheiten Rn. 1377 ff.). Sie ist im VVG dem Versicherungszweig »Krankenversicherung« zugeordnet (»Pflegekrankenversicherung«), obwohl Pflegebedürftigkeit und Krankheit zu trennen sind.[2] **1271**

2. Abgrenzung zur gesetzlichen Kranken- und Pflegeversicherung

Die Kranken- und die Pflegeversicherung sind in Deutschland durch das Nebeneinander von gesetzlicher und privater Versicherung geprägt. Die **gesetzliche Krankenversicherung** (GKV, geregelt im SGB V) und die **gesetzliche Pflegeversicherung** (»soziale Pflegeversicherung«; geregelt im SGB XI) gehören zum **Sozialversicherungsrecht**. Dieses unterscheidet sich grundlegend vom Privatversicherungsrecht, wie wir bereits gesehen haben (Rn. 5). Entsprechend unterscheiden sich auch die Systeme der gesetzlichen und der privaten Krankenversicherung.[3] »Über die verschiedenen Prinzipien der gesetzlichen sowie der privaten Krankenversicherung« muss der Versicherer den Versicherungsinteressenten vor Abschluss eines privaten Krankenversicherungsvertrages gem. § 10a III VAG durch Aushändigung eines amtlichen Informationsblattes der BaFin aufklären. **1272**

Verfassungsrechtlich geht es vor allem um die Frage, inwieweit dem Privatrechtsgesetzgeber bei der Ausgestaltung der privaten Kranken- und Pflegeversicherung Grenzen gesetzt sind. Insoweit kommt es in erster Linie auf die **konstitutiven Systemunterschiede zwischen privater und gesetzlicher Kranken- und Pflegeversicherung** an. Konstitutive Systemunterschiede[4] bestehen zunächst einmal in der unterschiedlichen **Art und Weise sowohl der Prämienkalkulation als auch der** **1273**

1 Vgl. *H. Müller* in: Beckmann/Matusche-Beckmann, § 44; *Ahlburg* in: Halm/Engelbrecht/Krahe, Kapitel 19; die Kommentierung der Krankenversicherung durch *Boetius*, *Hütt* und *Kalis* in: Langheid/Wandt.

2 BGH VersR 2000, 1533 = NJW 2001, 2802.

3 Ein detaillierter Überblick zu den Unterschieden findet sich bei *Bley/Kreikebohm/Marschner* Sozialrecht, 9. Aufl. 2007, nach Rn. 290. Vgl. auch *Boetius* in: Langheid/Wandt, Vor § 192 VVG Rn. 16 ff.; *ders.* VersR 2001, 662; *H. Müller* in: Beckmann/Matusche-Beckmann, § 44 Rn. 1 ff.

4 Vgl. dazu insgesamt BVerfG VersR 2009, 957 = NJW 2009, 2033.

Sicherstellung des Finanzbedarfs.[5] In der privaten Krankenversicherung bemisst sich die Höhe der Prämie bekanntlich nach der Höhe des individuellen Risikos (»Äquivalenzprinzip«, Rn. 1310 ff.).[6] Dagegen hängt der »Beitrag« in der gesetzlichen Versicherung nicht vom individuellen Risiko, sondern von der finanziellen Leistungsfähigkeit des Mitglieds ab. Maßgebend ist also die Einkommenshöhe oder der Status als Familienangehöriger, Rentner, Student, etc (»Solidaritätsprinzip«). Zur Sicherstellung des Finanzbedarfs ist in der PKV gesetzlich zwingend die Kapitaldeckung vorgeschrieben, insbesondere in Form von Altersrückstellungen, um den Kostenbedarf vorzufinanzieren, der mit dem Alter des Versicherten stetig steigt (sog. Kapitaldeckungs- oder Anwartschaftsverfahren; vgl. Rn. 1312). In der GKV dagegen erfolgt die Finanzierung im Wege des Umlageverfahrens, also grundsätzlich ohne Bildung von Rückstellungen.[7]

1274 Systemkonstitutiv ist für die PKV – wie für jede Privatversicherung – außerdem, dass es um den **vertraglichen Interessenausgleich von Privaten** geht. Auch bei grundsätzlich gegebener »Sozialbindung der privaten Krankenversicherung« setzt dies der »Indienstnahme« der privatrechtlichen Vertragsregelung für allgemein-gesellschaftliche soziale Ziele an irgendeinem Punkt Grenzen. Die Grenzlinie ist im Einzelfall allerdings schwierig zu bestimmen, weil der Privatrechtsgesetzgeber zu Recht eine weite Gestaltungsfreiheit hat. Zu den konstitutiven Systemunterschieden ist schließlich auch zu zählen, dass grundrechtlich geschützt innerhalb des durch die Spartentrennung abgegrenzten Wirtschaftsfeldes »Krankenversicherung« ein hinreichender privatwirtschaftlicher **Wettbewerb** gesichert sein muss. Die »Indienstnahme« der privatrechtlichen Vertragsregelung für allgemein-gesellschaftliche soziale Ziele darf also nicht so weit gehen, dass der Wettbewerb zwischen den Anbietern funktionsunfähig wird.

1275 Das BVerfG hat sich im Zusammenhang mit der Gesetzgebungskompetenz für die private Pflegepflichtversicherung zu den konstitutiven Merkmalen der Privatversicherung geäußert und dabei betont, dass der Privatrechtsgesetzgeber diese in einem bestimmten Rahmen – gemeint ist: unter Wahrung eines unabdingbaren Wesensgehalts – fortentwickeln darf:

1276 »Jedenfalls kann sich der Bundesgesetzgeber auf Art. 74 Abs. 1 Nr. 11 GG stützen, wenn sich seine Regelungen auf Versicherungsunternehmen beziehen, die in Wettbewerb mit anderen durch privatrechtliche Verträge Risiken versichern, die Prämien grundsätzlich am individuellen Risiko und nicht am Erwerbseinkommen des Versicherungsnehmers orientieren und die vertraglich zugesagten Leistungen im Versicherungsfall aufgrund eines kapitalgedeckten Finanzierungssystems erbringen (vgl. auch BVerfGE 76, 256 [300 ff.]). Ebenso wie die Kompetenz »Sozialversicherung« in Art. 74 Abs. 1 Nr. 12 GG (vgl. BVerfGE 75, 108 [146]) ist auch die Kompetenznorm »privatrechtliches Versicherungswesen« Entwicklungen nicht von vornherein verschlossen. Der Gesetzgeber des Bundes kann sich deshalb auf Art. 74 Abs. 1 Nr. 11 GG auch dann berufen, wenn er für einen von ihm neu geschaffenen Typ von privatrechtlicher Versicherung Regelungen des sozialen Ausgleichs vorsieht und insbesondere während einer Übergangszeit die das privatwirtschaftliche Versicherungswesen prägenden Merkmale nur begrenzt wirken lässt«.[8] Die im vorstehenden Satz gemachte Einschränkung

5 Vgl. *Boetius* DB 1996, Beilage Nr. 17 S. 3.

6 Zur Ausnahme der Deckelung des Beitrags im Basistarif vgl. Rn. 1317.

7 Die Kassen als Träger der GKV sind allerdings gemäß § 261 SGB V gehalten, Rücklagen zu bilden. Die Rücklagen werden aus allen Einnahmen finanziert und dienen dem Erhalt der Leistungsfähigkeit der jeweiligen Kasse. Ihre Höhe kann die einzelne Kasse vorgeben, wobei gesetzliche Grenzen zu beachten sind.

8 BVerfGE 103, 197 = VersR 2001, 627 = NJW 2001, 1709.

»während einer Übergangszeit« findet sich im Urteil des BVerfG vom 10.6.2009 nicht mehr.[9] Denn entscheidend ist nicht allein die zeitliche Dauer, sondern insgesamt das Gewicht des Eingriffs.

Den systemkonstitutiven Unterschieden zwischen der gesetzlichen und der privaten Krankenversicherung stehen einige **weitere Unterschiede** gegenüber, die in der Vergangenheit zunächst als systemprägend empfunden wurden, sich dann aber im Zuge zunehmender gesetzlicher Nivellierung – zutreffend – als nicht systemkonstituierend erwiesen. Dies gilt insbesondere für die **Versicherungspflicht**. In der GKV besteht systembedingt ein Zwang zur Versicherung. Dieser gilt für etwa 75 % der Bevölkerung.[10] Eine systembedingte Versicherungspflicht besteht auch in der gesetzlichen »sozialen Pflegeversicherung«. Schon mit Einführung der Sozialen Pflegeversicherung im Jahre 1995 wurde eine Versicherungspflicht jedoch auch für die private Pflegepflichtversicherung statuiert. Seit dem 01.01.2009 gibt es eine Versicherungspflicht darüber hinaus auch in der privaten Krankenversicherung. Eine Versicherungspflicht ist dem privaten Versicherungswesen damit grundsätzlich nicht fremd, wie wir auch schon bei der Haftpflichtversicherung gesehen haben (Rn. 1071).[11] 1277

Vertiefung: Von der GKV-Versicherungspflicht werden einige Personengruppen von vornherein nicht erfasst z.B. Selbstständige, Gewerbetreibende und Freiberufler sowie Beamte, Richter und Soldaten und sonstige Beschäftigte des öffentlichen Dienstes, die bei Krankheit Anspruch auf Fortzahlung ihrer Bezüge und auf Beihilfe oder Heilfürsorge haben (§§ 5, 6 I Nr. 2 SGB V). Arbeiter und Angestellte, die grundsätzlich der Versicherungspflicht unterliegen, sind versicherungsfrei im Sinne von § 6 I Nr. 1 SGB V, wenn ihr regelmäßiges Arbeitsentgelt einen bestimmten Jahresbetrag (für 2009 liegt dieser bei 48.600,00 €)[12] in drei aufeinander folgenden Kalenderjahren überstiegen hat. Diese Personen haben jedoch das Recht der freiwilligen Weiterversicherung in der GKV. Familienangehörige sind in der GKV bis zu einer bestimmten Einkommensgrenze beitragsfrei mitversichert (§ 10 SGB V). 1278

Auch die **Art der Leistung des Versicherers** begründet keinen konstitutiven Systemunterschied. In der GKV gilt grundsätzlich das Sachleistungsprinzip, d.h. der Versicherer schuldet nicht Geldleistungen, sondern unmittelbar Sach- und Dienstleistungen.[13] Dagegen schuldet der private Krankenversicherer den Versicherten grundsätzlich Kostenersatz, also eine Geldleistung.[14] Inzwischen kennt aber auch die GKV Elemente der Kostenerstattung (vgl. § 13 II SGB V) und umgekehrt die private Krankenversicherung neben der Kostenerstattung auch Sachleistungen (vgl. § 192 III VVG).[15] 1279

9 BVerfG VersR 2009, 957, 961 = NJW 2009, 2033, 2037.

10 Einzelheiten bei *Schirmer* in: Schulin, Handbuch des Sozialversicherungsrechts, Krankenversicherung, 1994, § 14 Rn. 2.

11 A.A. wonach jeder Kontrahierungszwang eine Überlagerung des Privatrechts durch öffentliches Recht darstellt: *Nipperdey* Kontrahierungszwang und diktierter Vertrag, 1920, S. 105; *v. Hayek* Recht, Gesetz und Freiheit, 2003, S. 145; vgl. auch – allerdings nicht so pointiert – *Präve* VersR 2007, 1049.

12 Die dynamisierte Jahresarbeitsentgeltgrenze des § 6 I Nr. 1 SGB V bestimmt sich nach § 6 VI, VII SGB V, sie wird jährlich angepasst.

13 In der GKV bestehen deshalb direkte Vertragsbeziehungen zwischen den Risikoträgern (Krankenkassen) und den medizinischen Leistungserbringern (insbesondere über deren kassenärztliche Vereinigungen). Vgl. RegE BT-Drucks. 16/3945 S. 55.

14 Die PKV wird deshalb bisher von einem dualen Vertragsmodell beherrscht: Der Versicherte, der über den Versicherungsvertrag mit seinem Versicherer verbunden ist, schließt als Patient einen Behandlungsvertrag mit dem Leistungserbringer. Der Versicherer hat also keine direkten Vertragsbeziehungen mit dem medizinischen Leistungserbringer. Vgl. RegE BT-Drucks. 16/3945 S. 55.

15 Ablehnend *Marlow/Spuhl* S. 277.

3. Gesetzliche Regulierung im Überblick

1280 Das **VVG 1908** enthielt keine speziellen Vorschriften für die Krankenversicherung, weil dieser Versicherungszweig zur damaligen Zeit noch keine wirtschaftliche Bedeutung hatte.[16] Dies änderte sich ganz erheblich schon in den Jahrzehnten vor dem Zweiten Weltkrieg. Gleichwohl kam es **bis zur Deregulierung im Jahre 1994** zu keiner Kodifikation.[17] Die Rechtspraxis wurde vielmehr von der aufsichtsbehördlichen Praxis und den AVB über die Krankenversicherung beherrscht. Damit war durchaus eine strenge Regulierung verbunden. Denn die AVB und die Tarife mussten vor ihrer Verwendung von der Aufsichtsbehörde genehmigt werden.

1281 Der **EG-bedingte Wegfall der Genehmigungspflicht für AVB und Tarife**[18] **im Jahre 1994** machte dann erstmals eine detaillierte **gesetzliche Regelung im VVG** notwendig (§§ 192–208 VVG; §§ 178a–178o VVG i.d.F. des Dritten Durchführungsgesetzes/EWG zum VAG vom 21.7.1994[19]). Denn ein vertraglicher Mindeststandard des Versicherungsschutzes, der bisher über die Genehmigung der Aufsichtsbehörde sichergestellt war, musste nun durch gesetzliche halbzwingende[20] Vorschriften gewährleistet werden.[21] Im **Aufsichtsrecht** wurde die Krankenversicherung im Zuge der Deregulierung umfassender als zuvor geregelt (§§ 12 ff. VAG).[22] Auf einige der aufsichtsrechtlichen Sonderregelungen sind wir schon eingegangen (Gleichbehandlung, Spartentrennung, Pflicht zur Vorlage der AVB, Sicherungsfonds).[23] Im Übrigen geht es vor allem um zwingende Vorgaben für die Prämienkalkulation und Prämienänderung sowie für die Bildung der »Alterungsrückstellung« (Einzelheiten Rn. 1300, 1369; zur Entwicklungsgeschichte der privaten Pflegekrankenversicherung vgl. Rn. 1378).

1282 Seit einiger Zeit wird das deutsche **Krankenversicherungssystem** einer **grundlegenden Gesetzesreform** unterzogen. Anlass ist vor allem die demografische Entwicklung. Sie ist seit langem durch eine ständige Erhöhung der Lebenserwartung gekennzeichnet. In deren Folge kommt es zu einer überproportionalen Zunahme älterer Versicherter mit hohem Leistungsbedarf (»Verschlechterung« der Leistungsseite) und

16 Zur Entwicklungsgeschichte *Moser* in: Bach/Moser, Einleitung Rn. 1 ff.

17 Die Pflegekrankenversicherung wurde erst mit Wirkung zum 01.01.1995 geschaffen.

18 Vgl. Rn. 70, 79. – Für die Krankenversicherung besteht aber noch eine Pflicht zur Vorlage der AVB und der Berechnungsgrundlagen für die Prämie gemäß § 5 V Nr. 1 und Nr. 1a VAG (zum EG-rechtlich bestehenden Freiraum für den nationalen Gesetzgeber vgl. Art. 54 Dritte Richtlinie Schadensversicherung 92/49/EWG, ABl. L 228 v. 11.08.1992, S. 1).

19 BGBl. I S. 1630; vgl. hierzu die Gesetzesbegründung BT-Drucks. 12/6959 S. 1 ff.

20 Da es um den Mindeststandard geht, sind die meisten Vorschriften des Titels über die Krankenversicherung (halb-) zwingend (vgl. § 208 VVG). Dies umfasst auch die Vorschriften, die für eine lückenlose Verzahnung von öffentlicher Krankheitsvorsorge und privatem Versicherungsverhältnis sorgen (vgl. §§ 197 II, 205 II, 199 VVG) sowie die »Kindernachversicherung«, die der Versicherer Kindern ab der Geburt oder Adoption ohne Risikozuschläge und Wartezeiten in dem Umfang gewähren muss, in dem auch ein Elternteil versichert ist (§ 198 VVG).

21 Vgl. *Renger* VersR 1995, 866.

22 Vgl. für das Aufsichtsrecht §§ 5 V Nr. 1 und Nr. 1a, 12 ff. VAG sowie die Kalkulationsverordnung (KalV) vom 18.11.1996 (BGBl. I S. 1783, abgedruckt bei *Wiechmann/Block* Nr. 8) und die Überschussverordnung (ÜbschV) vom 08.11.1996 (BGBl. I S. 1687, abgedruckt bei *Wiechmann/Block* Nr. 11).

23 Vgl. § 12 VAG sowie Rn. 111 ff. (Gleichbehandlung), Rn. 58 ff. (Spartentrennung), Rn. 79 (Pflicht zur Vorlage der AVB), Rn. 1166 (Sicherungsfonds; für den Bereich der substitutiven Krankenversicherung ist gem. § 127 VAG die von der Versicherungswirtschaft gegründete Medikator AG beliehen).

zugleich zu einer überproportionalen Abnahme von Erwerbstätigen im Verhältnis zu Nichterwerbstätigen (»Verschlechterung« der Finanzierungsseite). Der Gesetzgeber hat darauf zunächst mit dem Beitragssatzsicherungsgesetz von 2002[24] reagiert und die Finanzierungsgrundlage der GKV durch Anhebung der Versicherungspflichtgrenze erweitert. Diese Anhebung der Versicherungspflichtgrenze in der GKV hat für die PKV-Unternehmen und ihre Versicherten erhebliche nachteilige Konsequenzen. Sie führte und führt nämlich unmittelbar zu einem drastischen Einbruch der Neuzugänge von Vollversicherten in der PKV und mittelbar zu einem Prämienanstieg, weil weniger junge, gesunde Neuversicherte hinzukommen.[25] Eine gegen das Beitragssatzsicherungsgesetz gerichtete Verfassungsbeschwerde hat das BVerfG gleichwohl nicht zur Entscheidung angenommen.[26]

Die **VVG-Reform 2008** hat die aus dem Jahre 1994 stammende, also noch sehr junge Kodifikation des Vertragsrechts der Krankenversicherung weitgehend unverändert übernommen. Die wenigen Änderungen betreffen vor allem Details, einschließlich der Ausweitung der Informationspflichten des Versicherers durch § 3 VVG-InfoV (näher dazu Rn. 1304). Von grundsätzlicher Bedeutung sind jedoch der Ausschluss der Leistungspflicht des Versicherers für Aufwendungen, die in einem auffälligen Missverhältnis zu den erbrachten Leistungen stehen (Rn. 1337 f.) sowie die Klarstellung, dass das Leitbild der privaten Krankenversicherung nicht auf Kostenersatz beschränkt ist, sondern auch Dienstleistungen in unmittelbarem Zusammenhang mit der Kostentragung umfasst (sog. »managed care«, Rn. 1335). **1283**

Die Änderungen des Krankenversicherungsrechts durch die VVG-Reform 2008 sind auf Versicherungsverträge anzuwenden, die ab dem 01.01.2008 geschlossen werden. Auf »Altverträge« sind sie grundsätzlich erst seit dem 01.01.2009 anzuwenden (Art. 1 I EGVVG). Der Versicherer konnte jedoch eine Anwendbarkeit schon ab dem 01.01.2008 herbeiführen, indem er die AVB schon vor diesem Zeitpunkt an das neue Recht anpasste (Art. 2 Nr. 2 EGVVG; vgl. dazu Rn. 19). **1284**

Die VVG-Reform 2008 ist im Zusammenhang mit dem »Gesetz zur Stärkung des Wettbewerbs in der Gesetzlichen Krankenversicherung (**GKV-Wettbewerbsstärkungsgesetz – GKV-WSG**)«[27] vom 30.03.2007 zu sehen. Im Mittelpunkt dieses Gesetzes stehen – wie sein Name sagt – vielschichtige **Änderungen im Bereich der gesetzlichen Krankenversicherung**; das Gesetz bringt aber auch Änderungen für die PKV. Der Maßnahmenkatalog für die GKV umfasst u.a. die Einführung von Wahltarifen, die Gewährung größerer Vertragsfreiheiten der Kassen, ein neues ärztliches Honorierungswesen, die Kosten-Nutzen-Bewertung von Arzneimitteln, eine stärkere Verzahnung des ambulanten und des stationären Sektors, der Ausbau der integrierten Versorgung, die Straffung der Verbandsstrukturen, die Einrichtung eines Gesundheitsfonds, der Maßnahmen zur Stärkung des Wettbewerbs zwischen den Kassen und Anreize für eine effizientere wirtschaftliche Verwendung der Einnahmen absichern soll, sowie die erneute Ausdehnung der GKV-Versicherungspflicht durch das Erfor- **1285**

24 Gesetz zur Sicherung der Beitragssätze in der gesetzlichen Krankenversicherung und in der gesetzlichen Rentenversicherung (Beitragssatzsicherungsgesetz – BSSichG) vom 23.12.2002 (BGBl I S. 4637).

25 *Sodan* NJW 2003, 1764; *Niemann* NZS 2003, 134; vgl. *Wolkenschläger/Krogull* NZS 2005, 239; Mitteilung in VersMed 2008, 96; allgemein *Boetius* VersR 2005, 297. Zur EG-rechtlichen Beurteilung der Erhöhung der Versicherungspflichtgrenze *Reufels* VersR 2003, 1065.

26 BVerfG VersR 2004, 898; dazu Anm. *Wolkenschläger/Krogull* NZS 2005, 237 sowie *Sodan* NJW 2003, 1761.

27 Vgl. BGBl. I 2007, S. 378. Vgl. dazu *Marko* Private Krankenversicherung nach dem GKV-Wettbewerbsstärkungsgesetz, 2008.

dernis des dreimaligen Überschreitens der »Jahresarbeitsentgeltgrenze«.[28] Die beschriebenen Neuregelungen für die GKV werden – wie schon das Beitragssatzsicherungsgesetz von 2002 – ganz erhebliche **mittelbare Auswirkungen auf die private Krankenversicherung** haben.[29] Das GKV-WSG enthält darüber hinaus aber auch **unmittelbar grundlegende Neuerungen für die private Krankenversicherung**. Sie sollen nach der rechtspolitischen Zielsetzung einerseits einen Basis-Versicherungsschutz sichern und andererseits die Wettbewerbssituation in der PKV verbessern. Die wichtigsten Neuerungen sind die **Einführung einer Versicherungspflicht** auch für die private Krankenversicherung (Rn. 1306), die **Einführung eines Basistarifs**, der einen prämiengünstigen Mindestversicherungsschutz bieten soll und deshalb am Leistungs- und Beitragsniveau der GKV ausgerichtet ist (Rn. 1353 ff.), sowie die **Übertragbarkeit der auf den Basistarif kalkulieren Alterungsrückstellung** (Rn. 1369). Die Änderungen des VVG und VAG durch das GKV-WSG sind erst zum **1. Januar 2009** in Kraft getreten.[30] Für den Gesetzesanwender bestand deshalb die (vorübergehende) Schwierigkeit, dass viele der gerade erst durch die VVG-Reform 2008 geänderten Vorschriften infolge des GKV-WSG zum 01.01.2009 erneut geändert bzw. ergänzt wurden. Nachfolgend wird zwischen dem **VVG 2008** und dem **VVG 2009** nur insoweit unterschieden, als inhaltliche Unterschiede bestehen.

1286 **Vertiefung:** Eine große Zahl von Krankenversicherungsunternehmen sowie einzelne Privatversicherte hatten gegen Einzelregelungen des GKV-WSG **Verfassungsbeschwerden** erhoben, über die das BVerfG durch Urteil vom 10.06.2009 entscheiden hat.[31] Es ging um die Frage, ob der Gesetzgeber seinen Gestaltungsspielraum zur zwingenden Regelung von privatrechtlichen Rechtsverhältnissen unzulässig überschritten hat. Diese Frage stellte sich insbesondere hinsichtlich der Lasten, die sich für Versicherer und Versichertenkollektive daraus ergeben, dass die Prämienhöhe im Basistarif zwingend begrenzt ist (Rn. 1317). Verfassungsrechtlich überprüft wurden außerdem die Folgen der neu geschaffenen befristeten Wechselmöglichkeit von »Altversicherten« unter Mitgabe eines Teils der Alterungsrückstellung (Rn. 1359). Die Mitgabe von Teilen der Alterungsrückstellung ist problematisch, weil die Prämien bestehender Verträge auf der bisher gesetzlich garantierten Grundlage kalkuliert worden sind, dass die Kündigung eines bestehenden Vertrages nicht zu einer Mitgabe der bis dahin angesammelten Alterungsrückstellung führt, sondern dass die Alterungsrückstellung des Kündigenden dem bisherigen Kollektiv zugutekommt (»vererbt wird«). Ausgehend von Stornowahrscheinlichkeiten hat der Versicherer diesen Umstand bei der Prämienkalkulation der bestehenden Verträge in der Weise berücksichtigt, dass deren Prämienhöhe vermindert wurde. Diese Kalkulationsgrundlage wird nun durch das GKV-WSG mit der Folge ausgehebelt, dass die Prämien im Altkollektiv stärker ansteigen, und zwar einseitig zu Lasten bestimmter Gruppen von Bestandsversicherten, für die auf Grund ihres Risikoprofils ein Wechsel in den Basistarif nicht in Frage kommt. Um den Interessen der nichtwechselnden Bestandversicherten Rechnung zu tragen, wurde eine Wartefrist von 18 Monaten im Basistarif eingeführt (§ 13 Ia Kalkulationsverordnung[32] i.V.m. § 12c I 1 VAG[33]; vgl. Rn. 1361, 1372).[34] – Das **BVerfG** hat die Regelungen des GKV-WSG insge-

28 Vgl. *Sodan* NJW 2007, 1313; zur Verfassungsmäßigkeit vgl. BVerfG VersR 2009, 957, 967 = NJW 2009, 2033, 2044 f.

29 Vgl. Art. 43 und Art. 44 GKV-WSG (BGBl. I 2007, S. 466 f., 468 f.).

30 Vgl. BGBl. I 2007, S. 472 zu Art. 46 X.

31 BVerfG VersR 2009, 957 = NJW 2009, 2033.

32 Die Änderung erfolgte durch die Zweite Verordnung zur Änderung der Kalkulationsverordnung vom 05.01.2009 (BGBl. I S. 7).

33 Die Ausweitung der Ermächtigungsgrundlage für den Verordnungsgeber zur Änderung der KalV erfolgte durch Art. 6a des Gesetzes zur Weiterentwicklung der Organisationsstrukturen in der gesetzlichen Krankenversicherung (GKV-OrgWG) vom 15.12.2008 (BGBl. I, S. 2426).

34 Vgl. BVerfG VersR 2009, 957, 967 = NJW 2009, 2033, 2044.

samt als **verfassungsgemäß** eingestuft.[35] Die Einführung des Basistarifs und die teilweise Portabilität der Alterungsrückstellungen greifen zwar in Grundrechte der Versicherer ein, dies sei jedoch durch beachtliche Interessen des Gemeinwohls gerechtfertigt und damit mit dem Grundgesetz vereinbar. Den **Gesetzgeber** trifft nach dem BVerfG jedoch eine **Beobachtungs- und Schutzpflicht**. Sollten die Vorschriften über den Basistarif, die Portabilität und die erweiterte Versicherungspflicht in der GKV zu so großen Wechselbewegungen in den Basistarif und unzumutbaren Prämiensteigerungen für die übrigen Versicherungsnehmer in den Normaltarifen führen, dass dies letztlich eine Auszehrung des eigentlichen Hauptgeschäfts der privaten Krankenversicherungen bewirkt, bedürften die gesetzlichen Regelungen einer erneuten Prüfung und Korrektur. Wenn nämlich der Gesetzgeber den privaten Krankenversicherungen durch die Einführung der Versicherungspflicht und den Kontrahierungszwang im Basistarif in verfassungsrechtlich zulässiger Weise die Aufgabe zuweist, im Rahmen eines privatwirtschaftlich organisierten Marktes für den bei ihr versicherten Personenkreis einen Basisschutz bereitzustellen, muss er auch im Interesse der Versicherten darauf achten, dass dies keine unzumutbaren Folgen für Versicherungsunternehmen und die bei ihnen Versicherten hat. – Das BVerfG hält jedoch auf Grund der Sondersituationen kleinerer VVaG i.S. von § 53 VAG eine verfassungskonforme Auslegung des Inhalts für notwendig, dass der Kontrahierungszwang sie nur gegenüber Antragstellern aus ihrem nach der Satzung vorgesehenen Mitgliederkreis trifft.[36]

Es sei noch einmal betont, dass die »Kodifikation« der Krankenversicherung im Vergleich zu anderen Versicherungen sehr jung ist. Dies erklärt, dass die dogmatische Durchdringung dieses Versicherungszweigs hinter der anderer Versicherungszweige erheblich zurück ist und manche grundsätzliche Problematik noch nicht voll ausgeleuchtet ist, beispielsweise die Grundlagen individueller Risikozuschläge für erhöhte Krankheitsrisiken und die diesbezügliche Bedeutung des Gleichbehandlungsgrundsatzes. 1287

II. Systematische Einordnung der Krankenversicherung

1. Schadens- oder Summenversicherung

Die Krankenversicherung ist wie die Lebensversicherung eine **Personenversicherung** (zur Pflegeversicherung vgl. Rn. 1377). Während die Lebensversicherung aber stets eine Summenversicherung ist, ist die Krankenversicherung **je nach Ausgestaltung Summen- oder Schadensversicherung.** 1288

Die **Krankheitskostenversicherung** ist eine Schadensversicherung, weil sich die Versichererleistung nicht nach einer im Voraus bestimmten festen Summe, sondern nach dem konkreten Bedarf berechnet, den eine Krankheit ausgelöst hat. 1289

Dagegen ist die **Krankenhaustagegeldversicherung** eine Summenversicherung. Sie wäre zwar auch als Schadensversicherung denkbar, weil ihr Hauptzweck darin liegt, die mit einem Krankenhausaufenthalt verbundenen Aufwendungen abzudecken, die von der Krankheitskostenversicherung nicht erfasst werden (z.B. Krankenhauspflegesatz). Nach den MB/KK 2009 ist die Krankenhaustagegeldversicherung jedoch eindeutig als Summenversicherung ausgestaltet: Der Versicherer hat pro Kliniktag des Versicherten eine fest vereinbarte Summe zu leisten, ungeachtet der Höhe der tatsächlichen Kosten (abstrakte Bedarfsdeckung; Rn. 34). Die Regelung des § 86 VVG über den gesetzlichen Übergang von Ersatzansprüchen des Versicherungsnehmers gegen Dritte auf den Versicherer ist deshalb nicht anwendbar; dies verbietet allerdings 1290

35 BVerfG VersR 2009, 957 = NJW 2009, 2033.
36 BVerfG VersR 2009, 1057.

nicht eine Vereinbarung (AVB) über die Abtretung eines Schadensersatzanspruchs des Versicherten gegen einen schädigenden Dritten.[37]

1291 Summenversicherung ist nach herrschender Meinung auch die **Krankentagegeldversicherung**[38], die dem Versicherten Anspruch auf eine im Voraus vereinbarte feste Summe pro Tag einer festgestellten Krankheit (nicht nur: eines Klinikaufenthalts) gibt. Auch auf sie ist der nur für die Schadensversicherung geltende § 86 VVG also nicht anwendbar.[39] Bedenken dagegen ergeben sich auch hier aus dem Zweck der Krankentagegeldversicherung. Sie soll nämlich krankheitsbedingte Verdienstausfälle ausgleichen. Die Form einer Summenversicherung ist gewählt, um Schwierigkeiten bei der Berechnung des Verdienstausfalls zu vermeiden. Um Missbräuchen vorzubeugen, stellen allerdings verschiedene AVB-Bestimmungen sicher, dass die Leistung des Versicherers nicht erheblich über den Verdienstausfall hinausgehen kann (§§ 1 (1), 4 (2) ff., MB/KT 2009).[40] Solche Bestimmungen, die die Leistungspflicht des Versicherers begrenzen, machen die Krankentagegeldversicherung aber noch nicht zu einer Schadensversicherung. Sie wäre nur dann als Schadensversicherung zu qualifizieren, wenn die zu erbringende Versicherungsleistung nach den AVB den Einkommensschwankungen des Versicherten ständig und automatisch angepasst würde.[41]

1292 »Soweit« der Versicherungsschutz nach den Grundsätzen der Schadensversicherung gewährt wird, stellt § 194 I 1 VVG die Anwendbarkeit etlicher Vorschriften über die Schadensversicherung ausdrücklich klar. Dagegen sind die **Vorschriften über die Gefahrerhöhung (§§ 23–27 und 29 VVG)** auf die Krankenversicherung, gleich ob Schadens- oder Summenversicherung, **nicht anwendbar** (§ 194 I 2 VVG). Ihre Anwendung wäre nicht nur unpraktikabel, sie wäre auch kaum mit der sozialpolitischen Funktion der Krankenversicherung zu vereinbaren.

2. Substitutive Krankenversicherung, nicht substitutive Krankenversicherung nach Art der Lebensversicherung und sonstige nicht substitutive Krankenversicherung

a) Überblick

1293 VAG und VVG unterscheiden zwischen der »substitutiven Krankenversicherung«, der »nicht substitutiven Krankenversicherung nach Art der Lebensversicherung« und der sonstigen nicht substitutiven Krankenversicherung. Diese Unterscheidung ist

37 *Tschersich* in: Beckmann/Matusche-Beckmann, § 45 Rn. 127; *Prölss* in: Prölss/Martin, § 178b VVG a.F. Rn. 4.

38 Dazu insgesamt *Tschersich* in: Beckmann/Matusche-Beckmann, § 45 Rn. 8 ff.; vgl. auch *Brams* VersR 2009, 744.

39 BGH VersR 2001, 1100 = NVersZ 2001, 457; *Tschersich* in: Beckmann/Matusche-Beckmann, § 45 Rn. 104; dagegen zumindest für analoge Anwendung des § 67 VVG a.F. *Prölss* in: Prölss/Martin, § 178b VVG a.F. Rn. 9; vgl. auch *Möller/Sägger* in: Langheid/Wandt, § 86 VVG Rn. 43.

40 Vgl. § 4 (2) ff. MB/KT 2009: »Das Krankentagegeld darf [...] das [...] Nettoeinkommen nicht übersteigen. Maßgebend [...] ist der Durchschnittsverdienst der letzten 12 Monate vor Antragstellung bzw. vor Eintritt der Arbeitsunfähigkeit [...]« »Der Versicherungsnehmer ist verpflichtet, dem Versicherer unverzüglich eine [...] Minderung des [...] Nettoeinkommens mitzuteilen.« »Erlangt der Versicherer davon Kenntnis, dass das Nettoeinkommen [...] gesunken ist, so kann er [...] das Krankentagegeld [...] herabsetzen«.

41 BGH VersR 2001, 1100 = NVersZ 2001, 457; BGH VersR 1974, 184; für Qualifikation als Schadensversicherung *Prölss* in: Prölss/Martin, § 67 VVG a.F. Rn. 2, § 178b VVG a.F. Rn. 9 und § 1 MB/KT 1994 Rn. 1.

wichtig, weil je nach der Einordnung andere Vorschriften maßgebend sein können. Grundsätzlich gelten die §§ 192–208 VVG für alle Krankenversicherungen. Einige Vorschriften gelten jedoch nur für die substitutive Krankenversicherung (vgl. insb. §§ 195, 206 VVG). Davon gelten wiederum einzelne Vorschriften entsprechend für die nicht substitutive Krankenversicherung, wenn diese nach Art der Lebensversicherung betrieben wird (vgl. insb. §§ 195 I 2, 206 II VVG).

Der Ausgangspunkt für diese Unterscheidung liegt in Art. 54 der Dritten Schadensrichtlinie der EG.[42] Abweichend von den allgemeinen Grundsätzen der Schadensrichtlinien (Rn. 70, 173) wird dort für Verträge, welche »die im gesetzlichen Sozialversicherungssystem vorgesehene Krankenversicherung ganz oder teilweise ersetzen können« (sog. **»substitutive Krankenversicherung«**) eine Sonderregelung getroffen, um deren sozialer Bedeutung gerecht werden zu können. Der Mitgliedstaat, in dem das Risiko belegen ist, kann verlangen, dass ein solcher Vertrag »den von diesem Mitgliedstaat erlassenen spezifischen Rechtsvorschriften zum Schutz des Allgemeininteresses in Bezug auf diesen Versicherungszweig entspricht und dass den zuständigen Behörden dieses Mitgliedstaats die allgemeinen und besonderen Versicherungsbedingungen vor deren Verwendung mitgeteilt werden« (Art. 54 I). Außerdem kann der Mitgliedstaat vorschreiben, dass die substitutive Krankenversicherung unter benannten Voraussetzungen nach Art der Lebensversicherung zu betreiben ist (Art. 54 II). **1294**

b) Die Abgrenzungen

Die **»substitutive Krankenversicherung«** ist gesetzlich definiert als »Krankenversicherung, die ganz oder teilweise den im gesetzlichen Sozialversicherungssystem vorgesehenen Kranken- oder Pflegeversicherungsschutz ersetzen kann« (so gleich lautend § 12 I VAG und § 195 I VVG).[43] Voraussetzung für die Qualifikation als »substitutive Krankenversicherung« ist, dass die Versicherung Schutz gegen die gleichen Risiken wie die gesetzliche Krankenversicherung bietet und nicht nur dem Ausgleich von Leistungsbegrenzungen in der gesetzlichen Krankenversicherung dient.[44] Substitutiv sind danach die Heilkostenversicherung, und zwar auch im Basistarif, sowie die Krankentagegeldversicherung (da die gesetzliche Krankenversicherung auch Krankengeld umfasst).[45] **1295**

Die **nicht substitutive Krankenversicherung** ist im Wege negativer Abgrenzung zur substitutiven zu bestimmen. Darunter fallen also alle Krankenversicherungen, die nicht geeignet sind, ganz oder teilweise den im gesetzlichen Sozialversicherungssystem vorgesehenen Kranken- oder Pflegeversicherungsschutz zu ersetzen. Hierzu gehören beispielsweise die Versicherung von Wahlleistungen bei Krankenhausbehandlung[46], die Krankenhaustagegeldversicherung, die Restschuld-Krankentagegeldversicherung oder die Auslandsreise-Krankenversicherung[47]. Diese privaten Zusatzversicherungen **1296**

42 Dritte Richtlinie Schadensversicherung 92/49/EWG, ABl. EG L 228 v. 11.08.1992, S. 1.

43 Zur Abgrenzung vgl. *Bauer* ZfV 1996, 2; *Sahmer* ZfV 1996, 483, 524; *Boetius* in: Langheid/Wandt, Vor § 192 VVG Rn. 568 ff.

44 *Prölss* in: Prölss/Martin, § 178a VVG a.F. Rn. 11.

45 *H. Müller* in: Beckmann/Matusche-Beckmann, § 44 Rn. 67; *Prölss* in: Prölss/Martin, § 178a VVG a.F. Rn. 11; a.A. für die freiwillige Pflegeversicherung *Sahmer* ZfV 1996, 483. Offen gelassen von BGH VersR 2000, 1533 = NJW 2001, 2802.

46 Für eine »umfassendere, personenbezogene Sichtweise« mit der Folge weitergehender Bejahung der Substitutivität *Schoenfeldt/Kalis* in: Bach/Moser, § 178a VVG a.F. Rn. 19.

47 Zu in der gesetzlichen Krankenversicherung nur ausnahmsweise zu erbringenden Auslandsleistungen vgl. *Klusen/Agasi* ZVersWiss 2002, 303, 308.

werden auch von vielen GKV-Pflichtversicherten zur Ergänzung des gesetzlichen Versicherungsschutzes genommen.[48]

1297 Eine besondere Kategorie innerhalb der nicht substitutiven Krankenversicherung bildet **die nicht substitutive, nach Art der Lebensversicherung betriebene Krankenversicherung**. VAG und VVG behandeln sie grundsätzlich wie die substitutive Krankenversicherung (vgl. § 12 V VAG und die Regelungen des VVG für Krankenversicherungen mit Prämienberechnung nach §§ 12 ff. VAG).[49] »Nach Art der Lebensversicherung betrieben« heißt, dass die Versicherung nach versicherungsmathematischen Grundsätzen der Lebensversicherung, insbesondere unter Bildung von Rückstellungen für die biometrischen Risiken, betrieben wird.[50]

1298 Nachfolgend werden wir zunächst die substitutive Krankenversicherung sowie die ihr im Wesentlichen gleichgestellte nicht substitutive, nach Art der Lebensversicherung betriebene Krankenversicherung behandeln. In diesem Rahmen werden auch die für alle Krankenversicherungsarten geltenden allgemeinen Regelungen erläutert. Ergänzende Erläuterungen sind dann nur noch für die nicht substitutive Krankenversicherung erforderlich, die nach Art der Schadensversicherung betrieben wird (vgl. dazu Rn. 1374 ff.).

III. Allgemeine Regelungen und Besonderheiten der substitutiven Krankenversicherung

1. Überblick: Sozialpolitische Bedeutung und rechtlicher Schutzbedarf

1299 Der privaten Krankenversicherung kommt wie der gesetzlichen eine besondere **sozialpolitische Bedeutung** zu. Es geht nämlich wie in der gesetzlichen Krankenversicherung um die Absicherung eines Risikos, das wegen seiner dauerhaften und stetig zunehmenden Kostenträchtigkeit für die Versicherten existenziell ist. Die – regelmäßig monatlich zu entrichtenden[51] – Prämien (nicht anders als die Beiträge für die gesetzliche Krankenversicherung für GKV-Versicherte) »verschlingen« einen erheblichen Teil der monatlichen Einkünfte des Versicherungsnehmers. Deshalb unterliegt die private Krankenversicherung – EG-rechtlich zulässig (Rn. 1280 ff.) – zwingenden aufsichtsrechtlichen und (halb-) zwingenden vertragsrechtlichen Regelungen.

1300 Die speziellen Regelungen des VVG und des VAG über die Krankenversicherung sind im Wesentlichen eine Reaktion darauf, dass das Krankheitsrisiko eines Versicherten mit zunehmendem Lebensalter um ein Vielfaches steigt. So verursacht ein 90-Jähriger im Durchschnitt ca. neunmal so hohe Krankheitskosten wie ein junger Ver-

48 Die Zahl der gesetzlich Versicherten mit einer privaten Zusatzversicherung wird für Ende 2007 auf 19,78 Mio. geschätzt, vgl. Mitteilung in VersMed 2008, 96.

49 Zu Bedenken mit Blick auf Art. 54 der Dritten Schadensrichtlinie der EG *Boetius* VersR 2005, 297; *Kaulbach* in: Fahr/Kaulbach/Bähr, Versicherungsaufsichtsgesetz, 4. Aufl. 2007, § 12 VAG Rn. 19.

50 Vgl. *Kaulbach* in: Fahr/Kaulbach/Bähr, Versicherungsaufsichtsgesetz, 4. Aufl. 2007, § 12 VAG Rn. 3 und 19, wonach für die Qualifikation der Aufbau eines Deckungskapitals und der Ausschluss des Kündigungsrechts des Versicherers genügt. Vgl. auch *H. Müller* in: Beckmann/Matusche-Beckmann, § 44 Rn. 65.

51 S. Rn. 497 ff.

sicherter.[52] Dies hätte bei unmodifizierter Anwendung des im Versicherungsvertragsrecht allgemein geltenden Grundsatzes der risikogerechten Prämie (Rn. 102 ff.) zur Folge, dass ein Versicherter in jungen Jahren nur eine geringe Prämie zahlen müsste, die Prämie dann aber mit zunehmendem Lebensalter und Krankheits-(kosten-)risiko um ein Vielfaches steigen würde. Das aber wäre aus sozialpolitischen Gründen im Allgemeinen nicht wünschenswert oder auch nicht durchführbar, weil das verfügbare Einkommen der Versicherten ab dem Eintritt in das Rentenalter regelmäßig nicht mehr steigt, sondern im Gegenteil sinkt und deshalb für dann exorbitant hohe Prämien häufig nicht ausreichen würde. Deshalb sind die Versicherer gesetzlich verpflichtet von Beginn des Versicherungsverhältnisses an Prämien in einer solchen Höhe zu verlangen, dass Rücklagen für die erhöhte Kostenlast im Alter gebildet werden können (»Alterungsrückstellung«). Bei einer Kündigung des Versicherten fiel diese Alterungsrückstellung nach der **bislang geltenden Regelung** – die mit dem GKV-WSG seit 1.1.2009 aber teilweise geändert ist (Rn. 1285) – jedoch vollständig an das verbleibende Kollektiv (sog. »Vererbung« an das verbleibende Kollektiv).[53] Der Versicherte musste deshalb bei Abschluss eines neuen Versicherungsvertrages bei einem anderen Krankenversicherer rücklagenmäßig »bei Null« anfangen. Außerdem musste er sich beim Neuabschluss einer erneuten Risikoprüfung unterziehen, was bei (altersbedingt) verschlechtertem Gesundheitszustand zu Risikoausschlüssen oder erhöhten Prämien in Form von Risikozuschlägen führte. Insgesamt führten diese Strukturen der bislang geltenden Rechtslage dazu, dass der Wechsel eines Krankenversicherers in fortgeschrittenem Alter wirtschaftlich unattraktiv war und deshalb nahezu vollständig unterblieb. Umgekehrt durfte der Versicherer den Vertrag aber auch nicht seinerseits ordentlich kündigen. Insgesamt gesehen fand ein Wettbewerb um Altversicherte in dem bis zum 01.01.2009 geltenden System nicht statt.

Im **neuen seit dem 01.01.2009 geltenden System** zeigt sich die besondere sozialpoli- 1301
tische Bedeutung der Krankenversicherung bereits durch die Versicherungspflicht für die Versicherungsnehmer verbunden mit dem Kontrahierungszwang für die Versicherer, einen Vertrag zum Basistarif abzuschließen (Rn. 1307). Der Basistarif soll einen ausreichenden Versicherungsschutz zu bezahlbaren Prämien ohne individuelle Risikozuschläge und Risikoausschlüsse bieten.[54] Im Falle einer Kündigung besteht ein Anspruch auf Übertragung eines Teils der Alterungsrückstellung; den nicht übertragenen Teil der Alterungsrückstellung kann der Kündigende bei seinem bisherigen Versicherer in Zusatzversicherungen »ummünzen« (Rn. 1371). Dadurch soll der Wettbewerb in der PKV erheblich und nachhaltig verändert werden. Ob dies tatsächlich erreicht wird, bleibt abzuwarten.

2. Die Zulassung zum Geschäftsbetrieb

Bereits bei der Erlaubnis zum Geschäftsbetrieb der substitutiven Krankenversiche- 1302
rung gibt es, verglichen mit anderen Sparten, aufsichtsrechtliche Besonderheiten. Der Krankenversicherer muss mit dem Antrag auf Erlaubnis zum Geschäftsbetrieb als **Bestandteil des Geschäftsplans** auch **die Allgemeinen Versicherungsbedingungen**

52 Reformkommission, Abschlussbericht, S. 142. Vgl. auch das Gutachten der unabhängigen Expertenkommission zur Untersuchung der »Problematik steigender Beiträge der privat Krankenversicherten im Alter« vom 18.06.1996, BT-Drucks. 13/4945.

53 BGH VersR 1999, 877.

54 Vgl. BT-Drucks. 16/3100 S. 87, 92 ff.

einreichen, ebenso »die **Grundsätze für die Berechnung der Prämien** und der mathematischen Rückstellungen einschließlich der verwendeten Rechnungsgrundlagen, mathematischen Formeln, kalkulatorischen Herleitungen und statistischen Nachweise« (§ 5 V Nr. 1 und 1a VAG). Die Aufsichtsbehörde kann die Erlaubnis zum Geschäftsbetrieb versagen, wenn dem Antrag keine vollständigen oder unzureichende Unterlagen beigefügt sind (§ 8 I 5 VAG). Sie muss die Erlaubnis versagen, wenn sich aus diesen Unterlagen ergibt, dass die Belange der Versicherten nicht ausreichend gewahrt oder die Verpflichtungen aus den Versicherungen nicht genügend als dauernd erfüllbar dargetan sind (§ 8 I 1 Nr. 3 VAG).

1303 Die substitutive Krankenversicherung darf im Inland nur **nach Art der Lebensversicherung betrieben** werden (Rn. 1294 ff.).

3. Vertragsschluss, Versicherungspflicht und Dauer

1304 Für den **Abschluss eines Krankenversicherungsvertrages** gelten grundsätzlich die allgemeinen Regeln (vgl. Rn. 240 ff.). Allerdings treffen den Krankenversicherer zusätzliche **besondere Informationspflichten**, insbesondere über Prämie, Kosten, Prämienentwicklung und Tarifwechselrecht (zu den Einzelheiten vgl. § 3 VVG-InfoV; zum »amtlichen Informationsblatt« gem. § 10a III VAG Rn. 1272).

1305 Den Versicherungsnehmer trifft wie auch sonst die **vorvertragliche Anzeigeobliegenheit** des § 19 VVG. Hinsichtlich der Rechtsfolgen einer Anzeigepflichtverletzung werden die allgemeinen Regeln jedoch für den Fall modifiziert, dass der Versicherungsnehmer die Verletzung der Anzeigepflicht nicht zu vertreten hat. In diesem Fall soll keinerlei Sanktion eintreten, entgegen § 19 IV VVG (vgl. Rn. 804) also auch keine Vertragsanpassung ab der laufenen Versicherungsperiode (§ 194 I 2 VVG). Wegen der sozialen Bedeutung der Krankenversicherung ist außerdem die fünfjährige Ausschlussfrist des § 21 III VVG für die Geltendmachung der Rechte des Versicherers aus einer Verletzung der Anzeigeobliegenheit auf drei Jahre verkürzt (§ 194 I 3 VVG).

1306 Bisher war der Abschluss einer privaten Krankenversicherung für nicht in der GKV versicherte Personen keine Pflicht. Deshalb bestand auch kein Kontrahierungszwang für die Versicherer. **Seit dem 01.01.2009** müssen Personen, die nicht in der GKV versicherungspflichtig sind – vorbehaltlich enger Ausnahmen[55] – eine Krankheitskostenversicherung abschließen, und zwar für sich selbst und für die gesetzlich vertretenen Personen, soweit diese nicht selbst Verträge abschließen können (§ 193 III 1 VVG 2009). Die gesetzliche Versicherungspflicht soll vermeiden, dass sich Personen nicht oder verspätet gegen Krankheit versichern und dadurch zu einem Kostenrisiko für die Allgemeinheit oder die Solidargemeinschaft der Versicherten werden.[56] Die Versicherung muss mindestens eine Kostenerstattung für ambulante und stationäre Heilbehandlung umfassen und die betragsmäßige Auswirkung von Selbstbehalten für jede zu versichernde Person auf kalenderjährlich 5.000 € begrenzen. Schließt der Versiche-

55 Die Ausnahmeregelungen des § 193 III 2 VVG 2009 betreffen neben Personen, die in der GKV versicherungspflichtig sind, beihilfeberechtigte Personen, Asylbewerber sowie Empfänger laufender Leistungen nach dem Dritten, Vierten, Sechsten und Siebten Kapitel des SGB XII; diese werden als ausreichend abgesichert angesehen, vgl. BT-Drucks. 16/3100 S. 94 und 16/4247 S. 67.

56 BT-Drucks. 16/3100 S. 94 und 16/4247 S. 67 (mit Ausführungen zur verfassungsrechtlichen Beurteilung) – zur Versicherungspflicht vgl. auch *Marlow/Spuhl* VersR 2009, 593.

rungspflichtige den Pflichtversicherungsvertrag pflichtwidrig zu einem späteren Zeitpunkt ab, so wird dies mit einem – je nach der Dauer der Nichterfüllung der Pflicht gestaffelten – Zuschlag auf die Prämie sanktioniert (§ 193 IV VVG 2009). Ein vor dem 01.04.2007 vereinbarter Krankheitskostenversicherungsvertrag genügt der Versicherungspflicht (§ 193 III 3 VVG 2009).

Als Gegenstück zur Versicherungspflicht der Versicherungsnehmer trifft den Versi- **1307**
cherer ein **Kontrahierungszwang zum Basistarif**[57] (§ 193 V VVG 2009 und wortgleich § 12 Ib VAG 2009). Es handelt sich gem. § 12 Ia VAG 2009 um einen branchenweit einheitlichen Tarif, den alle Versicherungsunternehmen mit Sitz im Inland, welche die substitutive Krankenversicherung betreiben, anbieten müssen.[58] Der Verband der Krankenversicherer e.V., dem aktuell alle Krankenversicherer angehören, hat aufgrund Beleihung, Art, Umfang und Höhe der Leistungen durch brancheneinheitliche AVB festgelegt (MB/BT 2009). Die gesetzlichen Vorgaben für die Ausgestaltung des Basistarifs ergeben sich aus diversen Vorschriften des VAG (§§ 12, 12c I Nr. 2a, 12g VAG 2009) und des VVG (§ 193 und § 204 VVG 2009). Der Basistarif soll in seinen Leistungen ausreichenden Mindestversicherungsschutz zu einem der GKV vergleichbarem Prämienniveau bieten. Leistungen und Prämienhöhe orientieren sich deshalb an der GKV (§ 12 Ia, Ic VAG 2009 mit der Möglichkeit gesetzlich begrenzter Selbstbehalte). Der Kontrahierungszwang bestand gegenüber allen freiwillig in der GKV Versicherten nur innerhalb der ersten sechs Monate nach Einführung des Basistarifs, also bis zum 30.06.2009, bzw. innerhalb von sechs Monaten nach Beginn der im SGB V vorgesehenen Wechselmöglichkeiten im Rahmen ihres freiwilligen Versicherungsverhältnisses. Fortdauernd besteht der Kontrahierungszwang gegenüber allen bisher Nicht-Versicherten sowie allen, die ab dem 01.01.2009 einen privaten Krankenversicherungsvertrag neu abschließen. Einen Vertragsschluss ablehnen kann der Versicherer nur ausnahmsweise, nämlich wenn der Antragsteller bereits bei ihm versichert war und der Versicherer den Versicherungsvertrag wegen Drohung oder arglistiger Täuschung angefochten hat oder wegen vorsätzlicher Verletzung einer Anzeigepflicht vom Vertrag zurückgetreten ist (§ 193 V 4 VVG 2009 und § 12 Ib 4 VAG 2009).

Der Vertrag über die substitutive Krankenversicherung und über die nicht substituti- **1308**
ve nach Art der Lebensversicherung betriebene Krankenversicherung ist zum Schutze der Versicherten **grundsätzlich unbefristet** (§ 195 I VVG). Eine Befristung ist nur zulässig bei bestimmten anlassgebundenen Krankenversicherungen (Ausbildung, Auslandsaufenthalt etc., vgl. § 195 II und III VVG), bei der Krankentagegeldversicherung (§ 196 VVG) und bei der Krankheitskostenversicherung für Beihilfeempfänger (§ 199 VVG). Zu anderen Beendigungsgründen als die Befristung siehe unten Rn. 1362 ff.

Krankenversicherungsverträge werden häufig als **Versicherung für fremde Rech- 1309**
nung geschlossen, beispielsweise von Eltern für ihre Kinder. Für eine solche Versicherung gelten die allgemeinen Vorschriften der §§ 43 bis 48 VVG, die allerdings durch § 194 III VVG hinsichtlich der Befugnis zur Geltendmachung des Anspruchs gegen den Versicherer modifiziert werden.

57 Zum Kontrahierungszwang vgl. *Marlow/Spuhl* VersR 2009, 593, 600 ff.

58 Der Basistarif ersetzt den bisherigen »Standardtarif« nach § 257 SGB V, der zum 01.01.2009 geschlossen wurde. Zum Standardtarif vgl. *H. Müller* in: Beckmann/Matusche-Beckmann, § 44 Rn. 75 f.

4. Prämie, Prämienanpassung und Verletzung der Prämienzahlungspflicht

a) Berechnung der Prämie, Gleichbehandlungsgrundsatz, Verantwortlicher Aktuar

1310 Die Festsetzung der vom Versicherungsnehmer[59] geschuldeten **Prämienhöhe** ist – anders als bei anderen Versicherungszweigen bzw. -arten (Rn. 489) – reguliert, und zwar in strenger Weise.[60] Nach § 12 I Nr. 1 VAG sind die Prämien »auf versicherungsmathematischer Grundlage unter Zugrundelegung von Wahrscheinlichkeitstafeln und anderen einschlägigen statistischen Daten, insbesondere unter Berücksichtigung der maßgeblichen Annahmen zur Invaliditäts- und Krankheitsgefahr, zur Sterblichkeit, zur Alters- und Geschlechtsabhängigkeit des Risikos und zur Stornowahrscheinlichkeit und unter Berücksichtigung von Sicherheits- und sonstigen Zuschlägen sowie eines Rechnungszinses zu berechnen«.[61] Einzelheiten der Prämienkalkulation regeln die Kalkulationsverordnung (KalV)[62] und die Überschussverordnung (ÜbschV)[63], die jeweils auf der Grundlage von § 12c VAG erlassen worden sind. Der Versicherer ist dadurch insbesondere verpflichtet, von Beginn des Versicherungsverhältnisses an Prämien in einer solchen Höhe zu verlangen, dass Rücklagen für die erhöhte Kostenlast im Alter gebildet werden können (»**Alterungsrückstellung**«).

1311 Der Versicherer ist außerdem verpflichtet, **Zuschläge** zu erheben, welche die Kostensteigerungen infolge anderer Faktoren als das bloße Älterwerden des Versicherten auffangen sollen.[64] Der durch das Gesundheitsstrukturgesetz 2000[65] geschaffene § 12 IVa VAG schreibt für die substitutive Krankenversicherung[66] einen **zusätzlichen Zuschlag von 10 % der jährlichen Bruttoprämie** vor, der der Alterungsrückstellung direkt zuzuführen und zur »Prämienermäßigung« im Alter zu verwenden ist. Damit hat der Gesetzgeber auf die – sehr lesenswerte – Empfehlung der Unabhängigen Expertenkommission zur Untersuchung der Problematik steigender Beiträge der privat Krankenversicherten im Alter[67] reagiert.

---

59 Privatversichert Beschäftigte, die in der GKV versicherungsfrei oder befreit sind, haben gemäß § 257 SGB V einen Anspruch gegen ihren Arbeitgeber auf »Beitragszuschuss«. Die Vorschrift knüpft diesen Anspruch an bestimmte Voraussetzungen bezüglich des Versicherungsunternehmens. So muss dieses den Basistarif im Sinne des § 12 Ia VAG 2009 anbieten (vgl. dazu Rn. 1307). Vgl. Art. 1, Nr. 174 c) GKV-WSG (BGBl. I 2007, S. 426).

60 Ausführlich zur Tarifkalkulation *H. Müller* in: Beckmann/Matusche-Beckmann, § 44 Rn. 41 ff.

61 Näher zur Kalkulation der Prämie *Brackmann/Voss* Technik der Prämiengestaltung des Schadensversicherers, 2006; *Boetius* in: Langheid/Wandt, § 203 VVG Rn. 98 ff.

62 »Verordnung über die versicherungsmathematischen Methoden zur Prämienkalkulation und zur Berechnung der Alterungsrückstellung in der privaten Krankenversicherung (Kalkulationsverordnung – KalV)« vom 18.11.1996 (BGBl. I S. 1783) abgedruckt bei *Wiechmann/Block* Nr. 8. Neufassung mit Wirkung ab 01.01.2009 durch Verordnung vom 27.11.2007 (BGBl. I S. 2767).

63 »Verordnung zur Ermittlung und Verteilung von Überzins und Überschuss in der Krankenversicherung (Überschussverordnung – ÜbschV)« vom 08.11.1996 (BGBl. I S. 1687), zuletzt geändert durch Verordnung vom 12.10.2005 BGBl. I S. 3016; abgedruckt bei *Wiechmann/Block* Nr. 11.

64 Vgl. BGH VersR 2007, 196 (Bei Anpassung des Versicherungsschutzes nach Änderung oder Wegfall der Beihilfeberechtigung eines Beamten darf der Versicherer für die begehrte Aufstockung des Versicherungsschutzes das aktuelle Lebensalter des Versicherten zugrunde legen).

65 BGBl. I 1999, S. 2626. Vgl. hierzu *Langheid/Wilms* NVersZ 2001, 145 (mit EG-rechtlichen Bedenken); *Präve* in: Prölss, § 12 VAG Rn. 34.

66 Ausgenommen sind Versicherungen mit befristeten Vertragslaufzeiten gem. § 195 II, III VVG und Tarife, die regelmäßig spätestens mit Vollendung des 65. Lebensjahres enden (§ 12 IVa 2 VAG). Eine Übergangsregelung findet sich in § 12e VAG.

67 Abgedruckt in BT-Drucks. 13/4945 S. 1.

Die gesetzlichen Vorgaben führen dazu, dass die Prämie von Beginn des Vertrages an so hoch kalkuliert ist, dass der Risikoanstieg, der allein auf dem Älterwerden des Versicherten beruht, bereits einkalkuliert ist.[68] Der Versicherungsnehmer zahlt also in jungen Jahren eine Prämie, die gemessen an seinem aktuellen Krankheitsrisiko zu hoch ist. Der überschießende Prämienanteil fließt in die (kollektive) **Alterungsrückstellung** und wird dort verzinslich angesammelt (**Anwartschaftsdeckungsverfahren**). Das Kapital der Alterungsrückstellung wird in späteren Jahren verwendet, wenn die vereinbarte konstante Prämie nicht mehr ausreicht, um die dann oberhalb der Prämienhöhe liegenden Aufwendungen des Versicherers zu decken. Auf diesem Weg wird erreicht, dass die bei Vertragsschluss vereinbarte Prämie über die gesamte Vertragszeit ungeachtet des stetig steigenden Krankheitsrisikos des älter werdenden Versicherten konstant bleibt (zu Prämienerhöhungen aus anderen Gründen als dem Älterwerden des Versicherten siehe Rn. 1322 ff.). 1312

Wie für die Lebensversicherung ist auch für die substitutive Krankenversicherung bestimmt, dass Prämien (und Leistungen) bei gleichen Voraussetzungen nur nach gleichen Grundsätzen bemessen werden dürfen (§ 12 IV 1 VAG mit Verweis auf § 11 II VAG). Dieses **Gleichbehandlungsgebot** wird dahin konkretisiert, dass Prämien für das Neugeschäft nicht niedriger sein dürfen als die Prämien, die sich im Altbestand für gleichaltrige Versicherte unter Berücksichtigung ihrer Alterungsrückstellung ergeben würden (§ 12 IV 2 VAG). 1313

Vertiefung: Rechtspolitisches Motiv der Regelung des § 12 IV 2 VAG war die im Zuge der Deregulierung im Jahre 1994 geplante Aufhebung der »Verordnung über das Verbot von Sondervergütungen und Begünstigungsverträgen in der Schadensversicherung« (Rn. 39). Die Regelung sollte die geplante Aufhebung der Verordnung kompensieren und Begünstigungen des Neugeschäfts zur Wahrung des Gleichbehandlungsgrundsatzes ausschließen. Zu der geplanten Aufhebung der Verordnung ist es dann jedoch – auf Empfehlung des Finanzausschusses ganz am Ende des Gesetzgebungsverfahrens – nicht gekommen. Deshalb stellt § 12 IV 2 VAG nunmehr lediglich eine Konkretisierung des in der Krankenversicherung allgemein geltenden Gleichbehandlungsgrundsatzes dar.[69] Der Gleichbehandlungsgrundsatz greift jedoch nur bei gleichen Voraussetzungen. Sie liegen grundsätzlich nicht vor, wenn im Alt- und Neugeschäft unterschiedliche Tarife verwendet werden (und diese verglichen werden). Wenn nämlich das Versichertenkollektiv eines eigenständigen Tarifs des Neugeschäfts »gesünder«, also risiko- und kostenärmer ist als ein Tarifkollektiv des Altbestandes, führt dies – auch bei sonst gleichen Voraussetzungen – zu einer geringeren Prämie. Einen solchen Prämienunterschied zwischen unterschiedlichen Tarifen und Kollektiven will § 12 IV 2 VAG selbstverständlich nicht verbieten. Versicherte des Altbestandes bedürfen hier keines Schutzes durch Gleichbehandlung. Denn sie haben das Recht, in den neuen Tarif zu wechseln, und können so ebenfalls Mitglied des kosten- und prämiengünstigeren Tarifs des Neugeschäfts werden (zum Tarifwechselrecht Rn. 1355 ff.).[70] 1314

Die Berechnung der Prämien, der Alterungsrückstellung und der anderen mathematischen Rückstellungen unterliegt der Kontrolle des »**Verantwortlichen Aktuars**«, der 1315

68 Dies gilt selbstverständlich nur im Umfang des vereinbarten Versicherungsschutzes. Für eine spätere Erweiterung des Versicherungsschutzes greift eine eigenständige Prämienkalkulation, insbesondere mit aktuellem Eintrittsalter.

69 Vgl. zu allem *Krömmelbein* Der versicherungsrechtliche Gleichbehandlungsgrundsatz zwischen Deregulierung und Diskriminierung, Bd. 13 der Veröffentlichungen des Seminars für Versicherungslehre der Universität Frankfurt am Main, 2007, S. 87 ff.

70 Vgl. hierzu *Lorenz/Wandt* VersR 2008, 1165, 1171.

vom Versicherer zu bestellen ist (§ 12 II, III VAG; vgl. Einzelheiten zur Bestellung und Stellung bei der Lebensversicherung Rn. 1160).[71]

1316 Die speziellen Krankenversicherungsvorschriften des VAG, einschließlich des Gleichbehandlungsgebots, gelten nicht nur für die substitutive Krankenversicherung, sondern auch für die **nicht substitutive, aber nach Art der Lebensversicherung betriebene Krankenversicherung** (§§ 12 V, 12a–12e VAG; vgl. Rn. 1297).

1317 **Besonderheiten** gelten für die **Prämie im brancheneinheitlichen Basistarif** (Rn. 1353; vgl. auch die MB/BT 2009). Der Beitrag für den Basistarif ohne Selbstbehalt und in allen Selbstbehaltsstufen darf den **Höchstbeitrag** der gesetzlichen Krankenversicherung nicht übersteigen (§ 12 Ic 1 VAG 2009).[72] Eine **Halbierung des Prämienanspruchs** des Versicherers ist vorgeschrieben, wenn allein durch die Zahlung des Beitrages **Hilfebedürftigkeit** des Versicherten im Sinne der Sozialgesetzbücher II oder XII eintritt (§ 12 Ic 4 VAG 2009).[73] Genügt auch diese Prämienhalbierung nicht, um die Hilfebedürftigkeit zu beseitigen, so zahlt der zuständige Sozialversicherungsträger die Prämie anteilig in dem erforderlichen Umfang, soweit dadurch Hilfebedürftigkeit vermieden wird. Besteht so oder so Hilfebedürftigkeit, hat der Versicherer nur einen Anspruch auf die Hälfte der Prämie und der zuständige Sozialversicherungsträger zahlt den Betrag, der auch für einen Bezieher von Arbeitslosengeld II in der GKV zu tragen ist (§ 12 Ic 5, 6 VAG 2009).

1318 **Die Erhebung von Risikozuschlägen ist im Basistarif unzulässig.** Die Prämie richtet sich also nicht nach dem individuellen Risiko. Die Durchführung einer Risikoprüfung bei Eintritt in den Basistarif ist gemäß § 203 I 3 VVG 2009 allein im Hinblick auf einen späteren Tarifwechsel des Versicherungsnehmers (vgl. dazu Rn. 1361) oder im Hinblick auf den Risikoausgleich zwischen den Versicherern zulässig (vgl. dazu nächste Rn.).

1319 Aus der gesetzlichen Begrenzung der Prämienhöhe im Basistarif ergibt sich, dass die Prämien auch bei Ausschöpfung des zulässigen Rahmens möglicherweise nicht ausreichen werden, um eine vollständige Kostendeckung zu erreichen. Daher verpflichtet § 12g VAG 2009 alle Versicherer, die den Basistarif anbieten, sich an einem von ihnen zu schaffenden und zu erhaltenden Ausgleichssystem zu beteiligen, das einen dauerhaften und wirksamen Ausgleich der unterschiedlichen Belastungen der Versicherungsunternehmen gewährleistet (»**Risikoausgleich**«). Gesetzlich vorgeschrieben

71 Vgl. *Präve* VersR 1995, 733.

72 Dieser Höchstbeitrag errechnet sich aus dem allgemeinen Beitragssatz der Krankenkassen vom 01. Januar des Vorjahres und der Beitragsbemessungsgrenze; abweichend davon wird im Jahr 2009 zur Berechnung des Höchstbeitrags der allgemeine Beitragssatz der Krankenkassen vom 01.01.2009 zu Grunde gelegt. Der Höchstbeitrag wird zum Stichtag 01. Juli jedes Jahres auf Basis der vorläufigen Rechnungsergebnisse des Vorjahres der gesetzlichen Krankenversicherung um den Vom-Hundert-Wert angepasst, um den die Einnahmen des Gesundheitsfonds von einer vollständigen Deckung der Ausgaben des Vorjahres abweichen (§ 12 Ic 1 Hs. 2, 3 und Satz 2 VAG 2009). – Für Personen mit Anspruch auf Beihilfe nach beamtenrechtlichen Grundsätzen gilt dies mit der Maßgabe, dass an die Stelle des Höchstbeitrages der gesetzlichen Krankenversicherung ein Höchstbeitrag tritt, der dem prozentualen Anteil des die Beihilfe ergänzenden Leistungsanspruchs entspricht (§ 12 Ic 3 VAG 2009).

73 Aktuell werden gemäß § 20 SGB II folgende Beträge als existenzsichernd angesehen: 345 € für einen alleinstehenden Erwachsenen, 312 € für einen verheirateten Erwachsenen (also 624 Euro pro Paar), 276 € für ein Kind. Dazu kommen jeweils eine angemessene Miete sowie angemessene Heizkosten.

ist, dass Mehraufwendungen der Versicherer für Vorerkrankungen auf alle *Versicherungsnehmer* im Basistarif verteilt werden müssen. Mehraufwendungen aufgrund der Beitragsbegrenzungen, insbesondere wegen Hilfebedürftigkeit, müssen auf alle beteiligten *Versicherungsunternehmen* so verteilt werden, dass eine gleichmäßige Belastung bewirkt wird. Auch wenn der Gesetzeswortlaut hier von »Versicherungsunternehmen« spricht, bedeutet dies am Ende doch, dass die Prämienbegrenzungen im Basistarif von den anderen Privatversicherten durch Verteuerung ihrer Prämien getragen werden müssen.[74] Diese müssen seit 2009 somit Aufgaben der Sozialhilfe über ihre Versicherungsprämie mitfinanzieren. Auch deshalb haben Krankenversicherungsunternehmen und einzelne Privatversicherte Verfassungsbeschwerde erhoben (Rn. 1286). **Verfassungsrechtlich** geht es um das Ausloten der Grenzen einer Indienstnahme der Privatversicherung und der an ihr Beteiligten für Zwecke, die über den – selbstverständlich ebenfalls sozial auszugestaltenden – Interessenausgleich zwischen privaten Vertragsparteien hinausgehen und insofern systemwidrig sind.[75]

Der Versicherungsnehmer kann die ordnungsgemäße Berechnung der Prämie – eben- 1320
so wie jede Prämienänderung – durch die **Zivilgerichte** überprüfen lassen.[76]

Im Übrigen überwacht die **Aufsichtsbehörde** die Einhaltung der Vorschriften über 1321
die Prämienkalkulation, wie sie die Einhaltung aller Gesetze kontrolliert, die für den Betrieb des Versicherungsgeschäfts gelten (§ 81 I 2 VAG). Sie wacht insbesondere auch über die ausreichende Beteiligung der Versicherten an Kapitalerträgen (§ 81d VAG).

b) Prämienanpassung

Wenn bei der Erstprämienkalkulation der zukünftige Risikoanstieg, der mit dem Äl- 1322
terwerden des Versicherten verbunden ist, bereits einkalkuliert wurde, muss während der Laufzeit des Vertrages dem Umstand Rechnung getragen werden, dass die Kosten des Versicherers für vertragsmäßige Leistungen aus anderen Gründen ansteigen, insbesondere wegen der ständigen allgemeinen Kostensteigerungen infolge des medizinischen und medizinisch-technischen Fortschritts (**Problem des allgemeinen Anstiegs der Kosten des Gesundheitswesens**). Der Versicherer, dessen ordentliches Kündigungsrecht gesetzlich (Rn. 1365) oder vertraglich ausgeschlossen ist, ist deshalb kraft Gesetzes befugt, die Prämie entsprechend solcher Kostensteigerungen anzupassen (§ 203 II VVG). Das Aufsichtsrecht schreibt sogar vor, dass sich der Versicherer das Recht auf Erhöhung der Prämie vertraglich vorbehalten muss (§ 12 I Nr. 3 VAG). – Zu dem an strengere Voraussetzungen geknüpften Leistungsanpassungsrecht des Versicherers vgl. Rn. 1345 ff.

74 Vgl. dazu auch § 8 I Nr. 6 KalV 2009, der einen Zuschlag zu den Prämien vorsieht, um gerade diese Unterdeckung auszugleichen.

75 Eingehend hierzu *Boetius* VersR 2007, 431; kritisch ebenfalls *Marlow/Spuhl* VersR 2009, 593, 605 f. – Das BVerfG hat die Änderungen durch die Gesundheitsreform 2007 als verfassungsgemäß erachtet: BVerfG VersR 2009, 957 = NJW 2009, 2033.

76 Zum zivilgerichtlichen Rechtsschutz bei einer mit Zustimmung des Treuhänders vollzogenen Prämienerhöhung vgl. BVerfG VersR 2000, 214 mit Anm. *Reinhard* VersR 2000, 216; BGH VersR 2004, 991 = NJW 2004, 2679 mit Anm. *Reinhard* VersR 2005, 489; LG Saarbrücken VersR 2003, 1115 mit Anm. *Grote*; OLG Stuttgart VersR 2007, 639 (Versicherer muss dem Versicherungsnehmer auf Nachfrage den Treuhänder namhaft machen und den persönlichen Prämien-Berechnungsbogen überlassen, aber zum Schutze seiner berechtigten Geheimhaltungsinteressen vorprozessual nicht sämtliche Unterlagen zur Verfügung stellen, die dem Treuhänder zur Prüfung vorgelegt wurden).

1323 Eine Prämienanpassung durch den Versicherer setzt voraus, dass eine nicht nur als vorübergehend anzusehenden Veränderung einer für die Prämienkalkulation maßgeblichen Rechnungsgrundlage und der daraus errechneten Prämie eingetreten ist und dass ein unabhängiger Treuhänder die (berichtigten) technischen Berechnungsgrundlagen überprüft und der ihnen entsprechenden Prämienanpassung zustimmt (Einzelheiten zum Treuhänder in § 12b VAG).[77] Maßgebliche Rechnungsgrundlagen sind gemäß § 203 II 3 VVG die Versicherungsleistungen und die Sterbewahrscheinlichkeit. Damit weicht der neue § 203 II VVG von § 178g II VVG a.F. ab, der ausschließlich auf die Veränderung des Schadensbedarfs abstellte, eine Prämienanpassung allein aufgrund veränderter Sterbewahrscheinlichkeiten also nicht zuließ. Die Neuregelung vermeidet im Interesse der Versicherten Beitragssprünge, die sich bei einer Kumulierung von Anpassungserfordernissen ergeben können.[78]

1324 Die **Prämienanpassungen** sind nach §§ 11, 10 KalV »risikogerecht«, insbesondere altersabhängig **entsprechend der aktualisierten Berechnungsgrundlagen** festzusetzen. Dies bedeutet, dass das höhere Krankheitsrisiko älterer Versicherter auch zu höheren Prämienanpassungen für diese Versicherten führt. Denn bezogen auf den allgemeinen Kostenanstieg für die Leistungserbringung tragen ältere Versicherte aufgrund ihres höheren Krankheitsrisikos in höherem Maße zu dem Anstieg des Schadensbedarfs bei als jüngere Versicherte, die in geringerem Maße Leistungen nachfragen. Die altersadäquate Prämienanpassung während des Laufs des Versicherungsverhältnisses könnte ohne gesetzliche Begleitregelungen die Gesamtprämie für ältere Menschen in nicht bezahlbare Höhen treiben. Dem wird durch die prämienmindernde Anrechnung der Alterungsrückstellung und durch den Einsatz des 10 %-Beitragszuschlages ab Vollendung des 65. Lebensjahres (§ 11 KalV und § 12a IIa VAG) entgegengewirkt (Rn. 1310 f.).

1325 Da § 203 VVG gemäß § 208 VVG halbzwingend ist, dürfen **vertragliche Prämienanpassungsklauseln** in AVB (vgl. §§ 8b, 18 MB/KK 2009 und MB/KT 2009) nicht zum Nachteil der Versicherten von § 203 VVG abweichen.[79] Die gesetzliche Anpassungsbefugnis aus § 203 VVG erstreckt sich nicht auf Selbstbehalte und Risikozuschläge; zu ihrer Anpassung bedarf es zwingend einer vertraglichen Vereinbarung (§ 203 II 2 VVG).

c) Nichtzahlung oder verspätete Zahlung der Prämie

1326 Wenn der Versicherungsnehmer seine Prämienleistungspflicht nicht pflichtgemäß erfüllt, kann der Versicherer den Versicherungsnehmer – wie jeder Gläubiger seinen Schuldner – auf Zahlung verklagen und aus einem Urteil die Zwangsvollstreckung betreiben.

1327 Die speziellen versicherungsvertraglichen Rechtsfolgen eines Zahlungsverzuges richten sich grundsätzlich nach den allgemeinen Regeln der §§ 37, 38 VVG. Wenn der Versicherer eine Krankheitskostenversicherung (oder eine Pflegekrankenversiche-

77 Vgl. zum unabhängigen Treuhänder in der Krankenversicherung *Grote* Die Rechtsstellung der Prämien-, Bedingungs- und Deckungsstocktreuhänder nach dem VVG und dem VAG, 2002, S. 241 ff.; *Küntzel* VersR 1996, 148; *Wedler* Der Aktuar, 1996, S. 84; *Reinhard* VersR 2003, 952; *Drews* VersR 1996, 422; *Schramm* VersR 1996, 424; *Buchholz* VersR 2005, 866; *Lehmann* r+s 2009, 89, 92 ff.; *Boetius* in: Langheid/Wandt, § 203 VVG Rn. 416.

78 RegE BT-Drucks. 16/3945 S. 113.

79 Vgl. zu Prämien- und Bedingungsanpassungsklauseln *Wandt* Änderungsklauseln in Versicherungsverträgen, 2000; *Bartmuß* VuR 2000, 299.

rung) wegen Zahlungsverzug wirksam gem. § 38 VVG gekündigt hat, sind die – mit dem Versicherungsnehmer nicht identischen – versicherten Personen berechtigt, die Fortsetzung des Versicherungsverhältnisses unter Benennung des künftigen Versicherungsnehmers zu erklären (§ 206 IV VVG mit weiteren Einzelheiten).

Das bis zum 01.01.2009 geltende **VVG 2008 modifizierte** allerdings **die Regelung des § 38 VVG** über den Verzug mit einer Folgeprämie (§ 194 II VVG 2008). Zum einen musste die Zahlungsfrist nach § 38 I 1 VVG mindestens zwei Monate betragen. Zum anderen musste der Versicherer zusätzlich zu den Angaben gem. § 38 I 2 VVG eine Reihe krankenversicherungsspezifischer Hinweise geben. 1328

Das VVG 2009 sieht dagegen keine ausdrückliche Modifikation von § 38 VVG vor. Zu beachten ist jedoch die **Spezialregelung des § 193 VI VVG 2009** für eine **Versicherung, welche die Versicherungspflicht nach § 193 III VVG 2009 erfüllt**. Danach kann der Versicherer bei Nichtleistung der Prämie lediglich das **Ruhen der Leistungen** bewirken (Einzelheiten Rn. 1331). Abweichend von den allgemeinen Regelungen über die Verletzung der Prämienzahlungspflicht (§§ 37 und 38 VVG, Rn. 514 ff.) kann er weder vom Vertrag zurücktreten noch kündigen. Dies wird durch den ausdrücklichen Ausschluss »jeder Kündigung« einer Krankheitskostenversicherung, die die Versicherungspflicht erfüllt, bekräftigt (§ 206 I 1 VVG 2009; Rn. 1366). Auch ohne eine solche Bekräftigung ergibt sich der Ausschluss eines Rücktritts nach § 37 VVG im Anwendungsbereich von § 193 III VVG 2009 aus dem Grundsatz »lex specialis derogat legi generali«. 1329

Außerhalb des Anwendungsbereichs der Sonderregelung des § 193 VI VVG 2009, also bei Versicherungen, die *nicht* die Versicherungspflicht nach § 193 III VVG 2009 erfüllen, sind die §§ 37, 38 VVG unmodifiziert anzuwenden. Dies bedeutet, dass die Modifikation des § 38 VVG durch § 194 II VVG 2008, die den Schutz der Krankenversicherten für alle Arten der Krankenversicherung erhöhte, vom Gesetzgeber teilweise wieder zurückgenommen worden ist. 1330

Das **Ruhen der Leistung des Versicherers** bei einer der Versicherungspflicht genügenden Versicherung ist in § 193 VI VVG 2009 eingehend geregelt (*nota bene* in 10 Sätzen ein und desselben Absatzes). Wenn der Versicherungsnehmer mit einem Betrag in Höhe von zwei »Monatsprämien«[80] in Rückstand ist[81], muss der Versicherer ihn unter Hinweis auf den Eintritt des Ruhens der Leistungen des Versicherers mahnen.[82] Ist der Rückstand zwei Wochen nach Zugang der Mahnung noch höher als der Prämienanteil für einen Monat, stellt der Versicherer das Ruhen der Leistungen fest, das dann drei Tage nach Zugang der Mitteilung über das Ruhen eintritt. Das Ruhen endet, wenn alle rückständigen und die auf die Zeit des Ruhens entfallenden Beitragsanteile gezahlt worden sind oder wenn der Versicherungsnehmer oder die versicherte Person[83] hilfebedürftig im Sinne des SGB II oder SGB XII wird, wenn er also seinen Lebensunterhalt nicht mehr selbst oder mit der Hilfe von anderen bestreiten 1331

80 Auch in der Krankenversicherung ist eine Jahresprämie geschuldet (§ 8 MB/KK 2009). Sprachlich exakt müsste man also von »Prämienteil für einen Monat« sprechen.

81 Entscheidend ist allein die Höhe des rückständigen Betrages, dieser muss sich also nicht notwendig aus der Nichtzahlung zweier Monatsprämien ergeben.

82 Eine Mahnung ist – wie auch im allgemeinen Schuldrecht – eine eindeutige Leistungsaufforderung des Gläubigers an den Schuldner, vgl. *Grüneberg* in: Palandt, 68. Aufl. 2009, § 286 BGB Rn. 16 ff.

83 Bei Hilfsbedürftigkeit einer versicherten Person tritt ein Ruhen nur für das Versicherungsverhältnis dieser Person ein.

kann und somit auf staatliche Hilfe angewiesen ist.[84] Für die rückständigen Leistungen hat der Versicherungsnehmer keine Verzugszinsen (nach § 288 I BGB) zu zahlen, sondern für jeden angefangenen Monat des Rückstandes einen Säumniszuschlag in Höhe von 1 % des Beitragsrückstandes (§ 193 VI 8 VVG). Wenn nach einem Jahr des Ruhens »die ausstehenden Beitragsanteile, Säumniszuschläge und Beitreibungskosten« nicht vollständig bezahlt sind, wird das Versicherungsverhältnis im Basistarif fortgesetzt (vgl. dazu Rn. 1353).

1332 Auch wenn das Ruhen der Leistung wirksam festgestellt worden ist, ist der Versicherer nicht zur vollständigen Leistungsverweigerung berechtigt. Gemäß § 193 VI 6 VVG 2009 bleibt er leistungspflichtig für **Aufwendungen, die zur Behandlung akuter Erkrankungen und Schmerzzustände sowie bei Schwangerschaft und Mutterschaft erforderlich sind.** Obwohl der Versicherungsnehmer die Prämie nicht zahlt, bleibt der Versicherer dadurch in weitem Umfang zur Leistung verpflichtet, denn beispielsweise ist auch ein Kopfschmerz ein akuter Schmerzzustand und ein grippaler Infekt eine akute Erkrankung. Das Ruhen seiner Leistungsverpflichtung bietet dem Versicherer damit keine ausreichende Handhabe, um säumigen Schuldnern effizient begegnen zu können.[85]

1333 **Verfassungsrechtlich** erscheint die inhaltliche Ausgestaltung der Regelung über das Ruhen der Leistungen des Versicherers problematisch, wenn man bedenkt, dass der Versicherer das Pflichtversicherungsverhältnis nicht durch Kündigung beenden kann. Wenn Zwangsvollstreckungsmaßnahmen mangels vollstreckbarem Vermögen fruchtlos sind, muss der Versicherer gleichwohl dauerhaft in vollem Umfang Leistungen an einen Versicherten erbringen, der hilfsbedürftig im Sinne des SGB II oder SGB XII ist. Die vollständige Prämie erhält er auch nicht vom Sozialversicherungsträger, da dessen Eintrittspflicht begrenzt ist (vgl. § 32 SGB XII, § 26 SGB II). Damit wird der Privatversicherer zur Beseitigung einer sozialen Notlage gesetzlich stärker in die Pflicht genommen als der Staat selbst.[86] – Auch ohne Hilfsbedürftigkeit des Versicherungsnehmers oder des Versicherten im Sinne des SGB II oder SGB XII trifft den Versicherer im ersten Jahr nach Beginn des Ruhens eine Leistungspflicht für erforderliche Aufwendungen zur Behandlung akuter Erkrankungen und Schmerzzustände sowie bei Schwangerschaft und Mutterschaft; und nach Ablauf eines Jahres trifft den Versicherer dauerhaft die Leistungspflicht nach dem Basistarif. Für den Basistarif hat der Gesetzgeber durch den zwingenden Risikoausgleich jedenfalls teilweise für einen Ausgleich der damit verbundenen Kostenlast gesorgt (Rn. 1319). Für die ein Jahr lang andauernde Leistungspflicht bei fehlender Hilfebedürftigkeit erhält der Versicherer dagegen keinerlei Kompensation. Er wird also gesetzlich verpflichtet, seine Leistungspflichten weitgehend zu erfüllen, selbst wenn für ihn – beispielsweise nach einer wegen eines anderen Vertrages bereits fruchtlos erfolgten Zwangsvollstreckung – feststeht, dass die vom Versicherungsnehmer geschuldete Gegenleistung jedenfalls auf absehbare Zeit durch Zwangsvollstreckung nicht zu erlangen sein wird. Auch hier handelt es sich im Ergebnis um eine verfassungsrechtlich bedenkliche Abwälzung der

84 Entsprechend dem Zweck der Beendigung des Ruhens bei Hilfebedürftigkeit ist anzunehmen, dass das Ruhen schon gar nicht eintritt, wenn der Versicherungsnehmer oder eine versicherte Person bereits bei (der Nichtzahlung und) Zugang der Mitteilung über das Ruhen hilfebedürftig ist.

85 Vgl. *Boetius* VersR 2007, 436; *Grote/Bronkars* VersR 2008, 584.

86 Anzumerken ist, dass in der Kfz-Haftpflichtversicherung der Versicherer dem Geschädigten bei »krankem« Versicherungsverhältnis nicht haftet, soweit der Geschädigte in der Lage ist, Ersatz seines Schadens von einem Sozialversicherungsträger zu erlangen (vgl. Rn. 1083).

dem Staat obliegenden Sozialhilfe auf Privatunternehmen. Das BVerfG hat die Regelung gleichwohl als verfassungsgemäß erachtet.[87]

5. Die Leistungspflicht des Versicherers

a) Versicherungsfall, Leistungsarten und -umfang

Versicherungsfall ist in der Krankheitskostenversicherung wie auch in der Krankentagegeldversicherung[88] die **»medizinisch notwendige Heilbehandlung wegen Krankheit oder Unfallfolgen«** (wichtigste Variante der Risikobeschreibung, vgl. § 192 I, V VVG; mehr in § 1 (2) MB/KK 2009).[89] In dieser Definition, die ihren Ursprung in den MB/KK hat und Frucht eines langen Entwicklungsprozesses ist, stecken etliche Probleme.[90] Die zeitliche Problematik haben wir bereits behandelt (Rn. 881 ff.). 1334

Bislang gehen die Tarife von dem **Kostenerstattungsprinzip** aus, d.h. der Versicherer erstattet dem Versicherten[91] den von diesem dem Arzt, Apotheker etc. geschuldeten Betrag.[92] Zum Zwecke der Kostensenkung wurden jedoch seit geraumer Zeit Möglichkeiten von Sach- und Serviceleistungen auf der Grundlage von Vereinbarungen zwischen dem Versicherer und den medizinischen Leistungserbringern erwogen (sog. **»Managed Care-Systeme«**).[93] Dem trägt nunmehr § 192 III VVG Rechnung, der in der Krankheitskostenversicherung die Vereinbarung zusätzlicher Dienstleistungen in unmittelbarem Zusammenhang mit der Kostenerstattung erlaubt. Hierzu zählen Beratungen im Zusammenhang mit der Erbringung versicherter Leistungen sowie Unterstützungsmaßnahmen hinsichtlich der Berechtigung von Entgeltansprüchen von Ärzten etc., die Abwehr unberechtigter Ansprüche und die Unterstützung bei der Durchsetzung eigener Ansprüche des Versicherten wegen fehlerhafter Behandlungen. Außerdem können die Vertragsparteien die unmittelbare Abrechnung mit den Leistungserbringern vereinbaren.[94] 1335

Die in § 192 VVG verwendeten Begriffe »Heilbehandlung«, »medizinisch notwendig«, »Krankheit« und »Unfall« sind Gesetzesbegriffe und als solche auszulegen. Der Umfang des Versicherungsschutzes wird allerdings regelmäßig in den **AVB-Bestimmungen** möglichst exakt beschrieben, insbesondere weil die Leistungspflicht des Versicherers in hohem Maße von Dritten abhängt: von dem Versicherten, der sich in Behandlung begibt, von den Ärzten, welche die Diagnose stellen und therapieren, sowie den Leistungserbringern des »paramedizinischen« Bereichs (Labors, Physiotherapeuten usw.) und schließlich den Anbietern von Pharmaprodukten. Solche 1336

87 BVerfG VersR 2009, 957, 964 = NJW 2009, 2033, 2041.

88 Zur Krankentagegeld- und Krankenhaustagegeldversicherung ausführlich *Tschersich* in: Beckmann/Matusche-Beckmann, § 45.

89 Zur Zulässigkeit einer Feststellungsklage bei (aktuell) umstrittener medizinischer Notwendigkeit einer Heilbehandlung BGH VersR 2006, 535.

90 Vgl. *Egger* r+s 2006, S. 309, 353; *Boetius* VersR 2008, 1431.

91 Die Vorschriften über die Versicherung für fremde Rechnung, §§ 43 ff. VVG, sind gemäß § 193 IV VVG/§ 194 III VVG 2009 anwendbar. Zum alten Streit über die Anwendbarkeit vgl. bejahend *Prölss* in: Prölss/Martin, § 178a VVG a.F. Rn. 4 ff.; *Bach* in: Bach/Moser, § 178a VVG a.F. Rn. 13; verneinend *Römer* in: Römer/Langheid, § 178a VVG a.F. Rn. 1.

92 Zur gesamtschuldnerischen Haftung von Versicherer und Versichertem im Basistarif gegenüber »Leistungserbringern« vgl. Rn. 1354.

93 Vgl. dazu z.B. *Boetius* Zukunftssichere Finanzierung der Gesundheitsversorgung unter Berücksichtigung von Managed Care-Konzepten, 2000; *Schoenfeldt/Kalis* VersR 2001, 1325.

94 Vgl. RegE BT-Drucks. 16/3945 S. 110.

AVB-Bestimmungen sind **nach den allgemeinen Grundsätzen auszulegen** (Rn. 191 ff.). Bei Verwendung der gesetzlichen Begriffe »Heilbehandlung«, »medizinisch notwendig«, »Krankheit« und »Unfall« in AVB sind diese grundsätzlich wie die gesetzlichen Begriffe auszulegen. Auslegungsunterschiede sind jedoch möglich; sie lassen sich schon wegen der gebotenen Berücksichtigung des Sinnzusammenhangs, der sich in AVB anders darstellen kann als im Gesetz, nicht gänzlich ausschließen.[95] Soweit derartige Klauseln (vgl. vor allem §§ 4 und 5 MB/KK 2009) das schon aufgrund anderer Regelungen gegebene Hauptleistungsversprechen konkretisieren oder einschränken, unterliegen sie der Inhaltskontrolle gemäß § 307 BGB (Rn. 194 ff.).[96]

1337 Ein besonderes vertragsrechtliches Problem besteht darin, die Erstattungspflicht des Versicherers für medizinisch notwendige Heilbehandlungen sachgerecht zu begrenzen. Es geht um unterschiedliche Fallkonstellationen, nämlich um die **Begrenzung der Erstattungspflicht** bei einer sog. **»Luxusbehandlung«**, bei der unter medizinisch gleichwertigen Behandlungsmöglichkeiten die teuerste ausgewählt wird, um die sog. **»Übermaßvergütung«**, bei der eine medizinisch notwendige Behandlung zu überhöhten Preisen abgerechnet wird, und um die sog. **»Übermaßbehandlung«**, bei der eine an sich medizinisch notwendige Behandlung im Übermaß erfolgt.[97] Angesichts der hohen Prämien für die Krankenversicherung haben die Versicherten typischerweise ein Interesse daran, dass derartigen »Missbräuchen« Einhalt geboten wird, weil anderenfalls die Prämien noch schneller steigen. Über lange Zeit hatte die Rechtsprechung die Formulierung »medizinisch notwendige Heilbehandlung« in § 1 (2) S. 1 MB/KK 1976 in der Weise ausgelegt, dass sie die Leistungspflicht auch kostenmäßig begrenzt, wenn sich mehrere medizinisch gleichwertige, kostenmäßig aber um ein Vielfaches auseinander liegende Behandlungsmöglichkeiten gegenüberstehen. In der »Alphaklinik-Entscheidung«, in der es um die Erstattungspflicht für selbst definierte Fallpauschalen einer Privatklinik ging, hat der BGH diese Rechtsprechung dann jedoch unter Berufung auf die Verständnismöglichkeiten und Interessen eines durchschnittlichen Versicherungsnehmers ohne versicherungsrechtliche Spezialkenntnisse (vgl. Rn. 191) aufgegeben.[98] Zugleich hat er – in Aufgabe früherer Rechtsprechung[99] – festgestellt, dass sich das Kürzungsrecht des Versicherers bei sog. Übermaßbehandlung gemäß § 5 (2) MB/KK 1976 nicht auf Übermaßvergütungen erstreckt.

1338 § 192 II VVG stellt nunmehr ausdrücklich klar, dass der Versicherer nicht leistungspflichtig ist, soweit die Aufwendungen für die medizinisch notwendige Heilbehand-

95 Zutreffend tendenziell für einheitliche Auslegung *Prölss* in: Prölss/Martin, § 178b VVG a.F. Rn. 2 und § 1 MB/KK 1994 Rn. 20.

96 Vgl. z.B. BGHZ 133, 208 = VersR 1996, 1224 = NJW 1996, 3074 (zur notwendigen Heilbehandlung bei HIV-Infektion); BGH VersR 2001, 184 (Unwirksame Klauseln in der Auslandsreisekrankenversicherung); BGH VersR 95, 1040 (Abgrenzung der Krankenhaus- von der Kur- oder Sanatoriumsbehandlung; § 5 (1) d) MB/KK 76; zur Erstattungsfähigkeit der In-vitro-Fertilisation BGH VersR 2005, 1673 = NJW 2005, 3783 mit Anm. *Marlow* VersR 2006, 1334; BGH VersR 2004, 588 = NJW 2004, 1658 mit Anm. *Marlow* VersR 2004, 1123 und BGH VersR 1987, 278 = NJW 1987, 703; zur Erstattungsfähigkeit der Kosten einer auf die Geburt eines zweiten Kindes abzielenden homologen In-vitro-Fertilisation BGH VersR 2006, 1673.

97 Vgl. *Boetius* VersR 2008, 1431 mit Hinweis auf die Abgrenzungsschwierigkeiten.

98 BGH VersR 2003, 581 = NJW 2003, 1596 mit Anm. *Prölss* und *Hütt* VersR 2003, 981; Anm. *Kalis* VersR 2004, 456; *Klinkhammer* NJW 2003, 1596; *Langheid/Grote* VersR 2003, 1469; *dies.* VersR 2004, 823; *Schünemann* VersR 2004, 817; *Werber* FS Lorenz, 2004, S. 893.

99 BGH VersR 1988, 267.

ung oder sonstigen Leistungen in einem »auffälligen Missverhältnis« zu den erbrachten Leistungen stehen (**»Übermaßvergütung«**).[100] Bei der Auslegung des Begriffes »auffälliges Missverhältnis« wird man sich an der Rechtsprechung zu § 138 BGB orientieren können.[101] Anders als bei § 138 BGB kommt es bei § 192 II VVG aber nicht auf ein subjektiv vorwerfbares Verhalten des Leistungserbringers an. Die Beweislast für das Vorliegen einer solchen Übermaßvergütung trifft regelmäßig den Versicherer. – Der Gesetzgeber ist damit bewusst nicht dem weitergehenden Vorschlag der VVG-Kommission[102] gefolgt, ein allgemeines Wirtschaftlichkeitsgebot einzuführen, da – so seine Begründung – die Versicherer entsprechende Einschränkungen in den AVB vornehmen könnten.[103]

Eine weitere neu in das VVG eingefügte gesetzliche Begrenzung des Leistungsumfangs markiert das **gesetzliche Bereicherungsverbot des § 200 VVG**. Hat der Versicherte wegen desselben Versicherungsfalls einen Anspruch gegen mehrere »Erstattungsverpflichtete«, so darf die Gesamterstattung die Gesamtaufwendungen nicht übersteigen. Aus der Bezugnahme auf »Aufwendungen« des Versicherten wird deutlich, dass sich das Bereicherungsverbot nur auf die Krankenversicherung in Form der Schadensversicherung bezieht.[104] Als andere Erstattungsverpflichtete neben dem privaten Krankenversicherer kommen insbesondere die Träger der beamtenrechtlichen Beihilfe und der gesetzlichen Krankenversicherung in Betracht. Die gesetzliche Regelung sagt nicht, welcher Erstattungsverpflichtete zur Verhinderung einer Bereicherung seine Leistung kürzen darf.[105] Die VVG-Reformkommission hatte vorgeschlagen, durch eine ausdrückliche Regelung dem Privatversicherer das Leistungskürzungsrecht bzw. im Falle der Überzahlung den Anspruch aus Bereicherungsrecht zuzuerkennen.[106] Auch ohne ausdrückliche gesetzliche Regelung und ungeachtet der Aussage in der Begründung des Regierungsentwurfs, eine bestimmte Rangfolge der Leistungsverpflichtungen werde nicht begründet, spricht die – auch verfassungsrechtlich beachtliche – Zielrichtung privaten Versicherungsschutzes, gesetzliche Ansprüche zu ergänzen, und die Ausgestaltung der gesetzlichen Ansprüche gegen die Träger der beamtenrechtlichen Beihilfe und der gesetzlichen Krankenversicherung dafür, dass nur der Privatversicherer zur Leistungskürzung bzw. Rückforderung berechtigt ist.[107] § 200 VVG ist abdingbar (vgl. § 208 VVG).[108] **1339**

100 Vgl. auch *H. Müller* in: Beckmann/Matusche-Beckmann, § 44 Rn. 25 sowie *Rogler* VersR 2009, 573.

101 *Brömmelmeyer* in: Schwintowski/Brömmelmeyer, § 192 Rn. 53; *Lehmann* r+s 2009, 89, 91.

102 Reformkommission, Abschlussbericht, S. 407 f.

103 RegE BT-Drucks. 16/3945 S. 110. Kritisch *Boetius* VersR 2008, 1431.

104 RegE BT-Drucks. 16/3945 S. 113.

105 RegE BT-Drucks. 16/3945 S. 113 (»eine bestimmte Rangfolge der Leistungsverpflichtungen wird nicht begründet«).

106 Reformkommission, Abschlussbericht, S. 412.

107 Wie hier *Hütt* in: Langheid/Wandt, § 200 VVG Rn. 17; wohl ebenso *H. Müller* in: Beckmann/Matusche-Beckmann, § 44 Rn. 185. A.A. *Brömmelmeyer* in: Schwintowski/Brömmelmeyer, § 200 VVG Rn. 7 (anteiliges Rückforderungsrecht aller Erstattungsverpflichteten); unklar *Marlow/Spuhl* S. 281 (Kondiktionsanspruch desjenigen Erstattungsverpflichteten, der »überzahlt« habe).

108 Bei der – hier abgelehnten – Gleichordnung aller Erstattungsverpflichteten (siehe vorige Fußnote) könnte die Regelung wegen des allgemeinen Grundsatzes der Unzulässigkeit von Verträgen zu Lasten Dritter, nicht zu Lasten anderer Erstattungsverpflichteten modifiziert werden.

1340 § 207 III VVG begrenzt die Leistungspflicht des Versicherers für eine versicherte Person, die ihren gewöhnlichen Aufenthalt in einen anderen Mitgliedstaat der Europäischen Union oder einen anderen Vertragsstaat des EWR verlegt, auf diejenigen Leistungen, die der Versicherer bei einem Aufenthalt im Inland zu erbringen hätte.

1341 **Weitere Leistungsgrenzen** können sich selbstverständlich aus dem Versicherungsvertrag, insbesondere den AVB ergeben.[109] Die in früheren Fassungen des § 5 (1) f) MB/KK enthaltene **»Wissenschaftsklausel«**[110] hat der BGH allerdings wegen Verstoßes gegen § 9 AGBG (= § 307 BGB) für unwirksam erklärt.[111] Die Klausel ließ – so der BGH – nach dem Verständnis eines durchschnittlichen Versicherungsnehmers eine Leistungspflicht allein für Behandlungen nach den Regeln der Schulmedizin entstehen und schloss damit Methoden alternativer Medizin generell aus. Damit beschränkte sie nach Auffassung des Gerichts die Freiheit des Versicherten bei der Wahl der Wege zu seiner Heilung in einer Weise, die durch die Interessen des Versicherers nicht mehr gerechtfertigt sei. Die daraufhin erfolgte Neufassung der »Wissenschaftsklausel« in § 4 (6) MB/KK 1994[112] (wortgleich § 4 (6) MB/KK 2009) – welche die Versicherer übrigens mit der vor der Deregulierung möglichen Genehmigung der Aufsichtsbehörde in die bestehenden Verträge einfügten (Rn. 180) – hält der Inhaltskontrolle nach § 307 BGB stand.[113]

1342 **Zeitliche Grenzen der Leistungspflicht** des Versicherers können sich außer durch die Definition des Versicherungsfalles auch durch eine besondere Vereinbarung über den materiellen Versicherungsbeginn ergeben. Bei der Krankenversicherung fallen formeller Versicherungsbeginn (Vertragsschluss) und **materieller Versicherungsbeginn** regelmäßig nicht zusammen. Es werden nämlich häufig in den Grenzen des halbzwingenden § 197 VVG **Wartezeiten** vereinbart. Sie schließen die Leistungspflicht des Versicherers während der Wartezeit für bestehende wie neu eintretende Krankheiten aus, auch dann wenn der Versicherungsnehmer selbst nicht von der Krankheit wusste oder sie nicht voraussehen konnte. Damit soll insbesondere dem subjektiven Risiko (»moral hazard«) vorgebeugt werden, dass Krankenversicherungsschutz vor einer unmittelbar bevorstehenden Behandlung genommen wird.

109 Vgl. aus jüngerer Zeit z.B. BGH VersR 2001, 576 (zulässiger Ausschluss für ärztliche Behandlung durch Verwandte), BGH VersR 2004, 1037 (zulässige Tarifbedingung über Erstattungsgrenze von 30 Psychotherapiesitzungen pro Jahr), BGH VersR 2006, 497 (zulässige Höchstgrenzen für die Erstattung zahnärztlicher Sachkosten in einer dem Tarif angehängten Sachkostenliste), BGH VersR 2006, 643 (zulässige klauselmäßige Beschränkung der Erstattungspflicht auf psychotherapeutische Behandlung durch niedergelassene approbierte Ärzte), BGH VersR 2009, 623 = r+s 2009, 246 (zulässige »Hausarztklausel«, welche die vollständige Kostenübernahme im Regelfall von der Erstbehandlung durch einen Allgemeinmediziner abhängig macht). Vgl. hierzu auch *H. Müller* in: Beckmann/Matusche-Beckmann, § 44 Rn. 159 ff.; *Lehmann* r+s 2009, 89.

110 § 5 (1) f) MB/KK 1976 lautete: Keine Leistungspflicht besteht ... »für wissenschaftlich nicht allgemein anerkannte Untersuchungs- oder Behandlungsmethoden und Arzneimittel«; zur Wissenschaftsklausel im Privatversicherungsrecht: *Deutsch* VersR 2006, 1472.

111 BGHZ 123, 83 = VersR 1993, 957 = NJW 1993, 2369.

112 Darin heißt es: »Der Versicherer leistet im vertraglichen Umfang für Untersuchungs- oder Behandlungsmethoden und Arzneimittel, die von der Schulmedizin überwiegend anerkannt sind. Er leistet darüber hinaus für Methoden und Arzneimittel, die sich in der Praxis als ebenso erfolgversprechend bewährt haben oder die angewandt werden, weil keine schulmedizinischen Methoden oder Arzneimittel zur Verfügung stehen; der Versicherer kann jedoch seine Leistungen auf den Betrag herabsetzen, der bei der Anwendung vorhandener schulmedizinischer Methoden oder Arzneimittel angefallen wäre.«

113 BGH VersR 2002, 1546 = NJW 2003, 294.

Die allgemeine Vorschrift des § 81 VVG über die **Herbeiführung des Versicherungsfalles** ist auf die Krankenversicherung selbst dann nicht anwendbar, wenn sie Schadensversicherung ist (Umkehrschluss aus § 194 I 1 VVG).[114] Stattdessen bestimmt **§ 201 VVG**, dass der Versicherer leistungsfrei ist, wenn der Versicherte sich (bedingt) vorsätzlich selbst schädigt, genauer die Krankheit oder den Unfall bei sich selbst herbeigeführt hat. Eine Leistungspflicht ist jedoch trotz (bedingten) Vorsatzes zu bejahen, wenn die Krankheit oder der Unfall Folge sozialadäquaten Handelns ist (beispielsweise infolge der Pflege eines Angehörigen mit ansteckender Krankheit eintritt).[115] 1343

Der Versicherer ist in Zweifelsfällen zur Klärung seiner Leistungspflicht auf **ärztliche Gutachten und Stellungnahmen** angewiesen. Die versicherte Person trifft deshalb nach den AVB die Obliegenheit, sich auf Verlangen des Versicherers durch einen von diesem beauftragten Arzt untersuchen zu lassen (§ 9 (3) MB/KK 2009). Zwecks **Information des Versicherungsnehmers oder der versicherten Person** ist der Versicherer auf Verlangen verpflichtet, einem vom Versicherungsnehmer bzw. der versicherten Person benannten Arzt oder Rechtsanwalt – nicht dem Versicherungsnehmer oder dem Versicherten selbst – Auskunft über und Einsicht in derartige Gutachten und Stellungnahmen zu geben (§ 202 VVG; Ausfluss des Grundrechts auf informationelle Selbstbestimmung aus Art. 1 I, 2 I GG[116]). Zu der in der Krankenversicherung relevanten Regelung des § 213 VVG über die Erhebung personenbezogener Gesundheitsdaten bei Dritten siehe Rn. 648. 1344

b) Bedingungsanpassung und -ersetzung

§ 203 III VVG gibt dem Versicherer eine gesetzliche Anpassungsbefugnis für Versicherungsbedingungen und Tarifbestimmungen für alle Krankenversicherungsarten, bei denen die Prämie entsprechend den technischen Berechnungsgrundlagen nach den §§ 12, 12a und 12e in Verbindung mit § 12c VAG zu berechnen ist und das ordentliche Kündigungsrecht des Versicherers gesetzlich oder vertraglich ausgeschlossen ist.[117] Damit werden mit Ausnahme der nicht substitutiven nach Art der Schadensversicherung betriebenen Krankenversicherung alle Krankenversicherungsarten erfasst (vgl. insb. § 12 V VAG). Erforderlich ist, dass eine nicht nur als vorübergehend anzusehende **Veränderung der Verhältnisse des Gesundheitswesens** gegeben ist, die Bedingungsänderung zur **hinreichenden Wahrung der Belange der Versicherungsnehmer (Versicherten)**[118] erforderlich erscheint und ein **unabhängiger Treuhänder** (s. Rn. 1323, 1251) nicht nur die Voraussetzungen für die Änderung überprüft, sondern auch ihre Angemessenheit bestätigt. 1345

Vertiefung: Die Anpassungsbefugnis für Versicherungsbedingungen und Tarifbestimmungen ist damit an strengere Voraussetzungen geknüpft als eine bloße Neufestsetzung der Prämie nach § 203 II 1346

114 Zu Obliegenheiten des Versicherungsnehmers in der Krankenversicherung vgl. *H. Müller* in: Beckmann/Matusche-Beckmann, § 44 Rn. 240 ff.

115 Vgl. *Prölss* in: Prölss, § 178l VVG a.F. Rn. 4.

116 Vgl. BVerfG NJW 1999, 1777; BVerfG NJW 2006, 1116; vgl. auch *Hinne* NJW 2005, 2270.

117 Vgl. zu Prämien- und Bedingungsanpassungsklauseln grundlegend *Wandt* Änderungsklauseln in Versicherungsverträgen, 2000; vgl. auch *Renger* VersR 1994, 1257; *Bartmuß* VuR 2000, 299.

118 Die Vorschrift spricht – anders als § 178g VVG a.F. – zur Vereinheitlichung der Terminologie nicht mehr von Versicherten, sondern von Versicherungsnehmern, ohne dass damit eine sachliche Änderung beabsichtigt ist. Vgl. RegE BT-Drucks. 16/3945 S. 113.

VVG. Die Erklärung dafür ergibt sich aus dem Gebot des **geringstmöglichen Eingriffs in das Vertragsverhältnis.**[119] Die bloße Prämienanpassung ist – bei der gebotenen typisierenden Betrachtung[120] – der geringere Eingriff, weil die Prämie – bei unveränderten Tarifbestimmungen – nur den Veränderungen der bei Vertragsschluss zugrunde gelegten Berechnungsfaktoren angepasst wird. Die Anpassung der Tarif- und Versicherungsbestimmungen ist schwerwiegender. Denn mit ihr greift der Versicherer in die Grundlagen des Vertrages ein. So kann eine Änderung von Tarifbestimmungen zu einer veränderten Abgrenzung von Risikogruppen und damit zu prämienrelevanten Verschiebungen innerhalb des Bestandes führen.[121] Eine Leistungsminderung durch Bedingungsanpassung kann beispielsweise zur Folge haben, dass das ausgeklammerte Risiko gänzlich unversichert bleiben muss, weil dafür wegen seiner Begrenztheit kein anderweitiger Versicherungsschutz erlangt werden kann. Wegen dieser möglichen Auswirkungen genügt es für die Anpassung von Tarifbestimmungen und Bedingungen nicht – wie bei der Prämienanpassung –, dass eine Störung des Äquivalenzverhältnisses vorliegt. Es ist vielmehr zusätzlich erforderlich, dass die Anpassung der Tarifbestimmungen oder Versicherungsbedingungen zur hinreichenden Wahrung der Belange der Versicherten[122] erforderlich erscheint.[123]

1347 Die **Verhältnisse des Gesundheitswesens** werden durch dessen tatsächliche Gegebenheiten sowie durch die Rechtsordnung bestimmt. Eine Veränderung der Verhältnisse des Gesundheitswesens kann deshalb durch tatsächliche oder rechtliche Änderungen eintreten. Rechtliche Änderungen der Verhältnisse des Gesundheitswesens können durch den Gesetzgeber, nach verbreiteter Ansicht aber auch durch die Rechtsprechung erfolgen.[124] Unter welchen Voraussetzungen eine **Änderung der Verhältnisse des Gesundheitswesens durch Entscheidungen der Rechtsprechung** bejaht werden kann, ist im Einzelnen aber strittig. Man wird einer Gerichtsentscheidung nur dann die Qualität einer Änderung der Verhältnisse des Gesundheitswesens zusprechen können, wenn diese Gerichtsentscheidung in ihrer Wirkung für die Verhältnisse des Gesundheitswesens einer wesentlichen Gesetzesänderung gleichkommt. Dafür genügt nicht schon jede Fortentwicklung der Rechtsprechung im Detail, wohl aber eine Änderung der Rechtsprechung in einer zentralen Frage, u.U. auch die erstmalige Feststellung der Rechtslage entgegen der bis dahin einhelligen Lehre. Für diese Sichtweise spricht, dass der Gesetzgeber mit dem Begriff »Verhältnisse des Gesundheitswesens« der Bedingungsanpassungsbefugnis des Versicherers keine engen Gren-

119 Eingehend dazu *Wandt* Änderungsklauseln in Versicherungsverträgen, 2000, Rn. 69 ff.; vgl. auch *H. Müller* in: Beckmann/Matusche-Beckmann, § 44 Rn. 202; *Prölss* in: Prölss/Martin, § 178g VVG a.F. Rn. 26.

120 Vgl. *Wandt* Änderungsklauseln in Versicherungsverträgen, 2000, Rn. 30.

121 Vgl. BVerwG VersR 1981, 221, 224 (Alimentierung einer Risikogruppe).

122 § 203 III VVG benutzt jetzt – einheitlich zu § 164 I 2 VVG – die Formulierung »Belange der *Versicherungsnehmer*«.

123 Auch für Bedingungsanpassungsklauseln lässt der BGH eine Störung des Äquivalenzverhältnisses nicht genügen, sondern verlangt zusätzlich, dass die Parteien ohne die Bedingungsanpassung nicht oder nur mit Schwierigkeiten in der Lage sind, den Vertrag fortzusetzen oder durchzuführen; BGH VersR 1999, 697. Vgl. auch *Langheid/Grote* VersR 2003, 1469.

124 Vgl. LG Nürnberg-Fürth VersR 2005, 492; *Werber* FS Lorenz, 2004, S. 893, 905; *Langheid/Grote* VersR 2003, 1469 und VersR 2004, 823; *Boetius* in: Langheid/Wandt, § 203 VVG Rn. 904; *ders.* VersR 2008, 1431; *Präve* in: Prölss, § 12b VAG Rn. 9, der – bei tendenzieller Zurückhaltung – den Anwendungsbereich von § 178g III 1 VVG a.F. (= § 203 III VVG) durch eine Änderung der Rechtsprechung als eröffnet ansieht, wenn diese die Grundlagen der Kalkulation oder sonstige Geschäftsgrundlagen in Frage stellt; *Hohlfeld* in: BK, § 178g VVG a.F. Rn. 20 spricht von Gesetzesänderungen, ohne Änderungen der Rechtsprechung zu erwähnen. Dezidiert gegen das Ausreichen einer Rechtsprechungsänderung *Schünemann* VersR 2004, 817. Auch das LG Köln VersR 2005, 1420, 1421 lässt eine Gesetzes- oder Rechtsprechungsänderung allein nicht genügen, sondern stellt auf Kostensteigerungen infolge der Änderung ab.

zen ziehen wollte. Die weite, nicht näher konkretisierte Formulierung spricht im Gegenteil dafür, dass der Gesetzgeber die Eingangsvoraussetzung der Vorschrift sehr weit verstanden wissen wollte. Dafür spricht auch, dass die zum Schutze der Versicherten notwendige Eingrenzung der Bedingungsanpassungsbefugnis des Versicherers zum einen durch das Kriterium der nicht nur als vorübergehend anzusehenden Veränderung und zum anderen durch das Kriterium der Erforderlichkeit zur hinreichenden Wahrung der Belange der Versicherten bewirkt wird. Es gibt mit anderen Worten keinen Grund für ein enges Verständnis der Voraussetzung »Änderung der Verhältnisse des Gesundheitswesens«.

Allein in einer (für den Versicherer ungünstigen) Auslegung einer AVB-Bestimmung durch die Rechtsprechung liegt nach Ansicht des BGH keine Veränderung der Verhältnisse des Gesundheitswesens im Sinne von § 203 II VVG.[125] Dies begründet der BGH damit, dass diese gesetzliche Regelung ein spezieller Fall des Wegfalls der Geschäftsgrundlage sei; vor diesem Hintergrund liege eine erhebliche, die Anpassung geschlossener Verträge rechtfertigende Störung des Äquivalenzverhältnisses nicht vor, soweit Veränderungen in die Risikosphäre einer Vertragspartei fallen (bei Verwendung von AVB in die Risikosphäre des Versicherers). Der Verweis auf die Grundsätze des Wegfalls der Geschäftsgrundlage begegnet keinen Bedenken, soweit es um die Begrenzung des Anpassungsanlasses auf Umstände außerhalb der Risikosphäre des Versicherers geht. Dagegen wäre es nicht sachgerecht, inhaltlich einen Anpassungsanlass zu fordern, der die (hohe) Erheblichkeitsschwelle erreicht, welche allgemein nach den Grundsätzen zum Wegfall der Geschäftsgrundlage verlangt wird. Entsprechend der bisherigen Rechtsprechung sollte vielmehr genügen, dass durch die Änderung vertragsexterner Umstände das bei Vertragsschluss vereinbarte Äquivalenzverhältnis in nicht unbedeutendem Maße gestört worden ist.[126] Die gesetzlichen Anpassungserfordernisse der Erforderlichkeit und Angemessenheit sind vom Gesetzgeber nämlich bewusst flexibel gewählt, um den vielfältigen Anpassungsanlässen gerecht werden zu können. **1348**

Die Prüfung, ob eine Bedingungsanpassung gem. § 203 II VVG **zur Wahrung der Belange der Versicherungsnehmer (Versicherten) erforderlich** ist, setzt eine abwägende Beurteilung der Gründe und Folgen einer Bedingungsanpassung voraus. Dabei ist auch zu berücksichtigen, ob und inwieweit eine Prämienerhöhung eine Bedingungsanpassung entbehrlich machen würde bzw. welche Auswirkungen eine Bedingungsanpassung auf die spätere Prämienentwicklung hätte. Der Bedingungstreuhänder muss über diese Auswirkungen durch das Versicherungsunternehmen informiert werden.[127] **1349**

Die Vertragsanpassung durch den Versicherer wird **zu Beginn des zweiten Monats wirksam**, der auf die Mitteilung der Neufestsetzung oder der Änderungen und der hierfür maßgeblichen Gründe an den Versicherungsnehmer folgt (§ 203 V VVG).[128] Die Wirksamkeit der Einbeziehung geänderter AVB gem. § 203 III VVG kann in analoger Anwendung von § 1 UKlaG im Verbandsklageverfahren überprüft werden.[129] **1350**

125 BGH VersR 2008, 246.

126 Vgl. BVerwG VersR 1981, 221, 224; allgemein zum Verhältnis von Anpassungsklauseln zu den Grundsätzen über den Wegfall der Geschäftsgrundlage *Wandt* Änderungsklauseln in Versicherungsverträgen, 2000, Rn. 52 und 33.

127 Vgl. hierzu *Prölss* in: Prölss/Martin, § 178g VVG a.F. Rn. 26, der darauf hinweist, dass der Bedingungstreuhänder die Kalkulation der alternativ in Betracht kommenden Prämienanpassung mangels Sachkunde nicht überprüfen kann.

128 Zu Übergangsregelungen für Krankenversicherungsverhältnisse, die zur Zeit des Inkrafttretens des Drittes Durchführungsgesetzes/EWG zum VAG am 29.07.1994 bestanden, vgl. *Wandt* in: Beckmann/Matusche-Beckmann, § 11 Rn. 41 f.

129 BGH VersR 2008, 246 und 386.

1351 § 203 VVG ist gemäß § 208 VVG **halbzwingend**. Folgerichtig hat der BGH § 18 (1) S. 1 d) und (4) MB/KK 1994 wegen für den Versicherungsnehmer nachteiliger Abweichung vom Gesetz für unwirksam erklärt.[130]

1352 Wenn eine Bestimmung in den AVB der Krankenversicherung durch höchstrichterliche Entscheidung oder durch einen bestandskräftigen Verwaltungsakt für unwirksam erklärt wurde, ist gemäß § 203 IV VVG die Regelung über die **Bedingungsersetzung** für die Lebensversicherung § 164 VVG anzuwenden.[131] Zu Einzelheiten vgl. Rn. 1258 ff.

c) Basistarif: Leistungsumfang und Direktanspruch der externen Leistungserbringer

1353 Wie im Zusammenhang mit der **zum 01.01.2009** eingeführten Versicherungspflicht bereits ausgeführt, besteht für die in Deutschland zum Geschäftsbetrieb zugelassenen Krankenversicherer seit diesem Zeitpunkt ein Kontrahierungszwang zum branchenweit einheitlichen »**Basistarif**« gegenüber bestimmten Personen (§ 193 V VVG 2009 und MB/BT 2009; zum Personenkreis vgl. Rn. 1306). Die Vertragsleistungen im Basistarif müssen in Art, Umfang und Höhe den Pflichtleistungen nach dem Dritten Kapitel des SGB V jeweils vergleichbar sein.[132] Den Versicherten muss die Möglichkeit eingeräumt werden, **Selbstbehalte** von 300, 600, 900 oder 1.200 € – für Beihilfeberechtigte verhältnismäßig herabgesetzt – zu vereinbaren und die **Änderung der vereinbarten Selbstbehaltsstufe** zum Ende des vertraglich vereinbarten Zeitraums unter Einhaltung einer Frist von drei Monaten zu verlangen. Die vertragliche Mindestbindungsfrist für Verträge mit Selbstbehalt im Basistarif beträgt drei Jahre. Der Abschluss ergänzender Krankheitskostenversicherungen ist zulässig (§ 12 Ia 3–6 VAG 2009).

1354 Während § 192 I 1 VVG dem Versicherten lediglich einen Anspruch auf Kostenerstattung gibt, der Versicherte die von ihm in Anspruch genommene Leistung den (medizinischen) »Leistungserbringern« also zunächst selbst bezahlen muss, gibt § 192 VII VVG 2009 den Leistungserbringern bei der Krankheitskostenversicherung im Basistarif zusätzlich zu dem Anspruch gegenüber dem Versicherten einen **Direktanspruch** gegen den Versicherer, soweit dieser aus dem Versicherungsverhältnis zur Leistung verpflichtet ist. **Versicherter und Versicherer haften als Gesamtschuldner**. Für den Leistungserbringer, also etwa den Arzt, hat dies den Vorteil, dass er nicht auf die Leistungsfähigkeit seines Patienten angewiesen ist. Er kann seine Bezahlung direkt von dem solventen Versicherer verlangen.

6. Tarifwechsel

1355 Bei einem bestehenden unbefristeten Versicherungsverhältnis kann der Versicherungsnehmer vom Versicherer verlangen, dass dieser Anträge auf Wechsel in andere

130 BGH VersR 2008, 482.

131 § 164 VVG i.V.m. § 203 VVG ist gemäß § 208 VVG halbzwingend. Insofern findet eine Abkehr von der bisherigen Regelung des § 178g III 3 VVG a.F. statt, wonach sich der Zeitpunkt des Wirksamwerdens einer Klauselersetzung in erster Linie nach einer vertraglichen Vereinbarung richtete.

132 Der Basistarif muss Varianten vorsehen für die Sondersituation von Kindern und Jugendlichen sowie Personen, die nach beamtenrechtlichen Vorschriften oder Grundsätzen bei Krankheit Anspruch auf Beihilfe haben (§ 12 Ia 2 VAG 2009).

Tarife mit gleichartigem Versicherungsschutz unter Anrechnung der aus dem Vertrag erworbenen Rechte und der Alterungsrückstellung annimmt (§ 204 S. 1 VVG 2008[133]; § 204 I 1 Nr. 1 Hs. 1 VVG 2009[134]; Vorgängeregelung § 178f VVG a.F.[135]).

Zweck des Tarifwechselrechts ist es, in erster Linie älteren Versicherungsnehmern (aber nicht nur ihnen) eine Möglichkeit zu eröffnen, sich vor »Ausdünnung« (Risikoentmischung) und »Vergreisung« ihres Tarifs und in deren Folge vor überdurchschnittlichen Prämienanpassungen dieses Tarifs zu schützen.[136] Zum Verständnis sei noch einmal auf die Grundlagen der Prämienkalkulation verwiesen: Grundlage für die Berechnung der Prämie ist das jeweilige in einem Tarif zusammengefasste Versichertenkollektiv. Wenn der Versicherer in Ausübung seiner Produktgestaltungsfreiheit einen neuen Tarif auflegt, kann dieser neue Tarif – im Extremfall selbst bei gleichen Leistungen – prämiengünstiger sein, wenn sein Kollektiv – beispielsweise infolge gezielten Marketings und Annahmepolitik – gesünder und deshalb risiko- und kostenärmer ist. Für die Versicherten eines schon bestehenden (alten) Tarifs ist das Auflegen neuer prämiengünstigerer Tarife problematisch, weil ihr Kollektiv dann mangels Attraktivität der Prämie oder wegen Schließung des alten Tarifs keine Neuzugänge mit geringen Risiken mehr erlangt. Dies wirkt sich nachteilig auf die Prämienentwicklung im alten Tarif aus. Derartigen negativen Entwicklungen kann der Versicherungsnehmer entgehen, indem er von seinem durch § 204 VVG gewährten Recht Gebrauch macht und in einen anderen Tarif seines Versicherers wechselt. Das Tarifwechselrecht steht nicht nur älteren, sondern allen Versicherungsnehmern offen. Es soll also auch generell eine Anpassung des Versicherungsschutzes an veränderte Bedürfnisse ermöglichen, denen der Versicherer in anderen Tarifen Rechnung getragen hat.[137] 1356

Der Tarifwechsel führt nicht zum Abschluss eines neuen Versicherungsvertrags, sondern nur zu einer **Änderung des bestehenden Vertrags.**[138] Soweit das gesetzliche Tarifwechselrecht des Versicherungsnehmers reicht, unterliegt der Versicherer einem **Kontrahierungszwang.** 1357

133 Vgl. zum zeitlichen Anwendungsbereich Art. 2 Nr. 2 EGVVG i.d.F. des Gesetzes zur Reform des Versicherungsvertragsrechts (BGBl. I 2007, S. 2631).

134 Vgl. Art. 11 und Art. 12 II EGVVG i.d.F. des Gesetzes zur Reform des Versicherungsvertragsrechts (BGBl. I 2007, S. 2631).

135 Das Tarifwechselrecht des Versicherungsnehmers gem. § 178f VVG a.F. stand nicht im Zentrum der gerade vollendeten Reform des Versicherungsvertragsrechts. Das Gesetz zur Reform des Versicherungsvertragsrechts (BGBl I 2007, S. 2631) hat die Regelungen des § 178f VVG a.F. in § 204 VVG 2008 und in § 204 I 1 Nr. 1 Teilsätze 1 bis 3 und II VVG 2009 inhaltlich nahezu unverändert übernommen. Es wurde in § 204 S. 1 VVG 2008 lediglich der Hinweis auf § 12 I Nr. 4 VAG und die Rechtsverordnung nach § 12c I 1 Nr. 2 VAG ergänzt. Das GKV-WSG hat lediglich Regelungen zum neu geschaffenen Basistarif hinzugefügt.

136 Vgl. die Begründung des Entwurfs des Dritten Durchführungsgesetzes/EWG zum VAG, BT-Drucks. 12/6959 S. 105; BVerwG VersR 2007, 1253, 1254 f. Rn. 32; VG Frankfurt, 23.07.2009, Az.: 1 K 3082/08.F (nicht rechtskräftig); *Müller* in: Beckmann/Matusche-Beckmann, § 44 Rn. 203; *Lorenz/Wandt* VersR 2008, 7; *dies.* VersR 2008, 1165; *Hofer u.a.* VersR 2008, 1007; *Reinhard* VersR 2008, 892; *Marlow/Spuhl* VersR 2009, 593, 604.

137 Vgl. *Wriede* VersR 1994, 251, 253; *Kirsten* Der Tarif- und Versichererwechsel in der privaten Krankenversicherung, 2004, S. 100; vgl. auch BVerwG VersR 2007, 1253, 1254 Tz. 25. – Entsprechend dem Zweck des Tarifwechselrechts, dem Versicherungsnehmer auch die Möglichkeit zu geben, auf veränderten Bedarf an Versicherungsschutz zu reagieren, ist auch ein mehrfacher Tarifwechsel zulässig. Vgl. *Kirsten* a.a.O. S. 134 mit weiteren Nachweisen.

138 Vgl. BVerwG VersR 2007, 1253, 1256 Tz. 33.

1358 **Voraussetzungen des Tarifwechselanspruchs** sind, dass ein »anderer« Tarif desselben Versicherers[139] »gleichartigen Versicherungsschutz« bietet und der Versicherungsnehmer für den anderen Tarif »versicherungsfähig« ist (§ 204 S. 1 VVG i.V.m. § 12c VAG und § 12 KalV). Die **Gleichartigkeit des Versicherungsschutzes** setzt nach § 12 KalV lediglich gleiche Leistungsbereiche voraus (vgl. die Aufzählung der wichtigsten Leistungsbereiche in § 12 I Nr. 1–7 KalV). Die Gleichartigkeit des Versicherungsschutzes entfällt also nicht schon dann, wenn der »andere Tarif« höhere, also umfangreichere Leistungen (Mehrleistungen), oder geringere, also weniger umfangreiche Leistungen, vorsieht.[140] Die **Versicherungsfähigkeit** ist nach § 12 II KalV »eine personengebundene Eigenschaft des Versicherten, deren Wegfall zur Folge hat, dass der Versicherte bedingungsgemäß nicht mehr in diesem Tarif bleiben kann« (z.B. Tarife für bestimmte Berufsangehörige).

1359 Der Versicherungsnehmer hat einen Anspruch auf Tarifwechsel »**unter Anrechnung der aus dem Vertrag erworbenen Rechte und der Alterungsrückstellung**«. Bei den erworbenen Rechten handelt es sich um »besondere unentziehbare Rechtspositionen, die der Versicherungsnehmer durch den Abschluss und im Verlauf des Vertrags gewinnt«.[141] Dazu zählen beispielsweise der im alten Tarif erfolgte Ablauf einer Wartezeit[142], der bei Vertragsschluss durch eine Risikoprüfung festgestellte Gesundheitszustand zusammen mit der danach vorgenommenen Risikoeinstufung[143], die Erhöhung von Höchstsätzen für einzelne Leistungen nach Ablauf einer bestimmten Vertragszeit[144] oder der Ausschluss des Rücktrittsrechts des Versicherers wegen Anzeigeobliegenheitsverletzung nach Ablauf von drei Jahren (§ 194 I 4 VVG 2008). Einzelheiten zur Anrechnung der Alterungsrückstellung regelt § 13 KalV.[145]

1360 § 204 S. 2 und 3 VVG 2008 begrenzt den Anspruch des VN auf einen Tarifwechsel und damit den Kontrahierungszwang des Versicherers, wenn der neue Tarif (gegen-

139 Zur Konzernproblematik siehe die Neufassung von § 8 I 1 VAG sowie *H. Müller* in Beckmann/Matusche-Beckmann, § 44 Rn. 208. – Die VVG-Reformkommission hatte in ihrem Abschlussbericht eine ergänzende Regelung im Hinblick auf die Verschmelzung von Krankenversicherungsunternehmen oder der Übertragung von Krankenversicherungsbeständen auf ein anderes Krankenversicherungsunternehmen i.S.v. § 14 VAG vorgeschlagen (§ 196 III VVG-Entwurf der Reformkommission). Danach sollte ein Tarifwechselrecht für die Dauer von fünf Jahren ausgeschlossen sein, soweit es nur auf Grund der Verschmelzung oder Bestandsübertragung begründet würde. Damit sollte den beteiligten Krankenversicherungsunternehmen die Möglichkeit gegeben werden, während des Zeitraums von fünf Jahren die Tarife gegebenenfalls zu sanieren und ihre Prämien so anzupassen, dass ein Tarifwechsel problemlos vollzogen werden kann; vgl. Reformkommission, Abschlussbericht, S. 413 f. Der Reformgesetzgeber ist diesem Vorschlag – kommentarlos – nicht gefolgt.

140 BVerwG VersR 2007, 1253, 1254 Tz. 29.

141 BVerwG VersR 1999, 743, 744; BVerwG VersR 2007, 1253, 1255 Tz. 33.

142 Auch die zurückgelegte Vertragszeit in einem Tarif ohne Wartezeit, aber mit einer Staffelung, nach der Leistungen während bestimmter Zeiträume nur bis zu bestimmten Höchstbeträgen erbracht werden, ist ein erworbenes Recht und deshalb auf die Wartezeit des neuen Tarifs anzurechnen. Vgl. BVerwG VersR 2007, 1253 (Zahnstaffel); a.A. *Grote/Finkel* VersR 2007, 339.

143 BVerwG VersR 1999, 743, 744 f.; *Kirsten* Der Tarif- und Versichererwechsel in der privaten Krankenversicherung, 2004, S. 114 f. m.w.N.

144 BVerwG VersR 1999, 743, 744; *Wriede* VersR 1999, 271, 273.

145 Dazu ausführlich *Kirsten* Der Tarif- und Versichererwechsel in der privaten Krankenversicherung, 2004, S. 118 ff. Vgl. auch *Boetius* in Langheid/Wandt, § 204 VVG Rn. 277 ff.

über dem bisherigen Tarif) **Mehrleistungen** bietet.[146] Dann kann der Versicherer in Bezug auf diese Mehrleistungen im Zeitpunkt des Tarifwechsels eine Risikoprüfung vornehmen und für die Mehrleistungen einen angemessenen Risikozuschlag und eine Wartefrist verlangen. Der Versicherungsnehmer kann die Vereinbarung eines Risikozuschlags und einer Wartezeit aber dadurch abwenden, dass er hinsichtlich der Mehrleistung einen Leistungsausschluss vereinbart.

Besonderheiten bestehen hinsichtlich des Wechsels aus dem Basistarif, bzw. in den **1361**
Basistarif. Bei einem **Wechsel aus dem Basistarif** in einen anderen Tarif desselben Versicherers gelten die oben beschriebenen Regeln (Rn. 1358). Der Versicherer kann nunmehr allerdings einen Risikozuschlag verlangen, wenn dies auf der Grundlage der (spätestens) bei Eintritt in den Basistarif vorgenommenen Risikoprüfung berechtigt ist. Ein **Wechsel in den Basistarif** ist für Versicherte, die ihre Versicherung erstmals nach dem 01.01.2009 abgeschlossen haben, ohne weiteres möglich. Dagegen war für »Altversicherte«, also Versicherte, die ihre Versicherung erstmals vor dem 01.01.2009 abgeschlossen haben, ein Wechsel in den Basistarif nur dann möglich, wenn dieser vor dem 01.07.2009 beantragt wurde (sog. »Wechselhalbjahr«; zur Rechtsstellung nach einem Wechsel im Wechselhalbjahr vgl. Rn. 1372).[147] Ansonsten, also ohne zeitliche Befristung, können »Altversicherte« nur in den Basistarif wechseln, wenn sie das 55. Lebensjahr vollendet haben oder wenn sie renten- oder ruhegehaltsberechtigt oder hilfebedürftig i.S. des SGB II oder SGB XII sind (vgl. zum Personenkreis, für den ein Kontrahierungszwang des Versicherers besteht, Rn. 1306).

7. Die Beendigung des Krankenversicherungsvertrages, Übertragbarkeit der Alterungsrückstellung

a) Überblick

Wie bei allen Verträgen bestehen auch für den Krankenversicherungsvertrag unter- **1362**
schiedliche Möglichkeiten der Beendigung. Für die **Anfechtung** seitens jeder Vertragspartei[148] und für das Widerrufsrecht des Versicherungsnehmers gelten die allgemeinen Regeln (vgl. Rn. 301 ff.). Für das **Rücktrittsrecht** des Versicherers wegen Anzeigeobliegenheitsverletzung gilt gemäß § 194 I 4 VVG abweichend von § 21 III VVG eine Ausschlussfrist von drei Jahren (vgl. Rn. 473 ff.).

Der **Tod des Versicherungsnehmers** bzw. die Kündigung durch den Versicherungs- **1363**
nehmer führt zwar zur Beendigung des Versicherungsverhältnisses; die versicherten Personen sind jedoch berechtigt, binnen zweier Monate die Fortsetzung des Versicherungsverhältnisses unter Benennung des künftigen Versicherungsnehmers zu erklären (§ 207 I, II VVG).

Zum Schutze der Versicherten sind die Kündigungsmöglichkeiten des Versicherers **1364**
stark eingeschränkt (Einzelheiten in der nächsten Rn.). Wenn der Versicherer eine zulässige Kündigung, Anfechtung oder einen zulässigen Rücktritt auf einzelne versi-

146 Tarife mit Minderleistungen werden in § 204 VVG 2008 nicht erwähnt. Minderleistungen schließen die Gleichartigkeit des Versicherungsschutzes jedoch ebenso wenig aus wie die in § 204 S. 2 VVG 2008 ausdrücklich erwähnten Mehrleistungen. Siehe hierzu § 13 II und III KalV.

147 Zur Verfassungsmäßigkeit des »Wechselhalbjahres« vgl. BVerfG VersR 2009, 957, 966 = NJW 2009, 2033, 2043.

148 Vgl. *Deutsch* Rn. 465.

cherte Personen oder Tarife beschränkt, kann der Versicherungsnehmer die **Aufhebung der gesamten Versicherung** verlangen (§ 205 V VVG).[149]

b) Kündigung durch den Versicherer

1365 Die Kündigungsmöglichkeiten des Versicherers sind in der Krankenversicherung zum Schutze der Versicherten stark begrenzt. Der halbzwingende § 206 VVG schließt die ordentliche Kündigung einer substitutiven Krankheitskosten-, Krankentagegeld-, oder Pflegekrankenversicherung durch den Versicherer aus (mit weiteren Begrenzungen des Kündigungsrechts des Versicherers in den übrigen Bestimmungen dieser Vorschrift).

1366 Für die Pflicht-Krankheitskostenversicherung i.S.v. § 193 III 1 VVG 2009 ist sogar nicht nur die ordentliche, sondern »jede Kündigung [...] durch den Versicherer« ausgeschlossen (§ 206 I 1 VVG 2009). Umstritten ist, ob damit jegliche außerordentliche Kündigung ausgeschlossen ist – was nach BVerfG verfassungsgemäß wäre[150] – oder ob diese Regelung auf den Ausschluss von außerordentlichen Kündigungsrechten nach dem VVG (z.B. aus § 28 I VVG) teleologisch zu reduzieren ist. Zutreffend erscheint es, die Vorschrift so auszulegen, dass das allgemeine Recht auf fristlose Kündigung aus wichtigem Grund aus § 314 BGB nicht ausgeschlossen wird (näher dazu Rn. 484).

1367 Eine außerordentliche Kündigung wegen einer vom Versicherungsnehmer nicht zu vertretenden Anzeigepflichtverletzung ist für jede Art der Krankenversicherung ausgeschlossen (§ 194 I 3 i.V.m. § 19 III 2, IV VVG).

c) Kündigung durch den Versicherungsnehmer, Übertragbarkeit der Alterungsrückstellung und Anwartschaftsversicherung

1368 Der Versicherungsnehmer kann ein Krankenversicherungsverhältnis mit einer Dauer von mehr als einem Jahr grundsätzlich **ordentlich kündigen** (§ 205 I VVG). Ein **außerordentliches Kündigungsrecht** besteht, wenn eine versicherte Person in der GKV versicherungspflichtig wird (§ 205 II 1 VVG). Diese Kündigung kann binnen dreier Monate ab Eintritt der Versicherungspflicht erklärt werden und wirkt auf den Eintritt der Versicherungspflicht zurück.[151] Weitere außerordentliche Kündigungsrechte bestehen bei Prämienerhöhungen (§ 205 III und IV VVG). Mit Blick auf die seit dem 01.01.2009 geltende Versicherungspflicht bestimmt **§ 205 VI VVG 2009**, dass die Kündigung einer Versicherung, welche die Versicherungspflicht erfüllt, erst wirksam wird, wenn der Versicherungsnehmer nachweist, dass die versicherte Person bei einem neuen Versicherer ohne Unterbrechung versichert ist.[152]

1369 Die Kündigung durch den Versicherungsnehmer hatte *bis zum 01.01.2009* nicht zur Folge, dass der Versicherungsnehmer einen Anspruch auf **»Übertragung« (»Mitgabe«) eines Anteils an der (kollektiven) Alterungsrückstellung** hatte, z.B. in Höhe eines Durchschnittswertes.[153] Die Alterungsrückstellung verblieb vielmehr ungeschmälert beim früheren Versicherer zu Gunsten des Kollektivs, dem der ausscheidende Versicherungsnehmer angehörte. Dieser Umstand war unter Berücksichtigung der Stornowahrscheinlichkeit bereits bei der ursprünglichen Prämienbemessung

149 Die Regelung entspricht § 178h V VVG a.F.; vgl. dazu RegE BT-Drucks. 12/6959 S. 106.
150 BVerfG VersR 2009, 957, 964 = NJW 2009, 2033, 2041.
151 Das Kündigungsrecht besteht auch für eine Anwartschaftsversicherung (§ 205 II VVG).
152 § 175 IV 4 SGB V enthält eine vergleichbare Regelung für die GKV.
153 Vgl. BGHZ 141, 214 = VersR 1999, 877 = NJW 1999, 2741.

prämienmindernd einkalkuliert. Die Nichtübertragbarkeit der Alterungsrückstellung führte bislang faktisch dazu, dass Krankenversicherungsverhältnisse ab einer bestimmten Dauer nur noch äußerst selten vom Versicherungsnehmer gekündigt wurden. An diesem aus Wettbewerbsgesichtspunkten misslichen Zustand wurde lange Zeit mit dem Argument festgehalten, dass bei Übertragbarkeit (Portabilität) von **durchschnittlichen** Alterungsrückstellungen zwar den wechselwilligen Versicherten mit gutem Krankheitsrisiko gedient wäre, nicht aber denjenigen Versicherten, die aufgrund eines individuellen schlechten Krankheitsrisikos zwangsläufig bei ihrem Versicherer bleiben müssten, weil ein anderer Versicherer ihnen selbst bei Übertragbarkeit einer Alterungsrückstellung keine günstigere Prämie bieten könnte. Die Übertragbarkeit einer durchschnittlichen Alterungsrückstellung hätte durch Abwandern nur der »guten« Risiken eine nicht hinnehmbare Risikoselektion zur Folge. Auch Reformüberlegungen zur Mitgabe einer **individuell-prospektiven** Alterungsrückstellung wurden wegen enormer praktischer Probleme überwiegend nicht gutgeheißen.[154]

Seit dem 1.1.2009 kann der kündigende Versicherungsnehmer verlangen, dass ein Teil 1370
der Alterungsrückstellung auf den neuen Versicherer übertragen wird, bei dem er gleichzeitig mit der Kündigung des alten Vertrages einen neuen »substitutiven Krankenversicherungsvertrag« geschlossen hat (§ 204 I 1 Nr. 2 VVG 2009).[155] Der Anspruch richtet sich auf Übertragung »der kalkulierten Alterungsrückstellung des Teils der Versicherung, dessen Leistungen dem Basistarif entsprechen« (**Mitgabe des sog. »Übertragungswerts«**, Konkretisierung in § 13a KalV 2009). Es handelt sich um einen fiktiven Wert; es kommt also nicht darauf an, dass eine Versicherung zum Basistarif vorliegt. Der Übertragungsanspruch besteht unbedingt, wenn die gekündigte Krankheitskostenversicherung nach dem 01.01.2009 abgeschlossen wurde. »Altversicherte«, die bereits vor dem 01.01.2009 eine private Krankheitskostenversicherung hatten, haben einen Anspruch auf Übertragung des Übertragungswerts nur, wenn sie den vor dem 01.01.2009 bestehenden Vertrag vor dem 01.07.2009 gekündigt haben.

Soweit die Leistungen in dem alten Tarif, den der Versicherungsnehmer infolge seiner 1371
Kündigung verlässt, höher oder umfassender sind als im Basistarif, und deshalb im alten Tarif höhere Alterungsrückstellungen gebildet wurden als der »Übertragungswert«, **verbleiben die den Übertragungswert übersteigenden Alterungsrückstellungen beim bisherigen Versicherer**. Der Versicherungsnehmer kann von seinem bisherigen Versicherer jedoch die Vereinbarung eines Zusatztarifs verlangen, in dem die über den Basistarif hinausgehende Alterungsrückstellung anzurechnen ist (§ 204 I 2 VVG 2009).

Vertiefung: Nach dem Wortlaut von § 204 I 1 Nr. 2 a) VVG 2009 hat auch ein »Altversicherter«, der 1372
seine bereits vor dem 01.01.2009 bestehende private Krankheitskostenversicherung im ersten Halbjahr 2009 kündigte, einen zeitlich unbegrenzten Übertragungsanspruch gem. § 204 I 1 Nr. 2 a) VVG 2009, wenn er die nach dem 01.01.2009 neu abgeschlossene Krankheitskostenversicherung irgendwann in der Zukunft ebenfalls kündigt. Ebenso hat ein »Altversicherter«, der im ersten Halbjahr

154 Vgl. das Gutachten der Expertenkommission BT-Drucks. 13/4945 S. 42 ff.; *Kalis* VersR 2001, 11; *Terhorst* Wahlfreiheit und Wettbewerb in der Privaten Krankenversicherung, 2000; sehr informativ und instruktiv *Boetius* Zukunftssichere Finanzierung der Gesundheitsvorsorge unter Berücksichtigung von Managed Care-Konzepten, 2000, der für einen Basisversicherungsschutz mit Ausgleichsmechanismen eintritt.

155 Vgl. BT-Drucks. 16/3100 S. 206; *Boetius* VersR 2001, 665 ff.

2009 mittels Kündigung den Versicherer wechselte, bei Wortlaut getreuer Anwendung von § 204 I 1 Nr. 1 a) VVG 2009 bei seinem neuen Versicherer dauerhaft einen unbedingten Anspruch auf jederzeitigen Wechsel in den Basistarif. Ohne gesetzliche Begleitregelung hätte eine solche Normauslegung den Zweck der speziellen Regelungen des § 204 I 1 Nr. 1 b) und Nr. 2 b) VVG 2009 für »Altversicherte« unterlaufen. Die in diesen speziellen Regelungen enthaltenen Beschränkungen für wechselnde »Altversicherte« sollen nämlich die übrigen, im Wechselhalbjahr 2009 nicht wechselnden »Altversicherten« vor nicht kalkulierten Prämiensteigerungen schützen, die infolge einer im Zeitpunkt der Prämienkalkulationen noch nicht absehbaren Risikoentmischung unter Mitgabe von Teilen der Alterungsrückstellung zwangsläufig eintreten (zur kalkulierten Prämienminderung durch Verfall der kompletten Alterungsrückstellungen nach altem Recht vgl. Rn. 1286). Im Verlauf des Gesetzgebungsverfahrens wurde erkannt, dass die Mitgabe der Alterungsrückstellung bei Altverträgen wegen deren Kalkulation nach altem Recht systemwidrig wäre und ein Wechsel einer Vielzahl von Versicherten die Interessen der verbleibenden Versicherten nachteilig beeinträchtigen würde.[156] Aus politischen Gründen wurde gleichwohl im Wege einer Kompromisslösung der Wechsel von »Altversicherten« im ersten Halbjahr 2009 unter Mitgabe des »Übertragungswerts« eröffnet. Um den Interessen der nichtwechselnden Bestandversicherten Rechnung zu tragen wurde eine Wartefrist von 18 Monaten im Basistarif eingeführt (§ 13 Ia Kalkulationsverordnung[157] i.V.m. § 12c I 1 VAG[158]).[159]

1373 Kündigt ein Versicherungsnehmer die private Krankenversicherung, weil er beispielsweise ohne Befreiungsmöglichkeit GKV-krankenversicherungspflichtig geworden ist oder längere Zeit im Ausland verbringen will, und sieht der Versicherungsnehmer die Möglichkeit, dass er zu einem späteren Zeitpunkt wieder privaten Versicherungsschutz benötigt, dann bietet sich der Abschluss einer **Anwartschaftsversicherung** an. Die Anwartschaftsversicherung begründet während ihrer Dauer keine übliche Leistungspflicht des Versicherers. Sie sichert lediglich das spätere Wiederaufleben des Versicherungsschutzes ohne erneute Risikoprüfung (»kleine Anwartschaftsversicherung«, zu niedriger Prämie) oder zusätzlich eine Prämienberechnung auf der Grundlage des ursprünglichen Eintrittsalters (»große Anwartschaftsversicherung«, zu einer etwas höheren Prämie, die den ununterbrochenen Aufbau der Alterungsrückstellung finanziert). Bei Krankenversicherungen nach Art der Lebensversicherung (Rn. 1297) gibt § 204 III VVG 2009 dem Versicherungsnehmer und der versicherten Person das Recht, bei Kündigung eines Versicherungsvertrages diesen in Form einer Anwartschaftsversicherung vorzuführen.

IV. Die nicht substitutive Krankenversicherung nach Art der Schadensversicherung

1374 Die nicht substitutive Krankenversicherung ist anders als die substitutive *nicht* geeignet, den im gesetzlichen Sozialversicherungssystem vorgesehenen Kranken- oder Pflegeversicherungsschutz ganz oder teilweise zu ersetzen. Beispiele sind die Versicherung von Wahlleistungen bei Krankenhausbehandlung oder die Krankenhaustagegeldversicherung (vgl. Rn. 1289 f.). Sie kann nach freier Entscheidung des Versicherers nach Art der Lebensversicherung oder nach Art der Schadensversicherung

156 Vgl. BT-Drucks. 16/4247 S. 10, 68; *Grote/Bronkars* VersR 2008, 580 ff. unter IV.

157 Die Änderung erfolgte durch die Zweite Verordnung zur Änderung der Kalkulationsverordnung vom 05.01.2009 (BGBl. I S. 7).

158 Die Ausweitung der Ermächtigungsgrundlage für den Verordnungsgeber zur Änderung der KalV erfolgte durch Art. 6a des Gesetzes zur Weiterentwicklung der Organisationsstrukturen in der gesetzlichen Krankenversicherung (GKV-OrgWG) vom 15.12.2008 (BGBl. I S. 2426).

159 Vgl. BVerfG VersR 2009, 957, 967 = NJW 2009, 2033, 2044.

betrieben werden. Wird sie nach Art der Lebensversicherung betrieben, so gelten grundsätzlich die bereits für die substitutive Krankenversicherung erläuterten Vorschriften (vgl. Rn. 1293 und zuvor III.).

Die nicht substitutive nach Art der Schadensversicherung betriebene Krankenver- **1375**
sicherung unterliegt nicht den speziellen Krankenversicherungsvorschriften der §§ 12 ff. **VAG**, weil die Risiken unter aufsichtsrechtlichen Gesichtspunkten nicht höher sind als die der sonstigen Schadensversicherung und deshalb die allgemeinen aufsichtsrechtlichen Regelungen genügen.

Es gelten grundsätzlich alle **VVG-Regeln** des Kapitels über die Krankenversiche- **1376**
rung, deren Anwendbarkeit nicht auf die substitutive oder die nicht substitutive nach Art der Lebensversicherung betriebene Krankenversicherung beschränkt ist. Eigens hinzuweisen ist nur auf besondere Beschränkungen des Kündigungsrechts. So kann der Versicherer eine Krankenhaustagegeldversicherung, die neben einer Krankheitskostenvollversicherung besteht, nicht ordentlich kündigen (§ 206 I 2 VVG). Besteht eine Krankenhaustagegeldversicherung ohne eine Vollversicherung oder hat der Versicherungsnehmer eine Krankheitskostenteilversicherung abgeschlossen, so steht dem Versicherer nur in den ersten drei Jahren ein ordentliches Kündigungsrecht zu (§ 206 II VVG). Hat der Versicherer wirksam wegen Zahlungsverzugs gekündigt, so können die versicherten Personen den Vertrag binnen zweier Monate ab Kenntnis übernehmen (§ 206 III VVG).

V. Die private Pflegekrankenversicherung

1. Gegenstand in Abgrenzung zur gesetzlichen Pflegeversicherung und Rechtsrahmen

Die **(private) »Pflegekrankenversicherung«** bietet Versicherungsschutz für das Risiko **1377**
der Pflegebedürftigkeit durch Erstattung von Pflegekosten (Pflegekostenversicherung) oder durch Zahlung eines vereinbarten Tagegeldes (Pflegetagegeldversicherung)[160], § 192 VI VVG. Sie ist im VVG der Versicherungssparte »Krankenversicherung« zugeordnet, obwohl Pflegebedürftigkeit und Krankheit streng zu trennen sind.[161]

Zu unterscheiden ist die private Pflegekrankenversicherung von der **»Sozialen Pfle- 1378**
geversicherung«, die durch das Pflegeversicherungsgesetz (PflegeVG)[162] mit Wirkung vom 1.1.1995 neben der gesetzlichen Kranken-, Renten-, Unfall- und Arbeitslosenversicherung als fünfte Säule der **Sozialversicherung** eingeführt worden ist. Sie ist im Elften Buch des Sozialgesetzbuchs (SGB XI) geregelt.[163] In den Schutz der Sozialen Pflegeversicherung sind kraft Gesetzes alle einbezogen, die in der gesetzlichen Krankenversicherung versichert sind (§ 1 II SGB XI).

160 Das BSG (BSGE 88, 268 = VersR 2004, 1154 = NVersZ 2002, 559) stuft auch die Pflegetagegeldversicherung als *Schadensversicherung* ein, obwohl eine pauschale Leistung versprochen ist; ihre Höhe hänge jedoch von der Zuordnung zu einer Pflegestufe und damit vom (konkreten) Ausmaß der Pflegebedürftigkeit ab.

161 BGH VersR 2000, 1533 = NJW 2001, 2802.

162 Gesetz vom 26.05.1994 (BGBl. I S. 1014, 2797).

163 SGB XI (BGBl. I 1994, S. 1014, 1015) in Kraft getreten am 01.01.1995.

1379 Mit der Einführung der gesetzlichen Pflegeversicherung wurden auch diejenigen Personen, die gegen das Risiko Krankheit bei einem privaten Krankenversicherungsunternehmen mit Anspruch auf allgemeine Krankenhausleistungen versichert sind, **verpflichtet, eine Pflegeversicherung mit einem der Sozialen Pflegeversicherung gleichwertigen Leistungsumfang bei einem privaten Krankenversicherer abzuschließen** (§ 23 SGB XI). Es gilt also der Grundsatz: »Pflegeversicherung folgt Krankenversicherung« (vgl. §§ 1 II, 20 ff. SGB XI).[164] Diese private Pflegepflichtversicherung ist vorrangig durch das SGB XI ausgestaltet. Nur ergänzend gelten die Regelungen des VVG (§ 192 VI 3 VVG; mehr dazu Rn. 1385 ff.).

1380 Neben der privaten Pflegepflichtversicherung gibt es die (private) **»freiwillige Pflegeversicherung«**, die im Pflegefall von der Pflegepflichtversicherung nicht abgedeckte Leistungen erbringt. Sie unterliegt ausschließlich den privatrechtlichen Regelungen (Rn. 1392).

2. Die private Pflegepflichtversicherung

a) Substitutive Krankenversicherung, Versicherungspflicht und Kontrahierungszwang

1381 Die **»private Pflegepflichtversicherung«** ist vom Gesetzgeber zwar als Privatversicherung ausgestaltet. Sie nimmt aber aufgrund umfassender Regulierung eine Sonderstellung ein (vgl. zur verfassungsrechtlichen Problematik Rn. 1273 ff.).[165] Sie ist substitutive Krankenversicherung, da sie als Pflegekostenversicherung den Schutz der gesetzlichen Pflegeversicherung ersetzt (vgl. § 195 I VVG).[166] Das VAG regelt die Pflegepflichtversicherung unter der Überschrift Krankenversicherung (IIa. 2.), qualifiziert sie aber nicht als Krankenversicherung i.S. der §§ 12 ff. VAG, sondern ordnet in § 12f VAG lediglich die entsprechende Anwendung der für die substitutive Krankenversicherung geltenden §§ 12 I bis IV, 12b und 12c VAG an.[167]

1382 Korrespondierend mit der Versicherungspflicht für die Versicherungsnehmer (Rn. 1379) besteht ein **Kontrahierungszwang** für die im Inland zum Betrieb der Pflegeversicherung befugten privaten Krankenversicherungsunternehmen (§ 110 I Nr. 1 SGB XI).[168] Der Inhalt der Verträge ist gesetzlich bis in die Einzelheiten bestimmt: kein Ausschluß von Vorerkrankungen der Versicherten; kein Ausschluß bereits pflegebedürftiger Personen; keine längeren Wartezeiten als in der Sozialen Pflegeversicherung (vgl. § 33 II SGB XI)[169]; keine Staffelung der Prämien nach Geschlecht und Gesund-

164 BVerfG VersR 2001, 627 = NJW 2001, 627; BVerfG VersR 2001, 623 = NJW 2001, 1709. Zum grundrechtlich verbürgten Zugang zur Pflegeversicherung vgl. BVerfGE 103, 225 = VersR 2001, 920 = NJW 2001, 1716.

165 BVerfG VersR 2001, 623 = NJW 2001, 1709.

166 *Boetius* in Langheid/Wandt, Vor § 192 VVG Rn. 577; *Prölss* in Prölss/Martin, § 178a VVG a.F. Rn. 11; a.A. für die freiwillige Pflegeversicherung *Sahmer* ZfV 1996, 483. Offen gelassen von BGH VersR 2000, 1533 = NJW 2001, 2802.

167 Genaugenommen gibt es damit – unerfreulich – unterschiedliche Legaldefinitionen des Begriffs »substitutive Krankenversicherung« in § 195 I VVG und §§ 12 I, 12f VAG.

168 Zum grundrechtlich verbürgten Zugang zur Pflegeversicherung vgl. BVerfGE 103, 225 = VersR 2001, 920 = NJW 2001, 1716.

169 Vgl. § 33 II SGB XI. Die fünfjährige Wartezeit kann durch Versicherungszeiten binnen der letzten 10 Jahre vor dem Leistungsfall gesammelt werden. Es gilt also: 2 Jahre versichert, 4 Jahre Pause, 3 Jahre versichert = Wartezeit erfüllt (Gesamtversicherungszeit beträgt 5 Jahre); 3 Jahre

heitszustand der Versicherten; keine Prämienhöhe, die den Höchstbeitrag der Sozialen Pflegeversicherung[170] übersteigt[171]; beitragsfreie Mitversicherung der Kinder des Versicherungsnehmers unter denselben Voraussetzungen, wie in § 25 SGB XI festgelegt; für Ehegatten oder Lebenspartner ab dem Zeitpunkt des Nachweises der zur Inanspruchnahme der Beitragsermäßigung berechtigenden Umstände keine Prämie in Höhe von mehr als 150 % des Höchstbeitrages der Sozialen Pflegeversicherung, wenn ein Ehegatte oder ein Lebenspartner kein Gesamteinkommen hat, das die in § 25 I 1 Nr. 5 SGB XI genannten Einkommensgrenzen überschreitet.

Die privaten Pflegeversicherer müssen – vergleichbar der Versicherer des Basistarifs **1383** in der Krankenversicherung (Rn. 1319) – ein Ausgleichssystem schaffen, das einen dauerhaften und wirksamen Ausgleich der unterschiedlichen Belastungen aus den gesetzlichen Vorgaben gewährleisten muss (§ 111 SGB XI; »Risikoausgleich«). Die Versicherungswirtschaft hat hierfür den »Pflegepool« geschaffen.

b) Leistungspflicht des Versicherers

Versicherungsfall ist der Eintritt der **Pflegebedürftigkeit** (§ 1 (2) ff. MB/PPV 2009, **1384** § 14 SGB XI).[172] Pflegebedürftig ist, wer wegen einer körperlichen, geistigen oder seelischen Krankheit oder Behinderung die gewöhnlichen und regelmäßig wiederkehrenden Verrichtungen im Ablauf des täglichen Lebens auf Dauer, voraussichtlich für mindestens sechs Monate, nicht ohne erhebliche Hilfe bewältigen kann. Die Begriffe »Krankheiten«, »Behinderungen« und die »gewöhnlichen und regelmäßig wiederkehrenden Verrichtungen« sind weiter konkretisiert (vgl. § 14 II, III SGB XI). Je nachdem, was der Pflegebedürftige noch selbst verrichten kann, wird er in eine von drei Pflegestufen mit unterschiedlichen Leistungen eingeteilt (zur Kategorisierung vgl. § 1 (6) MB/PPV 2009 und § 15 SGB XI). In der privaten Pflegeversicherung gilt das **Kostenerstattungsprinzip** (§ 23 I 3 SGB XI).[173]

§ 192 VI 2 VVG begrenzt den Umfang der Leistungspflicht des Versicherers wie in **1385** der Krankenversicherung insoweit, als die Kosten in einem auffälligen Missverhältnis zu den erbrachten Leistungen stehen (**Ausschluss der Übermaßvergütung**).

Die Leistungspflicht des Versicherers für eine versicherte Person, die ihren gewöhnli- **1386** chen Aufenthalt in einen anderen Mitgliedstaat der Europäischen Union oder einen anderen Vertragsstaat des EWR verlegt, ist auch in der Pflegepflichtversicherung auf »höchstens« diejenigen Leistungen begrenzt, die der Versicherer bei einem Aufenthalt im Inland zu erbringen hätte (§ 207 III VVG; halbzwingend gem. § 208 VVG).[174] Jedenfalls im Bereich der Pflegepflichtversicherung ist der Begriff »höchstens« nicht

versichert, 2 Jahre Pause, 1 Jahr versichert = Wartezeit nicht erfüllt (Gesamtversicherungszeit beträgt nur 4 Jahre).

170 Zur verfassungswidrigen Nichtberücksichtigung der Betreuung und Erziehung von Kindern bei der Beitragsbemessung in der sozialen Pflegeversicherung vgl. BVerfGE 103, 242 = VersR 2001, 916 = NJW 2001, 1712.

171 Nach § 61 SGB XI ist auch für privat Pflegepflichtversicherte ein Arbeitgeberzuschuss zu den Prämien möglich.

172 *Brömmelmeyer* in: Schwintowski/Brömmelmeyer, § 192 VVG Rn. 76.

173 Die (gesetzliche) »soziale Pflegeversicherung« kennt die Möglichkeit der Kostenerstattung neben der Sachleistung (§§ 4, 28 ff. SGB XI). Möglich ist z.B. die häusliche Pflege durch eine Pflegekraft (Sachleistung) oder die Erstattung der Kosten für eine entsprechende Kraft (Geldleistung).

174 Vgl. zur Leistungspflicht bei Auslandswohnsitz EuGH v. 08.07.2004 – C-502/01 und C-31/01 Rs. Gaumain-Cerri, Barth, EuGHE 2004 I S. 6483, 6527 Tz. 22 = NZS 2005, 88; BSG VersR 2007, 1074.

dahin zu verstehen, dass der Versicherer seine Leistungspflicht vertraglich unter den gesetzlichen Pflichtinhalt herababsenken dürfte.[175]

c) Dauer und Beendigung des Vertrages

1387 Die substitutive Pflegepflichtversicherung ist kraft Gesetzes unbefristet (§ 195 I 1 VVG).

1388 Die ordentliche **Kündigung durch den Versicherer** ist ausgeschlossen (§ 206 I 2 VVG). Nach § 110 IV SGB XI sind auch Rücktritts- und Kündigungsrechte des Versicherers ausgeschlossen, solange der Kontrahierungszwang besteht.

1389 Das **Kündigungsrecht des Versicherungsnehmers** ist nicht eingeschränkt, ihm steht gemäß § 205 II VVG auch ein besonderes Kündigungsrecht für den Fall zu, dass er in der GKV und somit auch der Sozialen Pflegeversicherung versicherungspflichtig wird (Parallelregelung § 27 SGB XI). Im Falle der Kündigung des Vertrags zur privaten Pflegepflichtversicherung und dem gleichzeitigen Abschluss eines neuen Vertrags bei einem anderen Versicherer kann der Versicherungsnehmer vom bisherigen Versicherer verlangen, dass dieser die für ihn kalkulierte **Alterungsrückstellung** an den neuen Versicherer überträgt; auf diesen Anspruch kann nicht verzichtet werden (mit Wirkung vom 01.01.2009 gemäß § 204 II VVG i.d.F. des Gesetzes zur strukturellen Weiterentwicklung der Pflegeversicherung vom 28.05.2008 (Pflege-Weiterentwicklungsgesetz)[176]).

d) Rechtsweg

1390 Für den Rechtsweg in Streitigkeiten der privaten Pflegepflichtversicherung ist die Sonderregelung des § 51 I Nr. 2 Sozialgerichtsgesetz (SGG) zu beachten.[177] Zuständig sind nicht wie gewöhnlich bei privaten Rechtsstreitigkeiten die ordentlichen Gerichte, sondern die Sozialgerichte. Diese Zuständigkeit ist nach § 51 II SGG umfassend und betrifft auch Streitigkeiten mit Dritten aus dem Pflegeversicherungsverhältnis.[178]

1391 Die Berechtigung dieser Regelung ist rechtspolitisch umstritten. Für eine Zuständigkeit der Sozialgerichte wird angeführt, dass die private Pflegepflichtversicherung der sozialen entspreche und somit eine einheitliche Rechtsprechung eine einheitliche Zuständigkeit erfordere.[179] Dagegen wird eingewandt, dass so Sozialgerichte über zivilrechtliche Gegenstände, etwa AVB zu entscheiden hätten, was systemwidrig sei.[180] Die frühere Problematik eines fehlenden gerichtlichen Mahnverfahrens in der Sozialgerichtsbarkeit wurde durch die Einführung des § 182a SGG gelöst. Private Pflegeversicherer können demnach zunächst das Mahnverfahren nach der ZPO betreiben,

175 Die Unwirksamkeit von § 5 (1) a) MB/PPV 2008 (= MB/PPV 2009), der eine Leistungspflicht ausschließt, solange sich versicherte Personen im Ausland aufhalten, wird deshalb bejaht von *Brömmelmeyer* in: Schwintowski/Brömmelmeyer, § 192 VVG Rn. 74.

176 BGBl. I S. 874.

177 Eine Klagefrist existiert für Streitigkeiten aus der privaten Pflegeversicherung nicht. Insbesondere gilt nicht § 87 SGG, da ein privater Versicherer keine Verwaltungsakte erlassen kann. Vgl. *Waschull* in: Krauskopf, Soziale Krankenversicherung und Pflegeversicherung, Kommentar, Stand Januar 2008, § 110 SGB XI Rn. 80.

178 Vgl. hierzu BSG NZS 2007, 34 (Zuständigkeit der Sozialgerichte für Streitigkeiten zwischen einem privaten Pflegeversicherer und einem Pflegeheim verneint).

179 BSGE 79, 80 = VersR 1998, 486; BSG NZS 2007, 34; *Meyer-Ladewig* SGG, Kommentar, 7. Aufl. 2002, § 51 Rn. 27.

180 Für eine Zuständigkeit der ordentlichen Gerichte vgl. *Baroch Castellví* VersR 1997, 661; *Römer* VersR 1996, 562.

bevor sie sich an die Sozialgerichte wenden müssen. Für Rechtsmittel gegen den Mahnbescheid sind jedoch ebenfalls die Sozialgerichte zuständig.

3. Die freiwillige private Pflegeversicherung

Die freiwillige Pflegeversicherung, für die – wie ihr Name sagt – keine Versiche- 1392
rungspflicht besteht, bietet ergänzenden Versicherungsschutz zur Pflegepflichtversicherung. Sie ist also Pflegezusatzversicherung.[181] Für die freiwillige private Pflegeversicherung, die durch AVB näher ausgestaltet ist (vgl. die MB/PV 2008), gelten grundsätzlich die **allgemeinen Regeln.**

Für die freiwillige Pflegeversicherung gilt der **Rechtsweg** zu den ordentlichen 1393
Gerichten. Die Sonderregelung des § 51 I Nr. 2 SGG greift hier nicht, da die freiwillige Versicherung nicht im SGB XI geregelt ist, auf das § 51 I Nr. 2 SGG Bezug nimmt.[182]

VI. Zusammenfassung

Private Kranken- und Pflegeversicherung 1394

Die private Krankenversicherung (PKV) dient wie die gesetzliche Krankenversicherung (GKV) der Absicherung eines Risikos, das wegen seiner dauerhaften, hohen und stetig zunehmenden Kostenträchtigkeit für die Versicherten existenziell ist. Der PKV kommt daher wie der GKV eine besondere sozialpolitische Bedeutung zu. Deshalb unterliegt sie besonderen aufsichtsrechtlichen und (halb-) zwingenden vertragsrechtlichen Regelungen.

1. **Funktion** (Rn. 1270 ff.)
   - **KV:** Kostenerstattung im Falle von Krankheit, Schwangerschaft, Entbindung und Vorsorgeuntersuchungen, ggf. zusätzliche Dienstleistungen oder Tagegeld
   - **Private Pflegeversicherung:** Schutz gegen Pflegebedürftigkeit durch Kostenerstattung oder Tagegeld

2. **Stellung im System der Sozialvorsorge** (Rn. 1272 ff.)

Abzugrenzen zur GKV und Sozialen Pflegeversicherung als Teil der Sozialversicherung → systemkonstitutive Unterscheidungsmerkmale:
   - Prämienkalkulation (PKV: nach individuellem Risiko; GKV: nach Leistungsfähigkeit)
   - Finanzierung (PKV: Kapitaldeckung; GKV: Umlageverfahren)
   - Regelungsintention (PKV: vertraglicher Interessenausgleich zwischen Privaten; GKV: öffentlichrechtliche Steuerung im Gemeininteresse)
   - Wettbewerb (PKV: entsprechend der verfassungsrechtlich geschützten Marktverfassung; GKV: Gestaltungsspielraum des Gesetzgebers)

3. **Regulierung** (Rn. 1280 ff.)
   - Aufsichtsrecht:
     - §§ 12 ff. VAG

181 In seltenen Fällen konnte sie bislang auch Pflegevollversicherung sein, wenn der Versicherte nicht krankenversichert war (derzeit etwa 0,3 % der Bevölkerung; vgl. *Krauskopf* in: Krauskopf, Soziale Krankenversicherung und Pflegeversicherung, Kommentar, Stand Januar 2008, § 1 SGB XI Rn. 5). Die Pflegepflichtversicherung ist an das Bestehen einer Krankenversicherung gekoppelt (§ 1 II SGB XI), sodass die seit 01.01.2009 geltende allgemeine Krankenversicherungspflicht auch zu einer flächendeckenden Pflegeversicherungspflicht führt.

182 Vgl. *Ulmer* in Hennig, SGG Kommentar, Stand Januar 2008, § 51 Rn. 36.

  - Verordnungen, insb. Kalkulationsverordnung (KalV) und Überschussverordnung (ÜbschV)
  - Kernelemente: Spartentrennung; Pflicht zur Vorlage der AVB; zwingende Vorgaben insb. für Prämienkalkulation und Prämienänderung, Bildung der »Alterungsrückstellung«; Gleichbehandlungsgebot
- Vertragsrecht:
  - **VVG 1994:** erstmalige gesetzliche Regelung im Zuge der EG-bedingten Deregulierung im Jahre 1994 durch vorwiegend (halb-) zwingende Vorschriften (§§ 192 ff. VVG a.F.)
  - **VVG 2008:** weitgehende Übernahme der Regelungen des VVG 1994; aber Neuregelung des Leitbildes (auch Dienstleistungen im Zusammenhang mit der Kostenerstattung), gesetzliches Verbot einer Übermaßvergütung, Ausweitung der Informationspflichten des VR durch § 3 VVG-InfoV → Anwendbarkeit auf Neuverträge ab 01.01.2008, auf »Altverträge« grundsätzlich erst ab 01.01.2009 (Art. 1 I EGVVG); ausnahmsweise Anwendbarkeit schon ab 01.01.2008, wenn VR seine AVB schon vor diesem Zeitpunkt an das neue Recht anpasst (Art. 2 Nr. 2 EGVVG).
  - **VVG 2009:** Änderung des VVG 2008 zum 01.01.2009 durch **GKV-Wettbewerbsstärkungsgesetz (GKV-WSG)** vom 30.03.2007 → Versicherungspflicht, Basistarif, Übertragbarkeit der auf den Basistarif kalkulieren Alterungsrückstellung; **P:** *Einhaltung der verfassungsrechtlichen Grenzen des Gesetzgebers bei der Regelung privatrechtlicher Rechtsverhältnisse* (Rn. 1273 ff.)

4. Systematische Einordnung und Untergliederung der KV (Rn. 1288 ff.)

- **Personenversicherung**
- je nach vertraglicher Ausgestaltung **Schadensversicherung** (Krankheitskostenversicherung) **oder Summenversicherung** (Krankenhaustagegeldversicherung, Krankentagegeldversicherung)
- **Abzugrenzen sind:**
  - **Substitutive KV:** »Krankenversicherung, die ganz oder teilweise den im gesetzlichen Sozialversicherungssystem vorgesehenen Kranken- oder Pflegeversicherungsschutz ersetzen kann« (§ 12 I VAG; § 195 I VVG)
  - **Nicht substitutive KV nach Art der LV:** nach versicherungsmathematischen Grundsätzen der LV, insb. mit Rückstellungen für die biometrischen Risiken
  - **Nicht substitutive KV nach Art der Schadensversicherung:** negative Abgrenzung → nicht substitutiv und nicht nach Art der LV

5. Systematik der §§ 192–208 VVG (Rn. 1293 ff.)

- §§ 192–208 VVG grds. anwendbar auf alle KV-Arten
- bestimmte Vorschriften sind nur auf die substitutive KV anwendbar (vgl. insb. §§ 195, 206 VVG)
- einzelne auf die substitutive KV anwendbare Vorschriften sind entsprechend anwendbar auf die nicht substitutive KV nach Art der LV (vgl. insb. §§ 195 I 2, 206 II VVG)

6. Allgemeine Regelung und Besonderheiten der substitutiven KV

- **Vertragsschluss** (Rn. 1299 ff.):
  - es gelten die allgemeinen Regeln, zzgl. besonderer Informationspflichten des VR (§ 3 VVG-InfoV, § 10a III VAG)
  - Sonderregelung zum Schutze der Versicherten für die vorvertragliche Anzeigepflicht → keinerlei Sanktion bei schuldloser Verletzung; verkürzte Frist für die Geltendmachung der Rechte des VR (§ 194 VVG, Rn. 1305)
  - ab **01.01.2009** Versicherungspflicht des VN mit Kontrahierungszwang des VR zum Basistarif (§ 193 III VVG 2009, Rn. 1307)
  - Vertrag ist grds. unbefristet und für VR nicht kündbar (§ 206 VVG 2008, mit Änderungen ab 01.01.2009 § 206 VVG 2009, Rn. 1366)
  - **Hinweis:** Vorschriften über die Gefahrerhöhung (§§ 23–27, 29 VVG) sind nicht anwendbar (§ 194 I 2 VVG)

- **Prämie** (Rn. 1310 ff.):
  - zwingende Vorgaben für die Kalkulation (§ 12 I Nr. 1 VAG, KalV, ÜbschV)
  - Bildung einer Alterungsrückstellung (Anwartschafsdeckungsverfahren)
  - Sicherheitszuschläge für Kostensteigerungen im Übrigen
  - Zuschlag in Höhe von 10 % der jährlichen Bruttoprämie (§ 12 IVa VAG)
  - Gleichbehandlungsgebot (§ 12 IV VAG)
  - Kontrolle durch Verantwortlichen Aktuar (§ 12 II, III VAG)
- **Prämienanpassung** (§ 203 III VVG, Rn. 1322 ff.):
  - gesetzliche Befugnis des VR

  Voraussetzungen:
  - nicht nur als vorübergehend anzusehende Änderung der Rechnungsgrundlagen (Versicherungsleistung oder Sterbewahrscheinlichkeit)
  - entsprechende Berichtigung der technischen Berechnungsgrundlagen → bei älteren VN: Anrechnung der Alterungsrückstellung
  - Prüfung und Zustimmung durch unabhängigen Treuhänder i.S.v. § 12b VAG
- **Prämienverzug** (Rn. 1326 ff.):
  - **bis 31.12.2008:** § 38 VVG gilt modifiziert → Zahlungsfrist von mindestens zwei Monaten und zusätzliche Hinweispflichten des VR (§ 194 I, II VVG 2008)
  - **ab 01.01.2009:** Ruhen der Versicherung als einzige Sanktion bei Pflicht-KV (§ 193 III VVG 2009); für andere Verträge gelten §§ 37 f. VVG unmodifiziert
- **Ruhen der Leistung** (§ 193 VI VVG; Rn. 1331 ff.):
  - Voraussetzung ist Prämienschuld in Höhe von zwei Monatsprämien und Mahnung unter Hinweis auf Ruhen; Prämienschuld muss zwei Wochen nach Mahnung noch mind. eine Monatsprämie betragen
  - Feststellung des Ruhens durch Erklärung des VR
  - Wirksamwerden: 3 Tage nach Zugang der Erklärung beim VN
  - Ende des Ruhens: vollständige Zahlung oder Hilfebedürftigkeit
  - keine Verzugszinsen, sondern Säumniszuschlag
  - nach einem Jahr des Ruhens: Weiterversicherung im Basistarif
  - Leistungspflicht des VR trotz Ruhens bei akuten Erkrankungen und Schmerzzuständen, Schwangerschaft und Mutterschaft
- **Versicherungsfall** (Rn. 1334):
  - abhängig von der vertraglichen Ausgestaltung
  - regelmäßig »medizinisch notwendige Heilbehandlung wegen Krankheit oder Unfallfolgen« (§ 192 I VVG)
- **Leistung des VR** (Rn. 1335 ff.):
  - Grds. in Geld (Kostenerstattungsprinzip), ggf. nach vertraglicher Vereinbarung zusätzliche Dienstleistungen (»managed care«)
  - Verbot der Übermaßvergütung (§ 192 II VVG)
  - Begrenzung auf die im Inland zu zahlende Leistung bei Verlegung des gewöhnlichen Aufenthalts in EU-/EWR-Staat (§ 207 III VVG)
  - Bereicherungsverbot für VN (§ 200 VVG)
  - Wartezeiten (§ 197 VVG)
  - Leistungsausschluss bei vorsätzlicher Herbeiführung des Versicherungsfalls (§ 201 VVG)
  - VN hat Informationsrecht bezüglich der über ihn erstellten Gutachten (§ 202 VVG)
- **Leistungsänderung im Wege der Bedingungsanpassung** (§ 203 III VVG, Rn. 1345 ff.):
  - gesetzliche Befugnis des VR zur Anpassung von AVB und Tarifbestimmungen

  Voraussetzungen:
  - nicht nur vorübergehende Änderung der Verhältnisse des Gesundheitswesens (rechtlich oder tatsächlich; **P:** *Änderungen der Rechtsprechung*, Rn. 1347),
  - Bedingungsanpassung zur Wahrung der Belange der Versicherten erforderlich (Interessenabwägung)

- Überprüfung der Voraussetzungen und Bestätigung der Angemessenheit durch unabhängigen Treuhänder

- **Basistarif** (§ 193 VVG 2009; Rn. 1353 ff.):
  - brancheneinheitlicher (Mindestversicherungsschutz-) Tarif **ab 01.01.2009**
  - Leistungen und Prämienhöhe sind orientiert bzw. begrenzt entsprechend GKV-Niveau (§ 12 Ia, Ic VAG 2009)
  - Risikozuschläge und Risikoausschlüsse sind unzulässig → Risikoprüfung nur für späteren Tarifwechsel bzw. für Risikoausgleich zwischen VR
  - bei sozialrechtlicher Hilfebedürftigkeit des VN hat VR nur Anspruch auf hälftige Prämie
  - Risikoausgleich zwischen VR zum Ausgleich der unterschiedlichen Belastungen aus dem Basistarif
  - Direktanspruch des Leistungserbringers gegen VR (§ 192 VIII VVG 2009)
  - VR und VN haften als Gesamtschuldner
- **Tarifwechsel** (§ 204 VVG; Rn. 1355 ff.):
  - Anspruch des VN auf Änderung des bestehenden Vertrages
  - Zwecke: Schutz vor »Vergreisung« des bisherigen Tarifs mit dadurch bedingtem Prämienanstieg; Wechsel in Tarife mit besserem Leistungsumfang bzw. -spektrum
  - Voraussetzung: gleichartiger Tarif → gleiche Leistungsbereiche und Versicherungsfähigkeit des VN (§ 12 KalV)
  - Vollziehung des Tarifwechsels unter Anrechnung der aus dem bisherigen Vertrag erworbenen Rechte und der Alterungsrückstellung; **P:** *Auslegung des Begriffs »aus dem Vertrag erworbene Rechte«* (Rn. 1359)
  - bei Mehrleistungen im neuen Tarif: Risikozuschlag/Wartezeit bzw. Leistungsausschluss
  - Wechsel aus Basistarif: Risikozuschlag kann entsprechend Risikoprüfung vor oder bei Eintritt in den Basistarif erhoben werden
  - Wechsel in den Basistarif: bei Vertragsschluss nach dem 01.01.2009 stets möglich; bei Vertragsschluss vor dem 01.01.2009 (Altversicherte) nur bis 01.07.2009 oder wenn Versicherter älter als 55 Jahre, Renten- bzw. Ruhegehaltsempfänger oder sozialrechtlich hilfebedürftig
- **Vertragsbeendigung** (Rn. 1362 ff.):
  - Anfechtung und Rücktritt sind nach allgemeinen Regeln zulässig, aber verkürzte Frist für Geltendmachung durch VR (§ 194 I 4 VVG)
  - beendet der VR den Vertrag für einzelne Tarife oder Versicherte, kann VN Aufhebung des gesamten Vertrags, auch für andere Versicherte, verlangen (§ 205 V VVG)
- **Kündigung durch VR** (§ 206 VVG, Rn. 1365 ff.):
  - ordentliche Kündigung ist unzulässig bei substitutiver KV, bei nicht substitutiver KV nach Art der LV und bei Krankenhaustagegeldversicherung neben Krankheitskostenvollversicherung
  - erhöhte Anforderungen für außerordentliche Kündigung
  - bei Pflicht-KV (§ 193 III VVG 2009) ist jede Kündigung ausgeschlossen; **P:** *Frage der teleologischen Reduktion auf Kündigungsgründe nach dem VVG* (Rn. 1366)
- **Kündigung durch VN** (§ 205 VVG, Rn. 1368):
  - ordentliche Kündigung ist grds. zulässig jeweils zum Ende des Versicherungsjahres
  - außerordentliche Kündigung bei Prämienerhöhung oder Eintreten von GKV-Versicherungspflicht
  - bei Pflicht-KV nur mit Nachweis des Abschlusses einer neuen Pflicht-KV
- **Alterungsrückstellung** (Rn. 1369 ff.):
  - *bis 01.01.2009* keine Mitgabe, sondern Verfall an das bisherige Kollektiv
  - *ab 01.01.2009* Mitgabe in Höhe des fiktiven Übertragungswerts (»kalkulierte Alterungsrückstellung des Teils der Versicherung, dessen Leistungen dem Basistarif entsprechen«); ggf. höhere Alterungsrückstellung verbleibt beim bisherigen VR und kann dort für Zusatzversicherung verwendet werden → gilt für Altversicherte nur bei Kündigung bis 01.07.2009
  - **Hinweis:** Möglichkeit einer Anwartschaftsversicherung (Rn. 1373)
  - **Hinweis:** Tod *oder* Kündigung des VN berechtigt versicherte Personen zur Vertragsübernahme (§ 207 VVG)

7. **Nicht substitutive KV nach Art der Schadensversicherung** (Rn. 1374 ff.)
   - keine Geltung der §§ 12 ff. VAG
   - Regeln des VVG gelten, soweit sie nicht speziell die substitutive KV betreffen
   - Kündigungsrecht des VR ist beschränkt (§ 206 I 2, II VVG)

8. **Private Pflegekrankenversicherung** (vgl. Rn. 1377 ff.)
   - im VVG dem Versicherungszweig »Krankenversicherung« zugeordnet (»Pflegekrankenversicherung«)
   - im VAG lediglich entsprechende Anwendung der für die substitutive KV geltenden §§ 12 I–IV, 12b, 12c VAG (§ 12f VAG)
   - Versicherungspflicht für privat Krankenversicherte seit 1995 → Abgrenzung zur »sozialen Pflegeversicherung« (GPflV) nach dem Grundsatz: Pflegeversicherung folgt Krankenversicherung

   Pflegepflichtversicherung
   - anwendbare Vorschriften: SGB XI und ergänzend §§ 192 ff. VVG
   - Substitutive KV i.S.v. § 195 I VVG
   - Kontrahierungszwang der VR
   - Leistungen und Prämie entsprechend GPflV
   - Ausgleichssystem zwischen den VR (Pflegepool)
   - Versicherungsfall ist Pflegebedürftigkeit
   - Verbot der Übermaßvergütung gem. § 192 VI 2 VVG und Begrenzung auf Inlandsleistung bei Verlegung des gewöhnlichen Aufenthalts in EU-/EWR-Staat (§ 207 III VVG)
   - unbefristet; ordentliche Kündigung des VR ist ausgeschlossen (§ 206 I 2 VVG); nach § 110 IV SGB XI sind sämtliche Kündigungs- und Rücktrittsrechte des VR ausgeschlossen, so lange Kontrahierungszwang besteht,
   - VN hat neben ordentlichem auch außerordentliches Kündigungsrecht bei Eintritt von GPflV-Versicherungspflicht (§ 205 II VVG, § 27 SGB XI)
   - Zuständigkeit der Sozialgerichte nach § 51 I Nr. 2 SGG

   Freiwillige Pflegeversicherung
   - es gelten die allgemeinen Regeln
   - Zuständigkeit der ordentlichen Gerichte

Anhang I. Verzeichnis der Rechtsquellen des Versicherungsrechts

1. Teil. Versicherungsvertragsrecht

A. Kodifikationen

- **Gesetz über den Versicherungsvertrag (Versicherungsvertragsgesetz – VVG)** vom 23.11.2007 (BGBl. I S. 2631) zuletzt geändert durch Art. 10 des Gesetzes vom 29.07.2009 (BGBl. I S. 2355)
- **Gesetz über den Versicherungsvertrag** vom 30.05.1908 (RGBl. S. 263) zuletzt geändert durch Art. 3 des Gesetzes vom 26.03.2007 (BGBl. I S. 368)
- **Einführungsgesetz zum Versicherungsvertragsgesetz (EGVVG)** vom 30.05.1908 (RGBl. I S. 305) zuletzt geändert durch Art. 2 Abs. 4 des Gesetzes vom 25.06.2009 (BGBl. I S. 1574)
- **Verordnung über die Informationspflichten bei Versicherungsverträgen (VVG-Informationspflichtenverordnung – VVG-InfoV)** vom 18.12.2007 (BGBl I S. 3004)
- **Verordnung über die Versicherungsvermittlung und -beratung (Versicherungsvermittlungsverordnung – VersVermV)** vom 15.05.2007 (BGBl. I S. 733, ber. 1967) zuletzt geändert durch Art. 2 Abs. 2 des Gesetzes vom 25.06.2009 (BGBl. I S. 1574)

B. Nebengesetze und sonstige Vorschriften

I. Vorschriften über die Kraftfahrzeug-Haftpflichtversicherung

- **Gesetz über die Pflichtversicherung für Kraftfahrzeughalter (Pflichtversicherungsgesetz – PflVG)** vom 07.11.1939 (RGBl. I S. 2223) in der Fassung vom 05.04.1965 (BGBl. I S. 213) zuletzt geändert durch Art. 9 Satz 2 des Gesetzes vom 10.12.2007 (BGBl. I S. 2833)
- **Verordnung über den Versicherungsschutz in der Kraftfahrzeug-Haftpflichtversicherung (KfzPflVV)** vom 29.07.1994 (BGBl. I S. 1837) zuletzt geändert durch Art. 6 des Gesetzes vom 10.12.2007 (BGBl. I S. 2833)
- **Verordnung zur Neuordnung des Rechts der Zulassung von Fahrzeugen zum Straßenverkehr (Fahrzeug-Zulassungsverordnung – FZV)** vom 25.04.2006 (BGBl. I S. 988) zuletzt geändert durch Art. 4 Abs. 17 des Gesetzes vom 29.07.2009 (BGBl. I S. 2258)
- **Verordnung über den Entschädigungsfonds für Schäden aus Kraftfahrzeugunfällen** vom 14.12.1965 (BGBl. I S. 2093) zuletzt geändert durch Verordnung vom 17.12.1994 (BGBl. I S. 3845)
- **Gesetz über die Haftpflichtversicherung für ausländische Kraftfahrzeuge und Kraftfahrzeuganhänger** vom 24.07.1956 (BGBl. III Gliederungsnummer 925-2) zuletzt geändert durch Verordnung vom 31.10.2006 (BGBl. I S. 2407)
- **Muster-Abkommen zwischen Büros** (Übersetzung des »Uniform Agreement between Bureaux« (Londoner Abkommen) für den deutschsprachigen Raum)
- **Internal Regulations** – Council of Bureaux – vom 01.07.2003, engl. und deutsche Fassung unter www.gruene-karte.de

- **Streitkräfteaufenthaltsgesetz (SkAufG)** vom 20.07.1995 (BGBl. II S. 554) zuletzt geändert durch Art. 113 der Verordnung vom 31.10.2006 (BGBl. I S. 2407) [Art. 1; 2, §§ 15, 16; Art. 3, § 5; Art. 5]

II. Vorschriften über sonstige Pflichtversicherungen und Deckungsvorsorgen

- **Allgemeines Eisenbahngesetz (AEG)** vom 27.12.1993 (BGBl. I S. 2378, ber. 1994 I S. 2439) zuletzt geändert durch Art. 7 des Gesetzes vom 29.07.2009 (BGBl. I S. 2542) [§ 26]
- **Verordnung über die Haftpflichtversicherung der Eisenbahnen** vom 21.12.1995 (BGBl. I S. 2101) zuletzt geändert durch Gesetz vom 23.11.2007 (BGBl. I S. 2631)
- **Arzneimittelgesetz (AMG)** in der Fassung der Bekanntmachung vom 12.12.2005 (BGBl. I S. 3394) zuletzt geändert durch Art. 1 des Gesetzes vom 17.07.2009 (BGBl. I S. 1990) [§§ 40; 84–94 a]
- **Atomgesetz (AtG)** in der Fassung der Bekanntmachung vom 15.07.1985 (BGBl. I S. 1565) zuletzt geändert durch Art. 1 des Gesetzes vom 17.03.2009 (BGBl. I S. 556) [§§ 4 a; 13; 14; 25; 25 a]
- **Verordnung über die Deckungsvorsorge nach dem Atomgesetz (AtDeckV)** vom 25.01.1977 (BGBl. I S. 220) zuletzt geändert durch Gesetz vom 23.11.2007 (BGBl. I S. 2631)
- **Verordnung über das Bewachungsgewerbe (BeWachV)** in der Fassung der Bekanntmachung vom 10.07.2003 (BGBl. I S. 1378) zuletzt geändert durch Verordnung vom 14.01.2009 (BGBl. I S. 43) [§§ 6; 7; 16]
- **Bürgerliches Gesetzbuch** in der Fassung der Bekanntmachung vom 02.01.2002 (BGBl. I S. 42, 2909; 2003 I S. 738) zuletzt geändert durch Art. 4 des Gesetzes vom 30.07.2009 (BGBl. I S. 2474) [§ 651 k]
- **Bundesjagdgesetz (BJagdG)** in der Fassung der Bekanntmachung vom 29.09.1976 (BGBl. I S. 2849) zuletzt geändert durch Art. 5 des Gesetzes vom 26.03.2008 (BGBl. I S. 426) [§ 17]
- **Bundesnotarordnung (BNotO)** vom 24.02.1961 (BGBl. I S. 98) zuletzt geändert durch Art. 3 des Gesetzes vom 30.07.2009 (BGBl. I S. 2449) [§ 19 a]
- **Bundesrechtsanwaltsordnung (BRAO)** vom 01.08.1959 (BGBl. I S. 565) zuletzt geändert durch Art. 1 des Gesetzes vom 30.07.2009 (BGBl. I S. 2449) [§§ 51; 51 a; 59 d; 59 j]
- **Patentanwaltordnung (PatAnwO)** vom 07.09.1966 (BGBl. I S. 557) zuletzt geändert durch Art. 6 Abs. 2 des Gesetzes vom 29.07.2009 (BGBl. I S. 2274) [§§ 45; 52 j]
- **Gesetz über die Tätigkeit europäischer Rechtsanwälte in Deutschland (EuRAG)** vom 09.03.2000 (BGBl. I S. 182, ber. S. 1349) zuletzt geändert durch Art. 2 des Gesetzes vom 30.07.2009 (BGBl. I S. 2449) [§§ 7, 8]
- **Entwicklungshelfer-Gesetz (EhfG)** vom 18.06.1969 (BGBl. I S. 549) zuletzt geändert durch Gesetz vom 24.12.2003 (BGBl. I S. 2954) [§§ 1; 2; 6; 7; 11; 23]
- **Gentechnikgesetz (GenTG)** in der Fassung der Bekanntmachung vom 16.12.1993 (BGBl. I S. 2066) zuletzt geändert durch Art. 12 des Gesetzes vom 29.07.2009 (BGBl. I S. 2542) [§§ 3; 7; 36]
- **Verordnung über die Deckungsvorsorge nach dem Gentechnikgesetz (GenTDeckV)** noch nicht erlassen

- **Güterkraftverkehrsgesetz (GüKG)** vom 22.06.1998 (BGBl. I S. 1485) zuletzt geändert durch Art. 4 Abs. 18 des Gesetzes vom 29.07.2009 (BGBl. I S. 2258) [§ 7 a]
- **Gesetz zur Förderung der Kreislaufwirtschaft und Sicherung der umweltverträglichen Beseitigung von Abfällen – Kreislaufwirtschafts- und Abfallgesetz KrW-/AbfG** vom 27.09.1994 (BGBl. I S. 2705) zuletzt geändert durch Art. 5 des Gesetzes vom 22.12.2008 (BGBl. I S. 2986) [§ 52]
- **Verordnung über Entsorgungsfachbetriebe (Entsorgungsfachbetriebeverordnung – EfbV)** vom 10.09.1996 (BGBl. I S. 1421) zuletzt geändert durch Art. 5 der Verordnung vom 24.06.2002 (BGBl. I S. 2247) [§ 6]
- **Luftverkehrsgesetz (LuftVG)** in der Fassung der Bekanntmachung vom 10.05.2007 (BGBl. I S. 698) zuletzt geändert durch Art. 2 des Gesetzes vom 29.07.2009 (BGBl. I S. 2424) [§§ 25; 37; 43; 44; 50; 51; 55]
- **Luftverkehrs-Zulassungs-Ordnung (LuftVZO)** in der Fassung der Bekanntmachung vom 27.03.1999 (BGBl. I S. 610) zuletzt geändert durch Art. 12 des Gesetzes vom 29.07.2009 (BGBl. I S. 2424) [§§ 102–104; 106]
- **Verordnung (EG) Nr. 2027/97 des Rates vom 09.10.1997 über die Haftung von Luftfahrtunternehmen bei Unfällen** vom 17.10.1997 (ABl. L 285 vom 17.10.1997, S. 1–3) [Art. 1–8]
- **Verordnung über die Pflichten der Makler, Darlehens- und Anlagenvermittler, Bauträger und Baubetreuer (MaBV)** in der Fassung der Bekanntmachung vom 07.11.1990 (BGBl. I S. 2479) zuletzt geändert durch Art. 11 des Gesetzes vom 17.03.2009 (BGBl. I S. 550) [§§ 1; 2]
- **Medizinproduktegesetz (MPG)** vom 07.08.2002 (BGBl. I S. 3146) zuletzt geändert durch Art. 6 des Gesetzes vom 29.07.2009 (BGBl. I S. 2326) [§§ 17–20]
- **Gesetz über die Haftung und Entschädigung für Ölverschmutzungsschäden durch Seeschiffe (Ölschadengesetz – ÖlSG)** vom 30.09.1988 (BGBl. I S. 1770) zuletzt geändert durch Art. 65 der Verordnung vom 31.10.2006 (BGBl. I S. 2407 u. Bek. v. 14.10.2008 I 2070) [§§ 1–4, 7, 8]
- **Verordnung über die Ausstellung von Bescheinigungen nach dem Ölschadengesetz (Ölhaftungsbescheinigungs-VO – ÖlHaftBeschV 1996)** vom 30.05.1996 (BGBl. I S. 707) zuletzt geändert durch Art. 3 des Gesetzes vom 12.07.2006 (BGBl. I S. 1461 u. Bek. v. 14.10.2008 I 2070)
- **Verordnung über den Geschäftsbetrieb der gewerblichen Pfandleiher (PfandlV)** in der Fassung der Bekanntmachung vom 01.06.1976 (BGBl. I S. 1334) zuletzt geändert durch Art. 10 des Gesetzes vom 17.03.2009 (BGBl. I S. 550) [§ 8]
- **Verordnung über die Haftpflichtversicherung für Schausteller (SchauHV)** vom 17.12.1984 (BGBl. I S. 1598) zuletzt geändert durch Art. 12 des Gesetzes vom 10.11.2001 (BGBl. I S. 2992)
- **Sozialgesetzbuch**, 11. Buch, soziale Pflegeversicherung (SGB XI) vom 26.05.1994 (Artikel 1 des Gesetzes vom 26.05.1994, BGBl. I S. 1014) zuletzt geändert durch Art. 3 des Gesetzes vom 30.07.2009 (BGBl. I S. 2495)
- **Steuerberatungsgesetz (StBerG)** in der Fassung der Bekanntmachung vom 04.11.1975 (BGBl. I S. 2735) zuletzt geändert durch Art. 9 Abs. 8 des Gesetzes vom 30.07.2009 (BGBl. I S. 2449) [§§ 25; 67; 72]

- **Verordnung zur Durchführung der Vorschriften über Steuerberater, Steuerbevollmächtigte und Steuerberatungsgesellschaften (DVStB)** vom 12.11.1979 (BGBl. I S. 1922) zuletzt geändert durch Art. 34 des Gesetzes vom 19.12.2008 (BGBl. I S. 2794) [§§ 51–57]
- **Umwelthaftungsgesetz (UmweltHG)** vom 10.12.1990 (BGBl. I S. 2634) zuletzt geändert durch Art. 9 Abs. 5 des Gesetzes vom 23.11.2007 (BGBl. I S. 2631) [§§ 19; 20; Anhang 2]
- **Verordnung über die Deckungsvorsorge nach dem Umwelthaftungsgesetz (UmweltDeckV)** noch nicht erlassen
- **Gesetz über eine Berufsordnung der Wirtschaftsprüfer (Wirtschaftsprüferordnung – WiPrO)** in der Fassung der Bekanntmachung vom 05.11.1975 (BGBl. I S. 2803) zuletzt geändert durch Art. 6 Abs. 4 des Gesetzes vom 29.07.2009 (BGBl. I S. 2274) [§ 54, 54 a, 139 a]

C. Allgemeines Privatrecht

I. Vertragsrecht

- **Bürgerliches Gesetzbuch (BGB)** in der Fassung der Bekanntmachung vom 02.01.2002 (BGBl. I S. 42, 2909; 2003 I S. 738) zuletzt geändert durch Art. 4 des Gesetzes vom 30.07.2009 (BGBl. I S. 2474) [§§ 145–157; 187; 188; 312; 305–310; 328–335; 406–408; 802; 808; 839; 847; 1045; 1127–1130]

II. Sonstige Gesetze und Verordnungen

- **Allgemeines Gleichbehandlungsgesetz (AGG)** vom 14.08.2006 (BGBl. I S. 1897) zuletzt geändert durch Art. 15 Abs. 66 des Gesetzes vom 05.02.2009 (BGBl. I S. 160)
- **Gewerbeordnung (GewO)** in der Fassung der Bekanntmachung vom 22.02.1999 (BGBl. I S. 202) zuletzt geändert durch Art. 4 Abs. 14 des Gesetzes vom 29.07.2009 (BGBl. I S. 2258) [§§ 11a; 34d; 34e; 156]
- **Gesetz über genetische Untersuchungen bei Menschen (GenDG)** vom 31.07.2009 (BGBl. I S. 2529) [§ 18]
- **Gesetz über das Wohnungseigentum und das Dauerwohnrecht (WEG)** vom 15.03.1951 (BGBl. I S. 175, ber. S. 209) zuletzt geändert durch Art. 9 des Gesetzes vom 07.07.2009 (BGBl. I S. 1707) [§ 21]
- **Verordnung über das Erbbaurecht (ErbbauVO)** vom 15.01.1919 (RGBl. I S. 72, ber. 122) zuletzt geändert durch Art. 57 des Gesetzes vom 17.12.2008 (BGBl. I S. 2586) [§§ 21; 23]
- **Verordnung über die Schlichtungsstelle für die Beilegung von Verbraucherstreitigkeiten bei Fernabsatzverträgen über Versicherungen (VVG-Schlichtungsstellenverordnung – SStellV-VVG)** vom 16.02.2005 (BGBl. I S. 257)

2. Teil. Versicherungsaufsichtsrecht

A. Kodifikationen

- **Gesetz über die Beaufsichtigung der Versicherungsunternehmen (Versicherungsaufsichtsgesetz – VAG)** in der Fassung der Bekanntmachung vom 17.12.1992

(BGBl. 1993 I S. 2) zuletzt geändert durch Art. 4 Abs. 10 des Gesetzes vom 30.07.2009 (BGBl. I S. 2437)

- **Gesetz über die Bundesanstalt für Finanzdienstleistungsaufsicht (Finanzdienstleistungsaufsichtsgesetz – FinDAG)** vom 22.04.2002 (BGBl. I S. 1310) zuletzt geändert durch Art. 3 des Gesetzes vom 25.06.2009 (BGBl. I S. 1528)

B. Durchführungsvorschriften zum VAG

- **Drittes Gesetz zur Durchführung versicherungsrechtlicher Richtlinien des Rates der Europäischen Gemeinschaft (Drittes Durchführungsgesetz/EWG zum VAG)** vom 21.07.1994 (BGBl. I S. 1630, 3134)
- **Verordnung über die Satzung der Bundesanstalt für Finanzdienstleistungsaufsicht (FinDASaV)** vom 29.04.2002 (BGBl. I S. 1499) zuletzt geändert durch Art. 15 Abs. 87 des Gesetzes vom 05.02.2009 (BGBl. I S. 160)
- **Verordnung zur Freistellung von Versicherungsunternehmen von der Aufsicht nach dem Versicherungsaufsichtsgesetz (VAFreistV)** vom 16.04.1988 (BGBl. I S. 529)
- **Verordnung zur Freistellung von Versicherungsunternehmen von der Aufsicht nach dem Versicherungsaufsichtsgesetz (VAFreistV 1994)** vom 12.10.1994 (BGBl. I S. 2963)
- **Verordnung über den Anwendungsbereich des Versicherungsaufsichtsgesetzes bei Versicherungsgeschäften mit dem in Artikel I Abs. 1 Buchstabe a bis c des Abkommens vom 19.06.1951 zwischen den Parteien des Nordatlantikvertrages über die Rechtsstellung ihrer Truppen (BGBl. 1961 II S. 1183, 1190) bezeichneten Personenkreis** (vorläufige Bezeichnung durch den Herausgeber) noch nicht erlassen
- **Verordnung nach § 54 Abs. 3 VAG über die Anlage des gebundenen Vermögens von Versicherungsunternehmen (Anlageverordnung – AnlV)** vom 20.12.2001 (BGBl. I S. 3913) zuletzt geändert durch Verordnung vom 21.12.2007 (BGBl. I S. 3278)
- **Verordnung über die Anzeige und die Vorlage von Unterlagen nach dem Versicherungsaufsichtsgesetz (Versicherungsanzeigenverordnung – AnzVersV)** noch nicht erlassen
- **Verordnung über die versicherungsmathematische Bestätigung und den Erläuterungsbericht des Verantwortlichen Aktuars (AktuarV)** vom 06.11.1996 (BGBl. I S. 1681) zuletzt geändert durch Verordnung vom 12.10.2005 (BGBl. I S. 3015)
- **Verordnung über die versicherungsmathematischen Methoden zur Prämienkalkulation und zur Berechnung der Alterungsrückstellung in der Krankenversicherung (Kalkulationsverordnung – KalV)** vom 18.11.1996 (BGBl. I S. 1783) zuletzt geändert durch Verordnung vom 05.01.2009 (BGBl. I S. 7)
- **Verordnung über die Kapitalausstattung von Versicherungsunternehmen (KapitalausstattungsVerordnung – KapAusstV)** vom 13.12.1983 (BGBl. I S. 1451) zuletzt geändert durch Art. 4 des Gesetzes vom 29.07.2009 (BGBl. I S. 2305)
- **Verordnung nach § 104 g Abs. 2 VAG über die Berechnung der bereinigten Solvabilität von Erstversicherungsunternehmen, die gemäß § 104 a Abs. 1 Nr. 1 oder 2 des Versicherungsaufsichtsgesetzes einer zusätzlichen Beaufsichtigung**

unterliegen (Solvabilitätsbereinigungs-Verordnung – SolBerV) vom 20.12.2001 (BGBl. I S. 4173) zuletzt geändert durch Verordnung vom 27.02.2008 (BGBl. I S. 268)

- **Verordnung über die Berichterstattung von Versicherungsunternehmen gegenüber der Bundesanstalt für Finanzdienstleistungsaufsicht (Versicherungsberichterstattungsverordnung – BerVersV)** in der Fassung der Bekanntmachung vom 29.03.2006 (BGBl. I S. 622) zuletzt geändert durch Art. 13 Abs. 13 des Gesetzes vom 25.05.2009 (BGBl. I S. 1102)
- **Verordnung über die Rechnungslegung von Versicherungsunternehmen (RechVersV)** vom 08.11.1994 (BGBl. I S. 3378) zuletzt geändert durch Art. 13 Abs. 7 des Gesetzes vom 25.05.2009 (BGBl. I S. 1102)
- **Verordnung über den Inhalt der Prüfungsberichte zu den Jahresabschlüssen von Versicherungsunternehmen (Prüfungsberichteverordnung – PrüfV)** vom 03.06.1998 (BGBl. I S. 1209) zuletzt geändert durch Art. 13 Abs. 18 des Gesetzes vom 25.05.2009 (BGBl. I S. 1102)
- **Verordnung über die Prüfung des Jahresabschlusses und des Lageberichts von Versicherungsunternehmen, auf die § 341k des Handelsgesetzbuches nicht anzuwenden ist, durch einen unabhängigen Sachverständigen (Sachverständigenprüfverordnung – SachvPrüfV)** vom 19.04.2002 (BGBl. I S. 1456, 1573)
- **Verordnung über Rechnungsgrundlagen für die Deckungsrückstellungen (Deckungsrückstellungsverordnung – DeckRV)** vom 06.05.1996 (BGBl. I S. 670) zuletzt geändert durch Art. 9f des Gesetzes vom 15.07.2009 (BGBl. I S. 1939)
- **Verordnung über das Verbot von Sondervergütungen und Begünstigungsverträgen in der Schadenversicherung (VersSoVergV)** vom 17.08.1982 (BGBl. I S. 1243)
- **Verordnung über die Mindestbeitragsrückerstattung in der Lebensversicherung (ZRQuotenV)** vom 23.07.1996 (BGBl. I S. 1190); aufgehoben durch § 7 der Verordnung vom 04.04.2008 (BGBl. I S. 690 – Mindestzuführungsverordnung)
- **Verordnung über die Mindestbeitragsrückerstattung in der Lebensversicherung (Mindestzuführungsverordnung – MindZV)** vom 04.04.2008 (BGBl. I S. 690)
- **Verordnung über die Mindestbeitragsrückerstattung bei Pensionsfonds (PF-Mindestzuführungsverordnung)** vom 17.12.2008 (BGBl. I S. 2862)
- **Verordnung zur Ermittlung und Verteilung von Überzins und Überschuss in der Krankenversicherung (Überschussverordnung – ÜbschV)** vom 08.11.1996 (BGBl. S. 1687) zuletzt geändert durch Verordnung vom 12.10.2005 (BGBl. I S. 3016)
- **Verordnung über die Erhebung von Gebühren und die Umlegung von Kosten nach dem Finanzdienstleistungsaufsichtsgesetz (FinDAGKostV)** vom 29.04.2002 (BGBl. I S. 1504 und 1847) zuletzt geändert durch Art. 8 des Gesetzes vom 29.07.2009 (BGBl. I S. 2305)
- **Verordnung über die Umlegung von Kosten der Bilanzkontrolle nach § 17d des Finanzdienstleistungsaufsichtsgesetzes (Bilanzkontrollkosten-Umlageverordnung – BilKoUmV)** vom 09.05.2005 (BGBl. I S. 1259) zuletzt geändert durch Verordnung vom 21.11.2007 (BGBl. I S. 2606)

- **Verordnung über die Kapitalausstattung von Pensionsfonds (Pensionsfonds-Kapitalausstattungsverordnung – PFKAustV)** vom 20.12.2001 (BGBl. I S. 4180) zuletzt geändert durch Art. 13 Abs. 15 des Gesetzes vom 25.05.2009 (BGBl. I S. 1102)
- **Verordnung über Rechnungsgrundlagen für die Deckungsrückstellungen von Pensionsfonds (Pensionsfonds-Deckungsrückstellungsverordnung – PFDeckRV)** vom 20.12.2001 (BGBl. I S. 4183) zuletzt geändert durch Art. 9g des Gesetzes vom 15.07.2009 (BGBl. I S. 1939)
- **Verordnung über die Anlage des gebundenen Vermögens von Pensionsfonds (Pensionsfonds-Kapitalanlageverordnung – PFKapAV)** vom 20.12.2001 (BGBl. I S. 4185) zuletzt geändert durch Art. 14 des Gesetzes vom 22.05.2005 (BGBl. I S. 1373)
- **Verordnung über die Rechnungslegung von Pensionsfonds (Pensionsfonds-Rechnungslegungsverordnung – RechPensV)** vom 25.02.2003 (BGBl. I S. 246) zuletzt geändert durch Art. 13 Abs. 8 des Gesetzes vom 25.05.2009 (BGBl. I S. 1102)
- **Verordnung über die Berichterstattung von Pensionsfonds gegenüber der Bundesanstalt für Finanzdiensleistungsaufsicht (Pensionsfondsberichterstattungsverordnung – BerPensV)** vom 25.10.2005 (BGBl. I S. 3048) zuletzt geändert durch Art. 13 Abs. 14 des Gesetzes vom 25.05.2009 (BGBl. I S. 1102)
- **Verordnung über die versicherungsmathematische Bestätigung und den Erläuterungsbericht des Verantwortlichen Aktuars bei Pensionsfonds (Pensionsfonds-Aktuarverordnung – PF-AktuarV)** vom 12.10.2005 (BGBl. I S. 3019)
- **Verordnung über die Finanzierung des Sicherungsfonds für die Lebensversicherer (Sicherungsfonds-Finanzierungs-Verordnung (Leben) – SichLVFinV)** vom 11.05.2006 (BGBl. I S. 1172) zuletzt geändert durch Verordnung vom 24.10.2006 (BGBl. I S. 2390)
- **Verordnung über die Übertragung von Aufgaben und Befugnissen eines Sicherungsfonds für die Lebensversicherung an die Protektor Lebensversicherungs-AG (SichLVV)** vom 11.05.2006 (BGBl. I S. 1170)
- **Verordnung über die Übertragung von Aufgaben und Befugnissen eines Sicherungsfonds für die Krankenversicherung an die Medicator AG (SichKVV)** vom 11.05.2006 (BGBl. I S. 1171)
- **Verordnung zur Durchführung der Richtlinie des Rates vom 20.06.1991 über die Anwendung des Abkommens zwischen der Europäischen Wirtschaftsgemeinschaft und der Schweizerischen Eidgenossenschaft betreffend die Direktversicherung mit Ausnahme der Lebensversicherung (91/371/EWG)** vom 26.10.1994 (BGBl. I S. 3202)
- **Verordnung über Finanzrückversicherungsverträge und Verträge ohne hinreichenden Risikotransfer (Finanzrückversicherungsverordnung – FinRVV)** vom 14.07.2008 (BGBl. I S. 1291)
- **Verordnung über die Anzeigen nach § 2c des Kreditwesengesetzes und § 104 des Versicherungsaufsichtsgesetzes (Inhaberkontrollverordnung – InhKontrollV)** vom 20.03.2009 (BGBl. I S. 562 (688))
- **Verordnung zur weiteren Umsetzung der Beteiligungsrichtlinie** vom 20.03.2009 (BGBl. I S. 652)

- **Gesetz über die Beaufsichtigung der Versorgungsanstalt der deutschen Bühnen und der Versorgungsanstalt der deutschen Kulturorchester (VAAufsG)** vom 17.12.1990 (BGBl. I S. 2864, 2866) zuletzt geändert durch Art. 178 der Verordnung vom 31.10.2006 (BGBl. I S. 2407)
- **Altersvorsorgeverträge-Zertifizierungsgesetz (AltZertG)** vom 26.06.2001 (BGBl. I S. 1310, 1322) zuletzt geändert durch Art. 11 des Gesetzes vom 16.07.2009 (BGBl. I S. 1959)

C. Ergänzende Vorschriften zum VAG

I. Unternehmensrecht

- **Bürgerliches Gesetzbuch (BGB)** in der Fassung der Bekanntmachung vom 02.01.2002 (BGBl. I S. 42, 2909; 2003 I S. 738) zuletzt geändert durch Art. 4 des Gesetzes vom 30.07.2009 (BGBl. I S. 2474) [§§ 21–54; 311; 415]
- **Aktiengesetz (AktG)** vom 06.09.1965 (BGBl. I S. 1089) zuletzt geändert durch Art. 1 des Gesetzes vom 31.07.2009 (BGBl. I S. 2509) [§§ 15; 16; 18; 30; 76–136; 142–147; 170–172; 175; 176; 241–273; 291; 292; 313–314; 337; 404]
- **Gesetz betreffend die Erwerbs- und Wirtschaftsgenossenschaften (Genossenschaftsgesetz – GenG)** in der Fassung der Bekanntmachung vom 16. Oktober 2006 (BGBl. I S. 2230) zuletzt geändert durch Art. 10 des Gesetzes vom 25.05.2009 (BGBl. I S. 1102) [§§ 34–40; 105–118]
- **Gesetz über das Aufspüren von Gewinnen aus schweren Straftaten (Geldwäschegesetz – GWG)** vom 13.08.2008 (BGBl. I S. 1690, zuletzt geändert durch Art. 4 Abs. 9 des Gesetzes vom 30.07.2009 (BGBl. I S. 2437)
- **Insolvenzordnung (InsO)** vom 05.10.1994 (BGBl. I S. 2866), zuletzt geändert durch Art. 8 Abs. 7 des Gesetzes vom 29.07.2009 (BGBl. I S. 2355) [§§ 26; 39; 52; 150; 153; 154; 189–192; 196]

II. Handelsrecht

- **Handelsgesetzbuch (HGB)** vom 10.05.1897 (RGBl. I S. 219), in der im BGBl. Teil III, Gliederungsnummer 4100-1 veröffentlichten bereinigten Fassung, zuletzt geändert durch Art. 6a des Gesetzes vom 31.07.2009 (BGBl. I S. 2512) [§§ 1–104; 238–335; 341–342 e]
- **Einführungsgesetz zum Handelsgesetzbuch (EGHGB)** vom 10.05.1897 (RGBl. S. 437), in der im BGBl. Teil III Gliederungsnummer 4101-1 veröffentlichten bereinigten Fassung, zuletzt geändert durch Art. 4 des Gesetzes vom 31.07.2009 (BGBl. I S. 2509) [Art. 23–47, 49]

III. Wettbewerbs- und Kartellrecht

- **Gesetz gegen Wettbewerbsbeschränkungen (GWB)** in der Fassung der Bekanntmachung vom 15.07.2005 (BGBl. I S. 2114) zuletzt geändert durch Art. 13 Abs. 21 des Gesetzes vom 25.05.2009 (BGBl. I S. 1102) [§ 29]
- **Vertrag zur Gründung der Europäischen Gemeinschaft (EWG)** vom 25.03.1957 (BGBl. II S. 766) in der Fassung des Vertrags von Nizza (Abl. C 80 vom 10.03.2001, S. 1), konsolidierte Fassung (ABl. C 321 E vom 29.12.2006, S. 1) [Art. 81–86]

- **Verordnung (EWG) Nr. 17 – Erste Durchführungsverordnung zu den Artikeln 85 und 86 des Vertrages** vom 06.02.1962 (ABl. 13 vom 21.02.1962, S. 204–211)
- **Verordnung (EG) Nr. 3385/94 der Kommission über die Form, den Inhalt und die anderen Einzelheiten der Anträge und Anmeldungen nach der Verordnung Nr. 17 des Rates** vom 21.12.1994 (ABl. L 377 vom 31.12.1994, S. 28–58)
- **Verordnung (EG) Nr. 2842/98 der Kommission über die Anhörung in bestimmten Verfahren nach Art. 85 und 86 EG-Vertrag 1** vom 22.12.1998 (ABl. L 354 vom 30.12.1998, S. 18–21)
- **Verordnung (EWG) Nr. 1534/91 des Rates über die Anwendung von Artikel 85 Absatz 3 des Vertrages 2 auf bestimmte Gruppen von Vereinbarungen, Beschlüssen und aufeinander abgestimmten Verhaltensweisen im Bereich der Versicherungswirtschaft** vom 31.05.1991 (ABl. L 143 vom 07.06.1991, S. 1–3)
- **Verordnung (EWG) Nr. 3932/92 der Kommission über die Anwendung von Artikel 85 Absatz 3 EWG-Vertrag 2 auf bestimmte Gruppen von Vereinbarungen, Beschlüssen und aufeinander abgestimmten Verhaltensweisen im Bereich der Versicherungswirtschaft (GruppenfreistellungVO)** vom 21.12.1992 (ABl. L 398 vom 31.12.1992, S. 7–14)
- **Verordnung (EG) Nr. 1/2003 des Rates vom 16.12.2002 zur Durchführung der in den Artikeln 81 und 82 des Vertrags niedergelegten Wettbewerbsregeln** vom 16.12.2002 (ABl. EG L 1 vom 04.01.2003, S. 1–25)
- **Verordnung (EG) Nr. 358/2003 der Kommission über die Anwendung von Artikel 81 Absatz 3 EG-Vertrag auf Gruppen von Vereinbarungen, Beschlüssen und aufeinander abgestimmten Verhaltensweisen im Versicherungssektor (GruppenfreistellungsV)** vom 27.02.2003 (ABl. L 53 vom 28.02.2003, S. 8–16)
- **Verordnung (EG) Nr. 139/2004 des Rates über die Kontrolle von Unternehmenszusammenschlüssen (EG-Fusionskontrollverordnung)** vom 20.01.2004 (ABl. L 24 vom 29.01.2004, S. 1–22)
- **Wettbewerbsrichtlinien der Versicherungswirtschaft** von 2006

D. Steuer- und Außenwirtschaftsrecht

I. Versicherungsteuerrecht

- **Versicherungsteuergesetz (VersStG 1996)** in der Fassung der Bekanntmachung vom 10.01.1996 (BGBl. I S. 22) zuletzt geändert durch Art. 5 des Gesetzes vom 29.06.2006 (BGBl. I S. 1402)
- **Versicherungsteuer-Durchführungsverordnung (VersStDV 1996)** in der Fassung der Bekanntmachung vom 10.01.1996 (BGBl. I S. 28) zuletzt geändert durch Art. 3 des Gesetzes vom 10.12.2001 (BGBl. I S. 3436)
- **Feuerschutzsteuergesetz (FeuerschStG)** in der Fassung der Bekanntmachung vom 10.01.1996 (BGBl. I S. 18) zuletzt geändert durch Art. 4 Abs. 34 des Gesetzes vom 22.09.2005 (BGBl. I S. 2809)

II. Außenwirtschaftsrecht

- **Außenwirtschaftsgesetz (AWG)** in der Fassung der Bekanntmachung vom 27.05.2009 (BGBl. I S. 1150)

- **Verordnung zur Durchführung des Außenwirtschaftsgesetzes (AWV)** in der Fassung der Bekanntmachung vom 22.11.1993 (BGBl. I S. 1934, 2493), zuletzt geändert durch Verordnung vom 25.06.2009 [§§ 49; 70]

3. Teil. Internationales Versicherungsrecht

A. Kodifikationen

I. Internationales Versicherungsvertragsrecht

- **Einführungsgesetz zum Gesetz über den Versicherungsvertrag (EGVVG)** vom 30.05.1908 (RGBl. S. 305), in der im BGBl. Teil III Gliederungsnummer 7632-2 veröffentlichten bereinigten Fassung, zuletzt geändert durch Art. 2 Abs. 4 des Gesetzes vom 25.06.2009 (BGBl. I S. 1574) [Art. 7–15]

II. Allgemeines Internationales Vertragsrecht

- **Einführungsgesetz zum Bürgerlichen Gesetzbuche (EGBGB)** vom 18.08.1896 (RGBl. S. 604) in der Fassung der Bekanntmachung vom 21.09.1994 (BGBl. I S. 2494; 1997 I S. 1061) zuletzt geändert durch Art. 13 des Gesetzes vom 31.07.2009 (BGBl. I S. 2585) [Art. 3; 6; 7; 11; 12; 27–37]
- **Verordnung des Europäischen Parlaments und des Rates über das auf vertragliche Schuldverhältnisse anzuwendende Recht (Rom I VO)**, ABl. L 177 v. 04.07.2008, S. 6.

B. Staatsvertragsrecht

I. Multilaterale Staatsverträge und Ausführungsgesetze

- **Abkommen zwischen den Parteien des Nordatlantikvertrages über die Rechtsstellung ihrer Truppen hinsichtlich der in der Bundesrepublik Deutschland stationierten Truppen (NATO-Truppenstatut – NATOTrStat)** vom 19.06.1951 (BGBl. 1961 II S. 1190) [Art. VIII]
- **Zusatzabkommen zu den Abkommen zwischen den Parteien des Nordatlantikvertrags über die Rechtsstellung ihrer Truppen hinsichtlich der in der Bundesrepublik Deutschland stationierten ausländischen Truppen (NATO-Truppenstatut-Zusatzabkommen – NATOTrStatZAbk)** vom 03.08.1959 (BGBl. 1961 II S. 1218)
- **Gesetz zum NATO-Truppenstatut und zu den Zusatzvereinbarungen (NATO-TrStatVtrG)** vom 18.08.1961, in der im BGBl. Teil III Gliederungsnummer 57-1 veröffentlichten bereinigten Fassung, zuletzt geändert durch Art. 111 der Verordnung vom 31.10.2006 (BGBl. I S. 2407) [Art. 6–14; 25; 26]
- **Übereinkommen vom 29.07.1960 über die Haftung gegenüber Dritten auf dem Gebiet der Kernenergie in der Fassung des Zusatzprotokolls vom 28.01.1964 und des Protokolls vom 16.11.1982 (Pariser Atomhaftungs-Übereinkommen – ParAtHaftÜbk)** in der Fassung der Bekanntmachung vom 15.07.1985 (BGBl. II S. 963)
- **Zusatzübereinkommen vom 31.01.1963 zum Pariser Übereinkommen vom 29.07.1960** in der Fassung des Zusatzprotokolls vom 28.01.1964, des Protokolls vom 16.11.1982 und des Protokolls vom 12.02.2004 (BGBl II 1975, S. 992)

- **Übereinkommen über die Haftung der Inhaber von Reaktorschiffen und Zusatzprotokoll** vom 25.05.1962 (BGBl.1975 II S. 957, 977) [Art. 1–3; 5; 9–12; 18]
- **Gesetz zu dem Übereinkommen vom 29.07.1960 über die Haftung gegenüber Dritten auf dem Gebiet der Kernenergie nebst Zusatzvereinbarungen, zu dem Übereinkommen vom 25.05.1962 über die Haftung der Inhaber von Reaktorschiffen nebst Zusatzprotokoll und zu dem Übereinkommen vom 17.12.1971 über die zivilrechtliche Haftung bei der Beförderung von Kernmaterial auf See (Gesetz zu den Pariser und Brüsseler Atomhaftungs-Übereinkommen – AtHaftÜbkG)** vom 08.07.1975, (BGBl. 1975 II S. 957) zuletzt geändert durch Art. 30 des Gesetzes vom 09.09.2001 (BGBl. I S. 2331)

II. Bilaterale Staatsverträge

- **Vertrag zwischen der Bundesrepublik Deutschland und der Schweizerischen Eidgenossenschaft über die Schadensdeckung bei Verkehrsunfällen** vom 30.05.1969

C. Internationales Zuständigkeitsrecht

- **Brüsseler EWG-Übereinkommen über die gerichtliche Zuständigkeit und die Vollstreckung gerichtlicher Entscheidungen in Zivil- und Handelssachen** in der Fassung des 4. Beitrittsübereinkommens vom 16.07.1998 (BGBl 1998 II S. 1411) [Art. 1–24; 52–59; Anhang: Art. V des Protokolls vom 27.09.1968 in der Fassung des 3. Beitrittsübereinkommens vom 26.05.1989]
- **Luganer Übereinkommen über die gerichtliche Zuständigkeit und die Vollstreckung gerichtlicher Entscheidungen in Zivil- und Handelssachen** vom 16.09.1988 (ABl. L 319 vom 25.11.1988, S. 9–48) [Art. 1–24; 52–59 mit Protokollen Nr. 1, 2 und 3]
- **Verordnung (EG) Nr. 44/2001 über die gerichtliche Zuständigkeit und die Anerkennung und Vollstreckung von Entscheidungen in Zivil- und Handelssachen (EuGVVO, früher EuGVÜ)** vom 22.12.2000 (ABl. L 12 vom 16.1.2001, S. 1–23)

Anhang II. Verzeichnis der Allgemeinen Versicherungsbedingungen

Die Zahlen beziehen sich auf die Randnummern. Fußnoten in Klammern kennzeichnen ein Vorkommen der Norm ausschließlich in der Fußnote; Fußnoten ohne Klammern kennzeichnen ein Vorkommen der Norm in Text und Fußnote.

ABEH
§ 4c 549 (Fn.)

AERB 2008 (Stand 01.01.2008)
A § 5 Nr. 1 757 Fn.

AFB 1930
§ 2 I 2 676

AFB (in der Fassung bis 1987)
§ 2 I 1 674
§ 2 I 2 674

AFB 1987 (Fassung April 2004)
§ 2 Nr. 1 674
§ 2 Nr. 3 b) 674
§ 2 Nr. 5 675, 677
§ 7 Nr. 1 a) 871
§ 8 Nr. 1 S. 3 523 (Fn.)
§ 9 Nr. 2 759
§ 13 Nr. 2 562 (Fn.)

AFB 2008 (Stand 01.01.2008)
A § 1 Nr. 2 774
A § 3 Nr. 3 b) 674
A § 3 Nr. 5 675, 677
A § 5 Nr. 1 757
A § 7 Nr. 1 a) bb) 735
A § 7 Nr. 2 737
A § 8 Nr. 2 738
A § 8 Nr. 5 b) 761
A § 9 Nr. 3 942
A § 10 939, 941
B § 8 Nr. 2a) bb) 641
B § 12 Nr. 1 700

AGlB 2008 (Stand 01.01.2008)
§ 7 646 Fn.

AHB (in der Fassung bis 1982)
§ 1 885

AHB 1994
§ 8 I Nr. 3 523 (Fn.)

AHB 2000
§ 1 Nr. 2c 1026 (Fn.)
§ 2 1026 (Fn.)

AHB 2002
§ 3 II 1040
§ 5 Nr. 5 1043
§ 5 Nr. 6 1043
§ 5 Nr. 7 1048 (Fn.), 1049
§ 7 Nr. 3 1069

AHB 2004
Nr. 25.3 1043
Nr. 28 1069

AHB 2006
Nr. 25.3 1043
Nr. 26 562 (Fn.)
Nr. 28 1069

AHB 2008 (Stand Januar 2008)
Nr. 1 ff. 1028
Nr. 1.1 884, 885, 1029, 1031, 1132
Nr. 1.2 1031
Nr. 1.2 (6) 1034
Nr. 2.1 1036
Nr. 3.1 (1) 1028
Nr. 3.1 (2) 1024, 1025
Nr. 3.1 (2) S. 1 1054
Nr. 3.1 (2) S. 2 1054
Nr. 3.1 (3) 159, 834 (Fn.), 1026 Fn.
Nr. 3.2 1025
Nr. 4 159, 834 (Fn.), 1026 Fn.
Nr. 4.3 663 Fn.
Nr. 5 1039
Nr. 5.1 1047
Nr. 5.1 (2) S. 2 1041, 1050 (Fn.)
Nr. 5.2 1048, 1049
Nr. 7 775, 1028
Nr. 7.1 1081
Nr. 7.3 1034
Nr. 7.6 1034
Nr. 7.7 663, 1034
Nr. 7.7 (1) 1034
Nr. 7.8 1034
Nr. 7.14 1037 (Fn.)
Nr. 13.2 780
Nr. 21 1025
Nr. 25.1 1055, 1056
Nr. 25.2 927, 1057
Nr. 25.2 S. 3 1057
Nr. 25.3 1055, 1056
Nr. 25.5 1058
Nr. 26.2 1055
Nr. 27.1 1038, 1049
Nr. 27.1 S. 1 1038

Nr. 27.2 S. 1 1038
Nr. 28 1067

AKB 1986
§ 4 VI 2 518 (Fn.)

AKB 1998
§ 1 (3) 471 (Fn.)
§ 7 V 1115 (Fn.)
§ 10 1024 (Fn.)

AKB 2004 (Fassung Oktober 2004)
§ 1 (3) 471
§ 2b 592
§ 2b (2) S. 2 1113
§ 7 II (1) 1043
§ 7 V (1) 562 (Fn.)
§ 7 V (2) 595 (Fn)
§ 7 V (3) 595 (Fn.)
§ 10 Nr. 5 1049
§ 13 729

AKB 2008 (Stand 09.07.2008)
A.1.1 646, 663
A.1.1.1 ff. 1039
A.1.1.1 1029, 1036
A.1.2 663, 689, 704 Fn., 707, 998, 1102
A.1.3 724, 741
A.1.5 1130
A.2.1.1 969
A.2.6.1 735
A.2.14.4 428 (Fn.)
A.2.15 999, 1000
A.2.15 S. 3 999 (Fn.)
B.2 527
B.2.1 470, 471
B.2.2 471
B.2.3 463
B.2.4 527
C.1.3 518 (Fn.)
D 592
D.1.3 611, 871
D.2 707
D.2.1 611, 832
D.3 707, 832, 871
D.3.3 S. 2 1113
E 537
E.1.1 610, 939, 1055
E.1.2 1057
E.1.3 610, 611, 927, 1057, 1058
E.1.4 927, 1058
E.2.1 1057
E.2.3 1055
F.1 707
G.7 716

ALB 1986
§ 11 1177 (Fn.)
§ 12 I 406 (Fn.)
§ 16 1199, 1200 (Fn.)

ALB 1994
§ 1 1233 (Fn.)
§ 7 (3) 159, 1184
§ 9 159
§ 12 1241 (Fn.)
§ 14 (1) 1235 (Fn.), 1236 (Fn.)
§ 14 (2) 1235 (Fn.)

ALB 2000
§ 12 1241 (Fn.)
§ 13 1233 (Fn.), 1235 (Fn.)
§ 13 I 1236 (Fn.)
§ 14 1235 (Fn.)

ALB 2006
§ 6 (3) 1184

ALB 2008 für die kapitalbildende Lebensversicherung (Stand 31.07.2008)
§ 2 1198
§ 2 (2) 1201 (Fn.)
§ 5 1190
§ 9 (3) S. 7 1232 (Fn.)
§ 11 429 (Fn.)
§ 12 1177, 1241, 1269
§ 13 1233, 1236
§ 13 III 1246, 1269
§ 13 IV 1235, 1246, 1269

ARB 1994
§ 10 A 215 (Fn.)

ARB 2009 (Stand Juni 2009)
§ 1 646

AUB 1999 (Fassung Mai 2005)
§ 8 562 (Fn.)

AUB 2008 (Stand Dezember 2008)
Nr. 5.1.2 892 (Fn.)
Nr. 10.3 948

AVB Flusskasko
§ 4c 549 (Fn.)

AVBR 1980
§ 1 Nr. 4 549 (Fn.)
§ 5 Nr. 1 d) 549 (Fn.)

AVBSP 1976
Nr. 5.5.1 549 (Fn.)
Nr. 5.5.2 549 (Fn.)

AVB Vermögen
§ 2 Nr. 1 886
§ 4 Nr. 5 775 (Fn.)
§ 5 Nr. 1 886

AVB Werkverkehr
Nr. 6.1.5 549 (Fn.)

MB/BT 2009 1307, 1317, 1353

MB/KK 1966
§ 5 (1) b) 893

MB/KK 1976
§ 1 (2) S. 1 1337
§ 5 (2) 1337
§ 5 (1) d) 1336 (Fn.)
§ 5 (1) f) 1341 Fn.

MB/KK 1994 (Fassung Januar 2003)
§ 4 (6) 1341
§ 8b 215 (Fn.)
§ 10 562 (Fn.)
§ 18 215 (Fn.)
§ 18 (1) S. 1 d) 1351
§ 18 (4) 1351

MB/KK 2009 (Stand 01.01.2009)
§ 1 1270
§ 1 (2) 1334
§ 1 (2) S. 2 882
§ 3 883
§ 4 1336
§ 4 (6) 1341
§ 5 1336
§ 8 1331 (Fn.)
§ 8b 1325
§ 9 (1) 939
§ 9 (3) 1344
§ 15 (1) 708 (Fn.)
§ 18 1325

MB/KT 2009 (Stand 01.01.2009)
§ 1 1270
§ 1 (1) 1291
§§ 4 (2) ff. 1291 Fn.
§ 8b 1325
§ 18 1325

MB/PPV 2009 (Stand 01.07.2008)
§§ 1 (2) ff. 1384
§ 1 (6) 1384
§ 5 (I) a) 1386 (Fn.)

VGB
§ 2 192 (Fn.)

VGB 2008 (Wohnflächenmodell) (Stand 01.01.2008)
B § 8 Nr. 2 a) gg) 939
B § 13 Nr. 2. 1002

VHB 1974
§ 2 Nr. 8 549 (Fn.)

VHB 1966
§ 2 IV b 549 (Fn.)

VHB 1984
§ 16 Nr. 2a 1251 (Fn.)

VHB 2000
§ 12 Nr. 4 729
§ 15 Nr. 2 S. 2 449

VHB 2008 (Stand 01.01.2008)
(Falls nicht gesondert hervorgehoben, sind die Fassungen VHB 2008 – Quadratmetermodell und VHB 2008 – Versicherungssummenmodell wortgleich.)
A § 1 774
A § 3 Nr. 1 a) 913
A § 3 Nr. 2 774, 913
A § 4 Nr. 2 S. 3 774
A § 4 Nr. 3 a) 775
A § 4 Nr. 3 b) 775
A § 6 Nr. 2 717, 768
A § 6 Nr. 2 c) dd) 691
A § 6 Nr. 4 f) 769
A § 9 Nr. 1 a) 735
A § 9 Nr. 1 c) 735, 738
A § 9 Nr. 3 (QM) 756
A § 10 495, 747
A § 11 717
A § 14 Nr. 2 942
B § 2 449
B § 5 Nr. 2 511

Anhang III. Gesetzesverzeichnis

Die Zahlen beziehen sich auf die Randnummern. Fußnoten in Klammern kennzeichnen ein Vorkommen der Norm ausschließlich in der Fußnote; Fußnoten ohne Klammern kennzeichnen ein Vorkommen der Norm in Text und Fußnote.

AGBG
§ 2 I Nr. 1 188
§ 2 I Nr. 2 188
§ 6 II 1259 (Fn.)
§ 8 196 (Fn.)
§ 9 200, 1341
§ 11 Nr. 12a 436
§ 23 II Nr. 6 436
§ 23 III 188

AGG
§ 1 230, 237
§ 2 I Nr. 8 230
§ 3 I 230
§ 3 I 2 119
§ 3 II 230
§ 19 236 (Fn.)
§ 19 I Nr. 1 231 (Fn.)
§ 19 I Nr. 2 119, 231, 239
§ 19 II 119, 232
§ 20 I 232, 233 (Fn.)
§ 20 I Nr. 3 233
§ 20 II 119, 233
§ 20 II 1 233, 235, 239
§ 20 II 2 119, 234, 239
§ 20 II 3 235, 239
§ 21 120, 236
§ 21 I 236
§ 21 II 236
§ 21 III 236
§ 21 IV 236
§ 21 V 236
§ 22 237
§ 33 IV 1 238

AktG
§ 58 1204 (Fn.)
§ 93 II 2 31 (Fn.)
§ 254 I 1204 (Fn.)

AltZertG
§ 1 1139 (Fn.)
§ 1 I 1 Nr. 8 227
§ 5 1139 (Fn.)
§ 7 III 1172 (Fn.)

AMG
§ 40 220 (Fn.), 1131
§ 94 219 (Fn.)

AtomG
§ 4a 219 (Fn.)

BAG
§ 2 ff. 57 (Fn.), 73 (Fn.)
§ 10a 75

Dritte Durchführungsverordnung zum BAG
§ 7 II 75 (Fn.)
§ 8 75 (Fn.)

BGB
§ 13 280, 479 (Fn.)
§ 22 52
§ 90 716
§ 95 192 (Fn.)
§§ 104 ff. 641
§ 119 ff. 343
§ 119 777
§ 119 I 341 (Fn.), 777
§ 119 II 342, 777
§ 121 844
§ 121 I 837, 874
§ 121 I 1 502 (Fn.)
§ 123 342, 466 (Fn.), 778, 792, 816, 873
§ 123 II 778
§ 124 III 816
§ 126 261, 285, 425, 485
§ 126b 286, 425, 426, 485, 789, 790
§ 130 I 1 538
§ 134 236 (Fn.), 659, 770
§ 135 1064, 1132
§ 138 157, 446, 659, 770, 1338
§ 139 159
§ 145 ff. 343
§ 145 251, 284
§ 148 251
§ 150 I 251
§ 150 II 256, 343
§ 162 I 944 (Fn.)
§ 166 361, 414, 630
§ 166 I 401, 403, 423
§ 166 II 358
§ 184 1067 (Fn.)
§ 187 440 (Fn.)
§ 188 440 (Fn.)
§ 195 17, 92, 945
§ 199 I 945
§ 242 157, 584, 607 (Fn.), 944 (Fn.), 1042 (Fn.)
§ 249 ff. 661, 723

§ 249 724 Fn., 894
§ 254 407, 408, 603, 604, 607, 631, 906
§ 255 698, 956
§ 267 1045
§ 267 II 512
§ 268 512
§§ 269 ff. 508
§ 269 509
§ 270 I 1 509
§ 271 502
§ 271 I 507, 1088 (Fn.)
§ 276 847
§ 278 45, 255, 263, 344, 361, 405, 406, 407, 410, 412, 423, 630, 631, 644, 910
§ 280 236, 405, 423, 424, 468, 544, 861, 1093
§ 280 II 942
§ 285 677
§ 286 521
§ 286 I 467 (Fn.), 942
§ 286 II Nr. 2 467 (Fn.)
§ 288 942
§ 288 I 1331
§ 288 I 2 1111
§§ 305 ff. 176 (Fn.), 178, 239, 251 (Fn.), 291, 343, 398a
§ 305 I 1 176
§ 305 II 186, 239, 291, 292, 456
§ 305 II Nr. 1 186, 188, 291
§ 305 II Nr. 2 186, 188, 291
§ 305a 188
§ 305b 179
§ 305c 398a, 552
§ 305c I 190, 239
§ 305c II 193, 239
§ 306 159, 203, 239
§ 306 I 203, 293
§ 306 II 204, 1259, 1262
§ 306 III 203, 1262, 1263 (Fn.), 1265
§§ 307 ff. 157, 160, 177, 194, 196, 398a, 1264
§ 307 218, 254, 398a, 552, 602, 1077, 1199, 1336, 1341
§ 307 I 160, 199
§ 307 I 2 200
§ 307 II 160
§ 307 II Nr. 1 19
§ 307 III 1 196, 239
§ 307 III 2 199, 239
§ 308 Nr. 4 218
§ 309 Nr. 5 1232 (Fn.)
§ 310 III 187, 309
§ 310 III Nr. 1 187
§ 310 III Nr. 3 194
§ 311 236, 405

§ 311 II 287, 345, 423
§ 311 II Nr. 1 276
§ 311 III 383
§ 311 III 1 383, 423, 424
§ 312 III Hs. 1 294
§ 312b I 264, 302, 454, 457, 458
§ 312b II 264, 302, 454, 457, 458
§ 312c I 1 284
§ 312d 320 (Fn.)
§ 312d VI 309, 312, 314, 318, 319, 320 Fn.; 330 (Fn.)
§ 312e I 1 303
§ 312e I 1 Nr. 3 255 (Fn.)
§ 312f 159
§ 313 777, 780
§ 314 483 Fn., 484, 485, 579, 949, 1366
§ 315 1250 (Fn.)
§ 315 III 1196 (Fn.)
§ 323 518
§§ 328 ff. 46, 686, 695, 770, 1233, 1269
§ 328 38, 693
§ 330 135 (Fn.)
§§ 331 ff. 686
§§ 332 ff. 686
§ 334 703
§§ 346 ff. 462
§ 346 309, 312 Fn., 318, 320 (Fn.), 326 (Fn.), 327, 332 (Fn.), 337, 338, 347, 787
§ 346 I 309, 337 (Fn.)
§ 346 II 309, 314
§ 346 II 2 327
§ 346 III 309
§ 355 309
§ 355 I 2 308
§ 355 III 2 Hs. 2 307 (Fn.)
§ 357 309, 312, 318, 326 (Fn.)
§ 357 I 309, 312 Fn., 332 (Fn.), 347
§ 371 428
§ 387 513
§ 388 513
§ 398 956
§ 399 696
§ 399 Alt. 1 1066, 1067
§ 403 982
§ 404 1070, 1132
§ 407 982, 1241
§ 409 982, 1241
§ 412 955, 982
§§ 421 ff. 1089, 1132
§ 425 II 1089
§ 426 965, 990, 1004, 1080
§ 426 II 1098
§ 426 II 2 973

§ 439 IV 331 Fn.
§ 446 669, 671, 675, 677
§ 447 668
§ 475 I 159
§ 487 159
§ 566 715
§ 571 329
§§ 652 ff. 365, 411, 415, 424
§ 666 1101 (Fn.)
§ 670 924
§ 675 1101 (Fn.)
§ 762 655
§ 774 I 2 973
§ 808 429, 485
§ 812 986
§§ 823 ff. 46, 1016
§ 823 1024, 1080
§ 823 I 787, 952, 957
§ 823 II 952
§ 826 236 (Fn.), 787, 957
§ 828 I 1021
§ 829 10 Fn., 1060 (Fn.), 1130
§ 831 407
§ 832 1016
§ 839 I 1084
§ 839 I 2 1084
§ 840 965, 1080
§ 906 II 2 1032
§§ 929 ff. 679
§ 952 428
§ 1004 1032
§§ 1045 f. 135
§§ 1127 ff. 135
§ 1139 329
§ 1143 973
§ 1225 973
§ 1922 1234
§ 2080 329
§§ 2274 ff. 1242

BJagdG
§ 17 I Nr. 4 1072, 1082 (Fn.)

BNotO
§ 19a 1072

BRAO
§ 51 1072

BRRG
§ 46 III 955 (Fn.)
§ 52 955 (Fn.)

Bundesdatenschutzgesetz (BDSG)
§ 4a I 250, 648
§ 4a III 648

Verordnung über die Rechnungsgrundlagen für die Deckungsrückstellungen (DeckRV)
§ 2 1162
§ 2 II 1 1162 (Fn.)
§ 2a 1162
§ 3 1162
§ 4 I 2 1228

Drittes Durchführungsgesetz/EWG zum VAG (BGBl. I S. 1630)
Art. 16 § 5 436 (Fn.)
Art. 16 § 6 188 (Fn.), 1168 (Fn.), 1249 (Fn.), 1250
Art. 16 § 8 178 (Fn.), 188 (Fn.), 212 (Fn.), 214, 239, 492 (Fn.)

EG-Vertrag (EGV)
Art. 46 166
Art. 49 1229, 1230 (Fn.)
Art. 50 230
Art. 81 127
Art. 81 III 127 (Fn.)

EGBGB
Art. 27 ff. 163, 164, 239
Art. 36 163
Art. 37 Nr. 4 163, (Fn.)
Art. 40 1128
Art. 229 § 6 946 (Fn.)

EGVVG
Art. 1 ff. 15
Art. 1 1168 Fn., 1269
Art. 1 I 15, 16, 92, 566, 1168, 1222, 1269, 1284, 1394
Art. 1 II 16, 92, 548 (Fn.), 565, 1086 (Fn.), 1168
Art. 1 III 19, 92, 212 (Fn.)
Art. 2 ff. 16
Art. 2 19 (Fn.), 92
Art. 2 Nr. 1 16
Art. 2 Nr. 2 16
Art. 2 II 1284, 1394
Art. 2 II Nr. 2 1355 (Fn.)
Art. 3 946 (Fn.)
Art. 3 I 17, 92, 946
Art. 3 II 17, 92, 946
Art. 3 III 17, 92, 946
Art. 3 IV 17
Art. 4 18, 19 (Fn.), 1168 Fn., 1197, 1269
Art. 4 I 92, 1168
Art. 4 I 2 Hs. 2 1197

Art. 4 II	1168 (Fn.), 1222
Art. 4 III	92
Art. 5	18, 19 (Fn.), 92
Art. 6	152
Art. 7 ff.	1269
Art. 7	165
Art. 8	165, 1155
Art. 9 V	1155 (Fn.)
Art. 10 I	154, 160
Art. 10 I 2	244, 264, 278
Art. 11	165, 1355 (Fn.)
Art. 12	165, 1355 (Fn.)
Art. 13	165

EntgeltfortzahlungsG (EFZG)

§ 6	955 (Fn.), 987 (Fn.)

FahrerlaubnisVO (FeV)

§ 48	592

FahrzeugzulassungsVO (FZV)

§ 23	470, 1082 (Fn.)
§ 23 III	470 (Fn.)

GG

Art. 1 I	1344
Art. 2	1199
Art. 2 I	1148, 1215 (Fn.), 1344
Art. 3	117, 131, 229 Fn.
Art. 14	1199
Art. 14 I	1148, 1196 (Fn.), 1215 (Fn.)
Art. 17	87, 92
Art. 74 I Nr. 11	4 (Fn.), 1276
Art. 74 I Nr. 12	1276

GenDG

§ 18	238a

GewO

§ 11	377
§ 34d	359 (Fn.) 581
§§ 34d I ff.	375, 424
§ 34d I	373, 423, 424
§ 34d II	376
§ 34d II Nr. 3	1072
§ 34d III	374, 381, 423, 424
§ 34d IV	375, 381, 423, 424
§ 34d VII	424
§ 34d VIII	1072
§ 34d IX	375, 379, 423, 424
§ 34d IX Nr. 1	379, 384, 395, 421, 424
§ 34d IX Nr. 2	379 Fn.
§ 34d IX Nr. 3	379 Fn.
§ 34e	380, 419, 423, 424
§ 34e II	1072
§ 34e III 1	380, 424

GewO Österreich

§ 137g I 2	271 (Fn.)

GüKG

§ 7a	683

GWB a.F.

§ 29	127
§ 102 I	127

HGB a.F.

§§ 778–900	134, 138

HGB

§ 84	364
§§ 84 ff.	346, 423
§ 92	364, 423
§ 92 I	382
§ 92b	353 (Fn.), 364, 423
§§ 93 ff.	411, 423
§ 93	411, 423
§ 99	415
§ 248 II	1202 (Fn.)
§ 264 I 1	1203, 1216
§ 266	1162 (Fn.)
§ 268 VIII	1202 (Fn.)
§ 341a I	1203, 1216
§ 341b	1148 (Fn.)
§ 341e	1162, 1206
§§ 341f	235 (Fn.), 1161, 1162, 1206
§ 363	431 (Fn.)

InsO

§ 21 II S. 1 Nr. 1	1087
§ 21 II S. 1 Nr. 2	1087
§ 26	1087
§ 27	1087
§ 35	1245
§ 47	1245
§ 103	472 (Fn.), 1239 (Fn.), 1245
§ 105	694 (Fn.)
§ 133	1239 (Fn.)
§ 134	1239 (Fn.)

Kalkulationsverordnung (KalV)

§ 10	1324
§ 11	1324
§ 12	1358, 1394
§§ 12 I Nr. 1 ff.	1358
§ 12 II	1358
§ 13	1359
§ 13 Ia	1286, 1372
§ 13 II	1360 (Fn.)
§ 13 III	1360 (Fn.)

KalV 2009
§ 8 I Nr. 6 1319 (Fn.)
§ 13a 1370

KfzPflVV
§§ 2 ff. 1110
§ 2 I 646, 663, 1102
§ 2 II 47, 689, 704, 707, 998
§ 3 595 (Fn.)
§ 4 1130
§ 5 ff. 554, 1115, 1132
§ 5 227, 615 Fn., 707, 1113, 1116, 1119 Fn., 1132
§ 5 I Nr. 1 871
§§ 5 I Nr. 3 ff. 1120
§ 5 I Nr. 4 871
§ 5 I Nr. 5 832
§ 5 II 1120, 1132
§ 5 II S. 1 1120
§ 5 II S. 2 1120
§ 5 III 595 (Fn.), 1119
§ 5 III S. 1 1116
§ 5 III S. 2 1116
§ 6 227, 615 Fn., 1113, 1117, 1119 Fn., 1132
§ 6 I 595 (Fn.), 1117
§ 6 II 590, 1117
§ 6 III 1117
§ 7 1118
§ 9 527
§ 9 S. 2 463 Fn., 485, 1023

KStG
§ 21 1206

LuftVG
§ 2 I Nr. 3 1082
§ 50 220 (Fn.), 1131

PflVG a.F
§ 3 1086
§ 3 Nr. 1 1111
§§ 3 Nr. 4 ff. 1107 (Fn.)
§ 3 Nr. 8 1100 (Fn.)
§ 3 Nr. 9 1107 (Fn.)
§ 3 Nr. 10 S. 1 1101 (Fn.)
§ 3 Nr. 10 S. 2 1107 (Fn.)
§ 3 Nr. 11 1107 (Fn.)
§ 4 1107 (Fn.)
§ 8 II 66

PflVG
§ 1 1072, 1106
§ 2 6 (Fn.)
§§ 2 I Nr. 1 ff. 1112
§ 3 S. 1 1112, 1132
§ 3a 1111, 1126, 1132
§ 3a I Nr. 2 1111
§ 3b 1096, 1114, 1132
§ 4 1113
§ 4 I 1107
§ 4 II (Anlage) 1076, 1109
§ 5 1132
§ 5 II 223, 343, 1023
§ 5 III 247, 253, 255, 343
§ 6 1132
§ 8 I 1122
§§ 12 ff. 1019 (Fn.)
§ 12 1132
§§ 12 I ff. 1123
§ 12 IV 1123
§ 12a 1126, 1132
§ 12a IV 1126
§ 13 1122, 1127
§ 13a 1127
§ 13a I 1127
§ 13 II 1 1122

ProdHaftG
§ 1 1016

Verordnung über die Rechnungslegung von Versicherungsunternehmen (RechVersV)
§ 25 1161, 1162, 1269
§ 25 II 1228
§ 28 VI 1207
§ 32 1162, 1269
§ 43 II 1228
§ 54 1212, 1216
§ 62 II 1162, 1269

Verordnung über das auf vertragliche Schuldverhältnisse anzuwendende Recht (Rom I VO)
Art. 7 161, 239
Art. 28 161

RVO
§ 640 a.F. 1033 Fn., 1099
§ 1542 a.F. 979, 987 (Fn.), 990 (Fn.), 1007

SGB II
§ 20 1317 (Fn.)
§ 26 1333

SGB IV
§ 2 I 222

SGB V
§ 5 1278
§ 5 I Nr. 1 222
§ 6 I Nr. 1 1278 Fn.
§ 6 I Nr. 2 1278
§ 6 VI 1278 (Fn.)
§ 6 VII 1278 (Fn.)

§ 8 Nr. 5 222 (Fn.) 367
§ 10 1278
§ 13 II 1279
§ 175 IV 4 1368 (Fn.)
§ 257 1307 (Fn.), 1310 (Fn.)
§ 261 1273 (Fn.)

SBG VII
§ 104 959 (Fn.)
§ 105 959 (Fn.)
§ 110 1033, 1099 (Fn.)
§ 110 II 953 (Fn.), 959, 987 (Fn.)
§§ 150 ff. 953 (Fn).

SBG X (Stand Dezember 2005)
§ 116 955 (Fn.), 979, 987 (Fn.), 1003, 1007, 1009, 1129
§ 116 I 955 (Fn.), 968 Fn., 994 (Fn.)
§ 116 VI 987 (Fn.), 993 (Fn.), 994 (Fn.)
§ 116 VI 2 994
§ 116 VIII 959

SGB XI
§ 1 II 1378, 1379, 1392 (Fn.)
§ 4 1384 (Fn.)
§ 14 1384
§ 14 II 1384
§ 14 III 1384
§ 15 1384
§§ 20 ff. 1379
§ 23 1379
§ 23 I 3 1384
§ 25 1382
§ 25 I Nr. 5 1382
§ 27 1389, 1394
§§ 28 ff. 1384 (Fn.)
§ 33 II 1382 Fn.
§ 61 1382 (Fn.)
§ 110 I Nr. 1 1382
§ 110 IV 1388, 1394
§ 111 1383

SGB XII
§ 32 1333

SGG
§ 51 I Nr. 2 1390, 1393, 1394
§ 51 II 1390
§ 87 1390 (Fn.)
§ 182a 1391

StVG
§ 7 707, 952, 1016, 1024
§ 7 II 592
§ 17 965, 1004
§ 18 46, 1024
§ 21 892

StVZO
§ 15d I Nr. 2 a.F. 592

VersVermV
§ 1 III 376
§ 5 ff. 377
§§ 8 f. 1072
§ 9 II 376, 1076
§ 11 378, 385, 423, 424
§ 17 424

VAG a.F.
Abschn. I 1b) der Anlage D 189, 260, 296 (Fn.)
§ 5 66
§ 5a 189
§ 8 66
§ 10a 189, 260 Fn., 296 Fn., 297
§ 10a II 1 261
§ 11 f. 66
§ 81 66
§ 87 66
§ 172 214
§ 178g 214

VAG
Anlage A 29, 77, 92
§ 1 I 23 (Fn.), 56
§ 1 III 56, 62 (Fn.)
§ 1 III Nr. 5 24
§ 1a 56
§ 1b 62 (Fn.)
§ 1b II–V 62
§§ 5 ff. 78, 92
§ 5 78
§ 5 III Nr. 2 79 (Fn.)
§ 5 III Nr. 2 Hs. 2 1153
§ 5 V Nr. 1 79, 1281 (Fn.), 1302
§ 5 V Nr. 1a 490, 1281 (Fn.), 1302
§§ 5 V Nr. 5 ff. 78
§ 6 II 29
§ 7 49, 55, 78, 92
§ 7a 78
§ 7b 1111, 1126, 1132
§ 7 II 77
§ 8 78
§ 8 I 1 1358 (Fn.)
§ 8 I 1 Nr. 3 78, 1208 (Fn.), 1302
§ 8 I 5 1302
§ 8 Ia 58, 92
§ 8 Ia 1 1151, 1269
§ 8a 59, 78
§ 8a I 92
§ 9 29
§ 10 176, 239
§ 10a 119 (Fn.), 233 (Fn.)
§ 10a I 31 (Fn.)
§ 10a I 1 432

§ 10a II 1	242 (Fn.), 261 (Fn.)
§ 10a IIa	233
§ 10a III	1272, 1304, 1394
§ 11	99, 235 (Fn.), 490, 1149, 1194, 1249, 1269
§ 11 I	1161, 1269
§ 11 I 1	1150, 1157
§ 11 I 2	1161
§ 11 II	39, 111, 131, 1150, 1313
§ 11 III Nr. 3	1269
§ 11a	78, 490, 1163, 1165, 1169, 1269
§ 11a I	1160
§ 11a III Nr. 4	1204, 1216
§ 11b	1251
§ 11c	1168 (Fn.), 1204 (Fn.)
§ 11d	111, 490
§§ 12 ff.	490, 1281 Fn., 1297, 1375, 1381 Fn., 1394
§ 12	1281 (Fn.), 1345
§§ 12 I ff.	1381, 1394
§ 12 I	58, 99, 1295, 1381 (Fn.), 1394
§ 12 I Nr. 1	1310, 1394
§ 12 I Nr. 2	131
§ 12 I Nr. 3	1322
§ 12 I Nr. 4	1355 (Fn.)
§ 12 Ib 4	484
§ 12 II	78, 1315, 1394
§ 12 III	1315, 1394
§ 12 IV	99, 1394
§ 12 IV 1	111, 131, 1313
§ 12 IV 2	1313, 1314
§ 12 IVa	1311, 1394
§ 12 IVa 2	1311 (Fn.)
§ 12 V	1297, 1316, 1345
§§ 12a ff.	1316
§ 12a	1345
§ 12a IIa	1324
§ 12b	1323, 1381, 1394
§ 12b II 4	1250 (Fn.)
§ 12b III	1251
§ 12b IV	1251 (Fn.)
§ 12c	1310, 1345, 1358, 1381, 1394
§ 12c I 1	1286, 1361 (Fn.)
§ 12c I 2 Nr. 2	1355 (Fn.)
§ 12e	1311 (Fn.), 1345
§ 12f	1394
§ 12g I Nr. 1	491
§ 13d	1269
§ 13d Nr. 6	79, 1159
§ 14	1166, 1358 (Fn.)
§§ 15 ff.	52, 53, 54, 92
§ 15	52
§ 21 I	111
§ 21 II	53
§§ 24 ff.	97
§ 24	487, 530
§ 32	29
§ 39	29
§ 41	214
§ 41 III 2	213, 239
§ 53	52, 54, 92, 1286
§§ 53c ff.	78, 645, 1150, 1269
§ 53c	1214, 1269
§ 54b	1150 (Fn.), 1227, 1269
§§ 55 ff.	1269
§ 56a	1165, 1198, 1204 Fn., 1205, 1216
§ 56a S. 3	1206, 1216
§ 56a S. 4	1206
§ 56a S. 5	1206, 1207
§ 65	235 (Fn.), 1161, 1269
§ 65 I Nr. 1 a)	1162
§§ 66 ff.	78
§ 66	1164, 1269
§ 70	1164, 1269
§ 77	1164
§ 77a	1164
§§ 80 ff.	381, 423
§ 80	372, 424
§ 80 I	381
§ 80 II	381
§ 80 III	381
§ 80 IV	381
§ 80a	372, 381, 424
§ 80b	372
§ 81	81, 112, 285, 287, 289, 345, 455 (Fn.), 1154
§ 81 I 1	81
§ 81 I 2	64, 92, 1208, 1321
§ 81 I 3	64
§ 81 I 4	82
§ 81 I 5	64, 83, 92
§ 81 II	84, 92
§ 81 II 4	39, 113
§ 81b I 1	83 (Fn.) 147
§ 81c	99, 131, 1154, 1165, 1204, 1269
§ 81d	99, 131, 1321
§ 81e	121, 225
§ 85	77
§ 87	84
§ 103a	233
§ 104	78
§ 104a-i	63
§ 104e	63 (Fn.)
§ 104g	63 (Fn.)
§ 104h	63 (Fn.)
§§ 105 ff.	76 Fn.
§ 105	59 (Fn.)
§ 105 I 2	80
§§ 110a ff.	76, 77, 1155
§ 110a	59 (Fn.), 77, 86, 92
§ 111 I	62

§ 112 56
§ 113 I 111
§ 118b 1153
§§ 119 ff. 62
§§ 124 ff. 1269
§ 124 I 1166
§ 125 I 1166
§ 125 II 1166
§ 125 III 1166
§ 125 IV 1166
§ 125 IV 3 Hs. 2 1166
§ 125 VI 1166
§ 127 1281 (Fn.)
§ 127 I 1166
§ 129 1166
§ 156a III 79 (Fn.)

VAG 2009
§ 12 1307
§ 12 Ia 1307, 1310 (Fn.), 1394
§ 12 Ia 2 1353 (Fn.)
§§ 12 Ia 3 ff. 1353
§ 12 Ib 1307
§ 12 Ib 4 1307
§ 12 Ic 1394
§ 12 Ic 1 1317
§ 12 Ic 1 Hs. 2 1317 (Fn.)
§ 12 Ic 2 1317 (Fn.)
§ 12 Ic 3 1317 (Fn.)
§ 12 Ic 4 1317
§ 12 Ic 5 1317
§ 12 Ic 6 1317
§ 12c I Nr. 2a 1307
§ 12g 1307, 1319
§ 193 1307
§ 193 V 4 1307
§ 204 1307

VVG a.F
§ 1 36
§ 1 I 155
§ 1 I 2 27
§ 1 II 2 487 (Fn.)
§ 2 II 2 445 (Fn.), 640
§ 2 II 2 Hs. 2 445 (Fn.)
§ 3 625
§ 3 III 159
3 V 159
§ 5 256 (Fn.)
§§ 5 I ff. 159
§ 5a 159, 174 (Fn.) 189, 251 (Fn.), 260, 284, 287 (Fn.), 292, 295, 296, 298 Fn., 300, 301, 345
§ 5a I 242 (Fn.), 299
§ 5a II 4 307
§ 5a III 298, 451
§ 6 142, 149 (Fn.), 548, 554, 561, 562 (Fn.), 581, 582
§ 6 I 19 (Fn.)
§ 6 I 2 625, 707 (Fn.)
§ 6 I 3 578 (Fn.), 584
§ 6 III 406, 1043
§ 7 440
§ 7 II 440 (Fn.)
§ 8 251 (Fn.), 297, 298
§ 8 III 436 Fn., 637 (Fn.)
§ 8 IV 297
§ 8 IV 4 307
§ 8 IV 5 297
§ 8 V 174 (Fn.), 297
§ 8 V 1 242 (Fn.)
§ 8 VI 298
§ 10 538
§ 11 149 (Fn.)
§ 11 I 944 Fn.
§ 11 IV 944 (Fn.)
§ 12 I 17
§ 12 II 945
§ 12 III 135 (Fn.), 947 Fn.
§ 14 472 (Fn.)
§ 15a 139, 159 (Fn.), 239, 545, 548, 554, 944 (Fn.)
§§ 16 ff. 342, 535, 787 (Fn.), 836 (Fn.)
§ 16 555, 566, 785, 786
§ 16 I 789 (Fn.)
§ 16 II 329
§ 16 III 811 (Fn.)
§ 17 329, 566
§ 18 786
§ 19 640
§ 21 786
§§ 23 ff. 836 (Fn.)
§ 23 536, 555, 848 (Fn.)
§ 23 I 836 (Fn.), 854 (Fn.)
§ 23 II 640, 641
§ 24 I 2 854 (Fn.)
§ 25 562 (Fn.)
§ 25 III Alt. 1 869 (Fn.)
§ 27 II 640, 641, 837 (Fn.)
§ 28 562 (Fn.)
§ 29a 836 (Fn.)
§ 33 406, 555
§ 34 19, 537, 555
§ 34a 159 (Fn.), 406
§ 35 502
§ 35 S. 2 502 (Fn.)
§ 35b 513
§ 37 511 (Fn.)
§ 38 515, 526
§ 38 I 2 519
§ 38 II 448, 461 (Fn.), 528 (Fn.)
§ 39 149 (Fn.)
§ 39 II 523 (Fn.)

§ 40	500, 651
§ 40 I	778 (Fn.)
§ 40 II 1	135 (Fn.), 523 (Fn.)
§ 41	212 (Fn.)
§ 41a	212 (Fn.)
§ 41a II	341
§ 42	159 (Fn.)
§§ 42a ff.	243, 372
§ 42b ff.	384 (Fn.)
§ 42c I	271
§ 42c II	809
§§ 43 ff.	365 (Fn.), 389, 390
§ 43	29
§ 43 Nr. 1	391, 398a
§ 43 Nr. 3	393
§ 44	402
§ 45	397
§ 46	398 (Fn.)
§ 47	398, 398a, 406
§§ 48a ff.	174 (Fn.), 242
§ 48b	242, 261 (Fn.)
§§ 48c ff.	301
§ 48c	242, 295, 314 (Fn.), 322 (Fn.), 327 (Fn.), 329 (Fn.)
§ 48c V	310 (Fn.), 314 (Fn.), 321, 322, 324 (Fn.), 332
§ 48c V 2	322 (Fn.)
§ 48d	159
§ 48e	242
§ 51	212 (Fn.)
§ 51 III	727
§ 55	727
§ 57	729
§ 58	536, 556
§§ 59 f.	765 (Fn.)
§ 59 I	727
§ 59 II	767 (Fn.)
§ 60	212 (Fn.)
§ 61	597 (Fn.), 896, 898 (Fn.), 902 Fn., 908 (Fn.), 921, 933
§ 61 II	603 (Fn.)
§ 62	142, 536, 556, 562 (Fn.), 931 (Fn.), 933
§ 62 I 1	933
§ 62 II	928 (Fn.)
§ 63	933
§ 64 I 1	941 (Fn.)
§ 67	727, 952 Fn., 954 (Fn.), 958, 963 (Fn.), 993, 1291 (Fn.)
§ 67 I 1	965 (Fn.)
§ 67 I 3	984
§ 67 II	987 (Fn.), 988, 989 (Fn.), 990 (Fn.), 991 Fn., 993 (Fn.), 994
§ 68	212 (Fn.), 710 (Fn.)
§ 68 IV	712
§ 68a	159 (Fn.), 545
§ 69 ff.	715 (Fn.)
§ 70 II	715 (Fn.)
§ 70 II 2	715 (Fn.)
§ 71	536, 556, 562 (Fn.)
§ 71 I	720
§ 72	159 (Fn.)
§ 74 ff.	687
§ 79 I	629
§ 81	251 (Fn.)
§ 81 I	933 (Fn.)
§ 82 I	933 (Fn.)
§ 93	939 (Fn.)
§§ 95 ff.	159 (Fn.)
§ 96 II	715 (Fn.)
§ 98 ff.	159 (Fn.)
§ 111	939 (Fn.)
§ 115a	159 (Fn.)
§ 149	1027, 1040
§ 152	597 (Fn.), 898 (Fn.), 902 (Fn.), 931 (Fn.), 933, 1052
§ 153 IV 2	1055 (Fn.)
§ 154 II	1043
§ 158a	159 (Fn.)
§§ 158b ff.	159 (Fn.), 1086
§ 158c V	1084 (Fn.)
§ 158i	704 (Fn.), 1103 (Fn.)
§ 158o	140
§ 159 II 1	158 (Fn.)
§ 161	629
§ 163	159
§ 169	92, 159
§ 172	212, 214, 1249, 1258 (Fn.)
§ 172 I 1	1256
§ 172 I 2	1257
§ 172 I 3	1250 (Fn.)
§ 172 II	207, 208 Fn., 1258 Fn., 1260 (Fn.), 1262 (Fn.)
§ 173	1188 (Fn.)
§ 176	135 (Fn.), 1222, 1224 (Fn.), 1226 Fn., 1269
§ 178a III 2	629
§ 178a IV	227
§ 178	159 (Fn.)
§ 178c II	227
§ 178d	223
§§ 178d f.	227
§ 178f	1355 Fn.
§ 178g	135 (Fn.), 212, 214, 1251 (Fn.), 1345 (Fn.)
§ 178g II	1323
§ 178g III	212 (Fn.), 1253 (Fn.)
§ 178g III 1	1347 (Fn.)
§ 178g III 2	207, 1258
§ 178g III 3	1352 (Fn.)

§ 178h V 1364 (Fn.)
§ 178o 140, 159 (Fn.)
§ 187 160 (Fn.)
§ 190 152
§§ 192 ff. 1394

VVG
§ 1 20, 43, 92, 110 (Fn.)
§ 1 S. 1 725
§ 1 S. 2 460, 486, 512, 530
§ 2 440 (Fn.)
§ 2 I 444, 485
§ 2 II 445, 485
§ 2 II 2 446, 632, 640
§ 2 III 446 (Fn.)
§ 2 IV 444
§ 3 252, 256 (Fn.), 305, 504, 695
§ 3 I ff. 159
§ 3 I 425, 426, 485
§ 4 I 429, 485
§ 4 II 428, 485
§ 5 251 (Fn.), 256 Fn., 257, 292, 343, 427, 469, 485, 503
§ 5 I ff. 159
§ 5 I 257, 258, 469
§ 5 II 256 Fn., 469, 502 (Fn.), 503
§ 5 III 256 Fn.
§ 5 IV 158
§ 5a 143
§ 6 ff. 159
§ 6 149, 245, 263 (Fn.), 264, 274, 275, 279, 343, 344, 386, 455, 755
§ 6 I 263, 265, 266, 268 (Fn.), 270, 271 (Fn.), 276
§ 6 I 1 274, 277 Fn.
§ 6 I 2 269, 277 (Fn.)
§ 6 II 270, 276, 455, 485
§ 6 II 1 269
§ 6 II 2 269, 271
§ 6 II 3 269
§ 6 III 274 Fn., 285a, 386, 455 (Fn.), 809
§ 6 IV 277 (Fn.), 387 (Fn.)
§ 6 IV 1 277
§ 6 IV 2 277
§ 6 V 275, 344, 387 (Fn.), 410, 755
§ 6 V 2 275
§ 6 VI 124, 245, 264, 349
§ 7 149, 174 Fn., 246, 278, 279, 284, 285a, 288, 289, 290, 292, 325, 343, 345, 345, 410, 1174, 1179
§ 7 I ff. 345
§ 7 I 279, 280 (Fn.), 286, 289, 303, 325, 346, 454, 485
§ 7 I 1 284, 268 (Fn.)
§ 7 I 3 285, 285a, 289, 454
§ 7 I 3 Hs. 1 285
§ 7 I 3 Hs. 2 285, 292, 343
§ 7 II 87, 189, 279, 289, 303, 325, 346, 349, 454, 485, 1209
§ 7 IV 285
§ 7 V 278, 345
§ 8 143, 174 Fn., 258, 284, 301, 303 (Fn.), 304, 310, 320, 324 Fn., 326 (Fn.), 343, 346, 347, 469, 502 (Fn.), 503, 693, 1172
§ 8 I 502
§ 8 I 2 308
§ 8 II 287, 305, 307, 312 (Fn.), 345, 346, 458 (Fn.)
§ 8 II Nr. 2 318
§ 8 II 1 303, 325
§ 8 II 1 Nr. 1 292, 327
§ 8 II 1 Nr. 2 149, 313, 325, 331 (Fn.), 339 (Fn.), 469
§ 8 II 2 303, 346
§ 8 II 3 306
§ 8 III 505
§ 8 III 1 302
§ 8 III 1 Nr. 2 244, 457, 458 Fn., 485
§ 8 IV 303
§ 8 V 303, 331 (Fn.), 339 (Fn.)
§ 9 174, 310, 311, 312, 321, 322, 324 (Fn.), 332, 343, 347, 347, 506
§ 9 S. 1 313 Fn., 314, 315, 316, 317, 318, 319 (Fn.), 320, 321, 322, 323, 324 Fn., 325, 326 Fn., 327, 328 Fn., 337 Fn., 347, 1172
§ 9 S. 1 Hs. 1 333
§ 9 S. 2 303 (Fn.), 316, 318, 326 Fn., 327, 330, 339 (Fn.), 347, 1172
§ 9 S. 2 Hs. 1 316, 326, 327, 328, 329, 330, 331 Fn., 332, 333 Fn., 347
§ 9 S. 2 Hs. 2 326, 328 (Fn.), 334, 335, 336, 337 Fn., 339 Fn., 347
§ 10 440, 485
§ 11 465, 485
§ 11 I 158, 438, 485
§ 11 II ff. 159, 477, 485
§ 11 II 434, 437, 477, 478
§ 11 IV 437, 479 Fn.
§ 12 498

§ 13	538
§ 14	149 (Fn.), 186 (Fn.)
§ 14 I	943, 944
§ 14 II 1	159
§ 15	159, 945
§ 16	1082
§ 18	159, 437, 440, 445, 477, 479
§§ 19 ff.	342, 343, 398a, 535, 705, 777, 787, 836
§ 19	290, 391, 398a, 555, 809, 1305
§ 19 I	789, 790, 873
§ 19 I 1	795, 801, 873
§ 19 I 2	796, 836
§§ 19 II ff.	787, 811, 812, 816
§ 19 II	474, 530, 787, 801, 1269
§ 19 III 1	620, 801, 807, 867
§ 19 III 2	621, 787, 813, 1367
§ 19 IV	212 (Fn.), 1305, 1367
§ 19 IV 1	787, 801, 803
§ 19 IV 2	787, 804, 807
§ 19 V	149
§ 19 V 1	809
§ 19 V 2	400, 794, 811
§ 19 VI	862 (Fn.)
§ 19 VI 1	808
§ 19 VI 2	808
§ 20	358, 640, 818
§ 21	787, 801, 1184
§ 21 I	476, 800
§ 21 I 1	812
§ 21 I 2	812
§ 21 I 3 Hs. 1	814
§ 21 I 3 Hs. 2	814
§ 21 II	625, 800, 802
§ 21 II 1	500, 623
§ 21 II 1 Hs. 2	802
§ 21 II 2	802, 818
§ 21 III	800, 1305, 1362
§ 21 III 1	17
§ 21 III 1 Hs. 1	816
§ 21 III 1 Hs. 2	816, 873
§ 21 III 2	624, 816, 818
§ 22	342, 778, 787, 792, 873
§§ 23 ff.	159, 819, 822, 825, 830, 833, 836, 871, 874, 1054, 1132, 1185, 1292, 1394
§ 23	398a, 536, 555, 822, 824, 837, 842
§ 23 I	820, 836, 837, 841, 846, 847, 848, 851, 852, 854, 863, 864, 871, 874
§ 23 II	398a, 640, 641, 829, 837, 841, 842, 844, 845, 854, 863, 866, 874
§ 23 III	398a, 632, 641, 820, 837 Fn., 841, 842, 844, 854, 863, 866, 874
§§ 24 ff.	824, 840
§ 24	830, 851, 857, 874
§ 24 I	482, 485, 620, 621, 845
§ 24 I 1	851
§ 24 I 2	851
§ 24 II	621, 841, 842, 844, 851, 853
§ 24 III	855, 856, 860
§ 25	830, 857, 859 Fn., 874
§ 25 I	844, 854, 862
§ 25 I 1	857, 858, 859
§ 25 I 2	860
§ 25 II	874
§ 25 II 1	861
§ 25 II 2	861
§ 26	831, 859, 863, 874
§ 26 I	620, 865, 867, 908
§ 26 I 1	562 (Fn.)
§ 26 I 2	864
§ 26 I 2 Hs. 2	867
§ 26 I 3	865
§ 26 II	841, 842, 853, 866, 867
§ 26 II 1	562
§ 26 II 2 Hs. 1	867
§ 26 II 2 Hs. 2	867
§ 26 III	874
§ 26 III Nr. 1	623, 868
§ 26 III Nr. 2	625, 840, 869, 870
§ 27	824, 826, 827, 829, 874
§ 28	544, 548, 554, 555, 557, 561, 568, 579, 585, 602, 609, 618, 625, 644, 750, 852, 927, 939, 1055
§ 28 I	19 (Fn.), 578, 580, 871, 1366
§§ 28 II ff.	581
§ 28 II	580, 582, 602, 867, 908, 986
§ 28 II 2	591, 601, 603, 605, 615 Fn., 617 (Fn.), 1119 Fn., 1132
§ 28 II 2 Hs. 1	574
§ 28 II 2 Hs. 2	616
§ 28 III	582, 584, 590
§ 28 III 1	540a, 589, 600, 986
§ 28 III 2	582, 590, 594, 986
§ 28 IV	149, 582, 583, 588, 600
§ 28 V	475, 577
§ 29	1292, 1394
§ 30	544, 555, 557, 582, 644, 951, 1091
§ 30 I	558
§ 30 I 1	544, 938
§ 30 I 2	544
§ 30 II	159, 1055
§ 31	143, 537, 555, 557, 644, 951, 1091
§ 31 I	558, 938

§ 32 159, 545, 548, 554, 568, 602, 819, 939
§ 32 S. 1 871
§ 32 S. 2 398a, 939
§§ 33 ff. 530
§ 33 501
§ 33 I 290 (Fn.), 467 (Fn.), 502, 503, 504 Fn., 505, 506, 530, 1181, 1269
§ 33 II 511
§ 34 513, 703, 1182
§ 34 I 512
§ 35 501, 513
§ 36 509
§ 36 I 2 509
§§ 37 ff. 514, 1394
§ 37 501, 502 (Fn.), 515, 529, 1327, 1329, 1330
§ 37 I 462, 474, 516, 518, 519, 530
§ 37 II 322 (Fn.), 441, 444, 461, 485, 506, 515, 526, 530
§ 37 II 1 448, 449, 515 (Fn.), 888
§ 37 II 1 Hs. 1 518
§ 37 II 1 Hs. 2 506
§ 37 II 2 322 (Fn.), 462, 518, 528
§ 38 501, 520 Fn., 1327, 1328, 1329, 1330, 1394
§ 38 I 521, 530, 1182, 1187
§ 38 I 1 1328
§ 38 I 2 521, 1328
§ 38 II 521, 524, 530, 888, 1269
§ 38 III 521, 530, 1182
§ 38 III 1 522
§ 38 III 2 522
§ 38 III 3 524, 530
§ 38 III 3 Hs. 2 524
§ 39 501, 651, 1182 (Fn.)
§ 39 I 650 (Fn.)
§ 39 I 1 500, 523, 530, 851
§ 39 I 2 473, 485, 500, 523, 778, 787
§ 39 I 3 462, 473, 485, 518, 530
§ 39 II 530
§ 40 481, 485, 495, 501, 530
§ 40 I 494
§ 40 II 494
§ 41 212 (Fn.), 1185
§ 41 S. 1 780
§ 41 S. 2 341, 343, 777
§ 42 159, 500, 505, 510
§§ 43 ff. 430, 485, 678, 687, 691, 770, 1309, 1335 (Fn.)
§ 43 691
§ 43 I 47
§§ 44 f. 701
§§ 44 ff. 698
§ 44 I 694
§ 44 I 2 695
§ 44 II 430, 695, 696, 700, 1103
§ 45 I 695, 696, 698
§ 45 II 430, 695
§ 45 III 695, 701
§ 46 698, 699
§ 47 629 (Fn.), 705, 909, 1102
§ 47 I 446 (Fn.), 629, 705, 770
§ 47 II 706
§ 47 II 1 770
§ 47 II 2 770
§ 48 652, 691, 770
§§ 49 ff. 452, 485
§ 49 244, 452
§ 49 I 1 454, 485
§ 49 I 2 454, 457
§ 49 II 186 Fn., 239, 292 (Fn.), 456, 457 Fn., 485
§ 49 II 1 292
§ 49 II 2 456
§ 50 450, 452, 460, 485
§ 51 462 (Fn.)
§ 51 I 461, 485
§ 51 II 461
§ 52 454 (Fn.), 463 (Fn.), 466, 485
§ 52 I 468
§ 52 I 1 466, 467
§ 52 I 2 467, 469
§ 52 II 1 468
§ 52 II 2 468
§ 52 III 469
§ 52 IV 465, 480
§ 52 IV 2 465
§ 52 V 466
§§ 53 ff. 28, 38
§ 53 28, 154, 160, 544, 652
§ 54 544
§ 56 475
§ 56 I 873
§ 57 825, 874
§ 58 274 (Fn.)
§ 58 I 622
§§ 59 ff. 174, 243, 411
§ 59 351
§ 59 I 351
§ 59 II 352, 382, 423
§ 59 II 1 1001 (Fn.)
§ 59 III 354, 412, 423
§ 59 III 2 412, 423
§ 59 IV 419, 423
§§ 60 ff. 356, 384, 388, 411, 423, 424
§ 60 246, 345, 387
§ 60 I 423
§ 60 I 1 417, 420, 423
§ 60 I 2 417, 423
§ 60 II 385

§ 60 II 1	385, 417, 423
§ 60 II 2	385, 423
§ 60 III	285a, 385, 417, 423
§§ 61 f.	417, 423
§ 61	245, 275, 387, 455, 755
§ 61 I	271 (Fn.), 386 (Fn.), 420, 423
§ 61 I 1	386
§ 61 II	274, 285a, 386, 423
§ 62 ff.	420, 423
§ 62	245, 270, 271, 455
§ 62 I	385
§ 62 I 2	270
§ 62 II	385, 455, 485
§ 62 II 1	271
§ 63	246, 275, 345, 386, 387, 405, 412, 417, 423, 755
§ 63 S. 2	275, 418
§ 64	285a, 395, 424
§ 65	384, 423
§ 66	384, 395, 421, 424
§ 67	388, 420, 423
§ 68	362 (Fn.), 420
§§ 69 ff.	16, 356, 389, 390, 423, 424
§ 69	177, 398a, 403, 817
§ 69 I	398
§ 69 I Nr. 1	391, 396, 398a, 423
§ 69 I Nr. 2	392, 396, 398a Fn., 423
§ 69 I Nr. 3	393, 423
§ 69 II	423
§ 69 II 1	394
§ 69 II 2	394
§ 69 III	396, 423, 459
§ 70	402, 817
§ 70 S. 1	401, 423
§ 70 S. 2	401, 423
§ 71	177, 397, 403, 423
§ 72	177, 250 (Fn.), 398, 398a, 403, 423, 817
§ 73	16, 351, 356, 389, 423
§§ 74 ff.	33, 730
§ 74	212 (Fn.), 652, 751, 753, 764, 766, 770
§ 74 I	733, 762, 764, 770
§ 74 II	500, 713, 766
§ 74 II Hs. 1	158
§ 74 II Hs. 2	763
§ 75	753, 755, 757, 758, 770
§ 76 ff.	652
§ 76	724, 729, 734, 753
§ 76 S. 2	726, 744
§ 77	536, 556
§ 77 I	750, 766
§§ 78 f.	766
§ 78	751, 770
§ 78 I	767
§ 78 II	767 (Fn.), 966
§ 78 III	500, 713, 766
§ 78 III Hs. 1	158
§ 79	212 (Fn.), 350
§ 79 I	766
§ 79 II	766
§ 80	212 (Fn.), 372, 445, 652, 708, 779
§ 80 I	770
§ 80 I 1 Hs. 2	658
§ 80 I 2	710
§ 80 II	770, 779, 834
§ 80 III	445, 500, 713, 770
§ 80a	372
§ 80b	372
§ 81	630, 705, 830, 896, 898, 899, 904, 907, 921, 922, 931, 934, 951, 1343
§ 81 I	900, 908, 951
§ 81 II	606 (Fn.), 607 (Fn.), 908, 951, 1002
§ 82	536, 556, 888, 904 (Fn.), 908, 927, 931, 951
§ 82 I	923, 930, 931, 934
§ 82 II	934
§ 82 II 1	926, 931
§ 82 III	562 (Fn.), 620, 908, 928, 931, 986
§ 82 III 1	930
§ 82 III 2 Hs. 2	930
§ 82 IV	930, 931
§ 82 IV 1	623
§ 82 IV 2	624
§ 83	951, 964
§ 83 I 1	924, 934
§ 83 II	924, 934
§ 83 III	934
§§ 84 f.	941
§ 84 I 1	941
§ 85	942
§ 85 I	942
§ 86	952 (Fn.), 954, 955, 958, 960, 962, 963, 965 Fn., 966, 967, 968, 970, 972, 978, 986 (Fn.), 990, 1000, 1003, 1004, 1007, 1014, 1099, 1129, 1290, 1291
§ 86 I	961 (Fn.), 998, 999, 1080
§ 86 I 1	952, 964, 965, 967, 969, 986, 1014, 1023
§ 86 I 2	972, 973, 1099
§ 86 II	961 (Fn.), 983, 984 Fn., 985, 986, 1002, 1014
§ 86 II 1	983, 985, 986
§ 86 II 2	986, 1080
§ 86 II 3	986
§ 86 III	987, 988, 990, 994, 995, 996, 999 (Fn.), 1014
§ 87	159, 545, 927, 928, 942, 955

§ 87 I	708
§ 87 II	708
§ 87 III	708
§ 88	730, 734, 735, 738 Fn., 739, 770
§ 89 II 2	691, 770
§ 90	934, 935, 936
§ 91	942
§ 92	481, 485, 579, 948, 951
§ 92 III	499, 500
§ 93	738, 739
§ 93 S. 2	739
§§ 95 ff.	679, 680, 715, 770, 1096, 1114, 1132
§ 95	716, 717, 719
§ 95 I	718, 770
§ 96	481, 485, 715, 770
§ 96 I	398
§ 96 II	715 (Fn.), 1114
§ 97	536, 556, 562 (Fn.), 680, 716, 739, 770
§ 97 I	620
§ 97 I 1	718, 719
§ 97 I 2	720
§ 97 II	625
§ 98	160 (Fn.), 715
§ 98 S. 1	159
§§ 100 ff.	1108, 1132
§ 100	646, 1027, 1039, 1132
§ 101	1039, 1047, 1051, 1132
§ 101 III 3	1047
§ 102	998, 1038
§ 102 I 2	691, 770
§ 102 II	716
§ 103	831, 874, 896, 931, 951, 1052, 1061, 1081, 1132
§ 104	556, 1051, 1055, 1056 Fn., 1132
§ 104 I	1055, 1056 (Fn.)
§ 104 I 1	1055
§ 104 II 2	1055
§ 104 III	1055
§ 104 III 2	1055
§ 105	160, 223, 1041 (Fn.), 1042
§ 106	943, 1050, 1051
§ 106 S. 1	1050
§ 106 S. 2	1050
§ 106 S. 3	1051
§ 108	160, 1018, 1045, 1064, 1066, 1067
§ 108 I	1067, 1069 Fn., 1080
§ 108 I 1	1132
§ 108 I 2	1068, 1132
§ 108 II	696 (Fn.), 1069 Fn.
§§ 110 ff.	1073
§ 110	472 (Fn.), 1068
§ 111	579, 948, 951, 1023
§ 112	159, 1047, 1050, 1056, 1064 (Fn.)
§§ 113 ff.	1074, 1108, 1132
§ 113	1073
§ 113 I	1071, 1072, 1075, 1132
§ 113 II	1082
§ 113 III	1074, 1108
§ 114	1073, 1132
§ 114 I	1076, 1109, 1132
§ 114 II	1109, 1132
§ 114 II 1	1077
§ 114 II 2	1077, 1088
§§ 115 ff.	1073
§ 115	48, 1078, 1085, 1086 (Fn.), 1090 (Fn.), 1092, 1100, 1132
§ 115 I	1085, 1087, 1090
§ 115 I 1 Nr. 1	1111
§ 115 I 1 Nr. 2	1087 (Fn.)
§§ 115 I 2 ff.	1088, 1132
§ 115 II	1088
§ 116	1079, 1085, 1107 (Fn.), 1132
§ 116 I	1098
§ 116 I 1	1098
§ 116 I 2	1098, 1101
§ 116 I 3	1098
§ 116 II	1098
§ 117	1073, 1078, 1088, 1092, 1104, 1107 (Fn.), 1132
§§ 117 I ff.	1099, 1132
§ 117 I	1080, 1083, 1084
§ 117 II	1082, 1083, 1084, 1096 (Fn.), 1132
§ 117 III	1081
§ 117 III 1	1080, 1082
§ 117 III 2	1080, 1083, 1104, 1112, 1132
§ 117 IV	1080, 1084
§ 117 V	1079, 1082 (Fn.), 1099, 1119, 1120, 1132
§ 117 VI	1082
§ 118	1094, 1132
§ 118 I	1094
§ 118 II	1095
§ 119	556, 1073, 1091, 1093
§ 119 I	1091, 1092, 1093, 1132
§ 119 II	1091, 1092 Fn., 1093, 1132
§ 119 III	1091, 1092, 1093, 1132
§ 120	623, 1073, 1092, 1132
§ 122	556, 716, 1096, 1114, 1132
§ 123	704 (Fn.), 1102, 1105, 1120, 1132
§ 123 I	1105
§ 123 II	1104
§ 123 III	1105, 1132

§ 123 III 1 Hs. 2	1104
§ 123 IV	1102, 1132
§ 124 I	1089, 1100, 1132
§ 124 II	1101
§ 129	159
§ 130	31
§ 131 ff.	556
§ 131	475, 787, 873
§ 132	825, 874
§ 134 II	622
§ 137	896, 951
§ 137 I	563 (Fn.), 598, 898, 903
§ 142	48
§ 143	520 (Fn.)
§§ 150 ff.	1133, 1137 Fn., 1167, 1169
§ 150	38 (Fn.)
§§ 150 II ff.	1173
§ 150 II	250, 664, 1192, 1269
§ 150 II 1	38, 92, 1136
§ 150 II 1 Hs. 1	158
§ 150 II 1 Hs. 2	250 (Fn.)
§ 150 III	1269
§ 152	1172
§ 152 I	303, 346, 502 Fn., 1269
§ 152 II	310, 311, 312, 347, 1269
§ 152 II 1	1172
§ 152 II 2	1172
§ 152 III	502, 505 (Fn.), 1181, 1269
§ 153	92, 1195, 1197, 1198, 1269
§ 153 I	1196, 1211, 1216
§ 153 II	1201, 1202 (Fn.), 1216
§ 153 III	1198, 1211, 1216
§ 153 III 1	1212, 1213, 1216
§ 153 III 2	1214, 1216, 1243
§ 153 III 3	1214
§ 153 IV	1211, 1215 Fn., 1216
§ 154	1175, 1269
§ 154 I	280 (Fn.)
§ 154 I 2	1155 (Fn.)
§ 154 III	1175
§ 155	1176, 1209, 1213, 1216, 1269
§ 156	629
§ 157	787, 873, 1184, 1269
§ 158	556, 825, 874, 1185, 1269
§ 158 II	17
§§ 159 ff.	1233, 1246
§ 159	47, 92, 1269
§ 159 I	1235
§ 159 II	1235, 1236, 1269
§ 159 III	1235, 1242, 1269
§ 160	1235, 1269
§ 161	664, 896, 951, 1190, 1269
§ 161 I 2	1190
§ 162	896, 909, 951, 1191, 1269
§§ 163 f.	214
§ 163	208, 212, 239, 1155 (Fn.), 1157, 1219, 1249, 1253, 1269
§ 163 I	492, 530, 1249, 1254, 1255
§ 163 I 1 Nr. 1 ff.	1250
§ 163 I 2	117, 1250
§ 163 II 1	1254
§ 163 II 2	1255
§ 163 III	1252
§ 163 IV	1250
§ 164	207, 212, 239, 1258 Fn., 1260, 1261, 1262 Fn., 1264 Fn., 1265 Fn., 1268, 1269, 1352 Fn.
§ 164 I	1155 (Fn.)
§ 164 I 1	1263
§ 164 I 2	1264, 1346 (Fn.)
§ 164 II	1266, 1267
§ 165	1186, 1187, 1223, 1243, 1269
§ 165 II	1186 Fn.
§ 165 III 2	1186
§ 166	520 (Fn.), 1182, 1187
§ 166 I	1187, 1219
§ 166 III	1269
§ 166 IV	1182, 1269
§ 167	1188, 1269
§ 168	480, 1269
§ 168 I	1220
§ 168 II	1138 Fn., 1220, 1269
§ 168 III	1220
§ 169	1172 Fn., 1186, 1190, 1222, 1243, 1269
§ 169 I	1138 Fn., 1221, 1269
§ 169 II	1223
§ 169 III	1155 (Fn.), 1228, 1229, 1231
§ 169 III 1	227, 1161, 1225, 1229
§ 169 III 1 Hs. 1	1224, 1269
§ 169 III 1 Hs. 2	1224, 1230 Fn.
§ 169 III 2	1174, 1224, 1229 (Fn.)
§ 169 III 3	1229
§ 169 IV	1224 (Fn.), 1227, 1269
§ 169 V	1186 (Fn.), 1221, 1229 (Fn.), 1232, 1269
§ 169 VI	1172 (Fn.), 1221, 1229 (Fn.), 1231, 1269
§ 169 VII	1155 (Fn.), 1207, 1216, 1221 Fn.
§ 171	159, 505 (Fn.), 1137 (Fn.), 1169, 1183, 1260 (Fn.), 1246
§§ 172 ff.	1137

§ 172	287 (Fn.)
§§ 173 ff.	1249 (Fn.)
§ 173	92
§ 175	159
§ 176	207, 212, 214, 239, 480, 492, 530, 825, 874, 896, 951, 1137 Fn., 1258
§ 178 II	896
§§ 178a ff.	1281
§ 179 I 2	691, 770
§ 179 II	250, 664
§ 179 III	446 (Fn.)
§ 181	556, 825, 874
§ 183	909
§ 183 I	896, 951
§ 184	556
§ 191	159
§ 192 ff.	16, 1281, 1293, 1394
§ 192	1270, 1336
§ 192 I	1334, 1394
§ 192 I 1	1354
§ 192 II	1338, 1394
§ 192 III	1279, 1335
§ 192 V	1334
§ 192 VI	1271, 1377
§ 192 VI 2	1385, 1394
§ 192 VI 3	1379
§ 193	239, 646
§ 193 II	629
§ 193 III 1	484
§ 193 IV	1335 (Fn.)
§ 193 V 4	484
§ 193 VI	1394
§ 194	36, 1394
§ 194 I	961, 1394
§ 194 I 1	1292, 1343
§ 194 I 2	825, 874, 1292, 1305, 1394
§ 194 I 3	787, 873, 1305, 1367
§ 194 I 4	787, 873, 1359, 1362, 1394
§ 194 II	1328, 1394
§ 194 III	961 (Fn.), 1309
§ 195	227, 1293, 1394
§ 195 I	1295, 1308, 1381 Fn., 1387, 1394
§ 195 I 2	1293, 1394
§ 195 II	1308, 1311 (Fn.)
§ 195 III	1308, 1311 (Fn.)
§ 196	1308
§ 197	883, 1342, 1394
§ 197 II	227, 1281 (Fn.)
§ 198	223, 227, 1281 (Fn.)
§ 199	227, 1281 (Fn.), 1308
§ 200	1339, 1394
§ 201	896, 951, 1343, 1394
§ 202	1344, 1394
§ 203	208, 214, 1258, 1325, 1351, 1352 (Fn.)
§ 203 II	212, 239, 492, 530, 1322, 1323, 1346, 1348, 1349
§ 203 II 2	1325
§ 203 II 3	1323
§ 203 II 4	1250 (Fn.)
§ 203 III	212, 239, 1345, 1346 (Fn.), 1347 Fn., 1350, 1394
§ 203 IV	207, 239, 1352
§ 203 V	1350
§ 204	1355 (Fn.), 1356, 1360 (Fn.), 1394
§ 204 S. 1	1355 Fn., 1358
§ 204 S. 2	1360 Fn.
§ 204 S. 3	1360
§ 205	38, 92, 480, 1394
§ 205 I	1368
§ 205 II	1281 (Fn.), 1368 (Fn.), 1389, 1394
§ 205 II 1	1368
§ 205 III	1368
§ 205 IV	1368
§ 205 V	1364, 1394
§ 206	38, 92, 480, 1293, 1365, 1394
§ 206 I	950
§ 206 I 2	1376, 1388, 1394
§ 206 II	1293, 1376, 1394
§ 206 III	1376
§ 206 IV	1327
§ 207	1394
§ 207 I	1363
§ 207 II	1363
§ 207 III	1340, 1386, 1394
§ 208	159, 480, 1281 (Fn.), 1325, 1339, 1351, 1352 (Fn.), 1386
§ 209	42, 92, 134, 152, 239
§ 210	28, 154, 160, 239, 598, 1069 (Fn.)
§ 210 II	244 (Fn.), 264 (Fn.)
§ 211	153, 239, 1136
§ 213	250, 648, 1344
§ 214 I Nr. 2	421, 423
§ 215	172, 421, 423
§ 215 I	172, 1090 (Fn.)
§ 215 I 1	172 (Fn.), 1090
§ 215 I 2	1090
§ 215 II	172 (Fn.)
§ 215 III	172
§ 215 III Alt. 1	172

VVG 2009

§ 192 VII	1354
§ 192 VIII	1394
§ 193	1307, 1394

§ 193 III	1075 (Fn.), 1329, 1330, 1394
§ 193 III 1	221, 483 (Fn.), 484, 1306, 1366
§ 193 III 2	1306 (Fn.)
§ 193 III 3	1306
§ 193 IV	1306
§ 193 V	223, 491, 1307, 1353
§ 193 V 4	1307
§ 193 VI	1329, 1330, 1331
§ 193 VI 6	1332
§ 193 VI 8	1331
§ 193 VII	223
§ 194 II	961 (Fn.), 1330
§ 194 III	1355 (Fn.)
§ 203 I 3	1318
§ 204	1307
§§ 204 I 1 Nr. 1 Hs. 1 ff.	1355 (Fn.)
§ 204 I 1 Nr. 1 Hs. 1	1355
§ 204 I 1 Nr. 1 a)	1372
§ 204 I 1 Nr. 1 b)	1372
§ 204 I 1 Nr. 2	1370
§ 204 I 1 Nr. 2 a)	1372
§ 204 I 1 Nr. 2 b)	1372
§ 204 I 2	1371
§ 204 II	1389
§ 204 III	1373
§ 205 VI	1368
§ 206	1394
§ 206 I 1	483 (Fn.), 484, 1329, 1366
§ 216	172

VVG Österreich

§ 6 Ia	536 (Fn.)

VVG Schweiz

Art. 14 II	601 (Fn.), 606 (Fn.), 607 (Fn.)

VVG-InfoV

§ 1 ff.	282
§ 1	283, 345, 1174
§ 1 I Nr. 1 ff.	283
§ 1 I Nr. 6	283
§ 1 I Nr. 7 ff.	283
§ 1 I Nr. 12 ff.	283
§ 1 I Nr. 13	325, 327
§ 1 I Nr. 19 f.	283
§ 1 I Nr. 20	87
§ 2	283, 345, 1174
§ 2 I Nr. 1	1179
§ 2 I Nr. 4	1224, 1229 (Fn.)
§ 2 I Nr. 6	1224, 1229 (Fn.)
§ 2 III	1175
§ 3	283, 345, 1283, 1304, 1394
§ 4	280 Fn., 345
§ 4 II	280 (Fn.)
§ 4 II Nr. 1	280
§ 4 II Nr. 2	280
§ 4 II Nr. 3	280
§ 4 II Nr. 4	280
§ 4 II Nr. 5 ff.	280
§ 4 II Nr. 8	280
§ 4 II Nr. 9	280
§ 4 III	280 (Fn.)
§ 4 IV	280 (Fn.)
§ 4 V 2	281
§ 4 V 3	281
§ 5	282 (Fn.), 345
§ 5 I	282
§ 5 III	282
§ 6 I Nr. 3	1209, 1216
§ 7	279 (Fn.)
§ 7 I	133 (Fn.)
§ 7 II 1	133 (Fn.)
§ 7 II 2	133 (Fn.)

WEG

§ 14 Nr. 4 Hs. 2	1032

WHG

§ 22	1016

Wirtschaftsprüferordnung

§ 54	1072

ZPO

§ 13	1090
§ 17	1090
§ 29c II	172 (Fn.)
§ 33 II	172 (Fn.)
§ 36 I Nr. 3	1090
§ 142 I	803
§ 185 Nr. 1	1087
§ 256 I	1063
§ 771	1068
§ 772	1068
§ 776	1068
§ 851c	1188 (Fn.)
§ 851c I	1188

Stichwortverzeichnis

Die Zahlen beziehen sich auf die Randnummern
~ steht für das Hauptstichwort

Abdingbare Vorschriften 157
Abschlussvertreter
s. Versicherungsvermittler
Abschlusszwang
s. Kontrahierungszwang
Abzugs-Franchise 760
Adäquanztheorie 891
Aktiengesellschaften
s. Versicherungs-Aktiengesellschaften
Aktivenversicherung
– Versicherungssumme 740; 743
Aktuar, verantwortlicher 78; 490; 1160; 1315
Alles-oder-nichts-Prinzip **562 f.**; 898; 1115
Allfinanzaufsicht 73
Allfinanzunternehmen 353
Allgefahrenversicherung 32; 890
Allgemeine Versicherungsbedingungen
s. AVB
Allgemeines Gleichbehandlungsgesetz (AGG) 119 ff., **229 ff.**
s.a. Gleichbehandlung
– Antidiskriminierungspolicen 238
– Anwendbarkeit 238
– Benachteiligungsverbot, zivilrechtliches 231
– Beweislast 237
– Geschlechtsdifferenzierung 233
– Mutterschaft 119; 234; 239
– Rechtfertigung 232
– Rechtsfolgen einer unzulässigen Benachteiligung 120; 236
– Schwangerschaft 234
Allgemeininteresse 166
Altlasten **887**
Altersvorsorge, private 1139
Alterungsrückstellung 1310 ff.
s.a. Krankenversicherung
– Übertragbarkeit 1369 ff.
Altverträge 15 f.; 19; **565 f.**; 1168; 1197; 1199 f.; 1222
Änderungsklausel
s. AVB
Anfechtung 342; 778; 1217 f.; 1362
Annahmepflicht
s. Kontrahierungszwang
Anpassungsklausel
s. AVB
Anscheinsbeweis 919 ff.
Anspruchskürzung 781
Anspruchsübergang
s. Regress des Versicherers
Anspruchsverlust 781
Anspruchsverwirkung 141
Anstalt, öffentlich-rechtliche
s. Öffentlich-rechtliche Versicherer
Antrag
s. Versicherungsvertrag
Antragsmodell 295 ff.
Anwartschaftsversicherung 1373
Anzeigepflicht
– Gefahrerhöhung 837; 845; 851; 854
– Haftpflichtversicherung 1055
– Veräußerung d. versicherten Sache 719
– Versicherungsfall 938 f.
Anzeigepflicht, vorvertraglich 535; **782 ff.**
– Begründungspflicht 814
– bekannte Umstände 793
– Belehrungserfordernis 810
– Erheblichkeit 791
– Frist 803; **812 ff.**
– Hilfspersonen 818
– Kausalitätsgegenbeweis 802
– Krankenversicherung 1305
– Kündigung 803; 808; 813
– Lebensversicherung 1183 f.
– Leistungsfreiheit 800
– Leistungspflicht 802
– Nachfrageobliegenheit 797
– Neuregelung 800
– Rechtsfolgen 786 f.; **798 ff.**
– Reformbedarf 785 f.
– Risikoprüfungsobliegenheit 797
– Rücktritt **800 ff.**; 813
– Textform 789 f.
– Umfang 785
– Verletzung 798
– Versicherungsvertreter 817
– Vertragsanpassung 805; 808; 813
– Vollständigkeit 794
– wahrheitsgemäß 794
– Zeitpunkt 795
– Zurechnung 817 f.
– Zweck 782
Äquivalenzprinzip 102 f.
Äquivalenzverhältnis 805
Arglist
s.a. Anfechtung
– Gefahrenlage 778
– Gefahrerhöhung 846
– Obliegenheitsverletzung 572; 590; 624

Aufsichtsbehörde 64 ff., 73 ff., 87 ff., 105 (s.a. BaFin, BAV), 111, 171, 215, 283, 490, 885, 1152, 1157, 1166, 1199, 1251, 1258 ff., 1280 ff., 1321
Aufsichtsrecht
s. Versicherungsaufsichtsrecht
Auge-und-Ohr-Rechtsprechung 390; 396; 398; 402, 817
Ausländertarif 121
Ausschlussfrist 816; 947
AVB 107; 138; **176 ff.**
- Abgrenzungsprobleme 195
- Altverträge 19
- Änderungsklausel 215 ff.
- Änderungsvorbehalt 215
- Anpassung 211
- Anpassungsklausel 217
- Auslegung 191 ff.
- Auswirkungen der Deregulierung 180
- Bestimmtheitsgebot 201
- Einbeziehung 291 ff.; 451
- ergänzende Vertragsauslegung 205, 209
- Gefahrbeschreibung 773; 890
- Gerichtliche »ex-post«-Kontrolle 184
- Halbzwingende Vorschriften, Abweichen 159
- Inhaltskontrolle 194 ff.
- Klauselersetzung 208
- Leistungsbeschreibung 197 f.
- Lückenfüllung 207
- Mehrdeutige Klausel 193
- Musterbedingungen 181
- Produkt- und Leistungsbeschreibungen 197
- Rechtsfolgen der Unwirksamkeit
- Sonderbedingungen 179
- Soziale Funktion 183
- Subsidiaritätsklausel 769
- Tarifänderungsklausel 493
- Tarifbestimmungen 178
- Tariffreigabe 105
- Totalunwirksamkeit 203
- Transparenz 129
- Transparenzgebot 200
- Treuhänderverfahren 208
- Überraschende Klauseln 190
- Unklarheitsregel 193
- unternehmensindividuelle Gestaltung 180
- Verbandsbedingungen 180
- Verbandsklageverfahren 193; 206
- Verbraucherverträge 187
- Versicherungsaufsichtsbehörde 185
- Versicherungsfall 882
- Verständlichkeitsgebot 201
- Vertretervollmacht 398
- Vorabgenehmigung 111; 180
- Vorlagepflicht 79
- Vordrucke 177
- Vorläufige Deckung 456

BaFin (Bundesanstalt für Finanzdienstleistungsaufsicht) 73, 80
- Widerspruchsverfahren 81 f.
Basistarif
s. Krankenversicherung
BAV 80
s.a. BaFin
Bedarfsdeckung
- abstrakt 43
- konkret 42
Bedingungen
s. AVB
Bedingungsanpassung
- Kraftfahrtversicherung 215
- Lebensversicherung 215
- VVaG 216
Befriedigungsvorrecht 950
s.a. Regress des Versicherers
Begünstigungsverbot 122
Beitrag
s. Prämie
Beitragsrückerstattung 106
Benachteiligungsverbot, zivilrechtliches s. Allgemeines Gleichbehandlungsgesetz
Benzinklausel 647
Beratungspflicht, vorvertraglich 259 ff.; 268
- Anlass 265
- Beratungsaufwand 267
- Dokumentationspflicht 269 f.; 274
- Risikoanalyse 266
- Schadenersatz 2751137
- Verzicht 274
Berechnungsgrundlage 99; 499
Bereicherungsverbot 725
Beschwerde an die Aufsichtsbehörde 87 f.
Besondere Versicherungsbedingungen 179
Betriebskosten 104
Betriebsunterbrechungsversicherung 32
Betriebswirtschaftslehre 654
Berufsunfähigkeits-Zusatzversicherung (BUZ) 1137
Beweis des ersten Anscheins
s. Anscheinsbeweis
Beweiserleichterung 915 ff.
Beweislast 142
- AGG 237
- Beweisfragen 913
- Gefahrerhöhung 843; 851; 865; 867
- Glaubwürdigkeit 920
- Herbeiführung des Versicherungsfalls 908; 931
- Obliegenheitsverletzung 563; 574 f.; 591; 616
- Quotelung 616
- Regressausschluss 995
- Regressmitwirkungsobliegenheit 986
- Versicherungsvermittler 396; 418
- Vorläufige Deckung 459

– Vorvertragliche Anzeigepflicht 801
– Widerruf 306
Bezugsberechtigter 47; 512
Bezugsberechtigung 1233 ff.
s.a. Lebensversicherung
– Begründung 1235
– Innenverhältnis 1240
– Insolvenz 1245
– unwiderrufliche ~ 1242 ff.
– widerrufliche ~ 1236 ff.
– Zwangsvollstreckung 1244
Billigungsklausel 256
Block-Police 433
Brandgilden 50; 109
Bruchteilsversicherung 758
Bundesanstalt für Finanzdienstleistungsaufsicht
s. BaFin
Bundesaufsichtsamt
s. BAV und BaFin
Computer-Missbrauch-Versicherung 31; 633
Common Frame of Reference (CFR) 175; 239
Courtage
s. Provision
Datenschutzrechtliche Regelungen für den Versicherungsbereich 648
Deckende Stundung 528
Deckung 515
s.a. vorläufige Deckung
Deckungsrückstellung 1150; **1161 ff.**
Deckungsvorsorgepflicht 219
Demutualisierung 53
Deregulierung
s. Versicherungsaufsichtsrecht
Dienstleistungsfreiheit 173
Differenztheorie
s. Regress
Direktionsrecht 926
Direktversicherung 40 f.
Direktvertrieb 3449
Diskriminierung 115
s.a. Gleichbehandlung
Dokumentationspflicht
s. Beratungspflicht
Doppelkarte 470
Doppelversicherung
s. Mehrfachversicherung
Dread-disease-Versicherung 31
Drittlandunternehmen 80
EG-Recht
– Deregulierung 70; 79; 105; 111; 127; 138; 182; 242
– Dienstleistungsfreiheit 173
– EGVVG 162
– Grundfreiheiten 70; 173
– Harmonisierung 70; **173 ff.**
– Laufende Aufsicht innerhalb der EU 86
– Richtlinienkonforme Auslegung 311; 324 f.; 334 ff.
– Richtlinienwidrigkeit 330 ff.
– Versicherungsaufsichtsrecht 70
– Versicherungsbinnenmarkt 70
Eigen- und Fremdversicherung, gleichzeitig 707
Eigentumsvorbehalt 675 f.
Einlösungsprinzip
s. Erstprämie, Versicherungsbeginn
Einmalprämie
s. Prämie
Einzelversicherung 37
Entschädigungsfonds für Schäden aus Kraftfahrzeugunfällen 1122
Entschädigungsstelle für Schäden aus Auslandsunfällen 1124; 1126 f.
– Verkehrsopferhilfe 1127
Entwertungsschutz 964
Erfüllungsgehilfe 45; 255; 630 ff.; 910
s.a. Repräsentant
Erfüllungshaftung 408; 410
Erlaubnisvoraussetzungen 78
Ersatzanspruch
s. Regress des Versicherers
Ersetzungsbefugnis 1258 ff.
s.a. Lebensversicherung
– Voraussetzungen 1260 ff.
– Zweck 1259
Erstprämie 448; 501; **514 ff.**
– Einlösungsprinzip 515
– Erstprämienanforderung 517
– Rücktrittsrecht 518
– Verschulden 515; 518
– Verzugsfolgen 514
Erstversicherung 41
Europäische Union
s. EG-Recht
EVÜ 163
Fälligkeit
– Prämie 496 ff.
– Geldleistung des Versicherers 943
Fahrlässigkeit, einfache
– Herbeiführung des Versicherungsfalls 901
– Obliegenheitsverletzung 563; 621; 928
Fahrlässigkeit, grobe
– Herbeiführung des Versicherungsfalls 902; 905; 907; 908
– Obliegenheitsverletzung 563; 570; 573; 622; 928
– Quotelung 596; 601; 603; 609; 616
– Regressausschluss 1002
Fahrzeugversicherung
s. Kraftfahrtversicherung
Familienprivileg 991
Familienversicherung 432
Fernabsatzrichtlinie II 304; 311; 321

Fernabsatzverträge 242; 349; 457
Feststellungsprinzip 887
Feststellungsverfahren 941
Feuerversicherung 32
Finanzaufsicht
s. Versicherungsaufsichtsrecht
Folgeereignisprinzip 881; 884
Folgeprämie 501; 507; 514; 520 ff.
– Kündigungsrecht 520; 522
– Leistungsfreiheit 520 f.
– Nachholung der Zahlung 524
– Qualifizierte Mahnung 521
– Verzugsfolgen 514; 520
Forderungsübergang
s. Regress
Form
s. Versicherungsvertrag
Fragebogen 783; 817
Franchise
s. Abzugs~ und Integral~
Freistellungsanspruch
s.a. Haftpflichtversicherung
– Abtretung 1069 f.
– Darleguns- und Beweislast 1044
– Einwendungen des Zessionars 1070
– Fälligkeit 1050
Führerscheinklausel 871
Garantie 22; 24; 379; 966
Gebäude-Feuerversicherung
s. Feuerversicherung
Gebäudeversicherung
– einer Wohngemeinschaft 682
– Mieterregress 1002
– Regressverzicht 685; 1001 f.
gebündelte Versicherung 432
gedehnter Versicherungsfall 881
Gefahr 771 ff.
s.a. Anzeigepflicht, Gefahrerhöhung
– Arglist 778
– Auslegung 773
– AVB 773
– Bedeutung 771
– Beschreibungstechniken 774
– Gefahrbeschreibung **772 ff.**; 890
– Gefahrenlage 776
– Gefahrenmangel 779
– Gefahrminderung 780
– Gefahrveränderung 780
– Irrtum 777
– Risikoausschluss 775
Gefahrengemeinschaft 108 ff.
Gefahrerhöhung 780; **819 ff.**
s.a Gefahr
– Abgrenzung 831; 871
– Anzeigeobliegenheit 837; 844; 851
– Arglist 846
– Begriff 826 ff.
– Beweislast 823; 851; 865; 867
– Dauercharakter 829
– Gefahränderung 834
– Gefahrkompensation 833
– Gefahrstandsobliegenheiten 822; 871
– Gefahrwechsel 834
– Geschäftsgrundsätze 858
– Grundgefahr 826
– Haftpflichtversicherung 1054
– Herbeiführung eines Versicherungsfalls 831
– Kausalitätsgegenbeweis 868
– Kenntnis 846
– Krankenversicherung 825
– Lebensversicherung 1183; 1185
– Kündigung 822; 840; **851 ff.**; 869
– Leistungsfreiheit 822; 840; **863 ff.**
– Neuregelung 824
– Nichtanzeige 866
– objektive ~ 837 f.
– Obliegenheiten 837
– Rechtsfolgen 840 ff.
– Reform 823 f.
– Schadensauswirkungsgefahr 826
– Sonderregelungen 825
– subjektive ~ **837 f.**; 842; 845; 851; 864
– Unterlassen 839
– Verbot 837
– Verhaltenszurechnung 849
– Verschulden 843 f.; 847
– Vertragsanpassung 822; 840; 857 ff.; 860
– Vertragsgefahr 826
– Wahlrecht 858
– Zeitpunkt 836
Gefahrtragungstheorie
s. Leistung des Versicherers
Gegenseitigkeitsverein
s. Versicherungsverein auf Gegenseitigkeit
Geldleistung 941
Gelegenheitsvermittler 365
Generalklauseln 66
Gentest 225; 238a; 228
Gesamtschuldner 767; 1354
Gesamtsystematik 156
Geschäftsbesorgungsvertrag 21; 362; 751
Geschäftsgebühr, angemessene 462; 473; 518; 710 f.
Geschäftsgrundlage 777; 780 f.; 822; 827
Geschäftsplanmäßige Erklärungen 69
Gesetz der großen Zahl 96; 106
Gewerbe, erlaubnispflichtiges 373
Gewinn 104; 658
Gilden 50
Glaubwürdigkeit 920
Gleichbehandlung
– Allgemeines Gleichbehandlungsgesetz 229 ff.
– Art. 3 GG 117
– Gleichbehandlungsgebot 111
– Unisex-Tarife 116

Großrisiko 154; 160; 264
Grundfreiheiten des EGV 70
Grundgefahr 826
Grüne-Karte-System 1125 f.
Gruppenaufsicht, Regelungen zur 71
Gruppenversicherung 38
Haftpflichtrisiko 681
Haftpflichtversicherung 32; **1015 ff.**
s.a. Kfz-Haftpflichtversicherung
– Abtretung 1066 f.; 1069
– AHB 1028 ff.
– alternative Gerichtsstände 169
– Anzeigepflicht 1055
– Bindungswirkung 1061
– Deckungsverhältnis 1059
– Direktklagen 169
– Dritter 1059 ff.
– Freiwillige ~ 1059 ff.
– Freistellungsanspruch 1041 ff.
– Gefahrerhöhung 1054
– Haftpflichtverhältnis 1059
– Interessenkonflikte 1048
– Kündigung 948
– Leistungspflicht des Haftpflichtversicherers 893 ff.
– Obliegenheiten 1053 ff.
– öffentlich-rechtliche Ansprüche 1033
– Pflicht-~ 1071 ff.
– Primäre Risikobegrenzung auf gesetzliche Haftpflichtbestimmungen 1030 f.
– Rechtsschutzanspruch 1047 ff.
– Regress 958
– Rettungsobliegenheit 1058
– Risikoausschluss 1034
– Risikoerweiterungen 1025
– Sozialbindung der ~ 1018
– Spezialität der versicherten Gefahr 1024
– Trennungsprinzip 1060 f.
– Typen 1019
– Umwelthaftpflichtversicherung 887
– Verfügungsverbot 1064 f.
– Vermögensschadenhaftpflichtversicherung 886
– Vermögensschäden 1029; 1036
– Versicherungsfall 884; **1027 ff.**
– Versicherung für fremde Rechnung 1038
– Versicherungstyp 1022
– Verstoßprinzip 886
– Voraussetzungsidentität 1061
– Zwangsvollstreckung 1062
– Zweck 1016
Haftungs- und Schadensrecht, außervertraglich 10
Haftungsdauer
s. Versicherungsbeginn
Halbzwingende Vorschriften 159
– Abweichung 159
– Feststellung nachteiliger Abweichung 159a
– Quotelung 602
Handelsmakler 411
Handelsvertreter 364
Hausratversicherung 32
Haustürgeschäft 294
Heilkostenversicherung
s. Krankenversicherung
Herbeiführung des Versicherungsfalls 896 ff.
s.a. Quotelung, Versicherungsfall
– Abgrenzung 922; 931
– Alles-oder-nichts-Prinzip 898
– Beweisfragen 912
– Beweislast 908; **913 ff.**
– Fahrlässigkeit, einfache 901
– Fahrlässigkeit, grobe 902; 905; 907
– Gefahrerhöhung 831
– Lebensversicherung 1189
– Leistungsfreiheit 896
– Pflicht-Haftpflichtversicherung 1081
– Repräsentant 910
– Risikoausschluss 899
– Risikobegrenzung 899
– Verhaltenszurechnung 909 ff.
– Vorsatz 900; 1081
Herkunftslandprinzip 77
Hilfspersonen
s. Anzeigeobliegenheit, Erfüllungsgehilfe, Repräsentant
Individualrechtsstreit 193
Individualversicherungsrecht 1
Industrieversicherung 123
Informationspflicht, vorvertraglich 241; 246; 262; **278 ff.**
– Nachholung 285
– Rechtzeitigkeit 284
– spezielle Informationspflichten 283
– Textform 286
– Verbraucherinformation 189; 260 f.; 296
– Verletzung 287
– Verzicht auf Information 285 f.; 292
Informationspflichtenverordnung 279 ff., 1174 ff., 1224, 1304
Inhaltskontrolle 194 ff.
Inländerdiskriminierung 166
Insolvenz 694; 1245
Integral-Franchise 760
Interesse
– Art 657
– Auslegung **665 ff.**; 684
– Eigentumsvorbehalt 675 f.
– fremdes ~ 684
– Gefahrübergang 677
– Gegenstand 658; 665
– immaterielles ~ 661
– Interessemangel 708 ff.
– künftiges ~ 658
– Lagerhalter 682
– Mehrere Personen 657

– Mitversicherung 684
– Negation des ~ 722
– Problemfälle 673 ff.
– Regressverzicht 685
– Sacherhaltungsinteresse 681
– Sachersatzinteresse 681
– Sicherungsschein 678
– Sicherungsübereignung 676
– Transportversicherung 683
– Unternehmerrisiko 660
– Veräußerung d. versicherten Sache 679
– verschiedene ~n 667
– versicherbares ~ 654 ff.
– versichertes ~ 665 ff.; 673 ff.
– Vorbehaltskauf 678
– Wegfall 711
– Wohnungseigentümergemeinschaft 682
– Zulässigkeit des Vertragsgegenstandes 665
– Zustand 724
Internationale Gerichtszuständigkeit für Versicherungssachen
s. Internationales Privatrecht
Internationales Privatrecht 163
– Autonomes, nationales IPR 164; 172
– EG-Richtlinie 162
– EGVVG 162
– EUGVVO 167 ff.
– EUGVÜ 167
– EVÜ 163
– Gerichtsstandsvereinbarung 171
– Internationale Gerichtszuständigkeit 167
– Kfz-Haftpflichtversicherung 1128
– Lebensversicherung 1155
– Luganer Übereinkommen 167
– Rom I VO 161
– Rom II VO 1128
– Vorschriften, die dem Allgemeininteresse dienen 166
Internet 41; 261; 349
Invitatio ad offerendum
s. Invitatio-Modell
Invitatio-Modell 254; 290; 504
– Prämienfälligkeit 504
– Widerrufsfrist 305
IPR
s. Internationales Privatrecht
Irrtum
s. Anfechtung, Willensmängel
Jedermann-Versicherung 123
Kalkulation 23; 25; 106; 119; 233; 235; 656; 825; 997
Kartellverbot 127
Kaskoversicherung
s. Kraftfahrtversicherung
Kausalität
– hypothetische ~ 894
– Obliegenheitsverletzung 563; 594; 623
– Regress – Mitwirkungsobliegenheit 986
– Versicherungsfall 889 ff.
Kausalitätsgegenbeweis
– Anzeigeobliegenheit 802
– Gefahrerhöhung 868
– Quotelung 600
– Rettungsobliegenheit 930
– Vertragliche Obliegenheit 589 f.; 600
Kenntniszurechnung
s. Wissensvertreter
Kfz-Haftpflichtversicherung 32; 212; 253; 463; **1106 ff.**
– Direktanspruch 1111
– Entschädigungsfonds für Schäden aus Kraftfahrzeugsunfällen 1122
– Entschädigungsstelle für Schäden aus Auslandsunfällen 1124; 1126 f.
– Internationale Gerichtszuständigkeit 1128
– Grüne-Karte-System 1125 f.
– Leistungsfreiheit 1118 f.
– Mindestversicherungssummen 1109
– Obliegenheitsverletzung 1115 ff.
– Quotelung 1119
– Schadensregulierungsbeauftragter 1126
– Schutz des Mitversicherten 1120
– Veräußerung der versicherten Sache 1114
– Verkehrsopferhilfe 1127
Klarstellungserfordernis 625
Kollisionsnormregime 161
Kondiktion 986
Kongruenzprinzip 969, 980
Kontrahierungszwang zum Basistarif 223; 1307
Konzessionssystem 77
Körperschaft, öffentlich-rechtliche
s. Öffentlich-rechtliche Versicherer
Kosten
– Betriebs~ 104
– Rettungskostenersatz 924
– Risiko~ 104
Kraftfahrtversicherung 32
– Antragsannahme 253
– Verhaltenszurechnung 707
Krankenhaustagegeldversicherung 882; 1290
Krankenkassen, gesetzliche 5; 1007
Krankentagegeldversicherung 28 f.; 1291
Krankenversicherung 14; 32; **1270 ff.**
– Abgrenzung zur gesetzlichen Krankenversicherung 1272 ff.
– Aktuar, verantwortlicher 1315
– Alterungsrückstellung 1286; 1310 ff.; 1369 ff.
– Anfechtung 1362
– Anzeigeobliegenheit, vorvertragliche 1305
– Anwartschaftsdeckungsverfahren 1312
– Anwartschaftsversicherung 1373
– auf die Person eines anderen 629
– AVB 207
– Basistarif 223; 491; 1286; 1307; 1317; 1353; 1361

– Bedingungsanpassung 212; 1345 ff.
– Bedingungsersetzung 1352
– Befristung 1308
– Begrenzung der Erstattungspflicht 1337 ff.
– Bereicherungsverbot 1339
– Deregulierung 1280 f.
– Direktanspruch 1354
– Gebot des geringstmöglichen Eingriffs in das Vertragsverhältnis 1346
– Gefahrerhöhung 825; 1292
– gesamtschuldnerische Haftung 1354
– Gleichbehandlungsgebot 1313
– Informationspflichten 283; 1304
– Kontrahierungszwang zum Basistarif 223; 1286; 1307; 1361
– Kostenerstattungsprinzip 1335
– Kündigung durch den Versicherer 484; 1365 ff.
– Kündigung durch den Versicherungsnehmer 1368 ff.
– Luxusbehandlung 1337
– Managed-Care-Systeme 1335
– nicht substitutive ~ 1296
– nicht substitutive, nach Art der Lebensversicherung betriebene ~ 1297; 1316; **1374 ff.**
– Personenversicherung 1288
– Prämie 1310 ff.
– Prämienanpassung 1322 ff.
– Reform 1283 ff.
– Risikoausgleich 1319
– Risikogerechtigkeit 103
– Risikozuschlag im Basistarif 1318
– Rücktritt 1362
– Ruhen der Leistungen 1329 ff.
– Schadensversicherung 1288
– Selbstbehalte 1353
– sozialpolitische Bedeutung 1299
– Spartentrennung 58
– substitutive ~ 58; 79; 1294 f.
– Tarifwechsel 1356 ff.
– Tod des Versicherungsnehmers 1363
– Treuhänder 1345
– Übermaßbehandlung 1337
– Übermaßvergütung 1337 f.
– Übertragbarkeit der Alterungsrückstellung 1369 ff.
– Verhältnisse des Gesundheitswesens 1347 ff.
– Versicherung für fremde Rechnung 1309
– Versicherungsfall 1334
– Vertragsänderung 212
– Vertragsschluss 1304
– Widerruf 1362
– Wissenschaftsklausel 1341
– Zeitliche Grenze der Leistungspflicht 1342
– Zulassung zum Geschäftsbetrieb 1303
– Zuschläge 1310

Krankheitskostenversicherung 221; 1289
– Versicherungsfall 882
Kreditgeber 676
Kreditversicherung 32
Kulanzleistung 963
Kündigung 477 ff.
– außerordentlich 481; 484
– bei Anzeigepflichtverletzung 803; 808; 813
– bei Gefahrerhöhung 822; 840; 861 ff.; 869
– bei Obliegenheitsverletzung 563; 578 f.
– bei Prämienerhöhung 494
– bei Prämienzahlungsverzug 512; 522
– bei Veräußerung 715
– bei Vertragsanpassung 808
– fristlos 482 f.
– Haftpflichtversicherung 948
– Krankenversicherung 1365 ff.
– Lebensversicherung 1219 f.
– nach Versicherungsfall 948 ff.
– ordentliche ~ 477
– Pflegepflichtversicherung, private 1388 f.
– Sachversicherung 948
– wichtiger Grund 483
Kurztarif 711
Lagerhalter 682
Lamfalussy-Verfahren (Komitologieverfahren) 72
s.a. Solveny II
laufende Aufsicht 81
laufende Prämie 497
Laufzeit 277; 747; 780
Lebensversicherung 32; **1133 ff.**
– Abtretung 1246
– Aktuar 1160
– Altverträge 1168; 1197; 1199 f.
– Anfechtungsrecht des Versicherers 1218
– Anfechtungsrecht des Versicherungsnehmers 1217
– Anzeigepflicht 1183 f.
– Aufsicht 1143 ff.; 1149 ff.
– Bedingungsanpassung 212
– Bezugsberechtigung 1233 ff.
– Bezugsberechtigung, unwiderrufliche 1242 ff.
– Bezugsberechtigung, widerrufliche 1236 ff.
– Deckungsrückstellung 1150; **1161 ff.**
– Einwilligung 664
– Entwicklungsgeschichte 1142
– Erscheinungsformen 1133 ff.
– Ersetzungsbefugnis 1258 ff.
– fondsgebundene ~ 1135
– Gefahrerhöhung 1183; 1185
– Gemischte Versicherung auf den Todes- und Erlebensfall 1135
– Herabsetzung der Versicherungsleistung 1254
– Herbeiführung des Versicherungsfalles 1189

- Informationspflichten 283; **1174 ff.**; 1213
- IPR 1155
- kapitalbildende ~ 1135
- Kündigungsrecht des Versicherers 1219
- Kündigungsrecht des Versicherungsnehmers 1220
- laufende Missstandsaufsicht 1154
- Prämie 1178 ff.
- Prämienkalkulation 1149; 1156 ff.
- Prämienneufestsetzung 1249 f.
- Prämienzahlung 1181 f.
- Protektor AG 1166
- Reform 1168
- Rentenversicherung 1135
- Risiko~ 1134
- Rückkaufswert 1221 ff.
- Rückstellung für Beitragsrückerstattung (RfB) 1164; **1206 ff.**
- Rücktrittsrecht des Versicherers 1218
- Rücktrittsrecht des Versicherungsnehmers 297; 1217
- Selbsttötung 1190
- Sicherungsfonds 1166
- Sicherungsvermögen 1150; 1156
- sozialpolitische Bedeutung 1139
- Spartentrennung 58; 1151
- Summenversicherung 1170
- Todesfallversicherung 1134; 1173
- Treuhänder 1251
- Überschussbeteiligung 1150; 1165; **1194 ff.**
- Überschussermittlung 1203
- Überschussverwendung 1204
- Umwandlung in eine pfändungsgeschützte Versicherung 1188
- Umwandlung in eine prämienfreie Versicherung 1186 f.
- Verhaltenszurechnung 629
- Versichererleistung 1193 ff.
- Versicherungsschein 1177
- Vertragsschluss 1171
- Vertrag zugunsten Dritter 1233
- Widerruf 1172
- wirtschaftliche Bedeutung 1140 f.
- Zusatzversicherung 1137

Legalzession
s. Regress des Versicherers
Leistung des Versicherers 645 ff.
s.a. Gefahr, Interesse, Versicherungsfall
- Differenzrechnung 724
- Fälligkeit 943
- Gefahrtragungstheorie 649
- Geldleistung 941
- Geldleistungstheorie 649
- Grenzen 730
- Nebenpflichten 647
- Versicherungsfall 646; 875 ff.
- Widerruf 314

Leistungsfreiheit
- Anzeigepflichtverletzung 800; 802
- begrenzte ~ 615
- Gefahrerhöhung 820; 840; 863 ff.
- Herbeiführung des Versicherungsfalls 896 ff.
- Obliegenheitsverletzung 580 ff.; 622
- Prämienzahlungsverzug 520 f.
- Prävention 540a; 562; 590; 594 f.; 597; 902

Leistungsreduzierung 101
Lex imperfecta 544; 557; 560; 730
Liberalisierung
s. Deregulierung
Mahnung 521
Makler
s. Versicherungsvermittler
Marktverfassung 129
Massengeschäft 106
Mehrfachversicherung 748; 750; 752; **765 ff.**
- betrügerische Absicht 766
- Gesamtschuldner 767
- Mitteilungsobliegenheit 750
- Subsidiaritätsklausel 769

Missstandsaufsicht 81
s.a. Versicherungsaufsichtsrecht
Mitversicherung 684
- offene ~ 750 f.

Monopolanstalten 55
moral hazard
s. Risiko, moralisches
Musterbedingungen
s. AVB
Nachfrageobliegenheit
s. Anzeigepflicht
Nachfragepflicht 277
Nebenpflichten 647
Nebenversicherung 750
Neu für alt 738
Neuwertversicherung 729; 735; 737
Nichtigkeit 713
s.a. Versicherungsvertrag
- Überversicherung 763

Nichtpersonenversicherung 35
Niederlassungsfreiheit 70
Nutzungsinteresse 658
Objektschaden 894
Obliegenheiten 531 ff.
s.a. Anzeigepflicht, Obliegenheitsverletzung
- Abgrenzung 532; 545 ff.
- Alles-oder-nichts-Prinzip 562 f.
- Altverträge 565 ff.
- äquivalenzsichernde ~ 536
- Auskunfts- und Aufklärungsobliegenheit 582
- Auslegung 551 f.
- Ausschlusstheorie 550
- Begründung von ~ 533
- Entwicklungsgeschichte 554

- Erwartungen 551
- Funktionen 534
- Gefahrerhöhung 837
- gesetzliche ~ 553 ff.; 618
- Haftpflichtversicherung 1056 ff.
- Kategorisierung 544
- Kfz-Haftpflichtversicherung 1115 ff.
- lex imperfecta 557
- materieller Inhalt 549
- Mehrfachversicherung 750
- Modifikation 557
- Rechtsnatur 541 ff.
- Rechtspflichten minderer Zwangsintensität 542
- Reform 559 ff.
- Regelungsziel 564
- Regresssicherungsobliegenheit 983 ff.
- Rettungspflicht 923 ff.
- Risikoausschluss 546 ff.
- Risikobeschränkung 546
- Risikobeschreibung 546
- Risikonähe 539
- Schadensversicherung 556
- Schuldrecht 543
- spezielle ~ 556
- Straffunktion 540a
- Veräußerung d. versicherten Sache 719
- Verbindlichkeitstheorie 542
- Vereinbarung 580
- verhüllte ~ 548
- Verschuldensgrad 563
- Versicherungsfall 540
- vertragliche ~ 553 ff.; 568 ff.
- Voraussetzungstheorie 541 f.

Obliegenheitsverletzung 568 ff.
s.a. Obliegenheiten, Quotelung
- Arglist 572; 590; 624
- Ausnahmen 621
- Belehrung 563; 583
- Beweislast 563; 574 f.; 591; 616
- Fahrlässigkeit, einfache 563; 569; 586; 621
- Fahrlässigkeit, grobe 563; 573; 596; 601; 609; 616; 622
- Kausalität 563; 594; 623
- Kausalitätsgegenbeweis 589 f.; 600
- Kündigung 563; 578; 584
- Kürzung des Versicherungsschutzes 569
- Leistungsfreiheit 580 ff.; 622
- mehrere ~ 609 f.
- Pflichtversicherung 1091 ff.
- Prämienerhöhung 563
- Quotelung 596 ff.
- Rechtsfolgen 541; 568 ff.; 618 ff.
- Rechtswidrigkeitszusammenhang 592
- Reform 563 f.
- Regelungsziel 564
- Relevanzrechtsprechung 595
- Repräsentant 630; 632; **633 ff.**
- Rücktritt 577
- Sanktionensystem 563
- Schuldlosigkeit 569; 586
- Schutzbereich der Norm 592
- Treu und Glauben 585
- Verlust des Versicherungsschutzes 569
- Verschulden **569 ff.**; 620
- Vorsatz 571; 595; 622
- Wissenserklärungsvertreter 632; **641 ff.**
- Wissensvertreter 632; 640
- Zweckrichtung, unterschiedliche 611 ff.

Obligatorische Versicherung
s. Pflichtversicherung

Öffentlich-rechtliche Versicherer 55 f.

Ombudsmann 89 ff.

Organisationstätigkeit 645

Passivenversicherung 663; 741; 1022
- Versicherungssumme 740

Pensionsfonds 56; 62; 111

Personenversicherung 35 f.

Pflegeversicherung, freiwillige 1380; 1392 f.

Pflegekrankenversicherung 1271
s.a. Pflegepflichtversicherung, private; Pflegeversicherung, freiwillige
- Abgrenzung zur gesetzlichen Pflegeversicherung 1378
- Begriff 1377

Pflegepflichtversicherung, private 1381 ff.
- Ausschluss der Übermaßvergütung 1385
- Begriff 1381
- Kontrahierungszwang 1382
- Kostenerstattungsprinzip 1384
- Kündigung durch den Versicherer 1388
- Kündigung durch den Versicherungsnehmer 1389
- Rechtsweg 1390 f.
- Versicherungsfall 1384

Pflegerenten-Zusatzversicherung 1137

Pflicht-Haftpflichtversicherung 1071 ff.
- Anzeigepflicht und Obliegenheiten des Dritten 1091 ff.
- Befugnis zum Geschäftsbetrieb im Inland 1075
- Direktanspruch des Dritten 1078; **1085 ff.**
- Einwendungsausschluss 1078 ff.
- Gesetzliche Mindestanforderungen 1075 ff.
- Herbeiführung des Versicherungsfalles 1081
- Legalzession 1099
- Mindestversicherungssumme 1076
- Nachhaftung 1082
- Rangfolge mehrerer Ansprüche 1094 f.
- Rechtskrafterstreckung 1100 f.
- Rechtsfolgen einer Obliegenheitsverletzung 1091 f.
- Regress 1097 ff.
- Schutz des geschädigten Dritten 1078 ff.
- Schutz des Mitversicherten 1102 ff.

– Selbstbehalt 1077
– Veräußerung der von der Versicherung erfassten Sache 1096
– Versicherung für fremde Rechnung 1102
– Verweisungsprivileg 1083
Pflichtversicherung 219 s.a. Pflicht-Haftpflichtversicherung, Kfz-Haftpflichtversicherung
– Vorläufige Deckung 273; 463
Police
s. Versicherungsschein
Policenmodell 288; 295
Prämie 486 ff.
s.a. Erstprämie, Folgeprämie, Prämienzahlung
– Anpassung 211
– Aufsichtsrecht 490
– bei Widerruf 314
– Beratungsaufwand 267
– Einmalprämie 496
– Erfüllung 508 ff.
– Hauptleistungspflicht 486
– Interessenmangel 710
– Invitatio-Modell 504
– Kalkulation 490
– Krankenversicherung 1310 ff.
– Kündigungsrecht 494
– Kurztarif 711
– laufende ~ 497
– Lebensversicherung 1178 ff.
– Obliegenheitsverletzung 563
– Prämienanpassungsklausel 493
– Prämienerhöhung 100
– Prämienfälligkeit 502 ff.
– Prämienhöhe 489
– Prämienschuldner 512
– Preiswettbewerb 490
– pro rata temporis-Grundsatz 500
– Reines Prämiensystem 98
– Risikogerechtigkeit 102
– Sekundäransprüche 514
– Tarif 489
– Tarifänderungsklauseln 493
– Überversicherung 764
– Umlageverfahren 97
– Unteilbarkeit der ~ 500
– Vertragsänderung 529
Prämienkalkulation bei der Lebensversicherung 1156 ff.
Prämienkalkulation bei der Krankenversicherung 1310 ff.
Prämienzahlung
s.a. Erstprämie, Folgeprämie, Prämie
– Aufrechnung 513
– Drittleistung 512
– Erstprämienverzug 515 ff.
– Fälligkeitszeitpunkt 502 ff.
– Folgeprämienverzug 520
– Lastschriftverfahren 511
– Lebensversicherung 1181 f.
– Leistungshandlung 516
– Leistungsklage 518
– Leistungsort 509
– Prämienschuldner 512
– Ratenzahlung 499
– Transparenz 514
– Verzugsfolgen 514 ff.
– Verzugsschaden 514
– Zahlungsweise 499
Prävention
s. Leistungsfreiheit
prima-facie-Beweis
s. Anscheinsbeweis
Primäre Risikoabgrenzung 774
Principles of European Insurance Contract Law« (PEICL) 175; 239
Privatautonomie 66; 138; 195; **221 ff.**; 285
Privatversicherungsrecht 1
Pro rata temporis-Grundsatz 500
Produktinformationsblatt 280 f.
Proportionalitätsregel 755
Provision
s. Versicherungsvermittler
Provisionsabgabeverbot 133
Quotelung **596 ff.**; 896
s.a. Obliegenheitsverletzung
– Addition 612
– Bestimmungskriterien 606
– Beweislast 616
– Binnendifferenzierung 603
– Einzelfall 604
– Fahrlässigkeit, grobe 596; 601; 609; 616
– Gesamtbeurteilung 614
– halbzwingend 602
– Kausalitätsgegenbeweis 600
– Kfz-Haftpflichtversicherung 1119
– Kürzung auf Null 605
– Leistungsfreiheit, begrenzte 615
– Quotenkonsumption 613
– Quotenmultiplikationsmodell 612
– Schweregrad 601; 603
– Sondersituationen 609 ff.
– Stufenmodell 612
– volle Leistung 605
– Wertung 597
– Zweckrichtung, unterschiedliche 611 ff.
Quotenvorrecht 976; 980
s.a. Regress des Versicherers
Rechtsaufsicht
s. Versicherungsaufsicht
Rechtsschutzanspruch
s.a. Haftpflichtversicherung
– Fälligkeit 1050
Rechtsformzwang 49 ff.
Rechtspolitik 593; 597; **952 ff.**
Rechtsprodukt, Versicherung als 9

Rechtsschutzversicherung 32
– Organisatorische Trennung 59
Rechtswidrigkeitszusammenhang 592
Reform des Versicherungsvertragsrechts **12 ff.**; 132 ff.
– Abschlussbericht der Reformkommission 13
– Alles-oder-nichts-Prinzip 563; 898
– Anpassung von AVB aus Altverträgen 19
– Anzeigepflicht, vorvertragliche 784
– Auge-und-Ohr-Rechtsprechung 390; 396; 402
– Beratungs- und Informationspflichten 262 ff.
– Gefahrerhöhung 823
– Gesetz zur Reform des Versicherungsvertragsrechts 12; 132
– Gesetzeshistorie 241 ff.
– Krankenversicherung 1283 ff.
– Lebensversicherung 1168
– Lösungsrechte vom Vertrag 294; **301 ff.**
– Obliegenheiten 559 ff.
– Quotelung 596 ff.
– Reformkommission 13
– Übergangsvorschriften 13; 565
– Unteilbarkeit der Prämie 500
– Verjährung von Ansprüchen aus Altverträgen 17
– Versicherungsvermittlerrichtlinie 368 ff.
Regress des Versicherers 952 ff.
s.a. Regresssicherungsobliegenheit, Regressausschluss
– absolute Theorie 978
– Aufgabeverbot 984
– Befriedigungsvorrecht 973
– Bereicherungsverbot 952
– Differenztheorie 976
– Gutachterkosten 964
– Haftpflichtrecht 958
– Höhe 972 ff.
– Inhalt 946; 969 ff.
– Insolvenz 986
– Kongruenzprinzip 969; 980
– Kulanzleistung 963
– Legalzession 955; 1099
– Mangelfall 974
– Mieterregress 1002
– Mitverschulden 972
– Mitversicherte 998
– bei der Pflicht-Haftpflichtversicherung 1097 ff.
– Quotenvorrecht 976; 980
– Rangfolgenbestimmung 973
– Regressausschluss 987 ff.
– Regresssicherungsobliegenheit 983 ff.
– Regressvereitelung 984
– Regressvoraussetzungen 958
– relative Theorie 978
– Rettungskosten 964
– Risikoausgestaltung 954
– Schadensversicherung 960
– Selbstbehalt 974
– Sozialversicherungsrecht 968; 979
– Summenversicherung 960; 962
– Vorteilsausgleichung 952
– Zeitpunkt 967
– Zwangsvollstreckung 973
Regressausschluss 987 ff.; 996 ff.
s.a. Regress des Versicherers
– Beweislast 995
– Entwertungsschutz 987
– Gemeinschaft der Wirtschaftsführung 992
– Gesamtschuldregress 990
– grobe Fahrlässigkeit 1002
– häusliche Gemeinschaft 991
– Mieterregress 1002
– Mitversicherte 998
– Regressverzicht 999
– Regressverzichtsabkommen 1004 f.
– Schadenteilungsabkommen 1006 ff.
– Treu und Glauben 999
– Zeitpunkt 994
Regresssicherungsobliegenheit 983 ff.
s.a. Regress des Versicherers
– Analogie 985
– Beweislast 986
– Kausalitätserfordernis 986
– Verletzung 986
Reisegepäckversicherung 448; 496; 769
Relative Theorie
s. Regress
Relevanzrechtsprechung 595
Repräsentant 630; 632; **633 ff.**; 910
Restschuldversicherung 379
Rettungskostenersatz 924
Rettungsobliegenheit 923
– Abgrenzung 931
– Aufwendungsersatz 934
– Beginn 932
– Beweislast 930
– Direktionsrecht 926
– Ende 937
– Grenzen 931
– Haftpflichtversicherung 1058
– Inhalt 925
– Regress 964
– Verletzungssanktionen 928
– Vorerstreckungstheorie 933 ff.
– Zumutbarkeit 926
Riester-Rente 1139
Risiko, moralisches 147 f.; 536; 597; 902; 1342
Risikoausschluss 546 ff.; 775; 822; 899; 1081
s.a. Obliegenheiten, Herbeiführung des Versicherungsfalls
Risikobeschränkung 546
Risikobeschreibung 546

Risikogemeinschaft 95
Risikogerechtigkeit 102
Risikokollektiv 107
Risikokosten 104
Risikolebensversicherung 1134
Risikoprüfungsobliegenheit 797
Risikostreuung 101
Risikovergrößerung 100
Risikoverwaltung 635
Rückdeckungsversicherung 40
Rückgriff
s. Regress
Rückkaufswert 1221 ff.
s.a. Lebensversicherung
– Altverträge 1222
– Angemessene Herabsetzung des ~ 1231
– Anspruch auf den ~ 1221
– ~ bei Kündigung 1223 f.
– fondsgebundene Versicherungen 1227
– Frühstorno 1224
– Produktgestaltungsbegrenzung 1229
– Stornoabzug 1232
– Vergütungsvereinbarung 1225
– Zeitwert 1226
– Zillmerung 1226
Rückstellungen 79; 83
Rückstellung für Beitragsrückerstattung (RfB) 1164; **1206 ff.**
Rücktritt 473 ff.
– bei Anzeigepflichtverletzung 800 f.
– bei Prämienverzug 518
– Krankenversicherung 1362
– Lebensversicherung 297; 1217 f.
– Obliegenheitsverletzung 577
Rückversicherung 42; 62; 152
Rückwärtsversicherung 444 ff.
Rürup-Rente 1139
Sacherhaltungsinteresse 681
Sachersatzinteresse 681
Sachversicherung
– Kündigung 948
– versicherbares Interesse 662
– Versicherungsfall 878
– Vorerstreckungstheorie 933
Sachwalterhaftung 383
Schaden
s. Versicherungsschaden
Schadensversicherung 33
– Aktivenversicherung 743
– Diskrepanz 746 ff.
– Fremde Rechnung 629
– Haftpflichtversicherung 1022
– Krankenversicherung 1288
– Neuwertversicherung 735; 737
– Obliegenheiten 556
– Passivenversicherung 741
– Terminologie 736
– versicherbares Interesse 662
– Versicherung für fremde Rechnung 687
– Versicherungsschaden 722
– Versicherungssumme 740 ff.
– Versicherungswert 733 ff.
– Widerbeschaffungswert 735
– Zeitwertversicherung 735
Schadenteilungsabkommen 1006 ff.
s.a. Regressverzicht
– Abgrenzung 1011
– Grundgedanke 1006
– Rechtsfragen 1009
– Rechtsnatur 1010
– Zivilrechtssystem 1008
Schutzzweckzusammenhang 892
Seeversicherung 50; 134; 138; 152; 160; 431; 894
Selbstbehalt 724; 760; 1353
Selbstbeteiligung 148; 759
Sekundäre Risikoabgrenzung 775
Sicherheitszuschlag 98 ff.; 210 f.; 492
Sicherungsschein 678
Sicherungsübereignung 676
Sicherungsvermögen 1150; 1164
Single license 77
s.a. Versicherungsaufsichtsrecht
Sitzlandprinzip 77
sofortige Deckung 449
Solidarprinzip 225
Solvency II 71 f.
– Quantitative Aspekte (Säule I) 71
– Qualitative Regelungen (Säule II) 71
– Veröffentlichungspflichten (Säule III) 71
– Lamfalussy-Verfahren (Komitologieverfahren) 72
Sonderbedingungen 179
Sondervergütungs- und Begünstigungsverbote 113
Sozialversicherung 5; 222; 968; 979
Spezialität der versicherten Gefahr 1024
Spartentrennung 58; 1151
Staatsangehörigkeit
s. Ausländertarif
Staatsaufsicht, materielle 66; 85
s.a. Versicherungsaufsichtsrecht
Stellvertretung 44; 361; 630
Sturmflut-Fall 409
Subsidiaritätsprinzip 769
Suchtklausel 893
Summenversicherung 34;36; 664
– Krankenversicherung 1288
– Lebensversicherung 1170
– Regress 960
– Versicherungsschaden 721
– Versicherungssumme 731
Tarif 489
Tarifbestimmungen 178
Tarifänderungsklausel 493
Tariffreigabe 105

Tarifwechsel
s.a. Krankenversicherung
– Anspruch 1358 ff.
– Anrechnung der Alterungsrückstellung 1359
– Anrechnung erworbener Rechte 1359
– Kontrahierungszwang 1357
– Mehrleistungen 1360
– Voraussetzungen 1358
– Wechsel aus dem Basistarif 1361
– Wechsel in den Basistarif 1286; 1361
– Zweck 1356
Tätigkeitslandprinzip 80
Taxe 724; 726; 729; 744
Terminologie 532
Tertiäre Risikoabgrenzung 775
Transparenz 129; 514
Transportversicherung 32; 62; 431
– versichertes Interesse 683
Trennungsprinzip
– Haftpflichtversicherung 1060 f.
Treu und Glauben 585; 595; 607; 999 f.
Treuhänder 208; 414; 698; 1251 ff.; 1345
Übergang des Ersatzanspruchs
s. Regress
Übergangsfrist, einjährige 15
Übergangsvorschriften 15
– Anpassung von AVB aus Altverträgen 19
– betreffend die Krankenversicherung 16
– betreffend die Lebens- und Berufsunfähigkeitsversicherung 18
– Verjährung von Ansprüchen aus Altverträgen 17
Überschussbeteiligung 1150; 1165; **1194 ff.**
s.a. Lebensversicherung
– Altverträge 1197; 1199 f.
– Anspruch des Versicherungsnehmers auf ~ 1196
– Art und Weise der ~ 1205 ff.
– Auszahlungsanspruch 1214
– Begriffsbestimmung 1195
– Beteiligung am Kapitalergebnis 1150; 1194
– Beteiligung am Risiko- und Kostenergebnis 1194
– Direktgutschrift 1205
– Informationspflicht des Versicherers 1176; 1213
– Rentenversicherung 1215
– Rückstellung für Beitragsrückerstattung (RfB) 1164; **1206 ff.**
– Schlussüberschussanteile 1207
– Schlussüberschussfonds 1207
– Stille Reserven 1195
– Überschussermittlung 1203
– Überschussverwendung 1204
Überversicherung 747; **762 ff.**
– betrügerische Absicht 763
– Nichtigkeit 763
– Prämienherabsetzung 764
Umlageverfahren 95; 97
Unfallversicherung 32; 220
Unfall-Zusatzversicherung 1137
Unteilbarkeit der Prämie 500
Unternehmerrisiko 660
Unterversicherung 747; **753 ff.**
– Bruchteilsversicherung 758
– Versicherung auf erstes Risiko 757
– Vertragsanpassung 755
Unvorhersehbare Entwicklungen 100
Veräußerung d. versicherten Sache 714 ff.
– Anzeigeobliegenheit 719
– Kfz-Haftpflichtversicherung 1114
– Kündigung 715
– Pflicht-Haftpflichtversicherung 1096
– Sanktion 720
– versichertes Interesse 679
– Vertragseintritt 715
Verbandsbedingungen 181
Verbandsklageverfahren 193; 206
Verbindlichkeitstheorie
s. Obliegenheiten
Verbraucherinformation
s. Informationspflicht
Verbraucherschutz 11; 141; 151; 166; 240; 285; 294; 784; 798; 823; 902
Verbraucherverträge 187
Verhaltenszurechnung 628 ff.; 636
Verhüllte Obliegenheit 548
s.a. Obliegenheiten
Verjährung 945
Verjährung, Übergangsregelung für die 17
Verlängerungsklausel 438
Vermittlerrichtlinie
s. Versicherungsvermittler
Verschuldensgrad 563
Versicherbarkeit, Grenzen der 101
Versicherer 49 ff.
– ausländische ~ 57; 68; 166
– Rechtsformzwang 49 ff.
Versicherter 46 ff.
Versicherung
– als Rechtsprodukt 9
– auf erstes Risiko 757
– dauernde ~ 437
– Definition 20 ff.
– Einteilung 26 ff.
– von unbeweglichen Sachen 169
– gebündelte ~ 432
– gewerbliche ~ 26; 123; 128
– Jedermann- ~ 123
– laufende ~ 28; 154; 160
– Qualifikationsprobleme 24
– Wesensmerkmal 106

Versicherung für fremde Rechnung 430; 686 ff.
- Auslegung 691
- AVB 700
- Eigen- und Fremdversicherung, gleichzeitig 707
- Einwendungen 703
- Haftpflichtversicherung 1038
- Innenverhältnis 698
- Insolvenz 694
- Interesse 688
- Krankenversicherung 1309
- Leistungsanspruch 694
- Pflicht-Haftpflichtversicherung 1102
- Rechtsfolgen 692
- Schadensversicherung 629; 687
- Treuhänder 698
- Versicherer 696
- Versicherter 694 f.
- Versicherungsnehmer 693; 695
- Versicherungsschein 695
- Zurechnung 629; 702 ff.

Versicherungsagent
s. Versicherungsvermittler

Versicherungs-Aktiengesellschaften 51

Versicherungsart 28; 32
- Laufende Versicherung 28; 154; 160

Versicherungsaufsichtsgesetz 2; 62; 66; 138; 645
- Reichweite 62

Versicherungsaufsichtsrecht 2; 48; 61 ff.
- Aufsichtsbehörde 185
- Aufsichtsmittel 84
- Aufsichtsziele 64
- AVB 185
- Beschwerde 87 f.
- Deregulierung 67; 70; 105; 127
- EG-Recht 70 ff.; 86
- Entwicklung 61 ff.
- Erlaubnisvoraussetzungen 78
- Finanzaufsicht 83
- Finanzkrise 82
- Geschäftsplanmäßige Erklärungen 69
- Harmonisierung und Koordinierung 70
- Laufende Aufsicht 81
- Lebensversicherung 1143 ff.
- Materielle Staatsaufsicht 66; 85
- Missstandsaufsicht 81
- Normativaufsicht 85
- Präventive Tarif- und Bedingungsgenehmigung 66; 79
- Preisregulierung 490
- Rechtsaufsicht 82
- Single license 77
- Sitzlandaufsicht 86
- Solvency II 71 f.
- Ursprüngliches VAG 66
- Verbot der systematischen Vorlagepflicht 79
- Versicherungsbinnenmarkt 70
- Zugangsaufsicht 77 ff.

Versicherungsbedingungen
s. AVB

Versicherungsbedingungen, besondere 179

Versicherungsbeginn
- bei vorläufiger Deckung 461
- Einlösungsprinzip 448; 515
- erweiterte Einlösungsklausel 449
- formeller ~ 434
- Haftungsdauer 439 ff.
- materieller ~ 439 ff.; 515
- sofortige Deckung 449
- technischer ~ 442

Versicherungsdauer 439
s.a. Versicherungsbeginn

Versicherungsdeckung
s. Deckung

Versicherungsfall 875 ff.
s.a. Herbeiführung des Versicherungsfalls, Leistung des Versicherers
- Adäquanztheorie 891
- Anzeigeobliegenheit 938 f.
- äußeres Bild 915
- AVB 882; 890
- Begriff 875
- Erhebungen 943
- Folgeereignisprinzip 881; 884
- Folgeereignistheorie 845
- gedehnter ~ 881
- Gefahrbeschreibung 890
- Haftpflichtversicherung 884
- Kausalereignistheorie 881; 885
- Kausalität 889 ff.
- Kausalität, hypothetische 896
- Krankenhaustagegeldversicherung 882
- Krankenversicherung 1334
- Krankheitskostenversicherung 882
- Kündigungsrecht 948
- Obliegenheiten 540; 577 f.
- Pflegepflichtversicherung, private 1384 ff.
- Sachschaden 878
- Sachversicherung 878
- Schutzzweckzusammenhang 892
- Umwelthaftpflichtversicherung 887
- Vermögensschadenhaftpflichtversicherung 886
- Verstoßprinzip 886
- vorgetäuschter ~ 916; 922
- Wahrscheinlichkeit, hinreichende 915
- Wartezeit 883
- Zeitpunkt 879

Versicherungsgruppe 63

Versicherungsleistung
s. Leistung des Versicherers

Versicherungsmakler
s. Versicherungsvermittler
Versicherungsmarkt 31; 122
Versicherungsnehmer 43 ff.; 539
– Hauptleistungspflicht 486 ff.
– Versicherung für fremde Rechnung 639
– Vertretenmüssen 515
Versicherungsperiode 497
Versicherungspflicht
s. Pflichtversicherung
Versicherungsschaden 722
– Schadensbegriff 723 f.
Versicherungsschein 290; 393; **425 ff.**
– Abweichung vom Antrag 256
– auf den Inhaber 429
– Besitz 695
– Billigungsklausel 256
– Block-Police 433
– gebündelte Versicherung 432
– Lebensversicherung 1177
– Schuldschein 428
– Seeversicherungsrecht 431
– Sonderformen 432 f.
– Urkunde 426
– Transportversicherungsrecht 431
– Versicherung für fremde Rechnung 430
– Wirkung 427
Versicherungssparten
s. Versicherungszweige
Versicherungssumme
– Schadensversicherung 740 ff.
– Summenversicherung 731
Versicherungstechnik 94 ff.; 646
Versicherungsunternehmen
– Bezeichnung 60
– öffentlich-rechtliche 55 f.
Versicherungsunternehmensrecht 3
Versicherungsverein auf Gegenseitigkeit (VVaG) 52
– Bedingungsanpassung 213
– großer VVaG 53
– kleiner VVaG 54
Versicherungsverhältnis
s. Versicherungsvertrag
Versicherungsvermittler 245; 351 ff.
– ~ recht 4
– Abschlussvertreter 397
– Anscheins- und Duldungsvollmacht 399
– Anzeigepflicht, vorvertraglich 817
– Aufsichtsrecht 381
– Auge-und-Ohr-Rechtsprechung 390; 396; 398; 402; 414
– Ausschließlichkeitsvertreter 350; 353; 375
– Bagatellvermittler 379, 395, 421
– Begründungspflicht 245; 417
– Beratungspflicht 245; 262; 263; 417
– Berufshaftpflichtversicherung 376
– Berufsrecht 367
– Beweislast 396; 418
– Courtage 415
– Dokumentationspflicht 245; 386; 417
– Empfangsvollmacht 391 f.; 398 ff.
– Erlaubniserteilung 376
– Erlaubnispflicht 373 ff.
– firmenverbundener Makler 355
– Gelegenheitsvermittler 365
– Haftung 383 f.; 387
– Handelsmakler 411
– Informationspflicht 378; 385
– Mehrfirmenvertreter 350
– Provisionsanspruch 415
– Pseudomakler 412
– Rechtsbeziehungen 362 f.
– Sachkunde 376
– Stellvertretung 357 f.
– Tippgeber 359
– Vermittlerregister 377
– Vermittlerrichtlinie 243; 370 ff.
– Verrichtungsgehilfe 407
– Versicherungsberater 362; 380; 419 f.
– Versicherungsbetriebslehre 350
– Versicherungsmakler 245; 264; 354; **411 ff.**
– Versicherungsvermittlerrichtlinie 243; **370 ff.**
– Versicherungsvermittlungsordnung 376
– Versicherungsvertreter 245; 352; **382 ff.**
– Vertreterhaftung 383 f.; 387
– Vertretungsmacht 389 ff.
– Vertrieb 348
– Wissenszurechnung 400 ff.
– Zivilmakler 365
– Zulassungs- und Ausübungsregelungen 368
Versicherungsvertrag
s.a. Anfechtung, Kündigung, Rücktritt, Widerruf
– Abgrenzung 24
– Abweichung vom Antrag 256
– Angebot 254
– Annahme 305
– Annahmefrist 251
– Antrag 249; 251; 252
– Antragsbindungsfrist 251
– Beendigung 100; 244; **472 ff.**
– Beginn 319
– Definition 20 ff.
– Durchführung 537
– Eingehung 244
– Formfreiheit 250
– gesetzliches Kündigungsrecht 436
– Höchstlaufzeiten 435
– Modifikation 557
– Nebenpflichten 647
– Nichtigkeit 713
– Qualifikationsprobleme 24
– Rücksichts- und Fürsorgepflicht 255

– Schwebende Wirksamkeit 301
– Verlängerungsklausel 477
– Vorgedruckte Teile eines Antragsformulars 177
– Widerspruchsrecht 298
– Zeitverträge 435
Versicherungsvertragsrecht 4; 9; 47
– Abweichungen vom Schuldvertragsrecht 150
– Besonderheiten und Komplikationen 141
– Beweislastfragen 142
– Dogmatik 145
– Gesetz über den Versicherungsvertrag 132; 138
– Harmonisierung 173
– Nebengesetze und Verordnungen 134
– Rechtsquellen 132 ff.
– Sonderregeln 240
– Wissenschaft und Rechtsprechung zum VVG 145
Versicherungsvertragsverhältnis 23
Versicherungsvertreter
s. Versicherungsvermittler
Versicherungswert 733 ff.
– gemeiner Wert 735
– Neuwert 735
– Wiederbeschaffungswert 734 f.
– Zeitwert 735
Versicherungswesen, privates 6
Versicherungswesen, Wurzeln
– Genossenschaftliche Versicherung 50
– Kaufmännische Versicherung 50
– Staatliche Versicherung 50
Versicherungszweige 29
– Information 283
– Obliegenheiten 556
– wirtschaftliche Bedeutung 30
Vertrag zugunsten Dritter 46; 669; 678; 689; 693 f.; 1233
Vertragsanpassung
– bei Anzeigepflichtverletzung 804; 808; 813
– bei Gefahrerhöhung 822; 840; 857 ff.
– bei Unterversicherung 754
– Kündigungsrecht 822; 840; 857 ff.
– Prämie 211
Vertragsauslegung 205 ff.; 670; 684; 1001
s.a. AVB
Vertragseintritt 715
Vertragsfreiheit
– Beschränkungen 160
Vertragsgefahr 826
Vertragsgegenstand 665
Vertragsschluss
s. Versicherungsvertrag
Vertragstreue 147; 149
Vertragsverwaltung 635
Vertrauenshaftung 408; 410
Vertreter
s. Stellvertretung
Verwendungsklausel 871
Verwirkung 141; 540a
Voraussetzungstheorie
s. Obliegenheiten
Vorlagepflicht, AVB 79; 185
Vorläufige Deckung 450 ff.
– AVB-Einbeziehung 456
– Beratungspflichten 455
– Beweislast 458
– Doppelkarte 470
– Deckungszusage 452
– Fernabsatzverträge 457
– Haftungsbeginn 461
– Informationen 454
– Kfz-Haftpflichtversicherung 463
– Pflichtversicherung 273
– Prämie 460
– Prämienverzug 462; 467
– Selbständigkeit 452
– Vertragsende 464 ff.
– Widerrufsrecht 458
Vorsatz 563; 570 f.
– Obliegenheitsverletzung 588; 622
– Ausschlussfrist 816
– Gefahrerhöhung 864 f.; 866 f.
– Herbeiführung des Versicherungsfalls 900
Vorteilsausgleichung 724; 952
Vorwärtsversicherung 443
VVaG
s. Versicherungsverein auf Gegenseitigkeit
VVG 140 ff.
– Anwendungsbereich 152 ff.
– Gesetzesaufbau 155 ff.
– Halbzwingende Vorschriften 159
– Historie 136 ff.
– Systematik 155 ff.
– VVG-Reform 12 ff.
VVG-InfoV
s. Informationspflichtenverordnung
Wahrscheinlichkeit
s. Versicherungstechnik
Wert, gemeiner 735
Wettbewerb 123
– Produktgestaltung als Wettbewerbsparameter 126
– Wettbewerbsparameter 125
Wette 22; 655; 701; 728
Wiederbeschaffungswert 734
Widerruf 297 ff.; 301 ff.
– bei vorläufiger Deckung 458
– Beweislast 306
– Hinweispflicht 318; 324; 326 ff.
– Invitatio-Modell 305
– Krankenversicherung 1362
– Lebensversicherung 1172

– Rechtsfolgen 309 ff.
– Widerrufserklärung 308
– Widerrufsfrist 303; 305
Widerspruchsrecht 298
Wiederherstellungsklausel 738 f.
Willensmängel 341 f.
s. Anfechtung
Wissenserklärungsvertreter 45; 632; 641 ff.
Wissensvertreter 403; 632; 640
Zahl, Gesetz der großen 96; 106
Zeitwert 735
Zillmerung 1226
Zivilagent
s. Zivilmakler
Zivilmakler 365
Zugang, Willenserklärung 538
Zugangsaufsicht 77
Zulassungsverfahren 77; 79
Zuschläge 98 ff.; 210; 492
Zwingende Vorschriften 158